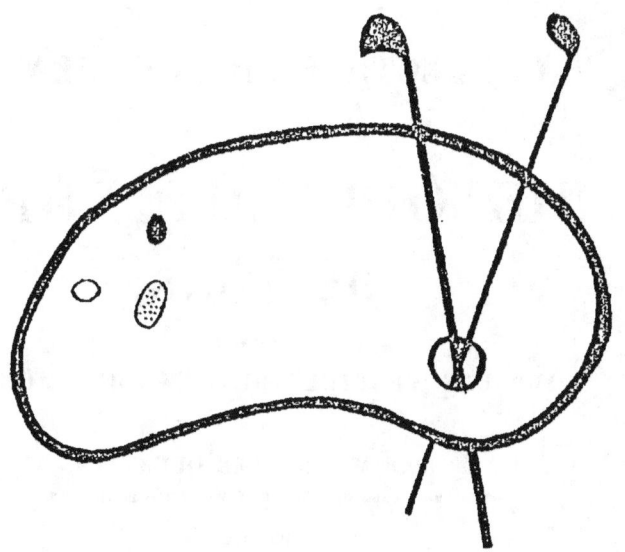

COUVERTURE SUPERIEURE ET INFERIEURE
EN COULEUR

RECTO ET VERSO

VALABLE POUR TOUT OU PARTIE DU
DOCUMENT REPRODUIT

COLLECTION DE DOCUMENTS
POUR SERVIR
A L'HISTOIRE DES HÔPITAUX
DE PARIS,

COMMENCÉE

SOUS LES AUSPICES DE M. MICHEL MÖRING,

CONTINUÉE

PAR M. CHARLES QUENTIN,

DIRECTEUR DE L'ADMINISTRATION GÉNÉRALE DE L'ASSISTANCE PUBLIQUE,

PUBLIÉE

PAR M. BRIÈLE,

ARCHIVISTE DE L'ADMINISTRATION.

TOME PREMIER.

DÉLIBÉRATIONS DE L'ANCIEN BUREAU DE L'HÔTEL-DIEU.

PREMIER FASCICULE.

PARIS.
IMPRIMERIE NATIONALE.

M DCCC LXXXI.

COLLECTION DE DOCUMENTS

POUR SERVIR

A L'HISTOIRE DES HÔPITAUX

DE PARIS.

Cette collection comprendra :

1° Les délibérations de l'ancien Bureau de l'Hôtel-Dieu (1531-1791);

2° Les comptes de l'Hôtel-Dieu (1369-1599);

3° Le *Corpus* des privilèges de l'Hôtel-Dieu;

4° Les chartes qui n'auront pas été publiées dans le Cartulaire de l'Hôtel-Dieu;

5° Un choix de pièces relatives à l'hôpital Saint-Jacques-aux-Pèlerins, à l'Hôpital général, aux Enfants trouvés, aux Enfants Rouges, à l'Hôpital du Saint-Esprit en Grève.

COLLECTION DE DOCUMENTS

POUR SERVIR

A L'HISTOIRE DES HÔPITAUX
DE PARIS

COMMENCÉE

SOUS LES AUSPICES DE M. MICHEL MÖRING,

CONTINUÉE

PAR M. CHARLES QUENTIN,

DIRECTEUR DE L'ADMINISTRATION GÉNÉRALE DE L'ASSISTANCE PUBLIQUE,

PUBLIÉE

PAR M. BRIÈLE,

ARCHIVISTE DE L'ADMINISTRATION.

TOME PREMIER.

DÉLIBÉRATIONS DE L'ANCIEN BUREAU DE L'HÔTEL-DIEU.

PARIS.

IMPRIMERIE NATIONALE.

M DCCC LXXXI.

PRÉFACE.

L'histoire de l'Hôtel-Dieu de Paris est plus considérable, plus complexe qu'on ne saurait l'imaginer au premier abord. De nos jours, l'Hôtel-Dieu, confondu dans l'ensemble de nos vingt hôpitaux parisiens, relève comme eux de l'Administration centrale. Si, par son passé historique certain et pour ainsi dire palpable, vieux de plus de sept siècles (la plus ancienne charte de l'Hôtel-Dieu, conservée dans nos Archives est datée de 1157), par l'illustration des médecins et chirurgiens qui y ont pratiqué leur art, l'antique *Maison-Dieu* de Paris, est entourée d'un prestige que rien ne peut diminuer, il est vrai de dire que l'Hôtel-Dieu actuel n'a pas plus d'importance que la Charité, par exemple, la Pitié, Saint-Antoine ou Lariboisière. Dans le système ancien de l'hospitalité parisienne il avait une importance bien autrement considérable. En effet, jusqu'à l'établissement du grand Bureau des pauvres, au XVIe siècle, jusqu'à la fondation de l'Hôpital général, sous Louis XIV, l'Hôtel-Dieu reste le plus vaste établissement hospitalier qui existe à Paris et en France. De lui dépendaient l'hôpital Saint-Louis, l'hospice des Incurables, l'hôpital des Convalescents, Sainte-Anne. Les fondations charitables que ses administrateurs, ou, comme on disait, *son Bureau*, étaient chargés d'exécuter étaient nombreuses; son domaine, urbain ou rural, était fort riche et fort étendu, son importance enfin se trouvait encore augmentée par la haute situation qu'occupaient les chefs de son administration, présidents des cours souveraines du Parlement, des Comptes et des Aides, auxquels il faut ajouter, à partir de 1690, l'archevêque de Paris, qui fut, dès lors, président né du Bureau de l'Hôtel-Dieu.

On est donc étonné que, de tous les historiens qui ont entrepris d'écrire soit l'histoire générale de Paris, soit des monographies sur des points particuliers de cette vaste histoire, aucun n'ait été tenté de prendre pour sujet spécial de ses recherches le vieil hôpital parisien. Les principaux historiens de Paris, Lebœuf, Félibien, Piganiol de la Force, Germain Brice, du Breul, Delamare même, dans son traité de la police, renferment tous un chapitre plus ou moins étendu sur l'Hôtel-Dieu, mais nulle part on ne trouve une histoire complète de cet hôpital.

C'est qu'aussi il était bien difficile d'écrire cette histoire sans avoir à sa disposition les documents si riches que possédait l'Hôtel-Dieu dans son *Trésor des titres*.

PRÉFACE.

Or ce précieux dépôt d'archives, gardé avec un soin jaloux par les administrateurs de l'Hôtel-Dieu, ne s'ouvrait pour personne. Tenon, dans son livre si précieux, devenu rare et qu'on devrait réimprimer, se plaint que les membres de l'Académie des sciences chargés, après l'incendie de 1772, de faire une enquête sur les hôpitaux de Paris n'aient pas pu obtenir communication de certaines pièces déposées dans les archives de l'Hôtel-Dieu. Rondonneau de la Motte, le seul qui ait parlé avec étendue de l'Hôtel-Dieu, constate le même fait dans la préface de son *Essai historique*.

Cette tradition qui faisait des archives de l'Hôtel-Dieu comme un arcane où nul ne pouvait pénétrer, semble avoir été léguée par l'ancien Bureau de l'Hôtel-Dieu à l'Administration des hôpitaux et hospices. M. Léopold Delisle, qui préparait alors son bel ouvrage des *Actes de Philippe-Auguste*, sollicita de l'administration de l'Assistance publique, vers l'année 1855, l'autorisation de copier, dans les cartulaires de l'Hôtel-Dieu, les chartes de ce roi de France qui y sont contenues; un refus catégorique lui fut opposé.

M. Husson, qui, pendant la durée de son administration (1860-1870) autorisa quelques personnes à venir travailler dans nos archives, ne permit les recherches ayant pour but l'histoire de l'Hôtel-Dieu que sous la condition expresse que rien n'en serait publié.

Combien doit-on regretter aujourd'hui cette inexplicable rigueur de l'ancienne administration, après l'incendie de mai 1871, qui a dévoré des fonds entiers de ces archives. M. Brièle, archiviste de l'Administration, constate, il est vrai, dans le *Récolement* qu'il a publié en 1876, que nos richesses sont encore grandes et que sa prudence a conservé à l'Assistance publique plus de 32,000 pièces dont 7,500 parchemins et plus de 800 registres précieux. Mais, si les archives de l'Hôtel-Dieu existent encore presque en entier, qui nous rendra les titres, restés inexplorés, du grand Bureau des pauvres, qui nous rendra surtout le fonds de l'Hôpital général, les deux sources, taries aujourd'hui, de l'histoire du paupérisme au xvie et au xviie siècle?

Après 1871, l'administration de l'Assistance publique, mettant à profit la leçon que lui donnait un si cruel événement, rompit résolument avec cette vieille et fatale tradition d'ostracisme. De 1871 à 1878 un assez grand nombre de demandes de recherches lui furent adressées; toutes furent accueillies favorablement et sans aucune réserve. Malheureusement, l'inventaire en trois volumes, publié avant 1870, avait péri tout entier dans l'incendie de 1871. Cet inventaire était destiné à faire connaître, à vulgariser, pour ainsi parler, nos richesses historiques, et à guider dans leurs recherches les amis nombreux de l'histoire de Paris qui avaient un intérêt à consulter nos documents.

Le premier soin de M. Möring, lors de son entrée en fonctions comme directeur de l'administration de l'Assistance publique, fut donc d'ordonner la réimpression de cet Inventaire, devenu d'autant plus précieux, que quelques-uns des fonds inventoriés dans le troisième volume avaient péri dans l'incendie de 1871, et que les analyses que renfermait ce troisième volume tenaient, seules, lieu de plusieurs milliers de documents à jamais perdus.

Comprenant en outre que le plus sûr moyen de mettre les documents historiques à l'abri de toute destruction est de les publier, M. Möring décida qu'une collection de documents pour servir à l'histoire des hôpitaux de Paris serait publiée aux frais de l'Administration.

M. Möring avait eu d'abord la pensée d'écrire une histoire de l'Hôtel-Dieu, sur des notes qui lui auraient été fournies par l'archiviste de l'Administration; mais il lui parut, après réflexion, qu'il était préférable d'imiter l'exemple donné par le service des travaux historiques de la ville de Paris et de se borner au rôle plus modeste, mais non moins utile, de *préparateur de l'histoire*.

Cette publication, d'une incontestable utilité, était à peine commencée lorsque mourut M. Möring. L'œuvre due à son initiative éclairée sera continuée par les soins de son successeur. Nos archives sont un dépôt public qui doit être accessible à tous. Or n'est-ce pas en quelque sorte en ouvrir les portes toutes grandes que de publier nos documents mêmes?

Nous avons, tout naturellement, placé en tête de cette collection le fonds de l'Hôtel-Dieu, le plus important de tous. Les registres des délibérations du Bureau de l'Hôtel-Dieu font connaître jour par jour, pendant plus de deux cents ans, les actes de l'ancienne administration hospitalière. Ces délibérations fournissent des renseignements intéressants sur l'histoire même de la ville de Paris. L'historien futur de l'Hôtel-Dieu y trouvera, tout indiqués, les divers chapitres de son histoire : les noms des administrateurs, la liste des médecins et des chirurgiens, des détails curieux sur la médecine, la chirurgie et le service des accouchements; les Pardons de l'Hôtel-Dieu; son Domaine; les dons et legs; le cimetière et l'hôpital de la Trinité; les Incurables; les Enfants trouvés; le Droit des pauvres; les relations fréquentes de l'Hôtel-Dieu avec les hôpitaux de provinces; les conflits si fréquents, et parfois d'une nature bien piquante, entre le chapitre de Notre-Dame et les religieuses de l'Hôtel-Dieu d'une part et, d'autre part les administrateurs, qui ne parvenaient pas toujours à défendre victorieusement leur pouvoir temporel contre les empiétements du pouvoir spirituel.

Nous publierons, après les délibérations du Bureau, des extraits de la belle collection des comptes de l'Hôtel-Dieu, depuis l'année 1364 jusqu'en 1599. Nous n'apprendrons point aux érudits combien ces comptes anciens sont une source précieuse d'informations pour l'histoire. Malheureusement un peu sommaires pour la fin du XIVe et tout le XVe siècle, ces comptes deviennent très détaillés dès les premières années du XVIe siècle, aussitôt que des administrateurs laïques prennent en mains la direction de l'Hôtel-Dieu, confiée jusqu'alors au chapitre de Notre-Dame. Il y a là, pour tout le XVIe siècle, une magnifique série de comptes en recettes et en dépenses sur laquelle nous devons dès maintenant appeler l'attention des curieux.

Nous publierons ensuite le recueil des décrets et ordonnances qui constituent ce qu'on appelait « le privilège de l'Hôtel-Dieu : » les exemptions et décharges de droits ou de taxes de toutes sortes, le droit de *committimus*, les octrois sur le sel et le vin, le monopole de la vente de la viande en temps de carême, la confiscation des biens des duellistes au profit de l'Hôtel-Dieu et de l'hôpital général... etc.

PRÉFACE.

Au nombre des documents les plus précieux qui ont échappé à l'incendie de 1871, on doit compter les trois cartulaires de l'Hôtel-Dieu, manuscrits du xiii® siècle, publiés en ce moment sous les auspices du Comité des travaux historiques, dans la collection des documents inédits sur l'histoire de France. Ces cartulaires renferment les titres de propriété des maisons que l'Hôtel-Dieu possédait à Paris dans le cours du xiii® siècle. Ce domaine urbain alla sans cesse en grandissant, et, à la fin du siècle dernier, l'Hôtel-Dieu était propriétaire de plus de 300 maisons à Paris. Nous avons conservé les dossiers qui contiennent les titres (achats, baux, donations, etc.) de ces maisons, ils font suite aux cartulaires.

Pour un grand nombre de ces maisons nous possédons une série de pièces ininterrompue depuis le xiii® siècle jusqu'en 1789. On y trouvera des notions précises sur la topographie de plusieurs quartiers de l'ancien Paris. Nous rappellerons à ce sujet que c'est grâce aux titres de propriété d'une maison donnée à l'Hôtel-Dieu par Perreau de la Charnoye, administrateur de cet hôpital, qu'on a pu fixer définitivement l'emplacement de la maison où est né Molière, c'est-à-dire à l'angle de la rue Saint-Honoré et de la rue Sauval actuelle (ancienne rue des Vieilles-Étuves-Saint-Honoré).

Nous publierons enfin un choix de pièces relatives au vieil hôpital Saint-Jacques-aux-Pèlerins, qui a déjà fait l'objet d'un curieux mémoire historique de M. Henri Bordier, à l'Hôpital général (pour le peu qui nous en est resté), à plusieurs hôpitaux d'enfants tels que les Enfants trouvés, les Enfants-Rouges et l'hôpital du Saint-Esprit en Grève.

Notre collection sera, nous en avons le ferme espoir, accueillie avec faveur par tous ceux qui s'intéressent à l'histoire de Paris et par le Conseil municipal, qui continue, en votant chaque année une large subvention, l'œuvre historique commencée en 1866 par M. le baron Haussmann.

DOCUMENTS

POUR SERVIR

A L'HISTOIRE DE L'HÔTEL-DIEU

DE PARIS

ET DES HÔPITAUX QUI EN DÉPENDAIENT.

PREMIÈRE PARTIE.

PROCÈS-VERBAUX DES DÉLIBÉRATIONS DU BUREAU DE L'HÔTEL-DIEU.

1ᵉʳ REGISTRE. — ANNÉES 1531 À 1545.

Année 1531, 26 novembre. Le dimanche xxvi° novembre mil cinq cens trente et ung, fut tenu bureau par messieurs Briçonnet, de Villeroy, Demarle, Seguier et Hennequin, ouquel fut deliberé ce qui sensuyt : A este ordonné qu'il sera pourveu d'un soliciteur ou Chastellet, de Paris ou lieu de Francoys de Rochefort. Aussi fut ordonné que le manteau du Roy sera vendu au plus offrant et derrenier enchérisseur.

Du mercredy xxix° novembre, fut renouvellé le bail de la ferme de Champroze à Bastien Clément, du jour Sᵗ Martin mil vᶜ xxxii jusques à neuf ans après ensuivant, moiennant la quantité de six muys de grain dont les deux pars blé et le tiers avoyne mesure de Paris, et rendu au grenier dudit Hostel Dieu, ung pourceau gras de xl. s. p., et avec ce tiendra, ledit temps durant, la mare à poisson de ladite ferme.

Du dimanche iii° jour de décembre, le Saint Esperit poursuyt afin de leur bailler une maison assize rue du Verboys, pour ce que par le contraict il a esté dit que se elle estoit vendue ilz la pourroient avoir pour le pris quelle seroit vendue.

Le mercredi vi° decembre, fut advisé touchant le pardon du jour de Noël prochenement venant, qu'il estoit besoing de muer les troncz dudit pardon à Notre Dame de Paris ou autre lieu convenable, pour le dengier qui est à présent oudit Hostel Dieu.

Le x° jour de décembre, a esté ordonné que tous les previlleiges donnez audit Hostel Dieu par le Roy nostre sire et ses prédécesseurs Roys de France seront doublez et mis en ung cahier de parchemin, afin den faire collacion par ung ou deux secrétaires des commandemens du Roy, pour iceulx confirmer par ledit sire et seeller par monsieur le chancellier.

Le derrenier jour de decembre, le receveur dudit Hostel Dieu a prins charge de parler à monsieur Brachet et à monsieur Gobelin afin de les fere transporter au bureau dimanche prochain pour oyr les comptes dudit receveur. — A esté ordonné que monsieur le président Briçonnet parlera à monsieur le prévost des marchans afin de fere indempner la maison baillée par ledit Hostel Dieu aux boursiers du colleige des dix huit estant en la censive de ladite ville assise près le colleige de Cluny. — A esté dit que dimanche prochain fauldra adviser touchant les terres de Sainct Germain des Prés afin de les bailler pour ce que l'Ostel Dieu a esté condemné à en vuyder ses mains; les dites terres sont des appartenances de l'édifice de la Charité.

Le vendredi xxvi° jour de janvier, mesdits sieurs ont dit que dimanche prochain sera advisé de recouvrer quelque pièce de terre au dessoubz l'abbaye de Sainct Victor ou ailleurs où il sera advisé, pour ensepvellir et enterrer les corps des pouvres dudit Hostel Dieu ou lieu du cymitière de la Trinité qui est fort loing et pénible à mener lesdits corps.

Le iv° fevrier, a esté ordonné que la chambre que tient madamoyselle Dubez, joignant la chambre du bureau, sera prinse pour l'accroissement dudit bureau, en laquelle chambre seront vuydées les affaires secretz dudit Hostel Dieu.

Ce mercredy xx° novembre, il a esté permis à maistre François Dupuis, advocat en parlement, de povoir fere mettre et eriger au cymetière des Sains Innocens à Paris, ou lieu où est inhumé feu maistre Estienne Dupuys, son père, une croix de pierre ou de bois, dont l'empatement aura seullement deux pieds de long sur ung pied et demy de lé, moiennant la somme de c. solz qu'il a baillez.

Du xv° jour davril (1533), messieurs les Gouverneurs ont arresté ensemble que ilz viendront tous les premiers dimanches des mois au bureau et cedit jour tenir bureau pour communiquer des affaires de l'Ostel Dieu. — Mémoyre de parler dimanche prochain du trésor qu'il convient fere en la maison qui est joignant le bureau.

Du xxi° may, Jehan Morel, menuisier, demourant à Paris, a marchandé avec messieurs les Gouverneurs de fere et parfere les couches qu'il convient pour la garnison de la salle neufve, que monseigneur le légat faict edifier de neuf joignant l'Ostel Dieu, qui est jusques au nombre de cent couches faictes en la manière qui sensuyt, cest assavoir, chascune couche de six pieds de long sur quatre pieds de large, à dossier de quatre piedz de hault, le tout à panneaulx plains et le tout enchassillé et à jour par dessoubz; au devant desquelz lictz y aura deux panneaulx couchez. Tous lesquels ouvraiges seront à deux paremens. Sur le chevet desquelles couches y aura ung ais de six poulces de large ou environ pour le service des pouvres. Soubz chascune desquelles couches y aura une petite forme de la longueur desdites couches qui se ostera pour reposer les dits pouvres. Le font des dites couches sera faict à double joinct et traverse. Le tout faict de bon bois de Montargis loial marchant, moiennant et parmy la somme de cent dix solz tournois chascune couche, lesquelles couches et formes il doit rendre faictes et parfaictes sur le lieu dans le jour Sainct Remy prochenement venant.

Du vi° juin, messieurs de Villeroy, Demarle, Seguier, Oudart, Hennequin et Ribier ont marchandé avec Jehan Morel, menuysier, de fere, selon les pourtraictz qu'il a baillez à mesdits sieurs, trois autelz pour la chappelle de la salle neufve que monseigneur le légat faict edifier de neuf, à la somme de cinquante livres tournois.

Du xx° fevrier (1534), mes dits sieurs ont ordonné à Guillaume Janvier soy tenir au troncq dudict Hostel Dieu, pour recommander les pardons et se tenir à la porte en sa charge acoustumée.

Du xxv° jour de juin, messieurs Demarle, Hennequin et Daubigeois ont marchandé avec maistre Noel Bellemare, paincte, de paindre toutes les treffles qu'il conviendra au lembruys de la salle neufve que monseigneur le légat faict fere de neuf, au pris de quatre solz six deniers tournois chacune treffle.

Le xx° novembre, messieurs Briçonnet, Lelieur, Hennequin, Ribier ont marchandé avec lesdits Bellemare et Patin de paindre bien et deuement, selon le pourtraict qu'ilz ont eu jourdhuy baillé, les escussons du Roy et de monseigneur le légat pour mettre aux tirans de la salle à l'endroit des penissons, au pris de cent solz tournois pour chascun escusson.

Du xxii° novembre 1536, cedit jour, a esté convenu à maistre Mathurin Tabouet, licencié en médecine, de verre et visiter doresnavant tous et chascuns les pouvres mallades qui sont et viendront cy après oudit Hostel Dieu, une fois ou deux toutes les sepmaines et ainsy qu'il sera requiz par le maistre dudit Hostel Dieu pour, lesdictes visitations faictes, mectre hors ceulx qui n'ont point besoing d'estre pensez, auquel Tabouet mesdits sieurs ont ordonné par chacun an quarente livres tournois de gages.

Du xvi° fevrier (1537), mesdits sieurs ont convenu

avec maistre Jehan Guydo, docteur régent en la faculté de médecine en l'université de Paris, pour visiter les mallades estans audit Hostel Dieu, ensemble les drogues de l'appotiquairerie dicelluy, le tout selon et ensuivant l'arrest de la court. Auquel Guydo a esté ordonné pour ses salleres et vaccations la somme de soixante livres.

Du penultième février, messieurs de Villeroy et Hennequin ont cejourd'huy vendu aux orfèvres de Paris troys muids de vin du creu de Suresnes pour le banquet du jour de Pasques qu'ilz font à l'Ostel Dieu, moiennant la somme de douze livres tournois pour chascun an.

Du xxix° jour de juillet 1538, messieurs ont accordé à Cloud Gerbe, sergent à cheval du Chastellet de Paris, pour servir de son estat et autres afferes licites et honnestes ledit Hostel Dieu, partout où il luy sera commandé, moiennant la somme de l. livres tournois et ung muy avoyne par chacun an, et en allant aux champs ne luy sera aucune chose baillé, sinon ce qu'il despendra seullement et en fera parties lesquelles luy seront paiées par le receveur.

Du derrenier jour d'avril 1538, messieurs ont faict marché à monsieur le président Briçonnet pour la pierre qui est dedans le palais autour de Sainct Michel, au pris de xvj. deniers tournois le pied, pour emploier à ung bastiment qu'il faict faire pour les enffans rouges yssuz de l'Ostel Dieu.

Du xxvii° jour de may 1539, fut retenu pour servir de cirurgien à l'Hostel Dieu au lieu de maistre Bureau et faire toutes autres choses nécessaires comme son prédécesseur, Georges Barbas, aux gaiges de xxx. livres par chascun an.

Du xxviii° juing, a esté ordonné par messieurs les Gouverneurs d'apporter trente deux layettes qui sont au trésor de l'Ostel Dieu où sont plusieurs tiltres, lesquelles ont esté apportées par monsieur Laubigoys, l'un desdicts Gouverneurs, et mettre en une chambre estant au bureau depputée pour mettre les dictes layettes et autres lettres d'icelluy hostel.

Du xxvi° fevrier 1540, messieurs ont retenu Jasot le Normant pour servir de cirurgien ou lieu de Georges Barbas, aux gaiges de xxx. livres tournois.

Du xxiv° jour de septembre, messieurs ont promis à monsieur Guydo, médecin, de luy augmenter ses gaiges à la somme de cent livres tournois.

Du ix° jour de mars 1541, messieurs ont retenu, pour servir de cirurgien à l'Ostel Dieu, maistre Jehan de May, maistre ès ars et cirurgien, et luy a esté accordé xxx. livres tournois de gaiges.

Cedit jour xxiii° mars, furent leues au bureau unes lettres missives envoyées ausdits seigneurs par les gouverneurs de l'Hostel Dieu de Troyes, par lesquelles ilz mandent qu'ilz envoyent dedans ung petit tonnelet l'argent qui a esté trouvé au pardon derrenier, revenant le tout à la somme de unze vingtz dix livres tournois.

Du xx° jour davril 1541, le procureur pour ledict Hostel Dieu en Auvergne a remonstré ausdits gouverneurs que ès esveschez du pays d'Auvergne sont faiz et donnez plusieurs troubles et empechemens et mesmement par messieurs du chappitre de Rodés touchant les pardons dudict Hostel Dieu.

Du premier jour de juillet 1541, ont esté payez les parties à l'appoticaire de l'Hostel Dieu prises par la dame de l'appoticairerie dudit Hostel Dieu, telles qui s'ensuivent : quatre onces de saffran pour bailler au pitancyer dudit Hostel Dieu et aux acouchées, item une livre de muscade, item une livre de casse fresche mondée, item deux livres d'amandes doulces, item livres dytarge d'or.

Du xv° jour de juillet, a esté ordonné que messieurs les Gouverneurs rescripront à monsieur l'evesque de Clermont qu'ilz ont este advertys que sur les deniers provenans des pardons dudit evesché de Clermont, son secretere prent par chascun an vingt livres tournois, qui est une exaction faicte sur les pouvres, qui ne se doibt tollerer.

Du xxix° jour de juillet, est demouré audit Hostel Dieu argent nect la somme de ij° xviij. livres quatorze sols tournois, provenans des Pardons de l'evesché de Tulles.

Cedit jour (31 aout) en la présence de maistre Claude Prevost, procureur en la chambre des comptes, a esté faict révision d'aucuns articles, tant de recepte que de mises, couchées en plusieurs comptes dudit Hostel Dieu, pour verifier les difficultez que faisoit ledit Prevost desdits articles.

Du mercredy xx° jour de juin (1543) fault veoir le bail de Belloiget, fermier du bourg la Royne, pour veoir si par icelluy il est tenu ou non à entretenir les litz et couvertures de l'ospital dudit bourg la Royne.

Du mercredy ix° janv. (1544), Messieurs saichans que les bleds fourmens deubz à l'Hostel Dieu ne y sont paiez et amenez comme ilz avoient de coustume, ont ordonné que maistre Estienne, panetier dudit Hostel, doresnavant acheetera sur les boullengers de ceste ville, pour les griefz mallades, troys ou quatre douzaines de pain blanc par chascun jour; on en fera faire à la maison ce qu'il leur en fauldra.

Aujourdhuy (20 fevrier) Messieurs ont ordonné que Pierre Joieuse sera portier, avec Loys, à la porte du Parvis au lieu de Jehan, lequel Jehan s'en yra estre portier à l'autre porte de la basse cour, qui toutefoys ne laissera à compter les mallades comme il avoit acoustumé, et yra ledit Joieuse demy heure devant le disner à la salle de feu monsieur le Légat pour veoir s'il y a aucuns empeschans, affin de les en chasser; que s'il y a quelque religieux ou religieuse de la maison qui luy dye injure en ceste charge, il en advertira le Maistre et la Prieure, affin d'en faire la pugnition.

Aujourdhuy xii° mars, monsieur le général de Marle a rapporté au bureau que hier fut fustigée à l'Hostel Dieu, par le maistre des haultes œuvres, une femme ayans mal prins, et emporté du pain de la Maison.

Du xiii° de fevrier 1545, à Jacques Boutellier, sonneur de l'église de Paris, a esté acordé pour la sonnerie quil fera, de la veille du jour des pardons de l'Hostel Dieu, du premier dimanche de karesme, il aura c. sols tournois.

Du ii° jour doctobre, a esté ordonné qu'il sera baillé des billetz aux vicaires de trente ou quarente paroisses, tant de la ville et faulxbourgs de Paris, pour faire scavoir aux habitans de la dicte ville le revenu anuel dudit Hostel Dieu, ad ce qu'il ne soient plus ignorants; contenans lesditz billetz que Messieurs les Gouverneurs de l'Ostel Dieu de Paris, eulx estans adverty que la plus grand partie des habitans de la ville de Paris sont mal instruictz, et pensent pour vérité que le revenu du dict Hostel Dieu soit de quarente à cinquante mil livres tournois, qui est cause de retarder les aulmosnes qui y soulloient estre faictes par aucuns gens de bien de la dicte ville, les dits sieurs Gouverneurs certiffient pour vérité que le revenu dudit Hostel Dieu ne monte par chascun an que la somme de dix mil livres, comme ilz feront aparoir par les comptes du receveur général dudict Hostel Dieu, autentiquement renduz, à ceulx qui les vouldront veoir.

2ᵉ REGISTRE. — ANNÉES 1541 À 1547.

Du xxviii° avril 1546, Messieurs ont ordoné que les paouvres auront de la cheir les mercredys comme les jours gras.

Du xvi° jour de juillet, de l'ordonnance de monsieur le Bailly de Sainct Germain des Prez, ont esté faictes leues et publyées les deffences, ès faulxbourgs Notre Dame des Champs, Sainct Germain des Prez et autres lieux et terres appartenant à l'Ostel Dieu de Paris, et faict deffence à touttes personnes de ne se transporter sur lesditz lieux, pour glaner et faire aucunes gerbes, sur peine d'amende arbitraire et corporelle.

Du iii° jour de mars 1547, a esté accordé aux orfèvres que le jour de Pasques sera delivré par l'Hostel Dieu trois muys de vin de Meudon et ung muy de vin viel de Champrosé, du pris de xiv. livres tournois chascun muy, l'un portant l'autre.

Du mercredy vi° jour d'avril, a esté arresté que maistre Jehan Le Vasseur, docteur en médecine, sera retenu pour estre medeçin et visiter les mallades de l'Hostel Dieu, aux gaiges que avoit feu Guydo, son prédécesseur, qui sont de cent livres tournois par an : il sera tenu de visiter, hors le temps de peste, lesdits malades trois fois la sepmaine, item de visiter les relligieulx et relligieuses toutes les fois qu'il sera besoing et mandé, hors ledit temps de peste, item de rapporter une foys la sepmaine, jour du Bureau, le nombre des convalescens qu'il trouvera estre besoing mectre hors ladite maison.

Du xv° jour de juillet, sur la remonstration cejourdhuy faicte par la Prieuse de l'Hostel Dieu, laquelle elle auroit remonstré qu'il n'y avoit pour le present eaue à suffisance, pour laver les linges des pauvres mallades, et que le peuple leur donnoit plusieurs empeschemens et fascheries, il est dit que l'on prendra pour laver ledit linge ung grant basteau, ou deux moyens, auxquelz sera mis ledit linge et mené a mont l'eaue, au lieu plus comode qui se pourra trouver, et à ce faire, seront menez en ledit basteau une ou deux des anciennes religieuses, qui prendront les servantes et autres femmes vallides estans oudit Hostel Dieu.

3ᵉ REGISTRE. — ANNÉES 1559 À 1564.

Du vendredy vɪᵉ jour d'octobre (1559), a esté ordonné que dedans le karesme prochain seront faictes, dedans ledit Hostel Dieu, les réparacions qui ensuivent : c'est assavoir que l'on fera abatre et desmollir et refaire de neuf le pignon de la chambre aux draps, auquel pignon est la cloche du sainct, et pareillement que l'on fera abatre et desmolir et refaire de neuf partie du pignon de l'office Sainct Denis, parce que lesdits pignons sont en péril emynent.

Cejourdhuy (25 octobre 1559), Messieurs Croquet, Lemaçon et Marcel ont esté déléguez par la Compaignye, pour remontrer à Messieurs du Chappitre de Paris, gouverneurs du spirituel dudit Hostel Dieu, les grandes plainctes et clameurs que font les habitans de ceste ville, qui dient avoir veu le mauvais traictement que font les relligieuses, Prieure et Soubz-Prieure dudit Hostel Dieu, aux pouvres malades y affluans, tellement que, à raison de ce, plusieurs malades ne veulent aler audit Hostel Dieu, qui est ung grand scandale, combien que lesdits Gouverneurs du temporel dudit Hostel Dieu baillent et distribuent auxdites Prieure, Soubzprieure et relligieuses toutes choses nécessaires auxdits pouvres malades ; à ces causes, les dessus ditz deleguez ont prié et requis lesdits du Chappitre d'y vouloir adviser et pourveoir, attendu qu'ilz ont la superintendance et correction régulière sur les relligieux et religieuses dudit Hostel Dieu; autrement et à faulte de ce faire, leur ont lesdits deleguez declaré qu'ilz en advertiront Messieurs les Gens du Roy et Messieurs de la Court de Parlement, pour y donner tel ordre qu'ilz adviseront estre à faire par raison.

Du vendredy xxɪɪᵉ jour de mars (1560), a esté ordonné que doresnavant les chappelains dudit Hostel Dieu feront registre de toutes les personnes qui decederont audit Hostel Dieu, sans nul excepter, soit qu'ilz facent testament ou non.

Du mercredy ɪɪɪᵉ jour d'avril, messieurs Maillard et Lecoq, chanoynes en l'église de Paris, ont remonstré auxdits Gouverneur qu'ilz y avoient fait constituer prisonnier frère Pierre Bernard, relligieux dudit Hostel Dieu, pour ses malversations et séditions, qu'il a faicte audit Hostel Dieu, le jour des inocens dernier, et qu'ilz besongnent à la perfection de son procès, avec monsieur le Doyen, et que depuis ledit jour des inocens jusques à huy, il est deu au geollier de Chappitre les geollaiges dudit Bernard.

Du mercredy xvɪɪᵉ jour de juillet, a esté ordonné que toutes et chascunes les drogues contenues en ung memoire adressé par maistre Philippe Alan, médeçin dudit Hostel Dieu, seront faictes et composées, suivant ledit mémoire, par ung apoticaire expert, affin que lesdites drogues soyent mieulx composées, meilleures et plus proffitables aux pouvres mallades qu'elles ne sont de présent, et que icelles drogues composées seront baillées à la relligieuse qui a charge de l'Apoticairerie, laquelle distribuera lesdites drogues tant auxdits pauvres mallades que relligieux et relligieuses dudit Hostel Dieu, suivant les ordonnances du médeçin qui seront inscriptes dedans ung livre de pappier, qui sera et demourera à ladite relligieuse, affin que l'on puisse veoir à quelles personnes lesdites drogues auront esté distribuées, et aussi pour éviter aux abbuz que l'on dict y avoir esté par cydevant, et pour oster tout scandalle et meurmeure du peuple, qui murmueroyt d'avoir apoticairerie pour les relligieux et relligieuses appart, et autre apoticairerie pour les mallades ; partant a esté ordonné que doresnavant tant lesdits pauvres mallades que relligieux et relligieuses seront pensez, medicamentez de mesmes medicamentz, comme la raison le requiert.

Du vendredi ɪɪɪᵉ jour de juin 1561, a esté ordonné que maistre Cosme Roye, chirurgien dudit Hostel Dieu, fera ung registre des noms et seurnoms des personnes malades de vérolle, qui se présentent audit Hostel Dieu, et du jour qu'il les envoyera vers les commissaires de la communaulté des pauvres, pour les faire penser, suivant l'arrest de la Court, et de mois en mois apportera ledit registre au Bureau dudit Hostel Dieu, pour veoir quel nombre y aura esté envoyé desditz vérollez.

Du mercredy xxvᵉ juing, a esté ordonné par provision et jusques autrement en soit ordonné, et pendant le danger de peste estant audit Hostel Dieu seullement, et sans le tirer à conséquence, que les deux serviteurs du chirurgien dudit Hostel Dieu seront logez audit Hostel Dieu, et auront pitance et portion telle et semblable que les autres serviteurs domesticques d'icelluy Hostel Dieu, à la charge qu'ilz ne sortiront aucunement hors dudit Hostel Dieu, ains continuellement et assiduellement, de nuict et de jour, penseront et traicteront les pauvres malades, Frères, Seurs et autres serviteurs dudit Hostel Dieu, quant ilz seront malades, sans aucune intermission.

Du mercredy derrenier jour de décembre (1561), a esté ordonné pour les grans inconveniens et abbuz qui se commectent audit Hostel Dieu, pour la chair et pitance des relligieuses, qui leur est delivrée céans, tant au moien de ce qu'ilz vendent ou donnent leur dite pitance, que aussi qu'elles ont ordinairement des personnes de la ville, auxquelz elles baillent lesdites pitances, à raison de quoy, pour leur réfection et nourriture, il faut qu'elles prennent les portions des mallades, ce qui n'est raisonable et licite de faire, que il sera fait défences aux despensier, bouchers et cuysiniers, de délivrer aucune chair creue aux relligieuses, ains leur bailleront et distribueront cuyte, ainsy que par ci devant, et d'anciennetté a esté faict, c'est assavoir qu'elles envoyront querir leurs dites pitances, soit pour celles qui seront mallades ou celles qui seront en santé, en la cuysine dudit Hostel Dieu, parce que les dites relligieuses qui sont servantes des malades doibvent être substantées, nourries et alimentées de pareilles et semblables viandes que les dits pauvres malades qu'elles servent.

Du mercredy xv⁵ avril (1562), a esté ordonné qu'il sera mis aux baulx qui se feront doresnavant des maisons assizes en ceste ville de Paris et faulxbourgs, que les personnes qui se treuveront estre de la nouvelle religion seront contrainctz de vuider hors des dites maisons incontinant.

Du mercredy xx⁵ jour de may, a esté ordonné, entendu le dangier de peste estant audit Hostel Dieu, et la necessité des coustilz et linge, que la poullière du dit Hostel Dieu, qui dit avoir c. livres tournois en ses mains provenans de la vente des habillemens des pauvres malades qui sont decedez audit Hostel Dieu, employera ladite somme en achat des dits coustilz et toilles, pour subvenir auxdits pauvres malades, et pour ce faire, appellera le Maistre dudit Hostel Dieu, pour veoir l'achapt qui aura esté faict desdits coustilz et toilles, et le certifiera, et signera ledit achapt qu'il envoyera au bureau.

Du penultième jour d'octobre, après le bon rapport fait de la personne de Maistre Vincent Hamelin, chirurgien, par monsieur Alan, médecin dudit Hostel Dieu, a esté commis en l'estat de chirurgien dudit Hostel Dieu, moiennant ix^{xx}. livres tournois de gaiges.

Du vendredy xviii⁵ jour de décembre, sur la remonstrance faicte à Messieurs de la Court de Parlement, par lesdits sieurs Gouverneurs, de l'extrême nécessité et indigence dudit Hostel Dieu, à raison des grandes sommes de deniers qui sont deues par icelluy Hostel Dieu, jusques à la somme de quinze mil livres et plus, à quoy le Receveur General dudit Hostel Dieu ne peult satisfaire et payer, ont mesdits sieurs de ladite Court advisé, tant pour satisfaire auxdites debtes que pour faire les provisions qui sont de présent nécessaires à faire audit Hostel Dieu, que lesdits Gouverneurs pourront vendre des maisons appartenant audit Hostel Dieu, assizes en ceste ville de Paris, qui se trouveront estre moins dommageables à icelluy Hostel, ou bien que s'ilz ne trouvent promptement à vendre lesdites maisons, de vendre des rentes; remectant ladite Court le tout à la discrétion desdits Gouverneurs de faire en leurs consciences, comme bons et vrays administrateurs doibvent faire; lequel advis messieurs de Dormans et Jacquelet, conseillers en ladicte Court, ont esté commis par icelle Court pour le référer et rapporter ausdits gouverneurs dudit Hostel Dieu, en leur Bureau, et en ce faisant, leur ont declairé que ladite Court ne leur en povoit délivrer aucun arrest, jusques à ce que les venditions desdites maisons et rentes fussent faittes, attendu qu'ilz remettoient le tout à la discrétion desdits Gouverneurs.

Du premier jour de décembre (1563), sont comparus Nicolas Reon et sa femme, héritiers de la défuncte femme de Martin Lescrivain, en son vivant fermier dudit Hostel Dieu, au bourg la Royne, lesquelz ont remonstré que ledit defunct Lescrivain avoit prins ladite ferme dudit Hostel Dieu en jour saint Martin dernier mil v⁵ lx., et que avant l'an révolu, lesdits Lescripvain et sa dite femme seroient decedezz de peste et toute leur famille en ladite ferme, de manière que personne ne se osa ingérer lors d'aller bastre les grains estans en la grange d'icelle, et que au moyen de ce les gens de guerre qui se seroient logez peu après audit lieu de bourg la Royne, lorsque le camp estoit devant Paris, auroient tout pillé ce qui estoit en ladite ferme.

4ᵉ REGISTRE. — ANNÉES 1564 A 1573.

Du mercredy x⁵ jour d'avril, a esté passé contrait de transaction entre les Gouverneurs dudit Hostel Dieu d'une part et Maistre Pierre de Soubz le Four, viconte de Vaulx, d'autre part par lequel lesdits de l'Hostel Dieu ont ceddé et transporté en eschange, audit De Soubz le Four, tous et chascuns les droictz qui competent audit Hostel Dieu, à cause de la donation faicte à icelluy Hostel Dieu, de la terre et seigneurie de Moisenay, par feu maistre Pierre de Riveron, en son vivant auditeur en la Chambre des Comptes, et pour ce en contre eschange, ledit De Soubz le Four a ceddé et transporté audit Hostel Dieu deux cens livres tournoiz de rente, qui luy estoient deubz par le Prévost des Marchans.

Du vendredy vi° aoust 1568, a esté receu, pour servir de médeçin audit Hostel Dieu, maistre Simon Malmedy, docteur régent en la Faculté de Médeçine, et moyennant la somme de vi^{xx} livres tournoiz.

Du xvii° jour de septembre, a esté receu, pour servir de chirurgien, maistre Balthazar Delaistre, chirurgien à Paris, moyennant la somme de ix^{xx} livres tournoiz de gaiges.

Du xvi° jour de febvrier 1569, a esté faict marché avecq Pierre Templier, marchant poulailier, demourant à Moulins, en la Marche, de fournir audit Hostel Dieu, pendant le karesme prochain, assavoir par chascune sepmaine, une douzaine de chevreaux et non plus, des chappons poulles et pouilletz le plus quil pourra, chacune sepmaine le vendredy, et ce moyennant neuf livres tournoiz pour douzaine de chevreaux, six livres tournois pour chascune douzaine de chappons, quatre livres dix solz pour chascune douzaine de poulles, et troys solz de chascun poullet, le tout bon loyal et marchant, obligeant corps et biens.

Du vendredy ii° jour de décembre, ou lieu de Maistre Silvain de Malmedy, et pendant son absence, a esté receu médeçin Nicolas Legros, docteur régent en la Faculté de Médecine.

Du mercredy xxi° jour de may (1572), a esté ordonné à Maistre Balthazar Delaistre, chirurgien dudit Hostel Dieu, et à ses serviteurs, qu'il leur sera baillé et delivré dedans ledit Hostel Dieu, et non ailleurs, une chopine de vin et une miche bise au matin, avec ung pied de mouton pour ledit Delaistre, et ce quant ils yront penser les malades, et une autre chopine de vin et une miche bize au soir, quant ledit chirurgien et ses dits serviteurs yront pareillement penser lesdits mallades, et ce sans que lesdits chirurgiens et ses serviteurs puissent prendre autre pitance audit Hostel Dieu, que ce qui est ordonné cydessus.

Du vendredy xxii° d'aoust, a esté ordonné qu'il sera mandé aux fermiers dudit Hostel Dieu, qu'ilz ayent à fournir jusques à douze escuz par chacun an, pour bailler aux mareschaulx des logis et fourriers du Roy, affin de deschargrer sur leurs registres les fermes dudit Hostel Dieu, et que doresnavant ilz n'ayent gens de Court et autres logez esdictes fermes.

Du vendredi xxviii° novembre, sur la remonstrance faicte par la mère Prieure et Soubzprieure et dames de la Poullerye, des acouchées, et autres relligieuses estans au Bureau dudict Hostel Dieu, par laquelle ilz auroient remonstré que à faulte de visiter par le médeçin les malades dudict Hostel Dieu, et de leur ordonner des médicamens, il en mourroit beaucoup par faulte d'estre médicamentez, a ceste cause a esté ordonné à l'huyssier du Bureau de faire venir le médeçin vendredy prochain audit Bureau, afin de commender audict médeçin de faire son debvoir mieulx qu'il n'a faict par cydevant, autrement qu'il sera ordonné par la Compagnye ainsi qu'elle verra estre à faire.

Du vendredy xvi° jour de janvier, a esté ordonné que doresenavant la Poullere dudict Hostel Dieu, suivant les deffences à elle faictes, tant par monsieur l'évesque de Paris, que par Messieurs dudict Chappitre, ne vendra aulcuns habillemens des malades deceddez audict Hostel Dieu, ains les serrera ou fera serrer en la Poullerye dudict Hostel Dieu, pour les bailler et distribuer aux convalescens dudict Hostel Dieu, qui n'auront aulcuns vestemens et habillemens, et quant il luy sera commendé par les Gouverneurs dudict Hostel Dieu ou par les Maistres d'icelluy, et pour le regard des trente solz tournois que ladicte Poulliere distribuoit par chascune sepmaine aux Chevetaines, a esté ordonné que ledict Maistre dudict Hostel Dieu les avancera, et par après en sera remboursé par le Recepveur Général dudict Hostel Dieu, auquel sera expedié mandement tous les trois moys pour ce faire.

Ce jourdhuy (18 fevrier 1573), a esté receu pour médeçin maistre Robert Croson, docteur régent en la Faculté de Médeçine, ou lieu de maistre Simon Malmedy, à la charge de visiter les malades tous les jours, sans discontinuer, et ce moyennant vi^{xx} livres tournoiz de gaiges par an.

Du vendredi xiii° mars, la Compagnye estant assemblée pour adviser tant sur la despense excessive et extraordinaire qui se fait audit Hostel Dieu, que sur les abbuz qui se commectent en icelluy Hostel, et ayant esté deuement certiorées que l'ung des plus grands abbuz qui se commect audict Hostel Dieu est et procedde par le moyen de la chair, qui est distribuée creue aux relligieuses et filles blanches dudict Hostel Dieu, et après avoir sur ce delibéré et faict fere lecture des précédentes ordonnances, pour raison de ce faictes avec meures deliberations, ladicte Compagnye a ordonné et ordonne que doresnavant, à commencer du jour de Pasques prochain, aulcune chair creue ne sera distribuée à toutes les relligieuses et filles blanches dudict Hostel Dieu, en quelque sorte ne pour quelque occasion que ce soit, ains sera ladicte chair baillée par le despencier ou cuysinier, les membres tous entiers, à compter ung membre pour six relligieuses et filles blanches pour chascun repas, qui est disner et soupper, pour par après iceulx membre estre distribuez, ainsi entiers ou party, et divisez par portions, auxdites relligieuses et filles blanches, par la Prieure et Soubz Prieure, ainsi qu'elles adviseront bon estre, tant pour celles qui mangeront en couvent que pour les aultres qui seront empeschées autour des malades, affin que les abbuz qui sont commis par cydevant n'ayent plus de lieu, et aussi que la conventualité et regularité desdites relligieuses soit entièrement observée et gardée, comme elle a tousiours esté d'anciennetté, et que par le moyen de ladite assemblée et congrégation conventuelle desdites relligieuses et filles blanches, en leur dit couvent, *à boire et menger continuellement et sans discontinuation cela puisse apporter une correction régulière*, que elles pourront faire entre elles, qui pourra servir à corriger les faultes que commectent lesdites relligieuses et filles blanches, dont en est advenu et advient de grans inconvéniens, et semblablement les abbuz qui se sont commis et commectent par icelles relligieuses et filles blanches à boire et menger particulièrement et à part, et pour ceste cause a esté la présente ordonnance faicte verbalement au Maistre et Prieure dudit Hostel Dieu, à ce qu'ilz nen pretendent cause d'ignorance, et en ce faisant enjoinct audit despensier et audit cuysinier de exécuter ladicte ordonnance de point en point, selon sa forme et teneur.

Du vendredy xxvi° juing (1573), après avoir mis en délibération par la Compagnye la requeste par elle présentée à la Court, pour enjoindre aux jurez apothicaires de ceste ville de trouver et choisir ung serviteur apoticaire capable, pour faire composer et distribuer aux malades les médecines suivant l'ordonnance du médecin, a esté ordonné par ladicte Compagnye au greffier du Bureau dudict Hostel Dieu, de prier lesdictz jurez apoticaires d'iceulx trouver, mercredy prochain, audict Bureau, et d'amener le serviteur apothicaire qu'ilz ont trouvé capable pour ce faire, et a esté advisé par ladicte Compagnye que, à ce dict jour de mercredy, seront mandez audict Bureau les Maistre, Prieure, Soubzprieure, la relligieuse qui a la charge de l'apothicairerye, et les chevetaines, pour accorder ensemble du reiglement dudict serviteur apothicaire, et aussi afin qu'ilz entendent l'intention de ladicte Compagnye.

Du xvii° jour de juillet, la Compagnye a arresté que le sieur Crozon, médeçin, ou lieu de vi^{xx} livres de gaiges à luy ordonnez par cidevant, aura vii^{xx} livres tournois par an, et ce sans le tirer à conséquence.

Du mercredy xxix° juillet, a esté offert des pierres et desmolitions de la maladerye du pont de Charenton, par Nicolas Gaillet, marchant à Paris, x. livres tournois.

Du mercredy v° jour d'aoust, a esté ordonné au greffier de prier monsieur l'advocat de Thou de prendre jour, pour faire la mercuriale audict Hostel Dieu, principalement pour le regard de la grande et excessive despence qui se faict audict Hostel Dieu par les religieux et religieuses et serviteurs domesticques, tant en pain, vin, viande, et qui excede quasi la despense qui est faicte pour les pauvres malades, et ayant par ledict greffier sceu le jour dudict sieur de Thou, en fere advertir la Compagnie par l'huissier du Bureau, ensemble messieurs Davivier, Foucquet, Sainct André et Bony.

Du sabmedy viii° jour d'aoust, ladicte Compagnye estant assemblée, et ayant mis en délibération la grande et excessive despense qui se faict et qui se fera l'année prochaine audict Hostel Dieu en vin, qui est plus de deux mil livres tournois par mois, de manière que pour le peu de vin que l'on pourra recueillir ceste présente année, il conviendra achapter pour plus de trente mil livres tournois de vin, combien que le revenu dudict Hostel ne monte que vingt mil livres tournois ou environ; si le Maistre, les religieux, religieuses, chappellains et aultres serviteurs ne se veullent retrancher de la portion du vin qui leur est distribuée, afin que par ce retranchement l'on puisse subvenir aux aultres provisions dudict Hostel Dieu, comme de bledz, chaire et aultres provisions, oyz ledict Maistre, lesdictz religieux, la Prieure et aultres religieuses pour se mandez, lesquelz apres leur avoir faict les remonstrances susdictes et la grande et extreme nécessité du vin que l'on ne peult à présent trouver en France, et que l'on pourra encores plus mal aysément recouvrer cy après, à cause de la stérilite des vignes, ont yceulx Maistre, religieux et religieuses et serviteurs domesticques accordé ce qui s'ensuyt, par provision et ce sans le tirer à conséquence pour l'advenir, et seulement pour la grande et extreme nécessité du temps, assavoir, pour chacun jour ; pour les messes, ung demy septier ; au portier qui compte les malades, demy septier ; pour les malades la nuict, six pintes ; au Maistre, aux relligieux, aux quatre chappellains, au Maistre des enfans de cueur, au panetier et au despensier, à chacun ung demy septier à desieuner, une chopine au disner, et une choppine au soupper ; aux six enfans de cueur, une pinte à disner et une pinte à soupper; au serviteur du Maistre et au serviteur du couvent, à chacun trois demys septiers par jour; aux quatre cuysiniers et deux bouchers, à chacun par jour trois chopines; aux quatre portiers, à chacun troys demys septiers par jour; aux quatre boulengers, tant pour le jour que pour la nuict, huict pintes; aux amballeurs, par chacun jour douze pintes, assavoir trois pintes à desjeuner, trois pintes à disner, trois pintes à soupper, et quant ilz yront à la Trinité, trois autres pintes; au chappellain qui va la nuict à la Trinité, deux septiers; à la Prieure et Soubzprieure, par chacun jour quatre pintes; à la dame de lessiment, la poullière, la portière du costé du parvis Nostre Dame, la portière de Petit Pont, la dame de l'apothicairerye et la dame des acouchées, à chacune demy septier à desieuner, chopine à disner et chopine à soupper; à toutes les religieuses et filles blanches, soixante pintes par jour; et néantmoings sera le célrier dudict Hostel Dieu songneux de sçavoir quelles religieuses seront absentes dudict Hostel Dieu, pour le rabattre à la dame du couvent; aux veillaresses qui veillent la nuit les malades, qui sont en nombre de sept chacune nuict, trois pintes et chopine; à la sage femme et sa chambrière, à chacune une pinte par jour; et quant aux religieuses et filles blanches qui font les lictz des malades, qui avoyent acoustumé d'avoir trois chopines par jour, n'en sera aulcune chose distribuée pour le présent, actendu ladicte nécessité du temps, et aussi qu'elles ont leur portion de vin à desieuner; et pour le regard des malades, en sera faicte distribution tant du desieuner, disner et soupper, comme ilz ont acoustumé, et quant à la despence extraordinaire, n'en sera pour le présent faicte aulcune, en quelque sorte que ce soit, et a esté enjoinct audict cellerier de observer ce que dessus, sur peine de s'en prendre à luy et destre procédé à l'encontre de luy extraordinairement, comme infracteur des présentes ordonnances.

Du vendredy xxi° jour d'aoust, a esté receu pour servir de médecin audict Hostel Dieu, ou lieu de deffunct maistre Robert Croson, maistre Jacques Maran, docteur régent en la Faculté de médecine, et ce moyennant la somme de vi^{xx} livres tournois de gaiges par an, à la charge de continuellement et assiduellement visiter les malades dudict Hostel-Dieu.

Du mercredy ii° jour de septembre, maistre Pierre Petit, pannetier dudict Hostel Dieu, a remonstré a la Compagnye qu'il n'y avoit que deux muydz de bled audict Hostel Dieu, et qu'il en convenoit chacun jour pour la provision dudict Hostel Dieu de sept a huict septiers, et que les fermiers dudict Hostel Dieu, qui en doibvent grande quantité, ne tiennent compte de en amener; à ceste cause ledict Petit a requis la Compagnye d'avoir acte de la remonstrance et déclaration susdictes, afin que s'il y a faulte de pain audict Hostel Dieu, qu'il ne luy soit imputé que se a esté par sa faulte.

Du vendredy iii° septembre, pour subvenir aux urgentes nécessitez en quoy se trouve a présent ledict Hostel Dieu, et suivant l'arrest de la Court de Parlement du unziesme juillet dernier passé, par lequel il est permis aus dictz Gouverneurs de vendre des maisons vieilles et caducques, appartenans audict Hostel Dieu, ou vendre et transporter des rentes que ledict Hostel Dieu a sur l'Hostel de la Ville, a esté vendu et transporté v^e livres tournois de rente à maistre Jacques Coppier, praticien et bourgeois de Paris, moyennant la somme de vj. mille livres tournois qui a esté receue par le receveur général dudict Hostel Dieu.

Du vendredy xxv° jour de septembre, lesdicts Gouverneurs, après plusieurs fois eulx estre assemblez audict Bureau, pour pourvoir d'un personnage idoine et suffisant, pour exercer l'estat et office de receveur général, ou lieu de défunct maistre Claude Coynart, ont nommé et esleu maistre Ambroise Baudichon, bourgeois de Paris, lequel a accepté ladicte charge et faict le serment en tel cas requis et acoustumé, et ce moyennant la somme de cinq cens cinquante livres tournois de gaiges par an.

Le dimanche quatriesme jour d'octobre en suivant, maistre Hierosme de Varade, médecin ordinaire du Roy, premier de Madame, a plegé et cautionné ledict Baudichon pour raison de la recepte generale dudict Hostel Dieu, et a faict son propre faict et debte pour ledict Baudichon de ce qui se trouvera estre reliquataire, le tout comme il appert par ladicte obligation.

Ce dict jour (30 septembre), sur la requeste faicte par la Prieure, par laquelle elle auroit requis à la Compagnie de luy faire délivrer quinze aulnes de blanchet et quatre vingtz manteaulx de panne blanche, pour distribuer à vingt des religieuses dudict Hostel Dieu, comme elle a dict estre acoustumé faire par chacun an, la matière mise en deliberation et après avoir veu par aulcuns de ladicte Compagnie le peu de bled et vin qui estoient ès greniers, caves et celiers dudict Hostel Dieu, et aussi le peu d'espérance que ladicte Compagnie a d'en recepvoir des fermiers, tant au moien de l'infortune du temps, que de ce que les dictz fermiers ont esté et sont encore pillez et mangez par les gens de guerre et gens de court, ladite Compagnie a advisé que, pour le présent, elle ne peult faire délivrer les choses dessus dictes à la Prieure, daultant que les vivres tant des pauvres malades dudict

Hostel Dieu sont à préférer à leurs vestemens, et que pour ceste heure, lesdictes religieuses se pourront ayder des habillemens des aultres religieuses, qui ont eu du blanchet et de la panne les années préceddentes.

Cejourdhuy (24 octobre 1573), la Compagnie estant assemblée, tant pour subvenir à la très grande et extrême nécessité dudict Hostel Dieu, pour raison de la penurye et charté des vivres, que aux abuz et malversations qui sont faictz et commys audict Hostel Dieu, par le moien desquelz il se faict une despence extraordinaire, laquelle est faicte par des personnes valides et convalescens qui sont audict Hostel Dieu, soubz les relligieux et relligieuses dudict Hostel Dieu, pour les servir, de manière qu'il n'y a relligieux, relligieuses et la plus grande partye des serviteurs domesticques dudict Hostel Dieu qui n'ait ung serviteur soubz luy, et cependant lesdictes personnes vallides sont nourry audict Hostel Dieu, pour à quoy obvier, et affin de pouvoir tousjours entretenir ladicte Maison Dieu en son integrité, s'il est possible, attendu que de mémoire d'homme il n'a esté et ne sera, sy Dieu n'y estant sa grâce, sy grande pauvreté et nécessité en ce royaulme, mesmement audict Hostel Dieu, où il n'y a ne bledz ne vins, tant à cause du peu de revenu des vignes dudict Hostel Dieu, qui n'est que de soixante muidz ou environ, que aussy du peu de revenu des grains des fermes dudict Hostel Dieu, de manière qu'il y a quatre ou cinq fermes dudict Hostel Dieu, qui ont esté quictées et habandonnées par les fermiers, et aultres quatre ou cinq que l'on veult quicter et habandonner, et ce advisé par ladicte Compagnye, après en avoir communicqué avec les Maistre, relligieux, Prieure et Soubzprieure dudict Hostel Dieu, qui ont esté d'accord pour la très grande extrême nécessité du temps, toutes foys sans le tirer à conséquence pour l'advenir, premièrement que quant aux paouvres mallades, suyvant l'advis du médecin dudict Hostel Dieu, ne leur sera doresenavant baillé ne distribué aulcun vin, ains au lieu de ce, leur sera distribué d'un breuvage appellé ydromel, qui sera composé suyvant lordonnance dudict médeçin; item que doresenavant ne sera baillé aulcune récréance aux relligieux et relligieuses, ne aultres quelconques, mais seulement leur ordinaire, et pour le regard des griefz mallades, leur sera distribué les jours de dimenche, mardy, jeudy au soir, des hachis de mouton, et pour ceste cause a esté deffendu et enjoinct au despencier dudict Hostel Dieu de ne plus faire de despence extraordinaire, en quelque sorte que ce soit; item a esté enjoinct au Maistre dudict Hostel Dieu de faire mieulx son debvoir, et avoir plus grand soing et sollicitude au traictement des paouvres mallades qu'il n'a faict par cydevant, et que tous les jours il aille par les salles desdictz mallades, veoir comme iceulx mallades sont traictez et pensez, et que s'il y trouve quelque faulte faicte par les relligieuses et filles blanches, qu'il la répare ou face réparer incontinant et sur le champ; item si aulcunes desdictes relligieuses sont rebelles et désobeissantes, a esté enjoinct audict Maistre d'en advertir incontinant mesdicts sieurs du Chappitre, affin d'y pourveoir; item a esté aussy enjoinct audict Maistre de apporter au Bureau dudict Hostel le roolle des noms et seurnoms des personnes vallides audict Hostel Dieu, pour le dict roolle, veu par mes dis sieurs les gouverneurs dudict Hostel-Dieu, estre baillé au Bailly du chappitre, pour y estre par luy pourveu; item a esté enjoinct audict Maistre de mettre hors tous les serviteurs que ont les relligieux et les soubz serviteurs des serviteurs, comme le serviteur du Maistre, qui a ung soubz serviteur, le serviteur du couvent, les boullengiers, les cuisiniers, les bouchers, les portiers et les amballeurs, et génerallement tous les serviteurs et chambrières que ont lesdictes relligieuses, tous lesquelz serviteurs et chambrières extraordinaires montent à plus de cent personnes, qui est une despence excessive qui n'est à tollerer; item a esté enjoinct audict Maistre et à tous les relligieux, sur peine de inobédience, de aller chascun par tour, tous les jours au matin, avec le portier qui compte les mallades, et de signer et certiffier le billet qui en sera faict, et en ce faisant regarder et avoir l'œil que ledict portier ne compte au nombre desdictz mallades lesdictes personnes vallides, ensemble lesdicts serviteurs et chambrières desdictes relligieuses, comme il a faict par cydevant, et aussy de regarder sy lesdictes relligieuses et filles blanches font leur debvoir au traictement desdictz paouvres, et a esté enjoinct au Maistre, Prieure et Soubzprieure, de commander ausdictes relligieuses de obtempérer aux admonitions que leur feront lesdicts relligieux pour ledict traictement desdictz paouvres; item a esté enjoinct à tous lesdictz relligieux de bailler audict Maistre les noms et seurnoms de ceulx qui scavent estre vallides audict Hostel Dieu, et aussy desdictz serviteurs et chambrières, sur peine de inobédience et excommunication; item a esté enjoinct à la Prieure et Soubz Prieure de n'envoyer des relligieuses dudict Hostel Dieu garder des mallades en la ville sans demander congé à mesdicts Sieurs du Chappitre, et en advertir mesdicts Sieurs les Gouverneurs dudict Hostel Dieu.

Cedict jour (20 novembre 1573), sur la plaincte faicte des larrecins qui se commectent par la porte dudict Hostel Dieu, du costé de petit Pont, et qu'il estoit besoing de faire fermer la porte par où l'on entre aux salles des malades, mesmement que depuis dix ans il s'y est faict des larrecins innumérables, lesquelz ont causé de grans murmures en ceste ville par les bons bourgeois, manans et habitans d'icelle, à cause du mauvais traictement que ont faict et font les religieuses aux pauvres malades dudict Hostel Dieu, par le moien de ce que leur pitance et vivres leur est osté par lesdites religieuses et faict emporter hors d'icelluy Hostel Dieu par ladicte porte de petit pont, à ces causes et pour y obvier, a esté advisé par la Compagnie qu'il en sera communicqué à Messieurs du Chappitre, pour y donner ordre, et néantmoins ladicte Compagnye a trouvé bon que icelle porte par où l'on entre en la salle des malades soit du tout fermée, affin d'éviter ausdicts larrecins et aultres malversations qui se commectent par ladicte porte, et quand au reste, il y sera advisé par les Sieurs du Chappitre.

Cedict jour (27 novembre), a esté ordonné que Messieurs Le Prestre et Le Clerc verront le compte du Maistre de l'Hostel Dieu, de la recepte qu'il a faicte des legs, vigiles et convoiz, et aussi l'estat de la recepte et despense qu'il a faicte touchant la maladerie de Fontenay, sur le bois de Vincennes.

5ᵉ REGISTRE. — ANNÉES 1574 À 1578.

Cejourd'huy (27 fevrier 1574), a esté accordé par la Compagnie avec un religieux des Jacobins de ceste ville, que pour le différent qui estoit entre ledict Hostel Dieu et les Jacobins du Mans, pour raison du jubilé dernièrement célébré ou diocèse dudict Mans, que lesdits Jacobins bailleront audict Hostel Dieu, dans un mois, la somme de six vingtz livres tournois, et en ce faisant, seront les parties hors de Court et de procès, et les dépens d'une part et d'aultre, à faulte de ce faire, que ledict Hostel Dieu poursuivra l'instance qui est pendant en la Court entre icelles parties.

Cejourd'huy (23 avril 1574), a esté ordonné qu'il ne sera doresnavant faict aulcune composition pour le droict du lict de chacun chanoine qui decedera cy après.

Cedict jour (21 mai), a esté ordonné à François Martin, enfant de cueur dudict Hostel Dieu, la somme de xxx. livres tournois par chacun an, et ce pour aider à soy entretenir au collège.

Cejourd'huy (24 novembre), a esté fait marché avec Claude de Launay, demourant sur le pont aux musniers, pour mouldre et fere mouldre, en son molin et ailleurs, tous les bledz et grains qui luy seront a ce baillez par lesdicts Gouverneurs, quand bon leur semblera, pour ledict Hostel Dieu et substantation des pauvres y affluens, sans qu'il puisse mouldre pour aultruy, pendant qu'il aura lesdictz bledz et grains dudict Hostel Dieu, le tout à la raison et moyennant la somme de iiii. l. v. sous tournois pour chacun muy desditz bledz et grains, mesure de Paris.

Cedict jour (29 decembre), à raison des abbuz qui se commettent audict Hostel Dieu par les religieuses qui vont garder les malades en la ville, tant au moyen de ce que pendant qu'elles sont absentes l'on va prendre leur pitance et portion aux offices, que aussi l'on ne scait quand icelles relligieuses sont sorties dudict Hostel Dieu, et pareillement quand elles retournent en icelluy, de manière que, des deniers qu'elles reçoipvent des bourgeois de ceste ville, lesdicts Gouverneurs n'en peuvent veoir ce qui en provient pour et au profit desdicts pauvres, la matière mise en délibération, la Compagnie a ordonné et enjoinct au Maistre dudict Hostel Dieu de faire registre qu'il apportera de mois en mois audict Hostel Dieu, du jour que lesdictes religieuses yront garder les malades en la ville, et semblablement du jour qu'elles retourneront audict Hostel Dieu, et aussi de advertir par ledict Maistre les pannetier, despensier et cellerier, dudit jour qu'elles sortiront et dudict jour qu'elles retourneront, afin de rabatre leurs portions, et que lesdicts Gouverneurs puissent scavoir ce que l'on aura donné ausdits pauvres dudict Hostel Dieu, pour avoir gardé par lesdictes religieuses personnes malades en la ville.

Cejourd'huy (13 avril 1575), sur les plainctes faictes pour raison des abbuz qui se commectent audict Hostel Dieu, par les religieuses d'icelluy Hostel qui, ou lieu de penser les malades, font de grandz pastez qu'elles dient estre de leurs portions qui leur ont esté baillées creues par le despensier, la Compagnye a enjoinct audict despensier de ne aulcunement en quelque sorte que ce soit contrevenir aux ordonnances.

Cejourd'huy (4 mai), a esté ordonné au despensier d'achapter toutes les sepmaines trois veaulx, pour estre distribuez aux griefz mallades seullement, ès jours de dimanche, mardy, et jeudy, en chair boullie et non rostie, et jusques à ce que aultrement en soit par la Compagnie ordonné.

Cedict jour (9 novembre), la Compagnie estant advertie de ce que les portiers dudict Hostel Dieu abusent ordinairement au compte qu'ilz font des mallades, et qu'ilz rapportent au pannetier, despensier et sommelier dudict

Hostel Dieu, qui est de plus de trente personnes tous les jours, où ilz comprengnent les serviteurs et servantes des relligieuses et filles blanches dudict Hostel Dieu, dont est faict despense audict Hostel Dieu de plus de iiii^m livres tournois par chacun an, qui a esté la cause de mectre ledict Hostel Dieu en si grande et extrême nécessité que de vendre et alliener plus de xl mille livres tournois des biens dudict Hostel Dieu, à ceste cause a esté ordonné par ladicte Compagnie, aux chappellains ordinaires dudict Hostel Dieu, faire registre, comme ilz sont tenuz et doibvent faire, des mallades qui entrent audict Hostel Dieu, et aussy de ceulx qui y deceddent, affin que l'on puisse scavoir ceulx qui entrent et ceulx qui deceddent, pour servir aux personnes qui sont héritières des doceddez, et oultre a esté enjoinct auxdicts chappellains de bailler par estat tous les jours ausdicts pannetier, despensier et sommellier, le nombre des mallades, tant de ceulx qui entrent que de ceulx qui deceddent, et de les confesser quant ilz y entrent, et sur ce que lesdits chappellains ont demonstré qu'ilz sont empeschez ordinairement à faire le service en l'église dudict Hostel Dieu, comme estant subjectz à célébrer les grandes messes chacun sa sepmaine, comme les relligieux d'icelluy Hostel, ladicte Compagnie a advisé qu'il en sera parlé à Messieurs du Chappitre de Paris, afin de charger lesdits religieux de faire et célébrer tout le service qu'il convient estre faict audict Hostel Dieu, et en descharger lesdicts chappellains, affin que iceulx s'employent totallement à l'administration des sacremens ausdits pauvres malades, qui est autant de descharge pour lesdicts relligieux, qui suivant leur ancienne institution et profession, estoient tenuz de ce faire.

Cedit jour (17 fevrier 1576), a esté ordonné que les médecin et chirurgien dudict Hostel Dieu se trouveront chacun jour de vendredy au Bureau, pour randre raison de leur charge, et aussy pour adviser par la Compagnie avec eulx du traictement des pauvres mallades, et pour mectre hors ceulx qui sont guariz.

Cedit jour (23 mars), a esté ordonné que la Compagnie se trouvera, demain matin à dix heures, pour se transporter vers Monsieur de Paris, pour les propos que a tenuz le prédicateur de Sainct Jacques de la Boucherie.

Cejourd'huy (6 avril 1576), est comparu Guillaume Le Sueur, archer de la garde du corps du Roy, sous la charge de Monsieur de Scaussay, grant prévost de l'Hostel dudict Seigneur, lequel a faict entendre à la Compagnye comme ung charretier nommé Jehan Lamendant, demourant à Tremblay, est suspitionné d'avoir ensorcelé et empoisonné les chevaulx de la ferme de Compans, appartenant à Claude Poille, fermier dudict Hostel Dieu, et que l'on a faict emprisonner ledict Lamendant ès prisons du for Levesque, et qu'il ne reste que à avoir partye pour informer et pour faire son procès, ladicte Compagnye a donné charge a Me Estienne Contesse, advocat en Parlement, ayant charge des affaires et procès dudict Hostel Dieu, de prier, au nom de ladicte Compagnye, monsieur le Procureur du Roy en ladicte prévosté de l'Hostel, de se rendre partye à l'encontre dudict Lamendant, et obtenir commission pour informer sur la plaincte faicte par ladicte Compagnye, à l'encontre dudict Lamendant.

Cedict jour (11 avril), monsieur Palluau auroict remonstré à la Compagnie, que monsieur le Duc et madame la Duchesse de Nyvernois auroient ordonné quelques sommes de deniers estre distribuées à tousiours par chacun an à des pauvres filles à marier, à certaines charges et conditions, desquelz en a esté faict lecture à la Compagnie, et après lecture faicte, la matière mise en délibération, ladicte Compagnie a advisé de déléguer aucuns d'icelle et de faict auroict délégué lesdits sieurs Président de Nully, Palluau, Hotman, Leclerc, pour faire entendre ausdicts sieur Duc et dame Duchesse de Nyvernois l'acceptation que ladicte Compagnie a faicte de ce qu'il leur a pleu ordonner, tant pour leur regard que de ce qui est de leur charge.

Cedit jour (20 juillet), sur ce qu'il a esté remonstré que audict Hostel Dieu y a plusieurs serviteurs et servantes extraordinaires qui servent les relligieux et relligieuses, la Compagnie a donné charge au Maistre dudict Hostel Dieu de y donner ordre et de les mectre hors dudict Hostel Dieu.

Cedict jour (28 septembre), a esté advisé par la Compagnie de parler à monsieur Menant, et scavoir son advis, sy lon achaptera du cydre pour les serviteurs domesticques dudict Hostel Dieu pour le moins de despense, actendu la grande charté et pénurie des vins.

Cejourd'huy (14 janvier 1577), a esté mis en délibération, par ledict sieur advocat Brisson, de adviser touchant les hospitaulx et malladeries, parce que les lectres patantes qui ont esté obtenues pour faire ung hospital de la Charité ont esté vérifiées à la Court de Parlement, par lesquelles le Roy faict don, pour l'entretenement dudict hospital, des hospitaulx et malladeries, et sur ce oye le personnage qui a faict l'ouverture pour donner moyen de faire demande au Roy dudict don, tant pour subvenir audict Hostel Dieu, qui est en grande et extrême nécessité, que pour bastir ung lieu proche dudict Hostel Dieu, pour retirer les gens de bien et honneste condicion à par audict Hostel Dieu, comme l'on soulloit faire, où est construicte la salle du Légat, la matière mise en délibération, a esté donné charge au greffier d'aller après disner chez monsieur Choart, pour adviser de dresser une requeste, pour presenter au Roy, affin de faire revocquer ledict don, ou aultrement, ainsy que ledict sieur Choart advisera pour le mieulx.

Cedit jour (17 juillet), la Compagnie a advisé que monsieur Palluau, et quatre ou cinq de ladicte Compagnie, se transporteront encores une fois vers Messieurs du Chappitre, et leur réitéreront comme jà il leur a esté remonstré, et les prieront de donner tel ordre que les pauvres soient mieulx traictez et que les relligieux et relligieuses n'abbusent plus de leurs charges, et ne facent plus de scandalles et autres choses indignes, comme elles ont faict et font encores, et que si lesdits Sieurs du Chappitre ne y voulloient entendre, leur déclareront qu'ilz se retireront par devers la Court pour y pourveoir.

Cedit jour (30 août), a esté ordonné au greffier de faire le marthologe dudit Hostel Dieu, en parchemin, et d'en faire trois, l'un pour mectre dedans l'église, l'autre au revestiere, et le troisieme au Bureau dudit Hostel Dieu.

Cedit jour (11 octobre), sur ce que a remonstré le sieur advocat de Thou que monsieur de ..., conseiller en la Court, voulloit rapporter une requeste en ladite Court, affin de faire saisir le revenu dudict Hostel Dieu, à la requeste des commissaires des pauvres, pour estre paiez de ce que leur est deu touchant les mallades de vérolle, ce que ledict sieur advocat a dict avoir empesché, jusques à ce qu'il en eust parlé à la Compagnie, ainsi qu'il avoit promis à monsieur de Harlet, la matière mise en délibération, ladicte Compagnie a ordonné que le receveur dudict Hostel Dieu, et le receveur des pauvres, se assembleront l'un des jours de la sepmaine prochaine, pour adviser ensemble ce que lesdicts commissaires des pauvres dient leur estre deu pour lesdicts mallades de vérolle.

Cedict jour (17 janvier 1578), sur la plaincte qui a esté faicte de la grande et excessive despence qui se faict audict Hostel Dieu, par plusieurs personnes qui ont esté mallades audict Hostel Dieu, et qui y sont a présent guariz et vallides, jusques au nombre de deux cens ou environ, dont la plus grande partie est employée pour les relligieuses dudict Hostel Dieu, à les servir, de manière qu'il n'est a presumer que ung abuz manifeste faict au grand detriment et dommages desdicts pauvres mallades, une aultre partye qui sont navrez et ulcerez et qui, par le moyen des excez qu'ilz font à boire vin, rendent leurs dicts ulcères incurables, en sorte qu'ilz font leur compte de demeurer audict Hostel Dieu perpétuellement, et une aultre partie qui sont femmes, garsons et filles, lesquelz consomment leurs jeunesses audict Hostel Dieu à riens faire et enfin en danger d'estre larrons, pour à quoy obvier et mectre ordre à telle despence excessive et non nécessaire, actendu que le revenu d'icelluy Hostel Dieu n'est destiné que pour la nourriture et substantation des pauvres mallades, et non des sains et vallides, la matière mise en delliberation, et apres qu'il a esté faict rapport que ladicte despence desdits vallides monte par chacun jour à plus de quarante livres tournois, icelle Compagnie ordonne que, ung jour de chacune sepmaine, le Maistre et la Prieure dudict Hostel Dieu feront visitation en icelluy Hostel, avec les médeçin et chirurgien, par toutes les salles et offices, affin de trouver les personnes qui se trouveront guariz et vallides, desquelz ilz feront ung roolle de leurs noms et surnoms, qualitez et demourance, pour, ce faict, estre, par lesdicts Maistre et Prieure, mis hors dudict Hostel Dieu lesdits vallides ou chacun deux retourneront audit Hostel Dieu, lesdits Maistre et Prieure feront bailler une miche et demye de pain pour leur pitance et portion par chacun jour seullement, et ce pour ceste fois, jusques au jour de Chandelleur prochain, et quant aux navrez et ulcerez qui sont en la salle et office de St Denys, ladicte Compagnie a aussy ordonné et ordonne pour les causes et raisons susdictes, qu'il ne sera baillé et distribué par le sommellier dudict Hostel Dieu aulcun vin pour la pitance et portion desdits navrez et ulcerez, sinon en cas de nécessité, que à aulcun desdits navrez il conviendra distribuer du vin selon l'ordonnance des médeçin et chirurgien, laquelle ordonnance le sommellier sera tenu rapporter, signée de leurs mains, au compte qu'il est tenu rendre de la recepte et despence du vin, à la charge que lesdits Maistre et Prieure n'auront aucune acception d'aulcunes personnes, soient serviteurs ou chambrières desdites relligieuses, lesquelz serviteurs et chambrières sont cause que la plus grande partie desdits vallides ne veullent sortir hors dudit Hostel Dieu, après qu'ilz sont guariz, voyant que iceulx serviteurs et chambrières sont employez par lesdites relligieuses à leurs services estans guariz.

Cejourd'huy (30 mai), a esté enjoinct au Maistre et à la Prieure de ne plus doresenavant recevoir aulcunes filles blanches, sanz en parler à la Compagnie, actendu qu'il y a ung nombre excessif de relligieuses et filles blanches, qui font une grande despense à icelluy Hostel Dieu.

Cedit jour (18 juin), sur la remonstrance faicte par les emballeurs dudict Hostel Dieu qu'ilz ne pouvoient eulx entretenir de six livres tournois par chacun an, et le maistre emballeur de xij. livres, aussy par chacun an, a esté ordonné, asscavoir au maistre emballeur au lieu de xij. l. xv. livres par chacun an, et aux autres au lieu de vj. livres à chacun la somme de xj. livres tournois par chacun an.

Cedit jour (18 juin), a esté ordonné que doresenavant l'huissier du Bureau se tiendra à la porte dicelluy Bureau et hors icelle, affin que n'y entre personne qui ne luy soict commandé par la Compaignie, parceque les delliberations et ordonnances qui sont faictes audit Bureau sont revellées, de manière qu'il ny a rien de secrect audict Bureau.

Cedit jour (18 juin), a esté advisé par la Compaignie qu'elle se trouvera mardy prochain, jour et feste de Monsieur Sainct Jehan Baptiste, audict Hostel Dieu, à la messe et au diner, ainsy qu'elle a accoustumé, et pour ce faire, a esté donné charge audit huissier du Bureau d'en advertir la Compaignie lundy prochain.

Cedit jour (20 août), a esté donné charge au Maistre et à la Prieure de faire conter tous les jours à part les griefz mallades qui sont a l'enfermerie des hommes, que des femmes qui sont à la salle neufve, affin que par chacun jour suivant la quantité desdicts griefz mallades qui se trouveront esdictes salles, il soit mis cuire en ung pot à part, par le despencier dudict Hostel Dieu, de la vollaille et de la chair de veau ensemble, pour estre distribuez tant au disner que au souper ausditz griefz mallades, et sy aulcuns desdicts griefz mallades demandent de la chair rotie au soir, leur sera baillé du mouton roty ou lieu de la vollaille et veau bouilly.

Cedit jour (3 octobre), a esté donné charge au greffier de sercher larrest par lequel il est ordonné que les relligieux dudit Hostel Dieu porteront par la ville chappes de couleur perse, ensemble des robbes, ainsy qu'ilz ont accoustumé d'antienneté.

Cedit jour (10 octobre), suivant ce qui a esté par cidevant advisé, sy l'on feroit publier au prosne des paroisses de ceste ville que aulcunes damoiselles et dames prinssent la peyne de visiter ledict Hostel Dieu pour veoir les abuz et les malversations qui se commectent au traictement des pauvres, la matière mise en déliberation, la Compagnie a advisé de rechef faire faire ladicte publication, et pour ce faire, a commandé au greffier du Bureau faire ung memoire de ladicte publication, et néantmoings, monsieur le président de Nully s'est chargé de communiquer avec aulcunes des damoiselles et dames de la paroisse Sainct Jehan, pour scavoir quant l'on pourra commencer à faire faire la dicte publication.

Cedit jour (22 octobre), pour la grande multitude de pauvres mallades qui afflue audict Hostel Dieu de malladie de flux de ventre, dit que la relligieuse qui a charge de l'appoticairie, avec le médeçin dudit Hostel Dieu, ont remonstré que convenoit faire faire des décoctions avec du vin.

Cedit jour (5 novembre), a esté ordonné au Maistre dudict Hostel Dieu de achapter une quarte de laict par chacun jour, pour distribuer aux mallades de flux de ventre, au lieu d'une quarte de vin que l'on soulloit bailler ausdicts mallades, et ce jusques à ce que ladicte malladie soict appaisée.

6ᵉ REGISTRE. — ANNÉES 1583 À 1585.

Cedict jour (25 fevrier 1583), la Compagnie a ordonné que le despencier dudit Hostel Dieu délivrera par chacun jour aux mallades de Sainct Thomas et Sainct Denis, et aux moings mallades des femmes, à la salle neufve, deux harenga par chacun jour, et quant aux griefs mallades sera delivré ung boisseau de pruneaulx et douze œufs par chacun jour.

Cedit jour a esté donné charge audict Jacques de Besze de bailler et dellivrer à la Prieure quatre douzaines des couvertures qui ont esté achaptées pour l'ospital de Grenelle, actendu la grande necessité que les pauvres mallades dudict Hostel Dieu en ont, à cause de la grande froidure.

Cedict jour (20 juillet), la Compaignye estant assemblée pour adviser des affaires dudict Hostel Dieu, y assistant le Sieur Président de Nully, prévost des marchans, la Compaignye l'a prié de remonstrer à la Court de Parlement, que pour les empeschemens que chacun de la Compaignye a en son particullier, que icelle Compaignye ne peult plus vacquer aux affaires dudict Hostel Dieu, et que luy plaise les en faire deschercher par ladicte Court, et de tenir la main que l'on en commecte d'autres en leur lieu.

Cedict jour (3 août), a esté donné charge au greffier de dire à maistre Pierre Petit, sytost qu'il sera retour, qu'il baille des chevaulx et une charrette pour mener et conduire seur Jehanne Lenoir, relligieuse dudict Hostel Dieu, en l'Hostel Dieu de Braye Conte Robert, suivant la sentence contre elle donnée par messieurs les Doyen et chanoynes du Chappitre de l'église de Paris.

Ce jourdhuy (26 août), a esté ordonné qu'il sera délivré aux quatre serviteurs du chirurgien la somme d'un escu et demy dor soleil à chacun, qui font six escuz dor, pour le mois de septembre, pour pensser et médicamenter les pauvres mallades plus soingneusement, laquelle somme sera baillée audict chirurgien pour leur dellivrer.

Cedict jour (9 septembre), ont esté commiz les sieurs Leclerc et Lejay par la Compagnie, pour remonstrer cejourdhuy à Messieurs de la police que ladicte Compagnye est prest de bailler les couches de boys, mathelas, traversins et paillaces qu'ilz ont faict faire dès l'an $mv^e iiii^{xx}$ pour coucher les mallades de la malladie contagieuse, et pour le regard des draps et couvertures, que ladicte Compagnie n'en peult bailler pour le présent ne pareillement subvenir et aider.

Cedic jour (23 septembre), la Compaignye a entendu que le médeçin dudict Hostel Dieu ne faict son debvoir d'aller visiter, comme il est tenu, les mallades, soict en temps de peste ou non, et que pour ce faire, luy a esté accordé la somme de cent escuz soleil de gaiges par an; a esté donné charge au greffier de luy dire que la Compaignye n'en est contente et que c'est une grande charge de conscience audict médeçin de prendre des gaiges sans faire son debvoir.

Cedict jour (16 décembre 1583), actendu la grande affluance des pauvres gisans mallades audit Hostel Dieu, jusques au nombre de neuf cens et plus, et spéciallement des griefz mallades, jusques au nombre de deux cens soixante et quatre, a esté ordonné au despencier de distribuer ausdicts griefz mallades, par chacun jour, la quantité de deux douzaines de volailles, tant pour le disner que pour le soupper.

Ce jourd'huy (13 janvier 1584), sur la remonstrance faicte par lesdicts sieurs Gouverneurs à ladicte Compaignye de ce que les fermiers dudict Hostel Dieu, ou aucuns d'eulx, habandonnoient les fermes dudict Hostel Dieu, que l'on ne pouvoit trouver personne pour les prendre, à raison de ce que les fermes dudict Hostel Dieu sont ordinairement pillées par les gens de guerre et par les gens de Court, de manière que il y a aujourd'huy les terres de trois fermes qui sont demourées à labourer, et combien que le Roy ait ordonné et enjoinct par ses lettres patentes qu'il ne veult et n'entend que l'on loge et fourrage esdictes fermes, sur les peines portées par icelles, sur quoy ledit sieur Président a donné charge au greffier du Bureau de dresser et présenter une requeste à la dicte Court, tendant à faire enteriner lesdictes lectres patentes en la dicte Court, narratifves de ce que dessus, et en ce faisant, requérir ladicte Court de ordonner icelles lectres patentes estre mises à exécution par les prévosts des mareschaulx de l'isle de France et lieutenant criminel de robbe courte de la prévosté de Paris.

Ce jourdhuy (25 janvier 1584), a esté donné charge au greffier de présenter une requeste à la Cour de Parlement, pour faire mectre hors dudict Hostel Dieu les personnes vallides qui y sont de présent jusques au nombre de trois cens, pour éviter a la grande despence qui se faict à icelluy Hostel Dieu.

Cedict jour (22 juin), a esté donné charge au greffier de faire ung placet pour bailler à monsieur Marcel, affin de le présenter au Roy, pour obtenir exemption de ne loger, tant en la maison du Bureau dudict Hostel Dieu, que en la maison où se tient ledict greffier, joignant icelluy, et ce pour les obsecques de deffunct Monsieur, frère du Roy, actendu que ledict Bureau a esté toujours exempt de ce.

Cedict jour, a esté passé transaction entre lesdits sieurs Gouverneurs dudict Hostel Dieu, d'une part, et maistre Jherosme de Varade, docteur régent en la Faculté de Médecine, d'autre, par lequel lesdits Gouverneurs auroient accordé avec ledit de Varade, qui est caution de maistre Ambroise Baudichon, naguères receveur dudict Hostel Dieu, pour la somme de $xvi^e iiii^{xx}v$ escuz soleil, pour le relicqua du dernier compte par ledict Baudichon rendu.

Cedict jour (1er août), sur ce que le greffier a remonstré à la Compagnie qu'il y avoit plusieurs contractz de donnations et aultres tiltres à inventorier dedans l'inventaire, et que les dernieres partyes que ledict greffier auroit baillé des tiltres qu'il avoit inventoriast ledict inventaire montoient à plus de troys cens livres, et neantmoings la Compagnye les avoit modérées jusques à la somme de soixante livres, au moyen de quoy ledict greffier auroit requis à ladicte Compagnie que sy elle vouloit que ledict greffier inventoriast lesdictz tiltres, qu'il en fut payé raisonnablement, sur quoy a esté donné charge audict greffier de inventorier lesdictz tiltres, et que, estans inventoriez, qu'il luy en sera faict taxe raisonnable.

Cedict jour (29 août), a esté ordonné au Maistre dudict Hostel Dieu de commander à la dame de la poulterye, et luy faire deffence de ne plus vendre aulcuns habillemens, à quelque personne que ce soit, ains de les garder, à cause du danger de la malladye contagieuse, autrement que ladicte Compaignye en fera plaincte à Messieurs du Chappitre.

Cedict jour (27 septembre), a esté ordonné que le commis à la recepte generalle dudict Hostel Dieu baillera au cappitaine Garnydo des chalitz, traversins, mathelas et paillasses, qui sont en la ferme du Pressouer et qui ont esté achaptez pour la Sanitat de Grenelle, douze pièces de chacun pour porter aux mallades de la contagion.

Ce jourdhuy (24 octobre), la Compaignye estant assemblée pour adviser sur quelques articles que Messieurs de la Pollice generalle avoient deliberé, que icelle Compaignie y eust à adviser et y pourveoir, asscavoir pour réparer la salle du Légat, pour y mectre les mallades pestiferez, sur quoy a esté mandé monsieur Le Prevost, chanoyne de l'église de Paris, et Maistre dudict Hostel Dieu, lequel a pris charge de faire restablir ladicte salle du Légat par ung maçon de ce qui y est a faire, et de prendre du bois qu'il y convient au logis du charpentier qui se tient au marché neuf, d'aultant que le charpentier dudict Hostel Dieu n'en veult fournyr; item pour le regard des habillemens et vestemens des pauvres mallades pestiferez, ledict sieur Leprevost a promis à ladicte Compaignye de commander et enjoindre à la poulliere de n'en vendre aulcuns; item pour le petit nombre de filles blanches qui n'est que de dix audict Hostel Dieu, pour aulcunes bonnes causes et considérations à ce mouvans, ladicte Compaignie, sans le tirer à consequence, a advisé que des deniers dudict Hostel Dieu seront vestues de leurs premiers habillemens et vestemens dix filles, qui se présenteront pour servir de filles blanches audict Hostel Dieu et que, pour ce faire, a esté donné charge au Maistre de retirer de la Prieure ung estat des vestemens et habillemens qu'il convient à une fille blanche, quant elle est receue audit Hostel Dieu, et pour entretenir lesdictes filles blanches de leurs habitz et vestemens, jusques à ce qu'elles soient voillées, elles seront entretenues par leurs parents ou par les relligieuses dudict Hostel Dieu, qui seront leurs mères de relligion, ou par ladicte Prieure, qui pourra avoir des habillemens des relligieuses ou filles blanches qui seront deceddees; cedict jour le sieur président de Nully a pris charge de faire son rapport à ladicte Pollice de l'advis cydessus, ensemble de la queste pour ledict Hostel Dieu, durant la malladie contagieuse, par les parroisses de ceste ville, actendu que icelluy Hostel Dieu a la charge de tous les pestiferez.

Cedict jour (7 novembre), a esté donné charge au greffier d'aller chez monsieur le président de Nully et luy demander s'il luy a pleu parler à la Pollice, touchant la queste que la Compagnye prétend faire par les parroisses de ceste ville et faulxbourgs, pour subvenir à la noriture et autres choses nécessaires des pauvres mallades dudict Hostel Dieu, attendu que icelluy Hostel Dieu est de présent chargé de tous les mallades pestiferez, et que si ladicte Pollise n'y a advisé, scavoir dudit sieur Président si l'on présentera requeste à la Court de Parlement, tendant à ceste fin et si par icelle l'on remonstrera à ladicte Court que sy ledict Hostel Dieu n'est aydé et secouru des bons bourgeois de Paris, *que l'on sera contraint de fermer les portes dudict Hostel Dieu*, par ce que, au moyen de la queste que l'on faict pour les pestiferez, l'on ne donne plus riens audict Hostel Dieu, et encores les legs qui se faisoient audict Hostel Dieu se font à la communaulté des pauvres de ceste ville.

Cedict jour (15 janvier 1585), a esté offert à maistre Philippes Hardouyn de sainct Jacques, docteur régent en la Faculté de Médecine, pour penser et médicamenter les pauvres mallades, quatre cens livres tournois de gaiges par chascun an.

Ce jourdhuy (13 février), suivant l'assignation donnée à la Compaignye par l'huissier du Bureau, de faire trouver cedict jour à une heure de rellevée pour adviser sur les grandes debtes que doibt ledict Hostel Dieu, à laquelle heure seroient comparuz les dessusditz assistans, et auroient actendu jusques à l'heure de quatre heures messieurs les président Nicolay, de Nully et advocat du Roy de Thou, qui ne seroient venuz, au moyen de quoy lesdits assistans ont demandé acte de leur dicte comparution, et protesté que s'il advient aulcun inconvenient et plaincte pour avoir advis sur lesdictes affaires dudict Hostel Dieu, qui requièrent prompte exécution, qu'il n'en soit à iceulx dessusdits assistans aulcune chose imputée, après que ledict sieur boucher a rapporté qu'il estoit deub par ledict Hostel Dieu aux vendeurs de betail 2,800 escus et aux vendeurs de marée aussi grande somme de deniers.

Ce jourdhui (17 mai), lesdits sieurs Palluau, Leprestre, Leclerc, Lejay se sont transportez par devant monsieur l'Evesque de Paris, en son hostel épiscopal, lequel ilz auroient supplié et requis que son plaisir fust envoyer par devers les chappitres, abbayes et communaultez tant de ceste ville et faulxbourgs que du diocèse de Paris, afin de retirer d'eulx les deniers qu'ilz veullent aulmosner audict Hostel Dieu, suivant l'arrest de la Court de Parlement, et aussy qu'il luy pleust requérir les seigneurs et dames de la Court du Roy, pour faire leur aulmosne audict Hostel Dieu, pour subvenir a l'extrême necessite d'icelluy, sur quoy ledit Sieur Evesque auroit faict response pour le regard des chappitres abbayes et communaultez de ceste ville et faulxbourgs, que volontiers il y fera ce qu'il pourra, mais quant à ceulx du diocèse, il ne pourra ce faire trop bien, qu'il bailleroit ses commissions et mandemens addressans à telles personnes qu'il adviseroit, pour faire la queste sur les lieux, et touchant les seigneurs et dames de la Court, qu'il n'en avoit point la charge, ains monsieur Marcel, et pour ceste cause, qu'il estoit d'advis que l'on en sollicitast ledit sieur Marcel de ce faire, ou bien que aucuns de la Compaignye assistassent ledict sieur Marcel, pour supplier la majesté du Roy de faire aulmosne aux pauvres mallades dudict Hostel Dieu, luy remonstrant la nécessité extrême qui est à présent audict Hostel Dieu, afin que, à l'exemple et à l'imitation dudit seigneur, lesdicts seigneurs et dames de la. Court feissent pareillement aulmosne audict Hostel Dieu, au surplus ledict Sieur Evesque auroit remonstré ausdits sieurs Gouverneurs, qu'il y avoit audict Hostel Dieu ung mauvais ordre pour le regard des malades pestiferez, et que les relligieuses les faisoient coucher avec les autres malades febricitans et autres d'autre maladie, qui estoit une grande charge de conscience, combien qu'il leur eust esté enjoinct, tant par ladicte Court que par ledit sieur Evesque, et le Chappitre de Paris, de ségréger et séparer lesdits malades pestiferez d'avec les autres malades; davantage ledit Sieur Evesque auroit dit ausdits Sieurs Gouverneurs que s'il plaisoit à la Compagnye le mander au Bureau, pour adviser des affaires urgentes et nécessaires dudit Hostel Dieu, que volontiers il s'y trouveroit, et à l'instant lesdits Sieurs Gouverneurs auroient fait rapport à la Compagnye du contenu cydessus, et en ce faisant remonstre au Maistre dudit Hostel Dieu, qui estoit lors audit Bureau, les susdites plainctes que faisoit ledit Sieur Evesque, et que si lesdits malades pestiferez n'estoient en la salle du Légat, qu'il eut à les y faire mectre a fin qu'il n'y eust plus de plaincte et que l'on ne soist plus cause de tels inconveniens; davantage sur ce que l'on avoit remonstré à ladicte Compagnye que les chappellains dudit Hostel Dieu ne font registre de tous les malades qui viennent audit Hostel Dieu, et qui y decèddent, la Compagnye a donné charge audict Maistre dudit Hostel Dieu de faire faire lesdits registres bien et deuement afin qu'il n'en vienne plus de plaincte.

Cedit jour (14 août), a esté pris charge par le sieur Leclerc de parler à monsieur le curé de Sainct Jehan en Grève, affin de parler à Messieurs de la théologie, affin d'escrire à nostre Sainct Père le Pappe, pour la confirmation des pardons dudit Hostel Dieu, et aussy de parler à monsieur le président de Nully, pour avoir lectres de faveur du Roy addressantes audict Sainct Père le Pappe tendant à mesme fin.

Ce jourdhuy (21 août), a esté apporté au Bureau, par le sieur Pallnau, unes lettres missives de la part de monsieur le Duc de Nevers, addressante à messieurs les Gouverneurs dudit Bureau, pour raison de la fondation qu'il a faicte, luy et madame son espouze, de soixante pauvres filles à marier en toutes ses terres et seigneuries, dont la teneur ensuict : Messieurs, vous m'obligerez infiniment par le soing qu'il vous plaist avoir, et bonne dilligence que faictes, pour faire ensuivre et observer exactement nostre fondacion du mariage des soixante pauvres filles, dont je vous mercie bien humblement et vous supplie voulloir continuer de mesme à ladvenir, affin que nostre intention aye lieu comme je veulx croire qu'elle aura par vostre bon moyen, et de messieurs voz successeurs; j'ay voullu bien veoir particuillèrement les extraictz qu'il vous a pleu m'envoyer des années mil cinq cens soixante dix neuf, mil cinq cens quatre vingtz, mil cinq cens quatre vingtz ung, à mil cinq cens quatre vingt quatre, des délibérations faictes en votre Assemblée, sur l'exécution de nostre fondacion, et sur iceulx ay faict faire ung extraict des contraventions qui ont esté faictes, sur lesquelles contraventions a esté dressé ledict memoire cy ancloz de ce qu'il en a semblé se debvoir adjouter à la dernière correction de ladite fondacion, qui en a esté faicte au mois de mars dernier, laquelle fondacion corrigée, ensemble les mémoires, je vous supplie, Messieurs, voulloir prendre la peyne de veoir, à vostre première commodité, et me donner sur le tout vos saiges et prudens avis, afin que entre cy et Noel je puisse faire mectre au nect la dicte fondacion et icelle faire réimprimer, comme elle debvra doresnavant demeurer pour tousjours, qui me sera de tant plus d'obligation de vous servir, comme je vous supplie de croire que je feray en tous les endroictz où j'en auray le moyen, d'une telle affection que je me recommande humblement à vos bonnes graces, suppliant le Créateur vous donner, Messieurs, tres heureuse et longue vie. De Nevers, ce xve aoust 1585, vostre humble amy affectionné à vous servir, Ludovico de Gonzague.

Cedict jour (11 septembre), a esté donné charge au Maistre de l'Hostel Dieu de prendre garde sur les emballeurs, quant ilz yront quérir des corps mortz de la contagion la nuict par les maisons de ceste ville, pour amener audict Hostel Dieu, desquelz ilz sont paiez de leurs peines, qu'ilz ne demandent leur portion de vin, comme s'ilz alloient porter les corps dudict Hostel Dieu audict cymetière de la Trinité, parce qu'ilz sont coustumiers de ce faire.

Cedict jour (13 septembre), sur la requeste présentée par le serviteur du chirurgien dudict Hostel Dieu, par laquelle il avoit requis à la Compaignye qu'il luy pleust certiffier à messieurs de la Police Géneralle du debvoir que a faict ledit serviteur au service des pauvres, mesmes aus malades de la contagion, afin de le recevoir et admectre par lesdits sieurs de la Police en l'estat de maistre barbier chirurgien en ceste ville de Paris, à la charge de servir encore les pauvres malades audict Hostel Dieu l'espace de trois ans, la matière mise en délibération, la Compaignie, pour aucunes causes à ce la mouvans, et à fin de exciter les autres serviteurs dudit chirurgien à faire leur debvoir, a commandé au greffier de faire ladicte certifficacion ou nom d'icelle Compagnye.

Cedict jour (2 octobre) a esté ordonné qu'il sera remonstré à la Police Géneralle qu'il y a audit Hostel Dieu plus de soixante personnes vallides et du tout guariz de la malladye contagieuse, dont la pluspart sont de ceste ville et faulxbourgs, pauvres et nécessiteux, et ausquels pendant leur malladye l'on leur a osté leurs biens meubles, tellement qu'ilz ne scavent où eulx retirer, affin que ladicte Police ayent à y pourveoir.

Cedict jour (4 octobre), a esté ordonné que l'on ne viendra plus au Bureau que le jour de vendredy de chacune sepmaine, jusques après la Toussainctz, actendu les vendanges. Sensuivent ceulx qui ont pris charge pour faire les vendanges dudict Hostel Dieu, chacun particulièrement, asscavoir : le sieur Le Prestre les vignes de Champrosay, monsieur Marcel, Villeneufve le Roy, maistre Pierre Petit, Cresteil, monsieur Menant, Gaigny, le greffier Baigneulx, monsieur Cauchois, Fontenay sur le Bois, monsieur Aubry, Suresnes, ledit maistre Pierre Petit, Vanves et Meudon, maistre Pierre de Besze, Escharcon.

7ᵉ REGISTRE. — ANNÉE 1586.

Cejourdhuy (10 janvier 1586), sur la requeste faicte verballement par le Maistre dudict Hostel Dieu, pour ung jeune relligieux dudict Hostel Dieu, qui dira sa première messe dimenche prochain, à ce qu'il pleust à la Compaignye luy ordonner quelque somme de deniers, pour luy ayder à faire les fraictz du disner qu'il fera ledict jour, la matière mise en délibération, la Compagnye a ordonné qu'il luy sera dellivré la somme de six escuz quarante solz tournois, actendu que ledit relligieux est pauvre.

Cedict jour (14 mars), pour le regard des cent escuz de rente, que la Royne veult donner pour les pauvres prisonniers, dont elle veult charger l'Hostel Dieu, en luy baillant douze cens escuz, a esté advisé que l'on parlera à la Royne, pour luy remonstrer que ladicte rente il en soit faict quelque aumosne et rente a l'Hostel Dieu, pour subvenir aux pauvres, et en a pris la charge le sieur Marcel.

Cedict jour (30 avril), est comparu sire Robert Despoiz, lequel a esté receu et faict le serment en la Court de Parlement, de Gouverneur du temporel dudict Hostel Dieu.

Cedict jour (13 juin), a esté advisé sur les requestes tant du médeçin et chirurgien dudict Hostel Dieu, par lesquelz ils demandent augmentation de gaiges, la matière mise en délibération, la Compagnie a ordonné, pour le regard du médeçin, qu'il ne luy sera faicte aucune augmentation, actendu qu'il luy a esté accordé pour ses gaiges la somme de quatre cent livres tournois par chacun an, tant en temps pestiféré que non pestiféré, et que pour le jourdhuy, grâces à Dieu, il n'y a point de peste audict Hostel Dieu, au moyen de quoy ledict médeçin pourra maintenant praticquer par la ville, et aussy que les gaiges dudict médeçin sont sufisans ; et pour le regard dudict chirurgien, qu'il ne luy sera pareillement faicte aulcune augmentation, considéré qu'il tient une maison dudict Hostel Dieu pour quarante cinq livres de loier par an, qui en vault deux cens livres ou environ, luy nourry et ses serviteurs, et, oultre ce, neuf vingtz livres de gaiges par chacun an.

Cedict jour (18 juin), a esté advisé, sur le grand nombre de vallides qui est audict Hostel Dieu, qui faict une despence excessive en icelluy, de manière que l'on ne peult satisfaire à la nourriture et substantation des pauvres mallades, que l'on mectera hors dudict Hostel Dieu lesdicts vallides, et que l'on prira le lieutenant Rapin de bailler de ses archers, pour donner aide au Maistre dudict Hostel Dieu pour ce faire, et s'est chargé le sieur Président de Thou d'en parler audict Rapin, et néantmoings, a esté enjoinct audict Maistre et à la Soubz Prieure dudict Hostel Dieu, et à toutes les chevetaines, de ne bailler ausdits vallides aulcune pitance, et sur ce ont esté envoyez quérir aulcuns de Messieurs du chappitre, pour les prier de commander ausdits Maistre, Prieure et chevetaines, de ne bailler ladicte pitance aus vallides, et pour pourveoir au grand désordre qui est audict Hostel Dieu, à raison de la malladie contagieuse, a esté advisé de prier les Jésuites de bailler quelques ungs d'entre eux, pour prendre garde sur le traictement des pauvres mallades dudict Hostel Dieu, afin qu'il leur soit administré tout ce qui leur convient, tant spirituellement que corporellement, et pour ce faire, s'est chargé Monsieur le doyen de l'église de Paris, assisté de Monsieur de Sainct Florent, l'un des chanoynes de ladicte église, d'en parler ausdits Jésuistes.

Cedit jour (16 juillet), sont comparuz au Bureau messieurs l'archediacre de Paris, Le Pénitencier et Richevillain, chanoynes de l'église de Paris, lesquelz se sont plainctz du mauvais traictement que l'on faict aux pauvres, et spéciallement des portions qui sont baillées extraordinairement par le despencier aux chevetaines dudict Hostel Dieu, lesquelles portions sont employées et distribuées par les relligieuses à leurs serviteurs et servantes, au moyen de quoy ont esté mandez le Maistre et la Prieure, ausquelz a esté enjoinct de bailler tant à Messieurs dudit Chapitre, que aux sieurs Gouverneurs l'estat par le menu des noms et surnoms de tous les relligieux et relligieuses et filles blanches dudit Hostel Dieu, des chappellains et enffans de cueur, de tous les serviteurs domesticques dudit Hostel Dieu, ensemble des serviteurs et servantes que lesdites relligieuses employent à leur service, à raison du petit nombre de filles blanches qui sont audit Hostel Dieu, auquel estat sera mis ceulx qui ont gaiges, et quels gaiges, en quelles offices, et depuis quel temps ilz y sont, et ceulx qui n'ont point de gaiges à quoy ilz sont employez, et en quelles offices, et soubz quelles religieuses, et aussy depuis quel temps ilz y sont.

Cedit jour (30 juillet), a esté ordonné que les femmes grosses qui se présenteront pour gesiner audict Hostel Dieu, apporteront une requeste au Bureau, pour y estre receues, ainsy qu'elle faisoient par cy devant.

Cejourdhuy (22 août), est comparu Michel Mynart, lequel a remonstré à la Compagnye que Francois Crou, auquel a esté faict bail de la ferme du Pressouer, ensemble du molin, depuis qu'il faict mouldre ledit molin et qu'il faict mouldre du bled pour ledict Hostel Dieu, que le plus souvent ledit Crou faict transporter de la farine hors dudict molin, et la faict porter sur ung asne jusques au lieu de Ver le Grant, et que ledit Crou n'a mené ni faict mener audit molin du bled à luy appartenant, pour le faire mouldre, de manière que la farine que ledit Crou faict transporter comme dict est, provient du bled que le pannetier ou les boullangers dudict Hostel Dieu luy baillent pour faire mouldre, pour la provision dudict Hostel Dieu, et que depuis que ledict Crou est en ladicte ferme, n'a faict apporter en icelle ferme que deux septiers de bled, encores icelluy Crou les a venduz, tellement que oultre la farine que ledit Crou faict transporter audit Ver le Grand, luy, sa femme, famille et serviteurs ne sont norris que de la farine que ledict Crou prend au-

dict mollin, appartenant audict Hostel Dieu, actendu que depuis que ledict Crou est en ladicte ferme, qui sont quatre moys ou environ, il n'a eu et n'a aulcun bled à luy appartenant en ladicte ferme, ny achapté aulcun pain, au moyen de quoy la Compagnie, ne voullant tel larrecin demourer impuny, auroit ordonné que maistre Denis Dreux, procureur ou Chastellet, fera informer dudict larrecin, et qu'il s'adressera audict Mynart pour luy administrer des tesmoings, qui sont un nommé Fabien, chartier demourant au Plecy Picquet, ung autre nommé Pierre, à présent chartier dudict Crou, et les serviteurs dudict Mynart.

Cedict jour (5 septembre), actendu la malladye contagieuse qui règne audict Hostel Dieu, a esté arresté que les femmes grosses qui se présenteront audict Hostel Dieu, seront receues sans requeste en icelly Hostel par le Maistre, auquel la Compagnie charge sa concience non recevoir desdictes femmes grosses qu'elles ne soient prestes à accoucher.

Cedict jour (12 septembre), sont comparuz Guillaume Marchant et Francoys Petit, maistres massons, entrepreneurs du Pont Neuf, lesquelz ont requis la Compagnye de leur permectre fouler soubz quatre arpens de terre labourable, des appartenances de la ferme du Pressouer, pour y tirer la pierre de cliquart qui y est, et autre pierre, qu'ilz en bailleront quarente escuz pour chacun arpent, sur quoy a esté ordonné que l'ung de ladicte Compagnye, qui est le sieur Desprez, se transportera sur le lieu, avec l'entien fermier de ladicte ferme, le greffier et Jehan Gourgoulon, maistre masçon, pour veoir lesdictes terres avec lesdicts Marchant et Petit, pour, ce faict, en estre par ledit sieur Desprez faict rapport à ladicte Compagnye, pour y estre advisé par icelle Compagnye, ainsy qu'elle verra estre à faire par raison.

Cedict jour (7 novembre), a esté donné charge au greffier de faire ung mémoire, pour parler à monsieur le Premier Président, touchant les mallades de la contagion qui ont esté amenez de la rue des Vignes audict Hostel Dieu, et néantmoings que l'on faict quester par toutes les parroisses de ceste ville pour les mallades de la contagion estant en ladicte rue des Vignes.

Cedict jour (3 décembre), ont esté mandez maistre Jacques Marchant et François Petit, maistres masçons, lesquelz auroient offert CCC. escuz de la pierre qui est dessoubz cinq arpens de terre, des appartenances de la ferme du Pressouer, sur quoy la Compagnye leur aurait accordé a CCCL. escuz, dont en auroit esté passé contract audict jour au Bureau.

3.

8ᵉ REGISTRE. — ANNÉES 1587 À 1591.

Cedit jour (7 janvier 1587), a esté donné charge au greffier de faire mémoire pour le jour Sainct Hilaire prochain, touchant les CCL. livres tournois de rente adjugez à la Communauté des pauvres, par arrest de la Cour, à prendre sur les D. livres tournois de rente donnez aux pauvres de la relligion prétendue refformée de Sedan, par deffuncte dame veuve Luilier, ensemble d'autres legs faictz aux pauvres.

Cedit jour (25 mars), a esté advisé par la Compagnye que pour la grande et excessive dépense qui se faict audict Hostel Dieu par chacun an, troys semaines et ung mois auparavant le jour de Pasques, et autant après ledict jour de Pasques, à raison de la grande affluence de pauvres non malades qui se viennent coucher audict Hostel Dieu, pour estre au bancquet qui se faict par chacun an, ledict jour de Pasques, audict Hostel Dieu pour les orfèvres, lequel bancquet est cause de faire despendre audict Hostel Dieu par chacun an grande somme de deniers, pour nourrir les pauvres qui viennent audict Hostel devant ledict jour de Pasques, et après, même ceste présente année qu'il sera despensé plus de mil excuz qu'il n'eust esté despensé, si l'on ne faisoit point ledict bancquet, que icelle Compagnye en fera remonstrance à messieurs les gens du Roy et nos seigneurs de la Court de Parlement, afin d'adviser de commuer et changer ledict bancquet en autre usage, en telle sorte que telle despense excessive ne se face plus doresnavant audict Hostel Dieu.

Cedit jour (8 avril), a esté ordonné et enjoinct à maistre Martin Bénard, pour éviter aux larrecins qui se font la nuict aux greniers à farine dudict Hostel Dieu, que ledict Bénard fera faire une husche dedans le lieu où sont les fours dudict Hostel Dieu, pour mectre la farine qu'il fauldra par chacun jour, pour faire le pain dudict Hostel Dieu.

Cedit jour (29 avril), sur le récit faict par le commissaire commis au régime et gouvernement de la malladerye de Fontenay sur le Boys de Vincennes, de ce que l'administrateur de ladicte mallederye a transporté et vendu les pierres et autres démolitions qui estoient dedans ladicte malladerye, et aussy que ledit administrateur détient tous les papiers terriers, censiers des cens et rentes qui sont deubz à ladicte malladerye, tellement que ledict commissaire n'en peult jouyr, ny faire recepvoir lesdits cens et rentes, la matière mise en delliberation, la Compaignye a donné charge au greffier de présenter requeste à la Court, au nom de monsieur le Procureur Général du Roy, et dudict Hostel Dieu, tendant affin de faire informer desdits transportz et vendicions de pierres et autres démolitions, ensemble faire faire commandement audict administrateur de apporter au greffe de ladite Court de Parlement lesdits pappiers terriers et censiers, pour estre baillez et distribuez audict sieur Procureur Général, pour par après en estre ordonné par ladicte Court ce que de raison.

Cedit jour (19 juin), actendu la grande nécessité qui est audict Hostel Dieu, a esté ordonné, que pour ceste présente année, il ne sera fait aucune despense extraordinaire audict Hostel Dieu, pour les relligieux, relligieuses et serviteurs, à ceste feste sainct Jehan Baptiste prochain venant, et ne sera faict aucune distribucion de vivres, sinon comme l'on a coustume par chacun jour seullement.

Cedit jour, les sieurs Marcel, Palluau, Leprestre, Hotman, Desprez ont advisé que monsieur de Perreuse, maistre des requestes ordinaires de l'hostel du Roy, qui a désir et affection de faire service aux pauvres, sera nommé pour Gouverneur dudit Hostel Dieu, ou lieu de deffunct monsieur Aubery.

Cejourdhuy, messieurs Le Pénitencier et Richevillain, chanoynes de l'église de Paris, sont comparuz au Bureau, et ont présenté M. Jehan Rabineau, lequel ilz disent que le Chappitre a commis et institué pour maistre dudit Hostel Dieu, pour le regard du Spirituel, afin que la Compaignye le recoyve et institue pour Maistre d'icelluy Hostel Dieu, quant au Temporel, ce qui a esté accordé par ladicte Compaignye, aux gaiges accoustumez, qui sont de quarante escuz soleil par chascun an.

Cedit jour (4 septembre), a esté ordonné au greffier de faire publier dimanche prochain l'arrest de la Cour, pour faire quester ledict Hostel Dieu par les maisons d'icelle ville.

Cedit jour (7 novembre), après avoir communicqué au Maistre et à aucuns des officiers dudict Hostel Dieu, de la chambre que l'on prétend bailler aux chirurgiens d'icelluy Hostel Dieu, ladicte Compagnye a advisé et arresté que lesdits chirurgiens seront logez en la chambre des chappellains, et lesdits chappellains logez en une des chambres des relligieux, la plus proche des salles des mallades, et pour le regard de la nourriture desdits chirurgiens, qu'il sera distribué à deux desdits chirurgiens seullement portion de pain, vin et viande, comme à l'un des serviteurs dudit Hostel Dieu, et quant à leurs sallaires et gaiges, ilz se sont obligez de servir et médicamenter et penser les pauvres, trois ans durant, sans discontinuer, à commencer du jour de Noël prochain, sans aucuns gaiges ny sallaires, à la charge que lesdits sieurs Gouverneurs les feront recevoir par la Court de Parlement maistres barbiers chirurgiens en ceste ville.

Cedit jour (7 novembre), a esté remonstré par le Maistre qu'il y a grand nombre de pauvres malades audict Hostel Dieu, et spécialement des Suisses, a esté advisé qu'il en sera parlé à la Royne, et à monsieur l'évesque de Paris.

Cedit jour (16 février 1590), est comparue au Bureau la femme de Jehan Delamare, qui tient à louage l'Ostel Dieu du faulxbourg Sainct Jacques, laquelle a remonstré à la Compaignye que les lansquenetz avoient tout bruslé le bois des bastimens dudict lieu, et qu'ilz desmolissoient tout.

Cedit jour (24 juillet), a esté ordonné que, pendant les guerres de Paris, il sera nourry audict Hostel Dieu trois filles relligieuses du couvent des Cordellieres Sainct Marcel, par chacun jour, comme les pauvres dudict Hostel Dieu, et ce jusques à ce qu'elles puissent retourner à leur dict couvent.

Ce jourdhuy (27 juillet), les sieurs Coignet et Boursier ont declairé que messieurs Legoufle et Pourche, deputez par la Police pour prendre du bled audict Hostel Dieu, avoient pris heure et jour ce matin à huict heures, pour adviser sur la distribucion d'icelluy bled, à laquelle heure les dessusditz ne se seroient trouvez, au moyen de quoy lesdits sieurs Coignet et Boursier ont requis acte, et de ce qu'ilz ont esté importunez de plusieurs personnes de ceste ville, mesme de monsieur le Chevallier d'Aumalle, pour leur délivrer du bled, tellement que lesdicts sieurs Coignet et Boursier ont esté contraintctz de eulx sortir et s'en aller dudict Bureau.

Cejourd'huy (1er août), est comparu monsieur le Chantre de l'églize de Paris, accompaigné de ligueurs et des gentilzhommes de mesdames de Montpensier et de Guyse, et de monsieur le Chevallier d'Aumalle, lequel a prié pour lesdits sieurs et dames de leur délivrer quelque quantité de bled, veu leur grande et extrême nécessité, sur quoy la Compaignye luy a faict response qu'elle ne leur en pouroit délivrer, d'autant que si peu de reste dudit bled estoit entre les mains des Maistre, relligieux et relligieuses dudict Hostel Dieu, pour nourir et substanter les pauvres mallades, pour le temps de quinze jours ou troys sepmaines, et à l'instant auroient esté mandez lesdits Maistre, Prieure, Soubzprieure et anciennes relligieuses, pour les requérir de distribuer du bled ausdites dames et sieur Chevallier d'Aumalle, lesquelz, après plusieurs remonstrances par eulx faictes à ladicte Compaignye, qu'il n'y avoit que bien peu de bled qui restoit audit Hostel Dieu, pour la nourriture des pauvres malades, et pour eulx et les serviteurs dudit Hostel Dieu, auroient, en faveur desdits sieur et dames, accordé qu'il leur sera délivré dix septiers de bled, tant ausdites dames de Guyse et de Montpensier, et audit sieur Chevallier d'Aumalle, et à madame de Mayenne, qu'ilz partiront ainsy qu'ilz adviseront, et oultre auroient accordé et délivré à monsieur l'archevesque de Lyon deux septiers de bled, qui font un muy.

Cedit jour, maistre Pierre Petit, voyant que l'on prenoit le bled dudit Hostel Dieu, et qu'il en restoit bien peu, auroit supplié la Compaignye d'adviser de achapter d'autre bled, pour subvenir à la nourriture des pauvres malades, et pour en faire fournir par ladite Compaignye, ledit Petit auroit attaché ung billet contre la cheminée du Bureau, faisant mention dudit achapt, afin que cy-après ne luy soit imputé aucune chose.

Cejourdhuy (17 août), sont comparuz les officiers de monsieur et madame de Nemours, de mesdames de Montpensier et de Mayenne, lesquelz, ayant charge desdits sieur et dames, ont prié la Compaignye de leur vouloir ayder de bled, à leur grant besoing et nécessité, sur quoy leur a esté faict response qu'ilz s'addressent aux Maistre, relligieux et relligieuses dudit Hostel Dieu, qui ont le bled en leur possession, et sur ce, auroient esté mandez les dits Maistre et relligieuses, qui leur auroient accordé, y compris monsieur le Chevallier d'Aumalle, jusqu'à la quantité de dix septiers de bled, et ce sans y retourner, aussy a esté accordé par icelle Compaignye et par lesdits Maistre et relligieuses, à monsieur l'archevesque de Lyon deux septiers.

Cedit jour (29 août), attendu l'extreme nécessité qui est audit Hostel Dieu, à raison qu'il y a fort peu de bled audit Hostel Dieu, à raison que la plus grande partye a este prinse et emportée et mise hors d'icelluy Hostel Dieu, comme il est à tous notoire, a esté ordonné à maistre Pierre Petit, qui a la charge de la panneterye, de faire cuyre les farines dudit Hostel Dieu sans blutter, et de mectre le son avec lesdites farines.

Cedit jour (28 septembre), a esté donné charge à maistre Hugues Babynet, notaire ou chastellet de Paris, de trouver deux cens escuz soleil ou autre plus grande somme, pour constituer rente sur les biens dudit Hostel Dieu, afin de subvenir à l'extrême nécessité dudit Hostel Dieu.

Cedit jour (12 octobre), sont comparuz messieurs maistre Claude Josse et Vincent Martin, bourgeois de Paris, lesquelz ont esté receuz en la Court de Parlement ledit jour pour estre Gouverneurs du Temporel dudit Hostel Dieu, au lieu de deffunctz maistres Jehan Palluau, notaire et secrétaire du Roy, et Jehan Leprestre bourgeois de Paris.

Ce jourdhuy (19 octobre), a esté enjoinct à frère Jehan Gogart, l'un des relligieux dudict Hostel Dieu, de ne laisser emporter aucuns meubles ne aultres choses quelzconques estans dedans la chambre de deffunct maistre Jacques Robineau, luy vivant Maistre dudit Hostel Dieu, que auparavant les exécuteurs de son testament n'ayent rendu compte au Bureau des deniers qu'il a deu recepvoir, provenant des legs et aulmosnes qui se sont faict durant le terme escheu au jour sainct Remy dernier, et que aultrement en ayt esté ordonné par la Compaignie.

Ce jourdhuy (19 octobre), la Compaignye a résolu qu'il ne sera doresnavant baillé de gaiges à monsieur de Sainct-Jacques, médeçin dudit Hostel Dieu, que la somme de deux cens livres tournois par an.

Sensuivent les charges spéciales et particulières de messieurs les Gouverneurs dudit Hostel Dieu, faictes cedit jour (25 octobre) et premièrement charge de monsieur Lefebvre : avoir soing d'achapter des draps pour les mallades et pour la sépulture d'iceulx, veoir et arrester les parties du verrier, avoir esgard pour l'achapt des cendres; charge de monsieur Lejay : veoir et examiner les comptes du recepveur, en poursuivre le calcul et closture, veoir et recepvoir les comptes des Pardons, des recepveurs particulliers des provinces, avoir soing des drogues et unguans des mallades et en arrester les parties, sera commis avec ledict sieur Lejay tel qu'il plaira à la Compaignie, pour oyr lesdits comptes et les calculer avec luy, faire charger le recepveur sur le controlle de tous les deniers casuels tant ordinaires que extraordinaires, avoir la charge des chaulsures tant de cuir que de laine et habitz des relligieuses; n'est le sieur Lejay toutesfoys exempt d'autres charges quant la Compaignye le commectera; charge de messieurs Boucher et Huisselin : avoir esgard à l'achapt et despense des chaires pour les pauvres mallades, ensemble le poisson, herbes et beurre, achapt de harenc et poix en leurs saisons, recepvoir tous les huict jours le compte du despensier, et au bout de trois mois, arrester ledit compte et le signer, avoir soing du suif, gresses et huille pour les lamppes, pour faire la chandelle, ou prendre les poix par compte pour en faire faire la distribution, suivant l'advis du Bureau, ensemble de tout ce qui deppend de ladite charge du despencier, pourveoir à l'office d'un despensier, quant le cas escherra, suivant l'advis du Bureau, assister aux Pardons et garder l'autel du costé de l'ymage sainct Christophe, se charger de la bource, et pour leur absence, commectre l'un de ses serviteurs; charge de monsieur Desprez : visiter de trois mois en trois mois les maisons de ceste ville et faulxbourgs de Paris, compris les maisons et fermes des Marestz, pour les bastiments et logis manables, avec tel de Messieurs qui sera commis, avoir soing, auparavant que faire noulveaux baulx desdites maisons, qu'elles soient bien et deuement veues et visitées, suivant l'antienne coustume du Bureau, pour veoir si elles sont réparées, comme ilz y sont tenuz par lesditz baulx, arrester les parties des maçonneryes, charpenteryes, couvertures et serrureryes, communiquer souvent avec ledict sieur Lejay, qui a manyé ladicte charge; ledict sieur Desprez par chascun an au jour de Pasques et Sainct Remy fera commectre deux des dits sieurs Gouverneurs pour faire visitation, avec le maçon dudit Hostel Dieu, de toutes les maisons appartenant audict Hostel Dieu, scizes en ceste ville, fera diligence de faire faire au Bureau, le jour que l'on le tiendra, après le premier jour de l'an, le marché de maçonnerye, charpenterye et couverture, comme l'on soulloit faire, auparavant que lesdites maisons se baillassent à toutes reparations; charge de messieurs Daubray et Tanneguy : avoir soing de tous les procès et differendz que ledit Hostel Dieu a, tant à la Court de Parlement que aultres justices, et assister à l'audicion des comptes de la recepte generalle, pour les deniers comptez et non receuz, tous les premiers lundis du mois en faire la visitation, appeller les advocatz, procureurs et sollicyteurs de ladicte Maison, poursuivre le jugement des procès, sollicyter les rapporteurs pour le jugement d'iceulx, quant ilz seront en estat de juger, veoir et arrester les parties des advocatz, procureurs, greffiers et sergens, veoir les comptes de justice et les arrester, faire charger le controlle des taxes et despens et condempnations de ce qui vient des procès ou adjudications faictes par la justice, assister aux Pardons et garder l'autel du costé du cloistre, se charger de la bource et pour leur absence commectre l'un de leurs serviteurs; charge de monsieur Josse : avoir esgard sur la panneteterye, qui est la recepte et despence des bledz de ladicte Maison, provenant des fermes et moissons, en cas de nécessité, faire provision, veoir souvent les greniers, veoir souvent le four, pour avoir esgard sur le pain des mallades et dommesticques pour la grosseur, pourveoir à l'office du pannetier, quant le cas y escherra, suivant l'advis du Bureau, avoir esgard sur les farines, son, foings, faulx et pailles, examiner le compte de la dicte recepte, que rendra le pannetier, avoir esgard aux baulx desdites fermes, pour le temps qu'ilz expireront, aller souvent veoir lesdites fermes, les réparations qu'il y faudra faire, et en faire rapport au Bureau, avoir esgard sur les bois pour commander audit pannetier en faire faire les couppes, aux saisons, pour en faire faire la provision de ladite Maison, ou par achapt, quant il y aura nécessité, communicquer souvent de ladite charge avec le sieur Lejay, qui l'a manyée l'espace de dix neuf années, assister aux Pardons, garder l'autel du costé du cloistre, se charger de la bource, pour son absence commectre l'un de ses serviteurs; charge de monsieur Martin : avoir esgard à la cave, à ce que les vins soient bien et deuement entretenuz, à la distribution, tant pour les mallades relligieux, relligieuses, que serviteurs, suivant l'ordonnance du Bureau, tous les sabmedys visiter ladicte cave, et tous les mois veoir et recepvoir le compte du sommellier, faire faire la provision des vins, quant besoing en sera, et en advertir la Compaignye au Bureau, visiter souvent les vignes, pour veoir sy elles auront eu toutes leurs façons, pour en ordonner du paiement au recepveur, lorsque les vignerons iront au Bureau et en auront faict les façons, et par saisons, prendre garde aux fustailles vieilles pour les faire serrer en lieu secq et nect par le sommellier, pour les faire rellier en temps deu, selon la quantité qu'il en faudra pour la despouille de l'année, prendre garde au temps des vendanges, pour ordonner ceux qui y assisteront et les feront, pourveoir à l'office de sommellier, quant le cas y escherra, suyvant l'advis du Bureau, arrester le cayer des payements faicts aux vignerons pendant l'année, arrester le cayer des fraiz des vendanges pendant ladicte année, avoir soing des verjus et vinaigres, assister aux Pardons et garder l'autel dernier d'auprès l'ymage sainct Christophle.

Cedit jour (18 avril 1591), a esté passé procuration à maistre Francoys Hyeraulme, pour faire la recepte genéralle dudict Hostel Dieu.

Cedit jour (13 mai), a esté donné charge au greffier de retirer de l'huissier Choppin, l'arrest de la Court de Parlement donné contre les communaultez et abbayes de ceste ville, pour le paiement des taxes, à quoy ilz ont esté cotisez, pour subvenir à l'extrémé nécessité des pauvres mallades dudict Hostel Dieu, pour veoir quelles responces ilz ont faictes au procès verbal qu'il en aura pour ce faict et dressé.

Cedit jour (13 mai), ont esté commiz les sieurs Lejay, Boucher, Desprez et Martin, pour se transporter par devers monsieur Seguyer, doyen de l'église Notre Dame de Paris, pour faire faire punition à seur Jehanne Gaignart, relligieuse audit Hostel Dieu, des injures atroces par elle proférées en plain Bureau, aux personnes des Gouverneurs dudit Hostel Dieu, estans lors en icelluy et sans occasion.

Cejourdhuy (19 juin), la Compaignye a prié les sieurs Le Prestre et Desprez de prier monsieur l'évesque de Senlis de admonester les marguilliers des parroisses de ceste ville, ensemble les bourgeois d'icelle ville, de continuer à nourrir les pauvres mallades dudict Hostel Dieu, actendu l'extrême nécessité d'icelluy Hostel Dieu.

Cedit jour (24 juillet), a esté apporté au Bureau par le sieur Tanneguy, trois sauvegardes et permissions du Roy de Navarre, par luy obtenues, suivant la charge et procuration qu'il avoit de la Compaignye, portans icelles permissions d'amener toutes sortes de provisions en seurreté, pour la provision dudict Hostel Dieu, tant bledz, vins, bois que autres choses provenans du revenu audit Hostel Dieu appartenans, ensemble pour la conservacion des fermes, pontz, portz, péages et passages à icelluy Hostel Dieu appartenans, et pour la seuretté des Gouverneurs d'icelluy Hostel Dieu, avec leurs chevaulx, armes, officiers, lorsqu'ilz yront pour le recouvrement d'icelles provisions, portans aussi sauvegarde et deffence de ne faire aulcun tort aux fermiers, famille, serviteurs et servantes, ensemble à leur bestail et biens, et de les laisser labourer et vendanger sans aulcun destourber ou empescher, dont lun d'iceulx donné à Chartre, devant le camp, le XIII mars dernier, signé Henry, et plus bas, par le Roy. Pothier.

Cedit jour (26 juillet), maistre Francoys Hyeraulme, recepveur général dudit Hostel Dieu, a esté chargé par la Compaignye d'aller jusques à Corbeil, pour faire dilligence d'avoir du bled pour ledict Hostel Dieu venant des fermes, suivant les passeportz et sauvegardes du Roy de Navarre, qui luy ont esté baillez à ceste fin, et aussy de monsieur de Belin, gouverneur de Paris, et de messieurs les prévost des marchans et eschevins de ceste ville, et aussy suivant les mémoires, qui luy seront baillez par maistre Pierre Petit et le pannetier dudict Hostel Dieu, des grains que ledit Hyeraulme fera mener en la ville de Corbeil, pour les faire amener et conduire, depuis ledit Corbeil jusques en ceste ville de Paris, et pour ce faire, a esté donné charge au greffier de escripre au nom de la Compaignye à monsieur d'Espigny, gouverneur de ladicte ville de Corbeil, qu'il luy plaise gratifier les pauvres mallades dudict Hostel Dieu, en chose qui est sy recommandable et favorable, et luy remonstrer par lesdictes lectres la calamitté et désolation qui est audict Hostel Dieu.

Cedit jour (9 août), a esté enjoinct au receveur général dudict Hostel Dieu de ne payer aulcune chose aux relligieux, abbé, et couvent de Saincte Geneviefve du Mont, des arrérages de cens et rentes qui sont deues par ledict Hostel Dieu ausdits de Saincte Geneviefve, qu'auparavant ils n'ayent payé audict Hostel Dieu la somme de cinquante escuz soleil, à laquelle somme lesdits de Saincte Geneviefve ont esté taxez par messieurs les grans vicaires de monsieur l'évesque de Paris, et monsieur l'abbé de Saincte Geneviefve, le xxviie jour d'avril м d iii^{xx}x, suivant l'arrest de la Court de Parlement, du quatriesme jour de janvier oudit an, pour cinq mois, qui est à raison de dix escuz par moys, sauf à desduire ausdits de Saincte Geneviefve ce qu'ilz auront sur ce payé.

Cedit jour (4 septembre), la Compagnye a remonstré à messieurs l'archediacre de Paris et Buisson, chanoyne de l'église de Paris, estans au Bureau pour ce mandez, que il estoit du tout impossible à icelle Compagnye, pour la grande calamité du temps, de plus subsister pour nourrir les relligieux, relligieuses et domesticques dudict Hostel Dieu, attendu qu'il n'est pas possible de recevoir aucuns deniers de quelque personne que ce soit, et aussy que les bons bourgeois, manans et habitans de ceste ville ne peuvent plus nourrir les pauvres malades dudict Hostel Dieu, comme ilz soulloient, d'autant qu'il leur est du tout impossible de y continuer, comme ilz ont faict entendre à ladicte Compagnye, sur quoy lesdits sieurs archediacre et Buisson ont faict responce à icelle Compaignye, qu'ilz ne sont point ignorans de la grande nécessité et impossibilité qui est de présent en ceste ville et ailleurs, et que quant ladicte Compagnye sera contraincte de faire fermer les portes dudict Hostel Dieu, actendu les raisons susdictes, icelle Compagnye en demeurera deschargée.

Cejourdhuy (13 septembre), la Compaignye estant assemblée, a esté advisé que le sieur procureur général priera messieurs les grans vicaires de monsieur l'évesque de Paris, de faire assembler les curez des paroisses de ceste ville, pour leur remonstrer l'extrême nécessité dudict Hostel Dieu, afin que lesdits curez aient à exhorter les parroissiens de leurs parroisses, ensemble les prédicateurs, de continuer la nourriture des pauvres malades audict Hostel Dieu, ainsy qu'ilz ont faict par ci devant, depuis le caresme dernier, autrement les Gouverneurs dudict Hostel Dieu seront contrainctz refuser l'entrée audict Hostel Dieu ausdits pauvres malades, et faire fermer les portes dudict Hostel Dieu.

Cedict jour (13 septembre), a esté ordonné que le receveur général dudict Hostel Dieu continuera de distribuer par chacun jour, pour la nourriture des relligieuses et filles blanches, la somme de ung escu soleil vingt solz tournois, et ce jusques à ce que autrement en soit ordonné.

Cejourdhuy (3 octobre), la Compagnye a requis au Maistre dudict Hostel Dieu qu'il eust à faire apporter au Bureau les relliquaires et vaisselle d'argent estant audict Hostel Dieu, pour aulcune cause à ce mouvans ladicte Compagnye, lequel Maistre auroit faict response qu'il ne pouvoit pour le présent, d'aultant que frère Nicollas Guy, sacristain et qui a la charge de la clef où sont lesdits relliquaires et vaisselles d'argent, n'est de présent audict Hostel Dieu, et qu'il s'en est allé à sa leçon aux Jésuistes, sur quoy luy a esté ordonné par la Compagnye qu'il eust à retirer dudict frère Nicolas Guy les clefz du revestière où sont lesdits relliquaires et vaisselles d'argent, pour les faire apporter audict Bureau cejourdhuy après midy, heure de deux heures, à laquelle heure se trouveront aulcuns de la Compagnye pour les recepvoir. Pour effectuer par la Compagnye ce qui avoit esté advisé le matin a esté mandé ledict maistre pour scavoir de luy s'il prétendoit pas exécuter ce qui avoit esté délibéré par ladicte Compagnye, lequel Maistre auroit faict responce qu'il estoit prest de bailler les clefz du revestiaire dudict Hostel Dieu, sytost que ledict frère Nicollas Guy seroit retourné de sa leçon, ce qui a esté trouvé fort estrange par ladicte Compagnye, d'aultant qu'il avoit esté donné charge au Maistre de retirer lesdictes clefz, et sur ce auroit esté rapporté à ladicte Compagnye que ledict Guy estoit retourné de la ville, au moyen de quoy auroit esté donné charge à l'instant audict Maistre de retirer les clefz dudict Guy, et de faire apporter audict Bureau lesdicts relliquaires et vaisselle d'argent, lequel Maistre auroit accordé de ce faire, mais que la Prieure et les relligieuses dudict Hostel Dieu le voulloient empescher, et que s'il plaisoit à aulcuns de la Compagnye de se transporter audict Hostel Dieu, pour obvyer aux tumultes que lesdictes relligieuses pourroient faire, les relliquaires et vaisselles d'argent pourroient plus facilement estre apportés audict Bureau, à ceste cause ladite Compagnye auroit faict mander audict Bureau les Prieure, Soubz Prieure et les plus antiennes relligieuses, c'est ascavoir sœure Marye Francoise, ayant charge de l'appoticquairerie, Philippes Lauyn, ayant charge de l'essuiment, Catherine Lhostellier portière à la porte du costé du parvis Nostre Dame, et Phillipes Duble chevetaine en l'office de l'enfermerye; lesdictes Prieure et Soubz Prieure, se faisant fort pour toutes les aultres relligieuses, ont dict et déclaré, après plusieurs sommations et interpellations à elle faictes, qu'elles empeschent que lesdicts relliquaires soient venduz et que cella apportera ung grand malleur audict Hostel Dieu, et sur ce leur auroit esté remonstré que, en l'an v° xliiij, desdicts relliquaires auroient dejà esté transportez audict Bureau, et que la Compagnye n'avoit intention de les vendre, lesquelles Prieure Soubz Prieure et relligieuses auroient consenty que lesdicts relliquaires et vaisselle d'argent fussent apportez audict Bureau, à la charge qu'elles ne seroient vendues; ce faict ledict Maistre auroit, suivant ce qui luy avoit esté ordonné par ladicte Compagnye, faict apporter au Bureau lesdicts relliquaires et vaisselles d'argent, et en ce faisant, auroit requis en estre deuement deschargé, affin qu'à l'advenir on ne luy en puisse aulcune chose demander, d'aultant qu'il en est chargé envers ladicte Compagnye.

Cejourdhuy (15 octobre), suivant l'arrest de la Court de Parlement contenant le consentement de messieurs du Chappitre, et portant commission ausdits sieurs Gouverneurs de vendre aulcuns relliquaires et vaisselle d'argent estant audict Hostel Dieu, a esté pour ce appellé par la Compagnye Pierre Langloys, maistre orfèvre demeurant sur le pont aux changes, à l'enseigne du soleil d'or, pour la veoir et visiter et séparer ce qui estoit nécessaire et loisible de vendre et aussy pour peiser lesdites relliquaires et vaisselle d'argent et depuis auroient esté appellez plusieurs orfevres de Paris et entre autres maistre... Nicollas, demeurant devant les boucheries de Paris, lesquelz auroient offert pour chascun marc desdits relliquaires et vaisselle d'argent, tant vermeil, doré que blanc, la somme de neuf livres dix solz tournois l'ung portant l'autre, et auroit aussy esté appellez Eustache Reaulbourc, lequel en auroit offert vingt livres dix solz tournois, à payer une partie comptant et le reste dans quinzaine, et après avoir mis la matière en dellibération par ladicte Compagnye sur lesdictes offres, Delahaye, Maistre de la Monnoye auroit offert pour chascun marc la somme de sept escuz soleil, icelle Compagnye a esté d'advis de vendre lesdicts relliquaires et vaisselle audict Delahaye pour ledict pris, et néantmoings d'aultant que monsieur le Président de Neully a promis de parler audict Delahaye, la Compagnye a commis les sieurs Lejay et Boucher pour prier ledict sieur président de Neully d'accorder dudict pris avecques ledict Delahaye, et ainssy qu'il advisera pour le mieux, et pour le profict et augmentacion des pauvres dudict Hostel Dieu.

Cejourdhuy (23 octobre), la Compagnye a faict porter au Maistre de la Monnoye les relliquaires et vaisselle d'argent dudict Hostel Dieu destinez pour estre venduz pour subvenir à l'extrème nécessité dudict Hostel Dieu, et ce moyennant la somme de sept escuz soleil chascun marc, qui est le pris le plus hault qui ait esté offert à ladicte Compaignye, et auroit faict icelle Compaignie poiser en la Monnoye lesdicts relliquaires et vaisselle, qui se sont trouvez monter jusques à la quantité de six vingtz marcz une once, montant à la somme de huit centz quarante escuz cinquante deux solz six deniers, sur laquelle somme le recepveur général dudict Hostel Dieu a receu présentement la somme de quatre cens escuz soleil, et du reste ledict Maistre de la Monnoye l'a promys paier audict recepveur a vollonté d'icelluy recepveur.

9° REGISTRE. — ANNÉES 1594 À 1597.

Cedict jour (12 janvier 1594), actendu la nécessité et abundance des pauvres qui sont de présent audict Hostel Dieu, et sur la remonstrance faicte par le sieur Boucher, ladicte Compagnye a ordonné et enjoinct au recepveur général dudict Hostel Dieu de ne bailler argent pour la norriture des pauvres que pour ung repas par chascun jour, et quant aux relligieuses et filles blanches, ne leur sera baillé aulcune viande, ains la somme de dix huit deniers tournois par chascun jour, à commencer lundy prochain, et en ce faisant, se sont les sieurs Lejay et Boucher chargez d'aller veoir le curé de Sainct Germain de l'Auxerrois, pour le prier d'exciter ses parroissiens de continuer leur charitez accoustumées, la norriture de iceulx pauvres, ensemble de parler à monsieur le grand vicaire de monsieur l'evesque de Paris, de mander aux curez de ceste dicte ville de exciter leurs parroissiens à continuer leur charité pour la norriture d'iceulx pauvres.

Cedict jour (12 janvier), a esté donné charge à maistre Vincent Hamelin, chirurgien dudict Hostel Dieu, pour éviter au scandalle et propos lubricque que tient journellement aux relligieuses et filles blanches, suivant le rapport du maistre de l'Hostel Dieu, un mallade impotent estant en l'office de l'enfermerye, et lequel ne peult marcher sur les piedz, d'achapter une jatte de bois et l'accommoder sur icelle, affin de pouvoir aller par la ville pour mandyer sa vie, actendu qu'il est sain dedans le corps et que à ceste fin a esté donné charge au greffier luy faire la lecture de la présente dellibération, ce faict et refusant y obeyr, a esté donné charge aux amballeurs de le mectre hors dudict Hostel Dieu, ou bien le transporter dedans une cyvière au logis de son beau-père.

Cedict jour (9 mars), le sieur Lejay a rapporté à la Compagnye que les marguilliers de Sainct Severin se sont excusez jusques après Pasques pour nourrir les pauvres dudict Hostel Dieu.

Cedict jour, a esté payé par le receveur général à la sage femme dudict Hostel Dieu pour trois femmes grosses qu'elle a delivrées la somme de vingt deux solz six deniers tournois de l'ordonnance de la Compagnye.

Cejourdhuy (8 juin), ladicte Compagnye a donné charge au greffier de défendre aus pannetier, despensier et celerier de bailler aucune pitance de vin, pain et viande au Maistre dudict Hostel Dieu, qui a esté institué par messieurs du Chappitre, et ce jusques à ce que autrement en soit ordonné par la Compagnye.

Cejourdhuy (31 août), a esté receu pour médeçin audict Hostel Dieu maistre Jacques Lescripvain, docteur régent en la Faculté de Médecine, esleu par ladicte Faculté de Médecine, moyènnant la somme de soixante six escuz soleil.

Cejourdhuy (7 décembre), a esté ordonné au recepveur général de bailler et deslivrer aux archers de M. le lieutenant Rappin, pour le sallaire d'avoir apréhendé au corps ceulx qui ont mis le feu en la ferme de Compans, iceulx amené prisonnier en ceste ville et conduictz au supplice, la somme de douze escuz soleil.

Cedict jour (16 décembre), a esté ordonné au despensier qu'il distribuera du charbon pour mectre dedans les chariotz qui sont dedans les salles des mallades, pendant cest yver, et prie la Compagnye frère Nicolas Guy d'avoir l'œil que les relligieuses et filles blanches ne preignent ledict charbon, tellement que ledict charbon soit tousiours dedans lesdictz chariotz, et aussy qu'il ait le regard qu'il y ait tousiours du feu dedans lesdicts charriotz.

Cedict jour, a esté ordonné au recepveur de faire bailler aux curez de ceste ville, ce caresme prochain, les sacqz de pouldres d'espices a eulx accoustumez estre baillez par chascun an, et ce par De Bourges, suivant le mémoire que pour ce faire et à ceste fin a esté baillé.

Cedict jour (3 mars 1595), a esté advisé par la Compagnye qu'elle parlera à monsieur le Premier Président, touchant l'affluance de femmes grosses qui se présentent pour gésir audict Hostel Dieu, afin d'adviser si l'on les renvoyera par devers les evesques, prélatz, abbez dont elles sont demourantes, afin de nourrir lesdictes femmes grosses durant leur gésine.

Cedict jour (10 mars), a esté donné charge au recepveur de ne bailler aulcun argent à sœurs Gilles Boisset, Judic Prévost, Margueritte Boucher, Philippes Debec, et Jehanne Langlois, pour leur vivre, jusques à tant qu'il plaira à la Compaignye, pour aulcunes causes à ce la mouvans.

Cedict jour (10 mars), a esté donné charge et enjoinct au Maistre dudict Hostel Dieu d'aller présentement mectre hors dudict Hostel Dieu maistre Anthoine Saulnyer, prestre chappellain dudict Hostel Dieu, et lui enjoindre de ne plus hanter ne fréquenter audict Hostel Dieu et pour cause.

Cedit jour (28 juin), a esté ordonné au recepveur de bailler argent à la dame de l'appothicairerie, pour avoir du laict pour faire des clistaires pour les mallades de la dissenterye, au feur qu'elle en aura affaire.

Cejourdhuy (26 juillet), sur la remanstrance faicte à la Compaignye, par le receveur général dudict Hostel Dieu, qu'il y avoit faulte de fonds, et par ce moyen qu'il ne porroit satisfaire à la nourriture des pauvres et autre despence qu'il convient faire audict Hostel Dieu, et pour ceste cause en demandoit acte, et sur ce ladicte Compaignye auroit à l'instant commis les sieurs Lejay, Boucher et Desprez, pour se transporter chez monsieur le Premier Président, pour luy faire lesdictes remonstrances, ce qu'ilz auroient faict en présence dudict receveur, lequel auroit promis d'emprunter de ses amys jusques à la somme de quatre cenz escuz, pourvu qu'il pleust à la Compaignye s'en obliger envers luy de luy rendre ladicte somme, sur quoy ladicte Compaignye a donné acte audict receveur desdictes remonstrances, et au surplus luy a esté accordé par ladicte Compaignye de se rembourser de ladicte somme de quatre cens escuz soleil.

Cejourdhuy (23 août), a esté donné charge au despensier d'achapter deux bottes de fines herbes pour semer par les salles dudict Hostel Dieu par chascun jour, jusques à ce que autrement en soit ordonné.

Cedict jour (5 septembre), a esté presenté par messieurs de la Ville à la Court de Parlement monsieur Marcel, lequel a faict le serment de Gouverneur dudict Hostel Dieu, ou lieu de défunct monsieur le Président de Thou, et a esté pareillement ledict sieur Marcel receu au Bureau dudict Hostel Dieu.

Cedict jour (15 septembre), a esté prié le recepveur général dudict Hostel Dieu de prendre six cens escuz à rente, pour subvenir audict Hostel Dieu jusques à ce que l'on ayt trouvé la commodité de vendre des héritages pour rachapter la rente.

Cedict jour (11 octobre), a esté ordonné au receveur général de coucher en ses comptes, au chappitre de recepte des legs et aulmosnes, la somme de deux cens escuz, qu'il a receuz du trésorier des parties casuelles sur la somme de neuf cens tant d'escuz, actendu que monsieur de Mayenne a faict don de ladicte somme par aulmosne audict Hostel Dieu.

Cedit jour (20 octobre), a esté ordonné au receveur de bailler à la sage femme dudict Hostel Dieu la somme de trente sept solz six deniers, pour avoir accouché cinq femmes grosses audict Hostel Dieu.

Cejourdhuy (7 novembre), a esté rapporté à la Compagnye que seurs Duchemin, Vignan, Montpellier et Dury, relligieuses dudict Hostel Dieu, font courir le bruyt que le receveur général dudict Hostel Dieu reçoit par chascune sepmaine plus de mil escuz des deniers provenans du sel, en quoy lesdictes relligieuses font ung grand scandalle.

Cedict jour (22 décembre), a esté ordonné que les stations du Pardon de Noël prochain seront mises en l'église Nostre Dame, attendu la maladie contagieuse qui est audict Hostel Dieu.

Cedict jour (22 décembre), a esté donné charge à l'huissier Cauchoys d'aller à Compiengne, dimanche prochain, par devers monsieur Marcel, touchant les iii^c xl. escuz soleil octroyez et donnez par le Roy audict Hostel Dieu, à prendre sur le commerce.

Cejourdhuy (30 janvier 1596), sur ce qui a esté proposé qu'il estoit besoing promptement subvenir à la très grande et urgente nécessité qui est audict Hostel Dieu, ledict sieur Marcel a remonstré à ladicte Compagnye que la Maiesté du Roy veult et entend que les subsides qui ont cessé cejourd'huy continuent pour le moys prochain, et que sur les draps de soye, espicerie et drogueries subiectes à la douane, l'ong ne paye aux Généralitez du Parlement de Paris que deux pour cent, et aux autres Généralitez des autres Parlementz cinq pour cent, et qu'il seroit besoing esdictes Généralitez dudict Parlement de pouvoir obtenir de ladicte Maiesté ung escu pour cent pour ledict Hostel Dieu, qui seroit au lieu de trois pour centz, ce que ledict sieur Marcel estime qu'il obtiendra facilement, qui sera sans fouler le moyen peuple, lequel escu pourra monter jusques à douze mil escuz, et que si la Compagnye le trouve bon, il en parlera à monsieur le Premier Président et à monsieur le Prévost des marchans, ce que ladicte Compagnye a prié monsieur Marcel de faire.

Cejourdhuy (7 février), la Compagnye a advisé d'aller trouver monsieur le Procureur Général du Roy, pour le prier de faire l'arrest du Parlement par lequel sera ordonné aux prevost des marchans et eschevins de cette ville de enjoindre aux quarteniers, cinquanteniers et dixainiers, de faire eslection par chascune dixaine de deux officiers du Roy, ou deux notables personnes, pour faire la queste par les maisons des habitans de ceste ville, pour les pauvres malades dudict Hostel Dieu, et par ledict arrest sera mandé à monsieur le cardinal de Gondy de exciter ou faire exciter le peuple par les curez, vicaires et prédicateurs, de faire aulmosne ausdits pauvres et malades.

Cedict jour (9 février), a esté ordonné au portier de permectre que les vallides se logent et couchent audict Hostel Dieu la nuyt, durant ceste grande froidure, sans toutesfoys le tirer à consequence, et que dès le matin ledict portier les mectera hors.

Cedict jour (23 février), a esté ordonné que tous les jours il sera allumé troys lampes audict Hostel Dieu, l'une à l'office sainct Denys, l'autre à l'office sainct Thomas et l'autre aux aisemens.

Cedict jour (6 mars), a esté receu par la Compaignye, pour servir de médecin audict Hostel Dieu maistre Pierre Paulmyer, licencié en la Faculté de Médecine, moiennant deux cens livres tournois de gages par an, et cent livres de pension aussy par an.

Cedict jour (26 juin), a esté ordonné qu'il sera baillé de l'argent par le receveur général, pour faire faire deux douzaines de chaires persées, pour servir aux mallades et ung grant chaslit pour mectre les corpz ensepvelliz.

Cejourdhuy (10 juillet), la Compagnye estant assemblée pour adviser sur la préservation des officiers dudict Hostel Dieu, pour l'inconvénient de la maladye contagieuse, a esté ordonné et enjoinct au Maistre dudict Hostel Dieu de faire fermer toutes les portes qui ont entrée en la cour basse dudict Hostel Dieu, au four, en la cuysine et en la boucherye d'icelluy Hostel Dieu, en sorte que aulcune personne, tant relligieux, relligieuse, chirurgiens et serviteurs domesticques, qui sont employez au service des pauvres mallades, par les salles et autres lieux, ne descendent esditz lieux, et qu'ilz ayent à sortir seullement par la porte dudict Hostel Dieu du costé du

4.

parvys nostre dame, et d'autant qu'il est de besoing faire distribuer les vivres et pitance aux pauvres mallades et aux relligieux, relligieuses et serviteurs domesticques, a esté ordonné qu'il sera mis ung portier, qui s'appellera le sonnetier, à la porte de la descente d'emprès l'office de l'appothicairerye, et ascendant au four dudict Hostel Dieu, à laquelle descente y aura une sonnette qu'il sonnera pour appeller et faire venir les officiers de la cuysine et boullangerye, pour porter sur le pallyer de l'escallier d'en hault, estant en ladicte descente, les corbeilles et marmites qui seront prinses par les amballeurs sur ledict pallyer, auquel sonnetier sera faict deffense de laisser sortir et entrer par ladicte porte quelque personne que ce soit, pour venir prendre de l'eaue au puys de la cuysine, ne autre chose quelconque, ains de prendre ladicte eaue au puys du travoir, et est enjoinct aus relligieuses de n'estandre les linges et draps des malades en ladicte court basse, vers la boucherye et sallouer dudict Hostel Dieu, ains de les estandre, comme elles ont acoustumé, au lessuyement et autres endroictz dudict Hostel Dieu, plus enjoinct à la Prieure et aus relligieuses de ne mectre aucuns malades de contagyon en l'office de l'enfermerye desdictes relligieuses, ne autres lieux extraordinaires, sans la permission des sieurs Gouverneurs, oultre a esté ordonné qu'il sera mis ung second portier à la porte du costé du parvys nostre dame, à pareil gaige et pitance que celluy qui y est, lesquelz seront tenuz, à peine de punition corporelle, de ne laisser sortir hors dudict Hostel Dieu aucuns desditz malades, pour éviter à l'inconvenient qui s'en peult ensuivre, comme aussy de ne recevoir aucuns malades audict Hostel Dieu, qu'ilz ne soient visitez par le chirurgien ou ses serviteurs, et aussy de tenir tout le long du jour la herse fermée, afin qu'il ne sorte aucuns desdicts malades, sur les mesmes peines que dessus, plus a esté ordonné que la chambre des amballeurs, qui est en ladicte court basse, sera fermée et cadenassée par le serrurier, pendant ce temps de contagion, et de tout ce que dessus a esté enjoinct au Maistre dudict Hostel Dieu de faire exécuter le contenu cy dessus, et de y tenir la main, à peine de s'en prendre à luy et d'en faire la plaincte à Messieurs de la Court.

Cedict jour, la Compagnye a permis à monsieur Ferant, licencié particullier ou Chastellet, de se retirer luy sa femme et famille en la ferme de Champlant, durant ce temps de contagion, eu esgard que ledict sieur Ferant peult faire plaisir en justice audict Hostel Dieu.

Cedict jour (15 janvier 1597), a esté ordonné que pour la capture que l'on prétendoit faire du baron d'Esco, pour cinq cens escuz adjugez audict Hostel Dieu, qu'il sera baillé au lieutenant de monsieur de Miraulmont deux escuz soleil, et aux douze archers à chascun xx solz tournois.

Cejourdhuy (17 mars), pour subvenir à l'extrême nécessité qui est audict Hostel Dieu, la Compagnye a advisé que, à la requeste de monsieur le procureur général, il sera supplié la Court d'ordonner que les receveurs de la ville seront contrainctz de bailler audict Hostel Dieu la somme de treize cens escuz sur les restes des deniers qu'ilz ont en leurs mains des annees iiii^{xx}xv. et iiii^{xx}xvj. et aussy les receveurs du domaine du Roy sept cens escuz qui font la somme de deux mil escuz, davantage que les sieurs prévost des marchans et eschevins bailleront, ainsy qu'ilz l'ont promis ausdits Gouverneurs, le rolle des taxes qui ont esté faictes sur les habitans de ceste ville, pour les malades de la contagion de la somme de quatre mil escuz, et que les dits Gouverneurs feront dilligence de faire contraindre lesdits habitans, ceulx qui n'auront payé leur taxe, et de ce le sieur procureur général a promis de faire donner arrest en vertu duquel lesdits sieurs Gouverneurs feront mectre à exécution, par des sergens du chastellet, afin que des deniers qui proviendront desdictes taxes ils puissent subvenir à la nécessité des pauvres.

Cejourdhuy (18 avril), a esté receu pour médecin audict Hostel Dieu maistre Anthoine Bernier, aux gaiges de quatre vingtz escuz soleil par an.

Cedict jour (21 mai), a esté advisé de obtenir permission de monsieur le lieutenant civil, pour faire ordonner que tous les malades de la maladye contagieuse entreront audict Hostel Dieu par la porte de petit pont, ou cas que ladicte maladye continue, attendu que la salle du Légat, où l'on meet lesdits malades de la contagion, est proche de ladicte porte, et aussy pour empescher que lesdits malades ne infectent les autres malades dudict Hostel Dieu, et pour ce faire sera mis une relligieuse à ladicte porte et ung portier pour y prendre garde.

Cedict jour (20 août), a ledict Bureau finy par l'advis des sieurs Lejay, Boucher, Tanneguy et Desprez, sur ce que Maurice de Bretaigne, homme d'armes de la compaignye de M. le prince de Condé, qui a esté taxé pour son anoblissement par messieurs des comptes en la somme de xxx. escuz soleil envers l'Hostel Dieu, estoit sur son partement d'aller à l'armée, et aussy qu'il n'avoit ladicte somme, et auroit prié lesdits sieurs luy remectre quelque chose d'icelle, luy auroient remis quicte pour la somme de vingt escuz soleil qu'il auroit paiée comptant au recepveur général dudict Hostel Dieu.

Cedict jour (17 septembre), la Compaignye a delliberé que vendredy prochain elle se transportera par devers la personne de monsieur le cardinal de Gondy, evesque de Paris, pour luy communiquer de la publication des pardons et indulgences dudit Hostel Dieu, et sur la clause portée par les bulles de sa Saincteté de donner et aulmosner, par le moien de laquelle les archevesques et evesques de ce royaulme, ou la plus grande partie d'iceulx, en leurs diocèses, empeschent la publication desdicts pardons et indulgences, comme estant ladicte clause contrevenante au concile de Trente, et en ce faisant sera prié de se transporter par devers la personne de monsieur le Légat, de présent en France, pour ressouldre sur ledict différend, et sy ladicte clause demeurera ou nom, pour ladicte communication faicte, prier ledict sieur cardinal de prier ledit sieur Légat de rescripre à sa Saincteté, pour luy donner puissance de réformer ou confirmer le contenu ès articles desdictes bulles, afin qu'à l'advenir lesdits archevesques et evesques de cedict royaulme et leurs grandz vicaires ne facent difficulté de la publication d'iceulx, attendu la subjection de la confirmation desditz pardons, au moyen du decedz qui avient ordinairement en brief temps des personnes de nos Sainctz Pères les Pappes.

10° REGISTRE. — ANNÉES 1598 à 1601.

Cedict jour (4 novembre 1598), a esté ordonné au greffier de faire relyer en parchemin les inventaires des tiltres dudict Hostel Dieu et les répertoires d'iceulx, et de faire mectre l'inventaire des tiltres des champs en deux volumes.

Cejourdhuy (30 décembre), est comparu Laurent Guérin, barbier chirurgien à Paris, lequel la Compaignye a receu pour panser et médicamenter les pauvres mallades dudict Hostel Dieu, ou lieu de maistre Vincent Hamelin, suivant l'arrest de la Court de Parlement cejourd'huy donné, et luy a esté ordonné faire son debvoir, luy et ses serviteurs, de penser et médicamenter iceulx pauvres bien et deuement et soingneusement, tant de jour que de nuict, sans y faire aulcune faulte, et de se mectre et loger dedans la maison affectée aux chirurgiens dudict Hostel Dieu, et ce aux gaiges et pensions que avoit ledit Hamelin.

Cejourdhuy (14 mai 1599), a esté ordonné au greffier du Bureau de escripre à mademoiselle de Boisherpin, ou nom de la Compaignye, qu'elle ait à empescher en faveur des pauvres malades dudict Hostel Dieu, que les gens de guerre n'ayent à loger ès maisons des habitans de Puiselez le Marestz, qui sont les subiectz dudict Hostel Dieu, et qu'elle ne baille plus doresnavant des bulletins pour le logement des gens de guerre audit Puiseletz.

Cedict jour a esté ordonné au receveur de payer à M. Claude Durand, bachelier en théologie, le quartier escheu au derrenier septembre passé, sur la rente constituée audict Hostel Dieu à la Royne douairière.

Cedict jour a esté faict marché avec maistre Pierre Bezard, commis au greffe des eaues et foretz, pour faire en parchemin tant les inventaires des tiltres dudict Hostel Dieu, des champs que de la ville, ensemble les répertoires d'iceulx, moiennant la somme de quarante cinq solz pour chacun cayer de bon parchemyn, tel qu'il a monstré à la Compaignye, à la charge de les rendre faitz et parfaitz dedans la fin de la présente année, s'il est possible, et luy sera baillé par le receveur général la somme de vingt escuz soleil sur et tantmoings, en vertu d'un mandement qui luy sera expédié, et à mesure qu'il besoignera luy sera baillé deniers par ledit receveur.

Cejourdhuy (12 janvier 1600), a esté ordonné que maistre Pierre Bezart parachèvera l'inventaire des tiltres comme il a commencé, et suivant le cahyer qu'il a apporté au Bureau.

Cedict jour (4 février), a esté ordonné au despenser de bailler par chascun jour, durant cest hyver, et jusques à ce que autrement en soit ordonné, une myne de charbon pour mectre dedans les charriotz qui sont par les salles des malades, pour chauffer iceulx malades dedans leurs lictz, et que à ceste fin, lesdicts charriots seront roullez de lict en lict par lesdictes salles.

Cedict jour (13 septembre), est venu au Bureau messire Anthoine Guyot, chevallier seigneur de Charmeau, et président en la Chambre des Comptes, lequel le serment qu'il a faict cejourd'huy en ladicte Court pour Gouverneur dudict Hostel Dieu.

Cedict jour (22 septembre), a esté ordonné que le chirurgien comptera tous les jours au matin tous les mallades estans ès salles dudict Hostel Dieu.

Cedict jour (3 novembre), maistre Pierre Bezart, qui a pris charge de la Compagnye pour grossoyer en parchemin l'inventaire des tiltres dudict Hostel Dieu, a apporté au Bureau le premier volume qu'il en a fait, lequel ladicte Compaignye a ordonné qu'il soit relyé en parchemin blanc gros et fort.

Cedict jour (17 novembre) a esté ordonné par provision, et jusques à ce que autrement soit ordonné, que l'on fera les portions des pauvres malades du poix de six onces.

Cedict jour (11 avril 1601), mademoiselle de Breau a faict apporter au Bureau dudict Hostel Dieu la quantité de douze douzaine de draps de chanvre, qu'elle dict avoir charge de luy presenter de la part de madame de Mayenne, pour servir aux pauvres malades.

Cedict jour (9 mai), a esté donné charge au chirurgien d'apporter au premier Bureau ung estat des mallades qui sont audict Hostel Dieu, qui sont mallades de la tigne, afin de les mectre hors ledict Hostel Dieu.

Cedict jour (11 mai), a esté donné charge au receveur d'advertir Champagne, Petit, Fontaine et Guérin de se trouver mercredy prochain au Bureau dudict Hostel Dieu, pour faire la visitation du péril eminent qui est aux salles dudict Hostel Dieu, et a esté donné charge au greffier d'en faire advertir chascun de la Compagnie, particullièrement par l'huissier du Bureau.

Cedict jour (11 mai), ayant veu par ladicte Compagnye le rapport faict tant par le médecin et chirurgien dudict Hostel Dieu, que deux matrones de la ville de Paris, de la cappacité de Estiennette Rimbault, en l'expérience des accouchemens de femme, a receu ladicte Rimbault pour estre sage femme audict Hostel Dieu, et à cest effect, luy a faict faire le serment.

Cedict jour (11 mai), a esté ordonné au despencier de distribuer, tant aux mallades d'icelluy Hostel Dieu, que aux relligieux, relligieuses et aultres personnes serviteurs domesticques d'icelluy Hostel Dieu, et ce par chascun jour de la sepmaine, en la forme et manière qui ensuit : et premièrement à la salle sainct Thomas sera distribué à chascun mallade une livre de chair de bœuf par jour, le tout boully, à la réservation de six portions de veau ou mouton pour les griefz mallades de ladicte salle, au jour de dimanche, mardy et jeudy, à soupper; à la salle sainct Denis sera distribué à chascun mallade pareille quantité de chair, moitié bœuf, moictié veau ou mouton, et sera le dimanche, mardy et jeudy, ledict veau ou mouton rottis, à la salle neufve pareille quantité de chair, les deux tiers de bœuf et l'autre tiers de veau ou mouton, qui sera rotty esdits jours de dimanche, mardy et jeudy; à la salle neufve, pareille quantité de chair de mouton ou veau, qui sera rotye à soupper ès dicts jours; aux accouchées pareille quantité de chair, les deux tiers bœuf, l'autre tiers mouton ou veau, qui seront rotis èsdits jours ci dessus à soupper; au maistre et pannetier à chascun deux livres de chair de mouton ou veau par chascun jour, rosty esdits jours de dimanche, mardy et jeudy; aux quatre chappellains sera distribué par chascun jour de dimanche, mardy et jeudy, à chascun d'eux une livre de bœuf et une livre de veau ou mouton, qui sera rotty au soupper, et les autres jours de la sepmaine chascun deux livres de bœuf; au maistre des enfans de cœur frères Robert, Charles et Bourgeois, à chacun esdits jours de dimanche, mardy et jeudy une livre de bœuf, et une livre de veau ou mouton qui sera rotty pour le soupper, et les aultres jours de la sepmaine deux livres de bœuf; aux six enfans de cœur et à leur serviteur, chacun une livre de bœuf par jour; aux cinq emballeurs, à chascun deux livres de bœuf par jour; à Jehan Girard, sommelier, et Jehambon chartier, à chascun jour de dimanche, mardy et jeudy à soupper, deux livres de veau ou mouton rotty et le reste des jours de la sepmaine à disner et soupper deux livres de bœuf boully; aux trois boullengers à chascun deux livres de bœuf par chascun jour de la sepmaine à disné et souppé; aux deux serviteurs du chirurgien, ès jours de dimanche, mardy et jeudy à chacun deux livres de veau ou mouton rotty, et le reste des jours de la sepmaine deux livres de bœuf boully; au serviteur de Maistre deux livres de bœuf par jour; au boucher et cuisinier èsdits jours de dimanche, mardy et jeudy deux livres de veau ou mouton, et le reste des jours de la sepmaine, tout bœuf boully; au serviteur de la cuisine deux livres de bœuf par jour; aux trois portiers, tant du parvis que de la cour basse, à chacun deux livres de bœuf boully par jour; aux trois petitz serviteurs, l'ung du chirurgien, du four et des chappellains, à chacun une livre de bœuf boully par jour; à la Prieure trois livres de veau ou de mouton par jour; aux huict antiennes relligieuses, non comprinse ladicte Prieure, douze livres de chair de veau ou mouton par jour; aux trente sept autres relligieuses sera distribué cinquante neuf livres de bœuf par chascun jour; aux veillareuses trois livres de bœuf par chascun jour.

Cedict jour (22 août), la Compagnie a receu maistre Simon Bazin, docteur régent en la Faculté de Médecine, pour servir les pauvres dudict Hostel Dieu de son estat de médecin, aux gaiges ordinaires et accoustumez, à la charge que, advenant la malladye et contagion de peste, il assistera les pauvres et secourera ledict Hostel Dieu, sans qu'il s'en puisse absenter, et outre ce, qu'il certiffiera quelquefoys, ladicte Compagnye estant audict Bureau, de l'estat desdits pauvres, tiendra aussy la main à ce qu'ilz soient bien pensez et médicamentez par les chirurgiens, afin que toutes choses y soient bien réglées et ordonnées.

Cejourdhuy (29 août), a esté ordonné que l'on priera monsieur Bazin, pour trouver quelque femme qui apportera toute la sepmaine les herbes qu'il conviendra avoir pour faire les médecines, et apposumes des malades dudict Hostel Dieu, à laquelle femme sera donné telle somme d'argent pour ses peynes que ledict sieur Bazin advisera.

Cedict jour (31 août), a esté dit que les portiers de la porte du parvis yront alternatifvement garder la porte du costé de l'eau, pour empescher que les pauvres garis qui sortiront dudict Hostel Dieu ne rentrent.

Cedict jour (19 décembre), a esté faict deffences aux portiers de la porte du parvis Nostre Dame de laisser doresnavant entrer aulcuns mallades audict Hostel Dieu, sans estre veuz et visitez du chirurgien dudict Hostel Dieu, comme il est accoustumé faire à peyne de punition corporelle et d'estre chassez.

11ᵉ REGISTRE. — ANNÉES 1602 À 1607.

Cedict jour (2 janvier 1602), la Compagnie a arresté que les enfans qui sont audict Hostel Dieu seront doresnavant norris, asscavoir sera baillé à ceulx de l'aage jusques à deux ans du laict et de la boullie, à ceulx de trois ans jusques à quatre des œufs; et à ceulx de quatre ans et audessus, de la chair comme aux autres mallades hormis le vin.

Cedict jour (11 janvier), a esté ordonné que les quictances de monsieur Borrius, naguères médeçin dudict Hostel Dieu, pour ung quartier montant à la somme de vingt cinq escuz, seront paiés par le recepveur général.

Cedict jour (15 février), la Compagnye ayant veu l'inventaire des draps qui sont audict Hostel Dieu, ès main de la dame Prieure, montant à la quantité de cinq mil cent trente une paires de draps, a ordonné pour avoir quelque ordre doresnavant, que au dernier Bureau de chacun mois, ladicte dame Prieure apportera certificat des draps qu'elle aura fournis pendant le moys, tant au chirurgien que pour ensepvelir les corps.

Cedict jour, après que la Compagnie s'estant transportée audict Hostel Dieu, pour veoir avec Champagne le charpentier où il fault commencer à bastir audict Hostel Dieu, et ouy monsieur le Maistre, la dame Prieure et les chevetines, monsieur Bazin, médeçin et le chirurgien dudict Hostel Dieu, sur le transport des mallades qui sont couchez où il fault bastir, a ordonné et enjoinct à Jehan le Pas, menuysier, d'aller faire marché des ais de charbonnier, pour en dilligence faire enfoncer les couches de la salle du Légat, en laquelle salle seront mises les femmes qui sont en la salle neufve, et les griefz mallades et navrez seront miz en ladicte salle neufve, pendant le temps de la massonnerye qu'il convient faire audict Hostel Dieu, et on fera faire par Gourgouron les closures et séparations qu'il conviendra faire èsdictes salles, pour empescher le vend, de sept a huict poulces d'espoisseur, auxquelles cloizons sera faict des huisseries, pour passer pour servir les mallades, et outre a esté ordonné qu'il sera desmoly et refaict six arcades qui sont en péril éminent, suivant le rapport de visitation y devant faict, et pour y parvenir, a ordonné qu'il sera descouvert sur lesdictes arcades pour veoir ce qu'il fauldra faire.

Cedict jour (27 février), sur ce que Gourgouron a remonstré à ladicte Compagnye, que les cloizons que l'on a ordonné faire dedans les salles, de l'espoisseur de sept à huict poulces, ne seront suffisantes, la Compagnie lui a enjoinct de les faire faire de dix poulces d'espoisseur.

Cejourdhuy a esté accordé à Nicolas Folleville, dict La Chapelle, la somme de trois solz tournois, pour chacun orme qui ont esté planté ès terres d'Elleville qui sont sur le grand chemin, que pour les avoir plantés suivant l'eedit du Roy.

Cedict jour (31 mai), sur l'asignation donnée par monsieur le Premier Président, pour le trouver en sa maison à cinq heures du soir, la Compagnie a donné charge à l'huissier d'aler advertir la Compagnie de ce trouver à ladicte heure, ensemble de dire à maistre Guillaume Marchant, François Petit, Claude de la Champaigne, qu'ilz se trouvent à ladicte heure au logis dudict sieur le Premier Président.

La Compagnie a commis le greffier pour prendre garde au bastiment de l'Hostel Dieu, lequel fera estat de la haulteur, espoisseur et profondeur des murs et pilliers, qu'il se font en icelluy, de prendre par estat tout le fer qui y sera employé avec le poys d'icelluy.

Cedict jour (3 juin), esté ordonné qu'il sera faict un bastardeau en l'eau, qui commencera à trois piedz audessus du coing du lavoir, en tirant aval l'eaue, et continuera ledit bastardeau en aval, jusques à neuf piedz oultre le costé d'aval l'eau, du second pillier qui a esté résolu bastir en rivière, avec le retour du bastardeau pour fermer la place des fondacions, a esté ordonné que Champaigne fera les estayent et cintes qu'il fault aux arçades dudict Hostel Dieu, auparavant que de les abatre, et pour ce faire prendera du vieil bois proveneu des démolicions dudict Hostel Dieu.

Cedict jour (5 juin), a esté ordonné que doresnavant les femmes grosses seront visitées par la saige femme dudict Hostel Dieu seulement, pour raporter au Bureau le temps qu'elles auront encores à accoucher, afin que sur iceluy la Compagnie pourvoie à leur réception, sy besoing est, et cependant la Compagnie a faict deffences, tant à la dame religieuse de l'office des accouchées, que à ladicte saige femme ne recepvoir aulcune femme grosse, sans avoir l'ordonnance du Bureau au bas de leur requeste, toutes lesquelles requestes ladicte saige femme sera tenue représenter de trois mois en trois mois.

Extraordinaire du samedy XXII juing mil VI cens deux, cejourd'huy ont esté d'advis maistre Guillaume Marchant, maistre Françoys Petit, juré du Roy en l'office de massonnerye, qu'il soit faict des murs de massonnerye entre les pilliers des arcades mentionnés au devis qui en a esté faict par cy devant, laquelle massonnerye sera faict de l'espoisseur desdicts pilliers, massonné jusque à vif, de font en comble, jusques au rez chaussée de la grande salle, sur laquelle seront plantez les arcades, outre ont esté d'advis lesdicts sieurs Petit et Marchant, qu'il sera procédé dès à présent à la vidange des terres qui sont où il fault fonder les gros pilliers, qui seront bastiz dans la rivière, afin de mieu recognoistre ce qu'il convient de faire tant pour le batardeau que pour les pillotis qui se trouvera, et outre ont esté d'advis que la massonnerye qu'il se trouvera mauvaise soit abatue, jusque à la bonne massonnerye et bonne fondation, ont esté d'advis aussy qu'il soit faict des pilliers de massonnerye pour soubtenir les arcades qui vienne de la salle Sainct Denis sur la grande salle, afin de la conserver et outre ce, que le pillier qui est proche la descente de la cour basse, sera refect et que les planches desdictes salles seront estayées où il sera de besoing et nécessaire.

Cedict jour MM. Aubray, Tanneguy et Desprez ont pris charge d'aller voire avec Vellefault, entrepreneur des bastimens de l'Hostel Dieu, le contrepillier qu'il convient faire sur la montée du lavoir, et cependant la Compagnie a donné charge à l'huissier du Bureau d'aller, de la part de la Compagnie, prier maistre François Petit et Pierre Guelin, jurez du Roy en l'office de massonnerie, de se trouver jeudy prochain audict Hostel Dieu, pour sy ledict pillier est nécessaire ou non.

Du XI juillet après midy, maistres François Petit et Pierre Guelin, ayant esté mandez pour veoir, visiter et donner advis de quelque pillier qu'il convenoit faire de nouveau audict Hostel Dieu, lesquelz ont esté d'advis qu'il soiet faict et construict ung pillier de trois piedz ou environ par le bas, de quatre piedz de fasse, jusques à la haulteur du premier plancher, y faisant les retrectes nécessaires, et continuer ledict pillier jusques à la haulteur des impostes des arcades de la grande salle, le tout de pierre dure massonné et adossé contre ledict gros pillier en liaison, le plus que faire ce pourra, pour soustenir et entretenir l'effort de la poussée d'icelles arcades, audessus desdictes impostes, massonné selon le devis cy devant donné.

Cedict jour (12 août), Claude Champaigne a accordé de faire la charpenterie dudict Hostel Dieu, pour le prix de trois centz soixante et quatre livres.

Du lundy neufiesme septembre, ce jourd'huy, de l'ordonnance de Messieurs les Maistres et Gouverneurs de l'Hostel Dieu de Paris, nous François Petit, juré pour le Roy aux œuvres de massonneries, sommes transportez audedans dudict Hostel Dieu, ou estant présent monsieur le Gay, l'un des Gouverneurs, du greffier d'iceluy Hostel Dieu, pour veoir les deux arquades de la petite salle Sainct Thomas, et donner nostre advis sur l'abattis et reflection d'icelle, s'il se trouvoit nécessaire, lesquelz arquades et pignon sommes d'advis, après avoir fait plommer lesdictes deux arquades, qui ce sont trouvées surplommer d'ung pied, depuis l'entablement jusques au rez de chaussée de ladicte table, partant est besoing et nécessité de les abatre, desmollir, et d'icelles deux arquades n'en faire et bastir qu'une, et pour ce faire, il fault faire ung pillier de dausseret, contre le viel pillier de devers la porte, de telle fasse et espoisseur qu'il sera nécessaire, pour rendre la dicte arquade de la largeur de l'arquade de devant l'appoticquairerie, de mesme pierre et fasson que les autres arquades, quant au mur servant de pignon à la grande salle qui avoit esté jugé estre abbatu, jusques au glassis des vitres, il est nécessaire de l'abattre jusques au rez de chaussée, d'aultant qu'il se treuve surplommer de trois piedz et demy, et iceluy refaire depuis ledict rez de chaussée de la mesme espoisseur qu'il est à présent, qui est de dix huict poulces, et continuer jusques en amont, y faire les trois fenestres en forme ronde, ce qu'avons trouvé estre nécessaire à faire.

Cedict jour (18 septembre), a esté donné charge à M. Claude Vellefaux d'abattre les deux arquades de la petite salle Saint Thomas, ensemble le pignon de la grand'salle, pour le tout refaire suivant l'advis de monsieur Petit, par luy faict et donné le neufiesme de ce présent moys.

Extraordinaire du jeudy 30 janvier 1603, assistans messieurs Marcel, le Jay, Boucher, d'Aubray, Josse et Huisselin. Cejourd'huy la Compagnie ayant esté à l'Hostel Dieu pour voir ce qui y estoit nécessaire à faire, en présence de Claude Vallefault, masson, et Claude de la Champagne, la dicte Compagnie a résolu que ledict Vallefault fera desmolir le mur qui sépare le sellier et le lavoir, jusques aux fondementz, lesquelz ce faict les fera veoir par messieurs Petit et Marchant, pour scavoir sy lesditz fondementz seront bons, et sy lesdits Petit et Marchant les trouvent bons, sera ledict mur rédiffié sur iceulx, sinon sera faict d'autres fondemens que ledict Vallefault fera abbatre et desmolir, les saillies qui sont portées hors le pignon du lavoir, ensemble le plancher de la salle et celluy de dessoubz, depuis l'endroict de la poultre du sellier au... jusques au pignon, pour le présent il sera faict des barrières dedans la grand'salle, depuis la salle Saint-Denis jusques à l'infirmerie, au travers de la salle Saint Thomas, pour empescher les mallades et autres de tumber, et iceulx planchers refaictz, seront le reste desdictz planchers abbatuz et refaictz, en la mesme forme que les autres planchers cy dessus, hors mis le plancher du sellier au... qui sera voulté, sera faict ung mur par ledict Vellefaut, de quatorze à quinze poulces depuis le plancher de la grande salle, jusques au dessus du cinquième tirant, à commencer vers l'église, et sera advisé du surplus pour le reste dudict mur, par la Compagnie, sera descouvert par Camuset le reste du comble de la salle Saint Thomas, pour faire servir la thuille au comble ja faict de neuf, et sera aussy advisé l'endroict où le clocher se pourra faire, sera continué le mur et entablement de costé et d'autre, comme il a ja esté advisé, jusques à la voulte de l'églize comme aussy sera mise ladicte charpenterye.

Cedict jour (5 février), la Compagnie a vendu à Mathieu Jacquet, dit de Grenelle, sculteur du Roy, une table de pierre ronde, qui est au logis de monsieur Roullart, pour le pris de quinze livres et de l'enlever a ses despens.

Cejourdhuy (7 mars), la Compagnie a accordé à maistre Claude Vellefaulx, que la grosse massonnerye contenue en son thoisé, avec la massonnerye de bloc, sera comptée et arrestée pour le prix de quinze escuz la thoise, portez par son marché, et la massonnerye de plastre à huict livres tournois et à cest effect a esté commis ledict sieur le Jay pour arrester ledict thoisé.

Cejourdhuy (19 mars) sur la requeste présentée par Laurent Guerin, maistre chirurgien barbier à Paris, à ce qu'il pleust à la Compagnie luy donner licence et congé de se retirer au jour sainct Jehan prochain, du service des pauvres dudict Hostel Dieu, et en sa place recevoir Pierre Corbilly, compagnon barbier et chirurgien à Paris, pour faire la charge de chirurgien audict Hostel Dieu, ladicte Compagnie en entherinant la requeste dicelluy Guerin, a consenty et accordé qu'il se pourra retirer du service des pauvres, audict jour sainct Jehan prochain, et ayant esgard à la présentation qu'il a faict dudict Corbilly, ladicte Compagnie a receu et admis ledict Corbilly à faire la charge de chirurgien audict Hostel Dieu, pour y entrer au jour sainct Jehan prochain, et cependant luy a permis d'aider à penser lesdicts pauvres.

Cedict jour (28 mai) a esté donné charge à... Noel, victrier dudict Hostel Dieu, de faire reserver les belles vittres historiées qui estoient au fenestre du pignon du bout de la salle sainct Thomas, aux fenestres de la cloison faicte de nouveau en ladicte salle, et faire ausdites fenestres dudict pignon des victres de verre blanc, ausquelles seront mises les armes du Roy, de la Royne et de monsieur le Daulphin.

Cedict jour a esté donné charge au recepveur général de l'Hostel Dieu, de paier à la sage femme la somme de quarente six livres dix sols tournois, pour avoir par elle receu le nombre de six vingtz quatre enfans des femmes accouchées audict Hostel Dieu, depuis le premier jour de janvier mil six cens trois, jusques au dernier jour de juing après ensuivant.

Cedict jour (11 juillet) la Compagnie a faict accord et marché avec Claude de la Champagne et Claude Vellefaulx, pour faire les batardeaulx pillotis et platteformes, qu'il convient faire dedans l'eaue, pour construire le troizisme pillier, de la forme, matière et facon des deulx ja cy devant faictz par maistre Henri Benart, et ce moiennant le pris et somme de treize centz cinquante livres tournois.

Cedict jour (11 juillet) a esté donné charge à maistre Claude Vellefaulx d'abattre les murs qui soustiennent les poultres du plancher de la grande salle, asscavoir depuis le fondz du scellier, qui est voulté de neuf, jusques au dessoubz dudict plancher, et l'autre qui sépare la voulte de la grande cave, à prendre du plancher de l'allée jusques audict plancher, et mettre des chesnes de pierre soulz les poultres, plus sera bouché toutes les entrées à privez, qui respondent à l'endroict des bastardeaulx et bacquetages, pour le troiziesme pillier qu'il fault faire et au lieu d'iceulx seront faictz autres sièges et privez tant en la chambre des barbiers que accouchées.

Cedict jour (23 juillet) a esté donné charge au victrier de mettre ès victres du pignon de la grande salle sainct Thomas, à la premiere victre du costé sainct Denis la devise du Roy, à la grande victre du mitan les armoiries du Roy et de la Royne et à l'autre victre les armoiries de monsieur le daulphin.

Cedict jour (10 octobre) a esté donné charge à l'huissier du Bureau d'aller advertir tous Messieurs les Gouverneurs de se trouver lundy prochain, deux heures de rellevée, pour adviser sur le plan faict par Vellefaulx touchant les chambres qu'il fault faire sur les pilliers neufz dudict Hostel Dieu, comme aussy d'aller prier monsieur Petit, de la part de la Compagnie, de se trouver à la dicte heure pour en donner son advis.

Cedict jour (22 octobre) a esté advisé que les mallades qui seront recongnus avoir la contagion et emmenez audict Hostel Dieu seront miz dedans la salle du légat et entreront par la porte de petit pont, de crainte qu'ilz infectent les autres mallades.

Cedict jour (22 octobre) a esté ordonné que l'on travaillera en toute dilligence à recouvrir ce qui est descouvert des pignons de la salle sainct Thomas et sainct Denis d'une fausse couverture, sy faire ce peult, et sera à cest effect mandé Camuset.

Cedict jour (5 novembre) a esté donné charge à monsieur Claude Vellefaulx de faire le mur au dessus des arcades de la rivière, jusques au premier étage de quinze poulces d'espoisseur.

Cedict jour (14 novembre) a esté ordonné que Vellefaulx et Champagne feront abattre le mur et les saillies de massonnerye des vieilz privez, qui ont cy devant servy à la grande salle de l'infirmerye, pour les faire sur le bout du gros pillier, du costé de petit pont, et faire servir les grandes pierres qui se trouveront bonnes ausditz privez, pour aider à faire les nouveaulx qui sont à faire au lieu des aultres, et pour ce faire, ledict Champagne fera descouvrir et abattre la charpenterie du comble, cloison et gallerye qui sont au dessus dudict pillier, et ce faict, la Compagnie advisera sur le faict desdictes saillies qu'il y fauldra faire.

Cedict jour la Compagnie estant assemblée pour procedder à la distribution par le menu du vin qui sera doresnavant distribué par chascun jour, à commencer du premier jour de décembre prochain de la présente année mil six centz trois, premièrement à monsieur le Maistre par jour 1 painte, à son serviteur choppine, aux quatre relligieulx tant profex que non profex 4 paintes, au maistre des enfans de cœur 1 painte, aux quatre chappellains 4 paintes, à celuy des chappelains qui va à la Trinité 1 choppine, aux six enfans de cœur chascun demy septier, à maistre Deruel, conteur des mallades painte et choppine, à la dame Prieure une painte par jour, aux relligieuses et filles blanches jusques au nombre de quarante cinq, à chacune une choppine par jour, pour les sept veillaresses la nuict painte et 3 demy septiers, pour les mallades la nuict 2 paintes; officiers : à maistre Pierre Petit, pannetier, painte et choppine; à son homme painte; à Jehan Baptiste Duchesne, despencier, painte et choppine; à son homme painte; au chirurgien painte et choppine; à ses trois hommes, chascun painte; au médecin pour son desjeuner choppine, à Jehan Girard sommelier, painte et choppine; à son homme painte; à Jehan Bon, chartier, painte et choppine; au cuisinier painte, à Vallentin Boucher, gobettier painte et demy-septier, aux trois boullangers comprins le vin de la nuict, 4 paintes et choppine; aux deux portiers du parvis, chacun painte; à Joseph, portier de la cour basse, painte; au sonnettier painte; au garson de l'appoticquairerie, choppine; aux cinq amballeurs, comprins le vin de la nuict, 6 paintes; pour le vin des messes, painte; somme totale, soixante treize paintes et choppine; plus, *pour les mallades* sera delivré par chascun jour aux mallades, suivant les billetz du compteur des mallades, à chacun demy septier de vin meslé d'ung tiers d'eaue; et qu'il soit deffandu au sommelier de mettre de l'eaue en aulcun vin, sinon au vin des mallades, à peyne de s'en prendre à luy.

Cedict jour (14 janvier 1604), a esté donné charge à Vellefaulx et Champagne de veoir par le dortoir des relligieuses le lieu le plus commode pour faire une gallerye, pour aller au grenier du légat, et en rapporter leur advis au premier Bureau.

Cedict jour (20 février), a esté donné charge à monsieur Champagne de mettre des estaies aux sollives du plancher de la grande lavanderye, et en la salle de l'infermerye, au dessoulz des tirans de la charpenterye de la salle, affin d'éviter au péril eminent, à cause des sablières qui sont pourries et les corbeaulx qui les soustiennent qui sont cassez.

Cedict jour (2 juin) a esté ordonné que la pitance de pain et vin sera baillée au garson du cirurgien, qui pense les pestiferez, tant et sy longuement que la maladie aura cours.

Cedict jour (3 décembre) la Compagnie a faict deffence, tant à la dame des accouchées que sage femme, de recepvoir aulcune femme grosse en icelluy, que premièrement elle n'ayt esté receue par ordonnance du Bureau.

Cedict jour Claude Vellefaulx, maistre juré masson, a offert faire la grosse massonnerye dudict Hostel Dieu, des murs de pierre de taille, murs de refens et fondations à douze escuz la thoise, suivant le devis faict pour le rétablissement de la salle sainct Thomas, et la légère besongne, comme cloisons, planchers, cheminées, fours et fourneaulx à sept livres dix solz la thoise, à la charge de desmolir et rendre place nette et mener les gravois aux champs, à la charge de thoiser les tranchées et rigolles à deux centz seize pieds pour thoise.

Cedict jour (18 février 1605) a esté mis au rabais par Claude Vellefaulx, maistre masson à Paris, la thoise de grosse maçonnerie à trente une livres cinq solz, et la thoise de menue à cent deux solz six deniers, à la charge de bailler bonne et suffisante caultion, tant de l'ouvrage faicte en dedans le jour sainct Martin, et pour la malfasson desdicts ouvrages, après que les autres massons n'ont voullu mettre au rabais ladicte massonnerye, a esté icelle massonnerye adjugée audict Vellefaulx, comme moings disant, à la charge de rendre faict et parfaict les ouvrages de massonnerye de ladicte salle sainct Thomas, en dedans le jour sainct Martin prochain bien et deuement.

Cedict jour (4 mars) a esté ordonné que le cirurgien dudict Hostel Dieu doresnavant appellera le médecin avec luy, pour veoir toutes les incisions, trous et opérations de chirurgie qui se feront, audedans dudict Hostel Dieu.

Cedict jour (27 avril) la Compagnie a ordonné que l'on fera faire ung barceau voulté de cave au-dessus de l'office sainct Thomas dudict Hostel Dieu, laquelle voulte se fera de massonnerye de moesllon et plastre, avec les arcs de pierre de taille, nécessaire ès endroictz des poultres qu'il conviendra mettre audict bastiment, lesquelz porteront de deux piedz, ensemble les murs qu'il conviendra faire pour porter ladicte voulte, lesquelz murs faictz de chaux et sable jusques à la retumbée de ladicte voulte, et plus hault sy faire ce peult, et pour ce faire, a esté accordé avec maistre Claude Vellefaulx, maistre masson à Paris, de faire ledict barceau voulté moiennant le prix et somme de quinze livres tournois pour chacune thoise, aux us et coustumes de Paris, et pour le regard des..... à deux cens seize piedz pour thoise, à raison la dicte thoise de vij l. x. s. tournois, ce que ledict Vellefaulx a accordé et a signé.

Cedict jour (29 avril) a esté ordonné que le pain qui se dellivera par chascun jour aux relligieux, relligieuses, serviteurs et mallades dudict Hostel Dieu, sera dellivré par chacun jour du poix ci-après, pour les relligieulx, chapellains et tous les serviteurs et officiers, à chacun une miche par jour du poix de deux livres; aux relligieuses, filles blanches et enffans de cœur, à chacun une miche d'une livre et demye par jour; aux veilleresses, une miche de deux livres; aux emballeurs, la nuict qu'ilz yront à la Trinité, une miche de deux livres; à la dame Prieure, trois miches d'une livre et demye par jour; à la pouillerye, une miche de deux livres.

Cedict jour (25 janvier 1606) a esté adjugé à Alexandre Prévost, maistre boullanger à Paris, la fourniture du pain qu'il conviendra fournir à l'Hostel Dieu de Paris, depuis le premier jour de febvrier mil six cens six, jusques au dernier janvier mil six cens sept, et ce pour le prix de sept vingtz livres de pain, du pois et eschantillon qui luy a esté montré, pour chascun septier de bled qui luy sera baillé par le pannetier, les bledz provenans des fermes dudict Hostel Dieu, à la charge que ledict pannetier luy niellera les bledz qui sont à présent audict grenier en sa présence, et en mettra dedans ung grenier à part environ trente muidz, dont ledict Prévost en aura une clef.

Cedict jour (13 février) a esté deffendu au chirurgien dudict Hostel Dieu de tenir audict Hostel Dieu aulcuns mallades de vérolle, ou autre malladie vénérienne, ne permettre que ses garçons en pensent aulcuns, ains les faire mectre dehors.

Cedict jour (13 février) a esté ordonné qu'il sera dellivré doresnavant aux mallades, chascun demy septier de vin, pur et nect sans eaue, sauf aus relligieuses à le mesler avec de l'eaue suivant la nécessité du mallade.

Cejourd'huy (22 février) a esté accordé à la sage femme dudict Hostel Dieu, pour ses gaiges, la somme de soixante livres tournois.

Cedict jour messieurs Sainctot et de la Haye ont esté receuz au Bureau pour Gouverneurs dudict Hostel Dieu, suivant l'arrest de la Cour du..... jour de l'année mil six cenz six.

Cedict jour (8 juillet) a esté ordonné que les garsons de la cuisine porteront le disné tant des relligieulx, relligieuses, que des mallades, attendu la contagion, ausquelz relligieulx et relligieuses et autres la Compagnye a faict deffense de descendre désormais en la cour basse.

Cedict jour a esté ordonné que, pour le danger qui est à présent, que le Bureau se tiendra doresnavant au logis de M. Daubray, l'ung desdicts sieurs Gouverneurs, qui a esté prié de la part de ladicte Compagnye d'accorder ceste faveur, ce qu'il a faict, et affin que lesdicts sieurs Gouverneurs soient adverty en leur assemblée ce qui se passe audict Hostel Dieu, a esté advisé que deulx desdicts sieurs Gouverneurs se rendront le jour dudict Bureau au Bureau dudict Hostel Dieu, à neuf heures précizément, pour entendre ce qu'ilz auront à faire audict Hostel Dieu, pour de là se transporter en la maison du sieur Daubray, pour faire le rapport à la Compagnye de ce qu'ilz auront appris de l'estat de ladicte maison, et pour la première sepmaine, messieurs Marcel et Josse ont esté esleuz.

Cedict jour (8 juillet) sur ce qui a esté remonstré à la Compagnye que le maistre barbier de l'Hostel Dieu ne veoit ne pensoit les mallades de la contagion, ce qui auroit esté encore de nouveau confirmé par monsieur Bazin, médecin de ladicte maison, et après que ledict chirurgien a esté mandé audict Bureau, où estant, a dit que le danger est tout notoire et qu'il n'entend pas penser et traicter lesdicts mallades de la contagion, comme de tous temps il a esté faict par ceulx qui estoient auparavant luy à ladicte charge, lequel a déclaré en plain Bureau qu'il ne veult ny entend se mectre au hazard de penser lesdicts malades et prye d'avoir agréable qu'il puisse mectre comme il a faict jusques à cejourd'huy en son lieu....., sur quoy, a esté advisé par la Compagnie que monsieur le Premier Président sera informé du contenu cy-dessus, et pryé de trouver bon que l'on ait ung barbier au lieu de celuy qui est à présent, pour le peu de debvoir qu'il faict en sadicte charge, et luy remonstrer, pour le danger qu'il se voit évident, il seroit à propos d'avoir en ladicte maison deulx bons garsons barbiers, pour penser lesdicts malades de la contagion, lesdicts sieurs Gouverneurs se promettent pouvoir recouvrer moyennant que la Court acrorde ausdits deulx barbiers le privillège de maistrise, moiennant le service qu'il feront pendant six ans, qu'il rendront service à ladicte maison, ce qu'estant trouvé bon par ladicte Court, les pauvres mallades de la contagion seroient bien pensez, et les mallades de telle qualité estant en ladicte ville bien pensez, secouruz et soullagez; et sur ce qui a esté remonstré à ladicte Compagnye par le pannetier, qu'au préjudice des deffences qui auroient esté faictes à M. le Maistre de permettre que les relligieuses et officiers servant les mallades de la contagion, entrent ès deulx courtz basses dudict Hostel Dieu, est enjoinct audict pannetier de faire fermer les portes de la sonnette, et y mettre pour la garder Joseph, portier de la court basse, qui empesche lesdits serviteurs et relligieuses d'entrer à ladicte court basse, et a esté enjoinct aux cuisiniers de porter les jattes, marmites et bassins jusques sur le carré du pruneau, à Joseph de porter le vin et aider à porter le pain jusques audict pruneau; et sur autre remonstrance faicte par M. Bazin, médecin, que les pauvres mallades ont besoing d'avoir augmentation, chascun pour le desjeuner, ung œuf et posson de vin, a esté ordonné au despencier de bailler lesdicts œufz, suivant le billet de la quantité desdits malades qui luy seront baillez par chascun jour, et aussy au sommellier de dellivrer ledict posson de vin à chascun des malades.

Cedict jour (26 juillet) Jehan Bonnet a esté receu au Bureau pour maistre chirurgien dudict Hostel Dieu, à la charge de penser, luy et ses gens, les mallades dudict Hostel Dieu, de quelque malladye que ce soit, mesme de la contagion, sera logé, nourry, luy et ses gens, et aura la somme de deulx cent livres tournois de gaiges.

Cedict jour (2 août) monsieur le Maistre sera prié de deffendre aulx chappellains de l'Hostel Dieu de ne plus aller à Nostre Dame, et outre a esté ordonné que la porte qui descend du chappitre à la court basse sera murée, et à l'autre porte où l'on porte la viande sera mis ung cadenas, dont la clef sera baillée au despencier pour en faire faire l'ouverture, lorsque l'on baillera la distribution du boire ou du manger, et monsieur Duchesne sera prié d'exécutter la présente ordonnance.

Cedict jour (22 septembre) a esté ordonné qu'il sera faict mandement à monsieur le Maistre, qu'il s'informe des relligieuses qui sont en l'office de la salle du Légat et de la salle neufve, qui ont charge de penser les mallades de la contagion, et quel nombre il y en a, et scavoir aussy de l'ordonnance de quy ilz ont esté receuz, parce que le Roy veult que lesdicts mallades de la contagion ne soient plus receuz sans ordonnance du Bureau, comme appert par arrest de la Cour, donné à ceste fin, afin de scavoir quel nombre de malades seront receuz audict Hostel Dieu par chascun jour de Bureau.

Cedict jour (17 novembre) a esté apporté au Bureau, par ordonnance de messieurs les Gouverneurs, le nombre des mallades de la contagion estant de présent audict Hostel Dieu, portant ainsy qu'il s'ensuict : au légat et à la salle neufve cinquante, y compris xv qui sont prest à sortir et vingt qui sont quasy guéris, et du reste desdits cinquante, il y en a en danger de mort deulx ou trois, et outre a esté certiffié par les chirurgiens que depuis huict jours il y en est venu audict Hostel Dieu trois, lequel certifficat la Compagnie a donné charge au greffier de le porter à M. le lieutenant civil, et au bas d'icelluy mettre ung certifficat.

Cedict jour (29 decembre) a esté ordonné à de Bourges de bailler xxx. livres de diapalme, xxx. livres de basilicum, xxx. l. de selat galian, xx. livres de scatif rouge, ainsy qu'il est contenu en ung mémoire baillé par le chirurgien dudict Hostel Dieu.

Cedict jour (9 mars 1607) a esté faict marché avec Claude Vellefaulx pour voulter la moictié de la salle du Légat de massonnerye de moillon et plastre, entre les arcs de pierre de taille qui y sont ja faictz, et outre de faire les contre murs qui y seront nécessaires, le tout pour le pris de neuf livres la thoise.

Cedict jour a esté faict marché avec François Bouvier, maistre peintre, pour deulx tableaux et plans, pour la maison de la Santé de la rue du Temple, à la somme de cent livres.

Cedict jour (7 septembre) a esté ordonné que l'on augmentera le pain blanc de la maison de la Santé de trois par jour, et pour le regard du pain bis, que l'on en baillera deulx par jour.

Cedict jour (28 septembre) a esté ordonné que les entrepreneurs de la maison de la Santé continueront les murs des deulx pavillons, au costé de la chappelle, de mesme façon que les murs des autres pavillons, et outre qu'ilz feront les ornementz du devant de la chappelle et du dehors, en la forme qu'il est porté par le nouveau plan qu'en a faict Vellefaulx.

Cedict jour (19 octobre) a esté donné charge à Camuset de couvrir les pavillons de la maison de la Santé, hors les portes du Temple et Sainct Martin, dont la charpenterye est levée.

Cedict jour (24 octobre) a esté faict deffences aux amballeurs de la maison de la Santé d'aller quérir des mallades aux villages, sans ordonnance du Bureau de la main du Greffier.

Cedict jour (24 octobre) a esté accordé avec Pierre Seigneur, maistre jardinier à Paris, pour la vente de deulx arpens de terre qu'il a au dedans de l'enclos où se faict la maison de la Santé, à raison de huict vingtz livres tournois l'arpent, ce que ledict Seigneur a accordé et a signé, plus a esté accordé avec Nicaise Seigneur de la vente d'un quartier de terre, qu'il a au lieu destiné pour faire le bastiment de la maison de la Santé, à raison de viij^{xx} livres tournois l'arpent, ce qu'il a accordé, et promis d'en passer contract; cedict jour a esté faict pareil accord à Jehan Cavellier, maistre chappellier à Paris, ou nom et comme tuteur des enffans de feu Pierre Vierre, et de Margueritte Sonnay, de la vente de cinq quartiers de terre estans au lieu destiné pour faire le bastiment de la Santé, et ce pour le pris de viij^{xx} livres pour arpent.

Cedict jour (23 novembre) a esté ordonné à de Bourges de bailler pour la maison de la Santé dix livres de basilicum et dix livres d'onguent aureum.

12ᵉ REGISTRE. — ANNÉES 1608 À 1615.

Cejourdhuy (2 janvier 1608) sur la plaincte faicte au Bureau par Jehan Blosseau, Marc Flanchet, Simon d'Estampes et Mathurin Legrain, tous habittans du village de Rungy, de ce que les officiers pour l'Hostel Dieu audict Rungy les travaillent indeuement, et n'exercent la justice bien et deuement comme ilz debvroient, ne font aulcuns registres des sentences qu'ilz donnent, ains les mectent sur des demy feuille de papier, qu'ilz deschirent à la taverne, s'accordant avec les partyes, sur quoy ladicte Compagnye a ordonné que tant le lieutenant, procureur fiscal que greffier, seront admonestez de venir au premier Bureau, pour rendre raison de leurs charges et sera le greffier adverty audict jour d'apporter ses registres.

Cejourdhuy (9 janvier) sur la requeste présentée par les chappellains de la maison de la Santé, la Compagnie a ordonné que lesdicts chappellains sortiront de ladicte maison dedans le xx du présent moys, pendant lequel temps leur sera dellivré leur nourriture et paiez de leurs gaiges.

Cejourdhuy (25 janvier) monsieur Tanneguy a esté pryé de dire aux honnestes dames qui se sont offertes de venir à l'Hostel Dieu, pour veoir disner et soupper les pauvres, qu'elles y seront bien venuz toutes fois et quantes qu'elles vouldront, et que sy elles désirent par charité y distribuer de la viande, qu'elles l'envoyent toute creue à la cuisine dudict Hostel Dieu, pour la faire cuire, affin de la veoir distribuer en leur présence avec des confitures, sy leur charité se extend d'en distribuer.

Cedict jour (13 février) Parceval Noblet, Anthoine Desnot et Sebastien Jacques, maçons et entrepreneurs des bastimens de la maison de la Santé, scize entre les portes du Temple et Sainct Martin, ont remonstré à la Compagnye que pour le regard des fondacions de la construction des grandes salles et pavillons, aux lieulx et endroictz qu'ilz se trouveront deschargez, et qu'il fauldra mectre des terres jettés pour mettre le parterre de nyveau, est besoing de faire dans lesdictes fondacions des contrepilliers de quatre piedz en saillie, sur l'espoisseur d'icelles fondacions, jusques à la haulteur du rez de chaussée, tant dedans la cour que dehors, lesdictes salles et pavillons, du costé de l'enclos et au dessus dudict rez de chaussée desdictes fondacions est nécessaire de faire des dosserez, par le dedans desdictes salles, deulx piedz en saillye portant face, pour porter les arcs, et soulager la poussée des voultes, d'aultant quelles sont exaulcées de dix à unze piedz, le tout à cause de la longueur desdictes salles, et que sans ledict renforcement desditz dosserez et contrepilliers, lesdictes voultes pourront pousser et corrompre lesdicts murs, et partant demander advis de plusieurs maistres, pour travailler suivant l'advis qu'ilz en donneront.

Cedict jour (28 février) a esté ordonné au chirurgien, luy présent, pour ce mandé au Bureau, que doresnavant il comptera les pauvres dudict Hostel Dieu tous les jours, à sept heures du matin, luy mesme en personne, le nombre desquelz il rédigera par billetz, pour bailler au despencier sommellier et panetier, qui seront signez et certifiez de luy; et en cas de légitime empeschement, seront comptez par l'ung de ses garçons en son absence.

Cedict jour (28 février) a esté ordonné que la Compagnye se transportera au bastiment de la maison de la Santé, scize ès faulx bourcqz sainct Martin, lundy deulx heures de rellevée, auquel lieu se trouveront maistres Petit, Chambiche, Fleury, Claude Vellefaulx, et les entrepreneurs dudict bastiment, pour prendre leur advis sur ce qu'il est à faire ès dits bastiments, tant pour l'espoisseur des murs des salles, que pour le desgat faict par la gellée.

Cedict jour (19 mars) monsieur Tanneguy a esté prié de parler à monsieur le lieutenant civil, pour donner ordre à ce que l'on ne mecte plus la matière fécalle au lieu où l'on l'a mise, pour estre trop proche du bastiment de la maison de la Santé, d'aultant que les ouvriers qui y travaillent veullent laisser l'attelier.

Cedict jour, sur la requestre verballe faicte par Guilleaume Aufroy, huissier du Bureau, la Compagnye a ordonné au recepveur général de luy bailler la somme de dix huict livres, pour sa peine d'avoir depuis le dix huictiesme aoust mil six cens sept dernier, jusques au dernier jour d'octobre ensuivant, faict la distribution du pain et argent aulmolnez aux pauvres vallides, envoyez par messieurs de la pollice en l'attelier de la maison de la Santé.

Cedict jour (26 mars) a esté donné charge à Bigot de bailler assignation à Anthoine Lemercier, cy devant entrepreneur des bastimens de la maison de la Santé, et ses cautions pour se veoir condempner ung seul pour le tout et par corps à rendre et restituer audict Hostel Dieu la somme de xiiij^{c}xxxvij livres, restant de x mille v centz iiij^{xx}xiij livres, par eulx receuz, desduction faicte de la somme de ix^{m}clvj livres, à laquelle se trouve revenir le thoisé faict suivant leur marché des ouvrages par eulx faictes des bastimens de la maison de la Santé, et mathérianx qui se sont trouvez sur la place, lors du quictement qu'ilz ont faict dudit bastiment.

Cedict jour (28 mars) messieurs Desprez et Perrot ont rapporté au Bureau qu'ilz avoient esté au bastiment de la Santé, avec M. Sainctot, où ils auroient faict prendre par Claude Vellefaulx, présent les entrepreneurs et le greffier dudict Hostel Dieu, les mesures des fondacions des murs de closture, du costé de la ville, depuis le coing des logiz et potence, jusques au mitan du pavillon de l'entrée des malades, lesdictes fondacions ont vers ledict coing huict piedz trois cartz et audict mitan treize piedz ung quart, et les fondacions des murs de la grande salle traversant les bastimens du costé de la chappelle, prenant par les deux boutz et le milieu, raportant le fort au foible, les pantes rabatues, lesdictes fondacions portent sept piedz trois quartz courrant, d'aultant que lesdictes fondacions du costé de la montagne porte cinq piedz et demy, et en l'autre bout dix piedz, revenant le tout rabatu auxdicts sept piedz trois quartz.

Cedict jour (2 avril) a esté ordonné que au mur séparant les courtz des malades et des offices seroient faites trois assises de pierre de taille, comme aux autres murs des offices.

Cedict jour (18 avril) la Compagnie a donné charge à monsieur Pierre Hubert, procureur en Parlement, de présenter requeste en la Court, soubz le nom desdicts sieurs Gouverneurs, comme aiant pris le faict et cause pour les entrepreneurs et maçons de la maison de la Santé, all'encontre du bailly de Sainct Lazarre, Guillaume Prieur et Ysaac Le Sage, à ce qu'ilz soient tenuz de venir plaider sur l'appel, par lesdicts sieurs Gouverneurs interjectez, du décret de prise de corps contre eulx donné par ledict bailly de Sainct Lazarre, au jour que la cause d'entre les relligieulx dudict Sainct Lazarre et Berthellemy Henryot, leur geollier, qui est au roolle de la Tournelle sera appellée.

Cedict jour (23 avril) a esté donné charge au greffier de dresser le procès-verbal de la visitation faicte des œuvres de massonneries qui se sont trouvées gellées ès bastimens de la maison de la Santé, par messieurs Sanbiche, Petit, Fleury et Vellefaulx.

Cedict jour, a esté ordonné que François Bouyier, peintre, fera faire deulx bordures aux deulx tableaux qu'il a cejourdhui livrez, du portraict de la maison de la Santé, pour en donner l'ung à la Royne Margueritte et l'autre à monsieur le prévost des marchans (30 avril).

Cedict jour (3 juing) a esté faict marché avec Jehan Broutonne, maistre serrurier à Paris, de fournir le fer, et faire les ouvrages de serrurerye qui sont nécessaire au bastiment de la Santé, pour le pris de dix livres pour chascun cent de fer, excepté les ouvrages de la chappelle, qui luy seront payées au pris de celles faites ès églises des cordelliers et capusins.

Cedict jour (13 juin) Nicolas le Gouttier, vigneron, demourant à Belleville, est venu au Bureau pour les dommaiges qu'il prétend avoir, pour raison d'une pièce de terre que l'on luy a gasté pour fouiller la fontaine, que la Compagnie prétend faire venir en la maison de la Santé, et pour estimer le degast qui luy a esté faict en ladicte terre a nommé de sa part Simon Boudier vigneron.

Cedict jour (11 juillet), après que la Compagnie a veu la commission de M. le lieutenant civil donnée à Andrenau, l'un des quarteniers de la ville, portant pouvoir de recepvoir de l'Hostel Dieu la somme de vingt quatre mil livres, deubz par ledict Hostel Dieu en trois années pour les bastimens faictz au faubourg Sainct Germain des Prez, a ordonné au recepveur général de paier audict sieur Audrenau, de quartier en quartier, la somme de deux mil livres tournois, laquelle commission sera enregistrée au greffe, pour l'original demeurera ès mains dudict Hyeraulme, qui en baillera la coppie audict Audrenau, pour lui servir ès temps et lieu comme de raison.

Cedict jour (8 août) estat du vin qui sera doresnavant distribué aux serviteurs qui sont en la maison de la Santé, premièrement à deulx relligieuses une pinte par jour, à l'homme d'église et son garson 1 pinte et troys demy septiers, au portier une pinte et demy septier, à deux amballeurs troys choppines par jour, à chascun mallade deux choppines par jour, au jardinier une pinte.

Cedict jour (16 juillet), sur l'abus représenté qui est commis au traictement des malades de l'Hostel Dieu, et distribution des portions, a esté ordonné au chirurgien qui a la charge de compter les malades, de ne compter aulcunes personnes, que ceulx qu'il trouvera dans les litz gisans et malades, et défenses luy sont faictes de ne passer pour malades aucuns gueulx ni geulsses; madame la Prieure sera advertie de ne permettre dedans la maison aulcunes femmes ou servantes, sy elles ne sont malades, excepté pour elle luy est permis d'avoir une servante, eu esgard à sa qualité et aage, les dames et damoiselles qui ont entrepris par dévotion de veoir et observer le traictement qui est faict aux malades dedans la maison, seront pryés de laisser faire aulx relligieuses leurs charges et se contenter de prendre garde que lesdictes relligieuses fascent leur debvoir; le despencier prendra garde à ce que, par chacun jour, en la distribution de la chair pour les malades, que l'on ne leur baille que le tiers en bœuf, qui sera distribué aux gueux et moins mallades de ladicte maison, et sera prins garde que le jour de la distribution de chair rottye, l'on distribue tousjours les deux tiers en veau et mouton rotty, et l'autre tiers en bœuf bouilly pour les moins mallades, comme il est cy devant escript, sans que les membres de boully ou rosty destinez pour les mallades ne soient divertiz à autres, et sans en tirer aucuns gobetz.

Cedict jour (5 septembre) a esté ordonné à Vellefaulx de faire fouiller la fontaine designée pour la maison de la Santé.

Estat de la distribution qui a esté ordonnée estre baillée aus mallades de l'Hostel Dieu de Paris : en chacun jour maigre sera baillé pour cent mallades quatre centz œufz, qui seront quatre œufz pour chacun mallade; sera distribué pour cent mallades deux livres de bœurre fraictz, pour manger sur leur pain ou autrement; seront les œufz pour les mallades accommodez selon leur désir, à la coque ou fris, pour iceulx faire sera distribué quatre livres de bœurre sallé pour cent mallades; seront faictz potaiges d'herbes, et dans iceulx, pour cent mallades, sera mis trois livres de bœurre sallé, et ung demy quarteron d'œufz, le tout sera accommodé par le cuisinier, et si quelque mallade demande pruneaulx ou boullye, leur en sera baillé; pour cest effect sera baillé demy boisseau de pruneaulx par chacun repas, et sera d'aultant diminué de la distribution des œufz; oultre sera baillé par chacun desdits jours maigres aux dames et damoiselles qui vont visiter les malades, ung quarteron de sucre par jour, pour mettre dedans lesdicts pruneaulx.

Cedict jour (31 octobre) a esté accordé à Jacque Maurice, maistre jardinier à Paris, le jardin de la maison de la Santé scize aux faulxbourgs Sainct Marcel, moiennant soixante livres tournois de gaiges par chascun an, et de sa nourriture à condition qu'il fournira la cuisine de l'Ostel Dieu de toutes sortes de bonnes herbes potagères, et de fines herbes pour les nécessitez des mallades de la maison.

Cedict jour (21 novembre) ayant M. le Prieur de St Lazarre envoyé ung de ses relligieux au Bureau, pour demander les loyers des terres sur lesquelles la maison de la Santé se bastit, sur laquelle demande la Compagnye luy a faict responce qu'elle ne debvoit aulcun loyer, attendu que dès lors elle luy auroit offert de luy paier lesdictes terres en argent, ou luy eschanger autres terres pour les syennes, et mesme fut des lors sommé d'accepter ses offres.

Cedict jour (28 novembre) a esté ordonné que l'on ne baillera plus que cinq centz livres par semaine, jusques à la gellée, aux massons travaillant en la maison de la Santé.

Cedict jour a esté ordonné au recepveur general de bailler au concierge de l'hospital Sainct Germain des Prez la somme de trente solz tournois pour bailler au cappitaine qui a esté mené dudict Hostel Dieu audict hospital, pour une semaine et demye de sa nourriture à luy accordée au Bureau.

Cedict jour (5 décembre) a esté ordonné à Bigot de bailler assignation à Camuset par devant le Prévost de Paris, pour se voir condemner aus despens dommaiges et interests, soufferts et à souffrir, pour n'avoir par luy couvert en temps et lieu, en la maison de la Santé, ensemble veoir et visitter les malfaçons qui se trouveront esdictes besongnes de couverture par luy faictes, et que pareillement assignation sera donnée à le Redde charpentier.

Cedict jour (10 décembre) a esté accordé à maistre Françoys Hyeraulme de recevoir de Jehan de la Pierre, maistre fournisseur priviliégé suivant la Court, demeurant rue de la Harpe, la somme de trente livres tournois, à laquelle la Compagnie luy a remis la somme de iiii^{xx}x livres qu'il estoit tenu paier à l'Hostel Dieu, en se démettant de la lecttre de maistrise par luy obtenue du Roy, suivant le contract faict et passé par devant Colleron et de Joigne nottaires.

Cedict jour monsieur Perrot a rapporté à la Compagnie ung mémoire, escript de sa main, des résolutions faictes par messieurs Josse, Tanneguy, Desprez, Sainctot, de la Haye et Parfaict, estans en la maison de la Santé, de la disposition des demeures des relligieuses et serviteurs, qui pourront demeurer en icelle maison pour le pensement des mallades, et ce en la présence de M. le Maistre dudict Hostel Dieu, de la soubzprieure, et de trois autres relligieuses, du greffier, de Vellefaulx et des massons entrepreneurs, lequel ladicte Compagnye a ordonné estre mise au registre, et enjoinct au greffier d'en bailler coppye tant aux massons que aux charpentiers, en leur faisant signer la réception d'icelles, le tout ainsy qu'il s'ensuyt : que le corps de logis en potence, du costé de Paris, seroit pour le logement des relligieuses, et pour cest effet, la chambre faisant le mitan de l'estierre sera applicquée au chauffoir desdictes relligieuses, que dans ladicte chambre jusques au lieu des aisances du corps d'hostel, du costé de Paris, sera faict une cloison, qui fera une allée de cinq piedz de large tout du long, aiant sa veue sur la cour du derrière des salles, sera faict aux cinq travées proche de ladicte chambre, et derrière ladicte cloison, autres quatre cloisons soubz les poultres, pour servir de chambre séparée pour les relligieuses, sera délaissée la chambre qui contient deux travées entre les cinq premières travées, et les aisements en l'estat qu'elle est, pour servir aux filles blanches, sera faict à l'austre costé dudict logis et potence, aiant veue sur le jardin, pareille cloison de cinq piedz de large, depuis ladicte chambre du chauffoir, jusques au lieu des aisances estans à l'autre bout, tirans vers les logis des offices, laquelle allée aura veue sur ladicte court desdictes salles et desdicts logis, à laquelle cloison sera faict des linteaulx et portes, à l'endroict de chacune travée, pour servir d'entrée aux chambres, que l'on pourra faire, sy par cy après on a de besoing, lesquelles portes seront bouchées de plastre; néantmoings s'en réservera deux pour entrer en la chambre des cinq travées, et une autre pour entrer en la chambre des deux; au bas du logis sera prins trois travées des cinq, pour servir de réfectouer, et les deux travées qui restent, qui est une à chacun bout, seront fermées d'une cloison chacune; sera faict une porte à ladicte salle ou réfectouer, qui aura issue dans le jardin, laquelle s'ouvrira avec la clef, par le dehors seulement; le surplus du bas desdicts corps d'hostelz sera réservé pour l'apliquer par après, ainsy qu'il sera advisé; la lavanderye se fera au bas du grand pavillon, qui faict le coing desdictes salles, du costé desdicts logis, l'appoticquairerie se fera en l'autre pavillon du bout desdictes salles, à l'opposite de celluy cy-dessus, et du costé des logis en potence où logeront les prebtres, médecins chirurgiens et leurs gens, du costé de la montaigne, du corps de logis en potence du costé de ladicte montaigne en sera prins la moictié, qui a veue du costé de ladicte montaigne, pour servir ausdicts prebtres, médecins chirurgiens et leurs gens, et pour cest effect sera faict une cloison, depuis la chambre du mitan et encoigneures desdicts logis, jusques aux aisemens, qui sont au bout de la porte du cimetière, laquelle cloison aura cinq piedz de large, portant les linteaulx et portes des chambres cy après désignées; sera faict derrière ladicte cloison aux cinq travées proche la chambre du mitan quatre cloisons, soubz les pouttres, pour servir de chambres séparées; tout le surplus demeurera pour en disposer par après ainsy qu'il sera advisé.

Cedict jour (7 janvier 1609) a esté ordonné au recepveur général de bailler à Jehan Daguet, prévost de la Santé, la somme de huict livres six solz huict deniers tournois pour ses gaiges du présent mois de janvier.

Cedict jour (30 janvier) a esté ordonné à Vellefaulx de prendre Sambiche et Guérin, pour veoir et visitter la qualité des ouvraiges faittes par les entrepreneurs de la maison de la Santé, de la valleur de chascune, et en faire leur rapport au Bureau.

Cedict jour (11 février) a esté ordonné au recepveur général que en paiant les arréraiges des rentes constituées par ledict Hostel Dieu, pour le bastiment de la maison de la Santé, aux personnes à qui elles sont deues, se contenter des quittances qu'ilz en bailleront soubz leur seing privé.

Cedict jour (20 février) a esté ordonné de présenter requeste tendante à ce que les administrateurs des hospitaulx soient tenuz prendre les enffans qui sont à l'Hostel Dieu.

Cedict jour a esté ordonné que la dame Prieure fera changer de quinzaine en quinzaine les draps des lictz des mallades, estans blancs de laissive, affin qu'ilz soient plus nettement.

Cedict jour a esté offert par Toussaint Leblond, maistre vitrier à Paris, de faire les vitres de la chappelle de la maison de la Santé, à raison de vingt cinq solz tournois le pied de ver peint et sept solz l'autre et a signé.

Cedict jour (13 mars) a esté faict marché avec Anthoine Périgon, maistre pothier de terre à Paris, de paver la salle sainct Thomas de carreaux, à raison de cent cinq solz pour chascune thoise de carreau.

Cedict jour (8 mai) a esté faict marché avec Jehan Meslin, maistre menuysier à Paris, de faire la grande porte de la chapelle de la maison de la Santé de bois de chesne de Montargis, de laquelle les battans seront de quatre poulces d'espoiseur, suivant le dessin qu'il a présenté à la Compagnie, ensemble de faire dudict bois de chesne de Montargis les deux portes estans à la croisée de ladicte chapelle.

Cedict jour a esté ordonné au recepveur général de bailler aux tailleurs de pierre de la maison de la Santé la somme de douze livres tournois, pour le may qu'ilz ont plantez en ladicte maison le jour de l'Ascension.

Cedict jour a esté faict marché avec Anthoine Lemoine, fondeur ordinaire du Roy, demourant à son arsenacq à Paris, de faire les deux cloches de la maison de la Santé, moiennant le pris et somme de soixante six livres t. pour chascun cent.

Cedict jour (8 juillet) a esté faict marché avec Nicollas de Cambray, maistre sculteur, demeurant rue Saint Martin, de faire trois images de pierre de Tonnerre de la haulteur de trois piedz, asscavoir une de la Vierge Marye, une de sainct Jehan Baptiste, et l'autre de sainct Loys taillées avec leurs habitz et vestemens, les lizières desquelles seront d'or à huille, et les rendre d'azure et le dessus de blanc, pour le tout rendre faict et parfaict dans la fin du présent mois, moiennant le pris et la somme de quatre vingtz dix livres tournois.

Cedict jour (5 août) a esté accordé à Claude Cordier la place de concierge de la maison de la Santé, aux gaiges de deux cens livres et cent livres de récompense.

Cedict jour (28 août) a esté accordé à M. Lamy, pour la vente des terres à luy appartenans, sur lesquelles est bastie l'hospital saint Loys, à la somme de deux cens dix livres, pour chacun arpent, de ce qui se trouvera avoir esté occuppé tant pour le bastiment dudict hospital, que chemins des environs de l'enclos.

Cedict jour (2 septembre) a esté accordé avec Jehan Mesnard de faire la recepte des pardons des éveschez de Xaintes, Périgueulx, Angoulesme, suivant la procuration à luy passée, et que sur les deniers qu'il recevra desdicts pardons, luy sera alloué en la despence de son compte ce qu'il paiera pour l'impression des articles desdicts pardons et signature d'iceulx, et du surplus la Compagnie luy en a accordé ung tiers, pour son sallaire de la poursuitte qu'il fera et du port des deniers jusques en ceste ville.

Cedict jour (16 septembre) a esté ordonné que le pannetier acheptera de la paille de seigle, suffisamment pour en bailler pour les lictz, quand l'on luy en demandera.

Cedict jour (14 novembre) a esté ordonné au menuisier de veoir s'il n'y a poinct d'aïs de charbonnier sur l'eau, affin d'en achepter pour enfoncer les couches des malades.

Cedict jour (27 novembre) a esté ordonné que les quatre lanternes des quatre pavillons de la maison de la Santé seront couverttes d'ardoise, en escaille, et les arrestes de plomb.

Cedict jour a esté adjugé à Marin Gondouyn, maistre boucher à Paris, la boucherie de caresme et fourniture de la chair dudict Hostel Dieu durant la présente année, pour le pris, asscavoir le veau et mouton à deulx solz unze deniers, et le bœuf à vingt deux deniers, à la charge qu'il ne fournira aucuns trumeaulx gresses ny colletz et que la fourniture de mouton le cinquiesme sera ung veau, lesdicts moutons du poix de trente à trente deux livres, à la charge de la moictié de l'imposition accordée audict Hostel Dieu par chascun an, pour l'entrée des bœufz, et quant à la boucherie de caresme à luy accordée, n'en baillera aucune chose, sinon qu'il sera tenu de bailler par chacun jour durant ledict caresme six poulles et six chappons pour bailler aux malades, et outre de bailler les fressures des bestes au proffict dudict Hostel Dieu, et de fournir aux fraiz ordinaires.

Cedict jour (3 février 1610) a esté ordonné à Jehan Lepas de faire une porte au bas de la montée du corps de logis qui estoit à M. Marye, en la maison de la Santé Sainct Marcel, ensemble au serrurier d'y mettre des barreaulx avec traverses, et au couvreur de rechercher et couvrir ce qui est nécessaire tant aux deux pavillons d'ardoize que autres endroictz.

Cedict jour (3 février) sur ce que le receveur général a cy-devant supplyé la Compagnie d'adviser sy au compte de la recepte et despence géneralle dudict Hostel Dieu par luy présenté, pour l'année finie le dernier décembre mil six cens sept, il fera recepte de dix solz deus sur chascun minot de sel vendu ès greniers et chambres à sel de la généralité de Paris, durant le quartier d'octobre de la dernière année mil six cens sept, en vertu de l'eedict du Roy donné à Paris au mois de may de ladicte année, et despence desdits deniers emploiez tant à la nourriture des malades de la contagion qui estoient en ladicte année en la maison de la Santé du faulxbourg Sainct Marcel, achapt d'ustancils pour le service desdicts malades, que réparations faittes en ladicte maison, payement des gaiges d'officiers qui auroient servis en icelle, ensemble à la despence faitte pour la construction de l'hospital St Loys, achapt de places pour le bastir et autres despences qui pourront avoir esté faittes pour lesdictes maisons; ladicte Compagnie après en avoir conféré avec aucuns de messieurs les commissaires députez pour l'examen et closture des comptes dudict Hostel Dieu, et mis la matière en dellibération, a ordonné que la recepte de ladicte imposition pour ledict quartier et des années suivantes et des deniers pris à rente pour la construction dudict hospital St Louis, deniers leguez et advancez pour ledict bastiment, tant par testament que aux pardons octroiez en faveur dudict hospital, ensemble la despence faitte en ladicte maison de la Santé du faulxbourg St Marcel, et bastiment dudict hospital St Lois, circonstance et deppendance, sera différé jusques à la perfection dudict bastiment et hospital St Louys, lors de laquelle ledict receveur en fera ung compte particulier, attendant lequel ladicte Compagnie luy a ordonné de bailler des estatz au vray de la recette et despence faicte en chacune des années passées, et en faire ung *avertatur*, tant au compte de l'année vi^e sept qu'aux suivants de ladicte recette et despence non faitte, qui sera passée en vertu de la présente ordonnance.

Cedict jour (5 février) la Compagnie a donné charge à maistre Pierre Hubert, procureur en Parlement, pour ledict Hostel Dieu de présenter requeste à la Cour, ad ce qu'il pleust à icelle leur permettre de vendre les fermes de Puiselets les Marais, Argeville, Coignempuis et Bezonville, pour le bien et utilité des pauvres, le plus tost que faire ce pourra, pour éviter au dépérissement desdictes fermes.

Cedict jour (5 mars) a esté ordonné au greffier d'aller à la maison de la Santé S¹ Marcel, pour faire arracher tous les ciprès mortz, qui sont au jardin d'icelle maison.

Cedict jour (23 avril) a esté ordonné au receveur de bailler à Anthoine Thiboust la somme de cent solz tournois, pour avoir recousu et renoircy plusieurs fois le carrosse dudict Hostel Dieu.

Cedict jour (7 mai) a esté ordonné que monsieur le Maistre commettra quelqu'un des chappelains dudict Hostel Dieu, pour dire la messe à la maison de la Santé.

Cedict jour (13 juillet) a esté ordonné à l'huissier d'aller advertir la Compagnie de se trouver demain neuf heures, attendant dix heures du matin, à l'hospital S¹ Louys, pour assister au service qui s'y fera pour le deffunct Roy Henry le grand, et outre d'advertir tous les officiers de la maison, tant advocatz, procureurs que autres, comme massons, charpentiers, serruriers, menuisiers, couvreurs, vitriers, et autres serviteurs domesticques.

Cedict jour (6 octobre) a esté ordonné à Vellefaulx de faire fouiller les fondemens du pavillon du tournoy de la maison de la Santé, pour y avoir, selon le dessein qu'il a présenté, vingt piedz dans œuvre en ung sens de face, et de quinze à seize piedz à l'autre, compris le mur qui passe par le milieu, dans lequel, des deux costez dudit tournoy, sera laissé l'ouverture de deulx petites portes, et pour la fondation des deux descentes dudit tournoy, elle sera faicte pour y laisser de cinq à cinq piedz et demy de marche dans œuvre.

Cedict jour (22 octobre) a esté ordonné à monsieur le Maistre de faire dire par chacun an, à tous jours le premier jour d'avril, ou au plus prochain jour d'après, à la commoditté dudict Hostel Dieu, ung service complet, avec la prose *dies illa*, *dies iræ*, plus une haulte messe ès jours solemnels, esquelz se gaignent les pardons audict Hostel Dieu, par chacune année, ausquelles messes assisteront trois pauvres des plus valides dudict Hostel Dieu, lesquels feront les prières contenues ès bulles desdits pardons, estans à genoux si possible est, sinon les chappellains ou autres dudict Hostel Dieu feront lesdictes prières, afin de gaigner pour la rémission de l'âme du *défunct bienfaiteur* dudict Hostel Dieu, ensemble de ses parens et amis trespassez les indulgences contenues et mentionnées ès dictes bulles, et se commencera ladicte messe par chacun jour, que se gaigneront lesdicts pardons et indulgences, et pareillement le service complet au premier d'avril prochain.

Cedict jour (31 decembre) a esté arresté que les entrepreneurs de la maison de la Santé parachèveront les cloisonnaiges et enduitz qui restent à faire en la maison de la Santé, dedans le quinziesme du mois prochain, et ledict jour passé de cesser toutes ouvraiges, jusques à ce que le temps soit autrement disposé, qui pourra estre au mois de mars prochain.

Cedict jour (19 janvier 1611) a esté ordonné de mettre à l'hospital S¹ Louys ung tableau contenant l'inscription de la construction d'iceluy.

Cedict jour (8 juin) a esté ordonné que les maisons qui sont scizes en la rue Neufve Nostre Dame seront retenues pour la Compagnie, pour voir passer la chasse de madame saincte Geneviefve.

Cedict jour (22 juin) monsieur le prieur de Saint Lazare a nommé, pour priser et estimer les terres sur lesquelles l'hospital Saint Louys est bastye, Jean Aubry et Jean Dupont, et de la part dudict Hostel Dieu Claude Moireau et.... Merry, demeurant à la chappelle, la Compagnie a donné charge à maistre Pierre Hubert d'empescher que Jean Aubry, nommé par ledict sieur Prieur face ladicte estimation, d'aultant qu'il est fermier et domesticque dudict prieur S¹ Lazarre, et qu'il en doibt nommer ung autre.

Cedict jour (13 juillet) a esté ordonné que les perrons, tant de l'advenue que du costé du cimetière, seront faictz en la forme du plan et ellévation qui a esté représenté au bureau par Claude Vellefaulx.

Cedict jour (2 septembre) a esté ordonné à maistre Pierre Hubert de présenter requeste à la Cour tendante affin d'avoir permission de prendre jusques à la somme de quatre vingtz mil livres d'argent à rente, pour parachever de paier les ouvriers qui travaillent à l'hospital S¹ Louys, que pour ayder à rebastir de neuf les vielz bastimens dudict Hostel Dieu.

Cedict jour a esté ordonné au receveur général de faire faire la réduction des rentes que doibt ledict Hostel Dieu au denier vingt, à ceulx qui voudront les réduire, et quant aux autres qui ne voudront réduire, leur faire bailler assignation par devant le prévost de Paris, pour voir dire qu'ilz prendront les deniers du rachapt desdictes rentes et les poursuivre sans discontinuer.

Cedict jour (30 septembre) a esté ordonné au greffier de faire publier les jardins de l'hospital Saint Louys estre à bailler à loyer.

Cedict jour (4 novembre) a esté ordonné au recepveur général de paier aux sieurs Lenormant et Beaudouyn, notaires, la somme de douze livres tournois, pour leur sallaire, vaccations et grosse du contract passé entre M₈ les gouverneurs et les relligieulx des Célestins de Paris, portant vente faitte par lesdicts relligieulx de trois arpens de terre, sciz au village de Belleville, pour faire recherche de quelque source d'eau pour conduire en l'hospital S¹ Louys.

Cejourdhuy (10 février 1612) a esté résolu que monsieur le Premier Président et M. le président Nicolay assistés de messieurs Sanguin, Marcel, d'Interville et Tanneguy se transporteront par devers la Royne, pour la supplier d'accorder aux pauvres dudict Hostel Dieu, à perpétuité, les cinq solz faisant le reste des dix solz qui se lèvent sur chacun minot de sel en la généralité de Paris pour ledict Hostel Dieu.

Cedict jour (29 février) sur ce que frère Robert a donné entendre à la Compagnie qu'il estoit nécessaire de donner ordre doresnavant quès lietz des malades, dedans lesquelz se trouveront qu'aucuns d'iceulx fussent tirans à la fin et prest à mourir, les autres mallades en fussent tirez et mis ailleurs pour eviter à l'apréhension qu'ilz en pourroient avoir, que au mauvais goustz et puanteur qu'ilz peuvent jetter en mourant, sur quoy la Compagnie a ordonné que lorsqu'on verra un mallade à l'extresme onction, les autres pauvres gisanz avec luy seront ostez et mis à part jusques à ce que il ait rendu l'âme à Dieu, et pour ce faire seront laissez deux lietz vuides à chaque office.

Cedict jour (2 mars) a esté donné charge à Jean Broutonne, serrurier, de faire un lict de fer, suivant et conformément au modelle qui est dressé en la chambre de l'huissier, sinon que la croisée faicte au hault dudit lict, qui est trop foible, sera faicte plus forte et que ledict lict aura six piedz de long sur quatre piedz quatre poulces de large, le tout entre les quatre coulonnes dudict lict.

Cedict jour (30 mars) l'huissier du Bureau a esté mandé audict Bureau, pour scavoir de luy comment il se gouvernoit en la distribution de la chair, lequel auroit dict qu'il demandoit aux personnes qui venoient quérir de la chair leur permission d'en manger, que la plus grande partye luy en bailloient, et les autres luy disoient qu'au premier voiage ilz luy apporteroient leurs permissions, sur quoy la Compagnie a faict deffences audict huissier de ne plus bailler aucune chair aux personnes malades durant ce caresme, sans au préalable avoir receu leur permission d'en manger.

Cedict jour (11 avril) la Compagnie a ordonné que les aumosnes qui s'aporteront doresnavant audict Hostel Dieu soit pain vin et viande, pour estre distribuez aux pauvres d'iceluy, par ceulx qui les auront envoyez, seront renvoiez et non acceptez, attendu qu'ilz aportent plus d'incommodité ausdits malades que de proffit, avec beaucoup de confusion, sans toutesfois comprendre les aumosnes qui se pourront faire en douceurs, comme raisins, confitures ou autres, et à ce que la présente ordonnance soit gardée et observée, ladicte Compagnie a donné charge à frère Robert d'y tenir la main, sinon et en cas que ceulx qui les apporteront les veullent mettre ès mains des officiers pour estre distribuez ausdits malades.

Cedict jour (6 juin) est comparu au Bureau M. Jean de Virlegeux, au nom de MM. Guillaume Benard, sieur de Rezé, conseiller du Roy en sa Court de Parlement, et consors, héritiers de deffunct Jean Forget, vivant conseiller du Roy en ses conseilz d'Estat et privé, et président en ladicte Cour de Parlement, fondé de procuration à luy passée par devant Janet et Bontemps, notaires au Châtelet de Paris, le vinttroisiesme jour de may dernier, en vertu de laquelle il a déclaré à M₈ les gouverneurs dudict Hostel Dieu qu'il empeschoit qu'aucune dellivrance fût faicte des deniers léguer aux quatre filles à marier de la parroisse Saint Eustache, qui ont esté ou seront cy après nommées par les marguilliers de ladicte parroisse, et à cette fin a laissé ladicte procuration entre les mains desdits sieurs Gouverneurs, dont il a requis acte, pour servir et valloir ausdits sieurs héritiers, sur quoy a esté ordonné que ladicte procuration sera signiffiée ausdits sieurs marguiliers de Saint Eustache, ad ce qu'il n'en prétendent cause d'ignorance.

Cedict jour a esté ordonné que tous les serviteurs domesticques servans à l'Hostel Dieu se retireront les soirs à neuf heures en iceluy, affin que les portes sois fermez à ladicte heure, tout au plus tard l'esté, et l'yver à huict heures précizement.

Cedict jour (3 août) a esté donné charge à Vellefaux et Gilles le Redde de se transporter à l'Hostel Dieu pour veoir en quel estat sont les aysemens des salles de l'enfermerye, et en faire leur rapport au Bureau.

Cedict jour M. Sainctot a esté commys pour arrester le thoisé général des massons, entrepreneurs de l'hospital saint Loys, en compter avec eux, cependant a esté ordonné que lesdicts entrepreneurs feront abbatre la plastrière qui est proche ledict hospital, et feront remplyr les trouz qu'ilz ont faictz pour tirer le moillon qu'ilz ont tiré.

Cedict jour (8 août) a esté donné charge à maistre Pierre Hubert de produire en l'instance pandante aux requestes entre monsieur de Saincte Geneviefve, et qu'il produise l'édict faict par le Roy, pour raison de la donnation qu'il a faicte à l'Hostel Dieu de la maison Saint Marcel.

Cedict jour a esté ordonné que les deux lavoirs seront chacun de huict thoise de long et troys thoyse de large, séparé en deux, le tout dans œuvre, le bassin de la grande cour sera de quatre thoyse en tous sens, moictyé dans terre et l'autre moictyé hors de terre, le tout à douze pans, le puysard sera de huict piedz de long sur cinq piedz de large, audessus de quatres arcaddes qui seront faictes au font dudict puisart, avec une descente de pierre à descendre dans ledict puisart, et pour ce faire a esté donné charge à M. Claude Vellefaux d'y faire travailler promptement.

Cejourd'huy (19 septembre) a esté proposé par monseigneur le Premier Président, comme en l'assemblée tenue en la Chambre St Loys, pour enfermer les pauvres de ceste ville de Paris et renvoyer les estrangers irlandoys en leur pays, il auroyt esté proposé de pryer Mrs les Gouverneurs d'accommoder et prester la maison scize au fauxbourg St Marcel, pour l'espace de troys sepmaines ou ung moys, pour loger lesdictz Irlandoys jusques à ce que l'on les puisse conduire en leurs pays, laquelle dicte proposition ledict sieur Premier Président auroyt dès le jour d'hier faict entendre à aulcuns desdictz sieurs Gouverneurs, mesmes pryé les sieurs Desprez et Perrot de ce transporter sur ledict lieu avec monsieur Abelly, pour veoir la commodité et incommodité desdictz lieux, et après que le sieur Desprez a faict son rapport comme le jour d'hier avec ledict Perrot et Abelly, ilz se seroyent transportez audict lieu, a esté ordonné que l'on presteroyt tant les bastimens que la cour basse dudict lieu St Marcel, pour ledict temps de troys sepmaines ou ung moys, pour y loger ou enfermer lesdictz Irlandoys, que l'on délaisseroit aussy les challis de bois pour s'en servir, dont en seroyt faict inventaire, et pour empescher que aulcuns desdictz irlandoys ou autres ne puissent entrer dans les jardins de ladicte maison, seront les huisserye bouchée à plastre, réservé seullement celle qui va au petit jardin, que l'on dict le jardin de monsieur le Maistre, duquel petit jardin, ensemble la chambre dudict sieur le Maistre, l'on en accommoderoyt ceulx qui auront la charge sur lesdictz Irlandoys, de par monseigneur le Premier Président ou de monsieur le procureur général, et pour faire leur entrée en ladicte maison, sera ouvert une porte dans la rue et à icelle mis une des portes de celles qui seront bouchées, par maistre Claude Vellefaulx, et cependant que tous les meubles et ustancilles qui sont en ladicte maison seront apportez à l'Hostel Dieu, dont sera donné charge, chacun à son regard tant à frère Robert que à la soubzprieure.

Cedict jour (28 novembre) noble homme maistre Pierre Vieillart est venu au Bureau, lequel a requis la Compagnie de voulloir, en acceptant le legtz testamentaire faict audict Hostel Dieu par feu maistre Nicolas Vieillart, son oncle, de la somme de vingt quatre mil livres, accepter et prendre mil livres de rente deubz par monsieur de Lavieville pour les deux tiers, et huict mil livres argent comptant pour l'autre tiers, à la charge de satisfaire aux clauses et conditions portés par ledict testament, sur quoy ladicte Compagnie, après avoir veu ledict testament, et les chartes portés par icelluy, a accepté et accepte ledict testament ausdictes charges.

Cedict jour (25 janvier 1613) les grandz maistres et gardes de l'apoticquairerye de ceste ville de Paris ont faict apporter au Bureau dudict Hostel Dieu treize livres d'amplastres, de plussieurs sortes, qu'ilz ont saisiz et confisquez au profflct dudict Hostel Dieu, dont ilz ont requis le présent acte, et ont lesdictes amplastres esté mises ès mains de la dame de l'appotiquairerye, desquelles en sera usé par l'advis du médecin.

Cedict jour la Compagnie a advisé pour éviter aux inconvéniens de mort qui sont cy devant arrivez aux petitz enfans qui sont à la mamelle, couchez aux offices des salles dudict Hostel Dieu, par faulte de nourriture et alliments, de pourvoir de nourrisses qui les puissent allaicter et nourir, et pour cest effect a esté ordonné qu'il sera pris deux nourrices, les plus propres que faire se poura, pour norir et alaicter lesdictz petitz enfans, et prendre garde à eux à ce que par cy après il n'en arive aulcun accident, lesquelles nourices demeureront et coucheront aux accouchées, audict Hostel Dieu, jusques à ce que ladicte Compagnie y ait autrement pourveu.

Cejourdhuy (15 février) a esté ordonné que Jehan Le Tourneur, cydevant baillé et présenté au seigneur de la Cour Rouge pour homme vivant et mourant, pour la moictié du fief de la Clochette, appartenant audict Hostel Dieu, à cause du legts faict audict Hostel Dieu par deffunct Hellebrocq, sera présenté pour homme vivant et mourant à Josias Mercyer, sieur des Bordes de Grigny, et ayant les droictz du fief de la cour rouge, pour le quart dudict fief de la Clochette, nouvellement acquis par ledict Hostel Dieu de..... la planche, et luy faire la foy et hommaige pour les trois quartz dudict fief, et au regard du droict d'indemnité à luy deub à cause dudict quart a esté accordé avec ledit sieur des Bordes à la somme de cent cinquante livres, à laquelle somme il a remis ledict droict audict Hostel Dieu, ensemble ce qu'il pouvoit prétendre, à cause des lotz et ventes et admortissement des trois quartz de sept arpens de terre estans en rotture, et assis audict terrouer de Grigny, au lieu des noues de l'eau.

Cedict jour (17 avril) a esté accordé avec maistre Jehan Lainteler, maistre de la pompe de la Samaritaine, pour faire une pompe au puizart faict en l'hospital sainct Louys, et pour ce faire, fournir de tous les ustancilles et robinetz nécessaires, et ce moiennant la somme de deux mil livres tournois, qui luy seront paiez par le receveur général.

Cedict jour (5 juin) Pierre Dagonne, maistre jardinier à Paris, a offert prendre les trois jardins de l'hospital St Loys, pour le temps de neuf ans, sans pour ce payer aulcune chose, à la charge de rendre en fin dudict temps lesdicts jardins bien et deuement labourez et ensemencez, et autour des murailles d'iceulx rendre des margotz de bourdeletz plantez avec haye debout, et les croisées du mittan desdictz jardins où est le buis, rendre plantée de basses palissades, et les carrez ensemencez d'arbes pottagères, pour servir à la maison, ce qu'il a accordé et a faict sa marcque.

Cedict jour (12 juillet) la Compagnye après avoir oy Parceval Noblet et Anthoine Desnotz, entrepreneurs de l'hospital St Loys, ladicte Compagnie pour vuider et terminer le différend qu'ilz prétendent pour ledict Hostel Dieu, allencontre desdicts Noblet et Desnotz et leurs associez, touchant des entrevoux faitz audict bastiment de l'hospital Sainct Loys, a accordé de passer par l'advis de M. Pierre Guélin comme aussy lesdictz Noblet et Desnotz soy faisant fort de Loys Noblet et Sébastien Jacques, leurs dictz associez, ont pareillement accordé de passer par l'advis dudict Guelin et en tenir ce qu'il en dira.

Cejourdhuy (24 juillet) a esté donné charge à M. Claude de fournir les deffences contre les charpentiers de St Loys, ainsy qu'elles ont esté arrestées au Bureau, et prandre pour advocat, pour plaider la cause, monsieur Chappelier.

Cedict jour (20 décembre) monsieur Bonnet, chirurgien dudict Hostel Dieu, a apporté au Bureau l'estat des noms des serviteurs qu'il a prins, au lieu de ceulx qu'il avoict, qui sont Pierre Mesnyer, de Bourgongne, Pierre Jantoch, de Paris, et Toussainctz, Le Bœuf, Laurin.

Cejourdhuy (14 février 1614) a esté donné charge au panetier d'achepter jusques à la quantité de quatre cens de bonne paille de seigle pour mectre aux lictz des malades.

Cedict jour (28 février) a esté donné charge à maistre Pierre Hubert de signer et passer l'apoinctement d'entre monsieur le procureur général du Roy, prenant le faict et cause pour les pauvres du Grand Bureau de ceste ville de Paris, et les maistres et gouverneurs de l'Hostel Dieu, pour raison des deux cens livres à eux accordez par ledict Hostel Dieu, pour la noriture, pensement et logement des malades de la teigne et vérolle dont ledict Hostel Dieu demeurera deschargé.

Cedict jour (9 avril) sur le différend meu cy devant au Chastelet de Paris entre Jehan Desfossés et Gilles le Redde, maistres charpentiers à Paris, pour raison du thoisé général faict des ouvrages de charpenterye en la maison et hospital Sainct Louys, arresté et calculé par les sieurs Fontaine et Marchant à la somme de cent quinze mil quatre cent soixante neuf livres tournois, de laquelle somme lesdicts Desfossés et le Redde demandoient paiement, sauf à déduire ce qu'ilz avoient sur ce receu, et par la Compagnie, estoit soustenu allencontre desdicts Desfosses et le Redde que ledict thoisé et l'aresté n'estoit celon et au désir du marché faict avec eulx, qui portoit que le compte dudict boys se debvoit faire sur ce qu'il se trouveroit en besongne seullement, et non au compte du marchant, mesmes que ladicte Compagnie ayant faict veoir ledict thoizé et iceluy compté et arresté, se seroit trouvé monter, conformément audict marché, à la somme de cent trois mil neuf cent quatre vingt douze livres, qui seroit moins que ledict thoizé de la somme de unze mil quatre cens soixante dix sept livres, au moien duquel différend et sur iceluy seroit intervenu audict Chastelet plusieurs sentences, desquelles lesdicts Desfossés et le Redde auroient appellé, duquel appel ilz se seroient présentement désistez, et remonstré à ladicte Compagnie qu'ilz ne voulloient nullement plaider, ains en passer à l'amiable avec ladicte Compagnie, toutefois soustenoient que bien que l'on eust esgard ausdictes sentences, l'on ne leur pouvoit rabattre que deux mil et tant de livres, ce qu'ilz trouvoient par le calcul qu'ilz en auroient faict, et pour vérification de ce l'auroient présenté à ladicte Compagnie, revenant à la somme de cent treize mil quatre cens soixante livres, et néantmoings pour esviter à procès, offrent sur ladicte première somme contenue par l'arresté desdicts Fontaine et Marchant de quicter audict Hostel Dieu la somme de trois mil livres, sur quoy ladicte Compagnie ayant mis ladicte offre en dellibération, et veu et considéré les thoisés et l'arresté d'iceulx, faict tant par lesdicts Fontaine et Marchant que Passart et Amelot, mesme celuy depuis faict par lesdicts Desfossés et le Redde, et pour sortir de tous les différendz meuz et à mouvoyr, a, du consentement desdictz Desfossés et le Redde, ordonné qu'il leur sera rabattu la somme de cinq mil sept cens trente huict livres dix sols tournois sur ladicte somme de cent quinze mil quatre cens soixante et neuf livres, laquelle somme de v^m vii^c xxxviij. livres x. s. desduitte et rabattue, sera ledict thoisé arresté par lesdictz Fontaine et Marchant, passé pour la somme de cent neuf mil sept cens trente livres dix solz t., sur laquelle lesdictz Desfossés et le Redde et feu Anthoine le Redde, son père, ont receu la somme de quatre vingtz seize mil livres, dont ilz sont demeurez d'accord, partant reste à eux deue la somme de treize mil sept cens trente livres dix solz, de laquelle leur sera expédié mandement, en fin dudict thoisé, ce qu'ilz ont accordé et signé.

Cedict jour (2 mai) pour la réception des ouvrages, tant de couverture faicte par Camuset audict hospital S¹ Louys, que de la pompe faicte par maistre Jehan de Lintlaer, maistre de la pompe du Pont Neuf, ensemble de la pierre acheptée par Jacques Salle, sculteur, pour faire les effigies du Roy deffunct et de la Royne, messieurs d'Interville, Tanneguy, Sainctot, Perrot et Parfaict ce transporteront audict hospital, pour veoir ce que c'est.

Cedict jour (4 juin) la Compagnie a donné charge à Deslandes, procureur au Chastelet, de déclarer à damoiselle Marie Habert, héritière de deffunct M. Claude Hevrard, qu'ilz acceptent le legtz faict par ledict deffunct à l'hospital S¹ Louys de six arpens de terre mentionnez en son testament, à la charge de faire dire par chacun dimanche de la sepmaine comme ilz ont jà commencé, une basse messe, et en fin d'icelle, ung de profundis et pour ce faire fournir pain, vin, et luminaire, et qu'il soit permis aux héritiers dudict deffunct de faire apposer en lieu commode, en la chappelle dudict hospital, une épitaphe, telle qu'elle est désignée par ledict testament.

Cedict jour (5 septembre) Jacquette Lafradde, veufve de feu Fracie Ledoux, voicturier par eaue, demeurant rue Geoffroy Lasnier, a esté receue pour estre sage femme audict Hostel Dieu, aux gaiges de cent livres tournois, par chacun an, et pour l'installer en ladicte charge, monsieur le maistre aiant esté mandé au Bureau, ladicte Compagnie luy a donné charge de destituer celle qui est à présent, et au lieu d'icelle, d'installer ladicte Lafradde.

Cedict jour (10 septembre) la requeste présentée par la sage femme qui estoit cy devant demeurante audict Hostel Dieu, veue et considérée, et l'ordonnance cy dessus transcripte, la Compagnie luy a donné charge et commendé se retirer dudict Hostel Dieu, ainsy qu'elle a entendu par monsieur le maistre qui luy a jà dict.

Cedict jour (10 septembre) la Compagnie a ordonné que les articles cy après transcriptes seront entretenues en l'office des accouchées tant par la dame de l'office et ses filles, que par la sage femme dudict office et premièrement : que nulz relligieux ni prebtres et adolescens de l'Hostel Dieu n'entrent audict office, sur quelque pretexte que ce soict, s'ilz ne sont envoyez par monsieur le Maistre, pour administrer les sacremens; que nulz des serviteurs de l'Hostel Dieu y entrent et qu'ilz n'y baillent point leur linge à blanchir, ny leurs hardes et besongnes à recoustrer; que nulz hommes ny garsons de la ville y entrent, soict pour parler ny pour autres prétextes que ce soict; que sy les femmes qui sont là pour accoucher ont quelque affaire qu'il meritast estre traictée, qu'elles le dient à la dame des accouchées, pour en parler à monsieur le Maistre; que la sage femme n'admette nulle femme grosse, que suivant la forme usitée, qui est qu'après avoir présenté requeste au Bureau, et par ordonnance du Bureau, qu'elle les visite et certiffie au bas de la requeste le temps qu'elles ont encores à accoucher, et après la permission de messieurs dudict Bureau, qu'elle les recoipvent, s'il est dict qu'elles seront receues et non autrement; que ladicte sage femme ne preigne aulcune chose des femmes grosses ou accouchées, soict argent, présens ou aultres, tant en entrant que sortans, ains se contentera de l'apointement qui luy est donné de la maison; que durant le temps que lesdictes femmes grosses seront audict Hostel Dieu, ne leur sera permis de sortir pour aller à la ville, ains leur sera seulement permis d'aller le matin à la messe dedans l'Hostel Dieu, et au sermon en ladicte maison, et outre d'aller travailler en la chambre aus draps, quand la dame prieure ou soubzprieure en viendront demander; que le reste du temps que lesdictes femmes grosses pourront avoir, ilz l'employront à filer au fuzeau, à couldre et n'est permis à la dame des accouchées, sa fille, la sage femme, ny aultres les employer à battre lessives, filer au rouet, ny à faire aucun exercice violant; que la dame desdictes accouchées, sa fille et sage femme exorteront toutes lesdictes femmes à se comporter honnestement, modestement, sans noyse ny debat, que s'ilz s'injurient ou ce battent, qu'elles y donnent le meilleur ordre qu'ilz pourront, mesmes qu'ilz en donnent advis au Maistre, qui les fera sortir sy besoing est; que les clefz de la porte dudict office soient tousiours ès mains de la dame ou de sa fille, laquelle pourra commettre une des femmes grosses qu'elle congnoistra la plus discrette, pour, lors que l'on frappera à la porte, regarder et parler par le guichet seullement, et à l'instant en donner advis à ladicte dame des accouchées, ou en son absence à sa fille, et pour ce ladicte dame ne sa fille ne sortiront ensemblement dudict office.

Cejourdhuy (19 septembre) sur ce que le pannetier dudict Hostel Dieu a remonstré à la Compagnie que le fermier du domaine de Gonnesse ne veult paier le bled deub à l'Hostel Dieu, en la quallité qui luy est deue, et qui est porté par la réception du recepveur dudict domaine, et qu'aiant esté audict Gonnesse par deux fois, avec la charrette et chevaulx, pour emmener ledict bled, lesdicts voiages auroient esté innutilz et seroient revenus à vuide, sur quoy ladicte Compagnie a donné charge audict pannetier de prendre une contraincte pour contraindre ledict fermier, et par corps, comme deniers royaulx, et outre de luy faire donner assignation pour se voir condempner aux fraictz et dommages et intherestz dudict Hostel Dieu.

Cedict jour (6 novembre) a esté permis à Mr Bonnet, chirurgien de l'Hostel Dieu, de mettre l'enseigne de St Cosme et St Damien avec les boistes à la maison ou il est demeurant, soubs l'advis de plus grande Compagnie.

Cedict jour (19 novembre) a esté accordé bail à Gervais Roger, maistre savetier à Paris, d'une petite place proche le perron du portail de la porte du parvis, à prendre depuis ledict perron jusques contres les degrez de la petite porte, et de dessoubz les cloches, et ce moyennant la somme de six livres tournois de loyer par chacun an.

Cedict jour (6 mars 1615) la Compagnie a donné charge au greffier de l'Hostel Dieu de faire les lettres de bailif général pour ledict Hostel Dieu, en laquelle charge il a esté nommé par ladicte Compagnie Mr Tallon, advocat en parlement.

Cedict jour (19 juin) sur ce qui a esté rapporté à la Compagnie qu'à la maison de Sainct Louys il y a plusieurs personnes et ménages logez, qui occasionnent des plaintes, et après l'arresté cydevant faict, aulcuns de ladicte Compagnye s'y sont transportez, faict ung estat au vray de toutes les personnes tant grandes que petites qui y sont, et ilz en ont faict rapport; il a esté arresté qu'en ladicte maison il n'y aura aucun logé, sinon Claude Cordier, consierge, et que les autres qui sont logez avec luy sortiront, que deffences seront faictes audict Claude Cordier loger ny recevoir aucunes personnes, soubz quelque prétexte que ce soit, qu'il tiendra tout le logis bien fermé, ne souffrira qu'il soict joué, bancqueté ny faict aulcune desbauche dans ladicte maison, et pour empescher, sera faicte la porte soubz le grand escallier qui va à la grand cour par Jehan Le Pas, demeurera et sera logé en ladicte maison en l'escurye du costé de la montagne, C. qui mene le mullet et conduict le tumbereau, N. manœuvre avec sa femme et ses petitz enfans, qui sera logé au pavillon de l'entrée des malades, du costé du temple, comme aussy N. jardinier sera logé aux petitz pavillons des deux jardins, qui luy ont esté cydevant bailez à entretenir, tous les autres seront tenus de desloger.

Cedict jour (8 juillet) a esté accordé au sieur de Vellefaulx de la présentation qu'il a faicte au Bureau du debvis qu'il a faict pour la massonnerie du cimetière de l'hospital sainct Louys.

Cedict jour a esté ordonné que doresnavant monsieur le Maistre dudict Hostel Dieu, lors que l'on apportera des malades de la vérolle audict Hostel Dieu, il les fera porter par ung crocheteur jusque au Grand Bureau des pauvres de ceste ville.

Cedict jour (4 septembre) monsieur Tanneguy a pris charge, suivant l'advis de la Compagnie, de dresser une requeste pour présenter à la Cour pour faire retirer et oster les immundices qui se deschargent proche et autour de Montfaulcon, à cause de la puanteur que cela rend en la maison de l'hospital sainct Louys, ainsy qu'il avoit esté arresté au commencement de la construction de ladicte maison.

Cedict jour (20 novembre) sur ce que cy devant les relligieux de l'Hostel Dieu auroient présenté requeste au Bureau, afin de lever l'ordonnance pour avoir des chappes noires canonialles pour chacun d'eux, remonstrant qu'il n'en avoient point eu depuis douze ans, et la Compagnie aiant remis à leur faire droict après qu'ils auroient communicqué ensemblement sur ce que l'on désiroit d'eux, que suivant leur institution ilz eussent à servir les pauvres au spirituel, et que par plusieurs fois ilz ont esté de ce admonestez, mesmes leur avoir représenté ce qui est contenu dedans leurs status, vœux et sermons qu'ilz font en leurs professions, et que cejourdhuy frères Robert Morsant, Charles Foullon, François Pelletier, Jehan Bourgeois et frère Esme ont sépparément et conjoinctement remonstré ce qui estoit de leurs functions, et comme ilz estoient occupez à faire et cellébrer le service divin, et par spécial aux confessions et administration des sainctz sacremens, tant aux relligieuses que officiers de la maison, qu'il ne leur restoit que fort peu de loisir pour s'employer aux functions spirituelles, pour les mallades, et que pour cest effect il y avoit quatre chappellains gaigez et stipendiez, lesquelz en faisoient leur debvoir, néantmoings promectoient de s'y addonner et employer, aux mieulx qu'il pourroient, et pour le temps qui leur restoit de leurs occupations ordinaires, et selon que leur santé leur permettoit, dont la Compagnie les en a loués, et de rechef admonestez et priez de considérer que, au grand nombre de mallades, les quatre chapellains n'estoient suffisans, et que leur exemple inciteroit les relligieuses et officiers à leur debvoir, et que pour leur demande, il estoit ordonné au receveur de leur faire faire des chappes canonniales, et que lors qu'ilz auroient besoing de quelque chose, l'on feroit pour eux ce que l'on pourroit.

Cedict jour (30 décembre) sur ce qui a esté remonstré à la Compagnie la grande quantité de mallades qu'il y a de présent audict Hostel Dieu, jusques au nombre de *huict centz*, lesquelz il est bien difficile, voire impossible que monsieur Bazin médecin dudict Hostel Dieu puisse veoir comme il fault, pour le peu de temps qu'il vacque et employe à veoir lesdictz mallades, ladicte Compagnie, désirant qu'à l'advenir lesdictz mallades soient mieulx veus, visitez et pensez, et s'estans sur ce subiect par plusieurs fois assemblez au Bureau, où ledict sieur Bazin avoict esté mandé, qui a dict qu'à la vérité il ne pouvoit à présent employer à veoir lesdictz mallades davantage de temps qu'il faict, pour le peu de gaiges qu'il reçoit dudict Hostel Dieu, qui ne sont que de trois centz livres, mais que sy l'on luy veult bailler six cent livres de gaiges, il s'obligeroit de servir et voir lesdicts pauvres quatre heures entières par jour, sçavoir deux heures le matin, depuis dix heures jusques à douze, et depuis trois heures jusques à cinq de rellevée, et ce sans discontinuation, sur quoy ladicte Compagnie ayant mis l'affaire en délibération, et désirant pourveoir à ce que lesdictz pauvres soient doresnavant mieux veuz, visitez et pensez qu'ilz n'ont esté par le passé, a accordé audict sieur Bazin la somme de six centz livres tournois, par chacun an, à commencer au premier jour de janvier prochain, à la charge que dudict jour, il commencera à servir lesdicts pauvres continuellement et assiduellement, quatre heures par chacun jour.

13ᵉ REGISTRE. — ANNÉES 1616 À 1623.

Cedict jour (24 février 1616) a esté donné charge au receveur général de l'Hostel Dieu de Paris de paier, au meilleur marché qu'il pourra, à messieurs de Nostre Dame de Paris le droict des lotz et ventes qui leur sont deubz, à cause des terres que ledict Hostel Dieu a achaptez, pour bastir l'hospital S¹ Louys, qui se trouveront en leur censives.

Cedict jour (27 avril) a esté remonstré qu'audict Hostel Dieu il y avoit sept centz pauvres mallades, et attendu la démolition de la salle Sainct Denis, lesdicts pauvres estoient incommodez et couchez ès licts jusques à trois et quatre, et qu'estans proches des challeurs, il estoit à craindre que la peste ne se mist en ladicte maison, partant qu'il estoit nécessaire d'y promptement pourveoir, sur quoy l'affaire mise en délibération, auroit esté jugé estre à propos de faire publier aux prosnes des parroisses, tant de ceste ville que faulxbourgs, que le huictiesme du mois de May que ceulx qui auroient mallades, soient hommes ou garsons, seroient receuz au xvᵉ dudict mois en la maison de l'hospital S¹ Louys, pour y estre norris et médicamentez, comme ilz seroient audict Hostel Dieu de l'édict du xvᵉ jour passé, il ne sera receu audict Hostel Dieu que des femmes et filles, et auparavant que d'effectuer la présente ordonnance, messieurs Tanneguy, Desprez et Perrot seroient priez de remonstrer à messieurs les gens du Roy au Parlement, à ce qui leur pleust faire scavoir audict Parlement s'ilz trouvent bon de faire assemblée généralle de la pollice pour raison de ce que dessus.

Cedict jour (24 novembre) la Compagnie estant assemblée pour mectre fin à plusieurs deliberations précédentes, pour le faict d'un médecin, pour servir continuellement audict Hostel Dieu, et ouy le rapport faict par monseigneur le président Nicolay, qui a dict que suivant la prière qui luy a esté faicte, et à monsieur d'Interville, par la Compagnie, ilz auroient veu monseigneur le premier Président, auquel ilz auroient communicqué de ceste affaire, qui s'estoit excusé de se trouver au Bureau, pour les grandes et importantes affaires dont il est chargé, et auroict prié la Compagnie de terminer ceste affaire, et qu'il auroit agréable tout ce qu'elle en arresteroit, ladicte Compagnie auroict mandé maistre Simon Bazin, médecin ordinaire dudict Hostel Dieu, auquel elle a faict entendre, comme elle avoit cy devant faict, par plusieurs fois, qu'elle désiroit pour le panssement des mallades dudict Hostel Dieu, qu'il y eust un médecin qui n'eust aultre exercice, et que toute sa fonction totalle ce fit au dedans dudict Hostel Dieu, au pansement des mallades, sans estre diverty aillieurs, et que pour le service par luy longtemps rendu aux pauvres dudict Hostel Dieu, elle s'estoit résolue de le préférer à tout aultre, ce qu'attendu par ledict sieur Bazin, il auroit remercié icelle Compagnie de la bonne vollonté qu'elle luy porte, et dict qu'il estoit prest d'accepter leur offre, en le logeant prest ledict Hostel Dieu, et luy accordant deux ou trois heures par chacun jour pour visiter ses parens et admis, qu'il ne pouvoit habandonner, sur laquelle responce ladicte Compagnie, en voullant delliberer, l'auroit prié de se retirer en attendant leur delliberation, laquelle faicte, auroit faict appeler ledict sieur Bazin, et luy auroit esté dict qu'il estoit expédient et estoit résolu pour le bien desdicts pauvres mallades qu'il y eust ung médecin logé audedans dudict Hostel Dieu, afin qu'à toutes heures il puisse visiter iceulx mallades et recognoistre les accidens de leurs maladies, pour y pourveoir promptement, selon qu'il jugera à propos, à quoy ledict sieur Bazin a dict qu'il ne pouvoit accepter ceste condition, aiant famille comme il a, et a remercié ladicte Compagnie de l'honneur qu'il a receu d'elle, et la supplye le tenir toujours au nombre des officiers affectionnés dudict Hostel Dieu, ce que ladicte Compagnie luy a promis, et l'a remercié des bons et agréables services qu'il a rendus ausdicts pauvres mallades, dont elle (est) contente, ce faict, ledict sieur Bazin s'estant retiré, icelle Compagnie auroit delliberé et pryé Monsieur Francier, docteur en médecine, de prendre la charge de médecin ordinaire dudict Hostel Dieu, dont elle espère qu'il s'en acquittera dignement, qu'il sera fort propre pour ledict Hostel Dieu, n'aiant femme ny enfans, et au reste, ayant les conditions qui se peuvent désirer en ung médecin pour ledict Hostel Dieu, ce que la Compagnie auroit apris des premiers docteurs de la Faculté, ausquels l'on s'est informé, et duquel il a esté parlé par plusieurs fois en ceste Compagnie, de l'appeler en ceste charge; monsieur de Livry a dict qu'il n'a mémoire n'avoir esté présent lorsqu'il fut parlé d'admettre audict Hostel Dieu ledict Francier, néantmoings qu'il se rapporte à icelle Compagnie le recevoir, puisqu'elle en avoit eu bon rapport, ce que ladicte Compagnie auroit différé, jusques à ce que ledict sieur de Livry s'en soit informé, et cependant à ce que les pauvres mallades ne demeurent sans estre visitez, ladicte Compagnie a prié messieurs d'Interville et Perrot se trouver ce soir audict Hostel Dieu, et sy ledict sieur Bazin n'y est, de prier ledict sieur Francier de visiter lesdicts mallades en attendant la résolution d'icelle Compagnie, et de faire dire à monsieur le Maistre qu'icelle Compagnie l'avoit ainsy ordonné.

Cejourdhuy (10 janvier 1617) sur la requeste presentée par les relligieuses de l'Hostel Dieu, narrative que pour se pourveoir des vestemens, linges, chaussures et autres nécessitez, qui ne leur sont baillées de la maison mesmes, pour survenir à leurs vivres, et à aprester leurs viandes les jours maigres, qui leur sont distribuées crues ausdits jours, et sans aucun assaisonnement, et encores pour donner aux pauvres mallades desgoutez et qui ne peuvent user de viandes ordinaires quelques poires, ou pommes cuittes sucrées, et aultres douceurs, qui leur sont nécessaires, elles ont faict beaucoup de dépenses, et pour y subvenir, esté contrainctes vendre et commuer partye du pain, viandes et autres pitances qui leur sont distribuées chacun jour, n'estimans rien faire contre leur debvoir de commuer les choses qui leur estoient baillées, et dont elles se pouvoient passer, en autres qui leur sont du tout nécessaires, et qui ne leur estoient fournies, ce qui néantmoins depuis quelque temps leur a esté très estroictement deffendu par leurs suppérieurs en spirituel, à quoy elles désiroient obéir, mais elles estimoient ne le pouvoir faire, s'il ne leur est pourveu sur lesdictes nécessitez, à ceste cause requéroient qu'il pleust à la Compagnie ordonner que les choses nécessaires tant pour les douceurs des mallades que pour le vivre et vestement d'elles leur feussent fournies à l'advenir suivant l'estat qu'elles en ont présenté, veu ledict estat, l'arrest de la Cour de Parlement de l'an mil cinq centz cinq, les comptes rendus paravant les troubles de l'an mil v^c iiij^{xx} x., ouy le Maistre spirituel et la Prieure et Soubz Prieure, relligieuses antiennes et aultres estans en office, et la mathière mise en delliberation, la Compagnie louant la bonne intention desdictes relligieuses à l'obéissance de leurs suppérieurs et entier accomplissement de leurs vœux, désirans leur donner moien de vacquer plus soigneusement et continuellement au traictement desdicts pauvres mallades, ausquelz elles sont dediées, en les deschargeant de tout autre soing et divertissement, a ordonné que outre ce qui est à présent distribué, tant pour les mallades que relligieuses, leur seront à l'advenir fournies les choses qui ensuivent : Premièrement pour ce qui touche les mallades, seront par sepmaine baillée à chacune des chefvetaines des poires et des pommes, en telle quantité qu'il sera advisé par la Prieure ou Soubzprieure, pour estre par elles distribuées ausdicts mallades, qui en auront besoing et en ce faisant, réserveront ce qui restera des pitances desdictz mallades qu'elles renvoieront à la cuisine, pour estre accommodez en achis ou aultrement mesnagées, en sorte qu'elles puissent tenir lieu pour les distributions suivantes, lesquelles le cuisinier les monstrera au despencier pour en faire estat et recepte, distribuera pareillement le despencier ausdictes chefvetaines une livre de sucre par sepmaine, selon l'ordre et deppartement qui luy en sera baillé par lesdictes Prieure et soubz prieure, pour estre emploiées à succrer ledict fruict cuit et autres doulceurs, selon le besoing des mallades, et pour donner aus mallades quelques rafraichissemens pendant la nuict, baillera aussy le despencier aus veilleresses, de quinzaine en quinzaine, la quantité de poires et pommes qui sera arbitrée par lesdictes Prieure et Soubz Prieure, et ung quarteron de sucere qu'elles distribueront au soulagement des pauvres, avec le meilleur mesnage qui leur sera possible, et pour ce faire, prendront l'advis du médecin, tiendra ledict despencier la main qu'il y ait tousiours à la cuisine des boullons, soict à la chair, aux œufz ou au bœurre, selon les jours gras et maigres, pour estre baillez aus mallades, en quoy faisant les chefvetaines n'auront que faire de bœurre ny œufs pour leur en aprester; la distribution de verjus et vinaigre se fera à l'ordinaire, et en mesme quantité que de coustume, et néantmoings sy ladicte quantité ne suffist pour le nombre des mallades, sera pourveu à l'augmentation nécessaire par le Bureau, sur l'advis qui en sera baillé par le Maistre ou la Prieure; le despencier tiendra tousiours en réserve de l'huille d'olif, du safran, clou de girofle et chaulx, pour en bailler à la dame des accouchées, et pour les linges et les langes dont on pouroit avoir à faire et de besoing en ladicte chambre des accouchées, en sera fourny par la Prieure, à laquelle pour ce faire sera baillé par le Bureau la provision nécessaire; pour le regard des relligieuses, leur sera baillé à l'advenir à chacune d'elles ung quarteron de bœurre aux jours maigres, et moiennant ce, ne sera plus à l'advenir distribution de bœurre par les offices, comme aussy leur seront baillez des herbes ausdicts jours maigres, pour faire leurs potages, lesquelles seront fournies par le concierge de Sainct Louis, des deux jardins qui sont de présent en valleur, et mises ès mains de la dame du couvent, pour en faire la distribution; et au lieu que jusques à présent n'ont esté distribuez ausdicts jours maigres que quatre œufz pour chacune relligieuse, ou aultre viande à l'équipotent, leur en seront baillez à l'advenir six à chacune, ou la valleur en poisson frais ou sallé; et pour les jours gras leur sera baillé du roty, veau ou mouton, trois fois la sepmaine, qui sont les dimanche, mardy et jeudy, et pour leur donner de foys à d'aultre quelque petite récréation d'herbes en sallade, seront mises ès mains de la dame Prieure cent livres d'huille d'olif par an, pour estre distribuez entre les relligieuses, de l'ordonnance de ladicte dame Prieure; leur sera baillé par augmentation ung demy septier de vin par jour, à commencer du quinziesme jour du présent moys de janvier, à chacune, et s'il y a quelques filles qui n'en boivent point, leurs portions seront rabatues; les antiennes relligieuses qui, à cause de leur caducitté ou incommoditté, ne peuvent plus faire aulcunes functions, se retireront à l'infirmerie où sera baillé le bois nécessaire pour les chauffer, et pour descharger lesdictes relligieuses de la despence qu'elles se pleignent avoir esté cy devant contraintes de faire pour les lessives, a esté advisé que doresnavant, le jour précédent que de commencer tant les grandes laissives que *celle de la pucelle?* sera arresté par la Prieure ou Soubzprieure le nombre des personnes qui y seront emploiez, lesquelles seront prises entre les pauvres de la maison qui se trouveront en disposition d'y pouvoir servir, pour lesquelles le despencier leur fournira dès le jour précédent les pitances, selon ce qui leur seroict distribué, dedans les salles desquelles lesdictes personnes auront esté tirées, et ce pour trois jours que l'on emploioit ordinairement ausdictes laissives, et à cause du travail extraordinaire, leur fournira encores aultant de vivres que monteront lesdictes pitances, et en fera de mesme pour lesdictes relligieuses qui y serviront, pour estre le tout mis à une fois ou par chacun jour, selon que le temps le requerra, ès mains de celle qui aura la charge d'aprester leur manger afin d'en disposer et leur bailler ainsy qu'elles adviseront pour le mieux; pour faire lesdictes lessives seront baillées à la Prieure les cendres nécessaires, comme l'on a accoustumé, et fourni des tabliers à eaue, selon qu'il sera besoing, à la charge de ne blanchir aultre linge que celuy de la maison soict ausdictes lessives ou aultres qui se pourront faire particulièrement, à quoy le Maistre et la Prieure auront l'œil; seront fournis ausdictes relligieuses, aus despens du Bureau toutes sortes de vestemens nécessaires, chaussures, linge, voille et autres choses, et à ceste fin prendra la Prieure le soing de veoir de quoy chacune desdictes relligieuses pourra avoir besoing, pour bailler de temps en temps audict Bureau le mémoire de ce qu'il conviendra fournir, et le nom de celles qui en auront besoing, afin d'y estre pourveu; et pour faire lesdicts habitz neufz ou les racoustrer, quant il sera nécessaire, leur sera pourveu de tailleur le plus prest de la maison que faire se pourra, pour leur commoditté, et pour le regard du linge, il sera faict en la chambre aux draps comme il est accoustumé; seront leurs soulliers et chaussures racoustrées par ung savatier qui leur sera baillé, des ouvrages duquel la Prieure tiendra la taille, sur laquelle il sera payé; et pour les aultres petites nécessitez, comme lasses, espingles, eguilles, amidon, en sera mis ès mains de la Prieure ce qu'il conviendra, pour en distribuer aus relligieuses, selon qu'elles en auront besoing; et moiennant les augmentations susdictes, par lesquelles il est suffisamment pourveu à toutes les necessitez tant des pauvres mallades que des relligieuses, selon ce qu'elles mesmes ont désiré, elles s'abstiendront à l'advenir de vendre, commuer et transporter hors de la maison, en quelque lieu que ce soit et de faire réserve en leurs particulliers des vivres, pitances, bois et doulceurs qui leur seront journellement distribuées, soict pour elles ou pour les mallades, à quoy le Maistre spirituel et la Prieure tiendront estroictement la main et apporteront leur aucthorité, et s'il reste quelque pitance de la distribution qui leur sera faicte par chacun jour, elles seront rapportées à la cuisine boullangerie ou sommellerie, selon la quallité de ce qui restera, pour estre par les chefz desdicts offices mesnagez au proffict de la Maison, et pour cest effect, en feront estat chacun en son regard, ce qui leur est enjoinct expressément; seront plus aulcuns deniers baillez aux relligieuses, soict par la Prieure ou par la poullière, soubz prétexte d'avoir des fruictz et doulceurs pour les mallades, ou soubz quelque aultre coulleur que ce soict et puisse estre, ains se mettront tous les deniers qu'elles auront entre leurs mains, de quelque part qu'ilz puissent venir, ès mains du receveur général dudict Hostel Dieu; l'argent qui sera trouvé aux pauvres après leur decedz, ou qu'ilz auront pendant leurs malladies, baillé en garde aux relligieux, relligieuses chappelains ou autres de la maison, sera incontinant par eulx ou celles qui l'auront trouvé, ou à qui il aura esté baillé à garder, apporté au Maistre spirituel, lequel en tiendra registre pour en faire recepte en ses comptes, par chappitres distincqs et sepparés audict compte.

Cedict jour (3 mai) sur la remonstrance faicte par monsieur Francier, médecin dudict Hostel Dieu, que la dellivrance du vin que l'on faisoit aux pauvres, à sept ou à sept heures et demye du matin, pour leur desjeuner, estoit grandement préjudiciable à leur santé, d'aultant que c'est l'heure qu'ilz preignent leurs médecines et bouillons, et qu'il seroit plus à propos que l'on leur feist ladicte dellivrance de vin sur les neuf à dix heures, pour leur servir à disner, sur quoy ladicte Compagnie a donné charge au sommellier de faire bailler doresnavant par chacun jour le vin à neuf heures du matin, ès mains de ceulx qui les portent aux relligieuses, pour le servir ausdits malades à leur disné.

Cedict jour (19 mai) Genevielve Goupil a esté receue pour exercer la charge de sage femme à accoucher les femmes grosses gisantes audict Hostel Dieu, au lieu et place de Jacquette Lafratte, pour jouir par ladicte Goupil des gaiges et droictz accordez à ladicte charge, qui est la somme de cent livres tournois par chacun an.

Cedict jour (9 août) a esté ordonné que la salle St Denis sera rebastie suivant le dessin qu'en a faict Claude Vellefaulx, veu et résoulu cy devant par la Compagnie, sur lequel ledict Vellefaulx en dressera ung devis qu'il communicquera à monsieur Sainctot.

Cejourd'hui (1er septembre) a esté ordonné qu'il sera faict ung plancher au reste du grenier du dessus du couvent des relligieuses, pour servir de dortoir aux filles blanches, afin d'avoir places pour celles que l'on recevra doresnavant.

Cedict jour (15 novembre) monsieur Tanneguy a pris charge de veoir monsieur Defunctis, pour luy faire entendre que quant ses archers auront mandement de luy pour prendre quelques gens de mauvaise vie, ou accusés de vol, et qui pourroient estre malades gisans au dedans dudict Hostel Dieu, qu'ils ayent en advertir au préalable messieurs les Gouverneurs dudict Hostel Dieu, ou aultres ayant charge soulz eulx, de la capture qu'ilz vouldront faire et d'y apporter toute modestie, ainzy qu'ilz ont accoustumé de faire afin que le désordre qu'ilz ont apporté ses jours passés soit osté.

Cejourd'huy (6 février 1618) monsieur d'Interville a promis de veoir monsieur le procureur général, de la part de la Compagnie, pour luy pryer de présenter une requeste à la Cour à l'encontre des Gouverneurs de l'hospital des Enfans Rouges, pour faire recevoir audict hospital les enfans qui sont audict Hostel Dieu, suivant la fondation dudict hospital, et qu'à l'advenir n'en sera receu aulcun aultre que dudict Hostel Dieu, suivant ladicte fondation.

Cejourd'huy (19 février) suivant l'ordonnance de messieurs les prévost des marchans et eschevins de ceste ville de Paris, en datte dudict jour et an, M. Guillaume Clément, greffier de ladicte ville, a baillé et delivré au Bureau de l'Hostel Dieu de ceste ville de Paris les contractz et acquisitions faicttes par lesdicts Prévost des marchans et eschevins, pour et au nom du commung de ceste ville, de deux maisons seizes aux faulx bourgs de St Marcel, rue de l'Arbaleste, l'une acquise du sieur Voisin, en datte du dix septiesme juillet M. VI^c VI. et l'aultre de Anthoine le Marier du deuxiesme mars mil VI^c VII, icelles maisons ainsy acquises pour y mettre loger et héberger à perpétuitté les mallades de la contagion, sans qu'elles puissent estre alliénées ny employées à aultre effect et lesquelles deux maisons du depuis auroient esté par déclaration du Roy Henry le Grand, d'heureuze mémoire, et du consentement desdicts sieurs Prévost des marchans et eschevins, baillez et dellivrez ausdits sieurs Gouverneurs et administrateurs du Temporel de l'Hostel Dieu, pour estre réunis avec les aultres biens et domaines dudict Hostel Dieu de Paris, pour servir audict effect, dont a esté dellivré ausdicts sieurs Prévost des marchans, eschevins et greffier le présent acte signé du greffier dudict Bureau.

Cedict jour (21 février) a esté donné charge au greffier de mettre, coller et attacher aux lictz des mallades des billetz de parchemain, cotté chacun par nombre, et à chacune salle séparément.

Cedict jour (23 mars) après avoir veu par la Compaignee la visitation faicte par l'ordonnance d'icelle, du cinquiesme febvrier mil vi^c dix huict, par Claude Vellefaulx et le Redde, jurez ès œuvres de massonnerye et charpenterie, le neufiesme jour de febvrier, et recongnu par icelle le péril éminent qui est ès salles de l'infirmerye et salle neuve dudict Hostel Dieu, et le besoing d'y remédier promptement, pour empescher la ruine et les inconvéniens qui ensuiveront, a advisé de faire assembler toute la Compaignee, afin que le plus promptement que faire se pourra, pour résouldre les moyens d'y pourveoir, et pour ce faire a esté donné charge à l'huissier du Bureau d'advertyr tous messieurs les Gouverneurs, et scavoir de monseigneur le Premier Président s'il aura pour aggréable de donner jour pour s'assembler ceste sepmaine au Bureau.

Cedict jour (23 mars) a esté représenté par l'ung desdictz sieurs Gouverneurs l'estat desdictz bastimens, tant des salles neufves et infirmerye que des dortouers des filles relligieuses et autres bastimens estans sur icelles salles, avec le péril esminent ausquelz ilz se trouvent estre rapporté par la visitation, et recongnu par une partye de la Compaignee, qui pour cest effect s'est transportée sur les lieux, recongnu et remarqué exactement l'estat d'iceulx, et veu à l'œul les ruines dont ilz sont menassez sy promptement, s'il n'y est pourveu, la mattière mise en delliberation, et la Compaignee ayant recongneu les grandz inconvéniens que la ruine desdictz lieux pourroit apporter non seullement par la chulte desdictz bastimens, mais par le danger auquel se trouveroient tant les relligieuses, pauvres mallades que oficiers d'icelluy Hostel Dieu, qui couchent et ont l'exercice de leurs fonctions ès ditz lieux, lesquelz se trouveroient envelopez et acablez dans les ruynes, a advisé que pour y éviter, les mallades seront transportez hors desdictes salles, et que les relligieuses deslogeront des chambres desdictz dortouers, où elles ont accoustumé de coucher, et en feront oster leur lictz et aultres meubles, et d'aultant qu'à cause du grand nombre desdictz mallades et relligieuses, il ne se trouve lieu audict Hostel Dieu suffisant pour les mettre et loger, a esté arresté qu'une partye d'iceulx seront menez en l'hospital de la Santé, dicte de St Louis ou pareillement seront donnez tel nombre de relligieux, relligieuses et autres officiers qui seront trouvez nécessaire pour en avoir soing, et les traicter comme audict Hostel Dieu, à quoy ladicte Compaignee a prié lesdictz sieurs Desprez, Sainctot et Perrot de vouloir tenir la main, et prendre le soing, donner l'ordre nécessaire dedans le jour de Pasques prochain, lequel passé, sera procedé audict logement et transport sans discontinuation, la nécessité duquel pour les raisons cy devant dictes sera représenté au Roy, et Sa Maiesté supplyé d'avoir agréable et le trouver bon, dont ledict seigneur Premier Président se charge, et que cependant aulcuns de messieurs de la Compaignee verront monsieur le doien de Nostre Dame de Paris, pour luy faire entendre la présente résolution, et le prier de faire envers messieurs du chappitre qu'ilz trouvent bon de lisentier et permettre ausdictes relligieuses de sortir dudict Hostel Dieu, et se transporter audict hospital Sainct Louis pour traicter lesdictz pauvres mallades.

Cedict jour (30 mars) a esté arresté que le cimetière de l'hospital Sainct Louis sera faict de trente thoise de face, qui est quinze thoise de chacun costé, à prendre du point millieu de la porte, sur vingt thoise de profondeur.

Cejourdhuy (15 juin) a esté faict marché avec Henry Pavillon, maistre pintre à Paris, demeurant au faulbourg Sainct Honoré, pour enrichir, pindre et dorer d'or poly le tabernacle et costez d'icelluy, ensemble les figures qui y seront appliquées, les colones, lenterne, balustres, vases, consoles grandes et petites, et seront dorée d'or bruny, et le surplus qui doibt estre doré, sera doré d'or mat, fileetz et ornemens qui seront faictz oudit tabernacle, le tout pour servir au grand hostel de l'hospital Sainct Louys, moyennant la somme de cent trente livres tournois, à la charge de rendre le tout faict et par faict, bien et deuement, comme il appartient, et mis en place dans la veille de la my aoust prochainement venant, ce qu'il a promis faire et a signé.

Cejourdhuy (23 juin) monsieur d'Interville a pris charge de veoir monsieur le président Nicolay, pour scavoir de luy s'il veult assister à veoir benistre le cimetière; a esté ordonné que la grande salle du grand pavillon sera tapissée de la tapisserye de la belle Anies, et la petite chambre à costé sera tapissée de la menue verdure pour recevoir monsieur l'évesque de Trois, qui fera la bénédiction dudict cimitière.

Cejourdhuy (6 juillet) sur ce qui a esté rapporté par aucuns de la Compagnee, d'une plainte publicque qui se faict par la ville que à l'Hostel Dieu, lorsque l'on amenoit en icelluy des prisonniers mallades, venans tant de la Conciergerie que grand et petit Chastellet, que autres prisons pour estre en icelluy pensez et medicamentez, il s'y faisoit des exactions, tant soubz coulleur de la descharge desdictz prisonniers, sur le registre des geolliers desdictz prisons, que pour l'entrée et sortie d'iceulx, pour scavoir la vérité de ce, avons mandé monsieur le Maistre dudict Hostel Dieu au Bureau, pour luy faire entendre lesdictes plainctes, lequel auroit dict à ladicte Compaignee qu'il n'a jamais entendu, ny pour luy ni pour aultres, que pour raison desdictes descharges desdictz prisonniers ny pour aultre cause il se prist aulcuns deniers, mesme en auroit faict deffences expresses, sur ce qu'il sceust que l'un des chappellins dudict hospital Saint Louys dernièrement receut pour la descharge d'un prisonnier un teston, dont il le reprist, ce qui luy donna subiect de reitérer ses deffences tant ausdits chappellins que portiers dudict hospital, sur quoy ladicte Compagnie, pour éviter à plus grand mal, et oster toute forme de plaincte, a faict deffences très expresses de prendre, exiger ny recevoir d'aulcunes personnes, quelle qu'elles soyent, aulcuns deniers, tant pour l'entrée et sortie desdictz pauvres que pour l'arrivée desdictz prisonniers mallades amenez tant de la Conciergerie du Pallais, grand et petit Chastellet, que autres prisons, soyt pour la descharge de leur personne sur le registre du geollier, que pour autre occasion que ce soit, à peyne ausdicts officiers d'estre chassez hors de ladicte Maison, et pour arrester l'abbus qui se commect au faict desdicts prisonniers mallades, qui est lors de leur arrivée souvent ilz ne sont couchez avec les mallades, ains à l'instant s'en vont et sont amenez par leurs parens et amyz, a ordonné que doresnavant, lorsque l'on aura amené un prisonnier, et avant que faire sa descharge, il sera visité par le chirurgien et médeçin dudict Hostel Dieu, pour veoir la quallité de sa malladie, et s'il se trouve tel l'on le deschargera sur le registre du geollier, et ledict mallade à l'instant confessé et couché dans ung lict, pour estre pensé et médicamenté comme les autres mallades. Et s'y taist qu'il ne soyt trouvé mallade, ne sera admis audict Hostel Dieu, ains renvoyé à l'instant par ceulx qui l'auront amené, et sera la présente ordonnance leue par le greffier dudict Hostel Dieu, tant ausdictz chappellains que autres demeurans ès dictes maisons, à ce qu'aulcun n'en prétendent cause d'ignorance.

Ce mesme jour, sur ce que monsieur d'Interville a rapporté à la Compagnie que, suivant la charge qu'il avoit prise d'accorder avec monsieur Francière, médecin de l'Hostel Dieu, il auroit parlé audict sieur Francière et luy auroit faict entendre la vollonté de la dicte Compagnie, tant pour ses gaiges que pour son logement et nouriture, lequel luy auroit faict fort honneste responce, et dict qu'il accordoit tout ce que ladicte Compagnie vouldroict, mais que pour son logement il auroit esté contraint, pour le bien des pauvres et leur prompt service, de loger en une maison assez proche dudict Hostel Dieu, en attendant que la commodité se présentast de faire loger plus près en quelque maison d'icelluy Hostel Dieu, et pour cest effect, l'auroit prise à loyer à raison de deux cens livres, priant ladicte Compagnee le descharger et satisfaire desdictz loyers, ce qu'il croyoit estre raisonnable, sur quoy ladicte Compagnee ayant sur ce delibéré a ordonné qu'il sera payé audict Francière la somme de six cens livres tournois par an, pour ses gaiges, outre sa nouriture telle qu'il a tousjours eue depuis qu'il est entré au service desdicts pauvres, et qu'il sera pareillement payé de la somme de deux cens livres tournois pour le loyer de sa dicte maison par le receveur général dudict Hostel Dieu, jusques à ce qu'il se soit trouvé commodité de le loger dans ledict Hostel Dieu, et à cest effect a esté donné charge au greffier de luy expédier le mandement.

Ce jour (27 juillet) a esté donné charge au greffier de faire imprimer par l'imprimeur de l'Hostel Dieu les deffences de monsieur le lieutenant civil et procureur du Roy, touchant la voirie et gravelée de Montfaulcon qui incommode St Louys.

Ce jour (3 août) a esté donné charge au receveur général de l'Hostel Dieu de payer M. Francière, sur ses simples quittances, encore que la somme excedde deux cens livres, sans luy donner la peyne de les faire par devant notaire.

Cedict jour (4 août) a esté commis Jehan Brochet, pour empescher et tenir la main à ce que l'on ne descharge doresnavant les matières fécalles, la fiante des porcz, les chevaulx et autres bestes mortes, ny les tripailles des bœufz, ny autres immondices près de la butte de Montfaulcon, et au lieu où l'on avoit accoustumé les descharger, ains les faire transporter ès autres lieux qui leur ont esté désignez par monsieur le lieutenant civil, ensemble d'empescher les vinaigeriers de faire leurs gravelées sur ladicte butte et autour dudict Montfaulcon, ains les retirer ès lieux qui leur ont esté pareillement désignez par ledict sieur lieutenant civil, le tout suivant l'arresté de la poullice, dont la coppie imprimée luy a esté présentement baillée, et pour ses peines et vaccations, la Compagnee luy a accordé par chascun moys la somme de six livres tournois, et oultre de luy bailler le tiers des confiscations et amendes, èsquelles les contrevenans seront condampnez, ce que ledict Brochet a accordé.

Cejourdhuy (4 août) sur ce qui a esté présenté par monsieur le Maistre dudict Hostel Dieu que à St Louys, lorsqu'il décedde quelques uns dont les parens et amis désirent qu'ilz soient enterrez séparément, et qui leur soient faict ung convoy, ce qui auroit esté représenté par frère Charles Foullon, relligieux estans audict Sainct Louys, sur quoy ilz auroient faict des difficultez, tant pour ce que seroit distribué à ceulx qui assisteroient ausdicts convois et enterremens, que aussy de ce qu'il peult revenir quelque chose pour ledict hospital Sainct Louys, sur quoy ladicte compagnie a arresté que sy aulcuns désirent estre enterrez séparément et avec convoy, que l'on prendra gratieusement ce que l'on vouldra donner, sans toutesfois que l'on puisse moins prendre de trois livres, dont il en sera distribué à monsieur le Maistre cinq solz t., à frère Charles et autres relligieux estans à St Louys cinq sols t., et à chacun chappellain cinq solz t., sept solz six deniers pour faire la fosse et deux solz à chacun ambalieur et ung sol pour celluy et à ceulx qui porteront les torches, et le surplus sera et demeurera pour et au proffict dudict Hostel Dieu, dont ledict sieur le Maistre en tiendra le compte.

Cedict jour (29 août) a esté donné charge au pannetier de faire faire une thoille cirée, pour attacher sur la charrette de bagage qui sert pour mener les vivres à l'hospital Sainct Louys.

Cedict jour (30 octobre) a esté ordonné que Marie de Hacqueville, maistresse sage femme à Paris, fera sa charge de sage femme audict Hostel Dieu, jusques à vendredy, et cependant le médecin verra sa capacité, pour en faire son rapport vendredy prochain à la Compaignee, et à l'instant ouy le médecin sur la capacité de ladicte Hacqueville, la Compagnie l'a receue à faire ladicte charge.

Cedict jour (10 octobre) sur ce qui a esté représenté à la Compagnie qu'il estoit très nécessaire de faire que à la maison de l'hospital Sainct Louys il y ayt tousjours quelcun, pour avoir l'œil sur tout ce qui se présente, sans abandonner ladicte maison, et estre spécialement ès salles haultes où sont les mallades, à ce qui les voyent penser, médicamenter et leur veoir bailler les vivres, et spécialement empescher toute fréquentation d'entre les relligieuses et officiers destinez pour le pensement de ceulx de la contagion, l'afaire mise en delliberation, la Compagnee a ordonné qu'il sera mandé à frère Charles Foulon, relligieux à présent audict hospital Sainct Louys,

qu'il n'aye à sortir ny désamparer ledict hospital, et qu'il aye à songneusement prendre garde à estre présent à voir penser et bailler les vivres aux mallades estans ès salles haultes, et surtout à empescher la communication des relligieuses et officiers de l'hospital destinez pour servir les mallades ordinaires d'avec les relligieuses et officiers destinez pour la contagion, à peyne, contre ceulx qui contreviendront, d'estre chastiez, et au dict frère Charles Foulon d'en respondre, et aussy d'empescher que aulcunes relligieuses n'aye chiens, lapins, pigeons, ny autres animaulx, les faire à l'instant oster, et que s'il surviennent qu'il soit besoing de quelque chose pour ledict hospital, ledict frère Charles Foulon en escrira à quelqu'un de la Compagnee pour y estre pourveu.

Cedict jour (31 octobre) a esté ordonné que de rechef le chappollain nommé Dajon sera adverty d'interroger et enquérir les mallades qu'il confessera, du lieu et maison dont ilz sont partis, les advertissant que s'ilz ne disent la vérité ilz pèchent contre la charité chrestiane, et rendent leur confession nulle, d'aultant qu'ilz la commencent par mensonge et imposture et offencent le public.

Du 3 octobre, cedict jour seurs Allizon et Barbe Bressart, relligieuses, et deux filles blanches ont esté nommées pour servir et solliciter les mallades de la contagion; les malades seront mis aux angles des salles basses, du costé de Belleville, au pavillon dudict angle seront logées lesdictes relligieuses et filles blanches; M. Dajon prebtre et chappellain est commis pour assister lesdictz mallades pour le spirituel, et prendra garde à ce que tout y soit bien gardé et observé, Jacques le Compte et Christofle, amballeurs, ont esté commis pour servir ausdicts mallades et les enterrer en cas de mort, au cimetière de Sainct Louys, et d'aller quérir les mallades par la ville, s'ilz sont commandez, et ce par le commandement du sieur Dajon, dont il tiendra registre des noms et demeures; tous les mallades indifféremment entreront par le pavillon du mitan, qui regarde la porte du Temple, à laquelle porte est commis Ambroise de Launay pour portier, et qu'il tiendra registre à part desdictz mallades de contagion, séparément celluy des mallades ordinaires; Guillaume Noël est commis et arresté pour estre chirurgien desdictz mallades; tous lesquels, scavoir: ledict sieur Dajon, Guillaume, chirurgien, et les deux amballeurs logeront au bout du logis en estière du costé de la cour aux ormes; ledict portier lorsqu'il recevra les mémoires qu'il plaira à monsieur le lieutenant civil envoyer, il les mettera ès mains dudict Dajon, afin d'y estre promptement pourveu; que les habictz des mallades qui viendront seront mis à une chambre à part du logis dudict estière; le linge servant ausdietz mallades sera blanchy audict hospital à part, sans estre porté à l'Hostel Dieu et pour ce faire sera laissé le lavoir du costé du logement desdicts mallades; le despensier fera bailler par ses gens, ce qui sera nécessaire pour la nourriture desdicts mallades suivant l'advis dudict Dajon, et le pannetier et sommelier de mesme; les amballeurs seront tenuz de sonner une sonnette, qui sera mise proche la cour des offices, lorsqu'il sera temps du disner des mallades et officiers, et l'aiant sonnée se retireront à l'escard, et lors le cuisinier et ses garsons porteront à la première porte tant la jatte du potage que garde manger pour la chair ou poisson, et le pannetier et sommelier le pain et le vin tout à l'instant, et ce faict, refermeront la porte, laquelle fermée lesdictz amballeurs viendront pour fermer lesdictz mallades et les relligieuses et officiers, dont le disné ou souppé desdictz mallades seront appart, et icelluy des relligieuses et officiers aussy appart et séparez en gardemanger, desquelz monsieur le Maistre en fera l'achapt nécessaire; et pour le tout effectuer, monsieur le Maistre a pris la charge de ce faire, et la soubzprieure à faire dresser et garnir des lictz tout prestz, tant pour les mallades qu'officiers et relligieuses; monsieur d'Interville a esté pryé de scavoir de monsieur le lieutenant civil s'il a donné ordre pour un médecin de la contagion, et s'il a parlé à messieurs ..... et de St Jacques, médecins. Seront faict des couches de boys à bas et hault pillier, moyctié à bas pilliers de trois piedz de large, et l'autre moyctié à hault pilliers de mesme façon que celles qui sont à l'hospital Sainct Louys; sera adverty monsieur le Maistre de venir au premier jour au Bureau, parler à la Compagnee; sera advisé au premier jour au mur de refans qu'il conviendra faire pour la séparation des salles haultes; au cas *que le mal continue* et augmente monsieur le Premier Président sera pryé de faire une assemblée chez luy, pour adviser à la maison St Marcel, pour mettre les mallades qui arriveront en l'Université et faulxbourgs; sera augmenté le nombre des amballeurs et choisis fors et robuste, pour transporter les mallades à St Louys, attendant l'establissement St Marcel; que deffences seront faictes très estroites à tous les emballeurs et autres officiers de ne prendre et exiger des mallades ny de ceulx qui les feront porter, ains se contenter de ce que l'on leur baillera gratuitement; la Compagnie a donné charge à monsieur Dajon d'avoir l'œuil tant ausdicts mallades que officiers destinez pour le pensement et soulagement, que chacun se tienne en son debvoir et face leur charge avec toute modestie.

(Du 30 janvier 1619). Sur ce qui seroit arrivé qu'inopinément et par accident, au moys de janvier dernier (1618), *les planchers de la chappelle de l'entrée de la grande porte du costé de petit Pont seroient tumbez* en plain jour, lors à l'instant auroient les sieurs Gouverneurs de l'Hostel Dieu mandé plusieurs expertz, tant massons, charpentiers que autres, qui auroient visité les lieux et faict rapport que si n'y estoit *promptement remédié, l'on ne pouvoit, éviter l'entière ruine* et chutte des combles et planchers des deux grandes salles appelées l'infirmerye et salle neufve, et que pour cest effect, il estoit besoing deschargèr les planchers des dortouers des chambres des relligieuses qui sont sur lesdictes salles neufves, desplacer les malades estans ou icelles salles, et sur ce que lors auroit esté advisé pour mesnager les desmolitions, principalement la charpenterye, auroit esté mandé au Bureau Gilles le Redde maistre charpentier, auquel auroit esté proposé de prendre le boys desdicts desmolitions desdictes salles, par compte, pour remployer le boys qui se trouvera bon et vallable, et luy en payer la façon du remploy et le boys neuf, a pris appart, il auroit remonstré ne le pouvoir commodément et seurement faire, d'aultant que prenant ledict boys par compte, auparavant la desmolition, il en demeureroit chargé...

Cedict jour (17 avril) a esté ordonné à Gilles le Redde de faire une crouppe au comble de la salle Sainct Denis, du costé de la grande salle Sainct Thomas, et ce pendant demeurera le pignon de ladicte salle dudict costé en la haulteur qu'il a de présent, et à cest effect, ledict le Redde sera mandé de venir le premier jour au Bureau pour en adviser avec la Compagnie.

Cejourd'huy (26 avril) a esté ordonné que Gilles le Redde, maistre charpentier à Paris, mectra dès à présent des plattes formes sur le mur faisant sepparation des salles Sainct Denis et Bretaigne, pour mectre dessus des gouttières, pour recevoir les eaues du grand comble neuf de ladicte salle St Denis, en attendant que l'aultre salle soict bastie.

Cedict jour (28 juin), sur ce que maistre Claude Vellefaulx, masson, et Francois Garinchart, charpentier, ont rapporté au Bureau que pour la continuation des bastimens des salles neufves et infirmerie de l'Hostel Dieu de Paris, il estoit besoing les reigler et ordonner les haulteurs des evaulcement des planchers, afin de pouvoir promptement et en dilligence travailler aux combles desdictes salles, auroient aussy représenté que les murs du costé de la rivière estans audessus du plancher desdictes salles, se trouvoient grandement déversés, au moien des galleries estans en appentie et saillie derrière iceulx, qui y donnent une grande charge, et que pour espasser les travées desdictes salles, et mectre les poultres de niveau, il falloit changer et disposer les corbeaulx en aultre lieu, d'aultant qu'ils se rencontroient la pluspart à l'encongneure des jouees des fenestres, lesquelles estant besoing d'exaulcer et eslargir, pour par icelles tirer plus de jour et d'ayr pour la salle du Légat, il ne se pouvoit sy commodément et seurement faire, ont aussy raporté qu'il estoit nécessaire, avant que redresser les combles desdictes salles, de remédier aus chevrons et tirans de la salle du Légat, d'aultant qu'il y en avoit aulcuns de gastez et pourris par le bout, et après que la Compagnie s'est transportée sur les lieux, et avoir le tout bien visité et considéré, a esté arresté que l'aire du plancher de la salle neufve se conduira de niveau, depuis le retz de chaussée de la chappelle, du costé de petit pont, jusques au pillier contre lequel finit le Légat, auquel se fera, sur la largeur de ladicte salle neufve, ung perron de quatres à cinq marches, de telle longueur que besoing sera, pour de dessus icelluy tirer de nyveau l'ayre du plancher de la ferme de l'infermerie et marcher de plain pied jusques aus salles Sainct Thomas et Sainct Denis, au moyen de quoy le logement des accouchées, qui est soubz ladicte salle de l'infermerie, se trouvera plus exaulcé, et avoir plus d'ayr qu'il n'en a de présent, les murs desdictes salles neufve et infermerie, quy sont déversés du costé de la rivière, seront desmolis et abattus, jusques et aussy bas que le glacis des jours et fenestres qui y sont de présent comme aussy les galleries en appantitz qui sont addossées, et ce depuis le petit pont jusques et contre les pilliers neufz qui soustiennent la grande et petite lavanderie, et seront lesdictz murs restablis bien et deuement, comme il appartient, jusques à la haulteur de l'entablement, et en iceulx garder les jours et fenestre en chacune travée, pour d'aultant plus esclarer et donner ayr à ladicte salle du Légat, l'exaulcement des planchers desdictes salle neufve et infermerie, sur lequel seront restablie les dortoirs des filles relligieuses, seront tirées de niveau et au plain pied de la gallerie qui a esté nouvellement faicte sur le travers de la salle Sainct Thomas, pour aller desdicts dortoirs en l'estage basty de neuf audessus de la salle Sainct Denis, le puidz et arcades encommencées du costé et soubz la chappelle de petit pont sera continué, comme aussy les murs de refent entre les pilliers de dessoubz la salle neufve, depuis le retz de chaussée jusques à vif fondz, pour les soustenir l'un l'aultre, et empescher le déversement, l'allée de l'esgoult par où passent les eaues tombant des rues à la rivière sera voulté par hault soubz lesdictes salles neufve et infirmerie, et au regard de la charpenterie, des chevrons et thirans de la salle du Légat, aulcuns desquelz se trouvent gastez et pourris par le bout et la portee d'iceulx, ledict Garinchart charpentier a esté chargé d'en faire ung mémoire et rapport par l'advis d'expers, pour icelluy veoir au Bureau en ordonner ce qui sera pour le mieux, et cependant qu'ilz travailleront sans discontinuation aux planchers, mectre le comble desdictes salles en chantier, selon le desseing qu'il en a représenté, qui a esté retenu au greffe, et observera les haulteurs et exaulcemens, en sorte que les chambres des relligieuses ayent huict piedz de hault depuis le retz de chaussée du plancher jusques soubz les thirans.

Cedict jour (17 juillet) a esté donné charge à Claude Vellefaulx se transporter à Belleville, et prendre avec luy Guelin, maistre des œuvres de la ville, assisté de Henry de la Rue, plombier dudict Hostel Dieu, pour effectuer la concession de quatres lignes d'eaue accordés par messieurs les prévost des marchans et eschevins de la ville, pour joindre à la fontaine de l'hospital Sainct Louys, au lieu le plus commode que faire ce pourra.

Cedict jour (19 juillet) a esté donné charge au greffier de présenter requeste à messieurs de la ville, pour avoir permission d'amener des pilliers en l'eaue, pour soustenir les murs des bastimens des salles neufve et infirmerye, et pour ce faire en donner l'alleignement.

Cedict jour (2 août) a esté ordonné, que tous ceulx qui demeurent à l'hospital Sainct Louys, pour penser et médicamenter les mallades de la contagion, n'auront aulcune communication ni fréquentation avec les officiers qui seront à la première court, et pour leur administrer toutes choses nécessaires, sera faict ung tour au hault de l'escalier, au bout de l'allée du mitan de la salle sainct Jehan, et deux portes aux deux costez, dont l'une ne s'ouvrira nullement, et l'aultre s'ouvrira et fermera à clef, pour parler à frère Charles quant il sera nécessaire. Monsieur le maistre prendra ung homme d'église, soict de l'Hostel Dieu ou d'ailleurs, pour chanter la messe, les festes et dimanche, en la chappelle dudict hospital, à laquelle messe pourront assister tous les officiers de la première court, afin qu'il ne preignent excuse pour aller ailleurs ouyr le sermon divin ; ledict maistre ne communiquera plus avec ceulx qui sont à Sainct Louys, il s'abstiendra d'y plus aller, ains demeurera audict Hostel Dieu, où il recepvra les advis que ceulx de Sainct Louys luy pourront mander, et en advertira la Compagnie, dont il baillera pouvoir pour son absence à frère Charles Foullon et luy envoiera ung vicariat ; le sieur Moreau sera recogneu de ce qu'il a servy audict Hostel Dieu et Sainct Louys, au lieu de feu monsieur Francière, et sera accordé avec luy de ses appointemens pour l'advenir, sans logement ny norriture.

Cedict jour (7 août) maistres Laurent Guérin et Jehan Bonnet, maistres chirurgiens de longue robbe, représentans la communaulté et collège de chirurgiens de longue robbe, ont presenté au Bureau maistre Nicolas Gaburet, chirurgien à Sainct Denis en France, lequel Gaburet a offert de faire, en l'estat de chirurgie, service tant aux pauvres mallades de la contagion de ceste ville et faulxbourgs de Paris, que de ceulx qui seront ès hospitaux, soubz le bon plaisir de la Compagnie, et pour le sallaire qu'il prétend, désire la norriture et logement, et oultre d'acquérir le degré de maistre barbier chirurgien en ceste ville, sans aultre récompense que celle qui plaira à messieurs les Gouverneurs luy faire ordonner, selon le service qu'il aura rendu.

Cedict jour (27 août), sur ce que le jardinier de la maison St Marcel est venu au Bureau remonstrer et faict entendre que l'on luy avoit faict deffences et aux siens de plus porter à la halle aulcunes herbes ny choses venues et crues au-dedans du jardin de ladicte maison, à peyne d'estre puny corporellement, ny mesmes d'en exposer en vente par la ville et faulxbourgs, et qu'à ceste occasion il seroit contrainct de mourir de fin, tellement que son travail et tout ce qu'il pourroit faire audict jardin luy demeureroit innutil, c'est pourquoy il supplioit la Compagnie d'avoir esgard à la callamité, et qu'il n'estoit raisonnable qu'il fournist les cuisines de l'Hostel Dieu et Sainct Marcel, sans en tirer quelque récompense, tant pour sa norriture que de sa femme et enfans, sur quoy ladicte Compagnie a ordonné qu'il sera baillé par chacun jour audict jardinier, pour sa famille, portion de vin, pain et viande, asscavoir quatre livres de chair, deux pains, de mesme celluy des serviteurs, et six demy septiers de vin, le tout tant et sy longuement qu'ilz demeureront en ladicte maison St Marcel, et ce pour le temps qu'il y aura des mallades de la contagion.

Cedict jour (4 septembre) a esté donné charge à frère Charles Foullon et à sœur Magdeleine Fontenay, soubz prieure, qu'ilz facent veoir les personnes qui sont à Sainct Louys entièrement guaris, pour les mectre hors, et pour ce faire, qu'ilz facent chacun advertir leurs parens et amis, afin qu'il leur soict envoyé des habitz, ne permectent qu'aulcun d'eux sorte, sans avoir changé d'habitz, que s'il se trouve qu'il y ayt quelque personne n'aiant nul moien d'en avoir, feront ung roolle de leurs noms, aages, quallités et demeurances, qui sera envoyé au Bureau, au plutost que faire ce pourra.

Cejourdhuy (6 septembre) a esté dict que monsieur Moreau seroit receu médecin, au lieu et place de feu monsieur Francière, à condition de ne luy paier aulcun loyer de maison, ny fournir aulcune norriture, comme avoit ledict sieur Francière, et pour et au lieu de ce, luy sera paié annuellement la somme de douze centz livres.

Cedict jour (27 septembre) a esté ordonné que tous les mallades frappez de peste, qui ne seront propriétaires ou principaulx preneurs des maisons, et qui n'auroient le moien de se faire penser ès dictes maisons, seront portez ou menés ès maisons destinées pour penser les mallades de peste.

Cedict jour (4 décembre) a esté ordonné à monsieur Leclerc tapissier, de fournir quatre douzaines de couvertures jaulne paille pour servir aux lictz des pauvres de l'Hostel Dieu.

Cedict jour (20 décembre) a esté résolu que pour la garniture de la salle neufve et sainct Denis qu'il sera achapté quarente lictz.

Cedict jour (20 décembre) sur ce qui a été proposé à la Compagnie qu'il est nécessaire d'adviser à trouver le moien de satisfaire à la continuation des bastimens dudict Hostel Dieu, et que pour le présent le fonds et revenu d'icelluy ne peult à grande peyne fournir à la norriture des pauvres, ainsy qu'a faict entendre le receveur général dudict Hostel Dieu, ladicte Compagnie a ordonné qu'il sera pris de l'argent à rente, jusques à la somme de soixante mil livres, et à cest effect, a esté donné charge au greffier de dresser une requeste, pour présenter à la Cour, pour en avoir la permission, et que l'on commencera de bailler à Claude Vollefaulx cent livres par chacun jour ouvrant de la sepmaine.

Cejourdhuy (17 janvier 1620) a esté ordonné que les garsons chirurgiens et de l'appoticquairerie, qui ont pensé les mallades de la peste à l'hospital Sainct Louys et Sainct Marcel, se pourront retirer aux champs, pour prendre l'air et s'esventer, pendant et environ Pasques ou la Sainct Jehan, auquel temps leur sera pourveu, sur la récompense, de la maistrise qu'ilz demandent, et à cest effect présenteront requeste à la Court, et cependant le greffier dudict Hostel Dieu dellivrera ung certifficat du temps qu'ils sont entrez au service desdictz mallades, et du debvoir qu'il ont rendu pour leur servir en temps et lieu, ce que raison.

Cedict jour (7 février) a esté ordonné à maistre Francoys Hieraulme, receveur général dudict Hostel Dieu, de payer les gaiges aux deux prevostz de la Santé, et des archers, pour le mois qui escherra le xxi du présent moys.

Ce jour (4 novembre) monsieur de Montnanteul, advocat en Parlement, exécuteur du testament de deffunct M. le Charron, vivant chanoine de l'église de Paris, a faict apporter au Bureau, par les serviteurs dudict Hostel Dieu, le lict où couchoit ordinairement ledict défunct Charon, et sur lequel il est mort, estant une impériale de bois de noyer, garnye de son ciel et rideaux de serge verte..... de laquelle dellivrance il a demandé descharge, et à l'instant ladicte impérialle garnye a esté mise et envoyé à la dame Prieure, pour l'envoyer à l'hospital Sainct Louys.

Cejourdhuy (9 décembre) Michel Poupart, jardinier, demeurant à Pantin, Jehan Lezier, aussy jardinier vigneron, demeurant audict Pantin, lesquelz ont promis solidairement de fournir pour ledict Hostel Dieu, présente année, la quantité de quatre à cinq centz d'ormes, sy tant est de besoing, moiennant le pris et la somme de soixante livres tournois, le cent, à la charge de les rendre et planter eulx mesmes ès lieux et endroictz où il leur sera désigné et monstré par monsieur Claude Vellefaulx, et fournir lesdictz ormes, beaux et droictz, et de la grosseur de six, sept à huict poulces de gros, et de les entretenir pendant trois années [1].

La Maison de l'Hostel Dieu a esté, depuis son establissement, toujours régie et gouvernée, tant pour le spirituel que temporel, par messieurs du Chappitre de l'église Nostre Dame, sinon que depuis l'an mil cinq centz cinq, que messieurs du Parlement, par leur arrest, auroient tiré des mains desdits sieurs du Chappitre le gouvernement temporel, et à icelluy institué des Maistres et Gouverneurs bourgeois de Paris, pour les causes portées par ledict arrest, depuis lequel temps lesdits bourgeois ont tousjours régy et conduict l'esconomye de toute la Maison, en ce qui se peult despencer, recevoir et distribuer, et pour ce faire, establir des officiers et serviteurs pour ce qui regarde l'administration des pauvres mallades et l'entretenement et leur nourriture jusques à présent, et pour recongnoistre de tout ce qui despend de ladicte esconomye auroient establi leur Bureau en une maison appartenant à l'Hostel Dieu, scize à l'opposite d'icelluy, en laquelle demeure ung greffier concierge, pour avoir soing d'icelle, et de tous les pappiers tiltres enseignemens et comptes quy concernent toute la despence et recepte du revenu dudict Hostel Dieu, en laquelle les sieurs Gouverneurs s'assemblent deux jours la sepmaine, s'il n'est feste, qui sont le matin des mercredis et vendredis, où ilz décident toutes les affaires dudict Hostel Dieu, ordonnent de toute la recepte et despence d'icelluy, ensemble du maintien et entretenement de toutes les offices estans audedans dudict Hostel Dieu, maniées tant par le Maistre que soubz maistre, Prieure que soubz prieure, relligieux, relligieuses, serviteurs domestiques et officiers, ayans charge tant des despences de chair que de pain, vin, bois et meubles, et toutes choses servans pour la nourriture et entretenement des mallades, et de toute la maison, desquelles ordonnances en est faict registre par le greffier qu'ilz ont estably et institué dès le temps de leur establissement, et par ung autre registre particullier, il enregistre tous les mandemens qui se font par lesdits sieurs Gouverneurs, et se dellivrent par ledit greffier, pour avoir paiement de toutes les despences que s'y font et pour lesquelz paiements ilz ont pareillement estably ung receveur général, pour recevoir le revenu général dudict Hostel Dieu, qui gist et consiste en rentes sur le domaine et trésor du Roy, rentes sur les aydes, sur le sel, sur la recepte générale et sur le clergé, mesmes sur particulliers, tant en ceste ville qu'au champs, les deniers des pardons, tant de ceste ville diocèse de Paris et des aultres diocèses de tout le royaume, par les mains des receveurs desdits Pardons, qui sont députez desdits sieurs Gouverneurs pour ce faire, les legz et aulmosnes qui se font, reçoit les deniers de la levée qui se faict des dix solz par chacun minot de sel, ès greniers estans en l'estendue de la Généralité de Paris, reçoit les deniers du don et ottroy, faict à l'Hostel Dieu par le Roy, des trois solz tournois à prendre sur la ferme des trente solz qui se lèvent pour l'entrée de chacun muid de vin en ceste ville et faulxbourgs de Paris, et les loiers de xxxviii maisons appartenant audict Hostel Dieu, tant en ceste ville de Paris que faulxbourgs, et oultre paye par les mandemens desdits sieurs Gouverneurs tout ce qui se despence tant pour la norriture desdits mallades, relligieux, relligieuses que serviteurs domesticques dudict Hostel Dieu, la despence de l'entretenement d'icelluy, des bastimens des maisons et des fermes appartenans audict Hostel Dieu, gaiges et récompenses d'officiers, et généralement tout ce qui se despence pour ladicte Maison. Il y a ung despencier en icelle Maison lequel a soing de prendre la chair du boucher, par poix, soiet bœuf, veau ou mouton, pour chacun jour gras de la quallité portée par le marché faict audict boucher, par lesdits sieurs Gouverneurs au Bureau, et d'achapter une douzaine de chappons, aussy par jour, pour servir aux griefz mallades ou des pigeonneaux, selon la saison, aussy le soing pour les jours maigres d'aller du matin à la halle pour prendre de la marée, s'il s'en trouve telle qu'il la fault pour ladicte Maison, sinon prendre de la carpe, suivant le pris qu'il a arresté avec la marchande, et de la morue pour les serviteurs. Il doibt avoir le soing et l'œil sur quatres garsons qu'il a soubz

---

[1] Nous publions à cette place un mémoire sur l'Hôtel Dieu que le greffier du Bureau avait omis de transcrire dans le registre des délibérations.

luy, qui sont préposez, le premier à tenir le compte des mallades, relligieux, relligieuses et serviteurs domesticques de ladicte Maison, dont le billet desditz mallades luy est baillé tous les matins par le chirurgien dudict Hostel Dieu, qui en faict le compte, sur lequel il découppe la chair par gobetz et portions, et le dellivre au deuxiesme garson qui prend garde aux marmittes pour les faire boulir et escumer, et prendre garde que laditte chair soict cuitte précizément à dix heures pour dresser le disner, le troiziesme a la charge d'esplucher une hottée d'herbes, les laver et découpper et les mectre dedans les marmites, et le quatriesme de casser les œufz, pour délayer avec le verjus pour faire les bouillons des mallades à l'heure ordinaire, qui est à huict heures du matin. Il y a aussy en ladicte Maison ung pannetier, qui est prestre séculier, qui a le soing de toutes les fermes de ladicte Maison, reçoit les bledz que les fermiers font apporter à l'Hostel Dieu, en acquit de leurs moissons, les faietz porter et mesurer dedans ses greniers, dont il leur en baillé quictance, il a ung garson soubz luy pour nestoier lesditz bledz, lors principallement que l'on les mect au moulin et a soing de serrer la farine et mectre au grenier, et pour la veoir mesurer, il y a aussy trois compagnons boullangers qui souliagent et s'entremettent à la cuisson du pain, qui se faict le plus souvent la nuict, de la grosseur qui leur est montrée par ledict pannetier, pour celluy des mallades, celluy des relligieux, relligieuses, prestres, enfans de cœur et serviteurs domesticques d'une aultre fasson et grosseur, lequel leur est dellivré le matin pour le jour entier, et le pain des mallades ce couppe en deux pour leur en faire la distribution trois fois par jour, à chacun ung demy pain, scavoir à huict heures au matin pour le desjeuner, à dix heures pour le disner, et entre quatres et cinq heures du soir pour soupper.

Il y a aussy dans ladicte Maison ung sommellier qui a la charge des vins que l'on achapte, ensemble de tous ceulx qui proviennent des labours des vignes de ladicte Maison, qui sont enfermez soubz la clef ès caves et celliers d'icelle. Voilla ce qui se peult dire en bref du gouvernement et esconomye dudict Hostel Dieu pour le Temporel.

L'aultre point qui despent du Spirituel consiste en la police des mœurs, en forme de relligion et jurisdiction, sur certain nombre de relligieux et relligieuses qui sont pour servir et secourir les pauvres, lesquelz relligieux et relligieuses vivent soubz la reigle saint Augustin, néantmoins soubz certains statutz accommodez à l'estat de la Maison, laquelle jurisdiction spirituelle appartient à messieurs du chappitre, les doyens et chanoynes de l'église de Paris et qui ont faict lesditz status, pour ne despendre ladicte maison d'aucuns généraulx, provinciaulx, abbez prieurs ou aultres et non pas mesme de l'archevesque de Paris.

Et d'aultant que lesdictz doyen et chapitres ne peuvent en corps et en général administrer, ilz choisissent deux d'entre eulx qu'ilz appellent proviseurs, lesquelz proviseurs visitent en certain temps relligieux et relligieuses de ladicte Maison, pour lire et faire entendre leurs dictz status, et s'ilz sont suivis et s'ilz vivent suivant leurs reigles, en oultre il y a ung maistre estably qui se nomme le Maistre dudict Hostel Dieu, qui se doibt prendre du corps desditz relligieux ordinairement qui sont en ladicte maison, s'ilz se trouvent capable, et que s'il ne s'en trouve aulcun, leurs dictz status ordonnent qu'il s'en prendra ung de dehors, qui ayt les quallités requises, lequel Maistre est institué par lesdictz de chappitre, comme leur vicaire général, et par eulx présenté au Bureau pour y estre receu et admis, pour ordonner de sa norriture et logement, et de la fonction que l'on luy donne en ladicte Maison, pour prendre garde, en l'absence desdictz sieurs gouverneurs et administrateurs, à tout ce qui est du Temporel de ladicte Maison, et en tous cas en advertir lesdicts sieurs administrateurs, et ayant mesmes plain pouvoir aux choses spirituelles, à qui tous relligieux, relligieuses, chappellains, officiers, serviteurs et tous ceulx qui sont demeurans dedans l'encloz de ladicte Maison luy doibvent obéyr en ce qu'il regarde le spirituel.

Il y a cinq relligieux profex, en habitz non differendz des aultres ecclésiastiques, lesquelz ont esté receuz petitz enfans de cœur au Bureau par messieurs les administrateurs, jusqu'à ce qu'ilz soient en aage de faire profession, lesquelz auparavant que d'estre mis à la robbe noire, et d'entrer en l'année d'aprobation ou profession, ilz se présentent au Bureau pour advertir messieurs les administrateurs de leur intention, et leur pourvoir pour leurs vestemens, lesquelz cinq relligieux sont tenus par leurs vœux, estans prestres, servir aux pauvres in *spiritualibus* et aux relligieuses aussy, comme à les entendre en confession et visiter les salles des mallades, les consoller et oultre d'assister au service divin, qui se dict cannonniallement audict Hostel Dieu, à toutes les heures, asscavoir matines à quatres heures ou environ et prime subsécutivement, la messe première à sept heures pour les bienfaicteurs de ladicte Maison, la grande messe à neuf heures, nonne à midy, vespres à deux heures et demye.

Il y a oultre six enfans de cœur qui aident à faire et dire le service divin et qui sont présentez au Bureau pour y estre receuz.

Il y a aussy quatres prestres séculiers nommez chappelains, ordonnez pour assister les pauvres, oultre lesdictz relligieux qui se reçoivent au bureau et présentez par le Maistre ou soubz maistre, après qu'ilz ont certifié lesdits gouverneurs de la preudhommie desditz chappelains, qui sont aux gaiges ordinaires de cent livres, lesquelz chappelains administrent les sacremens de profession, la sainte Eucharistie et d'extresme onction, doibvent en oultre assister aux repas des malades, tant au commencement qu'en la fin, pour dire le benedicitte et graces, doibvent aussy conduire les corps, mortz en l'Hostel Dieu, la nuict à la Trinité, chacun par sepmaine ou par mois, desquelz il en demeure tousjours deux au contouer, qui sont en sepmaine l'un pour escrire le nom et la demeure des mallades sur ung registre qu'ilz ont pour ce faire, et ce font ung petit roulleau de pappier dedans lequel est le nom et surnom desditz mallades, et luy attachent au bras avec un morceau de ficelle et après le renvoient au confessionnaire, pour se mettre devant l'aultre chappelain qui les entend à confession s'ilz sont catholicques, et s'il n'est catholicque, il sonne une clochette pour appeler la fille ou relligieuse qui est de sepmaine, pour conduire le mallade aux lictz et endroictz destinez selon la quallité de sa maladie. Et ont lesditz chappellains prestres leur demeure à part et sepparée de celle des relligieux, d'aultant que lesdictz relligieux ont leur dortouer séparé, comme les relligieuses, en forme de bonne relligion bien reiglée, tous lesquelz relligieux avec le Maistre disnent et souppent en couvent en une table, et les chappellains au bout de ladicte table, avec les enfans de robbe noire et les enfans de cœur en une aultre table, qui est au mitan du réfectouer, pendant lesquelz disné et soupper il y a un enfant à la robbe noire qui faict la lecture comme il se faict aux autres relligions.

Il y a aussy relligieuses, professes, en nombre déterminé, et plus, suivant la nécessité, et quant quelqu'une d'icelle vient à mourir, la plus antienne fille blanche succède au voille et à la profession.

Il y a aussy quarente filles blanches et davantages, sy la nécessité des mallades le requierent, et sont présentées au Bureau, à messieurs, par leurs parens, avec leur acte de baptistaire en main, lesquelz sieurs gouverneurs mandent monsieur le Maistre, la Prieure ou soubz prieure pour scavoir d'eux la cappacité de la fille que l'on présente, lesquelz ouys, et lecture faicte dudict baptistaire, ordonnent que le greffier enregistrera sur son registre le nom et surnom de ladicte fille et de ses père et mère, et que ladicte fille sera receue pour estre relligieuse audict Hostel Dieu et en mettra aultant de l'ordonnance au bas dudict baptistaire, pour dellivrer audit sieur le Maistre ou la Prieure, pour l'installer audict Hostel Dieu, avec et au nombre des aultres, lesquelles filles blanches ne peuvent estre receues professes que par la mort de l'une des quarente relligieuses, et n'y a point de différences entre lesdictes relligieuses et filles blanches, comme a aux autres maisons de relligion, où il y a sœur laïcque, car toutes les filles peuvent estre relligieuses, s'ilz persévèrent, et sy l'on les trouvent cappables, parceque jusques à ce qu'elles ayent faict profession l'on les peult mectre hors la Maison, sy elles ne font leur debvoir.

Du nombre desdictes quarente relligieuses il y en a une quy s'appelle la mère Prieure et une aultre Soubzprieure, qui s'aident l'une l'aultre, et néantmoings toutes deux concurrent au soing de toute ladicte Maison, mesmes l'intendence et vigillantes sur les relligieuses et filles blanches, quoy que lesdictes filles blanches ayent chacune leur mère, appellée mère de relligion, et oultre ont le soing de prendre garde à tous les mallades, scavoir s'ilz sont bien servis, s'ilz ont chemises, linges, draps et aultres leurs nécessitez, et pour le ménage de ladicte maison, font amasser les vielz drapz et vielles chemises des mortz, et les font porter en ung lieu que l'on appelle antiennement la *chambre à la mort*, pour y estre gardez jusques à ce qu'ilz les font blanchir et les font servir partye aux ensepvellissements et l'aultre en charpie et emplastre, pour le pensement des mallades. Ilz ont le soing de tous les meubles de ladicte Maison, et de tout ce que l'on y apporte pour servir aux mallades, tous lesquelles meubles ilz souloient avoir par inventaire, et sont serrez en une grande chambre, que l'on appelle la chambre aux draps, de laquelle toutes deux ont la clef, et est audessus du plancher de la salle sainct Denis, en laquelle elles y sont tous les matins et les apres disnée, pour rechercher les draps décousus des malades, prendre les vielz draps des salles et en mectre de neufz à la place, et pour leur ayder à couldre, commectent quelques relligieuses avec elles et leurs filles, et quelquefois des femmes grosses qui sont à l'Hostel Dieu, et enfin font tel mesnage que la Maison en reçoit grand soullagement, et mesme ladicte Soubz-prieure y prend pour les ensevelissemens des mallades les suaires qu'ilz font, tant des vielz draps que chemises des decceddez, ce prend aussy en ladicte chambre aux drapz tous les emplastres et charpies et bandes qui sont nécessaires aux chirurgiens, auxquels et aux ensevelissemens il s'y en va par jour, l'un portant l'aultre, trois draps et plus, et les quatres heures venues, ladicte soubz Prieure prend ses trois filles et va à la *chambre aux mortz* pour ensevelir les pauvres deceddez, lesquelles Prieure et Soubz Prieure, et les aultres relligieuses et filles blanches sont judiciables soubz l'autorité du Maistre qui pourvoit à tous desordres. Ledict Maistre faict convoquer et assembler, tous les vendredis de chacune sepmaine, le chappitre, le faict sonner à ce que chacun s'y trouve, pour pourveoir à leurs défaultz tant de leurs statuz que mœurs, et chacune d'elles et dont il reçoit les plaintes et y donne ordre. Il y a à ladicte Maison plusieurs offices establyes, la pluspart par messieurs les Gouverneurs et les aultres par la Prieure. Premièrement, l'office de l'appoticquairerie, en laquelle lesdicts sieurs Gouverneurs font reserrer toutes les drocgues qu'ilz acheptent pour faire les médecines, eaues, sirop, tizannes, est remplye de meubles, mortiers, pillons, fourneaulx et aultres ustancilles servans à faire lesdictes médecines, et pour y avoir l'œul, y ont estably une antienne relligieuse, qui a avec soy une jeune relligieuse, que l'on apelle jeune sœur, ung garson qui a vingt escus de gaige par an, laquelle jeune sœur, par le commandement de ladicte antienne relligieuse, baille au garson appotiquaire les drogues pour faire les médecines que le médeçin ordonne, lesquelles faictes, ladicte jeune sœur et ledict appotiquaire vont ensemblement porter à l'heure ordonnée lesdictes médecines de salle en salle, et donnent ordre que les filles préposées èsdictes salles ayent soing de bailler des boullons ausdits malades, qui ont pris lesdictes médecines, elle a aussy soing et prend garde que les tizannes ne manquent, et que toute la boutique de ladicte appothicairerie soict tenue nectement. Secondement il y a ung aultre office que l'on appelle la poullerie, en laquelle lesdicts sieurs Gouverneurs font serrer tous les habitz des mallades qui entrent audict Hostel Dieu, et pour en avoir le soing y ont estably une antienne relligieuse, pour avoir l'œul tant à la conçervation desdictz habitz, que à tout autres choses qui deppendent dudict office, avec laquelle est une jeune sœur qui est aussy relligieuse, qui faict et mect tous les habitz desdits mallades, chacun à part et par pacquez, marquez par une lettre differante sur chacun habit, comme aussy pareille lectre ou marque se mect au bras desdictz mallades, afin que l'abit du mort se puisse congnoistre, et distraict des aultres pour estre serré, ou sy le mallade est guary, pour luy bailler pour s'en aller. Il y a soubz elle ung garson qui sert à prendre les lictz des mallades gastez, pourriz ou descousus, pour les porter en ladicte office, en prendre d'auttres et oultre serrer et amasser tous les lictz de plumes, quand on faict la grande lessive des coustres, pour les descouldre, afin de les reblanchir et les refaire, auparavant ayder à faire ladicte lessive, qui ce faict pendant six sepmaines, environ la sainct Jehan, où l'on prend six hommes ou six femmes pour faire ladicte lessive, secouer la plume et racoustrer et rapiesser tous lesdictz lictz qui sont despecez, et pour leur vivre, il est ordonné au Bureau que le despancier, pannetier et sommelier bailleront pendant lesdictes six sepmaines portion de vin, pain et viande, par chacun jour, à chacun des dicts six hommes ou six femmes, et la dame de ladicte office faict telle mesnage en ladicte charge, que tous les ans elle apporte au Bureau une somme d'argent qu'elle mect ès mains du receveur général, qui luy en baille quictance, et avec ce a soing de donner et fournir des bonnetz au mallades qui n'en ont point. Tiercement, il y a ung autre office appelée l'office des accouchées, en laquelle sont receues les femmes grosses, qui viennent pour faire leurs gésines, et auparavant qu'elles puissent entrer audict office, elles viennent au Bureau demander au greffier d'icelluy une requeste pour ce faire, lequel en a de toutes imprimées, et leur en baille une où il remplit le nom et surnom de la pauvre femme grosse, le jour le mois et l'an, qu'il luy baille, et oultre mect qu'elle sera visitée par la sage femme, et puis il luy baille pour aller trouver ladicte sage femme, laquelle escript dessus, à costé de ladicte requeste, le temps et les mois que ladicte femme a encore à accoucher, et luy rend, et estant de retour audict Bureau, sy ladicte sage femme y mect moins de deux mois, elle est à l'instant receue, et sy elle mect plus que deux mois, on mect sur sa requeste, *patience en attendant le temps*, et le temps desdictz deux mois, elle est receue pour entrer audict Hostel Dieu, l'on luy mect sa requeste sur laquelle l'on mect, *soict receue*, et registrée, signée de l'ung des sieurs Gouverneurs; ce faict, ladicte pauvre femme s'en retourne audict Hostel Dieu et s'addresse à ladicte antienne relligieuse, que l'on nomme la dame des accouchées, à laquelle elle présente sa requeste, et luy demande le coucher, laquelle prend ladicte requeste et l'enfille à ung lacet avec les aultres, et à l'instant luy désigne et montre le lict où elle couchera, et à l'heure appelle sa fille de relligion, et luy donne charge de veoir ses langes et couches, si elle en a, sinon luy dict qu'il en fault avoir, et oultre commende à la sage femme, qui est demeurante audict office, et qui a cent livres de gaige par chacun an, au lieu de huictz solz qu'elle avoit antiennement pour accoucher chacune femme. Et a ladicte antienne relligieuse le soing de prendre garde, qu'il ne s'emporte aulcune couverture, draps ny aultres ustencilles dudict office, ny que l'on face entrer aulcunes personnes, ny spéciallement les hommes, pour empescher les *caiellemens* ny parolles odieuses et lubricques, et que toute honnesteté y soict gardé, et pour et en son absence donne la charge à la jeune sœur et à la sage femme d'y prendre garde, et à ce que la liberté soict ostée ausdictes femmes grosses de sortir et *villeter*, elle establit une portière à la porte de la salle dudict office, laquelle sy l'on demande quelqu'une desdictes femmes, elle appelle ladicte dame relligieuse ou la jeune sœur, pour scavoir ce que c'est, et sy quelqu'une d'entre elles veult sortir, il fault qu'elle demande congé. Daventage ladicte dame relligieuse a le soing que toutes lesdictes femmes grosses entendent tous les jours au matin la première messe, à laquelle la sage femme les conduict, et advenant l'accouchement de quelcune, la servante de ladicte sage femme a le soing d'aller advertir le chappelain, qui est de sepmaine, et qui tient le registre des baptistaires, pour se tenir prest à l'heure qu'il sera de besoing, et que les parrins et marrines seront venus, et oultre plus, ladicte servante et ladicte sage femme ont soing de faire les lessives des linges desdictes femmes, le tout aux despens dudict Hostel Dieu, toutes lesquelles femmes grosses, pendant et entendant le temps d'accoucher, servent à quoy elles sont employées, comme de couldre à la chambre aux draps, sous le commandement de la prieure, à escurer aux offices où il leur est commendé. Et oultre a ladicte dame antienne relligieuse soing d'ouvrir et fermer *la fenestre de la tour du Limbe, qui est ung tour carré, par où l'ong jette les enfants mornez que l'on apporte, tant de ceste ville de Paris que des faulxbourgs et aultres lieux circonvoisins, avecq lesquelz on y jette un minot ou environ de chaux vive, pour les brusler et consommer et empescher la trop grande puenteur*, duquel tour elle en ferme la clef et ne la baille à personne, en laquelle office ladicte dame relligieuse est receue et installée du consentement de messieurs les Gouverneurs, devant lesquelz elle doibt responce de tout ce qui s'y passe, comme aussy ladicte sage femme receue audict Bureau de la volonté desdictz sieurs, qui y pourvoient en cas de manquement. Quartement, il y a ung autre office qui est la garde de la porte du parvis, pour entrer et sortir audict Hostel Dieu, auquel messieurs les Gouverneurs ont estably une antienne relligieuse, pour prendre garde surtout à ce que l'on ne transporte rien hors l'Hostel Dieu, à charge de mectre de l'huille aux lampes, tant des salles que devant le sainct sacrement, à l'entrée et devant les confessionnaires, dès quatre heures au soir, pour les faire allumer l'hiver par les filles qui sont aux offices, et d'aultant qu'elle ne peult elle mesme faire ceste office, il luy est baillé deux garsons, que l'on appelle portiers, qui ont soing desdictes lampes, le veoir et prendre garde à ladicte porte, qui sort et qui entre, le soing de faire visiter les mallades par le chirurgien, qui est commis et depputé pour faire ladicte visitte, sonner deux coups d'une cloche pour le faire venir, sy d'aventure il n'est à ladicte porte, et après, ayant esté visité et trouvé de la qualité requise pour entrer audict Hostel Dieu, le prendre et le mener, s'il peult marcher, sinon le porter au confessionnaire, et le livrer ès mains des chappelains, sonner ung coup de cloche, pour appeller monsieur le maistre ou le soubz maistre, qui a la charge de recevoir tous les petitz legz, draps et aultres choses que l'on apporte audict Hostel Dieu, pour parler ou pour recevoir ce que l'on apporte. Lesditz portiers ont aussy la charge, tous les jours à huict heures du matin, d'allumer la torche, pour aller et la porter devant le chapelain qui porte le sainct sacrement par toutes les salles des mallades, et revenir jusques au sainct siboire de l'église, ilz doibvent aussy tenir la porte de l'enclos d'icelle, par dedans la nef et le cœur de ladicte église, nette de toute sorte d'immundice, tous les jours, et les chaises et bancs d'icelle bien nectz et frottez, et pour tout le service qu'ilz rendent audict Hostel Dieu par an, ilz ont de gaige vingt livres chacun, et cinq solz *à eulx deux de chacun petit enfant mort que l'on apporte des enfants trouvez tout ensevelis pour estre par eulx portez au chariot, pour porter à la Trinité*, et la place de ladicte dame relligieuse portière est au bout de l'Hostel Nostre Dame, qui est en entrant audict Hostel Dieu, lequel elle a soing de parer, et l'image de la Vierge, des ornements qu'elle a en sa garde, et mect ès mains des dicts sieurs Gouverneurs tous les deniers qu'elle reçoit ès jours des Pardons de toute l'année, le lendemain de chacun Pardon, comme estans l'une des stations dudict Hostel Dieu. Oultre il y a encores quatres aultres offices qui sont offices qui se nomment par la mère Prieure, pour exercer les aultres quatres antiennes relligieuses au travail plus doux que les ordinaires. Le Premier office auquel est estably une antienne relligieuse qui est appellée la dame du couvent, laquelle a charge de mectre les nappes au refectouer, pour le disner et soupper des relligieuses, prendre le pain de chacune fille relligieuse et fille blanche, pour livrer à chacune pour le jour, tel et comme il luy est apporté par l'un des amballeurs, qui le prend de la main du portier de la sonnette, qui le reçoit de maistre boullanger, suivant le nombre qu'elles sont, comme aussy le vin qui leur fault, pour toutes par ledict serviteur amballeur à dix heures du matin, pour leur en bailler à chacune leur portion qu'il leur est ordonnée par le reiglement, elle reçoit aussy le potage et le bouly qui luy est apporté de la cuisine, pour leur dresser promptement, lorsque la mère Prieure aura sonné la cloche, que l'on nomme la cloche du couvent des filles, et alors lesdictes relligieuses estans venues pour disner, hormis celles qui sont ès offices des salles, se mettent, la bénédiction faicte, à table pour disner, pendant lequel l'une d'icelle faict la lecture, ainsy qu'aux aultres maisons de relligion, et sont toutes assizes d'ung costé, lors l'on leur apporte à toutes leur potage et leur disné, et les filles blanches sont assizes à une table basse, qui est au mitan du refectouer, ou pareillement on les sert au disner et soupper, et ayant disné, sortent dudict couvent, et les relligieuses vont à l'église rendre grâces à Dieu et faire leur prières, comme ilz ont accoustumé, pendant lequel temps et les grâces dittes, les aultres qui sont aux offices des salles des mallades, elles vont au couvent et disnent avec le mesme service et ordre que les aultres, pendant le premier et second disner audict couvent, il y a une relligieuse qui garde la porte des allées par où on entre audict refectoir, pour empescher les personnes d'y entrer, et à leur sortie pour aller à grâces, empesche toutes personnes de s'approcher d'elles ny demeurer à les regarder, comme pareillement au retour desdites grâces, et pour le soir est faict le mesme. Avec laquelle antienne relligieuse luy est baillée une relligieuse qui se nomme jeune sœur, assistée de ses filles de relligion au travail de ladicte office, qui concurrent à ce que toutes lesdictes relligieuses soient bien et honnestement servies. Le second est ung aultre office qui se nomme l'essuiment, auquel ladicte Prieure establit ung antienne relligieuse, à laquelle elle donne charge de prendre garde aux draps qu'elle doibt avoir en charge, qui sont mis aux grandes lessives, qui se font de six sepmaines en six sepmaines, lesquelz estant lavez, luy sont portez en son office, auquel elle faict estandre lesditz draps pour seicher, et le plus souvant il s'y trouve *trois à quatre mil draps*, sans les autres linges, dont de tout elle doibt tenir compte et rendre le nombre qui luy a esté baillé, et soubz ladicte antienne relligieuse il y a d'aultres relligieuses et filles pour la soullager, et sert ordinairement aux petites lessives qui se font de quinze jours en quinze jours, pour blanchir les linges des relligieux, relligieuses, enfans de cœur et serviteurs de la Maison, et oultre les dames des offices des salles font des lessives de quinze en quinze jours, où ils blanchissent les chemises des mallades. Le troisiesme est l'office de la grande lavanderye, où se font les grandes lessives cydessus, auquel par rang s'establissent les relligieuses, chacun pour ung an, pendant lequel elle est appellée la dame de la grande lavanderye, qui est subalterne à la dame dudict essuiment, et à ladicte dame de la lavanderye deux relligieuses soubz elle, qui s'appellent l'une deuxiesme et l'aultre tierce, qui ont chacune leur charge à part audict office. La maistresse demeure à la rivière, pour tordre les draps, et les envoyer par compte à la dame dudict essuiement, et la seconde est celle qui a la charge de faire que le disner soict prest à l'heure, qu'il prenne leur repas entre eulx, et la troiziesme espluche les herbes, les mect et taste au pot, mect la nappe et appreste le disner, pendant que la deuxiesme avec ses filles apprentisses qui sont quatres, et le garson emballeur, que l'on appelle sandrier, parceque quand il a le loisir il va par tout les fourneaux des thuilleries, et autres endroictz, demander de la sandre pour l'Hostel Dieu, deschargent et enlèvent les draps et linges qui est dedans le cuvier pour le mectre sur les espaules des garsons amballeurs, pour les porter à la rivière à la maistresse de ladicte lavanderye, pour les faire laver, et par après les renvoier par comptes à la dame dudict essuiment; en laquelle office, aussitost que l'heure du disné est venue, c'est à dire qu'il n'y a plus que les petitz drapeaux et torchons à laver, ladicte dame de l'essuiment et la maistresse de la grande lavanderie, seconde et tierce se mettent attable et par ordre, les quatres apprantisses, la pucelle, le sandrier et les garsons qui ont aydé ausdictes lessives, se mettent tous à ladicte table et prennent leur repas ensemblement; et leur nourriture se prend à la Maison tant à la cuysine que sommellerie et panneterie, laquelle pucelle et son homme sont empeschez tout ce jour à blanchir le linge des gens d'église, relligieux et chappellains, et ce blanchit à ung cuvier à part et se lave en lieu sepparé des aultres. Il y a ung aultre office en suitte de celluy de la grande lavanderie, que l'on appelle la petitte Lavanderye, auquel il y a une aultre relligieuse qui est appellée la maistresse de la petite Lavanderye, laquelle après qu'elle a esté ung an entier en la grande, elle en sort et rentre en la petitte lavanderie, pour y estre aussy ung an entier, et est establye et a soubz soy six filles, que l'on appellent petittes lavandières, qui sont journellement occuppées à laver à la rivière tous les draps que l'on soubstraict de dessoubz les griefz mallades, qui sont soubz eulx et se gastent, d'aultant qu'il seroit impossible de faire tous les jours la lessive, l'on se contente seullement, pour l'impossibilité, de les laver simplement et les seicher au feu, speciallement en iver, tellement que c'est l'office la plus pénible, car il fault quelquefois jour et nuit travailler là où il s'y faict une despence de boys quasy du tout incroyable, et fault qu'elles seichent plus de trois centz draps et ont touttes ceste charge l'espace d'ung an entier. Oultre touttes ces offices, le grand nombre des mallades est couché et dispercé en cinq salles nommées la salle Sainct Thomas, qui est la salle en entrant droit, la salle Sainct Denis, la salle de l'infirmerie, la salle neufve et la salle du Légat, à chacune des salles il y a ung office, auquel il y a une relligieuse que l'on appelle Cheftaine, qui est chef de l'office, qui a soing de tous les meubles servans aux pauvres, et de donner et distribuer les nécessitez des mallades, et y demeure assiduellement tout le long du jour, jusques à ce que les veilleresses descendent pour servir les mallades la nuict, elles commande et a soubz soy aultant de filles que luy est nécessaire, tant pour conduire lesdictz mallades ausdits aisemens, que pour aider les mallades à les coucher, leur recouvrir, et s'y advient qu'ils ayent nécessité des sacremens, soict de confession, l'eucharistye ou l'extresme onction, elles vont appeller les chappellains pour leur adsister et s'ils sont agonisans, elles ne bougent d'auprès, à leur crier *Jesus Maria*, sans les abandonner qu'ilz ne soient decedez, et le mesme ce faict aux aultres salles où lesdictes chefvetaines on le mesme pouvoir, et les filles font le mesme debvoir. Est encores ès dictes salles et offices à chacune deux relligieuses, qui servent de pain et de vin ausdits mallades, soict le matin et le soir, oultre ont soing, en cas qu'aulcuns mallades de leurs offices veillent prendre la saincte hostie ou l'extresme onction, de dresser et parer les tables, mettre la sarviette dessus, avec la croix et l'eaue beniste, ou le plat et les estouppes et chandelle beniste, pour faire et accomplir le désir desdictz mallades, daventages sont tenues d'estandre les serviettes sur les lictz desditz mallades, lorsqu'ils veullent disner et souper et les retirer après leur repas. Et daventage le matin, après la première messe, qui se dict à sept heures, et les salles desdicts mallades nettes, le chapelain qui est semenier porte le saint sacrement par toutes lesdictes salles, pour le faire prendre à ceulx qui en ont la volonté, ou du moins le faire adorer à tous, cela ce faict tous les jours.

Il ne reste à parler que des serviteurs de ladicte Maison que l'on appelle amballeurs, ilz sont six, et le septiesme que l'on appelle le maistre amballeur, qui a le soing de prendre garde sur les six aultres, et mettre ung à chacune salle pour la tenir nette, et tous ensemble emplire les fontaines d'eau nette pour les mallades, de prendre des mains du portier de la sonnette le pain et la viande pour porter à chacun office, à la relligieuse qui fournit et distribue le pain aux mallades, et le potage à chacun office, et la viande aussy à chacun office, et le vin le vont quérir au sommellier, demye heure devant le disner ou soupper, pour le livrer à la relligieuse qui baille le vin aus mallades, et oultre ont le soing d'aller tous à la Trinité traisner le chariot dedans lequel sont les corps mors, pour les enterrer, avec le chappelain qui porte ung surplis, son bonnet et une estolle, et cela se faict après douze heures du soir, et que s'il survient qu'on face enterrer ung mort à Sᵗ Innocent, avec convoy, ilz le portent, accompagnez des prebtres et relligieux de la Maison et sy l'on les demande pour aller quérir ung mallade, ilz preignent une chaise pour l'aller quérir. Voila tout ce qui se peult colliger de toute l'esconomye de ladicte Maison tant pour le spirituel que temporel.

Du VIII mars M VIᶜ XXI, assistans messeigneurs les premiers présidens de Verdun et Nicolay, et messieurs d'Interville, Tanneguy, Desprez, Sainctot et Perrot, cejourd'huy a esté faict le reiglement et ordre qui doibt estre observé par le Maistre, relligieux, relligieuses, officiers et serviteurs dudict Hostel Dieu, pour la réception pansement et norritures des mallades, ainsy qu'il s'ensuict : les relligieuses et filles blanches se rendront au matin ès salles des mallades, pour faire les lictz, dont aulcunes ne seront exemptes, sinon que pour la dame Prieure et soubzprieure elles en soient dispencées; aussytost que les lictz seront faictz, les garsons amballeurs et serviteurs nestoieront toutes les salles, et en osteront toutes immondices; à chacune office ou salle qui sont quatres, la chevetaine sera assistée au moins de quatre soient relligieuses ou filles, lesquelles demeureront continuellement èsdictes salles, depuis le matin jusques après disné, que autres quatres entreront en leur lieu pour y demeurer continuellement, jusques à ce que les veilleresses y viennent, pour assister les mallades pendant la nuict;

les lictz faictz et les salles nestoiées, les chevetines avec les relligieuses et filles donneront le desjeuner aux mallades, soict boullon, œufz ou pain, et prendront exactement garde à n'en donner à ceulx à qui le médecin aura ordonné quelque prise; ladicte chevetaine, relligieuse ou fille, estans près lesdictz mallades, se rendront soigneuses de leur bailler ce dont lesdictz mallades auront besoing, sans attendre qu'ilz le demandent, d'aultant que souvent ceulx qui demandent en ont moings de besoin que ceulx qui ne le peuvent demander; prendront garde qu'ilz aient tous des chemises et des bonnetz à leurs testes, et s'ilz se lèvent pour aller à leurs nécessitez, qu'ilz soient couvers de manteaux, et ayent quelques chaussures aux piedz, et s'ilz n'y peuvent aller, qu'ilz ayent des bassins, qu'en chacun lict y aict des potz ou gobeletz à boire, et qu'aucun ne se lèvent pour aller quérir à boire, ains que par les filles leur soit baillé soict tizanne, eaue ferrée ou eaue pure, selon les malladies, et quand aulcun mallade sera à l'agonie, qu'elles l'assistent et ostent ceulx qui sont couchez en mesme lict, et les mectent en d'aultres lictz, donneront ordre que aux fontaines des offices il y ait tousiours de l'eaue, sera enjoinct aux amballeurs de les emplire à heure certaine et commode, à dix heures, en chacune office, les filles mectront les nappes sur les tables, et sur icelles toute la vesselle, tant escuelles à oreilles que saulsières, tailleront le pain pour mectre aux potages, puis mettront les serviettes sur les lictz des mallades; l'heure du disné venue, l'on sonnera la cloche, et à l'instant toutes les relligieuses et filles se rendront dedans les salles, pour, suivant le deppartement qui sera faict par la dame Prieure et soubzprieure, se rendre chacune en l'office qui leur sera commendé, pour donner le disné aux pauvres, à quoy faire sera observé l'ordre qui ensuict : les potages estans apportez dans les salles, le chappellain de sepmaine dira en chacune office, honnestement et posément, la bénédiction; ce faict, la chevetaine fera dresser le potage dans les escuelles à oreilles qui seront portées par les relligieuse en ranc, et l'une après l'auttre, aux mallades, n'en portant chacune au plus que deux à la fois, yront posément et commenseront l'une à ung costé, continuant tousiours sans aller en l'aultre, et s'il arrive qu'en le portant ainsy il se rencontre quelque mallade qu'il ne puisse manger sans ayde, la relligieuse ou fille qui aura porté son disné demeurera, pour luy faire prendre, les autres continuans le service; les potages baillez, la chevetaine servira dans les saucières ce qui sera apresté à chacun pour le disné, et ne commensera point à distribuer qu'elle n'aye tout devant elle, soict poisson, chair, œufz ou pruneaux, lequel disné sera porté et servy par les relligieuses et filles, en la mesme manière que les potages, et *demeurera à la discrétion et prudences des relli-*

gieuses et filles de donner aux mallades la viande qu'elle jugera raisonnable pour le mieux, selon les malladies, et s'esforceront avec doulceur et modestie d'agréer le mieulx qu'elles pourront aux mallades; s'il arrive qu'il soict besoing de bailler à quelque mallade aultre chose que ce qui auroit esté apporté, *la chevetaine ayant recongneu ce qui luy sera propre*, le fera bailler par le cuisinier, en quoy sera pris garde que ce ne soict chose deffendue par le médecin; le service faict, la chevetaine fera une reveue exacte, pour tous les lictz de son office, pour veoir s'il n'a rien manqué et y pourveoir, et les pauvres aians disné, seront rendues grâces à Dieu avec dévotion, par le chappellain de sepmaine; les grâces dictes, les filles de service lèveront les serviettes, escuelles à oreilles et saulcières des lictz des mallades, les metteront dans les mannes et les laveront et nestoieront, et cependant les amballeurs nestoieront toutes les salles comme le matin; après le disné se rendront en chacune office aultres quatres relligieuses ou filles, au lieu de celles qui y auront esté et servy depuis le matin, jusques à ladicte heure, y demeureront et feront la mesme fonction que celles du matin, jusques à ce que les veilleresses les viennent lever, et au soupper, l'heure estant venu, sera gardé le mesme ordre qu'au disner; les veilleresses estans venues, chacun se retirera et feront en sorte la dame Prieure et soubzprieure, qu'entre lesdictes veilleresses il y ayent des relligieuses dont le zèle envers les pauvres leur soict bien congneu, afin d'estre asseurées que lesdictes veilleresses feront leur debvoir, et qu'elles soient adverties de tout ce qui se passera; et afin que ce qui est ordonné pour le bien et soullagement des pauvres puisse estre exactement exécuté, le Maistre se rendra soigneux de retenir par sa présence et authorité chacun en son debvoir, et pour ce faire, se transportera souvent aux salles, offices et tous aultres lieux, pour veoir en personne le manquement et y pourveoir avec l'advis des Dames Prieure et soubzprieure, lesquelles semblablement yront en personnes partout, pour faire faire ce qu'elles jugeront estre nécessaire, et où elles trouveront tant de manquemens que d'elles mesmes elles ne puissent remédier, en advertiront ledict Maistre et y pourvoieront ensemblement; seront aussy les relligieux advertis d'assister au service des mallades, comme aulcuns d'eulx font soigneusement, et tenir la main que toutes choses soient faictes et exécutez par bon ordre au soullagement des pauvres; quand aulcunes personnes, soient gens d'église, relligieux, dames, damoiselle bourgeoises ou aultres, iront audict Hostel Dieu pour visiter lesdictz mallades, les relligieuses et filles qui se treuvent ès salles les accueilleront avec bon visage et modestie, prendront de bonne part ce qui leur sera dict par lesdictz survenans, mais s'employeront en ce qu'ilz désireront d'elles pour le service des mallades,

s'ilz le peuvent faire, et s'il c'est chose qu'elles ne peussent exécuter, leur dirront gratieusement qu'elles en advertiront M^r le maistre ou la Prieure; le medecin verra et visitera à loisir, tant les pauvres mallades, relligieuses et filles que aultres domestiques, et surtout tiendra la main que ce qu'il ordonne soit faict au temps et heure, tant pour ce qui est de l'appotiquairerie que aultres offices, et trouvant du manquement, remarquera soigneusement d'où il procedde, pour y pourveoir, soict par luy mesme, s'il est de son pouvoir, ou en donnant advis audict s^r Maistre, la Prieure ou soubzprieure, mesmes à Messieurs s'il est de besoing. Le maistre chirurgien se rendra assidu à faire, et faire faire par ceulx qu'il a soubz luy, *tant ce qui est ordonné par le médecin* que de ce qui est de sa charge, et surtout que les siens et les plus expertz soient continuellement aux offices, pour pourveoir à toutes occurrances et nécessitez qui surviennent, que pour seigner les mallades ilz aient des palletes, afin de tirer le sancq par mesures. Auront lesdictz chirurgiens, lorsqu'ilz penseront les mallades, des jattes pour jetter les emplastres et charpies qu'ilz osteront des plaies, et prendront garde de ne les jeter sur les planchers des salles, afin d'éviter la putréfaction qui en vient, et mectront penne de ne gaster les rideaux et draps des lictz; que celluy des chirurgiens qui sera commis par sepmaine, pour visiter les mallades à l'entrée, sera assidu et demeurera continuellement à la porte, pour faire sa charge, afin que les pauvres ne soient incommodé à attendre, comme au semblable le chappellain en charge se tiendra au bureau où est le registre, et ne désemparera sans occasion urgente, et sans laisser une autre à sa place. La dame Prieure et soubz prieure donneront aussy ordre qu'il y aye tousiours des filles, pour conduire les mallades entrans au lictz destinez, selon la quallité de leur mal, sans permettre qu'il attende à la porte et les feront lesdites filles à l'instant coucher. La dame de la poullerie, sa jeune sœur ou bien le garson de ladicte office se rendronts prompts à serrer les habitz des mallades, sans les laisser ny sur les lictz ne traîner, et leur bailler des bonnetz s'ilz n'en ont. Quand les pauvres mallades seront revenus en convalescence, et en estat de pouvoir sortir, ilz seront licensiez et mis hors dudict Hostel Dieu par lesdictz médecin et chirurgien, qui se rendront soigneux et exactz à ne laisser crouppir dedans les lictz lesdictz pauvres, plus longtemps qu'il est requis pour leur santé, et où en voullant faire ilz y trouveroient de la résistance, en donneront advis audict Maistre ou ausdictz sieurs Gouverneurs, pour y estre advisé. Duquel présent reiglement a esté donné charge au groffier d'en bailler auttant audict Maistre dudict Hostel Dieu, pour tenir la main à ce qu'il soict exactement observé.

Cedict jour (21 juillet) sur ce que maistre Guillaume Charlier, notaire royal à Reims, et procureur des Pardons dudict Hostel Dieu audict archevesché de Reims et evesché de Chaalons, a remonstré au Bureau que, tant pour la réception des deniers provenans des Pardons dudict Hostel Dieu, publiez esdictz archevesché et évesché, il auroict faict toutes les dilligences à luy possibles, que pour la conservation des droictz dudict Hostel Dieu auroit esté adverty que ung nommé Oudart Barbellet, soy disant commis des Quinze Vingtz aveugles et prisonniers de la grande Consiergerie, grand et petit Chastellet, à la recepte de leur aulmosne, auroit au préjudice des jours ordonnez par les lectres patentes du Roy, vérifiées au Parlement de Paris, faict publier les Pardons des Quinze Vingtz aveugles et prisonniers ès jours de Pasques et Noël, jours destinez par lesdictes lectres pour ledict Hostel Dieu, pour la publication de leurs dictz pardons, dont ledict Charlier se seroit opposé et faict convenir, par devant le baillif de Vermandois, ou son lieutenant à Reims, à la requeste dudict Hostel Dieu, le procureur du Roy joinct, pour se veoir condempner à se désister de l'entreprise par luy faicte, au préjudice dudict Hostel Dieu, et tellement poursuivy que ledict lieutenant auroict donné sa sentence à l'encontre dudict Barbelet, de laquelle lesdicts Quinze Vingtz et prisonniers auroient appellé en la Cour, toutefois n'auroict ledict Barbellet laissé faire les publications desdictz Pardons audict jour de Pasques, ce qu'il trouveroit, s'il estoit tolleré, au grand préjudice dudict Hostel Dieu.

Cedict jour a esté ordonné qu'au cas que Desfossés et le Redde n'acceptent l'offre qui leur a esté faicte de mectre à leurs despens deux poultres au pavillon du mitan, au lieu de celles rompues à la lanterne du costé de Paris, et une aultre au pavillon du coing et costé des relligieuses, au lieu de celle qui est playée et estayée à leurs despens, qu'il leur sera donné assignation, pour eulx veoir condempner à remettre aultres poultres que les rompues et plaiée, ensemble à restablir les lieux.

Cejourdhuy (18 novembre 1622) a esté ordonné à maistre François Hieraulme, recepveur général de l'Hostel Dieu de Paris, de mettre dedans les troncs de l'Hostel Dieu la somme de trente livres tournois laquelle debvoit estre distribuée à scavoir aux Carmes, aux Jacobins et aux Augustins, pour leur assistance au service qui se dict à l'Hostel Dieu pour deffunct le Roy Henry troiziesme, auquel lesdicts Jacobins, Carmes et Augustins n'auroient assisté, encores qu'ilz auroient esté advertiz par l'huissier du Bureau, qui auroit laissé à chacun couvent ung advertissement par escript; laquelle somme de trente livres ledict recepveur auroit en la présence de messieurs les Gouverneurs mis dedans les troncs dudict Hostel Dieu.

Ce jour (11 janvier 1623) a esté ordonné au recepveur général de bailler à monsieur Dajon, prebtre chappellain dudict Hostel Dieu ayant la charge de ministrer les sacremens aux mallades de la contagion estans à l'hospital St Louys, la somme de cent livres tournois, que messieurs du Conseil du Roy luy ont ordonné, pour récompence et gratification des services qu'il a rendus et rendra aux mallades, et ce par ordonnance du Conseil du XVII du mois de novembre dernier.

Cedict jour (17 février), sur ce que la Compagnie a esté advertie qu'il y avoit des mallades de la contagion à St Louys, a esté donné charge à Nicolas Levert, compagnon chirurgien audict Hostel Dieu, d'aller présentement audict St Louys, faire la charge de chirurgien au pensement des mallades, ainsy qu'il a faict l'année dernière, lorsqu'il y entra au mois de novembre, pour penser lesdictz mallades.

Cedict jour (21 juillet) a esté donné ordre à Nicolas Landrin, maistre chirurgien, d'aller présentement à l'hospital St Louys, pour penser les mallades.

Cedict jour (10 novembre) messieurs Robin et Jehan Choppin, marchans, ont demandé la dellivrance des marchandises de soye qu'ilz ont faict porter à l'hospital St Marcel, provenus de la maison de monsieur Rolland, cydevant frappé de peste, pour les faire airier, a esté ordonné que monsieur Jouanne et sœur Geneviefve Giriau mectront ès mains des frères de la mort lesdictes marchandises, pour les airier avec les aultres besongnes de la maison dudict Rolland.

14e REGISTRE. — ANNÉES 1624 À 1629.

Cedict jour (26 février 1624) monseigneur le Président Chevallier a faict sa première séance au Bureau.

Cedict jour (20 décembre) est entré au Bureau monsieur de Vertamont, conseiller du Roy en sa Cour de Parlement, exécuteur du testament de feu monsieur le Président Séguier, lequel a représenté à la Compagnie qu'ayant cy devant envoyé par Maistre Boucher, notaire, l'extraict du testament dudict feu sieur Président Séguier, pour ce qui concerne l'Hostel Dieu, asscavoir qu'il donnoit à icelluy Hostel Dieu la somme de douze mil livres.

Cedict jour (28 janvier 1625) a esté donné charge au greffier d'aller ou faire dire à Gamart, qu'il apporte au Bureau le plan de la construction du pont qui se fera à l'Hostel Dieu, pour le veoir par la Compagnie.

Cedict jour (12 avril) a esté ordonné que le reiglement faict cejourd'huy pour le traictement, pensement et soing des mallades de l'Hostel Dieu sera imprimé, affiché et publyé audedans des salles d'iceluy Hostel Dieu.

Cejourdhuy (23 avril) sont faictes deffences à tous serviteurs domesticques de l'Hostel Dieu ne meffaire ny mesdire, de paroles ny de faict, à Joseph Bernardeau, portier de la cour basse, ains le laisser en paix et tranquilité, à peine d'estre mis prisonniers pour la première fois, et pour la seconde fois d'estre mis au carquant qui est au pillier de la descente des salles, et en cas de continuation, y sera pourveu par la Compagnie, comme aussy pareilles deffences sont faictes audict Bernardeau de plus jurer ny blasphemer le nom de Dieu, ne plus injurier lesdicts serviteurs ny aultres personnes.

Cedict jour (4 juin) la Compagnie s'estant assemblée pour la nomination d'ung chirurgien, à la place de monsieur Bonnet, a ordonné que de tous ceulx qui se présentent, seront choisis Pierre Hideux, Jehan Millot, Pierre Challoteau, Pierre Corbilly, Helye Pijoux, et Claude Legrou pour estre interrogez, en présence de la Compagnie, par deux médecins, deux chirurgiens et deux barbiers vendredy prochain.

Cedict jour (18 juin) Jehan Millot, compagnon barbier chirurgien, est venu au Bureau, lequel, suivant l'advis de la Compagnie, c'est présenté pour recepvoir la place de chirurgien audict Hostel Dieu, aux conditions cy après : scavoir que ledict Millot a promis de penser, luy et ses gens, les mallades dudict Hostel Dieu, de quelque malladye que ce soict, mesme de la contagion, pendant le temps de six ans, suivant laquelle condition la Compagnie luy a promis le loger en la maison que tenoit Mr Bonnet, et le norrir et ses garsons pendant ledict temps audict Hostel Dieu, de la portion accoustumée, et oultre luy bailler la somme de deux centz livres tournois par chacun an.

Cedict jour monsieur Hyeraulme receveur a apporté au Bureau une petite chasse de velours, figure cramoisy rouge passamenté de gallon d'or, dedans laquelle est enchassé ung *ruban de taffetas viollet posé trois jours sur le corps de sainct Roch*, laquelle chasse a esté mise en ses mains par une femme de la paroisse de St Euctache, laquelle supplye la Compagnye de l'envoyer à St Louys, pour servir aux mallades de la contagion, laquelle chasse a esté mise entre les mains de frère Jehan Bourgeois, soubz maistre, par ladicte Compagnie, qui luy a commandé de la porter audict St Louys et la bailler à M. Dajon.

Cedict jour (4 avril 1626) a esté donné charge au greffier d'afficher à l'escriptoire du Bureau des massons l'affiche en la forme qui ensuict : « On fait asscavoir à tous qu'il appartiendra que les ouvrages de massonnerie, pour la construction des bastimens à faire pour l'Hostel Dieu, d'une salle appelée Bretaigne, le long et sur la rivière, avec le pont traversant ladicte rivière, sont à bailler au rabais et moins disans, au Bureau dudict Hostel Dieu, et pour cest effect les desseings et devis seront communicquez par les mains du greffier, qui recepvra les offres et rabais qui seront faictz auparavant l'adjudication. »

Cejourdhuy (20 mai) la Compagnie a adjugé à Louys Noblet et Christophe Gamart, moictié par moictié, les ouvrages de massonnerye, à raison de cent huict livres la thoise, de la grosse massonnerye, la moienne à quarante livres, et la menue à cent dix solz tournois.

Cedict jour (30 décembre) sur l'advis qui a esté donné à la Compagnie que par l'entremise de aulcuns serviteurs amballeurs de l'Hostel Dieu, qui auroient vendu et livré ung corps d'un défunct à un chirurgien, lequel avoit esté ensepvely et mis au chariot, pour estre porté en sépulture à la Trinité, mais à l'issue des portes dudict Hostel Dieu, du costé de petit pont, lesditz amballeurs l'auroient livré audict chirurgien, auroit ordonné qu'elle en seroit informé plus amplement, et pour ce faire, auroit mandé au Bureau messieurs le Maistre, soubz maistre, la Prieure et soubz prieure, pour scavoir d'eux s'ilz en avoient entendu quelque chose, et ayant sceu d'eux ce qu'ilz en avoient apris, mesme ledict sieur le Maistre, qui auroit dict que M. le lieutenant criminel avoit faict prendre le chirurgien, qui demeuroit rue de la Huchette, qui avoit ledict corps, d'aultant que auparavant ledict sieur lieutenant luy avoit envoyé ung sergent, pour scavoir de luy s'il avoit eu livraison dudict corps, qui avoit faict responce qu'il ne scavoit que c'est, néantmoings ledict sieur le Maistre ayant sceu depuis que ce avoit esté par l'entremise des amballeurs, qui avoient receu argent, il les auroit, par l'advis du soubz maistre, paiez de ce qu'il leur estoit deub de leurs gaiges, et chassez hors ledict Hostel Dieu, et désirant ladicte Compagnie que ceste action ne demeurast impunie, auroient faict faire perquisition dedans ladicte maison, pour les trouver ou aulcuns d'eulx, ce qui n'a peu estre faict, sur quoy l'affaire mise en délibération, a esté arresté que monsieur le lieutenant criminel sera prié de la part de la Compagnie de continuer le procès par luy commencé, mesme qu'il soit faict toutes poursuites, tant contre lesdictz serviteurs amballeurs, que tous domesticques ou aultres qui se trouveront coulpables.

Cedict jour (26 mars 1627) Gilles le Redde, maistre général des œuvres et ediffices des bastimens du Roy, pontz et chaussées de France, et juré dudict seigneur, est venu au Bureau et a offert faire la charpenterie neufve qui est à faire pour la salle de Bretaigne et le pont traversant la rivière, avec les aultres édifices qui se font en iceulx.

Cedict jour (17 may) ayant esté la Compagnie bien informée de la *guarizon miraculeuse faicte devant la vierge de l'église de Paris* d'Anne Primeville, qui fut les XVIII avril de l'année dernière, après avoir esté par certain temps malade percluse, et gisante en ung lict de la salle du Légat, et que depuis ledict temps elle c'est portée de charité à l'assistance des mallades, et à tout ce qui luy a esté commendé, mesmes avoir esté à l'hospital S¹ Louys et en icelluy aidé les relligieuses et filles au pensement desdicts mallades de la contagion, et ouy le Maistre et soubz maistre, la Prieure et soubz prieure qui, conformément, ont dict et déclaré à la Conpagnie l'humilité de ladicte fille et l'affection qu'elle a envers les mallades, bien que l'on luy ayt offert plusieurs fois de la faire mectre en quelque bonne relligion, a esté arresté qu'elle seroit retenue en l'Hostel Dieu, pour y estre entretenue, tant saine que mallade, comme relligieuse, et à l'instant mandée au Bureau, luy a esté dict et déclaré l'arresté cy dessus, dont elle a remercié et dict qu'elle prioit Dieu de la faire capable de commencer à bien faire, et que tant que ces forces luy pourroient permettre, elle s'emploieroit à obéyr; et a esté recommendé à monsieur le Maistre et à la soubz prieure d'en avoir soing.

Cedict jour (29 octobre) plaincte fu faicte, par diverses personnes, de l'abbus qui se commettoit par les serviteurs de l'hospital S¹ Louys, en ce que lorsque les mallades venoient à la porte, pour y entrer, l'ong les faisoict trop longtemps attendre à y entrer, s'ilz ne bailloient de l'argent, mesme que les serviteurs estans appellez pour aller à aulcunes maisons, ilz s'enqueroient, premièrement que d'y aller, s'il y avoit de l'argent à gaigner, et lors que l'on leur disoit ouy, ilz promettoient, et s'ilz disoient qu'ilz n'avoient pas d'argent, lesdicts serviteurs les remettoient à se pourvoir au commissaire du quartier, et daventage plusieurs personnes qui auroient ouy dire ung commun bruit qui disoit que l'on ne fournissoit aus-

dicts mallades tout ce qui leur faisoit de besoing, et spéciallement de bon pain, vin et linge, confitures et aultres choses dont ilz avoient nécessité, s'efforçoient par charité d'y en envoier, lesquelles choses au lieu de les faire tenir aux relligieuses, pour les bailler aux mallades, estoient retenus par lesdictz serviteurs, et tornoient à leur commodité, lesquelles plaintes estant venus jusques à la coignoissance de ladicte Compagnie, et désirans d'y apporter remedde, et pour y pourvoir, auroient ordonné que monsieur Dajon et sœur Marguerite s'informeroient dilligemment des relligieuses et serviteurs domesticques, sur le faict desdictes plainctes, pour y estre promptement pourveu par ladicte Compagnie.

Cedict jour (1ᵉʳ décembre), monseigneur le premier Président de Hacqueville a esté receu gouverneur de l'Hostel Dieu au Parlement, et faict sa première séance au Bureau.

Cejourdhuy (1ᵉʳ mars 1628) la Royne ayant envoyé monsieur Tropeu, son maistre d'hostel, dire à la Compagnie que la Royne sa maistresse leur mandoict qu'ilz eussent soing et veillassent à la concervation de Anne Primeville, luy administrassent tout ce qui luy seroit de besoing, tant pour son vivre que pour son entretenement, comme l'une des relligieuses dudict Hostel Dieu, puisque elle s'estoyt desdiée au service des pauvres dedans ledict Hostel Dieu, et ce tant et sy longuement que Dieu luy donneroit la vie, et à l'instant M. Lescuyer, l'ung des Gouverneurs dudict Hostel Dieu, luy auroit dict que la Royne ce pouvoit asseurer que sa volonté seroit suivie de l'exécution, et pour ce faire, auroit mandé au Bureau la Prieure et soubz prieure, qui auroient emmené avec elles ladicte Anne Primeville, auxquelles il auroit faict entendre la volonté de la Royne; c'est pourquoy la Compagnie les prioit de faire entre elles ce que ladicte Compagnie avoit ordonné le dix septiesme may dernier, et que l'on ne luy manquast d'aulcune chose, tant pour son vivre que pour son entretenement, c'est la volonté de la Royne et ce sera le contentement de la Compagnie que le tout soit selon son désir, ce que les dames Prieure et soubz prieure ont promis de faire tout ce que la Royne veult et que la Compagnie désire, dont ladicte Anne a remercié la Compagnie, priant Dieu de luy donner la grâce pour commencer d'obéir.

Cedict jour (19 avril) madame Mesnage a apporté au Bureau une chasuble de velours viollet avec son estolle, qu'elle avoit faict faire pour servir à feu Claude Mesnage son filz, qui est décédé à Sainct Louys, laquelle chasuble ladicte dame a pryé à la Compagnie d'ordonner que ladicte chasuble serve tous les ans, le jour S¹ Louys, à l'églize dudict hospital, ce qui luy a esté promis, et cependant que ladicte chasuble sera inventoriée dedans l'inventaire de ladicte église.

Cedict jour (2 août) a esté mis ès mains de monsieur Hyeraulme le jeune, recepveur, par le sieur Sainctot, la somme de cinq cens livres qui a esté baillé audict sieur Sainctot par M. le cardinal de Larochefoucauld, pour subvenir aux mallades de la contagion.

Cedict jour (6 septembre) sur l'instante prière qui a esté faicte à la Compagnie par monsieur l'archevesque de Bourges, et messieurs les eschevins de ladicte ville, d'assister ladicte ville de relligieuses et autres officiers dudict Hostel Dieu, pour penser les mallades de la contagion qui y sont en grand nombre, attendu qu'ilz n'ont personne qui soit capable d'y subvenir, la Compagnie ayant mis l'affaire en délibération, inclinant à la supplication dudict sieur archevesque et eschevins, a ordonné et ordonne que sœur Barbe Brossart, Barbe Ferré et Marie de la Porte, relligieuses dudict Hostel Dieu, se transporteront en ladicte ville de Bourges, pour penser lesdicts malades, et pour les y conduire la Compagnie a nommé M. le Pelletier, relligieux dudict Hostel Dieu.

Cedict jour (22 septembre) la Compagnie ayant receu nouvelle de messieurs les eschevins de la ville de Bourges qui la supplie de leur envoyer un chirurgien, pour penser les mallades de la contagion qui sont en la ville, avecq les relligieuses que lesdicts sieurs Gouverneurs ont cy devant envoyé, inclinant à ladicte prière, elle leur a envoyé Alexandre Guillemin, compagnon chirurgien dudict Hostel Dieu et de l'ospital de Sainct Louys, pour penser lesdicts mallades.

Cedict jour (13 décembre) Anne Primeville est venue au Bureau, laquelle a supplié la Compagnie de luy permettre de se retirer de la maison Dieu, et ce suivant le désir et volonté de la Royne, et suivant l'advis et commendement que luy an fait monsieur l'archevesque, ausquels elle désire obéir, sur quoy la Compagnie, après l'avoir ouye et sceu sa volonté, luy a accordé, pour le contentement de la Royne, qu'elle se pourra retirer quand bon luy semblera.

Du v janvier mil six centz vingt neuf, assistans messeigneurs le Président de Bailleul, président au Parlement, Chevallier Premier Président en la Cour des aydes, et messieurs Desprez, Sainctot, Perrot, de Creil et Maillet, a esté arresté, suivant ce qui a esté practiqué par les prédécesseurs gouverneurs, que l'on tiendra le Bureau tous les mercredis et vendredis, à dix heures du matin, où s'assembleront lesdicts sieurs, pour délibérer sur les affaires de l'Hostel Dieu, conformément aux arrestz de leur establissement, que le jour que l'on tiendra ledict Bureau, le greffier y sera pour escrire les dellibérations et arrestez, ausquels jours le recepveur d'à présent et l'antien son père s'y trouveront. Les jours dudict Bureau, l'huissier sera tenu d'estre à la porte d'icelluy, en la première chambre, pour empescher aulcun d'entrer, s'il n'y a quelques affaires, et lors que l'on aura faict ou deliberé sur ce dont il vouldra parler, il se retirera, comme aussy tous les officiers dudict Hostel Dieu que aultres. Que s'il survient quelques affaires de conséquence pour l'Hostel Dieu, l'on donnera charge à l'huissier du Bureau d'advertir toute la Compagnie, du jour et de l'heure que l'on sy debvera trouver par extraordinaire. Que tous les résultats et dellibérations qui auront esté faicte et redigée par escript par le greffier, il sera tenu de les mectre au nect dedans le registre des dellibérations, pour estre leues le jour de Bureau subséquent, à l'entrée d'iceluy, pour icelles dellibérations estre signées de deux desdicts sieurs Gouverneurs. Que tous les comptes et pappiers estans dedans ledict Bureau et ailleurs seront mis dedans la chambre aux tiltres, et que la porte estant du costé de maistre Pierre Bezart, greffier, sera ce jourd'huy bouchée et plastrée, et enduicte des deux costez. A esté ordonné que pour mectre lesdicts comptes et pappiers en ladicte chambre aux tiltres, M. François Hieraulme l'aisné, et ledict greffier, mectront iceulx en ladicte au meilleur ordre qu'ilz pourront, attendant qu'il ayt esté dellibéré et ordonné pour la confection de l'inventaire qui se doibt faire et fera au plustost que faire ce pourra. Que le serrurier fera vingt quatre clefz, scavoir neuf pour la porte de l'entrée de la maison du Bureau, huict de la porte de la chambre dudict Bureau, et huict de la Tournelle, pour trois de chascune estre baillez à chacun desdicts Gouverneurs, et non à aultre, et oultre ledict serrurier fera deux clefz de la chambre aux tiltres, lesquelles seront mises dedans ladicte tornelle, pour estre prises aux occasions, pour ouvrir ladicte chambre pour attaindre les tiltres dont l'on aura à faire, en présence de l'un desdicts sieurs Gouverneurs, et faire enregistrer lesdicts tiltres qui auront esté baillez.

Cedict jour (17 janvier 1629) sur ce qui a esté rapporté à la Compagnie qu'une relligieuse ayant esté recommandée de la part de M. l'evesque de Noyon, nommée sœur Magdelaine Dupré, venant de l'Hostel Dieu dudict Noyon, se seroict retirée à l'Hostel Dieu, où elle auroit esté receue sans en avoir esté aulcunement parlé au Bureau, la Compagnie a mandé la Prieure et soubz prieure de venir audict Bureau, lesquelles estant venues, leur auroict faict entendre leur volonté qui est qu'elle ne veult que l'on retire audict Hostel Dieu aulcune personne de quelle condition que ce fut, sans l'expres commandement d'icelle Compagnie, et néantmoings ayant entendu la bonne humeur et doulce conversation de ladicte Dupré relligieuse, et le subiect pour lequel elle s'y estoit retirée, et en considération de la prière que Monsieur l'évesque de Noyon en a faict à quelqu'un de ladicte Compagnie, et la bonne afection qu'il porte audict Hostel Dieu, ladicte Compagnie a accordé que ladicte sœur Magdelaine Dupré, qu'elle pourra demeurer audict Hostel Dieu jusques à la fin du mois de mars prochain, et cependant a donné charge à ladicte Prieure d'avoir soing de ladicte Dupré, de ce qui luy fera besoing, luy montrer et enseigner le soing que l'on doibt avoir au pensement des mallades, à ce que par leur exemple elle se puisse rendre capable du traictement, soing et pensement des mallades par cy après, pour servir d'exemple à son hospital dudict Noyon.

Cedict jour (17 janvier) la Compagnie ayant ouy le rapport faict à icelle par monseigneur le président Chevallier, que la Royne luy a mandé que l'on eust à admectre audict Hostel Dieu une fille nommée Claude Cailledru, pour y apprendre à penser, servir et alimenter les mallades, mesme la faire exercer à signer, et apprendre à faire toutes sortes de médicamens et médecines, ladicte Compagnie a ordonné que ladicte Cailledru sera receue et admise à demeurer audict Hostel Dieu, suyvant la volonté de la Royne, et à ce faire a esté donné charge à la Prieure et soubz prieure, lorsque ladicte Cailledru sera venue audict Hostel Dieu, elles aient soing d'elle, tant de son vivre et logement, mesmes la conduisent et luy montrent la manière du pensement des mallades, et cependant sera le médecin et le barbier appellez au Bureau, pour entendre la volonté de la Compagnie.

Ce jour (21 février), sur la plainte faicte à la Compagnie, qu'aucuns des officiers et serviteurs de l'hospital S¹ Louys se seroient transportez tant en la foire Sainct Germain, et hostel de Bourgogne, ladicte Compagnie désirans pourvoeir aux inconvénians qui en pourroient arriver, a faict inhibitions et deffences, tant ausdictz officiers que tous aultres dudict Sainct Louys et Sainct Marcel, de plus sortir desdictes maisons, ny se trouver en compagnie publique à l'advenir, pour éviter aux inconvénians qui en pourroient arriver.

Ce jour (9 mars) a esté ordonné que Thiennette Janet, sage femme, sera receue pour estre sage femme pour accoucher les femmes grosses qui sont en l'office des accouchées dudict Hostel Dieu, et de celles qui se trouveront à la salle du Légat.

Cedict jour (11 mai) a esté ordonné sur la demande faicte par M. l'évesque de Troyes, pour une fille relligieuse, afin de l'admectre à l'Hostel Dieu pour apprendre et scavoir le pensement des mallades, la Compagnie, en accordant ladicte demande, a ordonné que ladicte relligieuse sera admise audict Hostel Dieu pour trois mois, pour apprendre à panser et médicamenter les mallades.

Cedict jour (18 juillet) sur les plainctes plusieurs fois faictes au Bureau du manquement qui estoict au pensement des mallades, à l'Hostel Dieu, tant de la part du chirurgien que des garsons chirurgiens proposez à cest effect, après qu'à divers jours monsieur le Maistre, soubz maistre, les mère Prieure et soubz prieure, les sieurs Moreau et Mallet médecins, mesmes maistre Jehan Millot, chirurgien, ont esté mandez et ouis, et que audict Millot auroit esté faict entendre les plaintes et défaultz qui se trouvent au pensement desdictz mallades, ayant esté cejourd'huy de rechef mandé, luy a esté enjoinct de congédier présentement tous garsons, vallets et autres estans soubz l'adveu d'aulcuns desdictz garsons chirurgiens, et ne admectre ne permectre doresnavant qu'aulcuns desdicts garsons et compagnons chirurgiens ayent serviteurs, garsons, ny aultres, soubz quelque prétexte que ce soict, et pour le surplus, le tout aiant esté mis en dellibération, a esté dict et ordonné que ledict Millot ayant esté receu pour estre le maistre chirurgien audict Hostel Dieu, estant nourry, gagé et logé, ce rendra assidument en personne pour exercer la charge, aura soubz luy cinq garsons chirurgiens, expers et capables, nourris aux despens de la Maison, et pour le présent, seront ceulx qui ont esté receus et registrés au Bureau, sur lesquelz il aura l'œil et auctorité, pour le pansement desdicts mallades, lesquelz il dispersera aux salles, selon qu'il jugera leur capacité, pour aux heures ordonnées panser iceulx mallades sans retardation, les navrez deux fois le jour et plus s'il est besoing, et ne les panserons aux heures des repas, sinon qu'il survient quelque accident inopiné, exécuteront promptement les signées et aultres opérations de leurs charges, ordonnées par les médecins, ou par ledict Millot leur maistre, y emploians les linges et médicamens nécessaires, sans les dissiper, jecter, gaster, ne donner, les conservans et serrans en lieu d'où n'en puisse venir faulte, ne s'absenteront de la Maison sans le congé de leur dict maistre, lesquelz et lesdictz garsons ne sortiront qu'il n'en demeure au moings tousjours deux dans les salles, desquelz garsons deux d'iceulx coucheront dans ledict Hostel Dieu, scavoir celuy proposé pour visiter à la porte, et ung autre pour survenir à tous accidens, que sy aulcuns vont dehors, se retireront d'heure, s'il revenoient les portes fermées, leur sera desnié l'ouverture et entrée, mesmes sera pourveu, selon qu'il sera jugé nécessaire, comme au semblable, s'il couchoient dehors, lesdictz garsons ne seront admis audict Hostel Dieu, qu'il n'aye esté informé de leur cappacité par ledict Millot, et qu'il ne l'aye faict veoir et congnoistre aux médecins, ce faict estre présentez au Bureau, tant pour estre enregistrez que ordonner leur pitance, ey faire ce doibt, et après se présenteront au Maistre de la maison, lequel Maistre aura esgard au déportement de leur vie et relligion, et lesdits garsons honnoreront et respecteront les susditz Maistre, soubz maistre, Prieure et soubz prieure, médecins et leur dict maistre et se comporteront avec respect et honneur, avec toute honnesteté envers les relligieuses et filles, et douleeur envers les mallades, et où ilz manqueront tant à leur debvoir, respect et honnesteté requise dans la Maison, seront reprimendez, pour les mœurs par lesdictz sieurs soubz maistre, et pour la fonction de leurs charges, par les médecins et leur dict maistre chirurgien, que s'ilz faisoient chose préjudiciable à la santé des mallades, honnesteté de la Maison ou chose digne de grande répréhension, en sera donné advis au Bureau pour y estre pourveu, soict par exclusion de la Maison ou pugnition du deschet, et au cas que ledict Millot preigne chez soy deux garsons ou aprantilz chirurgiens, oultre ledict nombre cy-dessus...

Cedict jour (28 septembre) sur ce que monsieur Dajon, prebtre chappellain à sainct Louys, a dict qu'il estoit besoing et nécessaire d'avoir audict sainct Louys ung chirurgien, avec et par dessus le nombre de ceulx qui y sont à présent, attendu le nombre des mallades, qui augmente journellement, la Compagnie a ordonné que Abraham Callier, chirurgien, ira audict sainct Louys pour faire la function de chirurgien.

15e REGISTRE. — ANNÉE 1630.

Cedict jour (1 décembre 1630), en l'assemblée tenue extraordinairement au logis de monseigneur le président de Bailleul, où se seroient trouvez ledict sieur président, monseigneur le président Sanguyn, messieurs Lescuyer, Desprez, Sainctot, Perrot, de Creil et Maillet, tous Gouverneurs dudict Hostel Dieu, ledict sieur Desprez auroit dict à ladicte Compagnie que monseigneur le Premier Président l'ayant envoyé semondre de le veoir, il luy auroit faict entendre que, en ensuivant la trace de ses prédécesseurs, son désir estoit de faire service à l'Hostel Dieu de Paris, et aux pauvres en quallité de Gouverneur, et auroit eu charge dudict sieur Président de le faire entendre à ladicte Compagnie; sur quoy l'affaire mise en délibération, ladicte Compagnie unanimement auroit loué l'honneur que faisoit ledict sieur Président d'estre admis en icelle, et pour y parvenir et ne point différer, auroit arresté de le prier de faire le serment au Parlement au mercredy suyvant, et pour faire entendre audict sieur Président la résolution de la Compagnie, ledict sieur Desprez auroit esté prié de le veoir, et pour ne manquer aux formes, lesdicts sieurs Perrot et de Creil auroient pareillement esté priez d'aller le landemain en faire la nomination à messieurs les prévost des marchans et eschevins, et les prier de faire la présentation dudict sieur Président au mercredy ensuivant, en la manière accoustumée, et ledict sieur Maillet de veoir monsieur le procureur général et luy en donner advis.

Cedict jour (4 décembre), sur ce qui a esté remonstré à la Compagnie par la dame Prieure et soubz prieure, que la salle de Bretagne, joignant celle de St Denys, ayant esté augmentée depuis peu, il estoit besoing d'y avoir de la chandelle, comme aux autres salles, la Compagnie a ordonné au despensier de fournir pour ladicte salle quarante cinq chandelles par sepmaine.

16e REGISTRE. — ANNÉES 1631 À 1635.

Cedict jour (17 janvier 1631) a esté ordonné au despencier qu'il sera présenté requeste à la Cour sur la grande nécessité en laquelle est à présent réduict ledict Hostel Dieu, provenans de la multitude des mallades qui *exccddent seize cens*, à ce que questes soient faictes par les maisons de chacun quartier, par personnes les plus qualifiées, pour recevoir les aulmosnes d'ung chacun, tant pour draps pour coucher les mallades, que pour ensevelir les mortz, et pour enjoindre aux curez des paroisses d'exhorter le peuple à faire lesdictes charitez, et aux marguilliers de choisir en leurs paroisses personnes les plus qualliffiées pour aller faire les questes par les maisons, et au cas que lesdictes questes ne soient suffisantes, que l'on empruntera ou prendra de l'argent à rente pour subvenir aux nécessitez les plus urgentes.

Cedict jour (11 juillet) a esté accordé à monsieur Tronson, du Coudray sur Seyne, le droict de pesche sur la rivière de Seyne, par le travers et d'un bout à l'aultre sur ladicte rivière, depuis et à l'endroict de croix fontaine, du costé d'amont l'eaue, jusques au pont de la ville de Corbeil, lequel droict ledict sieur Tronson tiendra desdictz sieurs Gouverneurs ou dict nom, pour en jouyr en plain fief, à la charge d'en faire foy et hommage, quand le cas y escherra, à l'hostel seigneurial de la Mothe, scis aux faulxbourgs de Corbeil, et de comparoir ou de faire comparoir tous les ans aux assises qui se tiennent audict lieu, en ladicte ville de Corbeil, et de payer à la recepte dudict lieu ung escu d'or par chacun an.

Cedict jour (3 septembre) a esté ordonné à monsieur Leclerc, tapissier, de fournir audict Hostel Dieu huict cens livres de plumes pour servir aux lictz des mallades.

Cedict jour (15 octobre) a esté ordonné qu'il sera pris et emprunté vingt mille livres à rente, au denier vingt, et sera à cest effect présenté requeste qui sera baillée à monsieur Durant conseiller.

Cedict jour (13 février 1632) a esté ordonné que la dame religieuse qui est aux accouchées et la sage femme feront bon traictement à la femme que la Compagnie a mise ausdictes accouchées pour aprendre, et sera ladicte sage femme admonestée de faire sy bien son debvoir envers les femmes grosses, qu'il n'y ayt plus de plaincte contre elle, aultrement que ladicte Compagnie y pourvoira.

Cedict jour (21 mai) a esté adjugé à Christope Gamart, juré en l'office de massonnerye à Paris, les ouvrages qui sont fort nécessaires à faire pour la construction de la terrasse qui est à faire audict Hostel Dieu, au lieu de celle qui est de présent entre les grandes salles de la rivière, selon le devis qui sera inséré à la fin, moyennant la somme de cinq mil livres, que ledict Hostel Dieu a promis luy payer.

Cedict jour (11 août) est comparu au Bureau Charles Contesse, juré en l'office de massonnerye, et Catherine Denison, veufve de feu Perceval Noblet, aussy juré en l'office de massonnerye, lesquelz sont demourez d'accord de la nomination cy-devant faicte par messieurs les Gouverneurs de l'Hostel Dieu, des personnes de Charles David et Charles Benoist, aussy jurez massons, pour thoiser, visiter et recepvoir les ouvrages par eulx faictes à la construction du pont dudict Hostel Dieu, déclarant que de leur part ilz nomment les personnes de Françoys Boucherat, bourgeois de Paris.

Cedict jour (18 août) sur le raport faict par M. Desprez, l'ung de messieurs les Gouverneurs, d'une donnation que désiroit faire mademoiselle Leclerc, pour fonder ung hospital pour les mallades incurables, d'une maison assise à Chaliot, et de 640 livres de rente sur la ville, laquelle donnation elle désiroit estre acceptée par l'ung de la Compagnie seullement, affin de la tenir secrette, après lecture faicte d'icelle donnation entre vifs, à la réservation des choses données, ladicte Compagnie ha prié ledict sieur Desprez de l'acepter pour ledict Hostel Dieu, et luy a donné pouvoir de ce faire.

Cedict jour (22 septembre) a esté ordonné que monsieur le lieutenant civil sera prié de mander le prévost de la Santé, pour luy faire deffences d'empescher les amballeurs dudict Hostel Dieu d'aller aux maisons des bourgeois, où ilz seront mandez, quérir les mallades et les porter à St Louys, et aussy luy sera parlé des exactions que font les prévost et archers envers les mallades, principallement d'ung mallade sorty de la rue Troussevache.

Cedict jour (24 février 1633) a esté ordonné qu'il sera accepté deux harquebuses et deux halebardes, pour porter à St Marcel, pour la garde de la maison.

Cedict jour (18 novembre) la Compagnie a esté advertie que aulcune relligieuses retiennent en la maison, et permettent coucher, personnes non mallades ny receues; il est ordonné à monsieur Bourgeois de prendre garde exactement et de ne plus permettre tel désordre, et où il trouvera aulcune répugnance en advertir ladicte Compagnie pour y estre pourveu.

Cedict jour (18 novembre) a esté ordonné qu'il sera baillé requeste à la Grande Chambre, pour faire oster le moulin qui est attaché à l'une des arches du pont de nouveau construict par ledict Hostel Dieu, attendu l'incommodicté que cella apporte à la navigation, et les accidens qui sont arrivez depuis peu, aussy que cella pourroit apporter du dommage aux arches dudict pont, et ladicte poursuitte notiffiée audict prévost des marchans et échevins de ceste ville de Paris, à ce qu'ilz ayent à intervenir pour l'interest du public et de la navigation.

Cedict jour (9 décembre) sur la requeste présentée par les marchans apoticaires de ceste ville de Paris, tendant à ce qu'il pleust à la Compagnie avoir pour agréable, et leur permettre de prendre dans le thuiau et canal de plomb qui conduit l'eau accordée audict Hostel Dieu, depuis le regard des Carmes assis dans le faulxbourg de St Jacques, jusque à l'hospital de St Marcel destiné aux mallades de la contagion, quattre lignes d'eaue concédées au corps de l'apoticairerye, pour la commodité d'ung jardin appartenant à ladicte communaulté, scis audict faulxbourg de St Marcel, proche ladicte maison de la Santé, lequel le Roy a voulu estre faict pour l'édification des simples servant à l'apoticairerye, en faisant mectre pareille quantité de quattre lignes d'eau dans ledict thuiau, selon le brevet qui leur a esté baillé et octroyé par messieurs les prévosts des marchans et eschevins, ce que ladicte Compagnie a accordé.

Cedict jour (17 février 1634) messieurs De La court et Depoix, qui avoient esté priez par la Compagnie de veoir messieurs les administrateurs des pauvres enfermez, pour les disposer à recevoir les enffens qui se trouvent dans ledict Hostel Dieu, sains et guaris, aus maisons desdictz enfermez, attendu que sortant dudict Hostel Dieu, ilz se mettent à mandier, lesdicts sieurs ont fait raport à la Compagnie avoir veu lesdicts sieurs administrateurs des enfermez, qui ont accordé et promis de recepvoir lesdictz enfens, qui leur seront envoyez sortant dudict Hostel Dieu, avec le certificat de monsieur le Maistre.

Cedict jour (15 mars) a esté permis à Jean Baron, commis au controlle général des rentes de la ville, de faire mettre en l'église de l'Hostel Dieu, au lieu le plus commode, et qui empeschera le moins, l'épitaphe en la forme qui ensuit : « Messire Nicolas Lefebvre, conseiller et précepteur de Louis XIII, Roy de France et de Navarre, a fondé les sermons tous les dimanches de l'année, et aultres charges pour lesquelles il a donné à cette maison cinq cens livres de rente, messieurs les Gouverneurs pour sa mémoire à la postérité ont permis à Jean Baron, son serviteur, de faire poser cette épitaphe; il décedda le III novembre mil VI cens XII; priez Dieu pour son âme. »

Cedict jour (29 mai) a esté apporté au greffe du Bureau, par monsieur Hyeraulme, la lettre de vérification du don, faict audict Hostel Dieu, du passage que icelluy Hostel Dieu a faict faire sur le pont qu'ilz ont faict construire de neuf, portant pouvoir de prendre ung double par homme de pied et six deniers par homme de cheval, qui passeront sur ledict passage, avec l'arrest du Conseil de vérification dudict don.

Cedict jour (29 mai) monsieur le président le Bailleul a faict entendre à la Compagnie que madame la présidente Goussault et aultres dames qui vont à l'Hostel Dieu visiter les mallades, le sont venuz trouver et remonstré que audict Hostel Dieu il y avoit nombre de petitz enffens à la mamelle qui n'estoient alletez que du laict de vache que l'on leur bailloit, lequel laict n'estoit propre pour lesdictz petitz enffens, ce qui estoit cause qu'il en mouroit beaucoup et que le laict de chèvre leur seroit beaucoup meilleur, lesdictz petitz enffens taictant fort facilement lesdictes chèvres, et que sy la Compagnie pouvoit trouver quelque place audict Hostel Dieu, pour mectre lesdictes chèvres, qu'elles en avoient et qu'il n'en cousteroit rien audict Hostel Dieu, pour leur nourriture et pensement, sur quoy ladicte Compagnie ayant mis l'affaire en délibération, a ordonné que lesdictes dames pourront, quand bon leur semblera, faire amener lesdictes chèvres audict Hostel Dieu et qu'il leur seroit baillé place pour les mectre.

Cedict jour (17 juillet) est comparu au Bureau dudict Hostel Dieu Robert Labiche, chandellier, demourant à Evreux, paroisse de St-Pierre, lequel a remonstré à la Compagnie que, en l'office des accouchées dudict Hostel Dieu, il y avoit une sienne fille, nommée Marie Labiche, laquelle estoit grosse d'enfant, qui luy a esté faict par M. Cassegrain, chanoine d'Evreux, et de laquelle grossesse il luy est besoing d'avoir preuve par sa bouche, d'aultant qu'il ne la peut faire conduire sur les lieux, par ce qu'elle est sur le point d'acoucher, sur quoy la Compagnie a ordonné que maistre Pierre Hubert, greffier dudict Hostel Dieu, se transportera en la salle des accouchées, pour prendre le serment de ladicte Marie Labiche, et scavoir qui luy a faict ledict enffent, pour en estre delivré acte audict Robert Labiche père, ce requérant, pour luy servir ce que de raison. Et à l'instant en ensuivant ladicte ordonnance, moy Hubert, greffier du Bureau dudict Hostel Dieu, me suis transporté audict Hostel Dieu, audict office des accouchées, où estant, j'ay fait prester le serment accoustumé à ladicte Marie Labiche; premièrement enquise de son nom, aage et qualité, a dict avoir nom Marie Labiche, estre aagée de vingt quattre ans, et qu'elle est demourante à Evreux avec son père, qu'il y a près de deux mois qu'elle est en ceste ville de Paris; enquise qui luy a fait ledict enfent, de laquelle elle est enceinte, a dict que c'estoit M. Cassegrain, chanoine d'Evreux; enquise où çà esté que l'on luy a faict ledict enfant, a dit que çà esté au logis dudict Cassegrain; enquise quelle argent elle a receu dudict Cassegrain, a dit qu'il luy a baillé neuf livres, qui est tout ce que ladicte Marie Labiche a dit et déclaré.

Cedict jour (23 août) sur la remonstrance faicte à la Compagnie par madame la présidente Goussault et aultres dames qui vont faire des charitez audict Hostel Dieu, qu'il y avoit dans ledict Hostel Dieu plusieurs enffens qui meurent, faulte destre pensez et allaictez, sur quoy la Compagnie a eu fort agréable ladicte remonstrance, et ordonné qu'il sera baillé ausdicts enffens la chambre où l'on a accoustumé de mectre les taillez, jusques à ce que l'on face bastir le dortoir des filles, que l'on pourra mesnager ung lieu pour mettre lesdictz enffans, et sur l'offre faicte par lesdictes dames de bailler les gages qu'il conviendra à trois nourices, ladicte Compagnie a ordonné qu'elle nourira lesdictes norices, et ce par provision, et qu'il sera advisé avec lesdictes dames où l'on pourra mettre lesdictz enffens, après qu'ils auroient esté nouris de laict.

Cedict jour (13 octobre) sur ce que monsieur Sainctot a raporté à la Compagnie avoir veu monsieur le cardinal de Larochefoucault et conféré avec luy pour la construction d'ung hospital, destiné à la nourriture et entretenement des pauvres Incurables, et avoir conserté avec luy pour les conditions et clauses nécessaires, pour insérer au contract qu'il désiroit faire avec messieurs les administrateurs pour l'exécution de ladicte proposition, suivant laquelle auroit esté dressé une minutte de contract, duquel lecture ayant esté faicte à ladicte Compagnie, elle a icelluy trouvé consceu en termes et clauses propres pour estre passé entre ledict sieur Cardinal et lesdicts sieurs Gouverneurs, lesquels pour icelluy passer ont prié ledict sieur Sainctot l'arrester avec ledict sieur Cardinal, pour après qu'il aura esté par luy signé, estre passé au Bureau par lesdicts sieurs Gouverneurs aux charges et conditions portés par icelluy.

Cedict jour (10 novembre) sur ce qu'il est venu à la cognoissance de la Compagnie que, au préjudice de l'ordre de tout temps establÿ audict Hostel Dieu, le Maistre dudict Hostel Dieu et autres introduisoient des femmes à l'office des accouchées dudict Hostel Dieu, tant pour acoucher que aultrement, ce qui estoit grandement préjudiciable, et une grande charge audict Hostel Dieu, pour à quoy obvier la Compagnie a, le xiiij. juillet dernier, fait deffenses expresses tant à la dame des acouchées que à la sage femme, de ne recevoir aulcune femme, sans qu'elle ayt la permission du Bureau et billet enregistré, ainsy qu'il est acoustumé, ausquelles deffenses l'on ne laisse de contrevenir, s'est pourquoy, ladicte Compagnie a réitéré lesdictes deffences, tant à ladicte dame des accouchées que sage femme.

Cedict jour (9 mai 1635) a esté offert par Claude Vatteble, cuysinier demourant en la rue du Foire, du passage du pont neuf proche l'Hostel Dieu, la somme de huict cents livres par chacun an.

Cedict jour (16 mai) messieurs Sainctot, Maillet et de La Court, ont esté commis pour aller au logis de monseigneur le Président de Maisons, pour veoir monsieur Danetz, touchant le bastiment des mallades des Incurables.

Cedict jour (8 juin) a esté ordonné qu'il sera présenté requeste à la Cour en exécution des lettres patentes du Roy Charles, et arrestz obtenus par ledict Hostel Dieu, pour raison des hospitaux et malladeries estans dans la prévosté vicomté et diocèse de Paris, ruynées et ausquelles il n'y avoit aulcun hospitallité gardée, dont le revenu auroit esté donné et adjugé audict Hostel Dieu, pour estre mis en la possession et jouissance dudict revenu, et particullièrement pour raison de la malladerie de Corbeil, et à cette fin que maistre Pierre Hubert, procureur dudict Hostel Dieu fera recherche des tiltres et arrestz, et dressera ladicte requeste pour la communiquer à la Compagnie au premier Bureau.

17e REGISTRE. — ANNÉES 1635 (22 JUIN) À 1639.

Cedict jour (22 juin 1635) a esté arresté que l'on fera le portail de l'hospital des Incurables selon le modelle arresté par monsieur Perrot au doz dicelluy.

Cedict jour (12 septembre) la Compagnie a adjugé à Jacque Berrier, demeurant rue et enseigne de la Licorne, le passage du pont neuf de l'Hostel Dieu, à la somme de deux mil cent quarante livres, pour une année, à la charge de payer de mois en mois et de laisser le passage libre et la maison de l'Hostel Dieu estans soubz l'arcade dudict pont, et de deux lictz pour coucher les pauvres mallades dudict Hostel Dieu ou la somme de vingt escuz, pour iceulx de laisser passer les officiers dudict Hostel Dieu librement sans rien payer.

Cedict jour (25 janvier 1636) sont comparus au Bureau messieurs Moreau et Pillon, médecins ordinaires dudict Hostel Dieu, qui ont remonstré à la Compagnie que ung des chefs principaux, qui causent tant de recheutes et recidives de mallades, qui sont audict Hostel Dieu, et qui leur donnent tant de cours de ventre et de flux de sang, et les y entretient sy longuement, sont que pendant tout le caresme et jours maigres de l'année on donne indifféremment aux mallades du poisson, des pruneaulx, des bouillons aux herbes et au beurre, et choses semblables de peu de nourriture et de mauvais suc, que pour le debvoir de leur charge et conscience, ilz estoient obligés de remonstrer à ladicte Compagnie que les pauvres mallades estans de mesme temps composez de cher et de humeur comme le reste des hommes, qui sont en ceste ville et ailleurs, ausquelz l'on fait prendre des bouillons à la chair, user de viande et interdire l'usage de poisson, lorsqu'ilz sont détenus par quelque infirmité de conséquence, que lesditz pauvres malades estans subiectz à pareille, voire plus grandes, infirmitez que les personnes riches et aisées, ilz doivent aussy estre traictées en leurs maulx comme eulx, nourris et alimentez tant que faire ce peult de mesmes viandes, et n'avoir point de jours d'eslection de chair et poisson, nom plus qu'eulx lorsqu'ilz sont en malladie, à ce subiect les bouillons maigres estans de fort peu de nourriture, relaschans la force et la vigueur de lestomacq, engendrans des vantositez et s'escoulans trop aisément par le ventre, le poisson estant de mauvais suc, nugueux et pituiteux, qui se pourit et corrompt aisément dans les estomacz foibles et atténuez, les pruneaulx mesmes, bien que moings malfaisans estantz alimentz medicamenteux, qui ne doivent estre donnez que avec grande discrétion à certains mallades, et ce encores de fois à aultre, et non continuellement pour servir de vray et solide aliment tout ung caresme, et que telles et semblables viandes pourroient estre nuysibles aus mallades, doibvent estre rejettez de leur nouriture, et que l'on doit permettre aux mallades de manger des bouillons à la chair, pourveu qu'elle soit de bon suc, facille à cuyre à l'estomac, et aysée à distribuer par les veynes du corps toutte l'annee, sans distinction ny du caresme ny d'aulcuns aultres jours maigres, sur quoy ladicte Compagnie ayant mis l'affaire en délibération, ayant esgard aux justes raisons proposées par lesdictz Moreau et Pillon, a arresté que pendant le caresme prochain et autres jours maigres de la présente année, il sera donné aux mallades dudict Hostel Dieu de la viande, au lieu de poisson, à la réserve touttefois d'aulcunes femmes des accouchées, où il sera pourveu selon le temps, et que à cest effect l'on verra monsieur l'archevesque et messieurs du Chappitre de Paris pour en donner la permission, en ce qui concerne le spirituel.

Cedict jour (30 janvier) a esté permis à ... Anglois de nation, d'aller à la chambre des accouchées dudict Hostel Dieu, pour aprendre à délivrer les femmes grosses, suivant la prière qu'il en a faicte à ladicte Compagnie, et à ceste fin a esté mandée la sage femme, à laquelle ladicte Compagnie a faict scavoir sa vollonté.

Cedict jour (30 avril) est venu au Bureau maistre René Moreau, médecin ordinaire dudict Hostel Dieu, lequel a remonstré à la Compagnie que, à cause des longs services que il a faictz à la maison, elle luy a cy devant permis, pour le soulager, de commectre soubz luy et avec luy maistre..... aussy docteur en médecine, pour veoir et penser les mallades, lequel s'en est acquitté au contentement de la Compagnie et desdictz pauvres, que maintenant il s'estoit retyré pour aulcunes ses affaires, s'est pourquoy il auroit supplié ladicte Compagnie de vouloir user envers luy de la mesme courtoisie, et de permettre que maistre Deniot, aussy docteur en médecine, lequel il recognoissoit fort expérimenté, et qui d'ailleurs demouroit proche ledict Hostel Dieu, feist soubz luy la mesme function, sur quoy l'affaire mise en délibération, la Compagnie ayant esgard aux longs services dudict Moreau, a permis que soubz luy ledict Daniot peust veoir, penser et médicamenter lesdictz mallades, sans que ledict Hostel Dieu soit chargé de plus grand sallaire que ceulx accoustumez audict Moreau.

Cedict jour (3 septembre) a esté ordonné que les relligieuses de Picardie, qui sont réfugiées en ceste ville, seront receues audict Hostel Dieu pour y demeurer, jusques à ce que aultrement en ayt esté ordonné, à la charge de servir les pauvres, comme les aultres relligieuses, et d'y vivre soubz l'obéissance des supérieurs, et de convier celles qui les ont recommandées d'assister la Maison de leurs charitez, ce qui a esté à l'instant prononcé ausdictes mère Prieure et soubz prieure, et à deux desdictes relligieuses.

Cedict jour (22 octobre) la Compagnie ayant mis en consideration la misère des mallades dudict Hostel Dieu, causée par le grand nombre d'iceulx, a ordonné que la salle neufve qui est sur le pont sera garnie de lictz qui ont esté faictz et portez, et les moings mallades mis en iceulx, dez aujourdhuy, et que la cheftaine qui est en l'office des navrez prendra garde, et pour la soulager pourra prendre une femme de celles qui sont dans ledict Hostel Dieu, comme aussy pour nectoyer dans ladicte salle et tyrer l'eaue, et que le provensal prendra ung homme avec luy.

Cedict jour (27 octobre) la Compagnie s'estant assemblée extraordinairement, sur la grande quantité de mallades qui sont audict Hostel Dieu, et qui entrent journellement en icelluy, qui est cause que les pauvres ne sont pas adsistez comme la Compagnie le désiroit, pour n'y avoir assez de religieuses, la Compagnie a ordonné que s'il se présente des filles pour estre receues religieuses audict Hostel Dieu, qu'il en sera pris pour accomplir le nombre de cent, et en cas qu'il ne s'en puisse trouver, ou que ledict nombre de cent ne suffise, la Compagnie a permis ausdites relligieuses de se servir d'une ou deux servantes, en chacune office, qui seront tyrées desdictz mallades, comme pareillement de garsons pour les ayder et secourir, et ce tant et sy longuement que le nombre desdictz mallades sera grand comme il est.

Cedict jour (17 novembre) sur le raport fait à la Compagnie par frère Jean Bourgeois, que monsieur le Procureur général, auquel la Compagnie l'avoit prié de parler, affin de faire entrer dans l'hospital des Enffans Rouges, les petitz enffens qui se trouveront audict Hostel Dieu, ledict sieur Procureur général luy a faict dire, par monsieur Desbois substitud, qu'il n'y avoit à présent aulcune place audict hospital des Enffans Rouges, que pour deux enffens, et que le nombre estant remply, à l'advenir, il n'en recevroit aulcuns que ceux qui sortiront dudict Hostel Dieu, selon qu'il est porté par la fondation dudict hospital, sur quoy ladicte Compagnie a donné charge audict sieur Bourgeois de faire mener deux desdicts enffens pour y estre receuz.

Cedict jour (10 décembre) la Compagnie, voyant le grand nombre de mallades qui entrent journellement audict Hostel Dieu, qui est en telle quantité qu'il y a eu des jours qu'il en est entré jusques à cent dix, les aultres quatre vingtz, et le moindre soixante, qui fait qu'ilz sont de présent jusques à *dix huict cens vingt deux*, considérans que le nombre de religieuses qui sont audict Hostel Dieu, qui est de cent, n'est suffisant pour adsister ceste grande quantité de mallades, item que les salles que l'on a augmentées, pour loger plus au large lesdictz mallades, et les maisons de St Louys et de St Marcel, que l'on a ouvertes où il y a à présent *cinq cens mallades de la contagion*, qui est cause que dudict nombre de cent relligieuses, il en fault tirer dix sept pour envoyer ausdictes deux maisons, dix sept qui sont mallades et quelques unes qui sont pour adsister les mallades de la ville, d'ailleurs que le nombre qui restent audict Hostel Dieu n'est suffisant, s'est pourquoy après une meure délibération, la Compagnie a ordonné que le nombre desdictes religieuses sera augmenté de vingt, à la charge néantmoings que lesdictz mallades venans à diminuer, lesdictes religieuses seront réduictes au nombre entier de cent, ce faict, ladicte Compagnie a mandé au Bureau monsieur le Maistre et la dame Prieure, auxquelles ledict seigneur Premier Président leur a faict entendre l'intention de ladicte Compagnie, qui estoit d'augmenter le nombre desdictes religieuses de vingt, à ce que les pauvres fussent mieulx adsistez, qu'il y avoit eu plainctes contre aulcunes desdictes religieuses, *lesquelles au lieu de s'apliquer comme elles devoient au service des pauvres, s'adonnoient à la prière et méditation la meilleure partie du temps, que s'estoit chose bonne que de prier, mais que leur principalle fonction estoit le service des pauvres*, d'ailleurs que l'on faisoit aprendre à lire et à escrire ausdictes religieuses, et que l'on n'en vouloit recepvoir qu'elles ne seussent lire et escrire, que cella ne debvoit point estre permis, comme n'estant point nécessaire en ceste Maison, sur quoy ledict sieur le Maistre au spirituel prenant la parolle a dict que l'augmentation desdictes relligieuses estoit très nécessaire pour les raisons susdictes, que ce qu'il recommandoit davantage ausdictes relligieuses estoit de quitter le crucifix, mesme la communion sy fréquente, pour vacquer au pensement desdictz mallades, que Dieu avoit ce sacrifice plus agréable, qu'il estoit besoing que quelques unes desdictes relligieuses seussent lire et escrire, principalement la chefvetaine, pour escrire le nombre des mallades qu'ilz ont en leurs offices, les noms d'iceulx, et ceux qui deceddent et qui sortent, pour rendre leurs habitz en sortant, et que l'on n'a point refusé aulcune fille qui se soient présentées pour estre relligieuses soubz ce prétexte, quant elles ont d'aillieurs les conditions requises, et qu'il y en avoit qui se sont présentées pour estre religieuses, qu'ilz enverront au Bureau au premier jour.

Cedict jour (24 décembre) a esté ordonné que maistre Pierre Hubert dressera une requeste, pour faire contraindre les hospitaulx à recevoir des mallades dudict Hostel Dieu, attendu que en icelluy il ne reste plus aulcune place pour les mectre, comme aussy que la Faculté de Médecine sera tenue de bailler des médecins pour veoir et visiter les mallades.

Cedict jour (18 mars 1637) a esté donné charge à maistre Pierre Hubert d'intervenir en l'instance distribuée a monsieur de Bernay, conseiller de la Court, entre les marguilliers de St Leu, St Gilles et les administrateurs du Grand Bureau des pauvres de cette ville, pour soubztenir allencontre dudict Grand Bureau que ledict Hostel Dieu doit marcher le premier aux questes qui se font en ladicte paroisse.

Cedict jour (24 avril) a esté ordonné qu'il sera présenté requeste au Parlement pour la vériffication des lectres de l'hospital des Incurables.

Cedict jour (2 octobre) a esté faict marché avec Guillaume Noyer, menuysier en ceste ville de Paris, de faire la grande porte du pont dudict Hostel Dieu, et les quatre autres portes fermant la chappelle, et ce moyennant la somme de sept cens cinquante livres, qui seront payez audict Noyer par le recepveur dudict Hostel Dieu, ce qu'il a accordé.

Cedict jour (19 décembre) a esté ordonné qu'il sera présenté requeste à la Cour pour obtenir arrest portant permission de recommander aux prosnes des paroisses, les jours de dimanches, ledict Hostel Dieu, attendu la grande disette qu'il y a de touttes choses, et les rentes et gaiges que ledict Hostel Dieu est tenu de payer tous les ans, qui montent à plus de trente cinq mil livres par an.

Cedict jour (6 février 1638) a esté ordonné qu'il sera présenté requeste pour prendre soixante mil livres à rente, pour payer les massons qui ont travaillé au pont dudict Hostel Dieu, et pour aultres nécessitez de la Maison, en laquelle requeste ne sera exposé que la nécessité que ledict Hostel Dieu a de prendre ladicte somme à rente.

Cedict jour (28 mai) a esté ordonné que maistre Pierre Hubert comparoistera cejourdhuy en la Sorbonne, à la vente de la bibliothèque de deffunct monsieur de Filsac, et en cas que ladicte bibliothèque monte jusques à la somme de trois mil cinq cens livres, il la laissera adjuger, sinon demandera une remise.

Cedict jour (18 juin) la Compagnie a prié monsieur de La Court de faire travailler aux vitres de l'église des Incurables.

Cedict jour (30 juin) est comparu au Bureau dudict Hostel Dieu .... chirurgien en cette ville de Paris, lequel a suplyé la Compagnie de luy permettre d'aller à l'office des accouchées, pour aprendre à accoucher des femmes, sur quoy ladicte Compagnie ayant mis l'affaire en délibération, et mis en considération le bien que le public pourra recevoir, d'avoir des hommes capables pour l'acouchement des femmes, et ouy sur ce la mère Prieure, dame des acouchées et sage femme, a permis audict ..... d'aller audict office pour aprendre à acoucher les femmes, à la charge de se retyrer le soir en son logis, et faire en sorte que l'honnesteté soit gardée.

Cedict jour (23 juillet) a esté fait marché avec Jean Legagneur, marchant orloger, demeurant au marché neuf, pour le fer d'ung clocher et la ferrure de la cloche pour servir aux Incurables, à raison de sept solz six deniers la livre.

Cedict jour (3 septembre) la Compagnie a donné permission à Edemonde Wilson, médecin anglois, d'aller à l'Hostel Dieu, à la salle des accouchées, pour aprendre à acoucher les femmes, aux mesmes charges et conditions portées par l'acte du Bureau du xxx. juing dernier.

Cedict jour (3 septembre) sur les plainctes faictes à la Compagnie par plusieurs bourgeois de cette ville, et principallement par les voysins du quartier de Nostre Dame, des accidens qui arrivent journellement, en ce que les mallades qui se présentent pour entrer audict Hostel Dieu estans visitez et se trouvans mallades de contagion, sont renvoyez pour se retyrer aux hospitaulx de St Louys et St Marcel, mais ilz se trouvent tellement attenuez que, n'y pouvans aller, ilz demeurent et meurent par les chemins, de plain jour, au grand scandalle des voysins et de ceulx qui vont et viennent en l'église de Nostre Dame, pour à quoy remédier la Compagnie a advisé que les deux prévostz de la Santé seront advertis de retrancher deux archers du nombre qui leur a esté baillé, au lieu desquelz le maistre amballeur dudict Hostel Dieu se pourvoira de deux hommes qui demoureront assidus pendant le jour, proche ledict Hostel Dieu, affin que à l'instant que un mallade de peste sera visité et renvoyé, ilz le conduisent et portent ausditz hospitaulx, dans une chaire qu'ilz auront à cet effect, et pour retyrer à couvert et sequestrer lesdictz deux hommes, il sera fait et érigé une loge dans la rue, proche le perron, à la porte de la visite, pour les retirer de jour et y mectre la chaire destinée pour porter lesdictz mallades, ausquelz deux hommes sera baillé pareilz gages que ausdictz archers.

Cedict jour (20 octobre) a esté ordonné à Nicollas Martin, paveur de pavés de grais, de travailler à paver la grande court de l'hospital des mallades Incurables.

Cedict jour (27 octobre) sur la remonstrance faicte à la Compagnie par monsieur Ferraud, médecin ordinaire dudict Hostel Dieu, qu'il ne pouvoit vaquer à ung sy grand nombre de mallades, qui sont de present audict Hostel Dieu, pour le peu de gages qui luy sont donnez par monsieur Moreau, aussy médecin dudict Hostel Dieu, attendu mesme que au subject des mallades contagieuses qui sont ordinairement en icelluy, il a perdu et pert tous les jours ses pratiques qu'il a à la ville, sur quoy la Compagnie, ayant mis l'affaire en délibération, a ordonné que pour le service que ledict sieur Ferraud a rendu et rendra audict Hostel Dieu, jusques au dernier jour de décembre prochain, il luy sera baillé par le recepveur général dudict Hostel Dieu, par forme de récompense, la somme de trois cens livres, outre ce qui luy est baillé par ledict sieur Moreau, et qu'il y sera pourveu à l'advenir, sans tyrer à conséquence.

Cedict jour (10 décembre) a esté ordonné qu'il y aura dores en avant trois médecins audict Hostel Dieu, pour penser les mallades, religieulx et religieuses et serviteurs, scavoir messieurs Moreau, Ferraud et Cappon, médecins, lequel sieur Cappon la Compagnie a présentement receu pour penser lesdictz malades, et que pour le regard de leurs gages, qu'ilz seront arbitrez par la Compagnie au premier jour.

Cedict jour (17 décembre) sur ce qui a esté raporté par monsieur Sainctot que, estant la Compagnie assemblée à l'hospital des mallades Incurables, pour le service que monsieur Perrot y faisoit dire et célébrer, pour défunct monsieur Desprez, les filles qui sont audict hospital, pour le service et traictement des mallades, se seroient présentées à ladicte Compagnie, et auroient remonstré que, ayant esté receues et admises audict hospital, par ledict sieur Perrot, qui est entièrement habitué audict lieu, où elles se sont vouées et dédiées, pour charitablement donner leur temps, et contribuer leur soing à l'effect que dessus, sans autre récompense que de se rendre agréables à Dieu, mais qu'ilz apréhendoient que sy ledict sieur Perrot devoit manquer, on les pourroit congédier, demandoient quelque assurance, que après avoir donné leur temps, pouvoir demourer et continuer audict service, sur quoy ladicte Compagnie ayant mis l'affaire en délibération, a arresté que, comme ledict sieur Perrot, lorsqu'elles sont entrées audict hospital, il auroit chargé ses registres de leur réception, il leur pourra donner parolle et asseurance que, saynes et mallades, et en quelque aage que ce soit, elles y seront conservées et maintenues, nouries et vestues, de tout ce dont elles auront besoing et nécessité, en faisant par elles leur debvoir, comme elles ont fait jusques à présent.

Cedict jour (9 février 1639) est comparu au Bureau monsieur Moreau médecin, lequel a adverty la Compagnie du decedz arrivé, le jour d'hyer, de monsieur Ferraud, l'ung des médecins dudict Hostel Dieu, que sy la Compagnie en vouloit mettre ung en sa place, il y avoit monsieur Dupré médecin, demourant près St Gervais, fort experimenté et de bonne humeur, qui feroit dignement reste charge, et s'estoit offert à la faire, pour le désir qu'il ha de servir les pauvres, sur quoy la Compagnie, ayant mis l'affaire en délibération, a reçu et reçoit ledict Dupré pour l'ung des médecins dudict Hostel Dieu.

Cedict jour (15 avril) il a esté advisé qu'il sera payé à chacun des médecins six cens livres par an, qui est pour les trois, la somme de dix huict cens livres par an.

Cedict jour (15 avril) sur ce qui a esté représenté que, en l'estat dès affaires qui sont de présent audict Hostel Dieu, qui sont acreues et plus pénibles que par le passé, pour les difficultez qu'il y a de faire le recouvrement de son revenu, d'aultant que pour les rentes sur la ville, de diverse nature, la multiplicité des receveurs et payeurs, séparez en tous les quartiers de la ville, une seule personne n'y peut vacquer, et pour ce qui est des dix solz par minot de sels, et trois solz par muids de vin, dont ledict Hostel Dieu jouissoit par le passé, par ses mains, à présent que l'on est assigné sur des fermiers et partisans qui ne payent que à leur volonté, après beaucoup de solicitations faictes en leurs demeures esloignées, aux extremitez de la ville, mesmes au Pré aux Clercs, où l'on est contraint d'aler deux et trois fois par jour, il estoit impossible audict receveur de faire sa charge, s'il n'estoit soulagé à quoy voulant pourvoir, il a esté avisé et ordonné qu'il sera achepté un cheval, pour luy servir à la solicitation desdictes affaires, lequel luy sera baillé en sa maison, qui demourera en propre audict Hostel Dieu, pour la nouriture duquel le pannetier dudict Hostel Dieu luy sera délivrer par chacun an, par le fermier de Creteil, la quantité de six cens bottes de foing et ung muyd d'avoyne.

Cedict jour (13 juillet) a esté ordonné qu'il sera achepté des albardes et aultres armes, pour porter à St Louys, pour se défendre des voleurs.

Cedict jour (15 juillet) sur les plainctes faictes du grand nombre de compagnons chirurgiens qui se présentent pour entrer dans l'Hostel Dieu, la pluspart sans tesmoigner avoir faict aulcune expérience, la Compagnye a ordonné que dores en avant ne sera enregistré aulcun chirurgien, que raport ne soit faict en plain Bureau à la Compagnie, par aulcun de messieurs, pour éviter aux désordres qui en peuvent arriver.

Sur autres plainctes faictes au Bureau, par plusieurs personnes, des excessives dépenses qui s'y font en plusieurs endroictz et offices, sans ordre, compte ny mesure, a esté ordonné que dores en avant le sieur de Bourges, espicier, ny aultres qui fournissent la maison de l'Hostel Dieu St Louys et sainct Marcel, ne délivreront aulcunes choses de leurs marchandises, quelles qu'elles soient, sans mandement et ordonnance du Bureau, signez d'un ou de deux de messieurs, et à qui que ce soit, à peine d'estre rayées de leurs partyes, et de n'en rien payer. Et en continuant par la Compagnye de traicter des affaires ordinaires du Bureau, monsieur Ladvocat a demandé à entrer, où ayant pris place à l'ordinaire, monseigneur le Premier Président le Bailleul luy a dict que la Compagnye s'estonnoit fort qu'au préjudice des conditions dont luy et messieurs les doyen et pénitencier, assemblez au

Bureau la dernière fois, estoient convenuz et demeurez d'accord, l'on a innové de leur part en l'Hostel Dieu, par le refus faict par une religieuse au sieur Cappon médecin, d'un corps mort qu'il avoit traicté d'une malladie violente, dont il vouloit faire faire ouverture du mal extraordinaire, en présence de deux ou trois médecins de la Faculté, qu'il fit venir exprès, pour considérer ce mal et remédier à pareil, lors que le public en seroit incommodé; de plus que les mallades, qui estoient en petit nombre à présent, estoient abandonnez et délaissez des relligieuses, qui sont en trop grand nombre, pour le peu de mallades, et *qu'elles ne s'occupoient qu'à leurs méditations au lieu de faire leur debvoir et s'absubjectir auprès des pauvres languissants* et de plus que l'on a dépossédé l'antienne mère Prieure, esleu une aultre en sa place, et changé aux offices dépendants du Bureau les relligieuses qui ont le bien des pauvres en maniement, et le tout sans en conférer au Bureau, qui y a un notable interest, attendu que l'antienne mère Prieure avoit en sa charge, et est responsable au Bureau de tout le bien des pauvres contenu en l'inventaire faict après le decedz de feüe sœur Magdelaine Lozier, dernière Prieure; que les offices de l'appothiquairerie, la pouillerie, la portière, dame des acouchées, sainct Louis et sainct Marcel, sont changez, ou la plus grand part, lesquelles ont tout le maniement des deniers du Bureau, sans en avoir conféré à la Compagnye, ce qui tourne au grand mespris du Bureau, et qui ne se peult tolérer, estant le tout faict par entreprise, contre l'ordre et les choses accordées avec ces messieurs en la dernière assemblée, à quoy monsieur Ladvocat a respondu et dict qu'à l'esgard du refus du corps mort, qu'il ne scayt que c'est, que l'on luy nomme la religieuse, qu'il luy fera demander pardon au Bureau, que leur intention est que ce qui est convenu ensemble, à la dernière assemblée, soit executé, que le chapitre ne prétend rien à cela, et que pourveu que les ouvertures se fassent en présence des médecins, cela ne recevoit nulle difficulté, et pour preuve, qu'il avoit appris qu'un compagnon chirurgien s'estoit depuis peu ingéré et présenté, pour faire l'ouverture d'un corps, que les religieuses l'avoient reffusé, à cause que les médecins n'y estoient pas, et que dores en avant il n'y auroit plus subject de plainctes, ce que la Compagnye a pris pour excuse et satisfaction; que pour la négligence des religieuses au service des mallades, que ce n'estoit leur intention, estant la chose qu'il leur recommandoit le plus, mais que *telles filles ont des esprits estranges et difficiles à gouverner*, et qu'il y donneroit ordre, et à l'esgard du changement des Prieure et soubz prieure, qu'ils avoient un statut qui leur permettroit de les faire triennalles, que la bonne mère Prieure avoit faict ses trois ans, qu'elle estoit fort vieille et caducque, et qu'ils avoient jugé à propos de la soulager, qu'elle et la soubz prieure avoient esté dépossédées quinze jours durant, pendant lequel ledict Bureau n'avoit dict mot, et qu'après ce temps là, ils avoient procédé à l'élection de la soubz prieure pour Prieure, et de sœur Marie Gouyon pour soubz prieure, lesquelles estoient venu se présenter au Bureau en cette qualité, où elles n'avoient pas esté receues, jusques à ce que l'on eust conféré avec luy, qu'il estoit de retour de la campagne depuis peu, et qu'il prioit la Compagnie trouver bon cette élection, qui ne se fera plus sans en conférer au Bureau, et de permettre que ladicte nouvelle mère Prieure et soubz prieure, fussent mandées pour venir rendre les debvoirs au Bureau, ce qui luy a esté octroyé, et en actendant a dict que le changement des offices ne s'est faict que par grande considération, ayant faict élection de celles qu'ils ont jugé les plus fidelles pour le bien du Bureau, après en avoir conféré avec monsieur Depoix, par rencontre dans l'Hostel Dieu, scavoir est que l'on a résolu de faire venir sœur Marguerite Colin de Sainct Louis pour la mettre à l'apothiquairerie, d'envoyer en sa place sœur *Geneviefve Bouquet*, pour la mère de la porte sœur Marguerite Doulat, pour la couche sœur Desnoyers, et pour la pouillerie ilz y laissent l'antienne et ordinaire, que sy la Compagnie juge qu'il y en ayt d'autres plus propres pour ces offices, que l'on les nomme, et qu'elles y seront admises, mais qu'en leurs ames ilz ont faict ce choix pour penser donner plus satisfaction au Bureau; la chose estant faicte, le Bureau l'a comme agréé, à condition que cela ne s'observera plus sans conférence, ce dont il est demeuré d'accord. Cela dict et faict, sœur Claude Lallement à présent nouvelle Prieure, et sœur Marie Gouyon soubz prieure, sont entrées au Bureau, ont salué la Compagnie en cette qualité, ausquelles a esté dict par mondict seigneur le President le Bailleul, que monsieur Ladvocat ayant satisfaict le Bureau des difficultez qui s'estoient rencontrées dans leur procédé, sur les plainctes faictes du peu de soing des religieuses envers les mallades, du mespris quelles faisoient du Bureau, *des difficultez pour l'ouverture des corps morts*, et du grand changement faict des charges qu'elles possédoient, et aux offices, qu'ayant promis contentement et satisfaction au Bureau, que l'on leur recommandoit le soing des mallades, de faire leur debvoir, d'avoir soing du bien des pauvres, qu'il y avoit un inventaire ès mains d'un de Messieurs des biens meubles de la Maison, laissez à l'antienne Prieure, par la mort de sa devantière, qu'il falloit en rendre compte, et qu'elle s'en chargeast, ce qu'elles ont promis faire, et certifiées par mondict sieur Ladvocat et sur ce elles ont dict avoir besoing d'argent pour leurs vestements et linges nécessaires, pour les religieuses, sur quoy leur a esté dict qu'il y en avoit dans ung coffre fort, qui estoit inutil, qu'il le falloit prendre, sur quoy monsieur Ladvocat a dict que la Compagnie, s'entend le Chappitre, n'avoit point d'esgard à cela, qu'ils ne se mesloient poinct d'argent, qu'ils donnoient les mains et en laisseroient tousiours l'entière disposition au Bureau, comme n'estant point de leur faict, combien que monseigneur le Premier Président eust dict qu'ils en avoient une clef, qu'ils n'en ont jamais eu ny espéré, n'estant point de leur faict, sur quoy la Prieure a supplié la Compagnie de trouver bon que l'on ne touchast poinct à cet argent à présent, que l'on leur avoit faict espérer que ce seroit pour faire rebastir leur dortoir, qui est en ruine, néantmoings qu'elle s'en rapportoit au Bureau qui a résolu de le prendre, à cause que les espèces vallent beaucoup plus que par le passé et qu'il y a de la vaisselle d'argent inutille qu'il fault vendre, que pour de l'argent pour leurs nécessitez, l'on ne leur en a jamais refusé, mais que l'on entendoit qu'elles rendissent compte de temps en temps à quelqu'un de Messieurs, à l'ordinaire, de leur maniement des deniers provenans des gardes des malladies à la ville, et aultres présens qui passent par leurs mains, affin que le Bureau en feist des remerciements aux bienfaicteurs, et aussy que la Compagnye entendoit que tout ce qui leur seroit nécessaire pour leur particulier, et mesme pour les nécessitez des pauvres et de la Maison, se demanderoit au Bureau, qui en fourniroit ordonnance, pour éviter aux désordres et confusion, et à cette fin que le receveur général puisse dresser et mettre tout en ses comptes, ce qu'ilz ont promis faire doresnavant, et de mieux faire qu'il leur sera possible.

Cedict jour (23 novembre) la mère Prieure a aporté au Bureau ung soleil d'argent, pour mettre le sainct sacrement, qui a esté donné par madame de Bassompierre pour l'hospital de St Louys, poisant deux marcz, lequel a esté délivré à M. Pelletier, pour le porter audict hospital.

Cedict jour (23 décembre) sur la requeste présentée à la Compagnie par Daniel Dalauce, maistre chirurgien en la ville de Tours, à ce qu'il luy fut permis de faire expérience en la chambre des acouchées, pour l'acouchement des femmes, comme il a esté cy devant octroyé à plusieurs chirurgiens estrangers, en payant les droictz accoustumez, sur quoy ladicte Compagnie a ordonné que ledict Dalauce sera receu audict Hostel Dieux pour y faire l'expérience par luy requise, pendant le temps ordinaire, payant par luy les droictz accoustumez, tant pour les pauvres que pour la sage femme.

18ᵉ REGISTRE. — ANNÉES 1640 À 1643.

Cedict jour (1ᵉʳ février 1640) a esté ordonné à maistre Francoys Hyeraulme de payer à Jean Decrean, menuysier, la somme de vingt livres, à laquelle la Compagnie a convenu avec luy pour troys quaisses de bois pour enclorre l'orloge des Incurables.

Cedict jour (11 avril) ung nommé Bernard, compagnon chirurgien, a présenté requeste pour estre receu audict Hostel Dieu, à la recommandacion de monsieur le Premier Président, lequel a esté refusé, attendu qu'il est marié, et a esté résolu par la Compagnie qu'aulcun compagnon chirurgien dores en avant ne sera registré, que préalablement il n'aporte des certificatz des services rendus chez le maistre et qu'il ne soit trouvé capable.

En la présente année mil six cens quarante, sont gouverneurs et administrateurs de l'Hostel Dieu de Paris, et des maisons et hospitaulx de St Louys et St Marcel, messire Nicolas Lejay, chevalier, Premier Président en la Cour de Parlement, messire Nicolas de Bailleul, chevalier, président au mortier, messire René de Longueuil, Premier Président en la Cour des Aydes, messire Christophe Sanguyn, conseiller du Roy en ses conseilz d'estat et privé, monsieur Jacques Haslé, maistre des comptes et doyen d'iceulx en ladicte chambre, monsieur Perrot, conseiller de la ville de Paris, monsieur de Creil, bourgeois de Paris, monsieur Depoix bourgeois, monsieur Pietre advocat en parlement, monsieur Delahaye, monsieur Cramoisy, marchans bourgeois de Paris, lesquelz susditz s'assemblent tous les mercredis et vendredis de chacune sepmaine, au Bureau dudict Hostel Dieu, à dix heures du matin, pour vaquer à touttes les affaires, sauf sy par maladie ou affaires pressantes aulcuns ne sy peuvent trouver, et d'aultant qu'il est nécessaire, pour faciliter touttes affaires, que chacun à son esgard se charge particulièrement, et ayt ung soin spécial des poursuittes et administration du bien desdictz hospitaulx, et porter leur zèle à cette charité volontaire, se sont dispersez comme s'en suyt : lesdictz sieurs présidens Lejay, de Bailleul, de Longueuil, Sanguyn, et monsieur Haslé continueront s'il leur plaist leurs soings, employant leur pouvoir, crédit et auctorité aux plus grandes, importantes et sérieuses affaires des pauvres, soit envers le Roy, messieurs les ministres de l'Estat, au Parlement, Chambre des Comptes, Cour des Aydes, Trésor, Chastellet que partout ailleurs, quand besoing en sera, monsieur Perrot ayant fait sa retraite à l'hospital des Incurables, dépendant aussy pour l'administration desdictz sieurs Gouverneurs de l'Hostel Dieu, estant assez occupé audict hospital, il est par cette considération dispencé d'aucune charge dudict Hostel Dieu, ausquelles il ne pourroit vaquer, pour l'esloignement des lieux, néantmoings s'y emploiera touttes et quantes fois qu'il luy plaira; monsieur Decreil continuera d'avoir l'œul sur le sommelier, de faire faire provisions de vins en temps oportun, oultre ceulx qui se recueillent des vignes dépendant dudict hospital, comme aussy du vinaigre, verjus, cendre et gravelée, arrestera les estats dudict sommelier, les parties du vinaigrier, donnera les ordres pour les vendanges, et en arrestera tous les comptes, comme aussy du tonnellier et cendrier; monsieur Delacourt aura ung soing particulier de toutte la cuysine, et de ce qui en dépend, aura esgard que le despensier face son debvoir et tous les cuysiniers qui sont soubz sa charge, à ce qu'ilz donnent contentement aux pauvres mallades, arrestera les estats et comptes dudict despensier, tous les trois mois, comme aussy les parties du boucher, carpier, espicier, tant pour ce qu'il convient pour la cuysine que pour les médicamens, drogues, unguans et luminaire de cire, comme aussy les fournitures des œufs, bœurre fraiz et sallé, le pottier d'estaing, chaudronnier, les marchans de bois et charbon; monsieur Depoix aura soing de la panneterye, à faire les provisions de bledz, farinne, paille et autres choses nécessaires en cette office, faire venir des fermes dudict Hostel Dieu les bledz, avoines, foins, pailles et autres redevances, arrester les comptes des fermiers et ceulx de frère Francoys Pelletier, à présent pannetier, comme aussy de faire achaps de thoilles, plumes, coutilz, canevas, fil, draps, bures, serges, huisle à brusler et chandelle, et de faire et entretenir les lictz de bois, il aura pour adjoint monsieur Cramoisy, arrestera les parties du boullanger de petit pain, charron, cordier et mareschal; monsieur Piètre prendra le soing de tous les procès, instances et affaires du Parlement, requestes du pallais, chastellet, que aultres jurisdictions, et pour cet effect luy sera donné par les procureurs, greffiers et soliciteur, ung estat général de tous les procès, et ne feront rien que par son ordre, advis et conseil; messieurs Piètre et de la Haye auront esgard sur les médecins, apoticaire et chirurgiens, à ce qu'ilz soient soigneux de faire leurs visites aux heures commodes pour le bien des pauvres mallades, que ce qui leur sera ordonné soit executté par l'apoticaire, et que les chirurgiens fassent leur devoir de les penser à point nommé, et avec plus de soing que par le passé, fassent la visitte générale une fois par sepmaine, et feront payer les gages des prebtres et officiers à la fin de chacun quartier en Bureau; monsieur Cramoisy prendra garde particullièrement à l'office des acouchées, que la religieuse, la sage femme, l'aprentisse et la servante fassent leur devoir, comme aussy aura esgard sur les portiers et amballeurs, qu'ils tiennent tousiours les salles bien nectes, adsistera avec le sieur de la Haye à la visitte générallc des pauvres une fois par sepmaine, où le despensier les assistera, et congédiront tous les valetz et servantes des ofices qui n'ont acoustumé d'y estre, et ceulx qui n'ont pouvoir d'en avoir d'ordinaire. Lesdicts sieurs Delacourt, Despoix et Delahaye, oultre ce auront la charge de tous les bastimens, tant desdictz hospitaulx que des maisons de la ville, faulxbourgs, que des fermes des champs, ausquelles fermes ilz feront avec telz autres de messieurs les Gouverneurs qui y voudront aller, ung ou deux voyages par chacune année, au temps le plus commode, pour veoir et remédier aux réparations et nécessité de lieux, arresteront les comptes des massons, charpentiers, menuysiers, serruriers, plombier, couvreur, paveur de carreau et de gray, auront esgard sur tous ouvriers, qui ne feront ny ne fourniront aucune chose de conséquence sans l'ordre et le mandement de l'ung des sieurs, soit pour ledit Hostel Dieu, St Louys, St Marcel, que les maisons et héritages de la ville, faulxbourgs, que des champs. Lesdicts sieurs de Creil, Delacourt, Depoix, Pietre, Delahaye et Cramoisy, combien qu'ilz soient dispersez auxdictes charges séparément, néantmoins auront soing conjoinctement de l'esconomie desditz hospitaulx et de ce qui en dépend, à visiter journellement et veiller que tous les officiers, chacun en sa charge, fasse son devoir, que les religieuses surtout soient proches des mallades, pour les consoler et leur donner leurs nécessitez, les tiennent le plus proprement que faire ce pourra, sans habandonner les salles et leurs offices, comme elles font trop librement, feront donner par le despensier, pannetier, sommelier et autres, ce qui leur est ordonné, tant pour les mallades que les officiers, les hommes d'église feront leurs visites dans les salles des mallades plus souvent que par le passé, pour donner aux pauvres les sacremens et consolations nécessaires, et pour empescher ceulx qui par dévotion et charité visitent souvent la Maison dores en avant de s'en plaindre, les fréquentes visites que mesdicts sieurs se sont promis de faire audict Hostel Dieu empescheront le désordre des officiers, que Dieu en sera d'aultant plus glorifié et les pauvres mallades beaucoup mieulx secourus et adsistez, ne sera inové chose quelconque audict Hostel Dieu ny ailleurs, tant au Spirituel que Temporel, par qui ce soit sinon par l'ordre du Bureau, à peyne de nullité et d'estre blasmé. Et bien que chacun de Messieurs ayent partagé, comme dit est, les charges et affaires pour en avoir ung soing particullier, néantmoins pourront tous avoir l'œuil sur ce qu'ilz croiront et jugeront estre à faire pour le bien et l'advantage de la Maison, et pour le soullagement les ungs des autres, en cas d'absence, et pour empescher le désordre et la confusion, feront lesdicts sieurs séparément leur raport au Bureau, aux jours ordinaires, de ce qui dépendera chacun de sa charge, pour y estre pourveu par la Compagnie, selon qu'elle jugera à propos, car ainsy a esté arresté, proposé et résolu par mesdicts Sieurs, et que le présent estat sera enregistré sur le livre des délibérations du Bureau, pour y avoir recours à l'advenir et tenir toutte chose en bon ordre.

En l'assemblée de messieurs les Gouverneurs et administrateurs de l'Hostel Dieu de Paris, tenue au Bureau, a esté proposé concud et arresté ce qui ensuit : que l'huissier dudict Bureau sera soigneux de se rendre en icelluy, aux jours ordinaires, entre neuf et dix heures du matin, et n'y laissera entrer qui que ce soit, sans préalablement en advertir la Compagnie. Le greffier fera dans six sepmaines ung estat général de tous les procès, en quelque juridiction qu'ilz soient, lequel il mettra ès mains de M. Piètre avec lequel il conférera particulièrement d'iceulx, pour et par son advis les mettre en estat de juger, ou y faire ce qu'il jugera à propos. Sera tenu ledict greffier escrire sur son livre journal touttes les délibérations, arrestez, accordz, baulx, reiglements et touttes aultres affaires qui auront esté résolues, et le subséquent jour de Bureau, représentera son registre, sur lequel il aura mis au net tout ce que dessus, aussytost que deux de Messieurs seront arrivez qui auront assisté aux délibérations, pour estre par eulx à l'instant signé et paraphé, après en avoir fait la lecture tout hault. Comme aussy sera soigneux, tous les jours de Bureau, de faire son rapport à la Compagnie de l'estat des procès et affaires les plus pressantes, pour délibérer sur icelles, et y aporter le remède convenable. Délivrera au nottaire l'extrait de tous les baulx des maisons, fermes et héritages appartenant audict Hostel Dieu, tant de la ville, faulxbourgs, que des champs, sytost qu'ils seront résolus et arrestez avec les preneurs, et aussy de tous aultres actes qui requerront son ministère, que ledit nottaire expédiera promptement, après touttefois les avoir monstrez au sieur Delacourt à ce commis, pour en certifier le Bureau, et le receveur aura soing de les retyrer et faire retyrer dudit nottaire par les parties qui le contenteront raisonnablement, ou de l'advancer pour eulx et s'en faire rembourser, lequel receveur raportera au jour de Bureau suivant lesdicts actes en forme, les présentera à la Compagnie, pour estre registrez par les sieurs Delahaye ou Cramoisy, à ce commis. Le soliciteur ne fera aultres affaires de l'Hostel Dieu que les procès, et celles que Messieurs luy ordonneront, dont il se rendra plus soigneulx que par le passé, et fera son rapport à la Compagnie, tous les jours de Bureau, de ce qu'il aura avancé en iceulx de jour à aultre, et veillera sur le maistre clerc du procureur, à ce qu'il avance les affaires et procès, auquel sera baillé une somme d'argent pour y satisfaire. Et pour avancer les affaires et procès pendans au Parlement, a esté résolu que le receveur fournira au maistre clerc du procureur, suivant l'ordonnance du Bureau, la somme de cent livres pour subvenir aux fraiz qu'il convient faire journellement, dont il fera ung mémoire, qui sera certifié par ledict procureur son maistre, puis mis ès mains de monsieur Piètre, qui, prend le soing particullier de telles affaires. Et pour la conservation du bien des pauvres, et l'augmenter tant qu'il sera possible, il a esté résolu que la Compagnie s'assemblera extraordinairement au Bureau ung des jours de la première sepmaine de chacun mois, tel que l'on conviendra, en l'ung des jours ordinaires, où le recepveur, les procureurs de la cour et du Chastellet et soliciteur se rendront pour rendre raison chacun de sa charge. Sera faict trois tables en parchemyn, mises en tableaux, en l'une desquelles seront touttes les maisons appartenantes audict Hostel Dieu, sises en la ville et faulxbourgs, les logis et eschoppes, la scytuation, par qui occupées, pour quel temps et à quel prix. En l'autre seront touttes les maisons, fermes et héritages de la campagne appartenant audict Hostel Dieu, le territoire, dépendance, par qui occupées, pour quel temps et à quelle condition. Et en l'autre et dernière seront mentionnées touttes les rentes, tant sur la ville que particullière, pour en faire pourchasser le payement à temps.

Cedict jour (25 mai) sur la plaincte faicte au Bureau que la relligieuse de la couche prent et exige des pauvres femmes grosses et accouchées de l'argent, pour coucher plus tost dans des lictz que dans des aultres, qu'elle vend les langes, couches, bandes et despouille des enfans qui décèdent, qu'elle leur fait payer le droit de bois, et que du tout elle n'en tient aulcun compte au Bureau, la Compagnie a fait deffenses à ladicte relligieuse de demander ny recevoir aulcune chose de ses pauvres femmes.

La Compagnie (25 mai) a ordonné que les médecines et aultres remèdes seront baillées à tous les malades, selon l'ordonnance des médecins, à cinq heures du matin l'esté, et à six heures en hyver, et deux heures après les bouillons, que Bastien, portier, et son compagnon demoureront tousiours à la porte pour empescher que ceulx ou celles qui vont visiter les malades n'y portent pain, vin, fruictz, patisseryes et aultres choses qui les perd et empesche de guérir, et pour visiter tous ceulx qui sortent, qui emportent pain, viandes, linges et aultres choses de la maison.

Cedict jour (6 juin) a esté ordonné que messieurs Delahaye et Cramoisy suppliront monsieur l'archevesque de Paris, de la part de la Compagnie, de commettre qui bon luy semblera pour bényr l'église et cymetière sainct Louys.

Cedict jour (27 juin) a esté ordonné que l'on laissera juger le procès qui est au raport de monsieur Ferrand, conseiller de la grande chambre, touchant les esgouts de la porte de Montmartre, et que l'on ne doibt faire aulcun acord avec ceulx qui en ont le don du Roy, attendu qu'ilz ne peuvent rien prétendre au bien des pauvres.

Cedict jour (11 juillet) la Compagnie a permis à Dever, chirurgien en cette ville, demeurant rue de la Verrerye, d'aler à l'office des acouchées, pour aprendre à acoucher les femmes grosses, à la charge qu'il ne couchera point en la maison dudict Hostel Dieu, et ce moyennant trois cens livres qu'il a donnés audict Hostel Dieu.

Cedict jour (12 avril 1641) la Compagnie, désirant faire inventorier plusieurs tiltres dudict Hostel Dieu, qui ne l'ont point esté, et faire recoller les inventaires, et rendre le tout au meilleur ordre qui se pourra, elle a commis à ce faire maistre Jacques Coignet, advocat en Parlement, qui a cy-devant esté employé en pareille affaire par plusieurs communaultez, auquel ladicte Compagnie a promis de donner pour ses salfaires vingt escus par mois, pour toutes choses, à la charge qu'il travaillera cinq heures par jour, à quoy il s'est contenté.

Cedict jour (5 juin) la Compagnie a receu maistre Françoys Goujon, soubz diacre servant audict Hostel Dieu, pour estre maistre des enffens de grandmaire.

Cedict jour (10 juillet) a esté aporté au Bureau une sentence de la police, contre tous ceulx qui travaillent les jours de dimanche et festes commandées en l'église, aplicables partie à l'Hostel Dieu.

Cedict jour (20 novembre) la Compagnie ayant sceu que monsieur le procureur général Molé avoit eu et pris place de Premier Président au Parlement, le jour d'hier, il fut résolu que la Compagnie yroit le saluer, et que monsieur Haslé, doyen de messieurs les maistres des comptes, porteroit la parolle, et que l'on scauroit de luy s'il avoit agréable de prendre place au Bureau, en qualité de maistre et administrateur du temporel de l'Hostel Dieu de Paris, luy ayant communiqué qu'il y avoit trois places vacantes, par les décedz de monsieur le Premier Président le Jay, son prédécesseur, de monsieur le Président Sanguyn, et de monsieur Perrot, conseiller de la ville, et entien eschevin, et fait entendre la forme qui s'observoit en tel cas; ce que fait, ledict sieur Premier Président auroit très volontairement accepté ladicte charge, et désiré que l'on y procedast à l'ordinaire, au moyen de quoy ladicte Compagnie, retournée au Bureau, auroit commis messieurs Piètre et Delahaye pour se transporter à l'Hostel de Ville pour déclarer à messieurs les Prévost des marchans et eschevins ce qui avoit esté fait de leur part, pour l'acheminement de cette action, ayant à présenter et nommer au Parlement ceulx qui estoient à recevoir en cette charge, pour y prester le serment de la bien et fidèlement exercer, et qu'il avoit esté advisé, audict Bureau de l'Hostel Dieu, que ledict seigneur Premier Président fut le seul nommé et présenté pour après recevoir les deux aultres, que l'on esliroit, l'ung desquelz estoit comme arresté, qui estoit monsieur Robineau, à remplir la place de monsieur Perrot, urgente, ou celle de feu seigneur président Sanguyn ne pressoit pas tant, ce que lesdits sieurs Prévost des marchans et eschevins ayans trouvé bon, et le tout raporté au Bureau par ledicts sieurs Pietre et Delahaye, ilz auroient esté de rechef commis d'en advertir ledict seigneur Premier Président et monsieur le président de Bellièvre, avec monsieur le procureur général, ce qu'ayant esté fait, le serment et réception dudict seigneur Premier Président auroit esté fait par ledict seigneur Président de Bellièvre, après quoy ledict seigneur Premier Président auroit receu et fait prester le serment audict sieur Robineau, selon les actes qui ont esté levez du Parlement, dont la teneur ensuit : « Cedict jour les gens du Roy, messire Omer Talon, advocat dudict seigneur, portant la parolle, ont dit à la Cour que les Prévost des marchans et eschevins de cette ville et les administrateurs de l'Hostel Dieu estoient au parquet des huissiers, sur la nomination à faire à la Cour d'ung administrateur dudict Hostel Dieu, en la place de défunct monsieur le Premier Président; à l'instant messire Mathieu Molé, chevalier, Premier Président, s'est levé et retyré au greffe, les Prévost des marchans et eschevins faictz entrer, ensemble lesdictz administrateurs de l'Hostel Dieu, ledict Prévost des marchans a dict qu'ilz avoient nommé pour administrateur dudict Hostel Dieu ledict messire Mathieu Molé: les gens du Roy ouys et eulx retyrez, et aussy lesdictz Prévost des marchans et eschevins et administrateurs, la matière mise en délibération, a esté arresté que ledict sieur Molé sera receu, et à l'instant adverty est rentré, a fait le serment acoustumé, et a esté receu par ledict procureur général, lesdictz prévost des marchans et eschevins et administrateurs, pour ce derechef mandez. Faict en Parlement, le septiesme décembre mil six cens quarante et un » Monsieur Perrot sieur de Chesneau estant aussy décédé en l'hospital des Incurables, messieurs les Gouverneurs de l'Hostel Dieu, après l'enterrement et service, solennellement fait audict hospital, lesdictz sieurs auroient commis messieurs Piètre et Gramoisy pour en donner advis à son Éminence cardinalle de la Rochefoucault, principal fondateur dudict hospital, et l'advertir que le Bureau en prenoit le soin, tel qu'il pouvoit désirer, et qu'il se présentoit une personne singulière en dévotion, probité et mœurs, honneur, et de moyens, pour remplir la place dudict deffunct, et soubstenir le mesme zèle, charité et affection qu'il avoit eue en l'establissement, conduicte et direction dudict Hospital, mais que pour l'heure, il ne se nommoit point encores, ne voullant esclatter, devant une pleine et entière confirmation qu'il atendoit de la grâce de Dieu, et espéroit d'obtenir des prières de gens de bien, qu'il emploiroit à cet effect, ce qui pleut de telle sorte à sadicte Éminence cardinalle, qu'il en fut très joyeulx, et remercya ledict Bureau du soing qu'il en prenoit, et se présentant l'occasion de mettre en la place de feu monsieur le Premier Président Lejay, monsieur son successeur, qui est aujourd'huy monsieur le président Molé, cet affaire, qui se traictoit devant ses lettres receues du Roy, luy estoient communicquées incontinant qu'il fut salué de la part dudict Bureau, et à luy déclaré le nom dudict sieur Robineau, conseiller et secrétaire du Roy et de ses finances, intendant de la maison de monsieur de Liencourt, premier gentilhomme de la chambre de Sa Majesté, comme il avoit esté fait audict Bureau, il n'y eust personne qui n'en fust très contant, et sans différer après la réception dudict sieur Premier Président, et serment presté par luy, luy-mesme feit faire pareil serment audict sieur Robineau, et au mesme instant après séance audict Bureau, où il tesmoigna que son desseing estoit de suivre la piste, trace et vestige dudict défunct sieur Perrot, tant que Dieu luy en donnera la force et vigueur.

Cedict jour (21 février 1642) se sont trouvez au Bureau les sieurs Moreau, Dupré et Capon, docteurs en la Faculté de médecine, et ordinaires médecins dudict Hostel Dieu, avec les sieurs Pineau et Hébert, chirurgiens, Menand et Fromentin, barbiers chirurgiens, mandez selon l'ordre dudict Bureau, pour examiner Jacques Haran et Bonaventure Guyart, compagnons chirurgiens, qui se sont présentez pour penser les pauvres mallades en leur profession, au lieu et place de Jean Milot, qui auroit acompli plus que son temps de service en ladicte charge, l'examen fait, assavoir qui des deux présentés seroit plus capable et propre audict service, ledict Haran l'auroit emporté tout d'une voix, qui retiré de ladicte Compagnie, avec ledict Girard, seroient rentrez, ausquels mondict seigneur Premier President Molé auroit déclaré la résolution de la Compagnie de recevoir ledict Haran en ladicte charge.

Cedict jour (26 février) la Compagnie, désirant faire travailler aux salles de l'infirmerie et offices du réfectoire, attendu le péril éminant qui y estoit, et faire les eslévations au dessus dudict réfectoire, gallerie et escalliers nécessaires pour monter aux grandes salles des mallades, elle auroit mandé les sieurs Gamard et Dublet, masson et charpentier dudict Hostel Dieu, qui auroient aporté à ladicte Compagnie les plans, desseings, devis et calculs qui ont esté paraphez par ledit sieur Delacourt *ne varietur*.

Cedict jour (4 juillet) est comparu au Bureau Mathurin Ménard, prebtre demeurant audict Hostel Dieu, lequel s'est soubmiz d'aller aux hospitaulx de St Louys et St Marcel, adsister les mallades de contagion, quand l'occasion se présentera, et qu'il sera commandé à ce faire par ses supérieurs, et a signé.

Cedict jour (4 juillet) a esté ordonné que les six mille livres qui sont dans la Tournelle, et la vaisselle d'argent de défunct monsieur Perrot, seront baillez à monsieur Robineau, pour estre par luy employez aux nécessitez de l'église et hospital des mallades Incurables suivant l'intention dudict défunct sieur Perrot.

Cedict jour (6 août) a esté ordonné que, le jour de la feste de Nostre Dame, il sera fait des recommandations aux paroisses, par les prédicateurs, pour avoir de viel linge pour penser les navrez.

Cedict jour (12 septembre) a esté ordonné que le garson qui est en l'office de la pouillerye dudict Hostel Dieu fera dire à tous les mallades qui sortiront dudict Hostel Dieu, en leur baillant leur habit, ung *pater noster* et ung *ave maria* pour l'âme dudict défunct sieur Renouard, suivant qu'il l'a ordonné par son testament.

Cedict jour (17 septembre) a esté ordonné que le corps du milord anglois, mort audict Hostel Dieu, sera embaumé par les médecins et chirurgiens dudict Hostel Dieu.

Cedict jour (10 décembre) est venu au Bureau Charles Seminant, bourgeois de Paris, demeurant aux faulxbourgs St Germain, rue Neufve des Fossez, entre la porte de Bussy et Saint Germain, où pend pour enseigne la hutte de France, pour sçavoir quelz frais l'Hostel Dieu a faictz pour le défunct major anglois qui est décedé audict Hostel Dieu, pour y donner satisfaction.

Cedict jour (6 mai 1643) a esté permis à Haran, chirurgien dudict Hostel Dieu, d'acoucher les femmes grosses dudict Hostel Dieu, et aussy de tailler les mallades de la pierre, en la présence touteffois des maistres opérateurs en cet art, et par le bon vouloir de la mère Prieure.

Cedict jour (22 mai) sur la plaincte faite au Bureau, par les voysins du petit pont de nostre Dame, de ce que l'on gettoit des pailles provenans des lictz des mallades soubz le petit pont, qu'on la faisoit puis après brusler, ce qui pouroit causer une incendie, et mettre le feu aux maisons voysines, suplie la Compagnie d'y pourvoir, sur quoy ladicte Compagnye a arresté que dores en avant, quant on vuydera les lictz des mallades, le despensier fera venir ung batteau, dans lequel seront mises lesdictes pailles, pour aller mener et porter ailleurs.

Cedict jour (20 juillet) monsieur Robineau a raporté à la Compagnie avoir conféré avec le sieur Franchine des regardz et bastimens qu'il convenoit faire pour la conduicte de l'eau qui a esté donnée par la Royne à l'hospital des Incurables, et qu'il est à propos que l'on accommode ledict hospital de sept quartiers de terre, apartenant audict Hostel Dieu, qui sont voysins du regard de Luxembourg, où se doit prendre ladicte eaue, et affin que ledict Hostel Dieu ne reçoive point de préjudice dans la vente desdicts sept quartiers, quoyqu'ilz ne soient louez et affermez que douze ou quinze livres au plus par an, néantmoins, pour faire l'advantage du bien des pauvres, ledict sieur Robineau a offert d'en bailler la somme de seize cens livres, pour employer aux bastimens dudict Hostel Dieu, et la Compagnie a accepté ladicte offre.

Cedict jour (5 août) a esté remis l'adjudication du greffe d'Orléans, pour ce qui en apartient audict Hostel Dieu, au premier jour.

Cedict jour (2 octobre) a esté arresté que le serviteur de monsieur Dameron aura soing de faire lascher les chiens de l'hospital de St Louys le soir, pour la nuict, et le landemain du matin les enfermer, auparavant que les ouvriers ou autres personnes aillent audict hospital.

Cedict jour (18 décembre) il a esté arresté que dores en avant il sera baillé aux acouchées une volaille au matin et une au soir.

19e REGISTRE. — ANNÉES 1644 À 1646.

Cedict jour (8 janvier 1644) sur la requeste faicte à la Compagnie par Haran, chirurgien dudict Hostel Dieu, de ce qu'il est impossible aux compagnons chirurgiens dudict Hostel Dieu de subvenir aux fraiz qu'il leur convient faire, pour refaire et émoudre les lancettes dont ilz se servent pour les mallades, qui est cause qu'ilz font de mauvaises seignées avec des lancettes touttes emoucez, dont il arrive de grandz inconvenientz, supliant la Compagnie d'y pourvoir, et de leur donner moyen d'achepter des lancettes, et pour refaire les vieilles, sur quoy la Compagnie ayant mis l'afaire en délibération, a ordonné qu'il sera fait marché avec ung coustellier, pour refaire lesdictes lancettes, et pour leur en fournir ung certain nombre par mois.

Cedict jour (22 avril) sur la requeste présentée à la Compagnie par Jean Segaud, chirurgien à Grenoble, à ce qu'il pleust à ladicte Compagnie de luy permettre d'aller à la salle des acouchées, pour veoir acoucher les femmes, pour aprendre à survenir aux mauvais acouchemens dans ladicte ville de Grenoble, où il fait sa demeure, et qu'il donneroit en faveur des pauvres telle somme que ladicte Compagnie adviseroit, sur quoy l'afaire mise en délibération, a esté accordé audict Segaud d'aller veoir faire lesdicts acouchemens pendant trois mois, moyennant six pistolles par luy données audict Hostel Dieu, à la charge qu'il n'y pourra demourer la nuyct, sy ce n'est qu'il arrivast quelque mauvais acouchement qui fut arrivé le jour précédent.

Cedict jour (22 avril) sur ce qui a esté raporté au Bureau par les médecins et chirurgien dudict Hostel Dieu, que depuis quelques jours trois personnes ont esté taillez de la pierre audict Hostel Dieu, que la taille a esté parfaictement bien faicte, et pour continuer ce bonhœur il dépend d'avoir ung lieu qui soit sain et commode, pour refaire les playes, que le Bureau avoit résolu d'une salle, laquelle n'est pas saine et qui pouroit aporter empeschement à la guérison desdictz mallades, et qu'il seroit nécessaire de choisir ung autre lieu, sur quoy l'affaire mise en délibération, la Compagnie a ordonné que la salle neufve, que l'on a destinée pour mectre les officiers mallades de la maison, sera prise pour mettre et penser les taillez de la pierre, pour estre commode à cet effect, et a ladicte Compagnie nommé messieurs Delahaye et Cramoisy pour exécutter en bref la présente ordonnance.

Cedict jour (8 juin) a esté ordonné que la rue, qui est sur le point d'estre faicte proche l'hospital des Incurables, s'apellera *la rue des Incurables*, et sera faicte selon le devis et desseing fait et dressé par M. Christophle Gamard, et que le greffier du Bureau le paraphera *ne varietur*.

Cedict jour (4 novembre) la Compagnie a arresté que maistre Françoys Hyeraulme, pour ce mandé, n'exercera plus la recepte de l'Hostel Dieu qui est à faire des deniers courrans, du passé et de l'advenir, luy a fait deffenses d'en rien toucher ne recevoir, sauf l'examen des comptes qu'il rendra des années précédentes, par les voyes de droit, incessamment, et au lieu et place dudict Hyeraulme ladicte Compagnie a commis maistre Anthoine Bource, pour de ce jour en trois mois prochains, recevoir les deniers, cens et rentes qui sont deubz et sont à payer audict Hostel Dieu, et en donner acquits et quittances valables, en rendre bons et fidelz estatz, de sepmaine en aultre, et de mettre les deniers qui resteront ou qui viendront de bon en somme notable, selon les legs qui se feront audict Hostel Dieu, en et au dedans la tour dudict Bureau, soubz les clefz d'icelle tour, dont les deniers ne seront tirez qu'en la présence de l'ung ou deux desdicts sieurs Gouverneurs.

Cedict jour (14 décembre) sur ce que le despencier dudict Hostel Dieu a remonstré à la Compagnie que Jean Badinier, marchant, demeurant en la ville de Joigny, avoit chargé en ses batteaulx du charbon pour la provision dudict Hostel, mais qu'il n'osoit se monstrer, de crainte d'estre mis prisonnier, pour la taxe à laquelle ladicte ville de Joigny a esté *imposée pour le joyeulx advènement à la couronne*, suplie la Compagnie d'y pourvoir, attendu la grande nécessité que ledict Hostel Dieu avoit dudict charbon, sur quoy ladicte Compagnie a ordonné que monsieur le surintendant sera très humblement suplié de donner ung sauf conduict audict Badinier, de quinzaine, pour faire la livraison audict Hostel Dieu dudict charbon, et luy remonstrer la nécessité en laquelle sont les pauvres mallades dudict charbon.

Cedict jour (18 janvier 1645) sur la résolution prise avec monseigneur le Premier Président d'accomplir le nombre de douze Gouverneurs portée par l'arrest de la Cour, ayant besoing d'une personne agissante dans le tracas des affaires du dehors et de dedans, à se secourir les ungs les aultres en ce travail actuel, où aultrefois se seroit signallé *feu monsieur Sainctot, de bonne mémoire, que d'en prendre de ce tige l'on ne seroit point trompé*, et entre messieurs ses enffans, monsieur Nicollas Sainctot estant homme à ce service, seroit bien leur fait, s'il l'avoit agréable, comme l'on le croiroit, ce que chacun, tous d'une voix, auroient aprouvé et commis messieurs Depoix et Delahaye pour le faire entendre à Messieurs le président Lebailleul et de Maisons, et à monsieur Haslé, doyen de Messieurs les maistres des comptes, qui ne se seroient trouvez en Compagnie de ce jour, le raport faict de leur advis et de l'acceptation dudict sieur Sainctot, Messieurs Pietre, Delahaye et Cramoisy auroient esté priez de faire sçavoir le tout à monsieur le procureur général et à Messieurs les Prévost des marchans et eschevins, pour se tenir prestz à la présentation dudict sieur Sainctot au Parlement, et à la prestation de serment dudict sieur Sainctot.

Cedict jour (17 mars) madame Lamoignon et aultres dames, officières de la Compagnie de la Charité des pauvres enffans trouvés, sont venues au Bureau aporter coppie d'ung arrest de la Chambre des comptes, rendu le xxx. jour de décembre mil vi^{c}xliiij., par lequel ladicte Chambre a ordonné que la somme que le Roy a donné par forme d'aulmosne ausdictz enffans trouvez, sera payée et mise ès mains du receveur général de l'Hostel Dieu, par sa quittance, qu'il sera tenu de fournir à la dame qui sera nommée par les dames officières de ladicte Compagnie, supliant lesdictz sieurs Gouverneurs de vouloir agréer et satisfaire aux clauses et conditions portées par ledict arrest, sur quoy l'affaire mise en délibération, la Compagnie a agréé et promis satisfaire audict arrest, dont la teneur en suit : Veu par la Chambre les lettres patentes du Roy, en forme de chartres, données à Ruel, au mois de juing de la présente année mil vi^{c}xliiij., signées Louys, et sur le reply, par le Roy la Royne régente, par lesquelles et pour les causes y contenues, sa Majesté a donné transporté et délaissé, aux pauvres enffans trouvez de cette ville de Paris, par forme d'aulmosne, la somme de huict mil livres de rente par chacun an, à commancer à en jouyr du premier janvier de la présente année, à prendre ladicte rente sur les cinq grosses fermes, à estre employées à la nourriture desdictz enffans trouvez, sans pouvoir estre divertis ailleurs, lesquelz huict mil livres de rente elle veult estre receue par la trésorière de la Charité d'iceulx enffans trouvez, ainsy que le contiennent lesdictes lettres, arrest de ladicte Chambre intervenu sur icelles, le xxvij. jour dudict moins de juing dernier, par lequel elle auroit ordonné qu'après qu'il seroit aparu des lettres d'establissement de la Charité desdictz pauvres enffans trouvez, comme aussy de l'employ de la somme de xlv. mille livres à eulx devant données par lettres patentes du iiij. aoust m.vi^{c}xlij., seroit fait ce que de raison, aultres lettres patentes du mois de juillet audict an, registrées à ladicte Chambre, du don faict par Sa Majesté de la somme de iiij. mil livres par chacun an, ausdictz enffans trouvez, pour leur nourriture et entretenement, et des filles et servantes de ladicte Charité, estat de la despence faicte pour la nourriture et entretenement desdictz enffans pendant les années mil six cens quarante deux, quarante trois et jusques au iiij. septembre mil six cens quarante quatre, signé enfin Marie Deslandes et Marie Deffita, supérieure et tresorière de ladicte Charité, requeste présentée à ladicte chambre par dames...... veufve de feu sieur Lamoignon, vivant président en la Cour de Parlement, et Vielle, trésorière et aultres officières de ladicte Compagnie, à ce que, attendu qu'il avoit esté satisfait audict arrest du xxvij. juing dernier, par ledict estat de despence raporté, montant à plus de iv. mil livres, et qu'il ne pouvoit estre raporté aulcunes lettres d'establissement dudict hospital de la Charité, n'y ayant encores à présent aulcune Maison, qu'une de louage, il luy pleust proceder à la vériffication pure et simple desdictes lettres, du mois de juing dernier, tout considéré, la Chambre a ordonné et ordonne lesdictes lettres estre registrées, pour estre lesdictes huict mil livres payez par forme d'aulmosne, pendant neuf années, ès mains du receveur général de l'Hostel Dieu de cette ville de Paris, par sa quittance qu'il sera tenu de fournir à la dame qui sera nommée par les dames officières de la Compagnie de la Charité des enffans trouvez, laquelle les employera à la nourriture et entretenement, d'iceulx enffans trouvez, et non ailleurs, et mettera ès mains dudict receveur général une copie de l'estat qu'elle rendra, par chascun an, ausdictes dames officières, desdictz enffans, pour estre ledict estat raporté par ledict receveur général, au compte qu'il rendra par devant les maistres administrateurs dudict Hostel Dieu, faict le trentiesme jour de décembre mil six cens xliiij. signé Bourlon.

Cedict jour (15 avril) est comparu au Bureau M. Bastien, chapelain de l'hospital de Saint Marcel, lequel a donné advis à la Compagnie que mademoiselle Polaillon et aultres dames estoient venues audict hospital, luy dire que l'intention de la Royne estoit de s'ayder dudict hospital.

Cedict jour (7 avril) est comparu au Bureau dudict Hostel Dieu Jean de Heviterne, vallet de chambre de monsieur Danetz, ayant entrepris avec madame de la Molière la thuillerye du faulxbourg de St Germain, lequel a suplyé la Compagnie de luy permettre de continuer à faire travailler en ladicte thuillerye, nonobstant la deffence qui luy a esté faicte par arrest de la Cour de Parlement, rendu à la requeste de la Compagnie, attendu que ladicte thuillerye ne peult en aucune fasson incommoder l'hospital des Incurables, sur quoy ladicte Compagnie ayant ouy le raport qui luy a esté fait par monsieur Delahaye, qui a raporté que ladicte thuillerye ne peult pas faire grand préjudice et incommodité, attendu la grande distance et esloignement des lieux, s'est pourquoy elle a permis audict Viterne de faire parachever ladicte thuillerye.

Cedict jour (7 avril) la Compagnie a prié Messieurs Cramoisy, Robineau et Sainctot, pour veoir monsieur le Premier Président, pour l'advertir que mademoiselle de Poulaillon et aultres dames sont allées à l'hospital de Saint Marcel, advertir M. Bastien, concierge dudict hospital, que la Royne alloit faire mettre des ouvriers pour joindre ledict hospital aux relligieuses du Val de Grâce, pour sçavoir comme l'on se comporteroit à ladicte affaire, et en faire raport à la Compagnie.

Cedict jour (9 juin) a esté ordonné qu'il sera fait des publications aux prosnes des églises des paroisses, tant de cette ville de Paris, que faulxbourgs, que tous ceulx qui voudront faire laiz et aulmosnes tant à l'Hostel Dieu de Paris que à l'hospital des Incurables, ilz pourront s'adresser au Bureau dudict Hostel Dieu, devant le parvis Nostre Dame, proche de Saint Christophle, où Messieurs les Gouverneurs s'assemblent le mercredy et vendredy, depuis les dix heures du matin jusques à midy, et tous les aultres jours ilz se pourront adresser à frère Jean Bourgeois, prebtre, soubz maistre dudict Hostel Dieu, et y demourant, qui recevra lesdictz laiz et aulmosnes et en baillera acquict et descharge.

Cedict jour (21 juillet) a esté ordonné que la fondation faicte par monsieur Fiebet trésorier de l'espargne sera imprimée, et que l'on obtiendra lettres patentes du Roy pour la faire omologuer au Parlement, que l'on fera, par mesme moyen, imprimer des billetz, par lesquelz sera fait mention de ladicte fondation, à ce que les femmes et filles qui sortiront dudict Hostel Dieu sçachent l'intention de ladicte fondation, et qu'elles puissent aller au logis où fait sa demeure la dame Circamanen, sy elles en ont la vollonté, lesquelz billetz ainsy imprimez seront baillez au chapellain qui tient le registre des mallades, à ce qu'il ayt à en bailler ausdictes femmes et filles qui sortiront audict Hostel Dieu.

Cedict jour (23 août) est venu au Bureau le fermier du pont dudict Hostel Dieu, lequel s'est plainct de ce que les jours que l'on chante le Te Deum à Nostre Dame, l'on l'empesche de prendre le droict sur le pont, sur quoy la Compagnie a prié monsieur Sainctot de veoir monsieur de Guénégault, pour faire délivrer une ordonnance au fermier dudict pont.

Cedict jour (1ᵉʳ septembre) a esté ordonné à maistre Christophle Gamard de dresser les plans et dessins, pour faire et construire une salle pour les mallades, en la rue de la Bûcherie, de les communiquer à monsieur Sainctot, pour les raporter à la huictaine au Bureau, pour adviser à ce qui est à faire pour la construction de ladicte salle.

Cedict jour (27 octobre) a esté ordonné que le menuysier dudict Hostel Dieu achettera des aiz, pour mettre aux cloisonnages qui sont à faire sur le pont, et qui serviront à faire ung eschafault pour veoir la cérimonie du mariage de la Royne de Poullongne.

Cedict jour (27 octobre) a esté ordonné à Bigot d'aller par touttes les maisons apartenant audict Hostel Dieu, sises à la rue Neufve, et devant Nostre Dame, et advertir les locataires de garder la première chambre pour Messieurs les Gouverneurs dudict Hostel Dieu, pour veoir la cérimonie le jour du mariage de la Royne de Poullongne, et d'en aporter la clef au Bureau dudict Hostel Dieu, le jour d'auparavant.

Le vendredy xv. jour de novembre mil six cens quarante cinq, en l'assemblée au Bureau, pour les affaires dudict Hostel Dieu, monseigneur le Premier Président auroit dit qu'il estoit nécessaire de faire eslection de quelque bon bourgeois, pour administrateur dudict Hostel Dieu, au lieu de feu monsieur de Creil, et pour ce faire, auroit proposé monsieur Perichon, cy devant receveur général des pauvres, et bien qu'il fut incogneu à aulcuns de messieurs, néantmoings la Compagnie en est demourée d'acord.

Cedict jour (24 novembre) la Compagnie, désirant en tout ce qui luy sera possible aporter du mesnage en la despence dudict Hostel Dieu, auroit mandé les médecins et chirurgien dudict Hostel Dieu, ausquelz elle auroit fait entendre la grande et excessive despence que ledict Hostel Dieu faisoit journellement en l'achapt de drogues, médicamens et compositions, qui leur estoient fournies, à ce qu'ilz eussent à faire ung mémoire exact de ce que pourroient couster lesdictes drogues en les faisant faire en la Maison.

Cedict jour (2 mars 1646) la Compagnie a commis monsieur Sainctot, pour veiller aux bastimens que l'on est en terme de faire pour la construction d'ung hospital de la Santé, aux faulxbourgs de Sᵗ Marcel, et aussy pour le recouvrement de la somme de *cent mil livres* que la Royne a offert de fournir la présente année, pour estre employée audict hospital.

Cedict jour (9 mars) a esté ordonné que maistre Christophle Gamard yra veoir les terres destinées pour la construction de l'hospital de la Santé, faulxbourg Saint Marcel, et scaura le prix d'icelles et en donnera advis à monseigneur le Premier Président.

Cedict jour (23 mars) a esté offert aux particulliers qui ont des terres au lieu destiné pour bastir ung hospital de la Santé, du costé de Sᵗ Marcel, pour les terres pleynes et pour celles fouillées, quatre cens livres l'arpent, qui n'ont voulu accepter.

Cedict jour (7 décembre) Mathurin de Lespine, prebtre demourant au cloistre de Sᵗ Benoist, a esté présenté par monsieur le Maistre quant au spirituel dudict Hostel Dieu, pour maistre de grand'maire des enffans dudict Hostel Dieu.

20ᵉ REGISTRE. — ANNÉES 1647 À 1649 (17 NOVEMBRE).

Cedict jour (20 février 1647) sur ce que monsieur Sainctôt a raporté à la Compagnie qu'il y avoit ung homme d'armes de la Compagnie de la Royne prisonnier pour avoir déserté l'armée, et qu'il avoit esté condamné en six vingtz livres d'amande envers l'Hostel Dieu, de laquelle il sera mal aisé d'en estre payé, sy ce n'est par quelque composition.

Cedict jour (20 mars) a esté ordonné qu'il sera présenté requeste au Parlement pour faire sortir les tripiers et taincturiers de la rue de la Bûcherie, et pour faire desmolir leurs eschaudoirs et fourneaulx.

Cedict jour (29 mars) est comparu au Bureau le secrétaire de monsieur le duc d'Astry, qui a promis de payer dans le jour de Pasques prochain ce dont il est redebvable à l'hospital des Incurables, pour les pentions de défunct monsieur le cardinal de Larochefoucauld.

Cedict jour (24 mai) a esté ordonné qu'il ne sera baillé aulcun argent à maistre Christophle Gamard, qu'il n'ayt esté arresté ung compte avec luy des deniers qu'il a receuz, pour les ouvrages qu'il a faictz à la construction des arches qui sont à faire, pour joindre à la rue de la Bucherie.

Cedict jour (3 juillet) a esté ordonné que maistre Christophe Gamard fera le mur pour séparer la maison de Saint Marcel d'avec la portion d'héritage réservé par le contract faict avec la Royne mère, et sera icelluy mur posé et assis dans le fossé qui a esté faict à ce subiect, et comme il est déclaré par le contract faict avec ladicte dame Royne.

Cedict jour (13 septembre) a esté ordonné à maistre Anthoine Bource de payer à Nicollas Lebrun, sculteur, la somme de vingt et une livre pour l'escriteau qu'il a fait, pour mettre au dessus de la porte de la maison donnée par M. Fiebet.

Cedict jour (27 septembre) a esté donné charge à maistre Pierre Hubert de veoir monsieur Miré, procureur en Parlement, pour retyrer de luy ung adveu et aultres pièces dont il a esté chargé par mademoiselle de Laroche, pour porter la foy et hommage au sieur de Maintenon, seigneur dominant, à cause de la terre de Marolles, donnée audict Hostel Dieu par ladicte damoiselle de Laroche.

Cedict jour (15 novembre) a esté ordonné que sur l'incommodité que ceulx que l'on taille font aux aultres taillez, par les cris qu'ils font, il a esté arresté que l'on fera faire une chambre, pour mectre ceulx que l'on taillera en lieu le plus commode.

Cedict jour (20 mars 1648) est comparu au Bureau Gaspard Gouyn, compagnon chirurgien, filz de Pierre Gouyn, maistre chirurgien à Paris, lequel a remonstré à la Compagnie que le xiii. jour de janvier dernier, il fut interrogé par messieurs Moreau, Dupré et Capon, médecins dudict Hostel Dieu, Bonnet et Hébert, chirurgiens de robe longue, Ménard et Bernier, chirurgiens barbiers, en la présence de monseigneur le Premier Président de la Cour de Parlement, monseigneur le président de Bailleul, messieurs Depoix, Pietre, Delahaye, Cramoisy, Robineau, Sainctot et Perichon, tous Gouverneurs de l'Hostel Dieu, pour estre admis à la place de monsieur Haran, maistre chirurgien dudict Hostel Dieu, de présent chirurgien en la ville; qu'il auroit esté trouvé capable de cette charge; s'est pourquoy il auroit suplyé la Compagnie de le vouloir admettre en ladicte charge, sur quoy ladicte Compagnie a receu ledict Gouyn en ladicte charge, et luy a ledict seigneur Premier Président faict faire le serment de se rendre fort soigneux au pensement des mallades, veiller incessamment sur les garsons qui sont soubz luy, à ce que chacun face son debvoir, qu'il visitera, soignera et pensera les pauvres mallades, à tous subjectz, occasions et sortes de malladies qui se présenteront, fidellement et diligemment, sans se divertir en aucune affaire, comptera ou fera compter chaque jour les mallades, fera trouver ses gens près à l'arrivée des médecins, pour escrire soubz eulx les seignées, que lesdictz seignées se feront avec chandelles allumées, ayans la pallette en main, qui leur seront fournies, les ongans, linges et emplastres seront mesnagés, et de ne les laisser manier aux mallades ny les getter en la place, ne sera fait aucune dissection, ny coupure de membres, ou ouverture de corps, sans conseil des médecins; seront les mallades traictez le plus doucement que faire se pourra, et les religieuses respectées; ladicte Compagnie promet loger ledict Gouyn pendant six années en la maison dudict Haran, à commencer du premier jour d'avril prochain, qu'il doit entrer au service des pauvres, jusques à pareil jour que les six ans finiront, le nourir et huicte garsons de la portion accoustumée, et outre luy donner la somme de deux cens livres par chacun an, et à la fin de ses six années, ladicte Compagnie promet de faire recevoir ledict Gouyn maistre chirurgien de longue robbe, avec l'enseigne de St Cosme et St Damien et boistes, ou maistre barbier chirurgien à tenir boutique ouverte en la manière des aultres, sans que, auparavant ce temps de six ans, il puisse prendre ladicte quallité, ny se faire recevoir en ladicte maistrise, à quoy ledict Gouyn se seroit accordé et juré.

Cedict jour (4 décembre) monsieur Dupré, médecin, est venu au Bureau remercyer la Compagnie de l'honneur qu'elle luy a fait de l'avoir admis au service des pauvres, en quallité de médecin dudict Hostel Dieu, prenant congé de la Compagnie, attendu que monsieur le Prince se servoit de luy comme son médecin, et qu'il serviroit encores jusques à la fin de la présente année.

Cedict jour (4 décembre) a esté receu pour l'ung des médecins dudict Hostel Dieu, monsieur Moreau, médecin, fils de M. Moreau, médecin ordinaire dudict Hostel Dieu, au lieu et place de monsieur Dupré.

Cedict jour (16 décembre) monsieur Cramoisy a aporté au Bureau les lettres patentes qu'il a obtenues du Roy, pour l'érection d'ung maistre apoticaire, tant audict Hostel Dieu que hospital des Incurables, après qu'ilz auront servy six ans ausditz hospitaulx, conformément au maistre chirurgien dudict Hostel Dieu et Incurables.

Cedict jour (11 janvier 1649) sur la proposition faicte à la Compagnie par Jean de Bièvre, laboureur, demeurant à la ferme de l'Hostel Dieu, sise à Créteil, que ayant fait venir en cette la ville quantité de cent ung moutons dudict Creteil, pour les eschaper de l'invasion des gens de guerre, lesquelz moutons il a offert laisser audict Hostel Dieu, pour la somme de huit cens livres, ce que la Compagnie a accepté

Cedict jour (22 janvier) a esté ordonné que le fermier de Rungy pourra mettre ses chevaux audict Hostel Dieu, pour quelque temps, et aussy qu'il pourra retyrer ses filles audict Hostel Dieu en fournissant leur vivre, et pour cet effect que l'on parlera à la mère Prieure.

Cedict jour (3 février) la Compagnie a accepté la fondation, faicte par M. le curé de S¹ Gervais à l'hospital des Incurables, d'ung pauvre de sa paroisse, moyennant la somme de quattre mil livres, et à cet effect en sera passé contract.

Cedict jour (12 février) trois cavaliers de la Compagnie de monsieur le duc de Beaufort sont venus au Bureau, et ont aporté ung mandement dudict sieur duc, pour mettre entre les mains desdicts cavaliers deux blessez qui estoient dans ledict Hostel Dieu, sur quoy la Compagnie a ordonné que lesdictz deux blessez seront mis entre les mains desdicts cavalliers, dont ilz ont mis la descharge au bas dudict mandement.

Cedict jour (12 février) sur la requeste faicte à la Compagnie par monsieur Demouchy, premier capitaine du faulxbourg S¹ Marcel, et par monsieur Ducrocq, aussy capitaine dudict faulxbourg, de leur permettre de faire faire ouverture, pour faire ung corps de garde, au lieu le plus commode de la maison de la Santé, pour la seureté dudict faulxbourg, comme aussy de faire faire ung autre corps de garde au pavillon de la rue des Vignes, où est de présent demourant monsieur Bastien, et y faire faire les choses nécessaires pour le passage d'ung corps de garde à l'autre, sur quoy la Compagnie a permis ausditz sieurs Demouchy et Ducrocq de faire faire les choses susdictes.

Cedict jour monsieur Lehoux est venu advertir la Compagnie qu'il ne pouvoit plus fournir de viande ledict Hostel Dieu, que pendant quattre ou cinq jours, à cause de la guerre.

Du XXVI février la Compagnie depuis quelques jours estant en résolution de prendre quelque somme de deniers à rente, pour survenir, dans le malheur de cette guerre, aux très urgentes nécessitez de l'Hostel Dieu, monsieur Robineau, l'ung des administrateurs, pour l'affection qu'il porte au bien de cette Maison, de bon cueur a offert de prester la somme de neuf mille livres sans interest, pour ung an, cognoissant qu'il y a grande nécessité d'en user ainsy, ce que la Compagnie a très volontiers agréé et accepté.

Cedict jour (26 février) sur les nécessitez présentes du peu de blé qu'il y a audict Hostel Dieu, n'y en ayant point pour quattre jours, pour nourrir dix sept cens mallades qui sont audict Hostel Dieu, l'impossibilité qu'il y a d'en recouvrer, après avoir recherché touttes sortes de moyens, la Compagnie, en cette extrémité, n'a point trouvé d'autres moyens que de présenter deux requestes, l'une au Parlement, et l'autre à la Ville, par lesquelles leur sera remonstré cette nécessité, à ce qu'ilz ayent à trouver quelque moyen, pour leur faire trouver du blé, *sinon que messieurs les Gouverneurs seront contrainctz de faire mettre lesdicts pauvres en des basteaulx, pour chercher au loing leur nourriture, plusiost que de les voir périr de faim à leurs yeulx;* qu'il sera escrit pour la quatriesme fois en Cour à monseigneur le président de Bailleul, pour essayer d'obtenir ung paseport pour trente muyds de blé par Corbeil, pour la nourriture des pauvres, et à cette fin envoyer un homme exprès.

Cedict jour (7 avril) sont comparus au Bureau Masson, fermier de Triveau, Thomas Aubouyn, fermier de Villacoublay, Petit, fermier de Brie Comte Robert, Hyeraulme Blondeau, fermier de Bagneulx, Bourelier, fermier de Louans, et Trotin, fermier de Villemilan, lesquelz fermiers ont suplyé la Compagnie de députer quelques ungs d'entre eulx pour aller sur les lieux veoir l'estat de leurs fermes *et les desgatz que les soldatz y ont faictz.*

Cedict jour (14 avril) la Compagnie a ordonné que Daniel Motelet, menuysier dudict Hostel Dieu, yra à la ferme de Triveau, pour prendre les mesures des portes et fenestres, qu'il y convient faire, que les soldats ont bruslées.

Cedict jour (16 avril) a esté ordonné que sur les nécessités présentes, qui sont audict Hostel Dieu de touttes choses, qu'il sera pris jusques à vingt mil livres à rente, au denier vingt, sy l'on ne peult à meilleure condition.

Cedict jour (21 juillet) monsieur Cramoisy a fait raport à la Compagnie d'une lettre qu'il a receue du Tour, par laquelle on luy mande que les Allemans qui ont logé audict lieu ont faict ung grand ravage en ladite terre, qu'ilz ont bruslé le pressoir et le moulin, sur quoy la Compagnie a prié le sieur Cramoisy d'escrire que l'on fera ung mémoire de ce qui est à faire.

21ᵉ REGISTRE. — ANNÉES 1649 (FIN) À 1653.

Du (3 décembre 1649), sur ce que, dès le mois d'octobre mil six cens xliiij., il auroit esté commis à la recepte dudict Hostel Dieu, au lieu de maistre Francoys Hyeraulme, receveur, pendant l'audition de ses comptes, la personne de maistre Anthoine Bource, commis autrefois en l'année mil six cens trente trois, maintenant qu'il s'agit de véoir ceulx dudict commis, engagé au faict et reprise dudict Hyeraulme, qui à présent a aultres emplois, et n'y peult vacquer, comme aussy eu esgard au temps et à la disposition des affaires du Bureau, qui requiert une personne qui, outre son employ de recepte, avecques soing avance ses deniers par charité, la Compagnie, ayant de longtemps jetté l'œil sur le sʳ Jean Baptiste Fornes, l'auroit prié d'accepter la charge de receveur général en tiltre, durant deux années consécutives, avec séance et voix délibérative au Bureau, tant et si longtemps qu'il sera en recepte, et jusques à tant qu'il ayt rendu son compte, excepté qu'il ne signera pas les ordonnances pour les deniers qu'il faudra payer, et que vaccant quelque place d'administrateur bourgeois, ses services charitablement rendus seront considérés à y succéder, et à l'instant ledict sieur Fornes ayant esté mandé et monseigneur le Premier Président luy ayant dit l'intention de la Compagnie, a remercié très humblement mondit seigneur et la Compagnie de l'honneur qu'il luy plaisoit luy faire, et que avec cœur et affection il acceptoit ladicte charge, pour l'exercer charitablement durant lesdictes deux années.

Cedict jour (4 février 1650) a esté ordonné que, en payant par le fermier du passage du pont dudict Hostel Dieu, le quart entier du terme escheu à Pasques dernier, il luy sera remis la somme de mil livres, pour le pot de vin qu'il a promis audict Hostel Dieu, à cause du bail à luy faict dudict passage, pour toutte diminution qu'il pourroit prétendre et demander, *à cause des guerres et de la rivière et desbordement d'eaux.*

Cedict jour (10 juin) a esté ordonné que le charron fera ung petit chariot, pour porter des corps mors de l'Hostel Dieu à l'hospital de la Trinité.

Cedict jour (1ᵉʳ août) il a esté ordonné que lorsque le chariot dudict Hostel Dieu marchera, l'on envoyera deux torches alumées audevant de l'esté, et l'hyver il sera porté deux fallotz et que l'homme d'églize portera une croix.

Cedict jour (12 août) a esté ordonné qu'il sera fait des fossés pour empescher les désordres qui se commettent par aulcuns mal vivans au nouveau bastiment, ce qui fait scandall aux religieuses dudict Hostel Dieu.

Cedict jour (31 août) a esté ordonné que l'on envoyera ung homme à tous les fermiers de l'Hostel Dieu qui doibvent des blez, affin de les amener audict Hostel Dieu, attendu le danger où ilz sont d'estre pris et fourragés par les gens de guerre.

Cedict jour a esté ordonné que le partage qui est à faire entre ledict Hostel Dieu et monsieur le duc d'Orléans, des cinquante arpens sciz proche de Luxembourc, sera fait suivant les moyens dressez par le sieur Piètre, lesquelz seront insérez au procès verbal de monsieur Lenain, commis conseiller à faire ledict partage.

Cedict jour (7 octobre) la Compagnie ayant eu communication du testament et des deux codicilles de dame Margueritte de Gondy, marquise de Maignelay, des xix. febvrier mil six cens xliiij., xiij. aoust mil six cens xlix. et v juillet mil six cens cinquante, par lequelz ladicte dame a donné et légué à l'Hostel Dieu de Paris, outre la somme de soixante mil livres, en deux constitutions de rente, tous ses aultres biens, à la charge d'accomplir lesdictz testaments et codicilles.

Cedict jour (21 octobre) a esté fait bail à Simon Lasnier, bourgeois de Paris, des cheveulx qui se couperont, de l'ordonnance des médecins dudict Hostel Dieu, des mallades, pendant deux ans moyennant cent livres par an.

Cedict jour (2 décembre) a esté ordonné à monsieur Housset, chapelain de l'hospital de Saint Louys, de se transporter en la maison du faulxbourg de Sᵗ Martin, où il y a eu de la peste, et faire inventaire des meubles qui y sont, et les faire transporter audict hospital de Saint Louys, pour y estre conservez à qui il apartiendera.

Cedict jour (4 janvier 1651) a esté ordonné que messieurs Cramoisy et Perrichon prendront la peyne de veoir madame la présidente de Mesmes, pour prendre jour avec elle, pour le service que ledict Hostel Dieu veult faire dire pour le sieur président, faire tendre ledict Hostel

Dieu de deuil, et y mettre une bande de velours avec les armes dudit sieur président, bref faire le service le plus honorablement que faire ce pourra.

Cedict jour (11 janvier) sont comparus au bureau Gabriel Donon et Pasquier Dupin, habitans de Villejuifve, fermiers des dixmes dudict Hostel Dieu, lesquelz ont adverty la Compagnie que depuis huict ou dix mois ença, Anthoine Prévost, marguillier dudict lieu de Villejuifve, et Anthoine Prévost son cousin, ont desmoly une chapelle estant dans l'église dudict Villejuifve, apartenant audict Hostel Dieu, comme seigneurs dudict Villejuifve, n'y ayant laissé une seulle pierre, et outre ce Jacques Mancel, marguillier à présent tenant le compte, a depuis huict jours ença fait couper par Jean Henri et Blaise Tournier, sonneurs de ladicte église, par l'ordre dudit Mancel, ung gros orme qui estoit dans le carrefour de Saccaty, qui faisoit une marque du fief que ledict Hostel Dieu ha audict Villejuifve, et la plus noble de ladicte seigneurie, de leur propre octorité, disans qu'ilz ne recognoissoient point Messieurs les Gouverneurs et qu'ilz estoient maistres dudict lieu de Villejuifve, et que ledit Donon a esté obligé d'en donner advis audict Hostel Dieu, affin d'y pourvoir par leur prudence.

Cedict jour (29 mars) la Compagnie a deschargé le particullier peruquier du marché qu'il a fait avec ledict Hostel Dieu pour les cheveulx des mallades, attendu qu'il ne pouvoit pas faire son prouffit desdicts cheveulx.

Cedict jour (23 août) sur la requeste présentée à la Compagnie par le fermier du pont dudict Hostel Dieu, et sur les pertes par luy souffertes, procédantes des inondations des eaues, arrivées l'année dernière, qui estoient respandues jusques dans l'archevesché et rue de la Bûcherie, qui est cause que personne n'a point passé par dessus le pont ung long temps, la Compagnie a arresté qu'il sera rabatu audict fermier la somme de trois cens livres sur ce qu'il doit.

Cedict jour (27 septembre) monsieur Cramoisy, l'ung de messieurs les Gouverneurs a fait raport au Bureau que lundy dernier, sept heures du matin, monsieur Talon advocat général, l'aurait envoyé quérir, et luy auroit donné à entendre le decedz de feu monsieur Talon son frère, vivant curé de Saint Gervais, lequel auroit fait l'Hostel Dieu légataire universel, par son testament passé par devant Grouyn et Baudry, noitaires au Chastellet le xxiiij. août dernier.

Cedict jour (15 décembre) monsieur Cramoisy a esté prié de veoir monsieur le doyen de la Faculté de Médecine, d'envoyer audict Hostel Dieu trois ou quattre médecins, pour visiter les mallades qui y sont, attendu la grande quantité de mallades qui sont de présent, et l'indisposition des médecins ordinaires de l'Hostel Dieu.

Sur ce que le vendredy xv. jour du courant monsieur Cramoisy auroit donné à entendre à la Compagnie que, attendu le grand nombre de mallades qui estoient audict Hostel Dieu, jusques *au nombre de deux mil deux cens et plus*, les médecins ordinaires dudict Hostel Dieu ne pouvoient pas suffire à les assister, monseigneur le Garde des Sceaulx luy auroit demandé un remède, pour pouvoir soulager lesditz mallades, auquel il auroit fait response qu'il n'en scavoit, sinon de prier Messieurs de la Faculté de Médecine de se vouloir assembler et de députer entre eulx quelques ungs qui, de mois en mois, viendroient charitablement et gratuitement visitter lesditz mallades, ce que mondict seigneur et la Compagnie auroit trouvé à propos, et à cette effet, ledict sieur de Cramoisy auroit esté prié de voir monsieur le doyen de la Faculté de Médecine, pour voir avec luy sy cella se pouvoit faire. et le prier de faire assembler ladicte Faculté, à ce sujet, et avant icelle assemblée, se seroient présentez messieurs Bachet et de Bourges le jeune, lesquelz se seroient venus volontairement offrir de rendre gratuitement et charitablement cette adsistance ausdits pauvres mallades, laquelle offre auroit esté acceptée, et auroient veu et visité lesditz mallades, pendant lequel temps, monsieur Patin, doyen de la Faculté, après avoir veu monseigneur le garde des sceaulx, auroit fait assemblée pour faire nomination de quelques ungs d'entre eulx, pour rendre charitablement et gratuittement visite et adsistance ausdits pauvres, en laquelle assemblée Messieurs de Laulnay et Levasseur se seroient offertz de venir rendre le soulagement que peuvent espérer lesditz pauvres de leurs visites, sy bien que cejourd'huy, estans tous venuz au Bureau avec Messieurs les médecins ordinaires, monsieur Moreau le père portant la parolle pour eulx tous, monsieur Piètre, l'un desditz sieurs Gouverneurs, les a remerciez de la charité qu'ilz vouloient faire aux pauvres, et les a priez d'y persévérer, et que la Faculté en seroit remerciée, que puisque messieurs Bachet et de Bourges avoient commencé desjà leur visite dans ce mois cy, qu'ilz la continueroient jusques à la fin, et que au premier jour de janvier mil vi^{c}lij., messieurs de Laulnay et Levasseur feroient leur visite durant ledit mois, et au mois de febvrier, lesdits sieurs Baschet et de Bourges recommanceroient.

Cedict jour (17 janvier 1652) a esté ordonné que monsieur Forne recevra de monsieur de Mesmes vingt quattre mil livres, de laquelle somme sera passé contract de constitution au denier vingt quatre, laquelle somme a esté léguée par feu monsieur le président de Mesmes aux pauvres honteux de la paroisse de S¹ Nicolas des Champs.

Cedict jour (31 janvier) les quatre médecins que la Faculté a donnez pour adsister les mallades dudict Hostel Dieu ont esté priez de ne se point prévalloir de leur antiquité, allencontre des médecins ordinaires dudict Hostel Dieu, sans que cella leur face préjudice en l'Escolle de Médecine, et pour le regard du service que chacun doit rendre ausdits mallades, ilz s'en accorderont en la présence de messieurs Piètre et Leconte, que la Compagnie a commis.

Cedit jour (21 février) a esté accordé que maistre Germain Cornu, procureur au chastellet, sera poursuivy par devant monsieur le lieutenant criminel, de reprendre ung enffant que l'on soubstient qu'il a fait à Jaqueline Lettain, cy devant mallade audit Hostel Dieu et qui est de présent audict Hostel Dieu.

Cedit jour (22 mars) la Compagnie a mandé le sieur Gouyn et les compagnons chirurgiens dudict Hostel Dieu, ausquelz ladicte Compagnie a fait entendre les plaintes qui estoient faictes contre eulx, de ce qu'ilz faisoient des opérations sur les mallades, sans en avoir demandé l'advis audit sieur Gouyn, en telle sorte qu'il en estoit arrivé des inconvéniens, entre aultres ung enfant qui estoit mort pour luy avoir, par l'ung desdits compagnons chirurgiens, coupé le filet, sur quoy ladite Compagnie leur a fait deffense de ne faire aulcune opération, sans en avoir demandé l'avis audit sieur Gouyn, sur peyne d'estre chassez dudit Hostel Dieu.

Cedit jour (5 avril) la Compagnie a chargé maistre Martin Housset, chapelain de l'hospital S¹ Louys, de faire murer la chambre où est le chapellain sorty dudit Hostel Dieu, qui a perdu l'esprit, en attendant que monsieur Bourgeois ayt veu monsieur le procureur général, pour avoir une chambre aux petites maisons pour le mettre.

Cedit jour (3 mai) la Compagnie a ordonné à M. Forne de bailler et payer à mademoiselle Sercamanen la somme de trois cens livres, pour subvenir à la nourriture des pauvres femmes et filles convalescens, sortans dudit Hostel Dieu, attendu le besoing qu'elle en a eu au temps présent, laquelle somme luy sera passée en son compte.

Cedit jour (17 mai) Messieurs ont permis à Trotin et Antheaulme, fermiers dudit Hostel Dieu, de mettre leurs bestiaulx dans le cymetière de S¹ Louys, en attendant que les chemins soient libres.

Cedit jour (22 mai) la Compagnie a acordé à Gilles Dubois, marchant imprimeur, libraire et relieur ordinaire du Roy, une place qui est de présent vacante, qui est contre le mur et proche le lieu où se fait la visitte des mallades dudict Hostel Dieu, pour y faire construire par luy une boutique où il puisse vendre et débiter ses livres, et ce pour vingt années, moyennant soixante solz de redevance par chacun an.

Cedit jour (21 juin) la Compagnie, voyant le grand nombre des mallades qui arrivent journellement audit Hostel Dieu, qui est tel que en ung seul jour il y est entré jusques à deux cens mallades, *estant de présent plus de deux mil deux cens*, qui est cause qu'ilz sont couchez jusques à cinq et six dans ung mesme lict, qui cause la mort à plusieurs, pour à quoy pourvoir, ladicte Compagnie a arresté d'ouvrir l'hospital de S¹ Louys, pour y mettre tous les blessez et de faire publier aux prosnes des paroisses, à ce que chacun en fut adverty, et que dores en avant on envoyast audit hospital lesditz blessez, pour y estre pensez et médicamentez.

Cedit jour (21 juin) la Compagnie s'estant transportée à l'hospital de S¹ Louys, sur la résolution prise ce matin, pour aviser à la proposition faicte à la Compagnie par monsieur Bourgeois, maître au spirituel, et la mère prieure de l'Hostel Dieu, en continuant la conférance qui avoit cy devant esté faicte avec. Messieurs le doyen de l'église de Paris, de Gamaches et de Mesgrigny, directeurs quant au Spirituel dudict Hostel Dieu, à cause de la multitude des blessez de la guerre qui journellement arrivent audict Hostel Dieu, et que à présent, ayant bien à icelluy Hostel Dieu jusques au nombre de deux mil trois à quatre cens, tant mallades que blessez, attendu les désordres que les gens de guerre font par la campagne, et le nombre des blessez qui viennent, à cause des rencontres, et la crainte que l'on a que ung si grand nombre n'aportent quelque mauvaise malladie ou peste dans l'Hostel Dieu, avons estimé devoir estre fait ce qui ensuit : premièrement que le sieur Bretonne, serrurier, donnera ordre de faire fermer touttes les portes ; que diverses ouvertures, qui sont au dessous des salles et en divers passages, seront bouchées, affin que le monde qui viendra pour visiter les mallades ne puissent passer que dans la salle où l'on prétend mettre les blessez ; qu'il sera fait par Daniel Motellet deux cloisons de bois à coulisse, aux lieux désignez dans lesdictes salles, à ce que les mallades blessez ne puissent vaquer ne courir dans les autres salles; qu'il sera posé des troncs en divers endroits de la maison, pour recevoir les charitez; que monsieur Gouyn yra journellement, à quelque heure du jour, visiter les mallades à S¹ Louys, et pour avoir l'œil sur les compagnons chirurgiens et pour leur donner ses ordres; que l'ung de Messieurs les médecins sera dispencé d'aller à l'Hostel Dieu, et yra journellement visiter les mallades blessez à S¹ Louys; qu'il sera présenté requeste pour prendre à rente jusques à la somme de cent mille livres, attendu la grande nécessité qu'il y a audict Hostel Dieu, et aussy à ce qu'il soit enjoint aux musniers des sept moulins, qui sont à Paris, de moudre chacun ung muyd de bled par sepmaine, en payant le droit, attendu la grande difficulté d'avoir de farine.

Cedit jour (3 juillet) a esté ordonné que le moulin à blé qui a esté fait durant le blocus de Paris sera racomodé pour moudre les bledz dudit Hostel Dieu, pour le mettre au jardin nouvellement acquis proche ledit Hostel Dieu.

Cedit jour (17 juillet) la Compagnie a donné charge au sieur Dublet de faire sans aulcune remise travailler à la construction d'ung moulin à eaue qu'elle a délibéré de faire faire sur la rivière, et de n'y rien espargner, ce que ledit sieur Dublet a promis de faire, et de rendre ledit moulin parfaict, dans deux mois et demy.

Cedit jour (26 juillet) Masson, fermier de Triveau, est venu au Bureau advertir la Compagnie que les gens de guerre n'ont rien laissé en ladite ferme, soit grains ny bestiaulx, qu'ils ont tout emporté et gasté.

Cedit jour (31 juillet) attendu la grande nécessité qui est audit Hostel Dieu, qui est telle que *qu'il entre audit Hostel Dieu par jour jusques à cent mallades*, y ayant de présent *jusques à deux mil trois cens mallades*, et à l'hospital de Saint Louis, que l'on a depuis peu ouvert, *jusques à quatre cens*, il a esté arresté que l'on prendra de l'argent à rente, jusques à la somme de soixante mil livres, conformément à l'arrest de la Cour, du quinziesme juillet an présent.

Cedit jour (14 août) la Compagnie estant assemblée pour adviser aux grandes nécessitez qui sont audict Hostel Dieu, provenans de la grande quantité des mallades, le peu de provisions qui sont pour nourir *trois mil mallades*, qui sont tant audit Hostel Dieu que à l'hospital de Saint Louys, oultre trois cens personnes tant religieuses que officiers, que les soixante mil livres que la Compagnie a cy devant pris à constitution de rente, suivant la permission de la Cour de Parlement, portée par son arrest du xv. juillet dernier, ont esté employez au payement des debtes, qui estoient lors deues, qu'il convenoit faire achapt de quatre cens muydz de blé et quinze cens muydz de vin, il a esté arresté qu'il sera présenté requeste pour prendre à rente jusques à la somme de cent cinquante mil livres.

Cedit jour (14 août) a esté arresté que à l'advenir maistre Pierre Hubert, greffier du Bureau, mettera tous les jours de Bureau sur le registre des délibérations, en marge, la quantité de pauvres mallades qui seront esditz jours, tant dans ledict Hostel Dieu, que hospital de S¹ Louys.

Cedit jour (21 août) le sieur Cramoisy a donné à entendre à la Compagnie que messieurs Thevenyn, Collot, Giraud et Ruffin luy avoient mis entre les mains les lettres patentes qu'ilz ont obtenues de Sa Magesté, pour l'establissement d'ung hospital, pour l'extraction de la pierre, les status et reiglemens qui doivent estre gardés et observez audit hospital, l'arrest de la Cour de Parlement par lequel il est dit que lesdites lettres patentes nous seront communiquées; la Compagnie a trouvé à propos que ledit sieur Cramoisy dressera le résultat... pour estre baillé ausdits sieurs Thevenin et consors, pour estre joint avec les susdictes lettres, ensuit la teneur dudit résultat: Nous soubzsignez Nicollas Depois, Philippe Pietre, René Delahaye, Sébastien Cramoisy, Charles Robineau, Guillaume Perichon et Jean Leconte, tous Gouverneurs et administrateurs de l'Hostel Dieu de Paris, des hospitaux S¹ Louys, S¹ᵉ Anne et des Incurables, après avoir veu les lettres patentes du Roy données à Paris, au mois de décembre mil six cens cinquante et un, signées Louys, et sur le reply, par le Roy, de Guénégault, et scellées en las du grand sceau de cire verte, obtenues par maistres François Thévenin, Pilipes Collo, Jacques Girault, Anthoine Ruffin et Charles Collo, tous opérateurs en l'extraction de la pierre, pour l'establissement d'ung hospital hors la porte Saint Anthoine, pour y recevoir les pauvres mallades de la pierre, et les tailler gratuitement et charitablement, les status et reiglemens qui doivent estre gardez et observez audit hospital, l'arrest de la Cour portant que lesdites lettres nous seront communiquées, disons et représentons à la Cour que l'on ne peut avec assez d'affection louer et estimer le pieux et généreux desseing desdits opérateurs, qui meuz de zèle et charité, désirent rendre au public la grâce qu'ilz ont receue par le feu Roy Henry le Grand, de très heureuse mémoire, en establissant cet hospital pour l'extraction de la pierre, qui pourra estre un advantage pour les pauvres, et aussy que la perfection de ladite opération se continuera aux descendans desditz opérateurs, qui les rendra tousiours plus habilles et adroitz en l'exercice de ladite opération, que leurs status et reiglemens ont esté dressez avec observation, ce qui tesmoigne que l'on y veult garder ung bon ordre, mais comme les choses nouvelles sont tousiours aplaudies par les especieulx prétextes de la couleur que l'on y donne, nous susditz, administrateurs, suplions la Cour de considérer que ledit nouvel establissement d'hospital de l'extraction de la pierre ne puisse nuyre, empescher ny préjudicier aux droictz de l'Hostel Dieu, qui est l'hospital des hospitaux, et à la liberté que les chirurgiens dudit Hostel Dieu ont d'exercer en ladite opération de l'extraction de la pierre, tant en icelluy Hostel Dieu que partout où ilz peuvent estre apellez, et attendu que, par le vingt et uniesme article desdits status et reiglemens, il est porté que en cas qu'il ne se trouvast aulcuns des dessendans desdits sieurs opérateurs, qui ne feissent plus l'opération de l'extraction de la pierre, qu'ilz remettent la direction et administration deladite maison, jardin, lieux, laiz et donations aux gouverneurs et administrateurs dudit Hostel Dieu, aux charges d'executer par lesdits sieurs de l'Hostel Dieu l'intention desdits donateurs, s'est pourquoy il semble, sauf le bon plaisir de la Cour, que aux jours que le receveur dudit hospital rendra ses comptes, et que, ainsy que par le quinziesme article de leurs status il est porté, que lors qu'il se voudra inover quelque chose audit hospital, ilz s'assembleront, auquel cas il seroit à propos que deux des administrateurs et gouverneurs dudit Hostel Dieu soient priez de se trouver, aux jours desdites assemblées et redition de comptes, le tout à la conservation et pour le bien dudit hospital, faict au Bureau dudit Hostel Dieu le xxi aoust mvi[e] cinquante deux. »

Cedit jour (30 août) a esté fait deffenses au portier, visiteur et aultres serviteurs de l'hospital de Saint Louys, de recevoir aulcuns mallades, de quelque qualité qu'ilz soient, s'ilz ne sont blessez, suivant la résolution qui en a esté prise lors de l'ouverture dudit hospital Saint Louys.

Cedit jour (13 septembre) a esté arresté qu'une femme qui estoit à l'Hostel Dieu pour acoucher, et qui a acouché sans advertir la sage femme, ny autre personne, et qui a estouffé son enfant ainsy qu'il a esté raporté à la Compagnie par monsieur Capon et par la sage femme sera menée au petit Chastellet, et que monsieur Bigot en advertira monsieur le lieutenant criminel.

Cedit jour (29 novembre) a esté arresté qu'il sera passé contract de vente à monsieur Chapellier, advocat général en la Cour des Aydes, de l'hostel, terres et ferme de Bagneux appellé de la Gallande, avec le fief et touttes ses apartenances, moyennant la somme de vingt ung mil livres, scavoir sept mil cinq cens livres d'argent comptant et le surplus en rente.

Cedit jour (11 décembre) la Compagnie a ordonné que monsieur le receveur donnera une quittance à monsieur Syrano, trésorier des aulmosnes du Roy, de la somme de douze mil livres, et prendra une quitance dudit sieur Syrano de pareille somme, en l'aquit de monsieur le trésorier de l'Espargne, pour recevoir ladite somme en vertu d'une ordonnance de monsieur le surintendant.

Cedit jour (3 janvier 1653) a esté pareillement dyminué à Anthoine Antheaulme, fermier, de neuf arpens de terre scis à Marly, la somme de vingt livres, à cause de la guerre.

Cedit jour (7 février) la Compagnie a fait dyminution au sieur Léger, menuysier, d'un terme du loyer de la maison qu'il tient rue St Pierre aux boeufz, tant à cause de la non jouissance de ladite maison que de la guerre.

Cedit jour (28 février) la Compagnie, souhaittant avec passion soulager monsieur Robineau de la peyne et des soins qu'il prend pour l'hospital des Incurables, et comme il est à propos qu'elle s'y transporte plus fréquemment que jusques à présent elle n'a pas fait, elle a résolu que dores en avant l'on yra tenir Bureau audit hospital, pour aviser et résoudre des affaires d'icelluy tous les premiers mercredis du mois après le disner.

Le mardy xxii avril, messieurs les administrateurs assemblez au Bureau ayant eu advis que monseigneur le président de Bellièvre avoit fait le serment de Premier Président au Parlement, par la démission de monseigneur Molé, garde des sceaulx de France, il a esté résolu que lesdits sieurs administrateurs yront à dix heures trouver ledit seigneur garde des sceaulx, lequel à cause de sa charge et dignité de Premier Président au Parlement, avoit jusques alors exercé l'une des charges d'administrateur de l'Hostel Dieu, pour le prier de continuer les affections qu'il avoit tousiours tesmoignées avoir pour les pauvres, et de venir prendre sa place au Bureau, comme il avoit acoustumé de faire, mesmes pour prendre ordre de luy de ce qu'ilz avoient à faire à l'esgard dudit seigneur de Bellièvre, à présent Premier Président, et monsieur Lhoste, l'ung des sieurs administrateurs, a esté prié de porter la parolle. En suitte de quoy messieurs Depois, Cramoisy, Robineau, Sainctot, Perrichon, Leconte, Forne et Lhoste se sont transportez dudit Bureau en l'hostel dudit seigneur garde des sceaulx, auquel ledit sieur Lhoste ayant dit ce que dessus, il fut respondu par ledit seigneur garde des sceaulx qu'il continueroit tousiours, jusques à la mort, l'affection et bonne volonté qu'il avoit tesmoignée pour ledit Hostel Dieu, qu'il agréroit tousiours que, aux occasions, on lui parlast des affaires qui concerneroient ledit Hostel Dieu, mais que la charge d'administrateur, qu'il avoit exercé jusques alors, estant atachée à la dignité de Premier Président du Parlement, elle apartenoit audit seigneur président de Bellièvre, lequel ilz pouvoient veoir, pour le prier d'acepter ladite charge. La Compagnie, ayant remercyé ledit seigneur garde des sceaulx, se transporta à l'heure mesme chez ledit seigneur président de Bellièvre, où ne l'ayant point trouvé, il fut arresté que l'on y retourneroit le landemayn, à l'issue du palais, et cependant que les sieurs Depoix et Cramoisy, Forne et Lhoste, yroient à l'Hostel de Ville prier messieurs le Prévost des marchans et eschevins, de prendre jour pour venir au Parlement présenter ledit seigneur Président de Bellièvre, et aussitost lesdits sieurs Despois, Cramoisy, Forne et Lhoste se transportèrent audit Hostel de Ville, et ayant fait sçavoir qu'ilz avoient à parler ausdits sieurs Prévost des marchans et eschevins, ilz furent priez d'entrer au Bureau de la Ville, où estoit monsieur le Mareschal de L'hospital, Gouverneur de Paris, monsieur Lefebvre, Prévost des marchans, et messieurs Levieux et Denisoy, eschevins, ausquelz il fut dit, par ledit sieur Lhoste, que au subjet du changement arrivé en la charge de Premier Président, ilz avoient creu estre obligez de veoir, comme ilz avoient fait ce matin, mondict seigneur le garde des sceaulx, qui leur avoit dit que la charge d'administrateur, qu'il avoit remplie jusques à présent, apartenoit à mondict seigneur le president de Bellièvre, et qu'ilz pouvoient venir au Bureau de la Ville prier lesdictz sieurs Prévost des marchans et eschevins, comme il faisoit, pour le prier de prendre jour, pour venir au Parlement présenter ledit seigneur Président de Bellièvre, à quoy leur feust respondu par ledit sieur Lefebvre, Prévost des marchans, qu'ilz verroient lesditz seigneurs garde des sceaulx et Président de Bellièvre, et scauroit dudit seigneur de Bellièvre le jour qu'il trouveroit bon de prester ledit serment au Parlement; ce fait, lesdicts sieurs Depois, Cramoisy, Forne et Lhoste se retyrèrent, et l'après dinée, ayant esté advertis par le sieur Prévost des marchans, que ledit seigneur Premier Président avoit pris heure, au landemain sept heures du matin, pour prester le serment, trois d'entre eulx furent chez messieurs les gens du Roy, pour les prier de se trouver le landemain au pallais à ladite heure, et le landemain XXIII dudit mois d'avril, sept heures du matin, messieurs Depois, Piètre, Delahaye, Cramoisy, Robineau, Sainctot, Perrichon, Leconte, Forne et Lhoste se rendirent au pallais, devant la porte de la Grande Chambre, et tost après arrivèrent messieurs le Prévost des marchans et eschevins, avec leur greffier, qui entrèrent au Parquet de messieurs les gens du Roy, où ilz furent suivis par lesdits sieurs administrateurs, et après avoir attendu quelque temps, arriva monsieur le Procureur général, lequel sortit aussy tost, pour aller à la Grande Chambre advertir la Cour que lesdits sieurs Prévost des marchans et eschevins estoient au Parquet des huissiers, qui demandoient à entrer, ce qu'ayant fait lesdits sieurs Prévost des marchans et eschevins, advertis par ung greffier, entrèrent dans la Grande Chambre, se rangèrent au barreau, du costé du greffe, et quoy que d'ordinaire lesdits sieurs administrateurs se rengent dans l'autre barreau, du costé de la cheminée, au dessoubz de messieurs les gens du Roy, néantmoings, d'aultant qu'ilz prévirent bien qu'il falloit laisser ledit barreau libre, pour ledit seigneur Premier Président, lorsqu'il seroit mandé pour faire et prester le serment, ilz se meirent au barreau, du costé du greffe, après lesdits sieurs Prévost des marchans et eschevins, en sorte que l'aultre barreau, du costé de la cheminée, demoura libre, mesme monsieur le Procureur général, qui a acoustumé d'estre présent au serment desditz sieurs administrateurs, n'y demoura pas, et estoit entré au greffe avec ledit seigneur Premier Président. Lors monsieur le Prévost des marchans dit à la Cour que la charge d'administrateur de l'Hostel Dieu de Paris, que avoit jusques alors exercée monseigneur Molé, garde des sceaux de France, estant passée en la personne de monseigneur de Bellièvre, Premier Président du Parlement, ilz estoient venus suplier la Cour de le recevoir, en prestant par luy le serment ordinaire et acoustumé, monseigneur le Président de Longueil, qui présidoit à la Compagnie, feit signe à ung greffier d'advertir ledit seigneur Premier Président, qui s'estoit retyré au greffe, qu'il pouvoit entrer; aussitost il sortit du greffe avec sa robbe rouge, parce qu'il estoit jour d'audiance, entra en la Grande Chambre, le bonnet à la main, suivy de monsieur le Procureur général, qui passa oultre et se retyra au parquet, et luy seul s'estant rangé au milieu du barreau, du costé de la cheminée, monseigneur le Président de Longueil luy dit que la Cour avoit ordonné qu'il seroit receu en la charge d'administrateur de l'Hostel Dieu, en faisant par luy le serment en tel cas requis et acoustumé, et ayant levé la main, mondit seigneur le Président de Longueil luy dit : Vous jurez et promettez de bien et charitablement servir les pauvres, à quoy ayant respondu q'ouy, et salué la Cour, il sortit du barreau et reprit sa place de Premier Président, et ensuitte lesdits sieurs Prévost des marchans et eschevins et administrateurs se retyrèrent.

Cedict jour (18 juin) a esté ordonné que à l'advenir aulcun garson chirurgien ne sera receu au service des pauvres mallades de l'Hostel Dieu, qu'il n'ayt esté auparavant jugé capable, après avoir esté examiné par tous les médecins et chirurgiens dudit Hostel Dieu, dans l'apoticairerie, en la présence de deux de messieurs les administrateurs, et à cet effect leur en sera donné advis, ung jour au précédent l'examen, et que les requestes qui seront respondues et au bas desquelles seront les advis des médecins et chirurgien, que lesdits garsons sont capables de servir les pauvres, seront retenues par l'ung desdits sieurs administrateurs, jusques à ce que lesdits garsons ayent servy actuellement pendant ung an pour le moins.

Cedit jour (3 août) a esté mandé la mère Prieure, à laquelle la Compagnie a fait entendre que, puisque dans ledit Hostel Dieu il y avoit plusieurs litz vuydes, sa volonté estoit que l'on meist les mallades plus au large, en sorte qu'il n'y en eust plus deux ou trois dans ung mesme lict.

Cedit jour (22 août) le sieur Cramoisy a fait raport à la Compagnie de ce que la Royne luy avoit fait faire commendement, lundy dernier, de la venir trouver, et que, obtempérant au commandement de ladicte dame Royne, il n'y avoit pas manqué, afin de scavoir ce que Sa Magesté désiroit de son service, laquelle luy auroit dit qu'elle estoit pour faire scavoir à monseigneur le Premier Président et à la Compagnie qu'elle souhaittoit que l'on acreust le logement de l'hospital des pauvres filles et femmes convalescentes que gouverne la damoiselle Sercamanen, scachant bien qu'elles sont trop pressées et très incommodées dans ledit hospital, après laquelle proposition faicte par ledit sieur Cramoisy, ledit seigneur Premier Président a dit que la Royne luy avoit envoyé dire sa volonté sur ce mesme sujet, et qu'il estoit besoing de scavoir sy cella estoit nécessaire pour ledit hospital, et possible à faire, à cause du lieu, à quoy ledit sieur Cramoisy a fait response que ouy, que la nécessité y estoit entière, attendu que le logement où sont lesdits pauvres est trop estroit et serré, que les chambres sont fort petites, et ainsy les lictz sont les ungs sur les aultres, ce qui ne doibt estre dans un hospital, et particullièrement de filles et femmes, pour beaucoup de raisons, et pour la possibilité que cella se pouvoit, attendu que la maison voysine, qui est plus spacieuse, se peult acqué-

rir par le moyen de quelque eschange, à cause de la substitution, que néantmoings, en attendant, à cause que ledit eschange sera lon à faire, affin de satisfaire à la volonté de la Royne, que l'on pouroit louer ladite maison, pendant lequel temps l'on pourra trouver facilité de s'accommoder d'icelle; sur quoy mondit seigneur le Premier Président ayant pris les advis de la Compagnie, l'on a jugé que, quant à présent, pour obtempérer au commendement de la Royne, il falloit louer ladite maison voysine dudit hospital, apartenant à monsieur Duplessis, et pour cest effet, prier ledit sieur Cramoisy de traicter pour le loyer d'icelle avec le sieur Duplessis, et en asseurer la Royne, comme aussy du zèle et affection que la Compagnie a pour son service, qu'elle a d'obtempérer à ses pieux et sainctz sentiments.

Cedit jour (27 août) messieurs Depois, Delahaye, Cramoisy et Forne ont esté priez de se trouver demain, dix heures du matin, dans l'église de St Germain de l'Auxerrois, pour veoir la Royne, sur les nécessitez dudit Hostel Dieu.

Cedit jour (17 septembre) la Compagnie a accordé à messieurs les Prévost des marchans et eschevins de cette ville de Paris la fouille dans l'estandue d'ung arpent ou deux de terre, de la ferme de Roingis, pour faire fouiller et prendre la pierre dont ilz auront besoing, pour les ouvrages que ilz font faire, pour la conduitte des eaux dudit Rongis à Paris, pour raison de quoy ilz feront payer audit Hostel Dieu ce qu'ilz jugeront à propos.

Cedit jour (8 octobre) la Compagnie a donné ung certificat à monsieur Duval, chanoine de Verdun, commis des bastimens de la Royne, comme il a fait et delivré pour ledit Hostel Dieu une grande grue et son entier équipage, que ladite Compagnie luy a promis faire rendre au plus tost.

Cedit jour (19 décembre) a esté arresté qu'il sera présenté requeste à la Cour, en la Grande Chambre, affin de faire adjuger aux pauvres dudit Hostel Dieu la confiscation des biens du feu marquis de Villars de la Baulme, qui s'est battu et a esté tué en duel, en mil six cens quarante six, ensemble celle des biens de ses complices.

22ᵉ REGISTRE. — ANNÉES 1654 ET 1655 (16 JUIN).

Cedit jour (11 février 1654) sur ce qui a esté proposé par monsieur Cramoisy qu'il seroit à propos d'avoir ung cachet, pour cachepter les lettres qui s'escrivent par la Compagnie à diverses personnes, et en divers lieux, ladite Compagnie a résolu que l'on en feroit faire ung, sur lequel sera gravé l'image de St Jean Baptiste, qui est le patron de la maison, et à l'entour sera escrit « le grand Hostel Dieu de Paris. »

Cedit jour (13 février) sur ce qui a esté représenté par monsieur Delahaye, que les six années du contract fait avec Gaspard Gouyn, pour adsister et penser les pauvres mallades de l'Hostel Dieu, en qualité de chirurgien, finissoient au dernier jour de mars prochain, au moyen de quoy il estoit nécessaire de choisir une aultre personne, pour rendre la mesme adsistance ausdits pauvres mallades, et que l'expérience a fait cognoistre qu'il estoit à propos, pour le plus grand soulagement et plus prompte guarison des pauvres mallades, et particulièrement des blessez, de choisir ung maistre chirurgien à Paris, et soubz luy ung compagnon chirurgien, de capacité et expérience recogneue, lequel, après ung service actuel et continuel de six ans, gagneroit la maistrise, suivant les privilèges de la Maison, l'affaire mise en délibération, a esté arresté, sans tyrer à conséquence, que Petit, à présent maistre chirurgien à Paris, qui a cy devant adsisté les pauvres dudit Hostel Dieu, en qualité de compagnon chirurgien, dont il s'est bien acquitté, et qui a tesmoigné désirer rentrer audit Hostel Dieu, pour continuer les mesmes services et adsistance, sera receu pour y demourer, tant qu'il plaira à la Compagnie.

Cedit jour (13 février) sur ce qui a esté proposé par ledit sieur Delahaye, que depuis l'establissement du Bureau, et la commission donnée par la Cour de Parlement à huict marchans et bourgeois de Paris, pour le gouvernement et administration du temporel de l'Hostel Dieu, la Maison estant de beaucoup accrue, le nombre de mallades devenu plus grand, les biens et revenus notablement augmentez, et quatre ou cinq grandz hospitaulx establis, dont la conduite, le soin et la direction ont encore esté commis aux mesmes administrateurs, il est nécessaire, pour le bien dudit Hostel Dieu et des hospitaulx en dependans, d'augmenter le nombre desdits administrateurs, affin que les choses, quoy que bien et fidellement administrées jusques à présent, le soient encores mieulx à l'advenir, a esté arresté qu'il sera présenté requeste à la Cour de Parlement, à ce qu'il luy plaise, pour les raisons susdites et autres qui seront plus amplement expliquées, establir et commettre quatre administrateurs, pour avec ceulx desjà commis et establis, conduire et administrer et gouverner les biens et revenus dudict Hostel Dieu et hospitaux en dependans, suivant les arrestz et règlemens de ladite Cour, et que monseigneur le Premier Président a dit que ledit jour xxx. janvier, ayant prié la Compagnie de penser chacun en particullier aux personnes de sa cognoissance qu'ilz jugeront en leur conscience avoir les dispositions et qualitez requises et nécessaires, pour s'employer avec effect au service des pauvres, et s'apliquer aux choses nécessaires tant du dedans que du dehors dudit Hostel Dieu, il a eu advis qu'il y a eu ung mémoire dressé par ordre de la Compagnie, contenant les noms et qualitez de sept ou huict personnes, qui ont la charité, le zèle, l'affection et les aultres dispositions nécessaires, pour s'aquiter dignement du secours que l'on espère, par l'augmentation d'ung plus grand nombre d'administrateurs, qu'il n'y a eu jusques à présent, duquel mémoire il croit qu'il est à propos de faire lecture, pour, du nombre y contenu, en nommer et choisir quatre, laquelle lecture ayant esté faicte, et chacun ayant dit son advis, messieurs Lefebvre, conseiller en la Cour et Prévost des marchans, de Gomont, Pépin et Perreau ont estez nommez et choisiz, et arresté que incessamment requeste sera baillée aux fins portées par le résultat cy dessus, affin que aussi tost l'arrest intervenu, lesdits sieurs puissent estre présentées au Parlement, et y faire le serment en tel cas requis et accoustumé.

Cedit jour (13 février) sur ce qui a esté remonstré à la Compagnie par messieurs Cramoisy et Leconte, que monsieur le lieutenant civil les avoit envoyé prier de se trouver chez luy, pour adviser à l'establissement des boucheries pour le caresme prochain, et qu'il n'entendoit point que le boucher dudit Hostel Dieu vendit de la viande à tous venans, ains seullement aux mallades, et sur des certificatz de messieurs les pénitenciers, soubz pénitenciers, curez et médecins de cette ville, sur quoy l'affaire mise en délibération, la Compagnie a prié lesdits sieurs Cramoisy et Leconte d'asseurer monsieur le lieutenant civil qu'elle employera tous ses soins à ce que ce qu'il désire soit exécutté, et que pour y parvenir, qu'il sera mis ung homme à chacune des boucheries ouvertes, pour enregistrer et controller tous les certificas de ceulx qui viendront achepter de la viande pour les mallades, à ce que l'on n'en abuse point.

Cedit jour (4 mars) monsieur l'Hoste a représenté à la Compagnie que sur la requeste présentée à la Cour, suivant la précédente délibération, pour l'augmentation du nombre des administrateurs de l'Hostel Dieu, il y a eu arrest rendu le jour d'hier, portant que ledit nombre sera augmenté de quatre.

Cedit jour (29 avril) le contract de constitution de rente faict avec monsieur le procureur général, en faveur des pauvres prisonniers mallades du grand et petit Chastellet et fort Levesque, de la somme de cent six livres six solz huict deniers de rente, racheptable de la somme de deux mil cinq cens cinquante deux livres, que ledit Hostel Dieu devoit aux prisonniers mallades desdictes prisons, a esté signé pour estre distribué, scavoir les deux tiers aux prisonniers du grand Chastellet, et l'autre tiers aux prisonniers mallades du petit Chastellet et fort Levesque, par moietié à cause de la donation à eulx faicte par feu monsieur le commandeur de Sillery.

Cedit jour (17 juin) sur ce qui a esté représenté que les petitz enffens de la salle basse, dont les mères sont mallades audit Hostel Dieu, souffrent beaucoup et meurent pour la plupart, pour ce que bien souvent il manque de nourrices, qui pour ce que l'on ne leur donne aulcuns gages, ne demeurent dans ladite salle basse, que jusques à ce qu'elles ayent trouvé condition, il a esté arresté que les cent cinquante livres qui sont payées par chacun an par la dame de la charité, pour la nourriture de deux nourrices dans ladite salle basse, seront dores en avant et à compter du premier juillet prochain, employées et données pour gages à deux nourrices, qui seront arrestées pour allaiter les petitz enffens et nouries comme auparavant aux despens de la maison.

Cedit jour (15 juillet) monsieur Lhoste a représenté au Bureau que madamoiselle Poulaillon ayant obtenu lettres patentes du Roy, portant confirmation de l'establissement, qu'elle avoit cy devant commencé, d'une maison pour y retyrer des pauvres filles, les eslever en la crainte de Dieu, et les dresser en quelques ouvrages, par le moyen desquelz elles puissent estre rendues capables de gagner leur vye dans une honneste condition, et laditte damoiselle luy ayant mis lesdittes lettres entre les mains, par l'ordre de monsieur le Procureur général du Roy, qui a desiré qu'elles fussent communiquées à la Compagnie, il avoit veu lesdittes lettres et aultres pièces y attachées, et par l'ordre du Bureau avoit eu l'honneur d'en parler à monseigneur le Premier Président, pour ensuitte en faire son raport quand il l'auroit agréable, qu'ayant esté présentement adverty que ladite damoiselle Poulaillon estoit à la porte du Bureau, laquelle demandoit de luy parler, il est sorty et a esté asseuré par elle que mondit seigneur le Premier Président luy venoit de dire qu'il trouvoit bon que lesdittes lettres fussent incessamment raportées, ce qu'ayant esté fait à l'instant, et l'affaire mise en délibération, la Compagnie a trouvé qu'il n'y avoit rien en cet establissement qui peust blesser les droits de l'Hostel Dieu, ny donner lieu à former aulcun empeschement de sa part à la vérification et enregistrement desdittes lettres, et a prié messieurs Cramoisy et Lhoste de voir mondit seigneur le Premier Président, pour luy faire entendre la présente délibération, et s'il y donne son aprobation, de voir ensuitte monsieur le procureur général, pour le remercyer de l'honneur qu'il avoit fait au Bureau, et luy remettre lesdittes lettres entre les mains, ce fait ladite damoiselle estant entré, et monsieur Depois luy ayant dit la délibération de la Compagnie, elle l'a remercyé et s'est retyré.

Cedit jour (15 juillet) sur ce qui a esté raporté au Bureau par deux de Messieurs, qu'ayant eu advis qu'il y avoit une femme mallade dans la salle jaulne, qui se plaignoit d'avoir esté mal traictée de parolles par la dame Petit, femme du sieur Petit, chirurgien de l'Hostel Dieu, laquelle luy avoit dit publiquement plusieurs injures attroces et scandaleuses, l'acusant de mauvaise vye et de s'estre prostituée et que pour cacher son vice, et en oster la cognoissance à son mary absent, elle estoit venue à l'Hostel Dieu affin de se faire avorter, et que les médecins qui la pensoient, ny mesme la sage femme qui l'avoit visitée ne cognoissoient point son mal, qui n'estoit autre chose qu'une grossesse cachée, dont elle se vouloit deffaire par les remèdes qui luy estoient ordonnez, ilz se seroient transportez en ladite salle jaulne, au lit de ladite femme mallade, qui leur auroit reitéré la mesme plaincte, s'estoient informés des aultres femmes mallades qui auroient peu ouyr lesdites injures, mesmes d'ung ecclésiastique, et du médecin de la salle, qui avoient certifié la plaincte véritable, l'affaire mise en délibération, a esté arresté que ceulx de Messieurs qui sont commis pour veiller sur les médecins, apothicaires et chirurgiens, se transporteront présentement audit Hostel Dieu, en la salle où est ladite femme malade, y menderont ladite dame Petit, à laquelle après luy avoir remonstré sa faulte, ilz feront défenses de la part du Bureau de plus entrer dans les salles de l'Hostel Dieu, en advertiront les portiers, affin qu'ilz empeschent dores en avant qu'elle n'y entre, ce qui a esté à l'instant mesme exécutté.

Cedit jour (23 octobre), la mère Prieure ayant esté mandée, la Compagnie luy a dit qu'elle avoit arresté que le nombre des religieuses seroit réduit à six vingts, et qu'il n'en seroit plus receu que cette réduction n'eust esté faite.

Cedit jour (5 février 1655) sur le raport faict à la Compagnie par monsieur de Gomont, que monsieur Colbert, intendant des maison et affaires de monseigneur le cardinal Mazarini, luy avoit dit que Messieurs les administrateurs pouvoient disposer de la somme de quarente mil livres, que son Eminence, lorsqu'elle alla, il y a quinze jours visiter l'Hostel Dieu et la maison du lion ferré, proche Saint Julien le pauvre, déclara vouloir donner à l'Hostel Dieu, outre les deux mil cinq cents livres de pension viagère sur son abbaye de Sainct Estienne

DE L'HÔTEL-DIEU DE PARIS.

de Caen, à monsieur Mélian, pour l'union du prieuré de Saint Julien, affin de faire l'establissement d'un hospital des convalescents, ledict sieur Colbert luy ayant adjousté que son Eminence feroit un présent beaucoup plus considérable, si le Bureau vouloit avoir un plus hault dessein pour ledict hospital des convalescents, en l'establissant au dessoubz de Paris, ce que monseigneur le Premier Président a confirmé, comme luy ayant esté dit par son Eminence, et depuis par ledit sieur Colbert, il a esté arresté que ladicte somme de quarente mil livres sera receue, comme un don faict par mondict seigneur le cardinal Mazarini, qu'il en sera très humblement remercié, ainsy qu'il l'a desjà esté par la Compagnie, pour la pension de deux mil cinq cents livres, que ladicte somme de quarente mil livres ne poura estre employée ailleurs qu'au dessein dudict hospital des convalescents, et selon que son Eminence en donnera l'ordre, que les armes de son Eminence y seront mises, comme en estant le premier dotateur, qu'il sera pareillement remercié de l'affection qu'il témoigne pour un plus grand dessein, et supplié de la continuer pour le soulagement et advantage des pauvres.

Cedit jour (12 février) sur le rapport fait par M. de Gomont, il a esté arresté qu'il ne sera donné aucun mort de l'Hostel Dieu, soit d'hommes, de femmes ou d'enfans, de quelque aage ou qualité qu'ils soient, ny pour consideracion de mort violente ou naturelle, subite ou aultre, aux chirurgiens ny autres personnes, pour en faire l'anatomie ou dissection, au dedans ny au dehors dudict Hostel Dieu, cela blessant la charité chrestienne et l'humanité, attendu mesme les conséquences, mais qu'en cas que les médecins et chirurgiens de l'Hostel Dieu ayent intérest de cognoistre les causes de la maladie, ou de la mort de quelque personne decedée, soit officier, domesticque ou pauvre, affin de leur servir au soulagement d'autres maladies ou maux, et pour le bien des pauvres, la Compagnie se réserve de leur donner, audit cas et non autrement, la permission de faire ouverture des corps morts, à la charge que l'ouverture ne pourra estre faicte que dans l'Hostel Dieu, par les chirurgiens de la Maison, en présence des médecins de ladite maison, ou deux d'iceulx pour le moins, qu'aussy tost après l'ouverture faite, en la mesme forme qu'on a accoustumé d'ouvrir les corps morts dans les familles particulières, le corps sera enseveli et enterré en la manière accoustumée, que mesme il en sera usé avec très grande retenue et circonspection, et seullement en la pensée du secours des mallades en pareil rencontre, que si l'occasion se présentoit de faire ces sortes d'ouvertures, sans que l'on peust attendre le jour et l'heure du Bureau, deux de Messieurs en pourront donner la permission, pour estre faictes en la forme cy dessus, lesdites permissions par escript, et par eux fait rapport au Bureau lors prochain, affin d'en estre fait marque sur le registre.

Cedit jour (12 février) sur la requeste présentée au Bureau par Jacques Boisloré, maistre chirurgien, demeurant en la ville de Saint Lo, expositive qu'ayant recogneu depuis plusieurs années les inconvéniens qui sont arrivez en ladicte ville et lieux circonvoisins, aux accouchemens des femmes qui ont mauvais travail, plusieurs desquelles sont mortes avec leurs enfans, sans secours, ny ayans personne sur les lieux qui soit instruit en ces opérations, et ayant désiré s'y rendre capable, pour aux occasions rendre service au public, il a estimé ne pouvoir mieux obtenir cette capacité que dans l'Hostel Dieu de Paris, suppliant à cet effect le Bureau de luy permettre d'estre présent avec la sage femme aux accouchemens qui se feront audict Hostel Dieu. La Compagnie. pour certaines considérations particulières, a permis audict Boisloré d'adsister et estre présent aux accouchemens qui se feront audict Hostel Dieu.

Cedit jour (21 avril) monsieur de Gomont a dit à la Compagnie qu'un gentilhomme le vint veoir, il y a deux jours, et le pria de laisser sortir de l'Hostel Dieu un garcon qui y est mallade, que ses parens demandent pour le faire penser et médicamenter, comme ils en ont le moyen, et qu'on ne leur feist pas le reproche qu'il seroit mal à l'Hostel Dieu, ou qu'on l'auroit abandonné, que luy de Gomont respondit qu'il s'estonnoit de la peine que ce gentilhomme s'estoit donnée pour une prière de cette qualité, n'estant pas la coustume de l'Hostel Dieu de refuser la sortie des malades, qui leur estoit libre aussy bien que l'entrée, le gentilhomme ayant adjousté que l'on avoit pourtant refusé celuy qu'il demandoit, et que pour ce sujet il en estoit venu faire la prière, que mesme on ne permettoit pas de parler au malade, iceluy de Gomont luy dict qu'il prist la peine de s'adresser à monsieur Leconte, qui est demeurant à l'Hostel Dieu, qu'hier au palais monsieur Papillon advocat dict, à luy de Gomont, qu'il avoit une prière à luy faire, pour faire rendre un malade qui estoit à l'Hostel Dieu, un gentilhomme luy avoit parlé, et qu'on avoit refusé de rendre, que ce malade estoit de la religion prétenduë réformée, luy de Gomont luy respondit que le gentilhomme qui luy avoit parlé ne luy avoit pas dict cette circonstance, que néantmoins il estimoit que si le malade vouloit sortir, il en avoit la mesme liberté qu'un catolicque, que néantmoins il ne pouvoit rien dire ny faire sur ce sujet, qu'il n'en eust esté parlé au Bureau, qu'en entrant présentement au Bureau, il a veu ce gentilhomme à l'entrée, ledict sieur Papillon advocat.

et encore deux autres personnes de la religion prétendu réformée, lesquels ont dict estre venus pour demander le malade, sur quoy monsieur Leconte, ayant pris la parolle, a dict que ce garson qu'on demande n'est plus de la religion prétendue réformée, qu'il a pleu à Dieu de le convertir, par les bonnes instructions des ecclésiastiques, qu'il a fait ce matin sa confession, qu'il n'est point dans la volonté, ny mesme dans l'estat de sortir, à cause de sa maladie. Cette affaire mise en délibération, et ayant esté trouvée de conséquence, pour les raisons qui en ont esté déduites, la Compagnie a esté d'advis de faire entrer lesdits sieurs de la religion prétendue réformée et qu'après les avoir entendu, il en seroit donné advis à monseigneur le Premier Président, eux entrez, monsieur de Galinière, prenant la parolle, a représenté le sujet de leur plainte et demandé que le garçon malade leur feust rendu, la Compagnie leur a fait response qu'elle députeroit quelques uns de Messieurs, pour s'informer du tout, et qu'on leur en rendroit response vendredy prochain au Bureau, et sur ce qu'ils ont répliqué que pendant ce temps le garçon pouvoit mourir, ce qu'arivant, ils auroient sujet d'en faire de plus grandes plaintes à ceux qui ont le pouvoir de leur rendre justice, la Compagnie leur a respondu qu'elle scavoit bien que le garçon estoit fort malade, mais non pas encore dans le péril de mourir si promptement, qu'elle scavoit bien aussy l'importance de cette affaire, et à cause de cela, qu'il estoit à propos et nécessaire d'en informer monseigneur le Premier Président, et pour monstrer qu'on ne vouloit pas diferer, que cela seroit faict incontinent après la levée du Bureau, ces Messieurs s'estant retirez, l'affaire de rechef agitée, il a esté arresté que deux de Messieurs se transporteront incessamment à l'Hostel Dieu, pour s'informer amplement de touttes les circonstances, et ensuitte en l'hostel de monseigneur le Premier Président, pour, après luy en avoir faict récit, prendre de luy sa volonté sur ce sujet, et quelle response on doit faire à ces Messieurs de la religion prétendue réformée, et pour ce faire, messieurs Leconte et de Gomont ont esté députez. Monsieur de Gomont a dict à la Compagnie (23 avril) que pour satisfaire à la délibération du dernier jour, monsieur Leconte et luy, incontinent après la députation faite de leurs personnes, se transportèrent dans l'Hostel Dieu, qu'estans entrez dans la première salle, ils y rencontrèrent un ecclésiastique, que ledit s^r Leconte luy dict estre celluy qui avoit converty le jeune homme qui faisoit auparavant profession de la religion prétendue réformée, ledit sieur de Gomont ayant parlé à cet ecclésiastique, il luy fit response que ce jeune homme avoit abjuré sa religion, et s'estoit confessé à luy le matin, qu'il n'y avoit plus qu'à l'absoudre, dont il n'avoit pas le pouvoir, et que pour cet effect, il attendoit monsieur de Gamaches, chanoine, l'un des supérieurs ecclésiastiques, ledit sieur de Gomont *luy demanda si cette conversion avoit esté volontaire*, il fit response *qu'il avoit contribué pour luy en donner les mouvements, qu'il y estoit obligé par charité, mais que le tout s'estoit passé avec une liberté toutte entière;* ayant esté demandé à veoir ce jeune homme et luy parler, ledit ecclésiastique conduisit lesdits sieurs Leconte et de Gomont à un lict, proche la salle de Saint Denis, où ils trouvèrent ce jeune homme, et une religieuse proche de luy, qui accommodoit son lict, ledit sieur de Gomont s'estant approché, demanda au malade en quel estat il estoit, le malade, au lieu de respondre, voulut tourner la teste de l'autre costé, mais quand l'ecclésiastique et la religieuse luy eurent dit que c'estoient des Messieurs qui le venoient voir, il les regarda et luy sieur de Gomont luy ayant demandé de rechef comment il se portoit, le malade prononça deux ou trois mots, mais si bas que l'on ne put entendre ce qu'il vouloit dire, ledit sieur de Gomont ayant recogneu qu'on l'incommodoit de l'interroger, et qu'il n'avoit lors aucune disposition à parler, et qu'aussy il estoit abattu de sa maladie, il demanda à la religieuse depuis quel temps ce jeune homme estoit dans l'Hostel Dieu, et comment il avoit esté converty, et si personne de la religion prétendue réformée ne l'avoit veu, sur quoy la religieuse luy respondit qu'il y avoit environ douze jours que ce jeune homme estoit dans l'Hostel Dieu, et avoit esté deux ou trois jours sans vouloir ouïr parler de conversion, mais que depuis il avoit eu d'autres pensées, qu'il avoit volontairement entendu les instructions qui luy avoient esté faictes, qu'il s'estoit volontairement converty, et qu'il avoit esté confessé le matin, que plusieurs personnes de la religion prétendue réformée le venoient voir, que beaucoup luy avoient parlé, et que comme il y en avoit à tout moment, on avoit esté contraint de le changer de lict, qu'il ne vouloit plus parler à eux, et qu'on ne voyoit autre chose que des personnes incogneues dans les salles, que l'on soupçonnoit estre pour chercher ce jeune homme. Monsieur Leconte et ledit sieur de Gomont allèrent en mesme temps chez monseigneur le Premier Président, pour l'informer du tout, qu'aussytost après qu'ils furent entrez en l'hostel dudit seigneur Premier Président, ils y veirent messieurs de Galinières et Papillon, advocatz, de la religion prétendue réformée, qui estoient venus le matin au Bureau, ledit sieur de Gomont s'aprocha d'eux et leur dict que monsieur Leconte et luy avoient veu le jeune homme dans l'Hostel Dieu, qu'ils venoient pour rendre compte du tout à monseigneur le Premier Président, et prendre de luy les ordres sur ce sujet, lesdits sieurs de Galinières et Papillon luy respondirent qu'ils scavoient bien que lesdicts sieurs Leconte et de Gomont avoient esté dans l'Hostel Dieu, et que les ayant veu venir chez monseigneur le Premier Président, ils les avoient suivy pour y aprendre la résolution, que luy sieur de Gomont estant entré en la chambre de monseigneur le Premier Président, l'informa de tout ce qui s'estoit passé de ce jeune homme dans l'Hostel Dieu, et luy fit récit de tout ce qui avoit esté dict et arresté le matin dans le Bureau, et comment monsieur Leconte et luy venoient de l'Hostel Dieu, et ce qu'ils y avoient veu et appris; sur quoy monseigneur le Premier Président respondit qu'il falloit donner la liberté à ceux de la religion prétendue réformée de voir ce jeune homme malade, pour aprendre de luy et par sa bouche quelle religion il vouloit maintenant professer, que cela pourtant se devoit faire sans bruit et sans désordre, et que la demande et la déclaration en devoit estre faite en la présence de l'ecclésiastique et de la mère Prieure qui en devoit estre advertie, que ceux de la religion prétendue réformée ne pouvoient et ne devoient enlever le malade, que s'il avoit changé de religion il n'estoit plus à eux, et que quand il seroit encore de leur religion, l'Hostel Dieu estoit l'hospital commun, que ceux de la religion prétendue réformée ne devoient point avoir d'hospital, et de fait que luy, seigneur Premier Président, ayant esté adverty que ceux de la religion avoient depuis peu establit une espèce d'hospital proche la porte de Montmartre, il avoit donné ordre de le faire oster, par le commandement de la Royne, et que cela avoit esté exécuté, qu'il falloit aussi leur donner la liberté de voir leurs malades dans l'Hostel Dieu, soit pour leur consolation ou pour les entretiens de leur créance, suivant la liberté des eedits, mais non pas soufrir qu'il y soit fait des prières publiques; que luy sieur de Gomont s'estant retiré, monsieur Leconte et luy auroient dict à messieurs de Galinière et Papillon, qui estoient tousjours demeurez dans la salle, que monseigneur le Premier Président avoit déclaré ses sentiments, mais qu'auparavant de leur dire, il estoit besoing qu'ils allassent encore dans l'Hostel Dieu, qu'ils y alloient du mesme pas, et que dans une demie heure lesdits sieurs de Galinières et Papillon apprendroient dudit sieur de Gomont ce qui avoit esté faict, et ce qu'il y avoit à faire, après quoy lesdits sieurs Leconte et de Gomont retournèrent dans l'Hostel Dieu, parlèrent à l'ecclésiastique et à la mère Prieure, à qui ils firent entendre les intentions de monseigneur le Premier Président, afin qu'il y feust ponctuellement satisfaict. *La mère Prieure dict que la conversion de ce jeune homme avoit esté très volontaire, qu'on ne l'avoit forcé ny induit à aucune chose, sinon que de temps en temps on luy avoit présenté la croix pour l'adorer,* qu'il y avoit tousjours quantité de personnes, qu'elle croioit estre de la religion prétendue réformée, allans et venans par les salles, et que plusieurs avoient parlé à luy. L'ecclésiastique a dit que ce que monseigneur le Premier Président avoit ordonné estoit la mesme chose qui se pratiquoit dans l'Hostel Dieu, qu'il avoit souvent rencontré des personnes de la religion prétendue réformée proche le lict de ce jeune homme, que pour ce sujet il avoit fallu le changer de lict, qu'il leur avoit tousjours offert la liberté toutte entière de parler, pourveu que ce fut en la présence d'un ecclésiastique, *parce qu'autrement ceux de la religion prétendue réformée en destruiroient plus en un quart d'heure en mettant le trouble dans la conscience d'un malade qui ne seroit pas encore assez ferme dans nostre créance, ny assez instruict dans nostre foy, que l'on n'en pouvoit édifier en trois jours.* Il feust adjousté qu'il y avoit mesme du péril pour les autres malades de laisser libre la conversation de ceux de la religion prétendue réformée, sans la présence de quelque ecclésiastique, d'autant qu'ils afectoient de parler hault, ce qui pourroit corrompre les malades qui sont dans les autres lictz, estans proches les uns des autres, et mesmes plusieurs dans un lict, qu'il estoit besoing de pourvoir à cet inconvénient, et qu'il seroit ponctuellement satisfaict à la volonté de monseigneur le Premier Président, ledit sieur de Gomont estant retiré chez luy, lesdits sieurs de Galinières et Papillon y arrivèrent incontinent après, ledict sieur de Gomont leur dict de mot à mot tout ce qui s'estoit passé. Ayans lesdits sieurs de Galinières et Papillon apris que ce jeune homme estoit converty, et qu'il avoit esté confessé, tesmoignèrent en estre un peu surpris, ils dirent qu'il en falloit faire leur plainte au Roy et à la Royne, et avoir un règlement pour l'advenir, sur quoy ledit sieur de Gomont leur fit response qu'ils n'avoient pas sujet de plainte, que le tout avoit esté faict dans l'ordre, et avec la plus prompte exécution qu'ils pouvoient désirer, qu'encore qu'il feust à souhaitter que par les principes de nostre créance que l'on employast ses efforts pour la conversion de ceux de la religion prétendue réformée, on y agissoit pourtant avec beaucoup de retenue, à cause de la liberté des eedits, laquelle estoit conservée à Messieurs de la religion prétendue réformée et mesmes dans l'Hostel Dieu, où l'on recevoit et traitoit également un chacun, que s'ils avoient lieu de se plaindre, c'estoit que l'Hostel Dieu, *qui est un hospital commun de tous les pauvres mallades de toutes sortes de religions et de créances, estoit un lieu de bénédiction ou chacun se convertissoit.* Il fut parlé de part et d'autre de cette espèce d'hospital qui avoit esté estably par Messieurs de la religion prétendue réformée au fauxbourg de Montmartre, lesdits sieurs de Galinières et Papillon ayans dict que c'estoit un tissatier rubannier qui, s'estant de tout temps appliqué à composer des drogues et médicaments, à secourir des mallades, à recevoir ceux qui n'avoient point de condition et admettre chez lui des personnes de sa cognoissance, ce qui ne pouvoit estre défendu à quelque personne que ce peust estre. Après quelques autres discours touchant le général de la religion et des eedits, et les circonstances particulières du fait, où le tout se passa avec grande modération et civilité de part et d'autre, lesdits sieurs de Galinières et Papillon se retirèrent, ledict sieur de Gomont n'ayant point esté tesmoing de ce qui s'est faict depuis. Sur quoy monsieur Leconte a pris la parolle et dict qu'il avoit esté tesmoing du surplus, c'est à scavoir que plus de vingt personnes incogneues se trouvèrent dans les salles de l'Hostel Dieu, cherchans avec bruict et empressement ce jeune homme, pour luy parler, et sur les deux heures les sieurs de Galinière et Papillon, accompagnez d'un gentilhomme, arrivèrent audict Hostel Dieu, où ledit sieur Leconte les receut, allant à eux, pour scavoir ce qu'ils désiroient, et eux luy ayans dit qu'ils avoient veu monsieur de Gomont, et apris de luy la volonté de monseigneur le Premier Président, ledit sieur Leconte les pria de luy donner le temps de faire chercher l'ecclésiastique qui avoit entendu ledit jeune homme, et de faire advertir la Mère Prieure, afin de suivre ponctuellement ce que monseigneur le Premier Président avoit ordonné, ledit sieur Leconte revint à eux incontinent après, et les pria de passer sur le pont et les y accompagna, attendant ledit ecclésiastique et la mère Prieure, quelque demie heure sescoula, en sorte que ledict sieur Leconte fut contrainct de retourner pour chercher luy mesme ledit ecclésiastique, qu'il trouva et rencontra aussy monsieur de Sainct Jean Granger, chanoine de l'église de Paris, et l'un des supérieurs au spirituel de l'Hostel Dieu, qui estant adverty à l'instant de l'intention de monseigneur le Premier Président y acquiesca, et pour l'exécuter entièrement, le sieur de Galinière estant demeuré sur le pont, avec le sieur Macaire, ecclésiastique, le sieur Papillon et le gentilhomme de sa compagnie furent conduits vers le jeune homme malade, et en la présence de monsieur de Sainct Jean Granger, de l'ecclésiastique qui avoit travaillé à la conversion du mallade, de ladite mère Prieure et dudit sieur Leconte, ledict gentilhomme luy dict ces mots : «Vivaretz, veux tu mourir en la religion en laquelle tu es né?» à quoy le malade ne respondit rien, et alors ledict sieur Papillon luy dict : «Cognoissez vous pas bien monsieur, il vous logera, vous nourira et ne vous laissera manquer d'aucune chose,» à quoy le malade ne respondit encores rien; alors monsieur Granger dict à ces messieurs que le malade n'estoit pas en estat de beaucoup entendre, ny de beaucoup parler, c'est pourquoy il falloit luy faire la demande en telle sorte qu'il n'eust qu'à dire ouy ou non. Lors ledit gentilhomme luy répéta : «Vivaretz, veux tu mourir en la religion où tu es né et où tu as tousjours vescu, ou en celle que tu as embrassé depuis peu?» A l'instant le malade respondit : «Je veux vivre et mourir en celle que j'ay depuis peu embrassé, la catholique;» et aussy tost monsieur de Sainct Jean Granger tendant le bras audict sieur Papillon et audict gentilhomme, leur dict : «Messieurs c'est assez il est à nous, vous n'avez plus que faire icy.» Ledit sieur Papillon et le gentilhomme retournèrent sur le pont rejoindre ledit sieur de Galinière, auquel ce gentilhomme se plaignit qu'on l'avoit menacé et dict qu'il le falloit assommer, à quoy ledict sieur Leconte répliqua qu'il n'en avoit rien entendu, quoy qu'il eust esté tousjours fort près de luy, après quoy tous se retirèrent. Le tout ouy et l'affaire mise en délibération, la Compagnie a aresté que le présent procès verbal seroit inséré dans le registre du Bureau, et qu'il sera choisy un lieu dans l'Hostel Dieu, séparé des autres, pour y recevoir les malades de la religion prétendue réformée, affin que lesdits malades estans visitez par ceux qui font profession de ladicte religion prétendue réformée, il n'arrive pas d'inconvénient, ny de scandale, pour les autres malades, ny pour ceux qui seroient dans l'Hostel Dieu, et pour ce faire, messieurs Leconte et de Gomont ont esté députez.

Cedit jour (30 avril) monsieur Cramoisy a dict qu'en exécutant l'ordonnance de mercredy dernier, luy et monsieur de Gomont ont conféré des moyens d'accommodement avec le religieux fondé de procuration des autres religieux du prieuré de Longpont, qu'ils ont proposé ausdicts religieux de se contenter d'un fonds, du revenu de six vingtz cinq livres, en plusieurs parties, scavoir la moytié des dixmes de Villejuifve, les censives de Montlhéry, deux rentes foncières deues audit Montlhéry, et une moytié de maison seize à Linois, avec les loyers qui en sont escheus, mais le religieux n'ayant point voulu accepter ces ofres, non plus que celle de parfaire la rente de cinquante escus, ils ont enfin jugé à propos d'offrir une rente de soixante quinze livres cinq solz qui, avec les choses cy dessus spécifiées, montent par an à deux cents livres, ce que ledit religieux ayant accepté, charge a esté donnée à un notaire d'en dresser le contract, dont monsieur de Gomont a représenté à l'instant la minutte, et en ayant fait lecture, qui porte en substance que les soubz prieur, religieux et couvent de Longpont consentent que ledict prieuré de Saint Julien le Pauvre soit supprimé, et icelluy avec tous ses droitz, revenus et privilèges, uny et incorporé au domaine de l'Hostel Dieu, pour y estre basty un hospital pour les malades convalescents, sortans de l'Hostel Dieu, qui sera appellé l'hospital de Saint Julien le Pauvre, à la charge que l'Hostel Dieu fera dire les messes et satisfera aux autres fondations dont ledict prieuré de Saint Julien est chargé, que lesdits religieux de Longpont jouiront des choses cy dessus énoncées, et outre que l'Hostel Dieu payera ausdits religieux soixante quinze livres cinq solz de rente, qui commencera à courir du premier jour de may prochain, que les religieux de Longpont et leurs domestiques et serviteurs malades seront receus audict Hostel Dieu, soignez et médicamentez comme sont les domestiques et serviteurs dudict Hostel Dieu, quand ils sont malades. La Compagnie a esté d'advis d'y faire adjouster les conditions qui ensuivent : que partout où il sera parlé de la suppression et union dudit prieuré de Saint Julien, ce sera en ces termes : suppression du titre et union du temporel; que lesdits religieux consentiront un arrest contradictoire au grand conseil, en faveur de l'Hostel Dieu; qu'au lieu des soixante quinze livres cinq solz de rente, que l'on a promis ausdits religieux, ledit Hostel Dieu leur transportera cinquante livres de rente, vingt à Montlhéry par Jacques Taillandier, et trente livres de rente deue audit lieu, lesquelles deux rentes on promettra garentir tant en principal qu'arrérages; que lesdits religieux ne pourront recevoir le rachapt desdites rentes cédées, qu'en advertissant auparavant la Compagnie, et à la charge de remploy en héritages ou rentes, que lesdits religieux promettront de délivrer audit Hostel Dieu tous les titres, papiers et enseignemens, mesmes les baux amphytéotiques concernans le bien dudit prieuré de Saint Julien.

Cedit jour (30 avril) monsieur Robineau a dit que les voleurs des troncs des Incurables ont esté condemnez par monsieur le lieutenant criminel au fouët, à la fleur de lis et aux galères perpétuelles, ce qui doit estre executté aujourd'huy, devant la porte de l'hospital des Incurables.

Monsieur Leconte a dit (7 may) à la Compagnie que l'on souffre dans l'Hostel Dieu non seulement des personnes qui ne sont plus malades, mais encores d'autres qui sont malades incurables, et qui sont à la charge à la maison des quinze et vingt années, mesme des gens extravaguez de l'esprit, et monsieur Perreau a adjousté qu'il y a entre autres une fille folle dont il a receu beaucoup de plaintes, à cause du bruit qu'elle fait toutte la nuit, qui incommode toutte la maison, sur quoy la Compagnie a prié monsieur Levieux de veoir monsieur le Procureur général, pour obtenir de luy une ordonnance, pour faire mettre ladite folle aux petittes maisons, et pour le surplus que monsieur Petit sera mandé, ce qui a esté fait. Cependant monsieur Pepin a dit qu'on s'est plaint à luy qu'un chirurgien de l'Hostel Dieu, qu'on ne luy a point voulu nommer, a piqué un malade, et l'a quitté tout aussitost, et a seigné un autre malade dans sa crise, ce qu'on croit luy avoir causé la mort. Sur quoy ledit sieur Petit estant entré, et la Compagnie luy ayant donné à entendre les plaintes cy-dessus, il a respondu que l'ordre qu'il a tousjours donné à ceux qu'il commet à la visitte est de visiter soigneusement le malade, et en cas de doubte, de le mander; que s'il passe quelque malade dont le mal ne soit pas de la qualité requise, cela arrive sans qu'il ait esté visitté, sur quoy la Compagnie luy a enjoinct de ne laisser entrer aucun malade incurable, et qui ne soit de la qualité de ceux qu'on pense à l'Hostel Dieu, et quand il en trouvera quelqu'un dans les lictz, d'en advertir aussitost la Compagnie au Bureau, et au sujet des mauvaises seignées, qu'il advertira et instruira tous ses garsons des temps propres et des temps dangereux aux seignées, et aura soigneusement l'œil dessus eux, affin qu'il n'en arrive point de faute à l'advenir.

La Compagnie a arresté (28 mai) qu'on présentera requeste à la grande chambre de la Cour de Parlement, pour avoir adjudication du tiers des biens des successions du marquis de Beaujeu et du baron des Barres, qui se sont battus et tuez en duel au bois de Boulogne, en l'année mil six cens cinquante trois.

Monsieur Leconte s'est plaint (16 juin) de ce que l'on ne peult avoir de pierre pour les bastimens de l'Hostel Dieu, ce qui nuit d'autant plus ausdits bastimens, qu'il y a deux cintres chargez en danger de se rompre, s'ils ne sont continuez en diligence, sur quoy les carriers qui travaillent pour l'Hostel Dieu ont esté ouys, qui ont dict que ce sont les massons du Val de Grâce qui les empeschent de faire conduire leur pierre à l'Hostel Dieu, disans en avoir ordre de la Cour, sur quoy monsieur Perrochel s'est offert d'en parler à monsieur de Thubeuf.

Monsieur Perreau a dict à la Compagnie (16 juin) qu'il a donné ordre de faire un tronc, pour mettre dans la salle des taillez de l'Hostel Dieu, ce qui a esté exécuté, que tronc ferme à deux serrures différentes, dont il a rapporté les clefs sur le Bureau, et a fait faire une boeste pour serrer les pierres de ceux qui ont esté taillez.

Monsieur Leconte (9 juillet) a dit que depuis longtemps on commet une faute notable dans l'Hostel Dieu, dont le remède espargneroit audit Hostel Dieu plus de dix mil livres par an, c'est que les religieuses, et les filles qui par dévotion vont penser les malades, ignorans le régime de vivre que chacun malade doit garder, se raportent à la volonté du malade de ce qu'elles luy doivent donner, de sorte que plusieurs, mangeans des viandes qui ne leur sont pas propres, en deviennent plus malade, et leur guérison rendue plus tardive et dificile, et souvent cela leur cause la mort, à quoy on pouroit remédier, mettant en mesme endroit des salles ceux qui doivent user du mesme régime de vivre.

Monsieur Cramoisy a représenté (14 juillet) un imprimé contenant les ordonnances du Bureau pour les compagnons chirurgiens de l'Hostel-Dieu, lesquelles la Compagnie a ordonné d'estre transcriptes en cet endroit, dont la teneur ensuit : Ordre et devoir des compagnons chirurgins de l'Hostel Dieu de Paris : I. A cinq heures précises sortiront de chez leur maistre et à cinq heures et demie commenceront à penser les blessez, que le maistre chirurgien leur aura donné et mis en main. — II. Ils auront leurs appareils prest du jour de devant, lesquels ils feront eux mesmes, et ne les laisseront faire par autres, soit pensionnaires ou externes, et seront faits dans la chirurgie et non ailleurs. — III. Qu'ils penseront leurs blessez eux mesmes, avec un soing très particulier, grande charité, douceur et affection, et n'en obmetront aucuns de ceux qui leur sont donnez à penser, et ne s'absenteront ausdites heures ausquelles ils doivent penser les malades des salles, ausquelles ils sont commis pour travailler, souz couleur que les pensionnaires ou externes supléeroient à leurs defauts. — IV. Après avoir pensé leurs blessez, reporteront tous leurs apareils dans la chirurgie, comme aussy les réchaux, après qu'ils auront jetté le feu dans les cheminées des ofices, et ne laisseront rien trainer dans les salles. — V. Que s'il arrive, comme il est assez fréquent, que les sieurs Petit, maistre chirurgien, ou Angot, fassent quelques opérations, dissections ou ouvertures de corps, comme ils le doivent faire alternativement, lors les compagnons, après avoir pensé leurs malades et blessez, s'y pourront trouver, pour veoir, entendre et aprendre les enseignemens qui leur seront donnez par lesdits sieurs Petit et Angot, pour cognoistre d'où peuvent provenir les causes du mal duquel il s'agira. — VI. Après, ceux qui seront de garde, ou qui auront soin de tenir les lieux de la chirurgie nettement, pourront aller estudier, et ne laisseront rien traisner en icelle, enfermeront les médicamens, onguents et autres drogues dans leurs armoires, souz la clef, pour empescher que la poussière et ordure ne s'amassent sur lesdits médicaments. — VII. A onze heures, lorsque la cloche sonnera, se rendront tous au réfectoire pour disner. — VIII. Après disner, iront faire les seignées du bras, pieds, ventouses et autres ordonnances des médecins et maistre chirurgien, qu'ils observeront ponctuellement et obéiront aux ordres dudit maistre chirurgien, auquel ils porteront l'honneur et le respect qu'ils doivent à un maistre. — IX. A deux heures précisément commenceront à penser les malades, jusqu'à quatre heures et demie, avec le mesme soin et ordre cy devant prescrit. — X. Après ces choses faites, iront en la chirurgie faire leurs apareils pour le lendemain matin, et n'y aura autres personnes dans ladite chirurgie que lesdits compagnons, à ce que ce soit eux mesmes qui préparent leurs dits médicaments et emplastres, et qu'estans faits, ils les resserrent dans l'armoire proprement. — XI. Qu'ils feront et prépareront les cataplasmes eux mesmes, et ne les laisseront faire par les malades ny par autres. — XII. Que les bassins dans lesquels sont lesdits cataplasmes ne traineront par les salles, ains seront portez et serrez dans la chirurgie, et chacun compagnon les nettoyera à son tour. — XIII. Qu'après, ceux qui seront de garde pour les malades iront à leur garde de semaine. — XIV. A six heures, lorsque la cloche sonnera, se rendront pareillement tous au réfectoire pour souper. — XV. A l'issue du souper, chacun ira dans son ofice, pour faire les seignées et autres remèdes ordonnez par les médecins et chirurgien, et quand il n'y en auroit point, ils ne laisseront d'aller voir en quel estat sont leurs blessez et penser ceux qui auront esté ordonnez du maistre trois et quatre fois, s'en trouvant de cette nature et qualité. — XVI. Que les pensionnaires ny externes ne toucheront ny ne penseront aucuns malades, si ce n'est par l'ordre du maistre chirurgien. — XVII. Que deffenses sont faites à tous compagnons de transporter aucuns onguents hors de la chirurgie, d'en laisser sur les tablettes des lits des malades, et de leur en bailler pour en faire des emplastres. — XVIII. A huit heures précises se trouveront chez leur maistre, depuis la Saint Remy jusques à Pasques, et depuis Pasques à la Saint Remy à neuf heures. — XIX. Ne sera receu de compagnon chirurgien qu'il n'ait esté examiné exactement par les médecins et chirurgien, et qu'ils n'ayent l'aage de dix huit à vingt ans. — XX. Ne pourront lesdits compagnons chirurgiens demeurer plus de quatre ans dans ladite Maison, à s'employer continuellement au service des malades et blessez, selon qu'il est ordonné cy dessus. — XXI. Ne pourront avoir aucune pratique en ville, pour quelque prétexte que ce soit, mais si cela est sceu, seront congédiez. — XXII. Leur sera demandé, lors de leur réception, s'ils se peuvent entretenir les quatre années durant, afin qu'ils puissent servir actuellement les pauvres et qu'ils ne puissent prétendre aucune récompense d'eux. — XXIII. Il leur est enjoint de garder la paix, et en cas qu'il leur arivast quelque diférent, ils auront recours au maistre chirurgien pour les acorder.

Cedit jour (30 juillet) la Compagnie a ordonné qu'il sera mis des affiches autour de l'église du prieuré de Saint Julien, pour empescher les danses et autres désordres qui se font devant ladite église.

Monsieur Lhoste a fait lecture à la Compagnie d'un arrest rendu au Parlement de Grenoble, en conséquence de plusieurs autres, portans deffenses aux médecins de visiter plus de deux fois un malade avant qu'il ait receu le sacrement de confession, et injonction ausdits médecins de le faire scavoir à tous les malades qu'ils visiteront, et aux nottaires qui seront appellez pour recevoir des testaments de demander aux testateurs s'ils veulent faire du bien aux pauvres du lieu où ils demeurent, ou du lieu où ils élizent leur sépulture, et de faire mention dans les testaments de cette demande qu'ils ont faicte ausdits testateurs, sur quoy la Compagnie a prié ledit sieur Lhoste de dresser une requeste, pour obtenir un pareil arrest de la Cour de Parlement de Paris en faveur de l'Hostel Dieu, en poursuivant le renouvellement d'icelluy qui a esté cy devant rendu touchant les nottaires.

Monsieur Lhoste a dit (18 août) qu'il a eu advis que les gens de la religion prétendue réformée ont encores un hospital au fauxbourg de Saint Marcel, et a mis les mémoires qu'il en a entre les mains de monsieur Cramoisy, qui a esté prié de s'en informer encore plus amplement, et scavoir s'il y a eu autrefois quelques arrestz donnés en pareil rencontre.

Monsieur de Gomont a dit (1er octobre) que n'estant point en cette ville le vendredy xxiiij. septembre dernier, il n'a peu faire jusqu'à présent la relation de ce qu'il avoit pleu à la Compagnie de luy comettre, qu'il a eu l'honneur de veoir monseigneur le Premier Président, auquel il a raporté la délibération du Bureau, que ledit seigneur luy fit response qu'il alloit à Grignon (et de fait il partit le mesme jour) qu'il n'estimoit pas en retourner auparavant le mois de novembre, et qu'ainsy, n'estant point en ceste ville ny à Montrouge, il ne pouvoit assister à aucune délibération, mais que dès à présent il avoit agréable tout ce qui seroit fait et résolu par la Compagnie, laquelle pouvoit agir tout ainsy que s'il y estoit présent, sur quoy ledit sieur de Gomont luy demanda s'il ne désiroit pas que la Compagnie luy fist scavoir les propositions qui seroient faites avant que de les résoudre, à quoy monseigneur le Premier Président luy répartit : « La Compagnie peut délibérer et résoudre, je l'en prie; » ledit sieur de Gomont luy ayant demandé si c'estoit tant pour monsieur le doyen de Nostre Dame et le réglement touchant les religieuses de l'Hostel Dieu, que sur la maison de mademoiselle Sercamanen, ou seulement sur aucunes de ces choses, réservant les autres à son retour, monseigneur le Premier Président luy dit « Pour touttes choses, » ayant tesmoigné la confiance qu'il avoit au Bureau. Ledit sieur de Gomont a adjousté que, suivant l'ordre qu'il a eu de la Compagnie, il a dressé la relation de ce qui fut dit par monsieur le doyen de Nostre Dame, dans la sacristie de l'Hostel Dieu, en la présence d'aucuns de messieurs les administrateurs de l'Hostel Dieu, le cinquiesme septembre dernier, et de ce qui a esté faict en conséquence, dont lecture a esté faite, et du consentement de la Compagnie ayant esté approuvé, il a esté arresté qu'elle seroit transcripte en cet endroit, comme il ensuit : Acte concernant Messieurs du spirituel. Le dimanche cinquiesme de septembre mil six cens cinquante cinq, après la procession du Rozaire, que l'on fait chacun premier dimanche du mois à l'Hostel Dieu, messire Jean Baptiste de Contes, conseiller d'Estat ordinaire et doyen de Nostre Dame de Paris, fit dire à messieurs les administrateurs de l'Hostel Dieu, qui y avoient assisté, qu'il les prioit de se trouver à la sacristie, les prières estant achevées dans le chœur, ledit sieur Doyen et messieurs de Gamaches et de Saint Jean Granger chanoines de l'église de Paris, et qui sont commis par Messieurs du Chapitre pour la direction spirituelle de l'Hostel Dieu, tous trois encore revestus de leurs surplis, et avec leurs aumusses, et messieurs Cramoisy, Leconte, Lhoste, de Gomont, Pepin et Perreau, administrateurs du temporel, qui avoient assisté à la mesme procession, entrèrent en la sacristie, monsieur le doyen ayant fait sortir un prestre et deux enfans de chœur qui y estoient, la porte fermée, et tous debout, dit en s'adressant à Messieurs les administrateurs : « Messieurs jay eu quelques entretiens avec madame Moreau, veufve de feu monsieur Moreau, vivant lieutenant civil au Chastelet, touchant le dessein qu'elle a de faire du bien à l'Hostel Dieu, elle a de très grandes inclinations pour la maison de céans, elle m'a dit que le cœur de monsieur son père est en despôt dans cette église, elle y veut faire déposer celluy de monsieur son fils, lequel est décédé depuis peu, elle désire aussy que le sien après sa mort y soit pareillement mis, elle ofre pour cela de donner à la Maison cent cinquante livres de rente, sa vie durant, et après sa mort, la rente sera de trois cens livres à perpétuité, rachetable néantmoins au denier vingt, qui est deux mil escus en principal, elle ne demande autre charge, sinon un service quand on déposera le cœur de monsieur son fils, et un autre quand on déposera le sien, mais elle nous demande une autre chose qui peut estre de conséquence, comme elle a perdu monsieur son fils, elle vient se consoler souvent avec les religieuses de l'Hostel Dieu, elle voudroit avoir la permission de venir manger avec ces bonnes filles, en leur communauté, une fois le mois, qui seroit douze fois par chacun an, ce qu'elle ne demande que pour elle seule, sans aucune damoiselle ny servante, ny autre femme ou fille avec elle. Nous avons grande peine de luy accorder, mais c'est une personne de condition, et de laquelle on peut attendre qu'elle ne sera point à charge à la Maison, elle ne demande que la portion ordinaire d'une religieuse, nous tascherons de la réduire à quatre ou cinq fois l'année, nous avons esté bien aises de vous donner advis de ces propositions, nous vous advertissons de ce à quoy vous avez intérest. » Messieurs les administrateurs l'en remercièrent et luy dirent qu'ils en feroient le raport au Bureau. Monsieur le doyen ayant repris la parolle dit : « Messieurs, nous avons apris qu'après avoir donné à monsieur le Maistre la clef de la porte que l'on a fait depuis peu, entre la salle et le nouveau pont, on l'en a retiré, que par une délibération de vostre Bureau il a esté arresté qu'elle sera mise entre les mains de l'un de vous, et qu'elle y est effectivement, c'est vouloir renouveler la querelle qui fut comencée l'année passée, *les clefs de l'Hostel Dieu ne sont point de vostre administration, il n'y a que monsieur le Maistre qui a le droit de les avoir*. Monsieur le Maistre a touttes les clefs du chœur, et celles de la porte de l'église, il y a des religieuses pendant la nuit dans les salles, ce ne sont pas messieurs du temporel qui doivent avoir les clefs de leur closture, la porte que l'on a fait depuis peu est la fermeture de l'une des salles, nous qui avons la direction spirituelle, devons veiller à la seureté et à la closture des religieuses, il pouroit y avoir du péril d'en laisser la clef à des séculiers, il peut ariver inconvénient des ouvriers, cette clef ne peut estre en d'autres mains qu'en celles de monsieur le Maistre, qui est le seul maistre de l'Hostel Dieu, c'est luy qui doit avoir touttes les clefs du dehors et qui mesmes avoit autrefois celles, tant de la cour des ofices, que de l'autre cour, ce n'est que depuis peu qu'elles luy ont esté ostées. » Monsieur Leconte dit qu'il y avoit quelque chose dans le fait qui le concernoit, pour les clefs de la nouvelle porte, et qu'il estoit nécessaire d'en scavoir les circonstances, que la mère prieure, il y avoit huit jours, le pria de faire fermer la porte, et pour cause, et qu'elle ne se soucioit pas entre les mains de qui la clef feust mise, soit de monsieur le Maistre, d'elle mère Prieure, ou de luy sieur Leconte, pourveu qu'elle ne feut point entre les mains d'autres personnes, ny mesmes de celuy qui estoit sur le pont, qu'il prit la clef pour la garder jusqu'à ce qu'elle feust présentée au Bureau, pour délibérer et résoudre à qui elle seroit délivrée, qu'ayant esté obligé de s'en aller aux champs, avant qu'il y eust Bureau, il l'avoit envoyé par le sieur Cudefo en dépost entre les mains de monsieur le Maistre, pour la garder jusqu'à ce que le Bureau en eust ordonné, lorsque ledit sieur Leconte fust de retour, il l'a demandé à monsieur le Maistre, qui ne l'avoit qu'en dépost, et qui la luy rendit, luy sieur Leconte l'aporta au Bureau, qu'il avoit esté délibéré et résolu qu'il la garderoit, qu'il avoit aussy touttes les clefs, qu'elles luy furent mises entre les mains, lorsqu'il entra dans la maison, et qu'il les a tousjous eu, depuis huict ans qu'il est à l'Hostel Dieu. Monsieur le doyen repartit que touttes ces clefs devoient estre entre les mains de monsieur le Maistre, que la coutume avoit tousjours esté qu'il les avoit, et qu'il estoit le seul maistre de toute la closture de l'Hostel Dieu. Monsieur Leconte ayant persisté que, lorqu'il entra à l'Hostel Dieu, les clefs des deux cours n'estoient point entre les mains de monsieur le Maistre, non plus qu'elles n'y sont point à présent, il fut dit qu'il falloit mander monsieur le Maistre, pour en scavoir la vérité, il y eut ordre donné d'aller dire à monsieur le Maistre qu'il prit la peine de venir à la sacristie; pendant qu'on y alloit, monsieur le doyen dit : « Nous ne prenons pas garde, Messieurs, à beaucoup d'entreprises que vous faites tous les jours, *on vous a autrefois donné l'administration du temporel, qui apartenoit au chapitre seul, mais en vous la donnant, on ne nous l'a pas osté*, le Bureau députoit cy devant devers nous, lorsqu'il y avoit quelque affaire importante, ou pour choses en quoy nous pouvions avoir interest, nous ne sommes pas bien ancien dans la qualité de doyen, et néantmoins nous l'avons veu pratiquer ainsy, nous scavons qu'il en a esté usé de la sorte envers ceux qui nous ont précédé, et à présent, on fait touttes choses sans nostre participation, sans nous en comuniquer, et sans nous en advertir, on croit que c'est assez de dire qu'on l'a proposé au Bureau, et que le Bureau l'a résolu, on fait d'un employ de charité une espèce de magistrature, *pour avoir la bourse on n'a pas toute l'authorité*, il semble que quand on parle du Bureau on veuille dire quelque chose distingué de nous, il n'y a point, Messieurs, de différence entre le Bureau et nous, nous ne faisons qu'un mesme corps, nous avons aussy bien que vous l'administration du temporel, nous avons nostre place au Bureau, et une place d'honneur quand nous y alons prendre séance, nous pouvons y aller quand bon nous semble, nous ne faisons qu'une mesme comuneauté pour l'administration temporelle de l'Hostel Dieu, nous scavons aussy que tous ceux de vostre Bureau ne sont pas de mesme advis, et que les plus censez n'aprouvent pas toutes vos prétentions; ce n'est pas, Messieurs, que nous nous plaignions de la sorte que l'Hostel Dieu est à présent administré, on auroit grand tort de s'en plaindre, il n'y a personne qui ne scache quelle est l'affection que vous avez pour les pauvres, quel est vostre zèle et vostre œconomie, vous y donnez charitablement vostre temps et vos peines, on peut dire que la maison et le revenu ne furent jamais mieux administrez, mais il ne faut pas que vous fassiez tout vous seulz, nous n'avons pas moins que vous de charité, nostre profession et nostre caractère nous donnent autant de mouvement pour son advantage, il faut nous employer conjointement; c'est, Messieurs, une entreprise que vous avez fait, sans nous parler, d'avoir logé l'un de vous dans l'enclos de l'Hostel Dieu, ce qui n'avoit jamais esté fait, et dont vous n'avez pas le pouvoir, si nous l'avons soufert, ce n'est qu'à cause de la personne de monsieur Leconte, et pour sa considération particulière, c'est un homme dont on scait la modération, nous ne l'aurions point autrement soufert et ne le soufrirons point à d'autres, mais pour cela, monsieur Leconte ne doit point avoir les clefs de l'Hostel Dieu, ce qui ne fut jamais, elles doivent estre entre les mains de monsieur le Maistre. » Durant ce discours M. Bourgeois, maistre de l'Hostel Dieu au spirituel, entra dans la sacristie, monsieur le doyen luy demanda si autrefois touttes les clefz des portes n'estoient point entre ses mains, veu qu'il estoit le principal officier de l'Hostel Dieu, monsieur Bourgeois fit response qu'autrefois touttes les clefs estoient entre les mains du Maistre. Monsieur Leconte luy dit : « Monsieur, depuis que je suis à l'Hostel Dieu, j'ay tousjours eu toutes les clefs des cours, lorsque j'entray dans l'Hostel Dieu, elles estoient entre les mains du commis à la despense, et auparavant, entre les mains du despensier, et non point entre les mains du Maistre. » Monsieur Bourgeois demeura d'accord que cela estoit véritable, mais que c'estoit à cause que quelques années auparavant, pour des raisons particulières, les clefs avoient esté ostées au Maistre qui estoit alors. A quoy monsieur Leconte repartit qu'il ne pouvoit pas précisément scavoir ce qui s'estoit observé auparavant qu'il feust en la Maison, mais qu'il estoit asseuré que lorsqu'il y entra, monsieur le Maistre n'avoit point les clefs des deux courts. Sur quoy monsieur le doyen dit en parlant de monsieur Bourgeois : « Il est le plus ancien de la maison, c'est le principal officier, il doit avoir touttes les clefs, il faut luy rendre celle de la nouvelle porte qu'on luy a osté. Je vous prie, Messieurs, que nous n'ayons point de différend. » Monsieur Cramoisy dit que c'estoit une affaire du Bureau, que l'on y feroit récit de tout, et que l'on en délibéreroit au premier jour, ce qui fut confirmé par monsieur Lhoste qui adjousta que c'estoit une affaire de Compagnie, qu'il en falloit faire rapport au Bureau et y délibérer, que l'on seroit bien aise que monsieur le doyen voulust y venir, pour conférer ensemble, que messieurs ses prédécesseurs en la mesme dignité y sont autrefois venus, et qu'ils avoient place au bout du Bureau, du costé d'en hault, que l'on pouvoit mesme dès à présent, prier monsieur le doyen de prendre un jour pour la conférence, parce que cela avoit esté résolu au Bureau, sur la parolle de monseigneur le Premier Président portée par monsieur de Gomont présent, à qui il l'avoit dit, que par la conférence, on pouvoit facilement régler plusieurs choses, et entre autres l'augmentation que les religieuses demandent de leur nombre, que monsieur doyen seroit tesmoing des procédés et des intentions de tous messieurs les administrateurs, qui n'avoient point d'autre pensée que de procurer le bien de la maison. Monsieur Perreau, ayant pris la parolle, dit qu'il seroit à propos d'avoir quelquefois des conférences avec messieurs les directeurs du spirituel, que le tout n'en iroit que mieux, pour le spirituel et le temporel, que si l'on voyoit une union entière entre les uns et les autres, cela empescheroit beaucoup de discours et obligeroit chacun de se maintenir davantage dans son devoir, que n'y ayant point de conférences, on fait souvent des raports des uns aux autres, que cela cause de la mésintelligence, soubz prétexte de laquelle beaucoup de personnes entreprennent ce qu'ils ne devoient pas, au lieu que l'on s'esclairciroit de tout, si l'on estoit ensemble, et que l'on arresteroit par cette union les diférens et les actions de beaucoup de monde, que souvent l'on avoit parlé au Bureau que l'on eust souhaitté cette conférence, qu'enfin elle y avoit esté résolue, sur ce que monseigneur le Premier Président avoit fait dire au Bureau par monsieur de Gomont. Chacun pria monsieur le doyen de prendre jour; monsieur le doyen dit qu'il ne refusoit point d'aller au Bureau prendre sa place, et d'y conférer de touttes choses, mais que les jours de Bureau luy estoient incommodes, parce que c'estoient les jours du Chapitre, qu'il ne pouvoit pas quitter le Chapitre, principallement à cause des conjonctures du temps, et de ce qui s'y présentoit tous les jours, on le pria de choisir un jour extraordinaire, qu'on s'assembleroit extraordinairement pour la conférence, que monseigneur le Premier Président avoit eu la bonté de dire qu'à cause que les jours du Bureau estoient les jours du Chapitre, on feroit une assemblée extraordinaire pour la comodité de monsieur le doyen, et que partant on le prioit, dès à présent, de prendre jour. Monsieur le doyen dit qu'il avoit eu l'honneur de voir monseigneur le Premier Président, que c'estoit ledit seigneur qui luy avoit parlé de conférence, mais il adjousta que les jours du Bureau ne s'accommodoient pas avec les jours du Chapitre, et sur ce messieurs les administrateurs, après avoir salué monsieur le doyen et messieurs de Gamaches et de Saint Jean Granger, sortirent de la sacristie. Monsieur de Saint Jean Granger prit à part monsieur de Gomont, pour luy parler de la fondation de mademoiselle Doré, et cependant qu'ils parloient, monsieur le doyen et monsieur de Gamaches estoient en conférence; incontinent après, ledit sieur de Gamaches s'aprocha dudit sieur de Gomont, et luy dit qu'il estimoit que quand on avoit parlé de jour extraordinaire, on n'avoit pas entendu l'intention de monsieur le doyen, dont la pensée n'estoit point des jours extraordinaires pour des conférences particulières, mais bien que l'on prist des jours ordinaires du Bureau, qui feussent différends de ceux du Chapitre, affin que monsieur le doyen peust facilement s'y trouver, à quoy ledit sieur de Gomont fit response que, quant à luy, il n'avoit entendu autre chose sinon qu'une conférence particulière; sur ce ledit sieur doyen et lesdits sieurs de Gamaches et de S¹ Jean Granger et ledit sieur de Gomont se joignirent ensemble, et monsieur de Gamaches dit à monsieur le doyen : « Je voyois bien que ces messieurs n'entendoient parler que d'une conférence particulière. » Monsieur le doyen fit response qu'il avoit entendu parler des jours ordinaires du Bureau, affin que l'on donnast des jours qui feussent différends de ceux du Chapitre. Monsieur de Gomont luy dit qu'il y avoit bien de la différence de l'un à l'autre, qu'il entendoit donc que les jours du Bureau feussent changez, que cela estoit bien différent de ce que monseigneur le Premier Président avoit dit à luy sieur de Gomont. Monsieur le doyen repartit qu'il croioit pourtant s'en estre assez expliqué à monseigneur le Premier Président, que c'estoit ledit seigneur qui avoit demandé la conférence, et que luy sieur doyen luy avoit respondu que les jours du Bureau estans aus mesmes jours que l'on tient Chapitre, il ne pouvoit pas se trouver au Bureau, à quoy monsieur de Gomont luy dit qu'il vouloit croire que c'estoit monseigneur le Premier Président qui luy avoit le premier parlé de conférence, mais que pour monstrer que monseigneur le Premier Président n'avoit point entendu que ce feust pour un changement de jour du Bureau, il avoit dit à luy sieur de Gomont que l'on prendroit un jour extraordinaire, et que ce seroit au Bureau, ou bien chez luy seigneur Premier Président, ainsy qu'on le trouveroit plus à propos. Monsieur le doyen dit que s'il ne s'agissoit que d'une, deux ou trois conférences, il pourroit bien prendre son temps de quitter quelque fois le Chapitre, pour se rencontrer au Bureau, sans se mettre en peine de prendre des jours extraordinaires, mais comme il avoit la faculté d'aller au Bureau toutes fois et quantes que bon luy sembleroit, et qu'il désiroit contribuer de tout son possible au bien de la Maison, il n'estoit pas raisonnable que cela luy feust osté par l'impossibilité de se rencontrer aux jours de Bureau, que l'on pouvoit changer l'assemblée du vendredy au sabmedy, qu'aussy bien le vendredy estoit trop proche du mercredy, soit pour prendre un autre jour du Bureau, et qu'il n'y avoit point de proportion. Monsieur de Gamaches dit que le vendredy estoit le principal jour du Bureau, mais qu'il seroit plus à propos de changer le mercredy, et prendre garde de ne point tomber au lundy, parce que c'estoit encore un jour de Chapitre. Monsieur de Gomont dit que c'estoit une chose importante, dont il falloit parler à monseigneur le Premier Président et au Bureau; qu'il en falloit parler à l'un et à l'autre, parce que c'estoit un réglement de conséquence, qu'il disoit de luy seul, sans que cela peust préjudicier, que s'il y avoit du changement à faire aux jours du Bureau, il n'y avoit donc plus en la sepmaine que le mardy, le jeudy et le sabmedy, qu'il seroit malaisé de changer le vendredy, parce que c'estoit le jour plus considérable du Bureau; qu'il n'y auroit pas d'apparence de prendre le jeudy et le vendredy, parce que ce seroit deux jours trop proches l'un de l'autre, qu'il seroit donc plus expédient de prendre le mardy et le vendredy; que luy sieur de Gomont estimoit que s'il y avoit lieu au changement, le mardy ne seroit pas moins comode que le mercredy, soit pour monseigneur le Premier Président, soit pour messieurs les administrateurs, mais adjoustant tousjours que c'estoit un règlement important, dont il falloit parler, et en prenant congé, monsieur le doyen luy dit qu'il espéroit qu'il contribueroit de tout son possible pour luy faire donner cette satisfaction, à quoy ledit sieur de Gomont luy fit response qu'il s'employeroit pour son service, pour le bien du Bureau et pour la paix, et ainsy se séparèrent. Ledit sieur de Gomont, après estre sorty de la sacristie, eut à rencontre madame Moreau, veufve de feu monsieur Moreau, lieutenant civil, dont monsieur le doyen avoit parlé. Madame Moreau luy dit qu'elle venoit se consoler avec les religieuses de l'Hostel Dieu, ne trouvant plus de consolation dans le monde, après la perte de son fils; il luy fit response que monsieur le doyen venoit de parler d'elle à messieurs les administrateurs, et d'une fondation qu'elle vouloit faire, qu'on luy estoit beaucoup obligé des sentiments qu'elle avoit pour la Maison; sur ce madame Moreau s'entretint des affections que sa famille avoit tousjours eu pour l'Hostel Dieu, que le coeur de monsieur son père y estoit en despost, que messieurs ses oncles avoient esté administrateurs, et qu'elle y continuoit ses inclinations, elle luy dit la mesme chose que monsieur le doyen avoit dit de sa part. Ledit sieur de Gomont alla ensuitte en l'apotiquairerie de l'Hostel Dieu, où il trouva messieurs Cramoisy, Leconte, Lhoste, Pepin et Perreau assemblez, à qui il fit récit des dernières conférences qu'il avoit eu avec monsieur le doyen, et de la rencontre qu'il avoit fait de madame Moreau, sur quoy monsieur Cramoisy dit qu'il avoit bien reconeu, au discours de monsieur le doyen, qu'il ne vouloit point de conférence particulière, mais que son intention estoit de changer les jours de Bureau; chacun desdits sieurs dit que cela estoit très important, et qu'il falloit y faire de sérieuses réflexions; qu'ils n'estimoient pas que monsieur le doyen feust administrateur du temporel, ainsy qu'il prétendoit, que les termes du règlement de mil cinq cents cinq, qui avoit donné l'administration du temporel aux administrateurs, et la possession depuis cent cinquante ans résistoit à cette prétention; que quand monsieur le doyen venoit au Bureau, ce n'estoit que pour choses concernant le spirituel, et que par après il se retiroit, qu'il falloit veoir pour ce sujet les titres et les registres, que cela estoit de la dernière conséquence, si on vouloit conserver l'administration temporelle comme elle est à présent. Ce que dessus ayant esté raporté à monseigneur le Premier Président par messieurs de Gomont et Perreau, selon la députation que le Bureau avoit fait d'eux, monseigneur le Premier Président dit que la prétention de monsieur le doyen estoit très importante, qu'il ne falloit point du tout entrer en conférence pour changer les jours du Bureau, et comme il luy avoit esté représenté que monsieur Cramoisy avoit fait lecture d'un arrest qui assignoit les jours du Bureau aux mercredy et vendredy, monseigneur le Premier Président dit que quand il n'y auroit point d'arrest, il falloit s'en tenir à l'usage et à la possession ancienne, que pour ce qui le concernoit il estoit vray qu'il avoit parlé le premier à monsieur le doyen de faire une conférence avec messieurs les administrateurs du temporel, qu'il l'avoit fait par l'ordre du Bureau, mais qu'il n'avoit jamais entendu que cette conférence feust pour changer l'ordre et les jours du Bureau, ny pour donner à monsieur le doyen de Nostre Dame l'administration du temporel, qu'il ne croyoit pas que ce feust alors l'intention de monsieur le doyen, que du moins luy, seigneur Premier Président, ne la descouvroit pas, que si monsieur le doyen, lorsqu'il avoit déclaré que tous ceux du Bureau n'estoient pas de mesme sentiment, avoit entendu parler de luy seigneur Premier Président, comme lesdits sieurs de Gomont et Perreau luy avoient remarqué, il déclaroit qu'il n'avoit jamais esté d'autre advis que de celluy du Bureau et qu'il iroit au premier jour au Bureau, affin qu'il y feust délibéré et résolu sur ce qu'il y avoit à faire en cette rencontre.

Monsieur de Gomont a continué (26 octobre) de faire le raport de ce qui concerne la maison des femmes et filles convalescentes souz la conduite de madamoiselle Sercamanen, pour raison de quoy l'assemblée de cejourd'huy a esté résolue vendredy dernier, le contract du XXIX mars mil vi^cxlv a encore esté leu, monsieur Cramoisy a fait lecture du mémoire qui avoit esté dressé pour la despense de ladicte maison, par l'advis de monseigneur Molé, lors Premier Président, et à présent garde des sceaux de France, afin d'exciter les charitez pour ladicte maison; M. de Gomont a fait lecture d'un mémoire qu'il a dressé, intitulé : Règlement de Messieurs les Maistre, Gouverneurs et Administrateurs de l'Hostel Dieu de Paris, pour la maison des femmes et filles convalescentes, sous la conduite de madamoiselle Sercamanen; ayant prié le Bureau d'y réformer ou changer tout ce qui seroit trouvé à propos; monsieur Perreau, aussy commis avec lesdits sieurs Cramoisy et de Gomont à la direction des femmes et filles convalescentes, a pareillement fait lecture d'un autre mémoire qu'il a dressé, concernant ladite maison, et remarqué ses motifs sur chacun article, sur quoy la Compagnie a arresté qu'il sera délibéré sur chacun article en particulier du mémoire dressé par M. de Gomont (dont le titre a esté approuvé) et que s'il y manque quelque chose de ce qui a esté observé par M. Perreau, il y sera pourveu suivant le sentiment de la Compagnie, ensuite de quoy ledit mémoire ayant esté leu pour une seconde fois, la Compagnie a arresté qu'ils seront réformez comme il ensuit : I. Le contract de fondation de monsieur et de madame Fieubet du XXIX mars mil six cens XLV sera exécuté selon sa forme et teneur en toutes les clauses et conditions y mentionnées. — II. Les douze licts spécifiez par ledit contract ne seront entendus que de douze personnes, c'est asscavoir une personne pour chacun lict, et conformément à iceluy, il y en aura tousjours douze au moins qui seront réputez estre de ladite fondation. — III. Le bureau de l'Hostel Dieu demeurera chargé de loger et nourir les femmes et filles convalescentes, jusqu'au nombre de douze au moins, et de leur fournir bois, feu, chandelle et touttes les autres choses nécessaires, comme il est porté par le contract. (Ledit article mis en délibération a esté accordé, et néantmoins il a esté arresté que les mots au moins seront rayez.) — IV. Les femmes et filles convalescentes, jusqu'au nombre de douze au moins, sortantes de l'hospital, demeureront trois jours au moins en ladite maison. (L'article mis en délibération a esté accordé, à la charge néantmoins qu'il n'y aura que le nombre de douze, et que les mots au moins, comme en l'article précédent, seront rayez, et qu'au lieu de mettre trois jours au moins, il y aura un temps certain et limité, sur quoy, à la pluralité des voix, il a esté arresté que ledit temps sera de six jours au plus, pourquoy l'article sera réformé, et qu'il sera pourtant en la liberté de Messieurs, qui ont la direction de ladite Maison, de laisser quelques femmes ou filles particulières en ladite Maison, au delà des six jours, s'ils trouvent qu'il en soit besoin, mais que cela se fera par eux avec cognoissance de cause, et dont il y aura billet par écrit.) — V. Ladite damoiselle Sercamanen, la damoiselle sa fille et celles qui luy succéderont satisferont de leur part à touttes les clauses et conditions dudit contrat du XXIX mars MVI^c XLV, à ce que les intentions desdits sieur et dame Fieubet, fondateurs, soient entièrement suivies. (Ledit article accordé.) — VI. Ce qui excédera le nombre des treize femmes ou filles ne sera point réputé estre de la fondation desdits sieur et dame de Fieubet. (L'article mis en délibération a esté accordé, sauf que le mot de treize sera rayé et qu'au lieu d'icelluy il sera mis seulement douze.) — VII. Attendu qu'il n'y a point encore à présent d'autres places, pour mettre les femmes et filles, que le lieu où elles sont maintenant, soubz la conduite de ladite damoiselle Sercamanen, outre le nombre cy dessus pour douze personnes réputez estre de la fondation desdits sieur et dame de Fieubet il y aura..... autres licts, pour autant de femmes et filles convalescentes, sortantes de l'Hostel Dieu, pour y demeurer pareil temps de six jours au moins, dont le Bureau commet aussy la conduite à ladite damoiselle Sercamanen, jusqu'à ce qu'il y soit par le Bureau autrement pourveu, sans néantmoins que cela puisse estre tiré à conséquence contre l'Hostel Dieu, ny empescher que le Bureau y puisse pourvoir à l'advenir, tout ainsy et quand bon luy semblera. (Ledit article mis en délibération, il a esté arresté qu'avant que de régler le nombre des lictz et des personnes, au delà des douze de la fondation de Fieubet, messieurs les administrateurs prendront la peine d'aller en la maison des convalescentes vendredy, cinquiesme du mois de novembre prochain, pour y estre délibéré le mesme jour, et dès à présent le surplus desdits articles accordé.) — VIII. En conséquence de l'article précédent, lesdites femmes et filles convalescentes, tant qu'elles seront souffertes jusqu'audit nombre de....., au delà des treize, occuperont le corps de logis qui estoit destiné pour la subsistance de ladite fondation Fieubet, dont cependant le Bureau ne recevra aucun loyer ni profit et outre continuera de prendre à loyer la salle de la maison joignante, apartenante au sieur Duplessis, et ce néantmoins, tant et si longuement que le Bureau le trouvera à propos pour le bien des pauvres, sauf à augmenter ou diminuer, et sans tirer à conséquence. — IX. Les sommes de trois mil livres d'une part et trois mil d'autres receues les VI et XIII may M. VI° LIV, pour l'agrandissement des logements de ladite maison des convalescentes, ensemble celles qui pourroient estre cy après données à mesme effet, y seront employées suivant les intentions des bienfaiteurs, sans pouvoir estre employées à autre chose. — X. Ladite damoiselle Sercamanen ne poura recevoir aucunes femmes ny filles, sinon celles qui sortiront de l'Hostel Dieu, et qui luy seront envoyées sur les billetz de messieurs Cramoisy, de Gomont et Perreau commis particulièrement à la direction de ladite maison. — XI. Tous les billetz seront controlliez tant de l'entrée que de la sortie. — XII. Le pain, viande, charbon, bois, chandelles, verjus, vinaigre et cendres, et toutes les choses nécessaires, seront fournies par l'Hostel Dieu, tant pour ladite damoiselle Sercamanen, la damoiselle sa fille..... servantes et les treize femmes ou filles réputées estre de la fondation de monsieur et madame Fieubet que des..... d'augmentation ci dessus, avec faculté au Bureau d'en disposer autrement, quand bon luy semblera, pour le regard de ladite augmentation. — XIII. La fourniture journalière de pain, de viande ne sera faite qu'une seule fois le jour, et les provisions de bois, charbon, chandelles, verjus et vinaigre, une deux ou trois fois pour le plus par chacun an, le tout à proportion des personnes qui seront efectivement dans ladite maison. — XIV. Deffenses très expresses sont faites à toutes femmes et filles convalescentes de ladite maison d'estre au devant ny ès environs d'icelle, à quelque heure ny pour quelque occasion que ce soit; à elles enjoint d'entendre tous les jours la messe et de faire les prières, et qu'en cherchant condition, elles se comporteront sans scandale et avec modestie, et en cas de contravention seront les contrevenantes chassées sur le champ.

Monsieur Cramoisy a dit qu'il y a plainte contre le sieur Petit, maistre chirurgien de l'Hostel Dieu, de ce qu'il reçoit deux ou trois pistolles de chacun chirurgien externe à qui Messieurs, qui sont commis à la chirurgie, donent des billets pour travailler à l'Hostel Dieu, et que l'on dit souvent, si lesdits chirurgiens ne donnent de l'argent, qu'ils n'ont point d'esprit, que le sieur Angot en voudroit encore prétendre autant, puisqu'il est maistre compagnon pour gaigner la maistrise; qu'outre cela l'on donne des lancettes aux compagnons, lesquelles ne veulent point les recevoir, si elles ne sont d'une marque particulière; qu'il importe à l'Hostel Dieu de ne point souffrir ces exactions; qu'il est vray qu'autrefois il fut arresté que les compagnons chirurgiens, au lieu d'un festin qu'ils faisoient en entrant, doneroient deux lancettes au maistre chirurgien et une lancette à chacun compagnon; qu'il y a de pauvres garçons qui n'ont pas le moyen de faire ces frais, et principalement un qui se présente de la baronnie du Tour. Monsieur Leconte a dit qu'il y a beaucoup de petits garçons chirurgiens, pensionnaires dudit sieur Petit, qui travaillent à l'Hostel Dieu et qui sont sans expérience, pourquoy il en arive inconvénient; que monsieur Pepin estant, il y a quelques jours, dans les salles de l'Hostel Dieu, ayant apris qu'un malade avoit esté mal seigné, en parla audit sieur Petit, lequel, au lieu de recevoir cette remontrance, traita l'un de Messieurs avec beaucoup de mespris, et que cela cause de mauvais effectz, un autre de Messieurs a dit qu'une partie du deffaut de sufisance des compagnons et pensionnaires est cause du défaut d'instruction, que ledit sieur Petit ne leur fait aucune leçon ny lecture, quoy qu'il y soit obligé par son contrat, et comme le sieur Gouin, qui estoit auparavant luy, les faisoit. Monseigneur le Premier Président a dit qu'il faloit empescher les exactions, que puisque c'estoit l'ordre de donner des lancettes au lieu de festin, on pouvoit souffrir qu'elles se donnassent, c'est à scavoir deux au sieur Petit, deux autres au sieur Angot, maistre compagnon et une à chacun des sept autres compagnons, qui faisoit en tout unze lancettes, en deffendant ausdits sieurs Petit, Angot et tous autres de recevoir aucune autre chose, et que mesme il devoit estre à la volonté des chirurgiens de donner des lancettes de tels ouvriers que bon leur sembleroit, pourveu qu'elles feussent bonnes, qu'il ne faloit point obliger les pauvres à cette dépense, qu'il ne faloit point souffrir que l'on admist des personnes à travailler à l'Hostel Dieu pour incomoder des malades, au lieu de les soulager, et que cela méritoit bien un règlement pour l'honneur de l'Hostel Dieu et la descharge des consciences, qu'il faut aussy que ledit sieur Petit fasse des leçons et exécute toutes les clauses de son contrat, qu'il est à propos de le mander au premier jour au Bureau, pour luy dire toutes ces choses avec vigueur, le blasmer du défaut de respect qu'il a eu envers un de Messieurs, et luy faire sentir qu'on le peut changer s'il ne fait son devoir.

La Compagnie a mandé (3 décembre) le sieur Petit, maistre chirurgien de l'Hostel Dieu, auquel elle a fait plainte de quelque discours qu'il a tenu contre le respect qu'il doit à quelques uns de Messieurs du Bureau, à quoy il a respondu qu'il ne croit pas avoir dit aucune chose qui les peust offenser, ny en intention de le faire, que s'il l'a fait, il leur en demande pardon. La Compagnie s'est aussy plainte à luy de ce qu'il exige deux ou trois pistolles pour le droit d'entrée des compagnons chirurgiens qu'elle luy envoye pour servir l'Hostel Dieu, ou comme ordinaires ou comme externes, et qu'il les refuse s'ils n'ont pas la somme qu'il leur demande. Il a respondu qu'il n'a point introduit cela de nouveau, que ceux qui l'ont précédé ont receu le mesme droit, sur quoy la Compagnie luy a fait entendre que si cela a esté pratiqué, c'a esté abusivement, qu'elle luy fait très expresses deffenses d'exiger ny demander à l'advenir aucune chose ausdits compagnons chirurgiens pour leur entrée, ny mesme de rien recevoir, quand on voudroit luy donner quelque chose volontairement.

Monsieur Lhoste a représenté (22 décembre) à la Compagnie une bulle du pape à présent séant, portant indulgence plénière pendant sept ans en faveur des pauvres mourans à l'Hostel Dieu qui profereront, de bouche ou de cœur, le saint nom de Jésus, laquelle bulle luy a esté mise entre les mains, à la charge qu'elle sera conservée dans le trésor des titres du temporel de l'Hostel Dieu.

Le greffier du Bureau (24 décembre) a dit à la Compagnie que, suivant son ordonnance, il a esté hier chez mademoiselle Sercamanen, pour l'advertir de se trouver aujourd'huy matin au Bureau, laquelle luy a promis de se rendre à l'heure qu'il luy a dit, et incontinent après, on est venu dire qu'elle estoit à la porte, elle estant entrée et debout au bout du Bureau, monsieur Lefebvre luy a dit qu'elle fut mandée il y a quelque temps et receut copie du réglement que le Bureau avoit fait, sur ce qui concernoit l'ordre que la Compagnie veut estre observé en la maison des convalescentes, dont elle a la conduite, souz l'authorité de la Compagnie, et qu'en luy donnant, il luy dit que sy elle trouvoit quelque chose en iceluy sur quoy elle voulust faire remonstrance, que l'on l'entendroit volontiers, que néantmoins messieurs les députez pour cette Maison avoient trouvé résistance de sa part sur quelques articles d'iceluy, lorsqu'ils prirent la peine d'aller le dernier jour chez elle, et que cela n'estoit pas bien, que si elle avoit eu quelque chose à remonstrer au Bureau, elle avoit eu assez de temps pour le faire, depuis que le règlement luy avoit esté mis entre les mains. Ladite damoiselle Sercamanen a respondu qu'elle n'avoit fait aucune résistance et qu'elle venoit avec joye recevoir les ordres du Bureau pour les exécuter. Monsieur Lefebvre luy a répliqué que véritablement ce n'estoit pas elle, mais en son absence, mademoiselle sa fille qui s'emportoit au delà de ce qu'elle debvoit. Madamoiselle Sercamanen a dit que c'estoit une jeune et simple fille qui ne cognoissoit pas ces choses. Monsieur Lefebvre luy a demandé d'où procédoient ces difficultez à ne vouloir pas donner le nom, l'age et le lieu où sont les petits enfans, desquels elle dit estre chargée, comme aussy de ne vouloir pas rendre compte au Bureau des charitez qui luy sont faites, elle dit que pour exécuter l'article de ces petits enfans, il luy faloit du temps, afin de pouvoir prendre leur nom, leurs aages et à ce qu'elle en donne des nourices qui les ont, à mesure qu'elles viendront chez elle. Monsieur Lefebvre luy a demandé si elle n'avoit pas fait un registre ou du moins un mémoire de ces enfans, à mesure qu'ils luy avoient esté donnez, où le temps de leur réception ait esté remarqué par elle, le lieu où elle les a mis et ce qu'elle en paye, elle a dit que non, et qu'elle n'a jamais tenu aucun registre, néantmoins qu'elle estoit disposée à faire tout ce que le Bureau désireroit, mais qu'elle ne scavoit comment faire pour rendre un compte, et qu'elle n'entendoit rien en tant de choses qui estoient en ce papier, ny à tout ce qu'elles vouloient dire, y ayant tant de fois sans tirer à conséquence et aussy des réserves, que c'estoit des chicanes, que pour elle elle n'entendoit point. Monsieur Lefebvre l'interrompant luy a demandé ce qu'elle vouloit dire par ces mots, que le Bureau n'usoit point de chicanes, qu'elle sortoit du respect qu'elle estoit obligée d'y porter, puisqu'elle y estoit soumise en tout, elle dit qu'elle honoroit toujours le Bureau, comme elle y estoit obligée, qu'elle sçavoit le respect qu'elle y devoit, reconnaissant la Compagnie pour ses maistres et supérieurs, *et mesme quand elle les voyoit ainsy tous assemblez, elle les regardoit comme des dieux.* Mais qu'elle feroit un grand coup si elle pouvoit oster tous les pauvres de sa maison hors du pouvoir du Bureau, qu'elle en seroit ravie. Monsieur Lefebvre luy a dit que ces termes de parler n'estoient pas à propos, et en luy coupant la parole plusieurs fois, luy a dit : « Madamoiselle, venons au fait et me laissez parler, ne voulez vous pas bailler ce que le Bureau vous demande, et ce qui est porté par l'article du réglement touchant les enfans, tant ceux que vous avez chez vous, que ceux que vous avez mis en plusieurs lieux, ne rendrez vous pas compte de tout ce que vous recevrez et n'exécuterez vous pas aussi l'article du réglement qui ordonne le temps que les convalescentes doivent demeurer chez vous. » Elle dit qu'elle exécuteroit tout, mais qu'elle ne pouvoit pas si tost pour ces petits enfants. Il luy fut dit par un de Messieurs que ce seroit pour après les festes, elle dit qu'elle le promettoit, mais que pour le compte il ne pouvoit commencer qu'au premier janvier, et qu'elle n'en pouvoit pas rendre tous les deux mois. Monsieur Lefebvre luy a dit que le réglement portoit au premier décembre, elle dit que, n'ayant rien receu, comment elle le pouvoit rendre. Monsieur Lefebvre luy dit qu'elle n'y metoit rien, elle dit que cela estoit bien aisé car asseurément on ne luy avoit rien donné; que pour la sortie des convalescentes, la fondation de monsieur Fieubet portoit trois jours au moins de séjour. Monsieur Lefebvre dit qu'il estoit vray, et que néantmoins le Bureau en avoit ordonné six au plus, et néantmoins que quant à quelques unes il seroit nécessaire d'advantage de temps, qu'elle n'avoit qu'à se retirer vers quelques uns de Messieurs députez, qu'ilz le feroient avec connoissance de cause, et qu'ainsy tout le monde auroit satisfaction; sur quoy elle dit : « J'avois peur au comencement que l'on nous voulust faire bien plus grand mal, mais tout cela n'est que très peu de chose, dieu mercy. Mais continua elle si je pouvois que nous n'eussions plus à faire à vous, que je ferois un grand coup. » Monsieur Lefebvre luy a dit alors : « A la bonne heure, mais tant que vous prendrez quelque chose de l'Hostel Dieu, le Bureau vous demandera non seulement compte, mais il faut que vous exécutiez ponctuellement le réglement que le Bureau a fait. » Quelques uns de Messieurs luy ont demandé comment elle entendoit que le Bureau n'eust plus à voir en sa maison, elle a respondu en ces mots : « Ouy ne pensez vous pas que madame de Fieubet ne soit assez puissante, si elle vouloit, pour donner tout ce qu'il faut en ma maison, outre tant d'autres gens qu'il y a, qui le pouroient bien faire s'ils vouloient, » et alors elle a adjousté : « que je serois heureuse si je le pouvois faire, » et a dit qu'il ne faloit pas faire un fondement asseuré de pouvoir tousjours tirer de la Royne le pain nécessaire pour sa maison, et que c'estoit chose dont avec raison elle avoit crainte. Après quoy s'estant retirée la Compagnie a dit qu'il falloit veoir si elle satisferoit après les festes à ce qu'elle avoit promis pour les petits enfans.

24ᵉ REGISTRE. — ANNÉES 1656 À 1657.

(5 janvier 1656) La Compagnie ayant apris le deceds de monseigneur le Garde des sceaux de France, arrivée le matin du troisiesme jour du présent mois, elle est allée en corps luy jetter de l'eau béniste le jour d'hier.

Monsieur Perreau a dit (14 janvier) que les sieurs Haran et Gouin ne rendent plus le service assidu aux malades taillez de l'Hostel Dieu, comme ilz faisoient cy devant, que les malades souffrent beaucoup par ce retardement, que cela provient de la mésintelligence qui est entre lesdits sieurs Haran et Gouin, que ledit sieur Haran s'est excusé sur les emplois qu'il a ailleurs, que néantmoins il a offert de rendre une assistance journalière ausdits malades, si on les veut metre en une maison particulière qui portera le titre d'*hospital pour les malades taillez de l'Hostel Dieu*, que quant au sieur Gouin il offre de continuer ses soins pour lesdits malades, comme il a fait par le passé, sur quoy la Compagnie a arresté que ledit sieur Haran sera remercié des services qu'il a rendu ausdits malades, et que ledit sieur Gouin sera prié de venir au Bureau pour adviser à ce qui est à faire pour le soulagement desdits malades, de quoy monsieur Perrichon s'est chargé.

La Compagnie a arresté (26 janvier) que monsieur le Receveur prendra la peine d'aller chez monsieur Colbert, intendant des maison et affaires de monseigneur le cardinal Mazarini, pour le saluer et luy recommander le payement des trente mil livres qui restent à payer de l'aumosne que son Eminence a fait en faveur de l'hospital des convalescents de Saint Julien le pauvre.

La Compagnie a arresté (16 février) qu'elle ira en corps au Louvre, samedy prochain, unze heures du matin, suplier très humblement la Royne d'user de son authorité, comme elle fait les années passées, pour empescher qu'on tienne boucherie dans les maisons des princes, seigneurs et ambassadeurs, pendant ce caresme, attendu le préjudice que les pauvres soufriroient, estant à leurs despens que la boucherie se tiendra cette année, et a esté arresté que l'on présentera à la Royne un mémoire des maisons où ces boucheries défendues ont accoustumé d'estre tenues.

Monsieur Leconte a dit que le sieur *Mansart* maistre masson, est venu voir (18 février) les bastimens des nouvelles salles de l'Hostel Dieu, et après avoir tout considéré et diligemment examiné, mesme les anciens bastimens qui y aboutissent, il a esté d'advis de ne point voûter lesdites salles, mais d'y faire des planchers.

Le sieur de Saint Maixant, mareschal des logis de la Royne d'Angleterre, est venu au Bureau se plaindre à la Compagnie de ce qu'on empesche le pourvoyeur de ladite dame Royne de faire venir les viandes nécessaires pour la maison de Sa Majesté, sur quoy la Compagnie a fait response qu'elle n'a en cela fait qu'exécuter les ordres du Roy et de la Cour de Parlement, qu'elle députera vers ladite dame Royne, pour luy faire entendre ses raisons et intentions, et que cependant son pourvoyeur poura trouver abondamment aux boucheries de l'Hostel Dieu, toutes les viandes qui luy sont nécessaires, et meilleures et à meilleur marché qu'il ne pouvoit faire ailleurs. Messieurs Delahaye, Perrichon, de Gomont, Perreau et le Vieulx ont esté deputez vers ladite dame Royne.

Monsieur de Gomont a dit (8 mars) que Messieurs luy ayans fait l'honneur de luy dire vendredy dernier qu'on l'avoit député pour voir la Royne d'Angleterre, il ne s'informa pas alors du sujet de la députation, mais le mesme jour il l'aprit de monsieur Perreau, et que conformément à ce qu'il y avoit apris, le lendemain messieurs Delahaye, Perrichon, Perreau, Levieulx et luy alèrent au palais royal; luy portant la parole dit à la Royne d'Angleterre que les administrateurs de l'Hostel Dieu ne furent pas plustost advertis le jour précédent, en leur Bureau, par le sieur de Saint Maixant, mareschal des logis de Sa Majesté, que l'on empeschoit les provisions des viandes, à cause du caresme, que la Compagnie les députa pour tesmoigner à Sa Majesté et leurs profonds respects et leurs entières obéissances, qu'encore qu'ils eussent seuls le privilège de faire entrer dans la ville et faulxbourgs de Paris de la viande pendant le caresme, et que tout ce qui s'en débite et distribue ne se doive vendre ou distribuer que par leurs mains ou par leurs ordres, ils n'avoient garde d'entreprendre ny de penser que Sa Majesté ne peust avoir un boucher et un pourvoyeur, qui peust avec toute liberté faire entrer dans Paris tout ce qui seroit nécessaire pour sa table, et pour celles de ses officiers domestiques, qu'ils ne doutoient pas aussy de pareil droit, et pour madame la princesse Royale et pour Son Altesse d'York, mais qu'ils supplient très humblement Sa Majesté que ce droit ne feust que pour l'usage de la maison royale, et que ceux qui n'en sont pas, ou par leur naissance ou par leur service, ne peussent en user, luy ayant représenté les désordres qui sont dans la ville et faulxbourgs de Paris pour la viande pendant le caresme, que non seulement on en mange par nécessité de maladie, ou par liberté de conscience, *mais encore par libertinage et par desbauche*, qu'il y en a qui en mangent parce qu'elle est défendue, et qui s'en abstiendroient en un autre temps quand elle est permise, que cela procède de la facilité d'en trouver, qu'on ne pécheroit point si on n'en avoit les occasions, ou que du moins on ne pécheroit plus que dans la volonté, qui ne fait point de scandale au public. C'est pourquoy ils supplioient très humblement Sa Majesté, l'une des plus grandes, des plus justes et des plus pieuses Roynes du monde, qu'elle eust la bonté de ne pas soufrir qu'il y eust aucun abus contre le caresme, ny dans le palais royal, ny du palais royal dans le palais royal, afin qu'il y eust une défense très estroite de n'y vendre ny donner aucune viande, que pour ceux de la maison du palais royal, afin qu'aucun des officiers de Sa Majesté, de madame la princesse Royalle et de Son Altesse d'Yorck n'eussent dans la ville le privilège de vendre de la viande durant le caresme, qu'ils avoient eu advis qu'aucun de leurs officiers l'avoient desja offert et exposé à prix d'argent, qu'ils faisoient ces prières par motifs de conscience et pour l'interest des pauvres, qu'ils tenoient cette année la boucherie de caresme par leurs mains, pour faire autant qu'ils pourroient observer le commandement de l'église et l'ordre de la police, et pour empescher une infinité d'abus qui s'estoient commis aux années précédentes, qu'ils estoient assistez de la volonté et de l'autorité du Roy, qu'ils espéroient aussy la protection de Sa Majesté Britannique. Sur quoy la Royne leur respondit qu'elle avoit besoin d'user de viande pendant le caresme, qu'elle souhaiteroit estre en un estat que la viande ne luy feust pas nécessaire, mais qu'elle donneroit ordre qu'il n'y eust aucun abus, qu'on ne donnast de la viande dans le palais royal qu'à sa personne, à madame la princesse d'Orange et à monsieur le duc d'York, et aux officiers domestiques, que mesmes aucun n'abusast de leurs noms, qu'elle le feroit sçavoir, et que si quelqu'un y contrevenoit elle le chasseroit, qu'elle sçavoit bien qu'il y alloit de la conscience, et que de plus elle n'avoit garde de soufrir que cette injustice feust faite aux pauvres, qu'elle voudroit plustost leur faire du bien que de leur oster ce qui leur apartient, *mais qu'elle n'estoit point en pouvoir de leur faire des charitez.* A quoy monsieur de Gomont respondit qu'ils s'estoient promis cette justice de Sa Majesté et se retirèrent. Sur quoy le sieur controlleur de ladite dame Royne est entré au Bureau, et a dit que suivant l'ordre qu'il a de Sa Majesté d'empescher que le pourvoyeur de sa maison n'abuse de sa charge pendant ce caresme, au préjudice des pauvres de l'Hostel Dieu, il vient asseurer la Compagnie qu'il y tiendra la main, et bien qu'il soit comme impossible d'avoir l'œil partout, qu'il fera en sorte que l'Hostel Dieu en souffrira très peu ou point de préjudice, de quoy la Compagnie l'a remercié et prié de persister en cette bonne volonté, et ensuitte luy ayant esté proposé un expédient plus court, pour empescher tout abus, qui est d'obliger ledit pourvoyeur de prendre de la viande aux boucheries de l'Hostel Dieu, où il en trouvera de très bonne et à bon compte, et qu'on espéroit que si ledit pourvoyeur estoit à présent au Bureau, on pouvoit l'y faire condescendre, ledit sieur controleur a promis de revenir vendredy prochain au Bureau et d'y amener ledit pourvoyeur.

Sur ce que l'un de Messieurs a dit (10 mars) que mesdames du Puy, du Four et de Harlay prient la Compagnie de consentir l'élargissement des deux bouchers qui ont esté constituez prisonniers par le sieur de Sainte Marie pour avoir débité de la viande pendant le caresme, moyennant telle amande qu'il plaira au Bureau, dont ils passeront condamnation, l'affaire mise en délibération, la Compagnie a arresté qu'attendu la conséquence et l'estat où est l'affaire, elle en laissera faire la justice à monsieur le lieutenant civil, pour lequel effect ils ont esté translérez aux prisons du grand Chastelet.

Monsieur de Gomont a dit (26 avril) que les sieurs Haran et Gouin, anciens chirurgiens de l'Hostel Dieu, estans venus le voir, ils se sont entretenus du dedans de l'Hostel Dieu, du nombre des mallades, comme ils estoient cy-devant gouvernez, comme ils les ont à présent et ce que l'on pouvoit faire pour augmenter de bien en mieux et particulièrement touchant la chirurgie et la salle des taillez; l'un et l'autre ayant esté successivement chirurgiens de l'Hostel Dieu, et tous les deux ayans continué charitablement leurs opérations dans la salle des taillez, il luy fut dit par eux, entre autres choses, qu'il seroit très advantageux à l'Hostel Dieu qu'il y eust un lieu de chirurgie où l'on peust trouver tous les instruments nécessaires à toutes sortes d'opérations, qu'ils en avoient dez il y a longtemps formé le dessein, et que quand on abolist les festins qui se faisoient aux compagnons chirurgiens pour les droits d'entrée de ceux qui estoient nouvellement admis en ladite qualité, on avoit destiné d'en faire l'employ en quelques instruments propres à la chirurgie, de sorte que par succession de temps on y en auroit eu un grand nombre, sans qu'il en eust rien cousté à la maison, que s'il y avoit un lieu pour ce sujet, cela donneroit réputation, que beaucoup de chirurgiens tant de Paris que forains et mesmes des estrangers y donneroient ce qu'ils auroient de plus rare, qu'eux mesmes y aporteroient volontiers tous leurs soins et que mesmes ils y ofroient gratuitement tous les bandages qu'ils ont, et qui sont en assez grand nombre, joint que les malades en pouvroient recevoir de notables soulagemens; que luy sieur de Gomont les remercia de l'ouverture qu'ils luy avoient fait et de leurs ofres, qu'il les prioit de continuer leurs afections et leurs soins envers la maison, qu'il n'estimoit pas juste à son esgard, que pour establir une chirurgie dans l'Hostel Dieu on prist aucune chose des chirurgiens qui entreroient, d'autant que ce seroit oster à ceux qui y sont le bénéfice des lancettes qu'ils reçoivent au lieu de festin qui se faisoit autrefois, ou que ce seroit surcharger ceux qui entrent, joint qu'il faudroit atendre longtemps pour composer une chirurgie, pour quoy il y auroit deux choses à observer, l'une les instruments nécessaires pour les opérations, et l'autre le lieu afin de les mettre, et à qui la garde en seroit commise, et leur demanda combien il cousteroit pour avoir tous les instruments de chirurgie et les faire faire des meilleurs ouvriers, s'ils sçavoient un lieu propre à les garder et quelle estoit leur pensée pour la garde; qu'ils luy firent response que pour la somme de mil livres on auroit tous les instruments propres à toutes sortes d'opérations et tous les meilleurs, qu'il ne faloit pas les faire faire à mesmes ouvriers, d'autant qu'il y a des ouvriers particulliers qui excellent pour certains instruments plus que les autres, les uns pour ceux de l'opération de la taille, les autres pour les opérations de la matrice et d'autres pour d'autres choses, et qu'il faudroit choisir les plus excelents en chacune espèce, qu'ils les conoissent tous et en donneront les noms, que mesmes ils en prendront le soin, si on le leur veut comettre, et qu'ils en ont desjà aucuns dont il ne cousteroit rien à l'Hostel Dieu, que l'on peut visiter l'Hostel Dieu pour y trouver un lieu propre, et quant à la garde, qu'ils croyent ne pouvoir estre mieux commise qu'à celuy qui sera chirurgien dans l'Hostel Dieu, qui sera tenu s'en charger par inventaire et pour en rendre compte; que luy sieur de Gomont leur dit qu'il en parleroit à la Compagnie et mesme à monseigneur le premier Président, estant une afaire assez importante. Ledit sieur de Gomont ayant adjousté qu'ayant eu l'honneur de voir le mesme jour monseigneur le premier Président, il luy avoit parlé de la proposition de messieurs Haran et

Gouin, que ledit seigneur Premier Président aprouva fort cette proposition, et dit qu'il l'estimoit très advantageuse, mais qu'il la remetoit comme toutes les autres afaires au sentiment du Bureau; l'afaire mise en délibération, la Compagnie a arresté que l'on se transportera dans l'Hostel Dieu, pour chercher un lieu commode à establir la chirurgie, et y metre tous les instruments qui seront nécessaires pour toutes sortes d'opérations, que l'on employera jusqu'à la somme de mil livres pour achat desdits instruments, et qu'il sera dressé des articles, tant pour l'ordre qui sera à observer avec les chirurgiens, afin que cela ne soit point une nouvelle charge à l'Hostel Dieu, pour leur fournir les instruments et les entretenir aux despens de la maison, que pour la garde et conservation d'iceux, sur quoy Messieurs qui sont commis à la médecine sont priez de faire des mémoires et observations.

Monsieur de Gomont a dit (15 mai) que le jour d'hier estant au Conseil de monseigneur le cardinal Mazarini, il parla à monsieur Colbert, intendant des maison et afaires dudit seigneur Cardinal, de tout ce qui avoit esté délibéré par le Bureau, mesmes luy fit voir les plans dressez pour le bastiment de l'hospital des convalescents, afin qu'il en peust advertir son Éminence, et que messieurs les administrateurs peussent aprendre ses sentiments sur ce qui est à faire, tant pour les commencements dudit hospital, que pour les lieux où les armes de son Éminence doivent estre placées; que ledit sieur Colbert luy fit réponse qu'il n'estoit point besoin de parler de cela à son Éminence, ny luy faire voir lesdits plans et desseins, qu'il croit avoir esté desjà veus par son Éminence, qu'il scait que son intention est d'en laisser la disposition entière à la Compagnie et de chercher les voies les plus acomodantes, et qui soient le moins à charge à l'hospital; sur quoy la Compagnie a esté d'avis, en attendant qu'elle puisse metre à exécution le dessein, de faire une principale entrée dudit hospital, de faire metre les armes dudit seigneur Cardinal aux endroits les plus convenables pour reconnoissance et marque de sa qualité de premier dotateur.

Le sieur Petit, maistre chirurgien de l'Hostel Dieu, a esté mandé au Bureau, et luy ayant esté dit que l'on a donné advis à la Compagnie que sans ordre il a fait ouverture du corps mort d'une femme, il a fait response que toutes les opérations de cette qualité qu'il a fait c'a esté par ordre et pouvoir expres et par escrit de quelqu'un de la Compagnie.

M. de Gomont a raporté (12 mai) l'acte de confirmation faite par monseigneur le cardinal Mazarini en qualité d'abbé chef supérieur général et administrateur perpétuel de l'ordre de Clugny, de la supression du titre du prieuré de saint Julien le pauvre dépendant de ladite abbaye, et union du temporel d'iceluy à l'Hostel Dieu de Paris, comme aussy a représenté la minutte, dressée par le sieur Levasseur, de la procuration qu'il est besoin de faire passer à monsieur Meliand, pour obtenir bulles en cour de Rome sur ce sujet.

Sur ce que monsieur Bourgeois, maistre de l'Hostel Dieu au spirituel a dit (24 mai) que monsieur Doucet ofre la somme de mil livres du tableau qui est sous la monstre de l'horloge, dans l'église de l'Hostel Dieu, et qu'on poura luy en faire donner jusqu'à quatre cents escuz, l'afaire mise en délibération, la Compagnie a arresté que ledit tableau sera donné audit sieur Doucet pour ladite somme.

Le sieur de Gomont a dit (26 mai) qu'un particulier luy a fait entendre qu'il travaille à un livre divisé en deux parties, dont l'une contient l'origine et establissement, progrès et agrandissement des principalles maisons de Paris, l'autre contient les titres servans de preuve à la première, et d'autant que l'Hostel Dieu est l'une des plus considérables maisons, il prie la Compagnie de luy vouloir donner communication des titres d'iceluy, pour l'insérer dans son livre, comme il a obtenu la mesme chose de plusieurs comuneautez, et entre autres de l'hospital de la Trinité; l'afaire ayant esté trouvée de conséquence et mise en délibération, la Compagnie a arresté que ce particulier n'aura point entrée au trésor des titres dudit Hostel Dieu, pour y demeurer seul, et qu'il ne poura rien insérer en son livre qu'il n'ait esté examiné par quelqu'un de Messieurs, et quant au surplus la Compagnie s'en est raportée à la discrétion de messieurs Lhoste et de Gomont.

La mère Prieure est venue au Bureau (28 juin), avec les deux religieuses dudit Hostel Dieu qu'elle a dit venir prendre congé de la Compagnie pour aler à Bourges, où elles ont obédience de se rendre, pour prendre direction de l'hospital de ladite ville, et ce à l'instante prière de monseigneur l'archevesque de Bourges, sur quoy quelques uns de Messieurs luy ont dit que la bienséance et le devoir requéroient que l'on en eust parlé au Bureau auparavant, puisque lesdites religieuses y avoient esté receues pour penser et servir les mallades du dedans de l'Hostel Dieu, sans qu'elles puissent s'en dispenser que par le consentement du Bureau; à quoy ladite mère Prieure a respondu qu'elle n'a pas empesché que ledit seigneur archevesque en ait parlé à la Compagnie, qu'elle ne scavoit si cela estoit nécessaire, qu'elle en a adverty quelques uns de Messieurs du Bureau, et que les religieuses ne sortent pas pour ne plus revenir, qu'on espère leur retour dans quelque temps; sur quoy s'estant retirée avec lesdites religieuses, il a esté remonstré à la Compagnie que les Registres du Bureau sont chargés de quelques actes concernans d'autres religieuses envoyées au mesme lieu; lecture faicte d'iceux et particulièrement de l'acte du sixiesme septembre mil six cens vingt huit, qui porte que lesdites religieuses ont esté nommées par le Bureau, et ont esté envoyées après l'instante prière qu'en ont fait à la Compagnie le seigneur archevesque et les sieurs Eschevins de Bourges, l'afaire mise en délibération, la Compagnie a aresté que ladite mère Prieure sera mandée présentement; laquelle estant venue avec les dites religieuses, lecture a esté faite en sa présence dudit acte du sixiesme septembre mil six cens vingt huit, et luy a esté dit que le Bureau trouve mauvais qu'elle se dispense en toutes rencontres des devoirs ausquels elle est obligée envers le Bureau, et qu'elle ne pouvoit pas ignorer ce qui s'estoit pratiqué en pareil rencontre; sur quoy elle ayant dit que l'on en avoit envoyé à Troyes sans garder cette formalité, il luy a esté respondu que ce n'estoient point des religieuses de l'Hostel Dieu, mais des filles qu'on y avoit mis pour aprendre, et ce avec la permission du Bureau, et que si quelques religieuses de l'Hostel Dieu y ont esté octroyées depuis, sans le consentement du Bureau, cela n'a pas esté bien fait, que les pauvres du dedans de l'Hostel Dieu souffrent par telles absences, si le Bureau n'y pourvoit, ce qui l'oblige d'en peser les considérations, que l'on espère pour réparer cette faute, autant qu'elle se peut, qu'elle advertira monseigneur l'Archevesque de Bourges, qui doit venir à l'Hostel Dieu, de ce qui s'est pratiqué cy devant en pareil rencontre, que la Compagnie ne veult en aucune façon contredire ny empescher ses intentions, qui sont très bonnes et très louables, mais qu'il est besoin que toutes choses soient faites dans les formes et dans l'ordre; sur quoy ladite mère Prieure s'estant retirée avec lesdites religieuses, la Compagnie, ayant mis de rechef l'afaire en délibération, a aresté que l'on ira voir mondit seigneur l'archevesque de la part du Bureau, pour luy faire entendre les formalitez qui ont esté gardées pour l'envoy des religieuses de l'Hostel Dieu aux autres hospitaux, et pour cet effect messieurs Robineau et Leconte ont esté députez.

La Compagnie ayant eu advis (7 juillet), de la part de M. Colbert, que l'Hostel Dieu pouvoit recevoir présentement dix mil livres, pour le troisiesme payement de la somme de quarante mil livres dont son Éminence le cardinal Mazarini a fait don pour le comencement des bastimens de l'hospital de Saint Julien le pauvre.

La Compagnie a trouvé à propos (7 juillet) de mander la mère Prieure au Bureau, pour luy parler de plusieurs choses qui concernent l'œconomie du dedans de l'Hostel Dieu: premièrement, qu'il y a des bouches inutiles dans l'Hostel Dieu, de plus de cent par chaque jour; secondement, que l'on ne reçoit plus de religieuses à l'Hostel Dieu que moyennant une grande dot, que l'on dit monter à présent jusqu'à quinze cents livres, dont il arrive que celles qui ont plus de comodité de payer la somme qu'on demande estans choisies, et non les plus propres au service des malades, il y a tousjours un grand nombre de religieuses malades et infirmes qui ne rendent aucun service à la maison et luy sont à charge, qu'anciennement on ne prenoit que des servantes et filles d'artisans forts et robustes, qui estoient mesme visitées par les médecins avant que d'estre receues, ce qui ne s'observe plus; troisièmement, qu'on soufre à l'Hostel Dieu que des malades expirent dans des licts où il y en a deux ou trois autres couchez; quatriesmement, que souvent on tire de leurs licts ceux qui comencent à se bien porter, pour les mettre coucher avec d'autres fiévreux et grièvement malades; cinquiesmement, qu'on a proposé aux religieuses de faire, autant qu'il seroit possible, que les malades qui doivent user d'un mesme régime de vivre feussent mis en un mesme rang de lictz, pour éviter les inconvéniens qui ont esté cy devant proposez et qui causent la mort à un grand nombre de malades, mais que jusqu'à présent cela n'a point esté exécuté; sixiesmement, qu'encore que l'air de la salle basse soit fort malsain, néanmoins les religieuses y veulent faire porter une femme qui doit estre taillée de la pierre, aussitost que l'opération sera faite, ce qui la metroit en danger de la vie, ayant esté adjousté que quelquefois on porte des nouvelles accouchées dans ladite salle basse, et que cela les met en péril de la vie.

Sur ce qui a esté representé par monsieur de Gomont (12 juillet) que monsieur et madame Brice, qui ont desjà fondé deux lictz aux Incurables, désirent en fonder encor un troisiesme, et ofrent pour cela la somme de cinq mil livres, la Compagnie a accepté ladite fondation, bien que le Bureau eust arresté de n'accepter plus de telles fondations *à moins de six mil livres*.

Sur la proposition faite au Bureau, de la part de madame d'Hemery (21 juillet), pour la fondation de cinq licts dans l'hospital des Incurables, pour lesquels elle ofre de donner une somme de quarante mil livres, aux conditions portées par le contract qu'elle en a fait dresser, lecture faite dudit contract, et l'afaire mise en délibération, la Compagnie a accepté la proposition de ladite dame d'Hemery et a signé ledit contract.

Monsieur le bailly de la barre du Chapitre de Paris est

venu au Bureau (9 août) advertir la Compagnie du procès criminel qu'il a fait, sur la plainte d'un de Messieurs du Bureau, à un particulier convalescent dudit Hostel Dieu, qui a blessé grièvement avec un baston un malade dudit Hostel Dieu, et qu'en procédant à l'information, il a remarqué plusieurs désordres qui arivent dans ledit Hostel Dieu, par un grand nombre de gens qui feignent d'estre malades et blessez, et par des personnes de l'un et l'autre sexe, qui sont employez à racomoder les licts des malades, et que toutes et quantes fois que la Compagnie trouvera (bon) et souz son adveu, il viendra dans l'Hostel Dieu, pour en chasser toutes ces bouches inutiles, du nombre desquelles sont ceux qui volent les meubles dudit Hostel Dieu, et d'autant qu'ils se donnent ordinairement assignation sur le terrain, où quelques serviteurs de la Maison se trouvent, qu'il est résolu de faire un règlement pour empescher ce désordre; de quoy la Compagnie l'a remercié et luy a dit qu'elle le priera de venir à l'Hostel Dieu quand il en sera besoing, et l'a prié de donner ordre de faire chasser un tas de personnes débauchées qui rodent à toutes heures autour de la porte de l'Hostel Dieu, et sur le pont d'iceluy; ce qu'il a promis faire.

Monsieur Cramoisy a raporté (30 août) que luy et monsieur Levieulx ont veu monsieur Briçonnet, qui leur a dit que luy et messieurs les autres administrateurs de l'hospital des Enfans-Rouges n'empescheront point que monsieur Forne n'ait libre entrée dans ledit hospital, qu'ils ont donné ordre que toutes les portes luy en soient ouvertes, qu'il y poura ordonner ce qui luy plaira, mais qu'ils ne s'y trouveront point avec luy, que l'arrest qui l'a nommé pour administrateur dudit hospital blesse trop notablement leurs droicts, qu'ils ne se pourvoiront point contre ledit arrest, mais qu'ils abandonneroient plus tost le soin dudit hospital que de l'exécuter; sur quoy la Compagnie a aresté que monseigneur le Premier Président sera informé de tout ce que dessus, pour y estre après délibéré par le Bureau.

La Compagnie ayant veu le plan dressé pour les bastimens de l'hospital de Sainte Anne, ayant mis en délibération (1er septembre) ce qu'il est à propos d'y faire cette année, outre le pavillon de l'entrée qui est quasi achevé, ladite Compagnie a aresté qu'il sera travaillé à la closture du cimetière dudit hospital, qui sera placé au lieu designé sur ledit plan.

(20 octobre.) La Compagnie, après meure délibération, a acordé à la prière des religieuses de l'Hostel Dieu, de pouvoir se servir de tel des médecins ordinaires dudit Hostel Dieu qu'il leur plaira choisir, pour les assister en leurs maladies, à la charge que celuy qu'elles choisiront ne poura, à cause de ce, se dispenser du service ordinaire envers les pauvres malades dudit Hostel Dieu, selon le département qui leur sera fait comme il est acoutumé. A esté aussy arresté que d'ores en avant il n'y aura plus que quatre médecins ordinaires dudit Hostel Dieu, que les gages qu'on donnoit au défunt sieur Moreau père seront donnez aux sieurs de Launay et de Bourges, chacun pour moytié, qui est à chacun trois cents livres, à commencer du jour du décedz dudit sieur Moreau, que dans les assemblées qui se tiendront audit Hostel Dieu par les quatre médecins ordinaires d'iceluy, ils garderont le mesme rang qu'ils ont dans l'escole de médecine. Et quant à ce qui a esté dit qu'il seroit besoin de régler l'heure que les médecins doivent venir à l'Hostel Dieu et le temps qu'ils doivent employer à leurs visites, la Compagnie a remis à y délibérer après la conférence qu'elle aura avec lesdits sieurs médecins.

(29 novembre.) La Compagnie a aresté que la mère Prieure sera avertie par le sieur Cudefo de donner ordre que les corps mortz à l'Hostel Dieu soient portez au cimetière de la Trinité plus souvent qu'ils ne sont, à cause des plaintes qui ont esté faites par plusieurs personnes de l'incomodité qu'ils souffrent de la putréfaction des corps qui empuantissent l'air par où ils passent.

Sur la prière faite par madame Mainardeau (13 décembre) la Compagnie a consenty qu'un jeune Turc qui désire embrasser la foy catolique et se faire baptiser soit logé et noury à l'hospital des Incurables pendant quinze ou vingt jours, pour s'y faire instruire.

La Compagnie a esté advertie (15 décembre) que la somme de quarante mil livres, aumosnée par monseigneur le cardinal Mazarini à l'hospital des convalescens de Saint Julien le pauvre a esté receue entièrement.

Sur l'advis que la Compagnie a eu que sans son ordre (15 décembre) on a fait ouverture d'un corps d'une femme morte à l'Hostel Dieu, et en aiant parlé au sieur Petit, il a dit que ce n'est point luy qui l'a fait, mais le nommé Pierre l'un des compagnons chirurgiens ordinaires, ledit chirurgien mandé au Bureau et interrogé a respondu qu'il a fait cette ouverture par le commandement de la mère Prieure, et *dans la créance que cette femme estoit grosse d'enfant et que son fruit pouroit avoir encor quelque reste de vie pour estre baptisé.*

L'un de Messieurs a représenté (20 décembre) à la Compagnie que pour l'ordinaire les femmes grosses nouvellement acouchées à l'Hostel Dieu, quelque petite fiebvre que ce soit qui les preune, après leurs couches sont aussy tost portées à la salle basse, dont l'air malsain les met au danger notoire de leur vie, veu qu'il en réchape peu; l'afaire mise en délibération, la Compagnie a aresté que d'ores en avant aucune femme acouchée ne sera portée hors de la sale desdites acouchées, quelque indisposition qu'elle ait, sans l'ordre par escrit du médecin de l'Hostel Dieu dans le département duquel sera lors ladite salle.

(10 janvier 1657.) L'assemblée qui avoit esté résolue pour l'examen des garçons chirurgiens qui se présentent pour remplir la place du défunt sieur Angot n'aiant point esté tenue, à cause du diférent qui est entre Messieurs les médecins chirurgiens de Paris, la Compagnie a mandé au Bureau monsieur Capon, lequel venu, a dit que ce diférend n'estant pas prest à vuider, il estime à propos que le Bureau obtienne arrest de la Cour, qui ordonnera par provision que les chirurgiens assisteront à ladite assemblée en habit court, sinon, et au cas que la Compagnie ne trouve pas à propos de diférer cette assemblée jusqu'après la décision de ce diférend, qu'elle trouve bon que luy et les autres médecins ordinaires de l'Hostel Dieu ne s'y trouvent pas pour ne point faire de préjudice à leur corps.

(12 janvier.) Les neuf garçons chirurgiens ordinaires de l'Hostel Dieu sont venus au Bureau se plaindre de ce que le sieur Petit, maistre chirurgien, a fait l'anatomie d'un enfant pris dans l'Hostel Dieu, sans les y apeller, et qu'estans à présent neuf, ils n'ont que trois lits et une couchette pour coucher; sur quoy la Compagnie a prié messieurs Cramoisy et Leconte de voir comment on poura loger lesdits garçons plus comodément, et a esté arresté que ledit sieur Petit sera mandé présentement, lequel venu a dit qu'il n'a fait encor que deux leçons sur la dissection dudit enfant, que le peu d'obéissance que lesdits garsons luy rendent et le peu d'assiduité qu'ils aportent aux ocasions qu'il leur présente d'aprendre, luy ostent l'inclination de procurer leur bien. A quoy la Compagnie a respondu qu'elle entend qu'il soit obéy et qu'elle y tiendra la main quand il l'avertira de leur désobéissance, mais aussy que sa charité et son devoir l'obligent à les enseigner et particulièrement en ce rencontre, où il y a beaucoup à aprendre, ce qu'il a promis faire.

(17 janvier.) La Compagnie a aresté que l'on fera faire des tablettes dans le lieu que ledit sieur Bourgeois a destiné, souz l'adveu du Bureau, pour faire une bibliothèque pour y metre les livres que luy et autres y voudront donner.

(26 janvier.) Le sieur Gouin est venu au Bureau et a consenti que le sieur Petit fasse l'opération de la taille en sa présence dans ledit Hostel Dieu, et a promis de luy enseigner ce qu'il y a de plus particulier dans cet art, moiennant les conditions dont ils conviendront ensemblement. La Compagnie l'a prié et ledit sieur Petit l'en a remercié.

(7 février.) M. Perreau a dit qu'il a veu monsieur de la Bachelière, gouverneur de la Bastille, lequel il a fait condescendre de ne point faire tenir de boucherie dans la Bastille pendant ce caresme, moiennant vingt cinq louis d'or qu'il luy a fait donner pour estre distribuez aux soldats de la garde du chasteau, et de luy fournir la chair nécessaire pendant ce caresme à quatre solz et demi la livre de toutte viande.

(7 mars.) Lecture faite des actes qui concernent l'examen des garçons chirurgiens qui se sont préseutez pour estre admis en la place de défunt Angot, ensemble de l'avis donné par escrit par les médecins de l'Hostel Dieu, raport fait de l'avis donné de vive voix par les chirurgiens examinateurs, l'afaire mise en délibération, la Compagnie a aresté que Claude Portail, l'un desdits garçons chirurgiens, et qui a esté trouvé le plus propre, sera receu pour servir et assister penser et médicamenter les malades dudit Hostel Dieu en qualité de premier compagnon chirurgien ordinaire d'iceluy, au lieu dudit defunt Angot, souz la charge et conduite du sieur Petit, maistre chirurgien de l'Hostel Dieu, pour après six années de service, estre receu maistre chirurgien en cette ville de Paris.

(14 mars.) La Compagnie a arresté qu'elle ira à l'issue du Bureau en corps, jetter de l'eau beniste sur le corps de monseigneur le Premier Président décédé le jour d'hier.

(16 mars.) La Compagnie a prié messieurs Cramoisy et Lhoste de voir monseigneur le Président de Nesmon, et luy recommander l'intérest des pauvres dudit Hostel Dieu, comme faisant à présent la fonction de Premier Président de la Cour de Parlement.

(21 mars.) La Compagnie a donné charge au sieur de la Forest de continuer ses informations contre le boucher de l'hostel de l'ambassadeur de Hollande, qui nonobstant l'exécution faite en sa personne, suivant les arrests, ne laisse de continuer à faire boucherie, comme aussy de travailler à empescher une boucherie que l'on tient en la rue des Escoufles.

(21 mars.) Le plan de l'hospital de Sainte Anne aiant esté mis au net, veu et examiné au Bureau, a esté agréé et paraphé par la Compagnie, ensemble le dessein des sales dudit hospital, et a esté aresté que l'on comencera dez cette année au bastiment de la sale qui est au bout de la grande rue, à l'oposite du pavillon de l'entrée.

(4 avril.) Les sieurs de Galinière et Tavernier, assistez d'une autre personne, sont venus au Bureau prier la Compagnie de permetre que le nommé Helie Billy, aporté malade à l'Hostel Dieu depuis quinze jours, et qui est de la religion prétendue réformée, soit tiré dudit hospital, pour estre mis en une chambre particulière et nourry et médicamenté aux despens de son père, qui en a les moiens. Sur quoy l'un de Messieurs a remonstré que ledit Billy est à présent catolique, qu'il a fait l'abjuration de son hérésie il y a près de deux mois, estant lors en santé, aiant esté amené deux fois à l'Hostel Dieu, et la seconde estant une recheute de la première maladie. Ledit sieur de Galinière a dit que, puisque cela est ainsy, et suposé que ce garçon n'ait point esté violenté pour changer de religion, il ne le demande plus pour en disposer absolument, mais prie qu'on le mette en une chambre particulière, telle qu'on voudra choisir, que l'un de ceux qui l'assistent est cousin dudit Billy, et ofre de fournir à sa despence. Sur quoy luy a esté demandé en quelle qualité il prétendoit redemander ce garçon. Il a respondu que c'est en qualité d'*ancien de Charenton*. Il luy a esté répliqué que le Bureau ne rconoist point cette qualité, qui ne peut avoir effet qu'entre ceux de sa religion seulement, et que quand on la voudroit reconoistre en cette Compagnie, il luy faudroit un pouvoir spécial et par escrit, pour remander ce garçon, le pouvoir général que sa qualité luy donne ne sufisant pas; mais que cette qualité est inutile en ce rencontre, puisque ce garçon est catolique, de quoy ledit sieur de Galinière est enfin demeuré d'acord, et a dit qu'il n'insiste plus que pour l'interest du père, qui seroit fasché que son fils demeurast en un hospital, aiant moien de l'entretenir ailleurs. Après quoy la Compagnie a demandé à celuy qui se disoit parent dudit Billy, s'il avoit pouvoir du père de retirer ce garçon. Il a respondu que non; qu'il en a escrit au père, qui demeure à Chastellcheraut, mais qu'il n'a peu en avoir encore response, y aiant peu de temps qu'il est averty de la maladie du garçon, à la prière duquel il s'est employé pour le tirer dudit Hostel Dieu; ce qui luy ayant esté accordé par les religieuses de l'Hostel Dieu, luy a esté depuis refusé, et mesmes le garçon changé de lit, pour luy en oster la conoissance, sur quoy s'estant retirez et l'afaire mise en délibération, la Compagnie a aresté qu'elle ne permetra point que ledit Billy soit tiré dudit Hostel Dieu, et que, si le père le re-

demande, elle avisera à ce qu'elle aura à faire. Ce que la Compagnie a fait scavoir audit sieur de Galinière et ses assistans, et leur a remonstré que la qualité d'anciens aux uns, et de parent en l'autre, ne sufit pas pour pouvoir autoriser leur demande, puisque ce garçon est catolique et a un père qui seul a droit sur son enfant. Ensuite de quoy quelques uns de Messieurs ont dit qu'ils scavent bien que ceux de la religion prétendue réformée ont des hospitaux particuliers, où ils retirent les malades de leur religion, contre les eedits et arrests du Conseil et de la Cour, et qu'on sçait les moiens pour les empescher. A quoy ledit sieur Galinière a respondu qu'il est véritable qu'ils ne peuvent avoir d'hospitaux particuliers, mais qu'on ne peut oster la liberté aux personnes pieuses d'assister et retirer en leurs maisons les malades de leur religion qui en ont besoin. Il leur a esté répliqué que ce n'est point un effet d'une charité particulière, puisqu'on scait asseurément qu'il y a dix huit ou vint lits dans une maison et quatorze ou quinze dans l'autre. Sur quoy ledit sieur de Galinière et autres se sont retirez, et la Compagnie a envoyé le sieur Bigot à l'Hostel Dieu avertir les religieuses de ne point soufrir que ce garçon soit tiré de l'Hostel Dieu, jusqu'à ce qu'elles en aient ordre du Bureau.

(11 avril.) La Compagnie a prié monsieur Lhoste d'avertir Messieurs les gens du Roy du Parlement, en leur parquet, des hospitaux que les gens de la religion prétendue réformée ont dans Paris, et leur faire voir les arrests qu'il a en main sur ce sujet, et les prier de donner l'ordre nécessaire pour faire oster lesdits hospitaux.

(11 avril.) Le sieur Capon médecin, mandé au Bureau, la Compagnie l'a réprimandé, suivant ce qui a esté aresté le dernier jour. Et sur ce que l'on a fait raport de la requeste présentée au Bureau par les sieurs Colot, oncle et neveu, pour avoir permission de travailler gratuitement dans l'Hostel Dieu, pour l'opération de la taille et les certificats qu'ils ont raporté de leur capacité aians esté veus, l'afaire mise en délibération, la Compagnie a aresté de sursoir de quinzaine à délibérer sur ladicte requeste, pendant lequel temps messieurs Leconte et Lhoste s'informeront de la capacité desdits sieurs Colot, et qu'en cas qu'ils soient admis à travailler à l'Hostel Dieu, ce ne sera qu'à la charge de raporter au Bureau les deux cents livres que le sieur Petit chirurgien, leur a donnés pour luy aprendre l'opération de la taille. Le sieur Gouin aussy ouy au Bureau, la Compagnie luy ayant demandé le sujet qui l'a fait absenter de l'Hostel Dieu pendant quinze jours, il a dit qu'il estoit employé au service d'une personne de condition, mais que pour

empescher que son absence feist préjudice aux pauvres malades, il avoit prié la mère de l'ofice des taillez de l'avertir du besoin qu'ils pouvoient avoir de luy, qu'il est prest de continuer à servir les pauvres avec assiduité, mesmes les voir deux et trois fois le jour, s'ils en ont besoin; à quoy la Compagnie l'a prié de ne point manquer et luy a dit qu'elle entend qu'il monstre gratuitement au sieur Petit l'opération de la taille, ce qu'il a promis faire, puisque la Compagnie le désire. Ledit sieur Petit, aussy venu au Bureau et réprimandé, la Compagnie luy a fait entendre qu'elle a donné ordre au sieur Gouin de luy enseigner gratuitement l'opération de la taille, de quoy il a remercié la Compagnie, qui luy a dit qu'elle a aresté que si elle permet ausdits sieurs Colot de travailler dans l'Hostel Dieu, ce sera à la charge de luy enseigner aussy gratuitement, et de raporter sur le Bureau les deux cents livres qu'il leur a donné, qui devroient ne luy estre point rendus, mais estre mis dans les troncs de l'Hostel Dieu, à cause de la faute qu'il a fait d'avoir esté du complot pour introduire lesdits sieurs Colot dans l'Hostel Dieu sans la permission du Bureau; néantmoins que la Compagnie luy fait grâce et veut que ladite somme luy soit rendue.

(18 avril.) La vente des meubles léguez au Bureau par défunt monseigneur le Premier Président de Bellièvre aiant esté remise à ce lieu, jour et heure, la Compagnie a adjugé à Vernat lesdits meubles pour la somme de vingt deux mil livres, paiable comptant entre les mains de monsieur le Receveur dudit Hostel Dieu.

(18 avril.) Monseigneur le président de Longueil a mis sur le Bureau l'arrest de la Cour qui porte condemnation d'amande et de despens contre le sergent qui avoit fait un exploit concernant l'Hostel Dieu au logis de monsieur Cramoisy, contre les arrests et réglements signifiez par plusieurs fois à la Communauté des huissiers et sergents du Chastelet de Paris, de quoy il a esté remercié par la Compagnie, laquelle, suivant la parole donnée il y a huit jours, a remis audit sergent ladite amande.

(20 avril.) Monsieur Lhoste a fait lecture de la letre de monsieur le marquis d'Alegre, qui prie la Compagnie de permetre que la dame Moreau, sage femme de l'Hostel Dieu, s'absente dudit Hostel Dieu pendant huit jours, pour secourir madame sa femme qui a besoin de son assistance et qui a une confiance particulière en elle.

(20 avril.) Aiant esté raporté au Bureau que madamoiselle de Sercamanen estoit à l'entrée du Bureau, durant que la Compagnie délibéroit sur une autre afaire, après la délibération achevée il a esté dit au greffier de faire entrer ladite damoiselle. Elle estant entrée a dit qu'elle estoit très humble servante de la Compagnie, qu'elle regardoit tous ces Messieurs comme ses maistres et que comme ils faisoient justice à tout le monde, elle demandoit qu'on la luy feist. Monsieur Lefebvre luy a demandé ce qu'elle désiroit, elle a fait response que monsieur le receveur avoit receu de l'Hostel de Ville la rente léguée par monsieur de Fieubet pour sa pauvre petite maison des convalescentes, et que néantmoins ledit sieur receveur faisoit refus de luy en faire le paiement; qu'elle ne pouvoit estre aussy paiée des trois mil livres restans deus par messieurs de Bretonvilliers, des six mil livres léguez à sa pauvre maison par défunt monsieur de Bretonvilliers, maistre des requestes, qu'elle devoit au sieur Lehoux, boucher de l'Hostel Dieu, la somme de douze cents livres pour fourniture de viande, qu'elle devoit encore le prix du bois, qu'elle avoit esté contrainte d'acheter, veu qu'on ne luy devoit plus rien de l'Hostel Dieu; qu'elle ne vouloit point toucher les deniers dudit sieur Bretonvilliers, mais qu'elle consentoit que lesdits deniers feussent employez au paiement de la viande et du bois, pour ce qui en estoit deu maintenant, et le surplus cy après paié, pour ce qui luy seroit nécessaire, qu'elle atendoit cette justice de la Compagnie, monsieur Lefebvre luy ayant dit qu'il ne tenoit qu'à elle qu'elle ne touchast toutes les sommes qu'elle demandoit, elle a respondu qu'elle estoit preste de les toucher, qu'elle entretenoit sa pauvre petite maison, qu'on l'abandonnoit, qu'on ne la venoit point visiter, que sa maison estoit ouverte à tout le monde, qu'on luy feroit honneur de la venir voir et examiner coment elle se gouvernoit. Monsieur Lefebvre luy aiant dit une seconde fois qu'elle pouroit facilement toucher ce qu'elle demandoit, et qu'il ne tenoit qu'à elle que l'on feust d'accord avec elle, elle a répliqué que si on luy demandoit l'exécution du règlement fait par la Compagnie, elle ne pouvoit pas l'exécuter, qu'elle déclaroit que ny sa fille ne rendroient jamais compte, qu'elles n'y estoient point obligées par leur contrat de fondation et qu'elles ne le feroient jamais. Luy a esté remonstré que le contrat de fondation ne portoit point qu'elle rendroit compte, parce que ledit contrat ne portoit point aussy qu'elle n'avoit aucun maniement. Elle a respondu qu'elle ne dérogeroit point à son contrat, qu'elle avoit un bon contrat, qu'elle vouloit exécuter, et qu'on eust à ordonner qu'elle toucheroit la rente de monsieur Fieubet et les trois mil livres restans du legs de monsieur Bretonvilliers, que ce seroit les dernières sommes qu'elle toucheroit de l'Hostel Dieu, qu'on luy envoioit beaucoup de pauvres de l'Hostel Dieu et qu'elle n'en touchoit rien, que la semaine dernière on luy en envoia encore trente huit, qu'elle avoit de grandes obligations à Dieu de faire

subsister son hospital, que Messieurs du Bureau abandonnoient, que la Royne luy faisoit donner cent escuz par mois, qu'elle l'emploioit en achat de pain et autres choses nécessaires, qu'elle destineroit la rente de monsieur Fieubet et ce qui seroit deu de reste du legs de monsieur de Bretonvilliers pour paier le boucher et le marchand de bois, et qu'ainsy elle n'auroit plus à faire au Bureau. Monsieur Lefebvre luy aiant dit qu'elle pouvoit se retirer pour un moment, pendant lequel temps on délibéreroit sur ses demandes, elle a dit en se retirant qu'elle ne travailloit que pour Dieu, qu'elle ne consideroit que Dieu, qu'elle remettoit ses intérests entre les mains de ses ennemis, qu'elle choisissoit pour juges, et qu'il faloit luy faire justice, qu'elle en avoit consulté à des personnes dont les principaux de la Compagnie prenoient tous les jours des advis. Ladite damoiselle Sercamanen estant sortie, il a esté dit par monsieur Leconte que depuis le règlement, il n'a esté envoié que douze personnes le lundy et autant le jeudy de chacune semaine à ladite damoiselle Sercamanen, d'autant que son contrat porte qu'elle ne gardera que trois jours les convalescentes, qu'au lieu de trois jours elle en garde quelques unes quinze jours ou trois semaines sans aucun ordre, qu'elle en reçoit sans billets, qu'elle ne se soumet aucunement au Bureau et ne le veut point reconoistre, qu'il est vray qu'en cette semaine et en autres on luy en a quelque fois envoié plus de douze, mais que ç'a esté quand on ne luy a pas envoié le nombre de douze aux jours précédents, qu'il en a le mémoire par devers luy, qu'il ne se trouvera pas que l'on ait excedé le nombre de douze pour les trois jours; cela a esté confirmé par monsieur Perreau, qui a adjousté que non seulement il n'y avoit point de soumission de la damoiselle Sercamanen, mais qu'elle avoit mesmes le Bureau à mespris, qu'elle disoit qu'elle ne prenoit rien de l'Hostel Dieu. Lecture faite des derniers résultats concernant ladite damoiselle, l'afaire mise en délibération, la Compagnie a aresté qu'il ne sera fourny ny accordé aucune chose à ladite damoiselle Sercamanen qu'elle n'ait obeyi au Bureau et satisfait au règlement qui y a esté fait, et à elle communiqué. Elle a esté mandée de rentrer; estant rentrée monsieur Lefebvre luy a dit quelle estoit la résolution du Bureau et répété comme auparavant qu'il ne tenoit qu'à elle qu'elle n'obtinst ce qu'elle demandoit, qu'il n'y avoit qu'à exécuter le règlement et que ledit règlement estoit entièrement à son avantage. Elle a dit que c'estoit un règlement injuste, qu'elle ne rendroit jamais compte, qu'elle n'y estoit point obligée, elle a prononcé en ces termes : « *Dieu envoiera malédiction à vos maisons de l'injustice que vous me faites, Dieu m'a desja vangé et me vangera encores, je l'espère de la justice divine; le Bureau est mon ennemy.* » Luy estant représenté que le Bureau n'estoit point son ennemy et qu'il faisoit justice, elle a répété plusieurs fois : « *Ce règlement est injuste, ce ne sont que des injustices, nous n'y obéirons jamais, Dieu m'en vengera et je ne viendrai plus au Bureau.* » Sur ces paroles elle est sortie.

(Du 28 avril.) Monsieur Perreau a fait lecture de partie de son mémoire, et ont esté examinez les articles suivants : premièrement que les religieuses de l'Hostel Dieu ou leurs parens donnent de l'argent pour leur réception, bien qu'elles soutiennent le contraire, qu'on en void la preuve dans les ouvrages qu'elles font faire, sans en rien demander au Bureau, qui sont pour l'ordinaire despenses superflues et inutiles, que pour obvier à cela il est besoin de scavoir si on pouvoit obliger les pères et mères des filles présentées au Bureau pour estre religieuses, de faire serment s'ils n'ont point promis ou donné quelquechose pour leur réception, leur faire entendre qu'il y a *simonie* autant à promettre ou donner de l'argent pour ce sujet que de le demander, à moins qu'il soit ofert librement et par motif de charité seulement, que l'on ne reçoit plus pour religieuses à l'Hostel Dieu que des filles de bonne maison et celles qui aportent le plus, ce qui fait qu'elles sont souvent malades et incapables de servir les pauvres; qu'on scait de bonne source que les religieuses s'adonnent maintenant à la méditation aux longues oraisons, à réciter certains ofices tous les jours, mesmes pratiquent la retraite des dix jours comme dans les monastères et emploient à cela la meilleure partie du temps qu'elles doivent aux malades, qu'elles pratiquent mesmes des jeusnes extraordinaires, haires, et autres mortifications de corps, au préjudice de leur santé et des pauvres qui en sont moins assistez, et pour empescher cela à l'avenir, qu'il seroit expédient d'avertir les filles qui viennent au Bureau pour estre receues religieuses, qu'on ne les admet pas pour pratiquer toutes ces dévotions particulières, mais seulement pour servir les pauvres sans vaquer à autre chose; que les religieuses qui ont soin de l'apotiquairerie ne suivent point l'ordonnance des médecins dans la composition des médicaments, y mettent la quantité et qualité des choses comme il leur plaist, *au grand péril de la vie des malades*, qu'elles donnent des drogues à des personnes de dehors, que les lavements se donnent par des gens qui n'y entendent rien, mesmes par des sourds qui n'entendent pas les plaintes de ceux qu'ils blessent, que le remède à ce mal seroit d'oster aux religieuses le gouvernement de l'apotiquairerie, pratiquer le privilège de l'Hostel Dieu pour la maistrise d'un garçon apotiquaire après six ans de service, lequel auroit la direction absolue de l'apotiquairerie souz l'autorité du Bureau.

(Du 9 mai.) Les requestes des sieurs Colot oncle et neveu et cousin, pour estre admis à faire gratuitement l'opération de la taille dans l'Hostel Dieu leues au Bureau, ouys lesdits sieurs Colot neveu et cousin, l'un desquels a dit qu'aiant un secret particulier pour opérer parfaitement il ne désire pas le communiquer, l'autre a dit qu'il prie la Compagnie d'excuser son oncle de ce qu'il n'est point ici présent, estant employé au service d'une personne de considération qu'il ne peut abandonner, qu'il ne scait pas si son oncle voudra travailler en présence de toutes sortes de personnes, mais que quant à luy il est prest de travailler devant qui on trouvera à propos, à quoy la Compagnie a fait response qu'elle ne permettra point qu'ils travaillent dans l'Hostel Dieu en secret et en particulier, et que, s'ils désirent y estre admis à travailler, ils doivent promettre que ce sera publiquement, en présence des médecins et chirurgiens qui y voudront assister. Sur quoy s'estans retirez, le sieur Gouin ouy, a dit qu'il prie la Compagnie de considérer que le nom des sieurs Colot luy peut faire beaucoup de préjudice à cause du crédit que le défunt sieur Colot a obtenu et acquis dans Paris pour le fait de la taille, et que cela leur doneroit beaucoup plus de réputation, quand ils auroient moins de scavoir, et que d'ailleurs quelques uns des médecins de l'Hostel Dieu qui les favorisent, traverseroient autant qu'ils pourroient ses opérations, pour donner plus d'éclat à celles desdits sieurs Collot, l'affaire mise en délibération, la Compagnie a aresté qu'avant que de rien résoudre sur les requestes desdits sieurs Colot, ils feront l'opération de la taille pendant un mois dans l'Hostel Dieu, en présence des médecins d'iceluy, des sieurs Pietre et Aumetel, médecins, Le Large, Rufin, d'Alence et Menard, chirurgiens, pour sur leur raport estre délibéré au Bureau sur lesdites requestes, et messieurs Leconte et Perreau priez d'avoir soin de l'exécution de la présente délibération. Laquelle aiant esté prononcée ausdits sieurs Colot neveu et cousin, ils l'ont accepté. Le sieur Gouin aussy mandé, et la Compagnie luy ayant demandé s'il ne vouloit pas aussy travailler en présence des médecins et chirurgiens nommez, il a dit que ce seroit metre en compromis l'estime qu'il a acquis de sa sufisance par la pratique de plusieurs années, en présence et avec l'aprobation de grand nombre de médecins et chirurgiens; à quoy la Compagnie luy a répliqué que son intention n'estoit pas de l'y assujetir, mais qu'elle avoit creu qu'il seroit bien aise d'avoir tant de tesmoins de sa capacité, travaillant en leur présence, et que s'il ne veut point travailler, il sera seulement présent avec les susdits médecins et chirurgiens, quand lesdits sieurs Colot opèreront. Et sur ce qui a esté remonstré qu'il seroit bon de régler l'ordre dans lequel lesdits sieurs Colot travailleront, pour éviter les contestations qui pouroient ariver entre eux, la Compagnie a aresté d'en laisser la disposition entière ausdits médecins et chirurgiens nommez.

(1ᵉʳ juin.) La Compagnie a aresté qu'on fera faire des seaux pour donner aux grefiers des justices de l'Hostel Dieu, qui en demandent, pour sceller les sentences et autres actes desdites justices.

(6 juin.) Les compagnons chirurgiens ordinaires de l'Hostel Dieu sont venus au Bureau se plaindre de ce que madame Petit, femme du maistre chirurgien, les maltraite de paroles et d'injures, sur quoy la Compagnie a aresté que ladite dame Petit sera mandée pour estre ouie au premier jour.

(15 juin.) Monsieur Cramoisy a raporté que de cinq enfans qui sont venus à l'Hostel Dieu estans de l'hospital des Enfans Rouges, on a sceu par leurs bouches qu'il y en a trois qui sont natifs de Paris, ce qui est contre la fondation dudit hospital.

(20 juin.) La mère Prieure a donné advis que monsieur de Villeroy aiant entrepris de remetre l'Hostel Dieu de Corbeil en estat d'y pouvoir recevoir, penser et nourir les malades, il a fait demander deux religieuses de l'Hostel Dieu, qui se disposent d'y aler pour y servir lesdits malades.

(20 juin.) Monsieur Robineau a dit que le lit fondé en l'hospital des Incurables par monsieur Henriot estant vaquant, Messieurs les docteurs préposez pour la consolation des malades dudit hospital, ausquels la nomination en apartient, présentent Michel Blanchet, prestre de la paroisse de Saint Eustache.

(23 juin.) Quant à l'ofice des accouchées, a esté remarqué que la servante de cet ofice prend de l'argent des femmes grosses en entrant, que la portière du mesme ofice fait la mesme chose, que l'une ou l'autre exige desdites femmes grosses de l'argent pour la vaisselle qui leur sert et pour la chandelle qu'on fournit pendant leur travail, qu'on permet ausdites femmes grosses de parler aux hommes en des lieux secrets et retirez, qu'on les laisse mesme sortir dehors pour aler à la messe, bien qu'on en dise une en leur ofice tous les jours, et qu'on les emploie avant leurs couches à porter de gros fardeaux de linge mouillé, à l'estendre sur des cordes, ce qui est de périlleuse conséquence.

(1ᵉʳ août.) Sur les plaintes qui ont esté faites que plusieurs ont este abusez par des chirurgiens porteurs de certificatz des médecins de l'Hostel Dieu, comme estans expérimentez et aians travaillé longtemps dans l'Hostel Dieu en qualité de chirurgiens, qui néantmoins se sont trouvez très ignorans, ce qui est de périlleuse conséquence, il est nécessaire d'y pourvoir. La Compagnie a aresté que lesdits médecins seront priez de ne plus signer d'ores en avant aucuns certificatz, à quelque chirurgien que ce soit, pour avoir travaillé dans l'Hostel Dieu, si ce n'est par le consentement par escrit du Bureau.

(7 septembre.) Monseigneur Amelot, Premier Président de la Cour des aydes aiant hier au matin presté en la Cour de Parlement le serment acoustumé de gouverneur de l'Hostel Dieu, a pris aujourd'huy séance au Bureau.

(7 septembre.) Monsieur de Gomont a fait raport à la Compagnie que les filles de la Magdelaine ont obtenu des lettres de Sa Majesté, par lesquelles il leur est acordé le pouvoir de faire des questes en ceste ville, tant en public qu'en particulier, et establir des troncs dans les églises, à l'instar des religieux mandians, qu'elles ont obtenu aussy le mandement de Messieurs les grans vicaires de l'archevesché, que ces letres aians esté présentées à la Cour, pour avoir arrest conforme ausdites lettres, monsieur le Procureur général du Roy a requis qu'avant que de donner ses conclusions, lesdites lettres feussent communiquées au Bureau; ce qu'il fait à présent, lesdites lettres luy aians esté mises en main, lesquelles veues et l'afaire mise en délibération, la Compagnie a aresté qu'elle n'empescheroit pas, et a consenty, autant qu'à elle est, l'effet et exécution desdites lettres, hors l'enceinte dudit Hostel Dieu et des hospitaux en dépendans.

(14 novembre.) Monsieur Perichon a dit que le sieur Capon s'est plaint à luy que dans les interrogatoires qu'il fait aux aprentisses sages femmes, qui désirent estre receues maistresses à Paris, il trouve que celles qui ont fait leur aprentissage à l'Hostel Dieu, ont fort peu de conoissance de ce qui concerne la matrice, que cela provient du défaut de faire dissection de cette partie en leur présence, l'afaire mise en délibération, la Compagnie a aresté que de temps en temps sera fait dans l'Hostel Dieu dissection et anatomie de la matrice, ce qui se fera néantmoins, sinon avec la permission par escrit de quelques uns de Messieurs du Bureau ayans soin de la chirurgie ou autres au nombre de quatre au moins, que les aprentisses dudit Hostel Dieu, tant celles qui auront desjà fait leur aprentissage, que celles qui le feront lors, y seront présentes et non autres, qu'on ne prendra d'elles aucune chose pour veoir faire cette opération, dirette-

ment ny indirettement, que la sage femme de l'Hostel Dieu fera la leçon et que le médecin de l'office des acouchées y sera présent, pour coriger ou adjouster ce qu'il jugera à propos, à ce qui aura esté dit par ladite sage femme.

(23 novembre.) Sur les plaintes faites au Bureau des deux commis à la recette du droit de passage du pont de l'Hostel Dieu des exceds et paroles injurieuses proférées contre l'honneur de personnes de condition, qui passoient sur ledit pont, tant par lesdits commis que autres gens inconus, qui s'atroupent et demandent la plus grande partie du jour à boire sur une table qui est proche de l'entrée dudit passage, l'afaire mise en délibération, la Compagnie aiant mandé le sieur de Foix, fermier dudit pont, lui a enjoint de congédier dez aujourd'huy le plus grand desdits deux commis, qui est le plus insolent, ne soufrir que lesdits gens s'assemblent à l'entrée dudit passage, ny que ses gens y boivent et mangent, et empescher que ceux qui iront prendre leur repas en la maison des trois Roys, qui luy a esté louée depuis peu, fassent aucun bruit qui puisse incomoder les malades de la salle du pont, et les prestres qui vont célébrer la messe dans la chapelle qui est au bout de ladite salle, à quoy il a promis de satisfaire.

(5 décembre.) Monsieur Lhoste a dit que depuis un mois ou environ il a receu lettre d'un gentilhomme du pays d'Angoumois, escrite d'Amsterdam, dont la teneur en suit : «Monsieur, je quite un mestier qui m'est à présent fort suspect, et si j'avois esté le seul intéressé dans l'armement que je comandois, je ne m'amuserois pas à examiner si j'ay agi conformément à l'autorité qui m'estoit donnée par la comission, puisque je suis persuadé que les motifs n'en estans pas bons, toutes les suites n'en peuvent estre que mauvaises; la fin de tels armemens n'estant autre que l'avarice, Dieu y est entièrement oublié, et on ne regarde son prochain que pour luy nuire; quoy que néantmoins je désaprouve telles choses et que je ne voulusse désormais me servir d'un bien si mal aquis, j'ay creu néantmoins que, n'aiant pas esté le seul intéressé dans l'armement, je ne pouvois pas de mon chef disposer de deux billetz qui en estoient provenus, et dont j'avois déjà tenu compte dans les mémoires que j'avois envoié cy devant. Je n'adresse pas les susdits billetz aux intéressez, parce que estans plusieurs, ils auroient de la peine à se trouver dans les mesmes sentimens, et ne voulant en estre chargé plus longtemps, j'ay creu, Monsieur, que je ne les pouvois pas mieux adresser qu'à vous, vous supliant très humblement d'excuser la liberté que je prens, et d'en vouloir user selon que vous le jugerez à propos. C'est, Monsieur, votre très humble

et très aquis serviteur : d'Estivalle. » Et d'autant que monsieur Lhoste croit que, par les termes de cette lettre, il luy laisse la libre disposition du contenu aux deux billetz y mentionnez, pour la part et portion qui luy en peut apartenir, il a estimé qu'il ne pouvoit mieux satisfaire à la volonté dudit sieur d'Estivalle qu'en déclarans qu'il consent, en tant qu'à luy est, que ce qui reviendra de bon desdits billets, pour la part et portion dudit d'Estivalle, soit et apartienne moitié à l'Hostel Dieu et l'autre moitié à l'hospital général.

25ᵉ REGISTRE. — ANNÉE 1658.

(4 janvier 1658.) Monsieur Lhoste a représenté une expédition de la délibération faite au Bureau de l'Hospital Général, touchant la permission de mander le Bailly des pauvres, pour aler dans l'Hostel Dieu, lequel la Compagnie a aresté qu'il sera serré au trésor des titres dudit Hostel Dieu, et transcrit en cet endroit, la teneur en suit : Extrait des registres des délibérations et résultatz de la direction de l'Hospital Général, tenu au Bureau de la Pitié, du sabmedy premier décembre mil six cens cinquante sept : Sur ce que monsieur Lhoste a représenté à la Compagnie qu'en conséquence de la proposition qui luy a cy devant esté faite par monsieur de Gomont, de la part du Bureau de l'Hostel Dieu, de permetre que le Bailly des pauvres et ses archers aillent dans les salles dudit Hostel Dieu, quand ils y seront mandez, pour y prendre les pauvres qui ne sont pas de la qualité requise pour y demeurer, lesquels leurs seront indiquez, laquelle proposition avoit esté receue et agréé par la Compagnie, pour entretenir toute bonne correspondance et union charitable entre les deux directions des hospitaux, dont la parole avoit esté donnée audit Bureau de l'Hostel Dieu par ledit sieur de Gomont, a esté aresté que toutes les fois qu'il plaira à Messieurs les directeurs et administrateurs dudit Hostel Dieu de mander ledit Bailly et ses archers, pour se transporter dans les salles dudit Hostel Dieu, pour y prendre et emmener les pauvres qui s'y trouveront, n'estans de la qualité à y demeurer, la permission leur en est accordée, et sera délivré audit Bureau de l'Hostel Dieu expédition du présent résultat. Signé Baillot.

(9 janvier.) Sur la prière faite par un de Messieurs les administrateurs de l'Hostel Dieu d'Angers, de les aider de la faveur du Bureau, pour obtenir une audiance en la grande chambre, contre les chanoines réguliers de Saint Augustin de la mesme ville, messieurs de la Haye et Cramoisy, se sont ofert d'en parler à monseigneur le président de Nesmon.

(16 janvier.) Il a esté raporté par monsieur Lhoste que des femmes mortes en couche à l'Hostel Dieu depuis un mois, il y en a quatre qui avoient acouché ailleurs et monsieur Leconte a dit que ces accidents peuvent estre causez par les excéds que les femmes grosses font quelquefois hors de l'Hostel Dieu, duquel elles sortent avec trop de facilité. Sur quoy la Compagnie a aresté que d'ores en avant les femmes grosses ne sortiront de l'Hostel Dieu que rarement et avec conoissance de cause. Et sur ce que monsieur Périchon s'est plaint de ce que, après que les femmes ont accouché au chaufoir, on les fait retourner à pied dans leurs lits, ce qui les peut incomoder notablement, la Compagnie a aresté qu'il sera fait une chaire à bras, dans laquelle lesdites femmes, après estre acouchées, seront portées dans leurs lits par les servantes de l'ofice.

(18 janvier.) Sur ce que monsieur Perrichon a remarqué que l'ordre estant de faire les lits des femmes grosses sur les cinq heures du matin, *on oblige les femmes fraischement acouchées de se lever comme les autres*, ce qui leur est préjudiciable, la Compagnie a aresté qu'on ne fera lever les femmes acouchées, pour faire leurs lits, que deux jours après l'acouchement seulement, et non plus tost.

(18 janvier.) La Compagnie a commis monsieur Leconte pour avoir soin de tout ce qui est nécessaire pour la construction des estuves nouvelles, suivant le plan cy devant aresté par le Bureau.

(23 janvier.) Sur la proposition faite par monsieur Lefebvre, que le sieur Percheron, qui a fondé un lit en l'hospital des Incurables, moiennant la somme de cinq mil livres, ofre adjouster à cette somme autres trois mil livres, pour lesdites deux sommes servir de fondation d'une messe basse par chacun jour, qui sera dite en la croisée des quatre nouvelles sales dudit hospital, du costé des hommes, moiennant quoy ladite fondation d'un lit demeurera nulle, et demande d'estre receu audit hospital en qualité de pensionnaire avec un valet, moiennant huit cents livres de pension par an, et de laisser au profit des pauvres d'iceluy tous les biens qui luy apartiendront lors de son decéds, l'afaire mise en délibération, la Compagnie a accepté cette proposition, à la charge qu'il sera loisible à l'une et l'autre des parties de résoudre ledit contrat, en ce qui concerne le loge-

ment audit hospital, et sans que cela puisse préjudicier à Messieurs les administrateurs, quand ils seront en résolution d'y aler loger.

(6 février.) Monsieur Perreau a dit aussy avoir parlé à madame de la Bachelière, gouvernante de la Bastille, pour la porter à ne soufrir aucune boucherie pendant le caresme prochain dans ledit chasteau, qu'elle n'a voulu le promètre qu'aux conditions de l'an passé, et qu'elle atend la response du Bureau; mais qu'il a apris que ladite dame n'est pas absolue dans ledit chasteau, y aiant un lieutenant qui pouvoit prétendre de pareils droits, sur quoy la Compagnie a aresté de diférer quelque temps de rendre réponse à ladite dame.

(22 février.) Monsieur Lhoste a dit que par l'article neufiesme des règlemens faits par Messieurs les mareschaux de France sur le fait des duels, tout gentilhomme qui a donné quelque coup de main doit tenir prison pendant six mois, laquelle peine peut estre commuée en une amande de quinze cents livres aplicable à l'Hostel Dieu; en vertu duquel règlement il y a un gentilhomme prisonnier au Four l'evesque, qui voudroit bien commuer sa prison en quelque amande, s'il avoit de quoy satisfaire l'Hostel Dieu, mais comme il est cadet de famille et qu'il n'a rien, il demanderoit que l'Hostel Dieu luy feist la grâce de luy donner une quitance de la somme portée par le règlement, ou de la moitié, pour sauver les aparences, en commutation de sa prison. La Compagnie a aresté qu'elle ne peut accepter cette proposition.

(27 février.) Le sieur Dupont, opérateur du Roy est venu prier la Compagnie de luy accorder la permission de prendre les dents des personnes mortes à l'Hostel Dieu, pour en aider le public qui en aura besoin; sur quoy ayant esté remarqué que pareille proposition a desjà esté rejettée au Bureau, la Compagnie a aresté qu'elle n'accordera point la demande dudit sieur Dupont.

(1ᵉʳ mars.) M. Lhoste a dit qu'aiant communiqué à Messieurs les commissaires pour le fait des duels la délibération du Bureau du 22 février dernier, contenant la modification qui a esté aportée par le Bureau à ce qui avoit esté aresté par lesdits sieurs commissaires, touchant les fraiz des voiages de Messieurs les conseillers de la Cour qui iroient dans les provinces informer des crimes de duels, il a esté remarqué que cette modification pouvoit aporter beaucoup de retardement et de préjudice aux afaires des duels, d'autant que les fraiz de ces voiages, montans à grandes sommes, on n'estimoit pas que le fonds de trois mil livres accordé par le Roy y peust sufire, et que ceux qui ont poussé ce dessein si avant, aians eu en veüe, premièrement la gloire de Dieu et l'intérest du public, auparavant que le profit de l'Hostel Dieu, il estoit raisonnable que les afaires ne feussent point retardées faute de fonds, et que le profit que l'Hostel Dieu en retireroit y feust emploié, selon qu'il seroit besoin, pourveu qu'il n'y contribuast point de ses revenus ordinaires. Sur quoy s'est meu la dificulté si on pouvoit présentement résoudre cette afaire, atendu que ceux qui avoient fait l'ouverture de ladite modification n'estoient point à présent au Bureau; cet incident mis en délibération, la Compagnie a esté d'avis de délibérer présentement, ce qu'elle a fait, et aresté que ladite modification sera levée et ostée, ce faisant, que tous les fraiz qui seront faits pour les voiages de Messieurs les conseillers qui iront informer dans les provinces des crimes de duels, comme tous les autres frais des poursuites desdites afaires, tant de celles qui auront aporté quelque profit à l'Hostel Dieu, par condemnation d'amande ou confiscation adjugée sur personnes solvables, que de celles qui ne luy auront point profité, seront pris par avance sur ledit fonds de trois mil livres, et repris sans aucune réserve et indistinctement sur les deniers, dont l'Hostel Dieu aura profité, des amandes et confiscations adjugées pour le fait des duels, sans que l'Hostel Dieu puisse estre obligé de rembourser plus grande somme desdits fraiz, qu'il n'aura profité desdites amandes et confiscations.

(6 mars.) La Compagnie a fait marché avec le sieur Leclerc de fournir les carpes qui seront nécessaires à l'Hostel Dieu et à l'hospital des Incurables, qui auront neuf à dix pouces entre l'œil et l'ourche, moiennant soixante livres le cent.

(20 mars.) La Compagnie a aresté qu'il ne sera mis dans la sale basse de l'Hostel Dieu aucun malade, jusqu'à ce que par la Compagnie en ait esté autrement ordonné, attendu l'humidité qu'y ont causé les eaues de la rivière, qui y ont débordé.

(20 mars.) Monsieur Lhoste a fait lecture au Bureau des articles du règlement de l'ofice des acouchées de l'Hostel Dieu, dressé, souz le bon plaisir de la Compagnie, en l'assemblée particulière faite par messieurs Perrichon, Leconte, Forne, Lhoste et Perreau, lesquels articles leus, et le Bureau ayant mis en délibération ceux où il a trouvé quelque dificulté, la Compagnie les a tous aprouvé et ratifié, et aresté qu'ils seront transcrits en cet endroit, pour estre observez ponctuellement à l'avenir : Messieurs les maistres, gouverneurs et administrateurs de l'Hostel Dieu de Paris, sur quelques advis, qui leurs

ont esté donnez par personnes charitables, qui vont visiter souvent les pauvres de la maison, s'estant particulièrement apliquez au soin de la sale en laquelle sont receues et admises les pauvres femmes grosses, et aians reconeu qu'il estoit nécessaire de renouveler les anciens règlemens faits pour la police et économie de cet ofice, qui est l'un des plus importans de la maison, ont aresté ce qui ensuit : I. Les pauvres femmes grosses qui désireront estre admises à l'Hostel Dieu pour y acoucher, se présenteront tous les mardy et vendredy de chacune semaine, depuis sept heures jusqu'à neuf du matin, à l'entrée de la sale des acouchées, pour estre visitées par la sage femme dans la petite chambre destinée à cet effet; après laquelle visite, qui sera faite par la sage femme en personne sans s'en raporter aux aprentisses, elle renvoiera celles qui ne seront pas dans le dernier mois de leur grossesse, et retiendra celles qui n'auront plus qu'un mois ou moins à acoucher, les conduira au Bureau sur les dix heures pour estre admises, et mettra entre les mains du plus antien de ceux de Messieurs les administrateurs qui sont comis pour avoir soin particulier de ladite sale, autant de billets qu'elle aura retenu de femmes, dans lesquels billetz seront escrits les noms et surnoms desdites femmes, et le temps qu'elle jugera que chacune d'elles aura encore avant que d'acoucher, lesquels billets seront par elle baillez audit sieur administrateur qui, les aiant signé et enregistré sur le controle, les rendra à la sage femme et dira ausdites femmes que la Compagnie n'entend point qu'entrans en ladite salle elles donnent aucune chose à qui que ce soit, les avertira aussy que, quand elles seront entrées, elles n'auront plus la liberté de sortir, pour quelque cause et sous quelque prétexte que ce soit. — II. La sage femme, après avoir retiré les billets dudit sieur administrateur, mènera lesdites femmes grosses, receues par le Bureau, au banc où se fait la réception des pauvres entrans à l'Hostel Dieu et fera enregistrer les noms et surnoms desdites femmes par l'éclésiastique qui sera en semaine, qui leur metra un billet au bras, comme aux autres pauvres qui entrent audit Hostel Dieu; ce fait, la sage femme conduira lesdites femmes en la salle des acouchées et donnera les billets, contenans leurs noms et surnoms, et le temps que chacune d'elles aura à acoucher, entre les mains de la religieuse cheftaine. — III. Et d'autant qu'il arive souvent que les femmes grosses qui entrent à l'Hostel Dieu, pour empescher qu'elles ne soient coneues, changent leur véritable nom tant à leur réception au banc qu'aux baptesmes de leurs enfans, ce qui fait que, quand elles viennent à mourir, il est presque impossible de conoistre à qui les enfans qu'elles laissent apartiennent, il a esté arresté que les ecclésiastiques metront à l'avenir au bras de tous les enfans qu'ils auront baptisé un billet contenant le nom qui leur aura esté imposé, le jour de leur baptesme et le nom que leur mère aura pris par le baptesme desdits enfans, et aussy celuy du père. — IV. Les femmes grosses qui seront admises par le Bureau en la forme cy dessus et qui, à cause de leur pauvreté, n'auront point de paquets pour leurs enfans, ne laisseront pas d'estre receues en ladite sale, et lors de leurs acouchemens, sera fourny à chacune d'elles un paquet aus despens de la maison, et la mère Prieure sera avertie de prendre soin de faire que la religieuse cheftaine ne fasse point dificulté de leur en bailler et quand elle manquera des choses nécessaires pour faire lesdits paquets, elle en avertira ceux de Messieurs qui sont comis pour cet ofice, afin qu'aussitost il y soit pourveu. — V. Les religieuses dudit ofice ne donneront congé à aucunes des femmes grosses receues et admises dans ladite salle d'icelle pour aler à la ville ou ailleurs, et n'emploieront lesdites femmes à battre ou laver la lessive, ny à faire aucun autre ouvrage de peine, comme d'escurer la vaisselle, porter des fardeaux de linge mouillé et leur permettront seulement d'aler au lavoir de la maison pour laver le linge servant à leurs personnes. — VI. Et pour ce que, par coustume de tout temps pratiquée, la servante de la cuisine vient prendre en ladite salle tous les jours certain nombre de femmes grosses, pour éplucher les herbes de la cuisine et plumer les volailles, lesdites religieuses préposées seront soigneuses de n'y envoier que les plus âgées et celles qu'elles jugeront estre les plus avisées et retenues, lesquelles seront conduites et reconduites dans ladite salle par ladite servante de cuisine. — VII. Défenses très expresses sont faites tant à la sage femme qu'à sa servante, à la servante de l'ofice autrement dite remeuseuse, à la portière et autres d'exiger aucune chose des parains et marraines qui tiendront les enfans des pauvres sur les fonds de l'Hostel Dieu, à peine d'estre chassées de la maison, mais se contenteront de recevoir avec douceur et civilité ce qui leur sera donné par lesdits parains et marraines. — VIII. Défenses sont aussy faites à la sage femme, à sa servante, à la remeuseuse et à la portière de demander ny mesme de recevoir aucune chose des pauvres femmes grosses, soit en entrant, soit avant ou après leurs acouchemens, soit en sortant après relevées, pour quelque prétexte que ce soit, souz les peines cy dessus. — IX. Il sera fourny à chacune femme grosse en entrant dans la sale, un pot et une escuele de terre, et ce aux dépens de la maison; défenses à la servante de l'ofice de prendre, pour raison de ce, aucune chose desdites femmes. — X. Et afin que la portière et la remeuseuse ne se puissent plaindre des défenses cy dessus, souz prétexte qu'elles n'ont aucuns gages, il a esté aresté qu'à comencer du premier jour d'avril prochain, chacune d'elles aura trente livres de gages. — XI. Quand la sage femme sera mandée pour aler acoucher en ville, elle sera tenue d'en donner advis à monsieur Leconte, administrateur résident audit Hostel Dieu, et sera baillé un billet à ladite sage femme pour sortir la nuit, au cas qu'elle soit lors mandée, pour aler acoucher en ville. — XII. Défenses très expresses sont faites à la sage femme de sortir jamais de l'Hostel Dieu, ny de jour ny de nuit, pour aler acoucher en ville, ou pour quelques autres afaires que ce soit, qu'elle ne mette en sa place pendant son absence une autre maistresse sage femme, afin que la maison ne soit jamais sans personne capable de servir les femmes grosses, en cas de nécessité. — XIII. La mère Prieure sera avertie de pourvoir à ce que des deux religieuses préposées à cet ofice il y en ait tousjours au moins une dans ladite sale, et quand elles y seront toutes deux, qu'il y en ait tousjours une qui soit en la présence et à la veue des femmes, afin de les maintenir en leur devoir. — XIV. Elle sera aussy priée de continuer à mettre en ladite sale des religieuses qui aient l'esprit doux et facile, afin de gaigner les femmes plustost par douceur que par autorité. — XV. Elle donnera ordre que, quand la sage femme, demandera aus religieuses préposées des linges pour le pensement et nécessité des femmes nouvellement acouchées, il luy en soit baillé. — XVI. Après que les femmes seront acouchées au chaufoir, elles ne retourneront point à pied à leurs lits, mais y seront portées dans une chaire, par les servantes de l'ofice. — XVII. Les lits des femmes nouvelement acouchées ne seront point refaits, que trois jours au moins après leur acouchement. — XVIII. Et d'autant que par cy devant les femmes nouvelement acouchées, quelque petite fièvre que ce feust qui les prist après leurs acouchemens, estoient aussytost portées à la salle basse, dont l'air malsain les metoit en danger notoire de leur vie, veu qu'il en réchapoit peu, il a esté arresté que dores en avant aucune femme acouchée ne sera portée hors de ladite sale des acouchées, quelque indisposition qu'elle ait, sans ordre par écrit du médecin de l'Hostel Dieu, dans le département duquel sera lors ladite salle, et défenses sont faites à la portière d'en laisser sortir aucune sans ledit ordre, et aux religieuses cheftaines des autres sales de les recevoir sans iceluy. — XIX. L'expérience aiant fait conoistre combien il est nécessaire que la porte de ladite sale soit tousjours fermée, et ouverte seulement à ceux qui ont droit d'y entrer, il sera enjoint à la portière de ne point quiter sa porte et d'y estre assidue, et si elle est obligée fois quelque de sortir elle metra sa clef entre les mains des religieuses préposées audit ofice, ausquelles il sera enjoint par la mère Prieure de n'employer ladite portière en aucune chose qui l'oblige à sortir de la sale, et de ne la divertir en aucune façon de l'assiduité qu'elle doit à sa charge. — XX. Avant qu'aucune maistresse sage femme soit receue par le Bureau, pour servir en cette qualité en ladite sale des acouchées, lesdits sieurs administrateurs commis s'informeront exactement de ses vie, meurs et religion, et si elle est veufve, et en feront leur raport au Bureau, et si elle est trouvée veuve, de bonne vie et meurs, et faisant profession de la religion catolique, apostolique et romaine, elle sera envoiée aux médecins de la maison, qui seront nommez par la Compagnie, pour estre examinée en la présence desdits sieurs administrateurs commis; et estant trouvée capable, sera admise, et monsieur le Père spirituel de la maison prié d'avoir agréable qu'elle l'aille trouver, pour recevoir de luy quelques instructions et enseignements, sur les cas ausquels elle peut donner le baptesme aux enfans, lors des mauvais acouchemens des femmes. — XXI. Ne seront dores en avant receües que six ou sept aprentisses au plus par chacun an, et chaque aprentisse demeurera deux mois dans la sale, avant qu'elle puisse avoir le certificat de son aprentissage; lequel certificat sera aporté au Bureau pour estre régistré, ce fait, rendu après avoir esté paraphé de celuy qui en fera l'enregistrement. — XXII. Nulle aprentisse ne poura entrer dans la sale des acouchées que huit jours auparavant la sortie de l'autre. — XXIII. Ne poura la nouvelle aprentisse acoucher aucune femme qu'après qu'elle aura esté vingt jours entiers en la sale, pendant lesquels elle verra les acouchées, aprendra à donner les lavemens, et recevra toutes les instructions nécessaires pour l'acouchement et le pensement des femmes nouvelement acouchées, et après les vingt jours, elle ne pourra acoucher aucune femme qu'en la présence de la sage femme. — XXIV. Ne pourra la sage femme exiger aucun présent desdites aprentisses, mais prendra seulement ce qui luy sera ofert volontairement, sans qu'aucune autre puisse recevoir aucun présent desdites aprentises. — XXV. Auparavant que la sage femme se retire le soir en sa chambre, pour y prendre son repos, elle fera une reveüe par tous les lits de toutes les femmes qu'elle scait estre sur le terme de leurs acouchemens, et si elle en reconoist quelques unes qu'elle doute pouvoir acoucher la nuit, elle donnera ordre que son aprentisse, ou quelque autre en qui elle ait confiance, voie une fois ou deux la nuit lesdites femmes, afin que, en cas qu'elles soient pressées, ladite sage femme en puisse estre aussitost avertie. — XXVI. Et pour ce que le Bureau a esté adverty que plusieurs pauvres femmes acouchées à l'Hostel Dieu, quoy qu'elles aient esté fort bien délivrées, et afin d'exciter à compassion les personnes pitoiables, et tirer d'elles par ce moien quelques charitez, se plaignent et suposent d'avoir esté mal acouchées, mesme d'avoir esté blessées lors de leur acouchement, à cause de cela d'estre incommodées pour toute leur vie, ce qui décrie la maison, et y porte notable préjudice; il a esté arresté qu'à l'advenir toutes les femmes qui prétendront avoir esté blessées ou incomodées durant leur acouchement, seront tenues de le déclarer, avant que de sortir de la sale, ausdits sieurs administrateurs commis, qui les feront visiter par le médecin de service en ladite sale et par le chirurgien de la maison, ou par telle autre personne capable que la Compagnie avisera, qui en bailleront leur raport par écrit, afin que par ce moien, la vérité estant coneüe il y puisse estre pourveu. — XXVII. Bien que le Bureau soit asseuré de la sufisance et capacité de la dame Moreau, à présent sage femme dudit Hostel Dieu, en tout ce qui dépend de sa profession, tant par l'examen que la Compagnie en a fait faire avant que de l'avoir admis, que par les témoignages qui luy en ont esté rendus de temps en temps par les médecins et chirurgiens de la maison et par une expérience de six ou sept ans qu'il y a qu'elle y travaille; néantmoins, pour ce qu'il est certain qu'aux mauvais acouchements des femmes il arive quelquefois des accidents extraordinaires, et qu'aussy ladite dame Moreau reçoit des aprentisses qui luy sont envoiées par la Compagnie, qu'elle doit instruire pendant le temps qu'elles sont obligées de demeurer en la sale des acouchées, le Bureau a trouvé à propos que ladite dame Moreau confère avec messieurs Courtois et Moreau, docteurs en la Faculté de Médecine, séparément, sur les instructions qu'elle donne à ses aprentisses pour les rendre capables de servir le public en sa profession, et spécialement quand, en quels cas et ocasions et moments on peut baptiser les enfans aux mauvais acouchemens. — XXVIII. Pour plus grande instruction des aprentisses, il a esté arresté que toutes les six semaines il se fera dans l'Hostel Dieu dissection et anatomie de la matrice, suivant la délibération du quatorze novembre dernier; à laquelle opération les aprentisses dudit Hostel Dieu, tant celles qui auront desjà fait leur aprentissage, que celles qui le feront lors, seront présentes, et non autres; et l'on ne prendra d'elles aucune chose pour voir faire cette opération, directement ny indirectement.

(27 mars.) Monseigneur le Président de Longueil a dit que mademoiselle Sercamanen est venue le trouver et luy a tesmoigné avoir toutes les souzmissions possibles pour les ordres du Bureau, et mesmes en y obéissant en quelque façon, luy a donné un mémoire, contenant l'employ qu'elle fait des douze cents escuz que la Royne luy donne tous les ans par aumosne, pour l'entretien et nouriture des convalescents, duquel mémoire lecture a esté faite au Bureau; qu'elle luy a dit que la Royne ne vouloit point qu'elle rendist compte à la Compagnie de l'employ qu'elle en faisoit et ofroit de faire la mesme chose pour tout ce qui luy seroit donné pour ladite maison.

(10 avril.) Sur l'advis que monsieur Leconte a donné qu'il pleut dans l'église de l'Hostel Dieu, à l'endroit de la chapelle du Saint Esprit, à cause que la terrasse qui est au-dessus, et qui à présent n'est plus nécessaire, n'est pas bien cimentée, la Compagnie a aresté qu'il sera fait à ladite terrasse une couverture de charpenterie, pour empescher que les eaux y tombent plus d'ores en avant.

(10 avril.) M. Robineau a dit que dans le fauxbourg de Saint Marcel, messieurs de la religion prétendue réformée ont un hospital dans lequel ils retirent les malades de leur créance et qu'il y a jusqu'au nombre de vingt deux lits.

(3 mai.) Monsieur Perreau a dit au Bureau que, de l'ordre de la Compagnie, il a fait ses plaintes à monsieur le Procureur du Roy au Chastelet de ce qu'il avoit fait élargir, contre les formes de la justice, trois personnes constituées prisonières pour avoir vendu de la chair pendant le caresme passé, que ledit sieur procureur du Roy a tesmoigné avoir regret d'avoir donné sujet au Bureau de se plaindre de luy, s'est excusé sur des ordres précis de la Royne et a promis que cela n'arrivera plus, mesme de faire justice de ces particuliers, si l'Hostel Dieu les fait réintégrer aux prisons.

(3 mai.) Sur la prière faite au Bureau, de la part du sieur *Vincent, supérieur de la Mission de Saint Lazare*, de recevoir à l'Hostel Dieu une femme grosse de quatre mois seulement, la Compagnie n'a voulu acorder cette demande, estant contre les règlemens de la maison.

(8 mai.) Le sieur Cocaigne a présenté au Bureau ses comptes de la recette et despense générale de l'hospital des Incurables, pour les années mil six cents cinquante six et cinquante sept.

(8 mai.) Sur la requeste présentée au Bureau par le fermier du passage du pont de l'Hostel Dieu, pour avoir diminution sur le loier dudit passage, à cause des grandes eaux, qu'il disoit avoir bouché ce passage pendant six semaines, a esté remonstré que ce passage n'a esté empesché que pendant huit jours au plus et qu'à présent ledit passage est plus fréquenté que jamais *à cause de la cheute du pont Marie*.

(22 mai.) Monsieur Perreau a remonstré que, par les soins et peines du sieur Lehoux, l'Hostel Dieu aiant tiré cette année un profit considérable de la boucherie de

caresme, il croit à propos d'en faire quelque reconnoissance audit sieur Lehoux, qui mesme a souffert du préjudice en ses propres afaires, pour s'estre donné tout entier à celle des pauvres. Sur quoy la Compagnie a aresté qu'il luy sera donné la somme de trois mil livres et ledit sieur Perreau prié de la luy faire porter de la part du Bureau.

(24 mai.) La Compagnie a pris jour à lundy troisiesme de juin prochain, pour faire la visite générale de l'hospital des Incurables, suivant le règlement d'iceluy.

(29 mai.) La Compagnie a arresté qu'il sera présenté requeste à la Cour de Parlement souz le nom de l'Hostel Dieu, pour avoir permission de prendre jusqu'à la somme de soixante mil livres en rente pour subvenir aux pressantes nécessitez de la maison, attendu le *refroidissement des charitez à l'endroit des pauvres de l'Hostel Dieu.*

(5 juin.) Sur l'avis que M. Perichon a donné au Bureau que le sieur Capon, médecin ordinaire de l'Hostel Dieu, a introduit en la sale des acouchées, de son autorité privée, sans le consentement d'aucun de Messieurs du Bureau et à leur insceu, le sieur Lecerf, commissaire au Chastelet, pour interroger une femme estant dans ladite sale, laquelle femme ledit commissaire a depuis emmené, ce qui blesse notablement les privilèges de l'Hostel Dieu, monsieur Leconte aiant fait récit des choses, il a adjousté que monsieur le lieutenant criminel et ledit commissaire le sont venu voir sur ce sujet, pour demander excuse de ce procédé; l'afaire mise en délibération, la Compagnie a aresté que ledit sieur Capon sera mandé au Bureau, qu'il y sera reprimandé, et luy sera dit que c'est la seconde fois qu'il a entrepris des choses contre l'honneur et l'authorité du Bureau, et que s'il commet encore une pareille faute, la Compagnie sera obligée de le prier de se retirer de l'Hostel Dieu.

(6 juin.) Monsieur Forne a dit que le sieur Muisson l'a veu touchant les terres de l'Hostel Dieu à Rieux, qu'il en a offert jusqu'à deux mil livres, qu'il les luy a laissé à deux mil deux cents livres.

(7 juin.) Sur la remonstrance faite au Bureau par le sieur de Foix, fermier du passage du pont de l'Hostel Dieu, qu'à cause du decry des liards, qui ne doivent avoir cours que pour deux deniers au premier septembre prochain, il ne reçoit plus d'autre monnaie, en sorte qu'il y en a à présent dans son logis pour six cents livres; c'est pourquoy il prie la Compagnie de régler en quelle monoie il fera paiement des loiers dudit passage.....

(21 juin.) Monsieur Lhoste a dit qu'il y a eu confiscation au profit de l'Hostel Dieu et de l'Hospital Général, chacun pour moitié, de vingt barils pleins de liards saisis vers Estampes; le Bureau a aresté de donner à ceux qui ont fait la saisie un des barils valant cinq cents tant de livres.

(5 juillet.) Monsieur Lhoste a dit qu'en l'assemblée particulière des commissaires pour le fait des duels, il a esté remarqué que, quand les biens de ceux qui se sont battus en duel sont petits, plusieurs qui en ont conoissance ne tiennent compte de s'en rendre dénontiateurs, à cause que n'en pouvant espérer que la cinquiesme partie, ils n'en sont point satisfaits; l'afaire mise en délibération, la Compagnie a aresté que dans les confiscations qui n'excederont pas vingt mil livres, en poura estre accordé jusqu'au tiers au dénontiateur, et des autres qui excederont, n'en sera donné que la cinquiesme partie.

(10 juillet,) Un de Messieurs les administrateurs de l'Hostel Dieu d'Angers a prié le Bureau de les assister de sa recommandation, en une afaire qu'ils ont contre des chanoines réguliers qui prétendent s'introduire dans ledit Hostel-Dieu, ce que la Compagnie leur a promis, en l'avertissant du temps que l'afaire sera plaidée.

(26 juillet.) Sur ce qui a esté rapporté par monsieur Perreau que le sieur Petit luy ayant fait hier plainte du mespris et de la désobéissance qui luy avoit esté faite par un des compagnons chirurgiens de l'Hostel Dieu nommé Draveny, auquel il avoit comandé de seigner et de penser une femme qui estoit blessée à la main, de quoy il n'avoit voulu rien faire, et après que luy sieur Perreau eust fait faire audit Draveny ledit pensement en sa présence, luy retiré, ledit Draveny avoit mal traité la malade, non seullement de paroles insolentes, mais luy déchira la manche de sa camisole, de quoy il ne le voulut pas chastier, d'autant qu'il atribua ce procédé à ce que ce compagnon avoit beu plus qu'à l'ordinaire, aiant pour ce sujet, et crainte d'accident, fait seigner cette femme par un autre compagnon nommé Girault, sur quoy ledit sieur Petit mandé aiant persisté en sa plainte, adjoustant toutefois que ledit Draveny est assez suportable, pourveu qu'il n'ait point beu extraordinairement, la Compagnie a mandé ledit Draveny, l'a fortement réprimandé, et luy a dit que s'il ne se corige de boire par excès, elle le chassera de l'Hostel Dieu.

(21 août.) Monsieur Robineau a dit que son âge et ses petites infirmitez corporelles ne luy permetans plus d'agir avec autant de vigueur et d'aplication qu'il a fait par le passé, pour s'aquiter dignement de l'administration de

l'hospital des Incurables, il suplie très humblement la Compagnie d'avoir agréable la proposition qu'il fait de M. Leconte, pour dores en avant prendre le soin et gouvernement entier de cette maison, ou telle part qu'il luy plaira et à la Compagnie, laquelle scait que ledit sieur Leconte a toutes les qualitez requises pour cet employ, fôrt aimé et coneu du public, plein d'honneur et d'expérience aux afaires de cette qualité, et sans l'aide et le secours duquel ledit hospital des Incurables pouroit tomber en quelque déchéance, c'est pourquoy il a estimé que cette proposition ne seroit point désagréable au Bureau...; la Compagnie a prié monsieur Leconte de prendre d'ores en avant le soin et la direction dudit hospital des Incurables, conjòintement avec ledit sieur Robineau, à cet effet d'y aller faire résidence le plus tost qu'il luy sera possible; elle a aussy prié le sieur Forne de venir incessamment establir sa demeure audit Hostel Dieu, au département qu'occupoit ledit sieur Leconte.

(28 août.) Monsieur Leconte a dit qu'il y a dans l'Hostel Dieu un prestre grec, qui se dit archevesque de Trebisonde, qui n'est point malade, va tous les jours en ville et est à charge à la Maison, bien qu'on ait eu avis que Messieurs du clergé de France luy font donner quatre cents livres de pension, sur quoy la Compagnie a aresté qu'il sera averty de se retirer.

(6 septembre.) M. Perrichon a fait récit de ce qui se passa hier en la salle des taillez : qu'il y avoit huit personnes disposées pour estre taillées; que le sieur Lanier, estant seul opérateur, tailla le premier heureusement, qui estoit un enfant; que le second et troisiesme, qui estoient deux hommes de l'âge de soixante ans ou environ ne peurent estre taillez, à cause que ledit sieur se servit d'un instrument nouveau de son invention, qui ne peut réussir, après l'incision faite, et les avoir tenu chacun près d'une demie heure sur le banc; que le quatriesme, qui estoit un autre enfant fut taillé assez bien avec les instruments ordinaires, lesquels ledit sieur Lanier prit, à la prière que le sieur Perrichon et les médecins de l'Hostel Dieu présens luy en firent; que ledit sieur Lanier vouloit continuer à tailler les quatre qui restoient, mais que luy sieur Perrichon et messieurs Forne et Perreau l'empêchèrent, à cause du mauvais succès des opérations de cette journée, que l'un des deux hommes sur lesquels ledit sieur Lanier manqua est en danger évident de la vie, et l'enfant qui fut taillé le dernier est mort ce matin; qu'on a trouvé à propos de l'ouvrir, pour conoistre la cause d'une mort si soudaine, mais qu'il a apris que les médecins de l'Hostel Dieu ont pris heure à cejourd'huy trois heures après midy, sans en avertir Messieurs qui ont le soin particulier de ces afaires. Sur quoy le sieur Lanier entré au Bureau, la Compagnie luy aiant fait entendre que suivant la délibération du dernier jour, elle l'avoit mandé pour dire son avis sur la capacité du sieur Castagnet au fait de la taille, il a dit qu'il l'avoit veu travailler, mais qu'il ne luy trouvoit pas de disposition pour réussir en cette opération; qu'entre plusieurs défaux il en avoit remarqué deux considérables, l'un que la main luy trembloit, l'autre qu'il tiroit la pierre par secousses; que ce dernier pouvoit se corriger, mais non le premier; il a adjousté que l'âge du sieur Castagnet, qui est plus avancé que le sien, comme il le précède aussy en réception à la maistrise de chirurgie, ne luy permettent plus d'aquérir de nouvelles habitudes; qu'il estime plus utile de façonner ceux qui sont plus jeunes; que dans la Maison il y en a desjà trois, qui sont Portal, Allet et Girault qui promettent beaucoup en cet exercice; qu'il est tout prest de les instruire parfaitement. Ensuite la Compagnie luy ayant parlé de ce qui se fit hier au sujet des taillez, il a répondu que l'instrument dont il s'est servy est très bon, qu'il en a fait une opération fort heureuse sur un jeune homme de dix huit ans dans la rue St Honoré; que la perfection de cet instrument est d'abréger le temps de l'opération et la douleur du malade des trois quarts, faisant la fonction de trois sortes d'instruments ordinaires; quant à l'enfant mort ce matin, que ce n'est point le défaut de la taille, mais celuy de la disposition du corps; qu'il n'est pas nouveau que ceux qui ont esté bien taillez meurent incontinent après. Luy retiré, le sieur de Bourges aussy ouy au Bureau, il a fait plainte du procédé dudit sieur Castagnet en deux ou trois rencontres, au sujet de sa poursuite pour estre admis à la taille. La Compagnie luy aiant demandé ce qu'il jugeoit de l'accident d'hier, il a dit que l'instrument dont le sieur Lanier se sert est fort bien inventé, qu'il abrège beaucoup et le temps et la soufrance du malade, et qu'il croit que ce qu'il ne réussit pas hier vient de ce que la sonde dont il se servit pour introduire ledit instrument estoit trop courte. Luy retiré a esté dit que le sieur Lanier a donné à conoistre par ce qui s'est passé jusqu'à présent qu'il désire estre seul opérateur de la taille dans l'Hostel Dieu, que cela est contraire à l'intention du Bureau, qui désire l'instruction de plusieurs pour le soulagement du public; que plusieurs désirent travailler dans l'Hostel Dieu, soit pour s'y perfectionner, soit pour aquérir de la réputation, estans desjà scavans en cette opération; que le sieur Fournier s'est desjà présenté, que le sieur Rufin y travaillera toutes fois et quantes que le Bureau le désirera, que le sieur Gouin ne demande pas mieux que de revenir, qu'il est absolument nécessaire qu'il y ait dans l'Hostel Dieu au moins deux opérateurs scavans, non seulement pour travailler en l'absence l'un de l'autre, quand l'un d'eux

sera malade ou absent de la ville, ou empesché ailleurs, mais encore pour soulager celuy qui travaillera, quand il en aura besoin, le tout mis en délibération, la Compagnie a aresté que l'enfant mort ce matin sera ouvert cette après midy à trois heures, en présence de Messieurs qui ont soin de l'ofice des tailles, que les quatre qui restent à tailler le seront demain par le sieur Lanier, lequel achèvera l'opération de ceux sur lesquels il a fait l'incision, qu'il ne se poura servir de son instrument nouveau qu'il n'en ayt un ordre particulier par écrit du Bureau.

(20 septembre.) Sur l'avis que monsieur Cramoisy a donné que le fils du défunt sieur de la Ralière, qui a fait profession de religion au monastère des Capucins, a cy devant fait son testament, par lequel il a légué à l'Hostel Dieu la somme de deux cents mil livres à prendre sur le plus clair de ses biens, à la charge d'en distribuer le tiers en œuvres pies autres que l'Hostel Dieu, la Compagnie a aresté que les héritiers dudit testateur seront assignez pour faire délivrance dudit legs.

(11 octobre.) Sur la plainte que monsieur Lhoste a fait au Bureau de ce que les religieuses de l'Hostel Dieu envoient à l'Hospital Général des malades qui n'en sont point sortis pour venir audit Hostel Dieu, et en ont envoié quelques uns si indisposez qu'un est mort le lendemain, et deux autres sont en grand danger de la vie, d'autres sont incurables, demeurans dans l'Hostel Dieu depuis longues années, qu'il seroit à propos de régler ce désordre, et pour cet effet y avoir quelque conférence entre Messieurs les administrateurs de ces deux hospitaux, ce que la Compagnie a agréé, et remis ladite conférence aux premiers jours d'après la Saint Martin.

(13 novembre.) Sur l'avis qui a esté donné au Bureau par monsieur Forne que le sieur Gouin refuse de travailler dans l'Hostel Dieu en l'opération de la taille, à cause du refus que la Compagnie fait d'acorder présentement au sieur Petit le pouvoir de faire cette opération dans ledit Hostel Dieu, que cela procède de l'intelligence qui est entre eux, au moien du traité d'association qu'ils ont fait ensemble, qui est une espèce de monopole au préjudice du public, de l'Hostel Dieu et de l'intention du Bureau, l'afaire mise en délibération, la Compagnie a aresté que ledit sieur Petit sera présentement mandé au Bureau, ce qui a esté fait, et ledit sieur Petit venu et ouy, il a dit qu'il n'a détourné aucun de se faire tailler à l'Hostel Dieu, et n'empêche point le sieur Gouin d'y venir faire l'opération de la taille, comme il est prest de faire; que ledit traité d'association est véritable, qu'il ne doit avoir son effet que dans un an, qu'il n'est préjudiciable ny à l'Hostel Dieu ny au public, n'estant qu'une convention faite entre eux de ne point faire l'opération de la taille sinon en la présence l'un de l'autre, et de partager également le profit; sur quoy la Compagnie aiant demandé à voir ledit traité, pour conoistre s'il n'y a rien qui blesse le service que ledit sieur Petit doit à l'Hostel Dieu, il l'a représenté et a dit qu'il ne prétend point que ce traité le dispense ou détourne en aucune façon du service des pauvres. Lecture faite dudit traité, la Compagnie a remis à y délibérer au premier jour.

(15 novembre.) Sur le raport fait par M. de Gomont des clauses du traité d'association fait entre les sieurs Gouin et Petit, maistres chirurgiens, pour le fait de la taille, l'afaire mise en délibération, la Compagnie a aresté que sieur Petit ne poura d'ores en avant faire l'opération de la taille dans la sale des taillez de l'Hostel Dieu, dont l'entrée lui sera interdite. Et quant aux leçons qu'il a discontinué de faire aux compagnons chirurgiens ordinaires de l'Hostel Dieu, la Compagnie a aresté qu'il les continuera, autrement le Bureau y pourvoira.

(22 novembre.) Monsieur Perochel a fait raport à la Compagnie que, lundy dernier du matin, s'estant rendu en l'hostel de monseigneur le Premier président (Lamoignon), où se trouvèrent plusieurs de Messieurs du Bureau et le grefier d'iceluy, ils eurent l'honneur de faire la révérence audit seigneur Premier Président et luy sieur Perochel portant la parole pour la Compagnie luy dit que les administrateurs de l'Hostel Dieu venoient luy rendre leurs respects et souzmissions, comme au chef de leur Compagnie, et luy témoigner leurs joies de se voir désormais souz sa conduite, luy, de qui la singulière piété et les éclatantes vertus leurs devoient servir de lumière pour les éclairer, d'exemple pour l'imiter et de flambeau pour les guider à l'employ de l'administration de ce grand hospital et au service des pauvres, avec plus d'utilité que jamais, et à la plus grande gloire de Dieu. Mais comme cet honneur leur estoit très précieux, ils ne pouvoient dissimuler leur impatience de le posséder, c'est ce qui les obligeoit de le suplier très humblement de leur dire le jour auquel il luy plairoit venir prendre sa place au Bureau, que luy avoit laissé monseigneur de Bellièvre son prédécesseur, duquel la mémoire estoit glorieuse dans le monde, et le souvenir de son absence leur estoit si amer, afin que toute la Compagnie prist part à cette satisfaction que leur donneroit sa présence, et qu'elle se disposoit de l'y recevoir avec la vénération qui luy estoit deüe; que ledit seigneur Premier Président leur répondit qu'il avoit impatience de se voir en cette Compagnie, pour contribuer de ses soins avec elle pour le service des pauvres, qu'il prévoyoit

pourtant que ce ne pouvoit estre si tost qu'il désiroit, pour l'absence de monseigneur le président de Maisons, qui estoit celuy entre les mains duquel il pouvoit prester le serment au Parlement, puisque monseigneur le président de Novion estoit son consin germain et monseigneur le président de Nesmond son beau frère, ainsy il estoit réduit d'atendre le retour dudit seigneur de Maisons.

(20 décembre.) La Compagnie ayant remis à cejourd'huy le choix d'une personne qui peust dignement remplir la place d'administrateur de l'Hostel Dieu, vacante par le deceds de monsieur Perrichon, l'afaire mise en délibération, la Compagnie a choisy et nommé monsieur Héliot, secrétaire du Roy, et ancien échevin de Paris.

26ᵉ REGISTRE. — ANNÉE 1659 (8 JANVIER – 30 JUILLET).

(15 janvier 1659.) Monsieur Forne a dit qu'il se présente quelquefois à l'Hostel Dieu des femmes grosses qui sont malades de la grosse vérole, ausquelles la sage femme n'ose et ne doit toucher pour les délivrer, de peur de gaster les autres femmes en couche; que l'on peut se servir, pour les acoucher, du sieur Portal qui a desjà quelque expérience en cela; sur quoy monsieur Perreau a dit que si l'on est obligé de se servir de chirurgiens en cela, il est juste que le sieur Petit, maistre chirurgien, y soit aussy employé, s'il le désire, et monsieur Lhoste a adjousté qu'il est besoin de pourvoir à un incomvénient encore plus considérable, qui est que l'Hospital Général, par un article exprès des letres de son établissement ne devant point retirer les persones afligées de grosse vérole, dont le pensement apartient au grand Bureau, et les chirurgiens du grand Bureau n'osans penser celles qui sont grosses, pour ne faire périr leur fruit, comme il arriveroit infailliblement, il est à craindre, si ces femmes ne sont à un mois de terme, qui est le temps auquel on reçoit les femmes grosses à l'Hostel Dieu, *qu'elles ne demeurent sur le careau sans secours ny assistance*, qu'il a ouy dire qu'on les retiroit autrefois dans l'Hostel Dieu, dans la sale qui sert maintenant aux enfans verolez.

(29 janvier.) Sur ce que M. Forne s'est plaint des paroles indiscrètes d'une religieuse du Légat, qui l'a voulu empêcher de faire sortir de l'Hostel Dieu des femmes convalescentes, a esté remarqué par quelques uns de Messieurs que la *connivence des religieuses avec les convalescents en retient ordinairement à l'Hostel Dieu plus de cent*, que le remède y est dificile, à cause que les convalescens ne se trouvent point en leurs litz, lors de la visite des médecins, que si l'ofice de la Pouillerie n'estoit plus en la possession des religieuses, elles ne pouroient plus si facilement entretenir ce désordre, que l'exécution du règlement qui a cy devant esté fait, par lequel les sales de l'Hostel Dieu ont esté distribuées et comises aux soins particuliers de Messieurs du Bureau est de très grande importance; que le sieur Cudefo à qui le Bureau a commis le soin de faire sortir les convalescents, n'est pas assez apuié pour exécuter cet ordre qui lui est donné, *estant souvent contraint d'essuier beaucoup de reproches et d'injures des religieuses*, et que l'ordre que les religieuses ont mis de ne donner les habitz aux convalescents qu'à certains jours de la semaine et à certaines heures contribue encor à ce dérèglement, le tout mis en délibération, la Compagnie a aresté que monsieur le théologal, directeur spirituel dudit Hostel Dieu, sera averty de la faute de ladite religieuse, pour y donner l'ordre nécessaire, et à cet effet a nommé messieurs Leconte et Perreau; que monseigneur le Premier Président sera prié vendredy prochain de mander la mère Prieure, pour luy faire entendre la mesme chose.

(31 janvier.) Articles accordez entre Messieurs les administrateurs de l'Hostel Dieu de Paris, d'une part, et Messieurs les directeurs de l'Hospital Général d'autre, en la conférence tenue au Palais, en la présence de monseigneur le Premier Président, le vingtroisiesme jour de janvier mil six cens cinquante neuf : I. Sur la réception à l'Hostel Dieu des pauvres malades envoiez de l'Hospital Général, a esté arresté que les malades envoiez sur le certificat d'un des médecins de l'Hospital Général seront receus audit Hostel Dieu, après néantmoins que les malades auront esté veus par le visiteur ordinaire dudit Hostel Dieu, qui en poura sursoir la réception, au cas qu'il juge que les pauvres envoiez soient ateints de peste, teigne, escrouelles, grosse vérolle et autres maladies contagieuses. — II. Sur la réception des enfans malades de la petite vérole ou rougeole, a esté arresté qu'ils seront receus audit Hostel Dieu, quoy qu'ils soient sans fièvre et non pas leur mère avec eux, sinon que les enfans feussent encore à la mamelle, auquel cas les mères seront receues avec leurs enfans. — III. Sur la réception, en la sale des accouchées de l'Hostel Dieu, des femmes grosses qui se présenteront, a esté arresté qu'elles seront receues un mois avant leur acouchement seulement, et à l'égard de celles qui se présenteront pour estre receues, qui ne seront point encore dans le mois de leur acouchement, si elles veulent aler à Sainte Marthe cy devant Scipion, pour y estre admises comme pauvres, elles prendront un certificat de la sage-femme dudit Hostel Dieu,

qui fera mention du terme véritable de leur grossesse, autant qu'elle le poura conoistre, et se pourvoiront par devant Messieurs les commissaires préposez à la réception des pauvres, pour avoir un billet et estre envoiées en ladite maison de Sainte Marthe, jusqu'à ce qu'elles soient au temps de pouvoir estre receues à l'Hostel Dieu. — IV. Sur le renvoy des pauvres dudit Hospital Général qui, aians esté aportez malades audit Hostel Dieu, sont revenus à convalescence, a esté aresté qu'il en sera usé charitablement, et que les religieuses en seront averties. — V. Afin d'empescher que lesdits pauvres venus en convalescence sortans de l'Hostel Dieu n'aient la liberté de mandier, a esté aresté que les carioles dudit Hospital Général seront envoiées tous les mercredis de chacune sepmaine à neuf heures du matin pour les hommes et garçons, et les vendredis à pareille heure pour les femmes et filles, et n'en sera point renvoié par autre voie audit Hospital Général. — VI. Si les malades amenez de l'Hopital Général audit Hostel Dieu y deviennent incurables, ils seront renvoiez audit hospital, et ceux qui auront esté amenez d'ailleurs devenans incurables, ne seront point renvoiez audit hospital, mais à ceux qui les auront fait porter à l'Hostel Dieu, et à cet effet sera pris garde de ne recevoir aucun pauvre soupçonné de maladie incurable, qu'on ne remarque de quel lieu il vient et par qui il est amené ou envoié. — VII. Sur ce qui a esté remarqué que quelquefois on envoie trop tard audit Hostel Dieu les pauvres malades dudit Hospital Général, a esté aresté qu'il y sera pourveu par ledit hospital. — VIII. Les habits dont seront vestus les pauvres dudit Hospital Général, envoiez malades à l'Hostel Dieu, leur seront rendus s'ils guérissent, et s'ils meurent, seront rendus audit hospital, et afin que lesdits habitz puissent estre plus facilement reconeus, ilz seront marquez, par l'ordre des directeurs, de telle marque qu'ils aviseront, et mis dans l'ofice de la Pouillerie, séparément des habitz des autres pauvres, s'il se peut comodément faire, sinon en lieu où la mère de l'ofice trouvera plus à propos de les mettre. — IX. Les certificats des médecins, pour envoier les pauvres dudit Hospital Général audit Hostel Dieu, seront imprimez et en sera le modèle inséré dans les registres : Je souzsigné, médecin ordinaire de l'Hospital Général, certifie avoir veu et visité... pauvre... malade en la maison de... dépendante dudit Hospital Général, qu'il est nécessaire de faire prontement porter à l'Hostel Dieu, pour y estre pensé charitablement, comme les autres malades. Fait à... jour de... mil six cens... — X. Avant que de résoudre si les pauvres malades dudit Hospital Général, affligez du mal de bouche appelé scorbut, sont recevables à l'Hostel Dieu, a esté aresté qu'il sera pris advis de l'École de Médecine, si ce mal est contagieux ou non. —

XI. Les mandians amenez par les archers de l'Hospital Général, pour estre mis en depost à l'Hostel Dieu, n'y seront point receus avant trois heures en hiver et avant sept heures en esté, et n'y seront point receus du tout durant le caresme.

(12 mars.) Monsieur Le Conte a dit qu'un lit de la fondation de Monseigneur de Toulon aux Incurables estant vaquant, ledit seigneur evesque nomme Marguerite Payen pour remplir ledit lit.

(19 mars.) Lecture faite au Bureau de la lettre qui luy a esté écrite par messieurs les Administrateurs de l'hospital du pont du Rhosne de Lion, touchant la nourriture et entretien des enfans trouvez, dont ledit hospital est chargé, la Compagnie a prié monsieur de Gomont de leur faire la response telle qu'il la jugera à propos.

(9 avril.) Sur l'avis qui a esté donné au Bureau que les médecins de l'Hostel Dieu ne font point ordinairement leurs visites audit Hostel Dieu le jour de Pasques, dont il pouroit arriver quelque inconvénient aux malades, la Compagnie a aresté que lesdits sieurs médecins seront priez de faire leurs visites audit Hostel Dieu le jour de Pasques, aux heures et en la manière accoutumée.

(30 avril.) La Compagnie a aresté que le sieur Cudefo verra le sieur Rubentel, capitaine aux gardes, pour le prier de faire cesser les désordres que font quelques soldats de sa compagnie, qui redemandent les habits d'un de leurs camarades mort dans l'Hostel Dieu.

(4 mai.) Le sieur Blondel, doien d'élection de la Faculté de Médecine de Paris, et les médecins ordinaires de l'Hostel Dieu, à l'exception du sieur de Bourges, sont venus au Bureau, et la Compagnie aiant esté d'advis d'ouïr premièrement ledit sieur Blondel seul, il est entré et a fait raport de tout ce qu'il a remarqué dans la sale des Taillez, dans les deux fois qu'il a assisté aux opérations qui y ont esté faites et a dit qu'à l'égard des opérateurs, il a remarqué qu'à la première fois ils avoient eu la main tremblante, ce qui estoit peut-être arrivé à cause de sa présence, qui n'estoit pas ordinaire en ce lieu là, que la seconde fois ils parurent plus asseurez, qu'il trouvoit que le sieur Lanier et le sieur Castagnet travailloit assez bien pour leur confier ces opérations, et qu'à l'égard du sieur Portal, il ne travailloit pas avec tant d'assurance que les autres, comme aussy n'avoit-il pas tant d'expérience, n'aiant encore opéré que deux fois; que pour ce qui est de la manière d'opérer, il avoit trouvé deux choses à redire, l'une dans un instrument

dont on s'est servy, qui est piquant par le bout, qui peut causer des accidents dans les parties où il est porté, l'autre que les opérateurs ont quelquefois mis le doigt dans l'ouverture, ce qu'il jugeoit inutile, puisque le doigt ne pouvoit pas aler jusqu'au fonds de la vessie, et faisoit une dilatation si grande, que cela pouvoit rompre quelque membrane, du moins que le sujet en soufroit beaucoup plus que de la sonde, ce qu'on pouvoit remarquer par ses cris, qui redoubloient et estoient plus grands. Sur quoy aiant esté remercié par la Compagnie et s'estant retiré, monsieur Lhoste a fait lecture d'un mémoire qu'il a dressé, contenant les articles sur lesquels, à l'exception du dernier, il estimoit qu'il estoit à propos d'avoir l'avis par écrit des médecins, pour faire un bon règlement sur le fait des opérations de la taille, desquels articles la teneur ensuit : par qui les jours et heures que l'on taillera doivent estre donnez; — par qui doivent estre donnez aux opérateurs les sujets sur lesquels il faudra opérer; — s'il n'y a qu'un sujet à tailler, par qui l'opération sera faite; — régler la qualité et nombre des personnes qui entreront au lieu où se fait l'opération et y assisteront; — si les médecins qui auront assisté aux opérations en feront leur raport par écrit ou verbalement, à qui, et en quel lieu; — quelles personnes seront préposées pour penser les taillez; — s'il est à propos qu'un garçon chirurgien demeure tousjours préposé à cet ofice, ou si on changera et comment; — quand il se présente un malade pour estre receu en la sale des taillez, par qui il y sera receu; — et pour ce qu'il semble que le malade doit estre auparavant sondé, par qui la sonde sera faite et par quel ordre; s'il ne sera point à propos de faire ouvrir quelquefois ceux qui seront mortz après avoir esté taillez, afin de voir s'il y a de la faute de l'opérateur, afin que cela serve d'instruction à l'avenir; laquelle lecture faite, aucuns de Messieurs aians dit qu'il y avoit quelques uns de ces articles qui ne devoient point estre communiquées ausdits médecins, et qui dépendoient de la décision seule du Bureau, lecture aiant esté faite de rechef et délibéré sur chacun article, la Compagnie a aresté que lesdits médecins auront communication de tous lesdits articles à l'exception du dernier, sans néantmoins que le Bureau soit astraint de déférer entièrement à leur avis, sur lequel il sera en liberté de délibérer et de résoudre sur chacun article ce qu'il jugera à propos. Ce fait, lesdits médecins entrez au Bureau, lecture leur a esté faite desdits articles, qu'ils ont jugé fort nécessaire au bien des pauvres d'estre reglez, et ont prié la Compagnie de leur donner temps de les considérer à loisir, pour y donner leur avis, ce qu'ils ont promis de faire au plustost, et pour cet efet, la Compagnie a donné ordre au grefier du Bureau de donner à chacun desdits médecins une copie desdits articles.

(6 juin.) Monsieur Forne a dit qu'il arrive du désordre dans l'Hostel Dieu de ce que les charrettes de l'Hospital Général venants tous les jours y aporter des malades, refusent de remporter ceux qui sont en convalescence, qui sont venus dudit hospital, et qui sont disposez pour y retourner, s'excusans sur ce que elles ne viennent pas des maisons dont ces malades sont sortis. Sur quoy la Compagnie a aresté que l'un de Messieurs les gouverneurs dudit Hospital général donnera son billet, afin que la charité d'une des maisons dudit hospital puisse recevoir les malades venans d'une autre maison et les y conduire, toutesfois et quantes qu'ils seront en estat de sortir.

(6 juin.) Le sieur Lanier, principal opérateur de l'Hostel Dieu pour le fait de la taille, aiant demandé à estre oüy au Bureau, et estant entré, il a dit à la Compagnie qu'il a ouy dire que le Bureau a fait un règlement touchant la sale des taillez, qu'aiant esté fait sans sa participation et sans luy en communiquer, bien que cela le regarde, il suplie le Bureau de le luy faire voir, afin qu'il conoisse si c'est chose qu'il puisse exécuter, sur quoy luy retiré et l'afaire mise en délibération, la Compagnie a aresté qu'il luy sera fait réponse que le règlement a esté projetté mais non point encore signé ny entièrement aresté, que lorsqu'il le sera, il luy en sera donné communication pour l'exécuter. Laquelle response luy a esté faite et il a dit qu'on veut déférer aux médecins tout l'ordre et pouvoir de cette opération, et ne luy en réserver aucune chose que l'exécution, que c'est à luy à faire le choix des sujets, aussy bien que des jours pour l'opération et des personnes qui y doivent assister, que les médecins n'ont à voir en cette opération que de disposer les sujets, que la taille est un fait entièrement détaché de la médecine, qu'on veut aussy faire entrer en concurrence avec luy les sieurs Castagnet et Portal, que puisque la Compagnie a trouvé bon qu'il leur enseignast cette opération, il croit estre obligé d'en dire ses sentiments à la Compagnie, qu'ils ne sont nullement propres à cette opération, l'un par le défaut de sa main tremblante, l'autre par le défaut de vouloir luy demander les choses qui concernent cet art, et qu'en l'estat qu'ils sont il ne les peut reconoistre pour opérateurs, qu'il a beaucoup souffert dans ses opérations à l'Hostel Dieu des médecins d'iceluy, à cause du diférend que la Faculté de Médecine a avec les chirurgiens de longue robe, desquels il a l'honneur d'estre, qu'il n'est pas résolu d'en soufrir davantage, que c'est ce qu'il prie le Bureau de considérer. Sur quoy s'estant de rechef retiré et l'afaire de nouveau mise en délibération, a esté remarqué qu'il y a deux sujets disposez pour estre taillez demain, la Compagnie a aresté qu'elle fera entendre audit sieur Lanier, comme elle a desja fait, que le règlement n'est pas entièrement aresté, que lorsqu'il le sera, elle le luy fera scavoir, pour estre par luy exécuté, et d'autant qu'il y a deux sujets pour estre taillez demain, qu'il taillera demain le premier et le sieur Castagnet le second. Ce qui aiant esté dit audit sieur Lanier rentré au Bureau, il a dit qu'il ne s'estoit pas expliqué assez clairement à la Compagnie, qu'il avoit entendu dire qu'il ne pouvoit travailler avec lesdits sieurs Castagnet et Portal et puisque la Compagnie avoit résolu de les faire travailler, il prenoit congé de la Compagnie. Sur quoy la Compagnie a prié messieurs Forne et Perreau d'inviter le sieur Gouin à venir faire demain l'opération de la taille dans l'Hostel Dieu.

(13 juin.) *Règlement pour la sale des taillez de l'Hostel Dieu* : I. Attendu que les malades doivent être préparez par les ordonances des médecins, a esté aresté que les jours et heures que l'on taillera seront donnez par celuy des médecins de la maison qui se trouvera préposé pour avoir soin de la sale des taillez. — II. D'autant que les médecins, aiant considéré les sujets, pouront remarquer qu'il y en a de plus forts et de meilleure constitution que les autres et de là juger quelles opérations seront les plus aisées ou les plus dificiles, pour les donner à ceux qu'ils croiront s'en pouvoir aquitter le mieux, et que le principal opérateur a plus d'expérience et de capacité que ceux ausquels, en conoissance de cause, le Bureau a permis d'opérer, pour se rendre un jour capables de servir le public, a esté aresté que le médecin de la sale des taillez, après avoir pris les avis de ses confrères, s'il le trouve à propos, et conféré avec le principal opérateur, donnera les sujets sur lesquels il faudra opérer, scavoir le premier au principal opérateur, le second au sieur Castagnet, le troisiesme audit principal opérateur, le quatriesme au sieur Portal, et ainsy successivement et tour à tour, afin que ledit principal opérateur fasse luy seul autant d'opérations que les deux autres et de jusqu'à ce que la Compagnie, ayant pris l'avis des médecins en ait autrement ordonné. — III. Quand il n'y aura qu'un sujet à tailler, l'opération en sera faite par celuy qui sera en tour, n'estoit que le médecin creust qu'il en faleust user autrement, et que préjugeant l'opération dificile, il estimast la devoir cometre au principal opérateur, comme plus capable et expérimenté que les autres, laquelle opération ainsy jugée dificile ne sera point comptée pour remplir le tour dudit principal opérateur qui travaillera, en son rang, comme si cette opération n'avoit point esté par luy faite. — IV. D'autant que les opérations dificiles et laborieuses, comme est celle de l'extraction de la pierre, veulent une entière aplication d'esprit, et qu'il est important, pour le bien et soulagement du malade, que celuy qui opère ne soit diverty en son opération, comme il pouroit estre par la présence de plusieurs persones, a esté aresté qu'aucune persone n'entrera au lieu où se fait l'opération, sinon les médecins, les opérateurs et ceux que la Compagnie destine pour aprendre l'opération; pouront aussy estre présens aux opérations ceux de Messieurs qui s'y voudront trouver, jusqu'au nombre de deux seulement, et y faire entrer ceux qu'ils jugeront à propos, pourveu qu'ils n'excèdent pas aussy le nombre de deux. — V. D'autant qu'il importe que la vérité de ce qui se sera passé aux opérations, soit coneu à la Compagnie, a esté aresté que le médecin de l'office des taillez fera son raport somaire par écrit de ce qui se sera passé à chaque opération, qu'il fera signer à ceux de ses confrères qui auront esté présens aux opérations, lequel raport sera envoié cacheté au grefier, pour estre ouvert et leu à la Compagnie au prochain Bureau d'après les opérations. — VI. D'autant que le soin et pensement des malades après l'opération est une chose très importante, et que ceux qui auront fait les opérations, estimans que leur réputation est intéressée en la guérison du malade, y aporteront tout le soin et l'afection possible, a esté aresté que ceux qui auront fait les opérations penseront leurs malades, et en leur absence en cometront le soin à tel des chirurgiens de l'Hostel Dieu qu'ils voudront choisir, et de plus qu'il y aura tousjours un compagnon chirurgien préposé pour cet ofice des taillez, afin de secourir extraordinairement les malades, s'ils en ont besoin. — VII. Les pauvres qui viendront à l'Hostel Dieu pour estre receus en la sale des taillez, comme estans afligez de la pierre, s'adresseront au visiteur ordinaire qui les conduira en ladite sale des taillez, où le plus tost que faire se pourra, ils seront examinez sur leur mal par le médecin de l'ofice et le principal opérateur qui ordoneront de la sonde, quand et ainsy qu'ils le jugeront à propos. — VIII. Quand l'opération aura esté dificile et fâcheuse, et que le malade sera mort peu de jours après l'opération, son corps sera ouvert en la présence de celuy qui aura fait l'opération, des médecins et des autres opérateurs, et ce par un autre chirurgien que celuy qui aura opéré, ce qui ne poura néantmoins estre fait sans la permission par écrit de Messieurs commis à cet ofice, ou du moins de deux d'entre eux, de laquelle ouverture le médecin de l'ofice baillera son raport par écrit et cacheté, pour en estre fait ouverture et lecture au prochain Bureau. — IX. Nulle opération ne poura estre faite qu'en la présence du principal opérateur, sinon en cas d'absence, pour maladie ou autrement, auquel cas l'opération sera faite, avec l'avis des médecins, par l'ordre desdits sieurs commissaires, ou de trois d'entre eux au moins. — X. Le registre qui a esté fait des noms, âges, qualitez et demeures des persones qui sont receues en ladite sale, de

ceux qui meurent, de ceux qui sortent entièrement guéris et de ceux qui sortent incomodez sera continué et paraphé à chaque feuillet par monsieur Forne. — XI. Les enfans des personnes qui ont des biens et comoditez pour les faire penser chez eux pourront estre receus en ladite sale des taillez et indemniseront l'Hostel Dieu de la dépense qu'ils y feront, auquel cas le choix sera aux parens et aux malades de se faire tailler par tel des opérateurs de l'Hostel Dieu qu'ils voudront. — XII. Les pauvres receus en la salle des taillez n'auront aucun choix des opérateurs, mais bien les père et mère, quand ils viendront le demander au Bureau. — XIII. On fera voir aux médecins ordinaires de la maison et à tels autres médecins et opérateurs du dehors, que le Bureau voudra apeler avec eux, les instruments dont le principal opérateur et lesdits Castagnet et Portal se servent pour tailler, afin de voir s'il n'y a rien à redire.

(27 juin.) M. de Gomont a fait raport de ce qui concerne la proposition de monsieur d'Aubigny, remise à cejourd'huy pour en délibérer et a dit que la terre d'Aubigny en Sologne fut donnée par le Roy Charles VII en l'année 1422 à Jean Stuart, conestable d'Écosse pour luy et ses successeurs masles à tousjours, pour récompense des grands services qu'il avoit rendu à cette couronne, tant de sa personne que des troupes qu'il y avoit amené; que les lettres de ce don furent vérifiées en Parlement; que depuis ledit Stuart et ses enfans ont jouy paisiblement de ladite terre jusqu'à présent; que le comte de March, père du sieur d'Aubigny d'à présent a obtenu lettres de naturalité pour ses cinq enfans, au mois d'avril 1623; que quatre sont morts en Angleterre, y aians laissé des enfans masles; que le cinquiesme qui est ledit sieur d'Aubigny veut donner sa terre à l'Hostel Dieu, moiennant quelque somme de deniers qu'il faut paier à ses créanciers, et du surplus luy faire rente viagère; ensuite de quoy ledit sieur de Gomont a raporté les principales dificultez que cette proposition pouvoit recevoir et particulièrement celle qui est fondée sur un arrest du Parlement qui présupose que les héritiers dudit Stuart ne soient point propriétaires incommutables de ladite terre d'Aubigny, et qu'elle soit reversible à la Couronne, par faute d'hoirs masles dudit Stuart, pour à quoy remédier, ont esté obtenues des lettres patentes qu'il faut faire vérifier à la Cour, sur quoy l'afaire mise en délibération, la Compagnie a aresté qu'avant que de rien conclure, on scaura à quelle condition ledit sieur d'Aubigny veut donner ladite terre à l'Hostel Dieu, afin que l'on traite avec luy, s'il veut faire bonne la condition des pauvres.

(4 juillet.) Lecture faite au Bureau de l'extrait des titres de l'Hostel Dieu qui concernent la propriété du cimetière de la Trinité, et sur les plaintes qui ont esté faites que le fossoieur profite non seulement des foins qu'il recueille dans ledit cimetière, mais encore des corps des gens de la religion prétendue réformée qu'il y enterre, outre quelque avis qu'on a qu'il dépouille les corps enterrez de leurs suaires, mesmes de leurs chemises, et qu'il en donne à des chirurgiens pour en faire l'anatomie, la Compagnie a aresté que, auparavant que de rien résoudre sur ce point, messieurs Forne, Perreau et Helyot se transporteront sur le lieu et en conféreront avec Messieurs les Gouverneurs de l'hospital de la Trinité, suivant qu'ils auront veu et reconeu les lieux.

(11 juillet.) Lecture faite au Bureau des certificats des quatre médecins ordinaires de l'Hostel Dieu et du sieur Gouin, principal opérateur d'iceluy, de la capacité du sieur Alet, en l'opération de la taille et extraction de la pierre, la Compagnie a aresté que ledit sieur Alet fera ladicte opération dans l'Hostel Dieu sur les corps vivans, concurramment avec les sieurs Castagnet et Portal.

(16 juillet.) Sur la demande qui a esté faite par monsieur Lhoste, de la part de Michel Young, médecin écossais, d'avoir la liberté de voir faire les accouchemens dans l'Hostel Dieu, après qu'il a esté raporté que cy devant plusieurs pareilles permissions ont esté accordées et que celle ci est favorable, *estant en faveur d'un estranger catolique*, la Compagnie a acordé audit sieur Young ladite permission pendant un mois.

(18 juillet.) Monseigneur le Premier Président a dit que la Compagnie avoit à délibérer sur une proposition qu'il faloit terminer promtement, qui estoit de sçavoir si monsieur Oulry quitant la recette générale de l'Hostel Dieu, comme il fait au dernier jour de décembre prochain, il est expédient de la mettre ou entre les mains d'un receveur à gages, comme il est autrefois pratiqué, ou d'un receveur bourgeois, charitable et sans gages; ainsy qu'elle a esté depuis dix ans, et pour ce que cette proposition luy a paru importante, il a creu la devoir mettre en délibération, afin que chacun dit sur cela ses sentimens et aiant demandé l'avis à tous Messieurs du Bureau, la Compagnie a aresté de mettre la recette, au premier janvier prochain, entre les mains d'un receveur bourgeois, charitable et sans gages, qui ait les qualitez requises pour s'aquiter dignement de cette charge, et qui s'oblige à exécuter les règlements qui ont esté faits par le Bureau touchant ladite recette, a ledit seigneur Premier Président dit qu'il n'estimoit pas pourtant qu'il feust à propos de s'imposer la nécessité de mettre tousjours la recette de l'Hostel Dieu entre les mains d'un

receveur bourgeois charitable et sans gages, ny d'en faire un règlement dont on ne se peust dispenser, pour ce que, encore qu'il soit certain que, toutes choses égales, il est plus avantageux aux pauvres d'avoir un receveur charitable qu'un à gages, pour les raisons qui ont esté raportées, et qui ont donné lieu au changement qui a esté fait en l'année 1649, néantmoins il est mieux de ne rien déterminer pour l'avenir et que la Compagnie demeure tousjours dans la liberté, lorsque l'ocasion se présentera, ou de continuer à prendre un receveur bourgeois sans gages, ou d'en choisir un avec gages, comme il s'est autrefois pratiqué.

27ᵉ REGISTRE. — ANNÉE 1659 (1ᵉʳ AOÛT - 31 DÉCEMBRE).

(1ᵉʳ août.) Deux chanoines de Saint Germain l'Auxerrois sont venus avertir le Bureau que l'exécuteur de la haute justice, avec les archers qui escortent les condemnez au suplice, se sont ingerez d'amener au cimetière des Saints Innocens et d'y inhumer les supliciez, mesme y venir avec port d'armes, violence et fracture de porte, que cela blesse les droits de ceux qui ont intérest audit cimetière, entre lesquels est l'Hostel Dieu, mais particulièrement ofense le respect que l'on doit aux lieux saints, sur quoy la Compagnie a dit qu'elle en parlera à monseigneur le Premier Président, ce qui a esté fait depuis, et ledit seigneur a mandé le sieur Lanier, auquel il a fait entendre et donné charge d'exécuter l'intention de la Compagnie qui est que les corps des supliciez qui ont obtenu permission des juges d'estre inhumez en terre sainte ne seront point amenez du lieu du suplice directement audit cimetière, mais au Pilory ou autre lieu privé, où estans ensevelis, ils seront amenez sur le soir ou de grand matin audit cimetière, par quelque ecclésiastique, après avoir demandé la permission à ceux à qui apartient la place dudit cimetière où ils seront enterrez.

(8 août.) Monseigneur le Premier Président a dit que la Compagnie aiant aresté, il y a trois semaines, de prendre pour cette fois un receveur charitable et sans gages, pour faire la recette générale de l'Hostel Dieu, à commencer au premier jour de janvier prochain, au cas qu'il se trouvast quelque personne qui s'en peust dignement acquiter, qu'il luy a esté fait récit des bonnes qualitez du sieur Bachelier qui est un notable bourgeois de Paris, homme de grands moiens et d'une probité exemplaire. Sur quoy l'afaire mise en délibération et plusieurs de Messieurs aians témoigné avoir une conoissance particulière dudit sieur Bachelier, qui s'est dignement acquité de la recette du grand bureau des pauvres, et qui mesme a fait un don considérable, de six mil livres à l'hospital des Petites Maisons pour y construire et establir une infirmerie, et qu'on ne pouvoit faire un meilleur choix pour ladite recette de l'Hostel Dieu, la Compagnie a aresté que ledit sieur Bachelier sera receu en la charge de receveur général de l'Hostel Dieu, charitablement et sans gages.

(29 août.) Sur la plainte que monsieur Forne a fait du nommé Lebègue, compagnon chirurgien ordinaire de l'Hostel Dieu, de ce qu'il a fait ouverture d'une femme morte dans la sale du Légat, sans en avoir la permission d'aucun de Messieurs, ledit Lebègue mandé et oüy au Bureau, il a dit que cette ouverture a esté faite de grand matin, pour tascher à sauver l'enfant que l'on croioit dans son ventre; la Compagnie luy a remonstré que l'on a acoutumé, quand une femme enceinte est en danger de mort de demander la permission de l'ouvrir avant qu'elle soit morte afin de pouvoir faire l'opération au moment de son décès, ou du moins s'il y avoit eu quelque sujet de faire l'opération, avant que d'en pouvoir obtenir la permission il auroit deu, après icelle faite, en venir avertir monsieur Forne et du sujet qui auroit obligé à précipiter l'opération.

(12 septembre.) Monsieur Forne a raporté à la Compagnie que le nommé André Bechist, chirurgien irlandois, prie la Compagnie de luy permettre d'aler à la sale des acouchées pendant quelque temps, ce qui luy a été permis.

(12 septembre.) Monsieur Perreau a dit que messieurs Cramoisy, Robineau, Leconte, Forne et Pépin estans extraordinairement assemblez au Bureau vendredy dernier de relevée, pour travailler au compte de l'hospital des Incurables, il s'y rendit sur les quatre heures et leur remonstra qu'y aiant eu heure donnée pour faire l'opération de l'extraction de la pierre, au lendemain sept heures du matin, en la sale des taillez de l'Hostel Dieu, sur quatre ou cinq sujets pressez de douleur, le sieur Gouin auroit esté averty de s'y trouver, que le garçon des taillez venoit de luy raporter avoir parlé audit sieur Gouin, estant au lit malade, qui a dit ne s'y pouvoir trouver, que ledit garçon d'ofice, mandé au Bureau et enquis de la réponse dudit sieur Gouin leur a dit que sa réponse avoit esté de ne vouloir jamais venir travailler à l'Hostel Dieu, tant que l'on voudroit que les sieurs Castagnet et Portal y feussent présens et que le Bureau voudroit qu'il les instruisît. Après quoy s'estant retiré, il fut jugé à propos de faire faire les opérations à l'heure

donnée et plusieurs opérateurs ainsi esté proposez, ledit sieur Perreau dit que présentement il avoit eu l'honneur de voir M. de Gomont, avec lequel s'estant entretenu de cet incident, il luy auroit adjousté qu'il s'en venoit trouver Messieurs assemblez au Bureau, pour aprendre sur ce leur volonté; lequel sieur de Gomont l'avoit chargé de dire qu'il se raportoit entièrement à ce qu'ils en ordoneroient, mais qu'en ce fait, qui chargeoit entièrement la conscience des administrateurs, son sentiment estoit qu'absolument il ne faloit pas permetre qu'aucune opération se feist par les sieurs Castagnet et Portal, qu'il n'y eust un maistre opérateur présent pour les instruire et conduire, sur quoy fut avisé que ledit sieur Perreau seroit prié de prendre la peine de voir sur l'heure le sieur Colot demeurant rue Quinquempoix et de le porter, comme de luy mesme, à venir faire lesdites opérations, aux conditions qu'il voudroit, et sans que le Bureau feust engagé de le faire continuer en cette opération, si bon ne luy sembloit, quand la Compagnie en auroit délibéré au premier Bureau. Que suivant cette résolution prise, il auroit esté trouver ledit sieur Colot chez luy le mesme jour, et luy auroit dit que comme il estoit presque le seul opérateur qu'il n'avoit point veu travailler, il avoit une curiosité particulière de le voir opérer et qu'il ne se pouvoit souvenir du sujet qui l'avoit empesché, il y avoit deux ans ou environ, de faire preuve de son expérience au fait de la taille, lorsqu'il fut apelé à l'Hostel Dieu à ce sujet, avec plusieurs autres opérateurs. Que ledit sieur Colot luy avoit dit qu'il tiendroit sa présence à honneur lorsqu'il opéreroit, que le sujet qui l'avoit empesché de tailler dans l'Hostel Dieu, lorsqu'il fut apelé, estoit qu'il ne vouloit point opérer en présence d'autres opérateurs, ny des chirurgiens tant de l'Hostel Dieu que autres, qui pouvoient aprendre son secret, et que si on le vouloit soufrir opérer dans ledit Hostel Dieu, sans que personne y feust présent que ceux qu'il voudroit, il y opéreroit. Sur quoy ledit sieur Perreau luy auroit dit que pour satisfaire seulement à sa curiosité, il acceptoit sa condition pour le lendemain, s'il vouloit opérer sur quatre sujets qui estoient préparez à cet effet dans ledit Hostel Dieu, l'un desquels avoit soixante un an, deux autres chacun trente et l'autre sept; ce que ledit sieur Colot avoit accepté. Et de fait, le lendemain il opéra sur trois desdits sujets, et le mercredy ensuivant sur le quatriesme, où il auroit parfaitement bien réussy, quoique l'un de ceux de trente ans eust une pierre si excessivement grosse, qu'elle contenoit toutte la capacité de l'urtère, et ainsy il fut obligé de la casser, quoyque très dure et avec grande peine, et ensuite la tira avec tous ses fragmens, nonobstant quoy le sujet se portoit aussy bien qu'on le pouvoit raisonnablement espérer,

estant aujourd'huy le septiesme jour de sa taille. Et adjousta ledit sieur Perreau que comme la délibération par laquelle ledit sieur Colot a esté apelé ne porte pas pour le retenir tout-à-fait opérateur dans l'Hostel Dieu, mais jusqu'à ce qu'il en aie esté délibéré au premier Bureau, il est présentement à délibérer si on le retiendra pour tel et s'il continuera à faire les opérations à l'avenir, sur quoy monseigneur le Premier Président a demandé quel âge avoit ledit sieur Colot et si en cette opération il avoit quelque secret qui luy feust particulier. Il luy a esté dit qu'il ne pouvoit avoir que vingt huit ou vingt neuf ans au plus et qu'il prétendoit avoir un secret seul et particulier, qu'il disoit retenir de ses ancestres. A quoy ledit seigneur Premier Président a adjousté qu'il seroit à souhaiter que ces Messieurs qui ont expérience et secret particulier en cette opération le voulussent communiquer à d'autres pour le bien public, mais qu'il jugeoit à propos que ledit sieur Colot continuast sa charité en son expérience au soulagement des pauvres, et aux conditions mesme qu'il demandoit, puisqu'il ne vouloit point autrement, en attendant que par le Bureau il en fut autrement ordonné.

(1er octobre.) Monsieur Cramoisy a dit que le vingt septiesme jour du mois de septembre dernier, le sieur Gouin qui avoit sceu la délibération de la Compagnie du jour précédent, voulant prévenir, vint en son logis et luy tesmoigna qu'il estoit en résolution de reprendre son travail à l'Hostel Dieu, et de satisfaire en tout au règlement, de sorte que le lendemain vingt huit septembre, ledit sieur Cramoisy, qui sçavoit bien qu'il y en avoit en la sale des taillez deux personnes qui soufroient beaucoup, et que le médecin de l'ofice avoit disposé pour l'opération, estima qu'il y faloit pourvoir, et pour ce que M. Perreau n'estoit point en cette ville depuis quelques jours, il fut trouver ledit sieur Forne, et tous deux alèrent chez monsieur Lhoste pour ensemble aviser à ce qu'il y avoit à faire, et après avoir considéré toutes choses, ils estimèrent que, puisque l'intention du Bureau, portée par la délibération du Bureau du vingt six dudit mois de septembre, estoit de recevoir ledit sieur Gouin à travailler, comme il faisoit auparavant qu'il se feust retiré, s'il se vouloit soumettre aux ordres du Bureau, il n'y avoit point de dificulté de le faire opérer sur les deux sujets qui estoient dans la sale des taillez, préparez à cet effet. Monsieur Forne a dit que, suivant cette résolution, le lendemain vingt neuf dudit mois, il manda ledit sieur Gouin en sa chambre et luy dit qu'attendu sa soumission il pouvoit continuer son travail, et qu'il seroit averty du jour et de l'heure, quand elle auroit esté prise avec le médecin de l'ofice. Monsieur Lhoste prenant la parole a dit que le mesme jour vingt neuf de relevée lesdits sieurs Cramoisy et Forne aians apris que les deux personnes qui estoient disposez pour la taille soufroient beaucoup, vinrent chez luy pour luy en donner avis, et tous trois ensemble creurent qu'il faloit les soulager au plus tost et afin que toutes choses se passassent dans l'ordre et dans la civilité, ledit sieur Forne fut prié de faire avertir les médecins pour le lendemain matin huit heures, et de mander audit sieur Gouin de se trouver à la mesme heure en ladite sale pour opérer; et d'autant que le sieur Colot se trouvoit ordinairement tous les matins à la mesme heure dans ladite sale, pour penser ceux qu'il avoit taillé, ledit sieur Forne fut aussy prié de s'y trouver, pour faire entendre audit sieur Colot que ledit sieur Gouin estant disposé de continuer ses opérations, aux conditions du règlement, il le remercioit, de la part du Bureau, de la charité qu'il avoit fait aux pauvres dans le besoin, et le prioit de conserver sa bonne volonté pour la maison, dans les occasions qui se pouroient présenter. Ledit sieur Forne reprenant la parole a dit que sur le champ il fut en la sale des taillez, pour ordonner au garçon de l'ofice d'aler avertir ledit sieur Gouin de se trouver le lendemain à ladite heure, ce qu'il refusa d'abord de faire sans le consentement de la mère de la sale, qui estoit présente, et enfin promit d'y aler, et y fut. Que, lorsque cet ordre fut donné, un des garçons du sieur Colot qui estoit dans la sale, aiant entendu ce qui avoit esté dit, le raporta à son maistre, lequel, pour empescher que ledit sieur Gouin n'opérast, pour ce qu'il estimoit que ce seroit luy faire injure, vint à l'Hostel Dieu et se rendit en ladite sale des taillez, dès les cinq heures du matin, où la mère de l'ofice et le garçon, qui scavoient la résolution prise le jour précédent, soufrirent que ledit sieur Colot opérast sur les deux sujets préparez; de quoy ledit sieur Forne, qui estoit dans sa chambre, ne fut averti qu'après la chose faite. Or, sur l'advis qui luy fut donné que ledit sieur Colot estoit dans la sale pour opérer, y estant alé, il trouva qu'auparavant six heures les deux opérations avoient esté faites, sans qu'aucun médecin y feust présent. Et ledit sieur Colot le voiant, et venant au devant de luy, dit en se moquant qu'il venoit à tard, et que l'afaire estoit faite. A quoy ledit sieur Forne aiant respondu que c'estoit mal à propos qu'il en avoit usé de la sorte, et opéré à heure indeüe, clandestinement, contre tout ordre et sans la présence d'aucuns médecins, il menaça des mains ledit sieur Forne, et s'aprocha sy près de luy que ledit sieur Forne se trouvant blessé au doigt d'un ferrement que, vraysemblablement, ledit sieur Colot avoit encore entre ses mains, il se retira, disant audit sieur Colot que, s'il le menaçoit davantage, il le feroit metre hors de la maison par les épaules. Que luy sieur Forne aiant fait raport auxdits sieurs Cramoisy et Lhoste du mauvais procédé dudit sieur Colot, de ses menaces et de la violence dont il avoit usé, ils estimèrent que la chose estoit assez d'importance pour faire assembler le Bureau extraordinairement, et ordonèrent à l'huissier du Bureau de porter des billetz chez tous Messieurs les administrateurs, par lesquels ils estoient priez de se trouver cejourd'huy premier octobre au Bureau; que c'estoit le sujet de l'assemblée, sur lequel il eschet de délibérer, comme aussy sur l'opération qui estoit à faire sur deux personnes qui avoient esté depuis peu receües et qui, par le raport du médecin de l'ofice estoient fort pressées, ledit sieur Gouin estant à l'entrée du Bureau, qui atend sa résolution pour l'exécuter. Sur quoy quelqu'un de Messieurs aiant dit que ledit sieur Collot s'estoit vanté d'avoir bon ordre de monseigneur le Premier Président, et qu'il l'estoit alé trouver pour s'y faire maintenir; l'afaire mise en délibération, la Compagnie a estimé qu'il faloit atendre de recevoir avec respect ce qui viendra de la part de monseigneur le Premier Président, et cependant, atendu que les deux sujets qui sont en la sale des taillez soufrent beaucoup, ledit sieur Cramoisy a esté prié de dire audit sieur Gouin qu'il peut tailler ceux qui sont à présent dans la sale, et continuer jusqu'à ce que la Compagnie en ait plus amplement délibéré. A aussy esté aresté que le garson de l'ofice sera congédié et un autre mis en sa place, après en avoir averty la mère Prieure, laquelle sera priée de mettre une autre religieuse en la place de celle qui est en l'ofice des taillez, dont Messieurs Cramoisy et Forne se sont chargez.

(Du 3 octobre.) Monsieur Robineau a dit que l'hospital des Incurables, comme légataire universel de monsieur de Roquemont, estant obligé de prendre quelques pauvres incurables de la paroisse de Basron, diocèze de Senlis, et n'en aiant point encore esté receu de ladite paroisse, il y a une fille nommée Martine Laverdin, digne de compassion, suivant le raport qu'en a fait le sieur curé dudit lieu, et laquelle mesme a esté cy devant visitée par les sieurs Cocaigne et Allet, estant sur les lieux, qui ont raporté qu'elle est tout-à-fait incurable, sur quoy la Compagnie a aresté qu'elle sera receue présentement audit hospital.

(Du 10 octobre.) Monsieur Forne a dit que vendredy dernier, troisiesme de ce mois, il receut une lettre de la part de monseigneur le Premier Président, à six heures du soir, par laquelle, sur le récit que le sieur Colot luy avoit fait de ce qui s'estoit passé à l'Hostel Dieu le dernier septembre, il luy mandoit de remettre la résolution de tout ce qu'il y avoit à faire sur ce sujet, au premier Bureau où il pouroit assister et cependant qu'il lui sembloit estre à propos que ledit sieur Colot continuast à opérer par manière de provision, et sans rien déterminer définitivement. Qu'après la lecture de cette lettre, aiant bien coneu que ledit sieur Colot avoit dissimulé audit seigneur Premier Président la vérité des choses qui s'estoient passées, il creut estre obligé de luy en écrire toutes les véritables circonstances, ce qu'il fit par un homme exprès; qu'il lui envoia le cinquiesme de ce mois. Et par son retour receut une seconde lettre dudit seigneur, datée du lendemain sixieme, par laquelle il luy manda que ce qu'il luy avoit fait écrire avoit esté sur la relation dudit sieur Colot, qui l'estoit venu trouver exprès, qu'il déféroit beaucoup plus aux sentimens dudit sieur Forne qu'à tout ce que ledit sieur Colot luy pouroit dire, qu'aussy ce qu'il en avoit mandé présupposoit son avis et celuy de Messieurs les administrateurs, qu'il estoit encor dans le sentiment de ne rien définir présentement et de se servir des uns et des autres s'il se pouvoit, jusqu'à ce qu'il eust veu avec la Compagnie ce qu'il y avoit à faire pour le mieux, s'en raportant néanmoins à Messieurs du Bureau; et aiant ledit sieur Forne mis lesdites deux lettres sur le Bureau, lecture en a esté faite, après laquelle l'afaire mise en délibération, la Compagnie a jugé à propos d'informer incessamment monseigneur le Premier Président de la vérité des choses et pour cela luy envoier tous les résultats faits au Bureau au sujet dudit sieur Colot; et cependant a aresté que suivant l'intention dudit seigneur, lesdits sieur Gouin et Colot travailleront alternativement aux opérations de l'extraction de la pierre qui se trouveront à faire à l'Hostel Dieu, jusqu'à ce que ledit seigneur, plainement informé de la vérité de tout ce qui s'est passé, ait fait l'honneur à la Compagnie de luy faire scavoir sa volonté définitivement sur l'admission ou l'exclusion de l'un ou de l'autre desdits sieurs Gouin et Colot, pour ce qu'il pouroit ariver beaucoup d'inconvéniens si on les recevoit l'un et l'autre. Ensuit la teneur de la lettre écrite par le Bureau à monseigneur le Premier Président: « Monseigneur, lecture aiant esté faite au Bureau vendredy dernier des deux lettres que vous avez fait l'honneur à monsieur Forne de luy escrire, au sujet de ce qui s'est passé entre luy et le sieur Colot, la Compagnie a estimé qu'il estoit nécessaire de vous informer de la vérité des choses, et pour cela, de vous envoier toutes les délibérations du Bureau, afin qu'après une entière conoissance de notre procédé, et des raisons qui nous y ont porté, vous aiez la bonté de nous prescrire ce que nous avons à faire pour prévenir les désordres qui pouroient encor ariver, s'il n'y estoit promptement pourveu. Nous n'adjouterons rien à ce qui est contenu dans ces délibérations, sinon que nous vous suplions très humblement, Monseigneur, de considérer que ledit sieur Colot n'a esté apelé à l'Hostel Dieu qu'à cause du refus du sieur Gouin, opérateur ordinaire de ladite maison, fondé sur quelque petit mécontentement qu'il avoit pris assez légèrement, qu'il n'y est entré qu'à la prière d'un de nous qui, de vérité, avoit ordre du Bureau d'en user ainsy, qu'il ne s'est voulu souzmettre en aucune façon au règlement et aux ordres de la Compagnie; qu'aiant sceu ce qui avoit esté ordonné par ceux qui sont comis par le Bureau pour avoir soin de la sale des taillez, pour en éluder l'effet, il a précipité deux opérations, qu'il a fait clandestinement et à heure indeue, en l'absence des médecins, et enfin qu'il s'est assez mal conduit envers ledit sieur Forne; qu'au contraire ledit sieur Gouin est l'homme du Bureau qui, s'estant un peu brusquement retiré, est revenu avec esprit de souzmission et a esté receu par la Compagnie, par l'ordre de laquelle il a depuis opéré, et l'employ de deux opérateurs dont l'un veut suivre le règlement du Bureau, et l'autre non, est incompatible dans un mesme lieu. C'est ce que nous avons creu, Monseigneur, vous devoir représenter avec tout le respect que nous vous devons, vous asseurans néanmoins que nous exécuterons avec souzmission ce que vous en ordonnerez définitivement, comme estans, Monseigneur, vos très humbles et très obéissans serviteurs; Cramoisy, Forne, Lhoste, Pepin, Perreau. »

(Le 17 octobre.) Monsieur Levieulx a esté prié par la Compagnie de voir Messieurs de la douanne, afin d'avoir un passeport pour Valence et Lion, pour faire venir des drogues d'apotiquaireries achetées à Marseille pour l'Hostel Dieu.

(Le 14 novembre.) Monsieur Levieulx a remonstré à la Compagnie que la procession qui se fait depuis sept ans seulement, de l'Hostel Dieu au cimetière de la Trinité, le jour de la Toussaint, à huit heures du soir, au lieu de produire un bon effet, en augmentant la dévotion des gens de bien, pour le soulagement des âmes des trespassez cause un scandale public et une irrévérence extraordinaire, par le bruit et le désordre que fait l'afluence du menu peuple qui s'y rencontre, qu'il en a receu plainte de plusieurs notables bourgeois de Paris qui l'ont asseuré qu'il se donne là des rendez-vous entre les garçons et des filles qui s'y trouvent, sous prétexte d'assister à cette procession, laquelle il estime devoir estre abolie, puisqu'elle produit beaucoup plus de mal que de bien.

(Le 14 novembre.) Monsieur Lhoste a dit qu'une personne charitable offre à l'Hostel Dieu une somme de neuf mille livres à la charge que ledit Hostel Dieu logera, nourira et donnera cent cinquante livres de rétribution à chacun de deux ecclésiastiques qui seront présentez à Messieurs du chapitre de Paris et au Bureau par monsieur Vincent, supérieur de la mission de Saint-Lazare.

et, après son décedz, par celuy qui tiendra sa place, pour estre lesdits deux ecclésiastiques obligez de s'employer aux confessions générales et de veiller et assister les malades agonisans, non seulement de jour, mais encore les nuits des mardis et vendredis de chacune semaine de l'année, l'afaire mise en délibération, la Compagnie a accepté cette proposition comme avantageuse au bien des pauvres malades dudit Hostel Dieu, en la faisant agréer par Messieurs les directeurs spirituels d'iceluy.

(Le 19 décembre.) La Compagnie aiant mis en délibération le choix d'une personne qui puisse remplir dignement la place de gouverneur de l'Hostel Dieu, que tenoit défunt monsieur Lefebvre, conseiller d'État, a tout d'une voix et d'un commun consentement nommé et choisy monsieur de Sene, prévost des marchands.

(Le 24 décembre.) Le sieur Perreau a dit qu'au renouvelement des baux de fermes du Roy, qui se font au conseil, on oblige les adjudicataires à paier de notables sommes de deniers, pour aumosner aux pauvres, dont l'Hostel Dieu pouroit estre du nombre, s'il en estoit parlé à monseigneur le Chancelier; sur quoy la Compagnie a prié monsieur Cramoisy de faire resouvenir à monseigneur le Chancelier les pauvres de l'Hostel Dieu, quand telles aumosnes arriveront.

28ᵉ REGISTRE. — ANNÉE 1660.

(7 janvier 1660.) La mère de l'ofice de la pouillerie a porté au Bureau la somme de sept cents soixante neuf livres six solz, provenant de la vente des habits des pauvres décédez à l'Hostel Dieu en l'année mil six cents cinquante neuf, laquelle somme a esté à l'instant receue par monsieur Bachelier, receveur.

(14 janvier.) Monseigneur le président Amelot s'est chargé de demander audiance à monsieur le surintendant pour luy parler des nécessitez des pauvres de l'Hostel Dieu, afin qu'il y ait esgard lors de l'adjudication des fermes générales de ce royaume et du jour qui luy sera donné il fera avertir le Bureau, afin de s'y trouver en corps.

(14 janvier.) La Compagnie délibérant sur la requeste présentée et instantes prières faites journellement par les ecclésiastiques de l'Hostel Dieu, à cause du retranchement fait de quelque portion de leur vin, nonobstant le rétablissement fait de quelque partie d'iceluy peu de jours après ledit retranchement, a esté remarqué que lesdits ecclésiastiques n'avoient de temps immémorial qu'une pinte de vin par jour, mais que, *lors des derniers troubles, l'Hostel Dieu se trouvant chargé d'une si grande quantité de pauvres qu'ils estoient six et huit en chacun lit, et que l'on fut contraint non seulement d'en mettre et remplir le dessus et fonds desdits lits, mais encore de les mettre sur des paillasses à terre, et en mourant une si grande quantité que lesdits ecclésiastiques se trouvoient extraordinairement fatiguez* nuit et jour à la solicitation desdits malades, à leur administrer les sacremens et à leur donner sépulture, pour leur donner courage de persister en tels travaux, il leur fut ordonné une chopine de vin à chacun d'augmentation par jour, tant que cette surcharge dureroit seulement; que néantmoins depuis ce temps, l'on n'a point pensé à les remettre à leur première portion de pinte de vin chacun par jour, si ce n'est depuis la rareté et cherté où le vin est à présent, ce qui fait conoistre l'extreme conséquence de faire des augmentations dans l'Hostel Dieu.

(30 janvier.) Le sieur Perreau a représenté le modèle du billet qu'il a adressé, pour recommander l'Hostel Dieu aux prosnes et sermons de Paris, sur lequel aiant esté formé la dificulté si l'on y feroit mention des nouveaux bastimens de l'Hostel Dieu, l'afaire mise en délibération, la Compagnie a aresté qu'il en sera fait mention pour faire conoistre au public la nécessité qu'il y avoit de les entreprendre.

(4 février.) La Compagnie a aresté que Le Bègue, compagnon chirurgien ordinaire, se retirera de la sale des acouchées et que le sieur Portal y poura aler pendant trois mois, commençans au premier jour de février dernier, et d'autant que monsieur Perreau a remarqué que telles permissions sont fort préjudiciables à la santé, mesmes à la vie des femmes en travail, y en aiant eu qui sont mortes par l'horreur qu'elles ont eu d'estre veues en cet estat par des hommes, et qu'il faudroit fermer plus tost entièrement la porte à ces permissions, que de soufrir des accidens si funestes, la Compagnie a aresté que d'ores en avant elle sera grandement réservée à acorder lesdites permissions, et que ceux à qui elle a permis et permettra cy après d'entrer en ladite sale ne pourront aprocher des femmes en travail qu'elles ne l'aient auparavant consenty, et pour cet effet la mère de l'ofice scaura desdites femmes leur sentiment, devant qu'elles soient en travail.

(27 février.) Monsieur Pereau a dit que l'on pouvoit

outre le mémoire desjà dressé, pour aprendre au public les nécessitez présentes de l'Hostel Dieu, faire un autre mémoire plus précis et plus ample, qui seroit afiché par les quarefours de Paris, ce qui auroit beaucoup plus d'effet que les recommandations des curez et des prédicateurs, dont plusieurs négligent non seulement de lire ledit mémoire qui leur a desjà esté envoié, mais encore de dire un mot d'exhortation à leur auditoire en faveur de l'Hostel Dieu, sur quoy l'afaire mise en délibération, la Compagnie n'a voulu acorder de faire aficher lesdits billets nouveaux par Paris, atendu que cela n'a point encore esté pratiqué par l'Hostel Dieu, mais a prié ledit sieur Perreau de dresser ledit billet pour estre leu au Bureau et s'en servir comme il sera avisé par la Compagnie.

(27 février.) Monsieur de Gomont a dit qu'entretenant depuis peu monsieur Colbert d'afaires particulières, ledit sieur Colbert luy parla de quarente mil livres que monseigneur le cardinal Mazarini a donné à l'Hostel Dieu, pour le comencement du bastiment de l'hospital des convalescens de Saint Julien le Pauvre; que si Son Éminence avoit veu quelque comencement d'ouvrage fait de ses deniers, cela l'exciteroit à faire quelque chose de plus considérable; sur quoy quelques uns de Messieurs ont dit que l'Hostel Dieu a une excuse sufisante, n'aiant pas le fonds sur lequel on avoit projetté de bastir le portail de l'entrée dudit hospital, qui est le premier ouvrage qu'on avoit résolu de faire. Ledit sieur de Gomont a répliqué que l'intention de Son Éminence n'est point la construction de ce portail, auquel il n'a point songé, ny encore moins d'y mettre ses armes, comme la Compagnie en avoit le dessein, et qu'il blasmeroit l'administration du Bureau sy on y avoit employé ces deniers, mais qu'il avoit eu volonté de voir comencer une sale commode pour y loger les pauvres convalescens. Sur quoy quelques uns de Messieurs aians douté si l'Hostel Dieu possède toutes les maisons nécessaires pour la construction de l'une des sales, la Compagnie a prié ledit sieur de Gomont, qui a dit avoir par devers luy le plan et dessein dudit hospital, de l'aporter au Bureau au premier jour pour, sur son raport, délibérer de ce qui sera à y faire.

(19 mars.) Monsieur Cramoisy a dit que l'un de ceux qui sont venus au Bureau de la part des habitans du Tour luy a mis en main un certificat des grandes pertes qu'il a souferts en son particulier pendant toutes ces guerres, espérant quelque charité du Bureau pour aider à le remetre, du moins le don de quelques arbres à prendre dans les bois du Tour, pour rebastir ses maisons ruinées, ce que la Compagnie ne luy a voulu acorder, n'estant point aux pauvres d'un hospital à faire des charitez et des libéralitez aux autres.

(24 mars.) Monsieur Perreau a dit qu'un libraire nommé Bureau, auquel le Bureau a permis d'établir ses livres et chapelets entre le perron du portail de l'église de l'Hostel Dieu et la porte de la Visite, se plaint que les portiers dudit Hostel Dieu le menacent de le faire sortir de cette place le jour de demain qui est le jeudy absolut, soubz pretexte qu'ils en tirent quelque profit, par les tables qu'ils loüent aux vendeurs de jambon, et prétendent faire la mesme chose pendant l'octave de la feste de Notre Dame de septembre et aux jours des grandes cérémonies. Sur quoy a esté remarqué que ces profits estans inocens et faisans partie des gages et entretien desdits portiers, veu aussi la possession en laquelle ils sont et le consentement mesme de monsieur de Gomont, à la prière duquel ladite place a esté accordée audit Bureau, l'afaire mise en délibération, la Compagnie a aresté que ledit Bureau cèdera ladite place ausdits portiers pour le jour de demain, pendant l'octave de la feste de Notre Dame de septembre et aux jours des grandes cérémonies.

(23 avril.) Monsieur Levieulx a esté prié de se trouver chez la demoiselle *de Cirano*, débitrice de deux cents livres de rente à l'Hostel Dieu.

(21 mai.) Monsieur Levieulx a dit que suivant l'arresté du Bureau, il a paié à Pierre Desgots, jardinier des Tuileries, dénonciateur du duel qui s'est fait entre les sieurs de Plainville et de Gondreville, la somme de cinq cents livres.

(16 juin.) M. de Gomont a dit qu'on luy a mis en main un mémoire contenant l'estat du procès qui est pendant au Parlement entre l'administrateur de l'Hostel Dieu de Saint Cloud et quelques uns des principaux habitans dudit lieu, touchant la cassation d'un bail amphitéotique de quatre vingtz dix neuf ans, fait par ledit administrateur, des lieux principaux dudit hospital, sans aucune nécessité ny formalité de justice et à un prix fort modique, moiennant un pot de vin de mil livres qu'on dit avoir esté receu par ledit administrateur, que ces particuliers habitans demandent l'intervention de l'Hostel Dieu, prétendans que ce bail destruisant entièrement ledit hospital, en sorte qu'on n'y peut plus retirer les pauvres, l'Hostel Dieu en sera d'autant plus chargé, veu mesme que si le procédé dudit administrateur estoit autorisé, ceux des autres hospitaux des environs de Paris en pouroient faire autant, joint que il y a eu transaction cy devant passée, entre l'Hostel Dieu de Paris

ot celuy de Saint Cloud qui par icelle a esté chargé de loger, au moins pendant une nuit, les pauvres passans et repassans; sur quoy la Compagnie a arresté qu'avant que de rien résoudre le sieur Bigot verra au trésor de l'Hostel Dieu si ladite transaction y est, ou s'il en est fait mention, pour après en estre délibéré au Bureau.

(2 juillet.) Le sieur Cudefo a dit que l'arrest de la Cour touchant les convalescens de l'Hostel Dieu fut publié hier dans les sales de l'Hostel Dieu par Canto, juré crieur, et en la présence de Monsieur le bailly de la barre du chapitre de l'église de Paris.

(21 juillet.) Monsieur Forne a raporté que les ambaleurs et portiers de l'Hostel Dieu demandent la permission au Bureau de faire un échafaut à costé des degrez du perron de l'Hostel Dieu pour le louer à leur profit lors de l'entrée de leurs Majestez.

(4 août.) Madame Cochet, femme de monsieur Cochet, baron de la Ferté Chaudron, a aporté au Bureau pour son mary, *à présent détenu prisonier au chasteau de la Bastille*, et a paié à monsieur Bachelier la somme de deux cents cinquante livres pour cinq années de l'aumosne dont ladite baronie est chargée, suivant la fondation de M. de Nevers.

(3 septembre.) Quelques uns des maistres d'escole de Paris sont venus au Bureau remontrer qu'un particulier, maistre ès arts, au préjudice du décret de l'Université de Paris qui défend à tous maistres ès arts de tenir petites escoles dans Paris, et de l'ordonnance de monsieur Desroches, juge conservateur desdites écoles, qui luy a défendu de tenir échole à peine d'amande, il n'a laissé de continuer à enseigner les enfants en échole particulière, pour raison de quoy, par sentence dudit sieur Desroches, donnée par défaut, il a esté condamné en cinquante livres d'amande envers l'Hostel Dieu.

(24 septembre.) Monsieur Perreau a dit que lundy dernier en ce Bureau, les sieurs Patin, Blondel et Boucher se trouvèrent pour interroger la dame Gaian, veuve de France, suivant qu'il avoit esté résolu le vendredy précédent, que l'interrogatoire a esté fait et lesdits examinateurs l'aians trouvé capable de faire la fonction de sage femme en l'Hostel Dieu, la Compagnie a arresté que ladite Gaïan sera reccue maistresse sage femme à l'Hostel Dieu.

(17 novembre.) Sur la remontrance de monsieur Helyot que les mauvaises senteurs des sales de l'Hostel Dieu détournent plusieurs personnes d'y entrer et leur ostent l'occasion d'estre touchez de compassion par la veue de tant de pauvres malades, qui les porteroit à y faire des biens considérables, et que ces mauvaises odeurs peuvent estre ostées par des cassolettes qui y seront mises tous les jours, comme on fait aux autres hospitaux et quelquefois mesme à l'Hostel Dieu.

(19 novembre.) Ayant esté mis en délibération si on metroit tous les jours des cassoletes dans l'Hostel Dieu, la Compagnie a arresté qu'il n'y en sera point mis, atendu les incomoditez qui y ont esté remarquées.

(3 décembre.) Monsieur Forne a dit que la mère chef-taine de l'office des acouchées a maltraité de paroles la sage femme de l'Hostel Dieu de ce qu'elle soufroit dans ladite sale un homme pour assister aux acouchemens des femmes, luy reprochant que c'estoit elle qui l'y avoit fait venir de son autorité, de quoy ladite sage femme aïant fait plainte audit sieur Forne, il en a parlé à ladite mère, qui luy a dit que messieurs les directeurs spirituels ne le trouvoient pas bon et qu'il estoit contre les bonnes mœurs de permetre que ce garçon, soit à tous moments parmy les femmes et filles de cet ofice, sur quoy la mère prieure estant entrée au Bureau, a dit la mesme chose, et la Compagnie luy a répondu que la mère de l'ofice n'a point deu exciter le bruit qu'elle a fait, qu'elle auroit deu faire sa plainte à elle mère prieure si elle avoit creu qu'il y eust lieu d'en faire, que la direction spirituelle n'a aucune chose à voir en ce rencontre, que la permission qu'on a accordé audit garçon n'est pas une nouveauté, que de tout temps le Bureau en a donné de pareilles pour diverses considérations, que celle cy a esté pour le bien que le public en doit recevoir, qu'il n'en peut rien arriver de mal, à cause que le Bureau est très asseuré de la sagesse et vertu de ce garçon, dont monseigneur le Premier Président avoit bien voulu prendre la peine de s'informer très particulièrement, et que d'ailleurs les conditions qui accompagnent cette permission, qui sont conformes au règlement cy devant fait par le Bureau empeschent qu'il en puisse arriver du désordre.

(3 décembre.) La Compagnie a signé le contrat de constitution de xv cents livres de rente au profit de l'hospital des Incurables par M. le marquis de Mailly, moiennant la somme de xxx mille livres, ladite rente paiable par des fermiers dudit sieur de Mailly d'une ferme proche de Senlis.

(15 décembre.) La Compagnie a donné charge au sieur Bigot de faire faire l'exécution en effigie des nommez Villereau, Villegonteu et autres condamnez à mort par arest pour un duel commis en Beausse, et Torsac et de

Sainte Maure, aussi condemnez à mort pour un duel commis en la ville d'Angoulesme.

(15 décembre.) Monsieur Lhoste a dit que le sieur Rufin, opérateur pour la taille, ne veut point venir du tout travailler dans l'Hostel Dieu à l'extraction de la pierre, ny s'assujetir aux règlemens du Bureau pour la salle des taillez.

29ᵉ REGISTRE. — ANNÉE 1661.

(12 janvier 1661.) Le beau frère d'un garçon, surpris dans l'Hostel Dieu en coupant une bourse, est venu au Bureau le redemander pour le punir, et prier qu'on ne le mette point entre les mains de la justice, sur quoy la Compagnie a aresté qu'il sera mis au carquan de l'Hostel Dieu pendant deux heures et fouëtté par les ambaleurs de l'Hostel Dieu en particulier, puis renvoié.

(14 janvier.) Monsieur Forne a dit que les femmes grosses et acouchées de l'Hostel Dieu sont si estroitement pressées dans leurs lits, y couchans quatre à quatre, qu'on en a point receu depuis plus de quinze jours, qu'il est à craindre qu'il n'en arive de l'inconvénient, et qu'on pourroit les placer dans quelqu'une des salles neuves de l'Hostel Dieu.

(21 janvier.) Monseigneur le Premier Président a dit que des persones de piété ont souhaité que les pauvres prestres malades qui sont portez à l'Hostel Dieu soient mis en un lieu à part et séparé du comun, pour le respect qu'on doit à leur caractère, et pour faire réussir plus facilement leur dessein, ont offert de fournir jusqu'à dix lits garnis et complets et croid qu'ils en donneront jusqu'à douze. Sur quoi la Compagnie a aresté que cela sera acordé et efectué au plus tost, et qu'on placera les dits ecclésiastiques dans le premier étage, audessus de celui du rez de chaussée, en la petite sale qui est au dessouz de celle qu'on destine pour les taillez.

(21 janvier.) Monsieur Lhoste a dit que dans les assemblées particulières que luy et les autres messieurs commis à la médecine ont tenu pour travailler au règlement desdits emplois, ils ont trouvé à propos, souz le bon plaisir du Bureau, de faire augmentation de quelques médecins dans l'Hostel Dieu, afin que les malades en soient mieux soignez, et d'augmenter les gages de ceux qui n'en ont pas assez, sur quoy aiant fait récit des motifs de ladite assemblée et l'afaire mise en délibération, la Compagnie a aresté que le nombre des médecins ordinaires de l'Hostel Dieu sera augmenté, et sera d'ores en avant de sept, scavoir un qui sera pour le service seulement des prestres, religieuses et oficiers de la maison, sans qu'il puisse estre emploié au service des pauvres malades, et six pour lesdits pauvres malades des sales de l'Hostel Dieu, et qu'il sera donné à chacun médecin des dits pauvres malades six cents livres de gages, et celui des prestres, religieuses et oficiers trois cents livres, atendu que son emploi sera moins grand, lesdits gages à commencer au quinziesme febvrier prochain. Et d'autant que les religieuses de l'Hostel Dieu pourront désirer que le sieur Moreau continue à les visiter pendant leurs maladies, la Compagnie a aresté qu'il sera au choix dudit sieur Moreau de servir les dits prestres avec trois cents livres ou les pauvres malades avec les six cents livres qui luy sont donnez.

(26 janvier.) Sur le raport que monsieur Perreau a fait des pièces qui luy ont esté mises en main de la part de monsieur Levasseur, scindic des particuliers intéressez en la nouvelle porte de la ville nommée de saint Roch, et de la conférence qu'il a eu avec ledit sieur Levasseur, l'afaire mise en délibération, la Compagnie a aresté qu'elle n'entrera point au contrat ofert pour la construction de ladite porte et ne contribuera rien pour icelle, comme lui estant plus nuisible que profitable.

(28 janvier.) Monsieur Leconte a dit qu'il est nécessaire d'avoir environ cinq cents toneaux de pierre de Saint Leu pour achever les bastimens des nouvelles sales de l'Hostel Dieu et qu'on aura peine d'en avoir à cause des défenses que le Roy a fait au sujet des bâtimens du Louvre. La Compagnie a prié monsieur Cramoisy de voir monsieur Ratabond pour tirer une lettre de cachet pour cet effet, portant permission de prendre jusqu'à la dite quantité de cinq cents toneaux de pierre de Saint Leu.

(4 février.) La Compagnie ayant remis à cejourd'huy le choix des médecins, qu'il est nécessaire d'augmenter suivant les délibérations du mois précédent, a choisi les sieurs de Garbes et de Sartes, docteurs de la Faculté de Médecine de Paris.

(9 février.) Monsieur Cramoisy a dit qu'aiant remis à dimanche dernier à voir le sieur Ratabon, pour la pierre nécessaire au bastiment des nouvelles sales de l'Hostel Dieu, l'accident du feu survenu le mesme jour au Louvre l'a empêché de lui parler, ce qu'il fera au premier jour.

(9 février.) Monsieur Levieulx a esté prier d'acheter à Nismes, ou ès environs, un balot de cordelas pour servir à faire des robes pour les malades de l'Hostel Dieu.

(11 février.) Les sieurs quatre médecins ordinaires de l'Hostel Dieu avec les sieurs de Garbes et de Sartes, médecins nouvelement receus par le Bureau, sont venus audit Bureau, et monseigneur le Premier Président leur a fait lecture du mémoire dressé par M. Perreau et aprouvé par le Bureau, portant le département entre eux des sales des malades de l'Hostel Dieu, dont la teneur ensuit : monsieur de Launay : febvrier, mars et avril, Légat; may et juin, sale jaune, sale basse; juillet et aoust, infirmerie; septembre et octobre, sales Saint Denys, Saint Thomas, verolez; novembre et décembre, blessez, taillez, convalescens; janvier et février, pont, acouchées. Monsieur Capon : février, mars et avril, infirmerie, etc. Monsieur de Garbes : février, mars et avril, sales Saint Denys, Saint Thomas, vérolez, etc. Monsieur Moreau : février, mars et avril, sale jaune, sale basse, etc. Monsieur de Bourges : février, mars et avril, blessez, taillez, convalescens, etc. Monsieur de Sartes : février, mars et avril, sale du Pont, acouchées, etc. Après laquelle lecture dudit département, monseigneur le Premier Président leur a dit que l'augmentation qui a esté faite du nombre des médecins n'a pas esté pour les soulager du soin et assiduité qu'ils doivent aux malades, mais pour leur donner le loisir de les examiner plus exactement chacun en particulier; surquoy ayant esté parlé du temps qui devoit estre employé chacun jour à la visite, et de l'heure qu'elle devoit comencer, le sieur Capon a dit que l'heure ordinaire, suivant les anciens règlemens, estoit de comencer à huit heures en esté et à neuf en hiver, et de demeurer à la visite environ une heure. A quoi a esté répondu que les médecins visitans plusieurs malades et ordonnans à chacun ce qu'il a besoin, il faut un grand temps pour distribuer aux chirurgiens et apotiquaires l'ordre de ce qui est ordoné pour chacun malade, et un temps encore plus grand pour l'éxécuter, qu'il est à propos que la visite comence à huit heures en tout temps et soit continué jusqu'à dix. A quoi le sieur Moreau a dit que si on estoit obligé de donner ces deux heures à la visite de l'Hostel Dieu, il faudroit abandonner la plus grande partie de ses pratiques en ville, ce qu'un médecin un peu en crédit ne feroit pas, et ainsi l'Hostel Dieu n'auroit que les personnes les moins expérimentées pour avoir le soin des malades; qu'une heure de visite est sufisante, que la pratique fait qu'on peut, pendant ce temps, satisfaire à son devoir, qu'ils s'aident d'une certaine mémoire artificielle et locale, qui leur épargne beaucoup de temps, mais qu'ils ont esté en cela grandement traversez par le changement que les religieuses font souvent des malades d'un lit en un autre, lequel changement d'ailleurs est fort préjudiciable à la guérison des malades, ce que monsieur Leconte a confirmé et dit l'avoir reconeu lorsqu'il faisoit sa demeure à l'Hostel Dieu et que *cela avoit causé la mort à plusieurs miliers de personnes* et qu'il avoit fait tous ses eforts pour faire que ceux qui devoient observer la diète fussent mis en certains lits destinez pour cela, mais qu'il n'a peu l'obtenir. Après quoi monseigneur le Premier Président a dit qu'il estoit expédient que quelqu'un desdits médecins se trouvast à l'Hostel Dieu tous les jours après midy, pour doner ordre aux accidens qui peuvent survenir de nouveau aux malades, ou pour ceux apportez nouvelement à l'Hostel Dieu, ou pour ceux qui sont afligez de maladies pressez et violentes; sur quoi lesdits médecins ont remontré qu'il estoit bien dificile qu'un médecin passast par toutes les sales des malades, pour le peu qui auroit besoin de son assistance, mais que le matin en faisant la visite, le médecin qui reconoitroit qu'un malade auroit besoin d'assistance l'après midy, en feroit remarque sur le livre et l'après midy le médecin destiné pour la visite du soir sauroit à l'apotiquairerie le nom et le lit de tous ceux qui y auroient esté aportez depuis la visite du matin, dont les religieuses auroient soin de donner le nom à l'apotiquairerie, s'ils estoient pressez de secours; sur quoi n'aiant esté rien aresté, mais remis quand le règlement des médecins et chirurgiens seroit dressé, lesdits médecins se sont retirez.

(18 février.) Monseigneur le Premier Président a dit que dans la visite des pauvres malades de l'Hostel Dieu, à l'esgard des femmes qui y estoient aportées, il s'est passé quelquefois des choses contre l'honesteté et la pudeur, par l'indiscrétion ou mauvaise inclination du chirurgien commis à la visite, que c'est un mal auquel il ne void point de meilleur remède que de faire en sorte que le visiteur ne soit point seul pendant qu'il visite les femmes malades, et qu'il y ait dans le lieu de la visite une femme honeste, d'âge de cinquante ans ou environ, qui y soit tousjours présente et qui n'ait dans l'Hostel Dieu d'autre fonction que celle là, afin qu'elle ne soit point divertie à autre emploi, ce que la Compagnie a agréé.

(18 février.) Ledit seigneur Premier Président a aussi dit que la sale basse estant un lieu absolument mal sain et contraire à la guérison des personnes qui y sont aportées, il est besoin de placer ailleurs les malades qui y sont et que le plus tost sera le meilleur, sur quoi lui aiant esté remontré qu'il n'y a pas à présent de sale disposée pour les recevoir, que l'on fait tout son possible pour achever les bastimens des nouvelles sales, afin de

les y pouvoir mettre, mais que cela ne peut estre si tost en estat.

(23 février.) La Compagnie a prié monsieur Oulry d'acheter pour l'Hostel Dieu dix huit pièces de serge de Moüy pour faire des lits pour les sales neufves de l'Hostel Dieu, suivant que la mère Prieure l'a demandé.

(25 février.) Sur ce qui a esté représenté au Bureau par monsieur Lhoste qu'il a eu avis que quelques uns des médecins ordinaires de l'Hostel Dieu usent fréquemment du vin émétique et mesme en font des épreuves sur les malades de l'Hostel Dieu de tous âges et sexes, et qu'il en est desjà mort quelques uns, incontinent après en avoir usé, ce qui est de dangereuse conséquence, veu principalement que les malades qui sont pensez en leurs maisons n'en usent qu'avec grande circonspection et après l'avis de plusieurs médecins consultez ensemble, la Compagnie a aresté que les six médecins ordinaires de l'Hostel Dieu seront mandez vendredy prochain deux heures après midy en l'hostel de monseigneur le Premier Président, où la Compagnie se trouvera pour délibérer sur cette afaire.

(6 avril.) La Compagnie a aresté que les trente mil livres de legs de monseigneur le cardinal de Mazarin fait à l'Hostel Dieu, avec une partie des deniers que doit donner Madame d'Hémery seront employez au rachat de deux mil deux cents tant de livres, que le Bureau a constitué au profit de l'abaye de Clugny et pour cet effet qu'on verra les seuretez qu'il faut prendre.

(13 avril.) Sur l'avis que le Bureau a eu du legs de dix mil livres fait à l'Hostel Dieu par défunt monsieur Passart, contrôleur général des finances de monseigneur le duc d'Orléans, et que par son testament il prie le Bureau de faire prier Dieu pour les âmes détenues en purgatoire, la Compagnie a accepté ledit legs.

(18 avril.) La Compagnie a signé le contrat de fondation de deux litz dans l'hospital des Incurables faite suivant le testament de défunt monseigneur le cardinal Mazarini, la nomination réservée à ceux qui porteront le nom et les armes de Mazarini, et ce moiennant la somme de douze mil livres.

(29 avril.) Sur ce que monsieur Lhoste a dit que les brasseurs du fauxbourg de Saint Germain jetant dans la rue leurs immondices y causent une puanteur si grande que cela incomode tout le voisinage, qu'il en a souffert lui mesme l'incomodité, que les mauvaises odeurs qui sont venues jusqu'au logis où il se retire quelquefois en l'hospital des Incurables, qui est au milieu dudit hospital,

qu'il a apris qu'il y a instance au Parlement pour faire sortir d'un quartier un brasseur à ce sujet, que ce brasseur a mandié l'intervention des autres brasseurs de Paris pour fortifier sa cause, que l'hospital des Incurables a interest d'y intervenir au contraire, veu mesme qu'une de ses maisons est sur le point de demeurer sans locataire, à cause du voisinage d'une brasserie; qu'il y a aussi l'interest du public, y aiant mesme des règlemens de police contre lesdits brasseurs; l'afaire mise en délibération, la Compagnie a aresté que ladite intervention sera faite et monsieur Levieulx a promis de faire faire l'intervention du grand Bureau à mesme fin, à cause de l'hospital des petites maisons.

(20 mai.) Il a esté raporté au Bureau que le sieur Mazière a receu ordre de monsieur Ratabon, intendant des bastimens du Louvre, de délivrer à l'Hostel Dieu la quantité de cent cinquante toneaux de pierre de Saint Leu, estans maintenant sur le bord de l'eau vers la demielune du cours de la Royne mère et que ledit sieur Ratabon mande ne pouvoir servir au Louvre. Sur quoi M. de la Fosse ouï, qui a dit que cette pierre a esté noiée de la rivière pendant tout cet hiver, et conséquemment est moins bonne que d'autre, qu'on peut néans moins s'en servir, et qu'on en emploie de moindre au Louvre, mais qu'elle coutera dix solz par toneau plus que l'autre pour la voiture et qu'il faudra environ six cents toneaux de pierre pour achever le bastiment de l'Hostel Dieu. Monsieur de Sene a dit qu'il a obligation d'aler en cour et qu'il prendra ocasion de parler de la pierre, afin que l'Hostel Dieu ait la liberté d'en avoir sufisament pour les dits bastimens.

(25 mai.) Quant au duel commis par le sieur Gedouin, monsieur Lhoste aiant dit qu'il a eu avis que ledit sieur Geduin a obtenu lettres de remission, qu'il a fait enteriner par sentence, qui est un procédé très important, et qui iroit à éluder toutes les poursuites de pareilles afaires, la Compagnie a aresté que le sieur Aubery sera averti de voir monsieur le Procureur général, pour le prier d'interjeter apel de ladite sentence.

(1ᵉʳ juin.) Veu au Bureau l'exploit d'assignation donnée à l'Hostel Dieu et autres, par devant monsieur de Refuges, conseiller de la Cour de Parlement, à la requeste de Messieurs du Chapitre de Saint Germain de l'Auxerrois, pour faire clore et empecher le passage public et les insolences et profanations qui se comettoient journelement dans le cimetière des Saints Innocens, la Compagnie a aresté que le Procureur de l'Hostel Dieu y comparaistra, et déclarera pour ledit Hostel Dieu que le Bureau consent les conclusions desdits sieurs du Chapitre.

(10 juin.) Ouï le sieur Cudefo, sur le raport qu'il a fait des propositions qui ont été faites en l'assemblée tenue au logis de monsieur de Refuges, sur la demande faite par messieurs du Chapitre de Saint Germain de l'Auxerrois pour la closture du cimetière des Saints Inocens, l'afaire mise en considération, la Compagnie a aresté qu'elle conclura à celle qui est de clore les arcades de souz le charnier avec des barreaux de bois, après que ledit sieur Cudefo a dit qu'on estime que la part dont l'Hostel Dieu seroit tenu de cette closture poura monter à six cents livres, et que monsieur le Curé de Saint Eustache a dit qu'il ofroit d'y contribuer de dix pistoles à la charge dudit Hostel Dieu.

(20 juillet.) La Compagnie a prié messieurs Leconte et Perreau de faire acomoder au plus tost les estuves de l'Hostel Dieu dans le lieu qui a esté destiné pour cet effet, souz les nouveles sales dudit Hostel Dieu sur la rue de la Bûcherie.

(3 août.) Lecture faite au Bureau d'un placet mis par mademoiselle de Lamoignon ès mains de monsieur Lhoste, touchant la réception des malades blessez dans les bastiments et hasteliers du Roy dans l'Hostel Dieu, pour estre mis en litz à part ou dans de petits litz, en atendant que l'hospital de la Charité eust receu un fonds du Roy pour recevoir lesdits malades, la Compagnie a prié monsieur Lhoste d'asseurer ladite Damoiselle qu'on ne refuse aucun malade audit Hostel Dieu, ainsi qu'elle scait.

(12 août.) La Compagnie a donné charge au sieur Cudefo d'acheter les ingrediens nécessaires pour la composition d'un remède apelé *pierre infernale*, dont on a besoin à l'apotiquairerie de l'Hostel Dieu.

(17 août.) La Compagnie a prié messieurs de la Haye et Levieulx, qui vont à Fontainebleau avec monsieur le Prevost des Marchands, de prier monsieur le Prevost, de la part du Bureau, de représenter à Sa Majesté l'extrême nécessité où est réduit à présent l'Hostel Dieu, principalement par le nombre extraordinaire des malades qui y abordent de la campagne et particulièrement de Fontainebelleau, lui faire savoir que l'Hostel Dieu, comme légataire universel de monsieur de Moric, a des billets de l'espargne de cent mil livres dont il n'est point encore paié, que Sa Majesté avoit eu aussi la bonté d'accorder audit Hostel Dieu seize mil livres sur les aumosnes des fermes générales de France, qui ne lui ont pas encore esté paiez, et de l'ordre de la Compagnie le sieur Bigot a tiré du trésor de l'Hostel Dieu et mis ès mains de monsieur Levieulx lesdits billets de l'espargne pour les faire voir à monsieur le Surintendant, auquel les dits sieurs sont priez de parler aussi des choses susdites.

(23 août.) La Compagnie estant extraordinairement assemblée pour satisfaire à la fondation de monsieur de Nevers, sont venus au Bureau monsieur le Pénitencier de l'Église de Paris et monsieur de Lauzon, chanoine de ladite Église, directeurs spirituels de l'Hostel Dieu, qui ont dit que par le decez de monsieur Bourgeois, qui estoit maistre de l'Hostel Dieu au spirituel, estant besoin de pourvoir d'une personne capable de s'aquiter dignement de la dite charge, ils ont jeté les yeux sur la personne de maistre Estienne Boucher, prestre, docteur en théologie de la maison de Sorbonne.

(9 septembre.) Sur l'avis qui a esté donné au Bureau qu'il y a une confrérie establie depuis peu en l'église de Saint Roch de Paris, pour assister les malades de contagion, quand il y en aura à Paris, et porter leurs corps morts en terre, et ont élu entre eux un prévost pour ce sujet, ce qui semble préjudicier à l'Hostel Dieu qui est chargé de paier le Prévost de la Santé, et que pour pratiquer quelque descharge à l'Hostel Dieu, a fait recevoir le sieur Cudefo en ladite charge de Prévost, qui ne demande point de gages; que cette confrérie estant en procès contre les marguilliers de ladicte église de Saint Roch, l'Hostel Dieu y pouroit intervenir pour y déduire son interest; sur quoi monseigneur le Premier Président a dit qu'il avait ouï parler de cette afaire, qu'elle ne peut estre plaidée qu'après la Saint Martin. La Compagnie a aresté qu'elle s'instruira particulièrement de cette confrérie, des statuts et intention d'icelle, et du diférend qui est à juger, pour conoistre si l'Hostel Dieu y a interest et y doit intervenir.

(16 septembre.) Monsieur Perreau a dit qu'aiant dressé le nouveau département des médecins de l'Hostel Dieu, suivant la délibération du septième jour de septembre dernier, à cause des nouvelés sales où il y a présentement des malades, et l'aiant communiqué ausdits médecins qui en estoient demeurez d'acord, il a sceu que les médecins ne l'observoient pas en un point, que la Compagnie desiroit grandement estre exécuté, qui est que le médecin qui visiteroit les hommes et femmes verolez ne visitast pas la sale basse, *toute remplie d'enfants qui peuvent facilement recevoir le mauvais air & gaigner la vérole*, ce qui l'a obligé de leur faire conoistre l'intention du Bureau en ce point, ce qu'ils ont promis de faire, au préjudice de quoi le sieur Bayard, principal apotiquaire de l'Hostel Dieu, dit que cela est de très dificile exécution, tant pour les apotiquaires que pour les chirurgiens en garde.

(23 septembre.) Monsieur de Gomont a dit que monsieur Colbert désire faire une fondation en l'église de l'abâye de Saint Denis en France, d'un service pour défunt monseigneur Mazarini, qui doit estre célébré le septiesme jour de novembre de chacune année à perpétuité, à commencer à pareil jour prochain et prie le Bureau d'avoir l'œil à l'exécution d'icelle et pour cet effet député tous les ans deux de Messieurs du Bureau pour assister audit service, ausquels sera distribué six livres de bougie blanche à chacun, avec vingt cinq livres pour les pauvres de l'Hostel Dieu par chacun an, qu'il espère faire monter jusqu'à trente livres, ce que la Compagnie a agréé, et député pour cette année messieurs Lhoste et de Gomont.

(30 septembre.) Il a esté fait lecture au Bureau du testament de damoiselle Françoise Servais, veuve de *Louis Vanderbuc* dit *Ance*, *peintre ordinaire du Roy*, en ce qui concerne le legs qu'elle a fait à l'Hostel Dieu d'une moitié de maison scize au fauxbourg de Saint Germain, rue de Taranne, à la charge d'un service complet par chacun an à perpétuité à l'Hostel Dieu, ce que la Compagnie a agréé.

(7 octobre.) Lecture faite de la donation que monsieur Desroches, chantre et chanoine de l'Église de Paris a fait à l'Hostel Dieu de la somme de cinq mil quatre cents trente huit livres qui lui est deüe par monsieur le duc de Richelieu, pour reliqua de compte rendu à défunt monseigneur le cardinal de Richelieu, la Compagnie a accepté ladite donation, par acte passé par devant notaires, et a aresté que ledit sieur Desroches en sera remercié.

(7 octobre.) La Compagnie a aresté qu'au plustost elle s'opposera au seau de la charge de premier escuier des grandes escuries du Roy, dont est pourveu monsieur Fouquet, pour seureté de mil livres de rente qu'il doit à l'Hostel Dieu, que dèz aujourd'hui elle fera saisir entre les mains de madame d'Omont ce qu'elle doit audit sieur Fouquet, qu'on dit estre quatre vingtz mil escuz, avec assignation en la Grande Chambre pour afirmer, et qu'elle s'oposera à tous les selez aposez sur les biens de monsieur Fouquet, surintendant, entre les mains de ceux qui les ont aposez, ledit sieur surintendant aiant promis de paier ladite charge de son frère, ce qu'il n'a pas fait, et promis encore de lui donner deux cents mil escus en faveur de mariage, dont les quatre vingtz mil escus qui sont entre les mains de ladite dame d'Omont font partie.

(26 octobre.) Monsieur Pereau faisant son raport du voiage fait par messieurs les Deputez du Bureau vers le Roi à Fontainebelleau, suivant la délibération du 14 de ce mois, a dit qu'il le fera succint et non en manière de procès-verbal, comme il est ordinaire dans les Compagnies. Et commençant par l'arivée de messieurs à Fontainebelleau, a dit qu'ils furent à la descente du carosse chez monsieur de Sène, comme estant du corps de la Compagnie, lequel ils trouvrent au lit, assez malade, quoique sa maladie feust sur son retour, auquel aians dit le sujet de leur voiage, lui firent conoître la nécessité de l'Hostel Dieu, tant par la grande surcharge de pauvres malades, qui y abordent journelement et incessamment de toutes parts, et avec un tel excès, principalement depuis six mois, qu'il y en avoit présentement plus de *deux mil quatre cents*, en sorte que quoique tout le nouveau bastiment en feust rempli, mesme jusque *dans le grenier* et *sur les montées*, qu'ils ne laissoient pas d'y estre couchez cinq dans un mesme lit, et qu'après deux cents mil livres qui ont esté mangez par chacun an, depuis cinq ou six ans en çà, du fonds de l'Hostel Dieu, il estoit impossible que le Bureau peust plus fournir aux despenses immenses, quoique nécessaires, à y faire pour un si grand nombre de malades qui augmente tous les jours, les aumosnes et les charitez y estans entièrement cessées; que c'est ce qui avoit obligé la Compagnie de les député vers sa Majesté, espérant qu'icelui sieur de Sène auroit la bonté, s'estant joint à eux, d'en porter la parole, pour, par ses remontrances et le mérite de sa persone, faire mieux conoistre au Roy la nécessité de faire ses largesses à l'Hostel Dieu, pour le faire subsister et le maintenir, de quoi ils avoient fait un mémoire de quelques demandes pour en former un placet et le présenter à Sa Majesté, souzmettant le tout à ses avis. Mais que comme à leur grand regret ils ne le trouvoient pas en estat de porter cette parole, ils suivroient ses conseils en tout ce qu'il jugeroit à propos qu'ils deussent faire, à l'effet de leur députation, laquelle avoit esté cause que la Compagnie ne lui avoit point témoigné par lettre sa joie, causée par le choix que le Roi avoit fait de sa personne, pour l'un des Conseillers du Conseil royal des finances, mais d'une manière qui faisoit assez conoitre qu'il ne devoit cette place qu'à son seul mérite, que la Compagnie, y aiant pris toute la part imaginable, ils avoient esté particulièrement chargez de l'en asseurer, espérant par son pouvoir tous les avantages que l'Hostel Dieu peut désirer dans sa pressante misère. Que ledit sieur de Sène prenant la parole leur témoigna son ressentiment envers la Compagnie, pour l'honneur qu'il en recevoit, et pour celui que messieurs les depputez lui faisoient en leur particulier, qu'il n'auroit jamais de pouvoir qu'il ne l'employast pour les en asseurer par ses services et sa reconnoissance, et pour procurer de toutes ses forces l'avantage et le bien des pauvres, qu'il faloit nécessairement qu'ils vissent le Roi et lui présentassent un placet de

leur demande, qu'ils dresseroient suivant la conoissance qu'ils avoient; qu'outre cela ils pouvoient représenter succintement à Sa Majesté l'estat présent de l'Hostel Dieu, de mesme qu'ils lui en avoient parlé, qu'ils verroient aussi la Reine mère, monseigneur le chancelier, monsieur le mareschal de Villeroy, monsieur d'Aligre et monsieur Colbert, qu'après cela, s'ils prenoit la peine de l'instruire de ce qu'ils en auroient fait et des réponses qui leurs auroient esté données, ils s'en pouroient retourner à Paris, lui laissant les soins du reste de la solicitation de toutes choses, dont il se chargeroit de tout son cœur. Sur quoi ils prirent congé de monsieur de Sène, de la maison duquel estans sortis, ils furent en l'hostellerie, où ils dressèrent un placet au Roy, et pendant qu'il s'en faisoit quelques copies, ils furent voir le révérend père Avate, jésuite, confesseur du Roi, pour le suplier de leur faire avoir audience de Sa Majesté, ce qu'il leur promit faire pour le lendemain matin; de là ils alèrent voir monsieur le maréchal de Vileroy, auquel aiant représenté le sujet de leur députation, il leur promit d'estre favorable en tout ce qu'il leur pouvoit estre utile. Qu'ils virent aussi le mesme jour monsieur Colbert, auquel ils représentèrent les mesmes nécessitez de l'Hostel Dieu, et lui donnèrent une copie du placet de ce qu'ils devoient demander au Roi; il leur répondit qu'il y seroit favorable, si Sa Majesté lui en parloit. Mais ils lui demandèrent en son particulier la grâce d'ordoner le pavé le long de la rue des Incurables, lui remonstrans qu'ils espéroient cette faveur de sa bonté, puisque tous les particuliers propriétaires des maisons de ladite rue s'ofroient de paver à leurs dépens, chacun le long de la face de sa maison, neuf pieds de largeur, et qu'ainsi cette dépense ne coûteroit pas plus de sept mil livres au Roi. A quoi ledit sieur Colbert ne fit autre réponse, sinon qu'il verroit à donner cette satisfaction. Et rencontrans inopinement le sieur Bornat, qui a soin de tout le pavé, sous le comandement dudit sieur Colbert, ils lui dirent ce qu'ils venoient de faire auprès dudit sieur Colbert, lequel promit qu'il l'en feroit resouvenir. Mais le lendemain ledit sieur Bornat leur raporta qu'il avoit travaillé le soir précédent, depuis huit heures du soir jusqu'à dix, avec ledit sieur Colbert à l'estat dudit pavé, et qu'il lui avoit fait metre, à costé de l'article des Incurables : « non, » pour témoigner qu'il ne devoit point estre fait. Ce qui les porta à voir monsieur le Tellier, secrétaire d'Estat, pour en prier ledit sieur Colbert, et d'autant plus tost qu'il se trouve comme intéressé en cette afaire, à cause que c'est le chemin de sa maison de Chaville; aussi promit-il d'en parler audit sieur Colbert, mesme d'estre favorable en tout ce qu'il pouroit au bien des pauvres de l'Hostel Dieu, après que ses nécessitez et sa surcharge des malades lui en ont esté représentées. Ils firent aussi la mesme prière à monsieur Boucherat, maistre des requestes, qui a conoissance et amitié particulière avec ledit sieur Colbert, de quoi il se chargea et promit d'y faire son possible. Qu'ils virent aussi monsieur le maréchal de Grammont, colonel des gardes francoises, et le suplièrent de la part de la Compagnie de continuer les mesmes grâces pour les maisons de l'Hostel Dieu et de l'hospital des Incurables, scituées dans les faulxbourgs de Paris, que le Roi et défunt monsieur le duc d'Espernon ont tousjours exempté du logement des soldats des gardes francoises, et auquel ils firent voir lesdites exemptions, ce que ledit sieur Grammont leur acorda, et donna l'ordre en leur présence que l'acte en feust dressé, sur la dernière exemption du sieur d'Espernon, qui fut laissée à son secrétaire à cet efet. Quils alèrent le mesme jour de leur arivée chez monseigneur le Chancelier, duquel, par l'assistance et le crédit de monsieur Percheron, ils furent receus plus favorablement qu'ils ne pouvoient espérer, car, après lui avoir représenté toutes les nécessitez présentes de l'Hostel Dieu, sa misère, le grand nombre des malades, *le peu de charitez et partie de son fonds mangé*, ils l'entretinrent des demandes contenues dans le placet qu'ils se disposoient de présenter au Roy, duquel il demanda copie, et leur donna avis de dresser une requeste touchant la taxe fixe, pour les tailles des fermiers de l'Hostel Dieu et de l'hospital des Incurables, à raison du dixième de ce qu'ils rendent de leurs fermes, ce qu'ils firent le soir, estans retournez à l'Hostellerie et le lendemain matin lui en portèrent l'arrest tout dressé, avec le placet qu'ils s'en aloient présenter au Roy et demandèrent audit seigneur chancelier entre les mains dequel intendant des finances il leur ordonoit de metre ledit arest pour le raporter; à quoi il répondit qu'ils le lui laissassent, qu'il en vouloit estre le soliciteur auprès de Sa Majesté, qu'il leur feroit expédier et envoyer à Paris, afin que rien ne les obligeast à séjourner en un lieu si infecté du mauvais air et si remply de malades, crainte qu'ils ne le devinssent eux mesmes; qu'en se retirant ils lui dirent que les administrateurs de l'Hostel Dieu estans inèessament parmi les malades, Dieu leur faisoit la grace de tout atendre de sa main, sans rien craindre de ce qui leur pouvoit ariver. Qu'après ils alèrent au Louvre où, par l'entremise du père Avate ils eurent audience de Sa Majesté dans sa chambre, auquel aiant représenté le détail de toutes les nécessitez présentes de l'Hostel Dieu, l'excès du nombre des malades dont il est présentement remply et qui sont couchez cinq à cinq. dans un lit, ils parlèrent des demandes contenues en leur placet qu'ils lui présentèrent, et adjoutèrent que tout ce qui portoit le nom d'aumosne estoit le patrimoine des pauvres, qui ne leur pouvoit justement estre refusé ni diverti, mais que si Sa Majesté vouloit faire part à plusieurs pauvres des aumosnes qui provenoient du renouvelement des baux des fermes, qu'ils la suplioient très humblement de considérer que les pauvres malades de l'Hostel Dieu en estoient les enfants aisnez, et que comme tels ils en atendoient un partage avantageux de sa main charitable. Sur quoi le Roi, prenant le placet, dit qu'il y penseroit et qu'il en comuniqueroit à son Conseil. Qu'au sortir de chez le Roi, ils alèrent à l'apartement de la Reine mère, de laquelle ils n'eurent audience que lorsqu'elle sortit pour aler à la messe, à laquelle ils firent pareilles remontrances, et la suplièrent comme protectrice des pauvres, et particulièrement des pauvres malades de l'Hostel Dieu, de leur estre favorable auprès du Roy. Sa Majesté leur répondit qu'on l'avoit desjà entretenu du grand nombre des pauvres dont l'Hostel Dieu estoit présentement chargé et de la nécessité d'icelui, et qu'elle porteroit le Roi à y faire du bien autant qu'elle le pouroit. Estans sortis de chez la Royne ils furent disner, et après ils alèrent voir monsieur d'Aligre, dont ils furent favorablement receus et écoutez, et duquel ils eurent toutes les bonnes paroles possibles, le tout se référant à ne rien obmettre pour l'adventage de l'Hostel Dieu, lorsque le Roi en parleroit au Conseil. D'où estans sortis ils retournèrent chez monsieur de Sène, qu'ils trouvèrent un peu mieux de sa santé, ce leur sembloit, qu'il n'estoit lorsqu'ils eurent l'honneur de le saluer à leur arivée, auquel aiant fait raport de tout ce que dessus, ils lui présentèrent autant de placets qu'ils avoient donné au Roi, avec une copie de l'arest touchant la taxe fixe pour la taille des fermiers, qu'ils avoient laissé à monseigneur le Chancelier. Après quoi ledit sieur de Sène, les aiant asseuré qu'il suffisoit de ce qu'ils avoient fait, et que quand la santé lui permeteroit. il feroit le reste, dont il se chargeoit, et qu'ainsi ils pouvoient se dispenser de séjourner plus longtemps à Fontainebleau. ils le remercièrent et prirent congé de lui.

(16 novembre.) Le sieur Bigot a dit que monsieur Le Bossu, seigneur de Charenton Saint Maurice, demande si le Bureau le veut acomoder des prez et isles que l'Hostel Dieu a proche le moulin des Corbeaux, et de la place et dépendances du moulin des prez; que l'Hostel Dieu n'en retire que soixante quinze livres de loier, et il donera en échange une maison seize en la rue du Vertbois.

(2 décembre.) Monsieur Forne a dit que messieurs Leconte, Perreau et lui ont agréé la proposition que le sieur Pasquier, marchand de bled, leur avoit fait de faire venir à fraiz, profits et risques communs trois cents muids de bled, de Hambourg et autres lieux d'Alemagne qui ne reviendroit qu'à vingt deux livres treize solz le setier, rendu au port de l'Hostel Dieu; sur quoi aiant esté remarqué qu'il y avoit danger que ce traité estant coneu feust grandement nuisible à l'Hostel Dieu, comme s'il faisoit trafic de bled, bien que son intention soit toute autre, l'afaire mise en délibération, la Compagnie a aresté que ledit bled estant venu à fraiz et risques comuns jusqu'à Paris, l'Hostel Dieu en prendra la moitié, donera deux pour cent de provision audit sieur Pasquier.

(7 décembre.) Monsieur Perreau a dit que monsieur le doyen de l'église de Paris n'a point voulu délivrer un mandement comun pour l'Hostel Dieu et l'Hospital général, pour faire une queste pour les deux hospitaux par tout Paris, mais les veut faire séparément, et aiant délivré celui de l'Hospital général, refuse de délivrer quant à présent celui de l'Hostel Dieu. Ensuite ledit sieur Perreau a présenté le mémoire qu'il avoit esté prié de dresser, pour représenter les nécessitez pressantes de l'Hostel Dieu, duquel lecture aiant esté faite, et aiant esté agréé par la Compagnie, elle a aresté qu'il sera imprimé et distribué au public.

(9 décembre.) Monsieur Perreau a dit que la Compagnie, le dernier jour, lui avoit donné charge d'installer en la sale des acouchées le nommé Guillaume Billet, chirurgien, pour y voir faire les acouchemens des femmes, mais que ne l'aiant point trouvé écrit sur la feuille du grefier du Bureau, il a diféré d'exécuter cet ordre, estant nécessaire qu'il l'eust par écrit, à cause de la résistance qu'il prévoioit y devoir trouver de la part de messieurs les directeurs du spirituel. Sur quoi monsieur Lamy, substitut de monsieur le Procureur général, est entré au Bureau et l'a prié de faire jouir ledit Billet de la grâce qu'il lui a acordé, que son dessein n'est autre que de servir le public en son païs. Sur quoi la Compagnie lui aiant promis d'y aviser, lui retiré, a esté dit que la mère Prieure est alé voir monseigneur le Premier Président sur ce sujet, qu'elle n'en eut autre réponse, sinon que le Bureau seroit toujours très réservé à acorder de pareilles permissions; que monsieur Lauzon, l'un des directeurs du spirituel, a témoigné qu'il ne soufrira point que ledit Billet demeure en ladite sale, *disant que cela est contre sa conscience et l'honeur de Dieu, que s'il y est introduit, il le metra lui mesme dehors par le bras;* qu'il n'est plus tant question de sçavoir si la permission acordée est légitime ou non, que de maintenir l'autorité du Bureau qui semble intéressée en ce point; l'afaire mise en délibération et estant trouvée de conséquence, la Compagnie a aresté qu'il en sera conféré avec monseigneur le Premier Président, et pour ce faire, a député vers lui messieurs de Gomont, Perreau et Levieulx.

30ᵉ REGISTRE. — ANNÉE 1662.

(20 janvier 1662.) Charles Cuvelier dit Beaufort, soldat du régiment des gardes de la compagnie de monsieur de Chevigny est venu donner avis au Bureau du duel commis ce matin au point du jour, derrière les Chartreux, entre les sieurs de la Frette l'aisné et comte de Chalais, avec les sieurs de la Frette le jeune et marquis d'Antin leurs seconds, auquel combat ledit sieur Chalais a esté blessé et ledit sieur d'Antin tué. La Compagnie a fait donner par le sieur Bigot audit Cuvelier un escu qu'il a demandé, et lui a promis de le récompenser honestement de son avis, au cas que l'Hostel Dieu en tire quelque profit, et a aresté que le sieur de la Hogue, commissaire du Chastelet, sera prié d'informer en diligence de ce crime.

(1ᵉʳ février.) Veu au Bureau l'acte de nomination faite par monsieur du Coudray de la personne d'Estienne Hervé, sieur de la Chaisnebaudière, gentilhomme, pour remplir le lit vaquant, qu'il a fondé en l'hospital des Incurables, la Compagnie a aresté qu'il sera veu par messieurs les Vieulx et Helyot et visité par les sieurs de Bourges et Hommet, médecins.

(1ᵉʳ février.) Monsieur de Gomont a dit qu'il a sceu de monsieur Colbert que si l'Hostel Dieu a besoin d'argent, on lui en donnera des deniers destinez à la fondation d'un colège, ordonné par défunt monseigneur le cardinal Mazarini, à mesme condition qu'il a receu ceux des tontines. Sur quoi la dificulté qui a esté faite sur le point de conscience, à cause que c'est de l'argent à intérest, aiant esté leue et que le tout sera autorisé par un arest, l'afaire mise en déliberation, la Compagnie a prié monsieur le Receveur de voir s'il y a lieu de le remploier en rachats de rentes que l'Hostel Dieu doive au denier vingt quatre ou autre plus fort, pour après estre déliberé.

(3 février.) Monsieur le Receveur a donné un mémoire de touttes les rentes que l'Hostel Dieu doit au denier dix huit, vingt, vingt deux ou vingt quatre, pour sçavoir quelles rentes on doit racheter, au cas qu'on emprunte des deniers que monsieur Colbert a en ses mains, dont il fut parlé le dernier jour. Sur quoi quelques uns de Messieurs aians fait dificulté d'acepter ces deniers, dans le doute que cela ne soit pas légitime ni permis, monseigneur le Premier Président a dit que cela méritoit bien d'en prendre l'avis de la Sorbone.

(17 février.) Monsieur Levieulx a remontré à monseigneur le Premier Prézidant la nécessité prézante de l'Hostel Dieu et que, par l'examen du compte de monsieur, Oulry, *on a remarqué que l'Hostel Dieu pendant les années 1658 et 59 a mangé 180,000 livres de son fonds, qu'aux années 60 et 61 la dépense a esté encore plus grande.* C'est pourquoi il l'a prié de considérer ces chozes, dans l'aplication qui sera faite des amandes qui seront ajugées en la Chambre de justice, ce que ledit seigneur Prézident a promis.

(22 février.) Monsieur Perreau a dit que monsieur Desroches est fort malade, qu'il y a mesme deux jours qu'il a receu le viatique, qu'il est assez assidu à le voir, et comme il demeure le plus proche de son logis, il pouroit estre le premier averti, s'il arrivoit faute de lui. C'est pourquoi il s'est saizi du petit cofret (dans lequel est le testament dudit sieur Desroches) qu'il a mis depuis quelques années en dépost à l'Hostel Dieu, quoiqu'il n'en eust pas donné la clef. Sur quoi la Compagnie a aresté d'envoier quérir le sieur de la Poissonnerie, pour aporter la clef dudit cofret, ce qui a esté fait à l'instant. Et ledit sieur de la Poissonnerie venu, lui aiant esté dit le sujet pour lequel il avoit esté mandé, il a mis sur le Bureau la clef dudit cofret, duquel a esté tiré ledit testament et un codicile à part dudit sieur Desroches, le tout sans estre cacheté, qui a esté mis ès mains dudit sieur Perreau, lequel a esté prié de faire en sorte par ses soins d'estre chez ledit sieur Desroches lorsqu'il rendra l'esprit, et d'y faire trouver le bailly de la barre du Chapitre, pour à l'instant faire faire la lecture dudit testament et codicile, et après faire seller partout où ledit sieur Perreau jugera à propos dans la maison dudit sieur Desroches, aux qualitez portez par le testament et codicile, establir le sieur Bigot gardien dudit sellé, et cometra à la porte de la maison quelque persone afidée de l'Hostel Dieu, pour prendre garde qu'aucune choze ne soit détournée ni emportée sans conoissance de cauze.

(3 mars.) Il a esté fait lecture au Bureau de la letre qui a esté escrite à la Compagnie par messieurs les Gouverneurs de l'Hostel Dieu de Mascon, qui donnent avis au Bureau d'un duel commis en leur païs entre quatre personnes, dont l'une est morte de ses blessures, et ont envoié la sentence de contumace donnée contre les coupables, avec l'exécution en efigie, de laquelle monsieur Lhoste aiant pris lecture, il a dit que par icelle

le tiers des biens des coupables n'est pas confisqué aux Hostels Dieu de Paris et de Mascon, suivant les édits, mais qu'il y a ajudication à leur profit d'une amande de la valeur du tiers des biens des coupables; que cela peut provenir de ce que peut estre la confiscation n'a pas lieu en ce païs là, bien qu'en crimes de lèze majesté, entre lesquels est celui de duel, on soutient que la confiscation a lieu en tout le roiaume, de quoi il s'éclaircira plus amplement et en fera son raport au Bureau.

(8 mars.) Monsieur Perreau a dit que dans les lieux ocupez par monsieur Desroches, en la maizon de Sorbonne, il y a des globes, pulpitres et tableaux des Papes, et en sa maison du cloistre un buste de grand prix représentant ledit défunt seigneur cardinal de Richelieu; que les docteurs de ladite maizon de Sorbonne prétendent que tout cela fait partie de la bibliotèque qu'il leur a donné. Ce que la Compagnie a acordé, à l'exception du buste qui sera vendu, et ladite maizon de Sorbone préférée à tout autre.

(15 mars.) Monsieur Perreau a dit que Monsieur Boucher, maistre de l'Hostel Dieu au spirituel, se plaint que le nombre des corps morts, que l'on porte de l'Hostel Dieu au cimetière, proche de l'hospital de la Trinité estant grand, et ocupant beaucoup de place dans ledit cimetière, on refuze d'en enterrer dans un endroit d'icelui, parce qu'on dit que c'est le cimetière des Huguenots. Ledit sieur Perreau a adjouté que les gens de la religion prétendue réformée n'ont aucun droit audit cimetière, et on ne doit point soufrir qu'ilz y soient enterrez, ce que fait le fossoïeur pour son profit particulier. Sur quoi la Compagnie a remis à délibérer au premier jour.

(22 mars.) Sur ce que monsieur Cramoisy a dit que monsieur de Beaumont fait dificulté de paier les mil livres légnez à la maison des convalescentes par madame la princesse douairière de Condé, à moins que la damoizelle Sercamanen parle en la mainlevée et quitance qu'il lui faut. La Compagnie a prié ledit sieur Cramoisy de remontrer audit sieur de Beaumont que ladite damoiselle n'a aucun droit de signer, n'aiant aucune autorité dans ladite maison, mais seulement est propozée pour avoir l'œil sur la conduite et les actions des femmes et filles de ladite maizon, et l'administration en apartient au Bureau seul, et ainsi ladite somme doit estre receue par monsieur le Receveur général de l'Hostel Dieu, sans aucune intervention de ladite damoizelle.

(22 mars.) Monsieur Perreau a dit que, parmi les meubles provenans de la succession de M. Desroches, il se trouve un lit de velours violet qui fut autrefois à défunt monseigneur l'évesque de Meaux; monsieur Perreau a dit que le sieur Harlay tapissier l'a asseuré qu'il vaut bien quinze cents livres, et qu'il fera en sorte que monsieur l'abbé de Coeslin qui a dessin de l'acheter en donne cette somme, ce que la Compagnie a agréé.

(22 mars.) Monsieur Leconte a donné avis du décès, en l'hospital des Incurables, de Hilaire Evance, pauvre homme qui remplissoit le lit de la fondation de madame Barbier de la Rivière.

(5 avril.) Il a esté raporté que monsieur de Gomont s'est ofert de s'employer pour faire avoir à l'Hostel Dieu quelque quantité de bled que le Roi fait venir de Guienne, et qui est à prézant dans les galeries du Louvre. Sur quoi a esté dit que le bruit court qu'on le veut vendre trente cinq livres le setier, qui est un prix plus cher que celui auquel l'Hostel Dieu en trouve ailleurs de meilleur.

(19 avril.) Monsieur Helyot a dit que le sieur Misson, qui est un des principaux de la religion prétendue réformée, lui a mis en main un livre imprimé contenans les édits de pacification faitz par le roi Henry quatriexme, par lequel il prétend prouver que les gens de ladite religion ont droit de se faire inhumer dans les cimetières des catoliques, lequel livre, de l'ordonance de la Compagnie, a esté mis ès mains de monsieur Lhoste, pour l'examiner et en faire son raport au premier jour au Bureau, pour y délibérer.

(28 avril.) Sur ce que monsieur Perreau a dit qu'on donne avis de faire en la sale des acouchées nouvelement faite une chambre pour retirer les persones grosses d'enfant qui ne dézirent estre reconeues, la Compagnie n'y a voulu entendre.

(3 mai.) Monsieur de Gomont a dit aussi que monsieur le duc Mazarini aiant destiné de doner à l'Hostel Dieu une somme de soixante mil livres pour le bastiment de l'hospital de Saint Julien pour les convalescents de l'Hostel Dieu, il lui a fait consentir de donner cette somme sans aucune charge particulière de l'emploi, atendu la nécessité prezante de l'Hostel Dieu et que ledit sieur Duc lui auroit fait la propozition de fournir à l'Hostel Dieu du bled pour ladite somme, atendu la comodité qu'il avoit d'en donner à meilleur marché, le faizant venir de Bretagne, mais qu'il lui avoit fait conoitre que l'argent comptant seroit plus utile à l'Hostel Dieu. Ce que la Compagne a agréé, et aiant esté dit que cette somme poura estre receue dans la semaine pro-

chaine, monsieur Bachelier a dit qu'on le peut employer au paiement de la ferme de Blanchefousse, dont on a traité de parole avec monseigneur le Premier Prézidant.

(12 mai.) Monseigneur le Premier Président a dit et remontré que dans la misère publique, principalement dans la campagne, les seigneurs des lieux se cotizent pour la subsistance des pauvres qui sont dans l'étendue de leurs seigneuries, que l'Hostel Dieu, comme seigneur des Brosses d'Interville, doit faire la mesme choze à son égard, la mizère estant plus grande en Beausse qu'ailleurs, et que madamoizelle de Lamoignon est une de celles qui ont besoin de recevoir les charitez des gens de bien, et de les faire distribuer aux pauvres de ces provinces selon leur bezoin. A quoi la Compagnie a rezolu de pourvoir à son égard.

(17 mai.) Un des sieurs chanoines de Sainte Oportune et le sieur curé de la Villelevesque, avec le sieur Lemoyne, notaire, sont venus au Bureau se plaindre de la continuation des entreprizes faites sur leurs marais des Porcherons par les donataires des égouts de Paris et ont demandé la jonction de l'Hostel Dieu, à quoi la Compagnie a répondu qu'elle ne peut contester que les interests de l'Hostel Dieu, et que si on le désintéresse, elle ne doit s'engager en la contestation des autres, mais qu'elle ne traitera en aucune manière qui puisse nuire aux particuliers ni au public; sur quoi les fermiers de l'Hostel Dieu ouïs, qui ont remontré trois ou quatre notables interez qu'ils soufrioient si les oziers estoient plantez le long des marais de l'Hostel Dieu. Le secrétaire de monsieur de Bournonville aussi ouï, qui a prétendu n'avoir uzé que du droit que la Ville lui a transporté, et a prié la Compagnie de députer quelqu'un pour viziter les lieux et en faire son raport. La Compagnie a aresté que ladite visite sera faite au plus tost par messieurs de Gomont et Levieulx, sur le raport desquels sera délibéré.

(19 mai.) Sur la prière faite au Bureau de prézenter au Roi la requeste dressée souz le nom de messieurs les administrateurs, religieuzes et pauvres de l'Hostel Dieu de Bourges, pour avoir cette année le revenu de l'archevesché dudit lieu, tombé en régale depuis un mois, *atendu la mizère publique* et autres considérations particulières; la Compagnie a fait réponse qu'elle ne le peut, et que ce doit estre un desdits sieurs administrateurs qui la prézente à Sa Majesté.

(24 mai.) La Compagnie a aresté qu'il sera formé opposition aux criées poursuivies aux requestes du Palais des terres de Meudon, Fleury, Clamart, fiefs d'Aubervilliers et Villebon, saisis sur la succession de M. Servien, surintendant des finances, tant pour le legs de trente mil livres fait audit Hostel Dieu par ledit défunt, que pour la rente de sept livres dix solz que l'Hostel Dieu a droit de prendre tant sur ladite terre de Meudon que sur celle d'Issi, appartenante aux religieux de Saint Germain des Prés.

(24 mai.) La Compagnie a aresté que l'on avertira le public, par billetz imprimez et afichez aux quarrefours de Paris, que *la corne de Licorne* dont on a fait don à l'Hostel Dieu est à vendre, et sera ajugée au Bureau, aux jours ordinaires.

(14 juin.) Monsieur Lhoste a dit que des quatre chirurgiens qui furent receus il y a huit jours, pour estre nouris et logez dans l'Hostel Dieu, il y a le nommé Richou qui refuze d'y venir et les trois autres refuzent de travailler, s'ils ne sont asseurés de demeurer tousjours en qualité d'ordinaires, sans estre en crainte de sortir quand ceux qui sont à prézent malades seront revenus en convalescence; qu'il a seu qu'il y a tous les jours environ quatre cents seignées à faire et quatre cens blessez à penser soir et matin, que plus de la moitié demeure sans exécution, parce que les chirurgiens n'y peuvent sufire, estans en trop petit nombre, quand tous ceux qui ont esté receus travailleroient, qu'il en faut vingt au moins pour bien faire la bezogne, qu'on en trouveroit de savans s'ils avoient leur nourriture dans l'Hostel Dieu, qu'un des médecins de l'Hostel Dieu lui a mesme avoué qu'il ne vizite pas tous les malades qui lui sont commis, la journée entière n'y pouvant pas sufire, mais qu'il vizite les plus pressez et les plus malades, qu'à l'apotiquairerie on manque de garsons, qu'on ordonne plus de cent médecines et autant de potions, que de quatre garsons qui sont à l'apotiquairerie il y en a deux qui ne font autre choze que de la ptizane, que les médecins disent estre très nécessaire, et que les médecins manquent souvent leurs vizites, faute de garson apotiquaire qui les suive; que les sieurs Gaian et Morel, maistres chirurgiens dans Paris, s'ofrent de venir à l'Hostel Dieu l'après-midi de chacun jour et y demeurer pendant trois heures, pour voir travailler les compagnons chirurgiens, faire eux mesmes les opérations plus importantes, faire leçon aux compagnons trois fois la semaine et de temps en temps des anatomies. Sur quoi le tout mis en délibération, la Compagnie a aresté qu'atendu le nombre extraordinaire de malades qui est à l'Hostel Dieu, et jusqu'à ce que le Bureau en ait ordonné autrement, l'Hostel Dieu nourira jusqu'à vingt compagnons chirurgiens, dont il y en aura quatorze qui seront aussi logez dans l'Hostel Dieu, comme sont les compagnons ordinaires du nombre

desquels seront les trois receus il y a huit jours et les six autres parviendront à estre compagnons ordinaires à leur rang, comme il est acoutumé. Et quant à la propozition desdits sieurs Gaian et Morel, y aiant esté trouvé quelque dificulté, principalement de la manière qu'ils pouront estre dans l'Hostel Dieu avec le sieur Petit, maistre chirurgien dudit Hostel Dieu, la Compagnie a aresté que tous Messieurs, qui ont soin de la chirurgie, dresseront un règlement sur ce sujet pour, après avoir esté comuniqué au Bureau, y estre délibéré sur ladite propozition, et a esté aresté qu'il ne sera doné des lancetes par ceux qui seront receus ci après qu'aux douze anciens compagnons, outre le maistre chirurgien, et le premier compagnon gaignant sa maistrise.

(28 juin.) Sur l'avis qui a esté donné à la Compagnie de l'assignation donnée à l'Hostel Dieu au Chastelet, à la requeste de Messieurs de la Faculté de Médecine de Paris, pour avoir paiement des trente mil livres dont monsieur Desroches leur a fait don, qu'il a depuis révoqué, la Compagnie a aresté que cette instance sera évoquée en la grande chambre du Parlement, en vertu du privilège de l'Hostel Dieu qui y a ses cauzes comizes en première instance.

(7 juillet.) On a fait plainte au Bureau que quelques chirurgiens nommez pour estre receus chirurgiens ordinaires de l'Hostel Dieu en leur rang refuzent d'y entrer, à cauze de la dépense qu'il leur convient faire en entrant, à laquelle ils n'ont pas moien de satisfaire, d'autant que chacun chirurgien reçoit deux lancettes, estimées à quarente solz la pièce, ce qui va à grande somme, estans à prézant en grand nombre, et outre ce, font paier un festin qu'ils apelent *dégraissement de tablier*, et ceux qui ont paié des lancettes estans receus externes, en paient encor estans receus chirurgiens ordinaires. Sur quoi l'afaire mize en délibération, les maistre et chirurgien, premier compagnon gaignant sa maistrize et autres compagnons mandez, s'estans excusez sur la pratique du passé, qu'ils ont suivi, la Compagnie leur a dit qu'elle n'entend point qu'on paie aucun dégraissement de tablier, ni telle autre dépense directement ni indirectement, à peine contre celui qui l'aura paié, et le plus ancien des compagnons qui y auront assisté, d'estre chassez de l'Hostel Dieu; que celui qui aura paié des lancettes comme externe n'en paiera point comme ordinaire, qu'il n'y aura que les douze anciens compagnons ausquels on donera lesdites lancettes et une seulement à chacun, quant aux maistre chirurgien et compagnon chirurgien gaignant sa maistrize, ils en auront chacun deux, le tout conformément aux règlements ci devant faits, ausquels ils ont promis d'obéir.

(19 juillet.) Le chapelain de l'hospital de Saint Julien le Pauvre est venu avertir le Bureau que monsieur le curé de Saint Séverin, en la paroisse duquel est ledit hospital, lui a dit qu'il ne permetroit pas que l'on y exposast le Saint Sacrement, et que l'hospital n'a pas ce droit là, et qu'il le fist savoir à Messieurs les grans vicaires, ce qu'il n'a pas voulu faire sans ordres de la Compagnie, laquelle a trouvé bon qu'il aille voir lesdits sieurs grans vicaires et leur en donne avis, pour suivre leurs ordres en cela.

(21 juillet.) La Compagnie a aresté que le sieur de la Poissonerie délivrera au sieur Poquelin, marchand drapier à Paris la vaisselle d'argent que ledit défunt sieur des Roches lui a légué par son dernier codicile, et qui avoit esté dépozé ès mains dudit sieur de la Poissonerie.

(26 juillet.) Monsieur Levieulx a esté prié de voir monsieur de Maizons, touchant l'avis que maistre Pierre Joynet a donné à la Compagnie qu'il y avoit une instance en la chambre de l'édit, pour savoir à qui sera donné une somme de neuf mil livres, donnée et léguée par une femme de la religion prétendue réformée pour l'entretien d'un ministre, afin que, s'il y a lieu, ledit seigneur Prézidant de Maisons puisse faire donner cette somme à l'Hostel Dieu, atendu que les pauvres malades de ladite religion y sont receus.

(4 août.) Il a esté raporté au Bureau que suivant la rezolution de la Compagnie, du dernier jour, messieurs les Échevins de la Ville, pour l'absence de monsieur le Prevost des marchans et de monsieur le Procureur général, pour la prestation de serment de monsieur Legendre, sieur d'Azincourt, en qualité de gouverneur de l'Hostel Dieu, qu'aians promis de se trouver aujourd'hui au Palais, sur les sept heures du matin, ils s'y sont rendus à ladite heure, où se sont trouvez aussi monsieur Leconte, lesdits sieurs Lhoste, Levieulx et Hélyot et ledit sieur d'Azincour et tous introduits en la grande chambre du Parlement par monsieur le Procureur général, Messieurs de la Ville, le plus ancien portant la parole, aians déclaré le sujet de leur venue, ledit sieur d'Azincour a presté le serment en la manière acoutumée, et ensuite a esté amené à l'Hostel Dieu dans tous les offices d'icelui, pour y estre reconu en ladite qualité de gouverneur, et après est venu prendre sa séance au Bureau.

(9 août.) La Compagnie a aresté qu'il sera dit à l'Hostel Dieu un service pour madame Benoize, femme de l'auditeur des comptes, laquelle a légué à l'Hostel

Dieu une somme de dix mil livres qui a esté receue par monsieur le receveur, bien que ledit legs n'ait pas esté fait à cette charge.

(9 août.) La Compagnie a signé le contrat de constitution de mil livres de rente viagère, au profit du *sieur Mansart*, conseiller et architecte ordinaire du Roi, moiennant la somme de dix huit mil livres paiée comptant, suivant la délibération du quatorze juillet dernier.

(18 août.) Sur l'avis qui a esté donné au Bureau que l'hospital des Incurables a esté mis en ordre sur le prix de la vente de l'hostel de Brienne, pour deux cents livres de rente que monsieur le comte de Brienne doit audit hospital, mais est chargé de donner caution, à cauze du procès et prétention des religieuzes du monastère du Chasse Midi et autres, la Compagnie a donné charge et pouvoir au sieur Baudouin, procureur au Chastelet, de faire au grefe dudit Chastelet les soumissions de caution nécessaires pour toucher, sur les deniers provenans de la vente dudit hostel, le sort principal et arérages de ladite rente.

(23 août.) Sur les plaintes qui ont esté faites de l'ignorance de pluzieurs compagnons chirurgiens de l'Hostel Dieu qui proviént de ce qu'ils sont intérogez trop légèrement par les médecins et sans que deux de Messieurs du Bureau y soient prezens, bien que cela ait esté aresté par un règlement cy devant fait, la Compagnie a aresté que ledit règlement sera exécuté ponctuelement à l'avenir.

(6 septembre.) La Compagnie a aresté que la sale des ambaleurs servira d'ores en avant à coucher les filles malades, de l'âge de douze ans et au dessus, qui viendront de l'Hospital général ou d'ailleurs, quand on aura crainte que pour leur beauté ou autrement on les vienne débaucher, et pour cet efet ladite sale sera tenue ouverte le moins qu'on poura.

(22 septembre.) Monsieur Leconte a dit qu'à l'égard de l'hostel de Touraine, sis proche de la porte de Saint Germain, que l'Hostel Dieu a aquis depuis peu à titre de rente viagère, il y a une clauze portée dans les titres qu'on ne la poura vendre que du consentement de messieurs les Prévost des marchans et Échevins de Paris, à quoi il est bezoin de pourvoir promptement, à cause des réparations qui y sont à faire qui pressent.

(28 septembre.) Se sont trouvez au Bureau, suivant la délibération du jour d'hier les sieurs Courtois, de Garbes et de Sartes, médecins et le sieur Bouchet, maistre chirurgien, lesquels, après l'interogatoiré qu'ils ont fait à la dame Françoise de Billy, maistresse sage-femme à Paris, veuve de Gilles Cornet, maistre tailleur d'habitz privilégié suivant la Cour, touchant ce qui concerne sa vocation de sage-femme, ils ont tous unanimement raporté qu'elle est capable d'exercer dans l'Hostel Dieu la fonction de maistresse sage-femme, sur quoy eux retirez et l'afaire mise en délibération, la Compagnie a aresté que, conformément à la délibération du jour d'hier, ladite de Billy sera receue maistresse sage-femme de l'Hostel Dieu, aux gages et droits acoutumez.

(6 octobre.) On a fait la propozition au Bureau du sieur *Zameth*, gentilhomme, âgé de quarente cinq ans et infirme, qui ofre à l'Hostel Dieu une somme, à rente viagère au denier dix, laquelle la Compagnie n'a voulu accepter qu'au denier douze.

(13 octobre.) Monsieur le Receveur a demandé au Bureau s'il donnera ses quitances de huit mil livres de rente, apartenante à l'hospital des Enfans trouvez de Paris à madame Joly, qui dit avoir charge de faire la recette dudit hospital, au lieu de madame de Fouquesole.

(20 octobre.) Monsieur Pereau a dit que le lieu où on met à prézent les garsons vérolez estant trop petit pour les recevoir, on est contraint de les répandre dans les autres sales, ce qui peut incomoder et cauzer de grands accidens, tant aux pauvres malades qu'aux persones de qualité qui les vienent viziter.

(27 octobre.) Monsieur Pereau a dit que Pierre Testart, chirurgien, aiant demandé à estre receu compagnon chirurgien ordinaire de l'Hostel Dieu, il a subi l'interogatoire, suivant le nouveau règlement, et a si parfaitement répondu, outre l'expérience de la main, qu'il a par un long exercice, principalement à Belle Isle, où il a esté seul à penser les malades, pendant les grands ouvrages qui y estoient faits, qu'il croit que ce sera un grand bien pour l'Hostel Dieu, si ledit Testart est receu prezentement, et si, sans observer les formalitez pratiquées dans la maison, on le met d'abord en la sale des blessez. Ce que la Compagnie aiant mis en délibération a aresté estre fait, sans tirer à conséquence pour aucun autre, s'il n'est de pareil mérite, auquel cas, il pourra jouir de la mesme grace.

(27 octobre.) Adrien Piot, chirurgien à Tonnerre a prié le Bureau de lui permetre d'entrer dans la sale des acouchées de l'Hostel Dieu pour y voir et aprendre les acouchemens des femmes et en servir le public en son

païs. Ce que la Compagnie ne lui a voulu acorder, à cauze des conséquences et de ce qui a esté remarqué du passé en pareil sujet.

(10 novembre.) Monsieur Levieulx a dit que messieurs les Directeurs de l'Hospital général prient le Bureau de leur permetre de faire un lieu de depost pour les pauvres vagans dans la part qui apartient à l'Hostel Dieu au cimetière des Saints Inocens. Sur quoi quelques uns de Messieurs aians trouvé de la conséquence à acorder cette demande, la Compagnie a prié messieurs Forne et Legendre de voir le lieu et en faire leur raport au Bureau.

Monsieur Perreau a dit qu'aiant fait imprimer le règlement des acouchées, suivant qu'il avoit esté rézolu au Bureau, et l'aiant fait aficher dans l'Hostel Dieu, il a receu plainte du Maistre au spirituel de ce qu'il y estoit qualifié « monsieur le Père spirituel; » que lui aiant répondu que par cela on entendoit messieurs les Directeurs spirituels, et leur en aiant parlé, ils ont dit que la qualité qu'ils prenent est « supérieurs et viziteurs du spirituel de l'Hostel Dieu, » que cette qualité doit tousjours estre au pluriel, à cauze que monsieur le Doyen est supérieur né, et qu'ainsi il y en a tousjours deux au moins; qu'ils trouvèrent aussi nécessaire d'obliger les aprentisses, aussi bien que la sage-femme, de recevoir d'eux l'instruction nécessaire pour les sacremens des enfans qui naissent à l'Hostel Dieu, qu'ils trouvèrent à redire que l'Hostel Dieu usast de certains termes à l'égard des chapelains et religieuzes de l'Hostel Dieu, prétendans que le Bureau n'a aucune autorité sur eux; mais leur aiant fait conoitre de quelle manière le Bureau prétend avoir droit de donner ausdits chapelains les ordres qu'ils jugeoient nécessaires, ils répondirent d'une manière qui sembloit en demeurer d'accord, et néantmoins ledit règlement aiant esté réformé suivant ce qui est dit cidessus, et aiant esté afiché, il a seu que la mère de l'office des acouchées l'a araché, de quoi aiant fait sa plainte à la mère Prieure, elle a dit que cela a esté fait sans son ordre, que la mère de l'ofice a avoué l'avoir fait par l'ordre desdits sieurs du spirituel, ausquels s'en estant plaint, *monsieur le Pénitencier a prétendu que le Bureau n'a aucune autorité dans l'Hostel Dieu sur qui que ce soit, mais une simple administration du revenu,* ce qui est choquer absolument l'autorité du Bureau, à quoi il faut remédier. Sur quoi la Compagnie a aresté que monseigneur le Premier Prézidant sera prié de venir prendre sa place au Bureau vendredi prochain, pour avizer à cette affaire.

(22 novembre.) Une dame a prié le Bureau de permetre à un comissaire du Chastelet d'aler dans l'Hostel Dieu informer à sa requeste de l'estat auquel y a esté aporté un homme qui y est mort de ses blessures, et qui la servait ci-devant dans ses afaires, pour s'en servir contre ceux qui l'ont assassiné. Sur quoi la Compagnie a reconu qu'il lui sufira d'avoir un certificat et raport des chirurgiens de l'Hostel Dieu, du temps qu'il y est entré et du jour de sa mort, lequel certificat la Compagnie a consenti qu'il lui soit donné.

(13 décembre.) Monsieur Cramoisy a dit que messieurs Forne et Perreau avec monsieur le Receveur aians travaillé à dresser un estat abrégé du revenu et dépense de l'Hostel Dieu, pour le communiquer au public, la Compagnie a réglé à trois mil exemplaires le nombre qu'il en faut.

(20 décembre.) Veu au Bureau la minute d'un contrat de donation que monsieur Boucher, maistre de l'Hostel Dieu au spirituel, fait audit Hostel Dieu d'une somme de soixante douze livres, qui lui est deue par le sieur de Meules, intendant de monsieur le comte de Charraut, pour avoir enseigné la philosophie pendant deux ans à son neveu, la Compagnie a aresté de n'accepter point ledit don, tant par ce qu'il faudrait plaider pour avoir ladite somme, qu'à cauze que ledit sieur Boucher, dans sa signature, a pris la qualité de maistre de l'Hostel Dieu, sans distinction.

(29 décembre.) Monsieur Legendre a dit qu'il a veu le supérieur des Jacobins du grand couvent, qui a acordé que dans le tableau qu'il faut metre à l'autel de la chapelle du Rozaire à l'Hostel Dieu, on ne depeigne point les quinze mistères, mais n'a point voulu dispenser d'y faire peindre la vierge Marie tenant son fils, qui donnent des chapelets à saint Dominique et à sainte Caterine de Siene. Sur quoi la Compagnie a aresté de suivre cet ordre et qu'on s'adressera au sieur Le Dard, peintre, pour faire ledit marché, dont monsieur Leconte est prié de faire le marché.

(29 décembre.) Monsieur de Gomont a dit qu'encore qu'il ait pluzieurs fois parlé de comenser le bastiment des sales de l'hospital de Saint Julien pour les convalescens de l'Hostel Dieu, il n'en voit aucune exécution; cependant que cela retarde le paiement des trente mil livres restans des soixante mil livres donnez par monsieur le duc Mazarini, sur quoi a esté répondu que deux dificultez se rencontrent, l'une qu'on n'a pas toutes les maisons nécessaires, principalement celles qu'il faut absolument avoir pour comencer, les propriétaires ne les voulans pas vendre à prix raizonable, l'autre que le sieur Ratabon, intendant des bastimens du Louvre, em-

pêche que l'Hostel Dieu ait de la pierre comodément et sufizament, jusqu'à maltraiter les voituriers qui servent l'Hostel Dieu. A quoi ledit sieur de Gomont a répliqué qu'à l'égard de la première, il fournira un arest du conseil qui ordonnera que lesdites maisons seront estimées par les comissaires nommez à l'esgard des bastimens du colège des quatre nations, de la fondation de monseigneur le cardinal de Mazarini, et à l'égard de la seconde, qu'il en parlera à monsieur Ratabon.

31ᵉ REGISTRE. — ANNÉE 1663.

(19 janvier 1663.) Lecture faite au Bureau de l'arrest de la Cour, que la Compagnie a obtenu le dix sept de ce mois, portant que le nouveau règlement du Bureau, pour la sale des acouchées sera remis et afiché à la porte de ladite sale, au dedans d'icelle, et aux endroits que la Compagnie trouvera à propos, avec défenses à toutes persones, de quelque qualité qu'elles soient, d'y aporter empeschement, ny de l'arascher et oster, à peine de cinq cents livres d'amande, et de tous dépens, domages et interests, l'afaire mise en délibération, la Compagnie a aresté que ledit arest sera transcrit au bas de chacune copie du règlement, qui sera mis et afiché par l'huissier Taluast, demain neuf heures du matin, à la porte de ladite sale, au banc et à la chapelle où l'on batize les enfans, en quoi il sera assisté du grefier, et s'il survient quelque empeschement, ledit Taluast en dressera son procès-verbal.

(7 mars.) Monsieur Lhoste a dit que madame la première Prézidante lui aiant témoigné avoir apris le diférend qui est entre le Bureau et Messieurs du spirituel de l'Hostel Dieu, et désirer contribuer ce qui seroit de son pouvoir pour l'assoupir, il lui fit conoître que cela se pouvoit faire par une conférence, dont il n'estoit question que de convenir du lieu; que Messieurs du spirituel la demandoient chez monsieur le Doien de l'Église de Paris, que le Bureau ne s'y vouloit pas acorder, mais ofroit la faire au Bureau, comme on avoit fait pluzieurs autres fois, et en tout cas au logis de monseigneur le Premier Prézident; que ladite dame trouva ce dernier expédient bon, ofrit mesme sa chambre pour la conférance en cette ocazion, et quelle réponse elle a eu desdits sieurs du spirituel, et au cas qu'ils refuzent ladite conférance, suivant qu'il est dit ci-dessus, a aresté que les arestz de la Cour seront exécutez, ce faisant, informé contre ceux qui ont araché ou efacé lesdits règlemens, toutes les fois qu'ils ont esté afichez, et au cas que quelqu'un des serviteurs de la maizon, par crainte des religieuzes ou autrement, refuze de dépozer ce qu'il sait de cette afaire, qu'il sera mis hors de l'Hostel Dieu, sans aucun délai ni espérance de rentrer, qu'il sera obtenu aussi monitoire, et au cas que monsieur l'ofical de l'archevesché, qui est chanoine de l'église de Paris, le refuze, qu'il en sera obtenu un de l'ofical de l'abaïe de Sainte Geneviève du Mont de Paris, qui sera prézenté à monsieur le maistre de l'Hostel Dieu pour le publier, et s'il en fait refus, on saizira et arestera ses gages et autres chozes qui se trouveront lui apartenir, et s'il se veut vanger sur les deniers qu'il reçoit pour l'Hostel Dieu, il sera sommé d'en rendre compte à l'ordinaire ou par justice, et cependant ledit monitoire sera publié en l'églize de Saint Christophe, en la paroisse de laquelle est l'Hostel Dieu, et sera afiché en tous les endroits et ofices de l'Hostel Dieu.

(9 mars.) Monsieur Perreau a dit que le nommé Nicolas Vitry, boucher demeurant à la Pissote, prévenu du crime d'avoir vendu de la chair pendant le quaresme à Paris, aiant esté pris prizonnier a esté receu par les soldats de la garde du chasteau de Vincennes, et néantmoins rendu au sieur Lasnier par monsieur de Malsac, gouverneur dudit chasteau; que les oficiers de la fauconerie du Roi demandent sa liberté, disans qu'il n'a tué de la chair que pour la nouriture des oizeaux qu'ilz ont en charge.

(6 avril.) Monsieur Perreau a dit que depuis quelque temps pluzieurs femmes acouchées dans l'Hostel Dieu estant mortes peu après leur acouchement, il a déziré en savoir la cause; que pour cela on a fait ouverture des corps de pluzieurs desdites femmes mortes, mesme en prézance des six médecins de l'Hostel Dieu et du sieur Bouchet, chirurgiens experts aux acouchemens, apelé pour ce sujet; qui ont trouvé ausdites femmes la matrice tellement gangrenée et infecte, qu'on n'a peu découvrir au vrai si cela provient de la faute et ignorance de la sage-femme[1] *ou de quelque mauvaize constellation*, ce der-

---

[1] Le grefier a rejeté au bas de cette délibération l'observation suivante : « ou d'un mauvais air qui soit dans la sale des acouchées. »

nier pouvant bien estre, veu qu'il s'est fait grand nombre de mauvaizes couches dans la Ville. L'afaire mize en délibération, la Compagnie a aresté que ledit sieur Bouchet, chirurgien, sera prié de donner une sage-femme qui travaille dans l'Hostel Dieu au plus tost toute seule pendant quinzaine, pendant laquelle la dame de Billy s'abstiendra de toucher ausdites femmes, à quoi elle sera dispozée par messieurs Forne et Perreau qui la verront pour cet effet, et ledit sieur Bouchet prié d'y venir lui-mesme travailler et voir travailler le plus souvent qu'il pourra, pendant ladite quinzaine, pour, après icelle, délibérer sur ce qui sera à faire.

(13 avril.) Il a aussi esté parlé de ce qui concerne Saint Julien le pauvre, et de la propozition qui a esté faite de placer ailleurs l'hospital des convalescens, et l'afaire aiant esté examinée longuement, et pluzieurs inconvéniens remarquez, tant en cette nouvelle propozition qu'en l'ancienne de faire audit Saint Julien l'hospital des convalescens, monseigneur le Premier Prézidant a esté d'avis avec la Compagnie que quatre de Messieurs confèrent plus amplement de cette afaire, qui a esté jugée de très grande importance.

(27 avril.) On a demandé à la mère Prieure pourquoi on a refuzé à la paroisse de Saint Eustache la liberté d'aller en procession à l'hospital de Saint Louis le jour de Saint Marc, veu que cela est ordinaire et utile à la maison par les aumosnes qui s'y font lors, elle s'est excusée sur ce qu'elle ne pouvoit pas envoier des religieuzes à Saint Louis pour y préparer les lieux.

(11 mai.) Lecture faite au Bureau de la lettre du père Bonaventure de Troies, qui donne avis que le sieur Drelincour, ministre de la religion prétendue réformée vient à l'Hostel Dieu pour empêcher la conversion des huguenots qui y sont, et pervertir ceux qui se sont convertis, leur faizant des promesses avantageuzes pour leur subsistance, au cas qu'ils reviennent à convalescence, et donne aussi avis d'un hospital que les huguenots ont au fauxbourg de Saint Marcel, en la rue des Poulies. Sur quoi monsieur Perreau a dit que s'il connoissait de vizage ces messieurs les ministres, il les empêcheroit bien de venir à l'H. Dieu, mais qu'il n'en conoist aucun. A l'égard dudit hospital, on a dit qu'il n'est pas seul, qu'il y en a encor deux ou trois autres à Paris, que pour enlever les lits de ces maisons, il faudroit que monseigneur le Premier Prezidant y entremist son autorité. Sur quoi monsieur Lhoste a dit qu'il avoit dressé un arrest pour cet effet, qui n'a point encore été signé, à cauze que monseigneur le Premier Prézidant avoit creu qu'il faloit cometre deux de Messieurs les conseillers, mais que depuis, lui aiant remonstré la dificulté de faire exécuter ces arests, s'il faloit y faire transporter deux conseillers, et qu'il seroit plus expédiant de cometre deux huissiers de la cour, il lui a donné charge de le dresser ainsi, ce qu'il a fait.

(23 mai.) Sur ce que monsieur de Gomont a dit que monsieur le Pénitencier, l'un des viziteurs du spirituel de l'Hostel Dieu, a refuzé à Messieurs les religieux de Sainte Genevièfve la liberté de venir le jour de la feste Dieu repozer le Saint Sacrement, porté processionnellement ledit jour, sur un repozoir qu'on avoit acoutumé de faire au bout de la sale du Pont, du costé de la rue du Foare, de quoi le père Prieur de ladite abbaïe a fait plainte à lui sieur de Gomont, et lui a demandé qu'on preparast seulement une table et une croix et deux chandeliers, pour y repozer le Saint Sacrement, la Compagnie a *trouvé qu'elle ne se pouvoit entremetre en cela*.

(20 juin.) La Compagnie a acordé au sieur Ledard, peintre, la somme de iii°xxx. livres pour le prix du tableau qu'il a fait pour la chapelle du Rozaire.

(4 juillet.) M. Leconte a dit qu'il a eu un extrait du testament de M. de Rozières, portant un legs fait par ledit défunt à l'hospital des Incurables de la somme de vi. mil livres pour la fondation d'un lit, mais que ledit legs n'est paiable qu'après le décès de la femme dudit défunt.

(3 août.) On a aussi dit qu'on se plaint de ce que les frères hospitaliers de la Charité reçoivent les aumosnes du public, sans en rendre compte expressément, que l'Hostel Dieu comme principal hospital y a interest, que le public y est aussi intéressé, *en ce qu'on dit qu'ils envoient des sommes considérables en Italie, et font tourner au soulagement des étrangers ce qui devroit estre emploié* pour les pauvres de ce Roiaume. Sur quoi il a esté dit qu'il y a plus de 20 ans qu'on a donné arrest qui ordonne qu'ils auront des administrateurs.

(8 août.) Monsieur de Sène a dit estre certain que le cimetière qui est joignant l'hospital de la Trinité n'apartient point audit hospital, mais à la Ville, qu'il en trouvera facilement les actes justificatifs dans les registres de la Ville, et a esté remarqué que la Ville a fait don de ce cimetière à l'Hostel Dieu pour y enterrer les pestiférez.

(5 septembre.) Le sieur Gayan, maistre chirurgien, ouï au Bureau sur ce qu'il a remarqué en la sale des acouchées, touchant la capacité de la dame de Billy,

maîtresse sage-femme de l'Hostel Dieu, au fait des acouchemens des femmes, il a dit avoir assisté à pluzieurs acouchemens faits par ladite dame de Billy, mesme fait ouverture des corps de quelques femmes mortes en couche, qu'il n'y a rien remarqué qu'il puisse assurer ou soupçonner estre de la faute de la sage-femme, mais qu'il ne peut pas assoir un jugement certain sur ce sujet, qu'il lui faut une plus ample et longue espreuve, qu'il est prest de revenir en ladite sale toutes et quantes fois qu'il s'y fera des acouchemens, pourveu qu'il en soit averti, de quoi il a esté prié et remercié de la peine qu'il en a desjà pris. Lui retiré, M. Perreau a fait ample récit de tout ce qui s'est passé depuis la dernière délibération du Bureau, et principalement qu'il a fait changer de lieu les femmes en couche, qu'il a fait metre au plus bel air de la sale, ce qui aportera peut-estre quelque soulagement aux femmes incomodées dans leurs couches, et a esté dit que par la dépozition des chirurgiens on ne doit point atendre la vérité si ladite dame de Billy est incapable, à cauze de son frère qui est maistre chirurgien à Paris, mais que les médecins seront plus croiables, l'afaire mize en délibération, la Compagnie a aresté que la délibération précédante sera exécutée, que les médecins et chirurgiens nommez, et quelques dames charitables qui peuvent avoir quelque conoissance des acouchemens seront priez de se rendre assidus en ladite sale, pendant le resté de ce mois, pour sur leur raport délibérer.

(28 septembre.) Monsieur Leconte a dit que de la ferme de Charmentray, aquize par l'hospital des Incurables de défunt monseigneur Danetz, evesque de Toulon, dépend un fief apelé le fief de Bry autrement dit du Moulin, sis à Précy sur Marne, qui a haute moienne et basse justice, qui s'étend sur une grande partie des habitans dudit Précy, qu'il est utile audit hospital de faire exercer ladite justice, et pour cet effet donner des lettres de provizion aux oficiers nécessaires. Ce que la Compagnie a agréé, et au mesme instant ont esté signées cinq provizions, savoir : de maire, lieutenant, procureur fiscal, grefier, tabellion et sergent, les noms en blanc, pour estre remplies de ceux que ledit sieur Leconte en trouvera capable.

(12 octobre.) Messieurs Lhoste et Perreau ont rézanté au Bureau qu'une femme angloize, de religion puritaine, aiant épouzé un françois calviniste, ils ont abjuré leurs hérézies et embrassé la religion catolique, que ce changement de religion les aiant réduit à la pauvreté, à cauze qu'ils ne reçoivent point de secours de leurs parents, le mari est absent depuis quelques années, et la femme se trouve grosse de trois mois, dont les dames de la Charité ont soin, qui prient qu'on la retire dans la sale des acouchées de l'Hostel Dieu, en atendant qu'elle soit délivrée de son fruit, en paiant sa pension, pour éviter que sa mère en soit avertie, et la retire des mains desdites dames, et l'emmène en Angleterre, où elle seroit infailliblement pervertie. La Compagnie n'a voulu acorder ladite demande, pour les raizons qui en ont esté raportées.

(26 octobre.) Sur ce que M. Helyot a dit qu'on refuze à l'Hostel Dieu de recevoir une femme grosse, qui est au terme auquel on les reçoit ordinairement, souz prétexte qu'elle est malade de grosse vérole, M. Perreau a dit que celles qui ont ce mal ne sont receües à l'Hostel Dieu qu'à l'extrémité, et quand elles sont en travail, à cauze du danger qu'il y a qu'elles en gastent d'autres. M. Lhoste a dit aussi que l'Hospital général ne peut estre tenu de la recevoir, estant nomément déchargé de recevoir des persones gastées de ce mal, par les lettres de son établissement. Sur quoi M. Forne a dit que l'envoiant au grand Bureau, on aura soin de la faire penser.

(7 décembre.) M. de Gomont a dit s'estre transporté avec M. Perreau en la cour de Saint Julien le pauvre, pour y reconoistre les portes et fenestres des maisons voizines qui ont issue sur ladite cour, qu'elles paroissent toutes anciennes, mais non tant que lesdites maizons, que la prescription pour les servitudes n'ayant été abolie que par la rédaction de la coutume, il sufit aux propriétaires desdites maisons qu'ils aient 30 ans de possession auparavant ladite rédaction de la coutume, pour s'assurer le droit desdites fenestres et portes, ce qu'il faut examiner, aussi bien que si lesdites fenestres sont tellement nécessaires ausdites maizons, qu'elles ne puissent s'en passer, car cette circonstance rendroit la cauze desdits propriétaires plus favorable, de quoi M. Perreau a promis de s'informer et s'assurer, et cependant la Compagnie a aresté de surseoir la poursuite que l'H. Dieu fait contre lesdits propriétaires à ce sujet. Sur quoi M. de Gomont aiant remarqué qu'il seroit comme superflu d'insister sur ces prétentions, si le Bureau n'avoit pas dessin d'establir en ce lieu l'hospital des Convalescens de l'Hostel Dieu, et qu'il estimoit qu'il estoit à propos de délibérer et arester si cet établissement y seroit fait ou ailleurs. La Compagnie aiant esté d'avis d'y délibérer prézantement, M. de Gomont a dit que cette afaire avoit esté amplement discutée entre ceux, que la Compagnie avoit commis ci-devant à ce sujet, qu'il a le mémoire des raizons qui ont esté aléguées pour et contre, qu'il est expédient de les raporter prézantement, que ceux qui sont d'avis de faire l'établissement dudit hospital à saint Julien le pauvre dizent : 1° que le premier dessin de

l'établissement dudit hospital a esté de le faire à saint Julien, qu'on ne peut pas changer de rézolution, sans des considérations très pressantes; 2° que le prieuré de Saint Julien n'a esté donné à l'Hostel Dieu que pour cet établissement, et ainsi ne le peut posséder qu'à ce titre; 3° qu'en cette considération, monseigneur le cardinal Mazarini a donné ii^m v^c livres de pension sur son abaïe de St Estienne de Caen, à monsieur Mélian, en considération de la rézignation qu'il a fait en faveur de l'Hostel Dieu dudit prieuré de Saint Julien; 4° que Son Éminence pour cette mesme raizon a donné à l'Hostel Dieu de son vivant xl. mille livres et par son testament xxx. mille livres, que l'Hostel Dieu a touché; 5° que dans la mesme pensée M. le duc Mazarini a témoigné l'intention qu'il avoit de donner encor à l'Hostel Dieu la somme de xxx. mille livres; 6° que dans l'établissement dudit hospital de Saint Julien, ledit sieur duc Mazarini a fondé en l'églize dudit Saint Julien une messe basse tous les jours à perpétuité pour ledit défunt seigneur cardinal; 7° que ledit seigneur cardinal, comme abbé et général de l'ordre de Cluny, avoit donné son consentement pour unir à l'Hostel Dieu ledit prieuré de Saint Julien, afin d'y établir un hospice des Convalescens; 8° que le consentement des religieux de Longpont pour ladite union n'avoit esté que sur ce fondement, veu mesme qu'ilz avoient stipulé une clause d'y recevoir des religieux de Longpont; 9° que les bules du Pape n'ont esté obtenues que sur cette considération; 10° que la sentence de l'oficialité qui a fulminé les bules a esté à cette condition; 11° que l'on est desjà en quelque façon engagé par l'exécution desdites bules et sentences, tant par le service divin que par le temporel; 12° que la proximité de la maison des Convalescentes doit estre considérée comme un grand secours pour l'un et l'autre sexe, qui doivent estre divizez, et néantmoins ne peuvent estre beaucoup éloignez sans une incomodité et dépense notable; 13° que la proximité de l'Hostel Dieu est encore plus considérable, pour le secours des pauvres, qui seront moins incomodez et moins en danger de retomber malades, que s'il faloit les transporter plus loin, ce qui se fera aussy sans frais ni dépense extraordinaire; 14° qu'on ne sera pas obligé de faire double cuizine, à cauze de la facilité toute entière d'y porter les vivres aux heures du repas, ce qui est une épargne très notable de la dépense, évitant la multiplicité des serviteurs; 15° que l'Hostel Dieu s'est desjà engagé en beaucoup de dépense, par l'aquizition qu'il a fait de pluzieurs maizons, sizes autour dudit Saint Julien, dans la pensée de s'en servir pour y faire cet établissement; 16° qu'on doit considérer les dépenses nouvelles qu'il faudroit faire, si on faizoit ailleurs ledit établissement, tant par l'achat des héritages que bastimens à construire et indemnité à païer; 17° que si on fait ledit établissement ailleurs, il faut courir le risque de perdre ledit prieuré de Saint Julien, du moins d'avoir et soufrir beaucoup de contestation, tant pour l'union que pour le titre et pour le temporel, qui n'ont esté donnez qu'à une condition qui ne seroit pas effectuée, mesme qu'on pouroit en soufrir de la part du chapitre de Paris, pour la direction du spirituel; 18° qu'il y a desjà une églize bastie et qu'il faudroit en bastir une, si on faizoit l'établissement ailleurs; 19° enfin que le dessin de l'établissement de l'hospital des Convalescens ailleurs est contre l'intention des bienfaiteurs, et mesme des administrateurs de l'Hostel Dieu. Que ceux qui sont de l'avis contraire et croient à propos de faire l'établissement ailleurs répondent aux susdites raizons : à la 1re, qu'il ne faut pas tant considérer le premier dessin de cet établissement que ce qui est le plus avantageux; que cette dernière considération doit l'emporter sur l'autre. A la 2e, que la condition du don de ce prieuré fait à l'Hostel Dieu ne pouvoit engager l'Hostel Dieu en aucune perte que de celle du titre et revenu, qui n'est pas si considérable qu'il puisse égaler le profit qu'on trouve à établir ledit hospital ailleurs; à la 3e, que Son Éminence et M. Mélian estant morts, il ne faut plus considérer la pension de ij^m v^c livres. Aux 4e, 5e et 6e, qu'on se promet le consentement de M. le duc Mazarin pour transférer ailleurs, avec ledit hospital, les xl. mille livres d'une part et xxx. mille livres d'autre part de feu Son Éminence, les xxx. mille promis par ledit sieur duc et la fondation de la messe. Aux 7e, 8e, 9e, 10e et 11e, que tout ce que ces raizons peuvent avoir de suite, ne va qu'à perdre le titre et revenu de Saint Julien, comme on a dit sur la seconde raizon, et que d'ailleurs on cherchera d'autres moiens de se le conserver si on est ataqué. A la 12e, qu'on ne void aucune utilité dans la proximité de la maison des Convalescens, supozé qu'il leur vienne une maizon séparée de celle des convalescens. A la 13e, que la proximité de l'Hostel Dieu est une choze plus domageable à l'Hostel Dieu qu'avantageuze, pour plusieurs raizons dont on a desjà pluzieurs fois parlé au Bureau. A la 14e, que de n'avoir qu'une cuizine cauzeroit plus de dépense que si les cuizines estoient séparées, ce qu'on peut aprendre par l'expérience, et que la multitude engendre inévitablement la confuzion. A la 15e, que les maizons aquizes par l'Hostel Dieu sont un revenu dont il joüira tousjours, de mesme que s'il avoit fait des aquizitions ailleurs, et que l'aquizition des maizons voizines de Saint Julien est assez utile, estant au milieu de Paris, et en bon lieu. A la 16e, que les dépenses de bastir seroient bien plus grandes à Saint Julien qu'ailleurs, tant par ce que les héritages y sont plus chers, qu'en pas un autre endroit où l'on pouroit faire cet établissement, que par la difficulté qu'on auroit d'aquérir pluzieurs maizons nécessaires, qu'on ne pouroit avoir qu'avec grand prix, et faudroit bastir entièrement l'hospital. A la 17°, que le plus grand mal qui peut ariver des contestations qu'on pouroit faire sur Saint Julien est de le perdre et de l'abandonner, ce qui n'est pas assez considérable pour empescher l'établissement de l'hospital ailleurs; joint qu'on taschera de s'en défendre; que Mrs du Chapitre de Paris n'auront garde de former des contestations pour faire perdre le titre et le revenu, parce qu'ils perdroient leur juridiction spirituelle; qu'on peut obtenir à prezant un devolut souz le nom d'un particulier, ou afin de confirmer le titre de l'Hostel Dieu avec ce particulier, ou pour certifier le titre, ou pour prévenir ceux qui pouroient avoir le mesme dessin. A la 18°, qu'on peut faire bastir une chapelle, aussi ample que l'église de Saint Julien sans beaucoup de frais. A la 19°, que l'intention des bienfaiteurs et des administrateurs de l'Hostel Dieu a esté d'establir un hospital des Convalescens pour le bien des pauvres et celui de l'Hostel Dieu, et non pas pour la considération du lieu qui n'y est que par accident, tellement que leurs intentions seront suivies, si l'hospital est establi, en quelque lieu que l'établissement en soit fait. Que l'établissement dudit hospital à Saint Julien se voiant ainsi destitué de raizons puissantes et convaincantes, il y en a de fortes pour obliger à faire cet établissement ailleurs : 1° que l'instruction des pauvres sera bien plus avantageuze par des prestres particuliers, souz la direction des administrateurs, que ce qui se feroit souz la direction spirituelle ordinaire de l'Hostel Dieu; 2° qu'il n'y aura pas tant de pauvres à l'Hostel Dieu si on en oste les convalescens, et qu'on les mette en un lieu éloigné de l'Hostel Dieu, par la dificulté plus grande qu'il y aura d'y revenir, que s'ils estoient proche; 3° que s'il estoit à Saint Julien, les directeurs du spirituel de l'Hostel Dieu et les religieuzes de l'Hostel Dieu s'atribueroient le mesme pouvoir qu'ils se donnent à l'Hostel Dieu, et y auroit le mesme dezordre et les mesmes dificultez qui naissent entre les directeurs spirituels et temporels; 4° que l'obéissance, l'ordre et l'œconomie seront bien mieux établis et observez en un lieu éloigné; 5° que cet hospital estant esloigné, ne sera point rempli d'anciennes religieuzes, ni des personnes que les religieuzes protègent ordinairement, comme il le seroit s'il estoit proche de l'Hostel Dieu; 6° qu'on peut aquérir à très bon compte la maison de mademoiselle de Lestang au fauxbourg de Saint Germain, où il y a des bastimens très bons et bien faits, assez amples pour placer, beaucoup de lits, et où il ne faudroit pas dépenser xxx. mille livres au delà de ce qui est fait pour le rendre un hospital parfait; 7° que ce seroit un avantage d'estre souz la direction spirituelle de monsieur l'abbé de Saint Germain des Prés, comme on a l'expériance en l'hospital des Incurables; 8° que cette maizon a un air bon et salubre pour les convalescens, ce que n'a pas Saint Julien, qui est en un lieu serré et enfermé au milieu de Paris, en un lieu fort sale et recevant l'air corrompu de l'Hostel Dieu; 9° que la dépense dudit hospital ne sera pas plus grande d'estre en un lieu éloigné qu'en un lieu proche, mais que la recette en sera beaucoup plus avantageuze par des aumosnes et par des legs, estant un hospital particulier, dont on a l'exemple de l'hospital des Incurables, de l'Hospital Général et des autres nouveaux établissemens. Que voilà somairement ce qui a esté remarqué dans les conférences tenues par lesdits sieurs comissaires. Sur quoi M. Legendre a dit qu'il y a encore une raizon très considérable pour les malades, que les pauvres meurent souvent à l'Hostel Dieu parce que les convalescens sont en mesme lit avec des griefs malades, que l'on donne également à manger aux uns et aux autres, et qu'on ne peut pas les distinguer; que les convalescens en estans ostez, on poura établir dans l'Hostel Dieu plus d'ordre qu'il n'y en a présent. M. Leconte a dit qu'on préviendra les dézordres qui sont à l'Hostel Dieu par les convalescens, dont les plaintes ont esté si souvent portées au Bureau, et sans fruit, par la dificulté d'y trouver un autre remède que celui de l'établissement dudit hospital. M. Legendre a adjousté que les convalescens cauzent des dézordres et épouvantables, que les malades et les religieuzes en sont très incomodées. M. Perreau a dit que les dépenses de l'hospital des convalescens si éloigné seront bien plus grandes, parce que l'on ne mettra jamais dehors que ceux qu'on feroit sortir de l'Hostel Dieu et qu'ainsi c'est un nouvel hospital de santé, et un surcroist de dépense excessive et superflue à l'Hostel Dieu, qu'il y a quantité de chozes aléguées pour porter cet hospital ailleurs qu'à Saint Julien, dont il s'étonne, et pour avoir, ce lui semble, des raizons claires et convaincantes au contraire, que néantmoins il se raporte à l'avis de Mrs les comissaires, mais qu'il ne sera jamais d'avis d'un autre établissement, s'il n'y a un administrateur rézidant, et que le Bureau ne soit maistre absolu de la potillerie. M. Helyot a dit la mesme choze, mais qu'on y aportera ce remède. Monseigneur le Premier Prézident a dit que tout est d'un costé et rien de l'autre, 20 raizons pour l'établissement ailleurs qu'à Saint Julien et il n'y a que la dépense qui le combatte, ce qui n'est pas considérable, qu'on peut faire en sorte de conserver le prieuré de Saint Julien à l'Hostel Dieu, nonobstant l'établissement de l'hospital ailleurs, quand on n'auroit d'autre raizon que pour faire un autre Hostel Dieu, pour le soulagement du grand ou pour donner de l'air à ce qui est à prézant. Sur quoi l'afaire mize en délibération, la Compagnie a aresté que l'établissement dudit hospital des Convalescens de l'Hostel Dieu se fera ailleurs qu'audit Saint Julien le pauvre, et qu'il sera établi en la maizon de mademoiselle de Lestang au fauxbourg de Saint Germain apelée l'hospital de Sᵗ Jozef, si l'Hostel Dieu peut s'en rendre adjudicataire, et a prié M. Legendre de ménager cette afaire.

32ᵉ REGISTRE. — ANNÉE 1664.

(2 janvier 1664.) Caterine Barbusseau est venue prier la Compagnie de lui permetre d'aprendre la seignée dans l'Hostel Dieu, aiant parole d'estre receüe religieuze aux filles de la Charité de la place Roïale.

(9 janvier.) Messieurs Cramoisy et Forne ont raporté estre alez saluer monseigneur le Prezidant Nicoläy, suivant la rézolution du Bureau du dernier jour, qu'il les en a remercié et le Bureau, et n'a voulu donner le jour pour prester le serment au Parlement, mais seulement dit qu'il veroit monseigneur le Premier Prézidant auquel ils ont fait savoir cette réponse, en suite de laquelle il a mandé audit sieur Cramoisy que le jour pour le serment a esté pris à vendredi prochain sept heures du matin.

(16 janvier.) Sur l'avis que le sieur Maillard, procureur des prestres de la mission de Saint Lazare a donné au Bureau de la diminution de trois quartiers de loier de l'année mil six cents soixante trois, que demande le fermier des aides d'Angers, *à cauze de la mizère publique procédante de la stérilité de l'année et maladies fréquentes qui ont grandement dépeuplé la province*, la Compagnie a prié ledit sieur Maillard de s'informer plus particulièrement de la vérité des chozes ci-dessus.

(13 février.) Le sieur Pasquier, fossoieur du cimetière des Saints Innocens est venu au Bureau avec monsieur le Maistre de l'Hostel Dieu au spirituel, qui a dit avoir compté avec ledit Pasquier des fosses qu'il a fait pour les corps morts à l'Hostel Dieu, enterrez audit cimetière depuis trois ans; qu'il y en a 174 avec bière et 195 sans bière, que des premières il lui est deu douze sols six deniers chacune et des autres sept solz six deniers, le tout montant à 181 livres 17 solz 6 deniers.

(15 février.) M. Leconte a remontré que le Roi, pour l'embelissement de sa maison de Versailles a fait faire de grandes avenues fort longues et fort larges avec de grands fossez aux deux costez qui, traversans les terres labourables, non seulement ruinent les terres de la ferme de l'hospital des Incurables à Clagny, par ce qu'elles en coupent, mais encore par la dificulté qu'elles aportent à labourer ce qui en reste, à cauze desdits fossez, et que d'ailleurs le Roi a fait revestir un estang de murs doubles et glaizez au milieu, au moien duquel les prez de ladite ferme, qui en faizoient le meilleur revenu, sont à présent couvers d'eau et inutiles à la ferme, que le fermier veut abandonner et demande de grands domages et interetz, ce qui cauze une perte notable audit hospital, auquel cette ferme rendoit 2,400 livres par an. La Compagnie a aresté qu'il en sera fait remontrance au Roi, au plustost, et monsieur de Gomont a demandé les procès verbaux qui en ont esté dressez pour en parler à monsieur Colbert.

(22 février.) Quant à la sale des acouchées, dont monsieur Perreau a remarqué l'incomodité notable, cauzée par le peu d'air qui y est et qui rend la guérizon des femmes en couche plus dificile. Ledit sieur Perreau ayant dit les remèdes qu'il croioit pouvoir y estre aportez, comme aussi de metre les femmes acouchées malades, dans un grenier qui est au dessus des ofices de cette salle, qui y a communication par un escalier particulier, afin de n'estoner par leur mort celles qui se portent bien; aiant esté remontré que ce grenier estant exposé au midi est trop chaud pour y retirer des malades. La Compagnie a prié messieurs Leconte, Perreau et Legendre de voir encore le lieu, et aviser à ce qui pouroit estre fait pour le mieux.

(27 février.) Il a esté remontré au Bureau le dezordre qui se commet en l'ofice de la Poüillerie de l'Hostel Dieu, dont les religieuzes se servent, pour retenir à leur service grande quantité de garsons et filles qui sont beaucoup à charge à la maison, en sorte que le meilleur de cet ofice se consomant à ces chozes, le surplus qui en revient de profit à l'Hostel Dieu est très petit, eu égard au nombre des persones qui meurent à l'Hostel Dieu. Sur quoi la Compagnie a aresté d'en délibérer plus amplement vendredi prochain, et de chercher les moiens d'oster aux religieuzes le gouvernement de cet ofice, veu le profit considérable qui en reviendroit à l'Hostel Dieu.

(7 mars.) Monsieur de Gomont a dit qu'on lui a propozé de donner à l'Hostel Dieu et autres hospitaux interessez la somme de 16,000 livres pour tout ce qu'ils pouroient prétendre en conséquence de l'arrest de la Cour, qui leur a ajugé les fruits et revenus de l'abaïe de

Saint Martin de Laon, qu'en aiant comuniqué à monseigneur le Premier Prézidant, il lui a dit qu'on lui avoit donné parole de vingt mil livres.

(26 mars.) Monsieur Lhoste a dit que quelques personnes se sont plaint de ce que la vizite des pauvres malades de l'Hostel Dieu se fait dans l'églize devant le Saint Sacrement qui est dans le tabernacle, et d'ailleurs que plusieurs personnes de condition, les jours de pardon, sont empêchées d'entrer à l'Hostel Dieu, d'autant que l'espace est petit. Sur quoi la Compagnie a aresté qu'on verra si ladite vizite peut estre faite ailleurs qu'au lieu où elle se fait à présent.

(26 mars.) Monsieur Perreau a dit que Louize de la Guiche, demoiselle de condition, mais grandement nécessiteuze estant grosse de sept mois, quelques persones charitables ofrent donner à l'Hostel Dieu 2 livres pour la faire recevoir présentement, ce que la Compagnie a acordé.

(18 avril.) Monsieur Leconte a dit qu'un particulier de Toulouze travaillant pour l'établissement d'un hospital des Incurables dans ladite ville, demande des instructions tant de l'établissement que de l'œconomie et règlement de l'hospital des Incurables de Paris, pour se régler sur iceux à l'égard de ce nouvel hospital de Toulouze, ce que la Compagnie a acordé.

(30 avril.) Monsieur Lhoste a dit que monsieur Bogue, doien de l'église catédrale de Nevers, lui aiant comuniqué le contrat qu'il avoit fait pour établir des religieuzes hospitalières dans l'hospital de Nevers, suivant les règlemens dressez qui lui ont esté aussi comuniquez, et qu'il a fait voir au Bureau, et pour cet effet y faire venir des religieuzes de l'Hostel Dieu de Paris, suivant la permission qu'il en a obtenu de messieurs du Chapitre de l'église de Paris, il lui a fait conoistre qu'il en faut aussi parler au Bureau, duquel cela dépend aussi bien que dudit Chapitre, de quoi il a creu devoir avertir le Bureau. Sur quoi quelque dificulté aiant esté remarquée en cette afaire, la Compagnie n'a voulu y délibérer, qu'elle n'ait veu les délibérations pendantes sur de pareils sujets, ce qu'elle fera au premier jour.

(9 mai.) Sur ce que la mère Prieure a prié la Compagnie, comme il est acoutumé, de disner dimanche prochain à l'issue de la profession d'une religieuze de l'Hostel Dieu, la Compagnie a aresté de n'y point assister si Messieurs les directeurs du spirituel ne veulent y disner a mesme table, dans la sale au dessus de la communeauté des domestiques, comme il estoit ordinaire, atendu que ce disner n'a esté mis en uzage, que pour avoir lieu de conférer ensemble des chozes qui regardent l'administration spirituelle et temporelle de l'Hostel Dieu conjointement, et maintenir l'union entre ces deux Compagnies, de laquelle Messieurs du spirituel semblent vouloir se départir.

(16 mai.) Monsieur Perreau a dit que M. de Guitry aiant obtenu des lettres patentes du Roi non encore vérifiées, pour l'établissement des monts de piété en France, souz le nom de maizons de secours, ofre se contenter du tiers du profit, si l'Hostel Dieu en veut entreprendre l'établissement à ses frais et risques, ou en donner la moitié de profit à l'Hostel Dieu, s'il veut soufrir que l'établissement se fasse souz son nom. Sur quoi monseigneur le Premier Prézidant aiant dit que cet établissement *estant odieux et domageable au public par un comerce d'uzure publique, il ne sera jamais vérifié à la Cour*, la Compagnie a aresté de ne point accepter ces propositions.

(18 juin.) La Compagnie, suivant la délibération du dernier jour, s'estant levée, s'est transportée à l'Hostel Dieu où elle a vizité la sale des acouchées et les ofices qui en dépendent, en présence des 6 médecins de l'Hostel Dieu, des sieurs Bornat, Toizon et Sinson, des mère Prieure et souz-prieure et autres antiennes religieuses de l'Hostel Dieu, qui tous ensemble se sont transportez au grand grenier qui est au dessus de ladite sale et ont examiné la comodité et incomodité des lieux. Et après pluzieurs propozitions faites de part et d'autre, a esté aresté que lesdits sieurs médecins consulteront entre eux plus particulièrement sur ce qui est à faire.

(25 juin.) La Compagnie aiant jugé à propos que chacun de Messieurs choizisse une maizon dans la rue Neuve de Notre Dame, pour prendre une chambre pour voir passer la cérémonie de l'entrée de monsieur le Légat, M. Cramoisy a choizi la maizon où demeurent les filles de la Charité.

(27 juin.) Lecture a esté faite au Bureau des raports des sieurs Delaunay, Capon, de Garbes et Moreau, médecins ordinaires de l'Hostel Dieu, touchant le changement de lieu pour les femmes grosses et accouchées dudit Hostel Dieu. Et tous sont d'avis de les placer dans le grenier au dessus de la salle où elles sont à présent, faisant aproprier les lieux pour les rendre comodes, aucuns étant d'avis de les séparer en trois salles différentes, l'une pour les femmes malades, l'autre pour les femmes accouchées, et la troisième pour les femmes grosses. Sur quoy M. de Gomont a fait raport de ce qui se passa le

jour que la Compagnye se transporta sur le lieu du different qui étoit entre la maîtresse sage-femme et les apprentisses, ce qui leur fut représenté sur ce sujet, principalement l'union avec laquelle elles devoient vivre ensemble, et combien les querelles étoient préjudiciables aux pauvres. Ledit sieur de Gomont a adjouté que la mère Prieure témoignoit que ce changement luy faisoit peine, *peut être à cause de la peine que les religieuses auroient de monter si haut.* L'affaire mise en délibération, la Compagnie a aresté que lesdites accouchées seront mises dans ledit grenier et qu'elle avisera au moyen de les y placer pour le mieux.

(27 juin.) La Compagnie a signé le contrat que Nicolas Hubert, marchand épicier au fauxbourg Saint Germain a fait à l'Hostel Dieu sans garentie que de ses fait et promesses de 1362 livres de principal qui lui est deûb par damoiselle Marie Delpesse de l'Estang, supérieure des filles orphelines de la maison de Saint Joseph audit fauxbourg, et en laquelle elle a esté condamnée par sentence du Chastelet du 16 juin 1660 pour marchandises fournies pour la noriture de ladite maison, plus des interests escheus depuis qu'ils ont esté demandez et adjugez par ladite sentence, et les frais faits depuis pour en avoir payement, avec pouvoir de poursuivre le remboursement desdits frais sous le nom du cédant, promettant en passer les procurations nécessaires, desquelles l'Hôtel Dieu l'indemnisera, moyennant 1362 livres payez comptant pour le principal, 325 l. 15 s. 8 deniers pour les interests, et 206 livres 15 sous pour les dépens.

(16 juillet.) Monsieur le Maitre au spirituel a fait plainte des domestiques de l'Hôtel Dieu, de ce qu'ils vivent avec peu de retenue, proférant des paroles indécentes et sales, même en présence des religieuses, et négligent d'assister aux instructions familières qui se font tous les vendredi dans l'Hôtel Dieu.

(18 juillet.) On a proposé au Bureau une ferme et terre apelez le fief de la Torche, siz à deux lieues près Meaux, sur le bord de la rivière, rellevant de monsieur le mareschal de Turenne, à cauze de la Ferté sous Jouaire, consistant en maison, ferme et 130 arpens de terre.

(29 août.) Monseigneur le Premier Président a dit qu'un particulier, chirurgien natif de Languedoc, qui dit avoir grande expérience au fait de la taille et extraction de la pierre, offre de servir les pauvres de l'Hostel Dieu conjointement avec le sieur Collo, ou en son absence, et gratuitement, sur quoy ledit chirurgien ouï au Bureau, qui a dit avoir des secrets particuliers pour cet art, avoir travaillé en sa province et mesme aux pays étrangers avec succès, et avoir aussy des gages ordinaires de la province en cette qualité, l'affaire mise en délibération, la Compagnie a aresté de chercher les moyens de faire travailler ledit chirurgien en présence dudit sieur Collo, pour juger de sa capacité, et pour cet effet a prié monsieur Robineau et Helyot de voir ledit sieur Collot pour sur sa réponse être délibéré.

(3 septembre.) A esté dit qu'un particulier prétend avoir un secret pour rendre l'estain beau et sonnant comme de l'argent, et plus difficile d'une fois à fondre que l'estain ordinaire, et prie le Bureau de l'aider pour avoir le privilége de travailler seul de son secret, offrant à l'Hôtel Dieu 500 livres de rente par chacun an. L'affaire mise en délibération, la Compagnie n'a voulu entendre à cette proposition.

(5 septembre.) Monsieur le Receveur a représenté une copie d'arrest qui luy estoit mise en mains, donnée en Parlement le 14 aoust dernier, par lequel est ordonné qu'aux frais des propriétaires et ayans droit au cimetière des Saints Innocens, et à proportion de l'émolument qu'ils en tirent, feront faire deux portes trillissées aux deux bouts du charnier qui va le long de la rüe de la Lingerie, pour en interdire le passage, et empêcher les désordres qui s'y cometent à la faveur de l'obscurité que causent les chapelles d'Orgemont et de Villeny, lesquelles portes ne seront ouvertes que lorsqu'on dira les messes de fondations ès dites chapelles, lorsqu'on fera les processions ordinaires de la paroisse des Saints Innocens, et pour les convois et enterremens et autres cérémonies ordinaires; qu'on fera à toutes les arcades dudit cimetière des bareaux de bois de 4 pouces de distance, en sorte qu'on n'y puisse passer; qu'on fera un mur de trois pieds et demy de haut, depuis l'arcade qui est devant la porte de la rüe aux Fers jusqu'à l'arcade qui est proche de l'église, appelé *le charnier de la viage* et sur ledit mur un treilly de bois de hauteur sufisante pour empescher qu'on passe par dessus, laissant un passage de la largeur du charnier; que les quatre portes du cimetière seront laissées, y rétablissant les barrières anciennes pour empescher le passage des portefais, seront faites trois portes pour entrer au dedans du cimetière, l'une vers la rüe Saint Honoré, l'autre vers la rüe Saint Denis, l'autre proche de la porte du presbytère des Saints Innocens, enjoint aux dépositaires des clefs desdites portes, de les laisser fermées, hormis pour les convois et dans le temps des prières publiques, fait deffenses de vendre ny fabriquer aucune marchandise sous les charniers, ny aux passans d'y faire rien de malséant, d'insolent, de scandaleux, etc.

(3 octobre.) La Compagnie a signé le contrat de fondation, faite suivant le testament de madame de Bulion la mère, de trois lits en l'hôpital des Incurables pour trois pauvres de l'un ou l'autre sexe pris au village de Videville, Maule, Motainville, Mareuil et Vilier, parroisse de Launay, soit que lesdits lieux demeurent en sa famille ou non, lesdits pauvres nommez par l'aisné de ses enfans successivement à perpétuité, sur l'avis qui luy en sera donné par les sieurs curez des lieux, et poura estre pris ailleurs par celuy qui aura le droit de nommer, moyennant la somme de 14,000 livres léguez pour ce sujet audit hôpital par ladite dame de Bulion et 450 livres pour l'achapt des 3 lits.

(10 octobre.) Blaise Salezard a esté receu par la Compagnie pour chirurgien extraordinaire de l'Hôtel Dieu, après qu'il a suby l'interrogatoire en la forme ordinaire, et a esté trouvé capable.

(17 octobre.) Monsieur Bigot a dit que le sindic des maîtres d'école de Paris luy a donné avis d'une amande de vingt quatre livres parisis en laquelle M. le Chantre de l'église de Paris a condamné Claude Mercier, maître d'école du quartier de la rue St Denis, pour avoir montré à lire à des enfans dans un romant, contre le règlement des petites écoles, et que, faute de payement, ledit Mercier a esté emprisonné et est sorty en consignant ladite somme, à la délivrance de laquelle il s'est opposé, qu'on doit plaider ce matin par devant ledit sieur Chantre sur ladite opposition, sur quoy la Compagnie a remis à délibérer après qu'elle aura seu ce qui aura esté ordonné par ledit chantre.

(31 octobre.) Les sieurs Capon, Moreau et de Bourges, médecins ordinaires de l'Hôtel Dieu, sont venus au Bureau et y ont amené un particulier distribuant aux malades de l'Hôtel Dieu des ptisannes, sans ordre ny aveu des médecins de l'Hôtel Dieu, dont ils ont mis au Bureau deux bouteilles.

Sur ce que Monsieur Perreau a dit que le sieur Felis, premier chirurgien ordinaire du Roy ayant un fils receu en sa charge et survivance, qu'il désireroit perfectionner en la saignée, et pour cet effet, la luy faire pratiquer sur des femmes grasses et charnues, comme plus difficiles à saigner, ce qu'il ne peut rencontrer aisément que dans l'Hôtel Dieu, demande au Bureau la permission pour son fils de pratiquer ladite saignée dans l'Hôtel Dieu ce que la Compagnie en délibération a accordé.

Monsieur Perreau a dit qu'il a averty Simon, chirurgien ordinaire de l'Hôtel Dieu, qui a le soin d'acoucher les femmes gâtées, de la délibération du dernier jour, qu'il luy a dit qu'il est à craindre que si on faisoit descendre les femmes qui sont en travail, il pourroit leur prendre un saisissement qui leur causeroit peut-être la mort, que pour y obvier, il offre aler les accoucher dans la sale des accouchées, sur quoy quelques difficultez ayant encore esté remarquées, la Compagnie a aresté qu'il y sera pourveu selon les occurrences, et qu'en cas que ledit chirurgien remarque dans l'accouchement qu'il n'y a aucun risque pour les autres femmes, il les accouchera dans ladite salle, si la sage femme et apprentisse en font refus, et après l'accouchement, s'il juge qu'il y ait du risque, il les fera aporter en bas.

(29 novembre.) On a donné avis au Bureau que la dame Rabier, maîtresse sage femme qui travailloit dans l'Hostel Dieu en l'absence de la dame de Billy, s'étant retirée dudit Hôtel Dieu, on a esté obligé d'y en mettre une autre qui n'est pas pour y demeurer toujours, étant mariée, mais en attendant que le Bureau ait délibéré si elle rappellera la dame de Billy qui s'en était retirée seulement pour aller aux eaux, à cause d'une infirmité qu'elle avoit lors, et qu'elle dit n'avoir plus, bien que quelques personnes, même la mère Prieure de l'Hôtel Dieu dise qu'elle en soit encore incommodée si notablement qu'on la croit incapable de la profession de sage femme, dont l'on peut s'éclaircir avec certitude, la faisant visiter par des médecins, sur quoy la Compagnie a remis encore à délibérer mercredy prochain.

(3 décembre.) M. Perreau a dit que dans l'Hôtel Dieu il y a à présent plusieurs enfans de quatre jusqu'à neuf ans et plus qui, ayans perdu leurs pères et mères dans l'Hôtel Dieu, ou y ayans esté aportez malades, sans savoir d'où ils viennent, y sont à présent à charge, que l'hôpital des Enfans Rouges est fondé particulièrement pour recevoir de tels enfans, mais que les oficiers dudit hospital refusent de recevoir ceux ci à cause de la pauvreté où ils disent être ledit hôpital, que l'on a parlé à Messieurs de l'Hôpital général pour les prier de les recevoir, qu'ils en font refus sur ce qu'ils disent qu'ils ne sont pas de la qualité de ceux qu'on reçoit audit hôpital, à quoy il est nécessaire de pourvoir promptement, d'autant qu'il arrive souvent que ces enfans retombent malades et meurent peu de temps après. Sur quoy monsieur de Gomont a dit que les enfans de l'Hôtel Dieu, suivant la fondation dudit hôpital des Enfans Rouges y doivent être admis préférablement à tous autres, qui n'y doivent être receus qu'au cas que l'Hôtel Dieu n'y envoye pas des enfants autant que l'hôpital en peut nourrir, qu'il sait bien que depuis 20 ans l'Hôtel Dieu y a

envoyé des enfans qui y ont esté receus, il a esté dit que les administrateurs dudit hôpital en prennent peu de soin, qu'ils se raportent aux oficiers de la maison, que la plainte en ayant esté faite à la Cour, elle a ordonné que celuy de Messieurs qui se trouveroit demeurant plus près dudit hôpital en sera administrateur, conjointement avec ceux qui le sont déjà, que M. Forne s'est trouvé le plus prochain dudit hôpital, mais que les autres administrateurs n'ont point voulu le reconnoistre, ne tenant point, à cause de ce, de Bureau public, mais des assemblées dans les maisons particulières. M. Levieux a dit que Messieurs de la Ville ayans trouvé dans leurs registres et titres qu'ils avoient droit d'y trouver aussy un administrateur, ils en ont nommé un qui a esté refusé de la même sorte. Sur quoy la Compagnie a arresté qu'il sera présenté un mémoire de cette affaire à monseigneur le Premier Président pour le prier de faire en sorte que lesdites fondation et arrest soient exécutez, et cependant que messieurs les directeurs de l'Hôpital général seront priez de se charger desdits enfans qui sont à présent à l'Hôtel Dieu. Et d'autant qu'il y a quelques légères plaintes faites respectivement par lesdits Hostel Dieu et Hôpital général, la Compagnie a prié messieurs Lhoste, de Gomont et Levieulx, qui sont gouverneurs de l'un et l'autre hôpitaux d'en conférer au Bureau de l'Hôpital général, affin de trouver les moyens d'accommoder les choses et garder l'union qui est à désirer dans ces deux Compagnies.

(3 décembre.) M. Héliot a prié le Bureau de luy faire délivrer la corne de licorne qui est au Bureau, attendu qu'il a satisfait de sa part à la condition qu'il avoit offerte, qui est de faire blanchir l'église de l'Hôtel Dieu et qui luy a cousté cinq cent livres, ce que la Compagnie luy a accordé, et ladite corne luy a esté délivrée.

(3 décembre.) On a demandé si le Bureau veut donner vingt mil livres à rente, au denier 20, aux pères Jésuites de la maison de St Louis en la rüe de Saint Antoine, ce que la Compagnie ayant mis en délibération a refusé, *attendu qu'ils n'ont et ne peuvent avoir aucun revenu.*

(17 décembre.) Lecture faite au Bureau du certificat des sieurs Moreau et Labier, médecins, qui ont visité la dame de Billy, maîtresse sage-femme et l'ont trouvé fort saine de ses jambes, sans aucuns vestiges d'ulcères précédens, ny aucune chose qui puisse empêcher ses actions extérieures, la Compagnie a aresté que ladite dame de Billy rentrera pour ensuite être introduite en la sale des accouchées, pour y travailler en qualité de maîtresse sage-femme.

33e REGISTRE. — ANNÉE 1665.

(7 janvier 1665.) Le sieur commissaire Thierse a dit avoir informé contre une femme qui est sortie de l'Hôtel Dieu, où elle est acouchée et y a laissé son enfant, qu'il croit à propos d'en faire un exemple, afin que cela n'arrive plus, comme il pourroit faire souvent, s'il demeuroit sans punition, ce que la Compagnie a agréé.

(4 février.) Sur l'assignation donnée à l'Hôtel Dieu pour assister à *la levée du sellé apposé sur les biens de* M. *Fouquet, surintendant des finances,* à la requeste de M. le Procureur général de la chambre de justice, la Compagnie a arresté de n'y point assister, mais seulement de se joindre avec les autres créanciers dudit sieur Fouquet, qui ont esleu des sindicqs, et font leurs assemblées pour leur interest commun, l'Hôtel Dieu n'étant créancier dudit sieur Fouquet que comme débiteur vers M. Fouquet son frère, premier escuyer de la grande écurie du roy, qui doit à l'Hôtel Dieu six cent livres et tant de rentes.

(4 mars.) Le sieur Péan est venu au Bureau et remontré que les gens de la religion prétendue réformée, non seulement continuent à avoir des hôpitaux particuliers pour les pauvres malades de leur religion, mais mesme y font transporter des catoliques qu'ils pervertissent, ne permettant pas que les catholiques les visitent. Ce qu'ils ont fait à l'endroit d'un charretier qui demeuroit dans le collège de..., qu'ils ont enlevé et nourry en leur hospital, et fait embrasser de nouveau la religion calviniste, qu'il avoit abjuré, et ont excédé sa femme catolique, qui vouloit luy parler.

(18 mars.) Sur la remontrance de M. Legendre, la Compagnie a aresté de prier monseigneur le Premier Président de se trouver demain en l'hôpital des Incurables pour y recevoir la Reyne qui a promis d'y venir au sermon.

(18 mars.) Monsieur de Gomont a dit qu'un particulier ayant obtenu le don des chaises portatives dans Paris en l'année 1617 et ayant depuis négligé de s'en servir, le sieur de Montbrun en a obtenu le don pour un temps seulement, qui est presque expiré, que ledit particulier s'étant opposé au don dudit sieur de Montbrun,

en avoit esté débouté par arrest, qu'il est pret de transporter son droit à l'Hôtel Dieu, moyennant une pension viagère, qu'il luy a déjà fait connoitre que si le Bureau l'acceptoit, ce ne seroit qu'à la charge que la pension viagère ne se payeroit que des deniers qui proviendroient de la chose, les frais préalablement pris, ce que la Compagnie a accepté à ladite condition. Et l'on a dit qu'on peut espérer que monsieur de Montbrun n'empêchera pas que l'Hôtel Dieu use de ce droit après son temps expiré, et M. de Gomont a dit que si l'Hôpital général y avoit interest, les deux hôpitaux étant joints obtiendroient les choses plus facilement, ce que la Compagnie a agréé et de faire la même chose que l'Hôpital général résoudra, et M. de Gomont a promis de faire la proposition au Bureau de la direction dudit hôpital.

(17 avril.) Veu au Bureau la minutte du contract de fondation que fait M. le duc de Richelieu et madame sa femme d'un lit en l'hôpital des Incurables, à leur nomination et de leurs descendans à perpétuité, moyennant 300 livres de rente d'une part, 50 livres d'autre part, la Compagnie a arresté que ledit contrat sera signé présentement par le Bureau.

(8 mai.) Les Dames de la charité, qui ont le soin des enfans trouvez sont venues au Bureau se plaindre du grand nombre d'enfans qui leur est envoyé de l'Hôtel Dieu, et le peu de moyen qu'elles ont de les nourir, affin que le Bureau y pourvoye, comme il le faisoit auparavant qu'elles se fussent chargées de les recevoir, et leur a esté remonstré que le nombre des femmes acouchées qui mouroient cy devant dans l'Hôtel Dieu a donné lieu à cette augmentation, qui diminuera à l'avenir.

(29 mars.) La Compagnie a signé le contract d'acquisition qu'elle fait de messire Louis de Bassompierre, evesque de Xaintes, donataire entre vif de dame Charlotte de Balsac d'Entraigues, veuve de messire François de Bassompierre, maréchal de France et colonel général des suisses, d'une grande maison size en la place Royalle.

(12 juin.) Le sieu Collo, opérateur pour la taille dans l'Hôtel Dieu est venu au Bureau se plaindre de ce que le sieur Petit, maître chirurgien de l'Hôtel Dieu s'est ingéré, contre les règlemens, de faire la taille d'un enfant de 13 ans dans l'ofice de la sale des blessez, et que l'enfant estant mort, ses parens en ont fait reproche au luy sieur Collo, comme s'il avoit fait cette opération, sur quoy l'affaire ayant esté trouvée de conséquence, la Compagnie a aresté de s'informer plus particulièrement du fait.

1.

(26 juin.) On est venu au Bureau de la part de la mère Prieure de l'Hôtel Dieu prier la Compagnie d'assister demain au service qui se dira pour la deffunte Boquet[1], cy devant prieure dudit Hôtel Dieu.

(29 juillet.) M. Lhoste a dit qu'un médecin de Danemark ayant composé en cette ville un livre de l'anatomie, avec grand nombre de figures, pour rendre son ouvrage parfait, il luy est besoin de faire l'anatomie de la teste de l'homme trois ou quatre fois, ce qu'il prie le Bureau de luy permetre de faire dans l'Hôtel Dieu, sur les corps morts en iceluy, ce que la Compagnie ayant mis en délibération, a arresté que *ledit médecin se pourvoira vers Messieurs du spirituel de l'Hôtel Dieu, pour faire agréer la proposition en ce qui les concerne, après quoy la Compagnie délibérera.*

(5 août.) Un particulier qui a dit venir au Bureau de la part de M. de Sène a donné avis du duel commis entre le sieur Guillaume du Chemin, seigneur de Gourbeville en basse Normandie, auquel combat le sieur de Vateville riche de xij. mille livres de rente a esté tué et le sieur de Gourbeville, qu'on dit n'avoir pas 300 livres de rente de bien, s'est réfugié en Angleterre, et est poursuivi par devant le bailly de Briquebec comme assassin, sur quoy la Compagnie l'a renvoyé à monsieur le procureur général, de qui cela dépend entièrement, n'y ayant point de sentence de condamnation et confiscation.

(5 août.) Sur la proposition faite par M. Perreau que le sieur Collo, opérateur pour la taille dans l'Hostel Dieu, prie le Bureau de luy permetre de faire quelquefois dans l'Hôtel Dieu l'anatomie de la vessie de ceux qui seront morts, après avoir esté taillez, tant pour son instruction que celle des médecins qui préparent les sujets qui doivent être taillez, l'affaire mise en délibération, la Compagnie l'a accordé dans l'espérance a que ledit Collo n'en abusera pas, outre que cela ne sera fait que par la permission par écrit de M. Perreau.

(14 août.) La Compagnie a signé le contract de donation qu'a fait à l'Hôtel Dieu François de Bourdeilles, chirurgien ordinaire du Roy et de Son Altesse royale de iij. l. ij. sous de rente, à la charge de faire dire à chacun pauvre de l'Hôtel Dieu tous les matins, la cloche sonnante, un *pater* et *ave* pendant sa vie et un *de profundis* pour son âme après.

(2 septembre.) Sur l'avis qu'on a donné au Bureau

---

[1] Geneviève Bouquet.

que monseigneur le Président de Novion partira bientost *pour aller tenir les grands jours en Auvergne*, la Compagnie a prié messieurs Perreau et Le Gendre d'aler le voir et luy recommander l'Hôtel Dieu de Paris dans les amandes qu'il poura ordonner pendant sa commission.

(4 septembre.) Veu au Bureau la requête qu'y ont présenté les compagnons chirurgiens ordinaires de l'Hôtel Dieu, affin d'avoir permission d'ouvrir les abcès et faire les incisions nécessaires dans le pensement des malades, principalement des pestiférez, quand Dieu affligera de la peste cette ville, d'autant que cette maladie requérant souvent qu'on fasse ces opérations, ils n'y seroient pas assez adroits s'ils étoient envoyez pour les penser, comme il est ordinaire, à moins que d'avoir pratiqué ces mêmes opérations sur les autres malades, qu'ils en retireront en leur particulier un véritable proffit, leur servant peu de penser les malades comme ils font, s'ils n'ont aussy la liberté d'opérer dans ces choses, lesquelles, quoyque de moindre conséquence, ne laissent pas de metre une grande différence entre travailler et mettre la main à l'œuvre, qu'on ne doit point refuser ce proffit dans leur profession, qui est toute la récompense qu'ils attendent du service qu'ils rendent avec assiduité aux pauvres, que cela ne blessera point l'authorité du maître chirurgien et du premier compagnon gagnant sa maîtrise, qui ont toujours les grandes opérations qui leur sont particulières, comme trépans, amputations et autres, et que lesdits compagnons ne prétendent travailler qu'en leur présence, l'affaire mise en délibération, la Compagnie a arresté que les six plus anciens compagnons chirurgiens ordinaires de l'Hôtel Dieu, non compris celuy qui gagne sa maîtrise, auront la liberté d'ouvrir les abcès et faire les incisions nécessaires, à la charge que se sera en présence et suivant l'ordre et avis du maître chirurgien de l'Hôtel Dieu ou 1er compagnon gagnant sa maîtrise, selon leur département, et non autrement, et en cas qu'aucuns desdits chirurgiens s'ingèrent de faire aucune de ces choses hors la présence ou sans l'avis desdits maître chirurgien ou premier compagnon, dès la première fois qu'il sera trouvé en faute, il sera congédié sur le champ sans espérance de retour, encor bien que l'opération se trouvast bien faite et que le malade en ait receu du soulagement, ce que la Compagnie a fait savoir au sieur Oulier et à 3 desdits compagnons venus au Bureau, qui ont promis de le faire aussy savoir aux autres pour l'observer chacun à leur égard, avec le plus de charité et d'union les uns envers les autres qu'il sera possible.

(11 septembre.) La Compagnie a signé l'acte de nomination qu'elle a fait de la personne de Jean Huc, demeurant à présent chez le sieur Lemoyne, notaire, pour porter les foy et hommages, faire les offices suivant la coutume et faire adveu et dénombrement à monseigneur le prince de Condé, seigneur de Danmartin, à cause du fief de la Pierre, dépendant de la ferme de l'Hôtel Dieu à Ève sous ledit Dammartin.

(11 septembre.) M. Cramoisy a dit qu'un chirurgien irlandois prie le Bureau de luy permetre de faire faire les accouchemens des femmes dans l'Hôtel Dieu, ce que la Compagnie ne luy a voulu accorder à cause des conséquences remarquées plusieurs fois au Bureau.

(18 septembre.) La Compagnie a pris jour à mercredy prochain pour faire dire à l'Hôtel Dieu le service pour deffunt M. Héliot, gouverneur de l'Hôtel Dieu, auquel Messieurs ses parens seront conviez.

(25 septembre.) Sur ce que M. Perreau a dit qu'il a eu avis que le sieur Collo, qui fait l'opération de la taille dans l'Hôtel Dieu, prenoit de l'argent des parens de quelqu'uns de ceux qu'il avoit taillez dans l'Hôtel Dieu, qu'il avoit fait difficulté d'en tailler aucuns, parce qu'ils ne vouloient pas promettre ce qu'il demandoit, qu'il alloit trouver les parens, devant même que les affligez fussent apportez à l'Hôtel Dieu, qu'ayant jugé l'affaire de grande conséquence, il en a parlé audit sieur Collo, lequel lui a dit qu'il avoit cru pouvoir et devoir recevoir quelque gratification de ceux qui auroient le moyen, à cause qu'auparavant qu'il taillât à l'Hôtel Dieu, il faisoit des petites tailles de six, dix et 12 pistolles, pour 100 ou 150 pistolles pour chacun an, et depuis qu'il taille à l'Hôtel Dieu, ces sortes de gens le sachant, quoy qu'ils eussent moyen de se faire penser chez eux, pour en épargner les frais, se faisoient apporter à l'Hôtel Dieu et ils étoient à charge à la maison, que néantmoins il se raportoit du tout à la discrétion du Bureau, l'affaire mise en délibération, la Compagnie a arresté que ledit sieur Collo ne prendra rien, directement ny indirectement, de tous ceux qu'il taillera dans l'Hôtel Dieu, ny de leurs parens et amis, à cause des conséquences qui ont esté remarquées.

(20 octobre.) M. Collo ouy au Bureau touchant la délibération du Bureau du dernier jour qui le concerne, se raportant néantmoins à ce que le Bureau ordonneroit, et ayant demandé que la sonde de ceux qui désirent se faire tailler à l'Hôtel Dieu se fasse comme elle a esté en sa maison, attendu que cela importe beaucoup pour sa réputation, pour le distinguer des autres qui font même profession que luy dans Paris et qui portent le même nom, l'affaire mise en délibération, la Compagnie a

arresté que ladite sonde sera faite dans l'Hôtel Dieu et non ailleurs, et qu'il y aura, si bon lui semble, des bulletins imprimez qui seront donnés à ceux qui auront esté taillez dans l'Hôtel Dieu comme l'opération aura esté faitte par ledit sieur Collo, avec le lieu de sa demeure, ce qui sera plus avantageux audit sieur Collot.

(23 octobre.) M. Lecomte a dit que la Reyne ayant dessein de faire recevoir à l'hôpital des Incurables Marie de la Cour, pauvre femme; elle y fonde un lit et désire qu'on y observe les formes ordinaires.

(6 novembre.) On a donné avis que monseigneur l'archevesque prétend bastir par le passage qui conduit à la rivière, entre le bastiment de l'archevêché et le passage du pont de l'Hôtel Dieu, et apuyer le mur sur celuy qui sert de séparation desdits 2 passages, prétendant que celuy de l'Hôtel Dieu est une usurpation sur le Port-l'Évêque, que ledit seigneur archevêque prétend luy apartenir, sur quoy la Compagnie a arresté de délibérer quand elle aura la communication dudit bâtiment.

(18 novembre.) M. Lhoste a dit que madame Talon, qui est à Clermont en Auvergne, où se tiennent les grans jours, ayant trouvé que l'Hôtel Dieu de ladite ville a besoin de quelque réforme, pour y parvenir, elle désireroit qu'on y envoya des religieuses de l'Hôtel Dieu, comme on a fait en d'autres villes pour pareil sujet, de quoy elle prie le Bureau, sur quoy la Compagnie a arresté d'accorder de sa part ladite demande, mais d'avertir ladite dame qu'il faut aussy le consentement de Messieurs les directeurs du spirituel, ce que M. Lhoste est prié de faire.

(2 décembre.) La Compagnie a signé le contract de vente que fait à Sa Majesté l'hôpital des Incurables de la ferme de Clagny et de ses dépendances, moyennant la somme de 75,000 livres, à la charge de dédommager par ledit hospital sa fermière des non jouissances du passé.

Les dames de la Charité qui ont le soin des enfans trouvez sont venus au Bureau, et ont dit que la misère du temps les a réduit à une telle extrémité de ne pouvoir plus entretenir les enfans orfelins dont l'Hôtel Dieu est chargé; c'est pourquoy elles viennent avertir le Bureau que, de cejourd'huy elles n'en recevront plus, sauf au Bureau à les récompenser du passé comme il jugera à propos, sur quoy monseigneur le Premier Président leur ayant demandé ce qu'elles souhaiteroient du Bureau, pour continuer leurs soins et charité comme par le passé, elles ont dit ne vouloir rien demander, mais se dispenser d'en recevoir à l'avenir, sur quoy la Compagnie leur a demandé, et elles ont accordé de continuer encore leur charité pour une huitaine, pendant laquelle l'Hôtel Dieu avisera ce qu'il aura à faire, elles se retirèrent et l'affaire mise en délibération, M. Perreau a dit que si le Bureau veut patienter jusqu'à la fin du mois, il s'offre trouver un lieu et des moyens commodes, aux dépens de l'Hôtel Dieu, pour faire nourir tous lesdits enfans, sans en donner plus la charge ausdites dames, et pour cet effet qu'il se pourvoira de nourices en nombre suffisant, et que les enfans seront beaucoup mieux qu'ils n'étoient avec lesdites dames, ce que la Compagnie a agréé et a arresté que lesdites dames seront priées de patienter jusqu'à la fin du mois.

34ᵉ REGISTRE. — ANNÉE 1666.

(29 janvier 1666.) M. Perreau a dit qu'on a apporté malade dans l'Hôtel Dieu un allemand, luthérien de religion, lequel par le moyen des bonnes instructions qu'on luy avoit donné estoit prest de se convertir, mais s'en est trouvé fort éloigné depuis qu'un chirurgien pensionnaire du sieur Petit et allemand luy a parlé, qu'il en a averty ledit sieur Petit qui a dit qu'il croit son pensionnaire pour bon catholique, estant venu souvent avec luy à la messe, qu'il a répliqué audit sieur Petit qu'il estoit assuré par ce qui s'estoit passé entre le malade et ledit pensionnaire, et depuis entre M. le Maistre au spirituel et ledit pensionnaire, que ledit pensionnaire estoit luthérien, c'est pourquoy il luy deffendoit de le laisser entrer dans l'Hôtel Dieu, jusqu'à ce qu'il en eût communiqué au Bureau, sur quoy l'affaire mise en délibération, la Compagnie a arresté que ledit sieur Petit sera mandé présentement au Bureau pour luy enjoindre de mettre hors de son logis ledit pensionnaire et de prendre garde à l'avenir de plus prez à ceux qu'il prendra chez luy, et depuis ayant esté rapporté que ledit sieur Petit n'estoit pas au logis, la Compagnie a chargé M. Perreau de luy faire entendre la résolution du Bureau et tenir la main à ce qu'elle soit au plus tost exécutée.

(5 février.) M. Perreau a dit que M. Desroches ayant fait don entre vifs à la Faculté de Médecine de Paris d'une somme de 30,000 livres pour bastir de nouvelles escoles à Paris, et ayant depuis révoqué cette donation, tant pour cause d'ingratitude qu'autrement, pour raison de quoy il y avoit procès indécis entre les parties, il y a

eu, depuis le decedz dudit sieur des Roches, pour parler d'accommodement et ceux qui parlèrent pour la Faculté asseurèrent avoir tout pouvoir de traitter de cette affaire, qu'après une longue conférence où M. de Gomont et luy sieur Perreau estoient, il fut accordé qu'en payant par l'Hôtel Dieu la moitié de ladite somme de 30,000 livres, il demeureroit déchargé du surplus; que des particuliers médecins ont esté dezavouez depuis par la Faculté, qu'il n'est question que de régler si on terminera la cause à l'audience, et que M. de Gomont est d'avis de la terminer par appointé et la Compagnie a esté du même avis.

(10 février.) M. Lecomte a dit que Marie de la Cour, que la Reyne mère avoit nommé pour remplir le lit de sa fondation en l'hospital des Incurables est décédée; que M. le curé de Saint Germain l'Auxerrois, à qui la nomination en appartient, par le décedz de ladite dame Reyne, nomme pour remplir ledit lit Jeanne Sohal.

(12 février.) M. Perreau a fait rapport de ce qui a esté fait en sa présence par M. Zébue, conseiller de la Cour, commissaire député, et par M. Joly, substitut de M. le Procureur général, avec un huissier de la Cour et 9 ou 10 archers, pour l'exéqution de l'arrest donné au sujet des hospitaux des gens de la religion prétendue reformée, dont les lits ont esté enlevez et apportez à l'Hôtel Dieu.

(12 février.) Sur les remontrances de M. Perreau, la Compagnie a arresté que l'on mettra dans l'Hostel Dieu un tronc qui aura un écriteau portant ces mots : Tronc pour la nourriture et gages de toutes les nourrices qui allaitent les enfans qui sont à la charge de l'Hôtel Dieu, qui se mettoient autrefois aux enfans trouvez.

(17 février.) M. Perreau a averty la Compagnie que le sieur Bademier, marchand, qui fournit l'Hôtel Dieu de charbon et autres denrées depuis quelque temps, comme faisoit son père depuis longtemps, craignant les contraintes rigoureuses d'un particulier qui a obtenu un arrest contre luy, s'est réfugié à l'Hôtel Dieu comme en lieu de seureté et y prend ses repas, de quoy il a cru estre obligé de donner avis au Bureau, ce que la Compagnie a agréé, et ayant esté demandé s'il entend payer les frais de sa nourriture, ledit sieur Perreau a dit qu'il ne luy en a pas parlé et que le Bureau luy en fera dire ce qu'il luy plaira.

(5 mars.) Monseigneur le Premier Président a dit que le sieur Collo, cousin de celuy qui fait l'opération de la taille dans l'Hôtel Dieu est venu le voir, et luy a fait voir un brevet qu'il a obtenu du Roy, portant permission de faire ladite opération dans l'Hôtel Dieu, conjointement avec son cousin, qu'il luy a fait reponce que ce procédé estoit nouveau et qu'il en parleroit au Roy et luy en feroit voir la conséquence. Sur quoy M. Perreau a remarqué que ledit sieur Collo cousin s'est autrefois présenté pour travailler dans l'Hôtel Dieu, a fait son expérience devant les médecins commis par le Bureau et n'a pas été trouvé capable.

(10 mars.) On a remarqué que lorsque le Bureau voudra députer vers Sa Majesté, pour luy représenter les pertes souffertes par l'Hôtel Dieu au remboursement des aides et retranchement des rentes, on peut aussy adjouter celles qui proviennent du rabais des monnoyes, qui sont très considérables et seront encore à l'avenir.

(12 mars.) Règlement pour les chirurgiens de l'Hostel Dieu de Paris : *Réception*. Aucun chirurgien ne pourra travailler dans l'Hôtel Dieu qu'il n'ait esté examiné, scavoir ceux qui voudront se faire recevoir pour compagnons par les six médecins et le maître chirurgien, avec le compagnon gagnant la maîtrise, et les externes et les pensionnaires du maître chirurgien par deux des médecins et lesdits deux maîtres chirurgiens. — L'examen se fera tous les premiers mardis de chacun mois, s'il n'est point feste en la chambre, et en la présence de monsieur l'Administrateur résident dans l'Hostel Dieu, et d'un de Messieurs du Bureau nommé à cet effect, et s'il est feste, sera donné un autre jour par lesdits administrateurs. — Pour parvenir audit examen, celuy qui désirera le subir présentera sa requeste au Bureau à cet effect, laquelle sera répondüe et signée, et après l'examen, le jugement qui sera fait de sa capacité sera écrit au bas de ladite requeste et signée desdits sieurs administrateurs présens, ou du moins de l'un d'eux et de Messieurs les médecins et chirurgiens, et ladite requeste sera rapportée au Bureau pour avoir une permission de travailler, sans laquelle les maîtres chirurgiens ne souffriront point qu'il travaille. — Il sera tenu un registre au Bureau desdits chirurgiens examinés et receus tant pour compagnons que pour externes et pensionnaires, sur lequel sera réglé le rang de réception des compagnons, pour entrer en leur ordre dans le nombre des 12 compagnons nourris et logez dans l'Hôtel Dieu, et en concurrence de deux receus le mesme jour, le plus ancien en service d'externe sera le premier enregistré. — Lesdits compagnons receus pour entrer en leur rang et les autres externes et pensionnaires travailleront sans discontinuation dans l'Hôtel Dieu aux pensemens des malades, sinon en cas de maladie ou de permission de s'abscenter

pour quelque temps, laquelle sera donnée par ledit sieur administrateur résident ou autre, député en son absence, et s'ils discontinuent le travail, ceux qui auront esté receus pour compagnons perdront leur rang d'entrer dans les douze, et les externes ne seront plus admis ausdits pensemens. — Tous lesquels chirurgiens receus, tant compagnons qu'externes et pensionnaires, donneront, auparavant que comencer à travailler, à chacun des deux maîtres, deux lancettes neuves, et une à chacun des douze compagnons, et ce, au lieu et place de certains festins de bienvenue qui se faisoient cy devant, lesquels sont absolument deffendus. — Aucun chirurgien ne sera receu qui ne soit de la religion catholique, apostolique et romaine. — Le compagnon chirurgien dont le rang sera venu d'entrer dans les douze, et refusera d'y entrer, sous prétexte de mortalité ou autre cause non légitime, perdra son rang sans y pouvoir revenir et ne pourra plus travailler dans la maison. — *Pensemens.* Il y aura ordinairement dans l'Hôtel Dieu un maître chirurgien, lequel sera le chef, pour régler tout ce qui sera du pensement des malades, et un compagnon gagnant la maîtrise lequel aura aussy authorité sur les autres compagnons et chirurgiens, lesquels seront obligez d'obéir à leurs ordres et leur porteront l'honneur et le respect qu'ils doivent à leurs maîtres. — Il y a douze compagnons ordinairement logez et nourris dans la maison, lesquels seront départis dans les salles et rangs par lesdits maîtres, scavoir un visiteur à la porte et réception des malades, qui sera toujours pris du nombre des quatre anciens, et changé tous les mois, un dans la salle des operations, un dans le rang des fractures de la salle des blessez et deux dans chacun des trois autres rangs de ladite salle, un dans la salle de l'infirmerie, un dans la salle jaune, et un dans la salle du légat, suivant qu'ils seront choisis et réglez par lesdits maîtres. — Lesdits douze compagnons seront distinguez dans le service des autres chirurgiens par le tablier blanc qu'ils porteront, et les externes et pensionnaires du maître chirurgien en porteront un noir qui sera à eux, avec cette distinction que celuy du pensionnaire sera renoué d'un ruban rouge. — Lorsque l'un desdits compagnons sera malade, le maître chirurgien fera prendre son tablier blanc à celuy des externes ou pensionnaires qui sera le premier en rang de devenir compagnon, et de mesme s'il en manquoit deux ou trois, affin que les rangs ne soient point dégarnis de compagnons, et ledit maître chirurgien en donnera avis à M. l'Administrateur résident, lequel, s'il le juge à propos, pourra faire manger au réfectoire et coucher dans la maison lesdits externes, substituez jusqu'à la guérison ou retour des malades ou absens avec permission. — Les deux derniers receus desdits douze compagnons seront tenus de se trouver après les pensemens du matin qui finissent ordinairement à huit heures ou huit heures et demie dans l'apotiquairerie, pour suivre ceux de Messieurs les médecins qui seront les plus prests à faire leur visite et escrire sous eux. — Ledits compagnons se lèveront tous les jours à cinq heures en esté et à six en hiver, incontinent après estre habillez ils s'assembleront tous dans l'une de leurs chambres et se rendront ensuitte aux salles pour comencer les pansemens, à cinq heures et demie en esté et à six heures et demie en hiver, chacun dans leur rang. — *Ils feront lesdits pensemens avec affection et douceur, regardant dans les pauvres la personne de Jésus-Christ*, et outre le dessein d'apprendre leur art, ils auront encore principalement celuy de se santiffier dans un employ qui est de soy-même une œuvre de miséricorde, capable de leur attirer beaucoup de grâces et bénédictions, en le faisant dans une bonne et sainte intention. — Ils ne s'absenteront jamais sans congé à l'heure desdits pensemens, sous prétexte que les externes et pensionnaires suppleeront à leur deffaut, ou d'aller à l'École de médecine, ou au Jardin des simples. — Le compagnon visiteur se tiendra très assidu à la porte de l'Hôtel Dieu, et pour cela sera dispensé des pensemens, il visitera tous les malades qui se présenteront ou seront apportez pour estre receus, et ne les recevra, pour quelque cause que ce soit, que de la qualité de la maison, dont il prendra l'instruction des maîtres chirurgiens, et s'il trouve quelque difficulté à asseoir son jugement sur certaines maladies, il appellera l'un desdits maîtres pour en juger, et si l'on aportoit quelque malade paralitique, incurable ou autre, qui ne fût pas de la qualité de la maison, lequel néantmoins auroit la fièvre ou autre incomodité de la qualité, ledit visiteur en donnera avis à M. l'administrateur résident, affin qu'il prenne ses précautions pour faire reprendre ledit malade, lorsqu'il sera guéry de sa fièvre, ou autre incommodité accidentelle. — Que si ledit visiteur s'écarte de la porte dans la maison, pour quelque sujet légitime, il aura soin de venir en diligence au son de la cloche qui l'appellera, affin que les malades n'attendent point. — Il prendra garde de faire sa visite avec toute la bienséance, modestie et retenue requise, principalement estant à l'entrée de l'église et presque devant le saint sacrement, et lorsqu'il y aura sujet de visiter quelque femme plus particulièrement, ledit visiteur ne s'enfermera point avec elle dans la visite, mais apellera la personne députée à cet effect, en présence de laquelle il fera ladite visite, et non autrement. — Il y aura une armoire dont la mère de la porte aura une clef, et le visiteur une autre, où seront mis les mereaux que l'on donne aux malades visitez et receus. — Un des 12 compagnons sera choisy par le Bureau, sans avoir égard à l'ancienneté, mais selon qu'il sera jugé le plus propre pour travailler dans la salle des accouchées, aux saignées et autres opérations de chirurgie, pour assister la sage-femme quand elle mandera, et il acouchera les femmes verolées de la salle de Sainte Geneviève. — Les maistres chirurgiens auront le soin de distribuer et donner aux compagnons les externes et pensionnaires, pour travailler sous eux et dans leurs rangs, et les compagnons distribueront ausdits externes et pensionnaires les moins malades de leurs rangs, et verront exactement ce qu'ils feront, affin qu'ils puissent rendre compte aux maistres de tous les malades de leurs rangs, et les maistres auront l'œil sur tous, se faisant montrer les plus grandes playes, au pensement desquelles s'ils trouvent des fautes, ils en reprendront charitablement et avec douceur, et enseigneront à mieux faire, et généralement feront les réprimandes et corrections nécessaires aux compagnons et externes de tous leurs deffauts, et s'ils en reconnoissent d'incorrigibles, obstinez ou désobéissans à la discipline et ordre de la maison, ils en avertiront Messieurs les administrateurs préposez à la chirurgie. — Lorsque les compagnons auront dans leurs rangs de grandes playes ou ulceres périlleuses, ils auront soin d'eux mesmes de les faire voir souvent aux maistres, affin d'avoir leurs avis sur la manière de les traiter. — Lorsqu'il y aura des trépans, amputations ou autres opérations considérables à faire, elles seront ordonnées au moins par trois des médecins, et faites en présence de l'un d'eux, *et le maistre chirurgien qui devra opérer prendra l'heure du médecin, ainsi qu'il convient*, et ils tâcheront de la choisir ou entre huit ou neuf heures du matin, qui est après les pensemens du matin, ou entre deux et trois de l'après dinée, qui est devant les pensemens du soir, affin que tous les chirurgiens, tant compagnons qu'externes et pensionnaires, qui désireront y assister, puissent y estre présens, et proffiter des discours qui seront faits sur l'opération présente, tant par le médecin que par le maître chirurgien, et lesdits chirurgiens prendront garde de se disposer de sorte à l'entour du lit du malade qu'ils ne lui apportent point d'incommodité, ny au maître qui fait l'opération, et quant aux dissections et ouvertures de corps, elles ne pourront estre faites que par la permission de M. l'administrateur résident, et lesdits chirurgiens, compagnons et externes pourront aussy y assister, il ne sera fait aucune des susdites opérations les dimanches et festes, autant que faire se pourra, et sans grande nécessité, à cause de la presse des gens de dehors. — Quand une femme enceinte sera à l'extrémité, si le médecin de l'office juge à propos de l'ouvrir au moment de son deceds pour sauver l'enfant, la permission en sera demandée à M. l'administrateur résident, et en cas d'absence, et que l'on ne put avoir assez tost ladite permission, l'opération sera faite, de laquelle sera incontinent donné avis audit sieur administrateur, et des circonstances qui ont obligé à la presser. — Et affin de donner aux compagnons plus d'affection pour les pauvres et pour la maison, et leur faciliter les moyens de s'expérimenter dans leur art, il sera permis aux six plus anciens des douze d'ouvrir les abscez, et faire les incisions nécessaires aux malades de leurs rangs, en la présence seulement et de l'avis du maître chirurgien dans le département duquel ils seront, et non autrement, et s'ils se hazardent de le faire, sans lesdites conditions, ils seront aussytost congédiez sans espérance de retour. — Les compagnons auront soin d'aprester le soir, après les pensemens, leur appareil pour le lendemain matin, et pour les après dinées, ils les apresteront une demie heure auparavant que de commencer les pensemens. — Ils distribueront aux externes qui travaillent sous eux les onguents et médicaments dont ils auront besoin, sans permettre qu'ils entrent dans les chirurgies, qui seront tousjours tenues fermées, et il est expressément deffendu, tant ausdits compagnons qu'externes et pensionnaires du maître chirurgien, d'emporter à la ville aucuns onguents, médicaments, linge, ou autre chose de la maison, sous quèlque prétexte que ce soit, à peine d'estre mis dehors incontinent qu'il sera venu à la connoissance. — Il leur est aussy deffendu de donner aux pauvres des emplastres ou cataplasmes à faire, ou d'en laisser sur leurs lits ou tablettes. — Ils ne permettront point qu'il soit donné aux malades, par des personnes de dehors, aucuns onguents ou drogues, qu'elles n'ayent esté examinées et aprouvées par les médecins et maîtres chirurgiens de la maison, dont ils donneront avis aux administrateurs préposez à la chirurgie. — Les compagnons et externes qui travailleront dans les salles des femmes y garderont une grande retenue, modestie et honnesteté, ils tiendront les rideaux des lits fermez, autant que leur opération le pourra permettre, principalement lorsqu'ils verront des hommes dans la salle, et ils se gouverneront de sorte qu'il n'y ait point de plaintes sur leur mauvaise conduite, et ils se tiendront asseurez que sur la moindre faute d'immodestie ils seront aussytost chassez de la maison. — Le matin et le soir, après les pensemens faits, les compagnons seront soigneux de rapporter dans les chirurgies les réchauds qui leur auront servy, dont ils iront vuider le charbon dans la cheminée de l'office, ils serreront aussy leurs appareils et leurs onguents et emplastres, chacun dans l'armoire qu'ils auront à cet effect dans la chirurgie. — Lorsqu'ils penseront les malades, ils seront soigneux de jetter dans le dessous de leur appareil, fait exprès pour cela en forme de boëte, les vieux emplastres, *tantes*, plumaceaux et autres ordures qui ont servy aux malades, et qui ne pourront plus estre reblanchis, et pour les linges qui pourront l'estre encore, *ils les jetteront sur le ciel de lit*, et ils prendront garde de n'en jetter ny laisser tomber sur le plancher de la salle ny sous les lits. — Les externes et pensionnaires du maistre chirurgien auront chacun un petit appareil à la main où il y aura une place destinée pour mettre les ordures cy dessus specifiées ou des dessous de boëtes rondes, dont il y en aura une exprez pour mettre lesdites ordures, et aussytost que chacun de leurs malades sera achevé de penser, ils iront jetter lesdites ordures dans le lieu commun, s'ils en sont proche, ou, s'ils en sont éloignez dans le dessous de l'appareil de leur compagnon, et, après le pensement, le dernier des externes de chacun compagnon ira vuider le dessous de son appareil dans les lieux communs, ce que chacun compagnon aura soin de faire faire à son dernier externe, sinon, et en cas de refus, le fera soy-mesme, et se plaindra de la désobéissance de l'externe, dont il sera fait justice. — Il y aura toujours un des douze compagnons, chacun à son tour par semaine, lequel sera chargé d'aller quérir à l'apotiquairerie les onguens et drogues nécessaires pour le pensement des malades, lesquelles il mettra et enfermera hors les heures dudit pensement dans des armoires destinées pour cet effect dans les chirurgies, tant pour en empêcher le vol, qu'à cause de la poussière qui les pourroit gaster et diminuer leur effect, ou mesme les corrompre; une des charges dudit compagnon par semaine sera d'avoir soin de tenir la chirurgie nette de toutes ordures, et de laver et nettoyer les bassins qui auront servy au pensement des malades. — Il y aura aussy toujours 2 des douze compagnons de garde par semaine, à commencer par le premier et le dernier, puis le second et l'onzième, et ainsy de suite, dont la fonction sera de penser et saigner le long du jour les pauvres du dehors qui viendront pour estre pensez et saignez sans vouloir estre couchez, ny demeurer dans la maison, observant néantmoins de ne point saigner les filles ou femmes sans l'ordre d'un des médecins de la maison ou du maitre chirurgien, de faire la ronde les soirs dans les salles pour voir s'il n'est point survenu ou quelque malade pressé, ou quelque accident inopiné aux autres malades, qui oblige à quelque prompt remède, dont ils prendront autant qu'il sera possible l'avis de l'un des maîtres chirurgiens, sinon en confèreront avec la mère d'office ou quelque ancienne, et non autrement. — Ils coucheront dans une petite salle, sur le degré qui monte aux blessez, affin d'estre prests pour estre eveillez pour les accidens imprévus des malades. Le dernier receu se lèvera toujours le premier et si le cas le requiert, il viendra faire lever son camarade. — Tous lesdits douze compagnons, la cloche du refectoire sonnante, seront obligez de s'y rendre tant le matin que le soir, affin d'y prendre leur repas en commun. — Ils employeront le temps qu'il y aura de reste, depuis les pensements jusqu'au diner, à entendre la messe, à déjeuner ensuite, et puis à estudier pour se rendre capables dans leur art. — Quelque temps après le dîner, les deux compagnons de garde iront à l'apotiquairerie tirer les saignées ordonnées le matin par les médecins, et les autres compagnons les extrairont sur leurs billets, chacun pour les salles qui leur auront esté pour cet effect departies par les maîtres chirurgiens, et ils iront faire une partie desdites saignées, et donneront les autres à faire à leurs externes et pensionnaires du maître chirurgien, lesquels ne tireront lesdites saignées, mais les feront sous les ordres et en la présence desdits compagnons, si ce n'est qu'ils soient dispensez de ladite présence par les maîtres, et en cas que lesdits externes trouvent des saignées trop difficiles, ils ne les hazarderont point, mais ils appelleront le compagnon, et si, s'estant trop hazardés, ils avoient fait une ponction sans tirer le sang, il leur est deffendu d'en faire une seconde, et ordonné de faire venir le compagnon, et de luy laisser faire la saignée, et si le compagnon en trouvoit quelqu'une trop difficile et périlleuse, il appellera un des maîtres pour la faire et sera plus loué pour cette différence que si en trop hazardant il avoit bien réussy. — Il est expressément deffendu à tous les externes et pensionnaires du maitre chirurgien de faire aucune des saignées extraordinaires comme de la jugulaire, salvatelle, artère et autres de cette nature, lesquelles seront faites par les compagnons, et si elles sont trop difficiles, par les maîtres mesmes. — Il ne se fera aucune saignée sans chandelle allumée, et pour cela il en sera distribué aux compagnons tous les 15 jours, suivant le règlement sur ce fait. — Aucun des externes ne prendra sa nourriture dans la maison, sous peine d'en estre mis dehors. — Il ne sera permis à aucune fille de saigner dans l'Hôtel Dieu, qu'elle ne présente aux maîtres chirurgiens un extrait du Bureau portant ladite permission, laquelle ledit Bureau par son règlement ne leur en donnera que lorsqu'elles seront prestes d'entrer en religion, et qu'elles présenteront un écrit de la supérieure de la maison en laquelle elle désirera entrer, qui porte assurance de la recevoir, après qu'elle aura appris à saigner. — Lesdites filles donneront des lancettes aux maîtres chirurgiens et aux douze compagnons, ainsy que les chirurgiens entrans, on commencera à leur apprendre à saigner dans la chambre des morts, et puis sur les personnes les plus faciles, et où il n'y aura aucun péril, et toujours en présence d'un maître, et avec le consentement des malades, et sans aucune violence; il ne pourra y avoir dans les salles en mesme temps qu'une fille apprenant à saigner, laquelle n'aura la permission que pour deux mois, nommez et portez dans sa permission, passé lesquels elle ne pourra plus travailler, sa place estant ordinairement destinée successivement à une autre. — Les saignées estant ordinairement faites sur les deux heures, les compagnons, selon la saison, pourront aller à la chirurgie apprester leur appareil, et commenceront leurs pensemens à deux heures et demie en hiver, et à 3 heures en esté avec leurs externes, auxquels ils distribueront, ainsy qu'il est dit cy dessus, les emplastres et onguens nécessaires. — Aprez les pensemens du soir, chacun des 12 compagnons fera le billet au juste du nombre des malades du département qui luy aura esté assigné pour cet effect, qu'il donnera à celuy des compagnons en charge, qui dressera dessus son billet général de tous les malades de la maison, dont il fera les copies, qu'il fera signer au maître chirurgien, pour estre ensuite distribuées à monsieur l'administrateur résident, et aux oficiers à l'ordinaire. — Aprez le souper, chacun des compagnons fera un tour dans la salle de son département, et dans son rang des blessez, pour, s'il y a quelque ordre des médecins ou maîtres chirurgiens à exécuter à cette heure, y satisfaire, et pour voir s'il n'est point survenu de malades nouveaux ou d'accident aux autres, auxquels derniers cas ils se gouverneront suivant ce qui a esté dit cy dessus, en l'article des deux compagnons de garde. — A huit heures précises du soir en hiver, et à neuf en esté, les jours que l'on ne fait point la prière publique, à laquelle ils assisteront exactement, chacun desdits compagnons se retirera en sa chambre pour y estudier, ensuite de quoy ils feront la prière commune, ainsy que le matin, ils éteindront soigneusement leurs chandelles, crainte de feu, sans qu'il leur soit permis de veiller à des heures indues sous prétexte d'estude. Lorsqu'un des douze compagnons voudra se retirer de la maison, il viendra prendre congé du Bureau, et s'il a bien et fidellement servy les malades, et s'il s'est bien gouverné dans la maison, il pourra demander un certificat de services qui luy sera donné, signé de tous Messieurs, et dressé selon les services qu'il aura rendus, lequel certificat sera signé par les médecins de la maison, sans qu'ils en puissent donner d'autres que ceux expédiez au Bureau, et écrits de la main du greffier, et n'en sera donné aucun à ceux desdits compagnons qui par leur mauvaise conduite ou incapacité auront donné sujet d'estre renvoyez de la maison, ny aux externes et pensionnaires du maître chirurgien, quelque temps qu'ils ayent servy. — Le certificat de service ne sera délivré au compagnon sortant de la maison qu'après qu'il aura rendu les clefs tant communes que de ses armoires particulières, qui luy auront esté données en entrant. — Fait et arresté au Bureau dudit Hostel Dieu, le douzieme mars mil six cens soixante six. Signé : Amelot, Perreau, Legendre, Cramoisy, le Conte, Lhoste, Levieux.

(2 avril.) La Compagnie a signé le contract par lequel messire Louis d'Alonville, chevalier, seigneur du Plessis, lieutenant de la grande vénérie du Roy et dame Marie de Maroles sa femme, seule et unique héritière de Paul de Maroles, escuyer et dame Jeanne de Fenonceaux, ses père et mère, et de Lazare de Maroles, son ayeul et Josué de Maroles, son oncle, ont vendu à l'Hôtel Dieu la maison, terre et fief de la salle d'Outreville en Beauce, consistant en bastiment, cour, jardin et clos de vignes contenant 4 arpens au hameau d'Outreville, paroisse d'Alaines, un bois taillis derrière contenant 3 arpens avec une grande allée de haute futaye, la garenne et bois contenant 6 mines de terre, 16 grands muids de terre labourable, un moulin à vent, une ferme tenant à la précédente, avec les terres et héritages qui en dépendent, le tout mouvant du seigneur d'Outreville, hormis la petite ferme et ce qui en dépend, qui relève du seigneur de Morinvilliers et autres, le droit de dixmes inféodées, relevant du seigneur de Cambray et chargées de 88 livres de rente au curé d'Alaines, tout ce que dessus du propre de ladite dame Duplessis, comme unique héritière dudit Lazare de Maroles, son ayeul.

(14 avril.) M. Cramoisy a prié le Bureau de recevoir dans la sale des acouchées une femme grosse de 6 mois, ce que la Compagnie n'a pû luy accorder, attendu principalement le grand nombre de femmes qui sont en ladite salle, *qui y couchent jusqu'à 3 dans un lit.*

(14 avril.) Le sieur Baudoüin, procureur de l'Hôtel Dieu au Chastelet, a représenté au Bureau le décret qu'il a fait des maisons que l'H. D. a acquis depuis quelque temps, et a dit qu'à l'égard des deux maisons soises en la rue des Cordeliers, données par M. l'abbé de Rancé, il y a opposition de la part de M. le duc Mazarin et M. l'abbé d'Effiat.

(7 mai.) M. Cramoisy a dit que la demoiselle de Lamotte, qui prétend avoir un secret et remède infaillible pour la guérison des écrouelles, comme de quelques autres maux, s'estant offerte à l'Hospital général pour y guérir ceux qui y sont atteints de cette maladie, et ne pouvant aller si loin pour les penser, à cause de l'éloignement de son logis, offre d'en faire l'épreuve dans l'H. Dieu s'il y en a quelqu'un qui soit affligé de ce mal. M. Perreau a dit qu'il y en a un dans l'H. Dieu, mais comme il n'y est qu'à cause qu'il a la fièvre, si on souffroit cette femme entreprendre la guérison de ce mal, cela obligeroit l'H. D. à le garder beaucoup plus longtemps qu'il ne fera, qu'il y a aussy dans l'H. Dieu un enfant taché de ladrerie, ce qui est fort dangereux dans la maison, à cause que ce mal est contagieux, et qu'il

faudroit chercher des moyens de le tirer hors dudit Hôtel Dieu.

(12 mai.) M. Perreau a dit qu'il a eu avis que le sieur de la Motte, intendant de monseigneur l'archevesque de Paris a fait abattre le mur que l'H. D. a fait construire cy devant, qui fait séparation du passage du pont de l'H. D. du costé de Notre Dame, et de la descente qui va à la rivière, au dessus de laquelle descente, ledit sieur de la Motte a dessein de faire construire des boutiques de libraires qui auront leur ouverture sur ledit passage, sur quoy l'affaire mise en délibération, la Compagnie a arresté que MM. Cramoisy et Perreau verront les titres de l'H. D. pour reconnoître quel droit il a en la place sur laquelle ledit pont a esté basty, et cependant qu'ils parleront audit sieur de la Motte pour luy demander en vertu de quoy il a fait démolir ledit mur, qui appartient à l'H. D.

(14 mai.) M. Perreau a dit que M. le maître de l'H. D. au spirituel luy a dit qu'il croyoit à propos d'oster du dedans de l'enceinte de l'autel du chœur de l'H. Dieu un sépulcre et l'image de Notre Seigneur qui y est, et luy en a représenté l'inconvénient, qui est la distraction que les prestres en reçoivent, lorsqu'ils y célèbrent la messe, à cause du concours du peuple qui y va faire ses dévotions, qu'il luy a répondu que cette dévotion estant de toute ancienneté, cela pourroit offenser le peuple si on l'en privoit, qu'on peut mettre remède à l'inconvénient proposé, en y faisant faire une couverture de bois fermante à clef, qui ne seroit ouverte que lorsqu'on ne célébreroit plus de messe au grand autel, que ledit sieur Maître a répliqué qu'il y auroit toujours de l'indécence à cause de la grande foule de personnes qui passent devant le Saint Sacrement, qui est exposé tous les jours de pardon. Sur quoy plusieurs de Messieurs ont remarqué que si cette raison avoit lieu, il faudroit aussy ôter les reliques qui sont à costé de l'autel, qui sont gardées aux jours des grandes festes par Messeigneurs les premiers présidents. Sur quoy monseigneur le Premier Président a trouvé à propos de remettre l'affaire au premier jour qu'il sera au Bureau, pour en parler plus à fond.

(28 mai.) Un parent de madame la comtesse de Clermont a dit que ladite dame, en haine de la religion catholique, que luy et sa famille a embrassé depuis 14 ou 15 ans, les prive de sa succession par des dispositions qui absorbent son bien, dans lesquelles elle n'a point compris la mère dudit particulier, et qu'entre lesdites dispositions, il y en a une de 9,000 livres au profit du sieur Drelineau, ministre de la religion prétendue réformée et le directeur de sa conscience, ce qu'il croit estre contre les ordonnances qui deffendent de faire des legs aux confesseurs et médecins, et offroit de céder à l'H. Dieu le droit qu'il avoit comme héritier dans cette disposition, si l'H. Dieu en vouloit entreprendre la poursuite, ce que la Compagnie n'a voulu accepter, estant droits litigieux.

(9 juin.) M. Perreau a dit qu'il eut conférence hier au soir avec M. de la Mothe et M. Duhamel, avocat, touchant les échopes avec chambres basties par ledit seigneur archevesque de Paris sur le passage du pont de l'H. D., que l'écrit qui avoit été dressé pour donner à l'H. D. par ledit seigneur archevesque y a esté réformé, ayant esté trouvé bon de le faire double et réciproque, sur quoy lecture en ayant esté faite au Bureau, la Compagnie l'a agréé et a arresté que par iceluy ledit seigneur confirmera le bail à rente que deffunt monseigneur de Gondy, archevesque de Paris, avoit fait du jardin et place joignant la cour des cuisines de l'H. D., et que le Bureau a depuis acquis par l'échange fait avec le sieur Harlay.

(23 juin.) M. Perreau a dit qu'il fut hier à l'hospital de Saint Louis avec M. le Prevost des Marchands et M. de Gomont qui avoient esté à l'hospital de Ste Anne pour faire voir audit sieur Prevost des Marchands lesdits deux hopitaux et s'ils estoient en estat de recevoir des malades en cas qu'il arrivât de la peste à Paris, auquel sieur Prevost des Marchands, ils firent remarquer que pour porter les malades à Saint Louis plus commodément et plus promptement, et particulièrement ceux qui doivent passer par la porte du Temple, que le chemin de l'hospital, de ce costé là, estoit fort villain et étroit, ce qu'ayant esté considéré par ledit sieur Prevost des Marchands, il s'est chargé d'en parler à M. Colbert, et le prieroit de se transporter audit hospital de Saint Louis, pour donner ses ordres pour faire ledit chemin, et quand le jour seroit pris, il en feroit avertir Messieurs du Bureau.

(30 juin.) Sur ce qui a esté rapporté par M. Perreau qu'une femme est décédée en la couche de l'Hôtel Dieu et laissé son enfant, qui est une fille nommée Charlote, et ayant appris que le père de l'enfant estoit prisonnier au fort l'Evesque nommé Jean Jacques Rois qui y avoit esté mis à la requeste de ladicte femme pour l'épouser, le sieur bailly du fort l'Evesque ayant par sentence condamné ledit prisonnier à l'épouser, de laquelle sentence il y a appel, lequel Rois fait profession de la relligion prétendue réformée, demande cet enfant suivant les règlemens donnez en faveur de ceux de ladite relligion, particulièrement en conséquence d'un arrest du Conseil

d'Estat du 24 avril 1665. Sur quoy veus au Bureau les arrests du Conseil, que la femme estoit catholique, l'enfant baptisé sur les fonts de l'Hôtel Dieu, la Compagnie a arresté que ledit enfant ne sera rendu, et demeurera à la charge de l'Hôtel Dieu, attendu la conséquence.

(2 juillet.) Les habitans du pont Saint Michel ont prié la Compagnie de vouloir permettre que le commissaire Manchon interroge un malade qui est en l'Hôtel Dieu au 55° lit de la salle de Saint Cosme, lequel fut blessé hier matin par des particuliers qui avoient dessein de voler l'argenterie du reposoir, qui se faisoit sur ledit pont Saint Michel, ce que la Compagnie leur a permis.

(30 juillet.) Sur l'avis qu'on a eu au Bureau qu'on a surpris et retenu prisonnière à l'Hôtel Dieu une femme qui y venoit débaucher des filles convalescentes, de quoy elle a esté convaincue, la Compagnie a arresté qu'elle sera promenée par les sales de l'Hôtel Dieu, puis attachée au carcan pendant un temps, avec deffenses de récidiver, sous peine d'estre livrée à la justice pour estre punie plus grièvement.

(15 octobre.) La Compagnie a signé la quittance qu'elle a donnée à Jean Jacques Roch, compagnon brodeur, de la somme de 75 livres, qu'il a payé en déduction de 100 livres, qu'il a esté condamné par arrest de la Cour du 22 septembre 1666 de payer à l'Hôtel Dieu pour la nourriture de l'enfant de Françoise Imbert, suivant la sentence de provision alimentaire du for l'Evesque du 30 septembre 1665, lequel a promis de payer au plustost les 25 livres restants, nonobstant la mort arrivée dudit enfant, moyennant quoy la Compagnie a consenti, en tant qu'à elle est, l'élargissement dudit Roch des prisons dudit for l'Evesque.

(15 octobre.) On a dit au Bureau que l'avis qui avoit esté donné au Bureau le 1er de ce mois du legs considérable fait à l'Hôtel Dieu et à l'Hospital général par un testament qu'on tenoit caché, regardoit le deffunct sieur Mansart; qu'il n'y a point de testament fait dont on ait connoissance, mais seulement un acte par lequel ledit deffunt a déclaré qu'en attendant qu'il fit son testament et ordonnance de dernière volonté, il rappelloit deux de ses petits neveux à sa succession; que la nièce du deffunt et son héritière demande payement des arrérages de la rente viagère que l'Hôtel Dieu devoit audit deffunt; sur quoy la Compagnie a arresté que lesdits arrérages seront payez tant à ladite nièce qu'aux petits neveux rappelez, sans qu'il soit besoin de certifficat du jour du décéds qui est assez connu au Bureau.

(1er décembre.) M. Levieux a dit que Mrs les gouverneurs de l'hospital de la Trinité ont consenty qu'on apporte directement au cimetière joignant ledit hospital les enfans morts que les sœurs de la Charité avoient accoutumé d'apporter à l'Hôtel Dieu, de quoy lesdites dames ont esté averties.

(3 décembre.) M. le receveur a dit avoir receu de M. de Bertillac, garde du trésor royal, la somme de 75 livres pour 100 messes que le Roy a ordonné estre dites à l'Hôtel Dieu pour la deffunte dame Reyne sa mère.

(10 décembre.) La Compagnie ayant mis en délibération le choix de deux médecins de l'Hôtel Dieu au lieu des sieurs de Laulnay et Cappon, entre plusieurs qui ont esté proposez, trouvez capables et de mérite, ladite Compagnie a fait choix des sieurs Thenart et Perreau; et attendu les bonnes qualitez du sieur Fagon, témoignées par plusieurs scavans médecins, et d'ailleurs très connues au public, quoy qu'il n'y ait que peu qu'il a pris le bonnet de docteur, la Compagnie a arresté qu'il sera receu septième médecin de l'Hôtel Dieu surnuméraire et sans gages, en attendant qu'il y ait une place vacante des six qui ont gages, qu'il remplira sans autre délibération du Bureau; et d'autant qu'il s'est trouvé quelque difficulté sur le département qui luy peut estre donné dans l'Hôtel Dieu, à cause que le département général a esté fait en six, et que les médecins changent de deux mois en deux mois, et sur ce qui a esté proposé de fixer les médecins chacun à un département sans plus changer, si ce n'est par la mort ou sortie d'aucuns d'eux, la Compagnie a prié Messieurs qui ont soin de la médecine de s'assembler pour y donner l'ordre nécessaire, et pour cet effet, mander et entendre lesdits médecins, pour estre le département nouveau, qui sera fait et exécuté dez le commencement de l'année prochaine.

35e REGISTRE. — ANNÉE 1667

(19 janvier 1867.) M. Perreau a dit qu'un homme âgé de 87 ans lui a donné avis qu'il a depuis quelques années aquis un secret infaillible pour la guérizon de la peste, qu'il ofre le découvrir au Bureau, comme y aiant très notable interest, en lui donnant logement, nourriture et entretien le reste de ses jours dans l'Hôtel Dieu, ou lui

donant 800 livres de rente viagère; que le Roi aiant seu qu'il avoit ce secret, donna charge à M. Talon, qui aloit en Angleterre, lorsque la peste y estoit fort allumée, d'emporter 24 pilules de la composition de ce particulier, qu'il les fit prendre à 24 personnes très malades, qui guérirent toutes. Sur quoi la Compagnie a prié M. Levieulx de s'informer dudit sieur Talon de la vérité de ce fait qui est important, pour après y délibérer.

(18 février.) Monseigneur le Premier Prézidant a dit que le sieur Félix, premier chirurgien ordinaire du Roi a un fils, maistre chirurgien à Paris, qu'il dézireroit perfectionner en l'art de chirurgie, et pour cet effet, demande au Bureau la permission de faire travailler son fils dans l'Hôtel Dieu, mesme aux amputations et autres opérations de conséquence, ce que la Compagnie a acordé, et le sieur Petit mandé, lui a esté donné à entendre la délibération du Bureau, *afin qu'il l'exécute avec honneur et courtoizie*, sans exiger dudit sieur Félix fils aucunes lancettes, ce qu'il a promis de faire.

(16 mars.) M. Perreau a dit qu'il a eu avis d'un legs de 4,000 livres fait par M. de Croissy Fouquet à *l'hospital de Paris*, et d'autant que l'Hospital général voudroit, comme il a fait autrefois en pareil rencontre, contester ce legs à l'Hôtel Dieu, il a seu que le défunt avoit fait un autre testament en 1654, qui est devant l'établissement de l'Hospital général qui porte le mesme legs et en pareils termes; c'est pourquoi il en a fait lever un extrait pour oster cette dificulté.

(18 mars.) Monsieur Perreau a dit que de l'ordre de Sa Majesté aiant esté établi une académie de médecine et de chirurgie pour le bien du public, et ceux qui compozent cette académie aians souvent ocazion d'examiner sur le corps humain les dificultez qu'ils rencontrent dans leurs conférences, monsieur Colbert en aiant eu avis a donné charge à M. Coleani de venir à l'Hôtel Dieu prier le Bureau de permettre à ces Messieurs de l'académie d'y faire ouverture de quelques corps, quand ils en auront bezoin, et prézentement demandent de faire ouverture du corps d'une femme morte en couche, et que s'il y avoit quelque dificulté, ledit sieur Colbert en parleroit à monseigneur le Premier Président, sur quoy la Compagnie a acordé ladite permission et prié M. Perreau d'en prendre le soin.

(1er avril.) Quant à la vente de la moitié de la baronie du Tour que le sieur de Coligny demande lui estre faite, M. Legendre a dit n'avoir peu tirer autre parole dudit sieur de Coligny que 60,000 livres qui est le denier trente de ce que l'Hôtel Dieu en tire, et bien qu'il pense que ledit sieur de Coligny en fera valoir d'avantage, quand il se verra seul propriétaire de la terre, néantmoins l'Hôtel Dieu ne peut pas en tirer séparément un plus grand loier, joint que ce païs est fort sujet aux passages des gens de guerre, et que comme frontière il soufre des premiers les incomoditez et ruines de la guerre, quand elle est déclarée, sur quoy l'afaire mize en délibération, la Compagnie a prié M. Legendre de conclure le marché à ladite somme de 60,000 livres, s'il ne peut en tirer un prix plus considérable.

(13 mai.) On a veu au Bureau l'extrait du testament de dame Louize Elizabeth d'Angennes, veufve de messire Antoine d'Aumont, chevalier des ordres du Roi, passé par devant Rillard et Loier, notaires, le 17 novembre 1666, par lequel elle fonde à l'Hôtel Dieu et à l'hospital des Incurables chacun un lit et lègue pour la fondation de chacun desdits lits la somme de 5,600 livres.

(18 mai.) Monsieur Perreau a dit que des gens de condition prient le Bureau qu'une fille de maizon estant grosse de six à sept mois, et dézirant céler sa grossesse et ses couches, puisse se retirer en la chambre de la sage femme de l'Hôtel Dieu pour y acoucher, ofrant de paier pour sa nouriture ce qui sera arbitré par la Compagnie, laquelle a acordé ladite permission à ladite condition.

(20 mai.) On a dit au Bureau que les frères hospitaliers de la Charité ont intenté procès contre les religieuzes de l'Hôtel Dieu de Chasteau Thierry, pour avoir l'administration et le pensement des hommes malades dudit hospital; que lesdites religieuzes demandent l'intervention du Bureau. Sur quoy a esté dit que cet Hostel Dieu n'a point droit d'y intervenir, mais seulement peut les assister de sa faveur et recommandation, comme elle a fait ci devant à l'égard d'autres Hostels Dieu.

(20 mai.) La Compagnie a député messieurs Leconte, Forne, Perreau et Levieulx pour aler saluer pour le Bureau M. de Harlay fils, à prézant procureur général de la cour de Parlement, par la démission qu'en a fait monsieur de Harlay son père.

(20 mai.) Le sieur Bigot a reprézanté l'ordonance de Messieurs les Trezoriers de France, du 9 de ce mois, qui aprouve le bastiment nouveau fait par l'Hostel Dieu hors de la closture de l'hospital de Sainte Anne, et pour la comodité d'icelui, et ordonne qu'il sera parachevé.

(3 juin.) On s'est plaint au Bureau qu'on ne reçoit plus si fréquemment que ci devant des propozitions à rente viagère, que les frères hospitaliers de la Charité en reçoivent à des conditions bien moins avantageuses que l'Hôtel Dieu, sur quoy monseigneur le Premier Prézident a dit que c'est une plainte qu'il faut porter à la Cour, mais qu'on doit s'atacher particulièrement à obliger lesdits hospitaliers à rendre compte de leur bien, qu'il y a des arrests pour cela, que le fils de M. le procureur général sera demain instalé en la charge de son père, qu'il seroit bon de l'informer de cette afaire, et le prier de l'entreprendre pour l'interest du public.

(10 juin.) On a donné avis au Bureau qu'il seroit fort utile pour le bien de la maizon de voir les registres où sont écrits les remèdes que les médecins de l'Hôtel Dieu ordonent aux malades d'icelui, afin de conoistre leur conduite au pensement desdits malades, ce que la Compagnie aiant mis en délibération a agréé, et aresté qu'au premier jour de juillet prochain on donnera des registres nouveaux auxdits médecins afin de pouvoir retirer les registres précédents, ce qui s'observera tous les six mois à l'avenir.

(1er juillet.) La Compagnie a arresté que les seignées, pendant quatre mois de l'esté, seront faites dez le matin, et pour cet effet les médecins seront obligez de faire leurs visites dez six heures ou six heures et demie du matin, et pour les y obliger, a aresté qu'ils seront mandez à la huitaine au Bureau, où monseigneur le Premier Prézidant a promis de s'y trouver.

(6 juillet.) On a dit au Bureau que le sieur Fagon, qui estoit médecin ordinaire de l'Hôtel Dieu surnuméraire, a traité d'une charge de médecin ordinaire du comun de la Reyne, et ainsi la nécessité du service l'aiant obligé de se retirer de Paris, monsieur Perreau a dit qu'il a donné charge à un des autres médecins de voir les malades qui estoient à la conduite dudit sieur Fagon pendant son absence, en sorte que le département des médecins se trouve tel à prézant qu'il estoit lorsqu'il n'y avoit que six médecins, ce que la Compagnie a agréé, et arresté qu'en cas que ledit sieur Fagon se retirast entièrement de l'Hostel Dieu, il ne sera point receu d'autre médecin en sa place.

(5 août.) Monsieur de Gomont a dit que le doien de l'églize de Saint Cloud lui a donné avis qu'il y a un hospital audit lieu, fondé pour héberger les pèlerins et pauvres passans, qu'à cet hospital apartient trois maizons joignantes l'une l'autre dans le bourg, avec trois cents livres de revenu bien paié, qu'au lieu que cet hospital devroit aporter quelque utilité au public, il n'est que la retraite des fainéans et vagabonds, qui cometent mil insolences, avec juremens et blasphemes, c'est pourquoi lui sieur doien, en qualité d'administrateur perpétuel dudit hospital, avoit creu que pour l'honneur de Dieu et le secours des pauvres, il estoit plus utile d'emploier cet hospital au logement et pensement des pauvres malades du lieu, en atendant qu'ils feussent en estat d'estre aportez à l'Hôtel Dieu de Paris, et pour cet effet, avoit dressé une requeste pour la prézanter à la Cour, demandant la jonction de monsieur le procureur général, laquelle requeste il a mis en main de lui sieur de Gomont pour la voir et corriger, s'il est bezoin, lui adjoutant que pour faire subsister cet hospital plus facilement, il ofroit y contribuer du sien de cent livres par an, et prioit le Bureau de le seconder en un si pieux dessin. Sur quoi l'afaire mize en délibération, la Compagnie a aresté d'en délibérer plus amplement, quand monseigneur le Premier Prézident sera prézant au Bureau.

(12 août.) Sur ce qui a esté dit que monsieur de Bertillac aiant à rendre son compte à la chambre des revenus de la défunte reine mère, il lui est bezoin de justifier de l'emploi de la somme de 54,000 livres, paiez par ladite dame à l'Hostel Dieu, pour la construction de l'hospital de Sainte Anne, la Compagnie a donné charge au sieur Bigot d'en chercher les pièces au trézor, et en donner des copies colationées audit sieur de Bertillac.

(19 août.) Ayant esté demandé si le Bureau sera tenu d'ores en avant les jours de mercredi et vendredi, qui échéront aux jours des festes, à prézant retranchées par l'ordre de monseigneur l'archevesque de Paris, l'afaire mize en délibération, la Compagnie a aresté de tenir Bureau lesdits jours, pendant que lesdites festes seront retranchées seulement.

(19 août.) On a présenté au Bureau, et en quelque façon agréé, pour gouverneurs de l'Hostel Dieu, messieurs Marsolier et Perriquet, en la place de deffunts messieurs Forne et Helyot.

(24 août.) La Compagnie a signé un certificat de la vérité de l'estat des sommes emploiées au bastiment de l'hospital de Sainte Anne, savoir 96,823 livres au masson, 18,272 livres au charpentier et 58,571 livres tant au couvreur, menuizier, serrurier et autres pour l'ancien bastiment, que de 24,000 livres desjà paiez pour le nouveau, lequel estat sera mis ès mains de monsieur de Bertillac, pour le raporter en son compte, pour justification de l'emploi des 54,000 livres que la défunte Reyne

mère a donné pour employer aux bastimens dudit hospital.

(24 août.) M. Perreau aiant dit que les murs de l'hospital de Saint Louis, que les ravines ont jettez à bas, ne se trouvent que de deux pieds et demy d'épaisseur en leur fondation, et bastis seulement avec mortier de terre, et néantmoins le sieur Toizon, masson, qui les a construit en l'année 1652, les a compté et lui ont esté paiez pour quatre pieds d'épaisseur, et construits à chaux et à sable, monsieur Lhoste a dit que le temps de 10 ans passez ne met point à couvert la succession dudit sieur Toizon, à cause du vol qu'il a commis, que le temps ne met point à couvert.

Messieurs de Gomont et Perreau ont fait récit de ce qu'ils ont apris d'un diférend qui est à prézant porté à la grande Chambre, entre les frères hospitaliers de la Charité, dont quelques uns se plaignent des autres, de la mauvaize administration qu'ils font des biens de leur hospital, tant des revenus ordinaires, que de ceux qui leurs sont faits charitablement, ou qui leurs sont donnez à rente viagère, et monseigneur le Premier Prézidant a dit que le Bureau ne doit point négliger cette occasion favorable, pour obliger ledit hospital à rendre compte de ses biens. Et d'autant qu'on a dit que l'arrest de l'année 1622 les obligeoit à avoir des administrateurs pris de ce bureau, ledit seigneur Premier Prézidant a dit qu'il le faut chercher, pour voir ce qu'il porte, afin de s'en servir, et monsieur Lhoste s'est chargé de le chercher.

(31 août.) Monsieur Perreau a dit que la mère prieure lui a demandé une augmentation de quarante chandelles par semaine pour deux servantes qui veillent la nuit avec les Religieuzes, à cauze que le nombre des Religieuzes n'est pas assez grand pour en faire veiller le nombre ordinaire, sur quoi a esté remarqué que ces servantes veilleresses est une nouveauté de très dangereuze conséquence, non seulement à cauze que les pauvres n'ont pas un respect égal pour ces servantes que pour les Religieuzes, et qu'il en peut ariver de mauvais accidens, *mais encore parce que cette nouveauté peut estre introduite à dessin de dispenser peu à peu les religieuzes du service des pauvres, et le faire faire par des servantes; que si le nombre des religieuzes est petit, c'est qu'elles aportent trop de dificulté à recevoir celles qui se prézantent, n'en voulant que de bonne famille, et trop de facilité à les renvoier, mesme après des six années de service.* L'afaire mize en délibération, la Compagnie à cauze de l'importance de cette afaire, a prié messieurs Perreau et Legendre d'en comuniquer avec monseigneur le Premier Prézidant, pour sur sa réponse en délibérer plainement au Bureau, et en sa prézance s'il le trouve à propos.

(2 septembre.) En ce qui concerne les servantes veilleresses, monseigneur le Premier Prézidant a dit qu'il est certain qu'il faut soulager les religieuzes autant qu'on le peut mais que cette nouveauté de se servir de servantes pour veilleresses tend asseurément à dispenser les religieuzes du service des pauvres, et les réduire à l'estat des religieuzes de chœur, comme on en a trop d'exemples ailleurs, ce qui est un grand mal qu'il faut prévenir.

(18 novembre.) Sur ce que monseigneur le Premier Prézidant a dit que M. de Félix, premier chirurgien du Roi persiste en la prière qu'il a fait au Bureau d'avoir permission d'acoucher des femmes dans l'Hôtel Dieu, que le mérite de sa personne, l'emploi qu'il a auprès du Roi qui le souhaite ainsi, mérite cette grâce, pour laquelle il n'y a pas de règlemens pour l'exclusion, mais seulement pour y estre grandement réservé, que le bien du public semble aussi le demander, et que toutes ces considérations estant jointes ensemble fait qu'il n'y a point de conséquences à craindre pour d'autres pareilles prières, la Compagnie a acordé audit sieur Félix la permission demandée, à la charge de n'acoucher ni voir acoucher aucunes femmes, en la sale des acouchées de l'Hôtel Dieu, si elles y témoignent tant soit peu de répugnance, et de ne demeurer la nuit dans ladite sale.

(23 novembre.) La Compagnie a aresté qu'il sera acheté un livre de l'ordonnance du Roi appelé le Code, pour servir au Bureau quand il en sera bezoin.

36ᵉ REGISTRE. — ANNÉE 1668.

(13 janvier 1668.) Le sieur Receveur a dit encore que Suzanne Charpentier, femme du nommé d'Estournelles, tailleur d'habits, qui a fait son aprentissage de sage-femme dans l'Hostel Dieu, a surpris la Compagnie, feignant estre catolique, bien qu'elle soit huguenote, comme on a apris depuis deux ou trois jours, et cependant a obtenu un certificat du Bureau de ses services, et poursuit au Chastelet, en la forme ordinaire, sa réception comme maistresse sage femme de Paris, que cela est d'importance pour la suite qui en pouroit arriver. Sur

quoi la Compagnie a aresté que monsieur le lieutenant criminel qui reçoit lesdites sages femmes et monsieur le Procureur du Roy en seront avertis, et priez de trouver bon que l'Hostel Dieu leur fasse signifier son opposition à la réception de ladite sage femme; et pour cet effet a député monsieur Levieulx, lequel a esté prié de voir aussi le grefier du Chastelet, afin qu'il ne délivre à ladite Charpentier aucun acte de réception.

(24 février.) La Compagnie, sur la remontrance de monsieur Perreau a aresté que dans l'Hostel Dieu les troncs auront des écritaux diférens, selon les diférens bezoins de l'Hostel Dieu, comme sont ceux-ci : pour les ensevelissemens et sépultures des pauvres qui meurent à l'Hôtel Dieu; — pour la grande quantité de linge nécessaire pour les blessez et les taillez de la pierre à l'Hôtel Dieu; — pour l'augmentation et accroissement de l'églize de l'Hôtel Dieu; — pour l'entretien et réparations des bastimens de l'Hôtel Dieu; — pour l'entretien, gages et nourriture des nourisses qui alaitent les enfans orfelins en très grand nombre, dont l'Hôtel Dieu se trouve chargé; — pour le luminaire de l'églize de l'Hôtel Dieu; — pour les drogues et médicamens pour les malades et blessez de l'Hôtel Dieu. Et à costé des enfans qui seront déposez au jour de Pardon y aura un écriteau portant : Ce peu d'enfans reprézantent une grande quantité d'orfelins qui sont en nourrisse tant à l'Hôtel Dieu et dans la ville qu'aux champs, dont l'Hôtel Dieu est chargé.

(14 mars.) On a leu au Bureau et signé un placet qu'il est bezoin de prézanter à monsieur Colbert, pour avoir permission de faire venir de la pierre, pour achever de bastir le mur de closture de l'hospital de Saint Louis, atendu les défenses qui ont esté faites de délivrer de la pierre dure d'Arcueil pour autre usage que pour les bastimens du Louvre et autres bastimens du Roi.

(20 avril.) Sur ce que monseigneur le Premier Prézidant a dit qu'il est certain qu'il y a de la peste à Soissons, qu'on travaille pour empecher que le mal se comunique plus avant dans la France, qu'il ne faut pas laisser de tenir les hospitaux de santé préparez pour y recevoir les malades de peste, s'il arrivoit qu'il y en eust à Paris.....

(4 mai.) Monseigneur le Prézidant Amelot a pris cejourd'hui sa première séance au Bureau, en qualité de gouverneur de l'Hostel Dieu, et après la levée du Bureau a esté conduit dans les ofices dudit Hôtel Dieu pour y estre reconu en ladite qualité.

(25 mai.) On a dit au Bureau qu'une dame fait une compozition fort excelante pour la guérizon de pluzieurs maux de teste, mais dans cette compozition, y devant entrer *de la poudre faite du teste d'une persone nouvelement trépassée*, et ne pouvant en recouvrer aizément, elle prie le Bureau de lui en faire donner de quelque pauvre, mort à l'Hôtel Dieu. Ce que la Compagnie aiant mis en délibération, n'a voulu acorder.

(13 juin.) Monsieur Perreau a dit qu'il a seu qu'il s'est passé une grande quantité d'expéditions en la chancelerie de monseigneur le cardinal de Vendosme, pendant sa légation *a latere*, qui est à prézant finie; que le droit *de componendo*, qui en est provenu, monte à une somme considérable, que le tiers en apartient à la Congrégation de la propagation de la foi, un autre tiers à la chancelerie de Rome, et l'autre tiers à l'hospital du Saint Esprit de Rome, qu'il est au pouvoir dudit seigneur légat de dispozer de cette dernière portion au profit de tel hospital qu'il voudra, que le cardinal Du Prat, légat en France, en uza ainsi au profit de l'Hôtel Dieu, faizant bastir de pareils deniers la sale de l'Hôtel Dieu, appelée du Légat, qu'il faudroit veoir ledit seigneur cardinal, pour le suplier de doner à l'Hôtel Dieu ce tiers dont il a la disposition, qui monte bien à 6000 livres, et que pour cet effet que quelqu'un de messeigneurs les Prézidants portast la parole. Ce que la Compagnie a remis à délibérer en plus grande assemblée, et cependant aresté de tascher à découvrir les sentiments dudit seigneur cardinal, par ceux qui ont accès auprès de lui.

(27 juin.) Un homme est venu au Bureau de la part de M. de Ris et a dit qu'il est inquiété par Sa Majesté, à cauze du passage de la Borde, qu'il a aquis de l'Hôtel Dieu, lequel en a des titres très anciens, dont ledit sieur de Ris a besoin, pour se maintenir en sa possession, et a prié la Compagnie de les lui bailler, ce que la Compagnie lui a acordé.

(6 juillet.) La Compagnie a aresté que suivant la délibération du dernier jour, on prendra l'avis des massons experts, pour la construction des nouvelles étuves de l'Hôtel Dieu, et que suivant leur avis Nicolas Voirin, masson domestique de l'Hôtel Dieu, y travaillera.

(6 juillet.) Monsieur Perreau a dit qu'aiant eu avis qu'un homme d'Amiens venu à Paris, logé dans la rue de la Parcheminerie et depuis dans la rue de la Harpe, est mort de peste en une maizon, sur le fossé d'entre les portes de Saint Jacques et Saint Michel et que son laquais, aporté à l'Hôtel Dieu, s'est trouvé aussi frapé de peste, il en a donné avis à M. de la Renie, lieutenant

général de police, qui est alé avec lui voir M. le Procureur général et tous trois sont alez trouver monseigneur le Premier Prézidant, lequel a dit au Bureau qu'il a esté aresté que ce laquais seroit conduit la nuit dernière à l'hospital de Saint Louis; que le sieur de Sartes médecin qui a vizité le malade, le sieur Caillet, chirurgien, qui l'a pensé, la mère Prieure, qui a parlé au laquais dans son lit, le sieur Petit, maistre chirurgien de l'Hostel Dieu qui l'y a vizité, la religieuze qui l'a changé de liet iront à Saint Louïs prendre air, et que M. Perreau a esté prié de faire exécuter cette ordonnance. Sur quoi ledit sieur Perreau a dit que le malade fut porté hier au soir à Saint Louis; que les ambaleurs qui l'ont porté y sont demeurez; qu'une servante des ofices y est alé pour assister le malade, qui est en l'un des bastimens en eqüière servant aux religieuzes, que le sieur Caillet, comme chirurgien de police y est pour le penser; qu'il a donné ordre de tenir l'hospital fermé, et n'y laisser entrer personne sans billet, et empecher que ceux qui sont auprès du malade comuniquent avec les autres persones de l'hospital, que le sieur Petit avoit promis d'y aler et qu'il aprend qu'il ne l'a pas fait, que le sieur de Sartes refuze aussi d'y aler, quelque récompance qu'il ait peu lui faire espérer. Sur quoi aiant esté parlé du Prévost de la Santé, M. Perreau a dit que le sieur Cudefo, qui a esté nommé ci devant, a dit ne pouvoir plus, à cause de son age et infirmitez, vaquer à cette charge, et ainsi qu'il en faut pourvoir d'un autre qui doit estre nommé par M. le lieutenant de police, qui lui donne des provizions. A esté aussi remarqué qu'il seroit à propos que Messieurs de la Ville achetassent une maizon pour loger ledit Prevost, et même pour le logement du chirurgien de police et des archers du Prevost, comme aussi d'une maizon de convalescence pour les personnes soupçonnées de mal. A quoi ledit seigneur Prézidant a dit qu'on y pourvoira à la police, et cependant qu'on a conduit en une maizon de la Courtille tous ceux qui se sont trouvez dans les trois maizons où a demeuré le maistre mort de peste.

(13 juillet.) Un particulier écrivant souz les charniers de Saint Inocent a prézenté requeste au Bureau pour avoir la permission de se servir d'une place dudit cimetière apartenant à l'Hôtel Dieu.

(13 juillet.) Des archers de M. le Prevost de l'Isle sont venus au Bureau pour avoir la permission d'enlever une fille détenue prizonière à l'Hôtel Dieu, ce que la Compagnie n'a voulu acorder, jusqu'à ce qu'elle ait parlé à celui de Messieurs par l'ordre duquel elle a esté retenue.

(18 juillet.) On a remarqué au Bureau que les bœufs de fonte qu'il faut faire aux nouvelles étuves de l'Hôtel Dieu doivent estre fort épais et jusqu'à demi-pouce d'épaisseur, afin qu'ilz puissent rézister longuement au feu.

(20 juillet.) La mère souz prieure de l'Hôtel Dieu, acompagnée de trois anciennes religieuzes est venue au Bureau suplier ledit seigneur Prézidant de permettre que la mère Prieure dudit Hôtel Dieu y revienne faire la fonction de sa charge, remontrans le grand bezoin qu'on en a, et le peu de nécessité qu'il y a de la retenir dans l'hospital de Saint Louis. A quoi ledit seigneur Prézidant a dit que la seureté du public l'emporte sur ces considérations, que cela ne dépend pas de lui seul, mais de tout le conseil de police, que l'on en parlera à la première assemblée, laquelle réponse ledit seigneur Prézidant a fait à M. du Tremblay, chanoine de l'Église de Paris, l'un des directeurs du spirituel de l'Hôtel Dieu, qui est venu faire la mesme suplication.

(3 août.) M. Perreau a dit qu'en la dernière assemblée de police il a esté arresté que la mère Prieure, les religieuzes qui sont avec elle à Saint Louis et le sieur Petit, maistre chirurgien de l'Hôtel Dieu retourneront mardi prochain audit Hôtel Dieu, s'il n'arive rien de nouveau.

(3 août.) Monsieur Perreau a dit qu'un huissier de la Cour est venu le voir, pour faire agréer au Bureau qu'il compulse les registres des acouchées et des batesmes de l'Hôtel Dieu, pour faire voir qu'une fille qui poursuit un particulier pour prendre l'enfant dont elle a acouché à l'Hôtel Dieu, y a acouché pluzieurs fois; qu'il n'a voulu l'acorder sans la permission du Bureau; sur quoy a esté remarqué que le Bureau a grand interest d'empêcher ce compulsoire, premièrement parce que cela feroit conséquence pour les registres du Bureau, ce que la Compagnie a toujours empesché, et mesme depuis un mois, secondement parce que cela détourneroit les filles qui ont forfait à leur honneur de venir acoucher dans l'Hôtel Dieu, et aussi les porteroit à défaire leurs enfans, mesme avant qu'estre nez; troiziemement parce qu'en cherchant dans les registres le nom de la fille, dont on auroit bezoin, on pouroit en reconoistre d'autres dont il ne seroit pas question; quatriesmement que l'on pouroit feindre des procés, pour avoir ocazion de chercher dans lesdits registres les noms des filles à qui on voudroit du mal, et qu'on soupçoneroit avoir acouché dans l'Hôtel Dieu; que par tous ces moiens les chozes qui doivent estre tenues secrètes deviendroient publiques, ce qui est de grande importance. L'afaire mize en délibération, la Compagnie a aresté qu'il en sera comuniqué à monsei-

gneur le Premier Prézidant, et monsieur Perreau prié de le faire.

(29 août.) Monsieur Perreau a dit que l'enceinte du grand autel de l'Hôtel Dieu estant trop étroite pour y faire le service divin comodément, on lui a fait un modèle de la manière qu'elle pourroit estre élargie, mais que cela apetisseroit le passage du public qui va baizer les reliques aux jours de pardon.

(31 août.) Monsieur Levieulx a dit qu'on a demandé au sieur Petit le paiement d'une taxe pour les pauvres du grand Bureau; qu'il ne croit pas estre tenu de la paier, estant domestique de l'Hôtel Dieu, et la maison où il demeure estant des dépandances de l'Hôtel Dieu, en laquelle les chirurgiens qui l'ont précédé ont tousjours demeuré, aiant boutique ouverte, bien qu'ils ne feussent pas maistres, qu'il en est ainsi des taxes des boues, chandelles et autres charges de la Ville; de quoi la Compagnie a aussi esté d'avis et prié ledit sieur Levieulx de la reprézenter au grand Bureau.

(5 octobre.) On a raporté au Bureau que le sieur Tillois, principal apotiquaire de l'Hôtel Dieu, ayant esté une ou deux fois aux opérations de la taille faite par le sieur Collo dans la sale des taillez à l'Hôtel Dieu, il y a quelques jours M. Perreau n'estant point à Paris, que le médecin qui avoit cette salle dans son département, pendant qu'il estoit à sa vizite, suivi dudit Tillois, ayant esté appelé à la sale des taillez pour y voir faire quelques opérations, y fut suivi dudit Tillois, que ledit sieur Collo voulut faire sortir par pluzieurs fois, ce que ledit Tillois refuza de faire, dizant qu'il croioit lui faire honneur d'assister à ses opérations, ce que ledit sieur Collo, prenant pour affront, lui donna un grand souflet, le mettant dehors, que ledit Tillois ne repoussa point cette injure, s'en raportant au Bureau, qui y est plus ofensé que ledit Tillois, qui est son oficier. La Compagnie a aresté que ledit sieur Collo sera mandé au Bureau, lorsque monseigneur le prézidant Amelot y sera prézant, pour lui remontrer sa faute et l'en réprimander.

(14 novembre.) Quant à l'afaire qui concerne la plainte faite contre le sieur Collo, monseigneur le Premier Prézidant a dit que ledit sieur *Collo estant une personne à choier*, il croit à propos de le dispenser de venir estre réprimandé au Bureau, qu'il lui mandera en son hostel, où il lui fera entendre les chozes de telle manière que le Bureau en aura toute satisfaction.

(21 décembre.) M. Petitpied a cejourd'huy presté serment au Bureau de bien et charitablement faire la recette et dépense générale de l'Hôtel Dieu, et a pris au Bureau sa place ordinaire, au bout dudit Bureau, pour y avoir voix délibérative, comme ont eu les autres receveurs charitables.

(21 décembre.) Monsieur Perreau a dit qu'on lui a donné avis qu'un homme a un remède asseuré pour guérir les maux de teste que la chirurgie n'a seu guérir jusqu'à prézant que par le trépan, qu'il seroit important de le faire travailler dans l'Hôtel Dieu *où tous ceux qui sont trépanez meurent, à cauze de l'infection de l'air*. La Compagnie a aresté, pour la décharge de son honneur et conscience, qu'elle prendra auparavant l'avis des médecins de l'Hôtel Dieu.

37ᵉ REGISTRE. — ANNÉE 1669.

(25 janvier 1669.) Monsieur Blancone a délivré au Bureau la saizie faite à sa requeste, comme exécuteur du testament du défunt sieur de la Rivière, ès mains de madame Olier de Verneuil, de ce qu'elle devoit aux Sʳ et dame de Brinvilliers, du 30 avril 1664, et la saizie réelle aussi faite à sa requeste, audit nom, d'une maison sise en la rue Neuve de Saint Paul, apartenante ausdits sieur et dame de Brinvilliers, du mesme jour, et les procédures faites en conséquance au Chastelet, le tout faute de paiement de ce que lesdits sieur et dame de Brinvilliers doivent de reste à la succession dudit défunt, dont ledit sieur Blancone a fait don à l'Hôtel Dieu.

(1ᵉʳ février.) La Compagnie a aresté que l'on avertira les compagnons chirurgiens de l'Hôtel Dieu que si aucuns d'entre eux veulent faire des leçons aux autres chirurgiens, ils aient à se préparer pour les faire dans la semaine de la mi-caresme, que s'il n'y en a qu'un qui veuille en faire, tous les autres seront tenus de l'entendre, que s'il y en a deux ou plusieurs, ceux qui auront fait la leçon en une journée seront tenus d'assister à celles de leurs compagnons, et que quand on aura seu le nombre de ceux qui voudront faire des leçons, on délibérera combien on fera de leçons par semaine, si une, deux ou trois, à quel jour, en quelle heure, et en quel lieu, et si aucuns de Messieurs y assisteront.

(14 février.) Sur ce que M. Perreau a dit que jour a esté pris à mardi prochain huit heures du matin pour le service qu'il faut dire dans l'Hôtel Dieu pour défunt

M. Cramoisy, la Compagnie a aresté que M⁻ˢ ses enfans en seront avertis, afin de s'y trouver, s'il leur plaist.

(22 mars.) D'autant que François Patin se trouve en son rang pour entrer à l'Hôtel Dieu en la place de François Toulouze, M. Perreau a dit que depuis quelque temps il se trouve moins de blessez à l'Hôtel Dieu qu'auparavant, ce qui fait que les Compagnons chirurgiens ordinaires, n'estant pas entièrement ocupez, négligent leur besogne, et la donnent à faire aux externes, pour avoir la liberté d'aler se promener, qu'il seroit à propos de réduire leur nombre, comme il a esté fait autrefois en pareille ocazion, sur quoi l'afaire mize en délibération, la Compagnie a aresté que le nombre des compagnons chirurgiens ordinaires sera réduit d'ores en avant à dix, et ainsi que ledit Patin n'entrera que quand le nombre desdits chirurgiens sera moindre de dix.

(29 mars.) Les frères hospitaliers de la Charité ont reprézanté au Bureau un certificat des gouverneurs et eschevins de la ville de Senlis, comme lesdits frères ont acheté une maizon dans ladite ville, l'ont converti en hospital, suivant les résoluzions prizes en l'hostel comun de ladite ville et y recoivent et pensent les malades et blessez, sur quoi la Compagnie a aresté de leur faire délivrance des 400 livres de rente à prendre en celle deüe sur les deniers de Montpellier qui leur a esté léguée à cette condition par M. l'abbé de Sᵗ Vincent, et quant à ce qu'ils ont demandé que l'Hôtel Dieu en reçoive les arrérages sous ses quitances, la Compagnie n'a voulu l'acorder.

(29 mars.) Monsieur Leconte a dit que dez il y a environ 3 mois, monsieur Robineau et lui jugèrent à propos, pour beaucoup de raisons, mais principalement pour le peu d'assiduité de Mˡˡᵉ Coton, et ses fréquentes absences, d'établir une des sœurs, avec quelque sorte d'autorité sur les autres, laquelle auroit soin de veiller à ce que chacun s'aquitast des emplois où elles sont commizes, prendre garde au dortoir, où les règles pour le lever, le coucher et le silence estoient peu observez, et surtout veiller à ce que les pauvres malades (des Incurables) eussent tous leurs bezoins, que la sœur Anne Chomares auroit esté choizie pour ledit emploi, et l'auroit exercé jusqu'à la semaine passée, qu'aiant demandé avec instance d'en estre déchargée, M. Robineau et lui ont creu lui devoir acorder sa demande, et ont nommé en sa place la sœur Jacqueline Collet, qui est des antiennes de la maizon, et qui a les qualitez nécessaires, que ce choix aiant esté fait par eux, ils en avertirent Mˡˡᵉ Coton, dans le dessin qu'elle le dist aux autres sœurs, ce que néantmoins elle ne fist pas, sous prétexte qu'on

ne lui en avoit pas donné précisément l'ordre, ce qui obligea à l'en charger expressément, et qu'aiant voulu s'en aquiter, elle le fit d'une manière qui donna sujet à quelques sœurs desja assez peu soumizes, à tourner la chose en raillerie, et mesme en rizée, de quoi ledit sieur Leconte aiant esté adverti, il avoit fait savoir à Mˡˡᵉ Coton qu'elle eust à assembler les sœurs dans la sale de Sainte Caterine, ce que n'aiant pas fait, il fut obligé de les faire assembler lui-mesme, et après leur avoir reprézanté le tort qu'elles avoient de recevoir avec si peu de respect les ordres qui leur estoient donnez, il s'adressa à Mˡˡᵉ Coton, à laquelle il fit quelque plainte, et de la manière dont elle avoit dit les chozes et de ce qu'elle n'avoit pas retenu les sœurs dans le devoir et le respect, comme sa fonction l'y obligeoit. Sur quoi elle répondit *qu'elle ne tenoit pas leurs langues*, et pour la fonction, qu'elle n'avoit ni le pouvoir ni la capacité. Et M. Leconte fut obligé de lui dire que si elle n'avoit pas la capacité nécessaire pour la place qu'elle tenoit, que l'on seroit obligé d'y pourvoir. De quoy il avoit creu devoir avertir la Compagnie, afin qu'elle y pourveust par sa prudence. Que ce dernier dézordre n'est pas le seul que cauzoit la prézance de Mˡˡᵉ Coton dans les Incurables, que les sœurs qui ne lui agréoient pas, en recevoient tant de mauvais traitemens qu'elles estoient obligées de se retirer; qu'elle faizoit que quelques unes, propres au service des pauvres, n'y entroient pas; qu'elle estoit cauze de quantité de divizions et que par beaucoup de considérations, M. Robineau et lui avoient creu qu'il estoit nécessaire d'y pourvoir. Sur quoi l'afaire mize en délibération, la Compagnie a rézolu de se remettre à la prudence de Mʳˢ Robineau et Leconte, pour faire entendre à Mˡˡᵉ Coton, et lui faire insinuer doucement par personne tierce qu'elle devoit penser à se retirer, mais qu'après qu'on aura tanté cette voie, si elle ne s'y rézolvoit pas d'elle mesme, que M. Perreau estoit prié de lui faire savoir que l'intencion de la Compagnie estoit qu'elle se retirast de la maison, et en cas qu'elle reprézante qu'elle n'a pas le revenu sufizant pour sa subsistance, la Compagnie s'est aussi remize ausdits sieurs Robineau et Leconte de lui donner quelque pension, telle qu'ils avizeront.

(5 avril.) Monsieur Perreau a dit que, suivant la délibération du 29 mars dernier, M. Leconte lui aiant mandé qu'il n'avoit peu faire dispozer l'esprit de Mˡˡᵉ Coton à se retirer de l'hospital des Incurables, et qu'il estoit nécessaire qu'il se transportast audit hospital pour cet effet, suivant ladite délibération, il s'estoit dispozé d'y satisfaire, mais qu'il aprit de M. Legendre qu'il rencontra que monseigneur le Premier Prézidant lui avoit fait entendre qu'il jugeoit de diférer jusqu'au jour d'hier

l'exécution de ladite délibération, ce qui l'empescha de se transporter audit hospital. Sur quoi ledit sieur Legendre a dit que ledit seigneur Prézidant lui dit le jour d'hier que l'on diferast encor jusqu'à demain. Et M. Leconte, enquis s'il ne s'est passé rien de nouveau, a dit qu'il a apris que depuis ladite délibération on a tenu de lui des discours remplis de calomnies horribles, vers des personnes de haute dignité dans l'églize. Et M. de Gomont a dit que Mlle Coton est venue le voir, qu'il lui a dit qu'y aiant délibération du Bureau, il ne pouvoit estre d'autre sentiment. Sur quoi l'afaire mize en délibération, la Compagnie a prié monsieur Perreau de voir ledit seigneur Prézidant et lui remontrer l'importance qu'il y a, pour le bien de l'hospital et pour l'honneur dudit sieur Leconte que ladite délibération qui a esté prize sur de puissantes considérations soit exécutée au plustost.

(24 avril.) Monsieur Perreau a dit *que le Roi est venu à l'Hôtel Dieu pour y gaigner l'indulgence du jubilé* et a ordonné qu'il feust donné à l'Hôtel Dieu en aumosne 200 louis d'or, qu'ensuite il a esté conduit par toutes les sales et ofices de l'Hôtel Dieu sans exception d'aucun, non pas mesme de la sale où on ensevelit les morts et que touché de la grande afluence des pauvres qui y estoient, il a ordonné encore en aumosne 300 louis d'or, lesquels 500 louis d'or ont esté paiez par monseigneur l'evesque d'Orléans, comme premier aumosnier du Roi et délivrez à M. le Receveur.

(24 avril.) Le sieur Perreau a dit qu'il a receu de M. l'abbé Thiersant, aumosnier de la Reyne, quarante louis d'or qu'elle a ordonné estre baillée en aumosne à l'Hôtel Dieu, lorsqu'elle a gaigné le jubilé.

(24 mai.) M. Perreau a dit qu'un particulier qui n'est point maistre chirurgien, ni encore moins médecin, s'est ingéré de penser dans l'Hôtel Dieu des malades de chancre, sans ordre du Bureau ni des médecins et chirurgiens; que les religieuzes dudit Hôtel Dieu l'ont souffert à cauze qu'il s'est fait fort de guérir ces malades, qui *estoient abandonnez desdits médecins et chirurgiens qui ne savent point de remède à ce mal*, que néantmoins lui sieur Perreau en aiant eu avis, il lui a défendu de travailler d'avantage dans l'Hôtel Dieu qu'il n'en eust communiqué au Bureau; qu'en aiant desjà touché quelque chose ausdits médecins, il n'ont traité de charlatanerie; que ledit particulier est à la porte du Bureau qui dézire estre ouï. Sur quoi estant entré au Bureau avec deux particuliers dont l'un est parfaitement guéri depuis 10 mois et l'autre qu'on pense encore est guéri presqu'entièrement, dont l'un a reprézenté un certificat du sieur Tarlier, maistre chirurgien à Paris, portant que son mal estoit un chancre, et partant incurable, et l'autre a dit estre un des bedeaux de l'églize de St Sauveur, que son mal a esté reconeu estre un chancre et tous deux ayans asseuré devoir leur guérizon aux pensements que ledit particulier leur a fait, qui a dit avoir apris le secret de cette guérizon et de pluzieurs autres maux, par la fréquentation qu'il a eu avec des gens savans dans les païs étrangers, aiant comencé en Hongrie à traiter et guérir les chancres, ou il a esté conu lors par un desdits malades guéris; sur quoi l'afaire aiant esté trouvée de conséquence de toutes manières, et aiant esté mize en délibération, la Compagnie a aresté qu'il sera permis audit particulier de penser dans ledit Hôtel Dieu deux ou trois malades de chancre, pourveu qu'ils le veuillent bien et suivant l'ordre qu'il en aura de M. Perreau pour, après avoir examiné le succès de ses remèdes, estre de nouveau délibéré au Bureau.

(5 juin.) La Compagnie a acordé aux gouverneurs de la grande Confrérie aux bourgeois de Paris le renouvelement du bail de la maizon qu'ils tiennent de l'Hôtel Dieu, size en la rue des Oublées pour six ans, començans à Noël prochain, aux mesmes pris, charges et conditions.

(7 juin.) La Compagnie a signé la tranzaction qu'elle a passé avec messieurs Jean Garbe doien, Nicolas Brayer, François le Vignon ancien doien, Toussaint Fontaine et Jean Armand de Mauvilain, ex-doien et actuelement censeur de la Faculté de Médecine, tous docteurs régens de ladite Faculté, comme aians pouvoir spécial de ladite Faculté par laquelle, moiennant la somme de 20,000 livres, que l'Hôtel Dieu leur a paié es mains dudit sieur Garbes, ladite Faculté décharge l'Hôtel Dieu du paiement des 30,000 livres de don fait à ladite Faculté par M. Desroches, par devant Crespin et Parque, notaires, le 21 mars 1643, des interests demandez et de toutes autres chozes, et ont rendu la grosse qu'ils en avoient, consentent qu'elle demeure nulle, promettant que quand ils aquéreront bastiront ou rétabliront les écoles de médecine, en quelque temps que ce soit, soit ou elles sont ou ailleurs, ils y feront mettre les armes dudit sieur Desroches au frontispice ou en lieu le plus éminent dedans ou dehors, avec inscription en lettres d'or sur marbre, du consentement par écrit du Bureau et en cas de négligence de ce faire lors du bastiment ou réparation des écoles, l'Hôtel Dieu y supléera aux despens de la Faculté, qui les remboursera sur le simple mémoire, sans quoi les 20,000 livres n'eussent esté donnez, moienant le procès assoupi, sans despens, domages et interests.

(14 juin.) Monsieur Garbes, doien de la Faculté de

médecine de Paris est venu au Bureau et a dit avoir fait assembler tous les docteurs de ladite Faculté aux écoles de médecine, où après leur avoir fait entendre l'acord fait entre les députez du Bureau et ceux de ladite Faculté, et fait lecture du contrat qui en a esté passé, ils l'ont tous agréé, loué et ratifié et protesté d'en conserver éternellement le souvenir dans leur âme et celle de leurs successeurs et pour donner des marques publiques de leur reconoissance, qu'il sera fait mention de ce don sur un marbre qui sera pozé au lieu le plus éminent et le plus honorable de leur école, que le prestre qui dit la messe tous les samedis avant l'assemblée desdits médecins fera prière particulière pour ledit sieur Desroches et que ce qui avoit esté-ci devant acordé par grâce aux compagnons chirurgiens de l'Hôtel Dieu, d'entrer gratuitement aux assemblées de l'École pour les anatomies, passera d'ores en avant en loi, pour les obliger à servir les pauvres dudit Hôtel Dieu avec plus de zèle et d'assiduité et ledit sieur Garbes a mis sur le Bureau une expédition du décret de ladite Faculté, qui en fut fait au mesme instant. De quoi la Compagnie a remercié tous Messieurs de ladite Faculté et aresté que ledit décret sera serré au trézor des titres de l'Hôtel Dieu.

(7 août.) Sur ce que M. Leconte a représenté que la grange de la ferme de Garges, apartenante à l'hospital des Incurables par la donation de M. Chevalier est pleine des grains recueillis sur les terres dépendantes de ladite ferme...

(30 août.) Monsieur de Gomont a fait récit de ce qui a esté aresté entre lui et les autres advocats, nommez pour terminer les diférens qui concernent les prétentions du chapitre de S¹ Cloud contre l'hospice des Incurables, à cause de la donation de M. Chevalier.

(18 octobre.) Monsieur Legendre a dit que le nommé Berault dit avoir un secret et l'expérience pour la taille des persones afligées de la pierre tant pour le grand que le petit apareil, aiant apris de celui qui demeure à Toulouze, qui est en grande réputation, que des personnes de haute qualité lui ont confirmé cette vérité et que ledit Berault demande à en faire la preuve dans l'Hôtel Dieu, par le moien de quelques opérations, à quoi le sieur Collo, opérateur ordinaire de l'Hôtel Dieu pour la taille donne les mains, et dézire y estre prézant. Ce que la Compagnie aiant mis en délibération a acordé comme choze grandement importante pour le public, et pour cet effet areste qu'on dizposera et préparera à la taille quelques uns des sujets estant dans l'Hôtel Dieu.

(18 octobre.) Règlement pour les domestiques de l'hospice des Incurables de Paris demeurans en la maizon de Garges : ... 16° On continuera d'écrire exactement ce qu'on envoie de Garges à Paris au sʳ Malapart. — 17° Chacun conservera le bien de l'hospital avec un soin raizonnable, puisqu'on en doit compte à Dieu et au prochain.

(22 novembre.) Monsieur le doien de S¹ Germain l'Auxerrois et un chanoine de ladite église sont venus au Bureau et y ont fait lecture d'un arest du conseil d'État qui ordone que pour la comodité publique et décoration de la ville, la rue de la Feronerie sera élargie et faite de 30 pieds de largeur et pour cet effet qu'il sera pris du cimetière des Saints Inocens ce qui sera nécessaire, que le chapitre de Saint Germain aura soin de l'exécution dudit arest pour ce regard qui lui permet de faire construire sur ledit cimetière le long dudit cimetière, des maizons de 33 pieds de profondeur, souz lesquelles sera fait un charnier de la grandeur de celui qui est à prézent, le tout en indemnizant la fabrique des Saints Inocens pour les échopes qu'elle a le long de ladite rue de la Feronerie et l'hospital de Sainte Catherine pour la portion qui sera prize de la part qu'il a dans ledit cimetière; lesdits sieurs doien et chanoine ont adjousté qu'encore que l'Hôtel Dieu ne soit point nommé audit arest, néantmoins ils reconoissent qu'il y a interest à cauze d'une part qu'il a aussi audit cimetière, qu'ils ofrent la mesme condition dont ilz sont demeurez d'acord avec la fabrique des Saints Inocens, qui est de lui donner en argent ou en rente foncière, sur les maizons qui seront basties, le double du loier et profit qu'il en tiroit jusque à prézent, que dans le nouveau charnier on placera les sépultures, tombes et épitaphes dans le mesme ordre et situation qu'elles sont à prézent dans l'ancien, sans y rien changer, que la terre sainte et les corps et ossemens des trépassez seront mis dans ledit cimetière, et en égale proportion qu'ils sont à prézent, et avec toute la décence que requiert la sainteté du lieu, qu'à l'égard des ossemens qui sont sur les charniers, la fabrique de Saint Nicolas des Champs a promis une place dans son cimetière, pour en placer une partie, et à l'égard du surplus, qu'ils ont eu pensée de prier la Compagnie de leur permetre de les mettre dans le cimetière de l'hospital de Saint Louis qui ne sert de rien de présent, et dans lequel on feroit une fosse fort profonde pour les mettre, afin de laisser la superficie libre pour l'uzage de l'hospital, et néantmoins dans la crainte de trouver de la dificulté en cette proposition, ils ont un lieu trouvé, qu'ils ont prié Mʳˢ les grans vicaires de bénir, pour servir de cimetières ausdits ossemens. Sur quoi monseigneur le Président a dit que ce changement d'un lieu saint en un prophane est de grande conséquence, principalement

se faizant sans lettres patentes vérifiées en Parlement, que néantmoins de la part de l'Hôtel Dieu ilz n'y trouveront point de dificulté, qu'il ne gist qu'à examiner amiablement l'interest que l'Hôtel Dieu peut y avoir; pour cet effet a nommé M⁽ʳˢ⁾ Leconte et Perreau pour s'en acomoder avec lesdits sieurs de Saint Germain, mais à l'égard du cimetière de l'hospital de Saint Louis, qu'on ne peut acorder ce qu'ils demandent, puisque fouillant une fosse bien profonde, cela pouvoit faire perdre les eaux des fontaines dudit hospital qui passent dedans, qu'on peut encore moins leur acorder la superficie qui est partagée en deux, dont la part qui est pour enterrer les corps des hérétiques est vaste à la vérité, mais n'est point convenable pour y enterrer les ossemens des catoliques, l'autre partie pour les catoliques est petite en comparaizon du nombre des corps qu'on y met, selon que le mal est grand.

38ᵉ REGISTRE. — ANNÉE 1670.

(8 janvier 1670.) Ledit sieur Perreau a dit que les hommes malades de petite vérole sont extraordinairement pressez, estans jusqu'à 3 dans un lit et qu'on ne trouve aucun lieu plus comode pour les mettre que de prendre de la sale de Saint Charles la portion qui est à main droite en entrant, depuis l'autel qui y est jusqu'au bout vers le petit Chastelet, la fermant de cloizonages de massonerie pour empêcher la communication du mauvais air.

(10 janvier.) Monsieur Martin a dit qu'il a seu le nom du médecin dont il fut parlé le dernier jour pour remplir la place de défunt M. de Sartes, que c'est le sieur Jacques de Bourges le jeune, lequel il a averti qu'il avoit esté nommé pour l'un des médecins ordinaires de l'Hôtel Dieu et qu'il faloit venir au Bureau pour y estre receu en cette qualité; qu'ils trouvèrent à propos d'aler de compagnie saluer monseigneur le Premier Prézidant en cette qualité, ce qui fut fait, et ledit seigneur Prézidant trouva bon que la réception dudit sieur de Bourges fust faite cejourd'hui au Bureau, encore que lui seigneur Prézidant n'y feust pas présent; sur quoi l'afaire mize en délibération, la Compagnie a receu ledit jour de Bourges le jeune pour l'un des médecins ordinaires de l'Hôtel Dieu, aux gages de vi⁽ᶜ⁾ livres, à comencer du 1. de ce mois, de quoi ledit sieur de Bourges mandé au Bureau a remercié la Compagnie.

(22 janvier.) Le sieur Perreau a dit qu'on avoit à l'Hôtel Dieu ordinairement 12 compagnons chirurgiens domestiques, qu'on réduizit depuis à 10, à cauze de la diminution considérable des malades, mais estans augmentez à présent *jusqu'au nombre de 2,200*, il semble nécessaire d'augmenter le nombre des chirurgiens ordinaires, ce que la Compagnie aiant mis en délibération a aresté de les augmenter jusqu'à 12, et ainsi en sera receu 2 de surcroist qui sont Pierre de Vaulx et Pierre Girard, comme les plus anciens nommez, pour estre receus dans l'Hôtel Dieu en leur rang, et travaillans actuellement.

(7 février.) Monseigneur le Premier Prézidant a donné avis de l'amande de mille livres a jugée à l'Hôtel Dieu contre un particulier qui se supozoit estre issu de la maizon de Dreux, et qui en avoit fait imprimer et distribuer une généalogie.

(14 février.) La Compagnie a prié les sieurs Leconte, Perreau et Martin de dresser leurs mémoires sur les plaintes faites contre les médecins ordinaires de l'Hôtel Dieu qui font leurs vizites trop à la haste et trop tard.

(14 février.) Monseigneur le Premier Prézidant a dit qu'il y a deux places de gouverneurs de l'Hôtel Dieu à remplir, et d'autant qu'il seroit utile d'avoir une personne du palais qui ait de la capacité et peu d'emploi, afin de donner plus de temps au service des pauvres, il a eu avis de M. Chuppé, advocat en Parlement, qui a beaucoup de science et beaucoup de loizir.

(7 mars.) Monseigneur le Premier Prézidant a fait récit de ce qui se passa vendredi dernier après midi en la conférance qui y fut tenue en sa prézence par M⁽ʳˢ⁾ députez du Bureau et de l'Hospital général et par les médecins commis pour trouver un prompt remède au scorbut qui règne beaucoup dans ledit Hospital général, qu'il fut remarqué que l'Hôtel Dieu est un lieu très mal sain pour lesdits malades, en sorte que de 40, à peine il en réchape un; qu'il a esté jugé nécessaire de trouver un lieu où l'air et les eaux soient bonnes; qu'on n'en a point rencontré de plus propre que l'hospital de Sainte Anne, qui estant destiné pour recevoir les malades de maladie contagieuze, celle de scorbut est de cette qualité, qu'on doit d'autant plustost aporter le remède à ce mal, qu'on a apris qu'il se communique à la ville, où les médecins ont veu des personnes afligées de ce mal; qu'il ne faut point s'excuzer sur le danger de la peste puisque grâces à Dieu les grandes gelées de cette année ont tellement purifié l'air qu'on ne trouve plus de peste dans les lieux où elle estoit auparavant, et dont on

apréhendoit la communication; que l'Hôtel Dieu estant un hospital pour remédier aux maladies du public, on ne doit point considérer si la dépense dudit Hôtel Dieu en augmentera, mais seulement les moiens de guérir le mal plus promptement; qu'à cause de cela il faut comencer par les malades de scorbut qui sont dans l'Hôtel Dieu, pour les sauver si on peut de la mort qui leur est inévitable dans un air si grossier que celui là; sur quoi aiant esté remarqué que l'hospital de S¹ᵉ Anne n'est aucunement en estat de recevoir des malades, qu'il manque de tout et que de plus de deux mois on ne poura l'acomoder des chozes nécessaires pour le soulagement des malades, que les chemins pour y aborder sont entièrement rompus, en sorte qu'on ne peut y rien porter, ce qui dure une bonne partie de l'année, pour n'estre lesdits chemins pavez, que les lits pour y recevoir les malades sont trop petits, puisqu'il n'y a place que pour 70 lits, *et il a à présent dans l'Hôtel Dieu plus de 250 malades de scorbut*, outre un pareil nombre qui est encore dans l'Hospital général, ce qui obligeroit à les mettre d'abord 3 ou 4 dans un lit et après 5 et 6, et ainsi ce bon air qu'on cherche à S¹ˢ Anne n'y seroit plus, qu'il seroit plus expédient de les mettre à Saint Louis où les salles sont grandes et capables, où il y a desjà quelques oficiers, et où les eaux sont meilleures. L'afaire mize en délibération, la Compagnie a arresté que les malades de scorbut, tant ceux qui sont à l'Hôtel Dieu que ceux qui sont encore et seront à l'Hospital général seront conduits audit hospital de Saint Louis pour y estre pensez nourris et assistez, a commis Mʳˢ Leconte, de Gomont, Perreau et Legendre pour délibérer et ordonner de ce qui concerne cet établissement tant à l'égard des chapelains, Religieuzes, chirurgiens, serviteurs, que meubles, vivres, médicaments et toutes autres choses nécessaires, a aresté que lesdits sieurs comissaires s'assembleront aujourd'hui 5 heures du soir à l'Hôtel Dieu, pour en délibérer, se transporteront à mesme fin demain à 2 heures après midy audit hospital de Saint Louis et se trouveront dimanche à 10 heures du matin en l'hostel de monseigneur le Premier Prézidant, pour rendre compte de ce qui aura esté par eux aresté, et donner ordre au surplus de ce qui sera à faire.

(14 mars.) Monsieur Chuppé est venu cejourd'hui au Bureau y prendre sa première séance, en qualité de gouverneur de l'Hôtel Dieu et ensuite a esté conduit en tous les ofices dudit Hôtel Dieu pour y estre reconu en ladite qualité.

(14 mars.) La Compagnie a trouvé à propos que les médecins de l'Hôtel Dieu aillent viziter les malades de scorbut à l'hospital Saint Louis tour à tour et de 2 mois en 2 mois, aiaus prié M. Chenart de comencer et aiant distribué le département qu'il avoit dans l'Hôtel Dieu aux 5 autres médecins; qu'on a trouvé à propos que la vizite se fasse après midi, estant l'heure plus comode pour le médecin et les malades; qu'il y a 6 religieuses audit hospital et quelques servantes d'ofice pour les assister; que M. le maistre de l'Hôtel Dieu au spirituel a promis de choisir un ecclésiastique suivant la délibération du dernier jour, mais qu'il croit à propos de le retenir à l'Hôtel Dieu et d'envoyer audit hospital ceux de l'Hôtel Dieu tour à tour, començant par le plus ancien, et que lui sieur Perreau lui a fait entendre que le Bureau ne veut pas le retenir pour tousjours, mais pendant seulement que ledit hospital aura besoin de deux chapelains; qu'il a comancé ce matin à envoyer audit hospital les malades de scorbut qui estoient à l'Hôtel Dieu, avec ordre de continuer jusqu'au dernier, et M. de Gomont a esté prié d'avertir l'Hospital général de ne les plus envoier audit Hôtel Dieu, mais directement à l'hospital de S¹ Louis, *sans passer par Paris, mais par le bac qui est au dessus de la Salpestrière*, et par le chemin qui est au dessus de Pincourt, comme le plus court et le plus aizé; qu'il y a ordre donné d'envoyer tous les jours à l'Hôtel Dieu le billet du nombre des malades dudit hospital et de ceux qui sont morts ou sortis. Toutes lesquelles choses ont esté agréées par la Compagnie qui a prié M. Perreau de tenir la main que Frades fasse son devoir de compagnon gagnant sa maistrise.

(21 mars.) M. de Gomont a fait lecture d'un mémoire des chozes dont l'Hospital général prie ce Bureau, à l'égard des malades de scorbut estans dans l'hospital de S¹ Louis. La 1ʳᵉ qu'il soit permis audit Hospital général d'avoir des archers au dedans dudit hospital de Saint-Louis, pour empecher les malades de s'évader, ce que la Compagnie n'a trouvé à propos, mais dit que lesdits archers pourront garder les dehors, si bon leur semble; que le portier sera assidu à sa porte et mesme qu'on lui portera à manger, ne prenant plus ses repas dans le réfectoir, qu'il ne permettra qu'aux gens de qualité d'entrer dans l'hospital, si ce n'est les dimanches et festes, et les jeudi de la semaine où il n'y aura point de feste, qu'il laissera entrer indifféremment les bourgeois qui voudront y entrer, prenant garde qu'on n'emporte rien de la maizon, et pour ce faire aura pouvoir de fouiller ceux qu'il soupçonnera, comme on fait à l'Hôtel Dieu. La 2ᵉ est de fixer les jours ausquels l'Hospital général enverra quérir les pauvres qui seront guéris et on a trouvé à propos de choizir les lundi et jeudi. La 3ᵉ est que l'on donne tous les jours à l'économe de la maison de Vicestre un mémoire de tous les malades qui seront audit hospital de Saint Louis et la Compagnie a aresté que

toutes les fois qu'on viendra de l'Hospital général à celui de St Louis, on donnera un mémoire de ceux qui seront décédez depuis le dernier mémoire qu'on aura donné, l'Hospital général sachant le nom des autres par leur envoi à l'hospital de Saint Louis et par leur retour audit Hospital général. On a demandé si le Bureau doit acorder aux pères et mères qui redemanderont leurs enfans portez audit hospital de St Louis comme malades de scorbut, et a esté remis à délibérer quand on les demandera.

(3 avril.) Se sont trouvez au Bureau les sieurs Garbes, Moreau, de Bourges laisné, Perreau et de Bourges le jeune, médecins ordinaires de l'Hôtel Dieu et le sieur Bouchet maistre chirurgien à Paris, suivant l'advertissement qui leur en avoit esté fait de la part de la Compagnie; s'est aussi présentée Marguerite du Tertre, veufve de Jean Didiot dit de la Marche, maistresse sage femme à Paris, pour estre interogée sur ce qui concerne sa profession, et remplir la place de maistresse sage femme de l'Hôtel Dieu, vacante par le décès de la dame de Billy, si elle en est trouvée capable. Sur quoi et après avoir esté vaqué audit interrogatoire par l'espace de 2 heures et lesdits sieurs médecins et chirurgiens enquis, aians dit qu'ils la jugent très capable de travailler dans l'Hôtel Dieu en qualité de maistresse sage femme, eux retirez et l'afaire mize en délibération, la Compagnie a receu ladite du Tertre pour maistresse sage femme dudit Hôtel Dieu en la place de ladite défunte dame de Billy, à comencer du premier jour de ce mois.

(11 avril.) Sur les plaintes que M. Perreau a dit lui avoir esté faites des dézordres qui sont comis par la menue populace qui va à l'hospital de St Louis les festes et dimanche. La Compagnie a aresté que l'entrée ne lui en sera plus permize après la fin du présent mois, mais seulement aux personnes considérables, de qui on ne craindra aucun désordre.

(18 avril.) Monsieur Perreau a dit que dans l'hospital de Saint Louis il y a à présent 512 malades de scorbut, qu'il y en est mort 72 et guéri 12. Sur quoi monseigneur le Premier Prézidant a dit que le public est extrèmement satisfait de la charité exercée envers ces pauvres et du bon ordre qui est gardé pour leur pensement et guérizon, mais comme on ne peut pas ateindre tout d'un coup à l'estat le plus parfait, on trouve à redire qu'on met indiféremment ceux qui sont peu malades avec ceux qui le sont beaucoup *et qu'on a veu souvent un malade expirer aux pieds d'un autre couché dans le mesme lit...*

(7 mai.) La Compagnie a signé le contrat par lequel dame Élizabeth L'Huilier, épouze non comune en biens de messire Estienne d'Aligre, ministre d'Estat, a transporté à l'Hôtel Dieu 546 livres de rente en 3 parties sur le clergé.

(16 mai.) Monsieur Acart substitut de M. le Procureur général du Parlement est venu au Bureau et a dit que ledit sieur Procureur général aiant receu des plaintes de Mrs les gouverneurs de l'hospital de la Trinité, de l'infection que ledit hospital reçoit des corps morts enterrez au cimetière de l'Hôtel Dieu, joignant ledit hospital et aiant trouvé ces plaintes légitimes, après s'estre lui mesme transporté sur le lieu, il a jugé nécessaire d'oster ledit cimetière du lieu où il est et en donner à l'Hôtel Dieu un autre aussi comode, sans qu'il en couste rien à l'Hôtel Dieu, et que sur la place dudit cimetière on poura pratiquer une rue qui percera dans les rues de Saint Martin et Saint Denis, dont il poura revenir quelque profit, qui est très nécessaire pour la subsistance dudit hospital fort pauvre, sur quoi aiant esté remarqué beaucoup d'inconvéniens en cette proposition, la Compagnie a député Mrs Leconte, de Gomont, Perreau et Chuppé, pour en examiner la conséquence, et sur leur raport en sera délibéré.

(4 juillet.) Monsieur Perreau a dit que les malades de scorbut estans entièrement guéris et renvoiez à l'Hospital général, on a fermé l'hospital de Saint Louis dont on a rapelé à l'Hôtel Dieu les religieuzes, chirurgiens et domestiques; que les malades ont esté au nombre de près de 800, dont il n'est mort que 114.

(13 août.) Sur ce qui a esté dit que le jour d'hier les ambaleurs de l'Hôtel Dieu se sont ingérés de construire un échafaut sur les échopes de l'Hôtel Dieu adossées contre la sale du Légat pour voir passer la procession du St Sacrement faite au sujet du sacrilège comis en l'assassinat d'un prestre disant la messe en la chapelle de la Vierge de l'église de Paris, lequel eschafaut estant mal fait est tombé, et plusieurs personnes y ont esté blessées grièvement.

(17 décembre.) M. Perreau a dit que l'uzage de l'Hôtel Dieu estant que quand on a amené à l'Hôtel Dieu des enfans malades de fièvre et afligez de tigne, on les envoie à l'hospital destiné pour les tigneux quand ils sont guéris de leur fièvre, néantmoins en aiant envoié 3 ou 4 audit hospital, on les a renvoié deux jours après à l'Hôtel Dieu; que ledit Hôtel Dieu paie une rente de 200 livres au grand Bureau pour le pensement des malades de teigne et grosse vérolle, mais a esté remarqué que les tigneux sont à présent à la charge de l'Hospital

général. Sur quoi ledit sieur Perreau aiant demandé quel ordre on gardera à l'avenir pour ce regard, la Compagnie a aresté d'en conférer avec M. de Gomont, et cependant d'en uzer comme par le passé.

39ᵉ REGISTRE. — ANNÉE 1671.

(2 janvier 1671.) On a parlé au Bureau de l'incomodité que le petit Chastelet aporte à la rivière, principalement pendant les grandes eaux, comme elles sont à présent, et que 2 des 3 arches du pont de l'Hôtel Dieu donnent plus de liberté à l'eau que les 3 du petit pont, et on a dit qu'il fut autrefois remarqué par M. de Mauroy, intendant des finances, qu'il estoit util d'abatre le petit Chastelet, mais que faute de pousser l'afaire, les chozes sont demeurées sans effet jusqu'à présent.

(9 janvier.) La Compagnie a nommé le sieur Brisset pour remplir la place du sieur Moreau, médecin, qui vizitera d'ores en avant seulement les religieuzes et domestiques de l'Hôtel Dieu, et jouira ledit sieur Brisset de 600 livres de gages comme les autres.

(16 janvier.) Monsieur Marsollier a dit que le sieur Menestrel, médecin, ofre de viziter gratuitement les malades de l'Hôtel Dieu et M. Perreau a dit que le sieur Morin et pluzieurs autres ofrent la mesme choze, mais la Compagnie n'a voulu le permettre aux uns ni aux autres, à cauze des conséquences qui en ont esté remarquées, mais ceux des médecins de l'Hôtel Dieu qui seront malades ou absens feront faire leurs vizites par tel autre médecin de la Faculté qu'ils trouveront bon.

(23 janvier.) Monsieur Leconte a dit que M. et madame Violé ont fondé un lit en l'hospital des Incurables, moiennant 250 livres de rente, et le contrat porte qu'en cas qu'ils voulussent se décharger de ladite rente, ils seroient tenus de fournir des maizons ou fonds de terre, du revenu desdits 250 livres; que nonobstant cette clauze, ils veulent rembourser ladite rente au denier ordinaire, ce que la Compagnie a refuzé.

(6 février.) Monsieur Perreau a dit qu'il a apris que les religieuzes de l'Hôtel Dieu et quelques personnes qui s'intéressent pour elles, ont eu dessin de faire unir à l'Hôtel Dieu celui de Corbeil, qui est maintenant servi par des religieuzes de l'Hôtel Dieu de Paris, et qu'on en donne avis au Bureau pour y contribuer de ses soins; sur quoi cette union aiant esté trouvée plus dézavantageuse au bien de l'Hôtel Dieu de Paris que profitable, à cauze des conséquences qui en ont esté remarquées, la Compagnie a aresté d'empescher cette union autant qu'elle pourra.

(20 février.) Monseigneur le Premier Prézidant a dit que l'hospital des Enfans trouvez aiant esté uni à l'Hospital général, les directeurs d'icelui ont remarqué qu'il est chargé d'un grand nombre d'enfans, et a peu de revenu, et qu'il est très important de faire conoistre au public l'extreme nécessité où il est réduit, qu'entre les moiens propres à ce dessin, on n'en a point trouvé au Bureau dudit hospital de plus comode que d'acheter ou prendre à bail à longues années de l'Hôtel Dieu la maizon faisant le coin de la rue Neuve, vers le parvis de Notre Dame, tenue à loier par les sœurs de la Charité, dans la pensée d'y faire une petite chapelle qui fasse souvenir le public de leurs bezoins; que la situation de cette maizon y est fort propre, tant à cauze du grand abord du peuple en ce lieu là que pour ce qu'il est à propos que ces enfans soient autant qu'il se peut proche de l'église catédrale, dont le chapitre a pris soin de toute anciéneté de ces enfans, qui mesme ont leur couche dans ladite église; sur quoi a esté remontré par la Compagnie que cette maizon et les voizines sont trop petites pour y établir un hospital, et qu'elle ne seroit pas seulement incomode à soi mesme, mais encore au public, principalement dans les jours de pardon et grandes festes; que les peuples ont de la peine d'aborder de l'Hôtel Dieu et d'en sortir, ce qui cauzeroit une confusion plus grande, s'il y avoit encore un hospital près de sa porte; qu'on peut mettre en considération que l'Hôtel Dieu en souffriroit la diminution des charitez qu'on lui fait, qui seroient pour l'ordinaire partagées à ces deux hospitaux; qu'il seroit rude d'obliger l'Hôtel Dieu de contribuer à une choze qui doit lui estre préjudiciable; que dans cette concurrence de bezoins, l'Hôtel Dieu doit estre préféré, puisque la nourriture des enfans trouvez est à la charge des seigneurs hauts justiciers, qui paient des taxes ausdits enfans pour ce sujet, qui peuvent estre augmentées à proportion de leurs bezoins; qu'il y a d'autres maizons près de l'église de Notre-Dame, qu'on peut loüer ou acheter pour lesdits enfans, et entre autres on a indiqué la maizon du chantier près de l'archevesché et celle qu'occupoit ci devant M. Grignon, vers le cloistre, qui est à louer, qu'il n'est pas absolument nécessaire d'établir à ces enfans un hospital près l'église catédrale pour faire conoistre leurs bezoins, puisque leur couche, qui est dans ladite église où on expoze de ces enfans tous les samedis et jours de bonnes festes, parle assez pour eux et que les jours de jubilé

ils ont l'églize de Saint Jean le Rond, qui est station pour eux.

(1ᵉʳ avril.) M. Perreau a dit que des soldats sont venus demander une fille, qui est malade dans l'Hôtel Dieu, et ont dit que c'est pour la confronter à des soldats prizoniers, pour servir à leur justification, estant cauze de la perte de quelques autres, qu'on a passé par les armes, que M. Legendre, qui se trouvoit là, dit qu'il faloit que M. le prevost des Bandes vint le demander lui-mesme; qu'on a trouvé qu'il ne sufizoit pas, et qu'il faloit qu'il y eust décret de prize de corps contre elle, et mesme a esté remarqué qu'elle n'est pas justiciable du prévost des Bandes.

(29 avril.) Un particulier est venu assurer le Bureau que madame de Putange, héritière de madame de Comesnil est preste de paier à l'hospital des Incurables la somme de 6000 livres que la défunte lui a léguée pour la fondation d'un lit audit hospital, à la nomination du Bureau.

(8 mai.) On a leu au Bureau la clauze du testament de M. Faure de Berlize qui a légué à l'hospice des Incurables une somme de 24,000 livres, à la charge de paier 400 livres de pension à chacun des 3 enfans naturels qu'il a laissé vivans, la Compagnie a accepté ledit legs ausdites conditions, à l'exception du nombre des lits fondez qui sera réduit à deux seulement.

(8 mai.) La Compagnie a passé procuration à Michel Truchon, jardinier demeurant à la Ville l'évesque, pour lever les dixmes sur un dixmage aux Porcherons, apartenant à l'Hôtel Dieu à cauze de St Julien le Pauvre, le long du chemin de Paris à Montmartre.

(13 mai.) Sur le rapport de M. Legendre de l'estat de la charpente du clocher de l'église de l'hospital de Saint Louis, gastée par les pluies, faute d'y avoir des abajours, comme on en voit en d'autres clochers, la Compagnie a aresté qu'on travaillera incessamment audit clocher, et qu'on y fera ce qui sera nécessaire pour empescher que la pluie le gaste à l'avenir.

(27 mai.) Veu au Bureau la signification faite à la requeste d'Armand Denis le Boutilier de Rancé, sieur de Viliers, d'un extrait du testament et du codicile de défunt M. le Boutilier père, du 5 novembre 1648, qui ordonne audit sieur de Viliers son fils naturel 500 livres de rente viagère à recevoir par le sieur Lasnier, maistre chirurgien, jusqu'à ce que ledit sieur de Viliers soit en âge de majorité, du contrat de donation faite à l'Hôtel

Dieu le 2 août 1662 par *M. l'abbé de Rancé* de 2 maizons sizes en la rue des Cordeliers, à la charge, entre autres chozes, de paier ladite rente viagère audit sieur de Viliers alors âgé de 16 ans, la Compagnie a aresté de satisfaire.

(29 mai.) Monsieur Perreau a dit que les femmes qu'on taille de la pierre sont sujettes presque toutes à une perte d'urine involontaire, que pour éviter cet inconvénient, on a donné avis au sieur Collo opérateur de l'Hôtel Dieu pour la taille, de faire l'incizion au dessus de la vessie, ce que ledit sieur Collo ofre de faire, pourveu que le Bureau l'agrée, mais comme l'affaire est de conséquence, il croit à propos d'en prendre l'avis des médecins.

(19 juin.) Monseigneur le Premier Prézidant a dit que le sieur Camus aiant donné à l'Hôtel Dieu une somme de 10,000 livres, moiennant une rente viagère de 500 livres et dézirant en faire don au *sieur Varillas* pour lui donner moien de subsister, tant à cauze du mérite de sa personne qu'en considération du grand ouvrage qu'il a comencé, très utile à l'église, il prie le Bureau d'agréer que ladite rente viagère soit doresenavant à la vie dudit sieur Varillas, ce que la Compagnie a accordé pour les considérations susdites.

(26 juin.) On a délivré au Bureau une expédition du contrat de donation faite par messire Edouard Camus, prestre conseiller du Roi en ses conseils, au sieur Antoine de Varillas, historiographe de France, de la rente viagère de 500 livres que l'Hôtel Dieu lui doit.

(24 juillet.) Monsieur Perreau a dit qu'un des plus grands dézordres qu'il a tousjours veu dans l'Hôtel Dieu est une bande de certains garsons qui y sont journellement, *comme dans une place publique*, à atendre que chacune des Religieuzes qui en ont bezoin, les viennent prendre les uns après les autres, pour les employer soit à porter le bois et l'eau dans leurs ofices, soit à porter les fardeaux de linge, couler et laver les lessives, et faire autres ouvrages de peine, *ce que l'on n'a jamais pu empescher*, et les religieuzes qui n'ont pas d'argent pour les paier, elles les nourrissent grassement, les chargent de pain et de viande, mais qui plus est, *elles leur donnent abondamment le vin des pauvres malades, qu'elles en privent par ce moien*, à quoi n'aiant peu trouver de remède jusqu'à présent, quoique quelques uns de Messieurs lui en aient parlé plusieurs fois, et qui se sont mesme mis en peine depuis plusieurs années de vouloir empescher tels dézordres, mais ledit sieur Perreau conoissant estre impossible d'y parvenir, que quelque ocazion favorable se pré-

sentast, qu'il faloit atendré en patience, mais qu'il donoit avis à la Compagnie qu'il la trouve prézentement aussi favorable qu'on la puisse souhaiter, la mère Prieure le persécutant depuis un mois pour ordonner du vin extraordinairement et journelement pour toutes les lessives, ce qu'il a refuzé, si elle ne fait assembler la souz prieure, les anciennes et quelques cheftaines, pour conférer pour toutes les nécessitez de la maison, moiennant quoi il leur acorderoit tout ce qu'elles demanderoient, à quoi ladite mère Prieure a fait la sourde oreille jusqu'à prézent, quoi qu'il lui ait réitéré plus de six fois, sachant aussi que toute la communeauté y donne les mains avec joie, et gens que l'on a tous chassez de l'Hôtel Dieu pour larsin et leurs vices. Laquelle proposition la Compagnie a agréé et prié ledit sieur Perreau de la faire réussir, ainsi qu'il jugera estre pour le mieux.

(29 juillet.) Un particulier est venu au Bureau et y a présenté une lettre adressante à M. Legendre, de la part de Messieurs les gouverneurs de l'Hôtel Dieu de Clermont, qu'il a prié d'ouvrir, d'autant que par sa lettre de créance il s'est que cette lettre n'est que pour prier le sieur Legendre de leur faire avoir un raporteur de ses amis, en une afaire qu'ils ont au conseil, sur quoy la Compagnie l'a prié de s'adresser au frère dudit sieur Legendre qui est maistre des requestes, de présent en quartier.

(5 août.) Un administrateur de l'Hôtel Dieu d'Orléans est venu au Bureau et a prié la Compagnie de l'aider des arests qu'elle a obtenu, par lesquels elle a fait condamner les héritiers des testateurs à paier l'indemnité des héritages léguez à l'Hôtel Dieu de Paris, afin que ledit Hôtel Dieu d'Orléans puisse s'en servir en un cas pareil.

(7 août.) Sur l'avis qui a esté donné au Bureau du décès du sieur Perreau, l'un des médecins ordinaires de l'Hôtel Dieu et qu'il faut pourvoir d'un autre médecin en sa place, monseigneur le Premier Prézidant et quelques autres de Messieurs se sont plaints des solicitations et recommandations importunes faites par ceux qui aspirent à cet emploi, qui se trouvent au nombre de 25 ou 30, que pour éviter à l'avenir un pareil inconvénient, il seroit à propos d'exclure tous ceux qui ont sollicité pour estre receus, et qu'aiant esté autrefois propozé de ne recevoir plus de médecins que pour un peu de temps, afin de les changer sans peine, s'ils ne servoient pas bien, ou les continuer si on estoit satisfait de leur service, il seroit bon de renouveller cette proposition, puisque cela les tiendroit plus dans le devoir, et rendroit cette place moins briguée, sur quoi l'afaire mize en délibération, la Compagnie n'a voulu arester l'exclusion proposée, atendu qu'il se pouroit faire que le bien de l'Hôtel Dieu fust de choizir l'un des aspirans, mais d'y faire considération dans le choix qui est à faire, que celui qui sera receu ne le sera que pour le reste de cette année et pour la prochaine, et ainsi de tous les autres qui seront receus à l'avenir, qui ne le seront que pour un an, lequel expiré on délibérera s'il sera continué ou congédié, a remis à huitaine le choix de celui qui doit remplir la place vacante, et cependant Messieurs du Bureau s'informeront de ceux qui peuvent le remplir dignement.

(12 août.) Monsieur Perreau a dit que Messieurs les directeurs du spirituel de l'Hôtel Dieu, aians esté d'avis d'y faire revenir les religieuses envoiées ci devant à Corbeil, ils leur ont donné obédiance pour cela, et pour faciliter leur sortie de la ville, ou on craignoit trouver quelque empeschement, on en avoit envoié deux autres pour revenir incontinent après, mais les habitans dudit Corbeil en aians eu avis, retiennent par force ces deux dernières, avec leurs meubles et hardes. Sur quoi la Compagnie a aresté d'en avertir monseigneur le Premier Prézidant, au premier jour du Bureau.

(14 août.) La Compagnie aiant mis en délibération le choix d'un médecin, a nommé le sieur Paul Matot, docteur de la Faculté de médecine de Paris, de laquelle Faculté seule seront pris les médecins qui assisteront les pauvres dudit Hôtel Dieu, comme il a esté observé jusqu'à présent.

(26 août.) Le grefier du Bureau a dit que le sieur Jean Baptiste d'Eve, procureur au Châtelet, le 22 de ce mois s'est rendu dénonciateur au Bureau du duel commis sur le Pont Neuf le 5 de ce mois entre le sieur Richer de Belleval et le sieur de la Clotte, tous deux natifs de Montpellier.

(24 août.) Monsieur Perreau a dit qu'il seu qu'un chirurgien ordinaire de l'Hôtel Dieu, anglois de nation qui se dizoit catolique est huguenot, ce qui a esté reconeu depuis qu'il est malade audit Hôtel Dieu, aiant refuzé les sacremens de l'Église, sur quoi la Compagnie a aresté qu'il sera congédié aussitost qu'il sera en estat de sortir.

(2 septembre.) On a donné avis au Bureau que mon-

seigneur l'archevesque de Sens a refuzé son mandement pour la publication des pardons de l'Hôtel Dieu dans son diocèse, bien qu'il l'ait acordé pour les Quinze-Vingtz, la Charité et Saint Antoine, dizant que *l'Hôtel Dieu est trop riche.*

(2 septembre.) Monsieur le Receveur a signé la quittance qu'il a donné de la somme de 3000 livres, qu'il a receu des dames duchesses de Liencour et de Montbazon, chacune pour moitié, héritières bénéficiaires de messire Charles de Schomberg, duc d'Haluin leur frère.

(13 novembre.) La Compagnie a signé le contract de vente qui lui a esté faite par messire François de Brenne seigneur de Montjay, des fief, terre et seigneurie du Tillay, au Vexin le François, paroisse de Cléry.

40ᵉ REGISTRE. — ANNÉE 1672.

(15 janvier 1672.) Monsieur Perreau a dit qu'il a esté trouvé à propos, pour la comodité de tous les domestiques de l'Hôtel Dieu de faire faire une horloge plus grande que celle qui y est, qu'un horloger en demande 1000 livres, outre les cloches qui pourront coûter 6 ou 700 livres.

(5 février.) On a fait au Bureau lecture de la lettre écrite par Messieurs les administrateurs de l'Hostel Dieu de Cisteron en Provence, qui prient la Compagnie d'avoir en recommandation une afaire qui les regarde et leur importe beaucoup, pendante au Parlement de Paris, par apel du Chastelet, de charger son procureur d'y ocuper, et le soliciteur desdites afaires d'en prendre le soin, prometans de fournir tous les frais nécessaires, ce que la Compagnie a acordé et aresté que le sieur Vizinier, procureur, ocupera en cette afaire et le sieur Martin la solicitera.

Monsieur Perreau a fait la propozition de Madame Viole, qui ofre à l'Hostel Dieu une rente de 250 livres à prendre sur M. *Bochard de Sarron* et son frère, chanoine de Paris, à la charge de paier pendant 20 ans 150 livres à une communauté qu'elle nommera, ce que la Compagnie a acepté.

(19 février.) Monseigneur le Premier Prézidant a fait lecture de la requeste prézantée au Bureau par les chirurgiens externes de l'Hostel Dieu, à ce qu'il soit fait dans l'Hostel Dieu des leçons de chirurgie, pour les rendre plus capables de servir les pauvres et le public, sur quoi aiant esté remarqué que cela est grandement utile à l'Hostel Dieu et au public, et mesme a esté pratiqué de tout temps, hors mis depuis quelques années, mais qu'il faut prendre garde que le temps qui sera employé à ces leçons et à s'y préparer ne manque à celui qui est deu au service des pauvres; la Compagnie a aresté que Messieurs commis à la chirurgie verront les anciens règlemens et dresseront des mémoires pour estre veus et délibérez au Bureau.

(19 février.) Ledit seigneur Prézidant a dit que M. Le Camus a presté le sermant de Premier Prézidant de la cour des Aides, et a propozé de le nommer pour l'un des gouverneurs de l'Hostel Dieu, ce que la Compagnie a acepté.

(26 février.) Monsieur Legendre a dit que Messieurs les Directeurs de l'Hostel Dieu de Rouen lui ont écrit, avec une lettre adressante à Messieurs de ce Bureau, pour avoir des mémoires et instructions, touchant la conduite et direction de l'Hostel Dieu de Paris, pour s'en servir sur quelques dificultez survenues en leur Bureau, ce que la Compagnie leur a acordé.

(26 février.) La Compagnie a aresté qu'il sera fait des conférences de chirurgie dans l'Hostel Dieu les lundis et jeudis de chacune semaine, depuis deux heures après midi jusqu'à quatre, pendant le caresme prochain seulement, par les sieurs de Beauvais et Frades alternativement, pour après Pasques y délibérer de nouveau.

(4 mars.) Monsieur le Maistre au spirituel de l'Hostel Dieu est venu au Bureau et a donné avis que l'on a fait plainte de ce qu'on soufre que les femmes acouchées à l'Hostel Dieu aient leurs enfans couchez avec elles, qu'il y en a eu 4 étoufez depuis 8 mois et un autre dans la sale de Saint Louis dudit Hostel Dieu depuis peu, que cela peut ariver encore fréquemment, et que les canons de l'église le défendent formellement. A quoi la Compagnie a fait response que ce mal a esté reconu il y a longtemps, qu'on dézireroit y donner un remède, mais qu'il est dificile de le trouver; que tous les pauvres gens et quelques uns de ceux qui ont assez de bien en uzent de la sorte, qu'elle en conférera avec la mère prieure et les anciennes religieuses de l'Hostel Dieu.

(4 mars.) On a fait lecture au Bureau du contrat de vente faite par le sieur curé de Saint-Hilaire d'un jardin en marais sis près la Croix Clamart, au faubourg de Saint Victor, en la censive du chapitre de Saint Marcel,

sur quoi la Compagnie a aresté que la vente en sera faite à l'Hostel Dieu et à l'hospital de la Trinité conjointement, et le paiement fait par les deux hospitaux, chacun pour moitié, pour en jouir par l'Hostel Dieu seul en toute propriété, suivant la tranzaction passée entre les parties, de laquelle a esté fait lecture, qu'on saura ce que c'est que la convention, dont il est parlé au contrat, et qui n'y est pas expliquée, et a esté donné avis qu'il faut, auparavant que désigner le contrat, tirer composition des lots et ventes et indemnité, et acorder avec le jardinier pour son dédomagement.

(9 mars.) La mère Prieure a dit que l'églize de l'Hostel Dieu est incomode au public pour l'abord et la sortie, qui sont trop étroits, ce qui fait que les coupeurs de bourses y volent plus facilement. A quoy la Compagnie a dit qu'il faudra voir quel remède on peut aporter à cette incomodité.

(18 mars.) On a fait des plaintes du libraire à qui on a permis d'étaler ses livres, entre le portail de l'église de l'Hostel Dieu et la porte de la vizite, et M. Legendre a dit que sans grande peine on l'obligera à se retirer, parce qu'on a trouvé à propos de continuer le perron de l'Hostel Dieu, jusque par delà ladite porte de ladite vizite, qui sera agrandie et ouverte comme une grande porte.

(8 avril.) On a donné avis au Bureau que Madame de Rohan déménage et enlève ses meubles de la maison qu'elle tient de l'Hostel Dieu et de Madamoiselle de Tresmes, en la place Roiale, et M. le receveur aiant dit qu'elle doit 3 quartiers de loïer, a esté proposé de faire saizir lesdits meubles, atendu qu'on ne doit point déménager sans avoir paié les loïers écheus.

(17 juin.) Monsieur Legendre a dit qu'on lui a donné avis qu'il y a entre les mains de monseigneur l'évesque de Clermont des deniers provenant des aumosnes faites pour la subsistance des chrétiens combatans contre les Turcs en Candie; que ces deniers pouvoient estre utilement emploiez aux bezoins de l'Hostel Dieu dudit lieu et de celui de Paris et de l'Hospital général, qui en feroient la demande au Roy, qui a disposé de cette manière de plusieurs autres aumosnes faites pour un mesme sujet, atendu la prise de Candie par les Turcs et le retour des chrétiens, à quoi Monseigneur le Premier Prézidant a dit que ces deniers pour Candie ont esté donnez par le Roy à l'Hospital général seul.

41ᵉ REGISTRE. — ANNÉE 1673.

(4 janvier 1673.) Sur la demande faite au Bureau de la part de l'Hostel Dieu de Saint Quentin de lui délivrer un certificat portant que l'Hostel Dieu de Paris, à cauze de l'enceinte des bastimens dudit Hostel Dieu ne paie point de taxe pour le netoiement des boües, la police de Saint Quentin voulant taxer l'Hostel Dieu dudit lieu; la Compagnie a prié M. Perreau de donner ledit certificat.

(13 janvier.) M. Perreau a dit que M. Benjamin, grand vicaire de Monseigneur l'archevesque de Paris, fit hier la cérémonie de la bénédiction du nouveau cimetière de l'Hostel Dieu, sur quoi la Compagnie a aresté qu'il lui sera fait présent de douze livres de bougie blanche et qu'on reconoistra la peine des oficiers qui l'assistoient, de la manière que ledit sieur Perreau le trouvera à propos.

(25 janvier.) Les sieurs Choart, maistre des comptes, Beaussan, prézidant en l'élection de Paris, et Accart, substitut de M. le Procureur général ont cejourd'huy presté le serment ordinaire en la grande chambre du Parlement où ils ont esté présentez par Messieurs les prevost des marchans et échevins, en la manière acoutumée.

(1ᵉʳ mars.) Monsieur Perreau a dit qu'il a veu Monsieur le Procureur général, auquel il a fait entendre les prétentions de Messieurs du chapitre de Saint Marcel sur les maizons et jardins achetez pour le nouveau cimetière de l'Hostel Dieu, pour lesquels ils se sont opozés au décret volontaire, que l'Hostel Dieu en poursuit, que ledit sieur Procureur général demeure d'accord qu'il faut satisfaire lesdits sieurs du chapitre de ce qu'ils prétendent légitimement, qu'il l'a prié de s'acomoder avec eux.

(1ᵉʳ mars.) Monseigneur le Premier Prézidant a dit qu'y aiant une place de gouverneur de l'Hostel Dieu vacante par le décès de M. de Sène, il est bezoin de la remplir. Sur quoi la Compagnie d'une commune voix, pour remplir cette place, a choizi messire Claude le Pelletier, Prézidant aux enquestes du Parlement et Prevost des marchands.

(3 mai). Monsieur Perreau a fait plainte au Bureau des chapelains de l'Hostel Dieu que faizant les testa-

ments des malades d'icelui, leurs persuadent d'employer ce qu'ils ont de bien à faire dire des annuels dans l'Hostel Dieu, et de fixer la rétribution grande, afin d'en profiter indirectement, en sorte que l'hospital n'en retire plus de profit comme autrefois, de quoy mesme les Religieux se plaignent.

(26 mai.) M. Perreau a dit que des particuliers propozent de bastir sur les charniers du cimetière des Saints Innocens du costé de la rue de la Lingerie, de la mesme manière que les maizons que le chapitre de Saint Germain de l'Auxerois a fait bastir du costé de la rue de la Feronerie, et demandent si l'Hostel Dieu veut y prendre part. A quoi la Compagnie n'a voulu entendre.

(26 juillet.) Monsieur Le Chantre de Notre Dame et l'un de Messieurs les Directeurs spirituels de l'Hostel Dieu a présenté au Bureau, de la part de Messieurs du Chapitre la personne de M. Bailly, chapelain des malades de l'Hostel Dieu, pour remplir la place de maitre au spirituel de l'Hostel Dieu, au lieu de M. Boucher qui s'en est retiré, ce qui a esté accepté par la Compagnie.

(11 août.) M. Perreau a dit à M. le Pelletier, Prevost des marchands, que les mariniers atachent leur bateaux aux murs du jardin de l'archevesché et empéchent la navigation, principalement la descente des bateaux chargez des provisions de l'Hostel Dieu et que depuis peu 2 bateaux de l'Hostel Dieu ont pensé périr. A quoi ledit sieur Peletier a promis de doner ordre.

(11 août.) Madame de Saint-Simon est venue au Bureau et a dit qu'au préjudice de la parole qu'on lui a donné, de la quiter du legs de 6,000 livres fait à l'hospice des Incurables par Madame de Crèvecœur pour la fondation d'un lit audit hospice, moiennant la somme de 5,500 livres comptant, qu'elle ofre paier, on la poursuit en justice, et la choze peut estre plaidée ce matin, à quoi lui a esté répondu qu'on l'a poursuivi faute d'exécution de cette parole, que néantmoins on la tiendra, pourveu qu'elle soit exécutée dans un mois, et mesme que s'il y a arrest qui la condemne à 6,000 livres, qu'on ne s'en prévaudra point dans ledit temps, de quoi elle a demandé assurance par écrit, pour la faire voir à M. le Nain de Beaumont qui lui preste cet argent; elle lui a esté refuzée, mais M. Chupé a promis d'en avertir ledit sieur de Beaumont.

(1ᵉʳ septembre). Monseigneur le Premier Prézidant a dit que le dessin de l'hospital des convalescens n'a point esté encore exécuté parce qu'on n'a peu convenir du lieu où il seroit placé, qu'il est à propos de ne laisser pas ce dessin imparfait et dans l'idée seulement, et de ne priver le public du soulagement qu'il doit en tirer; qu'il ne faut point douter que ce dessin estant conu du public atirera les charitez des gens de bien, pour soulager la despense des bastimens, qui sera grande, à cauze des diférens acomodemens qu'il y faut, mais qu'elle ne doit point étoner le Bureau, puisque le bien public s'y rencontre; sur quoi M. Legendre a dit que depuis la dernière fois qu'il en fut parlé au Bureau, il a cherché par tout Paris une place comode, pour y bastir ledit hospital, qu'il en trouvoit une hors de la porte de Saint Bernard, mais qu'il l'a trouvée trop petite pour y avoir toutes les comoditez nécessaires, mais qu'il y a une place au faubourg de Saint Germain, au bout de la rue de l'Université, apartenant à Messieurs de l'Université, qui est belle et grande sufizament, si on y joint une maizon et un marais qui y sont contigus, et Monseigneur le Premier Prézidant a dit qu'encore qu'on ne doive pas s'engager d'abord à bastir un hospital dans toute son étendue et perfection, il est utile cependant d'acheter dez le comencement toute la place nécessaire à son étendue qu'il doit avoir quelque jour, parce que ces héritages nécessaires enchériroient notablement si l'hospital estoit comencé à bastir, devant que de les avoir acquis, et par mesme raizon qu'il faut tenir ce dessin secret, jusqu'à-près l'acquizition desdits héritages, ce qui se doit faire au plus tost, et qu'on peut emprunter le nom d'une personne interposée pour cela; l'afaire mize en délibération, la Compagnie a aresté qu'il sera basti au plus tost un hospital des convalescens pour les pauvres malades de l'Hostel Dieu, et pour convenir du lieu et des autres chozes nécessaires à cet établissement, a commis Mʳˢ Leconte, Legendre, Chuppé et Baussan.

(27 octobre.) Monsieur Perreau a dit que l'uzage a esté jusqu'à présent que les femmes grosses receües à l'Hostel Dieu pour y acoucher, en atendant leurs couches, vont travailler à la cuizine, à la chambre aux draps ou à l'ofice aux chemizes; qu'à l'égard de l'ofice aux chemizes, cela est dangereux pour lesdites femmes, à cauze de ceux qui les emmènent et débauchent, comme il est arivé depuis peu à 3 des dites femmes, dont l'une est revenue à l'Hostel Dieu fort batue et excédée et y est morte, une autre avoit vendu son enfant, et qu'il seroit important d'empécher ce désordre à l'avenir, à quoy la Compagnie a aresté de pourvoir.

(13 décembre.) Monsieur Leconte a dit qu'on l'a averti que le Roi aiant augmenté le régiment des gardes de 1,500 hommes, M. de la Feuillade ne veut exempter aucune maizon du logement desdits soldats, non pas mesme celles des hospitaux et lui aiant esté représenté

que les soldats malades sont receus ausdits hospitaux, nouris et médicamentez, il a fait réponse qu'ils seront dores en avant, assistez dans l'hospital que le Roy a fait bastir de nouveau pour les soldats invalides. Sur quoi la Compagnie a aresté d'en parler vendredi à Monseigneur le Premier Président, s'il vient au Bureau.

(15 décembre.) Monsieur Perreau a dit que suivant la députation du Bureau faite, auparavant les vacations, pour s'assembler avec Messieurs les Directeurs de l'Hospital général et Messieurs députez des Enfans trouvez, pour conférer sur la proposition de leur donner les enfans de l'Hostel Dieu, cela a esté fait, mais que Messieurs des Enfans trouvez ne se sont pas voulu charger des dits enfans de l'Hostel Dieu, qu'en leur fournissant par le Bureau tout le nécessaire à leur nourriture et entretien, sans avoir voulu s'en relascher d'aucune choze, jusqu'à ce qu'ils eussent ateint l'âge de 4 ans acomplis, auquel ils le metroient dans l'Hospital général ainsi qu'ils font les enfans trouvez, ce qu'aiant dès lors esté raporté à la Compagnie, elle a considéré que si le Bureau consentoit à cela, il se trouveroit peut estre plus chargé de despense pour ces enfans par les mains d'autruy que par les siennes, et qu'ainsi il se trouveroit frustré de ce qui lui est le plus cher, c'est à dire du soin et de la peine à laquelle la charité et le devoir l'oblige envers ces petites créatures; sur quoi chacun de Messieurs auroit fait dès lors plusieurs propozitions, dans le dessin de faire rester ces enfans à la charge et à la conduite du Bureau, mais que la Compagnie n'en avoit rien voulu rézoudre, que Monseigneur le Premier Prézidant n'y feust présent, à quoy ledit sieur Perreau a adjousté qu'il pensoit en son particulier que l'honneur et le devoir de la Compagnie ne lui permetoit pas de s'exempter de la peine et du soin de ces enfans, pour les mettre hors de leurs mains, en donnant autant ou plus d'argent à des étrangers pour en prendre soin qu'il en cousteroit à l'Hostel Dieu en gérant la choze par soi-mesme, et qu'il n'y avoit plus d'ores en avant de ces enfans à la maizon, d'autant qu'il avoit fait marché à un écu par mois chacun, pour les donner en pension à une veufve demeurante au fauxbourg de Saint Antoine, tant de l'un que de l'autre sexe, qui ont esté raporté de nourrisse au nombre de 9 ou 10 seulement, qui n'y seront que jusqu'à ce qu'ils aient ateint l'âge de 4 ans acomplis, que tous ceux qui seront mis en nourrisse et demeureront au prix convenu avec leurs nourrisses, jusqu'à l'âge de 2 ans, ausquelles nourrisses ils seront laissez depuis 2 jusqu'à 4 ans passez, à raizon d'un escu par mois, lesquels on fera revenir à mezure que chacun d'eux aura 4 ans acomplis, pour estre donnez à Messieurs de l'Hospital général, qui ont promis de les prendre à cet âge à la descharge de l'Hostel Dieu, mais que pour se mettre par le Bureau en possession de cette promesse, il seroit à propos de commencer par deux filles qui sont à l'Hostel Dieu et qui passent cet âge, desquelles il s'ofroit de parler à Messieurs de l'Hospital général pour les recevoir, si la Compagnie l'agrée, et que ces chozes exécutées, il ne restera plus d'autre soin pour ces enfans que de pourvoir des nourrices à ceux qui demeureront à l'avenir à charge à l'Hostel Dieu et au paiement des mois tant de celles là, que de celles qui en ont de longue main, dont les paiements écheront dans le mois de janvier 1674, tout le précédent estant paié, à quoi il ofre ses soins, pourveu qu'il y ait délibération du Bureau que M. le Receveur fera les paiements, sur les ordres qu'il lui en donnera au bas des rolles de paiements des mois, sans autre acquit, d'autant que les personnes qui viennent recevoir de l'argent ne savent ni lire ni écrire, mais que son registre fera foi, sur lequel il fera mention de tous les paiements. Sur quoy l'afaire mize en délibération, la Compagnie a agréé les propositions dudit sieur Perreau, et aresté qu'elles seront exécutées à l'avenir, en lui remetant l'ordre et le soin de toutes ces chozes, quoi faizant M. le Receveur paiera les mois, tant des nourrisses que des enfans en pension, sur les ordres dudit sieur Perreau, qu'il metra au bas de chacun rolle des paiemens, raportant lesquels, les sommes y portées seront alouées audit sieur receveur; ce qui sera continué par ceux qui seront administrateurs rezidans à l'Hostel Dieu.

(29 décembre). A esté aujourd'huy signé au Bureau le contrat d'acomodement d'entre l'Hostel Dieu et Messieurs de l'Hospital général, touchant les servitudes de la maison des enfans trouvez.

42ᵉ REGISTRE. — ANNÉE 1674.

(9 février 1674.) Un particulier a demandé permission d'aracher deux dents à chacun des morts de l'Hostel Dieu qui les auront belles, moiennant une rétribution qu'il en donnera, ce que la Compagnie n'a voulu lui acorder.

(14 février). Monsieur Perreau a dit que les sieurs Colot, Girault Thévenin et Rufin ont ci devant aquis une maison au fauxbourg de Saint Antoine, pour y faire l'opération de la taille pour le public, avec la clauze qu'après leur mort, elle apartiendroit à l'Hostel Dieu, que ledit

sieur Rufin, qui seul reste en vie, l'a donée aux frères hospitaliers de la Charité de Paris, qui l'ont vendu à un particulier qui, estant inquiété pour une taxe, en conséquence de la déclaration du Roy touchant les maizons basties hors des limites, aïant ouï parler du droit que l'Hostel Dieu peut avoir en ladite maizon, est en rézolution de sommer le Bureau de déclarer s'il y prétend quelque choze, qu'il est bezoin de rézoudre ce qu'on y répondra. Sur quoi la Compagnie a aresté de ne rien répondre jusqu'à ce qu'elle ait recouvré autant du premier contrat, dont il sera fait recherche.

(19 mars.) Monsieur Legendre a dit que suivant la délibération du Bureau du 1er septembre 1673 il a examiné sur les lieux et sur les plans qu'il en a fait lever, les places du pré aux Clercs auxquelles aboutissent les rues de l'Université, de Verneuil et de Bourbon, pour voir si on pouroit y trouver un emplacement propre pour l'établissement d'un hospital pour les convalescens de l'Hostel Dieu, qu'il a seu que *ces places faizoient partie de l'ancien parc de l'Hostel de la reine Marguerite*, lequel avoit esté vendu ou donné en paiement à pluzieurs créanciers et distribué par quartiers et par rues, suivant un plan qui en a esté dressé et omologué par arrest du parlement, que par là ces rues estoient devenues nécessaires et ne se pouvoient changer, ce qui faizoit qu'il ne restoit entre ces rues aucun espace, sufizament large, pour y pouvoir établir cet hospital, mesme que pour y trouver une longueur convenable, il faudroit avoir à faire à pluzieurs persones de dificile convention et vraizemblablement aussi de dificile discussion, et qu'aiant voulu entrer en proposition sur le prix, il avoit reconu que sur le pied que l'on vouloit vendre la toize, il en faudroit pour près de 60,000 livres pour un emplacement très étroit et mal proportionné à la qualité de l'hospital, qui veut beaucoup d'étendue; qu'il avoit creu ces raizons assez fortes pour ne plus penser à cet emplacement; ce qui l'avoit obligé d'en chercher un ailleurs, et qu'il estimoit qu'un grand clos, des dépendances du Bureau, à cauze des Incurables, fermé de murs et situé entre les rues des Vieilles Tuileries, du Regard et de Vaugirard, estoit fort propre pour y construire les édifices nécessaires pour y pouvoir mettre les convalescens de l'Hostel Dieu, que l'air y estoit pur et sain, ce lieu estant le plus élevé du fauxbourg de Saint Germain, que l'on pouroit y avoir comodément des eaux de plusieurs costez, que le chemin de l'Hostel Dieu à cette place n'estoit pas long, et estoit fort droit, que cet emplacement estoit d'une grandeur convenable, pour avoir beaucoup d'air pour les convalescens, qu'il croit que ce clos poura équitablement estre estimé 60,000 livres, desquels ce Bureau poura faire un autre emploi pour remplacement des fondations de lits des Incurables employez en l'acquisition, bastimens et autres acomodemens de cette place. Ledit sieur Legendre a adjouté que la Providence avoit suscité des persones d'un mérite et d'une charité extraordinaires, ausquelles aiant fait conoistre le bezoin que les pauvres avoient d'une maison pour estre receus lorsqu'ils estoient en convalescence, elles lui ont ofert de donner une somme de 100,000 livres pour contribuer à comencer présentement et à faire incessament l'établissement de cette maizon, dans la veüe du grand soulagement que les pauvres en recevront et de faire quelque don agréable à Dieu, et en reconoissance de ses bienfaits, et l'ont chargé d'en faire la proposition au Bureau, pour en passer contrat avec la Compagnie, que desdits 100,000 livres, il en sera donné 60,000 livres comptant, pour estre emploiez ou en l'acquizition d'une place d'une grandeur et situation convenable, pour y construire les bastimens nécessaires, ou si l'Hostel Dieu en a quelqu'une de cette qualité dans sa dépendance, que lesdites 60,000 livres fassent le fonds et l'emplacement dudit hospital et que les 40,000 restans seront paiez après que les 70,(000) livres que le Bureau a receu de monsieur le cardinal Mazarini sera emploié en bastimens audit hospital pour estre lesdits 40,000 livres pareillement emploiés à la suite des bastimens dudit hospital. Ledit sieur Legendre a dit qu'il avoit fait part des bons sentimens de ces bienfaiteurs à messieurs Leconte, Chuppé et Baussan, lesquels aïans trouvé à propos d'en faire une conférance, elle s'estoit tenue chez monseigneur le Premier Prézident où les chozes avoient esté examinées, mesme les plans de la place, et 2 dessins des bastimens qui s'y peuvent faire veus et considérez, et la rézolution prise d'assembler cejourd'huy extraordinairement la Compagnie dans ce Bureau ordinaire, pour y faire une délibération autentique, après quoi ledit sieur Legendre a dit qu'une propozition si charitable estoit faite par M. Bertelot, secrétaire du Roy et commissaire général des poudres et salpestrières de France, madame sa femme et madame sa mère, lesquels avoient témoigné dézirer d'avoir la nomination de 12 lits dans l'Hostel Dieu, pour y placer par préférance de pauvres salpestriers malades, mais leur aiant fait entendre la dificulté et les conséquences de cette proposition, ils s'étoient rézolus de ne comander au Bureau aucune condition, qu'il estime que la Compagnie devoit d'elle mesme doner des marques de sa reconoissance, d'un si grand bienfait, et pour cet effet arester que l'on mettra les armes desdits sieurs et dames Berthelot audessus de la porte de la première sale qui sera bastie pour lesdits convalescens, avec une inscription qui fasse conoistre qu'ils sont les fondateurs de ladite sale, que dans les bastimens qui seront construits dans ledit hospital il y aura un logement du costé des hommes, ré-

servé pour ledit sieur Berthelot et François Berthelot son fils aisné seulement, où ils pourront loger toutes les fois qu'ils auront agréable d'y venir, qu'il sera fait et construit une cave dans l'une des chapelles de l'églize dudit hospital des Convalescens, pour la sépulture desdits sieur et dame Berthelot, leur famille et postérité, et un marbre placé au dessus, ou en tel lieu qu'ils ordoneront, pour y estre leur épitaphe gravée, avec mention de leur donation, qu'il sera célébré tous les ans à perpétuité un service solemnel anniversaire aux jours du décés desdits sieur et dame Berthelot. Ledit sieur Legendre a adjouté qu'il estimoit que ces marques de reconnoissance de la Compagnie seroient très bien receues desdits sieur et dame, et que n'en faizant nul doute, il avoit dressé un contrat sur ce sujet, duquel il feroit la lecture, si la Compagnie l'avoit agréable, et après la lecture faite, la Compagnie aiant délibéré sur le contenu en icelui, elle a signé ledit contrat, et chargé ledit sieur Legendre de le porter ausdits sieur et dame Berthelot, pour le leur faire signer, a député les quatre comissaires pour aler, s'il se doit, les remercier de la part de la Compagnie. Et quant à un emplacement pour y bastir ledit hospital des Convalescens, la Compagnie a rézolu de choizir quelque grande place qui soit de sa dépendance, et pour cet effet s'est déterminée de prendre un grand clos, situé au fauxbourg de Saint Germain, entre les rues des Vieilles Tuileries, du Regard et de Vaugirard et séparée du 4° costé de pluziers voizins par des murs mitoïens, lequel enclos apartient au Bureau à cauze des Incurables, et d'y construire les bastimens nécessaires et propres à recevoir et loger lesdits convalescens. Et d'autant que le revenu que produit ledit grand clos tient lieu de pluziers fondations de lits d'incurables, la Compagnie a rézolu d'emploier en fonds jusqu'à la somme de 60,000 livres pour le remplacement desdites fondations de lits. Après quoi ledit sieur Legendre a dit qu'il y avoit plusieurs chozes importantes concernant l'établisement dudit hospital des Convalescens, sur lesquelles il estimoit que l'on pouvoit délibérer pendant que la Compagnie se trouvoit si nombreuse assemblée : 1°. si la Compagnie jugeoit à propos de suplier le Roy de vouloir bien faire l'honneur à cet hospital d'en estre le fondateur, ou si ce seroit M. le cardinal Mazarini, et si l'on ne devoit pas s'adresser à M. Colbert pour estre instruit des intentions de Sa Majesté et des siennes sur ce sujet; ce que la Compagnie a trouvé à propos, et a prié ledit sieur Legendre de lui en parler, et monseigneur le Prézidant Le Camus a dit en avoir desjà entretenu ledit sieur Colbert qui est tout dispozé à écouter ledit sieur Legendre, toutes les fois qu'il voudra l'en entretenir; 2° touchant les lettres d'établissement qu'il est nécessaire d'obtenir; les chozes qu'elles peuvent contenir, la quantité de sel, l'exemption des entrées de vin, et autres privilèges, mesme pour les aquizitions, quoique les fonds de cet hospital ne doivent point estre diférens de ceux de l'Hostel Dieu, sur quoi la Compagnie a aresté d'obtenir lesdites lettres les plus amples et favorables qu'il se poura, et demander 24 minois de franc salé et le privilège pour l'entrée de 300 muids de vin, ou quoique ce soit le plus qu'on pourra obtenir; 3° touchant la prézentation du vicaire à monseigneur l'archevesque, qu'il faut tascher d'obtenir pareille et de la mesme manière qui s'est pratiqué jusqu'ici dans l'hospital des Incurables, sur quoi la Compagnie a aresté qu'on verra ledit seigneur archevesque; 4° qu'il estoit bon de rézoudre que les Religieuses de l'Hostel Dieu ne seroient pas apelées au service desdits convalescens, tant parce qu'il est notoire qu'elles ne peuvent pas mesme trouver sufizamment des sujets pour remplir le nombre des religieuses qui doivent estre dans l'Hostel Dieu, que ledit hospital des Convalescens devant estre, pour le spirituel, de la dépandance de monseigneur l'archevesque de Paris, et l'Hostel Dieu estant de celle du chapitre de Notre Dame, cette différence de conduite et de dépandance spirituelle pouroit causer de la confuzion, outre d'autres bonnes considérations meurement examinées; sur quoi la Compagnie a aresté qu'on se servira dans ledit hospital des Convalescens, de garsons pour le service des hommes convalescens et de sœurs pour les femmes convalescentes de la mesme manière à peu près qu'à l'hospital des Incurables; 5° que dans le dessin et l'engagement où la Compagnie estoit de travailler prontement à l'établissement de cet hospital, il faloit rézoudre si l'on ne commenceroit pas par le dédomagement des locataires et mareschers de partie dudit clos, et à faire travailler à des carrières dont il y en a une très considérable dans des terres qui dépendent dudit hospital, à cauze de Saint Julien le Pauvre; toutes lesquelles chozes la Compagnie a trouvé fort à propos; 6° qu'il estimoit à propos de faire aquizition d'une maison et d'une place de 900 toizes qui sont dans la rue de Saint Maur, apartenant au sieur Dubois, masson, laquelle est vis à vis du lieu où l'on doit mettre l'entrée dudit hospital, et ainsi on a nécessairement bezoin de ladite maizon et place, laquelle la Compagnie a aresté d'aquérir au plustost et on a estimé qu'elle peut valoir 24,000 livres.

(21 mars.) La Compagnie en exécution de la délibération du 19 de ce mois et pour tenir ordre de compte, a rezolu que M. de Rosset, receveur général de l'Hostel Dieu, metra entre les mains du sieur Cocagne, receveur des Incurables, la somme de 60,000 livres pour faire le remplacement et déclaration d'emploi, et tenir lieu de fonds de pluziers fondations de lits d'incurables, emploiées tant aux aquizitions que bastimens et autres

acomodemens faits en un grand clos, depuis peu destiné par la Compagnie pour y faire les bastimens convenables pour recevoir les convalescens sortans de l'Hostel Dieu, et raportant la présente délibération et quitance dudit sieur Cocagne, ladite somme de 60,000 livres sera allouée audit sieur de Rosset dans son compte et moiennant ledit paiement. Les fruits qui proviendront dudit clos seront au profit dudit hospital des Convalescens et ainsi receus par M. le Receveur général dudit Hostel Dieu, à comencer du 1ᵉʳ avril.

(13 avril.) Il a esté dit au Bureau que Nicolas Simon, compagnon chirurgien de l'Hostel Dieu, qui y sert depuis 8 ans, s'est présenté sur les bancs de chirurgie pour estre interrogé et receu maistre, suivant les règlemens des maistres chirurgiens; qu'il a esté refuzé, faute de montrer qu'il ait fait son aprentissage chez les maistres de Paris; qu'il a alégué le service qu'il a rendu à l'Hostel Dieu, sous la conduite du sieur Petit, maître chirurgien d'icelui, de quoi les maîtres chirurgiens n'ont voulu se contenter; sur quoi a esté remarqué qu'on ne reçoit point à l'Hostel Dieu de compagnons chirurgiens, qu'ils n'aient desjà servi les maistres plusieurs années, et n'aient témoigné leur capacité par un examen rigoureux; que l'intérest de l'Hôtel Dieu, et par conséquent du public, est que la prétention dudit Simon ait lieu, parce que les compagnons chirurgiens aprenans autant dans l'Hostel Dieu que chez les maistres chirurgiens, et par conséquent devenant autant capables de servir le public, ils ne quiteront pas sitost le service des pauvres, quand ils sauront que le temps qu'ils y donnent leur tient lieu de celui de leur apprentissage, et qu'on a quelques exemples de chirurgiens de l'Hostel Dieu qui ont esté receus maistres après le service rendu à l'Hostel Dieu; et monseigneur le Premier Prézident a dit que les maîtres chirurgiens lui ont dit que c'est une nouveauté qu'on veut introduire, qui leur est préjudiciable, puisque si elle avoit lieu, les garçons chirurgiens, pour faire leur aprentissage à l'Hostel Dieu quiteroient leurs maîtres, qui seroient privez du profit qu'ils trouvent dans leurs aprentifs; que le sieur Petit, comme maître chirurgien a ses aprentifs particuliers, et que les garçons chirurgiens de l'Hostel Dieu ne peuvent passer pour les aprentifs du maître chirurgien d'icelui, n'estant point ses domestiques. Ledit seigneur Président a adjousté qu'on pouroit trouver quelque tempérament en cette afaire, et ménageant l'intérest desdits chirurgiens, aussi bien que celui de l'Hostel Dieu et du public, admetre ledit Simon à l'examen, comme il le demande, et arester que le nombre des garsons chirurgiens, dont le service à l'Hostel Dieu sera réputé pour aprentissage chez les maîtres, sera limité à un en six ans, ce qui estant de nule ou de très petite conséquence pour la communauté desdits maîtres chirurgiens, ne laissera pas de produire un très bon effet pour le bien des pauvres dudit Hostel Dieu; sur quoi l'afaire mize en délibération, la Compagnie a esté unaniment de l'avis dudit seigneur Prézident.

(13 avril.) M. Perreau a dit que le sieur Collo, opérateur de l'Hostel Dieu pour la taille atend la rézolution du Bureau sur ce qui a esté propozé de sa part, quand monseigneur le Premier Prézidant seroit présent au Bureau; sur quoi aiant esté remarqué qu'il est important pour le bien de l'Hostel Dieu de ne point donner ocazion audit sieur Collo de se retirer du service des pauvres, mais aussi qu'il est avantageux pour l'Hostel Dieu, et mesme pour le public, que le garson chirurgien qui sert dans la salle des tailles y soit conservé; la Compagnie a trouvé à propos que ledit garson demeure en ladite sale des tailles et y continue son travail, à la charge seulement qu'il ne sera point présent aux opérations que fera ledit sieur Collo qui ne le dézire pas. Ce que ledit seigneur Prézidant a promis de faire savoir audit sieur Collo.

(20 avril.) Monseigneur le Premier Prézidant a dit qu'il ne faut point perdre de temps à l'établissement de l'hospital des Convalescens, sur quoi M. Legendre aiant représenté le plan dudit hospital, après en avoir esté comuniqué à quelques savans architectes, qui l'ont aresté comme il est, come le plus acompli et comode qui se puisse faire, monseigneur le Premier Prézidant a dit que ce n'est pas assez que la Compagnie soit assurée de la perfection de cet ouvrage public; qu'il faut aussi instruire le public des diligences qui ont esté faites pour ce sujet, aiant l'avis par écrit de quelques savans architectes, qui soient dans la réputation d'estre des plus inteligens en ces matières; qu'il est aussi besoin de faire un devis en gros de la dépense que cauzera le bastiment de cet hospital, et en mesme temps régler quelle somme l'Hostel Dieu doit y employer par chacun an. Sur quoi l'afaire mize en délibération, la Compagnie a aresté qu'on demandera l'avis des sieurs Leduc, Bruant et Gessart, architectes, qui seront priez de se trouver demain 5 heures du soir en l'hostel dudit seigneur Premier Prézidant, en la présence duquel et desdits sieurs architectes et de Messieurs commis par le Bureau pour le fait dudit hospital, sera ledit plan examiné, pour en avoir l'avis par écrit desdits sieurs architectes, qui se transporteront sur le lieu destiné pour y bastir ledit hospital, pour reconoistre le terrain et l'insérer en leur avis; qu'on fera un devis autant juste qu'on poura de ce que poura couster ledit hospital à bastir, et qu'on arestera ce que l'Hostel Dieu dépensera par chascun an pour cela, et la Compagnie a prié Messieurs comis pour avoir soin dudit établis-

SE TROUVE À PARIS

CHEZ

ALPHONSE PICARD, LIBRAIRE ÉDITEUR,

RUE BONAPARTE, 82

COLLECTION DE DOCUMENTS

POUR SERVIR

A L'HISTOIRE DES HÔPITAUX DE PARIS,

COMMENCÉE

SOUS LES AUSPICES DE M. MICHEL MÖRING,

CONTINUÉE

PAR M. CHARLES QUENTIN,

DIRECTEUR DE L'ADMINISTRATION GÉNÉRALE DE L'ASSISTANCE PUBLIQUE,

PUBLIÉE

PAR M. BRIÈLE,

ARCHIVISTE DE L'ADMINISTRATION.

TOME PREMIER.

DÉLIBÉRATIONS DE L'ANCIEN BUREAU DE L'HÔTEL-DIEU.

SECOND FASCICULE.

PARIS.
IMPRIMERIE NATIONALE.

M DCCC LXXXII.

sement d'aler saluer monseigneur l'archevêque de Paris, lui donner avis de ce dessin et lui demander sa faveur et sa protection en ce qui dépendra de lui.

(4 mai.) La Compagnie a choisi le sieur Hierosne Collo, cousin de l'ancien opérateur, pour travailler dans l'Hostel Dieu et a aresté qu'il travaillera en présence de Thiéry, garson chirurgien, auquel il poura faire quelque leçon, pour le perfectionner.

(30 mai.) Monsieur Perreau a dit avoir veu le sieur Collo, opérateur de l'Hostel Dieu pour la taille, sur la nouvele proposition de faire des élèves pour l'exercice de cet art; qu'il lui a demandé temps pour y songer et depuis lui a dit pour réponse qu'il gagne par an, une année portant l'autre, 13 ou 14,000 livres, qu'il a 2 garsons et 3 filles à pourvoir, qu'il est prest pourtant de faire des élèves en aussi grand nombre qu'on voudra, lui donnant 30,000 livres pour une fois et 2,000 livres de pension pendant la vie de lui et de sa femme; que son expérience en cet art estant toute sa fortune, il ne faut pas s'estoner s'il ne veut pas soufrir qu'aucun chirurgien le voie travailler, que ce qu'il a dit à l'égard de Thiéry n'est que sur ce motif, qu'il est prest de travailler dans l'Hostel Dieu comme il le faisoit auparavant, pourveu que ce soit seulement en présence de ceux qu'il y voudra soufrir, qu'il en a écrit à monseigneur le Premier Prézidant, auquel il se raporte de cette afaire...

(15 juillet.) Monsieur Legendre a dit que les expertz nommez pour donner leur avis sur l'établissement de l'hospital des convalescens s'estans assemblez, ont dressé leur avis par écrit, dont il a fait présentement lecture au Bureau, qui porte que s'estans transportez sur le lieu qu'on a destiné pour le bastir, ils l'ont trouvé très propre et l'air fort bon, que le lieu n'a point esté fouillé aux endroictz où doivent estre les bastimens, l'aians reconeu par 2 trous faits exprès, que la disposition des bastimens marquez sur le plan est fort bonne et que la toize courante des bastimens des grandes sales poura couster 2000 livres, et celle des autres bastimens 1200 livres, sur lequel prix les bastimens dont on peut se passer à présent pouront couster 246,000 livres, qu'ils n'ont pas estimé la toize des bastimens de l'église, parce qu'on leur a dit qu'il n'est pas nécessaire de la bastir si tost; ledit sieur Legendre a adjouté que monseigneur l'archevesque de Paris a encore les lettres de l'établissement dudit hospital, qu'il a esté veu par Messieurs du Chapitre de l'églize de Paris sur ce sujet, et qu'il atend les mémoires qu'ils lui ont promis.

(6 juillet.) M. Perreau a mis ès mains de M. le Receveur l'estat des gages des nourises qui alaitent ou ont en pension les enfans qui sont à la charge de l'Hostel Dieu, montant à 1,148 livres, pour le quartier échéu le 30 juin dernier.

(11 juillet.) Monsieur Perreau a dit que l'Hostel Dieu, suivant la fondation de M. Jumeau de Sainte Croix, estant obligé de recevoir au nombre des chirurgiens d'iceluy un garson du nombre des enfans trouvez, on en présente un, mais on ne justifie pas qu'il soit vrai enfant trouvé, par le procès-verbal du commissaire qui l'a levé. Sur quoi la Compagnie a trouvé que cette preuve est nécessaire.

(13 juillet.) Monsieur Perreau a dit que les potences et cordes qu'on a mis sur le pont de l'Hostel Dieu pour sécher les draps, estant de grande dépense à renouveler, comme il le faut tous les 3 ans, il a creu qu'il estoit plus expédient de les faire de fer, et a donné ordre d'en faire, ce que la Compagnie a agréé.

(3 août.) Monseigneur le Premier Prézidant aiant demandé en quel estat estoit l'afaire qui concerne l'établissement de l'hospice des convalescents, M. Perreau a dit que d'ordre de la Compagnie il a veu Monseigneur l'archevesque de Paris qui lui a dit qu'il n'aura point de diférend avec Messieurs du Chapitre pour ce regard, et que par le titre mesme que M. le Doien lui a représenté, il se voit que ledit Chapitre n'a de droit dans l'Hostel Dieu que celui que l'un de ses prédécesseurs évesques lui a accordé, et qu'il semble que ledit seigneur archevesque pour se décharger de ce soin, pourra en donner sa mission à Messieurs du Chapitre, sur quoi aiant esté dit que si le Chapitre a cette direction, il fera son possible pour en donner la conduite aux religieuzes de l'Hostel Dieu, monseigneur le Premier Prézidant a dit qu'il ne trouve nulement à propos que des religieuzes aient le soin des hommes convalescens, et a adjouté que dans les lettres dressées pour cet établissement, il y a un article qui concerne la présentation du vicaire dudit hospital, sur lequel ledit seigneur archevesque ne s'est pas expliqué, et qui est de conséquence. Et sur ce qu'on a dit qu'il faudroit parler au Roy de cet établissement, ledit seigneur Prézidant a dit qu'il faut auparavant que toutes les chozes soient réglées, et M. Perreau a dit qu'à l'égard du lieu où ledit hospital doit estre placé, si on n'en est pas encore d'acord, on peut ne le pas spécifier dans les lettres, et M. le Pelletier a dit que l'essay proposé lui semble fort raizonable et facile, et bien qu'on le fist dans Saint Louis, il ne seroit point nécessaire que des religieuzes feussent admizes au service des convalescens, mais bien le service de gens qui y seroient em-

ploiez. Sur quoi monseigneur le Premier Prézidant a dit qu'il verra monseigneur l'archevesque sur ce sujet, afin qu'il en soit après délibéré au Bureau.

(5 octobre.) M. Perreau a dit que des filles estant acouchées dans l'Hôtel Dieu secrètement et depuis mariées, ceux qui pouroient avoir quelque soupçon de ces couches viendroient en chercher des lumières à l'Hostel Dieu, où quelquefois les enfans sont batizez sans déguizer le nom des mères, que pour obvier à cela, il a conseillé à M. le maître au spirituel de l'Hostel Dieu dire à ces curieux qu'il n'y a rien sur les registres de ce qu'ils cherchent, ce qu'il fait difficulté d'acorder, dizant ne vouloir faire un mensonge, que cela met pluzieurs familles en danger d'estre difamées et en mauvaize intelligence, ou les filles seront portées à faire perdre leur fruit, qui sont 2 maux également importans, auxquels il est nécessaire de pourvoir. Sur quoi la Compagnie aiant trouvé que cette afaire estoit de très grande conséquence, et regardoit en quelque façon le spirituel, a aresté d'en délibérer en plus grande assemblée, et en présence de monseigneur le Premier Prézidant.

(14 novembre.) Monsieur Perreau a dit que la dame Bureau, maistresse sage femme à Paris, prétend avoir des lettres patentes vérifiées en Parlement, qui lui donnent le droit d'interoger toutes les femmes qui veulent estre maistresses sages femmes à Paris, et prendre d'elles un droit pour cela, et qu'elle a inquiété quelques maistresses sages femmes qui ont esté aprentisses à l'Hostel Dieu, et qui ont esté receues au Chastelet en la manière acoutumée par le passé, et qu'il a seu que des maistresses particulières se sont pourveûes contre elles au conseil. Sur quoi l'afaire mize en délibération et trouvée de conséquence, ladite dame Bureau ouïe, la Compagnie de son consentement a remis à délibérer au vendredi 23 de ce mois, en prézance de monseigneur le Premier Prézidant.

43ᵉ REGISTRE. — ANNÉE 1675.

(4 janvier 1675.) Monsieur Perreau a dit qu'un particulier lui a mis en main cinquante louïs d'or, qu'il donne en aumosne à l'Hostel Dieu pour faire deux images d'argent, pour mettre sur le grand autel de l'Hostel Dieu, les jours de grandes festes et de pardon, et à la charge d'une messe basse le jour de la Circoncizion, au grand autel incontinent après la grande messe.

(4 janvier.) Sur ce qui a esté dit que par le décès de M. Thenart, il y a une place de médecin de l'Hostel Dieu vacante, a esté dit que le règlement du Bureau, de changer de médecins tous les ans a ses incomoditez notables, en ce que principalement les médecins quitent le service, lorsqu'ils comencent à leur estre le plus utiles, par la conoissance des chozes qui sont particulières à l'Hostel Dieu, à quoi monseigneur le Premier Prézidant a dit que la délibération, qui a mis en uzage ce changement, a esté trouvé si importante pour le bien des pauvres, qu'on aura peine à la changer sans de puissantes raizons, qu'on poura en délibérer au premier jour, et cependant puisque le sieur Matot remplit prézantement cette place, comme il faisoit pendant la maladie dudit sieur Thenart, il est bon qu'il continue jusqu'à ce qu'il en ait esté délibéré.

On a veu au Bureau la lettre de Messieurs les administrateurs de l'Hostel Dieu de Tours, adressée à cette Compagnie, de laquelle ils demandent l'uzage, à l'égard des enfans exposez en l'église catédralle, pour leur servir de règle, au sujet de deux enfans exposez en l'église catédrale de Tours, qu'ils ont fait lever et obtenir exécutoire contre le Chapitre de ladite église, seigneur haut justicier, pour la nouriture desdits enfans, de quoi il y a appel, fondé sur ce que ledit Chapitre estant administrateur spirituel dudit hospital, et d'ailleurs bienfaiteur d'icelui, il doit estre excepté de la règle générale. Sur quoi la Compagnie a aresté qu'on cherchera de l'esclaircissement de ce point, avec les registres et titres de l'Hostel Dieu, pour leur faire réponse.

(18 janvier.) La Compagnie aiant remis à aujourd'hui le choix d'un gouverneur de l'Hostel Dieu, au lieu de défunt M. Legendre, l'afaire mize en délibération, la Compagnie a choizi messire Jaques Guiloire, conseiller du Roi en ses conseils, et ci devant secrétaire des commandemens de Mademoiselle d'Orléans, et a prié messieurs le Pelletier et Levieulx de le voir, et le prier d'agréer cette nomination, auquel cas il sera donné avis à monseigneur le Premier Prézidant, pour donner le jour et heure de sa réception à Messieurs les gens du Roi du Parlement, pour y assister, et à Messieurs de la Ville pour le prézenter à la Cour, pour prester le serment acoustumé.

(23 janvier.) Sur ce qui a esté dit au Bureau qu'on ne trouve aucune lumière dans les registres dudit Bureau, ni au trézor des titres de l'Hostel Dieu, de l'uzage ancien à l'égard des enfans trouvez, qu'on sait seulement que le Chapitre de l'églize de Paris en estoit

chargé anciennement, aiant leur couche en ladite églize catédrale, mais que depuis quelque temps, les dames de la Charité des pauvres de Paris en avoient pris le soin, jusqu'à ce qu'il a esté commis à la direction de Messieurs de l'Hospital Général. La Compagnie a prié monsieur Perreau de faire réponse à Messieurs les Gouverneurs de l'Hostel Dieu de Tours, selon qu'il trouvera à propos.

(15 février.) M. Perreau a dit que le grand nombre de malades de scorbut, qui viennent de l'Hospital Général à l'Hostel Dieu, oblige à avoir plus grand nombre de chirurgiens externes qu'à l'ordinaire, et néanmoins plusieurs de ceux qui sont receus hézitent de venir, à cauze de l'infection que cauze le scorbut dans l'Hostel Dieu, qui a rendu pluzieurs d'entre eux malades, et qu'il y en avoit quelques uns qui viendroient à l'Hostel Dieu plus assidûment, si on leur acordoit leur nouriture dans l'Hostel Dieu, ce que la Compagnie a trouvé estre de conséquence, et néanmoins l'a acordé, à cauze du besoin où l'on est en fixant le nombre et le temps, ce qu'elle a laissé à la discrétion dudit sieur Perreau, qui a dit qu'il sufira de deux à chacune des sales de Saint Cosme et de l'infirmerie, pour le scorbut seulement.

(29 mars.) Un homme est venu au Bureau de la part de madame Violle pour prier le Bureau d'accepter la somme de 5,000 livres pour le rachat des 250 livres de rente qu'elle doit à l'hospital des Incurables pour la fondation d'un lit, qu'elle et son défunt mari y ont fait, mais lecture faite du contrat de ladite fondation, la Compagnie a fait réponse qu'elle ne peut et ne doit accepter ladite somme, mais qu'il faut un fonds dans Paris de 250 livres de revenu indemnizé.

(10 avril.) On a délivré au Bureau une expédition du contrat passé le 19 mars 1674 par lequel maistre François Berthelot, escuier, secrétaire du Roy, et dame Anne Regnault son épouze, tant pour eux que pour dame Caterine Germain, mère dudit Berthelot, veuve de maistre Simon Berthelot commissaire des poudres et salpestres au département de Picardie et de Flandres, qu'ils feront ratifier dans 2 mois, voulans témoigner leur charité pour les pauvres, ils ont choizi l'établissement d'un hospital de convalescens, dont le Roi veut estre le fondateur et monseigneur le cardinal Mazarini est un des dotateurs, aiant fait unir le prieuré de Saint Julien à l'Hostel Dieu et donné 70,000 livres pour cela, et d'autant que l'Hostel Dieu n'a peu encor s'engager en la dépense de cet établissement, ils ofrent 100,000 livres pourveu qu'on le comence dez à présent, et continue incessament, en ofrans 60,000 livres comptant pour acheter la place nécessaire, ou dédommager l'Hostel Dieu de celle qu'il peut avoir, en sorte que les 60,000 livres tiennent lieu du fonds dudit hospital, et les 40,000 livres restans seront donnez après que l'Hostel Dieu aura employé aux bastimens dudit hospital les 70,000 livres de M. le cardinal Mazarini pour servir à les continuer.

(26 avril.) Monsieur le Peletier a fait plainte qu'on laisse souvent agonizer et expirer les malades de l'Hostel Dieu, sans qu'il y ait aucun ecleziastique ni religieuze pour l'assister en ce moment si important. Sur quoi il a dit qu'autrefois les chapelains de l'Hostel Dieu, indiféremment, rendoient cette assistance aux malades, mais depuis qu'il y a eu 2 chapelains fondez par madame la comtesse de la Suze pour cette fonction, les autres n'ont plus voulu s'en mesler, que ces 2 chapelains n'estant en fonction que de 2 jours l'un, ils ne peuvent pas sufire à tout, que si celui que madame Morin avoit voulu fonder l'avoit esté, ce surcroist satisferoit au bezoin. Sur quoi lui a esté dit que les chapelains manquent de charité, de se détourner de ce charitable ofice pour un sujet si léger, et qu'il vaudroit mieux étendre cet emploi à tous les chapelains des malades, qui se soulageroient par ce moien également. Sur quoi M. Perreau a dit que la fondation de ladite dame Morin n'a pas eu d'effet, à cause qu'elle vouloit en rézerver la nomination à elle et aux siens à perpétuité, ce que Messieurs du Chapitre de Paris n'ont pas voulu agréer, qu'il a parlé à la mère Prieure de ce que ses religieuzes n'assistent plus les agonizans comme autrefois, et qu'il a reconu par sa réponse, qu'il y avoit quelque sorte de jalouzie de la part des ecleziastiques, qui avoit interrompu cette bonne coutume, et que les religieuzes ne peuvent pas y vaquer pendant le service ordinaire des malades.

(12 juillet.) M. le Maistre a représenté à la Compagnie que l'on trouve beaucoup d'indécence que les compagnons chirurgiens de l'Hostel Dieu visitent les femmes et filles qui viennent malades à l'Hostel Dieu, qu'il s'y commet beaucoup d'actions indécentes, et que la pudeur empêche de dire, et qui détournent quelquefois les malades de venir, qu'il seroit plus à propos que ce fussent des femmes qui les visitassent, et en cas de doute apelleroient le chirurgien, à quoy a esté fait réponse que cet usage a esté de tout temps, que pour prévenir ces inconvéniens, on a estably une femme qui est toujours présente à la visite, mais M. le maistre a dit que cette femme ne se trouve presque jamais à ces visites, qu'il a persisté à demander d'estre faite par une femme, sur quoy monseigneur le Premier Président ayant trouvé l'affaire de conséquence, a remis à délibérer à la hui-

taine, à laquelle les médecins et chirurgiens de l'Hostel Dieu seront ouys au Bureau, et M. Perreau a promis de les faire avertir.

(2 août.) La Compagnie a nommé le sieur Rainsant pour exercer la charge de médecin ordinaire de l'Hostel Dieu aux gages accoutumez pendant le reste de la prézente année et l'année entière 1676.

(14 août.) La Compagnie a signé la quittance qui luy a esté donnée par les chanoines de St Honnoré de la somme de 3,060 livres par composition de 3,400 livres, à quoy montoit le droit d'indemnité de la maison de l'Hostel Dieu au cimetière Saint Jean, ledit Chapitre faisant don et aumosne du surplus.

(28 août.) M. Perreau a dit qu'une femme avoit mis son enfant à l'Hostel Dieu pour y estre taillé et a esté préparé pour ce sujet, mais l'absence du sieur Collot fait que la mère demande qu'il soit taillé par le sieur Thierry, chirurgien de l'office des tailles, ce que la Compagnie n'a voulu permettre sans l'agrément dudit sieur Collot, mais la mère ayant dit au Bureau que son enfant estoit pressé, elle luy a dit qu'elle peut le faire emporter chez elle, où elle le fera tailler par qui bon luy semblera.

44e REGISTRE. — ANNÉE 1676.

(8 janvier 1676.) Monsieur Perreau a dit que M. Colbert, ambassadeur du Roi pour la paix, a prié le Bureau de lui prester encore une fois la chapelle d'argent vermeil doré de défunt M. Tallier, qui lui avoit esté desjà prestée, lorsqu'il fut ambassadeur en Angleterre, ce qui lui a esté acordé et le sieur Guille son secrétaire a donné son récépissé.

(22 janvier.) Monsieur Perreau a dit qu'il a la preuve en main que les chapelains de l'Hostel Dieu s'ingèrent d'aller retirer les hardes et deniers, apartenans aux pauvres qui meurent à l'Hostel Dieu et les ont légué audit Hostel Dieu par testament, que les religieuzes y envoient aussi leurs garsons d'office et leurs servantes, que cela est important et mérite d'y estre pourveu.

(24 janvier.) On a reprézenté le plan de Saint Julien le pauvre, et des maizons qui sont aux environs, enfermées dans les rues dudit Saint Julien, Galande, du Fouare et de la Bûcherie, avec le prix des maizons qu'il faut que l'Hostel Dieu aquière, pour estre propriétaire de tout le quaré, estimées par le sieur Leduc à 304,000 livres et M. Perreau a dit qu'il croit qu'elles cousteront 400,000 livres, sur quoi monseigneur le Premier Prézidant a dit qu'il ne void pas d'aparance de s'engager à y placer l'hospital des convalescens de l'Hostel Dieu, puisque le seul emplacement reviendroit à 6 ou 700,000 livres.

(29 janvier.) On a reprézenté au Bureau la décharge que M. Colbert a donné à l'Hostel Dieu, légataire universel de aux exécuteurs testamentaires de M. de Balesdens, des manuscrits dudit défunt, qui lui ont esté léguez, et a esté dit qu'il a fait donner à l'Hostel Dieu la somme de 1,600 livres.

(20 mars.) Aiant esté dit que la vente de la bibliothéque de défunt monseigneur le Premier Prézidant Molé, dont l'ouverture se fera lundi prochain, empêcheroit qu'il vinst aucuns enchérisseurs pour acheter les livres de M. de Ballesdens, la Compagnie a aresté que la vente en sera sursize.

(10 avril.) M. Perreau a dit que M. le curé de Versailles lui a donné permission de placer un tronc pour l'Hostel Dieu dans l'églize dudit lieu, que cela a esté obtenu par M. Bontemps, en conséquence de ce que les malades dudit lieu, particulièrement les ouvriers qui travaillent aux bastimens de la maizon du Roy sont aportez audit Hostel Dieu. Sur quoi la Compagnie a prié ledit sieur Perreau de lui en écrire une lettre de remercîment.

(8 mai.) Une femme est venue représenter au Bureau qu'ayant fait son aprentissage de sage femme à l'Hostel Dieu, elle s'est présentée aux chirurgiens de Saint Cosme pour estre receue, qu'ils l'ont renvoyée à la dame Bureau qui luy fait des difficultez imaginaires, et luy demande des sommes de deniers qui ne luy sont pas deues, sur quoy la Compagnie a aresté qu'elle présentera requeste au parlement affin d'obliger lesdits chirurgiens de Saint Cosme de la recevoir, sinon, qu'après avoir esté interrogée par un médecin et un chirurgien, tels que la Cour voudra nommer, elle sera receue par M. le lieutenant criminel en la manière accoutumée.

(3 juin.) M. Perreau a dit qu'il s'est transporté à la croix Clamart, dans le cimetière de l'Hostel Dieu, où il n'a pas trouvé que l'infection, mais très petite, et qu'en y allant il a trouvé un égout qui cause beaucoup de puanteur, qu'il a aussy remarqué qu'un particulier voisin

nourrit un grand nombre de porcs qui augmentent cette infection, qu'un amidonier demeure près de là, dont le travail cause aussy de l'infection, qui estoit aidée du sang qui coule de la maison de Scipion à cause de la tuerie qui s'y fait pour les pauvres de l'Hospital Général, et qu'il y a un tanneur qui travaille aussy prez de là, qui cause le plus mauvais air, de sorte qu'estant persuadé que l'infection dont se plaint l'hospital de la Miséricorde ne procède point dudit cimetière, mais de tous ces autres endroits, il en a fait demeurer d'accord messieurs Levieulx et Baussan, qui vinrent incontinent après, que M. le Premier Président et M. le Procureur général ont reconnu le peu de mauvaise senteur dudit cimetière, et l'infection de tous les autres lieux, qu'estant allez au Bureau dudit hospital, le médecin d'iceluy s'y trouva, qui rejetta sur ledit cimetière toute la puanteur que l'on sent audit hospital, ce qu'il confirme par l'avis d'autres médecins, dont il fit lecture, qu'il ne fut rien conclu en cette assemblée, mais seulement que l'Hostel Dieu feroit de sa part ce qu'il pourroit pour empêcher que ledit cimetière n'incommode notablement ledit hospital.

(19 août.) Monsieur Berthelot est venu au Bureau et a dit que l'Hostel Dieu n'ayant point exécuté la parole qu'il avoit donné pour la construction d'un hospital des convalescens, il est évident que la Compagnie a eu des motifs raisonnables pour ne le pas faire, mais aussy qu'il est raisonable qu'on luy rende les 60,000 livres qu'il avoit donné pour cet establissement, qui est toujours rézolu au Bureau, mais qu'elle a eu des raisons pour n'y pas faire travailler jusqu'à présent, mais qu'elle va dans peu commencer à l'establir, et pour cet effect envoyé quelques convalescens à l'hospital de Saint Louis, destiné pour en faire l'essay, en attendant que l'hospital soit basty et en estat d'y retirer les malades, à quoy la Compagnie a promis de travailler incessamment, et la Compagnie a prié M. Levieulx de se joindre à Messieurs les commissaires pour l'establissement des convalescens.

(11 septembre.) La Compagnie a signé le contrat fait avec messire François Berthelot et dame Anne Renaut son épouse, par lequel celuy du 19 mars 1674 demeure nul, et néantmoins les 60,000 livres données par ledit sieur Berthelot pour l'establissement de l'hospital des convalescens demeurent à l'Hostel Dieu, luy en faisant don de nouveau, en tant que besoin est, pour estre employées à cet establissement, soit qu'il soit fait à l'hospital de Saint Louis ou ailleurs, ce qui sera le plus tost qu'il sera possible, et au nombre de pauvres qui sera jugé à propos, qui feront des prières pour ledit sieur Berthelot et sa femme, moyennant ce ledit sieur Berthelot est déchargé des 40,000 livres qui restoient à payer suivant le premier contrat, et ledit hospital des autres clauses d'iceluy et la Compagnie a aresté de fournir les meubles nécessaires audit hospital, suivant qu'il fut réglé mardi dernier à l'hospital de Saint Louis.

(16 octobre.) M. Perreau a dit qu'on a trouvé à propos d'informer le public du dessein de faire l'essay de l'hospital des convalescens de l'Hostel Dieu audit hospital de Saint Louis, non seulement pour empêcher le bruit qu'il pourroit avoir qu'il y auroit de la peste à Paris, mais encore pour exciter les personnes charitables à contribuer de leurs biens à la nouvelle dépense où cet establissement engage l'Hostel Dieu, mais comme c'est une affaire de police, il est bon d'en avertir M. de la Reynie.

(20 novembre.) On a parlé du nouvel hospital de la Villeneuve sur Gravois dont le bastiment est bien avancé, y ayant déjà 3 salles basties, l'une pour l'autre et 18 lits dans chacune, *chaque lit pour deux personnes*, qu'on dit que M. Berthelot a donné 6,000 livres pour l'achat de la place et fait marché à 25,000 livres pour le bastiment, qu'on a obtenu lettres patentes pour l'establissement, qui portent permission de faire des questes et avoir des troncs dans les églises, que pour la subsistance des soldats malades ondonnera leur paye à l'hospital, et chacun capitaine du régime des gardes 100 livres par an, que ces lettres sont au parquet pour y avoir des conclusions sur l'enregistrement; sur quoy monseigneur le Premier Président a dit qu'on ne luy a rien communiqué de cet establissement, que ces nouveaux hospitaux sont toujours préjudiciables aux anciens qu'il croit qu'auparavant que de vérifier ces lettres, la Cour ordonnera qu'elles soient communiquées aux principaux hospitaux, et surtout à l'Hostel Dieu qui y a plus d'interest.

(9 décembre.) On a dit que lundi dernier on envoya à l'hospital de Saint Louis les convalescens de l'Hostel Dieu au nombre de 30, que MM. Chuppé et Guilloire y ont couché pour avoir l'œil à tout dans ces commencemens et donner les ordres nécessaires.

(18 décembre.) Messieurs députez pour avertir M. Chandelier de la nomination que le Bureau a fait de sa personne pour gouverneur de l'Hostel Dieu, ayant rapporté qu'il a accepté ladite nomination et en remercie le Bureau, monseigneur le Premier Président a donné jour à mardy prochain pour luy faire prester le serment à la Cour.

(30 décembre.) La Compagnie a signé le contrat de

fondation d'un lit en l'hospital des Incurables, pour un pauvre de l'un ou l'autre sexe, par M. de Beringhen à sa nomination, et de ses enfants à perpétuité, moyennant la somme de 6,000 livres.

45ᵉ REGISTRE. — ANNÉE 1677.

(8 janvier 1677.) M. Perreau a dit que le sieur Desmartins, comissaire ordinaire des guerres, aiant obtenu du Roi, le dernier febvrier 1673, le privilège pour 30 années d'établir par toute la France un jeu de géométrie apelé le jeu des lignes, avec défenses à tous autres d'en faire de semblables, à peine de 2,000 livres d'amande paiable. sans déport, le tiers au Roi, le tiers à l'Hostel Dieu de Paris et le tiers audit Desmartins, il a surpris quelques uns contrevenans à son privilège, qu'il poursuit en la grande prévosté de l'Hostel.

(8 janvier.) Monseigneur le Premier Prézident a dit que le sieur du Vernay, entretenu par le Roy dans l'Académie roiale du Jardin des Plantes médicinales, qui est en réputation de savoir parfaitement l'anatomie, non seulement du corps humain, mais encore des animaux et des plantes, dézire se rendre utile au public, en recherchant les cauzes des maladies par l'anatomie de pluzieurs corps morts d'un semblable mal. C'est pourquoi ne trouvant point de lieu plus comode pour cela que l'Hostel Dieu, il demande au Bureau la permission d'y suivre les médecins dans leurs vizites, et après la mort d'un malade qu'il aura observé pendant le traitement du médecin, faire ouverture de la partie malade ou blessée, afin d'en examiner les cauzes, aiant dessin de ne s'atacher pendant une année entière qu'à une sorte de maladie, pour y mieux réussir. Que M. Boucher, chanoine de l'église de Paris, et ci devant maître au spirituel de l'Hostel Dieu, que ledit seigneur Prézident a veu, lui a dit qu'il trouve cela fort à propos et avantageux au public, et qu'il ne croit pas que Messieurs du chapitre y fassent quelque résistance. Sur quoi l'afaire mize en délibération la Compagnie a acordé audit sieur du Vernay la permission demandée, et aresté qu'on cherchera dans l'Hostel Dieu un lieu propre pour faire telles ouvertures, à la charge qu'elles ne seront faites que des parties où aura rézidé le mal dont on cherche la cauze, et de celles qui sont voizines et nécessaires pour la découvrir, sans pouvoir passer plus avant, ni faire dissection d'aucune des autres parties, ni faire une anatomie entière, lesquelles ouvertures seront faites en prézance des médecins de l'Hostel Dieu, ou de quelques uns d'eux, principalement de celui qui aura traité le malade dont se fera l'ouverture, s'ils veulent y assister, que les chirurgiens de l'Hostel Dieu pourront aussi y assister, selon que le Bureau voudra le leur permettre,

et afin que ces opérations ne les détournent point du service des malades, qu'elles seront faites depuis une heure après midi jusqu'à 4 heures et non plus tard, qu'il n'y assistera aucune personne du dehors de l'Hostel Dieu, horsmis Messieurs du Bureau qui voudront s'y trouver, et ceux à qui la Compagnie en aura donné la permission par écrit, que ledit sieur du Vernay ne prendra directement ny indirectement aucun argent ou prézant de ceux qui assisteront ausdites opérations, laquelle permission accordée audit sieur du Vernay, le Bureau pourra révoquer quand il lui plaira, sans estre obligé d'en rendre aucune raizon audit du Vernay, et monseigneur le Premier Prézident a fait savoir la prézante délibération à la mère Prieure, qui en avertira ses religieuzes, afin qu'elles y obéissent de leur part, et n'y aportent aucun empêchement.

(12 février.) Sur ce qui a esté reprézenté que les malades de scorbut augmentent de beaucoup à l'Hostel Dieu, et qu'il y en meurt un grand nombre, que le bon air seul peut les guérir, qu'on les a ci devant mis à l'hospice de Saint Louis, où ils ont receu facilement leur guérizon, qu'on peut se servir du mesme moien, qu'on a veu ledit hospital et trouvé que lesdits malades peuvent y estre receus, sans *incomoder les convalescens*, leur donnant les salles qui sont vers le cimetière et vers le pavillon roïal, qui sont les 2 plus saines, et les fermant aux extrémitez de cloizons de charpente.

(28 mai.) Sur ce que M. le Receveur a dit que la Cour, par arest, aiant ordonné que des deniers estans en dépost en la recette de l'Hostel Dieu, apartenant à la succession de défunt monseigneur l'évesque de Langres, il seroit mis ès mains de M. Robert, doïen de l'église de Chartres la somme de 30,000 livres pour estre distribuée aux pauvres des environs de l'abbaïe de Saint Père en Valée, dont ledit deffunt estoit pourveu et suivant la disposition de son testament, il en a desjà païé 15,000 audit sieur Robert.

(4 juin.) Monsieur Perreau a dit que souvent les malades de l'Hostel Dieu qui comencent à se guérir, retombent pour manger trop tost, que pour obvier à cela *les topiques* qui suivent les médecins en leurs vizites, peuvent faire tous les jours un billet de ceux qui ont pris médecine, et le mettre ès mains de la mère au pain de

l'ofice où ils ont esté en vizite, afin qu'elle sache ceux à qui il ne faut point de pain.

(30 juin.) On a leu au Bureau la lettre d'un particulier de S⁺ Brieux qui donne avis que les evesques de Bretagne, aians receu ordre du Roi de travailler à l'établissement des hospitaux généraux en leurs diocèzes, à l'instar de celui de Paris, ont rézolu de retenir les deniers, provenans de la publication des pardons de l'Hostel Dieu, la Compagnie a aresté qu'elle écrira au seigneur evesque de Saint Brieux.

(2 juillet.) Monsieur Levieulx a dit que monseigneur le Premier Prézidant aiant propozé à la direction de l'Hospital Général d'envoier ses archers à l'Hostel Dieu y prendre les bouches inutiles, et les amener audit Hospital Général, le Bureau dudit hospital en est demeuré d'acord.

(30 juillet.) Monsieur Perreau s'est plaint au Bureau que des gens sont venus essaier des machines de guerre souz les ponts de l'Hostel Dieu, que cela a fait un bruit terrible, et étonné non seulement les religieuzes et domestiques, mais mesmes les malades; sur quoi M. le Peletier a promis d'en faire sa plainte à Messieurs les oficiers de l'artillerie.

(3 septembre.) Veu au Bureau les lettres d'établissement d'un hospital pour y retirer, penser et nourir les soldats malades du régiment des gardes, à la charge qu'il ne poura recevoir des legs au dessus de 100 livres, et autres conditions y mentionnées, lesdites lettres communiquées au Bureau de l'ordonance de la Cour de Parlement, où on en demande la vérification, la Compagnie a trouvé diverses raizons pour empescher cet établissement, c'est pourquoi elle a aresté de former son opposition à l'enregistrement desdites lettres, pour les raizons qu'elle déduira en temps et lieu, lesquelles M. Chuppé a esté prié de rédiger par écrit.

(17 novembre.) M. Perreau a dit que lundi dernier, 2 personnes vinrent le trouver à l'Hostel Dieu de la part du Roi, et lui firent voir une lettre du cachet de Sa Majesté qui mande au Bureau de faire remettre au sieur du Chesne, l'un de ses médecins ordinaires et médecin major de ses armées et de l'hostel roïal des Invalides, tels des blessez estans à l'Hostel Dieu qu'il dézirera, pour estre par ses soins transférez en l'une des chambres dudit hostel, et sur iceux fait épreuve d'un remède que le sieur Rabel prétend avoir beaucoup plus de vertu pour la guérizon des plaies, que ceux dont on s'est servi jusqu'à présent, que ladite lettre estant adressante aux gouverneurs de l'Hostel Dieu, il a remis lesdites personnes à aujourd'hui en ce Bureau. Lesquelles venues, savoir lesdits sieurs Duchesne et Rabel, lecture faite de ladite lettre, l'afaire mize en délibération, la Compagnie a aresté d'obéir aux ordres de Sa Majesté, et prie M. Perreau d'y tenir la main.

(15 décembre.) Monsieur Chuppé a dit qu'il faut dire un service à l'Hostel Dieu pour monseigneur le Premier Prézidant de Lamoignon, que l'uzage est d'y faire oraizon funèbre, qu'il en a parlé à Messieurs ses enfans qui remercient le Bureau, auquel ils se raportent du jour, mais témoignent dézirer qu'il n'y ait point d'oraizon funèbre, veu principalement que ledit défunt l'a défendu par son testament, mais comme la Compagnie dézireroit qu'il y en eust une, tant par reconoissance envers ledit défunt que pour l'honneur de sa famille, elle a remis à terminer ce point après qu'il en aura esté parlé au Bureau de l'Hospital Général, pour celui qu'il doit faire dire.

46ᵉ REGISTRE. — ANNÉE 1678.

(7 janvier 1678.) Monseigneur le président le Camus a dit qu'un chapelain des malades de l'Hostel Dieu a soutenu depuis peu une thèze de théologie, que l'estude à laquelle sont obligez ceux qui se mettent sur les bancs est si grande qu'il est dificile qu'elle laisse à un chappelain de l'Hostel Dieu le temps de faire son devoir auprès des malades, qui doit estre préféré à l'avantage qui semble naistre d'avoir des chappelains assez savans pour parvenir au doctorat. La Compagnie a aresté qu'à l'avenir il ne sera point permis aux chappelains des malades de se mettre sur les bancs de théologie, à peine d'estre congédiez de l'Hostel Dieu.

(12 janvier.) Les sieurs Lamy, Lombard et Ozon, médecins de la Faculté de Paris sont venus au Bureau remercier la Compagnie du choix qu'il lui a pleu de faire de leurs personnes pour l'assistance des malades de l'Hostel Dieu.

(23 février.) Monsieur Chandellier a dit que M. Leverdier n'ayant pas prézentement d'argent comptant pour paier les 12,000 livres qu'il a promis de donner à l'Hostel Dieu pour la fondation de deux chapelains des agonizans, ofre des rentes sur particuliers, dont il demeurera garend. Ce que la Compagnie a accepté, mais en

aiant propozé une sur M. de Richelieu, elle a fait dificulté de l'agréer, *à cauze de la peine qu'on a d'estre paié des arrérages des rentes deues par les grands seigneurs.*

(11 mars.) La Compagnie a ajugé au sieur Guiot le bail du droit de passage du pont de l'Hostel Dieu, moiennant un loier de 8,000 livres par an et 500 livres de pot de vin quand on signera le bail.

(16 mars.) Monseigneur le prézidant le Camus a dit qu'il a remercié M. l'abbé de Brou de l'oraizon funèbre qu'il a fait et prononcé dans l'Hostel Dieu, au service qui y a esté dit pour défunt monseigneur le prézidant Lamoignon.

(16 mars.) Monsieur Perreau a dit que la plupart des pauvres envoiez de l'Hostel Dieu à S¹ Louis comme convalescens y retombent malades, et plusieurs en meurent, mesme audit hospital et a esté dit qu'outre la saizon mauvaise, c'est la faute des religieuses qui les envoient lorsqu'ils ne sont pas encore en estat d'y estre envoiez, et la Compagnie a trouvé à propos que cet envoi ne se fasse plus que par l'ordre des médecins, qui répondront de leurs ordonnances à ce sujet.

(30 mars.) La Compagnie a veu l'estat de la dépense des enfans qui sont à la charge de l'Hostel Dieu estans en nourise, qui monte pour le présent quartier à 358 livres seulement.

(29 avril.) Monseigneur le prézidant le Camus a dit avoir receu lettre du sieur Dumesnil, qui a esté envoié par l'Hostel Dieu en Bretagnes pour y avoir soin de la publication des pardons de l'Hostel Dieu, qu'il mande que les charitez sont beaucoup refroidies, et le peuple porte ses aumosnes ailleurs, à cauze de l'establissement des hospitaux généraux, ausquels les evesques de cette province travaillent fortement, *suivant l'ordre du Roi.*

(6 mai.) Monseigneur le président le Camus a représenté un paquet qu'on a porté chez lui, adressant à Messieurs du Bureau, duquel aiant fait l'ouverture en prézance de la Compagnie, il ne s'y est trouvé qu'une consultation de pluzieurs docteurs fameux, de grande piété et doctrine, qui tous sont d'avis que les chapelains des malades de l'Hostel Dieu ne peuvent s'apliquer sufizamment à l'estude de la téologie, pour prendre les degrez en théologie, ni s'aquiter du devoir où cet estat engage sans un préjudice notable de l'assistance qu'ils doivent aux pauvres dudit Hostel Dieu. Sur quoi la Compagnie a prié M. Guilloire, de faire voir ladite consultation à MM. les Directeurs du spirituel de l'Hostel Dieu, afin qu'ils y fassent la réflection qu'ils doivent, pour le bien des pauvres de l'Hostel Dieu.

(6 mai.) Monsieur Lepeletier a dit que M. de la Feuillade lui a renouvelé la proposition de mettre dans l'Hostel Dieu les soldats du régiment des gardes malades et en demande jusqu'à 30 à mettre en des lits seuls, d'autant que l'hospital qu'on avoit comencé pour eux ne peut plus subsister, et ofre donner à l'Hostel Dieu cinq sols de paie de chaque soldat qu'on donnoit audit hospital, et qu'il maintiendra les maizons de l'Hostel Dieu dans l'exemption du logement desdits soldats. Sur quoi M. Perreau a dit qu'on peut promettre de mettre seuls les plus blessez et les plus grièvement malades, et soulager les autres, autant qu'il se poura, parce que cela a esté fait de tout temps, et la Compagnie n'a pas trouvé à propos d'accepter la paie desdits soldats, à cauze de la conséquence, au contraire a jugé bon de continuer à rendre les habits de ceux qui y décéderont à leurs capitaines.

(13 juin.) La Compagnie ayant eu avis que cejourd'hui matin monseigneur Potier de Novion devoit prester à la Cour de Parlement serment comme premier prézidant de ladite Cour, et qu'il est bezoin de remplir la place de gouverneur de l'Hostel Dieu, que tenoit défunt monseigneur le Premier Prézidant de Lamoignon, elle s'est assemblée au Bureau, pour nommer une personne qui rempliroit ladite place, et d'une commune voix ledit seigneur Potier de Novion a esté nommé par la Compagnie, qui a aresté d'aler à l'issue du Bureau, saluer ledit seigneur Premier Prézidant, lui faire savoir ladite nomination et le prier de donner le jour et heure pour en prester à la Cour le serment acoutumé.

(6 juillet.) Monseigneur le Premier Prézidant a dit avoir veu M. Colbert, et l'avoir entretenu des bezoins pressans de l'Hostel Dieu et de l'hospital des Incurables, qu'on avoit eu la pensée de faire une augmentation des bastimens de l'Hostel Dieu, au lieu où est le prieuré de Saint Julien le pauvre, pour y mettre les blessez et autres, qui ont bezoin d'un plus grand air, et par ce moien mettre au plus large les malades de l'Hostel Dieu qui sont extraordinairement pressez, et jusqu'à 4 ou 5 dans un lit, mais que l'Hostel Dieu ne peut mettre ce dessin à exécution, s'il n'est soutenu puissamment de la main libérale de Sa Majesté, que ledit sieur Colbert a témoigné que Sa Majesté avoit une inclination particulière, de s'apliquer pendant la paix au soulagement des hospitaux, qu'il a veu aussi Sa Majesté, qui lui a confirmé la mesme choze, mais dit qu'il faut atendre quelque temps que la paix soit bien établie.

(22 juillet.) La Compagnie a renouvelé les questions ci-devant proposées, touchant la recette générale de l'Hostel Dieu, s'il faut un seul receveur ou si on en aura 2 pour servir alternativement ou 3 pour estre triennaux, et s'ils rendront compte tous les ans ou tous les 2 ans seulement, et après avoir discuté l'afaire, la Compagnie a eu plus d'inclination pour avoir 3 receveurs qui seront en exercice chacun une année et rendront compte d'année à autre, néantmoins a remis la décizion de cette afaire à une assemblée générale, monseigneur le Premier Prézidant prézant.

(29 juillet.) Aiant esté mis en délibération le règlement ci devant fait pour la réception des médecins ordinaires de l'Hostel Dieu, la Compagnie a aresté qu'il sera exécuté, et, suivant icelui, que tous les ans, elle nommera les médecins qui devront assister les malades de l'Hostel Dieu l'année suivante, mais a aresté qu'il ne sera point de nécessité que lesdits médecins se retirent du service de l'Hostel Dieu, après leur année finie, et qu'ils pourront estre continuez d'année en année sans interruption, si le Bureau le trouve à propos.

(3 août.) Monsieur Harlot est venu au Bureau remercier la Compagnie du choix, qu'il lui a pleu faire de lui pour faire la recette générale de l'Hostel Dieu, à quoi il a promis de s'emploier avec soin et charité.

(12 août.) Monseigneur le Premier Prézidant a dit qu'en l'assemblée qui fut tenue en son hostel samedi dernier après midy, entre les députez de l'Hostel Dieu et de l'Hospital Général, il fut fait pluzieurs propositions et arestez, souz le bon plaisir de la Compagnie, suivant le mémoire qui en fut dressé, dont a esté fait lecture prézantement contenant 5 chefs. Le premier est la proposition qu'a fait l'Hospital Général de se charger des enfans, mesme dez la mamelle, qui sont à la charge de l'Hostel Dieu, soit parce qu'ilz y sont nez et leurs mères mortes à l'Hostel Dieu, ou qu'ils y ont esté aportez avec leur père ou mère malades qui y sont morts, en considération de quoi ledit Hospital Général demande que les enfans qui seront envoiez audit hospital à l'Hostel Dieu, ne soient plus mis dans les sales dudit Hostel Dieu avec les autres malades, où la mauvaise qualité de l'air qu'ils respirent les fait mourir pour l'ordinaire, mais qu'ils soient mis en quelque maizon dépendante de Saint Julien le Pauvre, qui sera acomodée pour ce sujet, en sorte que lesdits enfans ne vaguent plus dans les sales dudit Hostel Dieu, et faizant un pont volant pour comuniquer de cette maizon à l'Hostel Dieu, lesquels enfans ne seront point rendus à leurs parens, mais renvoiez audit hospital. Ce que la Compagnie aiant mis en délibé-

ration a accordé, autant que la chozé poura se faire sans incomodité notable. Mais parce que les acomodemens qu'il faudra faire pouroient estre inutiles, s'ils ne se raportoient au dessin, que Messieurs de l'Hostel de ville ont pris, d'élargir la rue de la Bucherie, qui sépare l'Hostel Dieu dudit Saint Julien, et que l'Hostel Dieu ne possède pas les maizons qui pourroient estre comodes au dessin propozé par l'Hospital Général. La Compagnie a prié M. Perreau de voir les propriétaires des maizons de ladite rue, qui sont vis-à-vis de l'Hostel Dieu pour convenir du prix avec eux, après quoi monseigneur le Premier Prézidant a promis de se transporter avec la Compagnie sur le lieu, et d'y faire trouver M. le Prévost des marchands, pour avizer à ce qui devra estre fait selon l'intention de l'Hospital Général et conformément au dessin de Messieurs de la Ville. Le 2ᵉ chef est que l'hospital des Enfans Rouges a esté fondé principalement pour y retirer les enfans qui seroient à la charge de l'Hostel Dieu et que d'ores en avant, ils seront à la charge de l'Hospital Général. C'est pourquoy ledit Hospital Général demande que l'Hostel Dieu lui fasse transport sans garentie de tout le droit qu'il a sur ledit hospital des Enfans Rouges, et lui en mette en main les titres qu'il en a, et lui en donne tous les mémoires nécessaires autant qu'il le pourra, ce que la Compagnie a aussi accordé. Le 3ᵉ chef est la demande que les pauvres dudit Hospital Général, qui seront aportez malades à l'Hostel Dieu, ne soient point renvoiez audit hospital qu'après estre parfaitement gueris, et pour cet effet, qu'ils soient envoiez avec les autres convalescens de l'Hostel Dieu à l'hospital de Saint Louis, ou la cariolle de l'Hospital Général ira les quérir. Ce que la Compagnie a agréé et aresté estre exécuté. Le 4ᵉ chef est une exception du précédant, à l'égard des gueux fieffez malades, envoiez de l'Hospital Général à l'Hostel Dieu qu'on dézire n'estre point menez à l'hospital de Saint-Louis avec les autres convalescens, mais gardez à l'Hostel Dieu jusqu'à ce qu'ilz soient tout à fait gueris, et en estat d'estre remenez audit Hospital Dieu, et que la Compagnie a promis d'exécuter à l'égard de ceux qu'on lui fera conoistre estre du nombre de ces gueux fieffez. Le 5ᵉ chef est que les femmes grosses venant de l'Hospital Général soient receues à l'Hostel Dieu, quand elles seront prestes à faire leurs couches, ce que la Compagnie a acordé d'autant plus volontiers, qu'elle ne refuze aucune femme grosse, quand elle se trouve sur le dernier mois de son terme, de quelque part qu'elle vienne, pourveu qu'elles ne soient point gastées.

(9 septembre.) Monseigneur le prézident Le Camus a dit que madame la Prézidante sa femme se sert charitablement et infailliblement d'un onguent qu'elle fait pour

la guérizon des ulcères et abscès qui viennent aux mamelles des femmes, et en a guéri depuis peu quelques unes qui estoient sorties de l'Hostel Dieu, où on n'avoit peu les guérir, qu'il seroit utile à l'Hostel Dieu et aux pauvres d'y mettre cet onguent en uzage, qui couste peu, sur quoi M. Perreau a dit que le sieur Chaillou, maistre chirurgien, en compoze un qui a le mesme effet, et mesme plus étendu, guérissant beaucoup d'autres sortes de plaies, qu'il en a acheté de lui pour s'en servir à l'Hostel Dieu, comme fait fort souvent la mère de Saint Charles, religieuze dudit Hostel Dieu, qui réussit parfaitement, mais qu'il ne peut obliger les chirurgiens de l'Hostel Dieu à s'en servir, *dizant qu'ils n'auroient plus que faire à l'Hostel Dieu si l'uzage de cet onguent estoit ordinaire.*

(16 novembre.) Monsieur Perreau a dit qu'un serviteur de la cuizine de l'Hostel Dieu aiant esté ataqué d'un accident de maladie vénérienne, il a esté pansé dans l'Hostel Dieu par le sieur Simon l'aisné, ancien compagnon de l'Hostel Dieu, sans lui en avoir donné avis, bien que la choze feust de grande importance, principalement en ce que c'estoit celui qui faizoit les potages des religieuzes, sur quoy la Compagnie a aresté que ledit Simon sera réprimandé par ledit sieur Perreau et mis hors de l'Hostel Dieu, pour servir de l'exemple, et ce d'autant plus tost qu'on a apris qu'il y a desjà quelque temps qu'il est receu maistre chirurgien dans Paris.

(7 décembre.) Monseigneur le Premier Prézidant a dit qu'il a esté fort importuné de solicitations de pluzieurs médecins, qui demandent à entrer dans l'Hostel Dieu, au lieu de ceux qui doivent en sortir, suivant le règlement ci-devant fait, qu'il ne trouve pas que si les médecins servent bien on doive les changer, et lui aiant esté dit ce changement les tient dans le service exact des pauvres, dans l'espérance d'estre remis en leur place, quand ceux qui auront esté mis en leur place auront achevé leur année, qu'on a expérimenté que l'assurance de demeurer dans l'Hostel Dieu les a rendu plus négligens, et qu'après quelques années de service, on a de la peine à les obliger à se retirer, ledit seigneur Prézidant a répondu qu'il ne faut pas s'arester à cela, et qu'aussi tost qu'ils se relascheront du service, il faudra en nommer d'autres, estant fermes sur ce point.

(30 décembre.) On a fait lecture de la lettre écrite au Bureau par M. Collo, opérateur de la taille, présentée à la Compagnie par le sieur son fils par laquelle, après la plainte qu'il fait de ce qu'en son absence on a admis le sieur Thierry pour faire dans l'Hostel Dieu l'opération de la taille, contrairement à ce qu'il dit lui avoir esté promis, il déclare qu'il ne travaillera plus dans l'Hostel Dieu, et prie mesme la Compagnie de se dispenser de l'en soliciter, sur quoi aiant esté dit que ledit sieur Thierry a fort bien réussi dans les opérations qu'il a fait, la Compagnie a aresté que ladite lettre sera leüe à monseigneur le Premier Prézidant, et en a prié Mrs Perreau et Marsollier, qui l'ont desjà veu sur ce sujet.

47ᵉ REGISTRE. — ANNÉE 1679.

(11 janvier 1679.) Monsieur Perreau a dit que Thierry, chirurgien ordinaire de l'Hostel Dieu tailla hier 4 personnes et y réussit parfaitement, qu'il y eut quelque dézordre, à cauze du grand nombre de chirurgiens de l'Hostel Dieu qui voulurent y estre présens, que cela est contre l'intention du Bureau qui a dessein d'y faire des élèves, parce que ce grand nombre empêche qu'on puisse les instruire sufizamment. Sur quoi la Compagnie a aresté qu'il n'y en aura de présens que 3 ou 4 au plus, et a trouvé à propos de choizir les plus anciens compagnons, s'ils ont la disposition nécessaire pour aprendre cette opération.

(11 janvier.) Sur la plainte faite au Bureau de quelques chirurgiens de l'Hostel Dieu qui ont emporté dudit Hostel Dieu sans aucune permission un enfant pour en faire l'anatomie, et qui en aians pris un autre à mesme dessin, la crainte d'estre surpris l'a fait laisser tomber, et il s'est trouvé n'estre pas encore mort, et a vescu deux heures entières après. M. Perreau aiant dit en avoir eu avis, et n'avoir peu aprendre le nom de celui qui est coupable de cette faute, l'afaire aiant paru de grande conséquence à la Compagnie, elle a prié M. Chandellier de continuer cette enqueste.

(27 janvier.) Monsieur Perreau a dit que pendant qu'il vaquoit hier hors de l'Hostel Dieu à l'inventaire de feu M. Chahu, il se fit une baterie considérable avec espées dans la grande lavanderie entre des coquins fainéans et voleurs, qui ne bougent de l'Hostel Dieu, avec lesquels se meslent présentement, à cauze du froid, certains soldats et vagabons, portans espée, que cette ocazion lui fait renouveler pour seul remède ce qu'il a ci devant pluzieurs fois proposé à la Compagnie, de mettre 2 suisses sédentaires aux portes de l'église de l'Hostel Dieu, au lieu des portiers, pour empêcher d'entrer toute cette sorte de gens, et une quantité d'autres personnes assez bien faites, qui sont dans la mendicité, qui observent et

poursuivent soir et matin les religieuzes pour avoir du pain, lorsqu'elles le servent aux malades, de femmes et enfans, parens et voizins des malades, qui ne viennent que pour se nourir aux despens de la maizon, et d'autres qui n'y viennent que pour voler, qu'il assure que l'assiduité de ces 2 suisses, ne répondans qu'au Bureau de leurs actions, fera diminuer du quart la dépense ordinaire de toutes chozes dans l'Hostel Dieu, outre la seureté et tranquilité que tout le monde y aura.

(24 mars.) Monsieur Accart a fait récit de tout ce qui a esté fait en conséquence de l'avis qui a esté donné au Bureau de quelques hospitaux pour les malades de la religion prétendue réformée, qui est un arrest donné au Parlement, portant permission d'enlever et porter les malades à l'Hostel Dieu avec les lits et autres meubles à leur uzage, en conséquence duquel l'huissier Masson s'est transporté en la rue des Boules, au fauxbourg de Saint Marcel en une maizon où il a trouvé 8 lits et 4 malades dedans, dont 3 se sont retirez et le 4e porté à l'Hostel Dieu, aussi bien que les 4 litz, qui estoient de petite valeur, que dans une autre cour de ladite maizon, il y avoit quelques malades insenzez, que l'un déclara qu'il y avoit aussi des malades chez la dame de Moussy d'Alisson, demeurant en la rue des Postes, en laquelle estant alé, on ne trouva aucuns malades, et les lits détendus, à cauze de l'avis qu'on y avoit donné de la recherche faite en la maizon de la rue des Boules, que l'huissier avoit consigné entre les mains de M. le curé de Saint Médard 3 louïs d'or pour celui qui avoit donné l'avis.

(5 avril.) Monsieur Perreau a dit qu'y aiant à l'Hostel Dieu pluzieurs cofres de la succession de M. Chahu, on a trouvé à propos d'en mettre un dans la boulangerie, au lieu d'un qui y estoit fort vieil et vermoulu, que les garsons de la cuizine l'aians mis en pièces au feu, il s'est trouvé grande quantité d'escus d'or dans les cendres, qui auroient esté cachez dans quelque endroit secret dudit cofre, que lesdits garsons de cuizine ont partagé entre eux ce qu'ils en ont trouvé, que des persones de dehors qui estoient alez à la cuizine de l'Hostel Dieu quérir du feu, en ont trouvé dans leurs chaudrons et réchaux, ce qui est un vol fait aux pauvres de l'Hostel Dieu, à qui cela apartenoit, qu'aiant mandé auxdits garsons de cuizine de lui aporter ce qu'ils avoient d'escus d'or, ils ont négligé d'y obéir. Sur quoi quelques uns desdits garsons mandez et venus au Bureau, et réprimandez de leur dézobéissance, leur a esté enjoint de porter audit sieur Perreau les escus d'or qu'ils ont reconu avoir.

(28 avril.) Monseigneur le prézidant le Camus a fait récit de la conférence qu'il a eu avec M. Colbert touchant l'Hostel Dieu, au sujet des rentes viagères, qu'il lui a fait conoistre combien l'Hostel Dieu soufriroit, si le cours desdites rentes cessoit, qui a esté le seul fonds qui l'a fait subsister jusqu'à prézent, à cause de la grande dépense qu'il a esté obligé de faire, au moien du nombre excessif des malades dont il est chargé, qu'il lui a nettement expliqué, et le bon uzage que l'Hostel Dieu a fait du fond desdites rentes, que ledit sieur Colbert lui a témoigné que le Roi avoit esté sufizamment instruit de toutes chozes et estoit fixé fermement à banir l'uzage des rentes viagères, et qu'il faloit chercher un autre moien de faire subsister l'Hostel Dieu, qu'il a grandement loué l'établissement d'un hospital des convalescens, et est d'avis de ne le point discontinuer. Sur quoi l'afaire mize en délibération, la Compagnie a aresté de faire un mémoire de l'estat prézent de l'Hostel Dieu et de ce qu'a produit l'uzage des rentes viagères, afin de le prézenter audit sieur Colbert.

(17 mai.) Monsieur Chandellier a fait la proposition d'une dame nouvelle convertie, dont le mari est mort huguenot, et tous les enfans sont huguenots, qui ofre fonder un lit à l'hospice des Incurables, dont la nomination lui apartiendra pendant sa vie, et après sa mort à ses enfans et postérité, quoiqu'huguenots, ofrant mettre pour condition qu'on ne poura nommer que des catoliques malades. Sur quoi l'afaire trouvée de grande conséquence et mize en délibération, la Compagnie a aresté de ne point acepter ladite fondation, qu'à la charge que la nomination n'apartiendra qu'à ses descendans catoliques.

(31 mai.) Monsieur Perreau a dit que le fermier du droit de passage du pont de l'Hostel Dieu se plaint de ce que les gens qui portent l'espée, estans en possession de ne point paier ledit droit, il en reçoit peu de choze, à cauze que chacun se mesle de porter l'espée, jusqu'à des garsons de boutique, clercs de procureurs et d'advocatz. Sur quoi aiant esté remarqué que cet uzage est un abus, que les lettres vérifiées pour la perception dudit droit n'exceptent persone. La Compagnie a aresté de prézenter requeste à la Cour et d'obtenir arrest sur icelle, qui ordonne que toutes persones paieront ledit droit, mesme ceux qui portent l'espée, et le fermier aura soin de tenir la main à l'exécution dudit arrest.

(9 juin.) Messieurs qui se trouvent ordinairement à l'interrogatoire des chirurgiens ont remontré l'abus qu'il y a à la réception des chirurgiens externes, pour lesquels l'on est persécuté de prières et solicitations d'amis et de gens de condition, pour admettre telles gens, au grand préjudice des pauvres, estant la plus part des petits gar-

çons qui ne savent rien de la chirurgie en théorie ni en pratique, qui se présentent à l'interrogatoire avec les puissantes recomandations, aians seulement apris par cœur quelques questions du *guidon*, ausquelles respondans tout de travers, prennent excuze sur leur timidité, afin de pouvoir estre seulement admis à la conduite de quelque compagnon, mesme sans exercice pendant quelque temps, lequel passé, ils sont aussi ignorans que devant. Ces chozes et d'autres plus pressantes cauzent journellement de grands préjudices, et la mort mesme des pauvres, tant par les seignées qu'aux pensemens, dont l'on cache les auteurs, ne se voulans pas acuzer les uns les autres pour leurs propres interests, la charité des religieuzes ne les veut pas acuzer pour faire congédier les coupables, le tout estant fait et sans remède; la Compagnie a rézolu de ne recevoir d'ores en avant à l'examen, pour chirurgiens à l'Hostel Dieu que ceux qui se présenteront pour estre compagnons, après en avoir esté trouvez capables, par l'interrogatoire de tous les médicins de l'Hostel Dieu et du maistre chirurgien, et de celui receu pour gagner maistrize, et que les noms de ceux qui se présenteront pour externes seront écrits au grefe du Bureau, pour suivre et voir travailler les compagnons chirurgiens de l'Hostel Dieu pendant 2 années, du jour de l'enregistrement, souz les ordres de l'administrateur rézidant, après lesquelles passées, ils seront admis à l'examen des compagnons, en la forme ordinaire, pour estre receus s'ilz en sont trouvez capables, sinon renvoiez.

(14 juin.) Il a esté dit qu'une fille née huguenotte, mais convertie dez l'âge de 10 ans, qui a demandé avec instance d'estre religieuze de l'Hostel Dieu, et qui a paru avoir toutes les qualitez nécessaires pour cela, et agréé par Messieurs les directeurs du spirituel de l'Hostel Dieu, a esté refuzée par le Chapitre des religieuzes, à cauze de son ancienne religion, aiant esté remonstré à ladite mère Prieure qu'il seroit dangereux que l'on seust que ce motif seul l'ait fait refuzer, puisqu'il en devroit estre un de la recevoir, ladite mère Prieure a dit ce qui a porté les religieuzes à la refuzer, que la compagnie n'a pas trouvé sufizant, c'est pourquoi elle a exhorté ladite mère Prieure de tascher à persuader ausdites religieuzes de ne point s'arester à cela, puisque la fille a d'ailleurs toutes les dispositions requizes.

(12 juillet.) Un administrateur de l'Hostel Dieu de Nantes a dit que l'Hostel Dieu aiant joui, à l'instar de celui de Paris, du privilège pour le chirurgien et pour l'apotiquaire qui le servent, d'estre receus maistres sans examen et sans frais, il est inquieté pour l'apotiquaire par un médecin du lieu, qui prétend avoir droit de l'interroger, et pour cela exiger de lui quelques droits. C'est pourquoi il a prié la Compagnie de l'aider des titres de l'Hostel Dieu de Paris à cet égard, lui en faisant donner copie colationnée. Ce que la Compagnie aiant mis en délibération a acordé, et a donné charge au grefier du Bureau de lui donner copie des lettres patentes du 7 décembre 1648, de l'arrest de vérification et réception du sieur Lacombe, du 20 aoust 1649, et de la réception du sieur Coupy, de l'année 1668.

(12 juillet.) Monsieur Perreau a dit qu'il a eu advis que pendant son absence de Paris il y a eu 2 accidens fascheux à l'hospital de Saint Louis, au sujet de 2 filles convalescentes, l'une qu'un garson convalescent a voulu violer, mais n'a su exécuter son mauvais dessin, à cauze du bruit que la fille avoit fait, l'autre qu'un chirurgien externe dudit hospital avoit efectivement violé, nonobstant sa rézistance et ses cris, qui ne furent pas ouïs, à cauze de la distance du lieu où ils estoient, que le chirurgien s'est absenté, que la fille est venue de l'Hospital Général; sur quoi l'afaire mize en délibération et trouvée de conséquence, la Compagnie a aresté d'informer sourdement dudit crime par devant un commissaire, de faire recherche dudit chirurgien, sans néantmoins faire éclater le sujet, et cependant que la fille ne sera point renvoiée audit Hospital Général, ni mesme remize avec les autres pauvres, mais en quelque lieu séparé, jusqu'à ce qu'il en soit autrement ordonné.

(6 septembre.) On a délivré au Bureau une expédition du contrat du 7 juin dernier, par lequel l'Hostel Dieu s'est obligé à paier par chacun an, à la fabrique de l'églize de Notre Dame de Champeaux, 150 livres de rente, souz les quittances des marguilliers en charge, à comencer du 1 avril dernier, la rente demeurant non rachetable, sans que l'Hostel Dieu soit obligé au remploi du prix des immeubles qui lui ont esté donnez pour ladite fondation par damoiselle Elizabeth Masse de le Roche, veufve de maistre Pierre Bruslard, bourgeois de Paris, à la charge que lesdits marguilliers satisferont aux charges de ladite fondation.

(22 septembre.) On a donné avis que M. Pélisson aiant ordre du Roi de faire aumosne d'une partie des revenus de l'abaïe de Saint Germain des Prez aux pauvres nouvelement convertis à la foi catolique, il seroit à propos de le prier d'en faire part à ceux qui sont convertis dans l'Hostel Dieu, ce que la Compagnie a agréé.

(13 octobre.) M. Perreau a dit que dimanche dernier, il eut l'honneur d'acompagne Mrs Choart et Baussan à Villebon, où suivant la députation du dernier jour vers monseigneur le Premier Prézident, ils lui dirent avoir

charge expresse de la Compagnie, en lui annonçant le décès de M. Marsollier, l'un des administrateurs de l'Hostel Dieu, de lui représenter la nécessité, pour le bien des pauvres, de remplir au plus tost cette place d'une personne de probité, de charité et d'honneur, intelligente aux afaires et afectionée au bien des pauvres, qu'ils avoient esté députez par la Compagnie, pour lui demander s'il avoit afection et veûe sur quelque personne qui peust dignement remplir cette place, et s'il avoit la bonté de se rendre au Bureau pour y procéder à cette élection en la forme ordinaire, ou si c'estoit sa volonté de la remettre à la Saint Martin, lequel Premier Président leur fit conoître n'avoir pensé à personne; et mesme qu'il n'en conoissoit point, ce qu'aiant réitéré plusieurs fois, sur la très humble prière qu'ils lui faizoient d'avoir la bonté d'y penser, il leur demanda par 2 ou 3 fois, s'ils n'avoient idée sur personne, qu'ils lui dirent enfin que par manière d'entretien seulement ils avoient parlé d'un honeste homme et que mondit seigneur le 1 Prézidant voulant en savoir le nom, ils lui dirent enfin que c'estoit M. Champy, secrétaire du Roi, sur quoi ledit seigneur Prézidant leur dit qu'il le conoissoit pour homme d'esprit, de vertu, d'honneur et de biens, qu'il le nommoit pour administrateur et adjousta, en prenant congé de lui, qu'il trouvoit bon qu'en son absence, au 1 Bureau, la Compagnie procédast à l'élection de la personne dudit sieur Champy.

(20 octobre.) Sur ce qui a esté représenté que par la mort de M. Choart il vaque une place de gouverneur de l'Hostel Dieu, et qu'il est utile que cette place soit remplie promptement, on a trouvé que M. Petitpied, secrétaire du Roi a toutes ces qualitez et d'ailleurs est homme de bien et d'honneur et de grands moiens.

(29 novembre.) Il a esté dit au Bureau que les relligieuses de l'Hostel Dieu estant extraordinairement fatiguées, à cause du grand nombre de mallades qui sont audit Hostel Dieu et à S‍t Louis, qui passe 3,600 persones, ce qui a réduit à l'infirmerie jusqu'à 45 desdites relligieuses en même temps, et a obligé de prendre du secours des servantes.

(15 décembre.) Monseigneur le Premier Président a dit qu'en une assemblée qui a esté tenue au sujet des pressans besoins de l'Hostel Dieu et de l'Hospital Général, on a parlé du grand nombre de malades qui est à présent à l'Hostel Dieu et qu'ils sont couchez 5 ou 6 grandes persones ou 9 et 10 enfans dans un même lit, ce qui cause la mort de plusieurs, qui ne mouroient pas s'ils estoient couchez plus au large, qu'on avoit proposé de faire une augmentation de sales dans Saint Julien le Pauvre, mais qu'il avoit représenté que l'Hostel Dieu n'ayant pas à beaucoup prez de quoy satisfaire aux besoins du courant, il n'estoit pas dans le pouvoir d'entreprendre des bâtimens considérables, qu'on avoit eu une pensée de mettre une partie des malades à l'hospital de Saint Louis, comme pourroit estre tous les hommes, et engager les relligieuses hospitalières de la Charité de donner une partie de leurs relligieuses pour les assister, se nourrissant eux et ceux qu'ils prendroient pour les assister, de quoy il faisoit la proposition au Bureau; mais la Compagnie y a trouvé beaucoup de difficulté, tant pour l'augmentation de la dépense, à laquelle l'Hostel Dieu ne peut subvenir, que de la part desdites relligieuses de la Charité, qui ne sont pas en assez grand nombre pour subvenir à leur hospital et à celuy de Saint Louïs, sur quoy la mère Prieure venüe au Bureau, monseigneur le Premier Président luy a proposé de faire faire la lavanderie par des personnes de dehors, pour soulager les religieuses qui sont à présent extraordinairement fatiguées, à cause du grand nombre des malades de l'Hostel Dieu, et que plusieurs d'elles sont mortes, ou sont à l'infirmerie, ladite mère Prieure ne s'en est pas éloignée, pourveu que quelqu'une d'elles ait l'œil sur ce que feroient ces gens-là, sans quoy l'Hostel Dieu en souffriroit considérablement.

(29 décembre.) M. Lecomte ayant déclaré au Bureau qu'il peut et offre prendre le soin de tout ce qui concerne l'hospital des Incurables, sans qu'il soit besoin d'y avoir encore un autre administrateur résident, M. Champy ayant offert de prendre soin de ce qui concerne les afaires, la Compagnie a aresté de n'en point recevoir pour demeurer audit hospital, mais seulement pour avoir le soin général des affaires de l'Hostel Dieu et autres hôpitaux, au lieu de deffunt M. Chandelier, et quelqu'un ayant esté proposé, on a douté qu'il soit initié aux ordres sacrez, ce qu'on a crû estre une qualité exclusive de ce Bureau, sur quoy lecture faite de l'arrest de la Cour de l'année 1505, qui a establi ce Bureau, pour estre gouverné par des bourgeois, l'affaire mise en délibération, la Compagnie a aresté de ne point nommer personne pour estre gouverneur de l'Hostel Dieu qui soit dans les ordres sacrez.

48ᵉ REGISTRE. — ANNÉE 1680.

(10 janvier 1680.) Monseigneur le prézidant Le Camus a fait lecture d'un règlement de l'oficial du Chapitre de l'églize de Paris, projetté entre le Bureau et le doien de ladite églize, touchant les testaments des pauvres décédans à l'Hostel Dieu, et le salaire des chapelains d'icelui, pour les certificats qu'ils délivrent, lequel aiant esté agréé par la Compagnie, elle a arresté d'en faire donner un tout pareil par la Cour de Parlement, à la requeste de monsieur le Procureur général, duquel le Bureau se servira, pour ne donner trop d'autorité à Messieurs du Chapitre dans l'Hostel Dieu, si le Bureau se servoit de leur règlement. M. Accart prié d'en parler audit sieur Procureur général; et pour cela il a pris les pièces.

(12 janvier.) Monseigneur le Premier Prézidant a dit que le grand nombre des malades de l'Hostel Dieu augmentant au lieu de diminuer, et l'incomodité de coucher 5 et 6 dans un lit causant la mort à pluzieurs, il faut y remédier à quelque prix que ce soit, et la Compagnie y aiant délibéré, n'y a trouvé de plus prompt remède que d'envoier une partie des malades à Saint Louis, et en oster les scorbutaires et les mettre dans la maizon du Lion ferré, apartenante à l'Hostel Dieu dans la rue de la Bûcherie, mais par ce que l'on a trouvé quelque dificulté dans l'exécution de ce dessin, et la proposition que monseigneur le 1 Prézidant a fait, de tirer 20 religieux de la Charité, qui à leurs despens serviroient lesdits malades à Saint Louis, n'aiant pas paru aceptable, à cauze des grandes conséquences qu'on y a remarqué, la Compagnie a prié MM. Chuppé, Baussan, Accart et Guilloire de voir l'hospital de Saint Louis, et MM. Perreau et Levieulx ladite maizon du Lion ferré et faire estat de ce qui peut s'y faire, et en conférer tous ensemble.

(17 janvier.) Monsieur Perreau a dit que suivant la délibération du dernier jour, il s'est transporté avec MM. commis avec lui, dans la maizon du Lion ferré en la rue de la Bûcherie, apartenante à l'Hostel Dieu, pour voir s'il y avoit lieu, et dans tout ce qui dépend de Saint Julien, d'y ménager le logement pour les malades de scorbut, qui sont à l'hospital de Saint Louis, qu'ils n'y ont trouvé que de méchants bastimens et petites chambres, pour y placer un lit seulement en chacune, sans pouvoir y pratiquer aucunes comodités pour lesdits malades, qu'il n'y a aucun remède que de tout abatre, et comencer à bastir de neuf, suivant le dessin pris ci devant, que Mᵉˢ qui avoient esté commis pour aler à l'hospital de Saint Louis, y ont esté, ont remarqué qu'il y a 4 sales capables de 100 lits chacune, à deux malades pour chacun lit, qu'il y en a uné occupée par les convalescens et une et demie par les scorbutaires; que les lits des convalescens sont pour 1 malade seul, n'estans que de 2 pieds et demi de large; les lits des scorbutaires sont au nombre de 133, grands pour 2 malades, mais n'ont point de tours de lit, qu'il y a environ 67 autres couches à bas piliers, mais de nule valeur, que tous Messieurs les comissaires s'estans rassemblez et après en avoir conféré avec la mère Prieure de l'Hostel Dieu, et anciennes religieuzes d'icelui, ils ont trouvé qu'il faut 167 lits neufs pour Saint Louis, qui cousteront chacun tout garni 176 livres 2 solz, revenant pour les 167 à 29,408 livres 14 solz, et la garniture des lits des convalescents 4,002 livres 6 solz, outre les chemizes, coefes, bonets, robes et sandales des malades qu'il faudra acheter, outre ce qu'on poura tirer de l'Hostel Dieu; qu'il faudra aussi augmenter la baterie de cuizine, meubler les ofices des sales, qu'il faudra augmentation de 20 personnes pour le service des malades, pour ambaleurs, serviteurs et servantes d'ofices, de plus un médecin, un maistre chirurgien et un apotiquaire, et 2 ou 3 chirurgiens ordinaires d'augmentation, et nourir une vingtaine de chirurgiens externes, qu'on ne nourit pas à l'Hostel Dieu; sur quoi monseigneur le Premier Prézidant a dit que la vie des pauvres malades qu'il faut conserver, et qui seroit en danger, si on n'y aportoit pas remède, doit faire passer sur la considération de la dépense, qu'il peut en quelque façon asseurer d'un soulagement de 11 à 12,000 livres et qu'il dézire estre témoin oculaire de ce qui peut se faire au Lion ferré, qu'il s'y transportera aujourd'hui après midi avec la Compagnie, pour en délibérer au premier bureau.

(28 février.) Monsieur le curé de Saint Hilaire s'est plaint au Bureau de ce que l'an passé la procession de son églize, passant sur le pont de l'Hostel Dieu, au retour de l'églize de Notre Dame, où elle estoit alée le dimanche de la quinquagézime, suivant l'uzage ordinaire, le fermier du droit de passage dudit pont ne voulut permettre à aucun des paroissiens suivant ladite procession de passer sans paier, et a prié que cette année, cela n'arrive pas, la Compagnie a aresté d'en parler au fermier, pour acomoder l'afaire.

(20 mars.) M. Perreau a représenté le mandement de monseigneur l'archevesque de Paris, portant permission à l'Hostel Dieu de faire des questes dans les mai-

zons, atendu la grande nécessité où l'Hostel Dieu se trouve réduit par le nombre excessif et extraordinaire des malades.

(29 mars.) Monsieur le doien de l'églize de Paris, M. le chantre et M. de la Barde, chanoine d'icelle églize, directeur du spirituel de l'Hostel Dieu, sont venus au Bureau, sur la prière qui leur en avoit esté faite de la part de la Compagnie, et monseigneur le 1er Prézident leur a fait entendre la proposition qui avoit esté faite au Bureau d'une fondation de quelques ecleziastiques, pour assister les malades de l'Hostel Dieu agonizans, que l'expérience fait voir n'estre pas assez assistez, et qu'il en meurt plusieurs sans ce secours spirituel, qui est d'une très grande conséquence, ce qui fait que le public qui voit expirer si souvent des malades, sans avoir aucune assistance de personne, en est grandement scandalizé, qu'il y a 2 chapelains dans l'Hostel Dieu fondez pour cet unique emploi, mais que ce nombre est trop petit pour un emploi si grand et si pénible, qu'il a apris que cette fonction est divizée à tous les 10 chapelains receus pour assister les malades, afin de se soulager les uns les autres, mais qu'ils sont si exacts à se soulager en cela, qu'ils ne veulent point assister ces malades mourans quand ce n'est pas leur rang pour y vaquer, quelque nécessité qu'il y ait d'en avoir plusieurs qui s'y.emploient; que les prestres du chœur se dispensent aussi de donner ce secours à ces pauvres abandonnez dans un passage si terrible, bien qu'ils aient beaucoup de temps libre après le service du chœur achevé, principalement après midy, qu'ils pouroient et mesme devroient de leur propre mouvement se donner à une action si pleine de charité, et d'ailleurs si importante, qu'il sembleroit meilleur de le préférer au service du chœur, qu'on a fait entendre au Bureau, qui a trouvé qu'il n'est pas à propos que les chapelains soient emploiez pour assister les agonizans pendant la nuit, à cauze des inconvéniens qui pouroient en ariver par la nécessité qu'il y auroit de laisser des portes ouvertes, que la prudence tient fermées toute la nuit, qu'on est obligé de s'en repozer sur la charité des religieuzes veilleresses, qu'on sait y faire bien leur devoir, que pour ce qui est du jour, la fondation qu'on veut faire est d'un certain nombre de religieux qu'on croit estre des capucins, bien qu'on ne se soit pas expliqué là dessus, qui viendront dez matin pour ce charitable emploi où ils vaqueront tout le jour, et ausquels le Bureau fournira le vivre nécessaire, et ilz se relaieront les uns les autres, selon le bezoin qu'ils trouveront en avoir, et au cas que le service de ces religieux n'agrée pas, on ofre de fonder 2 nouveaux chapelains, comme les 2 qui le sont desjà, et comme cela regarde principalement le spirituel, le Bureau n'a voulu rien arester

qu'avec la participation de ces Messieurs qui en sont les directeurs, sur quoi lesdits sieurs directeurs ont dit que la fondation propozée est pleine de piété et fort loüable, et d'un grand mérite pour la personne qui la propoze, à cauze du fruit merveilleux qu'elle peut produire, mais à l'égard des religieux qu'on veut y emploier, il y a plusieurs raizons pour ne la pas acorder, qu'il n'est pas dificile de se les imaginer, et cette indépendance, que les réguliers prétendent avoir de l'autorité séculière peut cauzer divers fàcheux incidans dans l'Hostel Dieu, qu'il est expédient d'éviter, qu'il y a à la vérité quelques religieux qui viennent dans l'Hostel Dieu assister les pauvres, mais comme ils n'y sont que par soufrance, cela ne fait point de conséquence, comme il feroit s'ils avoient droit d'y venir en conséquence d'une fondation aceptée; pour les 2 chapelains qu'on offre de fonder, cela se peut faire comodément, et sans doute ce sera un grand aide pour les malades, et quant à ce qui a esté propozé d'y joindre aussi les chapelains du chœur, la choze est plus dificile à réussir, qu'elle ne paroist d'abord, parce que quand ces eclésiasticques ont esté admis dans l'Hostel Dieu, comme ils ne se sont ofertz que pour le service du chœur, on n'a exigé d'eux que les qualitez qui sont nécessaires pour se bien aquiter de ce devoir, et ils ne se sont obligez à rien d'avantage, qu'au commencement il n'y auroit point de distinction de chapelains à l'Hostel Dieu, tous servoient au chœur et aux malades, mais comme les malades sont augmentez de plus de 2 fois, et les fondations du chœur ont augmenté considérablement, on a trouvé en augmentant leur nombre, comme il estoit absolument nécessaire, de partager leurs emplois; ce qui pouroit estre fait à l'avenir à leur égard, seroit de ne plus recevoir de chapelains du chœur, qu'à condition de s'emploier après midi au secours des agonizans, cela n'empêchant pas d'accepter la fondation propozée des 2 chapelains d'augmentation, que l'afaire est assez d'importance pour y faire des réflexions sérieuzes, comme ils feront auparavant que de la conclure.

(29 mars.) On a parlé aussi de ce que les religieuzes, depuis quelque temps, se sont dispensées de venir comunier à l'autel du Saint Esprit, comme il avoit esté acoutumé de tout temps, et comunient dans leur tribune, et l'inconvénient que l'on a remarqué, de la distraction qu'elles avoient en passant au travers du peuple, pour aler de leur tribune à la chapelle du Saint Esprit, n'arivant qu'en peu de jours de l'année, n'a pas paru si considérable que l'édification que le public avoit de les voir faire cette action de religion, avec tant de modestie et de dévotion.

(10 avril.) Sur ce qui a esté dit par M. Perreau que

les chapelains de l'Hostel Dieu refuzent d'enterrer gratuitement les chirurgiens externes de l'Hostel Dieu qui n'ont pas le moien d'en faire la dépense, la Compagnie a aresté qu'ils le feront gratuitement, et s'ils continuent à le refuzer, y sera pourveu.

(12 avril.) On a veu au Bureau la sentence du 5 avril dernier donnée au présidial d'Angers, commis par la Cour pour l'instruction et jugement du procès criminel fait contre les nommez Vassan, le Cœur, Neuilly, Rincon, le chevalier de Fourneux, de Ste Caterine, le Bœuf, de Richebourg et Laleu, acuzez pour crime de duel commis près de Saumur, par laquelle ils sont déclarez par contumace ateints et convaincus dudit crime, et condemnez à estre pendus et etranglez, dégradez de noblesse, leurs chasteaux razez et leurs bois abatus, et en l'amande de la valeur de la moitié de leurs biens, et a esté remarqué que la moitié de cette amande n'est pas apliquée à l'Hostel Dieu, mais à l'Hospital Général de Paris et l'autre moitié aux hospitaux de Saumur et Angers.

(17 avril.) Veu au Bureau l'assignation donnée à l'Hostel Dieu au Parlement, à la requeste de l'Hospital Général, pour aporter lettres en vertu desquelles il a fait saizir sur messire Jean Antoine de Pardaillan, marquis de Montespan et dame Anne Marie de Bellegarde son épouze, débiteurs audit Hospital Général de 535 livres de rente, a esté dit que l'Hostel Dieu est créancier dudit sieur de Montespan de 166 livres de rente, donnée à l'Hostel Dieu par défunt M. Lhoste.

(24 mai.) Monsieur Perreau a dit avoir receu plainte, de 2 chirurgiens externes de l'Hostel Dieu, du mauvais traitement que leur a fait M. le Maistre au spirituel dudit Hostel Dieu, souz prétexte qu'ils refuzoient d'aler ouïr le catéchisme qu'il devoit faire au jour ordinaire après souper, lesdits 2 chirurgiens ouïs au Bureau, la Compagnie a aresté de s'informer si lesdits chirurgiens avoient donné ocazion audit sieur maistre de les maltraiter.

(5 juin.) Le sieur Regnault, fermier des marais de l'Hostel Dieu près de l'hospital de Saint Loüis est venu donner avis de la violence qui lui a esté faite à plusieurs fois par des soldats du régiment des gardes, qui pilloient et fourageoient ledit marais, que l'ordonnance de M. le colonel du régiment des gardes aiant permis aux jardiniers d'avoir des armes à feu pour leur défense, mesme de mettre main basse, quand les soldats feroient violence, il s'est défendu contre les soldats en cette ocazion, et y en a eu un tué et quelques uns blessez, que M. Baussan, qu'il a veu sur ce sujet, a esté d'avis qu'il en fist sa plainte, ce qu'il a fait au commissaire Tierse, et ledit sieur Baussan a dit au Bureau qu'il en parlera au s^r prévost des bandes, afin qu'il fasse le procès aux coupables, et la Compagnie a prié Messieurs qui doivent voir M. le Procureur général de l'informer de cette afaire, qui regarde la seureté publique.

(14 juin.) La Compagnie a acordé au valet de chambre de monseigneur l'evesque d'Héliopolis de pratiquer dans l'Hostel Dieu la seignée, aux charges des règlements du Bureau, à l'exception des lancettes qu'elle l'a dispensé de donner, en considération de ce qu'il ira avec ledit seigneur son maistre en la Cochinchine, pour y anoncer la foi aux infidèles.

(28 août.) La mère Prieure est venüe représenter au Bureau que la salle des taillez de l'Hostel Dieu est trop petite pour recevoir tous ceux qui se présentent pour y estre taillez, à cause que le bon succez des opérations qu'on y fait y attire ceux qui prenoient d'autres voies pour cela; que ce grand nombre oblige à mettre les enfans qui se présentent dans la salle de Saint Cosme, où la fièvre les prenant ils y meurent presque tous, qu'il n'y a autre remède que d'augmenter la salle des taillez, et elle ne peut estre augmentée qu'en se servant du grenier où l'on serre la plume, ce que ladite mère Prieure croit pouvoir estre fait en prenant dans le grenier au bled, qui est contigu, un pareil espace pour servir à la plume; ce que la Compagnie ayant mis en délibération, et s'il est besoin que l'Hostel Dieu s'oblige à recevoir tous ceux qui se présentent à la taille, la Compagnie a aresté d'adjouter à la salle des taillez, le grenier à la plume, et d'autant que la cloizon qu'il faut faire pour cela ne peut estre sitost faite, et qu'il y a plusieurs malades fort pressez, la Compagnie a aresté qu'incessamment ledit grenier à la plume sera vuidé pour servir auxdits taillez, et la plume mise en un grenier, de l'autre costé, qui sert à autre usage, en attendant que ladite cloizon soit faite.

(13 septembre.) Le sieur Merlet, médecin de la Faculté de Paris, est venu au Bureau sur la proposition qu'il a faite d'assister les malades de l'hospital de St Louis, et ayant esté dit sous quelles conditions, la Compagnie luy a accordé 600 livres de gages, nourry et logé audit hospital, sans valet ni cheval.

(13 septembre.) On a veu au Bureau le contract passé entre M. le marquis d'Effiat, M. le marquis d'Aluys, les directeurs et quelques créanciers particuliers de la maison de Sourdis, par lequel entre autres choses, ledit seigneur d'Effiat promet payer incessamment auxdits créan-

ciers la somme de 170,000 livres et les interests qui en sont deus, moyennant quoy il demeure possesseur paisible des biens de la maison de Sourdis et Alluis, ledit contract homologué par arrest du Parlement du 4 juillet 1680, déclaré commun avec l'Hostel Dieu et tous les autres créanciers par autre arrest du 8 aoust dernier.

(13 septembre.) La Compagnie a signé le contract par lequel messire Armand Jean Duverrier, chevalier, gentilhomme de la chambre de M⁵ frère du Roy, a donné à l'hospital des Incurables la somme de 12,000 livres, moyennant 500 livres de rente, qui demeurera éteinte après sa mort, et ladite somme servira de fond à la fondation de 2 lits audit hospital pour deux malades de l'un et l'autre sexe à prendre l'un en la paroisse de Saint Paul, l'autre en la paroisse de Saint Nicolas du Chardonnet ou ailleurs, à la nomination du curé et de 2 ou 3 des plus anciens hommes ou dames de l'assemblée des pauvres les plus abandonnez.

(25 octobre.) Le fermier du pont de l'Hostel Dieu, oüy sur sa plainte qu'il a faite des immondices qui sont jettées sur le passage dudit pont, de la salle des blessez et de celle des accouchées et petites nourrices, ce qui détourne le peuple d'y passer, la Compagnie a prié messieurs Baussan et Guilloire d'y donner ordre.

(8 novembre.) On a veu au Bureau trois lettres écrites au Bureau par les administrateurs de la maison de la Charité de Touars, les intendans de l'Hostel Dieu de Riom et le maistre de l'Hostel Dieu d'Amiens, pour réponse à la lettre circulaire de l'Hostel Dieu de Paris touchant les duels, dont ils promettent donner les avis qu'ils auront, tant pour le passé que pour l'avenir.

(6 décembre.) On a veu au Bureau l'arrest du conseil d'Estat, Sa Majesté y estant, qui enjoint à toutes personnes, même aux eclésiastiques, gens d'épée et de livrée, privilégiez et tous autres de payer le droit du passage du pont de l'Hostel Dieu, à peine de 100 livres d'amande qui ne pourra estre remise ny modérée, aplicable à l'Hostel Dieu et au fermier dudit droit, lequel arrest a esté délivré audit fermier gratuitement, et a esté trouvé bon qu'il soit publié à son de trompe et affiché partout.

(11 décembre.) Sur ce qui a esté représenté au Bureau qu'une des grandes dépenses qui se fait à l'Hostel Dieu sans sujet et dont il pourroit s'exempter est la nourriture des chirurgiens externes de l'Hostel Dieu, que les relligieuses nourricent dans leurs offices, que leur nombre excède beaucoup celuy qui est nécessaire, qui est de 45. La mère Prieure et Thomas Kiechler, commis à la dépense mandez, venus et oüis au Bureau, la Compagnie a arresté que le nombre desdits chirurgiens sera réduit à 45, et les autres congédiez, et pour régler ceux qui seront retenus, M⁵⁵ qui ont soin de la chirurgie s'assembleront samedy à deux heures après midy, que des 45 retenus, il n'y aura que 5 qui seront nourris dans l'Hostel Dieu, scavoir ceux qui sont aux amputations, aux verolez et aux acouchées, et celuy qui lit au réfectoire, et prendront leur nourriture dans ledit réfectoire, et non aux offices des salles, a fait deffense audit Kiechler de donner nourriture à autres qu'à ces 5 et a prié ladite mère Prieure d'enjoindre à ses relligieuses de ne plus donner de nourriture auxdits chirurgiens, ny souffrir qu'ils en prennent.

(18 décembre.) Monseigneur le Premier Président a dit qu'y ayant 2 places de gouverneur de l'Hostel Dieu vacantes par le deceds de M⁵⁵ Robineau et Chandelier, et estant nécessaire de les remplir, il a dit avoir jetté les yeux sur deux personnes de mérite, et à l'instant a nommé M. Lefouyn, greffier du Conseil et secrétaire du Roy et M. Bachelier qui ont esté élu pour remplir ces places, si la Compagnie est d'avis de ce choix.

49ᵉ REGISTRE. — ANNÉE 1681.

(8 janvier 1681.) Monsieur Perreau a dit qu'avant hier un malade estant à l'agonie dans l'Hostel Dieu, en la sale de Saint Cosme, a esté enlevé par deux personnes inconues, qu'on croit estre chirurgiens externes de l'Hostel Dieu, sur les sept heures du soir, et le portèrent sur le pont, à dessin, comme on voit, de le descendre sur la glace de la rivière, par le moien de la corde du puits qui est sur le pont, et l'emporter ailleurs pour en faire une anatomie, ce qu'ils ne firent pas, mais le laissèrent proche ledit puits, où il fut veu peu après par un ambaleur, qui en avertit les religieuzes, qui l'emportèrent, le trouvèrent encore en vie, transi de froid avec une griève blessure à la teste; que l'on fit ce que l'on peut pour le réchaufer, et vescut encore 4 heures. Que tous les chirurgiens de l'Hostel Dieu furent menez hier devant les malades du mesme lit et des lits circonvoizins, pour faire en sorte que les coupables feussent reconeus, mais il n'y en eut qu'un reconu, qui estoit

venu deux ou 3 fois taster le poux au malade, lequel dit ne savoir rien du crime, et que ce qu'il avoit fait n'estoit qu'une simple curiosité; sur quoi le crime aiant paru de conséquence, principalement estant conu, et aiant peine à croire que celui qui a tasté le poux ne soit du nombre des complices, l'afaire mize en délibération, la Compagnie a aresté qu'il sera présenté requeste à monsieur le lieutenant criminel, et la plainte dudit crime faite, demander permission d'informer, mesme de publier monitoire, de quoi Mrs Baussan et Accart ont esté priez d'avoir soin.

(10 janvier.) Monsieur le Maistre au spirituel a dit que les chirurgiens de l'Hostel Dieu à qui la Compagnie acorde des corps morts audit Hostel Dieu, pour en faire les ouvertures et anatomies, n'ont pas soin d'en rendre les chairs ni les os, dont ils font des squelettes, et ainsi ces morts sont privez de la sépulture chrestienne, qui par les canons de l'Eglize, n'est déniée qu'aux supliciez et aux excomuniez, sur quoi M. Perreau a dit qu'on n'acorde guère des corps morts que des hérétiques, qui n'ont pas droit de sépulture dans les cimetières des catoliques, et quand les corps des hérétiques ne sont point donnez aux chirurgiens, on les enterre en un endroit du cimetière de l'Hostel Dieu destiné pour cela et qui, pour ce sujet, n'a point esté béni. Lequel ordre la Compagnie a agréé, et aresté de n'acorder que rarement des corps, pour en faire anatomie, et ne l'acorder qu'en plain Bureau, si ce n'est que le temps ne permette pas d'atendre un jour ordinaire de Bureau, auquel cas l'administrateur rézidant audit Bureau acordera cette permission avec la mère Prieure, et les chirurgiens auront soin de rendre toutes les chairs et les os des corps qu'on leur aura acordé, pour estre enterrez audit cimetière, selon la religion dans laquelle ils seront décedez.

(24 janvier.) Aiant esté parlé des 300 livres par mois que la Reine, mère du Roi, avoit fait aumosner par le Roi à la maison des convalescens, dont Mlle Sercamanen a le soin, et qui ont esté discontinuez de paier depuis quelques mois, M. le Fouyn a dit qu'il est bezoin de savoir sur quel fonds cela estoit assigné, et pour cet effet avoir quelque pièce qui en esclaircisse et justifie, sur quoi ladite damoiselle Sercamanen mandée et ouïe au Bureau, après qu'elle a dit n'avoir receu aucuns legs particuliers et n'a subsisté que par ladite aumosne de 300 livres par mois, et estre engagée en grandes sommes, pour des provizions de ladite maizon, depuis que ladite aumosne a cessé, qu'elle ne reçoit autres personnes en ladite maizon que les pauvres convalescentes, qui lui sont envoiées de l'Hostel Dieu, et qu'il n'y a d'autres personnes qu'elle, une religieuze qui depuis 22 ans a rendu de bons ofices à ladite maizon pour le paiement de ladite maizon, 2 servantes pour le service desdites pauvres convalescentes, que la Compagnie prendra conoissance de tout ce qui se passe en ladite maizon, pour faire exécuter ponctuelement, tant le contrat de fondation pour 12 lits, que le 2e contrat qui règle le nombre des pauvres à 30, qu'on verra si le corps de logis de devant de ladite maizon est nécessaire au logement desdits pauvres pour, en cas qu'il ne leur soit pas nécessaire, estre donné à loier, pour servir à la subsistance desdits pauvres, que le Bureau fera tous ses efforts pour le rétablissement de ladite aumosne de 300 livres par mois, et cependant que l'Hostel Dieu fournira à ladite maizon tous ses bezoins, moiennant quoi ladite demoiselle déclarera au Bureau de bonne foi, par un estat qu'elle donnera tous les mois, les charitez qui seront faites à ladite maizon, qui seront emploiées à la subsistance et nécessitez desdits pauvres, à la décharge de l'Hostel Dieu.

(14 février.) Sur ce qui a esté dit qu'il y a à présent 900 malades à l'hospital de Saint Louis, dont 600 de scorbut, ce qui fait qu'on ne sait plus où les placer, aiant esté propozé de les mettre dans les salles basses, on a trouvé qu'il y a trop peu d'air, qui est absolument nécessaire à ce mal, et il a esté dit qu'il faut cesser d'envoier des malades de l'Hostel Dieu, jusqu'à ce que le nombre des scorbutaires diminue, qu'il faut éviter de les recevoir dans l'Hostel Dieu pour ne l'infecter.

(7 mars.) Monseigneur le Premier Prézidant a dit que le sieur Botentuit, doien des compagnons chirurgiens de l'Hostel Dieu, demande de faire l'opération de la taille dans l'Hostel Dieu, conjointement avec le sieur Méry, lequel il a seu ne vouloir travailler avec ledit Botentuit, contre lequel il a eu quelques demeslez, qu'on dit que ledit Botentuit n'a pas encore opéré sur le corps vif, mais sur le mort seulement, et on a propozé de faire travailler le nommé Antoine, autre compagnon chirurgien de l'Hostel Dieu qu'on assure avoir travaillé avec grand succès sur le vif, et monseigneur le Premier Prézident a propozé de rapeler le sieur Colot à l'Hostel Dieu, et on a dit qu'il est important pour le public de faire des élèves de cet art, qui a si peu de bons ouvriers, et M. Bachelier, qui a dit conoistre ledit sieur Collot, a promis de lui en parler.

(14 mars.) Monsieur Leconte a dit qu'il a veu le sieur Morel, opérateur pour la taille, travaillant à la Charité, qu'il ofre de travailler dans l'Hostel Dieu, en présence de tel nombre de chirurgiens qu'on voudra, ausquels il aprendra à faire cette opération, espérant les en rendre

capables dans 2 mois, s'ils y ont de la disposition, de quoi la Compagnie l'a prié d'en donner avis à monseigneur le Premier Prézidant.

(19 mars.) Monseigneur le Prézidant le Camus a dit que le sieur Morel, opérateur pour la taille, s'estant rendu chez lui avec les sieurs Botentuit, Méry et autres chirurgiens ordinaires de l'Hostel Dieu, après avoir fait la réconciliation entre lesdits Botentuit et Méry, tous demeurent d'acord du règlement qui fut lors dressé pour la sale des taillez de l'Hostel Dieu, duquel aiant fait lecture présentement, la Compagnie l'a aprouvé, et aresté estre exécuté, et pour cet effet qu'il sera transcrit en cet endroit : I. Monsieur Morel prendra la peine de se trouver à l'Hostel Dieu les jours et heures dont il sera averti. — II. Botentuit, Méry, Arnoul, mestre Jean, Simon et Leconte travailleront sous ledit sieur Morel à la taille, savoir Méry et mestre Jean dès à présent, sur des sujets vivans, et lesdits Botentuit, Arnoul, Simon et Leconte sur des corps morts, en sorte qu'ils pouront travailler sur les vivans quand ils en seront jugez capables par Messieurs les médecins et ledit sieur Morel, lesquels en feront raport au Bureau. — III. La taille se fera par ledit sieur Morel dans toutes les semaines, et Méry, maistre Jean et Simon y assisteront, et travailleront avec lui une semaine, et lesdits Botentuit, Arnoul et Leconte la semaine suivante, en sorte néantmoins que s'il survenoit un assez grand nombre de sujets pour faire l'opération 2 fois en une semaine, elle sera faite tousjours par ledit sieur Morel et alternativement entre lesdits Méry, maistre Jean et Simon et lesdits Botentuit, Arnoul et Leconte. — IV. Tous les susdits compagnons chirurgiens assisteront à toutes les opérations pour aider ledit sieur Morel et toutes les uns les autres. — V. Messieurs les administrateurs, médecins, et Morel et lesdits compagnons seront admis et prézens, si bon leur semble, ausdites opérations, et non d'autres, pour éviter la confuzion. — VI. En atendant que lesdits sieurs Botentuit, Arnoul, Simon et Leconte aient aquis l'expérience de travailler avec seureté sur les vivans, les malades qui se présenteront seront incessamment sondez par M. Morel, et en cas d'absence, ils seront sondez à présent par lesdits Méry et maistre Jean, et quand lesdits Botentuit, Arnoul, Simon et Leconte seront jugez capables de faire l'opération sur les vivants, ils feront, en l'absence dudit sieur Morel, la sonde chacun leur semaine. — VII. Chacun desdits compagnons pensera ceux qu'il aura taillé, par l'avis dudit sieur Morel, lequel admetra celui des compagnons qu'il jugera à propos pour penser ceux qu'il aura taillé lui-mesme.

(26 mars.) La Compagnie a signé le bail qu'elle a fait à Pierre Gaucher, dit *Scevole de Sainte-Marthe*, escuier, sieur de Méré, maistre d'hostel et historiographe du Roi, et dame Anne Suart, sa femme, de la maizon où ils demeurent en la rue de Touraine, pour 6 ans, moiennant 600 livres par an.

(16 avril.) Sur l'avis qu'on a donné qu'il y a des personnes qui donnent aux comis du fermier du droit de passage du pont de l'Hostel Dieu plus que le droit ordinaire, prétendans faire une charité aux pauvres, ausquels cette aumosne n'est point rendue, la Compagnie a aresté de s'informer plus particulièrement du fait, et en parler audit fermier.

(21 mai.) Il a esté raporté au Bureau que la Compagnie s'estant assemblée en l'hostel de monseigneur le Premier Président samedy dernier, le supérieur des missions étrangères et un autre officier de ladite mission s'y trouvèrent et firent rapport du progrez de la foy dans les royaumes de Siam et autres, mais ne s'expliqua entièrement, non seulement par ce qu'on avoit donné au public le récit, dont ils promettent en fournir un exemplaire, mais encore parce qu'ils attendoient de jour à autre des nouvelles des derniers progrès faits en ces pays là, et ont promis aussy les noms des missionnaires qu'ils ont envoyez les derniers.

(4 juin.) La Compagnie a signé et délivré au sieur Girard, oculiste, un certificat des opérations qu'il a fait sur le sieur Lorithe, chapelain de l'hospital de Saint Louis, et la mère Gasteau, dite de Saint Sauveur, relligieuse de l'Hostel Dieu, et quelques malades dudit Hostel Dieu.

(13 juin.) M. Perreau a dit que les chapelains de l'Hostel Dieu soutiennent le refus qu'ils ont cy devant fait d'enterrer gratuitement les chirurgiens externes de l'Hostel Dieu qui y décèdent, et qui ne sont pas assez riches pour payer les frais de leurs enterremens, sur quoy la Compagnie a arresté qu'ils les enterreront gratuitement, comme il a esté desjà réglé au Bureau, et à faute de ce, on arrestera leurs gages.

(25 juin.) Louis Leconte, chirurgien ordinaire de l'Hostel Dieu a demandé au Bureau la permission de faire quelques accouchemens à l'Hostel Dieu, pour s'y perfectionner, estant sur le point d'aller en Portugal, pour y estre chirurgien ordinaire du roi de Portugal, ce que la Compagnie a accordé.

(19 septembre.) Monseigneur le président le Camus a fait voir la lettre qui luy a esté escritte par monsei-

gneur le Premier Président portant que le sieur Moreau médecin ordinaire de l'Hostel Dieu, estant à présent premier médecin de madame et de monseigneur le Dauphin, luy a présenté son fils pour estre médecin ordinaire de l'Hostel Dieu en son lieu, pour avoir soin des relligieuses et domestiques de l'Hostel Dieu, et y estre aux gages ordinaires, et que ledit seigneur président l'a agréé de sa part; ce que la Compagnie a fait aussy de la sienne, et l'a fait entendre à la mère Prieure dudit Hostel Dieu pour ce mandée au Bureau.

(26 septembre.) Sur ce qui a esté dit que M. Vallot, conseiller de la Cour, cy devant chanoine de l'église de Paris, a envoyé à l'Hostel Dieu un lit de nulle valleur et de nul service, prétendant se libérer par ce moyen de l'obligation qu'il a de délivrer son lit à l'Hostel Dieu, comme ayant résigné sa prébende, la Compagnie a arresté qu'elle déclarera qu'elle ne peut se contenter dudit lit, comme n'estant point un lit de chanoine d'une église catédralle, qu'il ait à le reprendre et donner le lit qui sert à sa personne, jusqu'à ce qu'elle continuera ses poursuittes.

(7 novembre.) Monsieur Perreau a dit qu'ayant esté pris un homme volant dans la cuisine de l'Hostel Dieu, il avoit donné charge de le mettre dans le cachot dudit Hostel Dieu, en attendant que le Bureau eust délibéré ce qu'il vouloit en estre fait, mais que la mère Prieure de l'Hostel Dieu l'a fait évader, laquelle, venue au Bureau, a dit qu'ayant désiré le voir, il s'est sauvé.

(21 novembre.) Il a été dit au Bureau que quelques personnes ont dévotion de faire construire une chapelle dans le cimetière de l'Hostel Dieu, à la croix Clamart, et pour cet effet, en demandent la permission du Bureau, ce que la Compagnie a accordé et a trouvé bon que le sieur de la Magdeleine, pannetier de l'Hostel Dieu soit dépositaire des deniers qui seront donnés charitablement pour cet ouvrage.

(5 décembre.) La Compagnie a arrêté qu'on se servira du quinquina, pour la guérison des fièvres intermittantes, à quoy on le dit estre un remède souverain, et néantmoins qu'on n'en donnera que par l'avis des médecins ordinaires de l'Hostel Dieu.

(17 décembre.) Monseigneur le président le Camus a dit que madame sa femme compose un onguent dont elle guérit les ulcères des mammelles des femmes en peu de temps et sans faire d'ouvertures, qu'elle en a guéry une grande quantité, qu'on pouroit s'en servir à l'Hostel Dieu, ce qui abrégeroit la guérison de plusieurs malades de l'Hostel Dieu, ce que la Compagnie a agréé et a donné charge audit sieur Petit d'en aprendre la recette de laditte dame, et en faire l'expérience à l'Hostel Dieu.

(31 décembre.) Une femme qui s'est dite portière de la porte de la ville ditte de Saint Victor a dit que monsieur Perreau luy donnoit tous les ans 4 livres de récompense, à cause du soin qu'elle prend d'ouvrir laditte porte dez quatre heures du matin pendant l'hiver, pour laisser passer le chariot de l'Hostel Dieu qui porte les corps morts au cimetière de la Croix Clamart, et la Compagnie a arrêté que Thomas Kiechler, commis à la dépense de l'Hostel Dieu, payera ladite somme, et continuera tous les ans à pareil jour sans nouvelle ordonnance et touchera ladite somme en son état des menues parties.

50ᵉ REGISTRE. — ANNÉE 1682.

(16 janvier 1682.) Veu au Bureau l'arrest du Conseil d'estat du 30 décembre dernier, qui lui a esté signifié le 12 de ce mois, obtenu par M. le duc de Gesvres, par lequel Sa Majesté a commis Mʳˢ de Fieubet, d'Argouges et le Camus, lieutenant civil, conseillers d'Estat, devers lesquels il est ordonné que les créanciers dudit sieur duc seront assemblez pour accepter les ofres qu'il fait d'abandonner de ses terres, du revenu de 74,023 livres pour aquiter les arrérages courans des rentes qu'il doit, montant à 73.515 livres, sinon convenir entre eux et ledit sieur duc de la vente à l'amiable desdites terres, faire les baux, et trouver les moiens plus convenables pour l'aquitement de ses dettes, qu'il a dit monter à 1.500.000 livres ou environ, outre 400,000 livres d'anciens arrérages, les legs du testament de M. de Gesvres son père, et quelques dettes mobiliaires de l'un et de l'autre, choizir une personne pour recevoir les revenus desdites terres, et les paier aux créanciers, et cependant la surséance, ordonnée par des arrests précédans, continuée. Veu aussi l'assignation donnée à l'Hostel Dieu à comparoir devant lesdits sieurs commissaires au 22 de ce mois, la Compagnie a comis Mʳˢ Levieulx et Baussan pour avoir soin de cette affaire, en a prié de comparoir à l'assignation, et demander communication et copie des estats des terres délaissées et les dettes qu'il faut paier, et les biens que ledit sieur duc se rézerve, qu'il dit monter à 18,790 livres de revenu, pour après dire ce qu'il apartiendra.

(4 février.) Monsieur Leconte aiant dit qu'il a donné ordre de faire venir de Saint Leu 300 tonneaux de pierre, pour achever le bastiment de la nouvelle sale de l'hospice des Incurables, mais qu'il craint qu'elle soit arestée à Saint Germain, par ceux qui ont l'intendance des bastimens du Roi, monseigneur le Premier Prézidant a écrit un mot adressant ausdits sieurs intendans, pour les prier de n'y aporter aucun empêchement.

(13 février.) Monsieur le maistre au spirituel de l'Hostel Dieu a dit au Bureau que l'Hostel Dieu a obtenu 2 bules du pape, l'une pour un autel privilégié, l'autre pour une indulgence plénière aux pauvres mourans dans l'Hostel Dieu, mais que ces 2 bules n'estans que pour 7 ans, qui sont expirez, il seroit bezoin de les renouveler; à quoi la Compagnie a aresté d'avoir soin.

(24 avril.) M. Bannelier, aiant cejourd'huy presté en parlement le serment acoutumé de gouverneur de l'Hostel Dieu et de l'hospital des Incurables, est venu ensuite prendre sa séance au Bureau, et depuis conduit en touttes les sales et offices de l'Hostel Dieu pour y estre reconu en ladite qualité.

(27 mai.) On a donné avis au Bureau que le fossoieur du cimetière de l'Hostel Dieu à la Croix Clamard vend des corps morts à des chirurgiens, et qu'il en a vendu un depuis peu au jardin roial des plantes médicinales, sur quoi la Compagnie a aresté que ledit fossoieur sera mandé au Bureau pour, lui oüi, estre délibéré.

(27 mai.) Monsieur Baussan a dit qu'hier des docteurs et bacheliers de théologie, vestus de leur fourure, marchants en cérémonie avec leurs bedeaux et massiers, passèrent sur le pont de l'Hostel Dieu pour aler à l'église de Paris pour faire prendre au fils du prevost de l'Isle le bonnet de docteur, que les commis du fermier du droit de passage dudit pont leur aiant demandé paiement dudit droit, et l'aians refuzé, il y eut rumeur, mesme une espée rompue, et une halebarde prize, les portes dudit pont estant cependant fermées, que lesdits docteurs en firent plainte au Roi, sur quoi le grand maistre du colége de Navarre, et 2 autres docteurs, qui estoient tous 3 de la Compagnie, venus au Bureau reïtérer leurs plaintes, la Compagnie leur a témoigné le déplaisir qu'elle avoit de cet accident, arivé par la brutalité desdits commis, a esté aresté que le fermier dudit pont sera mandé au Bureau, lequel depuis venu a dit avoir fait informer de la choze qui s'estoit passée en son absence, que le bruit avoit commencé par les menaces dudit sieur maistre de Navarre de faire jetter en l'eau le commis qui demandoit ledit droit, lequel aiant fermé une porte du pont fut très maltraité et excédé avec son compagnon, qui vouloit le revanger, par ceux qui accompagnoient lesdits docteurs, qui rompirent la serure de la porte dudit pont pour sortir. Après quoi monseigneur le Premier Prézidant venu au Bureau a dit avoir veu lesdites informations, et estre telles que ledit fermier l'a raporté, que lesdits commis ont eu tort de vouloir exiger le droit de passage desdits docteurs marchans ainsi en cérémonie, mais que lesdits docteurs avoient eu tort d'avoir commis cet excès, que le Bureau a interest à maintenir son fermier, et par ce qu'il a oüi dire que l'on informe de la part desdits docteurs, il a envoié dire à M. le lieutenant criminel, de ne décréter point ladite information sans lui en communiquer, et a trouvé à propos que 2 de messieurs aillent informer ledit seigneur archevesque de la manière que les chozes se sont passées.

(3 juin.) Monsieur Baussan a dit que la mère de la sale des acouchées prie la Compagnie de faire faire des robes pour les femmes grosses et acouchées de l'Hostel Dieu, pour les empêcher de sortir quand il leur plaist, à quoi elles ont de la facilité, à cauze qu'elles sont vestues de leurs habits ordinaires, d'où il s'ensuit divers dézordres, ce que la Compagnie a acordé.

(8 juillet.) Quant à ce que le sieur Deniau a donné avis au Bureau du décès du sieur Lamy, médecin ordinaire de l'Hostel Dieu et de l'hospital des Incurables, et a offert ses services aux pauvres dudit Hostel Dieu, aux conditions dudit deffunct, ayant esté remarqué que le Bureau est engagé de parolle au sieur Morin, lecture faite des délibérations du Bureau des 22 et 29 mars 1679, qui promettent audit sieur Morin la première place qui viendra à vaquer, l'affaire mise en délibération, la Compagnie a aresté que ledit sieur Morin sera reçeu en la place dudit sieur Lamy, à commencer dez demain, aux gages ordinaires, et quant à l'employ de l'hospital des Incurables, M. Marteau y faisant la fonction depuis prez de deux ans que ledit deffunt a esté malade, la Compagnie a aresté qu'il continuera ledit employ et l'a reçeu pour médecin dudit hospital.

(19 août.) M. Champy a dit qu'il a pris communication du contrat et pièces de la rente que doit M. *de Bussy-Rabutin*, qu'il y a trouvé à redire qu'il y soit exposé que le principal est composé du principal et des interests d'une obligation passée auparavant, que ledit sieur Rabutin ne s'en plaint pas, mais ne paye pas les arrérages dont il doit plusieurs années, qu'il promet payer sur une somme qu'il espère recevoir bientost.

(4 septembre.) M. Guilloire a dit qu'une dame de

grande qualité désirant voir les pauvres malades de l'Hostel Dieu soulagez en les couchant plus largement, offre une somme considérable à l'Hostel Dieu, s'il veut entreprendre le bastiment de quelques sales, à Saint Julien le pauvre, sur quoy l'affaire mise en délibération, la Compagnie a arresté de ne point s'engager à bastir aucune salle, qu'elle ne soit asseurée du moins de luy estre fourny 200,000 livres en aumosne pour cela, et quand on luy aura assuré cette somme, elle délibérera si elle entreprendra ledit bastiment.

(11 septembre.) La Compagnie a signé le contract de vente que Mathieu Lespagnandel, sculpteur ordinaire des bastimens du Roy et de son Académie royalle a fait à l'Hostel Dieu de deux arpens demy quartier de terre en 3 pièces scises à Champ Rosay, dont deux en la censive des relligieuses de Poissy, moyennant 130 livres déduits sur les lots et ventes que le vendeur devoit à l'Hostel Dieu, à cause de l'achat qu'il a fait le 26 juillet dernier de damoiselle Marguerite Maucroy.

(23 octobre.) M. Lefouyn a représenté l'ordonnance du 17 octobre dernier, qu'il a fait expédier, de la somme de 3,600 livres pour l'année présente de l'aumosne, que le Roy fait actuellement à la maison des convalescentes. laquelle a esté mise ès mains de M. le Receveur, pour s'en faire payer.

(20 novembre.) M. Baussan oüy sur quelques désordres qui sont à craindre en la salle des acouchées, la Compagnie a arresté qu'on ne permettra à aucune femme grosse ni acouchée de parler à ceux qui viendront les demander sur le pallié de l'escalier, mais seulement au parloir de ladite sale, pratiqué pour ce sujet, et sera mis du fil d'archal aux barreaux dudit parloir, pour empêcher qu'on puisse donner les hardes de la maison.

(9 décembre.) M. Baussan a dit que l'usage de l'Hostel Dieu a esté, jusqu'à présent, d'envoyer à l'Hospital Général les femmes acouchées à l'Hostel Dieu 15 jours aprez leurs couches, ou lorsqu'elles sont en convalescence, si elles n'ont pas de lieu où se retirer, qu'on ne les retient pas à l'Hostel Dieu, à cause qu'elles seroient en danger de tomber malades et leur enfant, et peu échaperoient la mort, que depuis peu on les refuse audit Hospital Général, qu'en ayant parlé à M. Levieux, il a dit qu'il a arresté à la direction dudit hôpital de recevoir seulement celles qui sont de Paris, et que l'Hostel Dieu peut mettre les autres sur le pavé, *ce qui seroit une chose fort dure* et qui ne seroit pas bien reçue du public; sur quoy monseigneur le Premier Président a dit que l'Hospital Général, nonobstant tout son mesnage et sa

réforme, dépense encore plus que son revenu, et qu'ainsy il y a raison à ne le pas surcharger de pauvres, et néantmoins, dans le fait qui se présente, il croit que ledit hospital doit les recevoir indifféramment, sauf à les mettre dehors incontinent, si la direction le trouve à propos, et a promis d'en parler à ladite direction, luy en donnant un mémoire.

(23 décembre.) Ayant esté dit qu'il est nécessaire de départir à Messieurs du Bureau le soin de vuider les troncs de l'Hostel Dieu qui sont dans les églises de Paris, elle a fait ce département en la manière qui ensuit, donnant ordre au sieur Coffant de donner incessamment à chacun de Messieurs un mémoire de son département, et les clefs des troncs qui y sont marquées. M. Baussan : Saint Christophle, Sainte Geneviève des Ardens, Saint Germain le vieux, la Sainte Chapelle, les Barnabites, Saint Barthélemy, Saint Pierre des Arcis, Ste Croix de la Cité, Saint Martial, la Magdelaine, Saint Denis de la Charte, Saint Landry, Saint Pierre aux bœufs, Saint Louis en l'isle. — M. Champy : Saint Julien le pauvre, les Bernardins, Saint Nicolas du Chardonet, le collège de Navarre, Saint Benoist, les Carmes de la place Maubert, Saint Jean de Beauvais, Saint Hilaire, Saint Jean de Latran, Saint Yves, Saint Séverin, St André, l'abbaye Saint Germain, Prémontrez réformez, l'abbaye aux Bois, Chasse Midy, Sainte Marie, rüe du Bac, Noviciat des Jacobins, Grands Augustins, Petits Augustins. — M. Guilloire : Les Chartreux, l'Institut, Val de Grâce, Bénédictins anglois, Ursulines, Saint Jacques du haut pas, St Estienne des Grees, Collège des Jésuites, Saint Estienne du Mont, les Angloises, Saint Médard, Saint Martin, les Cordeliers, les Feüillans, faubourg Saint Michel, Port Royal, Notre Dame des Champs, Feuillantines, Saint Magloire, Filles de Sainte Marie, Grands Jacobins, Sainte Geneviève du Mont, Doctrine chrétienne, Saint Victor, Saint Marcel, Saint Hypolite, l'hospital de Saint Louis. — M. Chuppé : Cordeliers, collège de Harcourt, Saint Sulpice, Relligieuses du Saint Sacrement, Carmes déchaux, Prémontrez Saint Anne, Saint Cosme, Noviliat des Jésuites, Bernardins du sang précieux, Calvaire de Luxembourg. — M. Accart : Saint Germain Auxerrois, Saint Honnoré, Saint Thomas du Louvre, Jacobins réformez, Filles de la conception, La Ville l'evesque, Saint Cloud, Versailles, Prestres de l'oratoire, Saint Nicolas du Louvre, Saint Roch, Feuillans, Filles de l'assomption, Minimes de Nigeon, Nanterre. — M. le Foüin : Saint Eustache, Augustins déchaussez, Carmélites, rüe du Bouloir, Filles de Saint Thomas. — M. Petitpied : Saint Jacques de la Boucherie, Chapelle aux orfèvres, Saint Sépulchre, Saint Leu, Saint Sauveur, Notre Dame de Bonne Nouvelle, Saint Prix, Ste Oppor-

tune, Saints Innocens, Filles pénitentes, Saint Jacques de l'hôpital, Filles Dieu, Saint Lazare. — M. Bachelier : La Mercy, Billetes, Sainte Avoye, Saint Gervais, Saint Merry, Saint Julien des Menestriers, Saint Nicolas des Champs, Saint Laurent, Blancs manteaux, Sainte Croix, Petit Saint Antoine, Saint Jean, Saint Josse, Carmélites, rûe Chapon, Saint Martin des Champs, Aubervilliers. — M. Bannelier : Corbeil, Picpus, Grand Saint Antoine, Célestins, Jésuites, les Cordeliers, Minimes, le Temple, Sainte Élizabeth, Saint Maur, Sainte Marguerite, Filles de Ste Marie, Saint Paul, Sainte Catherine, Val des Escoliers, Filles de l'Annonciade, Calvaire du Marais, Nazareth, Filles de la Magdelaine.

51e REGISTRE. — ANNÉE 1683.

(17 février 1683.) Veu au Bureau l'assignation donnée aux requestes du palais, à la requeste de dame Marie Magdelaine de Castille, veuve de messire Nicolas Fouquet, ministre d'Estat, procureur général du parlement et surintendant des finances, pour voir dire que les deniers estans au trézor roial, provenans du remboursement de 1341 livres de rente sur la ville, apartenant à la succession de dame Marie de Maupeou, veuve de messire François Fouquet, conseiller d'Estat, de laquelle ledit sieur Fouquet, ministre d'Estat et messire Gilles Fouquet, premier escuier du Roi, estoient donataires chacun pour un tiers, seront délivrez aux sieur et damoiselle le Mesle Bernard et Symonin, créanciers de ladite dame de Maupeou de 1100 livres de rente au denier 20 constituées nonobstant l'oposition de l'Hostel Dieu au grefe des hipotèques, qui n'est créancier que dudit sieur Fouquet escuier, donataire et en cette qualité tenu desdites dettes. La Compagnie a prié M. Champy de voir les papiers de cette dette, pour après en délibérer au Bureau.

(24 mars.) Le sieur du Mesnil le Bon est venu dire au Bureau qu'il a ordre du Roi d'aler tous les ans en Bretagne faire dire une messe pour Sa Majesté, suivant un veu fait pour lui par la Reine sa mère, et sachant que la publication des pardons de l'Hostel Dieu dans la Bretagne est à présent mal exécutée, pour la négligence et la faute de ceux à qui la Compagnie en a donné la comission, il s'est offert de travailler au rétablissement, d'établir en chaque eveschê des personnes qui en prendront soin, et qui envoieront les deniers directement à M. le Receveur, pourveu que l'Hostel Dieu l'indemnize de ses frais de voiage et de ports de lettres, qu'il a fixé à 60 livres par an. Ce que la Compagnie a creu pouvoir acepter. Aiant la liberté de révoquer ce traité, quand bon lui semblera.

(2 avril.) Monsieur Baussan a dit au Bureau que le sieur Fradin, principal apoticaire de l'Hostel Dieu aiant acheté le fonds de boutique d'un marchand apotiquaire de Paris, qui a esté obligé de s'en défaire, à cauze qu'il est de la religion prétendue réformée, il en a aussi loüé la maizon, pour y entrer à Pasques prochain, qu'il y a continué les leçons de chimie que son prédécesseur avoit commencé, et pour cela a esté assigné à la police, à la requeste des jurez, qui prétendent qu'il ne fait que prester son nom audit huguenot, se fondans sur ce qu'il estoit présent ausdites leçons. Sur quoi la Compagnie a aresté que M. Accart sera prié de voir M. de la Reynie et lui représenter que ledit Fradin agit pour soi et non point pour autre.

(14 avril.) On a dit au Bureau que Messieurs les directeurs de l'Hospital Général refuzent les pauvres de l'Hostel Dieu qui ne sont pas de la qualité pour y demeurer, comme les paralitiques et autres. Sur quoi la Compagnie a aresté de les envoier à l'ordinaire, et si on les refuze, de les laisser sur le pavé.

(21 avril.) On a délivré au Bureau une expédition du contrat de vente faite le 27 janvier dernier par messire Joseph Horace de Rafelix, chevalier, marquis de Saint Sauveur et dame Geneviève Sauger, dame de Vaucresson, son épouze, à l'hospice des Incurables, de pluzieurs pièces de terre, au terroir dudit Vaucresson, lieu dit les Champs de Seine.....

(21 avril.) La mère Marie Boucher de Saint Hierosme, nouvelement elcuë prieure de l'Hostel Dieu, au lieu de la mère de Saint Charles défunte, est venue au Bureau saluer la Compagnie en ladite qualité et ofrir ses services en tout ce qui sera de son pouvoir.

(21 avril.) La Compagnie a signé la quittance que l'hospice des Incurables a donné à M. du Mets, garde du trézor roial, de la somme de 10,000 livres pour la part dudit hospital en celle de 20,000 ordonnée par l'arrest du conseil d'Estat du 16 janvier dernier, pour le remboursement de 8 ofices de comissaires, contrôleurs viziteurs et prizeurs de cendres, noires et blanches et gravelées, et de 2 ofices de jaugeurs de tonneaux et poinsons desdites cendres, créez en mars 1647, réunis

à la ferme générale des aides le 9 juin 1682, et léguez audit hospice des Incurables par madame du Fleix par son testament receu par Tevenet et Lenormand, notaires, le 28 juillet 1680.

(28 avril.) Sur ce que le sieur Morel, opérateur pour la taille a déclaré qu'encore qu'il eust inclination de servir les pauvres de l'Hostel Dieu gratuitement, comme il a fait jusqu'à présent, l'estat de ses afaires l'oblige de représenter au Bureau que la grande aplication qu'il y donne lui fait manquer de meilleures ocazions de profiter, et ainsi qu'il espère que l'Hostel Dieu l'en récompensera. La Compagnie lui a dit qu'il s'est assez expliqué dez le comencement qu'il vouloit travailler charitablement et sans profit, comme avoit fait pluziseurs années le sieur Colot, qu'elle espère qu'il continuera de mesme à l'avenir, que cette charité a atiré et atirera encore la bénédiction du ciel sur sa personne et dans ses biens, qui sont en un estat pour n'avoir point bezoin du secours qu'il pouroit tirer de l'Hostel Dieu et du bien des pauvres.

(7 mai.) Sur la plainte qui a esté faite au Bureau que les chirurgiens de l'Hostel Dieu se meslent de porter l'épée, mesme dans l'Hostel Dieu, et qu'il en est arivé grande rumeur, baterie et excès dans ledit Hostel Dieu depuis 2 ou 3 jours, la Compagnie a mandé les compagnons chirurgiens ordinaires dudit Hostel Dieu, leur a fait défenses de porter des espées dans ledit Hostel Dieu, ni à l'hospital de Saint Louis, et les a mesme exhorté de s'abstenir d'en porter par la ville.

(9 juin.) Monsieur Levieulx a dit que M. le Procureur général a donné avis à l'Hospital Général, que le roi a obligé les anciens de la religion prétendue réformée de Paris, de donner un estat des biens et revenus qu'ils possèdent en commun pour le soulagement des pauvres de leur religion, qu'ils y ont satisfait, et leur déclaration ne consiste qu'en une rente de mille livres; qu'on vouloit en faire l'aplication au profit de l'Hospital Général seul, mais que ledit sieur procureur général l'a empêché, aiant trouvé juste que l'Hostel Dieu y ait moitié, mais qu'il a trouvé bon que les titres en soient gardez par l'Hospital Général, l'Hostel Dieu en aiant des copies colationnées, ce que la Compagnie a agréé, et aresté d'en remercier ledit sieur procureur général.

(16 juin.) Monsieur Levieulx a dit que le sieur Morel, opérateur pour la taille, atend la réponse du Bureau sur la récompense qu'il espère du Bureau des grands soins et aplications qu'il aporte, mesme au dezavantage de ses afaires, tant au pensement des malades qu'à enseigner ceux que le Bureau lui a commis pour élèves. Sur quoi l'afaire mize en délibération, la Compagnie a aresté de lui donner la somme de 1200 livres pour toutes chozes du passé, laquelle lui sera paiée par M. le Receveur, auquel elle sera alouée, sur l'extrait de la présente délibération et quitance.

(16 juin.) On a veu au Bureau l'assignation que le sieur Bonnet, procureur au Parlement, a donné à l'hospital des Incurables par devant M^{rs} les Trésoriers de France, au sujet de l'alignement donné par lesdits trézoriers de France audit hospital, pour le nouveau bastiment qu'il fait construire sur une place qui lui apartient en la rüe du Bac.

(16 juin.) On a délivré au Bureau une expédition de la quitance qui a esté donnée le 22 mars dernier à l'hospital des Incurables par Jacques Dattin, conseiller et maistre d'hostel ordinaire du Roy, du consentement, en la présence et à la décharge de messire Jean Jacques de Mesme, prézident au mortier et dame Marguerite Bertrand de la Bazinière, son épouze, de la somme de 17,042 livres restant à paier de 50,000 livres, prix de la terre de Gueux, que lesdits sieur et dame ont vendu audit hospital.

(23 juin.) Le sieur Couppy, maistre apotiquaire à Paris a représenté qu'aiant esté receu maistre en vertu du privilège de l'Hostel Dieu fondé sur des lettres patentes de Sa Majesté, il a creu avoir droit de parer sa boutique de fleurs de lis, ce qu'aiant fait, cela lui a suscité un procès contre les jurez de sa profession, où il y a eu sentence qui lui a fait commandement d'efacer lesdites fleurs de lis, ce qui lui seroit fort préjudiciable, c'est pourquoi il demande l'assistance du Bureau en cette ocazion, ce que la Compagnie n'a pas trouvé à propos de lui acorder.

(17 septembre.) Le Roi aiant honoré M. le Peletier, gouverneur de l'Hostel Dieu, de la dignité de ministre d'Estat et de la charge de contrôleur général des finances, au lieu de défunt M. Colbert, a aresté de lui aler faire révérence, et lui recommander l'interest des pauvres de l'Hostel Dieu, et pour cet effet a député messieurs Leconte, Levieulx, Baussan, Accart, Guilloire, Champy et Bannelier.

(10 décembre.) Monseigneur le Premier Prézident a dit que les legs considérables qu'on a fait à l'Hostel Dieu depuis 2 ans donnent lieu de penser à soulager les malades en batissant quelques sales, pour les coucher plus comodément, et aiant veu les plans qui ont esté dressez ci-devant pour ce sujet, on a trouvé qu'on ne

peut rien faire de plus comode et avec plus de facilité que de continuer les sales de la rue de la Bucherie jusqu'au Petit Pont, mais parce que cela ne se peut faire sans incomodité, à moins que d'abatre le petit Chastelet, il a esté aresté de chercher les moiens d'en obtenir le don du Roi.

(17 décembre.) Veu au Bureau la requeste qu'y a présenté un maistre chirurgien de Paris, pour avoir la permission de faire des ouvertures de corps morts dans l'Hostel Dieu, principalement de ceux dont les maux auront esté peu conus, pour en tirer des conoissances qui serviront au public, comme il a desjà fait en d'autres ocazions, par les ouvrages qu'il a mis au jour par ordre du Roi et de monsieur son premier médecin, comme il en justifie par les pièces atachées à sa requeste; l'affaire mize en délibération, la Compagnie a acordé ladite permission pour une année, sauf à proroger ledit temps s'il y échet, de quoi la mère Prieure de l'Hostel Dieu a esté avertie.

(22 décembre.) Monsieur Levieulx a dit que monseigneur le Premier Prézident lui aiant fait dire qu'il déziroit lui parler, il est alé le trouver et il lui a dit qu'il a demandé au Roi le don du petit Chastelet et qu'il le lui a accordé fort volontiers, et la Compagnie a aresté d'en faire expédier et vérifier le brevet dudit don.

(29 décembre.) Monseigneur le président le Camus a dit que la Compagnie aiant rézolu de faire bastir une sale nouvele à l'Hostel Dieu sur la rue de la Bucherie, il est à propos d'y donner ordre de bonne heure, parce que cet ouvrage est de plusieurs années, et que monseigneur le Premier Prézidant a trouvé bon qu'on s'assemble chez lui mardi prochain à midi, avec les sieurs Bruant et Bornat, pour y délibérer, et arester ce qui sera à faire, le sieur Bigot y portant le plan qui a esté dressé il y a quelques années. Ce que la Compagnie a agréé, et député pour cela messieurs Leconte, Baussan et Champy.

52ᵉ REGISTRE. — ANNÉE 1684.

(7 janvier 1684.) Monsieur Baussan a dit qu'on lui a donné avis que le Roi, en faizant son jubilé à Versailles, avoit donné en aumosne pour les pauvres de l'Hostel Dieu 33 louïs d'or, et autant pour l'Hospital Général, que ces deux sommes ont esté mizes dans le tronc de l'Hostel Dieu, qui est audit Versailles, à cauze que celui dudit Hospital Général ne paroissoit point, manquant d'écriteau; sur quoi la Compagnie a prié M. Petitpied de vider ledit tronc, et de partager ladite somme ausdits 2 hospitaux et pour cet efet la clef dudit tronc lui a esté délivrée.

(28 janvier.) Il a esté dit au Bureau que M. Castelan avoit un domestique turc, qui a légué à l'Hostel Dieu 500 livres à prendre en un legs plus considérable, qui lui a esté fait par son maistre, mais ce turc ne s'estant point fait naturalizer en France, bien qu'il ait embrassé la religion catolique, un particulier a demandé et obtenu du Roi le don du bien dudit turc par droit d'aubaine, ce qui fait qu'on refuze à l'Hostel Dieu le paiement desdites 500 livres, prétendant qu'il n'a peu tester. Sur quoi la Compagnie a prié M. Baussan d'en comuniquer avec M. le procureur du Roi, au trézor.

(9 février.) Monsieur Levieulx a dit qu'il a seu de monsieur le Procureur général qu'on a propozé au Parlement de permettre de manger de la chair quelque jour du caresme prochain, à *cauze que la rivière estant toute glacée depuis Noël*, les provizions de caresme ne sont pas arivées à Paris, principalement les salines qui sont les plus nécessaires, et les estangs estans glacez, le poisson n'est pas arivé, ni mesme pesché, et ne le peut estre de longtemps, outre qu'il en est mort une grande quantité dans les boutiques; qu'il a représenté audit sieur Procureur général que, si les bouchers de Paris vendoient indiféremment de la chair en caresme, cela feroit perdre le profit que l'Hostel Dieu tire de son privilège de vendre seul de la chair en caresme, et qu'en pareille rencontre le Bureau avoit ofert de fournir seul de la chair à tout Paris, ce qu'il pouroit faire encore à présent. Sur quoi le sieur Valet, boucher ordinaire de l'Hostel Dieu, a dit pouvoir le faire, bien qu'on soit bien proche du caresme, de quoi ledit sieur Levieulx a promis de certifier ledit sieur Procureur général.

(23 février.) Monseigneur le Premier Prézidant a dit avoir encore parlé au Roi du don du petit Chastelet; qu'il a confirmé ce don et donné ordre de s'adresser à monsieur le Peletier, contrôleur général, pour en faire expédier le brevet, lui en faisant voir le dessin projetté des bastimens des sales nouvelles.

(14 juillet.) Sur ce que M. Baussan a dit qu'il y a peu de malades à l'hospital de Saint Louis, et néantmoins la dépense qui s'y fait est grande, qu'on pouroit se dispenser de cette dépense, du moins de la faire si

grande, en retirant les malades dudit hospital et les mettant à l'Hostel Dieu, il a esté remarqué que ledit hospital de Saint Louis a esté ouvert pour 2 raizons qui sont considérables, la 1re pour empêcher la comunication du scorbut qui se faizoit aux autres malades de l'Hostel Dieu, quand les scorbutaires y estoient, la 2e pour se dispenser de faire bastir présentement un hospital de convalescens, ou rendre les 60,000 livres que M. Bertelot a donné pour ce bastiment, et a esté répondu qu'à l'égard du scorbut, on peut trouver quelque lieu particulier dans l'Hostel Dieu pour les placer quand le nombre n'en sera pas excessif, et la mère Prieure a ofert pour cela un grenier de l'Hostel Dieu, que le Bureau avoit acordé aux religieuzes, à costé de la sale des taillez, sur quoi la Compagnie a aresté de se transporter exprès audit hospital de Saint Louis, pour après en délibérer.

(21 juillet.) Un des administrateurs de l'Hospital Général de Poitiers est venu avertir le Bureau que la cauze dudit hospital, dont il a desjà entretenu la Compagnie est entre les mains de M. de la Brife, raporteur, et a demandé la faveur du Bureau envers ledit sieur de la Brife, pour juger promptement cette affaire, ce que la Compagnie lui a acordé et M. Levieulx s'est chargé d'un placet pour cela.

(23 août.) Monsieur Guilloire a dit qu'on a refuzé au grand Bureau une malade de grosse vérole qui sortoit de l'Hostel Dieu, dizant qu'il n'y a point de place pour la mettre, ce qui n'est pas une réponse sufizante, puisque l'Hostel Dieu ne peut pas la recevoir, *sans danger des autres malades*, sur quoi la Compagnie a prié M. Bannelier d'en parler audit grand Bureau.

(6 septembre.) Le sieur Visinier a dit qu'un procureur de la Cour, huguenot, prie la Compagnie de rendre le nommé Jean Parsiveau âgé de 20 ans, que le commissaire Baudelot a fait porter à l'Hostel Dieu, l'aiant tiré de chez une femme demeurant en la rue des Mauvais Garsons, qui tient une forme d'hospital pour les gens de la religion prétendue réformée, ce que la Compagnie a dit ne pouvoir acorder.

(6 octobre.) Monsieur Baussan a représenté le brevet du don que le Roi fait à l'Hostel Dieu du petit Chastelet, pour donner moien de mettre les pauvres malades dudit Hostel Dieu plus au large, sans aucune autre condition,

et la Compagnie a aresté d'obtenir des lettres patentes conformes audit brevet, et a prié M. Petitpied d'en avoir soin.

(20 octobre.) La dame Fresneau, maistresse couvreuze de l'Hostel Dieu a fait voir un billet qui ordonne à un de ses garsons, de la part du Roi, d'aler incessamment travailler *en la maison du Roi à Marly*, ce qui lui osteroit le moien de pouvoir faire à l'Hostel Dieu et maizons en dépendantes les réparations qui y sont nécessaires; sur quoi la Compagnie a prié M. Baussan de voir M. de la Chapelle, pour le prier de ne point obliger ledit garson, ni les autres, tant couvreurs que massons, charpentiers, serruriers, menuiziers, plombiers et vitriers, qui travaillent pour l'Hostel Dieu de quiter leurs ouvrages pour aler travailler audit Marly ou ailleurs.

(20 octobre.) On a donné avis au Bureau du décès du sieur Ozon, l'un des médecins ordinaires de l'Hostel Dieu, et que M. le Contrôleur général prie la Compagnie de recevoir en sa place le sieur Enguehard; que monseigneur le 1er Prézidant, à qui il en a esté écrit, y donne les mains; l'afaire mize en délibération, la Compagnie a aresté que le sieur Enguehart sera receu en la place dudit sieur Ozon.

(27 octobre.) A l'égard de ce qui a esté remarqué que l'emploi que les ambaleurs ont d'aporter les malades à l'Hostel Dieu en chaize les détourne souvent du service de la maizon, et cauze fréquemment des bruits et querelles dont le public est scandalizé, qui en rejette la faute sur le Bureau, comme s'il les autorizoit, et que les plaintes en ont esté portées jusqu'au Roi, et qu'il seroit expédient de leur défendre entièrement de porter des chaizes, et pour les indemnizer du profit qu'ils en tiroient leur acorder une augmentation de gages, l'afaire mize en délibération, la Compagnie a aresté que lesdits ambaleurs ne porteront plus de chaizes pour les pauvres malades, souz quelque prétexte que ce soit, et leur a acordé à chacun d'eux trente livres d'augmentation de gages par an, et auront 60 livres au lieu de 30.

(27 octobre.) La Compagnie a signé le contrat de constitution de 260 livres de rente viagère par l'hospital des Incurables au profit de Jaques Ferdinand Voet, peintre ordinaire du Roi, âgé de 45 ans 8 mois, moiennant 3640 livres paiez comptant.

53ᵉ REGISTRE. — ANNÉE 1685.

(26 janvier 1685.) Un particulier est venu au Bureau avertir la Compagnie qu'une personne de Mante a légué à l'hospital dudit lieu tout son bien de valeur de 45,000 livres, que les héritiers font dificulté de délivrer ledit legs audit hospital à cauze qu'il n'a pas de lettres patentes pour son établissement, et propozent que l'Hostel Dieu demande que ce legs lui soit ajugé. Ce que la Compagnie n'a voulu faire, l'établissement dudit hospital estant fait en vertu de lettres patentes générales, pour toutte la France.

(9 février.) Sur ce qui a esté dit que 2 garsons d'ofice de l'hospital de Saint Louis ont esté mordus par le chien dudit hospital, qu'on a creu estre enragé, et qu'on a tué à cauze de cela, et *que pour éviter le mal de la rage, ilz se sont rézolus d'aler à la mer, espérans que l'Hostel Dieu* leur donnera de quoi faire les frais de ce voiage et séjour. Sur quoi la Compagnie a aresté qu'il leur sera donné 20 solz par jour à chacun, et qu'il leur sera avancé 44 livres pour les deux, par le Receveur qui mettra ladite somme ès mains du sieur du Puis.

(9 mars.) La Compagnie a aresté qu'il sera délivré à l'hospital de Saint Louis l'eau de vie et le sucre qui est demandé pour le soulagement des malades de scorbut, *qu'on dit estre au nombre de 600*, et qu'il y sera envoié deux chirurgiens externes d'augmentation, pour le pensement desdits malades.

(14 mars.) Sur le bon raport qui a esté fait à la Compagnie de la personne du sieur Sionnière, propozé pour estre receveur de l'hospice des Incurables, au lieu du sieur Cocagne, qui n'est plus en estat d'exercer cette charge, la Compagnie a receu ledit sieur Sionnière en ladite qualité, aux gages de 500 livres par an, logement et nouriture audit hospital, à la charge de donner caution de 10,000 livres.

(16 mars.) Monsieur Baussan a dit que sur la dificulté qu'on lui a fait entendre se trouver à avoir de la pierre de taille, que le Roi fait arrêter pour s'en servir en son chasteau de Versailles, il en a parlé à M. de Louvois, qui lui a dit que l'Hostel Dieu en aura ce qu'il en aura besoing.

(28 mars.) On a veu au Bureau la nomination faite par M. le duc de Luines de Jean Jouin, pour remplir un lit de sa fondation en l'hospital des Incurables.

(11 avril.) La Compagnie a signé le contrat par lequel damoiselle Gabrielle Dugué, fille majeure, pour suivre l'intention de son père, a fondé à l'hospital des Incurables deux lits, pour des malades incurables de l'un ou l'autre sexe, à sa nomination pendant sa vie, et après elle de M. Pierre Dugué et de messire Dreux Louis Dugué de Bagnols, maistre des requestes, ses frères, alternativement; les lits n'auront d'autre marque particulière que ces paroles dans un escusson : *Beatus qui intelligit*, etc., moiennant 12,300 livres paiez comptant audit hospital.

(16 mai.) Messieurs le doien, le chantre et le chancelier de l'églize de Paris, directeurs du spirituel de l'Hostel Dieu, venus au Bureau et estans assis au haut bout du bureau, comme il est acoutumé, monseigneur le Premier Président a dit qu'il les a fait prier de venir en ce Bureau pour y délibérer de 2 chozes où ils pouvoient avoir quelque interest en ladite qualité : la 1ʳᵉ est qu'on a donné le viatique à un malade de l'Hostel Dieu, de la religion prétendue réformée, qu'il a parlé à ce malade, mais n'en a peu tirer aucun éclaircissement de la choze; à quoi M. le doien ayant dit qu'il a apris que cela avoit esté fait par un éclésiastique externe de la maison qui vient souvent soulager charitablement les chapelains des malades de l'Hostel Dieu dans leurs fonctions, M. le chantre a dit qu'il est dificile qu'une telle choze arive, y aiant dans chaque sale une religieuze qui a le soin des sacremens et qui ne dispoze point au viatique que ceux qui y ont esté préparez par le sacrement de confession, et M. le chancelier a adjousté qu'il a fait tout son possible pour aprendre la vérité de ce fait, et qu'il n'a peu en savoir aucune choze de certain, qu'ils auront soin qu'une pareille choze n'arive pas à l'avenir. La 2ᵉ choze qui estoit à propozer à Messieurs du Chapitre estoit l'assistance qui manquoit aux malades agoïzans dans l'Hostel Dieu, et qu'y aiant 2 chapelains fondez à l'Hostel Dieu pour avoir soin d'eux, ils ne remplissoient pas ce devoir, à cauze qu'on les ocupoit aux autres fonctions de la maison, sur quoi on a dit que le nombre des malades de l'Hostel Dieu estoit tellement augmenté que 2 chapelains ne pouvoient pas sufire pour tous les agonizans, et qu'ainsi ce secours spirituel estant de toute autre conséquence que l'assistance corporele, il faut augmenter le nombre de ces chapelains, sans craindre l'augmentation de la dépense pour l'Hostel Dieu, sur quoi on a dit que madame Morin a fait un legs à l'Hostel Dieu de 6000 livres, pour servir à la fondation de deux

nouveaux chapelains pour les agonizans, mais qu'on n'en a pas encore délivrance et n'y a pas lieu d'espérer de l'avoir bien tost, et aiant esté dit qu'on pouvoit prier les communeautez religieuzes de Paris d'envoier à l'Hostel Dieu régulièrement certain nombre de leurs religieux pour assister les agonizans, Messieurs du Chapitre n'ont pas trouvé cela à propos et en ont dit les raizons, que quelques uns de Messieurs du Bureau ont apuié de leur sentiment. Sur quoi la Compagnie, en atendant que la fondation de ladite dame Morin ait lieu par le paiement du legs fait par icelle, a rézolu d'augmenter le nombre des chapelains pour les agonizans, et cette augmentation a esté réglée à 2, ausquels sera donné logement, nouriture et gages, comme aux autres chapelains des malades, dont le choix sera fait par lesdits sieurs du spirituel, et ainsi il y aura 4 chapelains qui n'auront autre emploi que l'assistance des agonizans, et s'il leur reste du temps libre, ils l'emploieront aux confessions générales, et autres œuvres de piété marquées à la fondation de madame Suze, et d'autant qu'il faut trouver un logement comode à ces 2 chapelains d'augmentation. La Compagnie a prié lesdits sieurs directeurs de voir dans l'Hostel Dieu où on poura les placer.

(16 mai.) Monsieur Bachelier a dit qu'une personne de piété ofre donner à l'Hostel Dieu une somme de 6000 livres, à la charge que la Compagnie fera bastir une chapelle, dans le jour de Toussaints prochain au plus tard, dans le cimetière de l'Hostel Dieu à la Croix Clamard, et y fera célébrer tous les jours à perpétuité une messe basse par l'un des chapelains de l'Hostel Dieu destinée pour les agonizans, et si ladite chapelle n'est pas bastie dans ledit temps, l'Hostel Dieu lui paiera le profit de son argent au denier 20; ce que la Compagnie a accepté ausdites conditions.

(18 mai.) La Compagnie a aresté que la chapelle qu'elle a rézolu de faire bastir dans le cimetière de l'Hostel Dieu, à la Croix Clamard, sera construite solidement, mais le plus simplement que faire se poura, et qu'il y sera mis un tronc, pour y recevoir les charitez des gens de bien.

(8 juin.) La Compagnie a donné charge au sieur Bigot de mettre ès mains du sieur Trutat, panetier de l'Hostel Dieu, la vaisselle d'argent qui servoit à Champrozay, quand on y aloit de la part du Bureau, et qui s'est trouvée souz le sellé du défunt sieur de la Magdelaine, panetier de l'Hostel Dieu.

(20 juin.) Pour ce que ledit sieur Bigot a dit qu'un homme estant venu depuis 2 jours de la part de M. de Louvois, lui demander permission de ranger le long de l'Hostel Dieu, sur la rivière, de petits bateaux faits pour mettre sur la rivière de Maintenon, que le Roi fait venir à Versailles, il l'a renvoié à M. Baussan.

(11 juillet.) Le sieur curé de Saint-Martin, au cloistre de Saint-Marcel, a représenté au Bureau le tort que peut faire à sa cure la chapelle qu'on a rézolu de bastir dans le cimetière de l'Hostel Dieu à la Croix Clamart et d'y faire dire une messe basse tous les jours, ce qui détourneroit une bonne partie de ses paroissiens d'aler rendre leurs devoirs à l'églize paroissiale; la Compagnie lui a acordé qu'on ne dira point la messe en ladite chapelle les dimanches et principales festes de l'année.

(13 juillet.) La Compagnie a aresté que la chapelle qu'elle a rézolu de faire bastir à la Croix Clamart sera de 11 pieds de large et de 14 pieds de long, en dedans œuvre, pour lequel ouvrage on demande 1100 livres la clef à la main.

(3 août.) A cauze de la parole donnée au curé de Saint Martin au cloistre de Saint Marcel, qu'il est à propos de dégager, la Compagnie a trouvé à propos de dédomager en quelque façon ledit sieur curé, et pour cela lui ofrir une reconnoissance de 10 livres par an, ce que M. Guilloire a promis de lui propozer, quant à ce que M. Bachelier a dit que celui qui fonde ladite messe ofre d'en augmenter de 1000 livres de fonds, à la charge de faire une cave en ladite chapelle pour s'y faire inhumer s'il le trouve à propos, l'a Compagnie la acordé.

(29 août.) Monseigneur le Premier Prézident a dit que la direction de l'hospital des Enfans Trouvez lui a demandé à acheter les 2 maizons que l'Hostel Dieu lui loue, afin d'y faire avec plus de liberté les acomodemens qu'on leur a permis d'y faire, ce que la Compagnie leur a acordé, mais a esté remarqué que ce sont des maizons indemnizées, et qui sont en la censive de l'Hostel Dieu.

(28 septembre.) La Compagnie a arresté que l'on fera faire des tableaux pour les mettre dans la menuiserie de lambris de la chapelle de la maison de l'Hostel Dieu, en la rue Guillaume, occupée par M. Talon, advocat général.

(19 octobre.) La Compagnie a accordé à la prierre de Messieurs du séminaire des missions étrangères la permission à un nègre, qu'ils ont amené des Indes, de suivre les maistres chirurgiens de l'Hostel Dieu quand ils travailleront, à la charge qu'il ne les verra travailler que dans les salles des hommes seulement.

(21 novembre.) M. Levieulx a dit que Messieurs les commissaires du grand Bureau des pauvres prient la Compagnie de ne leur envoier les pauvres affligez de grosse vérolle que les lundy et mercredy qu'ils s'assemblent, et que les pauvres soient porteurs du billet signé de l'un de Messieurs les gouverneurs de l'Hostel Dieu, ce que la Compagnie a aresté d'observer.

(28 novembre.) La Compagnie a signé le contrat de fondation faite par Claude Morel, maistre chirurgien à Paris, et damoiselle Anne Bachelot, sa femme, d'un lit dans l'hôpital des Incurables pour un pauvre de l'un ou l'autre sexe à leur nomination, et après leur décès, à la nomination de monsieur le curé de Saint Sulpice, qui le prendra dans sa paroisse, moiennant six mil livres paiées comptant.

54° REGISTRE. — ANNÉE 1686.

(2 janvier 1686.) On a représenté au Bureau l'ordonnance de Sa Majesté pour la somme de 6000 livres, qu'il a donnée à l'Hostel Dieu par gratification extraordinaire, ladite ordonnance dattée du 22 décembre dernier, que la Compagnie a aresté estre mize ès mains de M. Levesque, receveur, pour en tirer paiement et qu'il en sera mis une copie au grefe du Bureau et que M. le controleur général qui a procuré ce don en sera remercié par le Bureau.

(2 janvier.) La Compagnie a aresté qu'elle fera vendre au plus tost l'argenterie et les pierreries apartenant à l'Hostel Dieu, qui sont au trézor des titres de l'Hostel Dieu et y sont inutils.

(22 mars.) Aiant esté représenté au Bureau que par le décès de monseigneur Nicolay, premier président de la Chambre des comptes, il y a une place de gouverneur de l'Hostel Dieu vacante; que monseigneur son fils a esté agréé par le Roi pour lui succéder en ladite charge, et en a pris possession; que monseigneur le 1er Président de la Cour de Parlement a témoigné trouver bon que la Compagnie y pourvoie en son absence. La Compagnie a nommé et choizi ledit seigneur Nicolay fils pour remplir ladite place, s'il l'a pour agréable.

(27 mars.) On a remarqué au Bureau qu'il avoit fixé à 6000 livres la fondation des lits en l'hospice des Incurables, que cette somme a esté trouvée foible parce que le remploi ne pouvant estre fait utilement pour toujours qu'en achat d'héritages, ce remploi revient au denier 30 et ainsi l'hospice n'en profite pas de 200 livres par an, que chaque malade dépense beaucoup plus par chacun an, parce qu'il ne faut pas considérer seulement la dépense qu'il fait pour sa personne, mais encore celle des serviteurs et servantes et oficiers qui les servent, et l'interest des sommes emploiées pour le bastiment et entretien des sales où ils sont logez et des meubles pour les y placer, qui doublent au moins la dépense, et ainsi tant plus on acepte de fondations tant plus l'hospital se charge de dépenses. Sur quoi l'afaire mize en délibération la Compagnie a aresté de ne recevoir plus à l'avenir de fondation de lits audit hospital à moins de 8000 livres argent comptant, ou quelque effet de mesme valeur bon et solide.

(26 avril.) La mère Prieure a amené au Bureau deux anciennes religieuzes de l'Hostel Dieu qui sont envoiées à la prière de M. de Louvois à un hospital éloigné de Paris, pour y gouverner les pauvres malades du lieu et des environs, suivant la métode de l'Hostel Dieu.

(26 avril.) La Compagnie aiant eu avis que le Roi a donné à M. Lepeletier, contrôleur général des finances, gouverneur de l'Hostel Dieu, l'ofice de Prézidant à mortier de défunt M. Lecoigneux, avec survivance pour M. son fils, et la somme de 200,000 livres pour le paier, sur 350,000 livres à quoi il en a fixé le prix, elle a députté 4 de Messieurs du Bureau pour l'en féliciter.

(14 juin.) La Compagnie a pris jour à mercredi prochain après midi, pour vendre la vaisselle d'argent qui est au trézor des titres dudit Hostel Dieu, et qu'il sera mis des afiches par Paris.

(26 juin.) On a représenté au Bureau que les grandes chaleurs qu'il fait rendent les grandes opérations, comme trépans et amputations fort dangereuzes, et qu'il en réchape peu; qu'on voit, suivant l'avis des médecins, que ces opérations metroient les malades moins en danger, s'ils estoient nouris de meilleurs bouillons que les autres malades, comme on fait en la sale des taillez, où les bouillons des malades de ladite sale sont faits, et que la mère de l'office des blessez ofre de prendre le soin de faire en sa sale celui des malades de ladite sale des opérations; ce que la Compagnie a acordé.

(12 juillet.) Le sieur Butat a dit que la mère supérieure des religieuses de l'hôpital Saint Louis luy a donné avis que quelques particuliers se sont ingérez de

fouiller sous le mur qui sépare la première closture de l'hospital de Saint Louis des marais que le Bureau a fait clorre de nouveau, qu'on croit que ce sont des gens qui se sont imaginez qu'il y avoit quelque trésor caché dans ledit hôpital, qu'ils ne travaillent que de nuit et sont armés pour résister à ceux qui voudroient les empescher, et qu'ils ont mis ledit mur en péril en cet endroit; sur quoy l'affaire mise en délibération, la Compagnie a aresté d'en faire plainte au commissaire Tierce qui s'y transportera avec main forte pour se saisir des ouvriers et leurs estre fait leur procès, de quoy le sieur Duval a esté chargé d'avoir soin.

(14 août.) Sur ce qui a esté dit que la dame de la Marche, maistresse sage femme de l'Hostel Dieu, s'est retirée à Orléans, la Compagnie a mandé la mère Prieure et la dame du Trésor, sœur de ladite dame Lamarche, laquelle a dit que ladite dame de la Marche ne s'est retiré que pour voir sy son air natal luy rendra sa santé, et luy aiant esté proposé de continuer à l'avenir l'exercice de maistresse sage-femme, aiant fait connoistre qu'elle y est très habile, elle a dit que si ladite dame de la Marche fait sa demeure ordinaire à Orléans, elle ira demeurer avec elle et néantmoins a promis de continuer la mesme fonction qu'elle a fait, jusqu'à ce qu'il y ait une autre maistresse sage femme choisie par le Bureau.

(20 septembre.) M. André de Carmagnole, prestre de l'Oratoire, âgé de 68 ans, a offert à l'Hostel Dieu 1350 livres à rente viagère, et la Compagnie l'a accepté au denier 9.

(24 septembre.) Sont comparus au Bureau les sieurs de Garbes, Marteau, de Bourges, Lombard, Moreau et Enguehard, médecins ordinaires de l'Hostel Dieu, et Louise Cocquelin veuve de Michel Morlet, maistre horlogeur à Paris, et après que ladite dame a suby l'interrogatoire desdits sieurs médecins, pendant deux heures entierres, sur les accidens plus extraordinares des accouchements, et qu'elle a répondu avec beaucoup de prudence et de capacité, lesdits sieurs médecins aiant témoigné qu'ils la jugeoient fort capable de faire la fonction de maistresse sage femme de l'Hostel Dieu, l'affaire mise en délibération, la Compagnie a receu ladite dame Morlet en ladite charge de maistresse sage femme de l'Hostel Dieu, et M. Beaussan, de l'ordonnance de la Compagnie, l'a conduitte en la salle des accouchées, pour l'y faire reconnoistre en ladite qualité.

(25 octobre.) Le sieur Jean Bercher, compagnon chirurgien ordinaire de l'Hostel Dieu, a représenté au Bureau qu'il est engagé de suivre madame au voiage qu'elle va faire en Pologne, et parce que son dessein est de revenir au plus tost reprendre sa place de chirurgien de l'Hostel Dieu, il prie la Compagnie de la luy conserver pendant quelque temps, ce que la Compagnie luy a accordé pour un an.

(20 novembre.) Aiant esté dit qu'il faut remplir la place de gouverneur de l'Hostel Dieu qu'occuppoit deffunt M. Bannellier, l'affaire mise en délibération, la Compagnie a fait choix de M. de Bragelonne, et nommé MM. Levieulx et Accart pour l'en avertir et le prier d'agréer ladite nomination.

(27 novembre.) On a fait plainte au Bureau de la dissipation qui se fait en onguents et autres drogues d'apothicaire que les chirurgiens externes de l'Hostel Dieu emportent de la maison pour panser les malades qu'ils ont en ville.

(18 décembre.) Sur ce qui a esté dit que deffunt M. le prince de Condé a ordonné verbalement en mourant estre distribué aux pauvres une somme de 150,000 livres, M. Lefouyn a promis d'en parler à M. de Gourville, ou autres faisans les affaires de la maison dudit seigneur Prince.

55ᵉ REGISTRE. — ANNÉE 1687.

(10 janvier 1687.) On a fait plainte à la mère Prieure que ses religieuzes reçoivent à l'Hostel Dieu des malades de grosse vérole que le chirurgien viziteur a refuzé, à quoy elle a répondu que ces personnes estant abandonnées sur le pavé, lesdites Religieuzes ont creu qu'il estoit de la charité chrétienne de leur donner le couvert, en atendant qu'on les conduize au grand Bureau, qui ne les reçoit que 2 fois la semaine, et aiant esté remarqué qu'il en est venu 15 en moins de 15 jours, et qu'il seroit à propos de faire un règlement sur ce sujet, la Compagnie a aresté qu'il en sera parlé à monseigneur le Premier Prézidant.

(11 janvier.) Aiant esté remarqué qu'il est bezoin d'exécuter la rézolution prize en l'hospice des Incurables le 19 décembre dernier, touchant un administrateur rézidant audit hospital, avec M. Leconte, qui l'a ainsi souhaité et demandé, M. Guilloire aiant ofert de remplir la-

dite place, mais déziré que cela se fasse avec l'agréement de messeigneurs les Premiers Prézidans gouverneurs de l'Hostel Dieu, la Compagnie a prié Messieurs Levieulx, Champy, Petitpied et Bachelier, de leur en parler dez demain, si cela se peut faire.

(17 janvier.) Quelques chirurgiens externes de l'Hostel Dieu ont fait plainte au Bureau de ce que des compagnons chirurgiens dudit Hostel Dieu, aians obtenu quelque corps mort pour en faire la dissection, ne leurs permettent pas d'y assister, sans leur bailler de l'argent, et admettent à voir cette opération des gens de dehors pour de l'argent; sur quoi la Compagnie leur en a demandé mémoire, pour après y estre délibéré.

(31 janvier.) Une personne est venue au Bureau de la part de Monseigneur le nonce du Pape, pour recomander et faire recevoir à l'Hostel Dieu un pauvre afligé des écrouelles, mais la Compagnie l'a renvoié à l'Hospital Général, l'Hostel Dieu ne recevant point des malades de cette qualité.

(16 avril.) Monseigneur le Premier Président a dit que le changement que font les médecins de l'Hostel Dieu tous les deux mois des salles dudit Hostel Dieu est préjudiciable au bien des malades, à cause qu'ils n'ont pas tous une même méthode pour traitter leurs malades, et ne trouvant pas aussy utile l'expédient proposé de n'en point changer et donner le choix des salles aux anciens médecins, à cause que les plus jeunes ne s'instruiroient pas assez, il est expédient de prescrire un temps plus long pour visiter les mêmes salles, sur quoy la Compagnie a arresté que doresnavant lesdits médecins ne changeront de sale que tous les 4 mois, à comencer au premier may prochain.

(16 avril.) Pour ce qui est des convalescents de l'Hostel Dieu qu'on envoye à Saint Louis, ou de leur pied ou dans le tombereau, la Compagnie n'a trouvé bon ny l'un ny l'autre, mais arresté qu'on se servira d'une carriole, et d'en faire faire une exprez et commode.

(18 avril.) Ayant esté parlé de l'ordre que les médecins prendront doresnavant en leurs visites, la Compagnie a arresté qu'ils demeureront six mois dans chaque salle au lieu de 4, qu'on avoit réglé il y a huit jours.

(25 avril.) M. Levieulx a dit que l'Hostel Dieu a envoyé au grand Bureau des pauvres une femme malade de grosse vérole pour y estre pensée; que le chirurgien qui la pense ne la trouvant pas atteinte de ce mal l'a renvoyée à l'Hostel Dieu, d'où elle a encore esté envoyée audit Bureau, comme ayant effectivement ce mal; qu'après avoir esté longtemps sur le pavé, ayant esté menée à la maison desdits malades, elle y est morte deux heures après, de quoy M[rs] les Commissaires dudit Bureau font plainte, mais M. Baussan a dit que de la part de l'Hostel Dieu il n'y a aucune faute, qu'on doit avoir toute confiance au chirurgien visiteur qui l'a jugée gastée de ce mal, autrement il n'y auroit aucune règle dans l'Hostel Dieu.

(2 mai.) Le sieur Garbes, médecin ordinaire de l'Hostel Dieu, venu au Bureau, la Compagnie luy a fait entendre que le Bureau a arresté que les 6 médecins des malades de l'Hostel Dieu feront leurs visites, aussy bien après midy que le matin, du moins deux d'entre eux tour à tour, et pour cela chaque médecin, en sa visite du matin, marquera ceux qui auront besoin d'estre visitez encore l'après midy, qui le seront par les deux préposez aux malades arrivez depuis la visite du matin, dont les religieuses porteront le nom à l'apoticairerie pour cet effect, et pour régler l'ordre et l'heure qu'il faudra y tenir, a commis M. Baussan de ce faire demain matin, en présence de tous les médecins.

(9 juillet.) M. Moreau, premier médecin de madame la Dauphine a remercié le Bureau d'avoir receu le sieur Moreau son fils, médecin pour visiter et assister les religieuses et domestiques de l'Hostel Dieu malades, mais ses emplois ne luy permettant plus de continuer l'assistance qu'il leur a rendu jusqu'à présent, la Compagnie peut y commettre qui il luy plaira, offrant néantmoins son conseil gratuit dans les rencontres difficiles, où il pourra estre utile, ce que la Compagnie ayant accepté avec bon témoignage de ses services passez, a arresté que le sieur de Bourges doresnavant visitera lesdites religieuses et domestiques malades; seulement et pour visiter les pauvres malades en son lieu, a nommé le sieur Garbes fils, à qui la première place vacante de médecin de l'Hostel Dieu avoit esté promise.

(16 juillet.) Le sieur Aimeret, médecin est venu au Bureau et a promis d'assister gratuitement les malades de l'hospital de Saint Louis, toutes les fois qu'ils en auront besoin et ceux de l'Hostel Dieu, au lieu des médecins d'iceluy, quand ils seront malades, moyennant quoy la Compagnie lui a promis qu'il remplira la première place qui vaquera de médecin ordinaire de l'Hostel Dieu.

(30 juillet.) Monseigneur le Premier Président a dit que le sieur Botentuit, à présent maistre chirurgien, qui a servy les pauvres de l'Hostel Dieu pendant 19 ans, prie la Compagnie de luy accorder la survivance de la place,

qu'y occupe le sieur Petit, aussy maistre chirurgien, à présent incommodé, offrant supléer aux fonctions du sieur Petit; sur quoy la Compagnie a trouvé bon de surseoir à délibérer sur cette demande de quelque temps, pendant lequel il agira comme il demande, et on verra de quelle manière il s'y comportera.

(31 juillet.) Se sont trouvez au Bureau les sieurs Garbes père, Marteau, Lombard, Morin, Enguehard et Garbes fils, médecins ordinaires de l'Hostel Dieu, le sieur du Tertre, substitut perpétuel du médecin du Roy, les sieurs Hostomes Ducos, Simon et le Breton, prévosts des maistres chirurgiens de Paris, suivant qu'ils en avoient esté priez de la part du Bureau, pour interroger Barthélemy Saviard, le plus ancien des compagnons chirurgiens de l'Hostel Dieu, et donner leurs avis s'ils le trouvoient capable de remplir la place de compagnon chirurgien de l'Hostel Dieu gagnant sa maitrise, auquel interrogatoire ils ont vaqué l'un après l'autre, depuis 2 heures trois quarts jusqu'à 5 heures et un quart, et ils ont dit tous d'une voix qu'ils le trouvent capable de remplir ladite place; sur quoy la Compagnie a admis ledit Saviard en ladite place de 1er compagnon chirurgien de l'Hostel Dieu, aux mêmes gages et droits dont ont joui ceux qui l'ont précédé en ladite place pour, après six années continuelles, estre receu maistre chirurgien dans Paris sans examen et sans frais.

(1er août.) Monseigneur le Premier Président a dit qu'il a receu un ordre du Roy envoyé par M. de Seignelay, de faire travailler dans l'Hostel Dieu le sieur Helvétius, médecin hollandois, pour éprouver un remède souverain qu'il dit avoir pour le flux de sang et la dissenterie; que l'importance de la chose a fait qu'il a désiré en parler au Roy, ce qu'il a fait depuis peu; Sa Majesté luy a dit que son intention estoit de ne faire cette épreuve que sur ceux qui le voudroient bien, ou qui seroient abandonnez des médecins, affin que s'il réussit, il puisse s'en servir dans ses armées navalles, à quoy il croit à propos de satisfaire, sur quoy veue la lettre de cachet du Roy, cy aprez, etc.

(3 octobre.) Deux notaires du Chastelet son venus au Bureau se plaindre qu'ayant esté appellez environ 7 h. 1/2 du soir de la part d'un malade de l'Hostel Dieu pour y recevoir son testament, ils s'y sont transportez, et après les avoir amusé longtemps, et même ayant commencé à écrire ledit testament, un chapelain de l'Hostel Dieu les a empêché de continuer, même traicté mal de paroles et d'effect, de quoy ils ont fait leur plainte en justice, et en ayant depuis donné avis à leur communauté, elle a résolu de poursuivre ce procez, néantmoins qu'elle leur a donné charge d'en faire leur plainte au Bureau, affin qu'il consente la continuation de cette poursuite. Sur quoy monseigneur le Premier Président a dit qu'il s'est fait informer de la chose, qu'au fond il estoit heure indûe auxdits notaires pour estre dans lesdites salles, que les chapelains de l'Hostel Dieu qui peuvent s'y trouver à ces heures, pour administrer les sacremens aux malades ont le pouvoir de recevoir leur testament, qu'il n'est pas à propos de continuer ce procez qu'on peut accommoder, ce qu'ils ont promis de rapporter à leur communauté.

(3 décembre.) Sur la prière faite au Bureau par le sieur Jean Becher, compagnon chirurgien ordinaire de l'Hostel Dieu de luy conserver la place qu'il a dans l'Hostel Dieu, en ladite qualité, pendant le temps qu'il sera employé au service de M. le marquis de Bethunes, ambassadeur pour Sa Majesté auprez du roy de Pologne, qui a dit avoir besoin de son service, la Compagnie a arresté que ladite place, ensemble son rang d'ancienneté, sera conservé audit sieur Beucher, tant et si longuement qu'il sera en Pologne auprez dudit sieur marquis de Béthunes.

(19 décembre.) Monseigneur le Premier Président a dit que Mrs les Directeurs de l'hospital des Enfans trouvez insistent encore pour la maison de l'Hostel Dieu au Parvis de Notre Dame occupée par M. Adam advocat, qu'ils offrent l'acheter entièrement, mais la Compagnie luy a dit que cela a déjà esté refusé plusieurs fois, et qu'entre plusieurs raisons que le Bureau a de ce refus, il y en a une considérable qui est que cette maison est fort commode pour loger un administrateur de l'Hostel Dieu résident, qui ne pourra pas souffrir l'air de l'Hostel Dieu, c'est pourquoy la Compagnie a de rechef arresté de ne la point vendre en tout ny partie.

(31 décembre.) Monseigneur le Premier Président a dit que Messieurs les Directeurs de l'hospital des Enfans Trouvez insistent encore à demander à acheter la maison appartenante à l'Hostel Dieu scise au Parvis de Notre Dame, occupée par M. Adam, advocat, qu'ils n'appuyent plus leur demande de l'agrandissement de leur chapelle, comme en effet ils ne le jugent pas nécessaire, mais de ce que les enfans qui sont au nombre de 75 sont logez très étroitement, et qu'il est besoin de les loger plus au large, de crainte de maladie, qu'ils ne peuvent pas diminuer ce nombre à cause des enterremens où ils sont appellez très souvent, et qui font une partie considérable de leur revenu, c'est pourquoy ils demandent aussy à acheter les 2 autres maisons, dont ils ont bail, à l'Hostel Dieu, à quoy a esté répondu que l'Hostel Dieu ne peut pas se deffaire de ladite maison.

56ᵉ REGISTRE. — ANNÉE 1688.

(11 février 1688.) Le Bureau s'étant assemblé pour délibérer sur l'état présent des affaires de l'hospital des Incurables, et voulant y apporter un bon ordre, tant pour la discipline que sur les revenus et les dépenses de la maison, et aussy au sujet des rentes viagères, a arresté qu'il ne sera accepté à l'avenir aucune fondation de lits, à moins que les fondateurs ne donnent huit mille livres pour chaque lit, sauf néantmoins à l'égard des fondations faites cy devant, et qui n'ont pu encore être exécutées, à statuer par le Bureau ce qu'il trouvera le plus avantageux pour l'hôpital, quand on sera sur le point d'exécuter les anciennes fondations. Qu'il ne sera receu aucun pensionnaire dans la maison, à moins qu'il ne fasse la condition de l'hôpital très avantageuse, et sans qu'il y puisse être admis, qu'en donnant actuellement dix mil livres comptant et huit cents livres de pension par an, et 400 livres aussy par an pour chaque domestique. Que tous les jeudy des quatre tems du mois de may de chaque année, Mʳˢ les administrateurs se trouveront audit hospital pour donner leur ordre sur l'observation des règles de la maison, recevoir les plaintes, voir s'il y a du relaschement, tant de la part des sœurs que des domestiques, pourvoir aux déréglements qui peuvent survenir de la part des personnes receues pour remplir lesdits lits, et exciter les supérieurs à se servir de leur autorité, et à apporter beaucoup de diligence à faire observer les règlements.

(5 mars.) Monseigneur le Premier Président a dit qu'ayant écrit à M. de Seignelay, comme il avoit promis, touchant le legs et l'exécution du testament de mademoiselle de Guise, il en a receu réponse qu'il en a parlé au Roy, qui trouve bon que l'Hostel Dieu se charge de cette exécution. Mais parce que cette affaire aporte avec soy de grands embarras d'affaires, il est à propos que la Compagnie délibère si elle acceptera cette exécution; sur quoy l'affaire mise en délibération, la Compagnie a arresté d'accepter ladite exécution testamentaire, et d'y agir en tout ce qui sera nécessaire, jusqu'à ce que l'inventaire soit achevé, après quoy elle délibérera, s'il est utile ou non à l'Hostel Dieu de continuer ladite exécution testamentaire, elle a prié monseigneur le 1ᵉʳ Président, M. Nicolaï, M. le Camus et les autres administrateurs de voir Mˡˡᵉ d'Orléans, de Montpensier, et Mʳ le Prince, qu'on dit être héritiers et créanciers de ladite deffunte, pour leur faire agréer que le Bureau s'entremette de ladite exécution testamentaire et suive les volontez de ladite deffunte, leur expliquant ce qu'il est nécessaire de faire dès à présent pour l'inhumation de la deffunte, habits et nourriture des domestiques, et l'inventaire des biens, pour scavoir leur volonté sur ce sujet. Le sieur Renodon, officier de ladite deffunte étant venu au Bureau et dit qu'on a embaumé et mis dans un cercueil de plomb le corps de la deffunte, sans en tirer le cœur, qu'elle avoit ordonné être porté à l'abbaye de Montmartre, elle a donné charge au sieur de Gourdon de le faire tirer et mettre dans un cœur de plomb.

(8 mars.) Monseigneur le Premier Président a fait récit de ce qui s'est passé dans la révérence faite à Sa Majesté par Mʳˢ les députés du Bureau, du bon accueil que S. M. leur a fait, qu'elle a loüé le choix que Mˡˡᵉ de Guise avoit fait du Bureau pour l'exécution de son testament, étant remply de personnes fort éclairées et d'une probité singulière et connüe, qu'elle a promis d'avoir toujours un œil favorable pour le Bureau quand il aura recours à elle, qu'elle ne peut quant à présent accepter ny refuser le legs que ladite demoiselle luy a fait, comme une marque de son affection, de peur que son choix ne servist de préjugé pour l'un ou pour l'autre party, si on vouloit disputer le testament ou codicile, qu'il y a des lois dans l'état qui doivent en décider avec toutte liberté ; sur quoy la Compagnie ayant résolu tout d'un avis d'accepter ladite exécution testamentaire, le crieur qui doit avoir la conduitte des funérailles s'étant trouvé au Bureau, la Compagnie a résolu d'en ordonner présentement.

(26 mars.) Le sieur Morlan, le plus ancien des compagnons chirurgiens de l'Hostel Dieu, a dit au Bureau qu'il a été choisy pour avoir la conduitte de l'hôpital de Maintenon, étably par le Roy, mais comme cet employ poura n'être pas permanent, il a prié la Compagnie, en lui donnant la permission d'y aler, de luy conserver son rang dans l'Hostel Dieu, ce que la Compagnie lui a accordé.

(31 mars.) La Compagnie a signé et délivré un mandement de la somme de 7,500 livres pour les 10,000 messes basses que Son Altesse (Mˡˡᵉ de Guise) a ordonné par son testament être dittes incontinent après son décéds.

(7 avril.) M. Goupy, ayant cejourdhuy presté à la Cour de Parlement le serment de gouverneur de l'Hostel Dieu a pris sa séance au Bureau et de là conduit dans

touttes les salles pour y être reconnu en laditte qualité, en remplacement de deffunt M. Bannelier.

(30 avril.) M. Baussan a dit qu'un particulier nommé Dusoul qui se dit médecin se vente d'avoir un remède souverain pour guérir de la galle et demande d'en faire des épreuves dans l'Hostel Dieu, mais qu'il luy a fait réponse que la Compagnie n'a point acoutumé à exposer les malades de l'Hostel Dieu à ces sortes de tentatives.

(19 mai.) Plusieurs de Messieurs du Bureau ayant dit que M. Leverrier à qui on propose une place de gouverneur de l'Hostel Dieu, pour remplir avec M. Soufflot les deux premières places qui viendront à vaquer au Bureau, l'a accepté, la Compagnie a aresté que Mrs Accart, Champy et Petitpied verront M. le Procureur général pour le prier d'agréer leur réception.

(4 août.) Mademoiselle Teste a dit au Bureau que madame la grande duchesse de Toscanne ayant dessein de faire qu'on bâtisse une salle dans l'Hostel Dieu, pour y loger les soldats malades, elle en a parlé au Roy, qui a témoigné vouloir y contribuer de quelque chose considérable, sur quoy les plans de l'Hostel Dieu et de Saint Jullien, qui étoient au Trésor, aportés et veus au Bureau, on a trouvé qu'on ne peut augmenter l'Hostel Dieu qu'en 3 manières, en continuant les bastimens de la salle de Saint Charle, jusqu'au petit Châtelet, ou faisant une salle sur l'eau du costé de la place Maubert, ou en faisant une le long de la rue de la Bûcherie, dans les maisons qui joignent Saint Julien le pauvre, que ces trois expédients ont chacun leur inconvénient, celuy de la continuation de la sale de St Charle est la grande dépense qui passeroit un million, et qui engageroit indispensablement à abattre le petit Châtelet, celuy de la salle vers la place Maubert sera traversé par M. l'archevesque, qui ne souffrira pas un hospital devant ses fenestres et celuy de Saint Julien est que pour avoir communication avec l'Hostel Dieu, comme il est absolument nécessaire, il faudroit un passage par dessous et par dessus la rue, celuy par dessous seroit absolument incommode et celuy par dessus très difficile à obtenir, comme on en a expérience en l'Hospital général, ce que la Compagnie ayant mis en délibération, a arresté qu'il sera fait un plan de la sale qui sera jugée la plus commode, avec le devis de ce qu'elle coûtera, tant pour la bastir que meubler, et pour cela on aura l'avis des sieurs Delepine et ..... architectes, que le sieur Leclerc verra pour cela, et M. Goupy a promis d'y adjouter le détail du revenu que l'Hostel Dieu perdra pour cela, l'augmentation de la dépense journalière qu'elle causera à l'Hostel Dieu, tant en religieuses, ecclésiastiques que médecins et chirurgiens et autres domestiques et serviteurs, outre l'augmentation des malades.

57e REGISTRE. — ANNÉES 1688 À 1706.

REGISTRE DE DÉLIBÉRATION DU BUREAU DE L'HOSTEL DIEU DE PARIS, EN CE QUI CONCERNE L'EXÉCUTION TESTAMENTAIRE DE SON ALTESSE MADEMOISELLE DE GUISE.

(4 mars 1688.) Monseigneur le Premier Prézidant a dit qu'hier au soir le sieur Desnots, notaire, lui aporta le testament olografe de défunte mademoizelle de Guize, morte ce matin, ledit testament reconu par devant ledit Desnots il y a deux ans, par lequel elle lègue à l'Hostel Dieu trois mil livres, et par un codicile du 28e février dernier, passé par devant ledit Desnots, elle révoque la nomination qu'elle avoit fait de monsieur le prince de Commercy, monsieur le comte de Connonge et monsieur Favières, advocat, pour exécuteurs testamentaires, et nomme en leur lieu Messieurs les gouverneurs de l'Hostel Dieu, à chacun desquels elle lègue un diamant de cent pistoles, et à l'Hostel Dieu 50,000 livres, qui ne pourront estre touchez qu'après les dettes et legs particuliers paiez, voulant que l'Hostel Dieu soit saizi de tous ses biens, jusqu'à l'entier acomplissement, sans que ses héritiers puissent s'immiscer en ses biens, devant que touttes les dettes et legs soient paiez et exécutez, entre lesquels legs est celui de sa tapisserie des ages et de son lit de perles qu'elle a travaillé de sa main pendant dix ans, qu'elle avoit par son testament légué au prince de Loraine et par son codicile elle les lègue au Roi. Sur quoi l'afaire mize en délibération, la Compagnie a trouvé qu'il est de l'intérest des pauvres et de l'honneur du Bureau d'accepter cette exécution testamentaire; mais tant à cause de la qualité de la testatrice que du legs fait au Roi, elle a trouvé à propos avant toutes chozes, d'en avertir Sa Majesté au plus tost, pour en recevoir et exécuter les ordres et monseigneur le Premier Prézidant a promis d'en écrire à monsieur de Seignelay pour en parler au Roy.

(28 avril.) Monsieur Levieulx a dit au Bureau avoir eu avis que monsieur le Prince s'est mis en possession

de l'hostel de Guize, y aiant mis un suisse pour portier, et ayant fait le pain béni le jour de Pasques à Saint Jean en Grève, dans la paroisse duquel est ledit hostel, mais la Compagnie n'a pas trouvé devoir faire aucune choze à ce sujet.

58ᵉ REGISTRE. — ANNÉE 1689.

(28 janvier 1689.) Sur ce que la Compagnie a esté informée que la plupart des oficiers et domestiques dudit Hostel Dieu, sous prétexte de différentes occupations, se dispensoient d'assister aux prières publiques, catéchismes, grandes messes des dimanches et aux processions, non seulement des festes solennelles, mais mesmes des premiers dimanches des mois, et de celles des dimanches matins, à quoi estant nécessaire de pourvoir, la Compagnie a enjoint à tous les oficiers, domestiques, apotiquaires, chirurgiens, et à tous ceux qui demeurent dans la maison dudit Hostel Dieu d'assister aux prières, catéchismes, processions et autres services de l'églize, et de s'y comporter avec toute la modestie et bienséance qui doit estre gardée dans la maizon de Dieu, mandant au sieur du Puys, inspecteur dudit Hostel Dieu, d'y faire un bon ordre, défendant d'avoir aucune contestation pour la marche, ordonnant néantmoins que l'apotiquaire gagnant sa maistrize suivra immédiatement le sieur Petit, maistre chirurgien dudit Hostel Dieu, et que les autres oficiers et domestiques tiendront leurs rangs acoutumez, et pour rendre la prézante ordonnance publique, elle sera afichée aux lieux ordinaires dudit Hostel Dieu.

(4 février.) Le sieur Morel, opérateur de l'Hostel Dieu pour la taille a dit qu'il a ouï dire qu'on trouvoit quelque choze à dire à sa conduite et qu'il venoit en demander raizon au Bureau, ne prétendant pas travailler contre le gré du Bureau, lequel a déclaré n'avoir rien à se plaindre de lui, mais qu'on avoit espéré qu'il travailleroit gratuitement, et on l'a exhorté de le faire, et qu'il peut continuer de travailler comme il a desjà fait. Sur quoy lui retiré, M. Goupy a dit que le nommé Antoine, non marié, ci-devant compagnon chirurgien de l'Hostel Dieu, qui demeure en Champagne, travaille dans cette province là avec grand succès, comme il a apris dans le pays, que ledit Antoine ofre de tailler et enseigner la taille gratuitement, lui donnant logement et nourriture à l'Hostel Dieu, pendant le temps qu'il y travaillera, et on dit que le sieur Botentuit fait la mesme ofre sans logement ni nouriture, qui est plus avantageuze que celle dudit Antoine.

(9 février.) Monsieur Garbes, ancien médecin de l'Hostel Dieu est venu au Bureau et a remercié la Compagnie de la grace qu'elle lui a fait de l'emploier au service des pauvres depuis 29 ans, et aiant dessin de se retirer, à cauze de son grand âge, la Compagnie a creu devoir lui donner quelque récompense de ses longs et agréables services, et pour cela a aresté qu'il jouira de 400 livres de gages par an jusqu'à son décès, lesdits 400 livres faizans partie des 600 qui lui estoient paiez comme médecin ordinaire de l'Hostel Dieu, M. Aymeret qui en fera la fonction au lieu dudit sieur Garbes recevant les 200 livres restans pendant la vie dudit sieur Garbes, après le décès duquel ledit sieur Aymeret jouïra des 600 livres de gages par an entièrement.

(1ᵉʳ avril.) Veu au Bureau le billet de M. le lieutenant criminel qui prie la Compagnie de remettre ès mains du sieur Amiard, brigadier du guet, la nommée Margot, servante à l'Hostel Dieu, acuzée d'estre receleuze, pour estre amenée au grand Chastelet; La Compagnie a aresté que le sieur du Puis la fera venir à l'une des portes de l'Hostel Dieu où ledit Amiard se saizira d'elle.

(1ᵉʳ avril.) On a veu au Bureau le mandement de M. le lieutenant civil pour la convocation du ban et arière ban, qui enjoint à tous ceux qui possèdent des fiefs ou arière fiefs en la prevosté de Paris d'en donner déclaration. La Compagnie a aresté d'envoier à l'assemblée qui doit se tenir au Chastelet sur ce sujet, et donner la déclaration des fiefs et censives que l'Hostel Dieu a dans ladite prevosté, et soutenir que l'Hostel Dieu ne doit aucuns droits à cauze de ce, tant comme jouissant des privilèges des bourgeois de Paris, qu'en vertu des lettres d'exemption obtenues des Rois, qui aussi ont tousjours exempté les Hostels Dieu de telles charges.

(20 avril.) Monsieur Petitpied a dit qu'aiant seu que le fermiers des gabelles de Languedoc et Roussillon ont couché l'Hostel Dieu de Paris pour 200 livres par an pour les aumosnes annuelles qu'ils ont aresté de donner, il a fait paier à M. le Receveur les années 1688 et 89, montans à 400 livres.

(22 avril.) Messieurs Baussan, Accart, Guilloire et Petitpied ont esté priez de voir monseigneur le Premier Prézident, pour lui représenter que le mal du scorbut augmentant à l'Hospital général, augmente le nombre des malades de l'hospital de Saint Louis, et que l'on re-

médieroit à ce mal dans son origine, si aux fenestres des dortoirs dudit Hospital général il y avoit des ventouzes, comme il y en a à l'Hostel Dieu, et si l'on fezoit des cheminées où l'on fist de temps en temps du feu clair, pour purger l'air.

(27 avril.) Les médecins ordinaires de l'Hostel Dieu venus au Bureau, la Compagnie leur a dit qu'elle a trouvé à propos de décharger l'hospice des Incurables du paiement des gages d'un médecin et d'y supléer par ceux de l'Hostel Dieu, qui iront gratuitement, tour à tour et de mois en mois les viziter, ce qu'ils ont tous promis d'exécuter. Et depuis, aiant esté proposé au Bureau de se servir d'un médecin seul, qui fera cette fonction gratuitement, moiennant quoi luy sera promize la première place vacante de médecin ordinaire de l'Hostel Dieu, la Compagnie l'a agréé, et le sieur Doye aiant esté propozé, la Compagnie l'a aussi agréé, mais aiant esté remarqué que cette première place est promize à monsieur Aforty, la Compagnie a aresté que la place pour ledit sieur Doye ne sera que celle qui viendra à vaquer après que ledit sieur Aforty aura esté receu médecin ordinaire de l'Hostel Dieu.

(4 mai.) Il a esté dit au Bureau qu'au conseil du Roi il a esté propozé de donner arrest qui défende aux hospitaux et communeautez régulières et séculières de faire aucuns bastiments sans la permission du Roi.

(7 octobre.) La Compagnie estant informée de la négligence que les Compagnons chirurgiens de l'Hostel Dieu aportent au sujet de leurs fonctions, a fait défenses à tous lesdits compagnons chirurgiens de laisser leurs clefs sur les planches des lits des malades, ni de les donner en garde à aucuns chirurgiens externes; que lesdits compagnons chirurgiens seront chacun dans leur rang, lorsque les apareils seront mis pour le pensement des malades; que lesdits compagnons chirurgiens auront soin, chacun à leur égard, que les chirurgiens externes qui travailleront dans leur rang ramassent leurs linges, emplastres et plumaceaux, pour estre jettez dans les bassins ou les chambres comunes, et outre fait défenses ausdits compagnons chirurgiens, chacun à son égard de quitter son rang que tous les malades ne soient pensez, et que les apareils n'aient esté renfermez.

(9 novembre.) Sur l'avis que la Compagnie a eu que monseigneur Potier de Novion s'est démis de sa charge de Premier Prézidant du Parlement ès mains du Roi, qui a eu cette démission agréable et a donné ladite charge à monseigneur de Harlay, procureur général à ladite Cour, lequel en a presté le serment acoutumé entre les mains de Sa Majesté, ladite Compagnie a nommé ledit seigneur de Harlay pour gouverneur dudit Hostel Dieu.

(16 novembre.) On a dit que monseigneur le Premier Prézidant de Harlay aiant esté veu par M[rs] commis par le Bureau pour le prier d'accepter la charge de gouverneur de l'Hostel Dieu, il l'a eu pour agréable, mais a remis sa réception après la mercuriale, n'aiant pas de temps libre jusque là. On a dit aussi qu'il a envoié à l'Hostel Dieu par aumosne 400 livres pour obliger les religieuzes et les pauvres dudit Hostel Dieu à prier Dieu de lui donner les grâces et les lumières nécessaires pour bien s'aquiter de sa charge de Premier Prézidant.

(9 décembre.) Monseigneur le président de Harlay a dit que la cour de Parlement étant informée du besoin que l'Hostel Dieu avoit d'une augmentation de gouverneurs, attendu le grand nombre d'affaires importantes dont il est chargé, elle a nommé pour gouverneurs dudit Hostel Dieu : messieurs Levêque, Herlau, Debeine et Marchand, lesquels ont presté aujourd'huy le serment en la manière accoutumée et ont pris leur première séance au Bureau.

(15 décembre [jour extraordinaire].) La Compagnie ayant délibéré sur le mémoire qu'il faut donner à M. le Procureur général touchant l'avis du Bureau sur les moyens de satisfaire aux dettes de l'hôpital des Incurables, principalement des rentes viagères, l'a dressé et arresté de la manière qui suit : Le revenu de l'hôpital des Incurables monte par an à 116,865 livres, déduire pour les réparations ordinaires des bastiments qui en dépendent 8000 livres, pour les non valeurs au moins 8865 livres, il restera au plus 100,000 livres, les arrérages des dettes montent par an à 271,000 livres. Sur cela il plaira au Roy de régler si l'on abandonnera à ses créanciers tout le bien de l'hôpital. En ce cas il faudroit transporter à l'Hôpital général les malades qui sont dans celuy des Incurables, et luy donner les revenus que peuvent produire les fonds donnés pour les fondations qui ont été faites à la charge d'entretenir le nombre d'incurables, dont l'on jugeroit raisonnable de le charger. Que si le Roy trouve plus convenable de conserver une fondation qui pouroit être dans la suitte du tems aussy avantageuse au public, et pour laquelle on a basty un hôpital avec tant de dépense et de commodité, il plaira à Sa Majesté de régler quelle part du revenu elle voudra que les administrateurs payent tous les ans aux créanciers, et ce qui restera sera employé pour entretenir dans l'hôpital le plus grand nombre de pauvres qu'il se pourra, suivant les plus anciennes des fondations pour lesquelles on a donné des sommes suffisantes pour l'en-

tretien des malades. Outre cette portion du revenu destiné pour les créanciers, l'on pouroit encore employer à leur payement durant certain nombre d'années le prix de quelques biens de l'hôpital si on ne pouvoit vendre. Après avoir distrait ce fond, il faudroit diminuer le revenu sur les 100,000 livres que l'on a marqué cy dessus, si l'on prenoit sur lesdits revenus 70,000 ou 80,000 livres par an et ·que l'on y joignist pendant 10 ans 20,000 livres, provenants de la vente dudit fonds, cela feroit une somme de 90,000 ou 100,000 livres par an à distribuer aux créanciers dont les dettes montent à 271,000 livres. Après quoi il resteroit pour la subsistance de l'hôpital environ 14,000 ou 24,000 livres, on pouroit entretenir plus de la moitié à proportion avec les 14,000 livres. À l'égard du partage entre les créanciers de laditte somme de 90,000 ou 100,000 livres, si l'on paye entièrement ceux qui ont eu la précaution de stypuler un employ de leur argent, ou qui ont donné des fonds dont l'hôpital jouit, ainsy qu'il seroit des règles ordinaires de la justice dans les affaires communes, il faut prendre pour cela 29,000 livres par an. Si l'on juge équitable de conserver sans retranchement aux créanciers de 100 livres et au dessus la jouissance des arrérages qui leur sont deus, il faut encore prendre pour cela 9186 livres. Et comme il sembleroit de la même équité de conserver, nonobstant les réductions qu'il faudra faire, la même somme de 100 livres aux créanciers de 100 livres jusqu'à 300, il faudroit pour cela prendre encore 20,500 livres. Ces sommes payées de cette sorte, il resteroit à partager entre les autres créanciers 31,314 livres. Si l'on trouve suffisant, dans une perte aussy grande pour tant de pauvres créanciers, de payer les deux tiers à ces privilégiés, il restera pour les autres 40,980 ou 50,980 livres, et si on ne leur paye que la moitié il restera 45,813 ou 55,813 livres; à l'égard de cette somme, si on laisse aux créanciers à contester sur le partage qu'ils en devroient faire, ils se consommeront en procès, ainsy il semble voir nécessaire que le Roy eust la bonté de le régler par son autorité. Il semble que l'on en pouroit faire des classes différentes, à proportion du denier, et du tems depuis lequel ils ont receu leurs arrérages, donner moins à ceux qui ont receu davantage et faire encore une plus grande réduction à ceux qui ont receu leur principal. Il paroist encore raisonnable de laisser accroistre, au proffit de ceux qui survivront, la part qui appartiendra en laditte somme à ceux qui mourront les premiers. L'on pouroit encore donner à tous lesdits créanciers la liberté de disposer, durant certaines années après leur mort, en faveur de telles personnes qu'ils voudroient, desdits arrérages, sur le pied qu'ils en jouissoient lors de leur mort, mais cela empêcheroit le proffit, et pouroient tirer de l'accroissement de ladite somme ceux qui vivroient davantage.

(30 décembre.) La Compagnie a arresté qu'à commencer du 1er janvier 1690 il restera seulement cinq médecins pour la visitte des pauvres malades dudit Hostel Dieu, du nombre des sept qui y sont maintenant, que les deux derniers receus qui sont les sieurs Garbe et Aymeret se retireront pour reprendre leur rang, lorsque les places viendront à vaquer, et moyennant ce les sieurs Afforty et Doy, qui ont parole du Bureau d'être receus médecins ordinaires de l'Hostel Dieu aux premières places vacantes, n'auront leur rang et ne seront receus qu'après que lesdits sieurs Garbe et Aymeret auront remply leurs places, que le médecin destiné pour la visitte des religieuses malades seulement visitera aussy les pauvres malades suivant la distribution des salles qui sera faite entre eux, et aussy qu'à commencer dudit 1er janvier 1690, les apointements desdits médecins seront réduits à la somme de 400 livres pour chacun d'eux par an.

59ᵉ REGISTRE. — ANNÉE 1690.

(4 janvier 1690.) M. le Receveur a dit que monseigneur le Premier Président l'aiant mandé avec le greffier du Bureau, il leur a mis en main un arrest du conseil d'État du 31 décembre dernier, par lequel le Roy a donné à l'Hostel Dieu terme de trois mois pour paier ses dettes, a fait main levée de touttes les saisies faittes sur les revenus de l'Hostel Dieu, et deffenses aux créanciers de les faire saisir pendant lesdits trois mois.

(11 janvier.) Monseigneur le Premier Président a dit qu'on luy a donné avis de la Cour que le Roy ayant été informé des besoins de l'Hostel Dieu et de l'Hospital Général, leur a accordé un impost de 30 sols sur chacun muid de vin entrant à Paris, qu'il n'en sait pas encore le partage qui en sera fait à chacun hôpital, mais comme cet impost ne suffira pas pour paier les rentes viagères entièrement, il sera nécessaire de les réduire à moindre denier qu'elles ne sont, en diminuant peut estre jusqu'au tiers, outre que l'Hostel Dieu sera obligé de vendre quelques héritages, et Sa Majesté a promis d'exempter ceux qui les achèteront du 8ᵉ denier.

(8 février.) Monseigneur le Premier Président a dit que suivant la volonté du Roy, il faut changer le jour

du Bureau du vendredy au samedy 10 heures du matin, en l'hôtel de monseigneur l'archevesque de Paris, lequel Bureau continuera tous les samedys, mesme ès jours de feste, si elles ne sont du nombre des festes solennelles.

(11 février.) Monseigneur le Premier Président a représenté les lettres patentes de Sa Majesté du mois de janvier dernier, registrées au Parlement le six du présent mois, par lesquelles Sa Majesté ordonne que monseigneur l'archevesque de Paris et ses successeurs, Messeigneurs les Premiers Présidens du Parlement, Chambre des comptes et Cour des aydes, monsieur le Procureur général audit Parlement, monsieur le Lieutenant de police et monsieur le Prévost des Marchands, et leurs successeurs dans lesdites charges, pendant qu'ils les exerceront, ayent la principalle direction et administration de l'Hostel Dieu, sans qu'il soit besoin d'aucune élection ny prestation de serment pour ce sujet, nommé pour avoir soin sous leurs ordres de l'administration de l'Hostel Dieu, messieurs Chuppé, Accart, Guilloire, Champy, Petitpied et Bragelogne, Goupy, Soufflot, Leverrier, Levesque, Herleau, Beine, Marchand, d'Estrechy, Clerambault et Picquet, ordonne qu'après la mort d'un desdits sieurs administrateurs il sera procédé en la manière accoutumée à l'élection de celuy qui devra lui succéder, veut que tous les susdits chefs et administrateurs s'assemblent une fois la semaine, au jour qui sera par eux réglé, dans le lieu qui sera destiné à cet effet dans la maison archiépiscopale, afin d'y donner les ordres nécessaires au gouvernement dudit Hostel Dieu, et de prendre les résolutions nécessaires sur toutes choses qui le concerneront, que monsieur Lepeletier, qui a eu place dans l'administration dudit Hostel Dieu, à cause de la fonction de Prevost des marchands qu'il a exercée, remplira pendant sa vie dans ladite administration la mesme place qu'il y a eu jusqu'à présent. desquelles lettres lecture faite au Bureau, la Compagnie a arresté qu'elles seront serrées au trésor des titres dudit Hostel Dieu et exécutées selon leur forme et teneur.

(15 février.) Quant aux oizeaux du Roy pour lesquels les officiers de la fauconnerie demandent de la chair à 5 sols la livre, la Compagnie a arresté qu'ils en donneront sept sols comme le public.

(4 mars.) Monseigneur le Premier Président du Parment a pris la peine de faire lecture de l'arrest du Conseil, portant nomination de Messieurs les commissaires députtez pour vériffier les titres de l'hôpital des Incurables pour le paiement de ce qui est deub aux créanciers dudit hôpital, lequel arrest dit que les filles grises feront le service des pauvres, qu'il sera pris 20,000 livres par an sur le revenu dudit hôpital pour la subsistance de la maison, le surplus dudit revenu réservé pour ayder à paier lesdits créanciers.

(11 mars.) La Compagnie a arresté que le sieur Jacart fera la fonction d'agent et garde des archives de l'Hostel Dieu et luy accorde son logement dans le Bureau dudit Hostel Dieu sciz au parvis Notre Dame, avec mil livres de gages, à condition de nourrir Regnault, huissier du Bureau.

(22 avril.) La Compagnie a arresté de faire enregistrer au plus tost les lettres patentes qui portent permission de vendre des fonds et immeubles, scavoir de ceux de l'Hostel Dieu jusqu'à concurrence de douze cent mil livres, et de ceux de l'hôpital des Incurables jusqu'à la concurrence de 800,000 livres, pour payer les arrérages des rentes viagères par eux deües.

(26 avril.) La Compagnie a arresté que les orangers et fleurs qui sont dans le jardin de l'hôpital Saint Louis seront vendus.

(3 juin.) La Compagnie a arresté que tous les jours un de Messieurs les administrateurs, chacun à son tour, selon l'ordre du tableau de leur réception, fera la visite dans les salles, cuisines et offices de l'Hostel Dieu, et que les choses qu'ils auront faites, réglées et observées seront écrites sur le registre qui sera destiné à cet effet, dont sera fait raport de temps en temps aux assemblées des jours de bureau.

(28 juin.) Les garçons chirurgiens internes de l'Hostel Dieu estans venus en bande au Bureau pour faire leur remontrance, afin d'estre dispensez de rentrer à neuf heures du soir, particulièrement dans cette saison de l'été, sous prétexte qu'ils avoient besoin de prendre le bon air pour dissiper le mauvais qu'ils respirent au pensement des malades, et aussy qu'ils n'avoient que le soir pour faire leurs affaires, la Compagnie les a réprimandez et leur a deffendu de venir en trouppe ny en particulier au Bureau pour réclamer contre les ordres communs ou particuliers qui leur seront donnez par Messieurs, qu'il falloit qu'ils y fussent soumis à peine d'estre congédiez.

(1er juillet, au Palais archiépiscopal.) La Compagnie a arresté de loüer les jardins de l'hôpital Saint Louis, et que pour parvenir à faire la condition meilleure, les publications en seront faites aux prosnes des parroisses et églises des environs.

(26 août.) La Compagnie a arresté que les orgues de

l'église de l'Hostel Dieu seront vendues incessamment, et, par conséquent, a retranché l'organiste et le facteur desdites orgues.

(16 septembre.) Sur l'avis qui a esté donné au Bureau par les religieuses qu'il est nécessaire de remédier à deux inconvéniens qui arrivent journellement à l'Hostel Dieu, l'un regarde les pauvres femmes malades qui viennent avec un ou plusieurs de leurs enfans, lesquels ne sont point malades, et néantmoins que l'on se trouve dans la nécessité de recevoir, parce que ces femmes qui souvent sont de la campagne ou étrangères disant n'avoir personne qui veulent s'en charger, en sorte que ces enfans qui sont mis dans les salles et même dans les lits où il y a des enfants malades y respirent le mauvais air, qui les rend aussy malades et quelquefois les fait mourir, et l'autre inconvénient est que beaucoup de femmes, pressées de la nécessité, ou pour d'autres raisons, apportent des enfants malades pour s'en décharger, ne paroissant plus pour les reprendre quand ils sont guéris, la Compagnie a arresté de faire agréer au bureau de l'Hospital Général qu'à ses dépens, lesdits enfans non malades et les enfans malades, après leur guérison, seront mis en depost et nourris dans l'hôpital des Enfans trouvez, à cause de sa proximité à l'Hostel Dieu, où les ordres seront donnez pour veiller à ce que les femmes malades après leur guérison n'en sortent point sans aller prendre leurs enfans, et qu'à cet effet il sera tenu registre de leurs noms, et de ceux des femmes qui en apporteront des malades, avec leurs demeures, afin qu'il ne demeure point de ces enfans, s'il est possible, à la charge dudit Hospital Général, en laquelle considération la Compagnie est demeurée d'accord d'accommoder ledit hôpital des Enfans trouvez d'une maison y joignante, appartenante audit Hostel Dieu, occupée par M. Adam.

(18 novembre.) Monsieur le Doyen au Chapitre de l'Église de Paris est venu présenter M. Pillot prestre, docteur de Sorbonne, qu'il a dit avoir esté nommé par ledit Chapitre pour maître au spirituel de l'Hostel Dieu, en la place de M. Bailly, qui en sort, et a prié le Bureau de le recevoir, ce que la Compagnie a accordé et arresté qu'il entrera incessamment pour en faire les fonctions.

(18 novembre.) La Compagnie a arresté que dans la rivière, à l'endroit où les religieuses de l'Hostel Dieu lavent les lessives, il y sera mis des filets avec pieux, en l'étendue nécessaire, afin que si quelqu'unes desdites religieuses tomboient dans l'eau, elles soient retenües, et qu'il n'en arrive point d'accidents.

(2 décembre.) Monsieur Soufflot a fait raport que M. Chaudet auquel il a parlé, luy a témoigné de vouloir bien accepter la recette générale de l'Hostel Dieu, mais sur ce qui a esté dit qu'il a esté dans les affaires du Roy, la Compagnie a prié ledit sieur Soufflot d'aller voir pour s'informer de luy dans quelle nature d'affaires il a esté, et en cas qu'il eut esté comptable, si ces comptes sont apurez.

(23 décembre.) Monseigneur le Premier Président a dit que mademoiselle d'Orléans, monseigneur le prince et madame la duchesse d'Hanovre luy ont envoyé un billet qu'il a représenté et a esté mis entre les mains de M. Poullain, receveur, pour toucher de leur part une somme de 10,000 livres dont ils ont fait aumône à l'Hostel Dieu de quoy la Compagnie l'a remercié et elle a suplié Monseigneur l'archevesque de vouloir témoigner à leurs Altesses Royale et Sérénissime la gratitude du Bureau de cette charité, ce qu'il a bien voulu agréer.

60ᵉ REGISTRE. — ANNÉE 1691.

(10 janvier 1691.) Monsieur Petitpied a fait raport que suivant l'ordre de monseigneur le Premier Président, il a esté au bureau des aides pour compter avec Messieurs les interessez du produit du nouveau droit de trente sols accordé par le Roy en faveur de l'Hostel Dieu et de l'Hospital Général sur chacun muid de vin entrant à Paris et que par les comptes qu'ils luy ont représentez à eux rendus par leurs commis, il résulte que la totalité dudit droit, depuis le 1ᵉʳ février qu'il a commencé d'être levé jusques au dernier septembre de l'année dernière 1690 monte à la somme de 191,834 livres, dont les quatorze parts afférantes à l'Hostel Dieu dans les dix-neuf faisant le tout revenant à la somme de 141,350 liv.

(9 février.) Sur ce qui a esté dit qu'il y a plusieurs contrats originaux concernant les rentes de l'Hostel Dieu qui se trouvent égarez, la Compagnie a arresté que l'on fera une exacte recherche pour les retrouver, et qu'à l'avenir, pour remédier à cet inconvénient, aucuns de Messieurs, ny les procureurs et les agents de l'Hostel Dieu ne pourront prendre en communication pour emporter et examiner des originaux de contrats et autres titres, qu'en s'en chargeant sur le registre qui sera destiné à cet effet, ou en vertu de délibérations desquelles il sera fait mention sur ledit registre, afin qu'ils puissent être retirez.

(10 février, au Palais archiépiscopal.) Monseigneur le Premier Président a fait raport que M. le Procureur du Roy au Chastelet luy a remontré que l'Hostel Dieu est chargé par fondation de fournir de l'huille pour l'entretien des lampes des chapelles des prisons du grand et du petit Châtelet, et que depuis quelque temps on a discontinué d'y satisfaire, mais quelques uns de Messieurs aians dit avoir veu cette fondation, et qu'elle ne porte que pour la lampe du petit Chastelet, la Compagnie a arresté que l'on continuera de le faire à l'avenir.

(10 février.) Sur la permission demandée par M. de Laborde d'être inhumé dans l'église de l'Hostel Dieu dont il est bienfaiteur, ayant fait une donation d'environ 30.000 livres l'année dernière, la Compagnie a remis d'en être déliberé à la huitaine.

(3 mars.) La Compagnie a arresté qu'on avertira les apprentisses sages femmes à l'Hostel Dieu de garder dans leurs habillemens et coëfures une modestie convenable à la maison, avec ordre à la maitresse sage-femme d'y tenir la main.

(17 mars.) Sur ce qui a esté dit que les pauvres malades de l'Hostel Dieu ne sont visitez que le matin de chaque jour par les médecins, et qu'il peut survenir des accidens fascheux l'après midy, et mesme la nuit, où le secours du médecin seroit nécessaire et pourroit leur donner soulagement, et que pour cela il seroit à propos qu'il y en eût un résident, la Compagnie a arresté que Messieurs les administrateurs s'informeront, pour en trouver un de capacité et d'expérience reconnüe, en cas qu'aucun des médecins qui sont à l'Hostel Dieu ne veuille accepter ce party.

(24 mars.) La Compagnie, après avoir examiné l'estat de la recepte et dépense de l'Hostel Dieu et aiant reconnu qu'outre les deniers procédans de l'octroy qu'il a plû au Roy d'accorder, et du prix des terres et maisons vendües, l'on en avoit receu plusieurs, tant pour anciens arrérages et principaux rachaptz de rentes, qu'à cause des anciens loyers de maisons, fermages des terres à la campagne, et aussy des legs et aumônes pendant l'année dernière 1690 et les trois premiers mois de la présente 1691, et que les charges ordinaires et extraordinaires aquitées, joint l'œconomie qui a esté pratiquée et le peu de malades qu'il y a eu dans la maison, il se trouvoit présentement dans la recepte, compris l'octroy du présent mois de mars la somme de 146,000 livres, elle a arresté de faire payer au mois d'avril prochain un quartier entier à tous les pensionnaires, sans distinction de ceux qui ont des rentes depuis 200 livres et au dessus, et encores la portion qui reste deüe aux rentiers depuis 200 jusques à 400 livres y compris, du quartier écheu au dernier septembre 1690, sans toutefois que cela puisse être tiré à conséquence, ny qu'il soit rien changé pour l'avenir en la manière de payer les arrérages des pensions suivant leurs classes et sur le pied des payemens qui ont esté faits jusqu'à présent, sauf à augmenter lorsqu'il y aura des fonds ou revenans bons dans les années suivantes pour payer les arrérages reculez.

(6 juillet.) M. d'Estrechy aiant représenté l'expédition de l'arrest du conseil d'Estat du Roy rendu, Sa Majesté y étant, le 26 juin dernier, par lequel il est ordonné que sur les 380,000 livres provenans de l'octroy nouveau de 30 sous sur chacun muid de vin entrant à Paris, dont l'Hostel Dieu touche 14 parts en 19, et l'Hôpital Général les 5 autres, il en sera payé par chacune année de jouissance au receveur de l'hôpital des Enfans trouvez sur sa simple quittance la somme de 34,000 livres, scavoir 20,000 par le receveur de l'Hostel Dieu et 14,000 par celuy de l'Hôpital Général en 12 payements égaux de mois en mois, à commancer du premier jour dudit mois de juin la Compagnie a arresté que M. Perlan, receveur général de l'Hostel Dieu, payera lesdites 20,000 livres.

(26 octobre.) La Compagnie a arresté de faire mettre dans la chapelle de Clamart aux festes de la Toussaint prochaine un bassin pour y recevoir les charitez des personnes qui y vont en dévotion prier pour les trepassez, et d'y envoyer pour le garder un eclésiastique et quelques oficiers de l'Hostel Dieu.

(9 novembre.) La Compagnie a arresté que les deux septiers de chastaignes que le receveur pannetier a dit avoir esté aportez à l'Hostel Dieu, pour la redevance deüe à Montmorancy, seront délivrez en la manière accoutumée aux religieuses.

(14 novembre.) Monsieur le maistre au spirituel a représenté que les femmes grosses qui viennent pour accoucher à l'Hostel Dieu sont obligées de dire leurs noms au sieur Dupuis, inspecteur de la maison, qui en tient un registre, et des jours de leur entrée et sortie, ce qui semble blesser l'honnesteté et la pudeur, outre qu'il peut en arriver des inconvéniens, estimant qu'il seroit plus décent que cela fut fait par la mère d'office de ladite salle, pour éviter la confusion à ces pauvres femmes, lesquelles selon toute apparence, diroient tout aussy peu leurs véritables noms; sur quoy la Compagnie a remis à déliberer samedy, au bureau de l'archevesché.

(17 novembre.) La Compagnie aiant délibéré sur les

deux choses proposées par M. le maître au spirituel de l'Hostel Dieu, elle a arresté à l'égard de la seconde que ce sera la mère de l'office de la salle des accouchées qui tiendra le registre des femmes enceintes qui y seront receües, et des jours de leur entrée et sortie pour en rendre compte à la Compagnie, et sans qu'elle puisse communiquer ce registre à qui ce soit, que de l'ordre exprès du Bureau.

(17 novembre.) La Compagnie a arresté que la maîtresse sage femme de l'Hostel Dieu sera congédiée au plus tost et qu'il en sera mis une autre en sa place, et comme M. le Prevost des Marchands a témoigné que Madame son épouze voudra bien, par charité pour les pauvres, s'entremettre pour en trouver une quy ait les qualitez requises, il luy sera donné un mémoire des conditions.

(24 novembre.) Sur ce qui a esté dit que la dame Bureau s'ofre pour être maîtresse sage femme à l'Hostel Dieu, à telles conditions qu'il plaira au Bureau, la Compagnie l'a refusée, ayant des raisons particulières pour l'en exclure.

(1ᵉʳ décembre.) Monsieur le Prévost des Marchands aïant fait raport que madame son épouze a esté asseurée par le sieur Clément, maistre chirurgien accoucheur, que la dame Descarraux, maîtresse sage femme qui se présente pour entrer à l'Hostel Dieu est fort habile dans sa profession, et aussy qu'elle est de bonnes vie et mœurs, mais qu'elle demande au moins 600 livres de gage, la Compagnie, après en avoir délibéré, l'a receu pour maîtresse sage femme de l'Hostel Dieu, aux gages de 600 livres par an, au lieu de 300 livres que l'on donnoit à celle qui est sortie, à condition que ce sera pour toutes choses, et qu'elle ne pourra prendre aucuns droits ny présens des apprentisses et des femmes grosses et accouchées, et encore qu'elle ira manger au réfectoire.

(7 décembre.) Sur ce qui a esté représenté qu'il y a trois fondations dont l'Hostel Dieu est chargé pour des distributions aux prisonniers des grand et petit Chatelet et du fort levesque, lesquelles n'ont point esté exécutées depuis quelques années, scavoir celle de M. de Sillery depuis l'année 1683, celle de dame Claude Dartagnan, veuve du sieur Pinguet, depuis le mois d'avril 1686 et celle du sieur Savary depuis 1686, la Compagnie a arresté que ces fondations seront acquitées par monsieur d'Estrechy, selon sa prudence et l'intention des fondateurs.

(19 décembre.) La Compagnie a arresté que M. Perlan payera à la dame Morlet, ci devant maîtresse sage femme à l'Hostel Dieu, les deux mois de gages qui luy restent deûs.

61ᵉ REGISTRE. — ANNÉE 1692.

(2 janvier 1692.) La Compagnie a arresté que le sacristain de Hostel Dieu fera signer, à côté de son registre, tous les prestres qui diront et acquiteront leurs messes dans ledit Hostel Dieu; que la sœur Magdelaine luy donnera à la fin de chaque mois le nombre des pauvres qui seront décédez dans l'Hostel Dieu, pour en faire mention dans son registre; qu'il sera enjoint aux ambaleurs de ne plus s'arrester au retour des enterremens, à peine d'être congédiez.

(12 janvier.) La mère Saint Louis aiant esté eleüe prieure des religieuses de l'Hostel Dieu, en la place de la mère Saint Ambroise, est venüe saluer le Bureau.

(24 janvier.) La Compagnie s'estant assemblée extraordinairement, et ayant conféré avec M. le maître au spirituel sur les honoraires de luy et des eclésiastiques dudit Hostel Dieu, à l'occasion du payement qu'il presse de ce qui en est deub, elle luy a ofert, comme une condition avantageuse, la somme de 1834 livres pour les quatre mois écheus au dernier décembre 1691, qui est sur le pied par année, scavoir, à l'égard dudit sieur maître, 500 livres, à chacun des 8 chapelains du chœur 250 livres, et à chacun des 10 chapelains des malades 300 livres, en égard à ce qu'ils sont tous bien nouris, logez, chaufez, éclairez, blanchis et servis tant en santé que maladie, aux dépens de la maison, sauf néantmoins le règlement qui doit être fait à ce sujet par monseigneur l'archevesque, mais ledit sieur maître a témoigné ne pouvoir accepter cette ôfre.

(6 février.) Le sacristain de l'Hostel Dieu aiant représenté que tous les eclésiastiques dudit Hostel Dieu se plaignent de ce qu'ils ne sont point payez de leurs honoraires depuis le 1ᵉʳ septembre 1691, et même que les chapelains du chœur refusèrent hier de dire une messe pour un convoy qu'il y avoit, la Compagnie a arresté de suplier monseigneur l'archevesque de vouloir bien régler lesdits honoraires, afin de les payer, pour ôter le prétexte de plainte.

(26 mars.) Sur ce qui a esté dit qu'il y a plusieurs plaintes de ce que les garsons d'ofice, et autres domestiques de l'Hostel Dieu, joüent pendant la nuit dans les salles, et que cela incomode les malades, la Compagnie a enjoint à l'inspecteur de défendre à tous les domestiques de joüer à quelque jeu que ce soit, à peine d'être chassez sur le champ.

(11 avril.) La Compagnie a signé la quittance qu'elle donne du paiement fait à M. Perlan du legs de 4,000 livres fait à l'Hostel Dieu par M. de Beringhen, premier écuyer du Roy.

(12 avril.) Sur l'avis donné au Bureau que la quantité d'opérateurs pour la taille à l'Hostel Dieu étoit plus nuisible qu'utile aux pauvres malades affligez de la pierre, à cause des dificultez qui surviennent entr'eux, les jours d'opérations, pour le choix des sujets et l'affectation qu'ils ont plus pour les uns que pour les autres, dont il est arrivé des accidens, à quoy il seroit à propos de remédier, la Compagnie aiant esté informée du fait et après en avoir délibéré, elle a arresté que la taille pour la présente année sera faite par les sieurs Saviard et de Jouy, deux des quatre opérateurs ordinaires, sans que cela puisse tirer à conséquence pour les deux autres, qui sont les sieurs Beucher et Colignon, et ausquels néantmoins il pourra estre donné quelques sujets à tailler, s'il est ainsy jugé à propos par les médecins et maîtres chirurgiens de l'Hostel Dieu, jusqu'à ce que le Bureau en ait autrement ordonné, comme aussy elle a arresté que pour l'avenir on choisira pour opérateurs ceux d'entre les compagnons chirurgiens de la maison les plus capables, sans avoir égard, comme il s'est pratiqué cidevant, à l'ordre et antiquité de leur réception.

(11 juin.) Monsieur Marchand a esté prié par la Compagnie d'aller à la foire du Landy à Saint Denis, pour achepter des étoffes de bure, pour faire des robbes aux malades de l'Hostel Dieu.

(2 juillet.) Sur ce qui a esté dit qu'il se commet beaucoup d'abus dans l'Hostel Dieu par les garsons et les filles d'office, étans au nombre de 77, dont 45 garsons et trente deux filles, lesquels pour la plus part ni entrent qu'en attendant qu'ils aient trouvé d'autres conditions, et sous prétexte qu'ils n'ont point de gages ils ne font point leur devoir, emportent ce qu'ils peuvent attraper, négligent le service des malades, et même qu'il y en a souvent de surnuméraires parce qu'on ne les connoit point, à cause qu'ils changent tous les jours, et on a remarqué qu'il seroit très utile de faire un règlement à ce sujet, portant que l'on donnera des gages modiques scavoir à chacun garson 45 livres, et à chaque fille 36 livres, ce qui coûtera moins à l'Hostel Dieu que tous les entretiens, de la manière qui leur sont fournis, des meilleurs habits de la pouillerie avec chaussures et linges qu'ils emportent, à mesure qu'ils sortent, que, pour les contenir dans le devoir, ils seront tous receus au Bureau, qu'ils ne changeront point des offices où ils auront esté mis, ne pouront sortir sans la permission par écrit de la mère prieure, ne découcheront sans l'ordre du Bureau, que pour les reconnoître, on donnera aux garsons des justaucorps et aux filles des juppes et des manteaux de serge d'une même étoffe, qu'ils ne porteront *que du linge uny sans dentelles*, les garsons auront des bonnets et point de chapeaux, et les filles des cornettes et point de coeffes, et pour faire connoître qu'outre le bon ordre que ce règlement aportera dans la maison, il en reviendra encore du proffit à l'Hostel Dieu, monsieur Marchand a fait un mémoire duquel il résulte que les deniers provenans de la vente des habits des pauvres qui décèderont à l'Hostel Dieu doivent monter par évaluation d'années communes à 4,000 livres par an, à quoy joignant 770 livres au moins pour le linge qui étoit fourny à ces garsons et filles et ne le sera plus, ces deux sommes font ensemble 4,770 livres, et que la dépense des gages, des justaucorps, juppes et manteaux ne montera au plus qu'à 3,800 livres par an, en sorte que l'Hostel Dieu aura de bon 970 livres, qui est une somme plus forte que celle qui est raportée ordinairement par la religieuse mère de la pouillerie en fin de chaque année, mais la Compagnie ayant trouvé l'affaire importante, elle a remis d'en être délibéré au bureau de l'archevesché.

(12 juillet.) La Compagnie a approuvé le mémoire présenté le 2 juillet par M. Marchand.

(13 août.) Sur la prière des apprentisses sages-femmes de l'Hostel Dieu que le Bureau permette, quand il décèdera des femmes accouchées par un travail fâcheux et dificile, de faire l'ouverture des corps, pour leur donner la connoissance des accidens et se rendre plus capables, la Compagnie, après en avoir délibéré, a arresté de l'accorder pour quelques corps de temps en temps et fort rarement, à condition qu'il n'i aura de présens aux ouvertures que le chirurgien qui les fera, les apprentisses avec la maîtresse sage femme et que l'on ne pourra en faire aucune qu'auparavant on ne le soit venu demander au Bureau, et qu'il en ait donné la permission, afin que l'on ne puisse en abuser.

(6 septembre.) On a dit qu'il se trouve aujourd'huy deux malades de *la lèpre* dans l'Hostel Dieu, et comme ce mal est contagieux, qu'il se pourra communiquer à

d'autres pauvres et on a demandé si on les envoyera à l'Hospital Général, mais monseigneur le Premier Président de la Cour des aides aiant témoigné qu'ils n'en sont point sujets, la Compagnie a députté monsieur Accart, pour s'informer de Messieurs de l'ordre de Saint Lazare, s'ils n'ont pas une retraite pour cette maladie, et qu'en attendant messieurs Levesque, Debeyne et Herlau verront à trouver un petit endroit dans l'Hostel Dieu pour placer ces deux malades en particullier, affin de prévenir les accidents.

(20 septembre.) Sur le raport fait par monseigneur le Premier Président que s'étant informé du nombre des pauvres qui ont esté taillez en la présente année à l'Hostel Dieu, on luy a dit qu'il y en a eu 104 et qu'il n'en est mort que 18 et qu'il croit y avoir de la justice de donner une petite gratification aux chirurgiens opérateurs, en reconnoissance de leurs peines et soins et pour les exciter à les continuer à l'avenir, la Compagnie a accordé sçavoir 200 livres au sieur Saviard, premier opérateur, 150 livres au sieur de Jouy, second opérateur et 60 livres à Maurice, qui a le soin du pensement.

62ᵉ REGISTRE. — ANNÉE 1693.

(14 janvier 1693.) La Compagnie a arresté de faire faire un petit pavillon dans l'hôpital des Incurables, pour recevoir les bleds qui seront conduits des greniers en bas par un canal et une trémie, et que cette dépense, qui pourra coûter 400 livres ou environ, sera suportée par l'Hostel Dieu en considération de ce que ces bleds sont mis dans lesdits greniers sans en payer aucun loyer.

(17 janvier.) La Compagnie a arresté le règlement qui ensuit pour la salle des accouchées de l'Hostel Dieu : 1° Aucunes femmes ne seront receues pour faire leurs couches à l'Hostel Dieu, qu'elles n'ayent esté veües et visitées par la maîtresse sage femme, qui retiendra celles qu'elle trouvera grosses de huit mois, et donnera son certificat à celles dont la grossesse sera apparente, et sur le sixième mois au moins, pour estre conduites à la Salpestrière par ordre du Bureau, et y être gardées jusqu'au neuvième mois de leur grossesse, au commancement duquel elles seront ramenées à l'Hostel Dieu pour y faire leurs couches. 2° La maistresse sage femme, les apprentisses et les femmes grosses assisteront tous les jours à la messe, qui se dit à sept heures du matin à l'autel de leur salle et à la prière à six heures du soir, et si la maistresse sage femme ou quelqu'une des apprentisses estoit occupée nécessairement, et ne pouvoit assister à la messe de la salle, elle en entendra une autre dans la maison et non ailleurs. 3° Les femmes grosses et accouchées seront obligées de tenir leur salle proprement et de s'occuper gratuitement à quelque ouvrage utile pour la maison, ainsi que la mère d'office le trouvera à propos, et pendant le travail on leur fera quelque lecture de piété de temps en temps. Lorsque la mère d'office en envoyera travailler en quelque lieu de la maison, elle commettra une personne fidèle pour les y mener, luy rendre compte de leur conduite et les ramener en leur salle, et défenses leur sont faites de faire des bas, des dentelles ou aucuns autres ouvrages pour la maîtresse sage femme, les apprentisses, chirurgiens ou pour des personnes de dehors, à peine d'estre congédiées. 4° La portière tiendra soigneusement la porte fermée, et on ne donnera permission à aucune femme grosse d'aller en ville, du moment qu'elle aura esté admise, sous quelque prétexte que ce soit, même d'aller quérir ses hardes, et si quelqu'une sortoit, il est défendu à la portière de la laisser rentrer. 5° On ne souffrira point qu'aucune personne telle qu'elle soit, et sous quel prétexte que ce puisse estre, entre dans la salle des femmes grosses et des accouchées, et sy l'on souhaite leur parler, ou à la maistresse sage-femme et aux aprentisses, on les fera venir dans le parloir. Il n'y aura que le maistre chirurgien, le premier compagnon et son externe qui saigneront et panseront les femmes grosses et accouchées, ce qu'ils ne pourront faire néantmoins qu'en présence de la maistresse sage femme ou de personnes commises par la mère d'office. 6° Les apprentisses seront présentées par la maistresse sage femme et receues au Bureau, en raportant l'extrait de la célébration ou contract de leur mariage, avec un certificat de leurs bonnes mœurs signé du curé ou vicaire, ou de deux personnes considérables de leur paroisse, et après que l'un de Messieurs les administrateurs se sera informé de leur conduite dans leur voisinage, on ne recevra ny femme grosse ni fille pour aprentisse, et il n'y en aura que quatre en même temps dans la maison, elles y entreront suivant l'ordre de leur réception, sans aucune préférence, et le Bureau ne leur donnera leur certificat qu'après qu'elles auront servy exactement et sans reproche durant trois mois entiers et consécutifs. 7° Outre la visite générale qui se fera le premier jour de chaque mois, pour connoistre l'estat de la grossesse des femmes, la maistresse sage femme et les apprentisses feront leur tour dans la salle et les chambres qui en dépendent, au moins deux fois, le matin et l'après

dinée de chaque jour, pour examiner l'estat des femmes, et leur ordonner ce qui sera nécessaire. Elles iront toutes au réfectoire matin et soir, et en cas que quelqu'une d'elles fût occupée nécessairement pendant les heures du réfectoire, la mère d'office luy donnera un billet pour estre receüe au réfectoire après l'heure ordinaire, sans qu'on luy puisse porter à manger dans sa chambre. 8° Elles porteront aux fonds les enfans nouveaux, le plûtost que faire se pourra, et feront en sorte que le jour qu'ils seront nez ne se passe point sans qu'ils reçoivent le baptesme. Elles n'exigeront quoy que ce soit des femmes grosses et accouchées ny aucuns présens des parains et maraines, et seront habillées modestement sans frisures et sans rubans de couleurs. 9° La maistresse sage femme et les apprentisses ne pourront aller en ville sans congé de la mère Prieure, et sans en avertir la mère d'office et ne découcheront point sans permission du Bureau, si quelqu'une des apprentisses découche sans permission, on ne la laissera plus rentrer dans la maison, et dès le lendemain on en recevra une autre à sa place. La mère d'office est priée et l'inspecteur aura soin de tenir la main à l'exécution de ce règlement et de donner avis au Bureau exactement et promptement des contraventions qui y seront faites.

(22 avril.) Ayant esté résolu, par délibération de samedy dernier, que pour connoistre la capacité et l'expérience de Marie Magdeleine Léger, femme de Jacques le Gouey au fait des accouchemens, avant que de la recevoir maistresse sage femme à l'Hostel Dieu, elle en feroit la fonction par provision pendant quelque temps, la Compagnie a arresté qu'elle y sera installée cette après dinée comme domestique, aux gages de 150 livres par an, par Messieurs Chuppé, Petitpied et Destrechy.

(3 juin.) La Compagnie aiant considéré que les chirurgiens qui sont receus à l'Hostel Dieu pour compagnons externes, s'asseurans sur la coûtume qui s'est introduite de les recevoir indiféramment pour internes, suivant l'ordre de leur antiquité, négligent de s'instruire et sont peu assidus à leur devoir, ce qui fait qu'estans receus internes, ils ne se trouvent pas capables de conduire et enseigner les externes et de donner aux malades tous les secours nécessaires, elle a arresté que, lorsqu'une des places des chirurgiens internes et autres, qui sont ordinairement nourris dans l'Hostel Dieu, viendra à vaquer, tous les externes qui auront travaillé assiduement et sans intermission dans l'Hostel Dieu pendant deux ans, pourront se présenter pour remplir cette place, et à cet effet seront interrogez par les médecin et maistre chirurgien de l'Hostel Dieu, en présence de Messieurs, et que le Bureau choisira celuy qui sera trouvé plus capable et de meilleures mœurs, et qui aura servy les malades avec plus d'exactitude, de conduite et de charité.

(6 juin.) Sur ce que monseigneur le Premier Président a dit qu'estant nécessaire de remplir au plustôt la place d'administrateur de l'Hostel Dieu, vacante par le décès de monsieur Champy, il estime que le Bureau ne peut faire un meilleur choix que de monsieur Chuppin, ci-devant trésorier général du marc d'or, qui a bien du mérite et de la capacité dans les affaires, aiant même une particulière connoissance de celles qui regardent l'Hostel Dieu, pour y avoir travaillé comme notaire ordinaire pendant un grand nombre d'années, la Compagnie a approuvé le choix dudit sieur Chuppin pour administrateur, et elle a député monsieur Petitpied pour luy en donner avis et le prier d'accepter.

(19 août.) Sur la plainte que M. le maistre au spirituel de l'Hostel Dieu est venu faire, que les chirurgiens qui ont acoutumé de razer la teste aux enfans de chœur, aians manqué d'y venir la veille des dernières festes, ils furent razez par l'enfant trouvé dernier receu pour chirurgien, lequel n'en étant pas capable leur fit plusieurs coupures, la Compagnie, après avoir esté informée que cela est du soin des 5 derniers des 12 compagnons chirurgiens internes, elle a arresté, pour les punir de la faute, de leur retrancher le vin jusques à nouvel ordre, aussi bien qu'à l'enfant trouvé qui a razé sans en avoir la permission.

(27 novembre.) La Compagnie a arresté de faire dire en l'église de l'Hostel Dieu un service pour défunt monseigneur le Premier Président de Novion, et d'en avertir sa famille pour la prier de choisir le jour.

(19 décembre.) Monsieur Accart a fait raport que monsieur de la Houssaye, procureur général de la Commission pour réunir aux hôpitaux et communautez les biens qui en ont esté demembrez, pour les unir à l'ordre de Saint Lazare, a esté veü pour luy demander l'union au proffit de l'Hostel Dieu de plusieurs biens situez à Lieursaint proche Corbeil et les environs, du revenu de trois cent soixante livres ou environ, qui ont apartenu anciennement au petit Hostel Dieu apelé de Loursine, qui étoit au faubourg Saint Marcel, mais qu'il a fait réponce que Messieurs les commissaires et luy ne la pouvoient accorder, n'ayans point de pouvoir sufizant par leur commission, et que pour y parvenir, il faloit présenter un placet au Roy qui, selon toutte aparence seroit renvoyé à monseigneur l'archevesque pour avoir son avis, et qu'il ne paroist aucune difficulté d'obtenir cette union, quoyque ces mesmes biens aient esté possédez intermédiaire-

ment par deux ou trois chapelains sous le nom du prieuré de Sainte Valère, autrement dit la Charité chrestienne, et que le dernier titulaire demande à y rentrer, puisqu'il ne paroist aucun titre de fondation; sur quoy la Compagnie a remis à délibérer dans un autre temps.

(30 décembre.) La Compagnie a arresté que l'on donnera avis à l'École de médecine et à la communauté des maistres chirurgiens, d'envoyer quelques garsons chirurgiens capables pour aider à ceux de l'Hostel Dieu au pansement des pauvres malades, et de les adresser au Bureau.

63ᵉ REGISTRE. — ANNÉE 1694.

(2 janvier 1694, au Palais archiépiscopal.) Sur ce qui a esté dit que les pensionnaires de l'Hostel Dieu demandent le payement du quartier, qui devoit s'ouvrir au commencement du présent mois de janvier, de leurs rentes viagères, la Compagnie a arresté qu'on leur témoignera le désir sincère qu'elle a de les satisfaire, et qu'il n'y aura que l'impossibilité qui puisse en empescher, à cause des dépenses excessives qui se sont faites pendant l'année dernière et se font actuellement dans l'Hostel Dieu, *par la chèreté des vivres et la grande multitude des malades*, mais que dans quinzaine on leur dira de bonne foy si on pourra les payer ou non quant à présent, après qu'elle aura examiné tant ce qui est deub pour les dépenses du passé, et celles qu'il conviendra faire durant ces trois premiers mois, que les deniers qui seront à la recepte et les sommes qui pourront se recevoir, avec le fonds que l'on pourra espérer sur les aumônes publiques qui se lèvent.

(8 janvier.) Le fermier de Champrozay s'étant venu plaindre de ce que les officiers de monsieur le chevalier de Lorraine, en sa maison de Fremont, ont tiré nouvellement plusieurs fois sur les pigeons de cette ferme et qu'ils en ont tué beaucoup, la Compagnie a remis d'en délibérer demain au bureau de l'archevesché, pour scavoir de quelle manière elle se conduira pour remédier à ce désordre.

(3 février.) On a dit que pendant le mois de janvier dernier, le moins de malades qu'il y a eû pour un jour dans l'Hostel Dieu est de 3,359 et le plus 3,867.

(19 février.) Monsieur Marchand a représenté une ordonnance à luy envoyée par monseigneur le Premier Président pour recevoir de M. Boucot, sur les deniers *des aumônes publiques*, la somme de 76,246 livres pour la subsistance des malades de l'Hostel Dieu, laquelle ordonnance la Compagnie a délivré à M. Letourneur pour toucher ladite somme.

(20 février.) La Compagnie ayant examiné le fond de la recepte de l'Hostel Dieu et trouvé qu'il n'est pas sufizant pour payer les rentes viagères en la manière accoutumée, elle a arresté, sans tirer à conséquence, que pour le quartier écheu au premier janvier dernier et qui s'ouvrira lundy 1ᵉʳ mars, ensemble pour le quartier suivant qui est le courant, il n'y aura que les rentes viagères privilégiées, comme procédantes de legs, ou qui sont au denier vingt, celles réduites par transactions et celles jusqu'à 200 livres et au dessous qui seront payées en entier, que de celles au dessus de 200 livres jusques à 600, il n'en sera payé que 50 livres de chacune pour chaque de ces deux quartiers, et à l'égard de celles au dessus de 600 livres et indifiniment, les deux tiers d'un demy quartier, le payement de chacun desquels deux quartiers, sur le pied ci-dessus réglé, montant, suivant le calcul qui en a esté fait à 66,181 livres, au lieu que pour payer à l'ordinaire, chaque quartier monteroit à 84,800 livres, le surplus demeurant retardé jusqu'à ce qu'il y ait du fond pour y satisfaire, aussy bien qu'à ce qui a esté desjà cy devant retardé.

(3 mars.) On a fait raport que pendant le mois de février dernier, le moins de malades qu'il y a eû pour un jour est 3,266 et le plus 3,985.

(2 avril.) La Compagnie a arresté que l'argenterie de l'Hostel Dieu sera portée et vendue à la monnoye pour survenir aux besoins et dépense de la maison, et monsieur Marchand a esté prié d'en prendre le soin.

(3 avril.) Monsieur Soufflot aiant dit que plusieurs de Messieurs ont jetté les yeux sur monsieur Greslé, secrétaire du Roy, pour remplir la place d'administrateur, vacante par le décès de monsieur Clerambault, la Compagnie l'a nommé.

(7 avril.) Monsieur Marchand a dit qu'en exécution de la délibération du deux de ce mois, il a fait porter et a vendu à la monnoye l'argenterie de la sacristie de l'Hostel Dieu, et qu'il s'en est trouvé pour la somme de 2725 livres qui a esté receüe.

(5 mai.) On a fait raport que le moins de malades

qu'il y a eu pour un jour dans l'Hostel Dieu pendant le mois d'avril dernier est 3,137 et le plus 3,530.

(28 mai.) Monseigneur le Premier Président a dit que pour parvenir à renvoyer les pauvres mandians de la campagne qui sont en cette ville, suivant l'ordre qu'il en a receu du Roy, il est nécessaire de les enfermer pendant quelques jours, et comme il n'a point de place dans la maison de Bicestre, il estime à propos de se servir de l'hospital Saint Louis, et que la dépense à faire pour la nourriture de ces pauvres soit suportée scavoir, par l'Hostel Dieu celles des malades, et par l'Hôpital Général celle des valides, ce que la Compagnie a agréé, et elle a arresté qu'il sera tenu un registre séparé pour la dépense de l'Hostel Dieu.

(19 juin.) Monseigneur le Premier Président a dit que le nombre des malades dans l'Hostel Dieu étant encore de plus de 3,000, cela y rend l'air mauvais et fâcheux, et qu'il y a lieu de craindre qu'il n'augmente à cause des chaleurs, en sorte que pour y remédier et donner du soulagement aux malades autant qu'il est possible, il croit qu'il seroit à propos d'en tirer six à sept cent de ceux de la campagne (autres touttefois que de Versailles, qui demeurent exceptez), pour les transférer dans l'hôpital Saint Louis, et de les y faire nourir et traitter de la même manière que ceux qui y ont esté mis depuis quelques jours, dont la dépense, par l'examen qui en a esté fait, se trouve bien moindre que celle qui se fait à l'Hostel Dieu, et mêmes qu'à l'avenir les pauvres qui seront amenez de la campagne seront envoyez directement audit hôpital Saint Louis, ce que la Compagnie a approuvé et arresté d'être exécuté le plûtost qu'il se pourra.

(24 juillet, au Palais archiépiscopal.) La Compagnie aiant considéré que le grand nombre des malades et la chèreté extraordinaire des vivres ont tellement augmenté la dépense qui se fait dans l'Hostel Dieu qu'on n'y peut plus survenir, ny payer les créanciers, a estimé nécessaire de retrancher quelque petite partie de ce qu'on a donné de pain et de viande jusques à présent, et elle a résolu qu'à l'avenir on donnera aux deux tiers des malades à chacun trois quarterons de pain et soixante livres de viande pour chaque centaine de malades, et à l'autre tiers des malades une demie livre de pain et trois œufs, qu'on ne donnera plus de poullets rotis, et que pour tous les malades généralement, on ne donnera plus qu'une douzaine et demie de poulles pour bouillir, et qu'à l'égard des ecclésiastiques, religieuses, officiers et domestiques, on leur donnera à chacun une livre et un quart de pain et autant de viande, le tout par chaque jour.

(1er septembre.) Monsieur Marchand a dit qu'il seroit utile de faire publier aux prônes des parroisses St Paul, St Nicolas des Champs, St Laurent, St Sauveur, Notre Dame de bonnes nouvelles, St Eustache et St Roch que les pauvres familles, étans proches et du côté de l'hôpital de Saint Louis, qui auront des femmes non enceintes, des filles et aussi des petits enfans au dessous de l'âge de cinq ans malades, pourront les y faire mener et conduire, et qu'ils y seront receus, traitez et soignez de même qu'à l'Hostel Dieu, dans lequel il y a un si grand nombre de femmes et filles malades, que l'on est obligé de les *metre jusqu'à huit dans chaque lit*, et que par ce moyen on diminuera l'embaras et la dépense du transport qui se fait d'une partie à l'hôpital Saint Louis; ce que la Compagnie a approuvé, et elle a arresté qu'il sera envoyé des billets à Messieurs les curez des parroisses, pour en faire l'avertissement à leurs prônes dimanche prochain, même d'en faire afficher aux endroits qui seront jugez nécessaires.

(18 décembre.) La Compagnie a arresté que l'hôpital Saint Louis sera fermé et que les malades y estans seront aportez incessamment à l'Hostel Dieu, dans lequel il y a moins de malades à présent que par le passé.

64e REGISTRE. — ANNÉE 1695.

(8 janvier 1695.) Monsieur Vigneron, président au bureau des finances et en la chambre du domaine aïant esté proposé pour remplir l'une des trois places d'administrateur vacantes, la Compagnie connoissant son mérite, et qu'il s'en acquitera dignement, elle l'a esleu et nommé.

(19 février.) Monsieur Accart aïant dit que Mr le maistre au spirituel de l'Hostel Dieu et tous ses chapelains sont obligez d'aquiter chacun une messe par jour, et cependant qu'en examinant le compte du sacristain, il a esté remarqué que plusieurs des chapelains des malades, sous prétexte de maladie, ont obmis de dire 631 messes dans l'année dernière 1694, et comme ils ont des honoraires raisonnables et fixes, qui leur sont payez tant en santé que malades, outre qu'ils sont nourris, logez, chauffez et blanchis aux dépens de la maison, on estime à propos de retenir sur leurs honoraires ce qu'il conviendra pour aquiter ces messes obmises, afin que l'Hostel Dieu ne paye pas deux fois une même chose. La Compagnie a suplié monseigneur l'archevesque de

régler à ce sujet ce qu'il jugera à propos pour prévenir les abus qui se pourroient commettre par lesdits ecclésiastiques dans ces obmissions, et que ledit sieur Accart luy donnera un mémoire instructif des raisons et moyens du Bureau.

(26 août.) La Compagnie est convenüe, pour la commodité d'aucuns de Messieurs, de s'assembler doresnavant les mercredis et vendredis à neuf heures précises du matin.

Relevé du nombre des malades : Février : minimum, 1,684; maximum, 2,169. Mars : minimum, 1,465; maximum, 1,751. Avril : minimum, 1,338; maximum, 1,545. Mai : minimum, 1,016; maximum, 1,415. Juin : minimum, 1,032; maximum, 1,129. Août : minimum, 932; maximum, 1,066. Septembre : minimum, 1,066; maximum, 1,177. Octobre : minimum, 1,111; maximum, 1,198. Décembre : minimum, 1,190; maximum, 1378.

65° REGISTRE. — ANNÉE 1696.

(11 janvier 1696.) Lecture faite d'une lettre écrite par les directeurs de l'Hôpital Général de la ville de Tulle, par laquelle ils prient le Bureau de leur donner une personne de confiance pour ocuper dans le procès qui leur est fait aux requestes de l'Hostel par M. l'évesque du diocèse, afin de charger leur hôpital de la nourriture et de l'entretien des enfans exposez, au lieu qu'ils prétendent que c'est luy qui en est tenu comme seigneur haut justicier, la Compagnie a arresté de leur faire réponce d'envoyer leurs papiers, avec un pouvoir au sieur Visinier, procureur de l'Hostel Dieu, et qu'elle prendra le soin de faire veiller et soliciter cette affaire.

(3 mars.) La Compagnie aiant délibéré sur la demande de la maîtresse sage-femme pour l'augmentation de ses gages, qui avoient esté réglez par provision à 150 livres, elle a arresté que doresnavant elle aura 300 livres par an.

(19 mai.) Sur le raport de monsieur Marchand, qu'une jeune fille a souffert l'opération de la taille à l'Hostel Dieu, quoy qu'elle n'eût point la pierre, qu'à la vérité les opérateurs ne l'avoient point sondée, s'étans confiez à ce que ses père et mère avoient dit qu'elle l'avoit esté par le sieur Mareschal, opérateur à l'hôpital de la Charité qui avoit assuré qu'elle en étoit ataquée, la Compagnie a arresté que pour prévenir doresnavant un pareil accident, tous les sujets qui se présenteront pour être taillez ne seront admis et receüs dans la salle qu'après avoir esté sondez avec toute l'exactitude possible par les opérateurs de l'Hostel Dieu, en présence de deux médecins ordinaires d'iceluy, lesquels en certifieront sur le registre tenu à cet effet.

(2 juin.) Touchant l'ouverture faite du corps d'un malade décedé à l'Hostel Dieu par les chirurgiens du Chastelet, assistez du commissaire Duchesne l'aîné, la Compagnie a arresté de ne souffrir à l'avenir de pareilles entreprises, par l'interest qu'elle a d'être informée de tout, et aucune chose extraordinaire ne se devant faire dans l'Hostel Dieu sans sa permission ou de quelques uns de Messieurs, et comme il a esté dit que cette ouverture s'est faite en vertu de l'ordonnance de monsieur le Procureur du Roy au Chastelet, monseigneur l'archevesque a témoigné qu'il lui en parlera, et monsieur Destrechy a esté député pour suplier monseigneur le Premier Président de la part du Bureau de vouloir mander ledit commissaire Duchesne, pour luy faire la réprimande qu'il mérite, veu même qu'il est coupable pour avoir souffert *contre l'ordre de la religion* que lesdits chirurgiens aient emporté les entrailles du corps en question.

(22 juin.) Sur l'avis donné au Bureau que M. de Varillas a légué à l'Hostel Dieu par son testament receu par le sieur Baglan, notaire, la somme de 10,000 livres sans aucune charge, sinon, qu'elle ne sera payée qu'après que d'autres legs auront esté aquitez, la Compagnie a arresté qu'il sera formé opposition au scellé aposé sur ses biens par le commissaire Lajarie.

Relevé du nombre des malades : Janvier : minimum, 1,227; maximum, 1,322. Février : minimum, 1,256; maximum, 1,369. Mars : minimum, 1,202; maximum, 1,318. Avril : minimum, 1,186; maximum, 1,318. Mai : minimum, 1,091; maximum, 1,270. Juin : minimum, 1,009; maximum, 1,089. Juillet : minimum, 1,001; maximum, 1,083. Août : minimum, 989; maximum, 1,083. Septembre : minimum, 1,061; maximum, 1,227. Octobre : minimum, 1,063; maximum, 1,248. Novembre : minimum, 1,077; maximum, 1,187. Décembre : minimum, 1,091; maximum, 1,407.

66ᵉ REGISTRE. — ANNÉE 1697.

(12 janvier 1697.) La Compagnie aïant égard aux services que le sieur Aymeret, médecin, a rendus depuis plusieurs années dans l'Hostel Dieu, et à l'augmentation du nombre des malades, elle l'a receu pour médecin ordinaire aux gages acoutumez de 400 livres par an.

(23 février.) Monsieur d'Argenson aïant esté receu en la charge de lieutenant général de police, en la place de monsieur de la Reynie, il a pris séance au Bureau pour la première fois.

(20 avril.) La Compagnie aïant esté informée des bonnes mœurs et de la capacité de Claude Henault, maistresse sage-femme à Paris, elle l'a receüe pour maîtresse sage-femme de l'Hostel Dieu; et à l'égard de ses gages, comme quelques uns de Messieurs ont dit qu'elle espère plus que les 300 livres qu'on donnoit à la précédente, il a esté remis à les régler en l'assemblée de la quinzaine.

(3 mai.) Monsieur d'Estrechy a apporté au Bureau une ordonnance qui luy a esté envoyée par monseigneur le Premier Président, de la somme de 10,000 livres, que le Roy a eû la bonté d'accorder par aumône à l'Hostel Dieu, à recevoir de M. Gruyn, garde du trésor royal.

(21 juin.) A la prière des confrères de la confrérie ditte de la passion et suivant leur ôfre, la Compagnie leur a permis d'établir et faire desservir leur confrérie dans l'église du prieuré de Saint Jullien le pauvre, pendant tout le temps qu'il plaira au Bureau, en payant annuellement une redevance de 12 livres à l'Hostel Dieu, dont sera passé un acte devant notaire.

Relevé du nombre des malades : Janvier : minimum, 1,414; maximum, 1,598. Février : minimum, 1,418; maximum, 1,616. Mars : minimum, 1,413; maximum, 1,582. Mai : minimum, 1,241; maximum, 1,474. Juin : minimum, 1,180; maximum, 1,291. Juillet : minimum, 1 168; maximum, 1,322. Octobre : minimum, 1,224 maximum, 1,374. Novembre : minimum, 1,267; maximum, 1,503. Décembre : minimum, 1,550; maximum, 1,892.

67ᵉ REGISTRE. — ANNÉE 1698.

(15 février 1698.) Sur ce que monsieur Marchand a dit que les ambaleurs de l'Hostel Dieu luy ont donné avis qu'ilz ont remarqué ce matin qu'il a esté volé la nuit dernière un corps mort dans le cimetière de Clamart et que cela est desjà arrivé plusieurs fois, la Compagnie a arresté qu'il en sera rendu plainte devant le sieur commissaire Delamarre et obtenu permission d'en informer pour prévenir la suitte de ce désordre.

(19 février.) Veu au Bureau le raport fait et arresté par monsieur Picquet, stipulant pour l'Hostel Dieu d'une part et monsieur Levé pour l'hospital de la Trinité d'autre, au sujet du partage à faire entre ces deux hospitaux, en exécution de la transaction passée le 5 décembre 1670, de la place y mentionnée, qui servoit ci devant de cimetière, la Compagnie a approuvé et elle a signé et ratiffié les deux doubles qui en ont esté faits.

(26 avril.) Les sieurs de Bourges, Morin et Enguehard, médecins ordinaires de l'Hostel Dieu et les sieurs Bessières et Méhéry, maistres chirurgiens jurez aïans esté mandez et oüis au Bureau touchant la nouvelle méthode de *frère Jacques* pour l'opération de la pierre, ils ont dit qu'ils lui ont veû faire plusieurs expériences sur des corps morts et quelques unes sur des corps vivants avec succès, et qu'ils ont remarqué que cette nouvelle méthode est bien plus aisée et moins douloureuse que celle qui s'est pratiquée jusques à présent, mais que pour mieux connoistre la seureté de l'opération et de la guérison, il est nécessaire qu'il fasse encore un nombre d'expériences sur des corps vifs, et qu'ils sont d'avis qu'on lui confie la taille de dix malades de ceux qui sont actuellement dans l'Hostel Dieu affligez de la pierre, ce que la Compagnie a agréé, sur le témoignage des sieurs médecins et chirurgiens, ausquels elle a recommandé d'estre présens aux opérations et de les examiner, aussi bien que le pensement des malades jusques à la guérison, pour ensuitte, en rendre un compte exact de cette assemblée.

(14 juin.) Il a esté fait raport qu'il étoit nécessaire d'eslire un administrateur qui se connoisse en bâtimens pour prendre le soin des réparations des maisons et fermes de l'Hostel Dieu, sur quoy monsieur de Bourges,

trésorier de France aïant esté proposé, la Compagnie l'a agréé et nommé, sous le bon plaisir de monseigneur l'archevesque.

(8 août.) La Compagnie déclare et rend témoignage à qui il appartiendra, que les précédents fermiers du pont de l'Hostel Dieu ont eû, dans la maison qui en dépend, la représentation d'une crèche de la naissance de Nôtre Seigneur, en figures de cire, et qu'ils la faisoient voir au public, et elle a donné charge au greffier du Bureau de délivrer expédition de cette délibération aux fermiers d'à présent, pour leur servir ce que de raison.

Relevé du nombre des malades : Janvier : minimum, 1,647; maximum, 1,875. Février : minimum, 1636; maximum, 1,947. Mars : minimum, 1,723; maximum, 1,859. Avril : minimum, 1,601; maximum, 1,797. Mai : minimum, 1,624; maximum, 1,776. Juin : minimum, 1,567; maximum, 1,703. Juillet : minimum, 1,470; maximum, 1,640. Août : minimum, 1,430; maximum, 1,594. Septembre : minimum, 1,524; maximum, 1,757. Octobre : minimum, 1,593; maximum, 1,761. Novembre : minimum, 1,733; maximum, 2,011. Décembre : minimum, 2,027; maximum, 2,225.

68° REGISTRE. — ANNÉE 1699.

(16 janvier 1699.) Monsieur Arrault aiant presté serment au Parlement le jour d'hier, il a pris séance au Bureau.

(16 janvier.) Sur le raport de monsieur Marchand qu'il a appris dans l'Hostel Dieu qu'une femme y étant venüe sous prétexte de maladie et qui a célé sa grossesse, s'est fait saigner du pied et donner des remèdes qui ont fait avorter son fruit, qu'elle s'est accouchée secrètement à terme de cinq mois ou environ, et qu'on a trouvé son enfant mort, qu'elle avoit caché derrière le chevet de son lit, la Compagnie a arresté de la faire mettre en justice pour servir d'exemple, et que pour prévenir la suitte de pareils accidens, qui sont desja arrivez, les médecins et chirurgiens seront avertis d'estre plus soigneux à la visitte de l'estat des filles et femmes malades, avant de leur ordonner et faire des remèdes.

(7 mars.) La Compagnie voulant prévenir les malheurs qui sont causez dans l'Hostel Dieu par des femmes et filles qui y viennent sous prétexte de maladie et cachent leur grossesse, pour abuser des remèdes qu'elles disent leur estre nécessaires et qui leur sont donnez, a arresté que toutes les femmes et filles de l'âge d'environ 18 à 35 ans seront avant que d'estre receues comme malades, particulièrement veües et examinées par la portière sage femme, pour connoistre si elles sont enceintes et en avertir la mère d'office de la salle de Sainte Marthe, dans laquelle elles seront mises de suitte et en un même endroit, et qu'en cas qu'elles soient soupçonnées de celer leur grossesse, il ne leur sera fait ni donné aucuns des remèdes qui peuvent procurer l'avortement, qu'au préalable elles n'ayent esté visitées par la maîtresse sage femme, et qu'elle n'en ait fait son rapport aux médecins et chirurgiens ordinaires de ladite salle, lesquels sont tous exhortez de s'appliquer exactement à l'exécution du

présent règlement, et si dans la suitte on reconnoit qu'elles aient célé leur grossesse, elles seront sans rémission mises en justice; que les femmes venües grosses à l'Hostel Dieu, qui nuiront à leur fruit avant ou après sa naissance, seront pareillement mises en justice pour leur estre le procès fait et parfait, et que le présent règlement sera affiché dans les salles de Sainte Marthe et des accouchées, et leû publiquement dans lesdites salles le premier jour de chaque mois.

(13 mai.) Messieurs Petitpied et Passart, chanoines de l'église Notre Dame sont venus prier le Bureau, de la part du Chapitre, de permettre de faire porter dans le cimetière de l'Hostel Dieu à Clamart 50 ou 60 tombereaux des terres qui sont tirées du chœur de ladite église, afin de satisfaire à l'ordre donné par monseigneur l'archevesque de faire mettre ces terres dans un lieu décent et bény, par ce qu'il sy est trouvé les tombeaux et les ossements des corps de plusieurs personnes qualifiées qui y ont esté inhumez antiennement, ce que la Compagnie leur a accordé.

(19 juin.) Monsieur d'Estrechy a apporté au Bureau, de la part de monseigneur le Premier Président, un recueil relié en veau des privilèges de l'Hostel Dieu, et la Compagnie l'a fait serrer aux archives, et elle a arresté qu'il n'en pourra estre tiré pour quelque cause que ce puisse être.

(5 décembre.) Monseigneur le Premier Président a dit qu'il a esté informé que depuis quelque temps le sieur Petit, maistre chirurgien de l'Hostel Dieu, à cause de son grand âge et de ses indispositions, ne peut vaquer à touttes les fonctions de son employ, et que les chirurgiens internes et externes de la maison manquent de capacité par le défaut de leçons et d'instructions, ce

qui fait qu'il ne s'en trouve pas un en estat de remplir la place vacante de premier compagnon gagnant la maîtrise, en sorte qu'il estime absolument nécessaire de choisir un maistre chirurgien de la ville, bien capable et expérimenté, pour successeur dudit sieur Petit, aux gages et conditions qui seront réglez, et qui entrera dès à présent pour travailler conjointement avec luy, instruire les chirurgiens internes et externes par des leçons et par la pratique, et veiller sur leur conduite, afin d'asseurer le pensement des pauvres malades avec exactitude, et procurer des secours au public, lorsque ces chirurgiens sortiront pour s'établir, et que néantmoins il y avoit justice d'accorder audit sieur Petit, la prééminence et la jouissance pendant sa vie des mêmes gages, nourriture et logement qu'il a présentement, en considération des bons et assidus services qu'il a rendus à l'Hostel Dieu depuis 50 ans ou environ, en ne travaillant qu'autant que son grand âge et sa santé le pourront permettre, sur quoy la Compagnie, après avoir délibéré, a approuvé le tout et arresté de l'exécuter, et elle a député messieurs Accart et Levesque, pour donner avis audit sieur Petit de la présente délibération.

Relevé du nombre des malades : Janvier : minimum, 2,121; maximum, 2,318. Février : minimum, 2,259; maximum, 2,509. Mars : minimum, 2,333; maximum, 2,671. Avril, mai, juin et juillet (Hostel Dieu et hôpital Saint Louis réunis) : avril, 2,400 – 2,609; mai, 2,133 – 2,594; juin, 1,987 – 2,317; juillet 1,761 – 1,972. Septembre, octobre, novembre, décembre (Hostel Dieu seul) : septembre, 1,847 – 2,036; octobre, 1,960 – 2,206; novembre, 2,185 – 2,442; décembre, 2,361 – 2,536.

69ᵉ REGISTRE. — ANNÉE 1700.

(9 janvier 1700.) Les sieurs médecins ordinaires et le sieur Petit, maistre chirurgien de l'Hostel Dieu, avec les sieurs Bessières et Tribouleau, anciens maistres chirurgiens consultans, s'étans trouvez au Bureau, suivant l'avertissement qui leur avoit esté fait, pour donner leurs avis sur le choix d'un maistre chirurgien pour l'Hostel Dieu et successeur dudit sieur Petit, et servir dès à présent conjointement avec luy, faire des leçons aux compagnons chirurgiens de la maison et leur donner les instructions nécessaires pour la théorie et la pratique, afin d'asseurer le pancement des malades et procurer de l'utilité au public, à mesure que ces compagnons sortiront pour faire leur établissement; il a esté proposé plusieurs sujets, entre lesquels le sieur Mehery, maistre chirurgien à Paris et professeur en anatomie, et le sieur Antoine, maistre chirurgien en la ville de Méry sur Seine ont esté estimez les plus capables de remplir la place dont il s'agit, et qu'ils en scavent les fonctions parce qu'ils ont esté ci devant compagnons à l'Hostel Dieu. Sur quoy lesdits sieurs médecins et chirurgiens ont dit leurs avis, ensemble sur le choix qui est à faire de François Dupré ou de Pierre du Verger, les plus anciens compagnons chirurgiens ordinaires de l'Hostel Dieu qui sont concurens pour la place de premier compagnon gagnant la maîtrise, vacante au moyen de ce que le sieur de Jouy a achevé son temps, le tout aiant esté mis en délibération, la Compagnie a receu ledit sieur Mehery pour maistre chirurgien de l'Hostel Dieu et successeur dudit sieur Petit, et monseigneur le Premier Président a esté supplié de le mander, pour luy faire agréer, et d'en régler les gages et les conditions. Comme aussi elle a choisy et receu ledit du Verger pour remplir la place de premier compagnon chirurgien gagnant la maîtrise de l'Hostel Dieu, comme jugé par la capacité, les mœurs et la conduite, la mériter le mieux et que néantmoins le secret en sera gardé jusques à ce que ledit Dupré soit sorty de la maison.

(23 janvier.) Monsieur Greslé a fait rapport que l'inventaire des biens de M. l'abbé de la Bruyère est achevé, et qu'il en résulte que l'Hostel Dieu profitera de son legs universel des meubles et acquets la somme de 45,000 livres ou environ.

(6 février.) Monseigneur le Premier Président a dit qu'il a réglé les gages du sieur Méry, receu maitre chirurgien de l'Hostel Dieu, à 2,000 livres par an pour toutes choses, et que c'est la même somme que l'on donne au sieur Petit tant en argent qu'en victuailles et logement.

(10 février.) La Compagnie a signé une quittance à M. le duc de Mazarin de la somme de 264 livres, pour dommages et interests encourus contre luy et les officiers des terres et chastelenies de son duché de Mazarin, à cause des contraventions à l'exécution de la fondation de Nevers.

(28 août.) Monsieur Dorsay a pris séance au Bureau pour la première fois, au lieu de monsieur Bosc, ancien prevost des marchands.

(12 novembre.) Sur le raport fait qu'on a trouvé depuis quelque temps dans l'Hostel Dieu plusieurs pauvres qui avoient la grosse vérole, qui ne sont pas des objets de la maison, *à cause du danger de gaster d'autres malades*, la Compagnie a enjoint aux compagnons chirurgiens visiteurs des hommes et garsons, et à la visiteuse des femmes et filles d'estre plus exacts à l'avenir, qu'ils n'ont esté par le passé, à la visite des malades qui se présenteront, et de n'en recevoir aucuns qui aient la grosse vérolle, et que si ils doutent de quelques malades, ils les feront voir aux sieurs Petit et Méry, maistres chirurgiens ou à l'un d'eux, à peine d'estre privez de leurs fonctions et nourriture pendant quinze jours pour la première fois, et congédiez pour toujours en cas de rescidive, et elle a arresté que si nonobstant cette précaution il se trouve dans la maison des malades attaquez de ce mal, et dont les signes n'auroient paru que depuis leur réception, ils seront mis dehors, *et qu'après avoir esté corrigez*, l'un des maistres chirurgiens leur donnera un certificat sur lequel deux de Messieurs signeront un ordre pour les faire recevoir au grand Bureau des pauvres.

(1ᵉʳ décembre.) Sur le raport fait au Bureau que plusieurs chirurgiens de la ville entrent avec des espées dans l'Hostel Dieu, où ils viennent pour suivre les médecins dans leurs visites des malades et voir les opérations qui si font journellement, et qu'il est arrivé qu'aucuns d'eux ont fait des querelles aux chirurgiens de la maison, et qu'il y en a eû une nouvellement, la Compagnie voulant prévenir la suite de ces querelles et les accidents, a défendu très expressément aux chirurgiens de la ville d'entrer doresnavant avec des espées dans l'Hostel Dieu, ny d'incomoder les chirurgiens de la maison, ausquels ils cèderont les premières places aux visites des médecins et aux opérations, vivront fraternellement avec eux et se comporteront avec toutte la modestie requise pour le lieu, à peine contre ceux qui contreviendront d'estre chassez et mis dehors pour la première fois, et pour la seconde d'estre arresté et mis en prison, enjoint à l'inspecteur de tenir la main à l'exécution du présent règlement et de le faire afficher dans l'Hostel Dieu, aux endroits nécessaires, afin qu'on ne puisse l'ignorer.

Relevé du nombre des malades : Janvier : minimum, 2,322; maximum, 2,468. Février : minimum, 2,107; maximum, 2,432. Mars : minimum, 2,064; maximum, 2,306. Avril : minimum, 2,192; maximum, 2,314. Mai : minimum, 1,841; maximum, 2,888. Juin : minimum, 1,157; maximum, 1,884. Juillet : minimum, 1,283; maximum, 1,550. Août : minimum, 1,213; maximum, 1,327. Septembre : minimum, 1,294; maximum, 1,417. Octobre : minimum, 1,300; maximum, 1,393. Novembre : minimum, 1,287; maximum, 1,394. Décembre : minimum, 1,314; maximum, 1,488.

70ᵉ REGISTRE. — ANNÉE 1701.

(15 avril 1701.) Messieurs Ameline, archidiacre et Courcier, théologal de l'église de Nostre Dame, étans venus au Bureau, ont présenté messire Louis Frayer, prestre du diocèse de Paris, docteur de Sorbonne de la maison de Navarre, qu'ils ont dit avoir esté choisy et nommé par le Chapitre pour remplir la place de maistre au spirituel de l'Hostel Dieu, au lieu de M. de la Coste, qui est sorty pour être curé de l'église de Saint Pierre des Arcis; la Compagnie l'a agréé et receu aux mêmes honoraires de ses prédécesseurs.

(3 août.) Sur l'avis donné que dans la maison que M. et madame de Nocé font bâtir au faubourg Montmartre, ils ont fait faire des croisées et veues au mur donnant sur le marais joignant, appartenant à l'Hostel Dieu, contre la disposition de la coutume de Paris, la Compagnie a arresté qu'ils seront sommez de les faire boucher incessamment, et, sur leur refus, qu'ils seront assignez à la grande chambre pour y être condamnez.

(23 novembre.) La Compagnie aïant considéré que les malades de la petite vérole de l'un et de l'autre sexe, et les femmes gastées de la grosse vérolle sont fort serrez dans l'Hostel Dieu, la nécessité qu'il y avoit de les soulager et de tacher à les mettre de suite dans un même endroit, afin d'oster le mauvais air de leurs maladies aux autres malades, et prévenir les accidents qui en peuvent arriver, et après avoir cherché et examiné les moyens d'y parvenir, elle a trouvé qu'en prenant la maison appartenante à l'Hostel Dieu, rue de la Bucherie, avec la salle et la boutique joignantes, qui sont au dessous de la salle Saint Charles, il y aura de quoi y pourvoir, en agrandissant avec le premier étage de ladite maison la salle de Saint François, où l'on met les hommes malades de la petite vérole, et en faisant faire deux salles, l'une pour les femmes de la même maladie au second estage de ladite maison, et l'autre pour les femmes enceintes gastées de la grosse vérole, tant du rez de chaussée de la même maison que des lieux occupez par Borios, suivant le plan qu'elle en a fait lever et dresser par le sieur du Buisson.

(26 novembre.) La Compagnie aiant délibéré touchant le changement et l'augmentation des salles pour les malades vérolez de l'Hostel Dieu, a arresté que le dessein sera exécuté en entier, après qu'elle a esté informée que la dépense ne montera qu'à neuf mil livres ou environ.

(2 décembre.) Monsieur Letourneur aiant presté au Parlement, mardy dernier, le serment d'administrateur de l'Hostel Dieu, il a pris séance au Bureau pour la première fois.

(10 décembre.) Monsieur Soufflot aïant proposé M. Dandreau, secrétaire du Roy, pour remplir la place d'administrateur de l'Hostel Dieu, vacante par le décès de monsieur Marchand, la Compagnie l'a esleu et nommé.

(31 décembre.) La Compagnie a arresté que le sieur Méry, maistre chirurgien de l'Hostel Dieu fera, autant qu'il le poura, toutes les grandes et dificiles opérations, même celle de la taille, et a deffendu au premier compagnon gagnant la maîtrise de faire aucune fonction du maistre que sous ses ordres, si ce n'est en son absence ou en cas d'indisposition. — Ne poura le compagnon gagnant la maîtrise placer ou déplacer aucuns chirurgiens externes, qu'en cas que le maistre soit absent ou indisposé. — Fait deffenses à tous les chirurgiens de faire expérience de remèdes nouveaux sur les malades, sans en avoir communiqué au maistre et eû permission du Bureau. — Ordonne à tous les compagnons, tant des hautes que des basses salles, des hommes et des femmes, d'avertir le maistre de tout ce qu'il y aura de considérable dans leurs rangs, afin qu'il puisse faire par lui-même ou faire faire par le compagnon gagnant maîtrise, les opérations et remèdes de chirurgie qu'il jugera nécessaires. — Au cas que quelqu'un des compagnons contrevienne au présent règlement, il sera permis au maistre de luy interdire le travail jusques au prochain Bureau, où il sera obligé de se rendre pour en informer la Compagnie, afin qu'elle y mette ordre. — Le maistre chirurgien fera faire au compagnon gagnant maîtrise toutes les grandes et dificiles opérations, préférablement à tous les autres compagnons chirurgiens, et en cas d'absence ou indisposition du maistre, le compagnon gagnant maîtrise aura la même autorité sur tous les autres chirurgiens que le maistre, et fera toutes les opérations qu'il trouvera à propos. — A fait deffences au compagnon gagnant la maîtrise de faire saigner aucune personne dans l'Hostel Dieu par autres que par les chirurgiens de la maison, sans en avoir obtenu la permission du Bureau. — Et afin que le présent règlement soit exécuté, et qu'il ne puisse être ignoré par aucun des chirurgiens, il leur sera leû à tous par le maistre et affiché dans l'amphitéâtre des leçons pour l'anatomie.

Relevé du nombre des malades : Janvier : minimum, 1,381; maximum, 1,574. Février : minimum, 1,314; maximum, 1,481. Mars : minimum, 1,375; maximum, 1,487. Avril : minimum, 1,391; maximum, 1,499. Mai : minimum, 1,470; maximum, 1,547. Juin : minimum, 1,100; maximum, 1,321. Juillet : minimum, 1,040; maximum, 1,149. Août : minimum, 1,043; maximum, 1,296. Septembre : minimum, 1,249; maximum, 1,442. Octobre : minimum, 1,387; maximum, 1,515. Novembre : minimum, 1,482; maximum, 1,639. Décembre : minimum, 1,518; maximum, 1,610.

71ᵉ REGISTRE. — ANNÉE 1702.

(19 mai 1702.) La Compagnie a arresté qu'il sera fait deux escaliers dans l'Hostel Dieu, l'un pour monter du pallier de la salle de Saint François à la salle de Sainte Geneviève, et l'autre pour descendre du même pallier dans la salle de Sainte Reyne.

(14 juillet.) Monsieur Hallé aïant dit qu'en conséquence de la délibération du 8 de ce mois, et de l'ordre verbal de monseigneur le cardinal de Noailles, il a payé le ... dudit mois sur la quittance de M. ... trésorier de la Reyne d'Angleterre, le legs de 6,000 livres fait par monsieur l'abbé Deffiat, pour estre distribué dans les plus grandes nécessitez des pauvres anglois catholiques qui ont esté contraints d'abandonner leur païs, laquelle distribution sera faite à la descharge du Bureau par Sa Majesté britannique qui l'a eu agréable suivant la lettre qu'elle a écrite à S. E.

(2 décembre.) Monsieur Accart aïant propozé M. Bazin pour estre administrateur de l'Hostel Dieu, la Compagnie l'a agréé et nommé.

(2 décembre.) Monseigneur le Premier Président ayant proposé le sieur de Tournefort, docteur en médecine de la faculté de cette ville, et professeur en botanique au jardin royal des plantes, dont le mérite et l'habilité sont si connûs, pour estre médecin à l'Hostel Dieu, la Compagnie l'a agréé et receu pour remplir la seconde place de médecin ordinaire qui viendra à vaquer, la première estant destinée pour le sieur Doye ci-devant nommé,

mais qu'en attendant il sera obligé de faire gratuitement la visite des malades de l'hospital des Incurables, mesme de ceux de l'Hostel Dieu, lorsqu'il y aura l'un des médecins ordinaires malades, suivant les règlements du Bureau à ce sujet.

(6 décembre.) La Compagnie a arresté de faire venir dans l'Hostel Dieu un exemt et quatre archers, les après disnées des dimanches et des festes, pour écarter les vagabons qui se meslent dans la grande affluence du peuple qui se trouve ces jours là, et causent des désordres et du bruit, et qu'il leur sera donné six livres pour leur salaire de chaque après disnée, depuis deux jusques à six heures du soir, scavoir à l'exempt 40 sols et vingt sols à chacun des archers, jusques à nouvel ordre.

Relevé du nombre des malades : Janvier : minimum, 1,511; maximum, 1,645. Février : minimum, 1,394; maximum, 1,588. Mars : minimum, 1,348; maximum, 1,486. Avril : minimum, 1,356; maximum, 1,432. Mai : minimum, 1,419; maximum, 1,512. Juin : minimum, 1,244; maximum, 1,503. Juillet : minimum, 1,222; maximum, 1,321. Août : minimum, 1,177; maximum, 1,271. Septembre : minimum, 1,199; maximum, 1,324. Octobre : minimum, 1,239; maximum, 1,355. Novembre : minimum, 1,303; maximum, 1,379. Décembre : minimum, 1,354; maximum, 1,489.

72ᵉ REGISTRE. — ANNÉE 1703.

(16 février 1703.) Sur la plainte faite que les chirurgiens de l'Hostel Dieu desrobent et enlèvent des corps morts et de leurs membres, pour travailler à l'anatomie dans leurs chambres, et même en ville pour instruire d'autres chirurgiens, et qu'ensuite ils jettent les ossements dans des lieux indécents, et que ces abbus viennent de la facilité qu'ils ont d'entrer dans la salle des morts, parce qu'il y a un grand nombre de clefs, la Compagnie a arresté qu'il sera mis un cadenas à la porte de cette salle, dont il y aura seullement deux clefs, l'une desquelles sera gardée par la mère Prieure et l'autre par elle donnée aux religieuses qu'elle commettra, pour le jour et la nuit, pour ouvrir et fermer la porte; a enjoint à tous les chirurgiens de ne travailler à l'anatomie doresnavant que dans l'amphitéatre à ce destiné, sur les sujets qui y seront portez par l'avis du maistre chirurgien et leur a défendu très expressément de ne le plus faire dans leurs chambres ni autres endroits, ny d'y porter aucune partie de cadavre, à peine d'estre sur le champ congédié de la maison.

(16 février.) Un état de distribution du vin nous fait connaître exactement la composition du personnel de l'Hostel Dieu en 1703; il comprenait : 1 maître au spirituel, 8 chapelains du chœur, 10 chapelains des malades et 1 sacristain, 2 garçons pour le service des ecclésiastiques, 41 religieuses et 17 filles de la chambre, 1 greffier du Bureau, 1 inspecteur, 1 pannetier, 1 dépensier, 1 huissier du Bureau, 1 officier ambulant, 1 sommelier, 1 réfectorier, 1 tonnelier, 6 médecins, 1 chirurgien, 2 topiques, 1 premier compagnon chirurgien gagnant la maîtrise, 12 compagnons chirurgiens ordinaires, 8 commissionnaires, 2 enfants trouvés chirurgiens, 1 premier garçon apothicaire gagnant maîtrise, 2 autres garçons apothicaires, 1 enfant trouvé apothicaire, 2 garçons de l'office de l'apothicaire, 2 garçons des greniers, 5 boulangers, 2 menuisiers, 2 portiers (cuisine et cour basse), 1 suisse, 2 portiers de l'église, 1 petit portier, 12 ambaleurs, 1 sonnetier, 2 cordonniers, 3 garçons de la pouillerie, 2 garçons de la salle Saint Denis, 3 garçons à la salle de Sᵗ Cosme, 3 à la salle du Rosaire, 4 à la salle de Saint Charles, 1 portier de la cloison de Sᵗ Charles, 1 garçon à la salle Saint François, 1 garçon à la salle Saint Yves, 2 garçons à l'office aux chemises, 4 garçons à la salle de Sᵗ Paul, 1 garçon des opérations, 1 garçon à la salle de Saint Louis, 1 à la salle de Sᵗ Landry, 1 garçon à la salle des accouchées, 1 à la salle de Sᵗᵉ Reyne, 1 grand et 1 petit chiffonnier, 1 sandallier, 13 garçons (des sœurs malades) de l'infirmerie et de la lavanderie. 1 maîtresse sage femme et 4 apprenties, 1 servante de la sage femme, 8 nourrices, 1 portière de la salle des accouchées, 14 filles aux salles Sᵗ Louis, Sᵗ Landry, Sᵗᵉ Reyne, Sᵗᵉ Martine, Saint Jean, 1 portière de la salle Sᵗ Jean, 1 fille à la salle de la Sᵗᵉ Vierge, 2 nourrices dans ladite salle, 9 filles aux salles Saint Augustin, Sᵗᵉ Geneviève, du Légat; 1 chifonnière, 1 visiteuse, 2 filles de l'essuiement, 2 filles de la cuisine.

(19 octobre.) Monsieur de Bourges a fait raport qu'il a esté recueilli des vignes de l'Hostel Dieu à Champrozay, aux vendanges de la présente année, la quantité de 514 muids de vin.

Relevé du nombre des malades : Janvier : minimum, 1,424; maximum, 1,526. Février : minimum, 1,258; maximum, 1,466. Mars : minimum, 1,369; maximum, 1,456. Avril : minimum, 1,229; maximum, 1,397. Mai : minimum, 1,156; maximum, 1,278. Juin : minimum,

1,081; maximum, 1,199. Juillet : minimum, 1,045; maximum, 1,119. Octobre : minimum, 1,203; maximum, 1,288. Novembre : minimum, 1,228; maximum, 1,346. Décembre : minimum, 1,311; maximum, 1,432.

73° REGISTRE. — ANNÉE 1704.

(18 janvier 1704.) Deux des commis ambulans pendant la nuit pour les fermes du Roy ont ofert pour eux et leurs camarades, tous au nombre de quatorze, de continuer leur service pour empescher les fraudes contre la boucherie de l'Hostel Dieu pendant le caresme prochain, ainsi qu'ils ont fait le caresme dernier, en leur accordant quelque augmentation pour leurs peines; sur quoy la Compagnie, aiant esté informée qu'ils ont bien fait leur devoir et que cela est utile, elle a arresté qu'outre 200 livres qu'ils ont eu pour le caresme dernier, et qui leur seront continuez pour le présent, elle leur fera donner par augmentation 100 sols par chaque boucher ou femme de boucher qu'ils arresteront prisonniers en fraude.

(1er février.) Sur le raport fait par monsieur Levesque que François Lorry, compagnon chirurgien ordinaire, a esté convaincu d'avoir volé de la viande et du vin dans l'Hostel Dieu qu'il portoit en ville à une fille de desbauche, même qu'il a aussi volé les autres chirurgiens ses camarades et qu'il s'est absenté, la Compagnie l'a déclaré incapable de demeurer à l'Hostel Dieu, qu'il sera donné ordre au suisse et aux portiers de ne l'y laisser entrer et que si, après qu'ils l'en auront averty une première fois, il revient une seconde. ils l'arresteront prisonnier.

(7 mars.) La Compagnie a signé la transaction dressée par monsieur Arrault, au sujet d'une somme de 44,000 livres, léguée par madame de la Houssaye à l'Hostel Dieu et à l'hôpital des Enfants Trouvés. ses légataires universels chacun pour moitié.

(28 mars.) Le sieur Doye, étant en son rang, s'est présenté au Bureau pour remplir la place de médecin ordinaire de l'Hostel Dieu, vacante par le décès du sieur Marteau. la Compagnie l'a agréé et receu.

(9 mai.) Sur le raport qu'hier, sur les six à sept heures du soir, on a trouvé qu'on avoit mis le feu, avec de la mesche d'Allemagne, à trois paillasses qui étoient sur un bois de lit dans la salle de Saint Charles, et que le soupçon tombe sur un malade du scorbut aux jambes, amené de la maison de force de l'Hospital Général, parce qu'il avoit fait des menaces, la Compagnie a arresté qu'il en sera rendu plainte devant le sieur commissaire Lamarre, qui interrogera ce malade, et au cas qu'il soit trouvé coupable, qu'il sera mis en justice à la requête de M. le Procureur du Roy au Chastelet.

(13 juin.) A l'égard de l'assignation envoyée par la dame Guignard, qui luy a esté donnée le jour d'hier au bailliage de l'abbaye de Saint Geneviève, à la requeste des sieurs abbé, prieur et religieux de ladite abbaye, pour payer les droits seigneuriaux qu'ils prétendent deûs à la maison et chapelle de Sainte Valère, rue de Loursine, la Compagnie a donné charge au sieur Guillot de parler au procureur de cette abbaye, luy dire que la maison en question appartient à l'Hostel Dieu, au moyen de l'union qui en a esté faite par le Roy, et qu'il ne peut estre deû que des arrérages de censive, dont il prendra un mémoire pour en estre délibéré, et cependant demandera qu'il soit surcis aux poursuites.

(20 juin.) La Compagnie aiant examiné les règlemens touchant la salle des taillez de l'Hostel Dieu, et pris l'avis des sieurs Morin, Emeret et Afforty, médecins ordinaires et du sieur Merry, maistre chirurgien, mandés et venus au Bureau pour fixer le temps qu'il est nécessaire de la tenir ouverte, elle a arresté que cette salle sera ouverte pendant six semaines à chacune des deux tailles de l'année, c'est à dire depuis le premier may jusques au quinze juin, et depuis le premier septembre jusques au 15 octobre, que s'il restoit ausdits jours 15 juin et 15 octobre des sujets taillez non entièrement guéris, ils seront portez dans la salle des opérations, et que sy pendant le reste de l'année il survient quelques malades affligez de la pierre, si pressez qu'on ne puisse les remettre à la taille prochaine, ils seront taillez dans la salle des opérations.

(1er août.) L'homme d'affaires de monsieur et madame de Pompadour étant venu de leur part faire des propositions, la Compagnie a arresté de recevoir les interests deûs de la créance qu'elle a fait payer comme caution à leur descharge à madame la duchesse de Verneuil, ou à son cessionnaire, avec les frais qui ont esté faits, et d'accepter pour les interests qui escheront à l'avenir du principal qui est de 10,000 livres, une délégation avec toute garentie sur les arrérages de la pension alimentaire de 3,000 livres deûe à ladite dame de Pompadour par madame la duchesse d'Elbeuf, sa sœur, moyennant quoy leur sera donné main levée des saisies et arrêts qui ont esté faites sur eux, et à l'égard du terme de deux ans, qu'ils ont demandé pour payer ledit principal de 10,000 livres, on leur a refusé par écrit, afin d'avoir la liberté de les poursuivre quand il sera jugé à propos.

(29 août.) Monsieur Accart estant décédé depuis peu, la Compagnie a arresté de lui faire dire deux services, l'un en l'église de l'Hostel Dieu et l'autre en l'église de l'hôpital des Incurables, aux jours qui seront choisis par sa famille.

(12 novembre.) Sur ce qui a esté dit par monsieur Bazin que monsieur le prince de Montauban, décédé au mois d'octobre dernier, a nommé Messieurs du Bureau conjointement avec M. le prince de Guéméné son frère pour exécuteurs de ses testament et codiciles, et a fait un legs de 3,000 livres à l'Hostel Dieu.....

(12 décembre.) La Compagnie, aiant examiné l'état de la recepte du sieur Trutat, receveur pannetier de l'Hostel Dieu, a trouvé qu'il est deû des sommes considérables par plusieurs fermiers, ce qui procède de ce qu'ils ne sont pas assez suivis et pressez, et qu'on ne prend pas leurs bleds en payement de ce qu'ils ont promis, et qu'ils ont peine à en trouver le débit, et comme la *récolte de la présente année a esté heureuse, et que les bleds sont bons et à un prix raisonnable*, elle a arresté de prendre, en payement des sommes deües à l'Hostel Dieu par ses fermiers, tous les bleds qu'ils ont et seront de bonne qualité pour l'usage de la maison, aux prix qu'ils vaudront aux halles de cette ville lors des livraisons.

(20 décembre.) La Compagnie a nommé et esleu monsieur Horeau, ancien advocat au Parlement et procureur du Roy de la Marée, pour administrateur de l'Hostel Dieu en la place de monsieur Accart, qui est décédé.

(20 décembre.) Monsieur Pillon, ancien procureur au Chastelet, aiant esté proposé pour administrateur de l'Hostel Dieu, au lieu de défunt monsieur Herlau, la Compagnie l'a agréé et nommé à cause de son mérite, et sans que sa qualité de procureur puisse estre tirée à conséquence.

Relevé du nombre des malades : Janvier : minimum, 1,355; maximum, 1,529. Février : minimum, 1,360; maximum, 1,477. Mars : minimum, 1,331; maximum. 1,432. Avril : minimum, 1,234; maximum, 1,378. Mai : minimum, 1,212; maximum, 1,279. Juin : minimum, 1,155; maximum, 1,275. Juillet : minimum, 1,130; maximum, 1,217. Août : minimum, 1,134; maximum, 1,287. Septembre : minimum, 1,205; maximum, 1,421. Octobre : minimum, 1,381; maximum, 1,450. Novembre : minimum, 1,381; maximum, 1,461. Décembre : minimum, 1,442; maximum, 1594.

74ᵉ REGISTRE. — ANNÉE 1705.

(21 janvier 1705.) Ayant été donné communication au Bureau, de la part des religieuses hospitalières de la Miséricorde de Jésus, établies au village de Gentilly, des trois pièces cy après énoncées, la 1ʳᵉ l'expédition d'un contrat passé devant Desnots et Gaultier, notaires à Paris, le 15 février 1648, deument insinué, contenant la donnation entre vifs faite par le sieur Claude Sonnius, marchand libraire de cette ville et Marie Buon sa femme, ausdites religieuses, d'une maison et de quelques héritages au village et terroir dudit Gentilly, pour y establir un monastère et hôpital, aux charges et conditions déclarées audit contrat, et entr'autres que si il arrivoit que lesdites religieuses voulussent transférer leur monastère et hôpital dans une autre maison que celle donnée, le cas avenant, en quelque temps que ce soit, les choses données par ledit sieur Sionnius et sa femme appartiendroient de plein droit à l'Hostel Dieu, en vertu du même contrat sans forme de procès, ny qu'il soit nécessaire d'aucun autre titre; la seconde pièce, les letres patentes du Roy, datées du mois de septembre 1704, obtenues par lesdites religieuses, qui leur permet de s'établir en une maison size au vilage de St Mandé, où étoient cy devant les religieuses de la Saussaye, et la troisième, l'arrest du Parlement, rendu le 19 décembre de ladite année 1704, par lequel la Cour, avant de procéder à l'enregistrement desdites letres patentes, a ordonné entr'autres choses qu'elles seront communiquées à Messieurs les administrateurs de l'Hostel Dieu, la Compagnie, après avoir sur ce délibéré, a consenty à son égard l'enregistrement de ces letres patentes, et la translation desdites religieuses hospitalières de la Miséricorde establies à Gentilly dans la maison de St Mandé, où étoien cy devant les religieuses de la Saulsaye, à la charge que la maison et les héritages situez au vilage et terroir de Gentilly, qui leur ont esté donnez par lesdits sieurs Sonnius et sa femme, mentionnez dans ledit contrat du 15 février 1648, appartiendront audit Hostel Dieu, suivant la clause de reversion à son proffit, portée par ledit contrat, et qu'ils luy seront laissez en état sans estre détériorez.

(26 août.) Le sieur Petit, maître chirurgien de l'Hostel Dieu a fait demander une dernière grâce au Bureau, qui est qu'après son decceds son corps soit inhumé dans l'église de l'Hostel Dieu, ce que la Compagnie luy a accordé *en considération de ses bons services de 60 et tant d'années*, et elle a arresté de luy faire paier et continuer ses gages, nonobstant la saisie faite le 19e de ce mois, à la requeste du nommé de Texico, atendu qu'ils ne sont saisissables, luy étans donnez par gratiffication et de pure grâce, pour survenir aux besoins et infirmitez de sa grande vieillesse.

(28 août.) Le procureur des pères jésuites de la maison professe, rue St Antoine, étant venu avertir le Bureau que mercredy prochain deux septembre se dira en leur église le service anniversaire fondé par M. Perrault pour monseigneur le prince de Condé ayeul, la Compagnie a députté messieurs Soufflot, Levesque et Destrechy pour y assister.

(11 décembre.) La Compagnie a arresté que Messieurs, qui désireront emporter chez eux les originaux des titres et contrats de l'Hostel Dieu pour les examiner, s'en chargeront sur un registre qui sera mis dans les archives, où ils seront déchargés lorsqu'ils seront rapportés, duquel registre les feuillets seront cottés et paraphés par monsieur Soufflot.

(18 décembre.) Comme monsieur et madame de Pompadour n'entrent point en payement des 10,000 livres de principal qu'ils doivent à l'Hostel Dieu et des interrests, la Compagnie a arresté de faire saisir sur eux, entre les mains de madame la princesse d'Elbeuf, les sommes qu'elle leur doit.

Relevé du nombre des malades : Janvier : minimum, 1,463; maximum, 1,566. Mars : minimum, 1,333; maximum, 1,424. Avril : minimum, 1,249; maximum, 1,376. Mai : minimum, 1,251; maximum, 1,358. Juin : minimum, 1,250; maximum, 1,346. Juillet : minimum, 1,162; maximum, 1,283. Août : minimum, 1,146; maximum, 1,254. Septembre : minimum, 1,209; maximum, 1,332. Octobre : minimum, 1,276; maximum, 1,348. Novembre : minimum, 1,259; maximum, 1,401. Décembre : minimum, 1,373; maximum, 1,466.

75e REGISTRE. — ANNÉE 1706.

(15 janvier 1706.) La Compagnie, pour de bonnes et justes considérations, a défendu au suisse et à tous les portiers, qu'elle a mandé et fait venir au Bureau, de laisser entrer doresnavant dans l'Hostel Dieu le sieur Duverger, chirurgien, qui y a gagné la maîtrise depuis peu, à peine d'estre par eux congédiez sur le champ, et elle a prié la mère Prieure de donner ses ordres aux religieuses et filles d'office pour empescher qu'il n'entre par la porte de Petit Pont, ni souffrir qu'il fasse aucun pancement à qui que ce soit dans l'Hostel Dieu, et l'inspecteur a esté chargé de tenir la main à faire exécuter cette délibération.

(14 avril.) Sur ce qui a esté dit que les dames religieuses hospitalières de Saint Mandé insistent à ne donner que les 5,000 livres qu'elles ont fait ofrir à l'Hostel Dieu pour les biens sis à Gentilly, de la donation du sieur Sonnius et sa femme, suivant la délibération du 31 mars dernier, la Compagnie, après en avoir de nouveau délibéré, a arresté d'accepter l'ofre comme trouvée avantageuse pour l'Hostel Dieu.

(26 juin.) Monsieur Soufflot a fait raport que les atterissemens, vases et immondices étans dans le bras de rivière du côté de l'Hostel Dieu, et qui ont esté causez par un port au foin et des deschireurs de batteaux, qui y ont esté établis depuis quelque temps, font que principalement dans les saisons d'esté et d'automne, il n'y coule que fort peu d'eau, qui est si corrompue par les égouts de la boucherie de la montagne Ste Geneviève et du marché de la place Maubert, même par un grand nombre de bateaux, des selles à lavandières qui sont depuis la pointe du terrain jusques et proche le pont de l'Hostel Dieu, que bien éloigné d'en prendre pour boire, on ne peut sans danger y laver le linge des pauvres malades, suivant que le tout est désigné et marqué par le plan qui en a esté fait et qu'il a représenté, outre qu'on ne peut faire venir dans des bateaux, ainsi qu'on avoit accoutumé, les grosses provisions de bled, vin, bois, charbon et autres denrées au port étant dans l'enceinte des bâtimens de l'Hostel Dieu, ce qui cause beaucoup de frais et de dépenses extraordinaires, en sorte qu'il est d'une extrême conséquence de remédier à un si grand mal, et comme cela regarde Messieurs de la ville, il seroit à propos de les prier d'y mettre ordre le plus promtement qu'il se pourra, veû que la saison présente est convenable pour faire faire ces sortes de travaux. Sur quoy la Compagnie a arresté que monsieur le Prevost des

marchands sera prié de se trouver en l'assemblée qui se tiendra à la quinzaine pour en délibérer, et elle a députés messieurs Letourneur et Bazin à cet effet.

(10 juillet.) Monsieur le Prevost des marchands, s'estant trouvé à l'assemblée de ce jour, a dit que le bureau de la ville est si bien informé du mauvais état où se trouve le bras de rivière qui passe à l'Hostel Dieu, qu'il en a fait lever le plan et dresser le devis des ouvrages à y faire, dont la dépense, par estimation, montera à 10,000 livres, et qu'il a résolu d'y faire travailler au plus tost, mais que n'ayant à donner en payement que des contrats de rentes au denier 18, à prendre sur les droits des inspecteurs des boucheries, que le Roy lui a concédez, il sera dificile de trouver des adjudicataires à un prix raisonnable, et que pour faciliter il faudroit trouver des personnes qui voulussent acquérir de ces rentes, jusques à concurrence de 8,000 livres au moins, et que la ville suppléra au reste de la dépense; la Compagnie a remis la desicion de l'afaire en l'assemblée de la quinzaine où elle espère que monseigneur le cardinal de Noailles se trouvera, parce qu'elle a esté commencée en sa présence, et cependant que le fond de la caisse de l'Hostel Dieu sera examiné pour connoître si on pourra prester à constitution de rente à la ville jusques aux 8,000 livres demandez, en les donnant néantmoins en billets de monnoye, ainsi que monsieur le prévost des marchands l'a dès à présent agréé.

(31 décembre.) Le maistre chirurgien de l'Hostel Dieu estant venu au Bureau se plaindre du peu d'ordre qui estoit gardé par quelques chirurgiens de la maison dans les exercices d'anatomie, et ayant proposé divers moyens d'y remédier, il a supplié Messieurs de faire un règlement sur ce sujet et de vouloir bien l'appuyer de leur autorité; sur quoy la Compagnie, après en avoir délibéré, a ordonné que le maistre chirurgien commencera tous les ans les exercices d'anatomie immédiatement après la feste de la Toussaint, et les finira la veille du dimanche des Rameaux; les corps dont on fera l'anatomie ne seront plus pris que dans la salle des morts, *sur la demande qu'en fera le maistre chirurgien à la mère prieure et de son consentement par écrit;* défenses à tous chirurgiens d'en enlever autrement de cette salle, ni d'aucune autre, à peine d'estre congédié; toutes les préparations des parties se feront depuis huit heures du matin jusques à onze, et les démonstrations depuis deux heures après midy jusques à trois; défenses faites à tous les compagnons de faire aucune préparation ou démonstration pendant la nuit ny ailleurs qu'à l'amphitéâtre; le maistre et le compagnon gagnant maistrise avertiront les compagnons de se rendre à l'amphitéâtre, pour être présens aux préparations qu'ils feront, et les compagnons seront tenus d'avertir tous leurs externes d'assister aux démonstrations que le maistre et le gagnant maistrise feront publiquement à tous les chirurgiens de l'Hostel Dieu; le maistre fera disséquer les six premiers compagnons, chacun desquels fera venir ses propres externes, pour être présens aux préparations qu'il aura préparées devant tous les autres compagnons externes, qui seront tenus de se rendre à l'amphitéâtre à cet effet; il fera aussi disséquer et travailler les six derniers compagnons, qui seront pareillement obligez de faire venir chacun leurs externes, pour estre présens aux préparations qu'ils feront, sans néantmoins que les six derniers compagnons puissent faire aucune démonstration publique; enjoint au maitre et en son absence au compagnon gagnant maistrise, d'assister aux démonstrations publiques que feront les six premiers compagnons pour observer ce qui s'y passera et faire garder aux compagnons et aux externes le silence et la modestie nécessaires; les chirurgiens qui ne sont point de l'Hostel Dieu et toutes autres personnes n'auront point entrée dans l'amphitéâtre, sans permission par écrit de Messieurs; si quelqu'un des chirurgiens internes ou externes contrevient au présent règlement, le maistre chirurgien lui défendra de travailler jusques au premier jour de Bureau, où le contrevenant sera mandé, pour estre la première fois privé de la nourriture, interdit du travail et de l'amphitéâtre pendant un temps, et même en cas de récidive, congédié de la maison suivant les cas. Le présent règlement sera lu par le maistre à tous les chirurgiens et affiché dans l'amphitéâtre, afin qu'aucun ne le puisse ignorer.

Relevé du nombre des malades : Janvier : minimum, 1,355; maximum, 1,529. Février : minimum, 1,360; maximum, 1,477. Mars : minimum, 1,331; maximum, 1,432. Avril : minimum, 1,234; maximum, 1,378. Mai : minimum, 1,212; maximum, 1,279. Juin : minimum, 1,155; maximum, 1,275. Juillet : minimum, 1,130; maximum, 1,217. Août : minimum, 1,134; maximum, 1,287. Septembre : minimum, 1,205; maximum, 1,421. Octobre : minimum, 1,381; maximum, 1,450. Novembre : minimum, 1,381; maximum, 1,461. Décembre : minimum, 1,442; maximum, 1,594.

76ᵉ REGISTRE. — ANNÉE 1707.

(4 février 1707.) Monsieur l'abbé de Maulevrier, aumônier du Roy, a apporté de la part de monseigneur le Dauphin une aumône de 60 louïs d'or pour estre partagée également entre l'Hostel Dieu et l'hôpital des Incurables.

(4 mars.) Monsieur d'Estrechy a représenté que contre la disposition précise des contrats de fondation de lits en l'hôpital des Incurables, on préféroit quelquefois dans les nominations les malades incurables *qui ont du bien* aux malades qui sont véritablement pauvres et desnuez de tout secours; qu'on ne vouloit pas s'assujetir à prendre les pauvres incurables dans les lieux marquez par les fondations, ny avoir égard au sexe, au genre de maladie, à la profession et aux autres conditions requises dans les contrats passez avec le Bureau, qui s'est chargé de les exécuter, que les nominateurs sont obligez de faire le choix des pauvres malades dans le même esprit, avec autant de désintéressement et aussi gratuitement que ces fondations ont esté faites, que les fondateurs ont eû intention de faire à perpétuité à des pauvres incurables une aumône gratuite et une pure charité, et n'ont laissé à leurs parens, à leurs amis et à des personnes, à la conscience et à la probité de qui ils se sont confiez, que le seul honneur de choisir et nommer de bons sujets de la qualité requise; que les intentions de fondations qui ont quelques biens et les incurables pensionnaires ont toujours causé beaucoup de désordre dans cette maison; qu'ils y introduisent la diversité de la nourriture et des habits, la fainéantise et la molesse; qu'ils ont peine à s'assujetir aux règlemens et même exigent une distinction et une préférence particulière de toutes les personnes destinées pour soigner et servir également tous les pauvres incurables, et qu'enfin on avoit autrefois très sagement ordonné qu'on ne pourroit avoir en même temps dans cet hôpital plus de six incurables pensionnaires; sur quoy la Compagnie, après avoir délibéré, a arresté que, conformément aux contrats de fondation, règlemens et délibérations du Bureau qui seront exécutez, on ne prendra pour remplir les lits fondez en cet hôpital, que des malades incurables et véritablement pauvres, et qui n'auront pas de quoy subsister; qu'ils ne pouront estre pris que dans les lieux marquez par les contrats de fondation suivant le sexe, le genre des maladies incurables, la profession et les autres conditions requises par les contrats ausquels on ne pourra desroger que sur un certificat des curez des lieux, qu'après la publication faite au prosne par deux dimanches qu'il vaque un lit à l'hôpital des Incurables de la fondation dont il s'agira, il ne s'est présenté personne de la qualité requise pour remplir la fondation à cette fois et sans tirer à conséquence pour l'avenir; que les malades nommez seront tenus de déclarer ou mettre par écrit les biens qu'ils possèdent, et de jurer et affirmer au Bureau quand il leur sera demandé, qu'ils n'ont fait aucun présent, donné ou promis de donner aucune chose directement ou indirectement à qui que ce soit pour parvenir à leur nomination, et qu'en cas qu'il y ait preuve de prévarication, le malade sera exclus et congédié pour toujours de cet hôpital, et l'on se pourvoira en justice contre tous ceux qui y auront eû part, et qu'à l'égard des pensionnaires incurables, on ne poura à l'avenir, conformément à l'ancien usage, en avoir plus que le nombre de six pour quelque cause que ce soit, et quand il se trouvera assez de place pour recevoir ce nombre.

(26 mars.) Sur ce que monsieur Soufflot a dit qu'il a esté fait au faubourg Saint Germain une rébellion assez considérable contre l'exempt et les archers préposez pour veiller aux fraudes de la boucherie de l'Hostel Dieu, pendant le présent caresme, à l'occasion de ce qu'ils avoient arresté quelques domestiques saisis de viande qu'ils venoient d'acheter en fraude proche l'hostel de Condé, la Compagnie a arresté qu'il en sera informé à sa requeste, pour servir d'exemple et prévenir la suite de pareilles rébellions, et les accidens qui en pouroient arriver.

(8 avril.) *Madame de Luly* a fait proposer de sa part par M. Grégoire, de transporter avec garentie à l'Hostel Dieu la pension de 2,500 livres par an que le Roy a eû la bonté de luy accorder sur le privilège et produit de l'Opéra, à la charge seulement de luy en payer 1,250 livres pour la moitié, de 3 mois en 3 mois et d'avance, l'autre moitié demeurant au profit des pauvres de l'Hostel Dieu.

(15 avril.) La Compagnie aiant considéré la rareté de l'argent dans le temps présent, et la dificulté de passer les billets de monnoye, qu'elle ne peut se dispenser de recevoir, au payement des provisions et autres dépenses de l'Hostel Dieu sans une perte considérable, a arresté de se retrancher autant qu'elle le pourra sur la dépense des réparations des maisons et des fermes qui lui appartiennent, en ne faisant faire doresnavant que les plus urgentes et absolument nécessaires.

(27 avril.) Le greffier du Bureau a dit que monsieur Arrault l'a chargé samedy dernier de faire raport que M. Sagau avoit esté chez luy le même jour, pour ofrir de la part de M. le *marquis d'Angeau* le remboursement de la rente de 700 livres qu'il doit à l'Hostel Dieu, scavoir le quart en argent et les 3 autres quarts en billets de monnoye, si mieux le Bureau n'aymoit donner dès à présent un acte de renonciation à pouvoir s'opposer au décret volontaire, qui doit estre fait, d'une ferme vendue depuis peu par le sieur Dangeau qui en a touché 52,000 livres, veû que par les grands biens qu'il possède, l'Hostel Dieu ne couroit aucun risque pour sa créance.

(4 mai.) La Compagnie aiant eu avis que monseigneur de Harlay a remis au Roy sa démission volontaire de la charge de Premier Président, et que Sa Majesté a donné cette charge à monseigneur le Peletier, président à mortier, qui en a presté le serment accoutumé et doit être receu demain au Parlement, elle a arresté d'aller en corps saluër monseigneur de Harlay, luy témoigner le regret qu'elle a de se voir privée de l'honneur de sa présence et de ses bons avis au Bureau, le remercier de la grande protection qu'il a donnée aux pauvres, et le suplier de la continuer, et qu'à l'avenir elle se donnera aussi l'honneur de l'aller saluër au commencement de chaque année. Comme pareillement elle a arresté d'aller en corps saluër monseigneur le Peletier, pour luy marquer sa joie du choix que le Roy a fait de sa personne pour remplir la charge de Premier Président, et le suplier d'accorder sa protection en faveur des pauvres.

(13 mai.) Les chirurgiens externes de l'Hostel Dieu sont venus prier le Bureau de leur permettre l'entrée tour à tour dans la salle des taillez pour voir faire les opérations, mais la Compagnie leur a refusé, comme étant contraire aux règlemens faits à ce sujet, qui seront exécutez.

(28 mai.) La Compagnie a nommé et agréé monsieur Baille, ancien avocat au Parlement, pour remplir l'une des deux places d'administrateurs de l'Hostel Dieu vacante par les décès de messieurs Levesque et Greslé.

(22 juin.) Sur le raport de monsieur Horeau qu'en publiant le monitoire pour les biens et titres recelez de l'hôpital de Sainte Valère, on a descouvert, par des révélations de plusieurs témoins, qu'il y avoit autre fois un petit hôpital sous le nom de Sainte Apoline au faubourg Saint Marcel, où l'hospitalité étoit gardée, dont les biens qui consistent, entre autres chozes, en 23 arpents tant en marais qu'en terres, ont esté usurpez successivement par les doyens du chapitre Saint Marcel, et même qu'il reste encore des vestiges de la chapelle, suivant le procès-verbal dressé par le sieur commissaire Gorillon, en exécution de l'ordonnance décernée par M. le Lieutenant civil, au bas de la requeste à luy présentée au nom du Bureau, la Compagnie a arresté d'obtenir des lettres patentes pour l'union de cet hôpital au proffit de l'Hostel Dieu, et M. Horeau a esté prié de les dresser.

(6 juillet.) Monsieur Hallé, ancien eschevin de cette ville, aïant le jour d'hier presté au Parlement le serment comme administrateur de l'Hostel Dieu, il a pris séance au Bureau pour la première fois.

(16 juillet.) Sur le raport de M. Soufflot que des particuliers s'ingèrent d'aller baigner dans le bras de rivière, entre le pont de l'Hostel Dieu et celuy du petit pont, ou d'y passer dans des bateaux, les corps nuds, ce qui blesse la pudeur des religieuses qui y lavent la lessive journellement, qu'il y en a d'autres qui, sous prétexte d'y pescher à la ligne, y desrobent le linge des pauvres, et enfin que des vagabons s'atroupent sous les arcades et paremens des bâtimens de l'Hostel Dieu, où ils font beaucoup de bruit et de désordres, la Compagnie a arresté de se pourvoir devant monsieur le Lieutenant général de police et monsieur le Prevost des marchands.

(27 août.) Monseigneur le Procureur général a dit que M. de Torcy, ministre et secrétaire d'État, luy a fait scavoir que le Roy demande, à la recommandation de monseigneur le duc de Lorraine, que le sieur Meriel, son chirurgien, pour se perfectionner, travaille aux accouchemens dans la salle des accouchées de l'Hostel Dieu, ce que la Compagnie a accordé au sieur Meriel pour le temps de 3 mois, en paiant 180 livres pour sa nouriture et logement dans l'Hostel Dieu.

(27 août.) A l'égard des anciens billets de monnoye mentionnés dans l'état de monsieur Lebrun, dont il vient de faire le raport, la Compagnie a arresté qu'ils seront par luy convertis en nouveaux billets de monnoye qui se distribuent présentement, et comme monsieur d'Argenson a la direction, elle l'a prié de faciliter cette conversion en entier, eû égard à ce que le Bureau a fait porter depuis peû au nom de l'Hostel Dieu d'autres anciens billets au trésor royal, et aux fermiers généraux et receveur des finances, bien au delà de la valleur du quart des billets qui restoient en liasse, pour satisfaire aux déclarations du Roy rendues à ce sujet.

(4 novembre.) Monsieur d'Estrechy a fait raport que le sieur Burlet luy a dit qu'il avoit été nommé pour mé-

33.

decin ordinaire du Roy d'Espagne, mais que pouvant arriver quelque changement imprevû, il suplie le Bureau de luy conserver la place en laquelle il a été receu de médecin expectant de l'Hostel Dieu, ce que la Compagnie luy a accordé.

. Relevé du nombre des malades : Janvier : minimum, 1.356; maximum. 1,427. Février : minimum, 1,333; maximum, 1,460. Mars : minimum, 1,240; maximum, 1,365. Avril : minimum, 1,238; maximum, 1,356. Mai : minimum, 1,177; maximum, 1,289. Juin : minimum, 1,101; maximum, 1,229. Juillet : minimum, 1,036; maximum, 1,187. Août : minimum, 1,073; maximum, 1,178. Septembre : minimum, 1,108; maximum, 1,193. Octobre : minimum, 1,105; maximum, 1,226. Novembre : minimum, 1,179; maximum, 1,256. Décembre : minimum, 1,258; maximum, 1,353.

77ᵉ REGISTRE. — ANNÉE 1708.

(21 janvier 1708.) Monsieur Soufflot a proposé monsieur Duportault, avocat au Conseil, que la Compagnie a nommé et eleû pour administrateur de l'Hostel Dieu, en la place de monsieur de Bourges; messieurs Soufflot et Horreau ont esté députez pour le prier d'accepter.

(27 janvier.) La Compagnie a délivré au sieur Joseph Marcel, chirurgien de S. A. Sérénissime monseigneur le duc de Lorraine un certificat de l'apprentissage qu'il a fait pendant 4 mois et demi dans l'Hostel Dieu.

(11 février.) On a fait raport qu'un grand nombre de pensionnaires de l'Hostel Dieu ont signé la remise en faveur des pauvres des anciens arrérages des rentes viagères à eux deües, sous la condition portée en la délibération du . . . . . et que la Compagnie a aprouvé.

(16 mai.) Comme l'un des deux chevaux qui servent au carrosse des religieuses de l'Hostel Dieu a été blessé, et que c'est à présent la saison où celles des religieuses convalescentes de maladie ou infirmes vont à l'hôpital Saint Louis pour y prendre l'air. la Compagnie a arresté qu'il sera loué un cheval pour servir jusques à ce que celuy blessé soit guéry.

(8 juin.) La Compagnie a arresté de faire choix d'une personne capable pour faire un nouvel inventaire de tous les titres qui sont dans les archives de l'Hostel Dieu.

(6 juillet.) La Compagnie, aiant pris l'avis du sieur Hannequin sur la grandeur du réservoir à faire dans l'Hostel Dieu, a arresté qu'il sera fait pour contenir 300 muids.

(11 juillet.) La Compagnie a signé un placet à monsieur le Controlleur général, pour obtenir un passeport pour faire venir d'Amsterdam 20 milliers de plomb et 2 milliers d'estain dont elle a besoin pour le réservoir, la conduite et la distribution de l'eau concédée à l'Hostel Dieu.

(13 juillet.) Messieurs Letourneur, Bazin et Hallé ayans fait voir à monsieur de l'Épine, architecte, les endroits dans l'Hostel Dieu où l'on pouvoit mettre le réservoir qui est à construire, et ledit sieur de l'Épine estant venu dire son avis au Bureau, la Compagnie a arresté que ce réservoir sera fait sur la cullée du pont du passage de l'Hostel Dieu, du costé de la rue de la Bûcherie.

(22 août.) Le sieur Petit, ancien maistre chirurgien de l'Hostel Dieu, qui est mallade à l'extrémité, a envoyé prier le Bureau de permettre qu'après son déceds son corps soit inhumé dans l'église de l'Hostel Dieu, ce que la Compagnie a accordé, en considération des services que ledit sieur Petit a rendus aux pauvres *pendant 80 ans* ou environ.

(31 août.) Monsieur d'Estrechy a fait raport que monsieur Colbert, ministre et secrétaire d'État, auroit par son testament, receu par Belot et de Beauvais, notaires à Paris, le 5ᵉ septembre 1683, fait un legs de 10,000 livres à l'Hostel Dieu qui a été paié au mois d'aoust 1684 et a donné et légué aux hôpitaux de ses terres de Châteauneuf et de Lignières 1,000 livres de rente par chacun an, pour estre emploiée aux mariages de 20 pauvres filles qui seront prises, scavoir 10 dans chacun desdits hôpitaux par Messieurs les administrateurs de l'Hostel Dieu, duquel dernier legs contenant fondation, le Bureau n'a eu connoissance que depuis quelques jours, qu'il a fait lever un extrait de ce testament, et il a ajouté que le Bureau étoit engagé d'honneur de prendre soin de l'exécution de cette fondation, et de s'éclaircir de quelle manière elle a été exécutée jusqu'à ce jour; que cette fondation paroissant faite particulièrement pour les filles des hôpitaux des deux terres, il s'est informé si l'on y recevoit et esloit actuellement des filles et a

apris que l'on n'y exerçoit l'hospitalité qu'envers les passans, en sorte qu'il estimoit que les filles à marier, suivant cette fondation, se devoient prendre dans les parroisses des deux terres; qu'il y en a unze dans le marquisat de Châteauneuf et neuf dans la baronnie de Lignières, et que l'on pouroit dès à présent régler par provision l'exécution de la fondation pour la présente année.....

(28 novembre.) Sur la remontrance du greffier que le Bureau l'a chargé par extraordinaire de la garde des archives de l'Hostel Dieu, qui dépendoit de l'employ de l'agent des affaires, qu'il a fait de son mieux pour s'en aquiter, mais que ne pouvant y suffire, il suplioit le Bureau de l'en décharger, parce que l'employ du greffe et ce qui en dépend sont plus que suffisants pour l'occuper entièrement, la Compagnie a reconnu la justice de la remontrance, a arresté sous le bon plaisir de l'assemblée générale de prendre une personne pour avoir le soin et la garde des archives et faire un inventaire de tous les titres.

(1er décembre.) Il a été fait raport que de 97 mallades affligés de la pierre qui ont été taillés dans l'Hostel Dieu l'année dernière, il n'en est mort que 21 et que les 76 autres sortis en bonne santé.

(5 décembre.) La Compagnie a choisy et receu le sieur Pierre Poignant pour faire l'inventaire des titres des archives de l'Hostel Dieu, à condition qu'il communiquera ses cahiers, à mesure qu'ils seront faits, à ceux de Messieurs qui seront préposés pour les examiner.

Relevé du nombre des malades : Janvier : minimum, 1,271; maximum, 1,374. Février : minimum, 1,332; maximum, 1,490. Mars : minimum, 1,455; maximum, 1,537. Avril : minimum, 1,392; maximum, 1,482. Mai : minimum, 1,335; maximum, 1,419. Juin : minimum, 1,179; maximum, 1,292. Juillet : minimum, 1,136; maximum, 1,192. Août : minimum, 1,168; maximum, 1,285. Septembre : minimum, 1,316; maximum, 1,518. Octobre : minimum, 1,490; maximum, 1,677. Novembre : minimum, 1,614; maximum, 1,718. Décembre : minimum, 1,665; maximum, 1,846.

78e REGISTRE. — ANNÉE 1709.

(12 janvier 1709.) Monsieur Soufflot a dit que par le décès arrivé depuis peu du sieur Tournefort, médecin, le Bureau a deux places à remplir, l'une de médecin expectant de l'Hostel Dieu, et l'autre de médecin ordinaire de l'hôpital des Incurables, où il avoit esté receu depuis, aux gages de 200 livres par an; sur quoy la Compagnie a receu le sieur Enguehard laisné, médecin ordinaire de l'Hostel Dieu, pour médecin ordinaire de l'hôpital des Incurables, aux mêmes gages de 200 livres, à condition qu'il fera ses visites lui-même, deux fois au moins la semaine et lorsqu'il en sera requis, et aussi qu'il visitera gratuitement les pauvres malades qui seront nommez pour remplir des lits dans cet hôpital, afin de connoistre s'ils sont de la qualité requise, dont il délivrera ses raports, et qu'en cas qu'il soit malade, ou qu'il lui survienne quelque empeschement légitime, il sera tenu de faire faire ses visites par l'un des médecins ordinaires de l'Hostel Dieu.

(12 janvier.) A l'égard de la place de médecin expectant de l'Hostel Dieu, qui est demandée par 4 ou 5 médecins qui se présentent, la Compagnie a remis d'en estre délibéré en la première assemblée générale et d'observer le règlement qu'elle a jugé à propos de faire pour avoir les meilleurs sujets pour le soulagement et la guérison des pauvres malades, dont voicy la teneur : « La Compagnie a arresté qu'à l'avenir il ne sera jamais receu plus de deux médecins expectans de l'Hostel Dieu et que, pour en faire choix, lorsque l'une des places viendra à vaquer, il en sera donné avis de la part du Bureau au doyen de la Faculté de médecine, afin qu'il le fasse savoir aux médecins de ladite Faculté, et que ceux qui aspireront à remplir la place puissent se présenter au Bureau et ofrir leurs services aux malades de l'Hostel Dieu, à l'effet de quoy les places d'expectans ne pourront estre accordées qu'un mois au plus tost après la vacance de chacune qui sera à remplir, et les noms de ceux qui se présenteront pour la demander seront donnez à Messieurs pour s'en informer, et seront communiquez aux médecins ordinaires de l'Hostel Dieu, qui seront entendus au Bureau pour donner leurs avis d'entre les médecins qui se présenteront ceux qu'ils estimeront les plus expérimentez et les plus charitables, pour estre ensuite procédé par le Bureau, en la manière accoutumée à la nomination et réception du médecin expectant qu'il s'agira de choisir, à condition d'en exercer la fonction gratuitement, tant à l'Hostel Dieu qu'à l'hôpital des Incurables, jusqu'à ce qu'il y ait une place vacante en son rang de médecin ordinaire de l'Hostel Dieu, dans laquelle il ne pourra estre receu s'il n'a satisfait exactement à cette condition.

(18 janvier.) Monsieur d'Estrechy a dit que si l'augmentation des malades à l'Hostel Dieu depuis quelques jours continue, il y en aura 3,000 ou environ dans dimanche prochain, ce qui causera une dépense extraordinaire et très considérable qu'il sera dificile de soutenir, par raport à l'estat présent de la recepte de l'Hostel Dieu et aux sommes qu'il doit pour le passé, en sorte que pour des besoins si favorables et si urgens, il étoit nécessaire de suplier monseigneur le cardinal de Noailles de donner son mandement, pour recommander les malades de l'Hostel Dieu aux aumônes des fidèles, et qu'ayant eû l'honneur d'en parler à monseigneur le Premier Président, il l'a agréé; sur quoy la Compagnie, après avoir délibéré, l'a pareillement approuvé, et elle a députté messieurs d'Estrechy et Bazin, pour en aller communiquer à Son Eminence présentement, et étans revenus au Bureau à l'instant, ils ont raporté qu'ils ont eu l'honneur de parler à Son Éminence; qu'elle a eû la bonté d'accorder son mandement et qu'il sera publié dimanche prochain aux prônes des paroisses et aux sermons des autres églises de cette ville et faubourgs, même qu'il sera afiché aux églises.

(30 janvier.) Sur ce qui a esté dit qu'entre les chirurgiens externes de l'Hostel Dieu, il y en a plusieurs qui sont nourris dans la maison parce que, feignant d'estre malades, ils se couchent dans la salle du Rosaire, et comme on leur laisse leurs habits, qu'ils sortent vont se promener par la ville et reviennent coucher quand bon leur semble et négligent leur devoir, la Compagnie, pour prévenir la suite d'un tel abbus, a arresté qu'à l'avenir aucuns de ces externes ne pourront se coucher dans l'Hostel Dieu que leur maladie n'ait esté asseurée par le sieur Méry, maistre chirurgien, ou par le sieur Thibault, survivancier; qu'ils porteront des robbes de malades et donneront leurs habits à garder à la mère d'office, pour ne leur estre rendus qu'après leur guérison, et que ceux qui contreviendront au présent règlement seront congédiez.

(22 février.) La Compagnie, aiant considéré les services continuels et assidus que le sieur Barbe, maistre apothicaire, rend journellement à toutes heures pour la composition et distribution des remèdes de l'apothicairerie, elle a arresté qu'il sera payé à l'avenir à raison de 1.000 livres de gages par an, à compter du 1ᵉʳ janvier dernier, au lieu de 700 livres qui luy ont esté ci devant accordez.

(23 février.) La Compagnie aiant délibéré sur le choix d'un médecin expectant de l'Hostel Dieu, au lieu du feu sieur Tournefort, entre ceux qui aspirent à cette place, elle a receu le sieur Bompart, médecin de la Faculté de Paris, comme estant le plus capable.

(22 mars.) Monsieur d'Estrechy a dit qu'entre les malades qui sont à l'Hostel Dieu il y en a présentement 240 affligez du scorbut, qui augmentent tous les jours; qu'ils sont trop pressez dans la salle de Saint Landry, où les personnes au dessus de 20 ans sont couchées 4 à 4 dans un lit, et celles au dessous de 20 ans six à six; que cela lui a donné lieu de chercher quelqu'endroit dans l'Hostel Dieu où l'on pût placer des lits pour y mettre une partie de ces malades; que la chose est pressante; *qu'on commence à mettre sur le ciel des lits et par terre les malades qui surviennent.*

(22 mars.) Le sieur Poignant aiant prié le Bureau de régler le salaire de son travail à faire l'inventaire des titres des archives de l'Hostel Dieu, la Compagnie lui a accordé 60 sols pour chacune des journées qu'il y emploiera, dont il sera payé de mois en mois, comme il l'a demandé.

(27 mars.) Monsieur de Paris, directeur de l'Hospital Général, s'étant trouvé au Bureau pour la vente de la charge de maire de la ville de Bar sur Seine, appartenante à l'Hostel Dieu et à l'Hospital Général, du legs universel de M. Lebreton, et il en a esté demandé de son avis 13,000 livres à la personne qui s'est présentée pour l'achepter, elle a fait plusieurs ôfres valables et sa dernière a esté d'en donner 7,000 livres argent comptant, mais la Compagnie ny monsieur de Paris n'ayans pas estimé l'ofre sufisante, l'ont refusée.

(10 avril.) Monsieur Soufflot a représenté que les motifs pressans de l'assemblée convoquée extraordinairement sont de pourvoir non seulement au soulagement et à la guérison des malades de scorbut qui sont dans l'Hostel Dieu, dont le nombre est augmenté si considérablement depuis quelques jours qu'il y en a actuellement 508, *en sorte qu'il y a nécessité d'ouvrir l'hôpital de Saint Louis*, mais aussi de chercher à même temps les moyens les plus convenables pour trouver l'argent comptant, au lieu des billets de monnoye qui sont dans la caisse de l'Hostel Dieu, afin de pouvoir survenir, tant à la dépense extraordinaire qu'il sera nécessaire de faire à cette occasion, que pour payer les provisions qui sont deües pour le passé, et celles qu'il faut faire indispensablement au plus tôt, ensemble le quartier ouvert des rentes viagères et les autres debtes instantes, le tout montant à la somme de 261,000 livres, et que les sommes exigibles qu'on espère recevoir avec les 60,000 livres d'argent qui restent dans la caisse ne monteront

ensemble qu'à 123,750 livres, ce qui fait un manque de fonds de 137,250 livres; sur quoy la Compagnie, après avoir délibéré, a arresté que l'hôpital Saint Louis sera ouvert présentement et que les malades du scorbut étans dans l'Hostel Dieu, qui pouront soufrir d'estre transférez y seront portez au plus tost, et que ceux qui surviendront y seront conduits; à l'égard des expédiens pour trouver les fonds nécessaires pour la subsistance de l'Hostel Dieu, elle a remis d'en être délibéré à l'assemblée qui se tiendra samedy prochain.

(12 avril.) La Compagnie a arresté qu'il sera envoyé des billets à tous messieurs les curez des parroisses de cette ville et fauxbourgs pour avertir en leurs prosnes dimanche prochain que les malades qui se trouveront affligez du scorbut doivent estre portés et conduits à l'hôpital de Saint Louis où ils seront receus, et non à l'Hostel Dieu et recommander aux aumônes et charitez des fidels les besoins extrèmes de ces deux hôpitaux, dans une conjoncture aussi pressante.

(17 avril.) Monsieur Soufflot a dit qu'il a parlé non seulement à Messieurs Lemaynon et Henault, fermiers généraux, qui lui ont donné parole, tant pour eux que pour Mrs leurs confrères, que chacun d'eux fournira 1,000 livres en argent à l'Hostel Dieu pour un billet de monnoye de pareille somme, et que pour en faciliter le fond plus promptement, il sera pris sur leurs droits de présence, mais aussy à M. Prondre, qui luy a fait espérer la même chose à l'égard de Messieurs les receveurs généraux des finances, et qu'il y a encore espérance que l'interest qui se trouvera deû de chaque billet de monnoye sera payé pour faire la grace entière, sur quoy la Compagnie a arresté que M. Lebrun suivra cette affaire avec soin, et fournira les billets de monnoye nécessaires pour en retirer le fond en argent, le plus tost qu'il se pourra, et elle a prié monsieur Soufflot de continuer ses négociations pour lever les dificultez, si aucunes survenoient.

(27 avril.) Monsieur Regnault, ancien eschevin de cette ville, aïant esté proposé pour administrateur de l'Hostel Dieu, au lieu de monsieur Dandreau qui est décédé, la Compagnie l'a agréé et receu.

(11 mai.) Il a esté dit qu'on a receu de Messieurs les fermiers généraux et receveurs généraux, la somme de 38,000 livres en argent pour pareille somme en billets de monnoye, et qu'on espère encore 10,000 livres dans la huitaine.

(29 mai.) Si la procession de la paroisse de Saint Laurent désire aller le jour de la petite Feste Dieu à l'hôpital de Saint Louis, ainsi qu'elle a coutume de faire, la Compagnie a arresté qu'elle y sera receüe et que la porte sur la rue du côté de l'église, quoyque condamnée, sera ouverte pour ce sujet.

(5 juin.) Il a esté fait raport que plusieurs garsons et filles de l'Hostel Dieu ont des chiens qui sont dans les salles, mangent le pain et la viande des malades, interrompent leur repos, particulièrement pendant la nuit, et qu'il en peut arriver d'autres accidents; sur quoy la Compagnie a arresté qu'il sera aflichê dans l'Hostel Dieu des deffenses très expresses aux domestiques d'avoir et garder aucuns chiens, à peine d'estre congédiez.

(5 juillet.) La Compagnie, pour diminuer autant qu'il est possible la dépense de l'Hostel Dieu, *à cause du malheur du temps*, a arresté que tout le pain ne sera distribué que 24 heures après qu'il aura esté cuit, que ce qui reste d'huile d'olive pour la cuisine sera consommé avec mesnagement pour donner de la sallade aux ecclésiastiques, religieuses et officiers seulement, et qu'il n'en sera plus achepté ny donné à l'avenir; le sucre, cassonnade, confitures et fruits entièrement retranchez; qu'il sera fait de la gelée et des biscuits jusques à concurrence des fondations, pour les douceurs des malades.

(10 juillet.) La Compagnie a arresté qu'à l'avenir les chirurgiens externes, les domestiques, garsons et filles d'office de l'Hostel Dieu, malades dans les lits des salles, n'auront que la même nourriture de pain, vin et viande qu'on donne à chaque malade des salles où ils seront, et que chaque d'eux ne sera compté que pour un seul malade dans les listes des malades, au lieu qu'on les comptoit pour deux, étant un abbus qui demeure retranché.

(7 septembre.) Monsieur Soufflot a dit que le grand nombre de malades qui est maintenant de 4,500 et qui augmente journellement, la nécessité où l'on est d'ouvrir une seconde fois l'hôpital de Saint Louis pour y mettre les malades attaquez du scorbut, afin de les séparer des autres malades, et la chèreté excessive de toutes les denrées, ont tellement épuisé les revenus ordinaires de l'Hostel Dieu et tous les autres moiens que le Bureau a pu mettre en usage, que cet hôpital se trouve débiteur de plus de 300,000 livres et qu'il est absolument dans l'impossibilité de soutenir des charges si excessives sans des secours prompts et extraordinaires; que dans un estat si malheureux et dans la nécessité qu'il y a de prévenir toutes les maladies encore plus fâcheuses qui ne manqueroient pas d'arriver, si on discontinuoit de recevoir tous les malades qui se présentent, on n'a point

trouvé d'autres expédiens que d'allienner une partie des biens immeubles de l'Hostel Dieu; la matière mise en délibération, la Compagnie a arresté que le Roy sera très humblement suplié d'accorder ses lettres patentes portant permission de vendre aux plus offrans et derniers enchérisseurs les maisons, terres et autres biens fonds appartenans à l'Hostel Dieu, *jusqu'à concurrence de la somme de 800,000 livres* pour être les deniers qui en proviendront employez pour la subsistance et les besoins des pauvres malades, en achat de bled, vin, viandes et autres denrées.

(28 septembre.) En l'assemblée géneralle tenüe extraordinairement au Palais archiépiscopal, la Compagnie aïant examiné l'état dressé de la recette et dépense, par estimation, à faire dans le courant du restant de la présente année, a trouvé que la recette, compris l'argent qui est en caisse, ne monte qu'à 59,000 livres et la dépense à 408,000 livres, en sorte que la dépense excède la recette de 349,000 livres, et *comme il est deu par le Roy des sommes considérables*, scavoir 45,000 livres par les fermiers généraux, pour deux quartiers des anciens octrois, 10,800 livres pour trois années de l'aumône acordé par Sa Majesté pour la subsistance des convalescentes, 70,000 livres pour les six derniers mois de la présente année des rentes sur la ville, et 130,000 livres en promesses des fermiers généraux, payables en cinq ans, *outre qu'il y a dans la caisse pour 250,000 livres* de billets de monnoie qui, pour la grande partie, ont esté donnez en payement des octrois par les fermiers généraux; la Compagnie a arresté que Sa Majesté sera très humblement supliée d'ordonner le payement de ces sommes et la conversion des billets en nouvelle monnoye, et de luy représenter qu'il n'y a qu'elle seule qui puisse remédier aux maux pressans que souffrent les pauvres, dont le nombre passe maintenant 4,500, entre lesquels il y a plus de 600 scorbutiques dans l'hôpital de Saint Louis, qu'on a esté obligé de rouvrir, ce qui augmente tous les jours, *et que sans un prompt secours la chûte de l'Hostel Dieu est infaillible*, et les suites affreuses, par la contagion et les autres maux qu'elle causera, sont inévitables, la part dans l'aumosne des bourgeois estant un objet trop lent pour s'y arrester.

(31 octobre.) Monsieur Soufflot a fait raport que messieurs Letourneur, Bazin et lui, sur des billets d'avertissement à eux donnez de la part de monseigneur le Procureur général, se sont trouvez en l'assemblée tenüe dimanche dernier, en l'hostel de monseigneur le Premier Président, touchant l'exécution de la nouvelle déclaration du 22 de ce mois qui a ordonné que tous propriétaires et usufruitiers occupans leurs maisons en cette ville et fauxbourgs de Paris et aussi tous principaux locataires ou détempteurs, de quelque estat et condition qu'ils soient, sans exception, payeront pour contribuer à la subsistance des pauvres, et de l'Hostel Dieu et de l'Hôpital Général, le double de la somme pour laquelle les maisons qu'ils occupent étoient ci devant employées dans les rolles des boües et lanternes, et que dans cette assemblée, ils ont esté nommez tous trois pour le Bureau de l'Hostel Dieu, et messieurs de Soubeyran, Collin et de Lessart pour le Bureau de l'Hôpital Général, pour avoir l'inspection des quartiers qu'ils partageront entre eux et veiller au recouvrement des sommes portées par les rolles, et aussi que monsieur Legrin a esté nommé pour receveur général, même qu'il a esté convenu qu'ils s'assembleront demain en l'hostel de monsieur le Lieutenant général de police, pour faire le partage des quartiers, et aviser sur le choix des receveurs particuliers, et que dans la suite ils s'assembleront tous six dans le Bureau de l'Hostel Dieu, aux jours et heures qu'ils estimeront nécessaires, ainsi qu'il est porté par la déclaration de Sa Majesté, ce que la Compagnie a approuvé à son égard.

(29 novembre.) Monseigneur le Procureur général a dit que les lettres patentes portant pouvoir de vendre des biens immeubles de l'Hostel Dieu sont visées de M. Desmarts, et seront scellées dimanche prochain, et que le Roy a accordé à l'Hostel Dieu la permission de faire une lôterie pour le soulagement des pauvres malades.

Relevé du nombre des malades : Janvier : minimum, 1,714; maximum, 2,753. Février : minimum, 2,021; maximum, 2,334. Mars : minimum, 2,151; maximum, 2,392. Avril : minimum, 2,108; maximum, 2,542. Mai : minimum, 765; maximum, 1,010. Juin : minimum, 1,539; maximum, 1,814; à Saint Louis : minimum, 537; maximum, 765. Juillet : minimum, 1,601; maximum, 1,785; à Saint Louis : minimum, 537; maximum, 765. Août : minimum, 1,942; maximum, 2,599; à Saint Louis : minimum, 196; maximum, 517. Septembre : minimum, 2,599; maximum, 3,377. Octobre : Hostel Dieu et Saint Louis réunis, minimum, 3,846; maximum, 4,322. Novembre : minimum, 3,381; maximum, 4,538. Décembre : minimum, 4,407; maximum, 4,749.

79ᵉ REGISTRE. — ANNÉE 1710.

(29 janvier 1710.) Il a esté fait raport que, sous le bon plaisir du Bureau, il a esté envoyé samedy dernier à Versailles le 20ᵉ registre de la loterie en faveur de l'Hostel Dieu, avec les 5,000 billets dont il est composé.

(31 janvier.) Le greffier du Bureau a représenté la somme de 1,000 livres en 50 louis d'or, que monseigneur le cardinal de Noailles luy a fait l'honneur de luy mettre entre les mains et ont esté donnez à Son Éminence de la part du Roy, pour 1,000 billets de la loterie de l'Hostel Dieu.

(31 janvier.) Sur ce qui a esté dit que M. de Claperon, négotiant en la ville de Lyon, veut bien se charger d'un registre et des billets de la lotterie accordée par le Roy en faveur de l'Hostel Dieu, pour les faire distribuer en ladite ville, la Compagnie a arresté que M. Bazin luy mettra ès mains le 14ᵉ registre de cette lotterie, commençant par le n° 65,001 et finissant par le n° 70,000.

(31 janvier.) M. Du Larry, de la ville de Nantes, ayant mandé qu'il accepte de se charger de faire faire la distribution d'une quantité de billets de la lotterie de l'Hostel Dieu, la Compagnie a arresté qu'il luy sera envoyé un registre avec 5,000 billets.

(15 février.) Monsieur Soufflot a expliqué les noms des médecins de la Faculté de Paris qui se présentent pour estre médecins expectans de l'Hostel Dieu, en conséquence de l'avertissement qui en a esté fait en l'assemblée de l'école de médecine, et il a dit qu'il convient décider sy on en recevra deux ou quatre présentement; sur quoy la Compagnie, après avoir délibéré, a esté d'avis d'en recevoir quatre, en considération du nombre extraordinaire des malades qui sont à l'Hostel Dieu et à l'hôpital de Saint Louis, nonobstant le règlement du douze janvier 1709, qui sera néantmoins exécuté pour l'avenir, et elle a choisy et nommé les sieurs Chomel, Lemery, Herment et Fontaine.

(8 mars.) Lecture faite au Bureau du règlement dressé par monseigneur le Procureur général pour les médecins ordinaires, et pour les médecins expectans de l'Hostel Dieu, la Compagnie l'a approuvé et arresté qu'il sera exécuté, et à cet effet transcrit dans le présent registre; les médecins expectans accompagneront chacun un des médecins ordinaires de l'Hostel Dieu, lors de la visite des malades dans les salles, pendant un temps convenable, et un mois au moins avant que de faire seuls la visite des malades; les médecins ordinaires feront leurs visittes chacun suivant les départemens ordinaires des salles, à la réserve qu'à cause du grand nombre des malades qui est présentement à l'Hostel Dieu, on distraira des départemens des salles de Saint Charles et de Saint Paul, scavoir de celuy de Saint Charles les salles de Saint Germain, Saint François, Sainte Reyne, Sainte Martine et Sainte Monique et de celuy de Saint Paul les salles de Saint Landry, Saint Marcel, Saint Louis et Saint Antoine, ce qui fera deux nouveaux départemens dont les malades seront visitez tous les jours, chacun par un des médecins expectans; les médecins expectans iront alternativement chaque jour l'après disnée à l'Hostel Dieu, pour visiter seulement les malades arrivez depuis la visite du matin et remédier à des cas imprévus; à l'égard de l'hôpital de Saint Louis qui est aussy présentement remply d'un grand nombre de malades, deux autres médecins expectans iront les visiter journellement, et auront chacun le soin de deux des quatre salles de cet hôpital, et lorsqu'une place de médecin ordinaire de l'Hostel Dieu viendra à vacquer, le Bureau nommera pour la remplir celuy des médecins expectans qui aura assisté les malades avec plus de soin et de capacité.

(31 mai.) La Compagnie a arresté que la lotterie de l'Hostel Dieu sera tirée au commencement du mois de juillet prochain, en l'état qu'elle se trouvera.

(13 juin.) La Compagnie, en confirmant les règlemens qu'elle a cy devant faits, a arresté que les domestiques de l'Hostel Dieu seront de rechef avertis d'assister régulièrement à la prière qui se dit dans l'église tous les jours à huit heures du soir, à peine contre ceux qui y manqueront d'estre privez de leur vin pendant..... pour la première fois, et en cas de récidive d'estre congédiez.

(30 août.) Monsieur Henault, intéressé dans les fermes générales du Roy, ayant esté proposé pour remplir la place d'administrateur, vacant par le décès de monsieur Bail, la Compagnie l'a esleu et nommé d'une voix unanime.

(12 septembre.) Sur ce qui a esté dit que de la lotterie de l'Hostel Dieu il est écheu au Roy un lot de 400 livres, la Compagnie a arresté que monsieur Lebrun mettra 10 louis d'or et vingt livres de pièces, et un

billet de monnoye de 200 livres, pour la valeur de ce lot, entre les mains de Mrs Letourneur et Bazin, qui les porteront à monseigneur le cardinal de Noailles et le suplieront, au nom du Bureau, d'avoir la bonté de les présenter au Roy.

Relevé du nombre des malades, Hostel Dieu et Saint Louis réunis : Février : minimum, 4,253; maximum, 4,847. Mars : minimum, 3,269; maximum, 4,154. Avril : minimum, 2,711; maximum, 3,445. Mai : minimum, 2,044; maximum, 2,735. Juin : minimum, 1,752; maximum, 2,117. Hostel Dieu seul : minimum, 1,632; maximum, 1,775. Août : minimum, 1,452; maximum, 1,682. Septembre : minimum, 1,513; maximum, 1,621. Octobre : minimum, 1,500; maximum, 1,598. Novembre : minimum, 1,485; maximum, 1,591. Décembre : minimum, 1,444; maximum, 1,607.

80ᵉ REGISTRE. — ANNÉE 1711.

(29 juillet 1711.) Madame la duchesse de la Force, fille et seule héritière de madame la présidente de Bosmelet, a fait offrir par son intendant, venu au Bureau, le payement de la somme de 60,000 livres pour les trois legs de 20,000 livres que ladite dame de Bosmelet a fait à l'Hostel Dieu. à l'Hospital Général et à celuy des Enfans Trouvez, scavoir 10,000 livres en argent comptant et 50.000 livres en rente sur la ville, mais la Compagnie a répondu ne pouvoir accepter l'offre à son égard, à cause du peu d'argent comptant.

(8 août.) M. Blouïn, ancien échevin de cette ville, ayant esté proposé pour administrateur de l'Hostel Dieu en la place de feu M. Hallé, la Compagnie l'a agréé.

(8 août.) Veu le projet d'un nouvel avis pour la loterie de l'Hostel Dieu, la Compagnie l'a aprouvé, et elle a arresté qu'il sera publié et affiché où besoin sera et transcrit dans le registre des délibérations; ensuit la teneur dudit avis : «Messieurs les administrateurs, qui avoient espéré pouvoir tirer dans le mois de may dernier la continuation de leur loterie, ouverte le 16 décembre précédent, ont crû qu'il estoit plus à propos de les différer quelques mois parce que les fonds n'estoient pas alors assez considérables; par cette prorrogation les fonds se trouvent maintenant de beaucoup augmentez, et cela donne lieu à Messieurs les administrateurs de la tirer dans le mois de septembre prochain sans aucun délay, et en l'estat où elle se trouvera; pour donner cette satisfaction au public, ils ont déjà fait écrire en province, pour en faire revenir les registres qu'ils y ont envoyez; ils font aussy préparer actuellement toutes les choses nécessaires: elle sera tirée. ainsy qu'on l'a promis, dans la grande salle de l'archevesché, et la valeur des lots en sera aussytost payée en espèces sonnantes. »

(11 septembre.) Monsieur Letourneur a dit que suivant le controlle fait, en exécution de la délibération du dernier jour, des personnes qui ont passé sur le pont de l'Hostel Dieu par quelques officiers de la maison le 7, 8, 9 du présent mois de septembre, le nombre s'est trouvé par jour commun de 3,100 personnes, et quand par l'estimation on en déduiroit jusqu'au quart pour celles qui sont exemptes de payer, il en resteroit encore 2,325 dont le droit, à trois deniers par personne, monte à 29 livres 1 s. 3 deniers; or le prix du bail estant de 8,100 livres par an, cela ne fait que 1,776 personnes pour les remplir; ainsy éloigné d'y avoir de la perte, il se trouveroit un proffit de 6 livres 17 s. 5 deniers pour chacun de ces trois jours de controlle; mais le sieur Vitalis, caution du bail, s'estant trouvé au Bureau, après avoir esté informé de ce que dessus, a représenté que sa perte est certaine, et prétend qu'il y a plus grand nombre que le quart des personnes exemptes, et d'autres abonnées à peu de chose, parce qu'elles éviteroient le passage, et aussy qu'il y a eu de l'erreur dans le controlle, lequel ne peut se faire exactement qu'à la porte de la réception du droit, pour connoître la recette effective, les personnes abonnées et les exemptes, outre qu'il a esté fait la veille et le jour de la Nativité de la Vierge, qui ont pu produire quelque extraordinaire, à cause de la dévotion du peuple en l'église de Notre Dame; sur quoy la Compagnie a remis après la Saint Martin prochaine à prendre les mesures qu'elle jugera à propos pour avoir un plus grand et assuré éclaircissement, et cependant elle a arresté que ledit sieur Vitalis payera dez à présent les fermages qu'il doit, sinon qu'il sera poursuivy, et il a promis de le faire, dans l'espérance qu'il a que le Bureau luy fera justice, sur la diminution par luy demandée et qu'il prétend bien fondée.

(25 septembre.) Avis important pour la loterie accordée par le Roy en faveur des pauvres malades de l'Hostel Dieu de Paris, dont les lots seront entièrement payez en argent comptant et espèces sonnantes, fonds : 400,000 livres; lots, 2,256. Messieurs les administrateurs de l'Hostel Dieu de Paris n'auroient pas manqué de donner au public la satisfaction de tirer la loterie

dans le mois de septembre, s'ils avoient receu tous les registres qui ont esté envoyez dans les provinces, mais comme ils n'ont pu jusqu'à présent les recevoir tous, quelques diligences qu'ils ayent faites, ils se trouvent obligez d'attendre encore quelque temps, pendant lequel ils continueront de recevoir pour en augmenter le fonds et la tirer en l'estat qu'elle se trouvera, sitost que tous les registres auront esté rassemblez, pour réunir les fonds tant du second cent mil que de ce qui aura esté receu sur le 3ᵉ, et faire une distribution de lots proportionnez auxdits fonds.

Relevé du nombre des malades : Janvier : minimum, 1,480; maximum, 1,577. Février : minimum, 1,511; maximum, 1,626. Mars : minimum, 1,554; maximum, 1,613. Avril : minimum, 1,450; maximum, 1,557. Mai : minimum, 1,263; maximum, 1,453. Juin : minimum, 1,015; maximum, 1,278. Juillet : minimum, 1,008; maximum, 1,189. Août : minimum, 1,127; maximum, 1,259. Septembre : minimum, 1,184; maximum, 1,283. Octobre : minimum, 1,185; maximum, 1,315. Novembre : minimum, 1,255; maximum, 1,323. Décembre : minimum, 1,274; maximum, 1,493.

81ᵉ REGISTRE. — ANNÉE 1712.

(8 janvier 1712.) Monseigneur de Mesmes, président à mortier, aiant été nommé mardy dernier par le Roy en la charge de premier président du Parlement, sur la démission volontaire faite par monseigueur le Pelletier, la Compagnie a levé pour aller le saluer, et le supplier d'accorder l'honneur de sa protection aux pauvres de l'Hostel Dieu.

(26 février.) La Compagnie a arresté de faire célébrer demain samedy, en l'église de l'Hostel Dieu, un service solennel pour monseigneur le Dauphin et madame la Dauphine, suivant le mandement de Son Éminence monseigneur le cardinal de Noailles.

(16 mars.) Le sieur Merry, maistre chirurgien de l'Hostel Dieu, dit que Son Éminence monseigneur le cardinal de Noailles luy a fait l'honneur de le charger de demander de sa part que le Bureau permette à Claude Desjours, premier compagnon chirurgien gagnant la maistrise, d'aller près la personne de monsieur le duc de Noailles, neveu de Son Éminence, dans le voïage qu'il va faire aux eaux de Vichy et de Bourbon, ce que la Compagnie a accordé.

(23 mars.) Le sieur Richer, notaire, a envoyé dire au Bureau qu'il a chez lui 3,000 livres pour payer le legs que monsieur le mareschal de Catinat a fait par son testament à l'Hostel Dieu, ce que la Compagnie a fait scavoir à M. Favée, afin d'aller demain recevoir ce legs, et elle a aresté de faire dire un service pour mondit sieur mareschal de Catinat, après la Quasimodo, au jour qui sera choisy par sa famille.

(31 décembre.) A la recommandation de Son Altesse Royalle Madame, la Compagnie a permis à Auguste Hugo, médecin de madame la duchesse d'Hannover, d'entrer dans la salle des accouchées à l'Hostel Dieu, pour voir pratiquer les accouchements sans que cette permission puisse estre tirée à conséquence.

Relevé du nombre des malades : Janvier : minimum, 1,373; maximum, 1,632. Février : minimum, 1,468; maximum, 1,618. Mars : minimum, 1,508; maximum, 1,586. Avril : minimum, 1,425; maximum, 1,528. Mai : minimum, 1,317; maximum, 1,486. Juin : minimum, 1,250; maximum, 1,388. Juillet : minimum, 1,207; maximum, 1,567. Août : minimum, 1,553; maximum, 1,998. Septembre : minimum, 1,966; maximum, 2,275. Octobre : minimum, 2,284; maximum, 2,438. Novembre : minimum, 2,214; maximum, 2,435. Décembre : minimum, 2,143; maximum, 2,176.

82ᵉ REGISTRE. — ANNÉE 1713.

(17 juin 1713.) Il a esté fait raport que de 52 personnes qui ont esté taillées à l'Hostel Dieu, il en est mort unze.

(5 juillet.) Monsieur Bazin a fait raport qu'il a esté cet après disnée au cimetière de l'Hostel Dieu à Clamart, et qu'après avoir bien examiné les environs du quartier, il a trouvé que l'infection dont on se plaint ne procède pas tant de ce cimetière que des égoûts, et des deux petits bras ou ruisseaux de la rivière des Gobelins, qui sont remplis de toutes sortes d'immondices jettées par les tanneurs, mégissiers, amidonniers et cretonniers qui demeurent dans ce quartier; que la puanteur du cimetière ne vient que de ce que les corps sont mis les uns

sur les autres, et que le fossoyeur répand très peu de terre dessus, et qu'il est aisé d'y remédier et d'empescher qu'il y sente rien, en faisant ce qu'il a ordonné au fossoyeur par provision, et sous le bon plaisir du Bureau, qui est de ranger exactement les corps en long à costé les uns des autres, faisant un peu d'espace entre les pieds et les testes, de jetter de la chaux vive détrempée dans l'eau, et de couvrir chaque rang de corps de deux pieds de terre, mais qu'en le pratiquant ainsy, la fosse ouverte qui est la dernière du cimetière ne durera qu'un an ou environ, et que pour l'agrandir on sera obligé de joindre le marais joignant, qui appartient à l'Hostel Dieu.

(7 juillet.) La Compagnie a arresté, sous le bon plaisir de l'assemblée générale, d'accorder à la fille de la dame Langlois la survivance de la place de maitresse sage femme de l'Hostel Dieu, si elle en est jugée capable dans l'interrogatoire qu'elle subira.

(5 août.) Monsieur d'Argenson a apporté au Bureau le résultat de la visite qu'il a faite de l'ancien et du nouveau cimetière de l'Hostel Dieu à Clamart, par luy paraphé, et après que lecture en a esté faite, la Compagnie l'a approuvé, et arresté qu'il sera exécuté et transcrit au présent registre : 1° Il faut combler incessamment la grande fosse nouvellement ouverte dans le cimetière, laquelle auroit contenu 10 à 12,000 corps; avant de la combler, monsieur Baillif prendra soin d'y faire jetter un muid et demy de chaux vive, pour consomer environ 12 à 1,300 corps qui y ont esté mis, et le surplus de la fosse sera rempli des deblais de terre que du résidu des salpêtres, que les salpêtriers voisins offrent eux-mêmes d'y porter gratuitement. 2° La dernière fosse comble n'étant pas chargée de nombre suffisant de terre, quoy qu'il y ait environ 18,000 corps, il y sera voituré environ 400 tombeaux de terre qui feront une élévation d'environ un pied, en toute la superficie de ladite fosse. 3° Pour plus grande précaution, l'on pourra faire éteindre, à chaque des quatre coins de ladite fosse, un muid de chaux, à l'effet de quoy il sera fait des bassins pour l'éteindre, et sitost elle sera répandue par rigolle sur la superficie de ladite fosse, avec pente suffisante pour son écoulement. 4° On en usera de même à l'égard de l'ancienne fosse ouverte en 1695 et fermée en 1703, où l'on assure qu'il y a environ 5,000 corps, lesquels sont à demy consommez, comme l'enfoncement le fait connoistre, et l'on raportera des terres jusqu'au niveau de la porte de la rue. 5° Il a esté fait un état de tout ce qu'il y a de plans dans le marais voisin destiné pour le nouveau cimetière. 6° On a commencé l'ouverture d'une fosse, du nombre des 43 qui seront fouillées dans ledit nouveau cimetière, et cette fosse qui est desjà fort avancée et où l'on poura commencer d'enterrer dès lundy prochain, si la bénédiction en peut estre faite, sera profonde de 10 pieds sur 9 pieds de large et 48 pieds de longueur ou environ, en sorte qu'elle poura contenir 500 corps en six ou sept couches, chacune desquelles sera couverte de chaux vive, à raison d'un demy boisseau par corps et de demy pied de terre, ce qui laissera environ un vuide de 3 pieds au haut de la fosse, lequel sera comblé de terre au dessus de la chaux que l'on y aura mis, suivant la même proportion de demy boisseau par corps.

(9 août.) Sur le raport que lundy dernier, sept du présent mois, monsieur Vivant, chanoine et pénitencier de l'église de Paris et l'un des grands vicaires de Son Éminence monseigneur le cardinal de Noailles a bény la partie du nouveau cimetière de l'Hostel Dieu à Clamart où il y a une fosse faite, la Compagnie a arresté qu'on inhumera dans cette fosse les corps des malades qui décéderont à l'Hostel Dieu à commencer de ce soir ou demain.

Relevé du nombre des malades : Janvier : minimum, 2,136 livres; maximum, 2,269. Février : minimum, 1,937; maximum, 2,198. Mars : minimum, 1,866; maximum, 2,033. Avril : minimum, 2,015; maximum, 2,127. Mai : minimum, 1,894; maximum, 2,118. Juin : minimum, 1,663; maximum, 1,951. Juillet : minimum. 1,631; maximum, 1,688. Août : minimum, 1,560; maximum, 1,638. Septembre : minimum, 1,567; maximum, 1,773. Octobre : minimum, 1,713; maximum, 1,800. Novembre : minimum, 1,808; maximum, 2,137. Décembre : minimum, 2,097; maximum, 2,446.

83ᵉ REGISTRE. — ANNÉE 1714.

(5 janvier 1714.) Monseigneur le Premier Président a fait rapport qu'en sa présence le sieur de St Olive, maître maçon, a visité le pont de Saint Charles, et qu'il l'a trouvé en bon estat pour durer plus de cent ans.

(12 janvier.) La Compagnie a arresté que la damoiselle Langlois ne payera sa pension que jusqu'au 1ᵉʳ novembre dernier, qu'elle a succédé à la dame sa mère décédée, à la place de maitresse sage femme de l'Hostel

Dieu, et que du même jour elle jouïra de pareils gages qu'avoit sa mère, qui sont 400 livres par an.

Monsieur d'Estrechy a dit qu'il y a longtemps que le Bureau a formé le dessein de faire un nouveau bastiment, pour augmenter les salles de l'Hostel Dieu, dans l'emplacement qui est entre le bras de la rivière de Seyne et la rue de la Bûcherie, depuis et joignant la salle de Saint Charles jusqu'au petit Chastelet, et que dans cette veue le Bureau a acquis les maisons qui sont dans la rûe de la Bûcherie, le long de cet emplacement, lequel bâtiment n'a esté différé qu'à l'occasion des années fâcheuses survenues, et la grande quantité de rentes viagères dont l'Hostel Dieu estoit chargé, qui se trouvent notablement diminuées, et comme depuis plusieurs années le nombre des malades est si considérablement augmenté, principalement pendant l'hiver, qu'on a esté obligé de les coucher jusqu'à six et huit dans un même lit, qu'il est difficile de concevoir l'embaras et tous les inconvéniens fâcheux qui arrivent, lorsqu'il faut les changer de place pour leur administrer les sacremens, et les lever pour leurs nécessitez, d'ailleurs que se nuisant les uns aux autres par des maladies plus ou moins aigües, et par d'autres infirmitez particulières, cela a causé entre eux des querelles, des bateries et des haines à ne se point pardonner, et qu'il en est mort plusieurs dans cet estat, ce qui fait gémir de douleur et commisération tant ceux qui les assistent et les servent, que les personnes de piété qui vont les visiter et consoler, outre qu'il est de notoriété publique que beaucoup de pauvres honteux de cette ville et des fauxbourgs, prévenus et effrayez de ce nombre de malades dans un même lit, aiment mieux, quand ils sont malades, se laisser mourir et périr de misère et de langueur dans des greniers, souvent sans assistance spirituelle ny temporelle, que de se faire porter à l'Hostel Dieu, en sorte que pour prévenir la suite de tant de malheurs, il n'y a d'autre remède que celuy d'agrandir l'Hostel Dieu, en faisant faire ce bastiment; qu'à la vérité la dépense pour le construire, le meubler et entretenir sera très considérable, mais que ce sera un ouvrage de plusieurs années; qu'il s'agit de le commencer, en prenant un fond chaque année, tel que le pourra permettre l'estat de la recette de l'Hostel Dieu, et qu'on y employera les sommes qui proviendront de deux legs considérables qui luy ont esté faits, l'un par M. de Coetmadeu, et l'autre par M. Ponthon. Monseigneur le Premier Président a adjouté que le bastiment proposé estant indispensablement nécessaire, il estoit à propos de le commencer au plus tost; que les eaux de la rivière estant plus bases qu'on ne les a veu, même dans la saison de l'esté depuis nombre d'années, on peut faire les bastardeaux et les pilotis avec moins de despense et qu'il faut espérer que lorsqu'on verra travailler à ce bastiment, il se trouvera des personnes de piété qui, par leurs aumosnes et charitez, voudront bien contribuer à perfectionner et maintenir un ouvrage qui n'a pour objet que le soulagement des pauvres malades, et l'utilité publique. Sur quoy la Compagnie, après avoir meurement délibéré, a arresté de faire ce bastiment et de le commencer incessamment, et que M. de l'Espine, architecte des bastimens du Roy, sera prié d'en faire lever le plan et de dresser les devis des ouvrages, avec une estimation en gros de la dépense, pour le tout rapporté en la première assemblée, si faire se peut, en estre délibéré.

(3 février.) Monseigneur le Procureur général ayant proposé de faire une loterie en faveur du nouveau bastiment, la Compagnie l'a approuvé, et monseigneur le Premier Président et monseigneur le Procureur général ont eu agréable de se charger d'en parler au Roy et à M. Desmarets pour en demander la permission.

(21 avril.) La Compagnie a receu le sieur Bonpart médecin ordinaire de l'Hostel Dieu, en la place du sieur de Bourges, décédé le jour d'hier.

(13 juin.) Il a esté fait rapport que le jour d'hier, 12 du présent mois de juin, en exécution de la délibération de l'assemblée généralle de samedy dernier, la première pierre posée du nouveau bâtiment pour l'augmentation des salles de l'Hostel Dieu a esté bénite par Son Éminence monseigneur le cardinal de Noailles, en présence de messeigneurs les Premiers Présidents du Parlement, de la Chambre des comptes et Cour des aydes, monseigneur le Procureur général, Messieurs le Lieutenant général de police et Prevost des marchans, et de Messieurs les administrateurs qui s'y sont trouvez.

(28 juillet.) Sur ce qui a esté dit que madame Henault, pour s'acquitter des 215,550 livres à quoy ont esté réduits et modérez les legs faits par feu M. Ponthon son frère, conseiller au Parlement de Metz, aux hôpitaux, offre d'en faire le payement, scavoir un tiers en argent, un autre tiers en rente sur les aydes et gabelles, et l'autre tiers en une terre scituée entre Mantes et Meulan, la Compagnie n'a pas jugé à propos d'accepter l'offre, et elle a arresté que la délibération du 4 de ce mois sera exécutée, et la somme payée en deniers pour la totalité.

Relevé du nombre des malades : Janvier ; minimum, 2,192; maximum, 2,464. Février : minimum, 2,342; maximum, 2,583. Mars : minimum, 2,165; maximum, 2,393. Avril : minimum, 2,122; maximum, 2,209. Mai : minimum, 1,873; maximum, 2,123. Juin : minimum, 1,597; maximum, 1,833. Juillet : minimum, 1,473; maximum, 1,627. Août : minimum, 1,454; maximum, 1,545. Septembre : minimum, 1,519; maximum, 1,640. Octobre : minimum, 1,639; maximum, 1,711. Novembre : minimum, 1,652; maximum, 1,890. Décembre : minimum, 1,875; maximum, 2,062.

84ᵉ REGISTRE. — ANNÉE 1715.

(18 janvier 1715.) On a publié pour la troisième fois la vente et adjudication des 204 arbres qui sont dans le tour et dans le cimetière de l'hospital de Saint Louis, sur l'enchère de 3,000 livres, et la plus haute enchère a esté faite par Michel Savart, marchand bourgeois de Paris, à la somme de 4,500 livres; la Compagnie en a fait l'adjudication pure et simple audit sieur Savard.

(23 février.) La Compagnie a arresté que doresnavant il sera tenu toutes les semaines un bureau général pour les affaires de l'Hostel Dieu à l'archevesché, en la manière accoutumée et que le jour de ce bureau demeurera fixé à l'avenir au mercredy de chaque semaine, unze heures précises du matin, et que les délibérations qui seront prises au bureau général seront lües à la huitaine du bureau où elles auront été prises, ainsi qu'il s'observe à l'égard des délibérations prises dans les bureaux particuliers.

(23 février.) La Compagnie a supplié Son Éminence d'accorder un mandement pour exhorter les fidelles à donner des aumosnes, et recommander aux dames de pieté de faire des questes dans les maisons, le tout pour contribuer à l'avancement du nouveau bastiment commencé pour l'augmentation des salles de l'Hostel Dieu qui n'a pour objet le soulagement des pauvres malades, lequel mandement sera leû et publié par les curez et prédicateurs de cette ville et fauxbourgs de Paris, et affiché partout où besoin sera, ce que Son Éminence a agréé.

(20 mars.) Les six médecins ordinaires et les 3 médecins expectans de l'Hostel Dieu sont venus au Bureau, et le sujet pour lequel ils ont été mandez leur a été expliqué par Son Éminence et par monseigneur le Premier Président, et le sieur Emmerez portant la parole pour les médecins y ayant répondu, la Compagnie après en avoir délibéré n'a pas trouvé qu'il soit nécessaire quant à présent d'augmenter un médecin ordinaire, mais elle a arresté le règlement qui suit : I. Les médecins ordinaires feront tous les jours, le matin avant dix heures, ainsi qu'il est accoutumé, la visite des malades, chacun dans les salles de son département, avec beaucoup de soin et d'exactitude et qu'ils y donneront le temps convenable pour examiner les causes des maladies et s'apliqueront pour en procurer la guérison. — II. Comme le sieur Afforty, l'un d'eux, n'a le soin que des religieuses, des ecclésiastiques et des domestiques de la maison qui sont malades, son employ n'étant pas assez remply, il aura encore l'une des salles moins chargée de malades, dont il aura le choix, pour en faire la visite, en considération de ce que les autres médecins sont souvent apelez pour la visite de plusieurs malades dont il a le département. — III. Lorsque l'un des médecins ordinaires sera malade ou absent pour cause légitime, sa visite sera faite gratuitement, pendant un mois, par le plus ancien des trois médecins expectans, auquel il sera obligé d'en donner avis, et si la maladie ou l'absence duroit davantage, le second des médecins expectans fera la visite le mois suivant, et le 3ᵉ un autre mois, pour ensuite être recommencé par le plus ancien et continuée ainsi par les autres alternativement de mois en mois, pour ne point interrompre par un plus long temps leurs occupations ordinaires, et afin que chacun d'eux puisse mériter les places de médecins ordinaires qui viendront à vaquer. — IV. Les trois médecins expectans iront tour à tour chacun pendant une semaine, à commencer par l'ancien, et de suite alternativement tous les jours l'après disnée à l'apothicairerie et dans les salles de l'Hostel Dieu, pour examiner les malades survenus depuis la visite du matin, s'informer des religieuses mères d'offices si, dans les autres malades, il n'est point arrivé de nouveaux accidents, et remédier aux cas imprévus, ce qu'ils exécuteront à l'avenir sans interruption, et mieux qu'ils n'ont fait par le passé. Bien entendu que quand l'un deux sera la visite du matin pour l'un des médecins ordinaires, il sera dispensé pendant ce temps de la visite de l'après disnée, qui sera faite par les deux autres expectans alternativement de semaine en semaine, ainsy qu'il est cy dessus expliqué. — V. Et après que l'un des 3 médecins expectans aura été receu médecin ordinaire, ou en cas de décès de l'un d'eux, sa place ne sera point remplit, parce que le nombre des médecins expectans sera et demeurera doresnavant fixé à deux, suivant le règlement du 12 janvier 1709 qui sera exécuté.

(20 mars.) Lecture faite du mandement de Son Éminence pour recommander à la charité des bonnes âmes le nouveau bâtiment commencé pour l'augmentation des salles et des lits de l'Hostel Dieu, la Compagnie l'a

agréé, et elle a fait une liste des noms de plusieurs dames de condition et de piété, qui seront suppliées de faire des questes dans les maisons de chaque quartier.

(17 mars.) Monseigneur le Camus ayant été receu le jour d'hier en la charge de premier président de la Cour des aydes, dont il avoit la survivance, en la place de monseigneur le Camus, son ayeul, qui est décédé, a pris séance aujourd'huy pour la première fois.

(5 avril.) La Compagnie a signé et délivré un certificat à Claude Brière, compagnon chirurgien ordinaire de l'Hostel Dieu, du service qu'il a rendu au pancement des malades pendant douze ans et demy, dont il l'a remercié, et il a dit qu'il ne quitte que pour s'établir, ayant été receu pour chirurgien de monseigneur l'électeur de Bavière.

(26 juin.) La Compagnie a signé la quittance au dos d'une ordonnance du Roy de la somme de 419,079 livres y portée, contenant qu'elle a été payée par M. de Montargis, garde du trésor royal, scavoir à M. Favée, receveur général de l'Hostel Dieu, 374,292 livres et au sieur Garrigues, receveur de l'hospital des Incurables, 44,786 livres, ainsi que tous deux présens dans la quittance l'ont reconnû, et quoyque cette ordonnance soit causée pour don par aumône, elle a esté accordée par Sa Majesté pour remplacement de la perte des deux cinquièmes et du quart sur différends contrats de rentes sur la ville qui appartenoient aux deux hôpitaux, à chacun desquels sera fourny des quittances de finance et expédié des contrats de nouvelles rentes au denier 25 sur les aydes, gabelles et cinq grosses fermes, jusqu'à concurrence des sommes cy dessus, et pour les arrondir, sera suppléé en argent par ledit sieur Favée, pour l'Hostel Dieu 7 liv. 8 s. 3 den., et par ledit sieur Garrigues pour l'hospital des Incurables 13 livres 4 sols.

(17 juillet.) Sur ce que monsieur d'Estrechy a dit que monseigneur le Premier Président luy a fait l'honneur de le charger de raporter de sa part qu'après avoir recommandé à monsieur l'archevesque de Narbonne le nouveau bâtiment, commencé pour l'augmentation des salles de l'Hostel Dieu, aux aumônes de l'assemblée du clergé, monsieur l'archevesque d'Alby lui étoit venu dire qu'elle avoit accordé d'une voix unanime la somme de six mil livres, ce qui méritoit que le Bureau fît une députation pour remercier. La Compagnie a arresté que monseigneur le Premier Président sera supplié d'avoir agréable de faire le remerciment.

Relevé du nombre des malades : Janvier : minimum, 2,001; maximum, 2,324. Février : minimum, 2,037; maximum, 2,194. Mars : minimum, 1,965; maximum, 2,134. Avril : minimum, 1,818; maximum, 2,090. Mai : minimum, 1,615; maximum, 1,887. Juin : minimum, 1,413; maximum, 1,642. Juillet : minimum, 1,380; maximum, 1,459. Août : minimum, 1,398; maximum, 1,469. Septembre : minimum, 1,391; maximum, 1,520. Octobre : minimum, 1,456; maximum, 1,599. Novembre : minimum, 1,562, maximum, 1,744. Décembre : minimum, 2,141; maximum, 2,513.

85° REGISTRE. — ANNÉE 1716.

(8 janvier 1716.) Sur le raport de monsieur Soufflot que mademoiselle Colombet, fille majeure, se présente pour être receue à avoir la conduitte et direction des femmes et filles convalescentes sortans de l'Hostel Dieu, en la place de mademoiselle de Sercamanen, décédée, et qu'elle dit avoir été agréé par monsieur Fieubet, maître des requêtes, auquel et au Bureau conjointement le droit de nomination apartient, la Compagnie, aiant fait entrer ladite damoiselle Colombet, l'a aussy agréé et elle a arresté de signer l'acte de nomination, conjointement avec M. de Fieubet.

(5 février.) La Compagnie aïant été informée que monseigneur le Premier Président et monseigneur le Procureur général ont obtenu de Son Altesse Royale, monseigneur le duc d'Orléans, régent, en faveur de l'Hostel Dieu un neuvième par augmentation des sommes qu'on reçoit présentement, et qu'on recevra à l'avenir pour l'entrée aux opéras, comédies et autres spectacles publics qui se jouent à Paris par la permission du Roy, pour contribuer au bâtiment des nouvelles salles de l'Hostel Dieu, et à la subsistance des pauvres malades, et à condition d'en rendre une somme convenable au sieur de Lamare, commissaire au Châtelet, pour récompense de ses longs services pour le dédommager des avances qu'il a faites pour la composition et impression de son *Traité de la police*, contenant tous les règlements faits sur cette matière, et pour le mettre en état d'achever un ouvrage sy utile au public, dont il reste à imprimer au moins trois volumes, et qu'il étoit nécessaire de fixer la somme qui luy sera donnée du produit de ce neuvième et d'en assurer le payement, la Compagnie a arresté qu'il sera incessamment passé un acte par lequel, suivant les intentions de S. A. R. monseigneur le Régent

le Bureau se chargera de payer pendant vingt ans, sur le produit dudit neuvième, à ceux qui seront cy après nommez, savoir 20,000 livres pendant chacune des dix premières années qui commenceront le dix du présent mois de février et 10,000 livres chacune des dix années suivantes, la moitié desquelles sommes sera employée à payer les frais de recherches, de copistes et d'impressions de ce qui reste à imprimer du Traité de la police, sur les quittances desdits copistes et autres personnes employées ausdites recherches, et des libraires ou imprimeurs qui ont été ou qui seront chargés de ladite impression, lesquels frais seront acquités sur ladite moitié du produit dudit neuvième par le Receveur de l'Hostel Dieu, en conséquence des mandemens de monseigneur le Premier Président et de monseigneur le Procureur général, que le Bureau a prié d'en prendre la peine, et à l'égard de l'autre moitié desdites sommes de 20 et de 10,000 livres, elle sera payée par le receveur général dudit Hostel Dieu, sur pareils mandemens de 3 mois en 3 mois audit sieur de la Marre, ses héritiers ou ayans causes, ainsy qu'il luy aura plû d'en disposer, même le total desdittes sommes de 20 et de 10,000 livres, après que l'impression dudit traité aura été entièrement achevée, pour son remboursement, indemnité et récompense de ses services passés et des deux premiers tomes de son Traité de la police, qu'il a donné au public et pour ses honnoraires de la composition, ses peines des recherches qu'il sera obligé de faire, et les soins qu'il prendra de faire conduire l'impression à sa perfection; et en cas que ledit sieur de la Marre vint à décéder avant la fin de ladite impression, ses mémoires, pièces, collections et extraits tirez des anciens registres des dépôts publics, des manuscrits, des bibliothèques et des auteurs, même les écrits dudit sieur de la Mare, concernans ledit Traité de la police seront remis et délivrés, par sesdits héritiers ou ayans cause, entre les mains de celuy que ledit sieur de la Marre aura présenté de son vivant à monseigneur le Premier Président et à monseigneur le Procureur général, et qui aura été par eux agréé pour la continuation dudit ouvrage, ou qui sera par eux nommé, en cas que ledit sieur Delamarre n'en ait point présenté et fait agréer, et l'honnoraire que monseigneur le Premier Président et monseigneur le Procureur général jugeront à propos de régler, pour celuy qui sera chargé de ce travail, sera payé sur la moitié desdits 20,000 et 10,000 livres destinée au payement des frais d'impression dudit Traité de la police, au moyen de quoy l'autre moitié desdites sommes apartiendra en entier ausdits héritiers dudit sieur Delamare, aussy bien que ce qui pourra rester de la moitié destinée aux frais dudit ouvrage, lorsqu'il sera achevé d'imprimer. Le privilège et le fond dudit ouvrage, ensemble le produit de la vente qui en sera faite seront partagés par égales portions entre ledit sieur Delamarre, ses héritiers et ledit Hostel Dieu pendant ledit temps de 20 années seulement, après quoy ledit fond et produit d'iceluy apartiendra en entier audit Hostel Dieu, sera néantmoins donné audit sieur Delamarre par préciput trente exemplaires de chaque volume qui s'imprimera dudit ouvrage pour faire ses présens. Mais attendu que ledit sieur Delamarre a déclaré avoir vendu ce qui luy restoit d'exemplaires des deux premiers tomes imprimés de son Traité de la police dont il a touché le prix, il a été convenu avec luy que l'Hostel Dieu aura par forme d'indemnité et de dédommagement la somme de quatre mil livres qui sera retenuë pendant les dix premières années sur la moitié des 20,000 livres et des 10,000 livres destinée pour les frais de recherches, copistes et impressions, à raison de 400 livres par chacune desdites dix années. La présente délibération et l'acte qui sera passé en conséquence seront omologuez au Parlement.

(12 février.) Aiant été représenté par monsieur d'Estrechy que le grand nombre de bœufs qu'on tue, pour la boucherie qui se fait pour le public dans l'Hostel Dieu pendant le carême, produisoit une grande quantité de viande qu'on appelle de la basse boucherie, concistant en testes, jarrests, jambes et pieds de bœufs dont on avoit peine à trouver le débit, ce qui obligeoit de les faire consommer durant ce tems par les pauvres malades de l'Hostel Dieu, et qu'on en usoit de même de toutes les viandes et volailles, qui commençoient à se passer et de difficile vente; que cette mauvaise nourriture étoit toujours dangereuse et souvent pernicieuse à la santé des malades et convalescents, qui pour la plus part n'ont besoin que d'une bonne et solide nourriture pour se rétablir entièrement; qu'un si mauvais usage parroissoit contraire à la charité et à l'humanité qu'on doit avoir pour eux, et qu'il étoit nécessaire d'y pourvoir, la Compagnie, après en avoir délibéré, a arresté qu'on donnera durant le caresme aux malades de l'Hostel Dieu, du bœuf, veau et mouton, et volaille de la même qualité et bonté et en même quantité que celle qui leur est distribuée en autre tems, sans y mesler des viandes de la basse boucherie, ny autres viandes et volailles gâtées ou de rebut; fait deffences aux bouchers, rôtisseurs et au dépensier d'en délivrer aux religieuses qui ont le soin de la cuisine d'autres que de bonne qualité, que la mère Prieure tiendra la main à ce qu'elles n'en reçoivent ny employent aucune autre, et sera donné des expéditions de la présente délibération à la mère Prieure et aux bouchers, rôtisseurs et dépensier.

(18 mars.) Il a été fait raport que les fondations de

lits faits dans l'hôpital des Incurables qui avoient été surcisés en l'année 1689, manque de fond sufisant, étant presque entièrement rétablies, soit par la réunion et réduction d'un plus grand nombre à un moindre, ou par les suplémens qui ont été faits en conséquence des arrests du Conseil d'État du Roy des 22 février et 17 juin 1690 et 8 février 1706, et des délibérations du Bureau en exécution desdits arrests, en sorte que la fondation de chaque lit se trouve à présent de 7,000 livres de principal et de 350 livres de rente, à la réserve de celles dont le fond est en rente sur la ville, qui sont réduits à 280 livres de rente. Il seroit nécessaire de faire un nouveau registre de toutes les fondations, en la manière qui sera réglée par messieurs Soufflot et d'Estrechy, afin que Messieurs puissent avoir connoissance de leur exécution, attendu qu'il est survenu beaucoup de changement pour le nombre des lits et les nominateurs depuis les registres et états qui en ont été faits par messieurs Soufflot et d'Estrechy, sur quoy aïant été dit que monsieur d'Estrechy est bien instruit de l'état des fondations et des nominateurs, par le soin qu'il prend depuis 26 ans de donner les ordres pour visiter par les médecin et chirurgien de l'hôpital, les malades présentés et d'en recevoir les nominations des fondateurs jusqu'à ce jour. La Compagnie, après en avoir délibéré a prié monsieur d'Estrechy de prendre la peine de faire dresser par ses soins et par l'avis de monsieur Soufflot, dans les fêtes de la Pentecôte prochaine, s'il se peut, un registre général de toutes les fondations de lits faites en cet hôpital, le tout par ordre des dattes des fondations, avec le nombre des lits et les conditions de chacune, les noms des fondateurs et de ceux à qui la nomination apartient et les noms des malades qui les ont remplis à chaque mutation et qui les remplissent actuellement, laissant un feuillet en blanc, pour écrire les changemens qui pouront arriver dans la suitte; que dans le même registre il sera mis un extrait de toutes les fondations dont la nomination apartient au Bureau; que ce nouveau registre, et ceux cy devant faits par messieurs Soufflot et d'Estrechy, seront mis et déposés au Bureau de l'hôpital des Incurables, où Messieurs pouront en prendre communication, sans déplacer, quand ils le désireront, et que pour garder le bon ordre qui a été tenu jusqu'à présent, il a été arrêté qu'à mesure qu'il décèdera un malade, l'œconome de cet hôpital sera tenu d'avertir de son nom et de la fondation qu'il remplissoit, le même jour ou le lendemain au plus tard, monsieur d'Estrechy qui en informera le Bureau, dans l'assemblée la plus prochaine, et en fera donner avis au plustôt aux nominateurs, afin d'asseurer par ce moïen une exacte exécution des fondations.

(1er avril.) Monsieur d'Estrechy a fait raport que toute la dépense faite pour le nouveau bâtiment de l'augmentation des salles de l'Hostel Dieu monte, suivant l'état qu'il en a fait tirer sur les rolles et registres, à la somme de 120,690 livres dix sols, savoir 91,191 livres 15 sols pour l'année 1714 et 29,098 livres 15 sols pour l'année dernière 1715.

(1er avril.) La Compagnie, pour continuer le nouveau bâtiment des salles de l'Hostel Dieu, a arresté d'y emploier les sommes qui reviendront à l'Hostel Dieu des entrées aux spectacles publics, suivant l'ordonnance du Roy du 5 février dernier, ensemble les sommes qui luy ont été et seront données à cet effet, toutes lesquelles sommes seront mises à part par monsieur Favée qui en fera un chapitre de recette séparé dans son compte.

(20 mai.) Son Éminence monseigneur le cardinal aiant fait l'ouverture d'un paquet cacheté adressant à Messieurs les administrateurs de l'Hostel Dieu, il s'y est trouvé premièrement un placet présenté par le sieur de Guiller, chevalier de Saint Lazarre, par lequel il expose qu'aiant fait réflexion sur la dépense considérable qui se fait journellement dans l'Hostel Dieu, il a crû ne devoir pas négliger de la diminuer et de procurer en 3 ou 4 jours la santé aux pauvres malades avec un remède infaillible qu'il a pour guérir les fièvres et autres maladies, dont il offre de donner gratuitement trois cent prises pour en faire l'épreuve et de composer ensuitte pour la quantité qui pourra se consommer dans l'Hostel Dieu, plus copie imprimée du privilège accordé par le Roy audit sieur de Guillier sur les expériences de ce remède faites par M. Fagon, premier médecin de Sa Majesté, et par M. Boudin, son médecin ordinaire, et un imprimé des qualités et usages du même remède appellé poudre spécifique, de son opération, de sa doze et de quelques observations générales et le tout aiant été leu, la Compagnie a arresté qu'avant de faire l'épreuve du remède proposé, on consultera M. Boudin et les médecins et chirurgiens de l'Hostel Dieu et que sur leur avis elle prendra la résolution qu'elle jugera convenable.

(16 octobre.) Sur l'avis qui a été donné que le fossoyeur de Clamard vend des corps morts à des chirurgiens qui, après en avoir mutilé les membres, emportent ceux qui leur sont propres et les raportent quand ils s'en sont servis pour leurs expériences, et que les voisins qui s'en sont aperceus en ont porté leurs plaintes, la Compagnie a arresté qu'il sera mandé de se trouver à la première assemblée pour être entendu et qu'il sera chassé, s'il est trouvé coupable.

(2 décembre.) M. Trudaine aiant été receu prévost

des marchands à la place de M. Bignon, il a pris séance pour la première fois.

(2 décembre.) Monseigneur le Premier Président du Parlement a dit que Messieurs les directeurs de l'Hôpital Général se plaignent de ce que les religieuses de l'Hostel Dieu donnent la liberté aux malades qui leur sont envoiés de la maison de force, que cependant il est d'une extrême conséquence de les retenir, à cause des inconvéniens qui pouroient arriver, que pour cet effet il seroit nécessaire de les mettre dans des endroits séparés, d'où ils ne pussent sortir que pour les renvoyer après leur guérison aux maisons qui leur sont destinées, sur quoy la Compagnie a prié monsieur Soufflot de voir la mère Prieure de l'Hostel Dieu, et de prendre des mesures pour pratiquer un lieu seur dans cette maison pour enfermer ces sortes de malades.

(16 décembre.) La Compagnie aïant considéré que le tems qui s'est écoulé depuis l'année 1709 et la conjoncture fascheuse où l'on est présentement apportent beaucoup de difficultés et d'obstacles pour recouvrer ce qui peut estre deu de l'aumône accordée par le Roy, par sa déclaration du 22 octobre de la même année, à l'Hostel Dieu et à l'Hôpital Général sur les locataires des maisons de cette ville et fauxbourgs de Paris, et quoy qu'en l'année 1714 il se soit trouvé des personnes en estat de païer, cependant les sieurs le Mire et le Breton, préposés pour faire ce recouvrement, n'en ont pu toucher que très peu de chose, nonobstant les poursuittes et diligences qu'ils ont faittes en vertu de cette déclaration et d'un arrest du 20 décembre de ladite année, elle a arresté d'abandonner ce qui en pouroit revenir à l'Hostel Dieu, et que les préposés rendront incessamment leur compte pour estre examiné et apostillé par ceux de Messieurs commis à cet effet, le tout après qu'elle a été informée que Messieurs les directeurs de l'Hôpital Général sont dans la résolution de faire de même pour ce qui les concerne.

(30 décembre.) Monsieur d'Estrechy a fait raport que monseigneur le Premier Président luy a fait l'honneur de luy dire que Son A. R. monseigneur le duc d'Orléans désire que Guillaume Meitland, chirurgien écossois, soit receu pendant 3 mois dans la salle des femmes enceintes à l'Hostel Dieu, pour travailler aux accouchemens et se perfectionner dans cet art, afin de l'exercer en Écosse, sur quoy la Compagnie a remis d'en estre délibéré en la première assemblée générale, et en attendant elle a arresté par provision que ledit Meitland sera receu, sans que cela puisse estre tiré à aucune conséquence.

Relevé du nombre des malades : Février : minimum, 2,404; maximum, 2,951. Mars : minimum, 2,352; maximum, 2,519. Avril : minimum, 1,916; maximum, 2,167. Mai : minimum, 1,761; maximum, 1,970. Juin : minimum, 1,440; maximum, 1,795. Juillet : minimum, 1,388; maximum, 1,456. Août : minimum, 1,406; maximum, 1,479. Septembre : minimum, 1,455; maximum, 1,628. Octobre : minimum, 1,556; maximum, 1,626. Novembre : minimum, 1,601; maximum, 1,725.

86° REGISTRE. — ANNÉE 1717.

(29 janvier 1717.) Aiant été fait rapport que Messieurs les fermiers généraux se plaignent que plusieurs particuliers passent par le cimetière de Clamard de la viande, du vin et d'autres marchandises en fraude, et au préjudice de la ferme, et que le fossoïeur, d'intelligence avec eux, favorise ce passage, la Compagnie a arrêté qu'il sera mandé à la première assemblée pour être entendeu.

(17 février.) Il a été dit que ce matin les gens de M. le duc de Sully, accompagnés de quelques voisins ont fait rebellion contre des archers qui vouloient saisir de la volaille, que l'on vend publiquement dans une maison apellée le petit hôtel de Sully, et à l'instant le sieur Symonnet, exempt, chargé de la lettre de cachet du Roy, est entré au Bureau et a fait le détail de ce qui s'est passé en cette occasion, et comme cette entreprise est une désobéissance aux ordres de Sa Majesté, qu'il est très important de réprimer, la Compagnie a donné charge audit Symonnet d'en dresser son procès-verbal, et elle a prié monseigneur le Procureur général d'en informer S. A. R. monseigneur le duc d'Orléans.

(19 février.) Le pourvoïeur de la maison du Roy étant venu au Bureau pour régler le prix de la viande qui sera fournie à Sa Majesté pendant le présent carême, la Compagnie est convenue avec luy pour le bœuf, veau et mouton, à raison de 6 sols 9 deniers la livre, pour la volaille au même prix qu'il en paioït l'année dernière; et pour les œufs sur le pied de 25 livres le millier.

(21 avril.) Il a été dit qu'il est entré des malades dans l'Hostel Dieu dont les noms n'ont point été registrés, et que quelques uns sont morts sans qu'on ait eu

le soin de faire mention de leurs décès sur les registres mortuaires de la maison.

(7 mai.) Les religieuses du fauxbourg Saint Marcel aiant fait demander qu'il leur soit permis de faire exhumer les ossemens de quelques unes de leurs sœurs enterrées à Gentilly, au lieu où leur monastère étoit cy devant étably, apartenant à présent à l'Hostel Dieu; la Compagnie après avoir été informée que S. E. monseigneur le cardinal de Noailles leur a accordé cette permission, a consenty de sa part qu'elles fassent foüiller les terres, à l'endroit où elles reconnoîtront y avoir de leurs religieuses inhumées, et elle a prié monsieur Horeau d'y être présent, afin qu'il ne soit fait aucun dommage, et que les choses soient remises au même état qu'elles sont à présent.

(26 mai.) Sur ce qui a été dit par monsieur d'Estrechy que parmy les tableaux de la succession de feu M. de Callières, il s'en est trouvé quatre représentans des nudités et des postures indécentes, capables de blesser la pudeur et la modestie chrétienne, s'ils étoient exposés en vente, la Compagnie a arrêté qu'ils seront jettés au feu en présence de messieurs Soufflot et d'Estrechy, qu'elle a priés de faire exécuter cette déclaration.

(21 juillet.) Le procureur des prêtres de Saint Lazarre a dit qu'il est venu à sa connoissance que monsieur Portail, président à mortier au Parlement, a obtenu du Roy, sous le nom du sieur de Riberval, la faculté d'établir des voitures pour conduire du Roulle sous Gaillon au port Saint Ouen, et que si cet établissement avoit lieu, cela porteroit un préjudice notable à l'Hostel Dieu, ausdits pretres de Saint Lazarre et aux autres propriétaires des coches et carosses de Roüen, pour les raisons qu'il a expliquées, sur quoy le sieur de Riberval, présent au Bureau, aiant opposé des raisons contraires, la Compagnie a prié monsieur Vigneron d'examiner cette affaire, pour sur son raport être délibéré.

(11 août.) Monsieur le Maître au spirituel de l'Hostel Dieu est venu réitérer ses plainctes sur ce que le garçon de M. du Vernay continüe de prendre dans le cimetière de Clamart des corps morts entiers, souvent des membres et plusieurs parties du dedans de ces cadavres, au grand scandale du peuple, qui ne peut voir sans horreur un tel spectacle; il a ajouté qu'à la vérité M. du Vernay a eu la permission de prendre un corps mort pendant l'hiver seulement, au cas que M. Arnault ne pû luy en fournir, ainsy qu'il y est obligé pour faire l'anatomie publique au jardin roial, mais qu'il le doit prendre dans l'Hostel Dieu, sans en mutiler les membres comme on fait dans le cimetière, et aiant prié le Bureau de faire cesser cet abus, qui intéresse la religion et fait murmurer le public, la Compagnie a remis d'en être délibéré en la première assemblée générale.

(1er septembre.) M. Soufflot a fait raport que le Bureau a été informé que plusieurs des femmes enceintes qui sont receues pour faire leurs couches dans l'une des salles de l'Hostel Dieu, d'où il ne leur est pas permis de sortir qu'après les avoir faites et qu'elles en sont entièrement rétablies, ne laissent pas de s'échaper, nonobstant les soins qu'on prend pour éviter ce désordre, ce qui donne lieu à quelques unes de continuer leurs mauvais commerces, et de ne revenir dans l'Hostel Dieu qu'avec des maladies quelles se sont attirées par leurs débauches, d'où il arriveroit des accidens très fascheux, s'il n'y étoit promptement remédié; sur quoy la Compagnie, après avoir veu le règlement fait à ce sujet le 17 janvier 1693, a arrêté qu'il sera exécuté, en conséquence fait défences à toutes les femmes grosses, après qu'elles auront été admises dans la salle des accouchées, de sortir de l'Hostel Dieu pour quelque cause que ce soit, enjoint au suisse, portiers et portières de les en empêcher, à peine d'être congédiées, et pour leur ôter le prétexte de s'excuser sur l'impossibilité qu'il y a de distinguer ces femmes d'avec les autres, il a été aussy arrêté qu'après leur réception elles mettront leurs habits ordinaires entre les mains de la mère d'office, qui leur donnera des robbes avec des paremens bleus aux manches, qu'elles ne pourront quiter tant qu'elles resteront dans la maison.

(1er septembre.) Sur le raport de M. d'Estrechy que monseigneur le Premier Président luy a fait l'honneur de luy dire que monseigneur le duc d'Orléans, à la recommandation de la Reyne de Sicile, a écouté favorablement la suplication faite à S. A. R. par Jean Baptiste Balbis, chirurgien de monsieur le prince de Carignan, pour avoir la permission d'aprendre l'art des accouchemens dans l'Hostel Dieu pendant 3 mois, la Compagnie l'a accordé sans tirer à conséquence.

Relevé du nombre des malades : Janvier : minimum, 1,835; maximum, 1,977. Février : minimum, 1,902. maximum, 2,008. Mars : minimum, 1,874; maximum, 1,977. Juin : minimum, 1,364; maximum, 1,598. Juillet : minimum, 1,295; maximum, 1,393. Août : minimum, 1,258; maximum, 1,333. Septembre : minimum, 1,311; maximum, 1,432. Octobre : minimum, 1,374; maximum, 1,410. Novembre : minimum, 1,290; maximum, 1,555.

87ᵉ REGISTRE. — ANNÉE 1718.

(19 janvier 1718.) Monsieur Bazin a dit, à l'occasion des legs, qu'il y a lieu de croire que le Bureau n'est pas instruit de tous les legs qui se font à l'Hostel Dieu, parce que les notaires négligent de délivrer les extraits des testaments qu'ils reçoivent, quoy qu'ils y soient obligés par plusieurs arrests de la Cour, et qu'il estime que le moïen le plus éficace, pour en avoir connoissance entière, est d'engager le commis au grefe des insinuations laïques à délivrer tous les six mois les extraits des testaments qui contiendront des dispositions en faveur des pauvres de l'Hostel Dieu, en lui donnant une gratification de 30 livres par an, ce que la Compagnie a aprouvé.

(16 mars.) La Compagnie a arrêté qu'il sera fait 400 bois de lits pour les nouvelles salles, scavoir 300 par Legeret, maître menuisier, et cent par Desvignes, aussy maistre menuisier.

(23 mars.) Monsieur de Machau aïant été receu en la charge de lieutenant général de police, au lieu de monsieur d'Argenson, à présent garde des sceaux de France et président du Conseil des finances, il a pris séance au Bureau pour la première fois.

(27 avril.) Monsieur Horeau a dit que plusieurs personnes se sont présentées pour prendre le bail de l'apartement qu'ocupoit le duc de Vantadour à l'hôpital des Incurables, mais qu'elles ont trouvé les lieux trop vastes, et le loier trop considérable.

(27 avril.) Monsieur Horeau a dit que sur la demande faite à monsieur le prince et madame la princesse de Rohan, en délivrance de la somme de 24,000 livres léguée à l'hôpital des Incurables par feu M. le duc de Vantadour, duquel ladite dame est seule présomptive héritière, ils ont fait signifier un acte de renonciation à sa succession.

(6 mai.) La Compagnie aiant fait réflexion sur les funestes progrez de l'incendie arrivé la nuit du 27 au 28 avril dernier, qui a consumé toutes les maisons de Petit Pont et plusieurs autres ajacentes, et dont l'Hostel Dieu a été heureusement préservé, elle a cru devoir se précautionner contre de pareils accidens, s'il en survenoit par la suite (ce qu'à Dieu ne plaise); dans cette veüe elle a arrêté que Mʳˢ de l'Espine et Beausire, architectes des bâtimens du Roy, seront priez d'indiquer dans l'Hostel Dieu un endroit propre à construire incessamment un réservoir qui contiendra au moins 500 muids d'eau, pour être conduite et distribuée dans les offices des salles, tant pour l'usage ordinaire que pour éteindre le feu en cas d'incendie, à l'efet de quoy il sera mis dans les lieux les plus convenables des seaux de cuir et crocs pour s'en servir dans le besoin. Outre cette précaution, il sera fait un magazin de pioches, haches, marteaux, scies, leviers, poulies, cordages et autres outils nécessaires pour se garantir du feu, et Messieurs qui ont le soin de l'intérieur de la maison ont esté priez de faire dresser, conjointement avec Mʳˢ de l'Espine et Beausire, un état de la quantité de sceaux, crocs et outils qu'il conviendra. Mʳˢ de l'Espine et Beausire seront aussy priez de visiter tous les bâtimens de l'Hostel Dieu, et de donner leur avis sur ce qu'il sera à propos de faire pour prévenir les accidens du feu. Et comme le vitrier de la maison est obligé de se servir de feu pour son métier, et que le lieu où il travaille est trop ressérré et voisin de celuy où on met le charbon, il sera placé dans un endroit où il n'y aura aucun danger à craindre. Défences sont faites à tous les malades et domestiques de fumer dans les salles, dans leurs lits et autres endroits combustibles, et de mettre de la lumière aux pilliers et sur les tablettes de leurs lits, à peine d'être chassez.

(13 mai.) Monsieur Bazin a fait raport que depuis quelque tems il s'est introduit un abus dans l'Hostel Dieu, qui est que les convalescens questent journellement dans les salles, où ils exposent des reliques et bassins, pour exciter les personnes qui viennent dans cet hôpital à faire des aumônes, qui tournent à leur profit, et que la femme du nommé Cavin s'est avisée de mettre un tronc auprès de celuy de l'Hostel Dieu, qui est à la porte de la salle jaune, du côté du Petit Pont, sous prétexte que l'argent qu'elle en retire est pour emploier à l'entretien du luminaire et des ornemens de l'image de la Sainte Vierge, qui est au devant de cette porte. Sur quoy la Compagnie, pour faire cesser cet abus, qui est préjudiciable aux pauvres malades, a arrêté qu'on ne pourra quêter ny exposer des reliques et bassins, en autre tems que les fêtes solennelles, et les jours de pardons et indulgences accordez par nos saints pères les Papes, lesquelles reliques et bassins seront gardez par les religieuses, qui remettront l'argent qui en proviendra à monsieur le Receveur général de l'Hostel Dieu.

(20 mai.) Le sieur Thibault l'un des maîtres chirurgiens de l'Hostel Dieu, a aporté au Bureau une lettre de

monseigneur le Premier Président, portant que S. A. R. monseigneur le duc d'Orléans luy a témoigné qu'elle désiroit qu'Antoine-François de Lor, chirurgien ordinaire de M. le duc de Lorraine et de sa gendarmerie, André Verne, chirurgien de la ville de Turin, envoié par leurs Majestez le Roy et la Reyne de Sicille, et Robert Junet, chirurgien anglois, entrassent successivement dans la salle des acouchées à l'Hostel Dieu, pour se perfectionner dans l'art des acouchemens. Ce que la Compagnie a acordé, sous le bon plaisir de l'assemblée générale.

(25 mai.) Monseigneur le Premier Président a fait lecture d'un mémoire qui luy a été envoié par les religieuses de l'Hostel Dieu, contenant plusieurs demandes, la première *qu'il soit fait des bains* pour baigner ceux des pauvres malades qui auront besoin de ce remède pour leur soulagement..... Sur quoy la Compagnie, après avoir délibéré, a acordé les bains, comme nécessaires à plusieurs maux, et messieurs Bazin, Regnault et Hénault ont été priez de chercher dans l'Hostel Dieu les endroits les plus convenables pour les placer, et séparer les hommes d'avec les femmes.

(20 juillet.) Monseigneur le Premier Président aiant proposé monsieur Vezins, ancien avocat au Parlement, pour administrateur de l'Hostel Dieu, en la place de feu M. Arrault son beau-père, la Compagnie l'a agréé.

(27 juillet.) Monseigneur le Premier Président a dit qu'il a apris que, sur la demande des directeurs de l'Opéra et des comédiens françois et italiens, il a été rendu arrêt au Conseil, qui ordonne qu'avant de donner aux pauvres de l'Hostel Dieu, de l'Hôpital Général et des Enfans trouvez le droit qui leur a été acordé sur les spectacles, il sera prélevé sur le produit total ce qu'il conviendra pour les frais de chaque représentation, et le surplus partagé entre les hôpitaux et les directeurs de l'Opéra et comédiens, à proportion de ce qui leur en apartient, ce qui causera une diminution considérable sur la part des pauvres; sur quoy la Compagnie a prié monseigneur le Procureur général d'écrire à monsieur de Machault, pour luy envoier copie de cet arrêt et ensuite être délibéré.

(3 août.) Monsieur Bazin a dit que samedy dernier, entre six et sept heures du matin, le suisse de l'Hostel Dieu arrêta une femme sortant de la maison, qui luy parut avoir plusieurs chemises l'une sur l'autre, et la mena à la religieuse de la porte qui, après l'avoir deshabillée, luy en trouva cinq, dont il y en avoit 4 marquées à la marque de l'Hostel Dieu, qu'elle remit à la mère Prieure; que pendant ce temps le suisse avertit l'inspecteur des salles qui se rendit dans le moment sur le lieu et fit conduire cette femme dans la prison de cet hôpital, *nonobstant l'oposition de la mère Prieure qui vouloit qu'on la laissât aller;* que monsieur Bazin étant venu quelques heures après et aiant interrogé ladite femme, elle répondit que ces quatre chemises luy avoient été données par la mère de St Gabriel, laquelle aiant avoué le fait, il donna la liberté à ladite femme. Il a ajouté qu'on vole impunément et fréquemment dans l'Hostel Dieu, parce que la plupart des religieuses ont la facilité de laisser passer les gens qui sortent de la maison, sans examiner ce qu'ils emportent, et qu'elles ne veulent pas même que ceux qui sont préposez pour y veiller en fassent la visite. aiant réprimandé le suisse pour avoir fait son devoir dans cette dernière occasion, et dans plusieurs autres qui intéressoient les pauvres. Sur quoy la Compagnie a enjoint aux suisse, portiers et portières de ne laisser sortir de l'Hostel Dieu aucuns paquets, coffres et cassettes, fermez ou non fermez, qu'auparavant ils n'aient été soigneusement visitez, en présence de l'inspecteur des salles. sans avoir aucun égard à l'ordre verbal ou par écrit des religieuses, et de reprendre toutes les choses qui se trouveront apartenir à la maison, même d'arrêter les personnes qui s'en trouveront saisies. Enjoint aussy à l'inspecteur de tenir la main à ce que le règlement soit ponctuellement exécuté, et d'en rendre compte au Bureau; et aiant mandé le suisse, elle luy a marqué la satisfaction qu'elle a de ses services, et luy a ordonné de continuer à bien faire son devoir, et de ne point obéir aux religieuses, en ce qui sera contraire aux règlemens du Bureau.

(10 septembre.) Monseigneur le Premier Président a dit que par deux arrêts de la Cour il a été ordonné qu'aussitôt après l'hiver, il sera, à la diligence de Messieurs les Prévôt des marchands et échevins, procédé au rétablissement du Petit Pont, aux endroits endommagez par le feu, et qu'il ne sera fait aucun rétablissement des maisons incendiées qui étoient bâties sur le Petit Pont, et des échoppes qui étoient adossées le long des murs de l'Hostel Dieu, sauf à statuer dans la suite sur le changement proposé à faire au petit Châtelet, pour l'embellissement et la commodité publique, pour pouvoir effectuer ce changement, il convient démolir cette prison, ce qui procurera en même tems un grand bien aux pauvres malades de l'Hostel Dieu par la salubrité, qui ne contribue pas peu à leur rendre la santé, et que comme il est préalable de chercher un lieu propre pour construire une autre prison, ainsy qu'il a été ordonné par arrêt rendu au Conseil le douze mars 1686, sur la demande faite au Roy par Messieurs les administrateurs, à ce qu'il plût à Sa Majesté de faire don à l'Hostel Dieu du petit

Châtelet, pour y faire tels bâtimens qu'ils aviseroient pour l'Hostel Dieu, il mandera les sieurs de l'Espine et Beausire, pour conférer avec eux sur les moïens de parvenir à l'exécution de ce dessein; sur quoy la Compagnie a remercié monseigneur le Premier Président des soins charitables qu'il veut bien prendre pour le soulagement des pauvres.

Relevé du nombre des malades : Janvier : minimum, 1,647; maximum, 1,780. Février : minimum, 1,717; maximum, 1,923. Mars : minimum, 1,582; maximum, 1,984. Avril : minimum, 1,518; maximum, 1,681. Mai : minimum, 1,391; maximum, 1,495. Juin : minimum, 1,338; maximum, 1,472. Août : minimum, 1,350; maximum, 1,484. Septembre : minimum, 1,436; maximum, 1,581. Octobre : minimum, 1,523; maximum, 1,724. Novembre : minimum, 1,633; maximum, 1,732.

88ᵉ REGISTRE. — ANNÉE 1719.

(11 janvier 1719.) Monsieur Henault a dit que de tous les moïens qui ont été proposés au Bureau ordinaire, pour procurer aux pauvres de l'Hostel Dieu le débouchement de leurs billets de l'État, on n'en a point trouvé de plus convenable et de plus avantageux que d'en faire porter aux hôtels des monnoies, jusqu'à concurrence de ce que l'Hostel Dieu poura fournir d'anciennes espèces, à cent sols l'écu, pour être le tout converty en nouvelles espèces, conformément à l'édit du mois de may dernier, et que pour ne courir aucun risque, on a estimé qu'il seroit à propos de se servir d'agens de change, qui se chargeront de l'événement et païeront la valeur comptant, en leur donnant un ou un et demy pour cent, pour les dédommager des frais de port et raport qu'ils seront obligez de faire à ce sujet. Ce que la Compagnie a aprouvé, et elle a nommé messieurs Henault et Vezin pour négocier cette affaire, le plus tost et le plus avantageusement qu'il leur sera possible.

(15 février.) Sur le raport de Son Éminence monseigneur le cardinal de Noailles, qu'il a été informé que les sœurs de la Charité, établies à l'hôpital des Incurables, étant obligées de suivre la règle de leur communauté, ne peuvent donner entièrement et assidûement leurs soins et leur attention au service des malades, à l'œconomie et à l'observation des règlemens de cet hôpital, et qu'on a estimé qu'il étoit à propos de rétablir les anciennes sœurs dudit hôpital, desquelles il y a lieu d'espérer que, n'aïant aucun engagement, elles s'attacheront uniquement au service de la maison, comme elles ont fait cy devant, monseigneur le Premier Président a dit qu'il se transportera samedy prochain audit hôpital avec monsieur le Procureur général et messieurs d'Estrechy, Horeau et Vezin, pour examiner les motifs et l'utilité de ce changement, ce que la Compagnie a agréé.

(1ᵉʳ mars.) Monseigneur le Procureur général a dit que dans les conférences qu'il a eues avec monsieur le Premier Président, monsieur le Lieutenant général de police et monsieur le Prévôt des marchands, la démolition du petit Châtelet aïant été jugée nécessaire, pour la seureté et la commodité du public, l'embellissement et la décoration de la ville, l'utilité et l'agrandissement de l'Hostel Dieu, il s'agit de se déterminer sur le choix d'un lieu propre pour bâtir une autre prison, et sur les fonds qu'il conviendra faire pour la dépense de ce bâtiment, l'acquisition du terrain où il sera construit, et la démolition du petit Châtelet, sur quoy la Compagnie a prié monseigneur le Premier Président et monseigneur le Procureur général de conférer avec M. le Lieutenant général de police, monsieur le Prévôt des marchands et messieurs Soufflot, Duportault, Henault et Vezin, et d'aviser aux moïens les plus convenables pour parvenir à l'exérution de ce dessein.

(8 mars.) Monsieur d'Estrechy a dit que monsieur de Machault aïant présenté à monseigneur le Régent un mémoire qu'il a dressé contre la demande des directeurs de l'Opéra et des comédiens françois et italiens, qui prétendoient que le neufvième et le sixième que le Roy a ordonné être levé au profit de l'Hostel Dieu et de l'Hôpital Général, par augmentation des sommes qu'on païoit pour les entrées aux opéra, comédies et autres spectacles publics, ne devoient être perceus qu'après avoir prélevé les frais de représentation, Son Altesse Royale a eu la bonté de faire expédier une ordonnance de Sa Majesté, dattée du 4 de ce mois, portant que le neufvième et sixième continueront d'être perceus au profit des deux hôpitaux, sans aucune diminution ny retranchement, sous prétexte de frais et autrement.

(21 avril.) Suivant l'avertissement donné au sieur Lemery, l'un des médecins ordinaires de l'Hostel Dieu, et au sieur Méry, maistre chirurgien de cet hôpital, ils sont venus au Bureau et ont dit que la demande que font les anatomistes de l'académie n'est point pour faire des expériences publiques, comme au jardin roïal des plantes et ailleurs, mais pour travailler chacun en parti-

culier à faire dans cette science de nouvelles découvertes et de nouveaux progrez, qui ne laisseront pas d'être utiles au public; qu'ils ne demandent pas des corps entiers, mais seulement les parties qui leur seront nécessaires, dont ils ofrent de donner à chaque fois leur reconnoissance, pour les raporter dans le tems qui leur sera prescrit, sous telles peines qu'il plaira au Bureau leur imposer; sur quoy le sieur Thibault, second maistre chirurgien de l'Hostel Dieu, qui a été mandé pour être entendu, a dit qu'il sait que les anatomistes de l'académie ne solicitent la permission de prendre des sujets dans l'Hostel Dieu que pour satisfaire leur curiosité, et pour leur utilité particulière, qui par conséquent n'influe point sur le public; que si on leur acorde ce qu'ils demandent, il s'ensuivra que d'autres feront les mêmes solicitations, pour obtenir le même avantage, ce qui fera murmurer les pauvres, qui aimeront mieux rester chez eux sans aucun secours que de se faire porter à l'Hostel Dieu, dans la crainte que, venant à y décéder, leurs corps ne soient mutilez pour servir aux anatomistes.

(26 avril.) Monseigneur le Procureur général a dit que monsieur le Premier Président a été conseillé d'aller prendre les eaux à Bourbon et à Vichy, pour le rétablissement de sa santé, et qu'il souhaiteroit mener avec luy le sieur Thibault, l'un des maîtres chirurgiens de l'Hostel Dieu, en qui il a une entière confiance, et le renvoieroit en poste aussy tost qu'il seroit arrivé sur les lieux, afin que son absence ne pût être préjudiciable au service des pauvres malades; sur quoy la Compagnie, après avoir délibéré, aïant considéré que l'on peut donner cette satisfaction à monseigneur le Premier Président, sans blesser la charité deue aux pauvres, elle a permis au sieur Thibault de l'accompagner, et s'il arrivoit que par quelque évennement il ne pût se rendre à Paris pour faire la première taille des malades affligez de la pierre, elle a arrêté de substituer en sa place le sieur Collignon, maître chirurgien juré à Paris, qui a gagné sa maîtrise dans l'Hostel Dieu, et qui par une longue expérience et beaucoup de capacité, travaille avec succès à cette opération, et s'est acquis une réputation avantageuse et méritée. Et messieurs Soufflot et d'Estrechy ont été députez pour donner avis à monseigneur le Premier Président du résultat, et luy témoigner le contentement qu'elle a de pouvoir luy donner cette marque de reconnoissance des services charitables qu'il rend journellement aux pauvres de l'Hostel Dieu.

(24 mai.) Sur le récit que messieurs Horeau et Duportault ont fait du mérite de monsieur Garnot, auditeur en la Chambre des comptes, pour remplir la place d'administrateur au lieu de feu monsieur Soufflot, la Compagnie a arrêté de le proposer en l'assemblée générale.

(16 juin.) Monsieur Duportault a fait raport qu'au préjudice du droit de l'Hostel Dieu et de ses co-propriétaires des coches et carrosses de Rouen, et autres établissemens à faire en la province de Normandie, les religieuses de la Madelaine, près le temple, aïant étably des voitures de Paris à Verneuil, Scez, Falaize, Argentan et Laigle, les fermiers des coches et carrosses de Rouen ont fait saisir les chevaux, équipages et charrois du fermier des religieuses, ce qui a donné lieu à une instance qui a d'abord été portée au Châtelet de Paris et depuis évoquée au Conseil du Roy, où les propriétaires des coches et carrosses de Roüen sont intervenus, et se sont oposez à l'entreprise des religieuses, lesquelles de leur côté ont soutenu être bien fondées dans leur prétention, et ont formé une nouvelle demande tendante à ce qu'elles soient maintenues et confirmées en la possession et jouissance de la part et portion qu'elles disent leur apartenir, à raison de 200 livres par chacun an dans les coches et carrosses de Normandie, et les autres propriétaires tenus de leur rendre compte des fermages écheus depuis l'année 1660, et des intérêts des intérêts, quoy que depuis ce tems elles n'aient point été comprises dans les baux qui ont été faits, ny emploiées dans les distributions de ce qu'ils ont produit, aiant cessé de jouir dès l'année 1660. Et sur ce qui a été dit par le procureur des prêtres de St Lazare, présant au Bureau, que sa communauté, qui a le principal intérêt dans cette affaire, et les autres propriétaires souhaiteroient agir de concert avec l'Hostel Dieu. La Compagnie, après avoir délibéré, a arrêté de se joindre à eux, pour demander au Conseil être renvoiez par devant les juges ordinaires, attendu qu'il s'agit d'une question de propriété, et même au cas que Mrs les commissaires ordonnent que les parties deffendront au fond, d'y deffendre, en oposant la prescription.

(23 juin.) Monsieur Henault a dit que sur la demande faite au Roy par M. le maréchal d'Estrées, Sa Majesté a eu la bonté d'acorder, en faveur de l'Hostel Dieu, une prorogation de jouissance du domaine seigneurial de Gonnesse pendant 30 années, outre les six années qui restent à expirer des 30 portées par l'adjudication faite à feu monseigneur le cardinal d'Estrées, en sorte qu'on est présentement en état de faire l'aquisition de ce domaine pour l'Hostel Dieu; sur quoy la Compagnie a prié messieurs Bazin et Henault de demander à monsieur le Maréchal les titres, pour être examinés, avec le projet de contrat qui a été dressé, et en être fait raport en l'assemblée générale.

(4 août.) Monsieur Henault a fait rapport que sur la

prière que monsieur Bazin et luy ont faite, de la part du Bureau, à monsieur le Prevost des marchands, il s'est transporté hier au matin sur la rivière avec eux, un de Mrs les Échevins, M. le Procureur du Roy en l'Hostel de ville, le sieur Beausire fils et autres, et après avoir visité le canal, et conféré sur les moiens de remédier promptement au mal causé par les basses eaux, il a été arrêté : 1° que le batteau destiné pour la lescive de l'Hostel Dieu sera placé à la pointe du terrain, dans le petit flanc qui regarde le sud est, en telle sorte que l'écoulement des eaux où sera lavé le linge ne retourne point dans le grand canal, mais soit emporté dans le petit bras qui passe sous les ponts de l'Hostel Dieu, à l'effet de quoy il sera fait deux saignées de largeur et profondeur suffisantes, l'une à la pointe du terrain pour donner de l'eau nouvelle, l'autre au bas du batteau pour donner l'écoulement ; 2° que pour faire couler l'eau dormante qui est dans le canal de l'Hostel Dieu, on mettra autant de travailleurs qu'il sera nécessaire pour foüiller le lit de la petite rivière, qui n'est pas assez profond en certains endroits, et pour former une tranchée ou goulette qui aura dans le haut 5 à 6 pieds et au fond 3 à 4 pieds de large et 3 pieds de profondeur, à prendre de la superficie de l'eau, laquelle tranchée ou goulette sera ouverte au dessus de la pointe du terrain à l'endroit où il y aura 3 pieds et demy d'eau, et continuera en tous les endroits où il sera besoin, marchant le plus que l'on pourra en ligne droite jusqu'au pont du Rozaire ; 3° que les batteaux chalans et autres étans vis-à-vis l'hôtel de Nesmond et le port au charbon, ensemble les autres bateaux, tant à déchirer qu'à servir à la navigation seront incessamment retirez, par ceux à qui ils appartiennent, et conduits en d'autres endroits non nuisibles ; 4° que les batteaux à lescives qui sont actuellement depuis l'abreuvoir de la place Maubert jusqu'aux grands degrez de la rüe de Bièvre resteront en leur place, et affin qu'ils ne puissent estre demarez ny prendre l'eau de la nouvelle tranchée ou goulette, ils seront enchainez et encadenacez à un piquet, avec défences à qui que ce soit de les déplacer, sous peine de prison, nonobstant toute permission cy devant donnée ; 5° que les autres batteaux à lescives qui sont au dessous, depuis les degrez de la rüe de Bièvre jusqu'au pont du Rozaire, seront au plus tost remontez aux endroits qui seront désignez, et que cependant il sera deffendu à toutes personnes, à peine de prison, de laver du linge et autres choses dans lesdits batteaux, et enjoint aux propriettaires, sous la même peine, de rompre les chemins qui servent à y conduire.

(23 août.) Monseigneur le Procureur général a dit qu'en exécution d'un arrest du conseil du 1er avril dernier, Mrs Bosfranc, Beausire et de Lespine, architecte, en présence de Mrs de Bragelongne et de Montagny, trésoriers de France, ont estimé le terrain et le bâtiment du petit Châtelet à la somme de 60,000 livres ou environ, déduction faite de la main d'œuvre pour la démolition, et de la place qu'il convient pour l'élargissement du passage, et comme ce terrain est à la bienséance de l'Hostel Dieu, par les raisons expliquées dans les délibérations des 1er et 15 mars derniers, il est à propos de se déterminer sur le party qu'on estimera devoir prendre à cette occasion ; sur quoy la Compagnie a arrêté d'acquérir cette prison pour la prisée et estimation qui en a été faite, s'il plaist au Roy de la vendre, et qu'à cet effet monsieur du Portault sera prié de dresser une requête pour y parvenir.

(6 septembre.) Sur ce que monseigneur Nicolaï a dit que M. Law avoit offert à M. de Machault de faire plaisir aux pauvres, sur l'usage et la disposition des actions qui leur ont été données par une personne qui n'a désiré estre connüe, Son Éminence monseigneur le cardinal de Noailles a chargé M. Henault de voir M. Law de sa part, pour scavoir de luy ce qu'il estimoit faire pour le plus grand bien des pauvres, et ce qu'il désireroit faire pour les mettre en état de satisfaire à leurs besoins les plus pressants, et que sur ce qui seroit rapporté par M. Henault, le Bureau en délibéreroit.

(15 septembre.) Monsieur Henault a fait raport que n'ayant pû parler de vive voix à M. Law, il luy avoit écrit de la part de monseigneur le cardinal de Noailles, pour scavoir la conduitte qu'il étoit à tenir sur l'usage qu'on devoit faire des actions données aux pauvres par la personne qui n'a désiré être connüe, et qu'il luy avoit répondu, par sa lettre du 31 aoust dernier, que son avis estoit qu'il falloit les garder, persuadé qu'elles pouroient augmenter, que si elles diminüoient, ce seroit luy qui en suporteroit la perte en faveur des pauvres, et que s'ils avoient besoin d'argent comptant, il l'avanceroit sur lesdites actions. M. Henault a ajouté qu'il avoit porté cette réponce à Son Éminence qui, après l'avoir leüe, luy avoit dit qu'il falloit s'y conformer, et en envoyer copie à monsieur Collin, directeur de l'Hôpital Général, à qui elle étoit commune, et mettre l'original au greffe du Bureau de l'Hostel Dieu.

(11 octobre.) Sur l'avis donné à S. E., par les officiers de l'hôpital Saint Louis, que l'on avoit été de la part de monseigneur le régent visitter et toizer les salles, et dit par les visitteurs que c'étoit pour y metre la monnoye, le Bureau ayant été assemblé pour prendre sur cette veue les avis des administrateurs, M. Henault a rapporté que M. Law venoit de luy dire qu'il avoit été proposé à

S. A. R. de metre la monnoye à Saint Louis, mais pour un temps seulement, et à condition de rendre l'hôpital au premier besoin, et encore de payer 30,000 livres par année aux pauvres, le tout sans vouloir pourtant rien forcer là dessus, et après avoir au préalable entendu les observations qui pouroient résister à cette veüe; sur quoy le Bureau ayant dit ses avis, il en est résulté que cette fondation d'Henri IV, achevée par Louis XIII, étoit destinée uniquement pour y metre les malades de maladies contagieuses; que c'étoit une affaire capitale dans une ville comme celle de Paris; qu'on avoit veu dans des années plus de 68,000 personnes péries par cette maladie, faute de secours présent; que ce mal s'estoit renouvellé dans tous les temps, ainsy qu'il paroist dans les années 1562, 1596, 1619, 1630, 1631, 1668, 1693, 1699 et 1709, et auroit exposé toutte la ville, si le service réglé et établi pour y pourvoir n'avoit été preté et exécuté sur le champ par les administrateurs et les officiers de l'Hostel Dieu, et par l'inspection et l'autorité du Parlement, à qui ce service est commis pour la seureté de la ville; qu'actuellement le scorbut et la vérolle infectoient l'Hostel Dieu; que, pour peu que cela s'augmente, il faudra ouvrir Saint Louis; qu'on a vu dans les derniers mois de cette année mourir jusques à six à sept cens malades par mois, ce qui n'avoit point d'exemple; qu'ainsy, suposant cette nécessité présente, il étoit visible combien la proposition de metre la monnoye à Saint Louis étoit périlleuse pour la sûreté publique; que le feu Roy avoit été si fort pénétré de ces motifs que, luy ayant été proposé, dans un temps de famine à Paris, en 1693, d'emprunter pour quelques temps cet hôpital de Saint Louis, pour y établir des fours pour la distribution du pain nécessaire au publicq, Sa Majesté ayant été informée, par le Parlement qui fut assemblé là dessus, de la conséquence de ne donner en aucun cas aucune atteinte à la destination dudit hôpital, Sa Majesté en reconnû si bien la conséquence, qu'elle aima mieux établir dans son palais même des Tuileries ces fours et cette distribution, que d'emprunter un hôpital pour un seul jour, parce que Sa Majesté jugea que la conservation de cette maison et sa destination étoit préférable à tout, à quoy les administrateurs ont ajouté qu'ainsy il ne leur étoit pas permis de donner là dessus aucun consentement; que quand ils l'auroient fait, le Parlement seroit en droit de s'y opposer; que si monsieur le Procureur général avoit été à Paris, ils auroient appellé son ministère pour cette représentation à S. A. R., ce qui les obligeoit de suplier très humblement S. E. de vouloir bien luy en parler, en faveur des pauvres, pour détourner cette veüe, puisque suivant le raport de M. Hénault, Mr le Régent avoit demandé d'estre instruit des raisons qui ne permettoient pas d'écouter cette proposition.

(30 octobre.) Monsieur Hénault a dit que monseigneur le cardinal l'avoit mandé pour luy faire sçavoir qu'il avoit présenté à monseigneur le Régent le mémoire qu'il luy avoit donné avec ses confrères, pour arrêter le dessein que l'on avoit d'établir la monnoye dans la maison de Saint Louis appellée de la Santé destinée, par sa fondation, aux malades affligez de la contagion; que monseigneur le Régent avoit fait attention à sa représentation, et l'avoit assuré que l'on ne toucheroit point à cette fondation, veu la conséquence, et qu'au sortir de l'audiance de monseigneur le Régent, il avoit trouvé M. Law dans la galerie du Palais Royal, à qui ayant fait part de cette résolution, M. Law luy avoit dit qu'on avoit pris un autre party; sur quoy la Compagnie a arrêté qu'il en sera fait raport à l'assemblée générale, ainsy que de la délibération qui a précédé.

(20 décembre.) Sur ce qui a été observé qu'à cause de l'augmentation des salles, il seroit nécessaire d'augmenter le nombre des médecins expectans, la Compagnie, pour procurer aux pauvres tous les soulagemens corporels dont ils ont besoin, a receu pour 3e médecin expectant maître André Delaleu, docteur régent de la Faculté de médecine à Paris, dont on a rendu un témoignage avantageux.

Relevé du nombre des malades : Février : minimum, 1,715; maximum, 1,990. Mars : minimum, 1,846; maximum, 1,978. Juillet: minimum, 1,716; maximum, 1,783. Août : minimum, 1,783; maximum, 2,121. Septembre : minimum, 2,057; maximum, 2,334. Novembre : minimum, 2,269; maximum, 2,405. Décembre : minimum, 2,091; maximum, 2,495.

89e REGISTRE. — ANNÉE 1720.

(17 janvier 1720.) Le sieur Emmerez, l'ancien des médecins ordinaires de l'Hostel Dieu, s'étant présenté cejourd'huy au Bureau, pour obtenir en faveur de Louis Simon Emmerez, son fils, la place de 4e médecin expectant, la Compagnie la luy a accordé, en considération des services qu'il rend aux pauvres de cet hôpital depuis 38 ans, l'engageant pourtant de guider dans les premiers temps et d'accompagner son fils, veu sa jeu-

nesse, lorsque quelqu'un des médecins ordinaires le requerera de faire pour luy sa visitte.

(31 janvier.) Son Éminence monseigneur le cardinal de Noailles a dit qu'ayant fait demander au donnateur des cent actions et souscriptions de la Compagnie d'Occident son intention sur la disposition de ces effets, il a fait réponse que si le Bureau jugeoit à propos de les garder, ils produiroient 24,000 livres de revenu, et que si au contraire il estimoit qu'il fût plus convenable aux pauvres d'en recevoir le montant, il falloit attendre au quinze février prochain, persuadé qu'ils augmenteroient de prix, que même ils vaudroient d'avantage dans le mois de juin, mais qu'en ce cas il souhaitoit qu'on fît un employ de ce qui en proviendra en achat d'héritages ou à la construction de bâtimens, sur quoy M. Henault ayant fait raport que ces actions et souscriptions valoient au cours de ce jour environ un million, et que monsieur Law luy a dit qu'il les feroit payer quand le Bureau le désireroit, la Compagnie a arresté de les recevoir, mais cependant d'attendre au 15 février prochain, et d'employer ce qui en proviendra en acquisition d'héritages, ou faire bastir pour satisfaire à l'intention du bienfaiteur.

(7 février.) M. d'Argenson ayant esté receu en la charge de lieutenant général de police, au lieu de monsieur de Machault, il a pris séance au Bureau pour la première fois.

(21 février.) La mère Prieure, accompagnée de la mère sous-Prieure, est venue représenter que la quantité des malades augmente journellement, et principalement ceux du scorbut, qui sont actuellement au nombre de 600, ce qui met dans l'obligation d'ouvrir deux des nouvelles salles, l'une pour les hommes, l'autre pour les femmes.

(21 février.) La Compagnie, après avoir entendu les mère Prieure et sous-Prieure, et le sieur Thibault, premier chirurgien de l'Hostel Dieu, ayant jugé à propos d'augmenter le nombre des médecins ordinaires, à cause des nouvelles salles, et ayant égard aux services assidus que le sieur Fontaine a rendus aux pauvres, en qualité de premier médecin expertant, elle l'a receu et agréé pour septième médecin ordinaire de cet hôpital, aux appointements de 400 livres par an.

(23 février.) Plusieurs de Messieurs ayant examiné l'état où sont les archives et les affaires de l'Hostel Dieu, ils ont trouvé qu'en exécution de la délibération du 10 juillet 1716, le grefier, conjointement avec l'huissier du Bureau, avoient rangé à mesure que leurs occupations ordinaires l'avoient permis, tous les titres qui estoient alors melez les uns avec les autres, et dispersez en plusieurs endroits, mais que ce travail n'est qu'un préparatif de ce qu'il convient faire pour donner à tous Messieurs une entière connoissance des biens et des affaires de la maison, et pour rétablir le bon ordre qui a cessé depuis plusieurs années, par la négligence de feu maître Courtois, nottaire, à délivrer toutes les expéditions de contracts, baux et autres actes qu'il a passez pour l'Hostel Dieu, et par la conversion faite en l'année 1714 des rentes de la ville, et autres affaires extraordinaires survenues à cause de la conjoncture des tems, de sorte que pour prévenir le préjudice que les pauvres pouroient souffrir de ce dérangement, il est d'une nécessité indispensable d'y remédier promptement, et pour y parvenir, ils estiment : en premier lieu, qu'il est préalable d'obliger le sieur Binois, nottaire, de fournir incessamment toutes les expéditions que le sieur Courtois son prédécesseur et luy n'ont point délivrées, quoy que suivant la délibération du 10 mai 1719 il ait promis d'y satisfaire trois mois après, et que cette promesse soit une des conditions expresses sans lesquelles il n'auroit point esté agréé pour estre le nottaire de l'Hostel Dieu; en second lieu, faire un récolement exact de tous les titres et papiers, sur les inventaires particuliers qui ont esté faits en l'année 1709, y ajouter ceux qui n'y ont pas esté inventoriez et faire des mémoires de ceux qui pourront être en déficit, pour les chercher et les joindre avec les autres; en 3e lieu, transcrire les inventaires particuliers, pour composer un inventaire général de tous les titres des privilèges, concessions, droits, seigneuries, fermes, maisons, censives, rentes sur le Roy, communeautez et particuliers, les étiqueter et cotter, et y mettre une si bonne règle qu'on puisse trouver facilement ceux dont on aura besoin, et qu'il n'en puisse estre égaré aucuns; en 4e lieu, examiner sur tous les titres l'état des biens et revenus de l'Hostel Dieu, y enregistrer ceux qui y ont esté omis, et retrancher les articles qui sont devenus inutiles par la vente de plusieurs héritages et le remboursement de plusieurs rentes actives et passives; en 5e lieu, faire un nouvel état général de tous les biens et revenus de l'Hostel Dieu et de sa dépense annuelle, et distinguer les différentes natures de biens et les différentes charges, celuy qui subsiste actuellement ne pouvant plus servir, à cause du changement des rentes de la Ville et autres biens, et que d'ailleurs il n'y a pas assez de feuillets blancs pour registrer les nouveaux baux et les biens que l'Hostel Dieu acquierera par la suitte; en 6e lieu, faire un état particulier de toutes les rentes et dettes actives pour veiller à faire passer des titres nouveaux par les débiteurs, et poursuivre le payement des arrérages des

rentes et des principaux exigibles; en 7ᵉ lieu, tenir un registre de tous les dons et legs qui ont esté faits jusqu'à présent et qui ne sont pas acquitez, et de ceux qui seront faits par la suite pour se souvenir d'en soliciter le payement, sans quoy on en pourroit laisser quelques uns dans l'oubly; en 8ᵉ lieu, mettre à part tous les papiers concernans les biens substituez, et en tenir un registre pour connoître quand les substitutions seront ouvertes en faveur des pauvres, veu que sans cette précaution ils courroient risque d'en estre privez; en 9ᵉ lieu, porter sur le martirologe du Bureau et sur celuy de la sacristie toutes les fondations qui n'y sont pas registrées, afin de les faire exécuter; en 10ᵉ lieu, faire un nouvel état de toutes les rentes viagères, l'ancien étant si brouillé par les ratures qui y ont esté faites à cause du décès de plusieurs rentiers, qu'on ne peut scavoir de combien l'Hostel Dieu est encore redevable; en 11ᵉ lieu, ranger tous les acquits des comptes de Messieurs les receveurs, les papiers concernans les legs universels, les procédures, les registres et tous les autres papiers qui sont en grande quantité et en grande confusion. Messieurs les examinateurs ont ajouté qu'il a esté fait en différents tems plusieurs réglemens très utiles et très sages, tant pour le Bureau que pour la discipline et la police temporelle qui doit estre observée par Messieurs les eclésiastiques, religieuses, médecins, officiers, apoticaires, chirurgiens et domestiques, et pour ce qui regarde les offices des salles, les achats de toutes les marchandises nécessaires, les distributions du pain, du vin, de la viande, du bois, du charbon, etc., dont il seroit à propos de faire une compilation, et les transcrire avec ordre, ce qui donneroit beaucoup de facilité pour parvenir au réglement général que le Bureau s'est proposé de faire, parce que les anciens règlemens ont pourveu à bien des cas qui pouroient échaper. Sur quoy la Compagnie, après avoir délibéré, ayant considéré qu'on ne peut estre trop attentif à la conservation du bien des pauvres, et à maintenir le bon ordre dans une maison comme celle de l'Hostel Dieu, elle a, sous le bon plaisir de l'assembée générale, approuvé tout ce qui a esté proposé à ce sujet, comme étant utile et avantageux à cet hôpital, et elle a arresté que le greffier prendra deux commis, sauf à augmenter le nombre s'il est nécessaire, et que pour ne pas retarder plus longtemps une affaire aussy importante que celle dont il s'agit, le sieur Binois sera averty pour la dernière fois de délivrer, dans un mois pour tout délay, toutes les expéditions que son prédécesseur et luy n'ont point fournies.

(24 avril.) Monseigneur le Procureur général a dit que monseigneur le Régent ayant esté informé qu'il n'y avoit point de lieu séparé de l'Hostel Dieu pour mettre les hommes convalescens, que faute de ce secours il arrivoit des inconvéniens fâcheux, en ce que la plupart des pauvres qui restoient dans l'Hostel Dieu, quelques jours après leur guérison, dans l'espérance de se fortifier, étant couchez plusieurs dans un même lit et respirant le mauvais air des salles, retomboient malades, que les autres craignant une rechute sortoient avant d'estre entièrement rétablis, et n'étans pas en état de travailler pour subsister, on les voyoit mandier dans la ville, où ne trouvant pas les secours nécessaires, ils traînoient une vie languissante qui leur attiroit de nouvelles maladies plus dangereuses que les premières, et les réduisoit à retourner à l'Hostel Dieu où ils périssoient presque tous, qu'il en estoit de même de ceux qu'on envoyoit de l'Hôpital Général, ce qui faisoit gémir de douleur les gens de bien, Son Altesse royale, touchée de compassion pour ces pauvres misérables, voulant contribuer à leur soulagement, avoit demandé, en présence de S. Éminence monseigneur le cardinal de Noailles, les moyens de prévenir la suite de ces accidents, si préjudiciables aux pauvres et au bien de l'État, et sur la proposition qui auroit esté faite de mettre les convalescens en l'hôpital de Saint Louis ou en celuy de Sainte Anne, monseigneur le Procureur général auroit représenté à S. A. R. que ces deux hôpitaux estoient uniquement destinez par leurs fondations pour les pauvres affligez de maladies contagieuses, mais que le prieuré de Saint Julien le pauvre scitué auprès de l'Hostel Dieu, et les maisons et revenus qui en dépendent avoient esté dès l'année 1655 uny et incorporé à l'Hostel Dieu sous la condition expresse d'y faire bâtir un hôpital de convalescens qui seroit appellé l'hôpital de Saint Julien le pauvre, suivant le contract qui en a esté passé avec les religieux de Longpont, ordre de Cluny, du consentement de monsieur le cardinal Mazarin, abbé, chef et général administrateur de l'abbaye et de tout l'ordre de Cluny, et de messire Michel Lemasle, prieur de Longpont, confirmé par notre Saint Père le pape Alexandre VIII, et ratifié par le feu Roy de glorieuse mémoire; sur quoy Son Altesse Royale a renvoyé l'examen de cette affaire en la présente assemblée; monseigneur le Procureur général a ajouté qu'il estime que c'est là qu'on doit se fixer pour l'établissement d'un hôpital de convalescens, non seulement par l'obligation étroite où l'on est de suivre l'intention des fondateurs, et par la charité qui est deue aux pauvres, mais aussy parce que l'Hostel Dieu est propriétaire de la plus grande partie des maisons qui environnent ce prieuré, tant au moyen de quelques acquisitions que le Bureau a faites dans cette veue, que d'ailleurs on y poura pratiquer des greniers et des magazins, dont l'Hostel Dieu a un extrême besoin, n'y ayant pas d'endroits assez spacieux pour les provisions qui luy

36.

sont nécessaires, qu'à la vérité la dépense pour construire ce nouvel hôpital sera très considérable, surtout dans la conjoncture du tems présent, où *les matériaux et les ouvriers sont à un prix excessif*, mais qu'on peut toujours le commencer, et y employer jusqu'à 50,000 écus, qu'il faut espérer que lorsqu'on y vera travailler, il se trouvera des personnes de piété qui voudront bien contribuer à la perfection d'un ouvrage qui n'a pour objet que le soulagement des pauvres malades et l'utilité publique, et qu'en attendant qu'on puisse mettre des lits dans le bâtiment qui sera construit, on poura envoyer les convalescens à l'hôpital Saint Louis, après toutes fois qu'on aura commencé les fondemens du nouvel hôpital, afin de ne donner aucune atteinte à la destination de celuy de Saint Louis, et après avoir par la Compagnie meurement délibéré, elle a approuvé le sentiment de monseigneur le Procureur général, et elle a prié monsieur de l'Espine, architecte des bâtimens du Roy, présent au Bureau, de lever le plan de cet hôpital, et dresser les devis des ouvrages, avec une estimation de ce qu'il en poura coûter pour commencer, pour le tout raporté en la première assemblée générale et en estre délibéré.

(3 mai.) Monsieur Horeau a fait raport que les sieurs curé, échevins, marguilliers, et autres habitans de la ville de Chaume en Brie, ayant résolu en leur assemblée, tenue le 18 juin 1719, d'établir en ladite ville un hôpital pour le soulagement des pauvres malades, et destiné pour cet effet une somme de 14,780 livres provenant du legs qui leur a esté fait par feu monsieur l'abbé Arnauld de Pomponne, qui a esté employée en l'acquisition de 650 livres 6 sols 4 deniers de rente sur les aydes et gabelles, pour estre les arrérages touchez par les receveurs de l'Hostel Dieu, et remis aux sieurs curé, juge, procureur fiscal de Chaumes, et par eux distribuez aux pauvres dudit lieu, conformément à l'acte du unze décembre 1699, cet établissement a esté approuvé, confirmé et autorisé par le Roy, par ses lettres patentes du mois de décembre 1719, mais par arrest du Parlement, rendu sur les conclusions de monseigneur le Procureur général le 28 février dernier, il a esté ordonné qu'avant de procéder à l'enregistrement desdites lettres, il seroit informé de la commodité ou incommodité que pouvoit aporter cet établissement, et que lesdites lettres et reglemens dudit hôpital, arrestez au Conseil le 19 dudit mois de décembre, seroient communiquez à monseigneur l'archevesque de Paris et à Messieurs les administrateurs de l'Hostel Dieu, pour y donner leur consentement, et après avoir par la Compagnie pris communication de la délibération desdits habitans, lettres patentes et règlemens et arrestés de la Cour, du procès verbal d'information, fait en exécution dudit arrest par le lieutenant du bailliage de Meleun le 17 avril dernier, et du consentement de monseigneur l'archevesque de Sens du 16 mars précédent, elle a arresté à son égard de s'en raporter à la Cour sur l'enregistrement desdites lettres patentes, sauf à monseigneur le Procureur général de requérir ce qu'il conviendra, pour la remise du contract de constitution de la rente assignée sur les aydes et gabelles, que pour l'employ des arrérages qui en sont écheus, et qui n'ont pas esté payez, à la charge que l'Hostel Dieu en demeurera valablement déchargé.

(25 juin.) La Compagnie a signé par devant Binois la donnation faite par messire Jean Louis Phelipeaux, chevalier, à l'Hostel Dieu de la somme de 18,000 livres en billets de banque, à la charge de la fondation de deux lits dans cet hôpital, qui seront remplis par deux personnes de l'un et de l'autre sexe à sa nomination, et après son décès à celle de ses héritiers, suivant la délibération du 18 de ce mois.

(31 juillet.) La Compagnie a député messieurs d'Estrechy et Horeau pour aller à Pontoise saluer monseigneur le Premier Président et monseigneur le Procureur général et leur témoigner la part qu'elle prend à leur éloignement et *le désir qu'elle a de leur retour.*

(21 août.) Monsieur de Baudry ayant esté receu en la charge de lieutenant général de police au lieu de monsieur d'Argenson, il a pris séance au Bureau pour la première fois.

(6 décembre.) En exécution de la délibération prise en l'assemblée générale le 4 du présent mois, la Compagnie a donné charge au greffier de signer deux requêtes pour estre présentées à monsieur de Baudry contre les directeurs de l'Opéra et les comédiens italiens, tendante à ce qu'il soit permis au Bureau de les faire assigner, pour se voir condamner à représenter leurs registres et les feuilles par eux certifiées de leur recette journalière, pour compter avec eux de ce qui en revient à l'Hostel Dieu, de payer à cet hôpital le montant du produit et cependant permettre saisir et arrester entre les mains de la demoiselle Berthelin et autres les sommes dont ils sont dépositaires.

(31 décembre.) La mère Prieure, la mère d'office de la salle des accouchées et la maîtresse sage-femme de l'Hostel Dieu sont venues représenter qu'anciennement on ne permettoit à aucuns chirurgiens du dehors d'entrer dans la salle des accouchées, et que ce n'est que depuis environ dix ans qu'on a accordé cette permission à quel-

qu'uns, dans l'espérance qu'ils s'y comporteroient avec beaucoup de retenue et de sagesse, mais, outre que les femmes ont témoigné une extrême répugnance d'estre accouchées par des hommes, on a eu le déplaisir de voir que ces chirurgiens ont abusé de cette grâce par des discours licencieux et des actions deshonnêtes, que la pudeur ne permet pas d'exprimer, ce qui a causé un grand scandale et donné lieu à des plaintes suivies de réprimandes qui n'ont produit aucuns effets, et comme d'ailleurs il est indécent que des hommes soient employez aux accouchemens, si ce n'est dans une nécessité indispensable, auquel cas c'est le maître chirurgien de la maison qui doit estre appelé, et à son défaut le plus ancien des compagnons, elles ont prié le Bureau avec instance de ne plus recevoir d'étranger, sur quoy la Compagnie, pour prévenir la suite de ces désordres, si contraires à l'honnêteté, a arresté, sous le bon plaisir de l'assemblée générale, de n'admettre à l'avenir aucuns chirurgiens de dehors dans la salle des accouchées, pour quelque cause et quelque considération que ce puisse être.

Relevé du nombre des malades : Mars : minimum, 2,460; maximum, 2,580. Avril : minimum, 2,305; maximum, 2,545. Mai : minimum, 2,144; maximum, 2,428. Juin : minimum, 1,869; maximum, 2,116. Juillet : minimum, 1,750; maximum, 1,887. Août : minimum, 1,854; maximum, 1,966. Septembre : minimum, 1,905; maximum, 1,997. Octobre : minimum, 1,995; maximum, 2,082.

90° REGISTRE. — ANNÉE 1721.

(10 janvier 1721.) La damoiselle Colombet, gouvernante de l'hôpital des femmes et filles convalescentes sortans de l'Hostel Dieu, a dit que, voyant avec une peine extrême la plupart de ces convalescentes manquer d'entendre la messe les dimanches et les festes, elle a eu recours à Son Éminence monseigneur le cardinal de Noailles, qui luy a permis de la faire célébrer dans cet hôpital, mais comme il n'y a pas de lieu propre pour construire une chapelle, elle a prié le Bureau de luy accorder deux petites chambres dépendantes de la maison comprise dans le bail du fermier du pont de l'Hostel Dieu et joignantes ledit hôpital, aux offres qu'elle a fait de le dédommager du loyer, pour le tems qui reste à expirer de son bail, sur le pied qu'elles sont louées actuellement, de faire faire à ses dépens ladite chapelle, et de payer pendant sa vie l'honoraire du prestre qui la desservira, elle a même fait espérer qu'après son décès cet établissement ne sera point à charge à l'Hostel Dieu, si le Bureau juge à propos de le laisser subsister. Sur quoy la Compagnie, voulant seconder les bonnes intentions de ladite damoiselle Colombet, a consenty à son égard qu'elle fasse construire une chapelle dans les deux chambres dont il s'agit, sous les conditions par elle proposées.

(17 janvier.) La Compagnie a signé une lettre à M. de la Houssaye, controlleur général des finances, pour luy représenter les besoins urgents de près de 2,300 malades, qui sont actuellement dans l'Hostel Dieu, et la nécessité qu'il y a de préparer les hôpitaux de Saint Louis et de Sainte Anne, dans la crainte de la maladie contagieuse, et pour le prier de faire payer en six payements égaux, de semaine en semaine, la somme de 60,000 livres qui reste de celle de 321,972 que le Bureau a fait porter en espèces à la monnoye. par ordre de monseigneur le Régent.

(21 février.) Messieurs Vigneron et Nau ayant presté ce matin le serment au Parlement pour administrateurs de l'Hostel Dieu, ils ont pris séance au Bureau pour la première fois.

(21 mars.) Monsieur Thiroux ayant presté ce matin le serment au Parlement pour administrateur de l'Hostel Dieu, il a pris séance au Bureau pour la 1re fois.

(1er avril.) Ayant esté dit par le sieur Thibault, maître chirurgien de l'Hostel Dieu, que monseigneur le cardinal de Bizy l'a chargé de prier le Bureau de permettre à Denis Villain, compagnon chirurgien de cet hôpital, de le suivre à Rome, la Compagnie l'a accordé.

(27 mai.) A la prière de Bénoist Simon, chirurgien externe de l'Hostel Dieu, la Compagnie luy a accordé congé d'un mois pour accompagner madame la marquise de Nesle aux eaux de Bourbon.

(2 juin.) Monseigneur le Premier Président ayant fait raport que Madame, duchesse douairière d'Orléans, souhaite que le sieur Geal soit admis pendant deux mois dans la salle des accouchées à l'Hostel Dieu, pour apprendre l'art des accouchemens, la Compagnie, après avoir entendu la lecture de la délibération du 31 décembre dernier, portant qu'à l'avenir il ne sera receu aucuns chirurgiens étrangers, pour quelque cause et considération que ce soit, a arresté de représenter à Madame les motifs qui ont porté le Bureau à faire ce règlement;

sur quoy monseigneur le Premier Président a dit qu'il en informeroit S. A. R., et le greffier a esté chargé de luy porter une expédition de la délibération.

(2 juillet.) La Compagnie ayant délibéré sur le choix d'un administrateur de l'Hostel Dieu au lieu de feu monsieur Horeau, elle a nommé et éleu monsieur Couët de Montbayeux, avocat au Parlement et aux conseils du Roy, et ancien échevin de cette ville, qui sera prié d'accepter.

(4 juillet.) On a fait lecture d'un mémoire par lequel un particulier offre de donner un état de tous les legs faits à l'Hostel Dieu et à l'hospital des Incurables pendant les années 1719 et 1720, en luy accordant deux sols pour livre de ceux dont le Bureau n'aura point eu de connoissance, et à mesure qu'ils seront receus, et de continuer à l'avenir de six en six mois, à raison d'un sol pour livre, ce que la Compagnie n'a pas jugé à propos d'accepter, mais comme depuis plusieurs années les nottaires et autres officiers publics négligent de délivrer les extraits des testamens où les hôpitaux sont inserrez, quoy qu'ils y soient obligez par plusieurs arrests du Parlement, et notamment par celuy du 3 février 1691, il a esté arresté que monseigneur le Procureur général sera supplié de donner sa requeste à ce qu'il plaise à la Cour, en confirmant ses arrests, enjoindre à tous nottaires et autres officiers publics, même aux greffiers des insinuations, de délivrer auxdits hôpitaux les extraits de tous les testamens dans lesquels il y aura des legs faits en leur faveur, à mesure qu'ils auront connoissance des décès des testateurs, à peine d'en répondre en leurs propres et privez noms.

(8 août.) La Compagnie a arresté de faire chanter dimanche prochain, en l'église de l'Hostel Dieu, issue des vespres, le Te Deum en action de grâces du rétablissement de la santé du Roy et d'en avertir le public par affiches.

(5 septembre.) On a apporté au Bureau un arrest du conseil d'État du 14 aoust dernier, et les lettres patentes données sur iceluy le présent mois de septembre, contenant le don fait par le Roy aux pauvres de l'Hostel Dieu de l'emplacement du petit Châtelet et de la démolition qui en doit provenir, avec la permission de faire construire sur ledit emplacement les bâtimens qui conviendroient pour le bien des pauvres, sans estre obligez de faire bâtir d'autres prisons, à condition néantmoins de rembourser au greffier de la geolle des prisons du petit Châtelet le prix de son office, desquelles lettres patentes la Compagnie a arresté de demander l'enregistrement.

(26 septembre.) On a veu l'assignation donnée aujourd'huy au Bureau et aux religieuses de l'Hostel Dieu, à la requeste de Louis Merlet, ancien controlleur des rentes de l'Hostel Dieu, et Anne Barrois sa femme, à comparoistre au premier jour d'audiance au parc civil du Châtelet, pour procéder aux fins de la requeste qu'ils ont présentée à monsieur le Lieutenant civil, expositive qu'à leur insceu quelques personnes à eux inconnues ont persuadé à Anne Françoise Merlet leur fille, âgée de dix sept à dix huit ans, de se rendre religieuse à l'Hostel Dieu où elle a esté conduitte le 10 du présent mois, sans la participation ny la permission de ses parens, qu'aussytost qu'ils en ont eu connoissance, l'un d'eux s'y étant transporté pour la retirer, elle leur a esté refusée, ce qui les a obligez de faire une sommation aux religieuses qui ont encore refusé d'y satisfaire, et comme ils sçavent que leur fille n'est pas encore capable de former une vocation, qu'elle leur a témoigné nouvellement des dispositions contraires, qu'elle est d'une complexion délicate qui ne luy permet pas de suporter les moindres épreuves de la règle de l'Hostel Dieu, et qu'enfin pendant sa minorité elle ne peut contracter un pareil engagement sans leur consentement, ny les religieuses la retenir contre leur volonté et leur oster le droit qu'ils ont sur sa conduitte et son éducation, ils concluent à ce que le Bureau et les religieuses soient tenus de leur rendre leur fille, sinon qu'il leur soit permis d'y faire transporter un commissaire pour la réintégrer dans leur maison et possession, et cependant faire deffences de passer outre à aucune prise d'habits, acte, épreuves ny services; sur quoy les mères Prieure et sous-Prieure, mandées et venues au Bureau ont dit que ladite Merlet s'est rendue volontairement à l'Hostel Dieu dans le dessein d'y faire profession, sans avoir esté séduite, comme son père l'a voulu insinuer, et qu'elles ne l'ont gardé jusqu'à présent que parce qu'elle leur a aparû avoir une véritable vocation, et après que le père a esté entendu, la Compagnie a arresté que les mère Prieure et sous Prieure rendront dès aujourd'huy ladite Merlet à ses père et mère, ce qu'elles ont promis de faire.

(10 octobre.) Sur l'avis qu'une personne qui n'a voulu estre nommée vient d'envoyer par aumosne à l'Hostel Dieu trois tonnes dans lesquelles il y a environ deux milliers de tabac en poudre, la Compagnie pour satisfaire à la déclaration du Roy, a donné charge au sieur de Noisy, inspecteur de l'Hostel Dieu, d'aller en faire déclaration au Bureau des fermiers du tabac, ce qu'ayant exécuté, il est revenu avec le sieur de Fretteville, controlleur de la ferme, qui a cacheté lesdites tonnes du cachet de ladite ferme, et les a laissées dans l'Hostel Dieu, en la garde dudit sieur de Noisy, qui s'en est chargé,

jusqu'à ce que le Bureau soit convenu avec les fermiers, ainsy qu'il est porté au procès verbal qui en a esté dressé par les commis de ladite ferme, en présence du controleur, dont une copie est restée au greffe du Bureau.

(24 octobre.) On a fait l'ouverture d'un paquet adressé au Bureau, dans lequel estoit une lettre de monseigneur le Procureur général, et la copie non signée d'une autre lettre qui luy a esté écrite par monseigneur le cardinal Dubois, portant que monseigneur le duc d'Orléans, à la prière du Roy d'Angleterre, et après s'estre asseuré que le docteur *Campbel* est un homme sage et discret, souhaite qu'il soit permis à ce docteur de voir travailler dans l'Hostel Dieu et d'entrer dans la salle des accouchées, même de travailler si les chirurgiens le jugent à propos lorsqu'il sera connu, et comme le Bureau, par des puissants motifs, a fait un règlement contraire à cette demande, il a cru devoir en informer monseigneur le cardinal de Noailles, et ayant député messieurs Bazin et Henault, ils ont raporté que S. Eminence leur avoit fait l'honneur de leur dire qu'en l'estat où estoient les choses, il n'y avoit d'autre party à prendre que celuy de déférer à l'ordre de S. A. R., et avoit marqué au sieur Campbel, qui estoit présent, la conduitte qu'il devoit tenir pour prévenir toutes plaintes contre luy. Sur quoy, après que ledit sieur Campbel a déclaré qu'il professe la religion catholique, apostolique et romaine, la Compagnie luy a permis d'entrer pendant 3 mois dans l'Hostel Dieu et dans la salle des accouchées pour voir travailler et même travailler, si elle le juge à propos, par l'avis des maîtres chirurgiens et de la maîtresse sage femme, sans que cette permission puisse, en aucune manière, estre tirée à conséquence, et elle a arresté que les deux lettres seront transcrittes ensuitte de la présente délibération, et serrée aux archives. Ensuit la teneur des deux lettres. « Le Roy d'Angleterre, Monsieur, a fait prier S. A. R. de permettre au docteur Campbel de voir travailler à l'Hostel Dieu de Paris, et d'avoir entrée dans la salle des accouchées; monseigneur le Régent, après s'estre asseuré que ce docteur est un homme sage et discret, souhaite que Messieurs les administrateurs de l'Hostel Dieu luy permettent de voir travailler, et même de travailler, si les chirurgiens le jugent à propos, après qu'il sera connu, et S. A. R. m'a ordonné, Monsieur, de vous faire scavoir ses intentions et de vous prier de donner les ordres et de prendre les soins qui seront nécessaires pour les faire exécuter. Je profite, etc. » Signé : le cardinal Dubois. — « Vous verrez, Messieurs, par la copie d'une lettre que j'ay l'honneur de vous envoyer, que S. A. R. désire que le sieur Campbel entre pendant quelque temps dans la salle des accouchées; cette grâce qu'on accordoit autrefois, et qu'on a entièrement retranchée par le dernier règlement, ne paroist pouvoir estre accordée qu'aux ordres de S. A. R. Je scais toutes les raisons qu'on peut dire pour soutenir l'exécution du règlement, mais elles doivent céder à la sollicitation du Roy d'Angleterre et à la volonté de monseigneur le duc d'Orléans, c'est ce qui m'engage à vous écrire, et j'espère que cette petite contravention à la loy qu'on s'étoit imposée ne tirera point à conséquence. Je suis, avec un attachement inviolable, Messieurs, votre très humble et très obéissant serviteur. » Signé : Joly de Fleury, à Fleury, ce 20 octobre 1721.

(3 décembre.) Le sieur Afforty, médecin ordinaire de l'Hostel Dieu, étant venu présenter le sieur Afforty, premier médecin expectant, son fils, pour remplir la place de médecin ordinaire, vacante par le décès du sieur Doye, la Compagnie l'a reçeu aux appointemens accoutumez de 400 livres.

Relevé du nombre des malades : Janvier : minimum, 2,204; maximum, 2,305. Février : minimum, 2,193; maximum, 2,421. Mars : minimum, 2,259; maximum, 2,490. Avril : minimum, 1,956; maximum, 2,553. Mai : minimum, 1,866; maximum, 2,117. Juin : minimum, 1,701; maximum, 1,913. Juillet : minimum, 1,424; maximum, 1,680. Août : minimum, 1,621; maximum, 1,802. Septembre : minimum, 1,961; maximum, 2,149. Octobre : minimum, 2,147; maximum, 2,272.

91ᵉ REGISTRE. — ANNÉE 1722.

(7 janvier 1722.) La Compagnie, après avoir entendu les médecins ordinaires de l'Hostel Dieu sur le choix de 3 médecins expectans, entre ceux qui se présentent pour les 3 places qui restent à remplir, elle a nommé et receu les sieurs de la Hire et Bertrand, médecins de la Faculté de Paris, et le sieur Ceron, bachelier en médecine de la même Faculté, pour en faire les fonctions gratuitement, sans que la réception dudit sieur Ceron puisse estre tirée à conséquence, sous prétexte qu'il n'est point docteur, attendu qu'il n'a esté agréé qu'à cause de son mérite, et à condition qu'il se fera recevoir au doctorat aussitost qu'il aura finy sa licence.

(28 avril.) Le greffier du Bureau a fait raport que le

sieur Bassery, qui travailloit à l'arrangement des archives de l'Hostel Dieu, s'estant retiré le 17 novembre 1721, il a pris en sa place le sieur Pierre de Seny, maître clerc de procureur au Châtelet, qui a commencé à travailler le 3 février dernier, et ayant prié le Bureau de régler ses appointemens, la Compagnie luy a accordé 1,000 livres par an.

(22 mai.) La Compagnie a signé par devant Baudouin, nottaire, un contract avec M. Nicolas de La Marre, commissaire au Châtelet, portant comptes des sommes destinées aux frais de composition et d'impression de son Traité de la police, et faisant moitié de celles qu'il a droit de recevoir sur le produit du 9e accordé à l'Hostel Dieu sur les entrées aux spectacles publiques, par lequel compte il s'est trouvé luy estre deub de reste la somme de 31,846 livres, sur laquelle le Bureau luy a fait payer comptant par monsieur Houdiart 6,846 l. et pour les 25,000 restans, il luy a cédé deux parties de rentes assignées sur les aydes et gabelles, au principal de pareille somme, l'une de 18,000 livres de capital constituée le 15 mars 1714 au profit de feu M. de Chavange, duquel l'Hostel Dieu est légataire universel, l'autre de 7,000 livres.

(29 mai.) Monsieur Thiroux a fait rapport que.... décédé depuis peu à l'Hostel Dieu a fait un testament receu par M. Jourdier, prestre chapelain et vicaire dudit hôpital, par lequel il donne à cette maison une somme de 300 livres, et fait d'autres legs en faveur de plusieurs personnes, mais que ces enfans prétendent que ces legs sont nuls, suivant la disposition précize de la coutume de Paris qui veut que les testamens receus par les curez ou vicaires soient faits en présence de trois témoins, au lieu que lors de la passation de celuy dont il s'agist on n'a appellé que deux témoins, sur quoy le sieur Jourdier, mandé et venu au Bureau, ayant dit qu'il ignoroit cette formalité, et qu'il a suivi l'usage qui s'observe dans la maison, la Compagnie a arresté que monsieur le Maistre au spirituel sera mandé, aussytost que sa santé luy permettra de venir au Bureau pour luy dire d'avoir soin à l'avenir que les testamens des malades dans l'Hostel Dieu soient faits dans la forme prescritte par la coutume, afin que la volonté du testateur soit exécutée, et qu'à cet effet il luy sera donné de nouvelles formules pour s'y conformer, et avant de délibérer si on soutiendra la validité du legs en question, elle a arresté qu'on s'informera de l'estat de la succession du testateur.

(16 juin.) Veu le mémoire signé et présenté par la mère Prieure de l'Hostel Dieu, venue au Bureau avec la mère sous-Prieure, la Compagnie a donné charge à l'inspecteur des bâtimens de faire préparer incessamment une des salles neuves appellée la salle de Saint Nicolas, et la mettre en estat d'y recevoir des malades.

(19 juin.) Ayant esté dit qu'on n'a pû trouver le débit des exemplaires fournis par le sieur Brunet, marchand libraire, du livre composé par feu M. de Callières qui a pour titre : De la manière de négocier entre les souverains, la Compagnie a arresté qu'ils seront donnez pour l'usage de l'apoticairerie de l'Hostel Dieu.

(1er juillet.) Sur le raport de monseigneur le Premier Président qu'ayant représenté à Madame, duchesse douairière d'Orléans, les motifs qui ont porté le Bureau à exclure tous chirurgiens étrangers de la salle des accouchées à l'Hostel Dieu, S. A. R. luy a dit qu'elle ne pouvoit refuser sa protection au sieur Charles Bule, anglois de nation, qui luy a esté recommandé par la princesse de Galles, la Compagnie par respect pour S. A. R. a permis audit sieur Bule d'entrer dans la salle des acouchées, pendant trois mois, pour apprendre les acouchemens, sans que cette permission puisse estre tirée à conséquence, ny donner aucune atteinte au règlement pour l'avenir.

(24 juillet.) Le greffier du Bureau a représenté que le sieur Poncet, qui travailloit à l'arrangement des archives de l'Hostel Dieu, s'estant retiré le 15 novembre 1721, le sieur de la Lore qui est entré en sa place, et qui a commencé à travailler le 8 avril dernier, prie le Bureau de régler ses appointemens; la Compagnie a arresté qu'il sera payé par M. Houdiart, à raison de mil livres par an.

(5 août.) Monseigneur le cardinal de Noailles a dit que feu monsieur le marquis de Lavardin son beau frère, par son testament du 27 août 1701, auroit ordonné qu'il fût fondé un lit en tel des hôpitaux de cette ville, et moyennant telle somme que son exécuteur testamentaire jugeroit à propos, et l'auroit prié d'agréer la nomination qu'il faisoit de sa personne pour exécuter ses dernières volontez, et que désirant préférer l'hôpital des Incurables, il est convenu avec madame la marquise de Chastres, madame la duchesse de Chaulnes et madame la marquise de Beringhen, filles de monsieur de Lavardin, aux qualitez qu'elles procèdent, de la proposition qu'il fait de fonder ce lit audit hôpital des Incurables, pour estre remply par un malade de la qualité requise, à la nomination desdites dames et de leurs descendans.

(29 octobre.) La Compagnie a arresté de soutenir que les rideaux qui estoient aux fenestres de l'appartement

que madame la duchesse de Luynes occupoit en l'hôpital des Incurables où elle est décédée depuis peu sont compris dans la donnation qu'elle a faite à cet hôpital de tous ses meubles meublans et provisions, nonobstant la prétention contraire de son héritière.

(9 décembre.) Monseigneur le Premier Président a dit que cinq chirurgiens demandent l'entrée dans la salle des acouchées pour apprendre successivement l'art des accouchemens, ce que la Compagnie n'a point jugé à propos d'accorder.

(15 décembre.) La Compagnie a arresté et signé un état fait double, portant compte entre le Bureau et le sieur Choulx, huissier du Parlement, du tiers revenant à l'Hostel Dieu du prix de la vente par luy faite des marchandises de porcelaines, paravents, thé, sucre de Candie, galanga, mirobolan, zin et esquine confisqués sur le nommé Orient et autres au profit de l'Hostel Dieu et de l'Hospital Général, chacun pour un tiers, et des marchands épiciers et fayanciers pour l'autre tiers, par arrest de la Cour du 12 juillet 1721, lequel état contient que suivant le procès-verbal de vente dudit sieur Choulx, datté au commencement du 19 aoust de la même année, le prix total de ces marchandises monte à 156,770 livres, sur quoy déduction faite de 15,706 livres pour les frais de vente et autres dépenses, reste 141,064 livres dont un tiers montant à 47,021 livres appartient à l'Hostel Dieu.

Relevé du nombre des malades, des naissances et des décès : Avril. Malades : minimum, 2,138; maximum, 2,340. Naissances, 112. Décès, 458. — Mai. Malades : minimum, 1,930; maximum, 2,179. Naissances, 101. Décès, 474. — Juin. Malades : minimum, 1,821; maximum, 1,951. Naissances, 89. Décès, 353. — Juillet. Malades : minimum, 1,374; maximum, 1,965. Naissances, 83. Décès, 328. — Août. Malades : minimum, 1,838; maximum, 1,974. Naissances, 83. Décès, 358. — Septembre. Malades : minimum, 1,810; maximum, 1,933. Naissances, 97. Décès, 325. — Octobre. Malades : minimum, 1,694; maximum, 1,859. Naissances, 95. Décès, 380. — Novembre. Malades : minimum, 1,743; maximum, 1,984. Naissances, 101. Décès, 309. — Décembre. Malades : minimum, 1,951; maximum, 2,215. Naissances, 97. Décès, 363.

92ᵉ REGISTRE. — ANNÉE 1723.

(23 avril 1723.) La Compagnie a approuvé l'abonnement qui a esté fait avec le sieur de Saint Martin, *maistre du jeu du combat du taureau*, à la somme de 40 livres par an pour le sixième appartenant à l'Hostel Dieu du produit de ce spectacle.

(28 juillet.) Monseigneur le Premier Président a leu une lettre qui luy a esté écrite par M. de la Vrillière le 27 de ce mois, contenant que monsieur l'envoyé d'Angleterre a demandé, de la part du Roy son maistre, à monseigneur le duc d'Orléans que le sieur Grain, chirurgien de Sa Majesté britannique, soit receu à l'Hostel Dieu pour être présent aux accouchemens, et qu'il peut l'asseurer qu'il fera plaisir à Son Altesse Royale de donner des ordres pour qu'il n'y ait sur cela aucune difficulté, sur quoy la Compagnie ayant délibéré, elle a, par respect pour la volonté de Son Altesse Royale, arresté que ledit sieur Grain sera admis dans la salle des accouchées pendant 3 mois, pour être présent aux acouchemens, sans tirer à conséquence.

(31 août.) La Compagnie a arresté de faire célébrer en l'église de l'Hostel Dieu un service pour le repos de l'âme de monseigneur de Mesmes, premier président du Parlement, décédé le 23 de ce mois, et elle a députe messieurs d'Estrechy, Vezin et Couet, pour aller saluer monsieur le Bailly de Mesmes son frère, et luy demander le jour qui conviendra à la famille pour la célébration de ce service.

(8 octobre.) Il a esté dit par M. Regnault que, des vendanges dernières des vignes appartenantes à l'Hostel Dieu à Champrozay, il en est provenu 200 muids de vin, la dixme payée, et la petite provision laissée pour les vendanges de l'année prochaine.

(10 décembre.) Monsieur Henault a dit que par l'examen que messieurs Garnot, Vigneron et luy ont fait de l'état des fondations et des registres tenus à la sacristie de l'Hostel Dieu, ils ont remarqué que cet hôpital est chargé d'un si grand nombre de messes qu'il n'est pas possible de les faire acquitter entièrement, en sorte qu'il reste annuellement au moins 500 hautes messes et plus de 7,000 messes basses fondées, que l'on est obligé de faire célébrer ailleurs, qu'entre ces fondations il y en a qui sont très anciennes et d'autres dont les fonds et revenus affectez à leur exécution sont notablement diminuez, et ne sufisent pas pour satisfaire à l'intention des fondateurs, et que cet inconvénient deviendra toujours plus considérable, à mesure que la maison augmentera,

s'il n'y est promptement remédié. Sur quoy la Compagnie a arresté que monseigneur le cardinal de Noailles sera très humblement suplié de faire examiner ces fondations et d'ordonner et régler à cet égard ce que Son Éminence jugera à propos.

(17 décembre.) Le Bureau a levé pour aller en corps saluer monseigneur de Novion, luy marquer sa joye du choix que le Roy a fait de sa personne pour remplir la charge de premier président au Parlement, le suplier d'acorder sa protection en faveur des pauvres, et luy faire scavoir que mercredy prochain l'assemblée générale du Bureau se tiendra à l'archevêché.

(29 décembre.) Sur le bon témoignage rendu par plusieurs de Messieurs de la personne de M. Buchère, ancien juge-consul de cette ville, la Compagnie l'a élu et nommé pour remplir la place d'administrateur de l'Hostel Dieu vacante par le décès de monsieur Bazin.

Relevé du nombre des malades, des naissances et des décès : Janvier. Malades : minimum, 2,118; maximum, 2,454. Naissances, 117. Décès, 310. — Février. Malades : minimum, 2,310; maximum, 2,446. Naissances, 90. Décès, 390. — Mars. Malades : minimum, 2,115; maximum, 2,393. Naissances, 121. Décès, 325. — Avril. Malades : minimum, 1,942; maximum, 2,066. Naissances, 95. Décès, 400. — Mai. Malades : minimum, 1,693; maximum, 1,949. Naissances, 98. Décès, 500. — Juin. Malades : minimum, 1,633; maximum, 1,757. Naissances, 85. Décès, 287. — Juillet. Malades : minimum, 1,623; maximum, 1,753. Naissances, 73. Décès, 273. — Août. Malades : minimum, 1,665; maximum, 1,812. Naissances, 91. Décès, 278. — Septembre. Malades : minimum, 1,702; maximum, 1,832. Naissances, 112. Décès, 336. — Octobre. Malades : minimum, 1,818; maximum, 1,977. Naissances, 109. Décès, 393. — Novembre. Malades : minimum, 1,890; maximum, 1,978. Naissances, 82. Décès, 388.

93ᵉ REGISTRE. — ANNÉE 1724.

(12 janvier 1724.) M. de la Vigne, ancien avocat au Parlement, ayant été proposé pour administrateur de l'Hostel Dieu, en la place de monsieur Letourneur, qui est décédé, la Compagnie l'a agréé, élu et nommé.

(28 janvier.) Monsieur Garnot a dit que monsieur Vigneron et luy ayant été au nom du Bureau saluer monsieur Dombreval, nommé par le Roy pour remplir la charge de lieutenant général de police, en la place de monsieur d'Argenson, et luy demander sa protection pour les pauvres de l'Hostel Dieu, il a promis de les protéger avec toutte l'autorité que luy donnera sa charge.

(21 novembre.) Monsieur Vigneron a fait rapport qu'en exécution de la délibération du ..... le greffier du Bureau a rangé tous les papiers de l'Hostel Dieu, et mis par ordre tous les titres dont il a fait faire un inventaire en 10 volumes in folio, contenant chacun 6 à 700 pages.

(13 décembre.) Monseigneur Portail ayant été receu en la charge de premier président du Parlement, sur la démission volontaire de monseigneur de Novion, il a pris séance au Bureau pour la première fois.

Relevé du nombre des naissance et des décès : Janvier : naissances, 135; décès, 501. Février : naissances, 112; décès, 588. Mars : naissances, 109; décès, 605. Avril : naissances, 122; décès, 614. Mai : naissances, 118; décès, 389. Juin : naissances, 87; décès, 354. Juillet : naissances, 79; décès, 281. Août : naissances, 94; décès, 308. Septembre : naissances, 75; décès, 356. Octobre : naissances, 94; décès, 423. Novembre : naissances, 106; décès, 415.

94ᵉ REGISTRE. — ANNÉE 1725.

(10 janvier 1725.) Le sieur Emmeret, l'ancien des médecins ordinaires de l'Hostel Dieu, étant venu présenter le sieur Delafeu, premier médecin expectant, pour remplir la place de médecin ordinaire, vacante par le décès du sieur Fontaine, la Compagnie l'a agréé et receu, sur l'assurance qui luy a été donnée qu'il est un des plus capables et des plus assidus à visiter les malades.

(10 janvier.) Monsieur Duportault a dit que le nommé François Lefebvre, receu le 21 février 1710, pour être fossoyeur du cimetière de Clamart, ayant donné lieu en 1717 à des plaintes qui furent faites au Bureau sur la facilité qu'il avoit de laisser prendre fréquemment dans le cimetière des cadavres entiers et des membres, au grand scandale du public, il fut alors fait un règlement pour prévenir cet abus, par deux délibérations du Bu-

reau des 1er septembre et 15 décembre 1717, qui font deffenses audit fossoyeur de délivrer aucuns membres ny cadavres à qui que ce soit, et de souffrir qu'il en soit pris dans ledit cimetière, à peine d'être procédé contre luy par voye extraordinaire; que depuis peu ces plaintes se sont renouvellées, en sorte que le Bureau a été informé que ce Lefebvre faisoit un commerce public des cadavres entiers et des membres qu'il coupoit, ce qui étoit connu de tout le voisinage, et étoit capable de causer quelque émotion parmy le menu peuple qui en murmuroit; que le Bureau, pour s'assurer de la vérité, auroit proposé un homme de confiance à la barrière, lequel, pendant huit jours qu'il y est resté, a surpris le fils dudit Lefebvre qui entroit tous les soirs dans Paris, chargé d'une hotte couverte; qu'ayant regardé ce qui étoit dedans, il l'auroit trouvé remplie de toutes sortes de membres, et qu'ayant suivy le fils dudit Lefebvre sans qu'il s'en apperçut, il auroit remarqué qu'il entroit, ainsy chargé, chez un chirurgien demeurant rue Saint Victor, d'où il revenoit à vuide; que le mal n'étant que trop certain, il est nécessaire d'y apporter remède; sur quoy la Compagnie a arresté que ledit Lefebvre seroit chassé.

(27 février.) Deux frères de l'hôpital de la Charité étant venu demander la permission du Bureau pour faire entrer un bœuf, pour l'usage de leur maison pendant le caresme, fondez sur les lettres patentes du roy Louis XIII, dont ils ont représenté un imprimé portant qu'ils pourront achepter des bœufs en caresme et les faire habiller dans leurs clos, pour la consommation des pauvres malades de leur hôpital, la Compagnie n'a point jugé à propos de leur accorder, veu que l'Hostel Dieu ayant un privilège exclusif, ils doivent prendre dans l'Hostel Dieu la viande qui leur est nécessaire en caresme pour la nourriture de leurs malades.

(7 mars.) Sur ce qui a été dit par monsieur le Procureur général que M. le comte de Maurepas luy a écrit deux lettres en faveur du sieur Cruger, premier chirurgien du Roy de Dannemark, pour le faire admettre dans la salle de l'Hostel Dieu où se font les accouchemens; que par les réponses qu'il a faites à ces deux lettres, il a marqué que cette demande étoit contraire aux délibérations du Bureau, et notamment à celle du 31 décembre 1720, intervenue sur des motifs très pressans, et sur les instances les plus vives de la part des religieuses de l'Hostel Dieu et de la maîtresse sage femme, qui représentèrent qu'anciennement on ne permettoit à aucuns chirurgiens de dehors d'entrer dans cette salle, que depuis quelques années qu'on s'étoit relâché de l'ancien usage, non seulement les femmes avoient témoigné une extrême répugnance d'être accouchées par des hommes, mais qu'on avoit encore eu le déplaisir de voir que ces chirurgiens tenoient des discours licentieux, et s'abandonnoient à des actions deshonnestes et contre la pudeur, qui scandalisoient celles qui venoient chercher du secours et les religieuses occupées à les soulager; que nonobstant ces représentations il a reçu une troisième lettre de M. de Maurepas, en datte du 25 février dernier, portant que S. A. R. luy ordonne d'écrire que l'intention du Roy est que ce chirurgien soit admis pendant 3 mois, *ce que le Roy de Dannemark pressoit d'autant plus que la Reine étoit grosse*, la Compagnie a délibéré que par soumission à des ordres si précis de Sa Majesté, ledit sieur Cruger entrera dans la salle des accouchées pendant 3 mois consécutifs, mais que S. A. R. sera supliée de vouloir bien obtenir de Sa Majesté qu'il ne soit point accordé de pareils ordres à l'avenir, tant par les raisons exprimées dans la délibération du 31 décembre 1720 que parce que cette salle des accouchées de l'Hostel Dieu est un lieu secret et un azile où non seulement les femmes qui sont dans la nécessité, *mais plusieurs filles et même de famille qui veulent cacher leur état au public et à leurs parens* ne sont attirées la plupart du temps que parce qu'elles sont instruites qu'il n'y entre point d'hommes, et par la confiance qu'elles ont dans la discrétion des religieuses et des femmes qui les accouchent; que l'un de ces motifs cessant, il seroit à craindre qu'au lieu de venir à l'Hostel Dieu, plusieurs de ces filles ne se portent à des extremitéz contre leur fruit, aussy préjudiciable à leur salut qu'aux interests de l'État; que les naturels françois et les sujets du Roy étant exclus de ce lieu, les étrangers sont encore beaucoup moins favorables; que *d'ailleurs la plupart de ces étrangers professent dez religions différentes de la nôtre*, ce qui forme un nouvel obstacle, tous les règlemens de l'Hostel Dieu établissant pour baze et pour principe de n'admettre au service et au soulagement des pauvres que des catoliques; qu'en introduire d'autres contre les sages dispositions de ces règlemens, c'est exposer les malades à des persécutions d'autant plus dangereuses qu'elles peuvent intéresser leur salut, et qu'atténuez par la misère autant que par les infirmitéz, ils seroient souvent hors d'état de résister aux impressions de gens capables de fortifier la séduction du cœur par l'espérance de la guérison du corps, ce qui n'a pas été sans exemple dans l'Hostel Dieu, même malgré toutes les attentions des surveillants; qu'enfin ayant été fait en différens tems plusieurs tentatives auprès de Sa Majesté et des Roys ses prédécesseurs, avec de pareilles recommandations des princes étrangers, elles n'ont eu aucun succez; qu'au mois de juillet 1723 le Roy ayant fait proposer la même chose par M. de la Vrillière pour un chirurgien du Roy d'Angleterre, M. le premier président de Mesmes s'étant chargé de représenter tous les incon-

véniens à S. A. R. feu Mgr le duc d'Orléans qui en rendit compte au Roy, Sa Majesté voulut bien n'y plus insister, et S. A. R. promit au nom du Roy qu'on n'écouteroit plus de pareilles demandes à l'avenir; le Bureau a prié Son Éminence et monsieur le Premier Président de vouloir bien appuyer toutes ces raisons auprès du Roy et de S. A. R., ce qu'ils ont promis de faire.

(6 avril.) Monsieur Garnot a dit qu'ayant été informé que deux chirurgiens externes nommez Loustenot et Mac-Mahon se sont querellez et battus dans l'Hostel Dieu et que le sujet de la querelle est venu sur ce que Mac-Mahon, qui est irlandois, a voulu prendre la deffense d'un malade de sa nation que Loustenot insultoit, il leur a fait ôter le tablier pour les punir, en attendant que le Bureau en eût délibéré; sur quoy ces deux chirurgiens mandez étant convenus du fait, et ayant suplié le Bureau de leur pardonner, la Compagnie leur a accordé par grâce, après leur avoir fait une sévère réprimande, et elle a arresté que le tablier leur sera rendu, à condition qu'ils ne conserveront aucune animosité l'un contre l'autre, qu'ils se comporteront sagement à l'avenir, et que s'ils retombent en faute, ils seront chassez sur la moindre plainte, sans espérance de retour, pour faire exemple aux autres, et les retenir dans le devoir et le respect.

(13 avril.) Monsieur Henault a fait raport que messieurs Duportault, Garnot et luy ayant eu l'honneur de présenter à monsieur le Garde des sceaux un mémoire à l'effet d'obtenir pour Messieurs les administrateurs le privilège de jouir du droit de *committimus* du grand sceau, ainsy qu'il a été accordé à Messieurs les directeurs de l'Hôpital Général, il a renvoyé ce mémoire à monseigneur le Procureur général, qui a donné son avis en faveur du Bureau, et qu'en conséquence monsieur Garnot et luy ont veu monsieur le Garde des sceaux, qu'il leur a dit qu'il appuiroit cet avis de tout son pouvoir auprès de monseigneur le duc, mais que les directeurs de l'Hôpital Général étoient dans un cas des plus favorables, parce qu'ils avoient obtenu ce privilège par l'édit d'établissement dudit hôpital, qu'à la vérité ils en avoient été exclus par l'ordonnance du...... mais qu'ils y avoient été rétablis par lettres patentes, ce qui jusqu'à présent n'avoit point été demandé par Messieurs les administrateurs de l'Hostel Dieu, que sur cela ils luy ont représenté que l'Hôpital Général n'avoit été étably.... de l'Hostel Dieu, dont les administrateurs rendoient des services aussy nécessaires et que ce seroit le seul avantage qu'ils auroient de leur administration, sur quoy M. le Garde des sceaux leur a promis toute sa protection.

(18 avril.) La Compagnie a receu Pierre Boudou pour maître chirurgien de l'Hostel Dieu aux conditions qui seront réglées au Bureau général.

(13 juin.) Monseigneur le cardinal de Noailles a dit que l'hôpital des Enfans Trouvez, étably en la rue Neuve Notre Dame, est si serré qu'on ne peut sans péril y recevoir tous les enfans exposez dans Paris, dont le nombre est considérablement augmenté, de sorte que, étant extrêmement pressez, leur vie est en danger par le mauvais air qu'ils y respirent; que, pour remédier à cet inconvénient, il n'y a d'autre moyen que d'agrandir ledi hôpital, et que pour y parvenir, les directeurs de ce hôpital proposent de louer une maison sise rue Neuve Nostre Dame, appartenant à l'Hostel Dieu, occupée par le sieur Devaux, procureur au Châtelet, aux offres qu'ils font d'en payer le loyer que le Bureau jugera à propos; sur quoy monsieur Duportault a représenté que la maison demandée par Messieurs les directeurs des Enfans Trouvez a été acquise avec quelques autres situées proche l'Hostel Dieu pour s'en servir dans les temps de contagion et autres maladies extraordinaires, soit pour y loger un administrateur, soit pour y mettre des ecclésiastiques, des religieuses, médecins et chirurgiens, ou des officiers malades, ou pour d'autres besoins pressans; que la maison des Enfans Trouvez n'a été établie dans la rue Neuve Nostre Dame que pour y recevoir et déposer les enfans nouveaux nez qu'on expose dans Paris; que ces enfans, après un jour ou deux au plus de séjour, sont emportez par les nourices à la campagne, d'où on doit les ramener dans la grande maison qu'ils ont au fauxbourg Saint Antoine, et dans celles de la Salpétrière et de la Pitié pour y être élevez; que si on vouloit se borner à cet objet des enfans nouveaux nez, le logement de la rue Neuve Nostre Dame seroit beaucoup plus que sufisant pour les contenir commodément; que par l'examen qu'il a fait de la maison des Enfans Trouvez avec messieurs Henault et Vigneron, ils ont reconnu que ce mal ne procède que de ce qu'il y a dans ce lieu un trop grand nombre de grands enfans qui n'ont point été l'objet de l'établissement dans la rue Neuve Notre Dame; que ces grands enfans occupent la principale et la plus belle portion du logement sans aucune nécessité; qu'il leur a paru qu'en les renvoyant, ou du moins la plus grande partie, au fauxbourg Saint Antoine, à la Salpétrière ou à la Pitié, et n'en laissant que dix ou douze pour faire l'office, il y auroit deux des trois plus grandes et plus belles chambres occupées par les grands enfans, qui augmenteroient le logement destiné aux nouveaux nés et les mettroient sufisamment au large; qu'il est à la vérité de l'intérest public de faciliter à ces enfans nouveaux nez toutes les commoditez pour la conservation de leurs vies;

que le Bureau se fera toujours un devoir d'y contribuer autant que l'interest de l'Hostel Dieu le pourra permettre, mais qu'il semble estre également de l'interest public et de l'interest particulier de l'Hostel Dieu que ce qui ne doit servir que d'auspice aux nouveaux nez ne devienne pas un hôpital pour recevoir un grand nombre d'enfans trouvez, parce que la corruption de l'air de ce nouvel hôpital, qui dès à présent n'est que trop sensible, causée par les immondices et les ordures des enfans, et par le défaut d'eau coulante qui puisse les entraîner, augmentée par le nombre de ces enfans se joignant à la corruption de l'air de l'Hostel Dieu, quoyque tempérée par le cours de la rivière qui le traverse, produiroit une infection pernicieuse aux malades de l'Hostel Dieu et à tous ceux qui habitent le voisinage; qu'en effet toutes les fois qu'on a voulu passer les bornes de cet établissement et qu'on a proposé à l'Hostel Dieu, propriétaire de presque toutes les maisons voisines, d'en céder quelques unes pour l'agrandissement de celle des enfans trouvez, les propositions ont été rejettées sur le fondement des raisons cy dessus expliquées, ainsy qu'il paroit par les délibérations du Bureau des 19 juin, 3 et 12 juillet 1686, 19 et 31 décembre 1687. Ayant été dit par M. le Procureur général que le nombre des enfans exposez dans Paris est considérablement augmenté, surtout depuis la misère qui réduit souvent des pères et mères à exposer leurs enfans légitimes, que d'ailleurs les directeurs de l'hôpital des Enfans Trouvez ne proposent point à l'Hostel Dieu de vendre ladite maison, mais simplement de louer, jusqu'à ce qu'ils ayent pris un arangement pour réduire le nombre des grands enfans qui font le service aux Enfans Trouvez de la rue Neuve Notre Dame, et néanmoins pour condescendre, pour cette fois seulement, et sans tirer à conséquence, aux pieuses intentions d'une grande princesse qui a marqué désirer que pour le soulagement présent des pauvres enfans trouvez, les administrateurs de l'Hostel Dieu louassent la maison en question; la matière mise en délibération, la Compagnie a arresté qu'il sera passé bail aux directeurs des enfans trouvez de ladite maison pour neuf ans, qui commenceront le jour de Saint Remy 1729, jour de l'expiration de celuy du sieur de Vaux, moyennant 950 livres de loyer par an, à condition toutes fois, et non autrement, que l'Hostel Dieu pourra, nonobstant ledit bail, et pendant le cours d'iceluy, et en quelque temps que ce soit, reprendre en cas de besoin ladite maison, sans que, sur le fondement dudit bail, ny sous quelque autre prétexte, ladite maison puisse être jointe et unie à celle des Enfans Trouvez, ny être regardée comme en faisant partie, et sans qu'il puisse être fait aucun changement tant au dehors qu'au dedans de ladite maison.

(4 décembre.) Sur le raport de M. Vigneron, que les maîtres chirurgiens de Paris demandent la permission de faire enterrer dans le cimetière de Clamard les cadavres dont ils se servent à Saint Cosme pour faire les expériences anatomiques, la Compagnie l'a refusée, veu que cela n'a jamais été d'usage, et que d'ailleurs ces cadavres étant d'hommes ou femmes supliciez, ou pris à la Morgue, cela pourroit faire impression parmi les peuples si on les inhumoit en terre sainte.

Total des naissances à l'Hostel Dieu pendant l'année 1725, 1,260; total des décès, 5,664.

95ᵉ REGISTRE. — ANNÉE 1726.

(9 janvier 1726.) Monseigneur le procureur général a dit que madame la présidente de Nesmond a légué à l'Hostel Dieu une somme de 2,000 livres sans aucune charge.

(15 janvier.) Sur ce qui a été représenté par Louis Philippe Zorobabel Boucot compagnon chirurgien gagnant maîtrise à l'Hostel Dieu, qu'ayant plu au Roy de luy accorder la place de chirurgien major des Invalides, il seroit très avantageux pour luy de continuer pendant les deux ans trois mois qui luy restent à servir les pauvres, pour gagner en ladite qualité sa maîtrise et se perfectionner d'autant dans l'art de chirurgie, s'il plaisoit au Bureau de luy faire cette grace, quoyqu'il soit sur le point de s'établir et faire sa demeure à l'hôtel des Invalides; le Bureau, en considération des services assidus que rend ledit Boucot depuis 18 ans à l'Hostel Dieu, consent qu'il y continue ses fonctions pendant les deux ans et huit mois qui restent à expirer pour y gagner sa maîtrise. quoiqu'il réside aux Invalides, sans que pour cela il soit mis personne à sa place pour gagner maîtrise, avant l'expiration desdits deux ans et huit mois.

(18 janvier.) Le sieur Boudou, maître chirurgien de l'Hostel Dieu est venu représenter qu'il y avoit 20 places de chirurgiens externes à remplir, si on vouloit en fixer le nombre à 74, pour faire avec les douze compagnons internes, le gagnant maîtrise, les douze commissionnaires et luy, le nombre de 100 chirurgiens, qu'il croit sufisant pour le travail de l'Hostel Dieu, ainsy qu'il paroit que le Bureau l'a approuvé, les promotions faites depuis deux ans par ses ordres n'ayant point excédé ce nombre; sur

quoy monsieur Garnot a dit que par les anciens règlemens le nombre des externes étoit fixé à 60, mais que depuis l'ouverture de plusieurs salles dans le bâtiment neuf, où il est nécessaire de distribuer des chirurgiens, ce nombre ne sufit pas, que cette raison avoit servy de prétexte à porter les choses à une autre extrémité, puisqu'en 1721 on avoit receu jusqu'à 120 chirurgiens externes, ce qui avoit causé de grands désordres dans l'Hostel Dieu, beaucoup de dérangement dans la discipline, de la confusion dans le service et une dissipation considérable de linge et d'argent, que le sieur Thibault, surchargé de ce grand nombre d'externes, auroit demandé qu'ils fussent réduits à 74 pour faire avec les autres chirurgiens le nombre de 100, à quoy on s'est tenu depuis, mais que comme il est important de les fixer à ce nombre, il croit nécessaire de le faire avec une délibération qui serve sur cela de règlement, et qu'en conséquence il soit fait une promotion de 20 chirurgiens externes pour remplir les places vacantes, qui seront pris du nombre de ceux qui ont été inscrits sur le veu de Messieurs les commissaires, après qu'ils auront été nommez en la manière accoutumée; la matière mise en délibération, la Compagnie a arresté que le nombre de chirurgiens externes sera et demeurera fixé à l'avenir pour toujours à 74, et qu'il n'en poura être receu un plus grand nombre par les raisons qui viennent d'être expliquées, et messieurs Garnot Vigneron et Thirau, commissaires en cette partie, ont pris jour à lundy prochain 4 heures de relevée pour l'interrogat, qui sera suivi par les aspirans pour remplir les places vacantes de chirurgiens externes.

(22 février.) La mère prieure ayant représenté qu'il étoit nécessaire de faire un séchoir dessus la terrasse qui règne le long de la nouvelle salle de Saint Antoine, la Compagnie a arresté que sur la partie de la terrasse qui est entre le pont de Saint Charles et le pavillon des lieux des salles neuves seulement, il sera construit un seichoir à 5 rangs de perches de fer de Berry arrondy, portées par des traverses et des pilastres de fer carré de roche, avec deux rangs d'entretoises au garde fol du costé de la rivière, de deux couches de peinture en huile, ce qui pourra coûter la somme de 200 livres.

(13 mars.) Son Éminence monseigneur le Cardinal et monseigneur le premier Président ont eu pour agréable la prière qui leur a été faite de présenter à S. A. S. monseigneur le duc de Bourbon un mémoire dressé par monsieur Duportault, pour avoir payement de la somme de 110,000 livres ou environ, restant düe des anciens octrois des années 1724 et 1725, dont l'Hostel Dieu a un extrême besoin pour employer au payement de partie des dépenses urgentes et journalières qui montent à plus de 200,000 livres, y ayant actuellement 3000 malades et très peu d'argent en caisse.

(18 mars.) Sur l'avis que Michel Herrin charetier de l'Hostel Dieu a été assassiné ce matin à 3 h. 1/2, à la porte de la boucherie de Beauvais, par 4 quidams, lorsqu'il déchargeoit de la viande qu'il avoit voiturée pour l'Hostel Dieu, la Compagnie a arresté de rendre plainte de cet assassinat par devant M° Delafosse, commissaire au Chastelet, à l'effet de faire les informations nécessaires pour découvrir les autheurs de ce meurtre, et d'en poursuivre la vangeance et les interests civils.

(26 mars.) Sur ce qui a été dit que par les informations qui ont été faites au sujet de l'assassinat commis en la personne de Michel Herrin, charetier de l'Hostel Dieu le 18 du présent mois, on a découvert que l'assassin est fils de M. de Lalive receveur général des finances en la généralité de Poitiers, qui demande un désistement des poursuites qui se font à la requeste de l'Hostel Dieu et des héritiers du deffunt aux offres de payer la somme de 3,000 livres, savoir : 1,000 livres par aumone pour les pauvres de l'Hostel Dieu et 2000 livres pour les interests civils que les héritiers pourraient prétendre, ce que la Compagnie a arresté d'accepter, après qu'elle a été informée que les héritiers sont dans la resolution de faire de même pour ce qui les regarde.

(27 mars.) Sur le raport de M. Duportault que des officiers et soldats du régiment des gardes françoises et autres viennent journellement dans l'Hostel Dieu pour y faire des recrues, qu'ils troublent le service qu'on rend aux malades et disent des paroles indecentes qui scandalisent les ecclésiastiques et les religieuses, et que le sieur Boyard, inspecteur des salles, ayant fait sortir hier un officier du régiment de Luxembourg et deux soldats aux gardes qui vouloient engager des convalescens, ils l'ont menacé de le tuer, Monseigneur le Procureur général a dit qu'il écriroit à M. de Breteuil, secrétaire d'État ayant le département de la guerre et à M. de Contade, major du régiment des gardes françoises, pour le prier de faire cesser ce désordre.

(3 mai.) Monsieur Henault a dit que monsieur Herault, lieutenant général de police, l'a prié de l'acompagner à l'hôpital de St Louis pour y faire porter encore une partie du bled dont on étoit chargé, que dans la visite qu'ils y ont faite avec messieurs Nau et Buchère, en presence de la mère prieure de l'Hostel Dieu, ils ont trouvé les *salles remplies de bled*, dont la quantité monte environ à 600 muids, suivant le raport du commissionnaire de M. Bernard, qui étoit présent.

(7 juin.) Monsieur Henault a dit que sur la demande formée contre le sieur Eynaud, marchand de vin, à la requeste du sieur Girard, chargé du recouvrement des droits rétablis, qui prétend assujetir l'Hostel Dieu et l'hôpital des Incurables au payement de l'octroy de 3 sols six deniers, ordonné être levé pour la subsistance des mandians sur chaque pièce de vin entrant dans les villes de la généralité de Bourges, suivant l'arrest du conseil du..... et en conséquence de la décision donnée par M. le controlleur général sur ce que les Régisseurs ont avancé que les deux hôpitaux payoient les octrois qui se lèvent à Paris et que d'ailleurs l'arrest ne fait aucune exception, il a dressé un mémoire concerté avec messieurs Duportault et de la Vigne, contenant en substance que les deux hôpitaux ne payent que par fiction, et pour l'ordre de la régie, les octrois dus à Paris, qui leur sont rendus à la fin de chacune année, outre que les vins destinez pour leur provision ont toujours été exempts de tous droits mis et à mettre, il a ajouté qu'il a donné ce mémoire à M. Gueffier qui est à la teste des régisseurs, lequel a promis d'en parler à M. le controlleur général et de faire surseoir les poursuites.

(14 juin.) La demoiselle Colombet, qui a le soin de la maison de femmes et filles convalescentes sortant de l'Hostel Dieu ayant demandé : 1° que l'on détruise les deux cabannes nouvellement établies au bout du pont de l'Hostel Dieu au dessous de la maison, dont l'emplacement est nécessaire aux convalescentes qui n'ont d'autre lieu en esté pour prendre l'air, outre que le marchand de tabac qui occupe une de ces cabanes n'est pas d'une conduite édifiante 2° que l'on fasse dans la maison plusieurs réparations considérables pour y procurer un plus grand air aux convalescentes qui sont à l'étroit et dans des chambres dont les croisées sont très petites, et en très mauvais état 3° qu'il soit fourny, comme on faisoit par le passé, les remèdes nécessaires aux filles domestiques de la maison quant elles sont malades, leurs infirmités n'étant causées pour l'ordinaire que par les peines et soins qu'elles prenent au service des pauvres convalescentes. Monsieur Garnot a dit que sous le bon plaisir du Bureau, messieurs Vigneron, Thiroux et luy se sont transportez dans la maison, et qu'après avoir entendu la d^{lle} Colombet, ils ont répondu à ses demandes que l'établissement des deux cabannes n'est pas une nouveauté, qu'elles sont comprises dans le bail du droit de passage du pont de l'Hostel Dieu, qu'on aura attention de donner ordre au fermier de ne louer qu'à des gens raisonnables et non suspects; que les convalescentes ayant la liberté de sortir pendant le jour, elles peuvent prendre l'air ailleurs que sur le pont, qui leur donneroit occasion de désordre, de demander l'aumône aux passans et d'empescher qu'on ne la mette dans les troncs de l'Hostel Dieu, qu'à l'égard des réparations, ils ont remarqué qu'elles sont en petit nombre, que les domestiques de la d^{lle} Colombet abusoient de la facilité qu'elles avoient de prendre des drogues dans l'apoticairerie de l'Hostel Dieu, et en faisoient une si grande consommation non pas pour elles, mais apparemment pour des étrangers, qu'ils ont été obligez de donner des ordres pour empescher cet abus.

(28 juin.) M. Vigneron a dit que les deux commis qu'on avoit pris pour travailler à l'arrangement des archives et à l'état général de la recette et dépense de l'Hostel Dieu n'étant pas assidus, ils ont été congédiez et que pour diminuer la dépense, on n'en a pris qu'un seul nommé François Simon Gilbert qui a commencé à travailler dans le quinze may dernier, et dont on a lieu d'être content, en sorte qu'il s'agit de régler ses salaires, sur quoy la Compagnie a arresté qu'il sera payé sur le pied de 700 livres par an, sur le certifficat du greffier du bureau.

(31 juillet.) Sur le bon témoignage qui a été rendu de M. Turpin, conseiller en la cour des Monnaies, la Compagnie d'une voix unanime l'a nommé et élu pour remplir la place d'administrateur de l'Hostel Dieu, vacante par le décès de monsieur Vézin.

(31 juillet.) En considération de ce que messieurs les prévôt des marchands et échevins ont donné et concédé à l'Hostel Dieu un demy pouce d'eau, dont il avoit besoin, outre le pouce et demy qu'il a d'ancienneté, à prendre dans le bassin le plus élevé de la pompe du pont Notre Dame, et aussi de ce que messieurs les conseillers de ville et quartiniers ont remis en faveur des pauvres les droits qui leur étoient deus pour cette concession, la Compagnie leur a accordé la demande qu'ils ont faite de trois lits à perpétuité dans les salles de l'Hostel Dieu, pour coucher un malade seul dans chaque lit, la nomination de l'un desquels lits appartiendra à messieurs du Bureau de la ville, un autre à la Compagnie de messieurs les conseillers de ville, et l'autre à celle de messieurs les quartiniers, outre les trois lits cy devant accordez par délibération du Bureau du 9 juin 1708, à condition qu'ils nommeront des malades de la qualité requise à l'Hostel Dieu, et elle a arresté que pour asseurance il sera délivré à chacune de ces trois compagnies un extrait de la présente délibération.

(9 août.) Monsieur Vigneron a dit que pendant que les religieuses et novices de l'Hotel Dieu sont occupées à laver une prodigieuse quantité de linge pour l'usage des

malades, elles ont le désagrément de s'y voir troublées par certains particuliers qui, sous prétexte de se promener dans des bachots, font et disent des ordures, en adressant la parole à ces filles, en présence desquelles ils se mettent tout nuds, se baignent et ont la méchanceté d'arracher des mains des religieuses et novices les linges qu'elles lavent, se saisissent de ceux qui leur échapent sans vouloir les rendre, se plongent dans l'eau pour y pescher les bassins, écuelles et autres ustanciles qui y tombent, et empeschent les domestiques de l'Hostel Dieu de les repescher, même viennent nuitament enlever des paquets de linge qu'on est obligé de laisser tremper dans l'eau, emportent dans des bachots du bois et du charbon, qu'ils volent pendant la nuit sur les batteaux qui arrivent pour l'Hostel Dieu et percent les pièces de vin et les emportent par cruchées, ce qui cause un dommage considérable aux pauvres.

(27 août.) La Compagnie a députe messieurs Thiroux, Couet et Delavigne, pour assister au service anniversaire qui sera célébré le deux septembre prochain en l'église des pères jésuites de la rue Saint Antoine, pour Monseigneur Henry de Bourbon, prince de Condé, en exécution de la fondation de M. Perrault.

(13 septembre.) Les échevins de la ville d'Arras ayant fait prier le Bureau de recevoir une femme pour cinquième apprentisse sage-femme dans l'Hostel Dieu, affin de pouvoir exercer et pratiquer l'art des accouchemens dans leur ville, *où il n'y a aucune sage-femme*, la Compagnie a répondu qu'elle ne pouvoit accorder la demande, qui étoit contraire aux règlemens du Bureau portant qu'il n'y aura que 4 apprentisses sages-femme dans l'Hostel Dieu.

(15 novembre.) Les mères prieure et sous-prieure étant venu remontrer que le nombre des malades est tellement augmenté depuis trois mois qu'on est obligé de les mettre jusqu'à 5 dans un même lit et que, pour les coucher plus commodément, il seroit nécessaire d'ouvrir une salle neuve de sainte Thérèze, qui poura contenir environ 50 lits, la Compagnie a donné charge à l'inspecteur des bâtimens de préparer cette salle.

(29 novembre.) M. le curé de l'éclize parroissiale de Saint Laurent étant venu prier le Bureau de députer deux de messieurs, pour procéder conjointement avec luy, les sieurs marguilliers en charge, et quatre des plus anciens de sa paroisse, à la nomination d'un ecclesiastique pour desservir *l'école de charité* fondée par M. Choart, maitre des comptes, pour l'instruction des pauvres enfans masles de ladite paroisse, la Compagnie a député messieurs Tiroux et Turpin.

Total des naissances pendant l'année 1726, 1338; total des décès 5273.

96ᵉ REGISTRE. — ANNÉE 1727.

(7 janvier 1727.) Par l'extrait tiré des registres de l'Hostel Dieu il paroit que le 1ᵉʳ janvier 1726 il y avoit 2522 malades dans cet hôpital, que pendant le cours de ladite année on y en a receu 23412 et qu'il y est né 1338 enfans, ce qui compose un total de 27272 personnes, que dessus ce nombre il en est mort 5273, et que comme il n'en restoit le dernier décembre de la même année que 2592, il en est sorty 19407.

(10 janvier.) Sur le raport de monsieur Duportault, la Compagnie a accordé à Jacques Vion, greffier du Bureau, la somme de 3000 livres par gratification, en considération du travail extraordinaire qu'il a fait depuis sept ans.

(22 janvier.) Sur ce que monsieur Duportault a dit que monseigneur le procureur général luy a envoyé copie d'une requeste présentée au Roy par les religieux de la Charité du faubourg Saint Germain des Prez, pour être maintenus dans le droit qu'ils prétendent avoir d'acheter en caresme toutes sortes de bestiaux et volailles, et de les faire habilier dans leur enclos pour l'usage des malades de leur hôpital, suivant les lettres patentes du Roy Louis XIII, de l'année 1628, la Compagnie a prié messieurs Duportault et Vigneron de dresser un mémoire des raisons à opposer à cette prétention, qui donne atteinte au privilège exclusif de l'Hostel Dieu.

(5 février.) Sur ce qui a esté dit que les sieurs Afforty père et fils, médecins, demandoient à parler au Bureau, S. E. les ayant fait entrer, le sieur Afforty père a dit qu'il avoit une grâce à demander, qui étoit la survivance de la place de médecin des Incurables en faveur de son fils, qu'il espéroit que le Bureau voudroit bien luy accorder cette grace en considération des services qu'il rend depuis 40 ans à l'Hostel Dieu et depuis 12 ans aux Incurables, qu'il prend la liberté de représenter que son fils peut la mériter par luy même et par les services personnels qu'il

rend depuis 8 ans à l'Hostel Dieu; eux retirés et la matière mise en délibération, a été arresté que cette demande de survivance de la place en question étant nouvelle et sans exemple, pouvant d'ailleurs avoir des conséquences pour le bien du service des pauvres, il seroit différé à un autre temps à en délibérer.

(12 mars.) M. Herault a dit qu'il a pris toutes les précautions qui luy ont paru nécessaires pour empescher, autant qu'il est possible, le débit de la viande en fraude pendant le caresme, que cependant on en vend encore dans quelques maisons et entr'autres au Palais Royal, qu'il en a fait ses représentations à monsieur le duc d'Orléans et que si messieurs Portail et Jolly de Fleury vouloient bien les appuyer auprès de S. A. il y auroit lieu d'espérer qu'elle donneroit ses ordres pour faire cesser cette contravention, qui intéresse la religion et les pauvres de l'Hostel Dieu, et même le public, parce que la plupart des domestiques vont par préférence à ces boucheries de contrebande, pour y avoir de la viande à meilleur marché, et ne laissent pas de la compter à leurs maitres sur le pied qu'on la vend à l'Hostel Dieu; sur quoy monseigneur Portail et monseigneur Joly de Fleury ont dit qu'ils en parleroient à monsieur le duc d'Orléans.

(28 mars.) Le sieur Baille, maître chirurgien, est venu de la part de monseigneur le procureur général, et a dit qu'il a un spécifique pour guérir radicalement les malades de la petite vérole, qu'il a des certificats autentiques d'un grand nombre de personnes, qui ont été parfaitement guéries tant à..... qu'à Chartres, et ayant prié le Bureau de lui permettre d'en donner aux pauvres de l'Hostel Dieu qui ont cette maladie, pour rendre publique et confirmer la bonté et l'efficacité de son remède, la Compagnie a nommé monsieur Garnot pour examiner les certificats et conférer avec les médecins de l'Hostel Dieu, afin d'en être délibéré.

(2 avril.) Monsieur Garnot a dit qu'en exécution de la délibération du 28 mars dernier il a veu les certificats donnés au s' Baille, chirurgien, et qu'ayant fait assembler les médecins de l'Hostel Dieu pour avoir leur avis, ils ont témoigné de la répugnance à y donner leur approbation, parceque la composition leur en est inconnue; sur quoy la Compagnie ayant considéré que ce spécifique pouvoit être très utile au public, et étant informée que l'intention du gouvernement est qu'on en fasse l'épreuve dans l'Hostel Dieu, elle a permis au sieur Baille d'administrer son remède au nombre de malades de la petite vérolle qui luy seront confiés et qu'il traitera seul, afin qu'on puisse juger surement de l'effet du remède dont il s'agit, et monsieur Garnot a été prié de faire part à monseigneur le procureur général de la résolution du Bureau.

(8 avril). Pour diminuer la dépense qui se fait dans l'Hostel Dieu, il a été arresté que l'on ne donnera, à Pâques prochain, que la moitié des jambons que l'on a accoustumé de donner tous les ans à pareil jour aux ecclésiastiques, religieuses et officier de la maison.

(17 octobre.) Sur ce qui a été représenté par le sieur Baille, admis à l'Hostel Dieu pour travailler à la guérison des malades de la petite vérolle que, quoique par les délibérations précédentes il ait esté arresté, que de ceux qui y seront amenés il luy en sera remis un alternativement, l'autre restant aux soins du médecin de la salle, on ne veut point les luy remettre à leur arrivée, mais on attend que le médecin revienne à la salle pour les luy donner, ce qui n'arrive quelquefois que 24 heures après, pendant lequel temps il auroit pu leur procurer du soulagement en leur donnant son remède spécifique; que sans sa participation on les change de lits et de linge, et qu'on les fait lever pour faire leurs lits dans le temps des sueurs que procure son remède, ce qui ne peut être que pernicieux à ses malades, que d'ailleurs il seroit nécessaire d'augmenter la portion de vin de ses malades jusqu'à une chopine pour chacun au lieu de 3 poissons, attendu qu'il donne son remède dans du vin. Sur quoy le Bureau, pour s'assurer de l'opération de son remède, et ôter au s' Baille tout prétexte de se plaindre qu'on l'a rendu inutile en le traversant, a arresté que de deux malades de la petite vérolle qui seront amenez à l'Hostel Dieu, il luy en sera remis alternativement un par la mère d'office, aussitôt son arrivée, sans attendre le retour et le choix du médecin de la salle, l'autre malade restant au soin du médecin, qu'outre les malades qui seront écheus audit sieur Baille, on espère que le médecin de la salle, entrant dans les vues du Bureau, qui veut s'assurer de l'effet de son remède, voudra bien remettre audit sieur Baille, à leur arrivée, ceux de ses malades dont la petite vérole sera plus dangereuse, que le s:eur Baille aura la liberté de gouverner ses malades ainsi qu'il le jugera convenable à l'opération de son remède, sans qu'on les change de lit, qu'on les fasse lever pour les faire, n'y qu'on leur donne aucune autre nourriture que de son consentement, et qu'il sera donné pour chacun de ses malades une chopine de vin par jour, en remettant la veille à l'inspecteur un état du nombre d'iceux signé de luy.

(14 novembre). Messieurs Goulard, Chevalier et Courcier, chanoines de l'église de Paris et supérieurs du spi-

rituel de l'Hostel Dieu étant venus présenter M. J. François Général, docteur de Sorbonne, qui a été choisy par le chapitre pour remplir la place de maître au spirituel de l'Hostel Dieu, vacante par la sortie de M. Guignon, la Compagnie l'a agrée.

97ᵉ REGISTRE. — ANNÉE 1728.

(2 janvier 1728). On a dit que le premier janvier 1727 il y avoit 2647 malades dans l'Hostel Dieu, que pendant le cours de la même année, il en a été receu 20,896, et qu'il y est né 1190 enfans, ce qui compose au total 24733 personnes, que de ce nombre il en est mort 4763, et il en restoit le dernier décembre de ladite année 2417, ainsy il en est sorti 17,553.

Monsieur Henault a dit que les blés mis dans l'hôpital de sᵗ Louis en 1725, tant par ordre du Roy que par M. Bernard, ayant donné lieu à des réparations, il en a présenté à Monsieur le lieutenant général de police plusieurs états pour en obtenir le remboursement, et que sur le dernier état qu'il luy a donné pour ce qui regarde les blés du Roy, montant à 3,400 livres, il luy a dit qu'il feroit payer cette somme et la dépense faite à l'occasion des blés de M. Bernard; sur quoy la Compagnie a donné charge à l'inspecteur des bâtimens de l'Hostel Dieu de dresser des mémoires de toutes les réparations faites et à faire à ce sujet.

(12 mai.) Monseigneur le Procureur général a fait lecture d'une lettre de madame la duchesse de Brunswick portant que la princesse royale et électorale de Saxe, archiduchesse d'Autriche, sa petite fille, étant soupçonnée d'être enceinte, et que des exemples funestes et récents ne luy permettant pas d'avoir confiance ni aux sages femmes ni aux accoucheurs du pays, elle a jetté les yeux sur Catherine Clément, femme de Joseph Taillefer, son chef de cuisine, qui est déjà dans l'usage des accouchemens, et qu'elle a envoyé à Paris pour s'y perfectionner, et que pour y mieux parvenir, elle souhaiteroit que ladite Taillefer puisse travailler à l'Hostel Dieu, sous les yeux de la maîtresse sage femme de cette maison, espérant que messieurs les administrateurs le voudront bien permettre; sur quoy la matière mise en délibération il a été dit que comme il s'agit icy de la conservation de la vie d'une grande princesse, la Compagnie a permis à ladicte Catherine Clément d'entrer dès à présent pour 3 mois dans la salle des accouchées, pour se perfectionner dans l'art des accouchemens.

(18 août.) Suivant la délibération de l'assemblée générale du 14 juillet dernier, la Compagnie a signé et délivré à Charles Baille, chirurgien de Marseille, un certificat portant qu'ayant requis le Bureau de luy permettre de traiter les malades de la petite vérolle à l'Hostel-Dieu, après avoir justifié, par des certificats en bonne forme, que le remède qu'il employe pour la guérison de cette maladie avoit eu d'heureux succès tant en Provence, en traitant les pestiférez, dont il avoit sauvé un grand nombre qu'en la ville de Chartres, où il avoit guéry en l'année 1726 plusieurs malades de la petite vérolle, et ayant été certifié au Bureau que son remède avoit eu le même succès à Paris, il lui a été permis de traiter à l'Hostel Dieu les malades de la petite vérolle, et que pendant près de 9 mois de l'année dernière qu'il s'y est employé, luy a été confié le nombre de 62 malades dont il a guéry 43.

(26 novembre.) Messieurs ont levé pour aller saluer en corps S. E. monseigneur le cardinal de Noailles, monseigneur le Premier Président du Parlement et monseigneur le Procureur général, ainsy qu'il est accoutumé à la rentrée du Parlement.

(1ᵉʳ décembre.) Monsieur Duportault ayant proposé monsieur Regnault, secrétaire du Roy, dont on a rendu un témoignage avantageux, la Compagnie l'a élu et nommé pour remplir la place d'administrateur, vacante par le décès de monsieur Regnault, ancien échevin.

98ᵉ REGISTRE. — ANNÉE 1729.

(9 mars 1729.) La Compagnie, pour marquer sa reconnoissance de la donnation entre vifs et gratuite que messire Antoine Guerapin de Vauréal, chevalier, comte de Belval, lieutenant au régiment de Champagne, a fait aux pauvres malades de l'Hostel Dieu, d'une grande maison sise à Paris, rue d'Anjou au Marais du Temple, par contrat passé par devant Vatry et son confrère, notaires, le 27 mars 1724, a fondé un service solennel qui sera célébré par chacun an à perpétuité en l'église de l'Hostel Dieu, en l'intention dudit sieur de Vauréal, à pareil jour,

que celuy de son décès arrivé le 6 du présent mois de mars.

(15 mars.) M. Thiroux a dit que monseigneur le Premier Président et monseigneur le Procureur général ont visité hier l'hôpital de S¹ Louis, qu'ils ont trouvé digne de la piété du prince qui l'a fondé, mais que le nombre des habitans de la ville de Paris et des faubourgs étant beaucoup accru depuis, il seroit à souhaitter qu'on pu parachever l'hôpital de Sainte Anne, pour suppléer dans les temps de calamitées publiques.

(12 avril.) La mère prieure, accompagnée de la mère sous-prieure, est venue représenter que les malades du scorbut augmentent journellement, et qu'il y en a aujourd'huy plus de 800, et elle a prié le Bureau de lui permettre de prendre une portion du grenier de Saint Antoine, pour la décharge de la salle de Saint Landry, et une autre pour celle de Sainte Marine, de faire venir des bois de lit de l'hôpital de Saint Louis, et elle a demandé 3 garçons et 3 filles de surcroît, et tous les ustensiles nécessaires pour le service des malades qui seront mis dans ce grenier, même un garçon d'extraordinaire pour la cuisine, les garçons ordinaires ne pouvant suffire au travail, à cause du grand nombre de malades, ce que la Compagnie a accordé.

(27 avril.) A été dit par monsieur Duportault, que depuis quelques jours le nombre de scorbutiques augmente considérablement dans l'Hostel Dieu, qu'on avoit espéré que le commencement de la belle saison, ramenant la chaleur, feroit cesser le mal ou du moins en arresteroit considérablement la violence, que dans cette espérance, on étoit convenu avec messieurs les directeurs de l'Hôpital Général, qui fournit le plus grand nombre de ces scorbutiques, qu'ils cesseroient d'en envoyer à l'Hostel Dieu, parce qu'il ne pouvoit pas en contenir plus qu'il y en avoit. jusqu'à ce que ceux qui y sont actuellement, étant parfaitement guéris, pussent faire place à d'autres. Mais comme le froid, qui est très contraire à ces maux, dure toujours, que le mal, bien loin de diminuer, paroît faire un progrès qui pourroit avoir des suites fâcheuses, il croit que la nécessité d'y apporter un promt remède demande qu'on délibère sans différer sur les moyens les plus convenables pour y parvenir, qu'il est obligé de représenter l'état où se trouve actuellement l'hôpital de Saint Louis, destiné de tout temps à recevoir ceux qui sont affligez de maladies populaires et contagieuses, telles que celles dont il s'agit, que lors de la dernière disette de blez on a été forcé par des ordres supérieurs, de livrer tous les lieux dudit hôpital, tant au sieur Bernard qu'à d'autres personnes pour y mettre des blez destinez à la subsistance publique, qu'à cette occasion on fut obligé d'ôter des salles de cet hôpital tous les lits qui étoient en bon état et de les démonter; que dans cette opération qui fut très précipitée, la plupart de ces bois de lit ont été brisez et sont hors d'état de servir; que depuis que ces premiers blez ont été débitez, il y a eu des ordres à toutes les communautez de faire des provisions de blez pour deux ans; que cette précaution ayant paru très nécessaire et très utile pour l'Hostel Dieu, on a fait des efforts extraordinaires pour avoir cette double provision; qu'ayant été faite pour la plus grande partie, il a fallu placer ces blez dans l'hôpital de Saint Louis, où ils sont encore, parceque, par de nouveaux ordres supérieurs, l'hôpital de Sainte Anne dépendant de l'Hostel Dieu, le seul endroit où on auroit pu les mettre, avoit été livré aux munitionnaires de l'Hôpital Général, qui y ont actuellement leurs blez, qu'ainsy l'hôpital de Saint Louis, soit par raport aux blez dont il est rempli. et *qui en occupent toutes les salles*, soit par raport aux bois de lit qui sont tous démontez et la pluspart brisez, n'est pas en état de recevoir les malades; qu'il faut du temps pour vuider les blez et rétablir les lits, qu'il est à craindre que le secours n'étant pas assez promt, il ne périsse beaucoup de ces malades et que restant trop longtems à l'Hostel Dieu et en trop grand nombre, l'air contagieux ne se communique des lieux où ils sont dans les autres salles et aux autres malades, messeigneurs les chefs ont dit qu'*il faut faire l'impossible pour ouvrir promtement Saint Louis*, sur quoy la Compagnie a arresté de remettre la délibération à vendredy prochain, de faire avertir les médecins, le maitre chirurgien, le maitre apoticaire et la prieure des religieuses de se trouver à l'assemblée pour être entendus; que dans cet intervalle, messieurs aviseront aux moyens les plus promts et les plus convenables, tant pour vuider les blez qui sont à Saint Louis et les placer ailleurs, que pour le rétablissement des lits et pour mettre les lieux en état d'y recevoir les malades, pour en faire leur raport et y être statué ce qu'il appartiendra.

(29 avril.) En l'assemblée générale tenue extraordinairement à l'archevesché, Monsieur Duportault a fait raport que depuis la dernière assemblée, par les soins et les mouvemens que se sont donnez tous messieurs, et qui ont eu pluz de succès qu'on n'osoit l'espérer, on a trouvé des lieux pour placer les blez qui sont dans les salles de Saint Louis; qu'on en a même déjà commencé le transport, et qu'il se fait avec tant de diligence qu'il sera fini entièrement au plûtard lundy prochain; qu'à l'égard des lits, à mesure que les salles se vuident, et qu'on ôte les blez, un nombre suffisant d'ouvriers est employé pour rassembler les bois, autant qu'il est possible, et les monter, en commençant par les meilleurs et les moins déla-

brez, qu'heureusement la garniture complette des lits se trouve dans la maison, de même que le linge et tous les ustanciles de cuisine et autres; que toutes les vitres sont en bon estat, qu'on travaille aux autres réparations les plus urgentes, que les ordres ont été donnez pour faire transporter le bois, le vin, les remèdes et toutes les provisions nécessaires pour la subsistance et le soulagement des malades, en sorte qu'ils pourront être conduits de l'Hostel Dieu et receus à Saint Louis jeudy prochain 5 du mois de may; qu'il n'y a qu'un seul article très important, mais qui peut s'applanir aisément, avant ce temps, par le secours et l'autorité de monsieur le Prévôt des marchands, c'est par raport aux eaux, que par la vérification qui a été faite, en présence de messieurs, de la quantité d'eau qui vient à Saint Louis par les conduites ordinaires, il s'en faut plus de 90 muids par jour qu'il n'y en ait assez pour fournir aux salles, à la cuisine, à l'apoticairerie et au lavoir; que suplément, absolument nécessaire, peut être fourny très promptement et tiré des réservoirs de la ville les plus proches des conduites de l'hôpital, par les ordres de M. le Prévôt des marchands, qui est prié de vouloir bien les donner, comme l'ont fait messieurs ses prédécesseurs, en pareille conjoncture, et principalement en 1709; que si le Bureau se détermine à faire ouvrir Saint Louis, il paroit indispensable de nommer 4 ou 6 commissaires pour avoir une attention spéciale sur ledit hôpital, pour y régler et ordonner tout ce qu'ils jugeront à propos, par raport au nombre des religieuses, des prestres, des officiers et des domestiques, pour les diminuer ou les augmenter à proportion du nombre des malades, pour faire fournir les drogues pour les remèdes et généralement toutes les provisions, en faire tenir des registres exacts, veiller à ce que les malades soient bien soulagez, et informer le Bureau des désordres qui pourroient se comettre, afin qu'il soit en état d'en punir les auteurs; qu'en 1709 il fut fait, en ouvrant l'hôpital de Saint Louis, un règlement dont on peut faire usage dans la conjoncture présente, si la Compagnie le juge à propos, en y ajoutant quelques dispositions, suivant le projet qui en sera dressé, et dont sera fait lecture au prochain Bureau; que pour rappeler en peu de mots quelques autres circonstances, tirées des registres des délibérations, de ce qui s'est pratiqué en pareil cas, il observera que les chefs promettoient pour l'Hôpital Général qu'il chargeroit l'Hostel Dieu le moins qu'il seroit possible, et qu'aussitôt que quelqu'un de l'Hôpital Général y paroîtroit attaqué de scorbut, on le sépareroit des autres personnes saines pour empescher la communication du mal; qu'à cet effet il y auroit un lieu séparé dans chacune des maisons de la Pitié, de la Salpétrière et de Bicestre, où on les placeroit; que monseigneur le Premier Président de Harlay, persuadé que l'hôpital général devoit entrer dans les dépenses extraordinaires dont il étoit la principale cause, avoit fait délivrer dans l'année 1699 la somme de 3,000 livres par le receveur à l'économe de l'Hostel Dieu; que l'hôpital général avoit envoyé ses cariolles couvertes pour transporter les scorbutiques de l'Hostel Dieu à l'hôpital de Saint Louis; que tantôt on avoit obtenu de messeigneurs les archevesques de Paris pour exciter les aumônes et la charité des fidèles, et pour avoir permission de faire faire des questes dans les maisons, d'autrefois on s'étoit contenté d'envoyer des billets à tous les curez de Paris et des environs aux mêmes fins, afin qu'ils en fissent usage dans leurs prônes, et qu'ils avertissent leurs paroissiens qui se trouveroient attaquez du scorbut d'aller directement à Saint Louis, qu'il n'est pas douteux que l'hôpital de Saint Louis ne cause des dépenses excessives et extraordinaires à l'Hostel Dieu, qui se trouve épuisé par la diminution de 50,000 écus de rente par an, causée par la réduction de ses rentes sur la ville du denier 20 au denier 40, par la conversion involontaire faite en 1720 de 800,000 livres d'espèces en billets de banque qui sont devenus à rien, par la cherté excessive des vivres et de toutes les provisions depuis cette même année 1720, dont le prix a plus que doublé, par l'augmentation du nombre des malades depuis les nouvelles salles bâties, *par le refroidissement des charitez qui ne produisent pas à beaucoup près autant qu'elles faisoient autrefois*, et par l'obligation où se trouve actuellement l'Hostel Dieu, de contribuer pour la plus grande partie au rétablissement presque total des deux églises de Gonnesse, dont la dépense vient d'être estimée à 50,000 livres; que cette situation présente de l'Hostel Dieu demande des secours; qu'outre ceux que peut produire la charité des fidèles excitée par le zèle des chefs, il seroit à propos d'implorer les bontés de Sa Majesté et d'avoir recours à S. E. monseigneur le cardinal de Fleury, 1° pour avoir le payement de plusieurs sommes que le Roy doit à l'Hostel Dieu et qui font aujourd'hui un capital considérable; 2° pour obtenir à perpétuité une augmentation de franchise pour les provisions de vin, de sel, d'eau de vie et autres, les anciennes fixations ne pouvant plus suffire au nombre des malades, qui a presque triplé depuis plusieurs années. Sur quoy messeigneurs les chefs sont supliez de vouloir bien aider les pauvres de tout leur crédit, ne pouvant y avoir d'occasion plus pressante et plus favorable d'en faire usage. Il ne reste plus qu'un dernier point important pour l'Hostel Dieu : les blez qui étoient dans les salles de l'Hostel Dieu se trouvent à la vérité tous placez ailleurs, par les peines que se sont donnez plusieurs de messieurs, mais il en doit être livré par ceux avec qui le Bureau a fait des marchez, deux cens muids pour achever le double de la provision de la maison. Cette livraison se doit faire incessamment et devant qu'il soit quinze jours, on se proposoit de le mettre avec les autres dans les salles de Saint Louis; à présent que la chose n'est plus possible, l'Hostel Dieu n'a de ressources que les salles de l'hôpital de Sainte Anne, dit de la Santé, qu'on a ôtées à l'Hostel Dieu *pour y mettre des blez des munitionnaires de l'hôpital général*; il n'est pas juste que pendant que l'Hostel Dieu fait autant d'efforts pour procurer du soulagement aux malades qui viennent en foule de l'Hôpital Général, on prive l'Hostel Dieu des salles de Sainte Anne qui luy appartiennent, et dont il se trouve avoir un besoin si pressant. Il est bien plus naturel que ces munitionnaires cherchent ailleurs à placer leurs blez, et qu'on remette incessamment l'Hostel Dieu en possession pleine et entière de Sainte Anne, afin qu'on puisse y faire placer les 200 muids de blé qui arriveront avant la quinzaine; a été dit qu'il est à propos d'établir qu'on ne pourra plus à l'avenir, sous quelque prétexte que ce soit, déranger les hôpitaux de Sainte Anne et de Saint Louis, n'y les faire servir à mettre du blez ou a d'autres usages pareils, et qu'ils seront toujours prests et en état de recevoir des malades au premier besoin. Après que les médecins, les maîtres apoticaires et chirurgiens et religieuses de l'Hostel Dieu ont été entendus sur la nature du mal, sur le nombre des malades et sur les précautions pour procurer leur guérison; la Compagnie a arresté que l'hôpital de Saint Louis sera ouvert le jeudy cinq du mois de may prochain, et plutôt s'il se peut, que tous les scorbutiques qui sont à l'Hostel Dieu y seront conduits dans les carioles couvertes des trois maisons de l'hôpital général, que monseigneur le Procureur général a promis de faire venir de bon matin à l'Hostel Dieu; qu'on laissera seullement à l'Hostel Dieu les scorbutiques de force qui sont de l'Hôpital Général; qu'on recevra désormais audit hôpital de Saint Louis tous ceux qui s'y présenteront, et qui seront affligez de ce mal, et jusqu'à ce qu'il en ait été autrement ordonné; que messieurs Vigneron et Thirouх qui sont nommez pour commissaires, auront une inspection particulière sur tout ce qui se passera dans ledit hôpital, pourvoiront à tout ce qui sera nécessaire pour le soulagement des malades, pour maintenir l'ordre et la discipline dans la maison, pour y faire observer le règlement qui sera fait incessamment, et ce qu'on pouroit y ajouter dans la suite; que monsieur le prévôt des marchands aura la bonté de procurer toute l'eau dont on aura besoin dans la maison, sur quoy il a promis de donner ses ordres dès aujourd'huy; que messieurs de l'Hôpital Général seront priez de charger le moins qu'ils pouront l'Hostel Dieu, de prévenir la communication du mal, en séparant de bonne heure ceux qui en seront attaquez, à quoy monseigneur le Premier Président et monseigneur le Procureur général ont promis de donner attention, et qu'on n'enverroit point à Saint Louis ny à l'Hostel Dieu des scorbutiques de la Salpétrière; qu'il sera dressé incessamment des mémoires au Roy et à S. E. Monseigneur le cardinal de Fleury pour demander le payement de ce qui est deu à l'Hostel Dieu, et l'augmentation à perpétuité des franchises pour les provisions de l'Hostel Dieu, et pour tascher d'obtenir des charitez et des secours extraordinaires du Roy et de la Cour. Sur quoy Messeigneurs les chefs ont promis de faire toutes les démarches convenables, que les blez de l'Hôpital Général qui sont dans l'hôpital de Sainte Anne ou de la Santé seront retirez des salles, et que tous les lieux seront vuidez et remis à l'Hostel Dieu dans quinze jours au plus tard, et plutôt s'il est possible, ce que monseigneur le Premier Président et monseigneur le Procureur général ont promis de faire exécuter, et qu'à l'avenir, sous quelque prétexte que ce soit, il ne sera mis aucun blé dans les salles de Saint Louis, qui seront toujours tenues prestes et en estat de recevoir des malades suivant la fondation.

(3 mai.) La Compagnie, après avoir veu et examiné les mémoires présentés au Bureau par les médecins et maîtres chirurgiens de l'Hostel Dieu touchant l'ouverture de l'hôpital de Saint Louis, qui sera faite jeudy prochain cinq du présent mois de may, ont fait le règlement qui suit; Premièrement, il y aura deux ecclésiastiques surnuméraires pour assister les malades avec le chapelain ordinaire dudit hôpital de Saint Louis; 2° il y aura sept religieuses, onze chirurgiens, savoir: Bergerot, compagnon ordinaire, gaignant maîtrise, et dix externes qui ne sortiront point de l'hôpital et ne pourront aller travailler en ville, onze garçons et quatorze filles d'office; 3° la mère prieure de l'Hostel Dieu fera attention sur le choix des religieuses pour l'hôpital de Saint Louis, et n'y en envera point de trop âgées, ny qui soient actuellement malades ou valétudinaires; 4° le nombre des chapelains, religieuses, chirurgiens et domestiques sera augmenté et diminué à proportion que celui des malades augmentera ou diminuera; 5° les prières, les pansements et les repas des malades seront faits aux mêmes heures et dans le même ordre qu'à l'Hostel Dieu; 6° on donnera tous les jours aux malades du pain tendre à raison de 3/4 d'une livre, pour les deux tiers des malades, et d'une demie livre pour l'autre tiers qui est des griefs malades; 7° le vin à raison de trois poissons par chaque malade, avec 4 pintes d'extraordinaires par cent de malades pour suppléer aux survenants et aux besoins de la nuit; 8° la viande pour les deux tiers des malades à raison de 70 l. par cent de malades et 3 volailles par cent de l'autre tiers, qui auront aussy 4 œufs par jour et des bouillons;

9° les officiers et domestiques auront la même nourriture qu'à l'Hostel Dieu; 10° toutes les provisions seront portées de l'Hostel Dieu à Saint Louis dans un surtout fermant à cadenat, dont il y aura deux clefs, l'une pour rester à l'Hostel Dieu, et l'autre pour rester à Saint Louis; 11° la visite des malades sera faite tous les jours par les sieurs Bailly et Lemoyne, médecins expectans de l'Hôtel Dieu, savoir : par le sieur Bailly dans les salles où seront les hommes, et par le sieur Lemoyne dans les salles où seront les femmes, et tous les malades seront encore visitez 3 fois par semaine par l'un des médecins ordinaires tour à tour. Le maître apoticaire ira pareillement trois fois la semaine au moins; 12° le sieur Boudou, maître chirurgien de l'Hostel Dieu ira journellement pour examiner si les malades auront esté bien pansez et aux heures réglées; 13° Les jours que les médecins et maîtres apoticaires et chirurgiens iront à Saint Louis pour la visite des malades, on leur présentera un demi-septier de vin et de pain; 14° les chirurgiens qui visiteront les malades qui se présenteront ne recevront que les affligez du scorbut et nuls autres malades ou blessez; 15° ils compteront exactement les malades tous les jours et en arresteront le nombre sur des billets certificz et signez par Bergerot, premier compagnion; il sera donné aux religieuses, un autre au sommelier et trois autres envoyez tous les matins à l'Hostel Dieu, l'un pour la porte de l'église et les deux autres pour la boulangerie et la cuisine; 16° le chirurgien aura attention que les moins malades ne soient pas mis avec les plus griefs; 17° les religieuses auront soin de l'apoticairerie, le compagnon chirurgien les aidera et les fera aider par les autres garçons chirurgiens; 18° défenses très expresses sont faites de donner à manger ou à boire dans ledit hôpital aux officiers et domestiques de l'Hostel Dieu qui ne seront point sur l'état de Saint Louis, ni à aucune autre personne, parens ou amis, sans exception; 19° sera tenu un registre exact à l'Hostel Dieu, et jour par jour, de tout ce qui sera porté et envoyé à l'hôpital Saint Louis, et sera pareillement tenu registre à Saint Louis, jour par jour par les religieuses, de ce qui se consommera à Saint Louis et du nombre des malades, officiers et domestiques; 20° les convalescens auront la liberté de se promener depuis neuf heures jusqu'à 4 heures du soir, les femmes dans le préau dont les portes seront fermées, afin qu'elles ne puissent avoir de communication avec les hommes, et les hommes dans les cours et autour du préau; 21° on n'entrera dans cet hôpital que par la principale porte, et toutes les autres seront condamnées; on ouvrira et fermera la porte aux mêmes heures qu'à l'Hostel Dieu; 22° après le jubilé fini, on ne laissera entrer que les personnes nécessaires ou qui viendront pour voir leurs père et mère, enfans, frères et sœurs malades et nuls autres;

23° les hommes malades seront dans les salles, séparées de celles où on aura mis les femmes, par des cloisons qui seront toujours fermées et condamnées, en sorte qu'ils ne puissent avoir entr'eux aucune communication; 24° le sieur Legrand, chapelain ordinaire de Saint Louis, tiendra deux registres qui seront paraphés par l'un de messieurs, dans l'un desquels registres il aura soin d'écrire les malades entrans et sortans, et dans l'autre les morts. Chaque jour il en envoyera la liste au Bureau de l'Hostel Dieu, et les jours qu'on amènera les malades de l'hôpital général, il remettra au conducteur la liste de ceux dudit hôpital général qui seront morts à Saint Louis depuis le dernier envoy.

(6 mai.) Sur ce que M. Houdiart a dit qu'il est deu par le Roy la somme de 75,600 livres pour 21 années de l'aumône de 3,600 livres que Sa Majesté accorde annuellement pour la nourriture des pauvres femmes et filles convalescentes sortant de l'Hôtel Dieu, la Compagnie l'a prié d'en dresser des placets, pour être remis à monseigneur le Premier Président et à monseigneur le Procureur général, qui seront supliez de vouloir bien les présenter au Roy et à monseigneur le cardinal de Fleury pour en obtenir le paiement et en faire l'employ aux besoins extraordinaires de l'Hostel Dieu, causés par le grand nombre de malades qui sont dans cet hôpital.

(24 mai.) Il a été raporté que S. E. Monseigneur le cardinal de Noailles, par son testament olographe du 16 octobre 1720, confirmé par son codicile receu par Hurel, notaire à Paris, le 31 juillet 1727, a voulu que tous les biens qu'elle délaisseroit, après ses testament et codicile accomplis et exécutez, soient partagez entre l'Hostel Dieu, l'Hôpital Général, celui des Enfans trouvez et le petit séminaire de Saint Louis établi pour les pauvres clercs du diocèse de Paris et tant qu'il sera dirigé et administré par des prestres séculiers, savoir un tiers pour l'Hostel Dieu, un autre tiers pour l'Hôpital Général et l'autre tiers par moitié entre les Enfans trouvez et le petit séminaire de Saint Louis, aux conditions cy-dessus, à faute de quoy la part et portion dudit séminaire acroitra aux Enfans trouvez; lesquelz hôpitaux et séminaire S. E. a fait ses légataires universels pour les susdites portions, et a nommé monseigneur le duc de Noailles, son neveu, et monsieur l'abbé d'Orsanne, chantre et chanoine de l'église de Paris, ses exécuteurs testamentaires.

(31 mai.) On a dit que les munitionnaires de l'hôpital général ont fait retirer les blez qu'ils avoient fait mettre dans les salles de l'hôpital de Sainte Anne, dont ils ont rendu les clefs, qui ont été portées à l'Hostel Dieu, qu'on laissera dans l'Hostel Dieu les gens de force et qu'on n'en

transportera aucun dans l'hôpital de Saint Louis, comme n'étant point un lieu pour les retenir.

(22 juin.) Pour satisfaire à la délibération de l'assemblée générale du clergé de France du 12 décembre 1726, signifiée au Bureau le 26 novembre 1727, la Compagnie a signé une déclaration double des revenus et des charges du prieuré de Saint Julien le Pauvre, uny à l'Hostel Dieu; il en résulte que les revenus montent à 1,413 livres 19 sols 10 deniers obole par an, et les charges à 750 livres, et qu'ainsy il reste de net 663 livres 19 sols 10 deniers, pour être l'un des doubles de ladite déclaration délivrée avec copie des baux y enoncez, à M. Chevalier, syndic du diocèze de Paris, qui sera prié d'en donner sa reconnoissance.

(8 juillet.) Monsieur Houdiart a dit que sur les mémoires présentez au Roy et à son Eminence Monseigneur le cardinal de Fleury, il a été expédié le 17 juin dernier une ordonnance de la somme de 20,000 livres, payable par M. Gruyn, garde du trésor royal, sur celle de 75,600 livres, deue pour 21 années écheues au dernier décembre 1728, de l'aumône annuelle de 3,600 livres pour la nourriture des pauvres femmes et filles convalescentes sortant de l'Hostel Dieu, et sur ce qu'il a esté observé que cette ordonnance porte que la somme est accordée pour tenir lieu de tout ce qui peut estre deu jusqu'au 1er janvier 1729, la Compagnie, avant que d'en faire recevoir le contenu, a arresté d'en parler à la première assemblée générale pour en estre délibéré.

(12 juillet.) Ayant été dit par monsieur Garnot que la négligence de Marin Segret, chirurgien externe, a obligé le sieur Boudou de luy faire ôter le tablier plusieurs fois, ce qui ne l'a pas rendu plus assidu, y ayant près d'un mois qu'il n'est venu à l'Hostel Dieu, la Compagnie a arresté que s'il se présente pour travailler, il sera congédié pour faire exemple aux autres et les retenir dans leur devoir.

(19 juillet.) Monsieur Garnot a dit que le sieur Boisard s'étant présenté depuis quelque tems pour traiter les malades scorbutiques de l'Hostel Dieu, on n'auroit pas cru d'abord devoir confier la vie de ces malades à un homme inconnu, et dont les promesses n'étoient soutenues d'aucunes preuves, que cependant s'étant renfermé, pour prouver que son remède étoit spécifique, à proposer de ne traiter que les malades désespérez des médecins, et sur lesquels les remèdes ordinaires n'auroient eu aucun succès, la Compagnie a cru ne devoir pas rejetter une proposition qui tendoit à sauver la vie à des gens qui n'avoient rien à espérer d'ailleurs, que pour procéder dans les règles dans une affaire de cette conséquence, on auroit entendu au Bureau les deux médecins de l'hôpital de Saint Louis et le sieur Boudou, maître chirurgien de l'Hostel Dieu, sur la proposition du sieur Boisard, lesquels, sans vouloir luy donner leurs suffrages, n'auroient rien dit qui pût déterminer à la rejetter; sur quoy la Compagnie, dans l'assemblée du 8 du présent mois, auroit arresté de l'admettre à traiter lesdits malades dans l'hôpital de Saint Louis, à la charge de ne luy confier que ceux qui n'auroient plus rien à espérer des remèdes ordinaires. M. Garnot a ajouté que pour mettre cette délibération à exécution et la rendre utile aux malades, il étoit nécessaire de faire à cet effet un règlement qui pût prévenir les contre-tems et les altercations qui ne sont que trop ordinaires dans ces occasions, et après en avoir délibéré, il a été arresté : 1° que le sieur Boisard sera admis jeudy prochain, 21 de ce mois, dans l'hôpital de Saint Louis, pour y traiter, pendant tel tems qu'il plaira au Bureau et gratuitement, les malades scorbutiques qui lui seront remis par le sieur Bergerot, chef des compagnons chirurgiens dudit hôpital; 2° qu'on ne luy remettra que quatre malades à la fois et ceux seulement sur lesquels les remèdes ordinaires n'auroient produit aucun amendement et qui avec le scorbut n'auroient point d'autre maladie compliquée, lesquels malades seront mis dans une salle à part pour être traitez et gouvernez par ledit Boisard seul, auquel un garçon de salle, qui sera désigné par messieurs les commissaires, administrera sous ses ordres tout ce qui leur sera nécessaire, et luy sera fourny à l'apothicairerie sur les billets signez de luy les drogues dont il pourra avoir besoin; 3° que ledit sieur Boisard sera noury et logé dans ledit hôpital, aussy longtemps que le Bureau le jugera à propos et de la manière suivante, pour être plus à portée de secourir ses malades. Il couchera dans la même salle et dans un des lits qui y sont; le garçon de la salle luy aportera, aux heures de ses repas, dans la ruelle de son lit, les portions pareilles à celles que l'on donne aux autres chirurgiens et 5 demi septiers de vin par jour. Le présent règlement consenty par le sieur Boisard, qui a promis de s'y soumettre, et messieurs les commissaires ont été priez de s'informer le plus souvent que faire se poura du succès de ses remèdes, et d'en faire part à la Compagnie à chaque Bureau.

(9 août.) Monsieur Duportault a dit que le sieur Boudou, maistre chirurgien de l'Hostel Dieu, a présenté un placet par lequel il expose que, lorsque le Bureau fixa ses gages à 1,600 livres par an, on luy promit verbalement de les augmenter dans la suite jusqu'à 2,000 livres, ainsy qu'ils avoient été accordez au feu sieur Thibault son prédécesseur, et que depuis la réception, il s'est

écoulé plus de 4 années, pendant lesquels il s'est appliqué à remplir les devoirs que demande la place qu'il tient dans l'Hostel Dieu, ce qui luy fait espérer que le Bureau voudra bien effectuer aujourd'huy la promesse qui luy a été faite; sur quoy la Compagnie, après en avoir délibéré, a arresté qu'à compter du 1er juillet dernier, il sera payé de ses gages sur le pied de 2,000 livres par an, outre son logement et sa nourriture dans la maison, sans que cela puisse être tiré à conséquence par raport à ceux qui luy succèderont.

(23 août.) Monseigneur Duportault a fait raport que vendredy dernier les compagnons chirurgiens commissionnaires de l'Hostel Dieu vinrent au Bureau, où le nommé Charrault, qui étoit à leur teste, se plaignit avec arrogance de la nourriture qu'on leur donne dans la maison; que monsieur Henault, Nau et Thiroux allèrent sur le champ au réfectoire où ils étoient à dîner, et trouvèrent que leurs plaintes étoient très mal fondées, ce qui mérite d'être réprimé pour leur apprendre le respect qu'ils doivent au Bureau. Sur quoy ils ont été mandez, et étant venus, monsieur Duportault leur a fait une sévère réprimande et leur a enjoint d'être plus circonspects à l'avenir, sous peine d'être chassez, et que s'ils ont quelques plaintes légitimes à faire, ils ayent à s'adresser au maître chirurgien qui en rendra compte au Bureau, qui y pourvoira.

(23 août.) Sur les plaintes des habitans de la rue de la Bucherie, qu'outre l'incommodité qu'ils reçoivent de l'égout voisin, qui exhale une odeur insupportable faute d'être nétoyé, ils ont encore celle des fenestres de l'Hostel Dieu par lesquelles les domestiques de cet hôpital jettent jour et nuit des ordures et quelque fois le vaze dont les éclaboussures gâtent leurs marchandises, et les blessent ainsy que les passans, et qu'ils ne répondent à leurs plaintes que par des injures et des menaces et joignent l'impudence à l'insulte. Ils urinent par les fenestres sur lesquelles ils se découvrent et mettent des lumières pour être veus, au grand scandale des voisins. La Compagnie ayant esté informée que les domestiques dont on se plaint sont le nommé Lombard, garçon de la salle des accouchées, Jean Billes, Desmazières, emballeur, et le sommelier, elle a arresté qu'ils seront chassez. A esté dit par l'inspecteur de l'Hostel Dieu que 4 autres garçons d'office de l'Hostel Dieu ayant *jetté de l'eau par les fenestres avec des seringues*, il a, par provision, retranché leur vin, ce que la Compagnie a approuvé, et elle a arresté qu'il ne leur sera rétably que dans huitaine pour les punir, et que s'ils récidivent, ils seront congédiez.

(26 août.) Se sont trouvez au Bureau, monsieur Garnot administrateur, assis à la première place du siége, du côté du mur, au-dessous du crucifix, monsieur Chefdeville, substitut de monseigneur le Procureur général, assis à la première place du siége opposé, du côté de la cheminée, le sieur Geoffroy, doyen de la faculté de médecine, en robbe, avec sa chausse sur l'épaule, assis sur une chaise auprès du siége du Bureau, du côté du mur, le sieur Afforty père, médecin ordinaire de l'Hostel Dieu, le sieur Bourgeois survivancier du sieur Tursan, lieutenant perpétuel de M. le premier chirurgien du Roy, et les sieurs Chauvet, Montreau, Fremont et Vaquet, prévôt et garde de la communauté des maîtres chirurgiens de cette ville, assis sur des chaises, le long de la croisée du Bureau, tous à ce mandez et invitez par billets, pour examiner si Bergerot, ancien compagnon chirurgien de l'Hôtel Dieu, aussy présent au Bureau, a la capacité suffisante pour remplir la place de premier compagnon chirurgien gaignant la maîtrise de l'Hostel Dieu au lieu de Louis Zorobabel Boucault dont le temps est bientôt finy, auquel examen il a été vacqué depuis deux heures jusqu'à six, et ayant dit unanimement que ledit Bergerot a toute la capacité nécessaire, il a été receu et admis dans cette place de premier compagnon chirurgien pour, après six ans de service actuel au pansement des malades, être receu maître chirurgien juré à Paris, en conséquence des privilèges de l'Hostel Dieu.

(31 août.) Les jeunes médecins qui suivent les médecins de l'Hostel Dieu dans leurs visites étant venus se plaindre de ce que les chirurgiens leur disputent les premières places, et qu'ils se sont attroupez plusieurs fois, menaçant ceux des jeunes médecins qui voudroient leur contester le pas, et pour faire cesser ce désordre et en prévenir la suite, ils ont prié le Bureau de faire un règlement par lequel il sera dit qu'ils occuperont les premiers rangs et les places les plus proches du malade et du médecin; que lorsque dans les salles des opérations et des blessez, les jeunes médecins occuperont une place avantageuse, qui ne sera point nécessaire pour la commodité de l'opérateur et de ceux qui doivent le servir, ils n'en seront point écartez; qu'on aura égard aux offres qu'ils font de servir de topiques gratis, conjointement avec les apoticaires, que quatre des jeunes médecins licentiez docteurs, on qui auront déjà suivy l'Hostel Dieu pendant deux ans, ayent la liberté d'entrer et d'accompagner le médecin dans la salle des accouchées, affin de s'instruire dans les maladies qui arrivent après l'accouchement; que tous les jeunes médecins qui se présenteront dans la suite aux visites n'y seront point admis qu'ils n'ayent auparavant montré aux médecins de la maison ou des lettres de docteurs ou un certificat signé du doyen de la faculté de médecine de Paris, qui atteste

leur inscription dans le livre de la faculté; que les nommés Mauger et François, chirurgiens de l'Hostel Dieu, qui, accompagnez de plusieurs autres, ont, en présence du sieur Afforty fils, médecin ordinaire, menacé les jeunes médecins, reçoivent la punition que mérite leur procédé, et ayant laissé au Bureau un mémoire contenant les raisons sur lesquelles ils fondent leurs demandes, la Compagnie, après avoir entendu les sieurs Afforty père, Hermans, Lemery, Afforty fils et Delaleu, médecins ordinaires de l'Hostel Dieu, et le sieur Bailly, médecin expectant, qui ont apporté les statuts de la faculté de médecine et un imprimé de l'édit du mois de mars 1707, qui assujetit les jeunes médecins de fréquenter les hôpitaux l'espace de deux années, pour se perfectionner dans leurs professions, elle a prié monsieur Garnot d'examiner la demande avec messieurs les commissaires, pour sur leur raport en être délibéré en l'assemblée générale.

(31 août.) Le sieur Morand, maître chirurgien à Paris a représenté que, par ordre de la cour, il a été en Angleterre, à l'occasion d'une nouvelle méthode pour l'extraction de la pierre, dont le succès luy a paru heureux, et qu'en ayant rendu compte en cour, il luy a été ordonné d'en faire des expériences sur des cadavres. Mais comme on ne trouve pas facilement des corps supliciez, il a prié le Bureau de luy permettre d'opérer sur des corps morts à l'Hostel Dieu, ce que la Compagnie luy a accordé sans tirer à conséquence, et à condition qu'il travaillera en présence du sieur Boudou, maître chirurgien de l'Hostel Dieu.

(22 novembre.) Monsieur Vigneron a dit qu'un particulier solvable propose de prendre pour neuf ans, au premier janvier prochain, le bail du droit que l'Hostel Dieu a de faire quester dans tous les diocèzes du Royaume, suivant les bulles de nos saints pères les papes et les lettres patentes du Roy et des Roys ses prédécesseurs, à l'exception de la ville et banlieue de Paris, et de faire mettre à ses dépens dans toutes les églises des troncs fermans à clefs, qui appartiendront à l'Hostel Dieu en fin du bail, pour le prix duquel il payera 600 livres, par chacune desdites neuf années, avec condition qu'il pourra solliciter à ses frais, au nom du Bureau, l'exemption de tutelle et curatelle en faveur des personnes qui seront préposées pour faire les questes, et que si elle est accordée, le prix du bail sera de 2,400 livres par an, à compter du jour de l'enregistrement au Parlement de Paris des lettres patentes qui seront obtenues. Sur quoy la Compagnie ayant considéré qu'il y a longtemps que l'Hostel Dieu ne jouit point de ce droit, à cause de la dépense qu'il faudroit faire pour le rétablir, et qu'excéderoit le bénéfice qu'on en pouroit retirer, elle a accepté la proposition comme avantageuse aux pauvres, et monsieur Vigneron a été prié de faire dresser les actes nécessaires.

(7 décembre.) Ayant été dit que par le décès du sieur Emmerez il y a une place de médecin ordinaire de l'Hostel Dieu vacante; la Compagnie, après avoir délibéré sur le choix d'un médecin capable de la remplir, a receu le sieur Bailly, l'un des médecins expectans de l'Hostel Dieu, et sur la demande du sieur Lemoine, aussy médecin expectant, de luy assurer dès à présent la première place de médecin ordinaire qui viendra à vaquer, la Compagnie n'a pas jugé à propos de l'accorder, veu qu'elle est contraire aux règlemens du Bureau.

99ᵉ REGISTRE. — ANNÉE 1730.

(10 janvier 1730.) Par l'extrait tiré des registres de l'Hostel Dieu, il paroit que le premier janvier de l'année dernière il y avoit 1,775 malades dans cet hôpital, que pendant le cours de la même année il en a été receu 22,425 et qu'il y est né 2,189 enfans, ce qui compose en total 26,389 personnes, que dessus ce nombre il en est mort 5,150, et comme il n'en restoit le dernier décembre de ladite année que 2,732, il en est sorty dix huit mille cinq cens sept.

(20 janvier.) A été dit par monsieur Henault, que comme les greniers et magasins nouvellement construits sont entièrement remplis de blé et qu'il a été arrêté qu'il n'en sera mis aucun dans l'hôpital de Saint Louis, il s'agit de savoir où on placera les 500 muids qui doivent être fournis et les 50 muids qui restent à livrer, que son avis est de se servir d'un grenier de l'Hostel Dieu *appellé le grenier de Dieu le père.*

(24 janvier.) Il a été fait lecture d'une lettre écrite au Bureau par M. Damanzé, comte de Chauffailles, le 13 du présent mois, par laquelle il donne avis que M. le comte de Matha, décédé le même jour en sa terre de Guatelier, a institué l'Hostel Dieu son héritier, et qu'en qualité de son exécuteur testamentaire, il a fait apposer le scellé sur ses effets.

(10 février.) Monsieur Henault a raporté que sur les plaintes faites par le fermier du pont de l'Hostel Dieu, que les soldats du régiment des gardes suisses qui pas-

sent sur ce pont refusent de payer le droit de passage, insultent et menacent le fermier et ses commis, sous prétexte qu'ils sont exempts par leurs privilèges, il a eu l'honneur d'en parler à monseigneur le duc du Maine, et que luy ayant représenté un imprimé des lettres patentes qui ordonnent le payement de ce droit *par toutes sortes de personnes passant sur ledit pont*, sans aucune exception, S. A. S. a fait assembler les colonels du régiment, et leur a dit d'enjoindre à leurs soldats qui passeront sur le pont de payer le droit de passage sans aucune résistance, avec deffenses d'insulter et menacer le fermier et les gens préposez par luy.

(7 mars.) Lecture faite par M. Duportault d'une lettre de cachet du Roy, dattée à Versailles du 4 mars présent mois, signée Louis et plus bas Phelippeaux, adressée à M^{rs} les administrateurs, portant qu'ayant ordonné au s^r Vilain, garçon chirurgien de l'Hôtel Dieu, de suivre M. le cardinal de Bissy à Rome, et de rester à sa suite jusqu'à ce qu'il soit de retour en France, Sa Majesté leur mande et ordonne de faire jouir ledit sieur Vilain, à son retour, des mêmes avantages que s'il ne s'étoit point absenté et que son intention est que son tems coure pendant tout le tems qu'il restera à la suite de M. le cardinal de Bissy, la Compagnie obéissant aux ordres de Sa Majesté, a arresté de conserver audit sieur Vilain la place de chirurgien gagnant maîtrise à l'hôpital des Incurables, et que son temps de six années courra pendant qu'il sera à la suite de M. le cardinal de Bissy.

(14 mars.) A été raporté par Monsieur Henault que le six de ce mois plusieurs soldats du régiment des gardes françaises, armez de sabres et de pistolets, ont maltraité le brigadier, le sous brigadier et un garde de la brigade des fermes du quartier Saint Martin, qui vouloient saisir 4 agneaux, qu'ils passoient en fraude proche le village de la Chapelle, au préjudice du privilège de l'Hostel Dieu, ont donné plusieurs coups de sabre sur la teste et sur les bras du brigadier, se sont saisis de son épée et de son pistolet et ont pris le couteau de chasse, le ceinturon et le pistolet du sous brigadier; que le 8 du même mois les sieurs Hauly, brigadier, Dupuis, sous brigadier, Pierre Martin, Edme Gautier et Antoine Briarre, gardes de la brigade des fermes à la Courtille, ayant apperceu dans un marais situé près l'hôpital de Saint Louis 12 à 15 grenadiers et soldats du même régiment, qui venoient du côté de Belleville pour entrer à Paris, chargez chacun d'un avresac remply de viande de contrebande, et s'étant mis en devoir de la saisir, les soldats seroient venus sur eux avec furie, le sabre à la main, auroient tiré plusieurs coups de feu et seroient revenus jusqu'à cinq fois à la charge, ce qui auroit obligé les commis de se mettre en défense la bayonnette au bout de son fusil, et de se servir de leurs pistolets; que dans cette dernière action, qui a duré une demi-heure, deux soldats ont été tuez, et deux autres désarmez, ledit Martin y a été dangereusement blessé de plusieurs coups de sabre sur la teste et a perdu son fusil, que les autres soldats ont emporté avec le pistolet dudit Hauly, le chapeau et la perruque dudit Dupuis, en sorte que les commis n'ont pu saisir qu'un avre-sac, dans lequel il s'est trouvé 36 pigeons, qu'ils ont portez à l'Hostel Dieu. Monsieur Henault a ajouté que comme cette rébellion intéresse également la ferme et l'Hôtel Dieu, M^{rs} les fermiers généraux demandent d'agir de concert avec le Bureau pour en poursuivre la punition, et qu'à cet effet, il a porté les procès-verbaux à Monsieur le lieutenant de police, qui a dit qu'il en feroit son rapport à la cour.

(4 avril.) La mère prieure a dit que elle se croyoit obligée d'informer la Compagnie d'une nouvelle violance faite depuis peu par les étrangers qui s'attroupent chaque jour dans l'Hostel Dieu; qu'à l'occasion d'une opération qu'on devoit faire à une fille, et que la bienséance demandoit qui ne fût faite qu'en présence de ceux dont le ministère étoit nécessaire, on avoit cru devoir tenir la porte de la salle fermée, mais que ces étrangers étant en grand nombre avoient forcé la porte; qui l'un d'eux avoit donné un coup à la mère d'office, qui vouloit leur en défendre l'entrée, dont elle avoit été renversée par terre; qu'ils étoient ensuite entrez en foule dans la salle, s'emparant des lits circonvoisins sur lesquels ils avoient monté aux cris des malades qu'ils écrasoient; que ces désordres augmentans tous les jours, elle prioit le Bureau d'y apporter un remède convenable, sans quoi les salles de force ne seroient point en sûreté. La mère prieure retirée, monsieur Garnot a dit que ces désordres venoient de ce que les étudians en médecine s'étoient mis depuis quelque tems en possession d'accompagner les médecins de l'Hostel Dieu dans la visite des malades, qu'ils y venoient en très grand nombre avec des épées et des cannes, sans que les médecins qui paroissoient les autoriser se missent en peine d'en régler le nombre, ny d'en écarter beaucoup d'étrangers qui s'y mesloient; que se trouvant les maîtres du terrain, ils avoient forcé les chirurgiens de la maison de leur quiter la place, quoique leur présence y fut nécessaire par la part qu'ils ont à l'exécution des ordonnances des médecins; que par un mémoire qu'ils ont présenté au Bureau, ils ont prétendu, fondez sur les statuts de la faculté, omologuez dans les parlemens, encore droit d'être dans toutes les salles de l'Hostel Dieu, sans en excepter les salles des accouchées, celles de force et des opérations, et monsieur Garnot ayant fait le raport du contenu en leur mémoire

et des réponses que le maître chirurgien y a faites, par lesquelles il soutient que leurs demandes sont des nouveautez, dont il n'a point veu d'exemple depuis 30 ans qu'il sert, il a ajouté que quand bien l'utilité publique demanderoit que les étudians en médecine s'instruisissent dans la pratique, en suivant les médecins de l'Hostel Dieu, cela ne devoit être qu'en déterminant le nombre et le choix, pour éviter la confusion, et en laissant place aux chirurgiens de la maison, qui doivent s'y trouver pour le soulagement des malades, sans leur permettre l'entrée des salles des accouchées, des hommes et femmes de force, et de celles des opérations, dont tous étrangers doivent être exclus; que c'est l'objet d'un règlement projetté entre messieurs les commissaires qu'on croit être le remède le plus promt et le plus convenable pour arrester tous ces désordres et rétablir le calme dans l'Hostel Dieu. Lecture faite dudit projet de règlement, la Compagnie, sous le bon plaisir de l'assemblée générale, l'a approuvé et a arresté qu'il sera transcrit dans le registre des délibérations, qu'on le fera imprimer incessamment, pour être ensuite affiché dans l'Hostel Dieu, et que l'Inspecteur tiendra la main à son exécution et avertira le Bureau des contraventions qui pourroient survenir. Ensuit la teneur dudit règlement : Art. I. Chacun des médecins de l'Hostel Dieu ne poura être accompagné dans ses visites que de 5 étrangers qu'il choisira d'entre les étudians en médecine, dont la liste, contenant leurs noms et demeures, signée d'eux, sera donnée au commencement de chaque mois à la mère d'office de l'apoticairerie pour être remise à l'inspecteur. II. Lesdits étudians en médecine choisis par les médecins ne pourront entrer dans l'apoticairerie, mais les attendront dehors. III. Lors de la visite des malades, lesdits étudians se tiendront d'un côté du médecin. Les chirurgiens de la salle, qui, pour le soulagement des malades doivent savoir ce qui leur est ordonné, occuperont l'autre côté, sans se mesler ensemble, et aucun n'y sera admis, s'il n'est sans épée, canne ni bâton. IV. Le médecin choisira pour topique celuy qu'il croira le plus exact et le plus intelligent, soit du nombre desdits étudians, des chirurgiens ou des garçons apoticaires, lequel aura attention à marquer exactement et sans confusion le numéro du lit, le nom du malade et les remèdes ordonnez. La visite faite, il remettra les feuilles des ordonnances, après qu'elles auront été vérifiées et signées par le médecin entre les mains du premier compagnon apoticaire, pour être exécutées. V. En confirmant les anciens règlemens, il est défendu de laisser entrer dans les salles des accouchées, ainsy que dans les salles des hommes et des femmes de force, aucune personne, autres que ceux et celles de la maison dont le ministère y est absolument nécessaire. VI. Il est pareillement défendu de laisser entrer, lors des opérations, dans les salles des taillez, dans celles des hommes et des femmes blessez, et dans la salle des opérations aucun étranger de quelque qualité qu'il soit, même lesdits étudians, sous prétexte d'y accompagner le médecin de la salle. Mais l'entrée n'en est permise qu'aux chirurgiens de la maison, désignez par le maître chirurgien dans une liste signée de luy, qui sera affichée à la porte de la salle, laquelle sera gardée les jours d'opérations par le suisse.

(16 mai.) Monsieur Henault a dit qu'après avoir conféré avec la mère prieure et l'inspecteur des bâtimens de l'Hostel Dieu sur les moyens de prévenir les accidens auxquels les religieuses et les novices sont exposées lorsqu'elles lavent le linge à la rivière, il a écrit à Monsieur le Prévôt des marchands, et que, sur sa réponse, il s'est rendu ce matin avec la mère prieure et l'inspecteur aux lavoirs de l'Hostel Dieu, où Monsieur le Prévôt des marchands étant venu, accompagné de M. le Procureur du Roy et de M. Beausire, architecte de la ville, il a examiné luy-même la situation des arches sous lesquelles est la lavanderie, l'étendue du lavoir, et les degrez de pierre sur lesquelles se placent les religieuses et novices pour laver le linge, selon que la rivière est plus ou moins haute, et qu'ayant ensuite pris communication d'un projet dressé par l'inspecteur des bâtimens de l'Hostel Dieu, il a trouvé qu'il ne pouvoit s'exécuter sans nuire à la navigation, outre qu'il ne remédie pas assez au danger qu'on veut éviter, et que le remède qui luy paroissoit le plus convenable et le plus efficace étoit de placer un bachot auprès du lavoir, et d'y mettre un homme qui y resteroit pendant tout le tems qu'on employe à laver le linge, pour être toujours prest à secourir les religieuses et novices au cas d'accident, et à pescher le linge qui pouroit leur échaper, et que, pour une plus grande sûreté, il estimoit qu'il seroit à propos de faire au devant de chacun des trois lavoirs de l'Hostel Dieu, une grille amovible de bareaux de fer, espacez de 2 pieds et demy et entretenus par des entretoises aussy de fer, pareillement amovibles, lesquelles grilles se transporteront de palier en palier, à mesure que l'eau de la rivière montera ou descendera, ce qui a paru convenir aux religieuses; et M. le Prévôt des marchands a chargé M. Beaussire et l'Inspecteur des bâtimens de l'Hostel Dieu d'en rédiger le projet et le plan, avec un devis estimatif de la dépense, et de les apporter au Bureau qui se tiendra demain à l'archevesché, pour en être délibéré.

(14 novembre.) Le sieur Boudou étant venu dire que la saison est convenable pour le cours d'anatomie que l'on fait tous les ans dans l'amphithéâtre de l'Hostel Dieu, pour l'instruction des chirurgiens de la maison seulement

et que si le Bureau le juge à propos, on commencera le 27 de ce mois; la Compagnie l'a agréé et elle a prié M⁰ Garnot, Vigneron et Thiroux, commissaires en cette partie d'y être présens pour faire observer les règlemens faits à ce sujet.

100ᵉ REGISTRE. — ANNÉE 1731.

(2 janvier 1731.) Par un extrait tiré des registres de l'Hostel Dieu, il paroît que le 1ᵉʳ janvier 1730 il y avoit 2,660 malades dans cet hôpital, que pendant le cours de ladite année on y en a reçeu 19,575 et qu'il y est né 1,166 enfans, ce qui compose en total 23,401 personnes; que dessus ce nombre il en est mort 3,927, qu'il en restoit le dernier décembre de la même année 2,526 et qu'ainsy il en est sorty 16,948.

(9 janvier.) A été dit par M. Henault qu'il a été informé qu'à l'Opéra et à la Comédie italienne il s'étoit introduit un abus très préjudiciable aux pauvres de l'Hostel Dieu et de l'hôpital général, en ce qu'on leur retranchoit une bonne partie du droit qui leur appartient sur les entrées à ces deux spectacles; que d'ailleurs la demoiselle Berthelin qui a cy devant fait la recette de l'Opéra, étoit redevable d'une somme assez considérable envers l'Hostel Dieu, pour le neuvième qui luy revient, qu'elle a touché, et dont on n'a pas pu jusqu'à présent avoir le payement, quelque demande qui luy en ait été faite; que d'un autre côté le sieur Gruer, à qui le Roy a accordé le privilège exclusif de l'Opéra pour 32 années commencées le 18 avril dernier, refusoit de payer le droit dû à l'Hostel Dieu, sous prétexte qu'il étoit cessé, comme n'ayant été accordé que pour la construction du bâtiment des nouvelles salles, qui est entièrement achevé, et soutenoit que supposé qu'il fût encore deu, on ne pouroit le demander qu'*après les frais de représentation prélevées*; que sur cette difficulté il a vu monsieur Le Verrier, l'un de messieurs les directeurs de l'hôpital général, qui l'a assuré que cet hôpital avoit été payé de tout ce qui luy étoit deu pour le sixième qui luy appartient, sur la représentation qu'il a faite de ses titres au sieur Gruer, qu'il s'agit d'examiner sa prétention, qu'il croit dès à présent mal fondée, veu que le droit a été accordé à l'Hostel Dieu non seulement pour la construction du nouveau bâtiment, mais encore pour la subsistance des malades; que pour y parvenir M. Leverrier luy a communiqué et confié les titres de l'Hôpital Général, pour les conférer avec ceux de l'Hostel Dieu, et prendre copie de ceux qui pouroient n'être pas aux archives; qu'après cet examen, il seroit à propos de se joindre à l'Hôpital Général, et de voir Monsieur le lieutenant général de police et le prier de parler à M. de Maurepas, pour obtenir un arrest à l'effet de faire cesser les abus, lever les difficultés que le sieur Gruer fait naître et constater le droit des deux hôpitaux, pourquoy il seroit nécessaire de nommer des commissaires de part et d'autre pour agir de concert; sur quoy la Compagnie a nommé Messieurs Henault, Nau et Renaut, qu'elle a prié de faire sur cela tout ce qu'ils estimeront convenable pour l'utilité et l'avantage des pauvres.

(9 février.) Monsieur Henault a fait raport qu'ayant été excité, le jour de l'ouverture de la foire de Saint Germain, de solliciter la permission aux danseurs de corde de tenir leurs jeux dans l'intérieur de la foire les jours de dimanche et festes, aux heures convenables, pour procurer à l'Hostel Dieu un bénéfice de 5 à 600 livres au delà du produit ordinaire, il en a fait la demànde à M. le lieutenant général de police, qui l'a accordé en faveur des pauvres.

(3 avril.) A été dit par monsieur Garnot qu'il y a présentement 320 malades de scorbut dans la salle de Saint Landry, où ils sont couchez 4 dans un lit, ce qui donne lieu de craindre que le mal augmente en se communiquant aux autres malades, et que pour prévenir ce danger, il paroît nécessaire de les séparer, en les mettant dans le grenier au dessus, appellé *le grenier de Saint Antoine*, où ils seront moins pressez et plus promptement guéris, ce que la Compagnie a approuvé, et arresté d'être exécuté.

(6 juin.) A été dit par monsieur Duportault qu'il luy a été remis une lettre de cachet du Roy, adressante aux administrateurs de l'Hostel Dieu, qu'il présente au Bureau et dont a été fait lecture à l'instant. Par cette lettre le Roy, mande et ordonne aux administrateurs de l'Hostel Dieu, de faire donner, au sieur Jacques Payerne, chirurgien de la maison du Roy d'Espagne, venu en France pour se perfectionner dans la pratique des accouchemens, entrée dans la salle des accouchées de l'Hostel Dieu, sans néanmoins que cette exemple puisse tirer à conséquence; sur quoy Monseigneur le Procureur Général a dit que monsieur de Maurepas luy ayant écrit plusieurs fois en faveur de ce chirurgien, et sur le même sujet, il lui a toujours représenté combien ces permissions étoient contraires à l'ordre étably dans l'Hostel Dieu, à l'usage et même à l'intérest pu-

blic, et de quelle conséquence il étoit de ne pas les autoriser; qu'il luy a rappellé ce qui s'estoit passé en diférens tems, et en dernier lieu en 1723 et en 1725, sur de pareilles tentative faites pour des souverains en faveur des chirurgiens attachés à leurs personnes; que feu monseigneur le duc d'Orléans, Régent, et S. A. S. Mgr le duc, touchés des raisons du Bureau, que feu M. le Premier Président de Mesmes et messieurs les chefs se chargèrent de leur expliquer, avoient promis au nom du Roy que Sa Majesté n'écouteroit plus de semblables demandes; que M. de Maurepas luy a mandé depuis que, nonobstant ces raisons, Sa Majesté n'avoit pu refuser aux instances réitérées que le Roy d'Espagne lui a fait faire par son ambassadeur, l'expédition de l'ordre dont il s'agit, mais que l'intention de Sa Majesté n'étoit pas que cet exemple put tirer à conséquence, sur quoy la Compagnie a arresté d'obéir et de se soumettre aux ordres du Roy, mais qu'il sera dressé incessamment un mémoire où, après avoir expliqué les grands inconvéniens de ces permissions qui tendroient à détruire l'objet principal de l'établissement de la salle des accouchées dans l'Hostel Dieu, et à renverser l'ordre et la discipline établis dans la maison, il sera fait au nom du Bureau de nouvelles représentations à Sa Majesté, et des instances les plus vives pour la suplier de vouloir bien n'en plus accorder à l'avenir, comme elle avoit eu la bonté de le promettre en 1723 et 1725, et que ce mémoire sera donné à S. E. monseigneur le cardinal de Fleury qui sera prié d'honorer les pauvres de sa protection auprès du Roy; Mgr l'archevêque et Messeigneurs les chefs ont été priez de le présenter et d'appuyer de tout leur crédit une affaire aussy importante, ce qu'ils ont promis de faire.

(15 juin.) On a dit que l'eau du bras de la rivière qui passe dans l'Hostel Dieu n'ayant plus de cours, croupit et s'empuantit considérablement, ce qui est capable de causer des accidens très funestes dans les quartiers voisins et dans l'Hostel Dieu même, par la corruption de l'air, et l'infection des linges qu'on est obligé de laver dans cette eau corrompue; que le défaut de cours de l'eau dans ce canal provient de ce qu'au dessus et au dessous, c'est à dire depuis la pointe du terrein jusqu'au pont aux Doubles, et depuis le Petit Pont jusqu'au pont Neuf, le fond de la rivière est beaucoup plus élevé; que d'ailleurs ces deux portions plus élevées se comblent plus aisément par les immondices des ruisseaux et des égouts qui y tombent, et qu'enfin les batteaux et lescives et les déchireurs de batteaux qui y sont toujours en très grand nombre, empeschent le cours du peu d'eau qui y entre, à quoy il est d'une nécessité indispensable d'apporter un promt remède. La mère prieure venue au Bureau, a dit que les religieuses et les malades ont déjà ressenty les effets pernicieux que cette eau infectée produit sur les linges qu'on y lave, ce qui a causé des abcès et d'autres incommodités, et que le chirurgien de la maison assure qu'il en résultera des fièvres malignes et pestilencielles, si on n'y remédie pas. Sur quoy la Compagnie a prié monsieur Hénault de voir monseigneur le Premier Président, monseigneur le Procureur général et monsieur le Prévôt des marchands, et les prier de donner les ordres nécessaires pour faire cesser la cause de ce mal qui intéresse tout Paris, ce qu'il a promis de faire.

(19 juin.) A été dit par Monsieur Garnot que les maitresses sage-femmes ayant demandé l'intervention du Bureau dans un procès qu'elles ont contre les maîtres chirurgiens, qui prétendent avoir droit de visite chez elles, elle a examiné la demande sur les pièces qu'elles luy ont communiquées, et qu'il n'estime pas que le Bureau doive entrer dans cette affaire, veu qu'elle ne regarde pas seulement les sage-femmes qui ont fait leur apprentissage à l'Hostel Dieu, mais en général toutes les maîtresses sage-femmes de cette ville, sur quoy la Compagnie a été du même sentiment.

(26 juin.) Monsieur Henault a dit que M. le Prévôt des marchands a donné ses ordres pour le déplacement des batteaux et lessives et de ceux des déchireurs, ce qui a été exécuté en présence d'un de messieurs les échevins, et de M. le Procureur du Roy de la ville nommez à cet effet, que le 24 du présent mois on a commencé à planter des pieux dans l'eau, depuis le grand parement ou lavoir, jusqu'au dessus du pont du Rozaire, pour faire un chemin solide qui conduise au terrein, où se doivent faire les lessives, qu'on espère que cet ouvrage sera en état au plus tard au premier juillet, qu'il a receu une lettre de Mgr le Procureur général qui contient deux choses, l'une qu'il seroit nécessaire de ne plus jetter de l'Hostel Dieu le sang dans la rivière, du moins dans la conjoncture présente, de crainte que cela n'augmente l'infection, et de le faire transporter dans les tombereaux qui conduisent les tripailles à la voirie, l'autre qu'on devroit cesser de tirer de l'eau du canal de l'Hostel Dieu pour la boisson des malades et des personnes employées à les servir, et qu'il faudroit la tirer de la fontaine du Parvis Notre Dame. Et après que les officiers de l'Hostel Dieu ont été entendus, a esté arresté que monsieur Henault continüra ses soins pour faire finir le chemin qui doit conduire au terrein; qu'il sera représenté à Mgr le Procureur général *que tout le sang des boucheries de Paris tombe dans la rivière et n'y fait aucun mal, à plus forte raison le peu qui tombe de l'Hostel Dieu*, que les tripes ne se portent pas à la voirie et se vendent au profit des pauvres; qu'à l'égard de l'eau qui sert aux bouillons et à la

boisson, elle ne se puise en aucun tems dans le canal de l'Hostel Dieu; qu'elle vient du pont Notre Dame par une conduite d'eau destinée à cet effet, qui en fournit dans les salles et dans tous les offices, que lorsqu'elle manque, on prend des hommes qui vont en chercher à la fontaine du Parvis ou au terrein, et que celle du canal de l'Hostel Dieu ne sert qu'à laver les linges et à nétoyer. Monsieur Henault s'est chargé de rendre compte de ces faits à M. le Procureur général.

(3 juillet.) Monsieur Henault a dit que le chemin pour aller laver le linge au terrein est en état, qu'on a commencé dès le premier de ce mois, d'en faire usage et que les linges s'y lavent par les filles de la maison qui sont envoyées par la mère Prieure; que 8 hommes qu'on a été obligé de prendre du nombre de ceux qui travaillent ordinairement pour l'Hostel Dieu, sont employés à porter et raporter le linge, qu'il a paru indispensable d'établir un suisse de la garde sur le passage qui va au terrein, pour empescher qu'il n'y passe que ceux destinés à l'ouvrage, et un battelier, avec un petit bateau, dans l'endroit où on lave, pour veiller au linge et le repescher en cas de besoin; qu'il a dressé avec monsieur Nau un état de la dépense qui est à faire, tant pour la nouriture que pour les salaires de toutes les personnes employées; qu'enfin on a loué un bateau de selles, à raison de 10 livres par semaine, pour y laver plus commodément; lecture faite de l'état de dépense, il a été approuvé et arresté qu'il seroit transcrit en suite de la délibération, et qu'attendu les frais considérables occasionnés par l'état présent de la rivière, monsieur le Prévôt des marchands sera prié d'accélérer le travail qui est à faire au canal de la rivière.

(17 juillet.) A été dit par monsieur Henault que le sieur Beausire, architecte de la ville, luy a remis copie du projet de procès-verbal de la visite par luy faite conjointement avec le sieur Boisfranc, du canal de la rivière, depuis le terrein jusqu'au Pont Neuf, le 21 du mois de juin dernier, en exécution de la résolution prise au Bureau de l'archevesché le 20 du même mois; qu'il paroit important de lire ce projet pour délibérer sur ce qui est à faire en conséquence; et après que lecture en a été faite, ensemble du mémoire du sieur Totin, inspecteur des bâtimens de l'Hostel Dieu sur le même sujet, et des délibérations anciennes prises en cas pareils, et que le plan fait par les sieurs Boisfranc et Beausire de l'état présent des lieux a été examiné, a été observé : 1° que la copie du procès-verbal de M. Bosfranc et Beausire envoyée au Bureau n'a point été signée; 2° que l'objet principal de la visite de la rivière a été de connoître l'état et les causes des atterrissemens qui empeschent le cours libre dans le canal qui commence à la pointe du terrein et finit au pont Neuf; 3° que de ce projet de procès-verbal, du plan y joint et du mémoire du sieur Totin, il n'en résulte autre chose, sinon que le fond du canal, depuis le terrein jusqu'au pont Saint Michel est inégal et plus élevé dans des endroits que dans d'autres, que les principaux atterrissemens sont depuis le terrein jusqu'au pont aux Doubles, depuis le Petit Pont jusqu'au pont Saint Michel et depuis le pont Saint Michel jusqu'au pont Neuf; qu'au dessus du pont aux Doubles, les atterrissemens proviennent de la décharge des foins, des déchireurs de batteaux, des égouts de la place Maubert, de la montagne Sainte Geneviève où est une boucherie considérable et des autres quartiers voisins. qu'entre le Petit Pont et le pont Saint Michel est la chute des égouts du marché Neuf, de la Boucherie, du petit Pont et des rues voisines, dont la principale est celle de la Vieille Boucherie; que ce dernier égout produit au dessus et à la teste du pont Saint Michel un amas considérable d'immondices, qui y sont arrestées par le remous que cause sous le pont un massif de maçonnerie qui est entre les piles, dans lequel massif il n'y a qu'une petite rigolle sous l'arche du milieu, qui n'est pas suffisante pour donner un cours libre à l'eau, qu'au delà du pont Saint Michel et jusqu'à la jonction de la grande rivière au dessous du pont Neuf, l'atterrissement est causé par l'élargissement du canal et par les sables que la grande rivière rejette du costé et au dessus du pont Neuf, et par les gravois et les immondices que l'on jette des maisons qui sont le long de ce bras de rivière; que dans l'espace qui est environné des bâtimens de l'Hostel Dieu, qui commence au pont aux Doubles et va jusqu'au Petit Pont, il y a actuellement, dans des endroits, jusqu'à neuf pieds d'eau, et dans ceux où il y en a le moins jusqu'à quatre; que dans ce même espace il n'y a aucun atterrissement, mais seulement quelques amas de boues et immondices, à la chute des égouts du quartier de Notre Dame et de celui de Saint Severin, et très peu à la chute des latrines de l'Hostel Dieu, et qu'enfin de toutes les causes qui ont produit ces atterrissemens, et qui empeschent le cours libre de l'eau, il n'y en a pas une seule qui provienne du fait de l'Hôtel Dieu, et qui puisse luy être imputée. Il convient d'ajouter à ces observations ce qui se passa en 1706 dans un cas pareil, on trouva que les causes du mal étaient précisément les mêmes qu'aujourd'huy; les mêmes remèdes furent proposés, la ville se chargea de tout l'ouvrage et de toute la dépense, et ne prétendit point en faire tomber aucune portion sur l'Hostel Dieu. M. Dorsay s'en expliqua bien clairement dans les délibérations des 10 et 24 juillet 1706. Il y a lieu d'espérer que M. le Prévôt des marchands, remply comme il est de sentimens de justice et de charité pour les pauvres,

lorsqu'il sera instruit de ces faits et de ces raisons, ne fera pas difficulté de convenir que l'Hostel Dieu ne peut être tenu que de faire enlever le peu d'immondices qui sont sous la chute de ses latrines, et de faire à ses frais les glacis nécessaires pour donner plus de facilité à l'eau d'emporter les matières qui y tombent, et qu'on ne peut l'obliger à davantage. A été arresté que les observations cy dessus seront communiquées à M. le Procureur général et à M. le Prévôt des marchands, pour en être délibéré au prochain bureau, à l'archevesché.

(17 juillet.) La mère Prieure est venue au Bureau et a dit que l'eau qui croupit dans le canal qui traverse l'Hostel Dieu et qui n'a plus de cours à cause des batardeaux faits au terrein qui la retiennent, cause une puanteur et une infection qui se répand dans la maison et principalement dans la cuisine; qu'hier la mauvaise odeur saisit tellement la mère de la cuisine qu'elle tomba dans une faiblesse considérable, dont on a eu grande peine à la faire revenir; qu'elle a cru devoir instruire le Bureau de ces faits pour le mettre en état d'y remédier promptement; a été arresté qu'on parlera à l'archevesché de la nécessité d'avancer et de faire finir promptement les ouvrages de la rivière, et que M. le Prévôt des marchands sera prié de faire augmenter le nombre des ouvriers, ce qui n'augmentera pas la dépense de la ville, afin de prévenir les accidens que cette infection pouroit causer et dans l'Hostel Dieu et dans Paris, et de faire cesser la dépense considérable et journalière que l'Hostel Dieu est obligé de faire pour le lavage du linge au terrein.

(14 août.) Sur ce qui a été dit que le samedy 4 du présent mois d'août on a transporté à l'Hostel Dieu une femme malade[1], qu'on a dit s'appeler Gabrielle Gautier, veuve de Pierre de Lorme, qui a été placée dans la salle de Sainte Martine; que non seulement lors de son transport elle a été suivie d'une grande foule de monde, mais que depuis ce tems jusqu'à présent la foule et le concours n'ont point diminué; qu'une infinité de personnes de toutes conditions sont venues voir cette femme dans son lit; que quoyque les salles de l'Hostel Dieu soient ouvertes à tout le monde, cependant il seroit à craindre que dans une si grande affluence, occasionnée par le séjour de cette femme, il ne se meslat des gens suspects, ce qui pourroit occasionner des vols dans la maison et d'autres désordres, étant d'ailleurs nécessaire de procurer à cette malade le repos et la tranquilité dont elle a besoin, et sans quoy les remèdes qu'on luy donne ne pourroient opérer sa guérison, s'il est possible de la luy procurer, a été arresté que jusqu'à nouvel ordre la salle de Sainte Martine sera fermée, et qu'on n'y laissera entrer que les personnes nécessaires pour le soulagement des malades, et Messieurs les commissaires du dedans de la maison ont été priés d'y tenir la main.

(4 septembre.) Sur le raport de M. Vigneron qu'il a apris qu'au préjudice de la convention faite entre le Bureau et feu M. Nicolas de la Marre, commissaire au Châtelet, par devant Courtois, notaire, le 19 février 1716, portant qu'après vingt années expirées, le privilège, le fonds et produit du traité de la police, composé par ledit sieur de la Marre appartiendront en entier à l'Hostel Dieu, le sieur le Clerc, nommé pour la continuation de cet ouvrage a surpris les lettres de privilège pour la suite de l'impression dudit traité, la Compagnie a arresté de faire signifier aux syndics des libraires qu'elle s'oppose à l'enregistrement dudit privilège sur les registres de leur communauté, pour la conservation du droit acquis à l'Hostel Dieu par ladite convention, et autres causes et raisons à déduire en tems et lieu.

(19 décembre.) Sur le bon témoignage rendu par plusieurs de messieurs de la personne de M. Boucher, secrétaire du Roy, la Compagnie l'a élu et nommé pour remplir la place d'administrateur de l'Hostel Dieu, vacante par le décès de M. Buchère et elle a député messieurs Duportault et Henault pour luy en donner avis et le prier d'accepter.

101ᵉ REGISTRE. — ANNÉE 1732.

(4 janvier 1732.) Par un extrait tiré des Registres de l'Hostel Dieu, il paroit que le premier janvier 1731, il y avoit 2,542 malades, que pendant le cours de ladite année on en a receu 25,511 et qu'il y est né 1,278 enfans, ce qui compose un total de 26,331 personnes, que dessus ce nombre il en est mort 5,006 et que comme il n'en restoit le dernier décembre que 2,601, il en est sorty 18,724.

(15 janvier.) Ayant été dit que M. de Bosfranc, architecte du Roy, demande à la succession de monseigneur le cardinal de Noailles la somme de 15,600 livres pour le payement des desseins qu'il a donnés pour la décorations des deux chapelles de la Sainte Vierge et de Saint

---
[1] C'était une convulsionnaire de Saint-Médard.

Denis et la chapelle de Noailles, la réparation de la voûte et la reconstruction de la rose de l'église de Notre Dame, la Compagnie a nommé Mrs Henault et Garnot pour examiner ses prétentions, avec Mrs Désvieux et de Blaru, nommés par le Bureau de l'Hôpital Général, et sur leur raport être délibéré.

(30 janvier.) Monsieur Duportault a dit que le sieur Payerne, chirurgien de la famille du Roy d'Espagne, qui a été introduit en vertu d'une lettre de cachet du 21 may dernier dans la salle des femmes qui accouchent à l'Hostel Dieu, demande qu'il luy soit délivré par le Bureau un certificat tel qu'on a coutume de le donner aux apprentisses sages-femmes qui sortent de cette salle; sur quoy a été observé que par les règlemens de l'Hostel Dieu, fondés sur des raisons très intéressantes qui viennent d'être discutées, les hommes ne devant sous aucun prétexte entrer dans cette salle des accouchées, et la Compagnie ayant résolu, par ce qu'elle vient d'arrester, de faire au Roy les représentations les plus pressantes pour suplier Sa Majesté de ne plus accorder de pareilles lettres de cachet, il est important de ne rien faire qui puisse préjudicier à cette résolution et aux règlemens; que de donner au sieur Payerne le certificat qu'il demande, non seulement c'est faire pour luy au delà de ce qui est porté par la lettre de cachet, mais c'est encore fournir à tous les chirurgiens qui s'efforcent depuis longtemps, par toutes sortes de moyens, de s'introduire dans cette salle, de quoy fortifier leurs tentatives et les mettre en état de faire passer ce certificat, qui deviendroit public, pour un acquiescement volontaire de la part du Bureau et pour la preuve d'un usage favorable à leurs prétentions; que bien loin d'user de condescendance et d'avoir des égards pour ceux qui employent de pareilles voyes, si préjudiciables et si contraires aux règles de la maison, à la pudeur, au secret qui doit régner dans cette salle, et qui est le principe de la confiance qui y attire la pluspart de celles qui y sont receues, qui, sans ce secret et cette confiance, au lieu de venir chercher du secours dans cet azile, se porteroient souvent aux extrémités dont on a déjà parlé, on ne peut trop se renfermer dans l'exécution littérale de ces ordres supérieurs, sans étendre les dispositions au delà de ce qui y est prescrit; qu'enfin c'est la conduite qu'a toujours tenue la Compagnie en pareil cas, dont elle ne s'est départie dans aucune occasion, n'ayant jamais donné de pareils certificats à ceux qu'on a été forcé d'admettre dans cette salle. Sur quoy a été arresté qu'il ne seroit donné aucun certificat audit sieur Payerne.

(22 février.) Le mortier de fonte qui servoit à l'apoticairerie de l'Hostel Dieu étant cassé, la Compagnie, de l'avis du sieur Geoffroy, marchand apoticaire et de l'Académie royale des sciences, qui a l'inspection charitable sur la pharmacie de l'Hostel Dieu, a fait marché avec le sieur Sautray, fondeur de l'artillerie, qui a promis de fondre un nouveau mortier de fonte du poids d'environ 400 livres.

(4 mars.) Sur le raport de M. Henault que plusieurs personnes de considération demandent des passeports pour faire entrer à Paris toutes les semaines du gibier de leurs terres, pour être consommés dans leurs maisons, la Compagnie a prié monsieur Henault de leur dire qu'il n'est pas en son pouvoir de les accorder, cela étant expressément défendu aux administrateurs par la déclaration et l'ordonnance du Roy, qui doivent être exécutés dans toute leur étendue, contre toutes sortes de personnes, sans aucune distinction.

(21 mars.) La mère prieure, accompagnée de la mère sous prieure, est venu dire qu'une personne de piété, qui ne désire être nommée, propose de luy remettre la somme de 100 livres, à condition de faire mettre dans toutes les salles de l'Hostel Dieu, aux endroits les plus apparens, une inscription où seront ces mots : « Jesu, Pater pauperum, miserere nobis, » ce que la Compagnie a permis, sans que la recette soit tenue de contribuer à la dépense, au cas que ladite somme de 100 livres ne soit pas suffisante.

(8 avril.) Sur ce qui a été représenté que quoiqu'il soit d'usage immémorial, confirmé par plusieurs règlemens, d'inscrire dans le registre tenu par le prestre du banc, à l'entrée de l'Hostel Dieu, les noms et jour d'entrée de tous ceux qui y sont admis, pour y être traitez de leurs maladies et infirmitez, sans aucune exception, on apprend néanmoins que depuis quelque tems on a discontinué d'y inscrire les femmes grosses retenues pour y accoucher, et qu'on n'observe plus de leur mettre au bras un billet contenant leur nom et le jour de leur entrée, ainsy qu'il s'est toujours pratiqué, sur le fondement que la mère d'office de ladite salle prend leurs noms, lorsqu'elles sont accouchées et les inscrit, dit-on, sur un registre qui n'est point paraphé, connu seulement d'elle, et qui n'est d'aucune autenticité, et que lorsqu'il arrive le décès de quelqu'une d'elles, elle envoye son nom au prestre du banc, mais que cette pratique étant contraire au règlement, peu régulière et n'étant point suffisante pour assurer le repos des familles, il paroît d'une très grande conséquence de rétablir l'usage interrompu. La Compagnie a arresté, en confirmant ce qui a été précédemment pratiqué, et en attendant qu'il ait été fait un règlement général pour la police de la salle des accouchées que le prestre qui y vient chaque jour célébrer la messe écrira,

à l'issue d'elle, les noms, surnoms, pays, diocèzes et qualités des femmes qui y seront admises pour y accoucher, entrées depuis le jour précédent; qu'il mettra au bras de chacune d'icelles un billet qui contiendra seulement leur nom, surnom et le jour de son entrée; qu'il portera à l'instant la liste des femmes au prestre du Banc où se fait la réception des malades, pour être inscrite sur le registre, chacune à sa lettre, en la manière accoustumée; que si quelqu'une des femmes vient à déclarer dans la suite un autre nom que celuy qu'elle a déclaré en entrant, ce qui arrive quelquefois, lorsqu'elles se croyent en danger, alors le prestre luy mettra un autre billet au bras, et portera au prestre du Banc le véritable nom qu'on luy aura déclaré pour être enregistré, avec mention que c'est la même personne entrée un tel jour, et enregistrée sous un tel nom, et tiendra registre exact de celles qui viendront à décéder.

(25 avril.) A la prière de Pierre Serre, compagnon chirurgien de l'Hostel Dieu, la Compagnie luy a permis de faire des opérations de la taille sur des corps morts, en présence des sieurs Chomel et Delaleu, médecins ordinaires de l'Hostel Dieu, pour, sur leur raport par écrit, être admis à opérer sur le corps des vivans, s'il en est jugé capable.

(7 mai.) M. Afforty médecin, accompagné de son fils est venu représenter ses longs services dans l'Hostel Dieu pendant 45 ans et aux Incurables pendant 21 ans, durant lequel temps il s'est apliqué à procurer, autant qu'il luy a été possible, le soulagement et la guérison des pauvres malades, mais que ne pouvant plus vaquer à ces fonctions à cause d'une cataraque qui luy est venue sur les yeux, il prie le Bureau d'agréer qu'il se démette de la place de médecin des Incurables en faveur de son fils, qui travaille avec assiduité depuis quatorze ans dans l'Hostel Dieu, et qui a remply ses fonctions aux Incurables depuis son incommodité; sur quoy, après avoir été délibéré, la Compagnie a receu le sieur Afforty fils pour médecin de l'hôpital des Incurables, en place de son père, aux honoraires de 200 livres par an, à compter de ce jour, en considération des services du père, et sur le bon témoignage rendu de son fils.

(27 juin.) Ayant été dit que le tabernacle du maître autel de l'Hostel Dieu étant en très mauvais état, et ayant besoin d'être réparé, tant en ouvrages de sculpture que dorure, ce qui poura coûter environ 1,000 livres, suivant l'estimation qui en a esté faite par le sieur Vincent, controlleur des bâtiments du Roi...

(13 août.) La Compagnie d'une voie unanime a receu Antoine Terrié, garçon de bonnes mœurs, d'une conduite régulière, et qui a toute la capacité nécessaire pour bien s'acquitter des fonctions attachées à la place de greffier du Bureau, aux gages ordinaires de 1,000 livres.

102ᵉ REGISTRE. — ANNÉE 1733.

(2 janvier 1733.) Par un extrait des registres du Bureau de l'Hostel Dieu, il paroît que le premier janvier 1732 il y avoit 2,474 malades, que pendant le cours de ladite année on en a receu 23,146 et qu'il y est né 1,264 enfans, ce qui compose en total 26,884 personnes; que dessus ce nombre il en est mort 4,311 et que, comme il n'en restoit le dernier de décembre que 2,797, il en est sorty 19,776.

(9 janvier.) M. Henault a dit qu'il a receu un billet imprimé portant invitation, au nom des religieuses de l'Hostel Dieu, à un service qu'elles devoient faire célébrer dans l'église dudit Hostel Dieu pour feu monsieur de Gontaut, doyen de l'église de Paris; qu'il a été surpris, aussi bien que ceux de messieurs qui ont receu de pareils billets, de ce que ce service n'étoit projetté sans la participation du Bureau, et de ce que le sacristain de l'Hostel Dieu, qui ne doit pas disposer des ornements et du luminaire sans l'ordre et la permission de la Compagnie, s'est ingéré de le faire dans cette occasion de sa propre volonté; que cette affectation trop marquée pouvant donner atteinte aux droits et à l'autorité du Bureau, elle ne paroissoit pas pouvoir être dissimulée. A été arresté de faire avertir le sacristain de venir au premier Bureau pour entendre ce que la Compagnie avoit à luy dire, et pour recevoir ses ordres à ce sujet. Monsieur Henault a été prié et s'est chargé de voir la mère prieure, et de luy dire qu'on avoit d'autant plus sujet de se plaindre de ce qu'elle n'avoit pas parlé de ce service, ny demandé au Bureau la permission de le faire dire, qu'elle sait combien ses demandes y sont favorablement écoutées, et qu'elle ne devoit pas douter que dans cette occasion la Compagnie ne fût entrée dans les justes sentiments de reconnoissance qu'elle avoit, aussy bien que toute sa communauté, pour la mémoire de monsieur l'abbé de Gontauit, qu'on espéroit que pareille chose ne se feroit plus à l'avenir, qu'après en avoir obtenu la permission du Bureau, et sur les ordres que la Compagnie donneroit au sacristain.

(27 janvier.) Sur l'offre et proposition faite par une personne charitable, qui n'a désiré être nommée, de donner 4,000 livres de rente au principal, au denier quarante, de 160,000 livres sur l'Hostel de Ville de Paris et l'Hostel Dieu de cette ville, pour les arrérages de ladite rente être employées à distribuer à perpétuité, pendant le cours de chaque année, 5 sols à chaque pauvre convalescent qui sortira de l'Hostel Dieu après y avoir été guéry, à l'exception toutesfois, des femmes et des filles qui seront receues dans la maison des convalescentes et des malades qui seront amenées à l'Hostel Dieu de l'Hôpital Général et qui y seront reconduits après leur guérison, laquelle proposition ayant été examinée par lesdits sieurs administrateurs, il a été arresté de l'accepter.

(29 avril.) A été dit par monsieur Garnot qu'il y a deux lits à remplir dans l'hôpital des Incurables, l'un à la nomination de la dame veuve Morel, l'autre à la nomination du Bureau, et destiné par la fondation du s' Antoine de Bergerac pour un gentilhomme; que la dame Morel présente une fille qui n'est âgée que de 15 ans et 8 mois, et que pour remplir l'autre lit trois personnes se sont présentées, savoir, un jeune enfant âgé seulement de 12 à 13 ans, qui n'a d'autre infirmité que d'être aveugle et deux autres personnes très âgées, qui prétendent avoir les qualités requises par la fondation, mais qui n'ont pas encore pu raporter les preuves de leur noblesse, et qui demandent du tems pour y satisfaire; qu'à l'égard de la fille présentée par la dame Morel et du jeune garçon aveugle, les délibérations du Bureau, entr'autres dispositions ont déterminé, par rapport à l'âge, qu'on ne receveroit point de malades dans la maison des Incurables qu'ils n'eussent au moins 20 ans, et qu'ils seroient tenus de rapporter leurs extraits baptistaires en bonne forme, et des certificats de leurs bonne vie et mœurs délivrez par les curez de leur paroisses; que cette fixation de l'âge s'est faite relativement à l'objet des fondateurs, qui a été de procurer tous les secours temporels à certains malades incurables qui, après avoir vécu dans le monde avec quelque aisance, auroient le malheur de tomber dans l'indigence, et qui ayant un âge fait puissent profiter, et faire un bon usage des instructions spirituelles pour s'approcher dignement des sacremens; que les fondateurs ont voulu que dans la concurrence des sujets on préférât toujours les plus âgez et les prestres, ainsy que le portent les contrats de fondation; que suivant cet esprit et cette intention des fondateurs, en *n'admettant que des personnes d'un certain âge, le bénéfice de la fondation se renouvelle plus souvent*, ce qui met un plus grand nombre de malades à portée d'en profiter et d'être soulagez, au lieu que les enfans ou les personnes trop jeunes occuperoient plus longtems les lits, ce qui feroit vaquer bien moins fréquemment des places, que les enfans et les personnes trop jeunes demanderoient plus de soin et plus de monde pour les conduire, ce qui occasionneroit nécessairement une dépense plus forte que ne pourroient le supporter les fonds destinés à la fondation; que l'expérience fait connoître que souvent les enfans et les jeunes personnes, qui paroissent les plus infirmes se fortifient à mesure qu'ils avancent en âge, et guérissent de leurs maladies, qu'on avoit cru incurables, et cessent d'être de la qualité requise pour la maison; que les motifs qui ont servy de fondement aux anciennes délibérations subsistent aujourd'hui et subsisteront également dans tous les tems; qu'enfin les mêmes délibérations, qui ont fixé l'âge des malades qui doivent être receus, ont esclu nommément les aveugles, la Compagnie a arresté que les délibérations précédentes tant au sujet de l'âge et des différentes espèces de maladies de ceux qui sont nommés pour remplir les lits qui sont fondés dans l'hôpital des Incurables, que des formalitez nécessaires, seront exécutées. En conséquence, que, sous quelque prétexte que ce soit aucun malade, soit homme ou femme, ne poura être admis qu'il ne soit au moins âgé de 20 ans, qu'à cet effet, aussitôt qu'il vaquera un lit, le receveur des Incurables, ou celuy qui sera chargé du soin d'en avertir les nominateurs, sera tenu en les avertissant, de leur remettre un imprimé contenant l'extrait des délibérations qui concernent l'âge que doivent avoir les malades, les maladies pour lesquelles on peut les recevoir, celles pour lesquelles ils doivent être exclus, et les pièces qui doivent être raportées; que chaque malade, avant que de pouvoir être visité par les médecin et chirurgien, sera tenu de joindre à la nomination qu'il aura obtenue de ceux qui en ont le droit, son extrait baptistaire en bonne forme, et qu'il soit légalisé par le juge royal, au cas qu'il soit né hors de Paris, ensemble un certificat, aussy en bonne forme de ses vie et mœurs, délivré par le curé de sa paroisse; qu'en teste de l'ordre imprimé qui doit être signé de l'un de M" les administrateurs pour la réception du malade dans l'hôpital, il sera ajouté : « Veu l'extrait baptistaire et le certificat de vie et mœurs en bonne forme, ensemble le raport du médecin et du chirurgien de la maison; » lesquelles pièces seront remises au receveur dudit hôpital pour être gardées exactement, et rester dans les archives dudit hôpital, et sans lesquelles aucun malade ne poura y être receu; que le médecin et le chirurgien préposez pour visiter les malades qui auront obtenu une nomination, les examineront exactement pour en faire leur raport aux commissaires, en leur honneur et conscience, et suivant les modèles joints à la présente délibération, qui seront imprimez pour leur en être fourny des exemplaires, de même que de l'extrait des règlemens concernant l'âge et les maladies de ceux qui peu-

vent être receus; qu'ainsy et par les raisons cy dessus expliquées, la personne nommée par la dame Morel, ny celuy qui se présente en qualité de gentilhomme n'ayant pas l'âge requis par les règlemens de la maison, et le dernier étant aveugle, ils n'y seront pas admis. Et à l'égard des deux autres qui se présentent pour remplir la place de gentilhomme, la Compagnie leur a accordé délay de..... pour justifier de leur noblesse, et sera la présente délibération inscrite tant dans le registre de l'Hostel Dieu que dans ceux de l'hôpital des Incurables.

(2 juin.) La Compagnie a arresté que le dépensier de l'Hostel Dieu précédera l'inspecteur des salles dans les cérémonies et à la procession de l'Hostel Dieu, le jour de la feste du Saint Sacrement.

(30 juin.) A été dit par monsieur Vigneron que la Compagnie est sans cesse importunée par des demandes de plusieurs personnes, pour être admises en qualité d'aprentisses sages femmes surnuméraires dans la salle des accouchées de l'Hostel Dieu, et pour être receues avant celles qui sont inscrites et qui ne doivent y entrer qu'à leur tour, et selon la datte de leur inscription; que ces demandes sont encore plus fréquentes et plus vives de la part *des étrangers qui employent toutes sortes de moyens, même les sollicitations de leurs souverains*, qu'encore que les règlemens, et principalement celuy du 17 janvier 1693, arresté dans l'assemblée générale tenue à l'archevesché en présence de Messieurs les magistrats, contiennent des dispositions formelles à cet égard, et sufisantes pour écarter toutes ces demandes, que ce règlement ait été suivy de plusieurs délibérations qui les ont rejettées à mesure qu'elles ont été faites, il paroît nécessaire, en rappelant par une nouvelle délibération la disposition principale de ce règlement, d'expliquer les motifs intéressans qui y ont donné lieu, pour faire connoistre la nécessité qu'il y a de s'y conformer, et les inconvéniens sensibles qui suivroient de son inexécution. L'article 6 de ce règlement porte entr'autres dispositions que les aprentisses sage femmes seront présentées par la maîtresse sage femme et receues au Bureau, en raportant l'extrait de la célébration ou contrat de leur mariage, avec un certificat de leurs bonnes mœurs, signées de leur curé ou vicaire, ou de deux personnes considérables de leur paroisse, et après que l'un de messieurs les administrateurs se sera informé de leur conduite dans leur voisinage. Cet article ajoute qu'on ne recevra ny aprentisses grosses, ny filles pour aprentisses, qu'il n'y en aura que 4 en même tems dans la maison, qu'elles y entreront suivant l'ordre de leur réception sans aucune préférence, et que le Bureau ne leur donnera leur certificat qu'après qu'elles auront servy exactement, et sans reproche durant 3 mois entiers et consécutifs. On reçoit à l'Hostel Dieu de Paris toutes les pauvres femmes qui se présentent pour y faire leurs couches, on entretient à cet effet dans la maison une maîtresse sage femme. Cet établissement de charité a produit un autre avantage, du moins aussy intéressant pour le public. Dans les commencements le nombre des femmes qui venoient accoucher dans l'Hostel Dieu étoit peu considérable, la maîtresse sage femme y suffisoit; dans la suite et à mesure que les accouchemens s'y sont multipliés, on a cru devoir former dans cette école des sujets pour aider la maîtresse sage femme dans ses opérations, et pour être ensuite en état d'aller dans Paris et dans les autres villes du Royaume y exercer utilement cette profession; d'abord on ne prenoit qu'une aprentisse sage femme qui sortoit au bout de 3 mois, une autre la remplaçoit; quelque temps après on en a pris deux ensemble, ensuite trois et enfin 4, à proportion de l'augmentation des accouchemens, et qu'il pouroit y avoir de quoy exercer les aprentisses et les former. On essaya si une cinquième pouroit estre admise, on reconnut aussitôt les inconvéniens. Le Bureau, sur les représentations de la maîtresse sage femme, du chirurgien major et des religieuses, fut obligé de fixer le nombre à 4 et de statuer que sous aucun prétexte il ne pouroit être augmenté; sur les tentatives faites depuis et en diférens tems, souvent par des personnes de premier rang, autant de délibérations prises en connoissance de cause, qui ont fait échouer ces tentatives, et qui ont confirmé la fixation à 4, tel est l'état présent qui subsiste depuis plusieurs années. En tout temps il y a 4 aprentisses; à mesure que les sujets se présentent, on les inscrit sur un registre, chacune entre à son tour selon son rang d'inscription et travaille pendant 3 mois, après l'expiration desquelles elle sort pour faire place à une autre. En sorte que tous les ans l'Hostel Dieu fournit au royaume seize maîtresse sage femmes. L'intérêt particulier de ces aprentisses et plus encore l'intérêt public demandent qu'elles acquièrent une capacité sufisante pour cette opération, l'une des plus usitées et des plus importantes qui se fasse sur le corps humain. Elles ne peuvent acquérir cette capacité que par le fréquent exercice pendant 3 mois que dure cet aprentissage. L'usage et l'expérience ayant fait connoître que le travail dans la salle des accouchées de l'Hostel Dieu ne pouvoit occuper que la maîtresse sage femme et quatre aprentisses sous elles tout au plus, entre lesquelles elle partage également les accouchemens, selon et à mesure qu'elles sont instruites, en admettre une 5ᵉ, ce seroit par conséquent diminuer pour chacune le nombre des opérations absolument nécessaires pour les former, ce seroit leur ôter le moyen de se perfectionner, en sorte qu'elles sortiroient après leurs 3 mois instruites à demy, ce qui rejailliroit incontestable-

40.

ment sur le public et sur les femmes qui les appelleroient à leurs secours, dont la vie et celle de leur fruit se trouveroient exposées à des périls évidens, par le défaut d'expérience et de capacité sufisante. Aux accouchemens qui se font à l'Hostel Dieu, pendant que l'une des apprentisses opère sous les yeux de la maîtresse sage femme toujours présente, les trois autres la voyent opérer commodément, sans que ce nombre cause d'embarras à l'opératrice, et on a remarqué que quand il y en a eu 5, les 4 spectatrices nuisoient beaucoup à celle qui opéroit, qu'elles se nuisoient entr'elles, ce qui a même occasionné des accidens qui ont été funestes aux femmes qu'on accouchoit, ce qui est encore un nouvel obstacle à la perfection de ces apprentisses. Ce sont ces inconvéniens qui ont excité les représentations de la maîtresse sage femme, du chirurgien major et des religieuses, et qui ont donné lieu au règlement et à toutes les délibérations qui l'ont confirmé. A ces motifs généraux on joint encore une observation particulière, par raport aux étrangers, et qui est également importante pour le public et pour tous les sujets du Roy. C'est que la salle des accouchées de l'Hostel Dieu, l'école qui s'y forme et les grands avantages qui en résultent sont le patrimoine des sujets du Roy, qui en doivent être le premier objet. Messieurs les magistrats sont parfaitement instruits *de la disette des sages femmes dans les provinces et même dans les villes considérables.* Admettre dans l'Hostel Dieu des étrangères pour y être apprentisses sage femmes, et pour aller exercer cette profession dans leur pays, les admettre sans les obliger de se faire inscrire pour n'entrer qu'à leur tour, les faire passer devant les françoises qui sont inscrites, et dont par là le tour seroit reculé, ce seroit non seulement causer à ces dernières un préjudice infiny, ce seroit encore priver les sujets du Roy de leur patrimoine, pour en enrichir l'étranger, ce seroit retarder et diminuer les secours pressans que Paris et les autres villes de France attendent continuellement de l'expérience des apprentisses instruites et formées dans l'Hostel Dieu. Ce seroit dégouter les françoises d'embrasser cette profession et de se faire inscrire, quand on sauroit que le crédit et les recommandations d'une puissance pourroit les écarter ou du moins les éloigner de leur rang. Ce qui ne pouroit tendre qu'à une plus grande disette de sage femmes dans le Royaume. Enfin, comment Messieurs les administrateurs, à l'égard de ces étrangers, pouroient-ils s'instruire et s'assurer de leur conduite, de leurs mœurs, de leur sagesse, comme le prescrit l'article 6 du règlement, rien n'étant plus important ce point pour préserver cette salle des accouchées de tout ce qui pourroit donner atteinte à la pudeur qui doit y régner, et pour en écarter tout ce qui peut être suspect, soit par raport aux personnes de tous états qui viennent y accoucher, soit par raport aux religieuses préposées pour leur soulagement. A été arresté que, par toutes les raisons cy-dessus expliquées, le règlement du 17 janvier 1693 et notamment l'article 6 d'iceluy, ensemble les délibérations prises en conséquence seront exécutées selon leur forme et teneur, qu'il n'y aura jamais et dans aucun temps plus de 4 apprentisses sage femmes à la fois dans la salle des accouchées, sans que sous aucun prétexte et pour quelque cause et considération que ce soit, ce nombre puisse être augmenté, qu'elles n'y pouront entrer qu'après avoir été inscrites sur le registre destiné à cet effet, et en suivant l'ordre et le rang de leur inscription, sans aucune faveur ny préférence, après avoir raporté des certificats autentiques de leurs vies et mœurs, et que messieurs les commissaires s'en seront assurés par eux-mêmes; qu'à l'égard des étrangers, il sera fait de très humbles représentations au Roy sur le préjudice que souffriroient ses sujets si on les admettoit à l'apprentissage dans l'Hostel Dieu, qui ne peut à beaucoup près fournir le nombre de sage femmes nécessaires pour Paris et pour les provinces, que monsieur l'archevesque et messieurs les magistrats seront priez en toute occasion de faire valoir ces raisons.

(7 juillet.) Sur le témoignage du sieur Boudou, premier chirurgien de l'Hostel Dieu, la Compagnie a agréé le sieur Jean Lespinard, ancien compagnon chirurgien, pour gagner la maitrise à l'hôpital des Incurables après 6 ans de service actuel, en place du sieur Charles Serey décédé le 3 du présent mois, qui avoit subi l'interrogatoire pour être receu au lieu et place du sieur Denis Villain, dont le tems est expiré le 30 may dernier.

(24 juillet.) M. Garnot a représenté que quoiqu'il ait proposé plusieurs fois de se servir, pour les bâtimens et autres ouvrages de l'Hostel Dieu *du plomb laminé de la nouvelle fabrique*, le Bureau n'a pas jugé à propos de s'en servir, jusqu'à ce que l'expérience eut fait connoistre qu'il est plus utile de l'employer que le plomb ordinaire; qu'il croit qu'on est à présent en état de se déterminer par l'épreuve qu'on en a fait pour les bâtimens du Roy, de l'Hôpital Général et pour plusieurs autres ouvrages particuliers, dont on assure qu'on est très content; qu'on observe que le plomb laminé a plusieurs avantages sur le plomb coulé. Il est plus compact et par conséquent plus solide que le plomb coulé, qui est sujet à être plein de bouillon. Mais une raison qui doit le faire préférer est qu'étant d'une égale épaisseur, il est moins pezant dans une même étendue que le plomb ordinaire qui est toujours d'une épaisseur inégale, ce qui doit faire un profit considérable à l'Hostel Dieu, puisqu'il ne se vend à la manufacture que 6 sols la livre, qui est le même prix que le plomb ordinaire. Sur quoy le Bureau a arresté

qu'on employera doresnavant, pour les ouvrages et bâtimens de l'Hostel Dieu, le plomb laminé de la nouvelle manufacture, et le sieur Totin, inspecteur des bâtimens, a été averty de se conformer à la présente délibération.

(11 août.) M. Phelippeaux, comte de Montlhery, ayant proposé de donner à l'Hostel Dieu la somme de 55,000 livres, en deniers comptans, à la charge de 2,500 livres de rente viagère, sa vie durant, ce que la Compagnie a accepté, et l'acte en a été cejourd'huy signé, par devant maître Perret, notaire à Paris, par lequel il a été convenu que les arrérages qui se trouveroient dus au jour du décès dudit sieur comte de Montlhéry appartiendroient à l'Hostel Dieu.

(16 octobre.) A été dit par le sieur Totin que depuis longtemps le Bureau ayant de justes inquiétudes sur l'état et la situation des lieux où sont les titres de tous les fonds, domaines et effets appartenant à l'Hostel Dieu et généralement tous les papiers qui concernent les droits actifs et passifs, et les privilèges de cette maison, l'a chargé en différens tems de chercher un endroit et de réfléchir sur les expédiens pour mettre ces papiers en sûreté, et principalement pour les garantir des accidens du feu, auxquels ils ne sont que trop exposez, par la caducité tant des bâtimens où ils sont actuellement renfermez que des maisons qui les environnent, qui ne sont que de bois et de charpente; qu'en exécution des ordres réitérés de la Compagnie, après bien des perquisitions et des réflexions, il ne voit pas de lieu plus convenable que la maison où loge actuellement le sieur Le Blond, maître menuisier, rue Saint Pierre aux Bœufs, appartenant à l'Hostel Dieu; qu'outre la caducité de cette maison qui demande qu'on la démolisse, le locataire n'étant pas en sûreté, elle se trouve être contigue et joindre immédiatement le Bureau, dont la communication est absolument nécessaire avec les archives; qu'on poura dans ce terrain, et en prenant une portion de celuy où sont quelques vieux bâtimens du Bureau, élever un bâtiment solide et de pierres, composé de différens étages, tous voûtés, dont les plus élevés serviront à renfermer les archives, et les autres de magazins pour y renfermer plusieurs provisions nécessaires à la consommation de la maison, qu'après avoir pris toutes les dimensions de ce terrain, il a dressé un plan du bâtiment qu'on y peut élever, qu'il a laissé sur le Bureau; sur quoy il attend les ordres de la Compagnie. Messieurs Garnot et Vigneron ont été priez d'examiner ce projet et le plan proposés par l'inspecteur des bâtimens, pour être, sur leur raport, pris par la Compagnie tel party qu'il conviendra.

(29 décembre.) Règlement pour la distribution de 5 sols d'aumône aux convalescens « ... Art. 17. N'ayant point été trouvé de lieu plus commode et plus convenable que le cloître, vis-à-vis la chapelle Sainte Anne, tous les pauvres convalescens s'y assembleront et se rangeront dans l'ordre de l'état général de l'Inspecteur, et lorsqu'il s'en trouvera un grand nombre les rangs seront doublés. 18. L'heure de la distribution sera et demeurera fixée à midy précis..... 19. Il sera placé une cloche dans la salle de Saint Denis, à côté de la porte par laquelle l'on passe de la salle sous le cloître dans l'église; cette cloche sera sonnée par le suisse de l'église au moins un quart d'heure avant la distribution, pour avertir les convalescens de s'assembler, et de se rendre sous le cloître pour y recevoir l'aumône. 20. La personne commise pour faire la distribution et le suisse se trouveront précisément à l'heure de midy sous le cloître. Les convalescents assemblés se mettront à genoux devant la chapelle de Sainte Anne où ils seront placés, et diront un *De profundis* ou un *Pater* pour le fondateur. Cela fait, l'inspecteur fera l'apel, autant qu'il pourra dans l'ordre, et suivant son état général, et les 5 sols d'aumône se donnant à chacun à mesure, le suisse les fera défiler et les fera sortir, après les avoir visités, pour voir s'ils n'emportent rien de la maison, et ne soufrira point qu'il en rentre aucun tant que la distribution durera. »

103ᵉ REGISTRE. — ANNÉE 1734.

(8 juin 1734.) Messieurs Garnot et Vigneron ont fait leur raport et ont dit qu'il ne s'agit plus de délibérer sur la nécessité de mettre les titres et papiers de l'Hostel Dieu en sûreté pour les préserver du feu et des autres accidens, cet objet ayant été cy devant discuté et arrêté; que la démolition de la maison rue Saint Pierre aux Bœufs, où logeoit le sieur Le Blond, menuisier, n'est pas moins nécessaire, attendu sa caducité; qu'en exécution de la délibération du 16 octobre 1733, ils ont examiné le projet et le plan dressés par l'inspecteur des bâtimens pour la construction de nouvelles archives, qu'ils en ont même conféré avec d'autres personnes intelligentes sur ces matières, qu'ils sont d'avis qu'on ne peut rien faire de mieux que de l'exécuter le plus promptement qu'il sera possible, a été arrêté que ce projet sera exécuté incessamment, que le sieur Totin disposera toutes choses à cet effet, et que l'on prendra toutes les mesures nécessaires avec les propriétaires des maisons voisines pour la

reconstruction des murs mitoyens qui doivent porter ce nouvel édifice.

(13 juillet.) A été dit qu'en conséquence des actes passés entre le Bureau et le feu sieur de la Marre, commissaire au Châtelet de Paris, les 19 février 1716 et 22 may 1722, au sujet de la composition et de l'impression du traité général de la Police, le sieur Leclerc qui travailloit audit traité avec le sieur de la Marre, a été par luy présenté à M. le Premier Président et à M. le Procureur général, qui l'auroient agréé pour continuer et achever ledit traité après la mort dudit sieur de la Marre; que ledit sieur Leclerc, depuis que ledit sieur de la Marre est décédé, a obtenu en son nom le privilège pour l'impression d'un volume dudit Traité; que le Bureau ayant cru qu'aux termes des actes passez avec ledit feu sieur de la Marre, l'Hôtel Dieu devoit avoir la moitié de tout l'ouvrage et de ce qu'il devoit produire pendant 20 années, et après l'expiration des 20 années la totalité tant du fond de l'ouvrage que du produit, le Bureau avoit jugé à propos de former opposition entre les mains du sindic des libraires, à l'enregistrement du privilège obtenu par ledit sieur Leclerc, mais que ledit sieur Leclerc ayant présenté un mémoire des dépenses par luy faites pour parvenir à la composition dudit volume, desquelles dépenses il prétendoit être remboursé par l'Hostel Dieu s'il vouloit user de son droit; ce qui n'ayant été trouvé avantageux pour l'Hostel Dieu, attendu que les dépenses montent à une somme considérable, et qu'il y a sujet d'appréhender qu'elles n'excèdent ce que le débit du Traité de la police pourroit produire, la Compagnie a arresté qu'il sera incessamment donné audit sieur Leclerc une main levée de l'opposition formée au nom de l'Hostel Dieu à l'enregistrement dudit privilège, et que monsieur le Receveur payera audit sieur Leclerc, sur le mandement de M. le Premier Président et de M. le Procureur Général, la somme de 5,000 livres par an pour ce qui en est écheu jusqu'à présent, si M. le Premier Président et M. le Procureur général trouvent à propos de la luy accorder. Lequel payement luy sera continué sur de pareils mandemens pour ce qui échera jusqu'au 10 février 1736 que tous les payemens doivent cesser, à condition que le sieur Leclerc ne poura présentement ny à l'avenir prétendre aucune autre chose contre l'Hostel Dieu, sous prétexte de dépenses par luy faites, ny pour quelqu'autre cause que ce soit. Pour raison de quoy il sera passé un acte par devant notaire.

(31 août.) M. de Tillières ayant presté au Parlement le serment accoutumé, en qualité d'administrateur de l'Hostel Dieu, il a pris aujourd'huy séance au Bureau pour la première fois.

(12 novembre.) Les chirurgiens externes de l'Hostel Dieu sont venus et ont dit, que depuis quelques jours, plusieurs d'entr'eux ont été insultés dans les rues de Paris par des particulliers qui enrollent, et qui vouloient les conduire par force dans des fours; qu'ils ont eu beaucoup de peine à s'échapper de leurs mains; qu'estant obligez de se trouver tous les jours à l'Hostel Dieu dès cinq heures du matin, ils ne pourroient pas y venir en sûreté ny continuer leur service, si le Bureau n'avoit la bonté de les garantir de ces insultes et de les mettre à couvert du risque qu'ils courent d'être enlevez. Sur quoy leur a été dit que la Compagnie feroit attention à leurs représentations. Et eux retirez, la matière mise en délibération, a esté arresté de faire imprimer incessamment des certificats qui seront signés par messieurs Garnot, Vigneron et Thiroux, commissaires, contenant que celuy desdits chirurgiens qui en sera porteur est du nombre des chirurgiens receus et travaillans actuellement dans l'Hostel Dieu, desquels certificats ainsy signés il en sera délivré un à chacun desdits chirurgiens; qu'il sera fait une liste générale qui sera pareillement certifiée par les sieurs commissaires, de tous les chirurgiens receus et travaillans dans la maison pour être remise avec un imprimé desdits certificats, et autant de la présente délibération, signée du greffier du Bureau, à M. le lieutenant général de police, qui sera prié en même tems de vouloir bien interposer son autorité pour empescher que ces chirurgiens, dont le service est absolument nécessaire aux pauvres de l'Hostel Dieu, soient inquiétés et exposés à ces insultes. Messieurs les commissaires ont été priez de tenir la main à l'exécution de la présente délibération, ce qu'ils ont promis de faire.

(12 novembre.) A été dit que la nommée Mathé a été envoyée à l'Hostel Dieu de la part de M. le lieutenant général de police pour y être soignée, que ce magistrat a mandé à l'Inspecteur que cette malade lui était fort recommandée par S. A. S. monseigneur le comte de Charolois, mais qu'il se trouve que l'infirmité de cette malade est une paralisie des plus complettes, et par conséquent une maladie des plus incurables; sur quoy a été observé que l'Hostel Dieu n'ayant été fondé et établi que pour y recevoir tous les malades dont les infirmités peuvent être guéries, ce seroit s'écarter de l'esprit et de l'objet de la fondation d'y admettre des personnes affligées de maladies incurables; qu'il arriveroit que la plus grande partie des lits ne se trouvant à la fin remplis que par des incurables qui peuvent vivre très longtems avec leurs infirmités, sans espérance de guérison, et sans qu'il soit possible de la leur procurer, il ne resteroit plus de place pour recevoir les autres malades ordinaires qui, n'ayant plus ce secours, périroient misérablement; que c'est dans

cet esprit de la fondation qu'il est d'usage à l'Hostel Dieu, lorsqu'un malade d'une maladie ordinaire et guérissable et reçeu dans l'Hostel Dieu, vient à y être attaqué d'une maladie incurable, qu'on l'envoye aussitôt à l'Hôpital Général, pour faire place à un autre malade de la qualité de ceux qui doivent être admis, et qui puisse être guéry; qu'il est très important de ne point s'écarter de la règle et de l'usage; a été arresté qu'on représenteroit à monsieur le lieutenant général de police que ladite Mathé ne pouvoit pas rester dans l'Hostel Dieu par toutes les raisons cy dessus, et qu'on ne pouvoit pas se dispenser de l'envoyer à l'hôpital, à moins que ses parens ne voulussent la retirer.

104ᵉ REGISTRE. — ANNÉE 1735.

(4 janvier 1735.) Par un extrait tiré des registres de l'Hostel Dieu, il paroit que le premier janvier 1734 il y avoit 2,225 malades, que pendant le cours de ladite année on en a receu 16,847 et qu'il en est né 1,302 enfants, ce qui compose en total 20,374 personnes; que dessus ce nombre il en est mort 3,148 et que, comme il n'en restoit le dernier décembre que 2,545, il en est sorty 14,681.

(4 janvier.) Le sieur Lasnier, agent des affaires, a dit qu'il attendoit les ordres du Bureau pour faire assigner en la grande Chambre, la *marchandise de poisson de mer* pour être condamnée à payer les droits féodaux dûs sur cette marchandise aux pauvres de l'Hostel Dieu de Paris, sur quoy monsieur Houdiart ayant représenté qu'il convenoit surseoir jusqu'à ce que M. le Premier Président, auquel il avoit eu l'honneur de parler de cette affaire, eût pris des mesures avec M. le président Lepelletier qui préside à la Chambre de la marée; la Compagnie a arresté de différer les poursuites de cette affaire, jusqu'à ce que M. le Premier Président en ait conféré avec M. le président Lepelletier.

(11 janvier.) Lecture faite d'une lettre du 3 du présent mois, écrite à monsieur Angot, par laquelle le sieur Alexander marque qu'une compagnie de gentilhommes anglois, qui a entrepris l'exploitation des mines du comté de Bourgogne et provinces d'Alsace, fait une charité de 100 livres par an à l'Hostel Dieu de Paris, et que le porteur de la lettre doit remettre à M. Angot 200 livres pour les années 1733 et 1734, a été arresté de recevoir cette charité et d'en remercier la compagnie des sieurs gentilhommes anglais.

(18 janvier.) Mémoire concernant une nouvelle manière de faire les vendanges à Champrosay sans le secours des hotteurs et d'accélérer le travail en diminuant considérablement la dépense. *La quantité des vignes que l'Hostel Dieu fait valoir à Champrosay peut mettre à cet égard l'Hostel Dieu en parallèle avec ceux qui se trouvent dans les plus grands vignobles*, où l'on ne se sert point de hotteurs, où du moins de très peu, les uns se servant de tonneaux dans des charettes pour les endroits éloignés et les autres de baquets que l'on charge sur des chevaux ou sur des asnes. De ces trois manières, celle qui paroît le mieux convenir à l'Hostel Dieu est celle des baquets, voiturés par des asnes, à cause de la proximité des vignes, y en ayant très peu d'éloignées. Cela posé comme certain, faisant faire 24 baquets de deux hottées chacun, les distribuant de manière qu'il y en ait 12 dans la vigne vuides, placés de deux en deux rayons et étant pleins, chargez sur six asnes et remplacés par 12 autres vuides, cela doit opérer le même travail que feroient 48 hotteurs, sçavoir, 24 qui porteroient chacun leur hotte et 24 autres qui seroient continuellement dans la vigne, à attendre que leurs hottes fussent pleines, pour les porter à leur tour, et l'on ne se trouveroit pas dans la peine où l'on a été jusqu'à présent par la malignité des hotteurs, d'être obligé de crier après eux et d'attendre des heures entières, pendant lequel tems les vendangeurs se trouvent hors d'état de travailler, ayant leurs paniers, et même les femmes leurs tabliers pleins, sans savoir où mettre le raisin. Cecy quoique démontré clairement est néantmoins susceptible de plusieurs objections; il s'agit de les résoudre, pour connoître parfaitement l'utilité que l'on trouvera si l'on change la manière de faire ce travail, comme l'on se le propose. La première objection que l'on peut faire est que ces asnes et ces baquets semblent opérer la plus grande partie du travail que l'on a jusqu'à présent fait faire aux hotteurs. Il est facile d'y répondre; six ou huit hommes au lieu de 40 peuvent supléer aisément à tout le reste sans être surchargés, c'est ce qu'il convient d'entendre. De ces 6 ou 8 hommes, si l'on suppose 8, il y en aura un qui conduira les 6 asnes qui porteront les 12 baquets pleins, un qui sera à la cuve pour luy aider à les décharger, deux à la fouloire pour fouler la vendange, et les 4 autres ne quiteront pas la vigne et serviront à prendre les paniers pleins des vendangeurs éloignés des baquets pour les vuider, et aider, au retour de celuy qui conduit les asnes, à recharger les baquets qui se trouveront pleins. Et ces huit hommes pourront changer entr'eux leur travail, et le faire alternativement,

afin que chacun d'eux porte également leur part de la peine et de la douceur du travail. Une autre objection que l'on peut faire : les hotteurs portoient les vendanges dans les fouloirs, comment y portera-t-on ces baquets, qui pezeront plus du double de ce que les hotteurs y portoient d'une échelle. Le dessein attaché au présent mémoire, du premier coup d'œil fait voir avec quelle facilité l'on y peut supléer. A est une espèce de chandelier de charpente que l'on peut transporter et placer où l'on voudra, qui sera solide par son assiette. B est une fourchette de fer qui se place en haut de ce chandelier. A l'extrémité des deux branches de cette fourchette sont deux trous dans lesquels passent les deux tourillons de la pièce de fer C en forme de goutière pour faciliter l'écoperche D de se baisser et hausser facilement. L'écoperche D est de la longueur de 14 pieds, se pose et s'attache sur la pièce C où se trouve le point d'appuy, duquel la ligne verticale de direction passe au centre du chandelier. L'écoperche D se divize en deux parties au point d'appuy, scavoir 6 d'un costé et 8 de l'autre, pour luy donner plus de longueur de levier afin de relever plus facilement le baquet qui se mettra au crochet E, à l'extrémité de la partie de 6 pieds; et à l'extrémité de la partie de 8 pieds sera la chaisne de fer F pour faciliter à un homme seul, qui sera plus que suffisant, d'enlever le baquet G, pour le pouvoir porter au bord de la fouloire H, placée sur la cuve I. La fourchette B aura seulement sa tige de 9 à 10 pouces qui se placera dans un étuy de cuivre G, dont le fond formera sa crapodine, sur laquelle la tige de fourchette, comme un pivot, tournera si aisément que les deux fouleurs pourront sans beaucoup de peine la vuider, ce qui étant fait pour un se fera facilement pour tous les autres baquets qui auront été déchargez. L'on peut faire encore une autre objection et dire : le travail cy-dessus se doit faire sans discontinuation. n'ayant suposé que 8 hommes, où prendrez-vous ceux qui sont nécessaires dans le tems où vous en aurez besoin pour vuider la cuve. La machine servira à vuider et mettre sur le pressoir le marc bien plus promptement. Pour dresser et tailler les marcs, quatre hommes sufisent et 6 ou 8 pour les serrer; dans ce cas les 4 hommes que l'on a cy dessus placés dans la vigne, et dont l'on poura se passer pour le tems, pouront être détachez, et avec d'autant plus de raison que ces 4 hommes n'y sont nécessaires en partie qu'à cette considération; et lorsqu'il sera question de les serrer, l'on sera seur d'avoir les deux fouleurs, et l'homme qui reste au cellier pour les baquets, qui formeront le nombre de sept. Le tonnelier qui est toujours présent pour le huitième, sans les survenans qui se rencontrent en pareille occasion, en mettant à cet égard les choses à toutes extrémité, il sera facile d'en trouver tant que l'on en aura besoin, n'y ayant qu'à détacher quelques vendangeurs pour le moment. Ce que dessus semble sufisant pour faire connoître que l'avantage de ce projet établira un meilleur ordre, que le tout se fera avec bien moins d'agitation et de peine, mais encore qu'il s'y trouve un grand avantage par raport à la célérité du travail. Il n'est plus question présentement que de faire voir quel peut estre celuy par raport à la dépense, en voicy le calcul. L'on a coutume de payer un hotteur sur le pied de double de ce que l'on paye les vendangeurs, suivant le prix de cette année, l'on a donné six sols aux vendangeurs, ainsi que pour chaque hotteur 12 sols. Ils font 4 repas et mangent plus de viande pendant le tems des vendanges qu'ils ne font dans tous les autres tems de l'année. Ils ont deux grands repas, le diné et le soupé; aux deux autres on leur donne du fromage. La viande et le fromage ne peuvent être estimés moins pour chacun de 10 sols. On leur donne 4 miches par jour que l'on n'estimera, eu égard au temps, qu'un sol chacune, ce qui est pour chacun 4 sols. On a soin de leur réserver du vin vieux, et dans le païs on n'en auroit pas de semblable à six sols la pinte, on leur en donne chacun 2 pintes, sans compter le vin nouveau qu'ils boivent dans les celliers, sans pouvoir l'éviter pour ces 2 pintes de vin vieux seulement 12 sols. Suivant le calcul, un hotteur coûte par jour 1 livre 18 sols, 40 hotteurs coûtent par jour 76 livres; 40 hotteurs pendant 10 jours coûtent 760. Il ne s'agit plus présentement que de savoir ce que coûteroient les 8 hommes et les 6 asnes. Les 8 hommes sur le même pied que ceux cy dessus coûteront par jour 15 livres 8 sols, le louage des 6 asnes à 10 sols par jour 3 livres; pour leur nourriture à 5 sols par jour, les 6, 1 livre 10 sols; les huit hommes et les six asnes coûteront par jour 19 livres 18 sols et pendant 10 jours 199 livres. Il résulte de ces deux calculs que les 40 hotteurs doivent coûter 760 livres, les huit hommes et les 6 asnes 199 livres, partant la différence est de 561 livres.

(27 avril.) A été arresté que le sieur Bertrand remplira la place de médecin ordinaire de l'Hostel Dieu, vacante par la mort du sieur Afforty père.

(27 avril.) A été dit que la nomination du sieur Bertrand à la place du médecin ordinaire de l'Hôtel Dieu faisoit vaquer une place de médecin expectant, que le sieur Seron, qui étoit aussy médecin expectant, se trouvoit souvent détourné par des affaires domestiques qui l'occupoient entièrement et ne luy laissoient pas le temps de vaquer au soulagement des pauvres; qu'il s'agissoit d'examiner s'il étoit à propos de remplir uniquement la place du sieur Bertrand, ou s'il convenoit d'augmenter le nombre des médecins expectans et de choisir ensuite, entre les différens sujets qui se présentoient, ceux sur qui

on pourroit jetter les yeux. Sur quoy messieurs les commissaires ont dit qu'ils voyoient avec peine que l'assiduité des médecins de l'Hostel Dieu n'étoit pas souvent telle, qu'il seroit à désirer pour le soulagement des malades; que quelques uns manquoient aux visites qu'ils sont obligés de faire tous les jours, qu'à la vérité ils en donnoient avis alors à un des expectans qui les remplaçoit, mais que cette ressource, nécessaire dans les cas de maladie du médecin, étoit quelquefois si fréquente qu'il y avoit lieu de craindre qu'on ne préférât souvent des occupations plus honorables à celles qui seroient sans doute plus méritoires, n'ayant pour principal objet que la charité; qu'on éprouvoit encore dans l'Hostel Dieu plusieurs inconvéniens, et de ce que l'heure de la visite des médecins n'étoit ny fixe ny uniforme, et de ce que pressés quelquefois par des malades de considération, qu'on croyoit mériter quelque préférence, on n'aportoit pas toujours un tems assez considérable pour les visites d'un aussy grand nombre de malades que ceux qui sont dans l'Hostel Dieu. On a ajouté que ces abus pouvoient naître de deux raisons principales, l'une qu'il n'y a jamais eu de règlement général de l'Hostel Dieu pour les fonctions des médecins, l'autre de ce que la rétribution de 400 livres par an étoit bien médiocre; que par raport au premier objet on trouvoit quelques articles concernant les médecins répandus dans plusiurs délibérations qui sont sur les registres depuis plus d'un siècle, mais qu'outre que ces points arrestés dans ces délibérations, ne renferment tout ce qu'il sembloit nécessaire de décider sur ce sujet, il paroissoit que pour maintenir l'ordre et la règle, il étoit indispensable de rassembler tout ce qui peut se trouver d'utile dans ces délibérations, et d'y ajouter encore ce que le Bureau jugeroit convenable pour former une éspèce de corps complet de règlement sur un objet si important; et qu'à l'égard des honoraires, qu'on pouroit examiner s'il ne conviendroit pas de les augmenter, ayant été autrefois à 600 livres, dans un tems où cette somme pouroit égaler et aller même au delà de 1,000 livres pour le tems présent; qu'enfin il y avoit lieu de réfléchir s'il ne conviendroit pas d'avoir un ou plusieurs médecins résidens dans l'Hostel Dieu, sans pouvoir voir aucun malade en ville, ainsy que cela avoit été pratiqué pendant près de 70 ans, pendant lesquels un seul qui demeuroit dans l'Hostel Dieu, faisoit tout le service avec succès, quoiqu'il y eut quelquefois jusqu'à 2,000 malades; que si l'on préféroit au contraire l'état actuel, d'avoir des médecins de la ville pour médecins ordinaires de l'Hostel Dieu, il restoit à délibérer tant sur le nombre des expectans qu'on croiroit nécessaire, ce nombre ayant varié, que sur les fonctions et sur la question de savoir si on leur donneroit des apointemens, au lieu qu'ils ont servy jusqu'à présent sans aucune rétribution, et comme

tous ces objets ont paru mériter un long examen et une discussion très ample, soit des anciennes délibérations, soit de tous les motifs qu'on peut avoir pour embrasser les différens partis qui peuvent être proposés, ce qui seroit difficile de faire au Bureau; a été arresté que messieurs les commissaires examineront avec M. le Procureur général tous les points proposés dans la présente délibération, pour y être sur leur raport statué à la huitaine.

(3 mai.) A été dit par M. Garnot qu'en venant au Bureau, il est entré dans l'Hostel Dieu, où étant, on l'a averty qu'il y avoit du désordre à la porte de la salle des taillez, qu'il y a monté sur le champ et a trouvé que la porte de cette salle qu'on avoit fermée, comme on l'observe en de pareilles occasions, pour faire avec plus de tranquilité l'opération de la taille à trois femmes, venoit d'être forcée par plusieurs particuliers, qui s'y étoient attroupés, ce qui causoit dans cette sulle beaucoup de rumeur et de confusion; que s'étant informé des personnes qui avoient veu comment les choses s'étoient passées, il auroit seu que le suisse, suivant les ordres qu'il en avoit du Bureau, s'étant rendu à cette porte des taillés, et faisant tous ses efforts par menaces, et sans user d'aucuns mauvais traitemens, pour écarter cette multitude, et ne laisser que ceux qui en ont le droit, Louis François de la Caille, chirurgien de la maison et le dernier des compagnons s'étoit joint à cette multitude d'étrangers, avoit tiré l'épée du ceinturon du suisse, pendant les mouvemens qu'il faisoit pour garantir la porte, et l'avoit à la fin forcée, conjointement avec les étrangers; que luy monsieur Garnot étant entré dans la salle, il en a fait sortir tous les étrangers; qu'il est important de ne pas souffrir de pareilles violences, qui tendent à perpétuer un désordre qui s'est introduit dans l'Hostel Dieu, et auquel on s'efforce de remédier; que ce désordre consiste en ce que ces particuliers de dehors, qui s'introduisent ou par surprise ou par force dans les endroits où se font les principales opérations, s'emparent des places les plus voisines des personnes sur lesquelles on doit opérer, montent sur les lits des malades, sans égards ni ménagemens, souvent marchent ou s'appuyent sur les pauvres couchés dans les lits, dont quelques uns ont été grièvement blessés, et d'autres ont beaucoup souffert, gesnent et fatiguent les opérateurs et ceux sur qui on opère, par ces approches inconsidérées, et ne laissent pas mesme aux chirurgiens de la maison la liberté de voir les opérations et de donner les secours nécessaires à l'opérateur et aux malades; que ce désordre et les plaintes réitérées qui en ont été faites, et par les chirurgiens de la maison et par les religieuses, a déterminé le Bureau de faire tenir fermées les portes des salles où se doivent faire les grandes opérations dans les temps surtout où on

opère; d'ordonner au suisse de garder la porte pendant la durée de l'opération, d'en interdire l'entrée à tous les gens de dehors et de n'y laisser entrer que les chirurgiens de la maison; que ce qui vient de se passer est une espèce de sédition qui tend à rendre inutiles les précautions qui ont été prises; que de la Caille est inexcusable de s'estre joint aux séditieux, de les avoir animés par son exemple, d'avoir insulté et désarmé le suisse, d'avoir forcé la porte avec les autres; qu'il est d'autant plus blâmable que, suivant les témoignages des personnes présentes, les mouvemens que se donnoit le suisse n'étoient que pour écarter les étrangers, et luy faciliter à luy-même l'entrée dans la salle; qu'il sait bien qu'on ne la refuse point aux chirurgiens de la maison et surtout aux compagnons, du nombre desquels il est; qu'il paroît d'autant plus indispensable de faire un exemple, que depuis quelque temps les compagnons et les commissionnaires ont fait des cabales, et tenu une conduite également contraire à la subordination et au bien du service. Après que messieurs les commissaires ont dit qu'ils croyoient absolument nécessaire de renouveller les précautions pour empescher la continuation du désordre de la part des étrangers, et qu'il leur seroit impossible de maintenir la règle et la discipline parmy les chirurgiens de la maison, si on n'usoit pas de sévérité dans cette occasion, a été arresté que lorsqu'il sera question de faire quelque opération, et quelque tems avant qu'on la commence, l'Inspecteur fera sortir de la salle où l'on devra opérer tous les gens de dehors et inutiles; qu'il en fera ensuite fermer la porte et y placera le suisse, qui y restera jusqu'à la fin de l'opération, et qui ne laissera entrer que les opérateurs, les chirurgiens de la maison et les religieuses de la salle; que si quelque étranger fait du bruit, refuse de sortir, ou veut user de violence, on le conduira dans une chambre de la maison, pour y rester jusqu'à ce qu'on en ait informé l'un de messieurs les commissaires. La Compagnie a congédié ledit de la Caille; elle a nommé pour remplir sa place de compagnon, Louis Florent Deshayes, le plus ancien et le plus capable des chirurgiens commissionnaires, et elle a chargé l'Inspecteur de tenir la main à l'exécution de la présente délibération.

(4 mai.) A été dit par M. le Procureur général que conformément à la délibération du 27 avril dernier, Messieurs les commissaires étant venus chez luy, on y a examiné pendant 2 séances les points agités dans le dernier bureau, et les différens règlemens qui pourroient concerner cette matière; que comme un des principaux objets paroissoit être de décider le nombre de médecins et leur résidence, il avoit cru devoir commencer par exposer ce qui se trouvoit avoir été en usage sur ce sujet à l'Hostel Dieu dans les diférens temps; qu'on voyoit ancienne-ment qu'il n'y avoit qu'un seul médecin résident dans l'Hostel Dieu et qui n'en sortoit point; qu'il avoit 1,200 livres d'apointemens, ce qui seroit à présent un objet fort au dessous du médiocre; qu'ensuite on luy donna un adjoint, en partageant les apointemens entr'eux par moitié; qu'on voit en 1638 trois médecins de dehors à 600 livres chacun d'apointemens; il y avoit alors 2,000 malades; qu'en 1651, 4 médecins surnuméraires offrirent de se joindre aux médecins ordinaires, et de donner leurs services aux pauvres gratuitement, et que c'est la première trace qu'on trouve dans les registres de ces médecins adjoint que l'on a eu depuis plusieurs années à l'Hostel Dieu sous le nom de médecins expectans; qu'en 1656 le nombre des médecins ordinaires fut fixé à 4, en 1661 à 7 et réduit à 6 sur la fin de la même année; qu'en 1666 il n'y avoit sans doute que des médecins ordinaires fixés à 6 quelques années auparavant, puisque M. Fagon qui a eu depuis une si grande réputation, et qui est mort médecin du Roy, demanda alors d'être receu comme surnuméraire, ce qui fut agréé par le Bureau; que quelque temps après il fut proposé par M. le Premier Président de Lamoignon de changer tous les ans de médecins de l'Hostel Dieu; que cela fut ainsy délibéré, et qu'il fut même arresté qu'on ne pouroit les continuer, par la crainte que cela ne fut une espèce de notte, par raport à ceux que l'on ne continuroit pas, et sauf à les choisir de nouveau dans une autre année; que ce changement ne dura pas longtemps; qu'on voit dès 1679 que les médecins étoient fixes, y en ayant dès lors six ordinaires et un expectant; qu'on trouve la même chose en 1682, depuis lequel temps on augmenta d'un expectant, y en ayant en 1684 six médecins et deux expectans; qu'il y en avoit le même nombre en 1687; qu'on y ajouta alors un troisième expectant destiné particulièrement à donner ses soins gratis à l'hôpital des Incurables; qu'on ne voit point quand et par quel motif le nombre des médecins fut réduit à 5; ils n'étoient effectivement que 5 en 1693; qu'on en augmenta à la vérité alors un sixième, mais pour un tems limité; qu'on le supprima ensuite en 1695, au moyen de quoy il ne resta alors que cinq médecins ordinaires; qu'on ne voit pas précisément quand ce sixième médecin a été rétably; qu'il l'étoit certainement en 1707 et qu'il y avoit en même tems deux expectans, qu'en cette même année on porta le nombre des expectans jusqu'à 3, qu'ils furent réduits à 2 en 1709, mais que bientôt après et dans la même année, l'ouverture de l'hôpital de Saint Louis obligea d'avoir 4 expectans et que par la même délibération on arresta qu'il n'y en auroit que deux à l'avenir; qu'en 1714 on rétablit un 7e médecin ordinaire; qu'on voit qu'en 1715 avec les 7 médecins il n'y avoit que deux expectans et qu'on arresta que ce nombre ne seroit point augmenté, conformément à la délibération

de 1709; qu'on les augmenta jusqu'au nombre de 7 en 1721, depuis lequel tems étant décédé des médecins ordinaires, à la place desquels les expectans avoient été choisis, sans qu'on ait pourveu aux places d'expectans, il n'en restoit plus que deux à la mort de M. Afforty, scavoir M. Bertrand, qu'on a choisy au dernier bureau pour remplir la place de M. Afforty, et M. Seron, dont on ne tire pas un grand secours. M. le Procureur général a ajouté qu'après avoir exposé au Bureau les variations survenues sur ce sujet, il croyoit devoir luy rendre compte des différens points qui avoient été agités dans l'assemblée de messieurs les commissaires, les uns plus importans et qui méritoient une bien plus grande attention, les autres qui paroissoient si faciles à décider que leur seule proposition sembloit suffire pour se déterminer; qu'il a paru que dans la première classe il y avoit neuf questions à décider : la première, si on feroit revivre l'ancien usage d'avoir un ou plusieurs médecins résidens dans l'Hostel Dieu; la deuxième dans la supposition qu'on décidât pour l'état actuel, si on auroit des médecins fixes et permanens ou si l'on en changeroit après un an ou deux; la 3e, quel nombre on auroit des médecins ordinaires: la 4e, l'heure à laquelle on les astraindroit de venir à l'Hostel Dieu; la 5e, le temps qu'on exigeroit pour leurs visites; la 6e, si on augmenteroit leurs apointemens; la 7e, le cas où leur absence pourroit être regardée comme légitime, et la précaution qu'il y auroit à prendre, afin que les malades n'en souffrent point; la 8e, sur le nombre des expectans; la 9e, sur la qualité de ceux qu'on recevra, si on se bornera aux médecins de la Faculté de Paris, et si on exigera un certain temps de pratique. Mgr le Procureur général a cru qu'on pourroit renfermer dans la seconde classe les questions suivantes : si on feroit prêter serment aux médecins en les recevant au Bureau; si leurs départemens changeroient tous les mois, ou tous les deux mois; s'il y auroit un département dans lequel l'infirmerie des religieuses seroit renfermée, ou si les religieuses auroient le choix du médecin; si l'assiduité seroit telle que même le jour de Pasques n'en fût pas excepté, la forme de la visite, le registre, le topique et ceux qui accompagneront les médecins, l'assistance d'un médecin à la taille, l'examen des compagnons chirurgiens gagnans maîtrise et de ceux qu'on appelle commissionnaires. Toutes ces questions proposées, on a agité la première, et on a senty tout l'avantage qui résulteroit pour les pauvres d'avoir un ou deux ou même trois médecins résidens dans l'Hostel Dieu, et qui renonceroient à tout exercice de leur profession au dehors, sauf à déterminer des honoraires assés considérables pour attirer de bons sujets et pour les fixer. On a pensé même que ce plan pourroit n'être pas difficile dans l'exécution; qu'en le rendant public, on pourroit espérer qu'il se présenteroit des médecins d'une expérience consommée, et tels que l'on doit les désirer, et on est convenu que ce projet seroit de tous le plus utile aux pauvres malades; mais on a craint aussy qu'il ne falût bien du tems pour trouver des sujets convenables, et qui voulussent se dévouer au service des pauvres; qu'*il falloit que ce fût des médecins capables, d'humeur propre à être dans une maison telle que celle de l'Hostel Dieu, sans femme, sans famille, qui s'assujettissent à ne jamais sortir*, afin d'être en état d'être jour et nuit au service des malades. Et on a bien conceu qu'en attendant que ce projet puisse être exécuté et conduit à sa perfection, les médecins qui font actuellement le service, se voyant sur le point d'être remerciés, pourroient négliger le soulagement des malades, ou les abandonner en se retirant, en sorte que les pauvres risqueroient de se trouver sans aucun secours. C'est par ces considérations qu'on a cru qu'il convenoit de réfléchir encore sur ce projet, et de digérer à loisir les expédiens qu'on pourroit prendre pour y parvenir, mais qu'en attendant, il ne paroissoit pas possible de changer l'état actuel de l'Hostel Dieu, et de ne pas avoir des médecins de dehors. On a agité ensuite la seconde question, si l'on continûroit d'avoir des médecins fixes, ou si l'on en changeroit de tems en tems. On a senty toute l'utilité d'un projet qui, proposé par un magistrat aussi respectable que M. le Premier Président de Lamoignon, renfermoit l'avantage d'un essay qui, faisant connoître la capacité et les talens de plusieurs médecins, pourroit aussy déterminer le choix des meilleurs, lors des élections; mais, on a connu d'un autre côté que si l'on prenoit ce party, il étoit difficile de faire ce changement, à moins qu'on ne changeât à la fois tous les médecins, sans quoy le changement de l'un, pendant que d'autres seroient continués, deviendroit pour le premier une espèce de flétrissure; on a pensé que les mœurs, pour ainsy dire et les manières d'un hôpital, même les maladies et les remèdes ont quelque chose de différent de ce qui se passe ailleurs; qu'il convient mieux au bien des malades d'avoir des médecins accoutumés à l'hôpital et à gouverner ceux qui y sont traités. On a senty enfin les inconvéniens des variations, toujours exposées à des sollicitations et des brigues qui, dans les ouvrages même de pure charité, s'introduisent souvent sans qu'on s'en apperçoive. Ainsy on a arresté de faire quant à présent l'usage des médecins ordinaires, fixes et permanens. Le nombre qui formoit la 3e question n'a pas formé le moindre doute. On n'a pas seulement pu penser que dans un tems où il y a plus de malades qu'il n'y en a eu depuis 20 ans, on pût diminuer le nombre. On n'a pas cru aussy qu'il fût question de les augmenter, les médecins ne le demandant pas eux mesmes. Ainsy on a arresté le nombre à 7 tels qu'ils s'y trouvent actuellement par la nomination faite de M. Bertrand au dernier Bureau pour la place de 7ᵉ médecin, vacante par la mort de M. Afforty. Après ces premières décisions, on a unanimement été d'avis de faire un règlement général qui pût renfermer les principaux articles qui sont répandus dans plusieurs anciennes et nouvelles délibérations, et en y ajoutant ce que la Compagnie jugeroit à propos. Le premier objet du règlement a paru être aussy l'objet de la quatrième question, qui concerne l'heure des visites, et on a trouvé que quand les anciens règlemens ne porteroient pas l'heure de sept heures au plus tard en été, et huit heures au plus tard en hiver, il faudroit l'établir de nouveau; qu'outre que l'heure du matin est la plus propre pour connoître l'état des malades et pour ordonner des remèdes, il est nécessaire que le médecin fasse de ce devoir de charité son premier objet en sortant de sa maison, sans quoy étant ailleurs et souvent chez des malades pressés et de quelque sorte de considération, il n'y auroit plus rien de fixe et d'assuré. Ainsy on a arresté que les médecins seront tenus de faire leurs visites à l'Hostel Dieu, à 7 heures au plûtard en été et à 8 heures au plûtard en hiver. La cinquième question n'a pas paru moins importante et quoiqu'on n'ait rien trouvé de fixe pour la durée des visites dans les anciennes délibérations, on a pensé unanimement qu'il n'étoit pas possible qu'un médecin, quand il n'auroit que 50 malades, puisse les voir en moins de deux heures, et en ne comptant que 150 malades à chaque médecin, c'est n'en compter que 1,050 qui ayent besoin de son secours dans 2 ou 3,000 qui se trouvent dans cet hôpital. Ainsy on a arresté que la visite de chaque médecin sera au moins de 2 heures. On a trouvé à la vérité, en agitant la sixième question, que les honoraires ne répondaient pas à ce qu'il est nécessaire d'exiger d'eux; que 400 livres n'étoient pas une livre chaque visite; et quoique l'honneur et la charité joints à l'intérest de s'instruire soient d'assez puissants motifs pour exiter le zèle des médecins, on a crû que la douceur d'apointemens fixes et proportionnés, et la crainte de les perdre, pouroient n'estre pas nuisibles à l'assiduité, pourveu que les médecins fussent assurés que la négligence de satisfaire au règlement nécessiteroit le Bureau de les remercier. C'est dans ces vues qu'à l'égard des honoraires des sept médecins ordinaires, on a été d'avis de les augmenter, soit jusqu'à 600 livres, tels qu'ils avoient été autrefois, soit à 800 livres ou même 1,000 livres. Enfin on s'est arresté à 1,000 livres, supposé qu'on laissât les expectans sans appointemens, comme ils ont toujours été par le passé, ou à 800 livres, supposé qu'on se déterminât à donner 200 livres aux expectans, question qu'on a réservée, en opinant sur le nombre qu'on en doit conserver. On a délibéré ensuite sur la septiesme question, dont l'objet n'a pas paru difficile à décider. La maladie a paru devoir être la seule cause légitime de l'absence du médecin; et quoiqu'on ait bien pensé qu'il pût arriver des cas tellement imprévus, tels que celuy d'un malade de considération tombé dans un accident subit, d'un voyage d'un jour à Versailles, qu'on ne peut refuser à ceux des médecins de l'Hostel Dieu qui sont en même temps médecins du Roy, on a cependant observé en même temps que ces cas, qui devoient être infiniment rares, ne devoient jamais former une exception dans la loy, sans quoy l'exception anéantiroit l'exécution; que la présence de messieurs les commissaires ne leur feroit pas tirer à conséquence trois ou quatre exemples par an dans des occasions de cette nature, mais que la loy n'en devoit pas moins être générale. On a remarqué en même temps qu'il étoit difficile d'exiger que le médecin, dans le cas nécessaire d'absence, se fît supléer par un autre médecin ordinaire qui se trouveroit alors 4 heures au moins de travail, que c'étoit la fonction réelle et naturelle des expectans; qui devoient être avertis par le médecin. Et on a cru en même temps qu'il étoit nécessaire que l'avis en fût donné à un de messieurs les commissaires pour entretenir la règle. Ainsy on a arresté que les médecins ordinaires ne pouroient s'absenter que pour cause de maladie, dont ils donneroient avis à Mʳˢ les commissaires de la Maison et à celuy des expectans qui sera chargé de les remplacer; après quoy l'heure étant trop avancée, on a remis au premier jour.

(11 mai.) Lecture faite des délibérations prises en assemblée générale le 4 may et au Bureau ordinaire les 6 et 10 du même mois, la Compagnie les a approuvées. On a agité la question des expectans et on a trouvé de très grandes raisons pour ne les conserver qu'au nombre de deux, comme avant la délibération du 3 décembre 1721, ou tout au plus au nombre de 4. On a trouvé aussy des raisons très fortes pour l'exécution de la délibération du 3 décembre 1721, qui les fixe au nombre de 7. On est cependant unanimement convenu que si l'on bornoit l'employ des expectans à suppléer les médecins ordinaires le matin, en cas de maladie et à aller le soir pour visiter uniquement les malades pressés, ou les nouveaux, suivant l'usage présent, deux médecins expectans pouroient suffire; mais on est convenu en même temps que si on suivoit le sistème d'un médecin expectant attaché à un médecin ordinaire, pour faire la visite avec luy, et pour faire aussy chaque jour, le soir, la visite des mêmes malades, il y avoit une nécessité indispensable de faire monter à 7 le nombre des expectans. Dans la première vue ce sistème a paru infiniment avantageux aux pauvres, puisqu'ils seront tous visités deux fois par jour; que l'expectant, instruit des ordonnance du matin, sera en état d'en voir le soir et l'exécution et le succès, et d'en rendre compte le lendemain au médecin

ordinaire. Ce sistème a été combatu par la difficulté d'assujétir les expectans, quelques promesses qu'ils en fassent, à faire deux visites par jour; par la crainte que 4 heures au moins de fonctions chaque jour n'écartent les bons sujets, qui n'auroient plus qu'une très petite pratique dans la ville, par la juste inquiétude que la resource de tant d'expectans ne nuise à l'assiduité des médecins ordinaires, assurés, par le nombre d'expectans, d'avoir toujours des médecins prests à les remplacer. On a ajouté pour cet avis l'usage ancien de n'avoir qu'un expectant ou un très petit nombre dans tout le tems antérieur à 1721; on a même ajouté l'état actuel et permanent depuis plusieurs années, la délibération de 1721 n'ayant été exécutée que dans le tems même qu'elle a été formée, sans qu'on ait pourveu depuis aux places d'expectans qui sont venu à vaquer, ce qui a rendu l'exécution de la délibération purement momentanée. On a répondu pour le projet d'avoir 7 expectans, que le bien qui paroit en résulter pour les pauvres, paroissoit supérieur et aux inconvéniens, et à ce qui résultoit de l'usage ancien et de l'usage présent; qu'il n'y avoit point d'inconvéniens insurmontables, surtout quand il s'agissoit de procurer un très grand bien; qu'on ne pouvoit raisonnablement douter de l'assiduité des expectans, soit qu'on leur donne 200 livres d'apointemens, avec l'attente d'être un jour médecin ordinaire avec 800 livres, soit que travaillant gratuitement ils ayent lieu d'espérer d'être un jour au nombre des médecins avec 1,000 livres d'apointemens; que d'ailleurs le remède au défaut d'assiduité étoit toujours promt, dès qu'on avoit la resource de congédier ceux qui ne seroient pas assidus. On a ajouté que les plaintes du passé devoient engager à essayer un nouveau sistème, qu'on pouroit changer dans la suite, si on n'y voyoit aucun succès; que l'usage ancien parut imparfait en 1721, puisqu'on délibéra de placer 7 expectans, ce qui fut alors exécuté, et que s'ils ont été réduits au petit nombre où ils sont à présent, ce n'a été par aucune délibération, mais par une cessation de nommer, en sorte que la délibération de 1721 subsistante, il sembloit que tout concouroit à la faire exécuter. *On a représenté enfin l'avantage que l'Hostel Dieu, la ville de Paris et tout le royaume pouroient ressentir d'un Journal qui se tiendroit à l'Hostel Dieu, surtout des faits singuliers qu'un des expectans, fixe ou à tour de rolle, pouroit tenir sur la dictée de tous les médecins, qui s'assembleroient une fois la semaine sur ce sujet.* On a observé que dans le nombre infiny des malades qui sont receus dans l'Hostel Dieu, il s'y trouve des maux, des guérisons et des faits extraordinaires qui demeurent ensevelis dans l'oubly, et dont la connoissance, si elle étoit rendue publique, ne pouroit être que très salutaire, tant pour l'instruction des médecins et des chirurgiens, que pour le bien même des pays étrangers, surtout si on jugeoit à propos de le faire imprimer tous les ans. Sur quoy on a balancé entre le party d'une rédaction de tous les faits dans un résultat de l'assemblée des médecins, à jour et à heure fixes, ou en exigeant des médecins, par le nouveau règlement, de même que des chirurgiens, chacun en ce qui les concernoit, de rédiger par écrit ce qui se passeroit sous leurs yeux de plus singulier; de remettre ou tous les mois, ou tous les trois mois, ces observations signées de celuy qui les aura faites, entre les mains de M. le Procureur général qui pouroit en faire usage. Sur quoy a été arresté que le nombre de médecins expectans seroit fixé à sept; que chacun d'eux fera le matin la visite avec le médecin ordinaire, et fera une autre visite, le soir, des mêmes malades qu'il aura vûs le matin, et des nouveaux venus de son département; que chacun des médecins expectans aura 200 livres d'apointemens, et chaque médecin ordinaire aura 800 livres d'apointemens, le tout à comencer du premier juillet prochain; qu'il sera fait en outre un règlement général de tout ce qui peut regarder la fonction des médecins; que les uns et les autres seront tenus de s'y conformer, sinon qu'ils seront remerciez. Et après quoy l'heure étant trop avancée, on a remis au premier jour.

(18 mai.) Après avoir agité la question du Journal, il a été arresté que les sept médecins, tant ordinaires qu'expectans, s'assembleront une fois le mois au moins à jour et heure fixe, auquel ils rassembleront et réuniront en commun toutes les observations qu'ils auront faites journellement par écrit des faits, maladies, et guérisons irrégulières qu'ils auront reconnues dans l'Hostel Dieu, desquelles observations un des expectans, qui sera par eux choisy, fera la rédaction en langue française, pour être remise au Bureau, et y être statué ce qu'il appartiendra, et qu'à cet effet, et pour perfectionner autant qu'il sera possible ce recueil, chaque médecin dans les cas singuliers et extraordinaires, même dans les maladies qu'on poura regarder comme épidémiques, sera tenu d'appeler sur le champ tous les médecins de l'Hostel Dieu, pour visiter ensemble les malades qui seront dans ledit cas, et consulter ensemble sur les remèdes; on a ensuite délibéré sur la question de savoir si on s'assujétira à ne choisir à l'avenir que des médecins docteurs de la Faculté de Paris, ou aggrégés à icelle, et quel tems de pratique on exigera avant que d'en faire le choix, sur quoy a été arresté qu'on ne fera choix que de médecins docteurs de la Faculté de médecine à Paris, ou aggrégés à icelle, et qui auront une réputation et une pratique sufisante pour leur secours puisse être utile aux pauvres. On a agité enfin tous les autres chefs qui restoient à décider de ceux proposés dans l'assemblée du 4 may; sur quoi a été arresté que les médecins seroient reçus au Bureau, mais sans

prestation de serment; qu'ils feroient entre eux 7 départemens, qui seroient changés tous les deux mois, et déposés chaque fois au greffe du Bureau; que l'infirmerie des religieuses ne seroit dans aucun département particulier, au moyen de quoy chaque religieuse malade appelleroit celui ou ceux des médecins qu'elle jugeroit à propos, sans que ce choix pût diminuer l'assiduité du médecin ou des médecins dans leur département. Et le médecin choisy par les religieuses commencera par visiter les malades de leur communauté, avant que de faire sa visite dans les autres salles; que messieurs les médecins tant ordinaires que les expectans seront assidus, et ne pourront s'absenter que pour cause de maladie, même le jour de Pâques; que chaque médecin ordinaire aura le choix d'un garçon chirurgien ou d'un garçon apoticaire de l'Hostel Dieu pour luy servir de topique, qui aura un registre sur lequel seront inscrits chaque jour le nom de chaque malade qu'il aura visité, le numéro du lit, la salle et le remède qui aura été ordonné, ce que le médecin signera à la fin de la visite, après l'avoir relû, pour servir aux religieuses, chirurgiens et apoticaires, à l'effet d'exécuter ce qui aura été ordonné; que les registres, étant remplis, seront déposés au Bureau, pour y avoir recours quand le besoin sera; que les médecins ordinaires et expectans et l'expectant le soir, seront accompagnés, dans toute la visite, de la religieuse infirmière de la salle et du chirurgien de ladite salle, pour rendre compte de l'état du malade; qu'il assistera toujours à l'opération de la taille un des médecins ordinaires au moins; que les médecins viendront au Bureau pour l'examen des compagnons gagnans maitrise et des commissionnaires; qu'ils se conformeront au surplus au règlement de la maison et que messieurs les commissaires s'en informeront exactement, et notamment de l'assiduité des heures et de la durée des visites, pour en être rendu compte au Bureau. On a agité enfin une nouvelle question qui s'est élevée pour savoir si on ne pourroit point avoir un expectant qui couchât toutes les nuits à l'Hostel Dieu, mais la même question a paru mériter assés de réflexion pour la remettre au premier Bureau. On a cependant arresté que le projet de règlement pour les médecins, dressé conformément aux arrestés des délibérations de cejourd'huy et des précédentes, sera communiqué aux sept médecins de l'Hostel Dieu, qui seront entendus samedy à 11 heures sur iceluy, ensemble sur la capacité de ceux qui se présentent pour expectans, après quoy en sera délibéré ledit jour. Ensuit la teneur dudit règlement : les médecins ordinaires et les expectans seront nommés et receus au Bureau général, et installés à l'Hostel Dieu par messieurs les commissaires ou l'un d'eux. Ils visiteront les salles de l'Hostel Dieu suivant les départemens qui seront arrêtés entr'eux et convenus avec messieurs les commissaires, qui les signeront et les remettront au Bureau, en observant dans les départemens que chaque médecin change de salle tous les deux mois. Chacune des religieuses de l'Hostel Dieu pourra choisir tel des sept médecins ordinaires qu'elle voudra, sans que ce choix puisse dispenser celui ou ceux sur qui il tombera de visiter les autres malades des salles, suivant le département, et le médecin choisy par les religieuses commencera par visiter les malades de leur communauté, avant que de faire sa visite dans les autres salles. Chaque visite sera faite par le médecin ordinaire suivant son département, accompagné d'un expectant, et les visites commenceront à 7 heures du matin au plus tard en été, et à huit heures au plus tard en hiver. Ces visites ne pourront durer moins de deux heures. Ils les feront tous les jours sans aucune exception, même les jours de Pâques, festes solennelles, et ils ne pourront se dispenser de les faire que pour cause de maladie seulement. dont ils feront faire l'un de messieurs les commissaires et le médecin expectant, qui auroit dû accompagner le médecin ordinaire, et qui fera en ce cas la visite seul. Ils aporteront toute leur attention à l'examen des malades, et pour ordonner les remèdes convenables à leur soulagement. Lorsque les médecins feront leurs visites des salles de leur département, et même de la salle des blessés et des opérations, ils y seront accompagnés de la sœur infirmière et du chirurgien de la salle, tant le matin que le soir, pour leur rendre compte de l'état des malades. Sera remis à chacun des médecins un registre portatif, paraphé par l'un de messieurs les commissaires. Ce registre sera tenu par l'un des garçons apoticaires, ou chirurgiens de la maison, tel que le médecin le voudra choisir, qui suivra le médecin dans toute la visite, et écrira sur le registre ce qui sera prescrit par le médecin pour le soulagement de chaque malade, dont le nom sera pareillement transcrit sur le registre, de même que la salle, et le numéro du lit où sera couché le malade, et à la fin de chaque visite les médecins signeront leurs ordonnances sur le registre, après les avoir relues dans l'apoticairerie. Aussitôt la visite faite, et les ordonnances relues et signées par les médecins, les registres qui les contiendront seront remis par le topique à la mère de l'apoticairerie, pour y faire préparer les remèdes ordonnés, et les billets que les chirurgiens viennent prendre pour les saignées ordonnées. Quand les registres seront remplis, ils seront portés au Bureau, et remplacés par d'autres pareils registres. Chaque médecin expectant visitera seul le soir le même département qu'il aura visité le matin, pour s'instruire de l'exécution de ce qui aura été ordonné et du succès, même pour ordonner ce qui conviendroit pour les nouveaux venus, ensemble ce qu'il jugeroit nécessaire, en cas de besoin pressant pour les malades qui auroient été veus le matin par les médecins ordinaires, auquel ils rendront compte le lendemain matin, lors de sa visite, de tout ce qu'ils auront cru devoir ordonner. Un médecin au moins assistera aux opérations de la taille, et aux expériences que font ceux des garçons chirurgiens qu'on destine à faire cette opération, dont il donnera son certificat. Tous les médecins tant ordinaires qu'expectans viendront au Bureau, lorsqu'ils y seront appelés pour interroger ceux desdits garçons qui aspireront aux places de compagnons ou de commissionnaires. Chacun desdits médecins observera exactement dans chaque visite ce qui luy paroîtra extraordinaire et singulier, par raport à la nature des maladies, et au succès des remèdes. Il mettra journellement ses observations par écrit, même inviteront chacun d'eux tous leurs confrères dans lesdits cas et dans les maladies épidémiques de voir les malades et de consulter ensemble sur les remèdes, et sera tenu en outre tous les mois à jour et heure fixes une assemblée de tous les médecins, pour par eux réunir toutes leurs observations, et en être dressé un recueil par un des expectans qui sera par eux choisy, lequel sera remis au Bureau. Lorsqu'il vaquera une place de médecin ordinaire, elle sera remplie par un des médecins expectans et on choisira celui des dits médecins qui aura été le plus assidu à remplir ses fonctions, et qui aura marqué plus de zèle pour le secours des malades de l'Hostel Dieu, sans que l'ancienneté de réception dans la faculté ou dans l'Hostel Dieu puisse établir un droit de préférence. Ils se conformeront au surplus aux précédens règlemens. Messieurs les commissaires sont priés de tenir la main à l'exécution du présent règlement, et d'informer tous les mois le Bureau de ce qui se passera à ce sujet.

(26 mai.) A été dit par M. le Procureur général que par des lettres qu'il reçoit tous les jours, on se plaint que dans une infinité d'endroits du royaume, même dans la plupart des villes et bourgs les plus considérables, on manque de sage femmes; qu'il en résulte des accidens fâcheux et très fréquens; que cet objet mérite grande attention; que presque toutes celles qui font leur apprentissage à l'Hostel Dieu sont de Paris et y restent, en sorte qu'il y en a un si grand nombre que la plupart n'y ayant pas d'occupation, ou y vivent dans une extrême misère, ou se livrent à des commerces et des désordres scandaleux; qu'il paroîtroit nécessaire de prendre un arrangement et de voir si, au lieu d'inscrire et de recevoir indistinctement comme on a fait jusqu'à présent, toutes celles qui se présentent à l'Hostel Dieu, pour y apprendre le métier de sage femme, il ne seroit pas plus convenable de n'en admettre qu'un très petit nombre pour Paris, et de remplir les autres places de celles qui seroient destinées pour les provinces, en préférant les lieux où ce secours seroit plus pressant, suivant le compte qu'il pouroit s'en faire rendre, ou par le maire et échevins ou par ses substituts; qu'il seroit peut être difficile que cet arrangement pût se faire à présent, et jusqu'à ce que toutes celles qui sont actuellement inscrites sur les registres de l'Hostel Dieu, et qui ont en quelque façon un droit acquis, ayent fait leur apprentissage; qu'on pouroit toujours quant à présent cesser d'en inscrire aucune, et se contenter de prendre les noms de celles qui se présenteront, pour les luy remettre, lorsqu'il sera question de commencer l'arrangement proposé. A été arresté que jusqu'à ce qu'on ait pu faire un arrangement, pour tâcher de procurer aux différentes provinces et villes du royaume quelque secours pour des sage femmes, on n'inscrira point à l'avenir, à commencer de ce jour, sur les registres de l'Hostel Dieu aucune de celles qui se présenteront pour être apprentisses; que cependant on prendra leurs noms, qualités, origines et demeures, et qu'on gardera note du jour qu'elles se seront présentées, pour le tout être remis à M. le Procureur général, que la Compagnie a prié de vouloir bien réfléchir sur les arangemens qui sont à prendre dans une matière aussy intéressante, pour les proposer ensuite au Bureau et y être délibéré.

(14 décembre.) A été dit par M. Duportault que, par une délibération prise au Bureau de l'archevesché le 26 may 1725, sur la présentation de M. le Procureur général, il a été entr'autres choses arresté qu'à mesure que les occasions se présenteront on continuera d'acquérir aux meilleures conditions que faire se poura les maisons et emplacemens qui environnent l'enclos du prieuré de Saint Julien le Pauvre, et qui sont situez dans les rues Galande, du Fouarre, de la Bûcherie et de Saint Julien le Pauvre; qu'il sera dressé différens plans, relativement soit au terrain dont l'Hostel Dieu est actuellement propriétaire, soit à celuy qui reste à acquérir, de ce qu'on pourra en faire pour le soulagement et la commodité des pauvres malades, ou en continuant les greniers commencés pour renfermer les grains destinez à la consommation de l'Hostel Dieu, ou en élevant d'autres bâtimens également nécessaires et utiles; qu'en se conformant à cette délibération, l'on a jetté les yeux sur deux maisons, rue de la Bûcherie, appartenant au sieur Lemarchand, dont l'une n'est pas encore achevée d'être construite, et où l'on travaille actuellement, lesquelles paroissent absolument nécessaires pour les bâtimens qu'on se propose de faire dans l'enclos de Saint Julien; mais que le sieur Lemarchand, qui en est propriétaire, en demande un prix au delà de leur valeur, et qu'il ne veut même pas vendre ces deux maisons, qu'en mesme tems l'on n'achete de luy une autre maison dans le faubourg Saint Antoine qui luy appartient, et qui n'entre nullement dans le dessein

de l'Hostel Dieu; que cependant il paroît d'autant plus nécessaire d'acquérir ces deux maisons et les autres qui environnent l'enclos du prieuré de Saint Julien, qu'outre les greniers qui ont déjà été construits dans ce terrain pour y renfermer les grains nécessaires pour la subsistance des pauvres, lesquels on pourra augmenter, si on le trouve à propos, et que de plus l'Hostel Dieu est chargé d'exécuter une fondation faite par M. le cardinal Mazarin, lequel a donné une somme de 70,000 livres, pour faire construire dans l'enclos de Saint Julien des bâtimens afin d'y mettre des malades convalescens, qui sortent de l'Hostel Dieu, et dans le même esprit et aux mesmes fins, François Berthelot, et sa femme ont donné en 1674 à l'Hostel Dieu une somme de 60,000 livres, depuis lequel tems l'Hostel Dieu a employé ces fonds à l'acquisition de plusieurs maisons qui environnent le terrain en question, il semble qu'on peut encore porter plus loin ses vues pour le soulagement des pauvres malades de l'Hostel Dieu; qu'il est notoire que le nombre des lits qui sont dans cet hôpital n'est pas suffisant pour y placer les pauvres malades, en sorte qu'on voit avec regret que souvent l'on est obligé de mettre dans un seul lit 4 ou 5 malades, quoiqu'affligés de différentes maladies, et quelquefois davantage; que c'est ce qui excita en..... messieurs les chefs de l'administration de faire construire de nouvelles salles dans un tems où l'Hostel Dieu avoit très peu de fonds; que cependant le Seigneur a béni cet ouvrage, et les nouvelles salles ont été faites, ce qui a procuré une plus grande commodité pour les pauvres malades, mais que cela n'est pas encore suffisant, à cause du grand nombre de malades qui augmente tous les jours. C'est pourquoy il conviendroit d'augmenter le nombre des salles; qu'il n'est pas possible d'exécuter ce projet dans le terrain qui est actuellement occupé par l'Hostel Dieu, parce que d'un côté il est borné par la rivière, et d'un autre costé par la rue de la Bûcherie, de sorte qu'il ne paroît pas d'autre moyen, pour faire construire ces nouvelles salles, que dans l'enclos du prieuré de Saint Julien, lequel est séparé des bâtimens de l'Hostel Dieu par la rue de la Bûcherie, mais que l'on pouroit faire une arcade sur la rue de la Bûcherie, le long de laquelle sont les dernières salles de l'Hostel Dieu, par laquelle arcade l'on transporteroit facilement les malades de l'Hostel Dieu; qu'il est aisé de concevoir qu'en augmentant le nombre des salles, et par conséquent des lits, on procureroit aux malades de plus grandes commoditez; qu'il est vray que cela ne peut produire qu'une très grande dépense; mais outre que les administrateurs de l'Hostel Dieu par leur économie ont quelques fonds, et que d'ailleurs l'on ne fera pas les nouvelles salles dans un même temps, il y a lieu d'espérer du zèle des personnes charitables qu'elles se porteront à contribuer à cette dépense, et l'on doit même présumer que le Roy voudra bien entrer dans des vues si utiles au public, et si glorieuses pour la religion; sur quoy a été arrêté qu'on fera incessamment des diligences pour acquérir les deux maisons sises rue de la Bûcherie, appartenantes au sieur Lemarchand; qu'à cette fin il sera fait un mémoire en réponse aux propositions dudit sieur Lemarchand, dont une copie sera remise à M. le Premier Président et l'autre à M. le Procureur général, la Compagnie les ayant priez de vouloir bien employer leurs bons offices pour faire valoir auprès des sieurs Marchand et de Farcy les motifs d'utilité et de nécessité publique, ce qu'ils ont promis de faire; qu'on fera pareillement des diligences pour l'acquisition des autres maisons qui environnent le terrain de l'Hostel Dieu appartenantes à la nation allemande, à la nation de Picardie et à d'autres personnes, soit par la voie d'échange ou autrement. Que cependant dès à présent l'Inspecteur des bâtimens de l'Hostel Dieu dressera un plan relativement au terrain dont l'Hostel Dieu est présentement propriétaire dans ce canton, et à celuy qui reste à acquérir, des bâtimens qu'on y poura faire, soit pour augmenter les greniers commencés pour renfermer les grains destinés à la consommation de l'Hostel Dieu, pour faire la construction des bâtimens nécessaires pour y mettre les convalescens qui sortiront de l'Hostel Dieu, pour satisfaire à la fondation de M. le cardinal de Mazarin et du sieur Berthelot, comme aussy des nouvelles salles pour y mettre les pauvres malades, à mesure que l'Hostel Dieu aura des fonds pour fournir à cette dépense; lequel plan sera communiqué aux personnes les plus expérimentées, tels que M. de Bosfranc et autres, qui seront priez de voir eux mêmes les lieux pour donner leur avis sur tout ce qui se peut faire par raport aux objets cy-dessus, et en dresser les plans, lesquels seront remis à M. le Procureur général, pour être ensuite délibéré au Bureau sur les résolutions qui seront à prendre.

105ᵉ REGISTRE. — ANNÉE 1736.

(24 janvier 1736.) Madame la princesse de Nassau est venue au Bureau, et a dit qu'elle sait qu'elle est débitrice envers l'hôpital des Incurables d'une somme considérable pour loyer de la maison appartenante audit hôpital, qu'elle a occupée et dont luy a été passé bail, qu'elle est hors d'état à présent de s'acquitter et de satisfaire à

ce qu'elle doit par la situation de ses affaires; qu'elle a actuellement un procès pendant au Châtelet avec M. le marquis de Nesle, son frère, pour raison des droits successifs à elle appartenant dans les successions communes de leurs ayeux, du succès duquel il doit luy revenir des sommes considérables, qu'elle se propose d'employer d'abord au payement de ce qu'elle doit audit hôpital, qu'il est par conséquent de son intérest, aussy bien que du sien, que ce procès puisse être promptement jugé; que pour y parvenir et éviter un degré de juridiction, elle prioit le Bureau de vouloir bien intervenir dans ce procès, et de le faire évoquer au Parlement, où l'hôpital a ses causes commises, offrant de consentir que sur les premiers deniers qui en proviendront, soit pour provision ou autrement, l'hôpital soit payé de tout ce qui peut luy être deu. A été arresté que l'hôpital des Incurables interviendra dans le procès en question, pendant au Châtelet, qu'il fera ensuite évoquer à la grande chambre, et à cet effet, la Compagnie a chargé le sieur Lasnier de dresser la requeste d'intervention, qu'il communiquera à monsieur Vigneron, et a donné pouvoir à M. Gagnat, procureur en la cour, de signer ladite requeste d'intervention, et de faire tout ce qu'il conviendra pour ladite évocation.

(8 mai.) Sur le raport de M. Vigneron que mademoiselle Chaloppin, fille majeure se présente pour être receue et avoir la conduite et direction des femmes et des filles convalescentes sortant de l'Hostel Dieu, en la place de mad^lle Colombet décédée, et qu'elle a dit avoir été agréée par monsieur de Fieubet, auquel et au Bureau conjointement le droit de nomination appartient; la Compagnie, ayant fait entrer ladite d^lle Chaloppin, l'a aussy agréée, et elle a arresté de signer l'acte de nomination conjointement avec M. de Fieubet.

(4 juillet.) Monseigneur Le Peletier ayant été nommé Premier Président du Parlement, à la place de feu M. Portail, il a pris séance au Bureau pour la première fois.

(1er août.) A été arresté que le sieur Col de Villars remplira la place de médecin ordinaire vacante par le décès du sieur Delaleu, et étant entré, monseigneur l'archevesque luy a fait part de la résolution du Bureau, et l'a exhorté de continuer d'assister les pauvres avec le même zèle et la même charité que par le passé.

(14 août.) A été dit par messieurs les commissaires qu'encore que par de précédentes délibérations, il ait été arresté qu'on ne souffriroit point de chiens dans l'Hostel Dieu, cependant aujourd'huy, par la négligence ou la tolérance des portiers et des domestiques, il s'y en trouve une quantité excessive; que ces animaux nouris dans la maison se sont fixés dans les différentes salles et se retirent sous les lits des malades; qu'outre la disipation et la consommation considérable d'alimens qui se fait à cette occasion, le séjour de ces chiens, qui sont en très grand nombre, cause une infection très préjudiciable et très contraire à la guérison des malades; que souvent ils troublent leur repos soit dans le jour, soit pendant la nuit en se battant et en aboyant; qu'il arrive d'ailleurs qu'ils sortent de dessous les lits et mordent ceux ou celles qui assistent les malades; qu'ils viennent se mettre dans les jambes des passans et mesme des prestres, lorsqu'ils portent les sacremens dans les salles; qu'il pouroit en arriver encore de plus grands inconvéniens; qu'il est nécessaire de les prévenir, non seulement en expulsant tous les chiens qui sont actuellement dans l'Hostel Dieu, ou en les faisant mourir, mais encore en prenant toutes les précautions convenables pour empescher qu'à l'avenir il ne s'y en introduise aucun. A été arresté qu'on ne souffrira plus aucun chien dans l'Hostel Dieu; qu'on se défera de tous ceux qui y sont actuellement, de la manière que Messieurs les commissaires estimeront la plus promte et la plus seure; que les portiers n'en laisseront point entrer à l'avenir; qu'aucun domestique ne poura en avoir et en introduire à peine d'être chassé; qu'afin que les gens du dehors n'en amènent point, et que le public en soit instruit, la présente délibération sera imprimée et affichée à toutes les portes et dans toutes les salles de l'Hostel Dieu, et l'Inspecteur des salles chargé de tenir exactement la main à son entière exécution.

(21 août.) A été dit par M. Vigneron qu'il appartient à l'Hostel Dieu la seigneurie et la justice sur des maisons et héritages sis à Mainville et à Champrosay, près la forest de Senas et aux environs; que les religieux de Sainte Geneviève, les dames religieuses de Poissy et autres prétendent pareillement avoir la seigneurie et la justice sur d'autres héritages situez dans ces mesmes cantons; qu'il y a depuis longtemps une grande confusion pour l'exercice et l'application de tous ces différens droits respectifs, ce qui en rend l'exercice et la perception presque impossible aux uns et aux autres; qu'il seroit important de travailler à les éclaircir; que les religieuses de Poissy et les religieux de Sainte Geneviève proposent de se réunir à cet effet, qu'il y a de la part de l'Hostel Dieu un préalable, qui est que les droits étant fondés sur des titres très anciens, latins et françois et très difficiles à déchiffrer, il seroit à propos de les faire transcrire et copier par quelqu'un exact et bien versé, ce qu'il seroit très utile et très nécessaire de faire faire pour tous les titres des autres biens fondez appartenans à l'Hostel Dieu; *que monsieur Lancelot, inspecteur du collège royal,*

commis par le Roy pour travailler au trésor des chartres s'est offert, par charité pour les pauvres, de faire faire sous ses yeux les copies de ces titres, et de les vérifier ensuite, ce qui mettra le Bureau en état d'en tirer des copies collationnées et autentiques, dont on pourra se servir dans le besoin, sans déplacer les originaux. A été aresté qu'on se joindra aux religieux de Sainte Geneviève et aux dames de Poissy pour tâcher, par la communication respective des titres, d'éclaircir et de distinguer les droits de l'Hostel Dieu; que pour se mettre en état d'y parvenir, on fera incessamment transcrire les titres qui regardent Champrosay et Mainville pour en faire faire ensuite des copies collationnées, ce qui s'exécutera ensuite par raport aux titres des autres terres; que monsieur Lancelot sera remercié et prié au nom du Bureau de vouloir bien souffrir que ces copies se fassent sous ses yeux, et M. Vigneron a été chargé de suivre l'exécution de la présente délibération.

(22 août.) A été dit par M. Duportault que l'objet principal de l'assemblée est le choix d'un médecin expectant, au lieu du sieur Col de Villars, qui a été nommé pour remplir la place de médecin ordinaire vacante par le décès du sieur Delaleu; que ce choix n'a été différé que pour avoir le tems de s'instruire de la capacité des différens sujets qui se sont présentés; que les médecins ordinaires de l'Hostel Dieu ont été avertis de se trouver icy aujourd'huy, pour être entendus sur la connaissance qu'ils peuvent avoir de ces sujets, et qu'ils attendent que la Compagnie veuille les faire entrer, sur quoy monseigneur le Premier Président a dit qu'attendu l'absence de monseigneur l'Archevesque, de messieurs le lieutenant général de police et le Prévot des marchands, s'agissant d'une chose intéressante pour le bien des pauvres, il croyoit qu'on pouvoit remettre la délibération à la quinzaine; que cependant puisque les médecins ordinaires avoient été avertis et étoient venus, on pouroit, si la Compagnie le jugeoit à propos, les faire entrer et les entendre, et après qu'il a été arresté de remettre à la quinzaine le choix de l'expectant et d'entendre les médecins, quelques uns de Messieurs ont observé qu'il y avoit un préalable à régler, qui étoit de savoir si, comme le demandoient les médecins, on les feroit asseoir, ou si on les entendroit debout. Après que chacun a dit ce qu'il pouroit sçavoir de l'usage à cet égard, a été arresté que dans les cas où les médecins seroient mandés pour être consultez par la Compagnie et donner leurs avis, comme dans l'espèce particulière, on les feroit asseoir; que dans tous les autres cas, et lorsqu'il s'agiroit de ce qui regarde leurs fonctions auprès des pauvres et l'exécution des règlemens qui les concernent, ils seroient entendus debout. L'huissier du Bureau les ayant introduits, on les a fait asseoir sur des sièges placés à cet effet au bout du Bureau, du côté de la cheminée, sur une même ligne, depuis environ le milieu de la cheminée jusqu'à la première fenestre qui est à côté de la cheminée. Monseigneur le Premier Président leur a dit que la Compagnie désiroit être instruite de ce qu'ils pouroient scavoir sur la conduite et la capacité des différens sujets qui se présentent pour remplir la place vacante de médecin expectant dans l'Hostel Dieu. La liste qui contient le nombre et les noms des aspirans leur ayant été lûe, chacun d'eux à son rang a dit ce qu'il savoit; après quoy ils se sont retirez.

(18 décembre.) Sur le rapport fait par monsieur Vigneron, du contenu dans un mémoire remis au Bureau, par M. le duc de Valentinois, au sujet d'une transaction passée le 8 mars 1736 entre luy, au nom de tuteur de ses enfans et madame d'Isanghien leur tante, et monsieur d'Isanghien son mary, par laquelle, au moyen de la fixation des créances de ladite dame sur les biens libres de feu M. de Monaco son père, qui sont absorbés et au delà par les créances; elle renonce au legs universel qu'il avoit fait à son profit, et M. d'Isanghien, son mary, renonce à la substitution faite à son profit de partie de ce même legs universel, en sorte que les autres appelés à la même substitution, du nombre desquels est l'Hostel Dieu de Paris n'en peuvent jamais rien espérer; que l'objet de ce mémoire tend de la part de M. le duc de Valentinois à faire connoitre l'obligation où il est de poursuivre pour l'intérêt de ses enfans l'omologation de cette transaction avec l'Hostel Dieu et les autres appelés à la substitution. Après que monsieur Vigneron a dit avoir examiné la transaction, les pièces qui établissent les créances de madame d'Isanghien sur les biens libres de M. son père, et les états qui ont été dressés, tant du montant de ces mesmes biens que des autres dettes dont ils sont chargés, par toutes lesquelles pièces il est évident qu'il ne peut rien revenir aux appelés à la substitution du legs universel fait par M. de Monaco. A été arresté que sur la demande intentée par M. le duc de Valentinois, au nom de tuteur de ses enfans, afin d'omologation de la transaction du 8 mars 1736, l'Hostel Dieu ne contestera point, et qu'on ne s'opposera pas à l'arrest par défaut qui ordonnera cette omologation.

106ᵉ REGISTRE. — ANNÉE 1737.

(4 janvier 1737.) Par un extrait tiré des registres de l'Hostel Dieu, il paroît que le premier janvier 1736, il y avoit 2,677 malades; que pendant le cours de ladite année, on en a receu 21,037, et qu'il y est né 1,328 enfans, ce qui compose en total 25,042 personnes; que dessus ce nombre il en est mort 4,234, et que comme il n'en restoit le dernier décembre dernier que 2,767, il en est sorty 18,041.

(27 mars.) A été dit par M. Duportault que conformément à la délibération du 19 décembre 1736, on a remis à chacun de Messieurs les différens mémoires qui ont été dressés au sujet de la recette générale de l'Hostel Dieu, et sur la question de savoir ce qui étoit le plus convenable à l'intérest des pauvres, ou de choisir un receveur charitable, comme il a été pratiqué depuis l'année 1649, ou de prendre un receveur à gages; que les raisons de part et d'autre ayant été suffisamment expliquées dans ces mémoires, la Compagnie est en état de se déterminer, et que c'est l'objet principal de la présente assemblée. Après que les raisons ont été de nouveau examinées et discutées, et qu'il ne s'est trouvé quant à présent aucune raison de changer le dernier état par raport à ladite recette, a été arresté qu'on choisira un receveur charitable pour remplacer monsieur Angot à la fin de son exercice, et qu'il sera incessamment dressé un projet de règlement, dans lequel seront rassemblés les principaux articles concernant la recette générale, tirés des précédentes délibérations.

(2 avril.) A été dit par M. Vigneron qu'il a été averty que les dimanches et les festes une infinité de gens s'amassent dans l'endroit où l'on batise les enfans, et aux environs, à l'heure où se font les batesmes, *sous prétexte de vouloir être pareins et marcines*, que non seulement ils embarrassent et empeschent que le service se fasse librement, mais souvent il s'élève des querelles entre eux, qui occasionnent des batteries; *ils insultent les prestres, les religieuses et les novices par des injures et des discours licentieux*, désordres qu'il est important de faire cesser. Après que messieurs les commissaires ont dit ce qu'ils croyoient qu'on pouroit faire pour remédier à cet abus, a été arresté que tous les jours de festes et dimanches, depuis midy et demy jusqu'à cinq heures et demie du soir, la porte de la salle de l'infirmerie sera fermée et gardée par deux des garçons emballeurs, qui ne la quitteront pas pendant tout ce temps, qui n'y laisseront entrer que les personnes absolument nécessaires pour le service des malades, et pour les batesmes des enfans qui naissent à l'Hostel Dieu, et qui ne souffriront pas qu'aucune autre personne, sous quelque prétexte que ce puisse être, s'y introduise, et pour encourager les emballeurs à faire leur devoir dans cette occasion, la Compagnie leur a accordé 56 livres de gratification par an, à partager également entr'eux tous, laquelle somme sera payée de quartier en quartier, à compter du 1ᵉʳ du présent mois d'avril, à raison de 14 livres tous les 3 mois, au maître emballeur sur le certificat de l'Inspecteur.

(10 juillet.) Règlement dressé sur les anciennes délibérations pour le receveur charitable de l'Hostel Dieu de Paris. Art. 1. La personne qui sera choisie pour receveur charitable de l'Hostel Dieu, aussitôt après sa nomination, prêtera serment au Bureau de bien et charitablement exercer ladite recette et de se conformer au présent règlement, autant (*sic*) duquel luy sera remis lors de sa prestation de serment, et sera fait mention de cette remise dans la délibération qui contiendra la mention du serment prêté. 2. Il jouira, pendant le temps de son exercice, des mêmes prérogatives dont ont jouy les précédens receveurs et sa nomination sera renouvelée tous les deux ans, soit pour le continuer, soit pour lui en substituer un autre, sauf à être procédé à nouvelle nomination, si pendant le cours de deux années, il venoit à décéder, ou si par ses infirmités il se trouvoit hors d'état de continuer. 3. Le Bureau passera une procuration devant notaire, portant pouvoir audit sieur Receveur de recevoir, et ce dans les mêmes termes et aux mêmes clauses insérées dans les procurations précédentes. 4. Ledit sieur Receveur recevra généralement tous les revenus de l'Hostel Dieu, soit ordinaires, soit extraordinaires, de quelque nature qu'ils puissent être, tous les casuels, comme dons, legs, aumônes produits des troncs et questes, droits seigneuriaux et autres choses généralement quelconques, sans qu'aucun autre que luy puisse recevoir et donner quitance aux débiteurs, à l'exception des deniers provenants de la vente des sons et du produit de la boucherie et rotisserie de caresme, qui continuront d'être receus par le dépensier de l'Hostel Dieu. Ne sera ledit sieur Receveur garant et responsable de l'insolvabilité des débiteurs, ny tenu de faire des poursuites contre eux. 5. Il sera remis audit sieur Receveur entrant en exercice deux livres journaux, dont les pages seront cottées et paraphées par l'un desdits sieurs administrateurs, qui aura été commis à cet effet; sur l'un desquels journaux et sur chaque page d'icelui, il portera jour par jour, de suite et

sans aucun blanc la recette, et quant à la dépense, elle sera pareillement portée jour par jour, de suite et sans aucun blanc, sur l'autre livre journal, ce que ledit sieur Receveur poura faire faire par le commis dont sera parlé cy après, ce qui sera observé quand même ce ne seroient que des à comptes. 6. Il luy sera pareillement remis deux sommiers, l'un desquels contiendra par chapitres séparés toutes les choses différentes qui peuvent tomber en recette, et seront portez chaque jour sur ledit sommier de recette tous les articles receus, et ce au chapitre que chaque article pourra concerner, en y marquant le jour auquel les articles auront été receus suivant le journal. L'autre sommier contiendra, par chapitres séparés, les différentes natures de dépenses, et sur ce sommier seront transcrits chaque jour les différents articles de la dépense, au chapitre que chacun desdits articles pourra concerner, avec la date du jour que la dépense aura été faite suivant le registre journal, et pourront lesdits sommiers de recette et dépense être divisés en plusieurs registres, ainsy qu'il sera trouvé convenable pour la commodité des sieurs Receveurs. 7. Il y aura trois autres registres au Bureau dont les feuillets seront aussy cottés et paraphés comme dessus, sur l'un desquels seront inscrits les dons, legs, aumônes, à mesure et suivant les avis et la connoissance qu'en auront messieurs les administrateurs, ou sur ce que leur en dira ledit sieur Receveur, qui signera chaque article dudit registre, lorsque les sommes données ou léguées ou aumônées auront été par luy receues. Sur un autre registre seront inscrites les ouvertures des troncs à mesure qu'elles auront été faites, par chacun de messieurs les administrateurs dans son département, les sommes qui s'y seront trouvées, et la remise qui en aura été faite audit sieur Receveur, qui signera pareillement chaque article. Sur un 3ᵉ registre seront inscrits par ordre de dates les noms de celles qui se présenteront pour apprendre à l'Hostel Dieu la profession de sage femme, à mesure qu'elles auront été admises par le Bureau, et l'article de chaque personne admise, qui est obligée en même temps de payer une certaine somme sera remis au sieur Receveur. 8..... 9. Il ne pourra payer le prix des fournitures et choses livrées pour la consommation de la maison, et les ouvriers qui auront travaillé pour l'Hostel Dieu et autres choses de pareille nature, que sur les mandemens et ordonnances du Bureau, signés de 6 administrateurs au moins, et, en conséquence d'un état signé par l'un de messieurs les commissaires, qui contiendra les noms de ceux au profit desquels les ordonnances auront été expédiées, les sommes à payer et les dates des ordonnances, lequel état sera remis au sieur Receveur, et les ordonnances qui seront toutes écrites de la main du greffier. En marge desquelles ordonnances sera la mention écrite et signée de la main du greffier qu'elles auront été enregistrées. Il payera les rentes constituées, les viagères et celles de fondations, conformes à l'état qui en sera détaillé dans le sommier de la dépense. A l'égard des autres payements, ils seront faits ou en vertu d'actes passés devant notaires et signées de six administrateurs au moins, ou en vertu des délibérations du Bureau. 10..... 11...... 12. Il sera fait tous les 3 mois, par messieurs les commissaires qui seront nommés à cet effet, une visite de la quaisse de l'Hostel Dieu chez ledit sieur Receveur; sera fait lors de ladite visite un bordereau des sommes qui s'y seront trouvées. En conséquence de ce bordereau, s'il se trouve dans la quaisse plus de 150,000 livres, l'excédent de cette somme en sera tiré pour débarrasser le sieur Receveur, et sera mis dans un dépôt particulier, avec les formalités et les précautions observées en pareil cas, suivant la délibération du....., après avoir donné audit sieur Receveur toutes les décharges nécessaires, duquel dépôt sera dressé par le greffier du Bureau, en présence desdits sieurs commissaires, procès verbal, qui sera remis au greffe avec le bordereau signé desdits sieurs commissaires, de ce qui aura été trouvé dans la quaisse lors de la visite; et de tout ce qui sera fait dans ces occasions, en sera dressé des délibérations chaque fois. 13. Au moyen de ce que dessus, les sommes déposées ne seront plus à l'avenir comprises dans les bordereaux présentés par ledit sieur Receveur aux assemblées générales, et elles ne pourront être tirées du dépôt, en total ou en partie, que pour des raisons de grande nécessité ou utilité pour les pauvres, et en vertu des délibérations du Bureau qui feront mention de la cause et des sommes qui auront été tirées. 14. Lorsqu'il surviendra des augmentations ou diminutions d'espèces, le jour même qu'elles auront esté annoncées, et le jour qu'elles commenceront d'avoir lieu, les commissaires qui seront nommés à cet effet se transporteront chez ledit sieur Receveur où, après avoir vérifié tant sur le dernier bordereau qui aura été présenté à l'assemblée générale, en exécution de l'article 11 cy dessus, que sur le journal de recette et dépense dudit sieur Receveur, le montant des recettes et dépenses faites depuis ledit bordereau, seront dressés en sa présence des bordereaux des différentes espèces qui se trouveront dans la quaisse appartenir à l'Hostel Dieu. Lesquels bordereaux signés des sieurs commissaires et dudit sieur Receveur seront représentés au Bureau et remis par les sieurs commissaires au greffe, pour être ensuite du tout dressé délibération, et seront les bordereaux rapportés lors de la reddition des comptes dudit sieur Receveur. 15. Les comptes, qui seront rendus par les sieurs receveurs, seront examinés et apostillées par 4 commissaires qui seront nommés à cet effet, pour être ensuite arrestées et signées dans l'assemblée générale. Le débet clair et liquide dudit compte sera porté en recette dans son compte suivant, au cas qu'il ait été continué Receveur, sinon ce débet sera par luy remis entre les mains de celuy qui l'aura remplacé.

(24 juillet.) A été dit par monsieur Vigneron que la d{lle} Langlois, maîtresse sage femme de l'Hostel Dieu l'a prié de représenter au Bureau que depuis plus de..... années qu'elle est au service des pauvres, elle a regardé comme un de ses principaux devoirs de faire en sorte de former sous ses yeux un sujet qui pût la remplacer lorsqu'elle viendroit à manquer, ou qu'affoiblie par l'âge et les infirmités, elle seroit hors d'état de continuer son service; qu'en conséquence, et dans cette vue, elle a pris Edmée Gouet, qui demeure avec elle depuis plus de 12 ans; que l'ayant éprouvée, et luy ayant reconnu de l'adresse, de la douceur, de la bonne volonté, de la piété, de la sagesse, du désintéressement, et toutes les autres qualités nécessaires, elle s'est attachée à l'instruire dans l'art des accouchements; qu'elle y a fait un tel progrès qu'elle peut assurer le Bureau qu'elle ne cède en rien à la capacité de sa maîtresse, capacité qu'elle a acquise et qui s'est soutenue par l'exercice continuel de sa profession dans la salle des accouchées de l'Hostel Dieu, où depuis quelques années elle fait tout le travail, en présence de cette même maîtresse devenue infirme et caduque; que sur les témoignages qu'elle a rendus de cette fille au Bureau, Messieurs eurent la bonté, il y a quelques années, de la faire recevoir maîtresse sage femme à Saint Cosme; qu'elle pense qu'il est de l'intérest du Bureau et des pauvres de s'assurer d'un aussy bon sujet, qui ayant renoncé à toute idée de mariage, ne demande pas mieux de son côté que de s'attacher au service des pauvres pour toute sa vie. A été dit que ladite Edmée Gouet sera reçue dès à présent maîtresse sage femme de l'Hostel Dieu, pour en faire les fonctions aussitôt qu'elle aura été interrogée en la manière ordinaire, en présence de messieurs les commissaires, par les médecins et chirurgiens qui seront par eux indiqués; sera ladite Edmée Gouet nourie, logée, chauffée, éclairée et blanchie dans la maison, et elle aura 200 livres d'apointements par chaque année, à compter du premier du présent mois de juillet, pendant la vie de la demoiselle Langlois, après la mort de laquelle elle aura les 400 livres d'apointements ordinaires, et elle fera incessamment la soumission par écrit d'exécuter avec fidélité tous les règlements du Bureau, tant ceux ci devant faits, que ceux que la Compagnie jugera à propos de faire, au sujet de la maîtresse sage femme, et quant à la demoiselle Langlois, attendu les bons services qu'elle a rendus aux pauvres, auprès desquels elle a épuisé ses forces et sa santé, a été arresté qu'elle resteroit dans la maison jusqu'à la fin de ses jours pour y être nourie, chauffée, éclairée et blanchie, et qu'il luy sera payé par chaque année, à compter du 1er juillet 1737, 200 livres de pension.

(6 août.) La Compagnie a arresté que le sieur Guerry, dépensier de l'Hostel Dieu, fera incessamment l'achat de 50 douzaines de vieux draps pour servir aux malades, au lieu du linge qui a été brûlé *lors de l'incendie arrivé à l'Hostel Dieu la nuit du 1er au 2 du présent mois d'août.*

(6 août.) A été dit par M. Vigneron que l'incendie arrivé le 2 août dernier dans l'Hostel Dieu, qui a consumé une partie des bâtiments, et les provisions pour plusieurs années de linge, d'étoffes, et de toutes sortes de choses destinées au soulagement des pauvres malades, le danger évident auquel ont été exposés les autres bâtiments, les risques que les malades eux mêmes ont couru dans cette occasion, et dont ils n'ont été garantis que par le zèle, l'attention et les soins infatigables de messieurs les magistrats, et par les secours officieux de tous les habitants de Paris, qu'enfin tous les malheurs causés par ce terrible accident, demandent qu'on prenne des précautions, pour en prévenir de pareils; qu'il paroit nécessaire de faire sur cette matière une délibération instructive qu'on puisse exécuter efficacement; qu'il est persuadé que tous Messieurs voudront bien y concourir par de sérieuses réflexions et par leurs lumières; a été arresté de faire incessamment un projet de délibération sur ce qui est à faire pour prévenir les accidents du feu dans l'Hostel Dieu.

(9 août.) M. le maître au spirituel est venu demander au Bureau la permission de faire deux services en l'église de l'Hostel Dieu, l'un lundy prochain, et l'autre le lendemain mardy pour différentes personnes qui ont péry dans l'incendie de l'Hostel Dieu, ce que la Compagnie luy a accordé.

(13 août.) Sur ce qui est représenté par Marie Thereze Lenez, veuve de Jean Parmentier, maître cordonnier à Paris, et brigadier des pompes de cette ville, que son mary a eu le malheur de périr dans l'incendie de l'Hostel Dieu, qu'elle est chargée de 5 enfants, dont l'aîné n'est âgé que d'onze ans, elle enceinte; qu'elle n'est plus en état de soutenir sa boutique; qu'elle prie le Bureau d'avoir égard à sa triste situation, la Compagnie, ayant égard à l'état de ladite veuve Parmentier, luy a accordé par provision la somme de 100 livres qui luy sera payée par monsieur Angot, receveur général charitable.

(13 août.) Veu au Bureau l'état du vin à distribuer

par jour aux personnes d'extraordinaire qui travaillent à l'hôpital Saint Louis, au linge qui a pu être recouvré après l'incendie arrivé à l'Hostel Dieu, à compter de ce jour, montant à 42 pintes 1/4 par chacun jour, la Compagnie l'a approuvé.

(19 août.) Sur ce qui a été dit par monsieur Duportault que la perte considérable causée par l'incendie demandant un secours prompt et efficace pour pouvoir réparer les bâtiments, et remplacer les provisions pour plusieurs années de linge, d'étoffes et autres ustansiles consumez par le feu, on ne peut trop tôt se mettre en état de profiter de la permission qui vient d'être accordée de faire des questes dans toutes les paroisses de Paris; que pour cet effet il est nécessaire de faire une liste de toutes les dames qu'on espère qui voudront bien se prêter à cette œuvre de charité et faire des questes dans chaque paroisse. Après que chacun de Messieurs a fait part de ses connoissances à cet égard, a été arresté que les questes seront faites au plutôt dans les maisons de chaque paroisse par les dames charitables nommées dans la liste cy jointe, lesquelles seront priées de vouloir bien s'en donner la peine, et remettre ce qui sera provenu des questes à monsieur Angot, receveur charitable, demeurant rue Saint Louis dans l'Isle; qu'à cet effet la liste sera imprimée incessamment avec la présente délibération pour en être remis des exemplaires à chaque dame.

(3 septembre.) Sur ce qui a été dit à M. Vigneron, qu'il a su que du nombre des dames qui ont été priées de faire les questes pour les pauvres malades de l'Hostel Dieu dans les maisons situées sur la paroisse de Saint Jaques du Haut Pas, il n'y avoit que madame de Montagny, Mlle de Montchal et Mlle Hénin qui fussent en état de quester; que pour les soulager il étoit nécessaire de choisir encore quelques autres dames de cette paroisse. A été arresté d'ajouter à la liste des dames nommées et choisies par la liste dressée, en conséquence de la délibération du 19 août dernier pour faire les questes dans l'étendue de la paroisse de Saint Jacques du Haut Pas, mesdames de Romainville, Daverdoin, de Louvencourt et de la Fautriere, Mesdemoiselles Maboul et Navarre et telles autres dames que M. le curé de Saint Jacques du Haut Pas croira vouloir bien se livrer à cette œuvre de charité, et de le prier de les engager à se distribuer entr'elles les différents quartiers de la paroisse, pour être les deniers provenants des questes remis à M. Angot.

(6 septembre.) A été arresté que pour remplacer le vuide fait par l'incendie, il sera acheté incessamment la quantité de 2,444 aunes d'étoffes, de 30,799 aunes de toile, plus 768 couvertures pour, avec les 84 données par M. le Prévôt des marchands, faire la quantité de 852 couvertures.

(4 octobre.) Monsieur Thiroux a aporté au Bureau le mémoire présenté à messieurs les fermiers généraux, contenant que l'incendie a consumé une quantité très considérable de bois de charpente; qu'il faut environ 6 milliers de bois pour réparer ces bâtiments, afin que le service des pauvres ne soit interrompu que pendant le moins de tems qu'il se pourra, que pour rendre cet ouvrage solide, il n'y faut employer que du bois sec, ce qui oblige l'Hostel Dieu à prendre celui qu'on peut trouver à Paris, non seulement dans les chantiers des marchands, mais encore dans ceux des maîtres charpentiers qui en ont de convenable; que ces bois ont payé les droits tant au domaine qu'aux officiers du bois quarré, ce qui met l'Hostel Dieu hors d'état de diminuer sa dépense, pour l'exemption desdits droits, conformément à ses privilèges, mais qu'il pouroit recouvrer cet avantage si M^{rs} les fermiers généraux, veulent bien permettre que l'Hostel Dieu fasse venir et rende sans payer de droits ausdits marchands et maîtres charpentiers une quantité de bois de charpente pareille à celle qu'ils auront pretée à l'Hostel Dieu, ce qui luy épargneroit encore l'augmentation du prix qu'il seroit obligé d'en payer dans un besoin si pressant. En marge duquel mémoire est le consentement donné par la Compagnie de messieurs les fermiers généraux, du 25 septembre, au remplacement des 6 milliers de bois de charpente en exemption des droits de domaine, barrage, et 4 sols pour livre seulement dépendants de la ferme générale, sur les certificats de messieurs les administrateurs de l'Hostel Dieu. Lequel mémoire a été serré aux archives.

(22 novembre.) A été dit par le sieur Totin, inspecteur des bâtiments, que M. le Prévôt des marchands l'envoya chercher hier matin, et se plaignit à luy que le Bureau ne luy avoit pas tenu parole en faisant enlever de l'endroit de la rivière, qui est entre les deux ponts de l'Hostel Dieu, les décombres qui y étoient tombés et qu'on y avoit jettés lors de l'incendie du 2 août dernier; que la ville n'accorderoit rien de tout ce qu'elle avoit promis à l'Hostel Dieu si on ne mettoit incessamment des ouvriers, et si on ne faisoit pas un batardeau pour enlever sans différer ces décombres, quoique plusieurs de Messieurs ayent observé que cet ouvrage, qui avoit été commencé aussitôt qu'on l'avoit pu, n'avoit été suspendu qu'à cause des crues d'eau considérables qui ont duré pendant deux mois; qu'en le commençant à présent, il y a encore plus de lieu de craindre à l'avenir de nouvelles crues ou des glaces; a été arresté qu'attendu que les eaux sont un peu baissées, on feroit sans délai travailler

à un batardeau, pour se mettre en état d'enlever ce qui reste de décombres, et à l'instant les ordres ont été donnés au sieur Totin de faire pour cet effet tout ce qui conviendra et de n'y pas perdre un instant.

(26 novembre.) A été dit par monsieur Vigneron que la Compagnie l'a chargé d'examiner plusieurs mémoires présentés, les uns par les officiers et archers de la Compagnie de M. le lieutenant criminel de robe courte, qui représentent le service qu'ils ont rendu dans l'Hostel Dieu à l'occasion de l'incendie du 2 août dernier, pendant plusieurs jours et plusieurs nuits, dans les différents postes qui leur étoient confiés et qui demandent une gratification; les autres par des pompiers et d'autres particuliers qui ont été blessez en travaillant à éteindre le feu; les autres enfin par les veuves et les enfants de ceux qui ont eu le malheur de périr, soit lors de l'incendie, soit depuis, qui demandent qu'on ait égard à ce qu'ils ont souffert; sur quoy il a dit s'être instruit par luy mesme du service des premiers, de l'état et de la situation de tous les autres, et après qu'il en a rendu un compte exact et très circonstancié, a été arresté d'accorder 372 livres de gratification aux officiers et archers de M. le lieutenant criminel de robe courte qui ont servy dans l'Hostel Dieu, laquelle somme sera payée sur la quitance de Marie Guillaume Gouet, exempt, et remise audit sieur lieutenant criminel, qui sera prié de vouloir bien la distribuer ainsy qu'il jugera à propos entre lesdits officiers et archers; 48 livres au nommé Jean Lejay, horlogeur, pansé à l'Hostel Dieu et guéri, suivant le certificat du sieur Boudou; 100 livres à Louis Avel, chargeur de voitures; 30 livres à Jean Perreau, manouvrier; aux pompiers blessés; scavoir : 75 livres à Parmantier le cadet, 24 livres à chacun des pompiers Cadet, St Louis, Leseur, Leclerc; 12 livres aux pompiers Lépicier, Bouquet, Gautier; 200 livres à la veuve de Girard Veissière, tant pour elle que pour sa fille; 50 livres à Françoise Brazié, veuve de Toussaint Brochand; 150 livres par an, pendant l'espace de 10 années, à Marie Thérèse Le Nez, veuve de Jean Parmantier, pompier, tant pour elle que pour ses six enfants et 350 livres aux 7 enfants de feu Antoine Capillon, poseur de pierres.

(29 novembre.) A été dit par M. Vignon que l'intendant de S. A. S. Anne Victoire de Savoye, nièce du feu prince Eugène, et qui est actuellement à Vienne, est venu le trouver de sa part, et luy a communiqué par ordre de cette princesse, une lettre par laquelle elle le charge de prendre sur le prix d'une terre qu'elle vend et qui est située en France, la somme de 10,000 livres pour la remettre à la recette de l'Hostel Dieu en considération du dommage causé par l'incendie du 2 août dernier, et pour aider à le réparer, et d'assurer d'avance messieurs les administrateurs qu'ils peuvent compter sur cette somme.

(31 décembre.) A été dit par messieurs les commissaires chargés de suivre l'exécution des délibérations des 16 octobre 1733 et 8 juin 1734, au sujet du bâtiment à faire pour mettre en sûreté les titres et papiers de l'Hostel Dieu contre les accidents du feu, et pour donner plus d'étendue aux archives, qu'on avoit d'abord projetté de faire bâtir sur l'emplacement de la maison sise rue Saint Pierre aux Bœufs, cy devant occupée par Leblond, menuisier, et qui est contigüe aux bâtiments dépendant du Bureau; que l'exécution de ce projet a été traversée par des contestations suscitées, à cette occasion de la part des curés et marguilliers de Saint Pierre aux Bœufs, lesquelles ne sont pas encore terminées; que cet incident avoit fait naître de nouvelles idées qui étoient de tenter d'avoir deux maisons appartenantes à messieurs du chapitre de Notre Dame, dont les faces répondent sur le parvis, et qui sont contiguës au Bureau de l'Hostel Dieu; qu'ils ont paru d'abord vouloir se prêter en traitant par échange, ainsy qu'on leur avoit offert, qu'ils n'ont point rendu jusqu'à présent de réponse décisive, quoiqu'on l'ait demandée plusieurs fois avec instance; que ces différents délais ayant fait perdre un temps considérable, on a parcouru les autres terreins de ce canton; qu'il se trouve dans ladite rue Saint Pierre aux Bœufs quatre maisons appartenantes à l'Hostel Dieu, louées aux sieurs Desgranges, Regnier et Hainque, qui sont si caduques qu'on a été obligé d'y mettre des etresillons et que messieurs les trésoriers de France en poursuivent la démolition, comme menaçant un péril prochain; que l'inspecteur des bâtiments, qui a été chargé d'examiner l'emplacement de ces 4 maisons, a trouvé qu'il étoit beaucoup plus spacieux que ceux qu'on avoit eu en vue et plus commode; qu'il auroit falu nécessairement rebâtir ces 4 maisons, attendu leur caducité, ce qui coûteroit des sommes considérables, et ne produiroit pas aux pauvres à beaucoup près un revenu proportionné à la dépense; qu'il y avoit dans cet espace de quoi faire un bâtiment solide, bien aéré, isolé par des cours et par les rues de Saint Christophe et Saint Pierre aux Bœufs et qui communiqueroit au Bureau par le moyen de l'arcade qui seroit reconstruite au dessus de l'entrée de la rue Saint Pierre aux Bœufs; qu'il avoit levé le plan de ce terrein et fait en même temps celuy des bâtiments qu'on pouroit y élever, dans lesquels il n'y auroit que des voutes au lieu de planchers, avec une platte forme couverte de dalles de pierres au lieu de comble, *en sorte qu'il n'entreroit aucun bois dans la construction;* qu'à l'égard de la maison cy devant occupée par Leblond, menuisier, on pouroit dans cet emplacement faire une cour qui donne-

roit encore plus d'air aux archives, et qu'on pouroit doubler le corps de logis du Bureau, ce qui procureroit, du côté de cette cour deux pièces au 1ᵉʳ étage, et au 2ᵉ étage des logements pour les officiers, en reconstruisant l'escalier au dessus du premier paillé. Après que lesdits projet et plan ont été mis sur le Bureau et examinés, et que messieurs les commissaires ont dit qu'ils estimoient qu'on ne pouroit rien faire de mieux que de les exécuter, la Compagnie a approuvé ce projet et les plans; en conséquence, elle a arresté de faire incessamment abatre lesdites quatre maisons, de donner sans délai congé aux locataires, et que sur ledit emplacement il sera construit, conformément ausdits plans, un bâtiment pour servir à placer les archives de l'Hostel Dieu. Messieurs les commissaires ont été priés de suivre l'exécution de la présente délibération et d'y tenir la main.

107ᵉ REGISTRE. — ANNÉE 1738.

(7 janvier 1738.) On a dit que le premier de janvier 1737, il y avait 2,719 malades dans l'Hostel Dieu; que pendant le cours de la même année, il en a été reçu 20,731 et il y est né 1,257 enfants, ce qui compose en total 24,702 personnes; que dessus ce nombre il en est mort 4,843 et il en restoit le dernier de décembre de ladite année 2,800; ainsy, il en est sorty 17,059.

(14 janvier.) M. Vigneron a fait lecture d'un projet de requeste pour demander à messieurs les Prévôt des marchands et échevins de cette ville la concession d'un terrein sur le bord de la rivière, depuis le pont de l'Hostel Dieu jusqu'à l'abreuvoir de la place Maubert pour la construction des nouvelles salles; a été arresté que la requeste sera présentée incessamment, à l'effet de quoy elle a autorisé le sieur Lasnier, agent de l'Hostel Dieu pour la signer et suivre l'exécution d'icelle.

(21 janvier.) Sur l'avis donné que demoiselle Élizabeth Marguerite Colbert, fille majeure, avoit par ses testament et codiciles fait quelques dispositions en faveur de l'Hostel Dieu et avoit nommé messieurs les administrateurs ses exécuteurs testamentaires; la Compagnie a donné charge et pouvoir au sieur Thomas Lasnier, agent de l'Hostel Dieu de requérir et faire apposer les scellés sur les biens et effets de ladite demoiselle Colbert dès l'instant de son décès, être présent à l'ouverture de ses testament et codiciles, faire procéder à la reconnaissance et levée des scellés, et ensuite à l'inventaire et description des effets, titres, papiers, convenir d'officiers, faire tous dires, réquisitions, et protestations nécessaires.

(12 février.) M. Duportault a proposé monsieur Maingret, trésorier de France au bureau des finances, que la Compagnie a nommé et élu pour administrateur de l'Hostel Dieu, à la place de monsieur Renaut.

(25 février.) M. Angot a remis au Bureau un état tiré du registre par luy tenu de la recette des questes faites en exécution de l'arrest du 13 août 1737 et des sommes données par différentes personnes au sujet de l'incendie de l'Hostel Dieu, suivant lequel il paroît que ladite recette jusques et y compris le 10 janvier 1738, monte à 31,668 ℔. 4 s. 6 deniers, et a été ledit état serré aux archives.

(25 février.) A été dit par M. Vigneron que la dʟʟᵉ Villot qui demeure fauxbourg Saint Antoine, sur la paroisse Sainte Marguerite, et qui se livre aux œuvres de charité, remarque depuis longtemps avec peine que très souvent, et surtout dans les cas pressants, les pauvres qui sont en grand nombre sur cette paroisse ne reçoivent pas les secours nécessaires des chirurgiens établis dans le fauxbourg, parce qu'ils prévoyent ou qu'ils ne seront point payez ou qu'ils le seront très médiocrement; que ces pauvres, ainsy privez de secours, se livrent aux premiers venus, et se font saigner par gens sans expérience, d'où elle a vu arriver des accidents considérables, qui ont réduit les malades dans un état beaucoup plus fâcheux que celuy où ils étoient avant la saignée; qu'uniquement dans la vue de se mettre en état d'assister les pauvres dans les cas pressants et lorsque les chirurgiens ne voudroient pas venir leur procurer du soulagement, elle prie le Bureau de luy permettre de venir à l'Hostel Dieu apprendre à saigner et la pharmacie. Après que monsieur Vigneron a dit connoître parfaitement ladite demoiselle Villot et ses pieuses intentions, a été arresté qu'il sera permis à ladite demoiselle Villot d'apprendre la saignée et la pharmacie à l'Hostel Dieu, en satisfaisant aux règlements du Bureau.

(19 août.). A été dit par monsieur Vigneron qu'on est obligé d'aller acheter tous les jours des plantes pour l'usage de l'apoticairerie de l'Hostel Dieu, ce qui coûte beaucoup et détourne le gagnant maîtrise et les autres garçons; qu'il a observé qu'on pouroit épargner une partie considérable de cette dépense en faisant semer des graines de ces différentes plantes sur quelques portions du terrain enclos dans l'hôpital de Saint Louis; qu'il s'y est transporté avec monsieur Maigret; qu'ils ont trouvé

un endroit très propre à cet usage, qui est à côté du jardin des religieuses, et qui est au moins de la même grandeur; que dans cet enclos, qui est fermé de murs, il y a un puits et de plus une conduite particulière qui amène l'eau des réservoirs, ce qui fait que l'eau n'y manque en aucun tems; que le gagnant maîtrise a vû ce terrein et le trouve très convenable, pourvû qu'on fasse abattre quelques amandiers de peu de valeur qui nuiroient à ce qu'on pouroit y semer; qu'il a même dressé un plan de cet enclos, ledit plan divisé en 4 carrez et en plats de bande autour, et lesdits quarrez divisez en plusieurs planches, lequel plan ayant été mis sur le bureau, a été arresté que le clos joignant le jardin des religieuses, et qui n'en est séparé que par un mur, sera employé à l'avenir pour y semer les plantes dont l'usage est nécessaire dans l'apoticairerie de l'Hostel Dieu; qu'à cet effet tous les arbres qui peuvent nuire seront incessamment abattus, et le bois serré par le concierge dudit hôpital; le terrein sera pour cette fois seulement labouré par des gens de journée, qui seront pris suivant les ordres de messieurs les commissaires, lesquels chargeront un des jardiniers de Saint Louis de semer, dans les tems convenables, et suivant l'indication que leur en fera l'apoticaire gagnant maîtrise, les graines de ces différentes plantes, de les cultiver, labourer et arroser en temps et saisons propres, et d'y donner toutes les façons nécessaires, lesquelles graines seront fournies, la première fois seulement, audit jardinier, qui aura soin d'en recueillir chaque année une quantité suffisante pour semer les années suivantes; l'apoticaire gagnant maîtrise est chargé d'avoir l'œil sur l'exécution de la présente délibération; à l'effet de quoy, il prendra de messieurs les commissaires tous les ordres dont il aura besoin.

(18 novembre.) Le sieur Boudou, premier chirurgien de l'Hostel Dieu, est venu donner avis que sous le bon plaisir du Bureau, on fera le 24 du présent mois l'ouverture de l'amphithéâtre à l'Hostel Dieu pour les anatomies, ce que la Compagnie lui a accordé, en observant les règlements.

108ᵉ REGISTRE. — ANNÉE 1739.

(21 janvier 1739.) M. Garnot a proposé monsieur Josse, conseiller au Châtelet et monsieur de la Chabrerie, fermier général, que la Compagnie a nommés et élus pour administrateurs de l'Hostel Dieu, en place de monsieur Henault et de monsieur Duportault.

(27 janvier.) A été dit par messieurs les commissaires que depuis du temps il se commet des vols considérables et très fréquents dans l'Hostel Dieu; qu'on emporte impunément hardes, linge, vaiselle, pain, vin et viande, ce qui peut provenir de ce que plusieurs vagabonds s'introduisent et se glissent dans la maison sous différents prétextes, contrefaisant même les malades, se provoquant à cet effet ou la fièvre ou des plaies; que ces malheureux, outre le préjudice considérable qu'ils causent à la maison par leur vols, occupent plusieurs places dans les lits, ce qui fait que les vrais malades sont plus pressés; que l'inspecteur des salles qui est le plus à portée de connoitre les auteurs de ces désordres, ne peut pas seul y apporter remède, et s'il n'est aidé; que le suisse ordinaire de l'Hostel Dieu, duquel seul il pouroit à cette occasion tirer du secours, étant obligé de résider à la porte d'entrée, où sa présence en tout temps est absolument nécessaire, ne peut pas vaquer à autre chose; qu'après avoir réfléchi sur les moyens de faire cesser le mal, ils n'en trouvent point de plus efficace que d'avoir un suisse qui sera principalement employé sous l'inspecteur des salles, en conséquence des ordres du Bureau, à parcourir tous les jours les salles, et à mettre dehors tous les vagabonds et gens sans aveu qui seront suspects à l'inspecteur; que ce suisse d'ailleurs peut être encore employé très utilement à d'autres choses, et principalement à garder la porte de la salle des opérations aux heures des pansements, pour empescher qu'il n'y entre d'autres personnes que les chirurgiens de la maison. L'affluence des étrangers qui y abondent et qui montent sur l'impériale des lits étant très nuisible aux opérateurs et aux malades, ainsy que les religieuses s'en plaignent tous les jours; cette multitude de spectateurs étrangers ayant même causé des accidents. A été arresté qu'il sera pris encore un suisse dans l'Hostel Dieu, aux mêmes gages et conditions que celuy qui y est actuellement, lequel sera principalement employé à faire tous les jours, sous l'inspecteur et suivant les ordres de messieurs les commissaires, différentes visites et tournées dans les salles de l'Hostel Dieu; à chasser tous les vagabonds, gens sans aveu et suspects; à garder aux heures des pansements la porte de la salle des opérations, pour n'y laisser entrer aucune personne de dehors, mais seulement les seuls opérateurs et chirurgiens de la maison ayant le tablier, de laquelle présente délibération sera délivré expédition à l'inspecteur des salles pour la faire exécuter.

(17 février.) Le Bureau ayant été averty par M. le Procureur général qu'il y avoit dans l'Hostel Dieu un abus très intéressant pour les familles sur l'enregistre-

ment qui s'y fait des personnes qui y décèdent, ceux qui meurent depuis six heures du soir jusqu'au lendemain 5 heures du matin étant inscrits comme décédés le même jour, la Compagnie après avoir entendu M. Vigneron qui en a conféré avec le maitre au spirituel de l'Hostel Dieu et la mère prieure, a arresté qu'il seroit mis dans la salle où sont portés les cadavres, et dans le lieu le plus apparent deux paquets ou pelotes de cordon ou ruban de fil de deux couleurs différentes, scavoir d'un côté de cette salle un paquet qui sera destiné pour les morts avant minuit, et de l'autre côté de la salle l'autre paquet, qui sera pour les morts après minuit; qu'au dessus de chacun de ces deux paquets ou pelotes de cordon, il y aura une étiquette bien lisible qui marquera la destination de chacun de ces paquets de ruban ou cordon dans la forme suivante : *Cordon pour marquer les morts avant minuit;* et sur l'autre étiquette sera écrit : *Cordon pour marquer les morts après minuit.* Que les novices ou filles de la chambre, veilleresses qui sont chargées, aussitôt que les malades sont expirés, de transporter les cadavres dans la salle des morts et qui par conséquent sont instruites du temps et de l'heure de la mort, auront soin, en arrivant dans cette salle des morts, avec les cadavres, de mettre tous les morts avant minuit d'un seul côté et du même où sera le paquet de cordon qui doit servir à les marquer, et tous les morts après minuit de l'autre côté de la salle, où sera l'autre paquet de cordon destiné pour eux; qu'ensuite elles prendront de ces cordons et en noueront un morceau autour du poignet du cadavre, du même côté que sera le billet contenant le nom du défunt, en observant exactement de se servir pour les morts avant minuit de la couleur destinée pour les désigner, et de l'autre couleur pour les morts après minuit et en prenant garde de ne point confondre ces cordons ainsi attachez; les religieuses préposées pour faire les ensevelissements et qui viennent à cet effet dans la salle des morts le soir à 5 heures et le matin à pareille heure, auront chacune deux boetes de fer blanc, sur lesquelles sera écrit ou gravé en gros caractères et d'une manière qu'on ne puisse pas aisément l'effacer, scavoir sur l'une: mort avant minuit et sur l'autre: morts après minuit. Lors de l'ensevelissement, en détachant les billets du poignet des cadavres, elles observeront la couleur du cordon qui accompagnera le billet, et elles mettront chaque billet dans l'une des deux boetes, relativement à la couleur indiquée par le cordon, en sorte que les billets des morts avant minuit soient mis dans la boete qui leur sera destinée, et les billets des morts après minuit dans l'autre boete; ces boetes portées suivant l'usage au Banc des prestres seront par eux ouvertes et vuidées séparément, en commencant par celles qui renfermeront les billets des morts avant minuit, desquels ils feront en même temps mention sur les registres mortuaires, et finissant par les boetes qui renfermeront les billets des morts après minuit. Seront remises des expéditions signées du greffier du Bureau, de la présente délibération, au maitre au spirituel de l'Hostel Dieu et à la mère prieure, pour en instruire les prêtres et les religieuses de la maison.

(18 février.) A été dit par monsieur le Procureur général, que depuis quelque temps il arrive fréquemment à l'Hostel Dieu des religieuses de différents monastères de provinces, sous prétexte d'infirmités et de pouvoir trouver dans cette maison ou guérison ou soulagement; que cet usage qui paroit s'introduire, outre qu'il est contraire aux règles de la discipline monastique, peut être sujet à de grands inconvénients, et donner lieu à bien des abus; qu'on a remarqué que souvent la plupart de ces filles n'ont d'autre infirmité réelle que le dégoût et l'ennuy de leur état, ou l'envie de sortir de leur cloître; que dans tous monastères, et principalement dans ceux où les religieuses sont assujéties à une clôture perpétuelle, elles y doivent être nouries, soignées et médicamentées, aux frais de la maison, tant en santé qu'en maladie; que les supérieures de ces monastères ne doivent pas chercher à s'affranchir de cette obligation, aux dépens des pauvres de l'Hostel Dieu; que si des accidents ou des maladies extraordinaires obligent des religieuses de dehors de venir chercher à Paris des secours qu'elles ne trouveroient pas chez elles, elles peuvent trouver dans Paris des asiles plus décents et plus sortables que l'Hostel Dieu, où il n'y a point de lieux particuliers pour de pareils malades, où l'on reçoit toutes sortes de gens dont la fréquentation, la conduite et les discours seroient très pernicieux à des religieuses, accoutumées par leur état à vivre dans les cloîtres et séparées du monde; qu'il y a dans Paris 3 monastères de filles qui font profession particulière d'exercer l'hospitalité, surtout pour les malades, qui sont les hospitalières de la place Royale, celles de la Roquette et du fauxbourg Saint Marceau, auxquelles on peut ajouter les hospitalières de Saint Mandé; qu'en prenant des mesures avec les supérieures de ces maisons, les religieuses malades des provinces peuvent aisément s'asseurer un gite très convenable de toutes façons à leur état. A été arrêté qu'à l'avenir aucunes religieuses, soit de Paris, soit des monastères de provinces, dans lesquels elles sont obligées à une clôture perpétuelle, ne pourront être receues et admises dans l'Hostel Dieu, sous prétexte de maladie ou tel autre que ce puisse être; que lorsqu'il s'en présentera, les portiers et les religieuses seront tenus de les renvoyer; seront les religieuses de l'Hostel Dieu prévenues de n'attirer dans l'Hostel Dieu aucune de ces religieuses de dehors, et elles seront instruites des intentions du Bureau à cet égard par la copie de la présente déli-

bération, qui sera remise à la mère prieure pour tenir la main à son entière exécution, de même qu'à M. le Maître au spirituel et à l'Inspecteur.

(18 février.) A été dit par M. Garnot que damoiselle Edmée Gouet, maîtresse sage femme de l'Hostel Dieu est décédée; qu'il s'agit de la remplacer; qu'ayant été consultée pendant sa maladie par messieurs les commissaires sur les sujets qu'elle croiroit les plus capables de servir les pauvres si elle venoit à manquer, elle en avoit indiqué une qu'elle avoit fait venir, du consentement du Bureau, dès le commencement de sa maladie, pour conduire l'ouvrage à son défaut; que cette personne a continué de travailler depuis le décès de ladite Gouet pendant quelques jours, après lesquels elle a jugé à propos de se retirer; que de celles qui se présentent, la plupart sont mariées et ont famille; que de celles qui sont filles et qui par conséquent ont moins de suite, ce qui convient mieux à l'Hostel Dieu et ce qui est plus conforme aux règlements du Bureau, qui ne permettent pas d'employer des gens mariez au service des pauvres, il y en a une qui se nomme Marie Claude Pour, qui est âgée de 31 ans qui a fait son apprentissage à l'Hostel Dieu, qui a subi les examens accoutumés et prêté le serment ordinaire à St Cosme, qui depuis a toujours continué d'exercer l'art des accouchements dans Paris avec succès et dont la mère est maîtresse sage femme dans la même ville; qu'on s'est informé très exactement de sa conduite et de la capacité de cette fille; que plusieurs personnes dignes de foy et entr'autres le sieur Boudou, chirurgien major de l'Hostel Dieu, et d'autres habiles chirurgiens qui la connoissent en ont rendu de bons témoignages; a été arresté de recevoir ladite Marie Claude Pour maîtresse sage femme de l'Hostel Dieu, aux mêmes gages de 400 livres par an.

(29 avril.) L'huissier du Bureau a dit que les médecins de l'Hostel Dieu demandoient à parler à la Compagnie; sur quoy monseigneur l'Archevesque a donné ordre qu'on les fît entrer; eux entrés au nombre de 14, scavoir, les sieurs *Chomel*, *Lemery*, *Herment*, *Bertrand*, *Col de Villars*, *Bailly*, *Afforty*, *Peaget*, *Bourdelin*, *Lehoc*, *Hunault*, *Fontaine*, *Belot* et *Cochu*; l'ancien est venu au bout du bureau, du côté de la cheminée, et les autres se sont rangés de suite à sa gauche, et en retour, derrière monseigneur le Premier Président du Parlement, et derrière ceux de messieurs les administrateurs qui le suivoient, *tous étant debout et sans aucun siège derrière eux*, le sieur Chomel, se trouvant l'ancien, a dit que lui et ses confrères venoient pour avoir l'honneur de présenter à la Compagnie le recueil qu'ils ont dressé des formules qui doivent servir à la composition des différents remèdes dont on peut faire usage dans l'Hostel Dieu pour la guérison des malades; qu'ils ne les ont dressées qu'après avoir fait plusieurs expériences de ces remèdes; qu'ils continueront de travailler à les perfectionner; après que monseigneur l'Archevesque leur a dit que la Compagnie souhaitoit que ce travail pût être utile aux pauvres malades, ils se sont retirés et a été arresté que ce recueil de formules, signé de tous les médecins de l'Hostel Dieu, seroit mis dans les archives et qu'il en seroit délivré par le greffier des copies signées de lui au garçon apothicaire gagnant maîtrise et à tous autres qu'il appartiendra pour s'y conformer.

(28 août.) A été arresté que pendant une année, à compter du premier du mois de septembre prochain, on ne recevra pour apprentisse sage femme à l'Hostel Dieu que celles qui se destineront à aller s'établir en province, et sur les éclaircissements qu'aura pris M. le Procureur général sur les lieux, ainsi qu'il a bien voulu s'en charger; lesquelles femmes seront admises à leur tour dans le rang qu'elles se seront présentées au Bureau et qu'elles y auront été inscrites sans aucune préférence, et que, pendant le cours de cette même année, il n'en sera receu aucune pour Paris.

109e REGISTRE. — ANNÉE 1740.

(12 janvier 1740.) Sur la demande du sieur d'Argentel, employé au Bureau à déchiffrer et faire les copies et traduction en francois de plusieurs anciens titres et pièces des archives de l'Hostel Dieu, depuis le 25 novembre dernier, la Compagnie a arresté de luy donner un à-compte de la somme de 100 livres.

(23 février.) Sur le rapport de monsieur Garnot, la Compagnie a arresté et signé les comptes de la recette que le sieur de la Rivière a fait du droit de neuvième appartenant à l'Hostel Dieu sur les spectacles; il en résulte que pendant l'année entière 1738, l'Opéra a produit 13,792 l. 1 s. 1 denier; la Comédie françoise 9,803 l. 10 sols; la Comédie italienne 2,677 livres; la foire Saint Germain 7,117 l. 4 s.; la foire Saint Laurent 5,456 livres, et que pendant l'année 1739, la foire Saint Germain a produit 7,051 livres et la foire Saint Laurent 4,343 livres. En sorte que toutes ces sommes composent ensemble celle de 50,240 livres, sur laquelle somme, déduction étant faite de celle de 4,186 l. 16 s. 4 den., à

quoy montent les 20 deniers pour livre accordés par le Bureau au s' de la Rivière pour son droit de recette, suivant la délibération du 5 mai 1739, le produit net de la somme est de 46,053 l. 18 s. 5 den., laquelle somme le s' de la Rivière a payée à M. Doyen, receveur charitable de l'Hostel Dieu.

(24 février.) Monsieur Feydeau de Marville, lieutenant général de police en la place de monsieur Henault, a pris séance pour la première fois au Bureau.

(13 juillet.) A été dit par monsieur Garnot que la mort des sieurs Chomel et Bailly, médecins, fait vaquer deux places de médecins ordinaires de l'Hostel Dieu, qui sont demandées par les sieurs Péaget et Bourdelin, les deux plus anciens des médecins expectants, suivant le rang qui leur a été donné par la délibération du 21 may 1735, qui les a nommés; sur quoy il a observé que par le dernier règlement, arrêté par la même délibération, il est dit que lorsqu'il vaquera des places de médecins ordinaires, on choisira pour les remplir dans le nombre des expectants ceux qui auront été les plus assidus auprès des pauvres malades de l'Hostel Dieu, et qui auront marqué plus de zèle pour les secourir, sans que l'ancienneté de réception dans la Faculté ou dans l'Hostel Dieu puisse établir aucun droit de préférence; qu'on ne peut rien reprocher au sieur Péaget sur l'exactitude et l'assiduité, depuis qu'il est expectant; qu'à l'égard du sieur Bourdelin, il y a eu de très longues absences et très fréquentes; qu'il allègue pour causes des maladies et les occupations qu'il a eues pendant qu'il était doyen de la Faculté de médecine, et qu'il promet d'être plus exact à l'avenir, *à quoy plusieurs de Messieurs ont ajouté qu'ils voyent avec douleur que jamais les malades n'avoient été plus mal soignés par les médecins que depuis le règlement de 1735;* qu'à l'exception de 4 dont ordinaires et deux expectants, tous les autres n'en n'ont exécuté aucune des principales dispositions et des plus essentielles, et entre autres sur l'heure et la durée des visites; qu'au lieu de venir à sept heures au plus tard en été, ils ne viennent qu'à neuf, dix et même onze heures, et en hiver à proportion, en sorte que les remèdes qu'ils ordonnent ne pouvant être préparés et distribués que très tard aux malades, ne produisent aucun effet. *Les visites, qui doivent durer deux heures au moins, se font en une demi-heure au plus par les uns, en un quart d'heure et même un demi-quart d'heure par les autres, et avec tant d'indécence et de rapidité que les malades en gémissent* et qu'il est impossible que ces médecins, avec une pareille précipitation, puissent connoître comme il le faudroit le véritable état des malades qui réclament inutilement leurs secours, ny conséquemment ordonner les remèdes convenables à leurs maux; *que les absences des médecins n'ont jamais été si longues et si fréquentes, étant plusieurs mois entiers sans mettre le pied dans l'Hostel Dieu,* et dans les autres temps n'y venant que par intervalles, toujours sans prévenir messieurs les commissaires, ainsy que le porte le règlement; qu'ils ne signent point leurs ordonnances; que l'ordre établi entre les médecins ordinaires et les expectants ne s'observe point, l'augmentation du nombre de ces derniers, arrestée en 1735, n'ayant servy par conséquent qu'à augmenter les abus, à autoriser les médecins ordinaires à s'absenter plus souvent et plus longtemps, et à doubler la dépense de l'apothicairerie par la multiplicité des remèdes, en sorte qu'au lieu de 18 à 20,000 ʷ qu'il en coûtoit avant 1735, il en coûte à présent plus de 40,000, suivant les dépouillements qui en ont été faits; que messieurs les commissaires ont souvent rappelé aux médecins les dispositions du règlement, et la promesse qu'ils avoient faite de l'exécuter, ce qui n'a produit aucun effet; *que le mal est à un point qu'il n'est plus possible de le dissimuler;* que le principal objet de l'établissement de l'Hostel Dieu est la guérison des pauvres malades; qu'inutilement l'administration donne-t-elle tous ses soins et toutes ses attentions, qu'en vain se porte-t-elle à faire toutes les dépenses nécessaires, et à ne rien épargner pour remplir cet objet, si ceux qui doivent y concourir ne s'y livrent pas avec le même zèle et la même ardeur. A été arrêté de recevoir pour médecins ordinaires de l'Hostel Dieu les sieurs Péaget et Bourdelin au lieu des sieurs Chomel et Bailly, et que messieurs les commissaires confèreront avec M. le Procureur Général sur les moyens de remédier aux abus; sur quoy et ce qui regarde les expectants, on a remis a délibérer au mercredi 27 juillet.

(23 septembre.) En conséquence de l'arrest du parlement du 22 de ce mois, qui réduit à 2 espèces tout le pain qui se débite dans les marchés et dans les boutiques des boulangers, et leur fait défenses de vendre aucun petit pain molet sous les peines y portées, la Compagnie a arrêté que François Royon, maître boulanger, cessera de fournir du petit pain au lait aux griefs malades de l'Hostel Dieu jusqu'à nouvel ordre.

(3 novembre.) A été dit par M. Garnot que le fermier de l'hôpital de Sainte Anne, et celuy de l'hôpital Saint Louis, sont venus l'avertir, le premier, que des gens qu'il ne connoît point se sont présentés pour entrer, qu'il leur a demandé de quel ordre ils venoient; que sans vouloir en montrer aucun, ils sont entrés malgré luy et qu'avec des outils qu'ils avoient, celui qui estoit à leur teste leur a fait abbatre les cellules du dortoir des religieuses, nonobstant toutes ses représentations, auxquelles ils n'ont eu aucun égard, ne leur demandant que le temps d'aver-

tir le Bureau. Le concierge de Saint Louis lui a dit qu'un homme qu'il ne connoît pas, et qui de même n'a voulu montrer aucun ordre, l'a averti qu'il falloit tenir les salles dudit hôpital prêtes et en état d'y recevoir des bleds, pour le lendemain des festes. Lecture faite de la délibération prise au bureau général tenu à l'archevêché le 29 avril 1729, concernant l'hôpital de Saint Louis, a été arrêté que messieurs Garnot et Vigneron enverroient incessamment à M. le Procureur général une copie de cette délibération, signée du greffier du Bureau, et luy représentant en même temps le danger qu'il y avoit pour l'intérest public de donner atteinte à cette décision, en mettant les bleds dans les salles de Saint Louis, principalement dans un temps où la cherté des vivres et l'excès de la misère pouvoient faire craindre des maladies populaires ; qu'au surplus le Bureau a lieu d'être surpris de n'avoir été prévenu par personne, ny d'aucune part, tant sur ce qui a été projetté pour Saint Louis et Sainte Anne, que sur l'expédition militaire de ceux qui ont démoli le dortoir des religieuses de Sainte Anne, sans avoir montré ny voulu montrer aucun ordre.

(8 novembre.) A été dit par monsieur Garnot qu'en exécution de la délibération du 4 de ce mois, le mémoire dressé ce même jour au Bureau a été envoyé à messieurs les chefs, avec une copie de la délibération du 29 avril 1729, sur quoy il a reçu de monsieur le Premier Président une lettre du 5 et monsieur Vigneron en a reçu deux de M. le Procureur général, desquelles trois lettres lecture ayant été faite, a été arrêté d'en faire note sur le registre des délibérations. Copie de la lettre écrite par M. le Premier Président à Monsieur Garnot : « De Paris, ce 5 novembre 1740. J'ay attendu, monsieur, à vous faire réponse que j'eusse examiné avec M. le Procureur général et M. le Lieutenant général de police si on pouvoit se dispenser de mettre des bleds à Saint Louis, et nous avons trouvé que cela étoit indispensable ; ainsy, après avoir pris toutes les mesures pour, au cas que nous eussions besoin de cet hôpital, nous puissions le rendre libre, nous nous sommes déterminez à laisser faire toutes les réparations nécessaires pour mettre cette maison en état de recevoir les bleds. Le grand point est de veiller à ces réparations, pour qu'elles soient faites de manière que le séjour des bleds n'altère point nos bâtimens. Quant à l'hôpital de Sainte Anne, ce que l'on y fait ne pourra point nuire. Les cellules que l'on défait à présent n'étoient point bonnes et, les bleds ôtés, elles seront reconstruites mieux qu'elles n'étoient ; d'ailleurs cette maison ne servoit à rien et le travail que l'on y fera à cette occasion la pourra mettre en état de servir ; ainsy je ne vois nulle difficulté à laisser la liberté aux ouvriers préposés pour cela, de faire dans ces maisons toutes les réparations nécessaires, après avoir préalablement pris à Saint Louis la précaution de serrer tous les meubles dans une salle, pour laisser les autres libres. Je suis, Monsieur, votre très humble et très obéissant serviteur. Signé : Le Peletier. » Copie de deux lettres écrites par M. le Procureur général à monsieur Vigneron. « A Paris, ce 5 novembre 1740. Depuis ma lettre, M. le Premier Président m'a écrit, Monsieur. Il sent toujours toutes vos raisons pour Saint Louis ; *on en garde les salles pour la dernière ressource*. Il n'y a pas même d'apparence que l'on s'en serve ; mais si l'on y étoit forcé, il ne seroit pas temps alors d'y faire les réparations nécessaires. M. le Premier Président croit donc indispensable d'y travailler, d'autant plus qu'il y en a à faire relativement à la surcharge du bled qu'on y a déjà mis, et ce sera un bien pour l'hôpital que le Roy les fasse. Il n'y a que l'embarras des lits de 3 salles à placer dans une qui produit d'ailleurs un dépérissement ; mais M. le Premier Président croit que la raison supérieure est, ou de placer des bleds, s'il en est besoin, ou de montrer au public des préparations qui calment ses inquiétudes. Je suis très parfaitement, Monsieur, votre très humble et très obéissant serviteur. Signé : Joly de Fleury. » « Ce 6 novembre 1740, M. le Premier Président vient de me renvoyer, Monsieur, l'homme qui avoit commission d'aller à Saint Louis, parce qu'il montoit en carrosse. Il m'a dit vous avoir écrit ou à monsieur Garnot et qu'il comptoit se conformeroit à sa lettre ; vous devez l'avoir apparemment. Je suis très parfaitement, Monsieur, etc. Signé : Joly de Fleury. »

(9 décembre.) M. Vigneron fait lecture d'une lettre qu'il a receue de monsieur le Procureur général, datée du 7 de ce mois, au sujet des bleds ; qu'il marque qu'on ne peut se dispenser de mettre dans les salles de l'hôpital de Saint Louis et de les faire préparer à cet effet. A été arrêté d'en faire note sur le registre des délibérations. « A Paris, ce 7 décembre 1740. Sur le compte qui a été rendu à M. le Premier Président, Monsieur, de l'état des bleds qui nous sont arrivés, il m'a chargé de vous mander qu'on ne pouvoit se dispenser de les mettre à l'hôpital Saint Louis, vendredy ou samedy au plus tard, et que vous ayez la bonté de donner des ordres afin que tout soit prest pour les recevoir. Je suis très parfaitement, etc. Signé : Joly de Fleury. » Copie de la lettre écrite le 8 décembre 1740 à M. le Procureur général par messieurs les administrateurs. « Monsieur, *puisque nos représentations et la délibération du 29 avril 1729, que vous avez vous même provoquée, ne peuvent rien opérer*, nous exécuterons ce que vous nous marquez par votre lettre du 7 de ce mois. Nous allons avertir le concierge de l'hôpital Saint Louis de laisser entrer et placer dans les trois salles

les bleds qui doivent y être conduits, la 4ᵉ salle renfermant tous les lits qui y sont entassés les uns sur les autres. Nous vous prions de vouloir bien recommander aux préposez à la conduite de ces bleds de ne pas trop charger les planchers, comme on avoit fait par le passé, ce qui avoit endommagé les voûtes qui les soutiennent. Nous sommes avec respect, etc. »

(13 décembre.) A été dit par M. Garnot que le sieur Leguay, qui a fourny jusqu'icy les bandages nécessaires pour les malades de l'Hostel Dieu est très âgé; qu'étant hors d'état de travailler par luy-même, il est obligé d'avoir recours à d'autres pour faire la plus grande partie de son ouvrage; qu'il paroît nécessaire de faire choix de quelqu'un qui puisse par soi-même faire le service des pauvres malades; que dans le nombre des sujets dont on s'est informé, il n'y en a point qui paroisse mieux convenir que le sieur Georges Arnaud, maître chirurgien, qui s'est appliqué particulièrement à ce qui peut concerner les hernies; qui a mérité par son application de devenir l'un des membres de l'Académie royale de chirurgie, et d'en être secrétaire pour ce qui regarde cette partie de la chirurgie; que ce talent et cette connoissance lui sont en quelque façon héréditaires, ses pères depuis deux cents ans en ayant fait un des principaux objets de leur application. Après que le sieur Boudou, entendu sur la capacité dudit sieur Arnaud a dit qu'il étoit très propre à remplir les vues du Bureau, a été arrêté que le sieur Arnaud fera à l'avenir, sous les yeux et l'inspection du chirurgien major de l'Hostel Dieu, la fourniture des bandages nécessaires pour les malades de l'Hostel Dieu seulement, au prix de 50 sols pour chaque bandage simple et de 3 livres pour chaque bandage double.

(23 décembre.) A été dit par monsieur Vigneron que la rivière est actuellement si haute, qu'elle est dans les caves de l'Hostel Dieu, dans les étuves destinées à faire sécher le linge, dans les cagnards où l'on serre le bois à brûler et dans le cimetière de Clamard, en sorte qu'il n'est plus possible de tirer du bois, de faire usage des étuves, d'enterrer à Clamard, et que les vins pourroient courir risque si on ne les retiroit pas promptement. A été arrêté que, sans différer, les vins seront tirés des caves pour être placés et empilés dans les cours, et qu'on fera des cloisons autour pour les mettre, autant qu'il est possible, en seureté; qu'il sera acheté dès aujourd'huy la quantité de 100 voyes du meilleur bois qui sera trouvé, dont la plus grande partie sera amenée à l'Hostel Dieu pour le service de la maison, et le reste à Saint Louis pour servir aux étuves de cet hôpital, où l'on fera sécher le linge qui y sera envoyé tous les jours dans les voitures de la maison qui le rapporteront à l'Hostel Dieu aussitôt qu'il sera sec, et qu'enfin, jusqu'à ce que les eaux soient retirées du cimetière de Clamard, on transportera les cadavres de l'Hostel Dieu à Saint Louis pour y être enterrés. À l'effet de quoi seront mis dès aujourd'huy des ouvriers en nombre suffisant pour faire les ouvertures de terre nécessaires dans ledit cimetière de cet hôpital. Ce que monsieur Vigneron a été prié et a promis de faire exécuter.

(23 décembre.) Sur ce qui a été dit par monsieur Vigneron qu'il a receu deux lettres de M. le Procureur général, par lesquelles il paroît avoir de l'inquiétude pour les deux ponts de l'Hostel Dieu et pour la salle du Rosaire, qui est sur l'un de ces ponts, par rapport à la situation présente de la rivière et au danger dont le Pont Rouge semble être menacé. A été arrêté que quoique la Compagnie ait fait visiter, il n'y a pas longtemps, les deux ponts en question par gens experts, qui ont assuré qu'ils étoient des plus solides et qu'il n'y avoit rien à craindre, cependant, pour déférer aux avertissements réitérés de M. le Procureur général et prévenir tous accidents, on transportera sans différer dans les autres salles de l'Hostel Dieu tous les malades qui sont dans celle du Rosaire, qui sera condamnée, de manière que personne n'y puisse entrer, et que le logement qui est au-dessus de cette salle, et qui fait partie du Noviciat, cessera d'être habité jusqu'à nouvel ordre, ce que M. Vigneron a été prié, et a promis de faire exécuter.

110ᵉ REGISTRE. — ANNÉE 1741.

(10 janvier 1741.) Par un extrait tiré des registres de l'Hostel Dieu, il paroît que le premier de janvier 1740, il y avoit 2,935 malades dans l'Hostel Dieu; que pendant le cours de la même année il en a été reçu 27,079 et qu'il y est né 1,366 enfants, ce qui compose en total 31,380 personnes; que sur ce nombre il en est mort 7,894, et il en restoit le dernier décembre de ladite année 3,318; ainsy, il en est sorty 20,168.

(10 janvier.) Le sieur Pierron, premier garçon apothicaire de l'Hostel Dieu est entré au Bureau, et a dit que par la vérification que messieurs les commissaires ont faite de ce qu'il y avoit encore de thériaque, ils ont trouvé que des 356 livres qui en ont été faites en 1734, par les ordres du Bureau, il n'en reste plus qu'environ 50 livres; que l'utilité de ce remède, et le soulagement qu'en reçoivent les malades de l'Hostel Dieu, leur ont fait pen-

ser qu'il ne falloit pas attendre que tout fût consommé, d'autant même que plus la thériaque est anciennement faite et plus elle acquiert le degré de perfection; qu'il vient demander au Bureau la permission de faire, sous les yeux et l'inspection du sieur Geoffroy, la quantité de thériaque qui sera jugée convenable; de rassembler à cet effet toutes les drogues et plantes qui doivent entrer dans la composition et de *exposer au public pendant le temps et suivant l'usage ordinaire*, avant que de les employer. Après que messieurs les commissaires ont dit avoir fait la vérification de ce qui reste de la thériaque faite en 1734, et avoir conféré avec les médecins de l'Hostel Dieu sur l'utilité de ce remède, dont ils assurent et dont ils disent avoir éprouvé par expérience que l'usage étoit très salutaire à une infinité de malades de l'Hostel Dieu, la Compagnie a permis audit sieur Pierron de faire 400 livres ou environ de thériaque, sous les yeux et l'inspection du sieur Geoffroy, qu'il consultera sur les drogues, les plantes et les liqueurs qui doivent entrer dans la composition, lui permet de les exposer au public avant que de les employer.

(28 mars.) A été dit par monsieur Vigneron que les précautions cy devant prises par le Bureau, et notamment par la délibération du 22 janvier 1734, pour faire exécuter la fondation de demoiselle Gabrielle du Raynier, dame de Doré, baronne du Tour, n'ont pas fait cesser les abus qui s'étoient glissés; que plusieurs des boursiers des deux collèges de Navarre et de Montaigu, appelés au bénéfice de cette fondation, se dispensent d'en remplir les principales obligations et ne laissent pas de se faire payer la rétribution ordinaire; que les uns, contre l'intention de la fondatrice et les termes précis de la fondation vont demeurer ailleurs que dans l'un desdits collèges de Navarre et de Montaigu; les autres s'absentent de Paris, interrompent les études qu'ils doivent faire dans l'Université, pendant des mois et des années entières, et sont hors d'état par conséquent de veiller, comme ils y sont obligés, sur la conduite des enfants qui sont mis à métier dans Paris, et de les instruire; qu'il paroit nécessaire de prendre de nouvelles précautions pour obliger ces boursiers de faire tout ce qui leur est prescrit par la fondation, et pour s'assurer qu'ils y ont satisfait. Lecture faite du contrat de fondation et de la délibération du 22 janvier 1734, a été arresté que ladite délibération et les précédentes, qui concernent la fondation en question, seront exécutées et qu'en y ajoutant les écoliers boursiers des deux collèges de Navarre et de Montaigu, qui auront été choisis et nommés suivant la forme prescrite par la fondation pour jouir de la rétribution ordinaire, ne pourront en être payés qu'en rapportant par chacun d'eux au greffe du Bureau, et lors de chaque

payement : 1° extrait en forme de la délibération des supérieur, principal et maîtres de celui des deux collèges de Navarre ou de Montaigu dont sera le boursier élu, qui demandera son payement, contenant ledit extrait de délibération, l'élection qui aura été faite de deux intendants dans ledit collège, pour veiller à l'exécution de ladite fondation, la date de cette élection, qui doit être renouvellé tous les 3 ans, les noms, qualités et demeures des intendants élus; 2° certificat signé des deux intendants élus, par lequel ils attesteront que le boursier est actuellement demeurant dans l'un desdits collèges; qu'il n'a cessé d'y demeurer depuis son élection; qu'il fait actuellement sa philosophie ou sa théologie dans l'Université de Paris, le temps auquel il a commencé les études; s'il les a continuées sans interruption; s'il ne s'est point absenté soit de Paris, soit de l'un desdits deux collèges de Navarre ou de Montaigu; si après son *quinquennium* de philosophie et de théologie, il a pris ou non dans cette même Université le degré de bachelier; s'il profite dans ses études; s'il a été exact à aller visiter les enfants qui ont été mis à métier; 3° le certificat signé de chaque maître où sont les enfants qui apprennent métier, contenant ledit certificat s'il est content de son apprenti ou non, et que de boursier est venu plusieurs fois voir cet apprenti, *et l'a instruit chaque fois sur la religion;* que les certificats cy dessus spécifiés puissent être suppléés par aucun autre et sans qu'il puisse être expédié aucune ordonnance pour le payement de la rétribution que lorsque ces formalités se trouveront remplies; que tous ces faits sans exception seront attestés par les certificats que les boursiers auront satisfaits à tout ce qui leur est prescrit par la fondation, et que deux de Messieurs, après avoir examiné ces pièces, en auront rendu compte au Bureau et messieurs Vigneron et de Tilière ont été priés de prendre ce soin. Seront délivrés au supérieur, principal et maître de chacun desdits collèges de Navarre et de Montaigu, extraits signés du greffier du Bureau de la présente délibération, avec la forme, tant du certificat qui doit être donné par les deux intendants de la fondation pour chaque boursier, que de celuy qui doit être donné par le maître de chaque apprenti.

(11 avril.) Le sieur Boudou, chirurgien major de l'Hostel Dieu est entré au Bureau, et a prié la Compagnie de vouloir bien permettre que le sieur Desforges, compagnon chirurgien gagnant maîtrise, qui vient de mourir dans l'Hostel Dieu, après y avoir servi les pauvres pendant plus de 20 ans, soit enterré dans ledit Hostel Dieu. A été arresté qu'en considération des longs services dudit Desforges, il sera enterré à l'Hostel Dieu, sans que ladite permission puisse tirer à conséquence pour les autres garçons chirurgiens.

(30 avril.) M. Doyen a fait lecture d'une lettre qu'il reçut hier, par laquelle celui qui écrit la lettre marque qu'étant de la province et partant pour venir à Paris, il a promis à madame son épouse de donner 30,000 livres aux pauvres de cette ville et de lui en représenter la quitance; que, quoique cette somme ne soit point excessive par rapport à leurs facultés, il ne peut quant à présent disposer que de 18,000 livres, qu'il est prêt de lui remettre pour les pauvres de l'Hostel Dieu purement et simplement sans aucune condition, pourvu qu'il veuille se contenter de sa parole de luy payer, aussitôt qu'il sera en état de le faire, les 12,000 livres restantes des 30,000 livres qu'il a promis à Dieu, et lui donner dès à présent une quitance de 30,000 livres, afin qu'il puisse à son retour en province la montrer à la dame son épouse; à quoi il ajoute que si la proposition n'est pas acceptée par l'Hostel Dieu, d'autres profiteront de sa libéralité; sur quoy ledit sieur Doyen demande les intentions du Bureau pour s'y conformer. A été arrêté d'accepter la proposition, portée par la lettre, de recevoir les 18,000 livres offertes; de s'en rapporter à la parole et à la conscience de la personne qui écrit, pour le payement des 12,000 livres restantes. Monsieur le Doyen est autorisé à donner une quittance de 30,000 livres, quoiqu'il ne reçoive que 18,000 livres, à la charge par luy d'employer dans sa recette la somme de 30,000 livres en entier et de mettre en dépense la somme de 12,000 livres qui lui sera passée dans son compte. (*Nota.* Le 2 mars 1744 les 12,000 livres ont été paiées à M. Doyen, avec 1,720 livres pour les intérêts desdites 12,000 livres, depuis le 20 avril 1741 jusques audit jour 2 mars 1744.)

(15 septembre.) La Compagnie a signé par devant Laideguive le jeune, notaire à Paris, le 9 du présent mois, un acte portant que Melchior Cochet de Saint Valier. comte de Brioude, président au Parlement et des requêtes du palais, par son testament olographe du 4 avril 1738, déposé audit maître Laideguive, notaire, le 20 décembre audit an, controllé et insinué le 22 juin 1739, auroit légué à l'église noble de Brioude, la somme de 50.000 livres, pour aider à fonder un collège dans ladite ville de Brioude, qui sera sous la direction du chapitre de Brioude, ainsi qu'il sera réglé par M. le Procureur général avec ledit chapitre. Si ledit établissement ne se peut faire dans les trois ans du jour du décès dudit sieur président de Saint Valier, le legs demeurera caduc et, audit cas, ledit sieur président de Saint Valier a ordonné que lesdits 50,000 livres seroient destinées et employées à bâtir une église pour le séminaire du Saint Esprit établi à Paris, selon que M. le Procureur général le réglera avec les supérieurs et officiers dudit séminaire.

Et si ledit legs ne peut s'exécuter dans les cinq années du jour dudit décès, ladite somme de 50,000 livres appartiendra à l'Hostel Dieu, à l'Hôpital général, à l'hôpital des Enfants Trouvés et à l'hôpital des Incurables de Paris, par quart et égale portion. Plus, que par ledit testament ledit sieur président de Saint Valier a légué auxdits 4 hôpitaux la somme de 50,000 livres, qui sera prise en effets de sa succession, en cas que lesdites 50,000 livres léguées audit chapitre de Brioude ne reviennent pas auxdits quatre hôpitaux, parce que les premières dispositions auront lieu. Plus, que ledit sieur président de Saint Valier auroit ordonné que les effets seroient choisis pour le payement des legs par lui faits par son exécuteur testamentaire, ainsi qu'il croira en conscience convenir, et le plutôt qu'il pourra, sans aucune garantie contre la succession. Comme aussi ledit acte porte que la délivrance du legs fait audit chapitre de Brioude, de la somme de 50,000 livres ayant été faite par acte passé devant Laideguive, notaire, le 11 juillet 1740 et que la fondation dudit collège s'exécute, lesdits sieurs et dames héritiers et légataires universels dudit sieur Président de Saint Valier, voulant exécuter son intention et se libérer dudit legs, quoiqu'il ne soit payable que dans 5 ans du jour du décès dudit sieur président de Saint Valier ont, par ledit acte, cédé, abandonné et délaissé audit Hostel Dieu, audit Hôpital Général, audit hôpital des Enfants Trouvés et audit hôpital des Incurables, et par quart et égales portions, conformément au testament, la somme de 50,000 livres.

(27 octobre.) Le nommé Hardaz remontre au Bureau qu'il est inventeur d'un spectacle représentant le jugement universel, que messieurs les magistrats de police lui ont permis d'exposer au public; qu'on veut l'obliger de payer à l'Hostel Dieu le neuvième en sus du produit qu'il retire de ce spectacle, qu'il croit n'être point dans le cas, d'autant qu'il ne représente point dans les foires et qu'il paroît que l'ordonnance du Roy, rendue en faveur des hôpitaux, n'a voulu assujettir que les spectacles des foires. A été arrêté que le spectacle en question est sujet au droit de neuvième, conformément aux termes et à l'esprit de l'ordonnance du Roy, et qu'il sera perçu par le sieur de la Rivière, préposé à cet effet, au profit des pauvres de l'Hostel Dieu, la somme de 20 livres tous les 15 jours, à quoi peut revenir la portion dudit Hostel Dieu, eu égard au produit total dudit spectacle, suivant les états de recette journalière tenus et certifiés par le sieur de la Rivière.

(19 décembre.) La Compagnie a donné pouvoir au sieur Quirot l'aîné, juré expert nommé par monseigneur l'archevêque de Paris, de visiter la ruelle appelée la

ruelle l'Évêque, qui commence à la rue du même nom, servant de descente pour aller au bras de la rivière de Seine, à l'endroit dit le port l'Évêque, ladite descente fermée à son entrée par une porte servant à l'usage des locataires de monseigneur l'Archevesque, située entre des bâtiments appartenant à l'archevesché et les bâtiments dépendants de l'Hostel Dieu; au-dessus de partie de laquelle ruelle et descente sont des bâtiments construits par l'archevesché, et adossés aussi en partie aux bâtiments de l'Hostel Dieu, desquels dits bâtiments construits par l'archevêché et adossés à ceux de l'Hostel Dieu, partie a été faite par augmentation aux anciens; dans laquelle ruelle et descente il y a une porte dans le mur de l'Hostel Dieu, à l'effet par ledit expert convenu entre toutes les parties, tant sur les différentes observations desdites parties que sur la représentation qu'elles pourront lui faire de titres et pièces, de constater l'état de tous lesdits lieux, les réparations qui sont à faire au pavé, marches et gargouilles de ladite ruelle et descente.

111ᵉ REGISTRE. — ANNÉE 1742.

(2 janvier 1742.) Par un extrait tiré des registres de l'Hostel Dieu, il paroît que le premier janvier 1741, il y avoit 3,258 malades dans cet hôpital; que pendant le cours de laditte année, on y en a receu 27,361 et qu'il y est né 1,447 enfans, ce qui compose en total 32,066 personnes; que dessus ce nombre il en est mort 7,191, qu'il en restoit le dernier décembre 3,497 et qu'ainsy il en est sorti 21,378.

(16 janvier.) La Compagnie a accordé à Charles Pied, pompier, la somme de 24 livres, pour récompense des services qu'il a rendus dans l'Hostel Dieu, à l'occasion du feu arrivé le 9 du présent mois dans l'endroit où travaillent les menuisiers de la maison.

(24 janvier.) Sur ce qui a été dit par M. Garnot, que le sieur Afforty, un des médecins ordinaires de l'Hostel Dieu, est décédé; que la Compagnie a délibéré s'il convient de le remplacer, et en ce cas, sur qui le choix peut tomber; que les sieurs Lehoc et Belot, deux des expectants, demandent cette place; après différentes observations faites par plusieurs de Messieurs, la Compagnie a nommé et choisy le sieur *Lehoc* pour remplacer ledit sieur Afforty, en ladite qualité de médecin ordinaire de l'Hostel Dieu et aux appointemens y attachés.

(12 juin.) Les doubles des registres mortuaires et baptistaires de l'Hostel Dieu, des années 1737 jusques et compris 1741, tenus par les prestres de l'Hostel Dieu, en conséquence de la déclaration du Roy, du 9 avril 1736, ont été remis et apportés au Bureau, dont 4 pour les baptêmes et 5 pour les morts, et ont été à l'instant serrés aux archives, dans une petite armoire fermante à clef.

112ᵉ REGISTRE. — ANNÉE 1743.

(4 janvier 1743.) Par un extrait tiré des registres de l'Hostel Dieu, il paroît que le premier janvier 1742, il y avoit 3,519 malades; que pendant le cours de laditte année, on y en a receu 23,944 et qu'il y est né 1,339 enfants, ce qui compose en total 28,802 personnes; que dessus ce nombre il en est mort 5,893, qu'il n'en restoit le dernier décembre que 3,058 et qu'ainsy il en est sorty 19,851.

(22 janvier.) A été dit que l'Hostel Dieu est propriétaire d'une maison en forme de loge, *à la foire de Guibray*, louée au sieur de Presle moyennant 100 livres.

(20 février.) Lecture faite d'un mémoire présenté par les religieuses hospitalières du fauxbourg Saint Marceau, par lequel elles demandent de ne payer la viande qu'elles font prendre à l'Hostel Dieu pendant le carême que sur le même pied que la payent *les charités des paroisses*, attendu, disent-elles, qu'à l'exemple des charités, elles ne la prennent que pour les besoins et le soulagement des pauvres, qu'elles sont obligées de recevoir dans leur maison; sur quoy a été observé qu'il y a grande différence entre les charités des paroisses et les religieuses hospitalières; la pluspart des charités des paroisses n'ont aucun patrimoine, ni aucun revenu fixe, ou du moins, si quelques unes en ont, il s'en faut beaucoup qu'ils puissent suffire aux besoins des pauvres; ce n'est que par les secours des aumônes des fidèles qu'on y suplée, encor très souvent ce casuel est-il très insuffisant; c'est pour cette raison que l'administration de l'Hostel Dieu, qui a intérêt que les paroisses puissent être en état de soulager leurs pauvres malades, qui sans cela seroient obligés de venir à l'Hostel Dieu et le surchargeroient, s'est déterminée à contribuer à ce soulagement en donnant pen-

dant le carême, aux charitées des paroisses la viande à moindre prix qu'elle ne lui coûte, et à un sol par livre de meilleur marché qu'elle ne se vend au public. Les religieuses hospitalières au contraire ont toutes été fondées; elles ont des patrimoines et des revenus fixes; les pauvres qu'elles reçoivent ne leur sont point à charge; 1° parce que les lits qui leur sont destinés ont tous été fondés et dotés de sommes proportionnées à ce qui est nécessaire pour l'entretien et la subsistance de chaque pauvre tant en santé qu'en maladie; 2° parce qu'elles ne reçoivent de pauvres qu'autant qu'elles ont de lits fondés. Indépendamment de ce premier objet, ces religieuses ont des pensionnaires dont elles tirent des pensions considérables et suffisantes pour subvenir à leur soulagement lorsqu'elles sont malades, en sorte qu'il n'y a aucune différence entre ces religieuses et tous les autres monastères de filles établies à Paris, qui, sans aucune difficulté payent à l'Hostel Dieu la viande qu'elles y prennent pendant le carême sur le même pied que le public. La matière mise en délibération, a été arresté que les religieuses hospitalières du fauxbourg Sainct Marceau, et les autres maisons du même ordre, payeront la viande qu'elles prendront à l'Hostel Dieu, pendant le carême, comme tous les autres monastères de religieuses et sur le même pied qu'elle se vend au public.

(20 mai.) Le Bureau, extraordinairement assemblé, sur ce qui a été dit par M. Garnot qu'après toutes les démarches faites par le Bureau, de concert et de l'aveu de messieurs les magistrats *pour faire exempter de la milice les chirurgiens de l'Hostel Dieu*, après même les assurances données au Bureau, que ceux d'entre eux auxquels il échéroit des billets noirs ne partiroient pas, messieurs les magistrats viennent de faire entendre que pour cette fois il n'y avoit plus d'espérance de sauver les cinq chirurgiens qui ont tiré des billets noirs, qu'en fournissant d'autres hommes pour les remplacer; qu'il s'en présente 5 de bonne volonté qui demandent 300 livres chacun, sur quoy il est nécessaire de prendre une résolution d'autant plus prompte qu'on ne reçoit aucune réponse sur les délais demandés, et que le sieur Dupré, qui fait les fonctions de commissaire des guerres à Saint Denis, n'a donné que le reste du jour pour fournir ces cinq hommes. A été arresté que pour prévenir les suites fâcheuses que pouroit causer dans l'Hostel Dieu le départ de ces cinq chirurgiens, le sieur Piron, inspecteur des salles, partira à l'instant pour Saint Denis, qu'il y conduira sous bonne escorte les cinq hommes qui se présentent, qu'il leur payera les sommes convenues aussitôt qu'ils auront été agréés, et receus au lieu des 5 chirurgiens de l'Hostel Dieu.

(17 juillet.) Monsieur Garnot a proposé messieurs Cœuret de Fromonville, auditeur des comptes; Léonard de Malpeines, conseiller au Châtelet; Legal, secrétaire du Roy; Gallois, secrétaire du Roy, et Cochin, aussi secrétaire du Roy, avocat au Parlement, pour remplacer messieurs Boucher, Thiroux, Turpain, Josse et de la Vigne, administrateurs, qui sont décédés. Ils ont été élus.

(17 juillet.) Sur ce qui a été dit par Monsieur Garnot que le sieur Lemery, l'un des médecins de l'Hostel Dieu est décédé, la Compagnie a nommé et choisi le sieur Fontaine pour remplacer ledit sieur Lemery.

(3 décembre.) Sur ce qui a été dit, qu'attendu la conversion ordonnée par le Roy des rentes sur les aydes et gabelles et sur les tailles et autres en récépissés du Trésor royal, pour être employés à la lotterie établie par arrêt du Conseil du 5 novembre dernier, il seroit nécessaire de prendre des précautions pour empêcher que les débiteurs de l'Hostel Dieu ne disposent de leurs rentes au préjudice de ce qu'ils doivent à l'Hostel Dieu; a été arrêté qu'il sera incessamment formé des oppositions au greffe des hypothèques, à la requeste de l'Hostel Dieu, sur tous les débiteurs de l'Hostel Dieu au remboursement des rentes qui peuvent leur appartenir sur le Roy, ce que l'agent des affaires de l'Hostel Dieu a été chargé d'exécuter incessamment.

113° REGISTRE. — ANNÉE 1744.

(7 janvier 1744.). On a dit que le premier janvier 1743, il y avoit 2,952 malades dans l'Hostel Dieu; que pendant le cours de la même année, il en a été receu 17,335 et qu'il y est né 1,260 enfants, ce qui compose en total 21,547 personnes; que dessus ce nombre il en est mort 4,084 et il en restoit le dernier décembre de ladite année 2,535; ainsy il en est sorty 14.948.

(12 août.) Monseigneur de Maupeou ayant été receu premier président à la place de Monseigneur le Pelletier, il a pris séance au Bureau pour la première fois; monsieur de Bernage, prévôt des marchands, à la place de monsieur de Vatan, décédé, a pareillement pris séance au Bureau pour la première fois.

(12 août.) La Compagnie a arrêté d'accorder au sieur

Jean Nicolas Moreau, maître chirurgien à Paris, la survivance de la place de maître chirurgien de l'Hostel Dieu qui est actuellement remplie par le sieur Boudou, et pour l'exercer après le décès dudit sieur Boudou, lorsqu'il ne sera plus en état d'en faire les fonctions, à condition que ledit sieur Moreau ne jouira des appointemens ordinaires attachés à cette place qu'après le décès dudit sieur Boudou, et qu'il se conformera en tout aux règlemens et délibérations du Bureau qui concernent laditte place et les autres chirurgiens de la maison, dont il fera sa soumission par écrit.

(26 août.) A été dit par M. Vigneron, que depuis 15 ans plusieurs lits ayant été fondés dans l'hôpital des Incurables, il ne reste presque plus de place dans les salles du côté des hommes, en sorte que s'il survenoit de nouvelles fondations, on ne seroit pas en état de les accepter; que pour obvier à cet inconvénient, il paroît indispensable de faire construire une nouvelle salle; que pour ayder à la dépense que causera cette construction, on poura y employer ce qui reviendra tant du legs particulier fait par M. le Président Cochet de Saint Valier, que du legs universel fait par le sieur de Saint Farjeux, chapelain de Saint Jacques de l'Hôpital; qu'il y avoit encore une ressource pour ayder à cette dépense, qui étoit de tâcher d'obtenir avec le secours de monseigneur l'Archevêque le remboursement d'une rente de 389 livres au denier 40 due audit hôpital par le clergé de France, au principal de 19,488 livres. La Compagnie a arrêté qu'il sera construit une nouvelle salle dans l'hôpital des Incurables, du côté des hommes malades, qui formera la 4ᵉ et dernière branche de la croix que doivent former les 4 salles des hommes, conformément à l'ancien plan tracé lors de l'établissement dudit hôpital; que cette construction se fera par économie, sous les yeux et la conduite de l'inspecteur des bâtimens dudit hôpital.

(2 septembre.) Monsieur Fillon a prêté serment au Bureau de bien fidellement et charitablement faire la recette et dépense pour l'Hostel Dieu pendant six années, à compter du premier janvier de l'année prochaine 1745, et il a pris séance au Bureau pour la première fois.

(24 novembre.) A été dit par MM. Garnot et Vigneron qu'encore que le Bureau ait fait construire à grands frais deux lavanderies sur les deux bords de la rivière, et les ait fait garnir de tous les ustanciles nécessaires pour faire les lessives, il s'est introduit depuis un temps un usage de faire lesdites lessives dans les offices de quelques unes des salles de l'Hostel Dieu, ce qui cause un dommage considérable, ruine et pourit les planchers et ce qui fait même que la plupart du tems, l'eau destinée pour le service ordinaire desdittes salles manque, parce qu'elle est détournée et employée auxdites lessives.

114ᵉ REGISTRE. — ANNÉE 1745.

(5 janvier 1745.) Par un extrait tiré des registres de l'Hostel Dieu, il paroît que le premier janvier 1744, il y avoit 2,562 malades; que pendant le cours de l'année il en a été receu 15,819 et qu'il y est né 1,264 enfans, ce qui compose en total 19,645 personnes; que dessus ce nombre il en est mort 3,543, et il en restoit le dernier décembre de laditte année 2,673; ainsy il en est sorty 13,429.

(10 mars.) A été dit par M. Vigneron que l'objet de l'assemblée est l'examen de 3 mémoires dont 2 données par messieurs les directeurs de l'Hôpital général, par lesquels ils demandent que l'Hostel Dieu leur vende cinq maisons appartenantes à l'Hostel Dieu, dont deux scises rue Neuve Notre Dame et une rue de Venise, desquelles 3 maisons les Enfans trouvés jouissent en vertu des baux que l'Hostel Dieu leur en a passés, et deux autres scituées rue de la Huchette, en retour de la rue Neuve Notre Dame, vis à vis le parvis de l'Église de Paris; l'autre mémoire donné par les administrateurs de l'Hostel Dieu pour répondre à la demande de messieurs de l'Hôpital général; après lecture faite de ces trois mémoires, la matière mise en délibération, la Compagnie a arrêté que si l'emplacement où est actuellement la maison de la couche ne se trouve pas suffisant pour contenir les enfans trouvez nouveaux nés et les personnes préposées pour en avoir soin, l'Hostel Dieu pourra vendre auxdits Enfans trouvez le terrein qui leur sera absolument nécessaire à prendre, soit dans les deux maisons scises rue Neuve Notre Dame, qui sont contigues l'une à l'autre et à celle des Enfans trouvés, desquelles ils jouissent en vertu des baux qui leur en ont été passés par l'Hostel Dieu, soit dans les autres maisons appartenantes à l'Hostel Dieu, scises rue de Venise, autres toutesfois que celle scituée dans laditte rue de Venize dont jouissent lesdits Enfans trouvés, en vertu du bail fait à leur profit, dans la jouissance de laquelle dernière maison les administrateurs de l'Hostel Dieu entendent rentrer à l'expiration du bail; que le prix et les conditions de ces ventes seront réglés et convenus entre les administrateurs des deux hôpitaux, et qu'enfin ny la maison scise rue de Venise, dans la jouissance de laquelle l'Hostel Dieu entend rentrer, ny les

deux maisons rue de la Huchette, vis-à-vis le parvis Notre Dame, appartenantes à l'Hostel Dieu et demandées par le mémoire des Enfans trouvés, ne pourront dans aucun temps, pour quelque cause et sous quelque prétexte que ce soit, être alliennées et vendues soit aux Enfans trouvés, soit à tout autre, comme étant ces 3 maisons absolument nécessaires aux pauvres de l'Hostel Dieu.

(15 juin.) Sur ce qui a été dit par M. Vigneron qu'aiant assisté jeudy dernier, 17 du présent mois, jour de la fête Dieu, au service et à la procession du Saint Sacrement qui se fait dans les salles de l'Hostel Dieu, il a remarqué qu'on donnoit aux domestiques de la maison des cierges pour précéder la procession, au retour de laquelle la plupart de ces domestiques, sans aucune attention ny ménagement, jettoient auprès de la sacristie leurs cierges, qui ont presque tous été cassés; qu'il avoit desjà remarqué la mesme chose en 1744, ce qui cause un préjudice considérable aux pauvres de l'Hostel Dieu; a été arrêté qu'à l'avenir il ne sera plus donné de cierges ny aux garçons ny aux filles domestiques de l'Hostel Dieu qui assisteront, soit aux processions des deux fêtes de l'Hostel Dieu, soit à toutes autres processions ou cérémonies, et qu'il n'en sera donné qu'aux religieuses et aux seuls officiers.

(16 novembre.) La Compagnie a donné pouvoir à M. Lasnier, procureur à la cour, en comparoissant à la continuation de la visite de la chapelle de saint Blaise, de requérir le sieur Joubert, juré expert nommé pour faire laditte visite, d'observer, constater et dire dans son procès-verbal : 1° de combien l'église de Saint Julien le Pauvre a été racourcie et où étoit l'ancienne et principalle porte de laditte église; 2° s'il y a des anciens vestiges d'une porte qui communiquoit du cloître de Saint Julien à la chapelle Saint Blaise; 3° si les deux portes qui sont percées dans les deux soubassements des deux premiers vitraux, l'un au droit du sanctuaire et l'autre ensuite, communiquant présentement l'une dans la sacristie pratiquée à côté de la chapelle de Saint Blaise, l'autre dans la cour dépendant des maçons et charpentiers, sont des portes observées et ouvertes dès l'origine de laditte chapelle, ou si au contraire elles ont été ouvertes depuis la première construction d'icelle; 4° que le vitreau de maçonnerie gothique qui est derrière l'autel est présentement muré, en expliquant comme il est; 5° si les trois arcades, du côté de la rue Galande, par les vestiges que l'on pourra trouver, ont été dans leur origine de pareille fabrique gothique; si pour avoir plus de jour dans la chapelle, on n'a point changé et supprimé les anciens vitreaux, pour y mettre en place des vitreaux de fer qui y sont actuellement, et en cas qu'il y ait eu du changement, raporter à peu près le temps qu'il peut avoir été fait; 7° faire mention de l'image de la Sainte-Vierge qui est à présent placée dans la cloison du refend, vis-à-vis la nouvelle porte d'entrée de la chapelle par la rue Galande, laquelle vraisemblablement a été déplacée de dessus le maître autel pour la mettre où elle est actuellement, et enfin constater la hauteur, tant du premier plancher qui se trouve au-dessous de la tribune de laditte chapelle de Saint Blaise, que du second plancher au-dessus, sur lequel les orgues étoient posées, et raporter si lesdits planchers et les cloisons sont de construction aussi ancienne que la chapelle, ou s'ils ont été construits depuis; le tout pour d'autant plus mettre la cour en état de connoître et juger que laditte chapelle de Saint Blaise fait partie et est une dépendance de Saint Julien le Pauvre.

115ᵉ REGISTRE. — ANNÉE 1746.

(4 janvier 1746.) Par un extrait tiré des registres de l'Hostel Dieu, il paroit que le premier janvier 1745, il y avoit 2,716 malades dans cet hôpital; que pendant le cours de ladite année, on y en a receu 16,655 et qu'il y est né 1,351 enfants, ce qui compose en total 20,722 personnes; que dessus ce nombre il en est mort 3,688, qu'il en restoit le dernier décembre de la même année 3,044 et qu'ainsy il en est sorty 13,990.

(25 février.) Un frère capucin est venu et a demandé qu'il lui fût permis de se présenter dans l'Hostel Dieu, à l'arrivée des marchands fournisseurs de volailles *et de recueillir les charités que ces marchands voudroient bien lui faire, pour son monastère, des volailles et gibiers de rebut;* après que messieurs les Commissaires ont dit que pareille proposition aiant été faite plusieurs fois dans les années précédentes, elle a toujours été rejettée par raport aux inconvéniens qui en résulteroient, et par les raisons qu'ils ont expliquées; a été arrêté que jamais à l'avenir, sous aucun prétexte, on n'auroit égard à pareille demande, soit de la part des capucins ou d'autres religieux, soit de la part d'autres personnes et seront délivrées tant au dépensier qu'à l'inspecteur des salles de l'Hostel Dieu, et au chef de la rôtisserie, des copies de la présente délibération.

(22 mars.) Sur ce qui a été dit par M. Houdiart, que M. l'abbé Dagonet, exécuteur du testament de feu M. l'ar-

chevêque de Paris (M. de Vintimille), étoit venu l'avertir aujourd'huy que ce prélat avoit fait les pauvres de l'Hostel Dieu ses légataires universels, conjointement avec les Enfans trouvés, et qu'on devoit lever les scellés demain 23 du présent mois...

(8 juillet.) M. de Saint Julien, sacristain de l'Hostel Dieu est venu au Bureau et a dit qu'il a achepté une couronne d'argent pour la Vierge du Petit Pont, laquelle coute, compris la façon et le controlle la somme de 227 livres.

(20 décembre.) A été dit par Monsieur Vigneron que le 11 de ce mois, des compagnons chirurgiens qui étoient ce jour là de service dans la chambre de garde, avoient introduit, sur les huit heures du soir, dans cette chambre deux filles qui y sont restées toute la nuit et jusqu'au matin, avec lesquelles ils se sont enyvrés et commis toutes sortes d'excès, ce qui a causé parmi les religieuses et les veilleresses, et dans toute la maison un scandale public; qu'en ayant été averty, il a pris toutes les instructions nécessaires pour s'asseurer du fait, et a même interrogé ces chirurgiens qui sont : Louis Pierre Lamarre, Jean Revers et Jean-François Coqueret; que Lamarre est celuy qui a introduit les filles et qui, suivant ses propres réponses, est le plus coupable des trois; monsieur Vigneron a ajouté, qu'à cette occasion, il a sceu que de pareils désordres n'étoient que trop fréquents; qu'il en a découvert encore un autre qui consiste en ce que, de ces compagnons qui doivent être toujours au nombre de six dans la chambre de garde, quelques uns sont mariés et quelques autres exercent en ville des privilèges de veuves, et, au lieu de coucher dans l'Hostel Dieu, comme ils y sont obligés, ils se font remplacer, dans la chambre de garde, par des chirurgiens externes qui, n'ayant ny assés d'expérience, ny assés de capacité, sont hors d'état de donner les secours nécessaires aux malades qui en souffrent un préjudice considérable...

116ᵉ REGISTRE. — ANNÉE 1747.

(10 janvier 1747.) Par l'extrait tiré des registres de l'Hostel Dieu, il paroît que le premier janvier de l'année dernière, il y avoit 3,010 malades dans cet hôpital; que pendant le cours de la même année, il en a été receu 17,728, et qu'il y est né 1,304 enfants, ce qui compose en total 22,042 personnes; que sur ce nombre il en est mort 4,208, et comme il n'en restoit le dernier décembre de laditte année que 2,897, il en est sorty 14,937.

(14 mars.) M. Cochin étant décédé le 24 février dernier, la Compagnie a arrêté de faire dire deux messes, pour le repos de son âme, l'une en l'église de l'Hostel Dieu et l'autre en l'église des Incurables.

(23 mars.) M. de Lamoignon de Blancmesnil ayant été receu en la charge de Premier Président de la Cour des aydes, à la place de M. Le Camus, a pris séance au Bureau pour la première fois.

(23 mars.) Monsieur Vigneron a proposé M. Barjeton, avocat en Parlement, que la Compagnie a élu pour administrateur de l'Hostel Dieu à la place de M. Cochin.

(19 mars.) La Compagnie a signé par devant Marchand le jeune, nottaire, une quittance de la somme de 10,486 livres payée ès mains de M. Le Couteulx, receveur général charitable de l'Hostel Dieu par Mᵐˢ les administrateurs de l'hôpital des Petites Maisons, sçavoir : 10,000 livres pour le remboursement de 500 livres de rentes sur et en déduction de 3,500 livres de rente restants de 4,000 livres de rentes, constituées par ledit hôpital des Petites Maisons au profit de l'Hostel Dieu.

(19 juillet.) A été arrêté que le sieur Belot, médecin expectant, remplira la place de médecin ordinaire de l'Hostel Dieu, vacante par le décès du sieur Col de Villars.

(19 juillet.) La Compagnie a nommé pour administrateur de l'Hostel Dieu monsieur Du Portault, au lieu et place de M. Nau, décédé.

(13 décembre.) Sur ce qui a été dit par messieurs les Commissaires, qu'ils ont appris que le nommé Jean Pierre de Ponts, l'un des garçons chirurgiens de l'Hostel Dieu, tient actuellement et depuis du temps, boutique ouverte dans la rue de la Huchette, où il exerce la profession d'apotiquaire, et où il fait publiquement commerce et débit de toutes les drogues et marchandises d'apotiquairerie; que même le nommé Jean Pierre Dasque, autre garçon chirurgien, receu externe à l'Hostel Dieu, sert de garçon de boutique audit du Pont; que dans tous les temps on a eu grande attention de n'admettre les jeunes chirurgiens à travailler dans l'Hostel Dieu, qu'à condition de se livrer entièrement au service des pauvres malades de cette maison, sans pouvoir en être distraits par aucun autre exercice ou profession, ni de quelque manière que ce soit, afin de pouvoir par ce service assidu

se rendre digne de profiter de tous les avantages que leur procure le travail. D'ailleurs les garçons chirurgiens qui ont leur entrée libre dans l'apotiquairerie de l'Hostel Dieu, et auxquels on distribue les remèdes pour les appliquer, suivant les ordonnances des médecins, aux différents besoins des malades de cette maison, étans en même tems apotiquaires dans Paris, peuvent abuser de cette confiance et de cette facilité et faire tourner ces mêmes remèdes à leur profit particulier, en les portant vendre dans leurs boutiques, au lieu de les donner aux pauvres malades de l'Hostel Dieu pour lesquels ils sont destinés; a été arrêté que lesdits Dupont et Dasque seront avertis par Messieurs les commissaires d'opter entre les deux professions de chirurgien et d'apothiquaire, et ce dans quinzaine au plus tard.

117ᵉ REGISTRE. — ANNÉE 1748.

(5 janvier 1748.) Par un extrait tiré des registres de l'Hostel Dieu, il paroît que le premier janvier 1747, il y avoit 2,868 malades dans l'Hostel Dieu; que pendant le cours de la même année, il en a été receu 17,958 et qu'il y est né 1,385 enfants, ce qui compose en total 22,211 personnes; que sur ce nombre il en est mort dans le courant de ladite année 4,261, et il en restoit le dernier décembre 3,063, ainsy il en est sorty 14,887.

(21 février.) Monsieur Berryer ayant été receu lieutenant général de police à la place de monsieur de Marville, a pris séance au Bureau pour la première fois.

(21 février.) M. Vigneron a proposé monsieur Duvant, trésorier de France, que la Compagnie a esleu pour administrateur de l'Hostel Dieu à la place de M. Maigret, décédé.

(26 juin.) La Compagnie a, conjointement avec mademoiselle de Revel et les directeurs de l'Hospital général, signé par devant maître Quinquet notaire, cejourd'huy, un acte par lequel ladite demoiselle de Revel a accepté la déclaration faite à son profit par le sieur Gillet, son procureur, sur le procès-verbal de vente faite par Bertrand, huissier-priseur, le 28 may dernier, d'un grand lustre de cristal de roche provenant de la succession de M. l'abbé de Broglie, abbé de Pignerol, moyennant la somme de 7,260 livres. Ledit lustre vendu en exécution de l'arrest de la cour du 29 may 1745, aux termes duquel il doit être fait employ de ladite somme ou de ce qui en restera après les frais privilégiés prélevés au profit de la substitution faitte par ledit sieur abbé de Broglie, en faveur de l'Hostel Dieu et de l'Hôpital général.

(23 août.) A été arrêté que dans aucun temps, sous quelque prétexte et dans quelques lieux que ce puisse être deppendans de l'Hostel Dieu, il n'y aura aucune poulles, volailles ny autres animaux et que le poulailler qui se trouve avoir été construit dans ladite cour de la boulangerie sera entièrement démoly et sans délay, sans pouvoir être rétably, sans néanmoins que la présente délibération puisse donner atteinte à ce qui s'observe pendant le caresme, par rapport aux volailles destinées à la consommation du public.

(25 octobre.) La Compagnie a donné pouvoir à M. Thomas Lasnier, procureur en la cour, de former opposition pour l'Hostel Dieu au décret volontaire de la baronnie du château du Loir avec touttes ses dépendances, saisie sur madame la princesse Marie Sophie de Courcillon, épouse séparée de biens de M. le prince Hercule Meriadec, prince de Rohan et de Soubise, comme l'ayant acquise de M. Pierre Gaspard de Clermont Gallerande et de dame Sophie de Bavière de Leiscinstein, veuve de messire Philippe de Courcillon chevalier, marquis d'Anjeau et de M. Charles Philippe d'Albert, duc de Luynes et de Chevreuse, héritier en partie dudit seigneur Danjau son ayeul, de dame Marie Jeanne Colbert, veuve de messire Charles Honoré d'Albert, duc de Chevreuse et de Luynes, tutrice de messire Paul, abbé Dalbert et de Montfort, son petit fils et ce pour seureté de la garantie des ventes faittes à l'Hostel Dieu par messire Louis Charles d'Albert, duc de Luynes, tant en son nom que comme tuteur honoraire de messire Charles Honoré, marquis d'Albert, son fils ainé et de dame Marie Louise Seguier sa mère, par contract passé devant Lesecq de Launay et son confrère, notaires à Paris, les 8 et 22 mars 1666, de la terre et seigneurie du Bellay, scis en Vexin françois, proche Magny; plus de la terre et fief de Crespy, dit Desportes, scize à Bercagny, paroisse de Chars; plus du fief et seigneurie de Bosfranc et le fief et terre de la Gripière, scis en ladite paroisse de Chars, avec toutes les appartenances et dépendances desdits fief et seigneuries, le tout ainsy qu'il est expliqué au contract de vente susdatté, se réservant lesdits sieurs administrateurs les droits dudit Hostel Dieu, par rapport à ladite garantye, et à prendre telles fins et conclusions qu'ils aviseront bon estre.

(18 décembre.) Sur le rapport de monsieur Legal, la

Compagnie a arrêté et signé les comptes de la recette que le sieur de la Rivière a faitte du droit de neufvième sur les spectacles. Il en résulte que pendant l'année 1747, ce droit a produit 44,627 livres 18 s. 6 deniers.

(18 décembre.) M. le Receveur général est autorisé à donner 8 louis d'or aux sieurs de St Marc, lieutenant du guet et le sieur d'Émery, lieutenant de robbe courte, ce qui fait quatre louis d'or pour chacun à cause des peines et soins qu'ils se sont donnés dans l'affaire de la dame Baillet, par rapport à la confiscation prononcée au profit de l'Hostel Dieu, d'une somme trouvée chez ladite dame où on donnoit à jouer à des jeux deffendus. Et sera la somme ditte de 192 ᴴ allouée dans la dépense de son compte, en rapportant seulement extrait de la présente délibération signée du greffier du Bureau.

118ᵉ REGISTRE. — ANNÉE 1749.

(5 février 1749.) Par un extrait tiré des registres de l'Hostel Dieu, il paroist que le premier janvier 1748, il y avoit 3,076 malades dans l'Hostel Dieu, que pendant le cours de la même année, il en a été receu 19,691 et qu'il y est né 1,272 enfans, dont 624 garçons et 648 filles, ce qui compose en total 24,039 personnes, que sur ce nombre il en est mort dans le courant de laditte année 4,784, sçavoir 2,835 hommes et 1949 femmes, et il en restoit le dernier décembre dernier 3,338, ainsy il en est sorty 15,917.

(5 février.) Monsieur le Procureur général a fait lecture d'une lettre de madame la princesse de Talmon, qui demande qu'on reçoive à l'Hostel Dieu pour deux mois une Polonoise qui désire apprendre à accoucher, lecture faite des règlemens et des délibérations du Bureau sur cette matière, qui n'admettent à cet apprentissage à l'Hostel Dieu que les femmes nées et demeurantes dans le royaume qui sont inscrittes à l'Hostel Dieu, pour entrer suivant l'ordre et la datte de leur inscription, a été arrêté que ces reglemens seront exécutés.

(5 mars.) A été dit par M. Vigneron que le samedy matin, premier du présent mois, le feu a pris dans deux endroits différens de l'Hostel Dieu, scavoir dans la cheminée de l'étuve aux chemises, et dans l'un des magasins de l'apotiquairerie, pendant qu'on y travailloit à la composition des onguents.

(30 avril.) Monsieur Vigneron a fait raport d'un mémoire présenté par le sieur Mertrud, qui prend la qualité de chirurgien du Roy, démonstrateur en anatomie au Jardin royal, et qui demande qu'on lui fasse délivrer par le concierge du cimetière de Clamard deux cadavres par semaine, pour servir aux leçons d'anatomie qu'il est chargé de faire, sur quoy après lecture faite des principalles délibérations qui concernent cette matière des 12 février 1655, 11 et 18 août et 1ᵉʳ septembre 1717, 29 mars, 21 avril et 10 may 1719 et 10 janvier 1725, a été observé que la règle établie par la première de ces délibérations qui est du 12 février 1655, et qui deffend de donner aucun cadavre au dehors paroit avoir été méditée et faitte en grande connoissance de cause. On ne trouve aucun vestige qu'on s'en soit écarté jusqu'à la délibération du 1ᵉʳ septembre 1717, lors de laquelle il paroist qu'on a ignoré le règlement du 12 février 1655, et que les recherches qu'on dit avoir été faittes n'avoient pas été assez exactes. Par cette délibération du 1ᵉʳ septembre 1717, on n'accorde qu'au sieur Duvernay seul qui étoit démonstrateur royal, un ou deux cadavres au plus dans tout l'hyver, et quelques bras et jambes en été, on ne les luy promet qu'au cas qu'il n'en puisse pas avoir ailleurs, il ne doit les avoir qu'avec des précautions, et sous des conditions marquées par la délibération, il est deffendu à tous chirurgiens et autres de prendre aucuns cadavres ny à l'Hostel Dieu, ny au cimetière de Clamard, et au fossoyeur de Clamard d'en laisser prendre, à peine d'être procédé contre luy par voye extraordinaire. Cette délibération n'a eue lieu que pendant très peu de temps à l'égard du sieur Duvernay : 1° par le besoin qu'on eut à l'Hostel Dieu de cadavres pour servir à l'instruction des cent chirurgiens de la maison. C'est en effet tout ce qu'on peut faire de trouver dans le grand nombre de ceux qui meurent à l'Hostel Dieu, et dont la pluspart sont corrompus dans l'instant de la mort par la nature des maladies qui l'ont causée, assés de quoy fournir aux démonstrations d'anatomie qui se font, pendant le cours de chaque année, sur l'amphithéâtre de l'Hostel Dieu destiné à cet usage; 2° pour l'abus que fit le sieur Duvernay de la facilité qu'on avoit eüe pour luy, en ne remplissant aucunes des conditions auxquelles il étoit assujetti par la délibération du 1ᵉʳ septembre 1717, en subornant le fossoyeur de Clamard, de qui il tiroit, non seulement pour luy mais pour tous ceux qui s'adressoient à luy, soit chirurgiens ou autres, autant de cadavres et de membres séparés qu'il en vouloit. Ce qui excita de grandes rumeurs de la part du menu peuple, qui se plaignoit tout haut qu'on violoit le droit de sépulture, qu'on faisoit un commerce public des corps de leurs parens, et qui imputoit aux administrateurs d'être

les auteurs et les complices de ce commerce. Ces clameurs, qui pouvoient avoir des suittes fâcheuses, et ralentir la confiance qu'il est de l'interest public de conserver dans l'esprit du peuple pour la maison de l'Hostel Dieu, et les autres raisons cy-dessus expliquées, firent cesser l'exécution de la délibération du 1er septembre 1717, et pour donner une espèce de satisfaction au public, par délibération du 10 janvier 1725, on chassa le fossoyeur, et il fut arrêté qu'on procéderoit extraordinairement contre luy, ce qui a été exécuté à la requeste de M. le Procureur général. Tel est le dernier état qui a ramené les choses à l'observation du règlement de 1655, quant aux chirurgiens de dehors; c'est à dire à ne leur donner, ny à qui que ce soit aucuns cadavres, ny aucuns membres, règlement qui s'observe à la rigueur, dont on ne pouroit s'écarter sans courir risque de réveiller les reproches et les clameurs du peuple, de faire naître dans l'esprit des pauvres malades ou de leurs parens du dégoust et de l'aversion pour la maison de l'Hostel Dieu, par l'appréhension qu'ils auroient que leurs corps après leur mort n'eussent le même sort que celuy de bien d'autres, de priver les cent chirurgiens de la maison qui sont employés au service des pauvres malades, des secours nécessaires à leur instruction par le retranchement qu'on feroit, en faveur des étrangers, d'une partye des cadavres propres pour les démonstrations d'anatomie dans l'amphithéâtre de l'Hostel Dieu, où se forme sous les yeux du Bureau la meilleure école, et la plus utile pour Paris et pour tout le royaume, école qu'il est de l'interest public de ne pas déranger. Ces raisons et ces motifs ont fait échouer touttes les demandes pareilles à celle du sieur Mertrud, qui ont été faittes en différens tems, et entre autres sur des placets présentés au Roy par M. Maréchal, premier chirurgien du Roy en 1728, en faveur d'un chirurgien démonstrateur royal en anatomie en 1731 et 1733, par l'Accadémie des sciences en faveur des membres de cette Compagnie, qui étoient démonstrateurs en anatomie, et dans la même année 1733 par le sieur Dufay, qui avoit surpris un ordre du Roy addressé directement au fossoyeur du cimetière de Clamard, de luy délivrer autant de cadavres qu'il en voudroit. En conséquence des mémoires donnés sur ces différentes tentatives à M. le comte de Maurepas, qui en rendit compte au Roy, l'ordre surpris par le sieur Dufay demeura sans exécution, et on n'eut aucun égard aux demandes de M. Maréchal ny à celles de l'Accadémie des sciences, quoique les uns et les autres prissent pour prétexte l'utilité que le public tireroit des observations qu'ils seroient en état de faire sur les cadavres qui leur seroient délivrés, ayant été démontré que ce qu'ils demanderoient causeroit au public en général, et à l'Hostel Dieu en particulier, plus de préjudice qu'on ne tireroit d'avantage de ces observations promises, et qui sont toujours très rares, et que ces demandes n'étoient suscitées que par quelques particuliers qui, n'ayant pu y réussir de leur chef, se flattoient d'en venir à bout par le crédit et sous le nom du premier chirurgien du Roy et de l'Accadémie des sciences, particuliers qui avoient moins en vue le bien public que leur interest personnel, qui, pour s'ériger des écoles domestiques où ils pussent attirer des écoliers, et pour se faire un revenu de leurs leçons, cherchoient à détruire l'amphiteatre de l'Hostel Dieu, où on n'en donne que de gratuites et qui, pour s'épargner de la dépense en achetant des corps des suppliciés, poussoient l'avidité jusqu'au point de vouloir enlever par authorité, aux chirurgiens de l'Hostel Dieu, le petit nombre de cadavres qui suffisoit à peine à leur instruction. La matière mise en délibération, a été arrêté que les délibérations des 12 février 1655, 29 mars, 21 avril et 10 may 1719, et 10 janvier 1725 seront exécutées, en conséquence qu'on n'aura aucun égard à la demande du sieur Mertrud et qu'il ne luy sera délivré, ny à qui que ce soit, et sous quelque prétexte que ce puisse être aucun cadavre, soit de l'Hostel Dieu, soit du cimetière de Clamard, ny aucuns membres, à quoy messieurs les Commissaires sont priés de tenir la main, et seront délivrés à la Prieure de l'Hostel Dieu et au chirurgien major coppies de la présente délibération.

(30 avril.) A été dit par M. Vigneron que l'ancien bureau de l'Hostel Dieu ayant été démoly il y a du temps à cause de sa caducité, on n'a pu jusqu'à présent prendre aucun party pour le faire reconstruire, à cause de l'incertitude où l'on est sy la rue saint Pierre aux bœufs, le long de laquelle est situé le terrain de cet ancien Bureau, sera ou ne sera pas élargie, qu'il seroit à souhaitter qu'on put scavoir à quoy s'en tenir à cet égard. A été arrêté d'inviter monsieur le Prevost des marchands de vouloir bien venir à la première assemblée qui se tiendra à ce sujet à l'archevesché, le mercredy matin 14 du mois de may prochain, pour conférer avec luy, et monseigneur l'archevesque a eüe la bonté de se charger de l'en prévenir.

(2 juillet.) A été arrêté qu'on se contentera de reconstruire le Bureau sur le même terrain où étoit l'ancien, en y joignant celuy d'une maison voisine appartenante à l'Hostel Dieu qui, attendu sa caducité, a été cy devant démolie.

(13 août.) La Compagnie a nommé et choisy le sieur Cochu, médecin expectant, pour remplir la place de médecin ordinaire de l'Hostel Dieu, vacante par le décès du sieur Belot.

(13 août.) A été dit par M. Vigneron que le choix du sieur Cochu, pour remplir la place de médecin ordinaire de l'Hostel Dieu, faisant vacquer une place de médecin expectant, il s'agist d'examiner s'il convient de la remplir, et en ce cas de choisir un sujet expérimenté et capable de servir utilement les pauvres; qu'il est nécessaire à cette occasion de rappeller à la Compagnie le projet proposé et jugé dans tous les tems le plus avantageux aux pauvres malades, d'avoir dans l'Hostel Dieu des médecins résidens; qu'en dernier lieu ayant été chargé, conjointement avec messieurs de Tilières, Desmalpeines et Bargeton, d'examiner sérieusement ce projet, par l'examen et par la comparaison qu'ils en ont fait avec l'état actuel et la manière dont sont traittés les malades de l'Hostel Dieu, ils ont reconnu de plus en plus l'utilité et même la nécessité d'avoir des médecins résidens; que le public en est également touché, plusieurs mémoires à ce sujet ayans été remis depuis peu à M. le Procureur général par des médecins de premier ordre, et par des personnes de la première considération, qui ont bien voulu y joindre leurs réflexions particulières; que plus on examine ce projet, plus on est persuadé qu'il sera facile de l'exécuter, et qu'en fixant des honoraires convenables, outre le logement, on trouvera des médecins tels qu'on peut les désirer, qui se livreront à cette œuvre de charité qui a pour objet la conservation de la vie d'une infinité de citoyens; a été arrêté d'adopter le projet des médecins résidens dans l'Hostel Dieu, et pour parvenir à fixer leur nombre, leurs honoraires, la forme, les conditions et généralement tout ce qui peut avoir rapport à l'exécution de ce projet, messieurs Vigneron, de Tillière, Demalpeine et Bargeton ont été priés de dresser, pendant les vacances, un plan qu'ils communiqueront à M. le Procureur général, pour en estre délibéré au Bureau.

(15 novembre.) Lecture faitte d'une lettre écrite à M. Vigneron le 12 du présent mois par M. le comte d'Argenson, ministre et secrétaire d'État, portant ce qui suit : « Sa Majesté vient, Monsieur, de prendre un party qu'elle a jugé nécessaire pour maintenir la seureté publique dans la ville de Paris et ses environs : c'est d'ordonner que tous les mendians valides, qui s'y trouveront durant le cours de l'hyver prochain, soient arrestés et renfermés dans une maison de force, jusques à ce que la saison permette de les renvoyer dans leurs paroisses. Le seul endroit que Sa Majesté a jugé propre à cet objet est l'hôpital de Saint Louis, et comme il est essentiel que les arrangemens qui doivent être pris en conséquence ne soient pas retardés d'un instant, son intention est que cette maison soit remise, sans aucun délay, au pouvoir de la personne qu'elle a chargée des opérations relatives à ces arrangements, c'est ce que vous verrez par la lettre qu'elle écrit à cet effet à M^{rs} les administrateurs de l'Hostel Dieu. Vous y verrez en même temps que Sa Majesté se charge de pourvoir à la subsistance de ceux qui seront renfermés dans l'hôpital de Saint Louis, et qu'elle entend qu'après l'hyver cette maison soit remise à l'Hostel Dieu. Je suis persuadé, Monsieur, que dans cette occasion vous ferez usage de toutte la part que vous avez à l'administration pour applanir toutes les difficultés; l'arrangement que Sa Majesté a résolu ne pouvant, dans la circonstance de la saison où nous entrons, être retardé d'un instant. » Monsieur Vigneron a dit, qu'en conséquence de cette lettre, et de l'invitation verbale à luy faitte par M. le Procureur général, il s'est rendu le vendredy au soir, quatorze du présent mois, avec M. Desmalpeines, chez M. le Premier Président, où étoient monseigneur l'Archevesque, M. le Premier Président, M. le Procureur général et monsieur Berryer, lieutenant général de police; qu'on y a conféré sur le contenu de cette lettre, et de celles écrites sur le même sujet à messieurs les Chefs de l'Administration; que monsieur Desmalpeines et luy ont représenté la véritable destination de la maison de Saint Louis, le précis des principales délibérations prises en différens temps, et tous les inconvéniens qui en résulteroient sy on vouloit la faire servir à d'autres usages; après ces représentations faittes, qui n'avoient pour objet que l'intérest public, ils ont ajouté qu'ils ne pouvoient que s'en rapporter à la prudence de messieurs les Magistrats, et marquer leur soumission aux ordres de Sa Majesté; sur quoy messieurs les Magistrats ont été d'avis qu'on ne pouvoit se dispenser de les exécuter; après quoy M. le lieutenant général de police a dit que l'usage qu'on se proposoit de faire de la maison de Saint Louis ne seroit que momentané, qu'on ne demandoit qu'une partye des logemens, qu'on ne se serviroit d'aucun des ustanciles et des meubles appartenans à l'Hostel Dieu; qu'il feroit rembourser et payer sur les états, signez de messieurs les Administrateurs, tout ce qu'ils seroient obligez de dépenser, soit pour vuider les lieux qui doivent être livrez, soit pour placer ailleurs ce qu'on en ôtera, soit pour tout ce qu'ils feront faire à cette occasion; que lorsqu'on rendra les lieux, il fera pareillement payer toutes les sommes nécessaires pour les mettre en bon état, et réparer tout ce qui auroit été dégradé; que les officiers de l'Hostel Dieu, employés au service particulier de la maison de Saint Louis, ne seront point distraits de leur deppendance de l'administration, ny dérangés de leurs fonctions ordinaires, ny employés à d'autres choses, et que même sur le témoignage de messieurs les Administrateurs, il leur fera donner des gratifications. A été arrêté : 1° que la lettre écrite à monsieur Vigneron par M. le comte d'Argenson sera déposée dans les archives de l'Hostel Dieu, et qu'on y joindra coppie de la présente délibération; 2° qu'on

obéira aux ordres de Sa Majesté, et qu'on prendra en conséquence, avec M^rs les magistrats et M. le lieutenant général de police, les mesures convenables pour les exécuter; 3° que M. Vigneron écrira à M. le comte d'Argenson pour l'informer de la résolution présentement prise, et pour luy représenter en même temps au nom de la Compagnie, que le principal et unique objet de l'établissement de l'hôpital de St Louis a été d'avoir un endroit qui fust toujours prest et disposé dans les cas de peste et de scorbut, mal plus commun dans les hôpitaux de Paris, ou d'autres maladies épidémiques et populaires qui peuvent arriver d'un moment à l'autre, pour y faire conduire et soigner ceux qui en seroient attaqués, et pour empescher la communication du mal contagieux; que dans cette veue, qui est des plus intéressantes pour les sujets du Roy et les habitans de Paris, il y a eu en différens temps, et en dernier lieu au mois d'avril 1729, à l'occasion du mal scorbutique qui obligea d'ouvrir Saint Louis, des délibérations prises au Bureau de l'Hostel Dieu, de l'avis de M^rs les magistrats et de concert avec le ministère, par lesquelles on arrêta que dans aucun temps il ne seroit mis à Saint Louis ny bleds ny rien autre chose, et que les salles et les lits y seroient toujours préparés, pour pouvoir sans délay en faire usage dans le besoin. M. d'Argenson sera prié de vouloir bien, dans les occasions, se rappeler les observations importantes, et luy sera marqué que la Compagnie est persuadée que s'il avoit pû les prévoir, et sy on avoit été en état de les prévenir, il n'auroit pas été impossible de prendre d'autres mesures pour renfermer ailleurs les mendians et vagabonds, d'autant que sy le nombre des scorbutiques venoit à augmenter dans l'Hostel Dieu jusqu'à un certain point (ce qui arrive dans le milieu ou vers la fin de l'hyver), on ne pouroit les y laisser, sans courir risque d'y avoir la peste, ce qu'on éprouveroit infailliblement sy par le séjour des vagabonds à Saint Louis on se trouvoit privé de l'unique ressource pour obvier au mal, ou pour en arrêter le progrès; que la Compagnie, en obéissant aux ordres du Roy, avoit crû ces représentations indispensables, afin qu'on ne put luy imputer les évènemens fâcheux s'il en survenoit; qu'au surplus elle luy demandoit sa protection pour les pauvres dans cette occasion, et dans toutes celles où ils pouroient avoir besoin de son secours. Monsieur Vigneron ayant écrit la lettre, conformément au résultat cy dessus, elle a été renvoyée sur le champ.

(31 décembre.) L'Inspecteur des bâtimens de l'Hostel Dieu a remis au Bureau l'état par détail, de luy certifié, de toutes les dépenses faittes à l'occasion de l'entrée des mandians et vagabonds dans l'hôpital Saint Louis, en conséquence des ordres du Roy. A été arrêté que cet état demeurera aux archives de l'Hostel Dieu et qu'il en sera fait incessamment une coppie, laquelle, après avoir été certifiée par Messieurs, sera envoyée à M. le lieutenant général de police, qui sera prié de procurer à l'Hostel Dieu, ainsy qu'il l'a promis, le payement de la somme de 3,651 livres, à quoy montent les dépenses portées audit état.

119e REGISTRE. — ANNÉE 1750.

(2 janvier 1750.) Par l'extrait tiré des registres de l'Hostel Dieu, il paroist que le premier janvier de l'année dernière il y avoit 3,357 malades dans cet hôpital; que pendant le cours de la même année, il en a été receu 21,082 et qu'il y est né 1,487 enfans, dont 744 garçons et 693 filles, ce qui compose en total 25,376 personnes; que sur ce nombre, il en est mort 4,281, dont 2,640 hommes et 1,641 femmes, et comme il n'en restoit le dernier décembre de ladite année que 3,506, il en est sorty 18,089.

(4 février.) Lecture faite d'un mémoire présenté par le sieur Moreau, receu chirurgien major de l'Hostel Dieu en survivance du sieur Boudou, par lequel il demande qu'en considération du service qu'il est seul obligé de faire depuis six mois, en ladite qualité de chirurgien major, à cause des infirmités du sieur Boudou, la Compagnie veuille bien lui accorder les appointemens de 2,000 livres par année, attachées à la place de chirurgien major, sans néanmoins aucune diminution de pareille somme, dont jouit le sieur Boudou à pareil titre. Sur quoy a été observé que quand le Bureau a bien voulu accorder la survivance au sieur Moreau, ce n'a été qu'à condition qu'il ne pouroit prétendre aucuns appointemens pendant la vie du sieur Boudou; qu'ayant souscrit volontairement à cette condition qui étoit fondée en justice et en raison, étant d'ailleurs noury, logé et chauffé dans l'Hostel Dieu, il semble qu'il devroit être content de la condition, et ne pas songer à augmenter la dépense des pauvres par des doubles appointemens; la matière mise en délibération, a été arresté d'accorder audit sieur Moreau 1,000 livres d'appointemens par année, à commencer du premier janvier de la présente année, le tout sans tirer à conséquence; lesquels appointemens cesseront sy par la suitte le sieur Boudou se trouvoit soulagé de ses infirmités, et en état de faire ses fonctions de chirurgien major.

(6 février.) Le sieur de la Rivière, chargé du recouvrement des droits appartenant à l'Hostel Dieu et à l'Hôpital général sur les spectacles, a dit que s'estant présenté pour recevoir, suivant l'usage, le produit revenant auxdits hôpitaux sur les spectacles des Comédies françoise et italienne, les caissiers qui doivent payer ce produit ont fait refus de luy en délivrer les deniers, disans être autorizés à faire ce refus par une délibération desdits comédiens, ce qui étant un attentat de leur part aux ordonnances du Roy et aux titres desdits hospitaux, la Compagnie a arresté de faire incessamment un mémoire pour demander justice de ce refus, et monsieur Durant a été prié de vouloir bien dresser ledit mémoire, ce qu'il a promis de faire.

(18 février.) M. Durant a pris la peine de faire, en conséquence de la délibération du 4 de ce mois, le mémoire sur le refus des comédiens françois et italiens de payer le produit revenant à l'Hostel Dieu et à l'Hôpital général sur lesdits deux spectacles, duquel mémoire lecture a été faite et dont la teneur suit : « Mémoire pour les pauvres de l'Hostel Dieu et de l'Hôpital général de Paris. Les besoins des pauvres de l'Hôpital général de Paris ont donné lieu d'établir en 1699, à leur profit, une augmentation d'un neuvième; ces deux concessions qui reviennent ensemble au quart du total sont fondées sur les ordonnances du Roy confirmées par lettres patentes. Les hôpitaux en ont jouy sans aucune retenue ny déduction jusqu'en 1736. Ce n'est qu'en cette année que les comédiens obtinrent une ordonnance de Sa Majesté, par laquelle, en conservant à l'Hôpital général sa part entière, il fut ordonné que sur chaque représentation il seroit prélevé 300 livres pour les frais, et que la part de l'Hostel Dieu ne seroit prise que sur le surplus. Ce nouvel arrangement a produit à chacun des deux corps des comédiens un bénéfice annuel de 11 à 12,000 livres. Non content de cet avantage, ils entreprennent aujourd'huy de s'approprier en entier la portion des deux hospitaux, et viennent d'en refuser le payement. Ils prétendent que ce qu'ils retirent de leurs spectacles ne suffit pas pour leur subsistance, et qu'ils ne peuvent pas se soutenir sans quelque nouveau secours. Cependant chaque comédien ayant part entière jouit, tous frais faits, de 6 à 7,000 livres de rente au moins, sans compter les libéralités de la cour. Sy les dépenses des comédiens sont augmentées, celles des hôpitaux ne le sont pas moins; ce n'est donc pas dans le patrimoine des pauvres que les comédiens doivent chercher l'augmentation de revenu qu'ils désirent. Le quart qui appartient aux hôpitaux n'est point une distraction faite sur l'ancien produit des spectacles. C'est une augmentation établie directement en faveur des pauvres, et qui n'a diminué en aucune façon les droits des comédiens; ils n'ont donc rien à revendiquer. L'objet et les motifs de cette augmentation en ont fait supporter sans peine l'établissement; le public la regarde comme une aumosne qu'il répand volontiers dans le sein des pauvres; veroit-il avec la même satisfaction dépouiller les hospitaux du produit de cette aumosne pour enrichir les comédiens? Au reste, il ne s'agit pas d'un objet modique et de peu de conséquence, le quart des hôpitaux a monté l'année dernière à 206,258 livres dont il a été fourny en particulier par la Comédie françoise 63,140 livres, par la Comédie italienne 53,485 livres et le surplus par l'Opéra et les foires. Si l'entreprise des comédiens réussissoit, les autres spectacles ne manqueroient pas d'imiter leur exemple, sous le même prétexte, et, par là, les pauvres se trouveroient privés de plus de 200,000 livres par an. Les comédiens publient à la vérité que le Roy indemnisera les hôpitaux. Mais 1° sur cette supposition ont ils deub s'emparer par provision du bien des pauvres, sans que cette indemnité ayt été ny réglée ny proposée; 2° quelle apparence que le Roy se charge d'un dédommagement aussy considérable dans un temps où l'état de ses finances ne luy permet pas encore de procurer à ses peuples tout le soulagement que son cœur paternel désireroit de leur faire éprouver; 3° le produit des spectacles est un revenu dont la perception est facile, elle se fait journellement, quel équivalent pourroit être aussy avantageux aux pauvres; 4° quand il seroit vray que le Roy voulut entrer pour quelque chose dans les veues des comédiens, peuvent-ils se flatter que son intention soit d'augmenter tout à coup à ses dépens leur revenu de 40,000 écus; s'ils en sont effectivement persuadés, rien ne les empêche de demander, pour eux-mêmes cet équivalent, qu'ils prétendent faire donner aux pauvres, qu'ils sollicitent si bon leur semble des augmentations de pension; les hôpitaux ne s'opposeront point aux graces qu'il plaira au Roy de leur accorder; mais ils supplient très humblement Sa Majesté de considérer, que de tous les établissements de charité, il n'en est aucun qui mérite une plus singulière attention; que le quart sur les spectacles est une des plus considérables portions de leurs revenus; que depuis que la concession leur en a été faite, le prix des denrées qui se consomment dans ces maisons est considérablement augmenté; que le nombre des pauvres qui s'y réfugient est prodigieusement multiplié et que par conséquent le secours qu'ils tirent de ce revenu leur est présentement plus nécessaire encore que par le passé. Si le projet imaginé par les comédiens en 1747 pour une augmentation sur les billets de lotterie, quoyqu'approuvé d'abord par le Roy, est demeuré sans exécution sur les représentations des propriétaires de ces lotteries, auxquelles Sa Majesté a bien voulu avoir égard, les hospitaux ont lieu d'espérer, avec encore plus de fonde-

ment que le Roy n'authorisera pas l'entreprise nouvelle des comédiens, et qu'il donnera ses ordres pour qu'ils continuent de leur payer le quart du produit de leurs spectacles en la maniere accoutumée. La Compagnie a arresté qu'il seroit fait incessamment des copies du mémoire cy dessus, pour être envoyées, avec des lettres signées de messieurs les Administrateurs, à monseigneur le Chancelier, à M. d'Argenson, à M. le Controlleur général, à monseigneur l'Archevesque, à M. le Premier Président du Parlement, à M. Nicolay, premier président de la chambre des comptes, à M. de Lamoignon de Blancmesnil, premier président de la cour des aydes, à M. le Procureur général, à M^{rs} les avocats généraux, à M. le Lieutenant général de police, et M. le Prévot des marchands, pour demander justice, au nom des pauvres.

(8 avril.) Lecture faitte d'une lettre à M. le Procureur général par M. le Chancelier au sujet du mémoire présenté par le sieur Hérisson, médecin de la Faculté de Paris, et membre de l'Académie des sciences, qui demande qu'il luy soit permis d'accompagner le médecin de l'Hostel Dieu qui gouverne les femmes de la salle des accouchées; afin d'y observer les maladies dont elles sont attaquées, qu'on luy accorde un petit cabinet dans l'Hostel Dieu où il puisse faire l'ouverture des cadavres des femmes qui y meurent étant grosses, ou en couches, ou après leurs couches, sous condition de remettre par luy, aussytost après ses opérations, les cadavres à qui il seroit ordonné, pour les faire enterrer à l'ordinaire, le tout afin de donner au public, de temps en temps, les observations qu'il pouroit faire sur ces trois diférents états de femmes, et sur les secours qu'on pouroit leur procurer; a été arresté qu'on ne pouvoit accorder les demandes du sieur Hérisson, par les demandes expliquées dans les délibérations et les règlemens faits autrefois.

(13 mai.) La Compagnie, en attendant que le plan pour l'établissement des médecins résidens dans l'Hostel Dieu puisse être achevé, a nommé et choisy le sieur Baron pour remplir la place de médecin ordinaire de l'Hostel Dieu, vacante par le décéds du sieur Péaget.

(13 mai.) M. Vigneron a fait lecture d'une lettre qu'il a receue de M. le comte d'Argenson, ministre et secrétaire d'État, au sujet de la permission demandée par M. l'ambassadeur du Roy de Sardaigne, de laisser entrer le sieur Raynier, chirurgien Piedmontois dans l'Hostel Dieu, pour y faire un cours d'accouchement; a été arresté d'écrire à M. d'Argenson, pour le prier de vouloir bien représenter au Roy, au nom de l'administration de l'Hostel Dieu, la règle établie de ne laisser entrer aucuns hommes de dehors dans la salle des accouchées, soit pour y opérer, soit pour y veoir opérer, ny sous quelque prétexte et pour quelque cause que ce puisse être; les motifs qui ont donné lieu à l'établissement de cette règle, la nécessité de l'observer, les inconvéniens qui résulteroient de son inexécution et les exemples de pareilles demandes rejettées.

(3 juin.) Lecture faite de la délibération du 13 may 1750, qui nomme 2 médecins expectans, nombre qui a été jugé plus que suffisant, étant même dit que l'un des deux venant à manquer, il ne sera pas remplacé; laquelle délibération porte entr'autres dispositions, qu'il sera fait un nouvel arrangement pour régler leur service et leurs fonctions auprès des malades de l'Hostel Dieu, l'expérience ayant fait connoître les inconvéniens qui résultoient tant du trop grand nombre de médecins expectans, que de ce qui avoit été prescrit à leur égard par le règlement du 18 may 1735, dont l'exécution en ce point avoit été reconnue impraticable; lecture pareillement faitte dudit règlement du 18 may 1735, la Compagnie a arresté ce qui suit: Article premier. Les médecins expectans ne seront point tenus d'accompagner les médecins ordinaires dans les visites que ces derniers doivent faire tous les matins des malades de l'Hostel Dieu, ce qui dispense par conséquent les expectans de l'obligation où ils étoient, par le règlement du 18 may 1735, de rendre compte aux médecins ordinaires de l'état des malades visités le matin. Art. 2. Dans les seuls cas de maladie des médecins ordinaires, et après qu'ils auront fait avertir messieurs les Commissaires, conformément au règlement de 1735, le médecin expectant, sur l'avis qui lui sera donné, par l'un de messieurs les Commissaires, de la maladie du médecin ordinaire, fera en son lieu et place, et jusqu'à ce qu'il soit guéry, la visitte ordinaire du matin des malades de l'Hostel Dieu, en se conformant à cet égard à tout ce qui est prescrit par règlement de 1735 pour les médecins ordinaires. Art. 3. Le médecin expectant visitera tous les jours, le soir à l'heure ordinaire de 5 heures, tous les malades amenés à l'Hostel Dieu depuis la visite du matin, et qui se trouveront avoir besoin de secours pressans, à quoy ils pourvoyront en ordonnant ce qu'ils croiront nécessaire pour leur soulagement. Art. 4. Sy les deux médecins expectans nommez par la délibération du 13 may 1750 étoient en même temps attaqués de maladie qui les mit hors d'état de faire leurs fonctions, ou sy lorsqu'il n'y aura qu'un seul médecin expectant il tomboit malade, ils seront tenus d'en informer messieurs les Commissaires, auxquels cas le médecin ordinaire dernier receu, sur l'avis qui luy sera donné, par un de messieurs les Commissaires de la maladie des expectans, fera au lieu et place des expectans malades, et jusques à ce qu'ils soient guéris, tant la visite du soir que tout ce qui est

cy-dessus marqué devoir être fait par les médecins expectans. Art. 5. Sera au surplus le règlement du 18 may 1735 exécuté dans tout son contenu, en ce qui n'est point contraire à la présente délibération, à l'exécution de laquelle et dudit règlement de 1735, messieurs Vigneron, Duportault et Durant sont priés de tenir la main, ce qu'ils ont promis de faire, et seront délivrés à chacun des médecins ordinaires et des expectants des coppies, signées du greffier du Bureau, desdits règlemens et délibérations.

(25 novembre.) A été dict par M. Vigneron, que par délibération du 8 juillet dernier, il a été arresté, pour les causes et raisons y expliquées, qu'il seroit construit une nouvelle salle dans l'hôpital des Incurables, du côté des femmes malades, qui formeroit la 4ᵉ et dernière branche de la croix, pour composer les quatre salles de femmes, conformément à l'ancien plan tracé lors de l'établissement dudit hôpital. Que cette construction se feroit par œconomie, sous les yeux et la conduite de l'inspecteur des bâtiments dudit hôpital; qu'à la fin de chaque mois seroient faits des rolles qui ne comprendroient que la dépense de ladite construction, sans y mesler d'autres ouvrages, le montant desquels rolles de dépense, après qu'ils auroient été réglés et certifiés par ledit inspecteur des bâtimens, et visés par l'un de messieurs les Administrateurs, seroient payés sur les ordonnances du Bureau; qu'après la construction finie il seroit fait mention dans une délibération, ensemble de l'origine des deniers qui auroient été employés au payement desdits ouvrages. Et pour mettre ledit hôpital des Incurables en état de faire reconstruire ladite salle, M. Masse, secrétaire du Roy au grand collège, auroit proposé de fonder 4 lits dans ledit hôpital, aux charges et conditions cy-devant expliquées, et autres stipullées tant dans ladite délibération que par le contract fait en conséquence, et se seroit obligé de fournir pour lors, en deniers comptans, les fonds nécessaires pour la fondation desdits 4 lits, à la charge par l'hôpital d'en faire employ jusqu'à deüe concurrence, pour seureté de ladite fondation, à la construction de ladite salle, ce qui a été accepté par messieurs les administrateurs dudit hôpital; en conséquence de laquelle délibération, le contract de fondation desdits 4 lits en a été passé devant Mᵉ Laideguive et son confrère, notaires à Paris, le..... Par lequel il a été payé la somme de 40,000 livres pour la fondation desdits 4 lits, outre celle de 1,200 livres pour l'achapt des lits; laquelle somme de 40,000 livres, aux termes desdittes délibération et contract de fondation susdattez, a été employée en partye à la construction de laditte salle, dont les fondemens sont faits et les premières assises posées; que l'on continue encore actuellement à faire travailler à laditte construction, ainsy qu'il est à la connoissance dudit sieur Masse, lequel en continuant le dessein qu'il a de fonder dans ledit hôpital un certain nombre de lits pour le soulagement des pauvres, propose de fonder dès à présent quatre autres lits dans ledit hôpital, qui seront remplis par des personnes attaquées de maladies incurables, prescrittes par les règlemens dudit hôpital, et qui ayent l'âge et les qualités requises par lesdits règlements, et de payer et fournir aussy dès à présent, en deniers comptans, les fonds nécessaires pour la fondation desdits 4 lits, à la charge pareillement de les employer jusqu'à deüe concurrence pour seureté de laditte fondation, à la continuation de la construction de laditte nouvelle salle, qui sera faitte de la manière et aux conditions portées en délibération dudit jour 8 juillet dernier; que la nomination de ces 4 lits que doit fonder ledit sieur Masse, appartiendra et sera réservé audit sieur Masse sa vie durant, et après son décès à la dame Veron sa sœur, et après elle à tous ses descendans en ligne directe, et à deffault de laditte dame Veron et de tous sesdits descendans en ligne directe, laditte nomination passera, scavoir pour deux desdits lits à Messieurs les Administrateurs de l'Hostel Dieu, pour un autre lit à M. le curé de Sᵗ Barthélemy et à messieurs de la Compagnie de charité des pauvres honteux de laditte paroisse conjointement, qui feront l'examen des pauvres honteux de ladite paroisse affligés de maladies incurables, et le dernier à M. le curé de Saint Eustache et à messieurs de la Compagnie de charité des pauvres honteux de laditte paroisse. La Compagnie, ayant mis en considération les pieuses dispositions dudit sieur Masse, a arresté qu'on acceptera la fondation qu'il a proposée.

120ᵉ REGISTRE. — ANNÉE 1751.

(13 janvier 1751.) Par un extrait tiré des registres de l'Hostel Dieu, il paroist que le 1ᵉʳ janvier 1750, il y avoit 3,481 malades dans cet hôpital; que pendant le cours de la même année il en a été receu 20,590 et qu'il y est né 1,331 enfans dont 665 garçons et 666 filles, ce qui compose en total 25,402 personnes; que sur ce nombre il en est mort 4,459 dont 2,811 hommes et 1,648 femmes et comme il n'en restoit le dernier dudit mois de décembre que 3,457, il en est sorty 17,486.

(10 février.) A été dit par M. Vigneron que la demoiselle Pour. maîtresse sage-femme de l'Hostel Dieu, ayant

représenté au Bureau la résolution qu'elle a prise de se retirer, on s'est informé de différents sujets pour la remplacer; que de ce nombre est Anne Catherine Carenda, née à Paris et âgée de 46 à 47 ans, qui a fait son apprentissage à l'Hostel Dieu, sous la demoiselle Langlois; que Edmée Gouet, qui sur l'indication de la d^{lle} Langlois avoit été nommée maîtresse sage femme de l'Hostel Dieu, et qui étoit un excellent sujet, étant tombée malade d'une maladie de langueur, elle fit venir, du consentement du Bureau, ladite Carenda, pour faire le service en sa place, dont elle s'acquitta à la satisfaction de tout le monde... La Compagnie a nommé ladite Anne Catherine Carenda pour remplir la place de maîtresse sage-femme de l'Hostel Dieu, à commencer du unze de ce mois aux gages de 400 livres par an.

(17 février.) Monseigneur de Lamoignon de Malesherbes ayant été receu en la charge de premier président de la Cour des aydes, à la place de monseigneur de Blancmesnil, son père, chancelier de France, a pris séance au Bureau pour la première fois.

(17 février.) Lecture faite d'un mémoire présenté par le sieur Caperon, chirurgien dentiste, par lequel il demande qu'il soit permis aux jeunes gens ses élèves, qui se destinent à être chirurgiens dentistes, de s'exercer sur les cadavres de l'Hostel Dieu dans l'opération d'enlever les dents, sous prétexte de se perfectionner; sur quoy a été observé que cette permission est de même nature que celles qui ont été demandées plusieurs fois, soit par des chirurgiens de dehors, soit même par des médecins, de pouvoir opérer et faire des expériences sur les cadavres de l'Hostel Dieu; permissions qui ont toujours été refusées, et qu'on a délibéré de ne jamais accorder, par les raisons expliquées dans les délibérations, raisons qui militent également contre la demande du sieur Caperon qui, d'ailleurs, est très en état par luy-mesme de fournir aux élèves, dont il tire de grosses pensions, les moyens et les occasions fréquentes de s'instruire, puisqu'ils peuvent le voir opérer sur les pauvres qu'il reçoit tous les jours indistinctement chez luy à une heure marquée; qu'enfin le chirurgien-major de l'Hostel Dieu, auquel messieurs les Commissaires, suivant les intentions du Bureau, ont communiqué ce mémoire, a démontré les inconvéniens d'une pareille permission; a été arrêté que la permission demandée par le sieur Caperon ne pouvoit être et ne seroit point accordée.

(28 avril.) État général des étoffes à l'usage de l'Hostel Dieu de Paris : tricot gris et blanc; Berry, tirtaine grise et blanche; molton blanc; Saint Lô bleu, blanc, noir fin; espagnolette blanche; Mouy blanche, verte, rouge, noire; ratine noire et blanche; finette Saint Lô, noire et blanche; flanelle blanche commune; flanelle blanche de Reims; étamine noire, grise, de voile noir; demi-Londre grise, noire, blanche, verte, maron; Londre noire, blanche; serge à doubler, bleu Blicourt; Blicourt noir.

(17 septembre.) A été arrêté qu'en considération des bons offices rendus jusques à présent par ceux qui composent le guet, et qu'on espère qu'ils rendront à l'avenir à l'Hostel Dieu, les habits d'ordonnance des soldats du guet qui y décéderont seront rendus au commandant, en faisant payer par luy la somme de trois livres par chaque habit, sans que la présente délibération puisse être tirée à conséquence pour les soldats des autres corps.

121e REGISTRE. — ANNÉE 1752.

(9 février 1752.) A été dit par monsieur Vigneron que la mort du sieur Bertrand fait vacquer une place de médecin ordinaire de l'Hostel Dieu qu'il remplissoit, et qui est demandée par le sieur Chomel, le plus ancien des médecins expectans de l'Hostel Dieu, qui prie la Compagnie d'avoir égard aux services qu'il a rendus en cette dernière qualité aux pauvres malades dudit Hostel Dieu. Après que messieurs les Commissaires ont fait leurs observations sur le sujet qui se présente, et ont rendu témoignage de son assiduité; la Compagnie a nommé et choisy ledit sieur Chomel pour remplir la place de médecin de l'Hostel Dieu.

(12 avril.) Le Bureau ayant appris que le jour de Pasques on avoit fait venir dans l'église des Incurables des musiciens et des joüeurs d'instrumens, qui avoient exécuté en musique des partyes de l'office divin; a été arrêté qu'à l'avenir on n'introduira n'y dans l'église n'y dans la maison, sous quelque prétexte que ce soit, aucuns musiciens et joüeurs d'instrumens, et que les offices continueront d'être célébrés avec simplicité comme cy-devant, et seront délivrés des extraits de la présente délibération à l'ancien des chappelains et à l'économe.

(5 mai.) A été arrêté que suivant l'usage le sommellier de l'Hostel Dieu délivrera au réfectorier des officiers, et à celuy des domestiques dudit Hostel Dieu la quantité de 45 pintes de vin pour le clergé de Saint Eustache

qui doit venir processionnellement audit Hostel Dieu le mardy 9 du présent mois, à cause des rogations.

(19 juillet.) Lecture faitte d'un mémoire présenté sous le nom de M. Étienne Pierre Cornette, écuyer, conseiller secrétaire du Roy, ancien trésorier général des galères, par lequel il propose de fonder dans l'hôpital des Incurables 7 lits pour sept pauvres malades incurables de l'un et de l'autre sexe, pour quoy il offre de payer comptant 73,000 livres dont 70,000 ℔ pour la fondation desdits 7 lits, à raison de 10,000 ℔ par chacun d'iceux et les 3,000 livres de surplus pour l'achapt des 7 lits; la matière mise en délibération, a été arrêté d'accepter ladite proposition, dont sera passé acte devant notaires.

(17 novembre.) La Compagnie a choisy le sieur de Boussier, garçon de belle représentation, âgé de 42 ans ou environ, qui n'a aucuns parens à Paris, qui a servy dans les troupes depuis 1729, en dernier lieu, en qualité de garde du corps; qui ayant été blessé à la bataille d'Étingen, fut receu aux Invalides où il est resté en qualité d'officier réformé, et elle l'a nommé pour remplir la place d'Inspecteur des salles de l'Hostel Dieu, aux appointemens ordinaires de 500 livres par an et sera logé, meublé, nourry, chauffé, éclairé et blanchy.

(20 décembre.) *Instruction pour l'Inspecteur de l'Hostel Dieu de Paris.* 1. Il y aura toujours dans l'Hostel Dieu un Inspecteur qualifié d'Inspecteur des salles, qui sera nommé par le Bureau; cette place ne sera remplie que par un garçon, qui ne soit ny trop jeune ny trop vieux; qui soit de figure et de caractère à imposer aux malades, aux domestiques et autres personnes de la maison; de la conduite et des mœurs duquel on soit asseuré, et qu'on puisse compter qu'il se comportera avec la sagesse, la prudence et la fermeté nécessaires pour cet employ; s'il venoit à se marier, il sera remplacé par un autre. 2. Il sera logé, meublé, nourry, chauffé, éclairé et blanchy et aura 500 livres d'appointemens par an; il prendra tous ses repas avec les autres officiers aux heures ordinaires, dans le réfectoire destiné à cet effet et jamais dans sa chambre. 3. Il comptera tous les jours exactement les malades de touttes les salles de l'Hostel Dieu, sans en excepter aucunes; il commencera ce compte à 3 heures après midy, à l'effet de quoy les malades seront avertys, au son de la cloche, de se rendre dans leurs lits ou auprès; il ne comprendra dans son compte que ceux qui seront exacts à s'y rendre, qui auront la robbe de la maison, et qui auront au bras le billet de leur entrée; il ne comptera dans la salle Saint Joseph, et autres endroits en deppendans, que le soir à 7 heures, temps auquel les femmes grosses qui sont employées pendant le jour à travailler dans différents offices de la maison doivent être rentrées dans ladite salle, et il ne comprendra dans son compte que les femmes grosses qui se trouveront avoir la robbe de la maison, et les femmes en couches qui seront dans leurs lits. Il sera d'une très grande discrétion lorsqu'il comptera les femmes de cette salle; il fera ce compte sans les regarder et les examiner; si par hasard il en appercevoit quelqu'une qu'il connût, il ne fera pas semblant de l'avoir veue et gardera un secret inviolable. 4. Par le compte qu'il fera, tant dans la salle de Saint Joseph que dans les autres salles, il aura soin de distinguer les enfans et de marquer le nombre qu'il en trouvera dans chaque salle. 5. Il se fera remettre tous les jours, par l'un des compagnons chirurgiens de la chambre de garde, la liste du nombre des malades de touttes les salles qui auront été comptés par les compagnons chirurgiens, ainsy qu'ils y sont obligez; il examinera s'y ces compagnons sont exacts à compter tous les jours par eux mêmes dans touttes les salles, et sy quelques uns d'entreux manquoient de le faire, il en avertira aussytost messieurs les Commissaires. 6. Il portera sur 5 listes imprimées et destinées à cet effet le nombre en chiffre des malades qu'il aura trouvé dans chaque salle, desquelles listes, après les avoir signées, il en fera aussytost remettre une à la mère d'office de la cuisine, une à la mère d'office de la boullangerie, une au sommelier, une au greffier du Bureau et il gardera l'autre pour luy; de touttes lesquelles listes qu'il aura gardées pour luy, il fera une liasse de chaque mois, qu'il conservera pour y avoir recours en cas de besoin. 7. Il aura autorité sur les emballeurs, le suisse, les portiers, le pescheur et sur tous les autres domestiques de la maison qui seront tenus de luy obéir, à peine d'être chassés; il veillera sur leur conduite, il les obligera d'être exacts à faire le service, et s'il s'appercevoit de quelque désordre ou dérangement de leur part, il en informera aussytost messieurs les Commissaires ou l'un d'entre eux, et suivant l'ancien usage, il recevra les gages des emballeurs pour être par luy distribués à chacun d'eux. 8. Il aura un registre dont les feuillets, après avoir été cottés, seront parafés par l'un de messieurs les Commissaires, sur lequel il portera les noms propres et de baptesmes de tous les domestiques de l'Hostel Dieu, tant garçons que filles, des garçons bouchers, des portiers, chartiers et boullangers, sur lequel registre il fera mention de leur âge, du lieu de leur naissance, du jour de leur entrée, de celuy de leur sortye et de la cause de leur sortie, et à la fin de chaque année il remettra ce registre au greffier du Bureau, pour être mis dans les archives de l'Hostel Dieu, et luy en sera donné un autre au commencement de chaque année. 9. Aucun desdits domestiques, soit garçon, soit fille ne poura être admis dans les réfectoires de l'Hostel

Dieu qu'après avoir été présenté et receu au Bureau, et qu'en représentant aux réfectoriers et réfectorières le billet signé dudit inspecteur, portant qu'un tel ou une telle sont receus en qualité de domestique, au lieu d'un tel ou d'une telle, sortys renvoyés ou morts. 10. Il ira de temps en temps, et le plus souvent qu'il sera possible aux heures des repas dans les réfectoires des domestiques, aura attention qu'on y fasse la lecture pendant une heure; que le silence et le bon ordre y soient observés et qu'il ne s'y passe rien contre la décence. 11. S'il s'apperçoit que quelque domestique, sortant des réfectoires, emporte pain, vin, viande ou autre chose, il les obligera de reporter le tout dans le réfectoire; il avertira pour la 1re fois le réfectorier de les priver de vin pendant quelques jours, et en cas de récidive, il les chassera de la maison, après en avoir averty messieurs les Commissaires. 12. Il ne souffrira pas que les malades, les domestiques et autres vendent, ny qui que ce soit acheptent pain, vin, viande, œufs, beurre, ni aucune autre denrée dans l'Hostel Dieu; s'il s'apperçevoit que quelqu'un de la maison, soit domestique, malade ou autre fît ce commerce, il en avertira sur le champ messieurs les Commissaires. 13. Pendant le carême, il aura également inspection sur les garçons bouchers et rotisseurs, qu'on est obligé de prendre pour faire le service, et sur ceux de l'échaudoir, pour empescher les désordres entre eux et les maintenir dans leur devoir. 14. Il examinera sy le compagnon chirurgien et la femme préposés pour visiter les malades qu'on amène à l'Hostel Dieu, sont assidus et sédentaires dans l'endroit destiné à la visitte, comme aussy si les compagnons chirurgiens de garde sont sédentaires dans la chambre de garde; il yra même de temps en temps dans ladite chambre veoir s'il ne s'y fait point de buvettes et une trop grande consommation de bois et de chandelles, et s'il s'apperçevoit de quelque désordre, de négligence et de relâchement des personnes cy dessus dans l'exercice de leurs fonctions, il en informera aussytost Mrs les commissaires ou l'un d'eux. 15. Il aura intention que tous les autres chirurgiens de la maison remplissent et s'acquittent de leurs devoirs envers les pauvres et qu'ils les traittent et pansent avec douceur et humanité; il observera ceux qui en useront autrement et en avertira l'un de Mrs les commissaires et afin qu'il puisse connoitre tous les chirurgiens, luy en sera délivré la liste par le greffier du Bureau. 16. Comme il est établi par les règlemens du Bureau qu'il n'y a que les seuls chirurgiens de la maison qui doivent assister aux grandes opérations qui se font dans la salle des opérations, à celle de la taille et aux démonstrations anatomiques qui se font dans l'amphithéâtre de l'Hostel Dieu, il tiendra la main à ce qu'aucun étranger ou autres personnes, soit de dehors, soit de l'Hostel Dieu sans exception n'y entrent, ce qu'il fera exécuter par le suisse de la maison, et s'il arrivoit que quelqu'un s'y fut glissé par surprise ou autrement, il l'en fera sortir aussytost. 17. S'il s'apperçevoit que quelque chirurgien de la maison porta l'épée, soit dans la maison ou soit dehors, il l'avertiroit et sy au préjudice de l'avertissement, il continuoit de la porter, il en instruira Mrs les commissaires, et il ne souffrira pas qu'aucun chirurgien de dehors ou autres suivent les médecins dans les visites en épées. 18. Il observera sy les médecins sont assidus à venir faire tous les jours la visitte des malades, aux heures marquées par les règlemens, dont luy sera donné coppie et s'ils la font avec charité et attention; lorsqu'ils ne viendront pas, il en informera Mrs les commissaires, et de la manière dont ils se comporteront envers les malades. 19. Il ne souffrira pas que les domestiques, les malades et autres gens de dehors profèrent aucuns juremens et joüent à aucuns jeux dans les salles et sur le pont et dans d'autres endroits de l'Hostel Dieu, ny que qui que ce soit se servent de pipes à fumer du tabac. 20. Il ne souffrira pareillement qu'aucuns vagabonds et gens de dehors viennent dans les offices et dans les étuves ny autres endroits de la maison, sous prétexte de s'y chauffer, ny sous tel autre prétexte que ce puisse être; lorsqu'il aura besoin de secours pour les chasser, ou par rapport à quelques désordres qui pourroient arriver dans la maison, soit de la part des malades, des domestiques ou de toutes autres personnes, il envoyera chercher des escouades du guet, M. le commandant ayant bien voulu prescrire aux officiers de prester main forte, toutes fois et quantes qu'ils en seroient requis, et l'inspecteur informera Mrs les commissaires ou l'un d'eux de ce qui se sera passé dans ces différentes occasions. 21. Il ira souvent à différentes heures de la journée et les soirs dans les salles, pour examiner s'il ne s'y passe rien contre la discipline et le bon ordre, pour faire sortir les rôdeurs, vagabonds et ceux qui ne sont plus malades. 22. Il tiendra la main à l'exécution des jugemens et ordonnances et règlemens qui deffendent à tous soldats d'entrer dans les salles de l'Hostel Dieu avec leurs épées, aux soldats, officiers et autres personnes d'y enrôller qui que ce soit, aux pescheurs d'y pescher et de rester avec leurs batteaux dans les deux bassins de la rivière, qui sont depuis le pont aux Doublès jusques au Petit Pont, et aux baigneurs de s'y baigner. Si les officiers et soldats se mettoient en devoir d'enrôller, il fera venir main forte pour s'asseurer de leurs noms, qualités et demeures, afin d'en instruire Mrs les commissaires, et à l'égard des pescheurs et baigneurs, il les fera arrester et saisir leurs batteaux par des escouades du guet. 23. S'il s'introduisoit dans les salles et autres endroits de l'Hostel Dieu des femmes ou autres, avec des fruits, de la pâtisserie, du tabac et autres choses nuisibles aux malades, il les fera chasser avec menace, en cas de récidive, de leur oster leur marchandise et de les faire mettre dans la prison de l'Hostel Dieu au pain et à l'eau pour toutte nourriture, ce qu'il ne manquera pas d'exécuter. 24. Il prendra garde qu'il ne s'introduise dans les salles auprès des malades aucunes personnes de dehors qui y distribuent des remèdes; s'il s'en appercevoit, ou s'il étoit averty, il fera en sorte de découvrir ces personnes, leurs qualitées et demeures pour en instruire messieurs les Commissaires. 25. Si quelqu'un, soit homme ou femme, étoit surpris avoir volé dans la maison, il fera en sorte que le voleur soit arrêté par le suisse et les portiers, et qu'il soit trouvé saysi du vol en présence du nombre suffisant de témoins, pour être le coupable remis aussytost entre les mains d'un escouade du guet, pour être conduit chez un commissaire le plus proche, et il en informera M^{rs} les commissaires. 26. Si quelques malades de l'Hostel Dieu étoient trouvez par les médecins ou les chirurgiens de l'hôpital attaqués de la maladie vénérienne, l'inspecteur, en conséquence du certificat qui luy en sera remis par le chirurgien major, fera aussytost porter le malade, soit homme ou femme ou enfant, à Biscetre, sur un brancard de la maison, par deux domestiques. 27. D'autant qu'on ne doit recevoir et admettre dans l'Hostel Dieu que des malades qu'on peut espérer de guérir, et qu'on ne doit y admettre n'y garder aucuns malades attaqués de maladie incurable; si dans le nombre des malades de l'Hostel Dieu il s'en trouvoit qui fussent imbécilles, ou très âgés ou paralytiques, ou attaqués de quelqu'autre maladie incurable, sur les imprimés à cet effet, qui luy seront remis par les mères d'office des différentes salles, et qui seront signés d'elles, il fera aussytost transporter sur des brancards par des domestiques de la maison, scavoir les hommes à Biscetre, les femmes à la Salpétrière et les enfans à la Pitié, et à chaque transport de malades dans les maisons susdittes, il en signera et délivrera son certificat aux domestiques qui auront fait ledit transport. 28. Les feuilles qui sont envoyées au Bureau et qui contiennent le nombre et les noms des *malades de force* qui sont amenés à l'Hostel Dieu des maisons de Biscetre, de la Salpétrière et de la Pitié seront remises à l'Inspecteur, à l'effet par luy de tenir trois régistres pour chacune desdites maisons, sur chacun desquels régistres il portera les articles contenus èsdits feuillets, avec les dattes des années, des mois et des jours. 29. Chaque jour que la Compagnie s'assemble, soit au Bureau ordinaire, soit à l'Archevesché, il remettra à celuy de messieurs les Chefs qui présidera, et à monsieur le Doyen, la feuille signée de luy du nombre des malades du jour, et à la fin de chaque mois et de chaque année, il remettra à M^{rs} les chefs, à M. le Doyen et au greffier du Bureau les listes signées de luy, de touttes les personnes décedées et de tous les enfants nés dans l'Hostel Dieu, pendant le cours de chaque mois et de l'année. 30. Lorsque M^{rs} les commissaires auront indiqué les jours pour faire la vente des habits des pauvres malades décedés dans l'Hostel Dieu, l'Inspecteur fera mettre des affiches imprimées aux portes du Bureau et de l'Hostel Dieu, aux halles et dans les autres endroits accoutumés pour annoncer ladite vente; il fera aussy avertir les fripiers et sera présent lors de la vente pour donner à M^{rs} les commissaires qui s'y trouveront l'état détaillé de ce qui sera à vendre pour en recevoir le prix, en faire mention, ainsy que des quantitées de chaque espèces de hardes vendûes sur le registre à ce destiné, et remettra ensuite les deniers à M. le receveur général charitable de l'Hostel, Dieu qui en mettra son receu sur ledit registre. 31. Il aura attention que la porte d'entrée dans l'Hostel Dieu par la cour des cuisines ne soit ouverte le matin qu'à 6 heures, en été et à 7 h. 1/2 en hiver; que les portes qui sont dans les cours de la Boulangerie et de la Boucherie, et dont l'une répond sur le parvis Notre Dame et l'autre sur la rue Neuve Notre Dame, soient toujours fermées, même pendant le jour; qu'on ne les ouvre que quand il en sera besoin pour les entrées des voitures ou des bestiaux, et qu'elles soient aussytost fermées; il se fera remettre tous les soirs les clefs desdites trois portes par le portier de la cour des Cuisines, qui les ira reprendre tous les matins. 32. Il visitera suivant l'usage les hardes, coffres et cassettes des prestres, des officiers, des chirurgiens et des domestiques et auttres personnes qui quitteront ou qui seront renvoyées de l'Hostel Dieu. 33. S'il voyoit dans les salles, ou dans d'autres endroits de l'Hostel Dieu, des bassins pozés sur des tables avec des reliques ou crucifix, sous prétexte d'attirer les aumosnes, il en avertira M^{rs} les commissaires, toutes les aumosnes ne devant être mises que dans les troncs fermans à clef qui sont dans l'église, et dans différens endroits de la maison. 34. Si au préjudice des règlemens de la maison qui deffendent à touttes sortes de personnes de mettre sur les fenestres des pots ou caisses de fleurs, quelqu'un s'ingeroit d'en mettre, il les fera oster, et si on récidivoit, il en avertira M^{rs} les Commissaires. 35. Il tiendra la main à ce que les amballeurs détruisent les chiens qui sont dans les salles. 36. S'il recevoit des lettres ou ordres des ministres ou autres personnes concernans de l'Hostel Dieu, il en informera aussytost le Bureau ou messieurs les Commissaires, avant de les mettre à exécution. 37. S'il se présentoit des personnes de robbe, commissaires, huissiers et autres gens de justice pour instrumenter dans l'Hostel Dieu, il leur demandera ce qu'ils y désirent faire et pour quelles causes, dont il informera le Bureau ou M^{rs} les commissaires, pour prendre leurs ordres, avant de laisser instrumenter ces officiers. 38. Tous les ans, le jour de la Toussaints après midi, et le lendemain matin, jour des Morts, il se transportera au cimetière de Clamard pour empescher, avec le secours des escouades du guet qui y sont envoyées, qu'il n'y arrive du désordre. 39. Il aura un autre registre dont les feuillets, après avoir été cottés, seront parafés par l'un de M^{rs} les commissaires, sur lequel il portera le nombre et les noms propres et de haptesme des femmes convalescentes qui s'envoyent, une fois la semaine et tous les lundys, de l'Hostel Dieu dans la maison ditte des convalescentes... 40. Quand les relligieuses auront besoin de son secours pour choses qui concerneront la discipline et le bon ordre dans la maison, il s'y prêtera aussytost, et dans touttes les occasions il se comportera envers elles avec douceur et politesse, sans néanmoins, sous quelque prétexte que ce puisse être, se départir des règles. Fait au Bureau ce 20 décembre 1752. Signé Vigneron.

122° REGISTRE. — ANNÉE 1753.

(10 janvier 1753.) Par un extrait tiré des registres de l'Hostel Dieu, il paroist que le 1er janvier 1752 il y avoit 3,673 malades dans cet hôpital; que pendant le cours de la même année il en a été receu 22,519 et qu'il y est né 1,498 enfans, dont 739 garçons et 759 filles, ce qui compose en total 25,690 personnes; que sur ce nombre il en est mort 4,505 dont 2,765 hommes et 1,740 femmes, et comme il n'en restoit le dernier décembre de ladite année que 3,107, il en est sorty 20,078.

(21 février.) La Compagnie a arresté d'accepter la proposition faite par M. Secousse, curé de la paroisse de Saint Eustache de Paris, de fonder 2 lits pour deux pauvres malades incurables; les ecclésiastiques habitués en ladite paroisse préférés à tous autres, pour quoy il offre de payer en deniers comptans 20,600 livres.

(28 février.) La Compagnie a nommé et choisi le sieur De Jean, médecin expectant, pour remplir la place de médecin ordinaire de l'Hostel Dieu, vacante par le départ du sieur Bourdelin.

(27 juin.) Le chirurgien major de l'Hostel Dieu est venu au Bureau et a dit qu'il croyoit être de son devoir de représenter à la Compagnie ce qu'il voit souvent arriver, lorsqu'on amenne des malades et des blessés à l'Hostel Dieu, ou que des femmes grosses et prêtes d'accoucher s'y présentent pendant la nuit; le domestique employé au service des ecclésiastiques, qui couche dans une chambre proche celle de ces ecclésiastiques, qui a pendant la nuit la clef de la porte de l'église, et qui est chargé d'aller l'ouvrir, quoiqu'il y ait une cloche destinée pour l'appeler, s'éveille difficilement et souvent est très longtemps à dessendre, ce qui occasionna différents accidents, ayant veu des femmes grosses accoucher sur les degrés, proche la porte de l'église, y en ayant eu une dont l'enfant étant tombé sur les degrés s'étoit tué; que les malades et les blessés souffrent considérablement de ce retard, surtout en hiver; qu'il seroit à propos qu'il y eût quelqu'un qui couchât plus près de l'église, et qui fût plus à portée que ce domestique des prêtres pour aller promptement, et aussitôt qu'on sonneroit, avec la relligieuse veilleresse qui a la clef pour entrer dans l'église. Sur quoy messieurs les Commissaires ont dit qu'ayans été prévenus par le chirurgien major, et même par d'autres voyes, de ce qui a fait l'objet de ses représentations, ils ont examiné comment on pourroit remédier aux accidents et aux inconvéniens; que ce qui leur a paru le plus convenable et le plus seur est de faire coucher le suisse à l'entrée de la salle de Saint Denis, vis-à-vis la chambre de visite des malades, de le charger de la clef qu'avoit le domestique des prêtres, et qui sert à ouvrir la porte de l'église, qui répond sur le perron de l'Hostel Dieu, du côté de la rue Neuve Notre Dame, et il a été ainsi arrêté.

(4 juillet.) En conséquence des plaintes réitérées faites à la Compagnie par monsieur le Procureur général, et par Monsieur le lieutenant général de police, que plusieurs femmes et filles de force, qui sont envoyées malades de la Salpétrière à l'Hostel Dieu ne sont pas renvoyées aussytost qu'elles sont guéries, et restent trop longtemps dans cet état dans la salle de force, ditte de Sainte Martine, d'où il arrive souvent que la pluspart cherchent et parviennent à s'évader, ce qui est également contraire au bon ordre, à l'intérêt public, et même à celui de l'Hostel Dieu a été arrêté que le chirurgien major de l'Hostel Dieu, fera incessamment, ou par lui-même ou par tel des compagnons chirurgiens de l'Hostel Dieu, qu'il jugera à propos de choisir, en présence de l'inspecteur des salles, visite exacte dans la salle de force, pour examiner scrupuleusement toutes les personnes qui sont dans ladite salle, dresser un état tant de celles qui se trouveront guéries et en situation d'être renvoyées, que de celles qui n'auroient d'autre infirmité que d'anciens ulcères devenus incurables, ou autres maladies incurables; à l'avenir il sera fait tous les huit jours un pareil état.

123ᵉ REGISTRE. — ANNÉE 1754.

(9 janvier 1754.) Par un extrait tiré des registres de l'Hostel Dieu, il paroît que le premier janvier 1753 il y avoit 3,116 malades dans cet hôpital; que pendant laditte année il en a été receu 24,376 et qu'il y est né 1,527 enfans, dont 780 garçons et 747 filles, ce qui compose en total 49,019 personnes; que sur ce nombre il en est est mort 5,430 dont 3,149 hommes, 2,188 femmes et 93 enfants, et comme il n'en restoit le dernier décembre 1753 que 2,714, il en est sorty 20,875.

(20 février.) A été dit par M. Vigneron que le sieur Herment, l'un des médecins ordinaires de l'Hostel Dieu est décédé; qu'il est nécessaire de le remplacer; que le sieur Belleteste, médecin expectant, prie le Bureau de vouloir bien lui accorder cette place; la Compagnie, après que Mʳˢ les commissaires ont rendu bon témoignage des bonnes qualités dudit sieur Belleteste, l'a nommé et choisy pour remplir la place de médecin ordinaire de l'Hostel Dieu.

(6 mars.) A été dit par messieurs les commissaires que les religieuses qui sont en office dans la salle de force ditte de Sainte-Martine ayant proposé d'ouvrir le grenier de cette salle pour y mettre des malades, et soulager la salle qu'elles disoient être trop surchargée, pour mettre le Bureau en état de se déterminer sur cette proposition, et de donner s'il le falloit les ordres nécessaires, ils auroient chargé le chirurgien major de l'Hostel Dieu de faire dans laditte salle une visite générale, d'examiner s'il n'y avoit pas des personnes en état d'être renvoyées et de les désigner; que cette visite a été faite le deux du présent mois, en présence des deux religieuses de la salle et de l'inspecteur par le chirurgien major, qui désigna 31 personnes qui étoient de l'Hôpital général, qu'il trouva en état d'être renvoyées, ce qui tendoit à soulager la salle et à rendre inutile l'ouverture du grenier; que dans le cours de cette visite, *les deux religieuses qui étoient présentes ne cessoient de dire tout haut et de répéter à plusieurs reprises audit chirurgien major qu'il marqueroit et désigneroit tant qu'il voudroit celles qui étoient à renvoyer et qu'elles religieuses n'en renvoyeroient qu'autant qu'elles le jugeroient à propos, étant plus en état d'en juger que lui, le menaçant aussi tout haut que Dieu le puniroit et que ny lui ny sa famille ne prospéreroient pas*, auxquels discours et menaces le chirurgien major ne répondit rien, et se retira avec l'inspecteur après sa visite finie. Ces deux officiers ayant fait leur raport, messieurs les commissaires firent écrire à l'économe de la Salpétrière d'envoyer le plus tôt qu'il seroit possible deux cariolles pour reconduire ces 31 personnes; ces deux carrioles étant arrivées le lundy matin 4 mars à l'Hostel Dieu, les soldats de l'hôpital qui les escortoient montèrent suivant l'usage dans la salle Sainte-Martine, pour prendre celles qui devoient sortir et les conduire dans les carrioles; ces soldats s'étant présentés pour entrer dans la salle où pour lors la porte n'étoit point gardée, trouvèrent toutes les femmes de la salle armées de bâtons et de pierres, qui s'opposèrent à leur entrée, et les menacèrent de les assommer, et tous ceux qui se présenteroient; ce qui obligea les soldats de l'hôpital de se retirer et d'informer de ce qui se passoit l'inspecteur de l'Hostel Dieu, qui, pour prévenir les suites de ce désordre, prit la précaution d'envoyer chercher des escouades du guet qui arrivèrent aussitôt. Un de messieurs les commissaires étant survenu, la Prieure et l'inspecteur des salles l'instruisirent de ce qui se passoit; il fut convenu qu'au lieu de faire entrer dans la salle les brigades du guet, ce qui auroit pu occasionner des malheurs, la Prieure feroit en sorte de calmer les esprits, ce qui ayant réussi, par l'assurance qu'elle donna qu'on ne les renvoyeroit pas ce jour là, tout étant calmé avec beaucoup de peine, on renvoya le guet et les carrioles de l'hôpital, et on remit le renvoy des femmes à un autre jour. Il est certain que les discours imprudens que les deux religieuses de la salle Sainte Martine ont tenu pendant le cours de la visite faite le 2 mars par le chirurgien major, ont occasionné la sédition. Il est nécessaire d'ajouter au présent récit celui de quelques autres faits qui sont qu'il y a si peu d'ordre dans cette salle que, nonobstant les plaintes réitérées de Messieurs les magistrats et de Messieurs les commissaires, la porte qui devroit en être toujours fermée reste la pluspart du temps ouverte; que souvent elle n'est pas même gardée, ou que la garde en est confiée à des convalescentes de la salle ou même à des folles; qu'on y laisse entrer en tout temps toutes sortes de personnes, ce qui occasionne des évasions fréquentes de ces femmes de force; que pendant la sédition les séditieuses ont eu pendant plus de deux heures les clefs de la porte en leur possession, en sorte qu'elles auroient pu toutes s'évader. Enfin un dernier fait personnel à la religieuse qui est à la tête de cette salle, fait certain et connu de la mère Prieure, c'est que la nommée Jeanne Feton, qui avoit été amenée malade de la prison de Saint-Martin dans cette salle y étant décédée le 20 janvier dernier, la religieuse écrivit à la consierge de la prison de Saint-Martin, se fit apporter un coffre plein de hardes appar-

tenantes à cette femme décédée, et fit venir dans l'Hostel Dieu des revenderesses pour leur vendre ces hardes, procédés contraires au bon ordre, procédés deffendus dans tous les temps, par raport aux inconvénients qui peuvent en résulter, et qu'on a éprouvé en quelques occasions. C'est sur l'exposé de ces faits qu'il s'agit de délibérer. Le chirurgien major averti de venir au Bureau y étant entré, monsieur le doyen luy ayant dit que la Compagnie désireroit scavoir par lui-même ce qui s'étoit passé dans la salle Sainte-Martine le 2 mars, lors de la visite qu'il avoit l'ordre d'y faire, il en a fait le détail tel que Messieurs les commissaires l'ont cy dessus expliqué, à quoy il a ajouté qu'il ne s'exposeroit pas à entrer dans cette salle, ne le pouvant faire sans danger pour sa vie. La matière mise en délibération, après que Messieurs les commissaires ont dit leur avis, et ont ajouté que l'inspecteur leur a dit ne pouvoir s'exposer à entrer dans cette salle, sans courir pour sa vie le même risque que le chirurgien major, étant instruit que les deux religieuses de la salle étant également animées contre lui, quoiqu'il n'ait fait qu'accompagner le chirurgien major dans le cours de sa visite du 2 mars, sans avoir dit aucune chose; les femmes de la salle ayant dit tout haut que si l'inspecteur y entroit, il n'en sortiroit pas. A été arrêté que la Prieure sera avertie de retirer incessamment de la salle Sainte-Martine les sœurs de Sainte-Ursule et de Saint-Denis, et d'en mettre d'autres en leur place; qu'on tâchera de découvrir les femmes de la salle qui ont eu le plus de part à la sédition pour en faire un exemple.

(9 mai.) A été dit par monsieur Vigneron que la maladie du *scorbut* fait depuis quelque temps un progrès considérable dans l'Hostel Dieu; qu'on avoit espéré que la belle saison ramenant la chaleur, feroit cesser ce mal ou du moins en arrêteroit la violence; que dans cette espérance, et pour soulager les deux salles de Sainte Martine et de Saint Landry, où se mettent les personnes attaquées de ce mal, avec les autres malades de force, on a fait ouvrir successivement trois greniers dans l'Hostel Dieu, dans lesquels on a transporté partie des malades des deux salles; que cet expédient est devenu insuffisant par l'augmentation du nombre des scorbutiques, qui est à présent de 1,239, envoyés presque tous des maisons de l'Hôpital général; que pour prévenir des suites plus fâcheuses, il est nécessaire de délibérer sur ce qui est à faire dans la conjoncture présente, et que c'est l'objet principal de l'assemblée. Que pour mettre la Compagnie en état de se déterminer, il est à propos de lui rappeller ce qui a été fait dans d'autres temps où cette même maladie s'étoit déclarée et principalement en 1709 et en 1729; que le détail s'en trouve dans deux délibérations des 27 et 29 avril 1729 qui font mention de ce qui s'étoit pratiqué en 1709; en conséquence lecture a été faite desdittes deux délibérations. Après quoy monsieur Vigneron a ajouté que l'ouverture de l'hôpital de St Louis ayant été de tout temps la ressource ordinaire dans les cas de maladies scorbutiques et autres contagieuses, l'administration avoit donné tous ses soins pour faire préparer cet hôpital, et le mettre en état d'y recevoir les malades, si la Compagnie déterminoit qu'il seroit ouvert; qu'il y auroit dans ce cas un préalable essentiel qui est, qu'attendu qu'il s'en faudroit près de 100 muids par jour qu'il vint assés d'eau dans ledit hôpital par ses conduites ordinaires, pour fournir aux salles, à la cuisine, à l'apotiquairerie et aux lescives, monsieur le Prévôt des marchands eût la bonté d'en procurer la quantité nécessaire, comme l'ont fait Messieurs ses prédécesseurs en 1709 et 1729; que d'ailleurs il paroît d'autant plus nécessaire de prendre aujourd'huy les mêmes précautions et plus grandes encore, s'il est possible, que le nombre des scorbutiques qui sont à présent à l'Hostel Dieu est de 1,239, au lieu qu'en 1709 il n'y en avoit que 400 et 500 en 1729, que ces précautions furent prises en 1729, comme le marquent les deux délibérations qui viennent d'être lues, que monseigneur le Premier Président et monseigneur le Procureur général, promirent que Messieurs les directeurs de l'hôpital chargeroient le moins qu'il seroit possible l'Hostel Dieu; qu'aussitôt que quelqu'un de l'Hôpital général y paroîtroit attaqué du scorbut, on le séparoit des autres personnes saines, pour empêcher la communication du mal; qu'à cet effet il y auroit un lieu particulier dans chacune des maisons de la Pitié, de la Salpêtrière et de Biscètre, où on les placeroit; que l'Hôpital général envoyeroit des carrioles couvertes à l'Hostel Dieu, pour en transporter les scorbutiques à Saint-Louis et qu'on n'amèneroit point à St Louis ny à l'Hostel Dieu des scorbutiques de la Salpêtrière, que le nombre des malades qui sont aujourd'huy dans les deux salles de l'Hostel Dieu et dans les greniers ouvers est de 1,239; qu'en transférant à Saint Louis les malades des greniers, qui sont ceux des pauvres de bonne volonté, il en restera encore plus de 900 dans les deux salles de Sainte Martine et de Saint Landry, lesquels malades étans tous de force ne peuvent être transférés à Saint Louis, qui ne scauroit estre une maison de force; que ces 900 malades, qui ne sont desjà que trop pressés, et dont le nombre augmente chaque jour par les malades qu'on amène des prisons, qui ne peuvent être placés ailleurs que dans ces deux salles, non seulement ne guériront pas si l'hôpital continuoit d'envoyer à l'Hostel Dieu d'autres malades, mais qu'il arriveroit infailliblement que le mal augmenteroit, se perpétueroit et dégénereroit en peste qui de l'Hostel Dieu se communiqueroit

bientôt dans Paris; qu'enfin il ne seroit pas possible que l'Hostel Dieu pût fournir à la consommation excessive que causera l'ouverture de l'hôpital de Saint Louis, si Sa Majesté n'avoit la bonté d'accorder à perpétuité *une augmentation de franchise* à l'Hostel Dieu, pour les provisions de vin, de sel, d'eau de vie, de viande et autres; les anciennes fixations ne pouvant plus suffire au nombre des malades qui a plus que triplé depuis plusieurs années. Après qu'il a été observé, par M. le Lieutenant général de police, qu'il étoit contre le bon ordre de mettre, sous prétexte de maladie, des personnes de force dans l'Hostel Dieu qui n'étoit point fait pour garder ces sortes de gens; que l'abord de cette maison, par son institution et par son objet, devant être ouvert et libre à tout le monde et en tout temps, sans aucune gêne ny contrainte, observation que l'assemblée a reconnu être bien fondée. La matière mise en délibération, a été arrêté que l'hôpital de Saint Louis seroit ouvert le lundy 13 du présent mois de may et plus tôt s'il se peut; qu'on ne pouvoit mieux faire dans la conjoncture présente que de suivre le plan tracé par la délibération du 29 avril 1729, et de se conformer à ce qui avoit été fait alors; qu'en conséquence les scorbutiques qui sont à l'Hostel Dieu et qui ne sont pas de force seront transportés audit hôpital dans les carioles couvertes de l'Hôpital général que Messieurs les directeurs dudit hôpital seront priés de vouloir bien envoyer à 4 heures du matin, que ceux desdits malades qui ne pourront pas supporter la cariole seront transportés sur des brancards couverts d'un drap; qu'on laissera seulement à l'Hostel Dieu les scorbutiques qui sont de l'Hôpital général et des prisons; qu'on recevra dans ledit hôpital de Saint Louis tous ceux qui s'y présenteront qui seront affligez de ce mal, et qui n'auront point d'autre incommodité; qu'il ne sera envoyé de l'Hôpital général et qu'on ne recevra à l'Hostel Dieu aucun malade de force affligé du scorbut, ou de telle autre maladie que ce puisse être, jusqu'à nouvel ordre; que Messieurs de l'Hôpital général seront priés de charger le moins qu'ils pourront l'Hostel Dieu de personnes affligées d'autres maladies ordinaires, à quoy Messeigneurs les chefs ont promis d'avoir attention; qu'incessamment seront dressés des mémoires pour demander à Sa Majesté l'augmentation à perpétuité des franchises pour les provisions de l'Hostel Dieu; qu'à l'avenir, et sous quelque prétexte que ce puisse être, il ne sera mis ny bled ny quoi que ce soit dans les salles dudit hôpital de Saint Louis et dans tous les endroits en deppendants; que tout y sera toujours tenu prêt et en état d'y recevoir des malades, soit du scorbut, soit d'autres maladies contagieuses ou même de peste, conformément à l'établissement de cet hôpital; que monsieur le Prévôt des marchands aura la bonté de procurer la quantité d'eau dont l'hôpital de Saint Louis aura besoin, sur quoy il a promis de donner ordre dès aujourd'huy, et dont la Compagnie l'a remercié.

(7 juin.) A été dit par Messieurs les commissaires que ce matin vers les 5 heures, il y a eu dans la salle de Saint Landry une nouvelle sédition causée par plusieurs hommes *malades de force*, tant des prisons que de Biscetre et de la Salpétrière qui, armés de couteaux, se sont jettés sur l'un des portiers de la ditte salle, qu'ils ont assassiné et blessé de plusieurs coups; qu'ensuite ils ont brisé et forcé la serrure de la porte de ladite salle et les serrures des portes de quelques autres salles, menaçant avec leurs couteaux de tuer ceux qui se mettroient en devoir d'empêcher leurs violences, ayant même blessé très dangereusement six malades qui se sont trouvés sur leur passage et ne leur disoient rien; que de ces séditieux quelques uns se sont évadés; que six autres qui s'étaient emparés du bateau de l'Hostel Dieu, et qui y étoient entrés, ont été repris, vers le pont Saint Michel par le guet qui les a conduits chez un commissaire et de là dans les prisons; que cet évènement joint à d'autres séditions précédentes, a répandu l'allarme et l'effroy dans l'Hostel Dieu, de sorte que plusieurs malades ont voulu sortir, quoique non guéris; que les relligieuses, les médecins, les chirurgiens et officiers, et les domestiques de l'Hostel Dieu ont déclaré qu'ils ne rentreroient pas dans les salles de Sainte Martine et de Saint Landry, ne pouvant le faire sans courir risque de leur vie, et ce qui mérite encore plus d'attention, c'est que ces malheureux, avant leur évasion, ont été entendus complotter entr'eux de mettre le feu dans l'Hostel Dieu s'ils ne pouvoient pas parvenir à s'échapper d'une autre manière; que cette sédition est la 5ᵉ arrivée depuis deux mois dans cette salle et dans celle de Sainte Martine. Sur quoy ont été rappellées par Messieurs les commissaires, les dispositions portées par la délibération du 9 may dernier, concernant l'ouverture de l'hôpital de Saint Louis et entr'autres l'observation qui fut faite alors par monsieur le Lieutenant général de police, contenant qu'il étoit contre le bon ordre de mettre sous prétexte de maladie des personnes de force dans l'Hostel Dieu, qui n'étoit point fait pour garder ces sortes de gens. A été arrêté de s'en tenir quant à présent aux observations et aux dispositions portées par la délibération du 9 may dernier.

(14 juin.) Monsieur Vigneron a fait lecture d'une lettre qu'il a reçue de monsieur le comte d'Argenson, dont la teneur ensuit : « A Versailles le 13 juin 1754. Le Roy a « apris, Monsieur, que l'on avoit refusé de recevoir à » l'Hostel Dieu des prisonniers du Châtelet qui se trouvent » attaqués du scorbut. Sa Majesté, qui a été surprise de

« ce refus, me charge de vous marquer de sa part que
« son intention est que les prisonniers malades conti-
« nuent d'être receus comme ils l'ont toujours été par le
« passé à l'Hostel Dieu, pour y être traités soit dans la
« salle de force, soit dans l'hôpital Saint Louis. Au reste,
« Monsieur, comme il pourroit se faire que ce fût la der-
« nière révolte arrivée à l'Hostel Dieu, et la crainte d'ac-
« cidents de cette espèce, qui eût occasionné un refus
« aussi extraordinaire que celui dont il s'agit, vous devés
« être assuré que dans tous les cas où le nombre des
« prisonniers malades donneroit lieu de craindre, Sa Ma-
« jesté sera toujours disposée à faire donner à l'Hostel
« Dieu les secours de main forte dont il aura besoin,
« pour maintenir le bon ordre et prévenir tout accident.
« Je suis, Monsieur, votre très humble et très obéissant
« serviteur. Signé : M. P. V. d'Argenson. » Après plusieurs
observations faites par Messieurs sur le contenu dans
ladite lettre et qu'il en a été délibéré, a été arrêté d'y
répondre tout présentement; la réponse a été dressée
sur le champ, et lecture en ayant été faite, elle a été approuvée pour être mise au net et être signée de Messieurs
de laquelle réponse la teneur suit : « Monseigneur, la
« lettre que vous avez pris la peine d'écrire à M. Vi-
« gneron le 13 de ce mois nous ayant été communiquée,
« nous avons l'honneur de vous assurer d'abord que nous
« nous ferons toujours un devoir de marquer en toutes
« occasions notre parfaite soumission aux ordres de Sa
« Majesté, mais en même temps nous sommes obligés de
« vous représenter que l'Hostel Dieu dans son établisse-
« ment et dans son objet n'a point été et ne peut être une
« maison de force; il n'a été établi que pour y recevoir
« les pauvres malades qui s'y présentent volontairement,
« et pour procurer autant qu'il est possible leur guéri-
« son. Tout doit être libre et volontaire de la part de ces
« malades, leur entrée, leur séjour, leur sortie; il en doit
« être et il en est de même des personnes qui se dé-
« vouent au service et au soulagement de ces malades;
« tous et les administrateurs eux-mêmes ne s'y livrent
« que par un pur esprit de charité, pour l'exercer libre-
« ment sur des personnes libres et dans une entière con-
« fiance de n'y être troublés de façon quelconque. Tout
« ce qui tendroit à diminuer cette confiance et à donner
« atteinte à cette liberté et à cette sécurité nécessaires et
« si essentielles, seroit également contraire à l'institution
« de l'Hostel Dieu et à l'intérêt public. Cet intérêt public
« demande que cette maison soit regardée comme un
« azile de paix et de tranquillité; s'il en étoit autrement,
« la plupart des malades aimeroient mieux périr dans
« leur misère que de venir chercher du secours dans un
« lieu où ils auroient à craindre des troubles, de l'agita-
« tion et même pour leur vie; ils auroient la même aver-
« sion et le même éloignement pour l'Hostel Dieu que
« ceux qui sont conduits à Biscetre et à la Salpetrière
« ont pour ces deux endroits, qui sont les véritables mai-
« sons de force, et cette aversion et cet éloignement des
« malades pour l'Hostel Dieu seroient un grand mal et
« ne pourroient avoir que des suites très fâcheuses pour
« Paris et pour l'État. On vous en a imposé, Monsei-
« gneur, quand on vous a dit que les prisonniers ma-
« lades avoient toujours été receus à l'Hostel Dieu; voicy
« ce qui s'est passé à cet égard. Il y a quelques années
« qu'un médecin, qui l'étoit en même temps de l'Hostel
« Dieu et des prisons, engagea des religieuses de l'Hostel
« Dieu de recevoir dans deux salles, dont l'une destinée
« pour des hommes et l'autre pour des femmes quelques
« malades des prisons, que les consierges y firent con-
« duire comme des malades à l'ordinaire, ce qui se fit
« sans la participation et à l'insceu du Bureau, et ce qui
« a continué tant qu'il ne s'est rien passé qui ait pu faire
« connoître le danger et les inconvéniens de cette nou-
« veauté qui par elle même étoit un véritable abus, avant
« laquelle il est certain qu'on n'envoyoit ni ne re-
« cevoit à l'Hostel Dieu aucuns malades des prisons, qui
« tous étoient conduits à Biscetre ou à la Salpetrière pour
« y être traités et guerris, en vertu d'arrêts du Parle-
« ment qui l'ordonnent ainsy. On ne s'est aperçu des
« inconvéniens de la nouveauté introduite par le seul
« consert d'un médecin et des religieuses, qu'à l'occasion
« de cinq séditions arrivées depuis deux mois dans ces
« deux salles, et causées par des malades envoyés des
« prisons, dans la dernière desquelles un portier a été
« assassiné, et six autres personnes, même des malades
« des autres salles, ont été grièvement blessés par ces pri-
« sonniers qui se sont sauvés. Les autres suites de cette
« sédition ont été que les malades des autres salles étoient
« depuis ce temps et sont encore dans une apprehension
« continuelle, plusieurs même voulans sortir, quoique
« non guéris; que les religieuses, les médecins, les chi-
« rurgiens, les officiers et les domestiques ont déclaré
« qu'ils n'entreroient plus dans ces salles, ne pouvant le
« faire sans un danger évident de la vie; on ne les a en-
« gagé qu'avec bien de la peine à reprendre le service, et
« on n'a rasseuré les malades qu'en promettant aux uns
« et aux autres qu'on ne recevroit plus à l'avenir ny pri-
« sonniers, ny gens de force, et en renvoyant d'autres
« prisonniers qu'on a découvert être du complot des pre-
« miers. Si tout ce monde voyoit revenir les prisonniers
« malades, nul doute que le service de ces salles et même
« celui de tout l'Hostel Dieu seroit abandonné, par une
« juste appréhension qui ne seroit que trop fondée. Ce
« qui étoit le plus à craindre et ce qui seroit infaillible-
« ment arrivé quelque jour, c'est que ces malheureux, qui
« la plupart ont mérité la potence ou la roue, et que le
« désespoir peut porter à tout entreprendre, auroient mis

« le feu dans l'Hostel Dieu pour parvenir plus aisément
« à se sauver; dans le moment que nous avons l'honneur
« de vous écrire, on nous avertit de murmures et de nou-
« veaux complots de quelques prisonniers restés dans la
« salle des hommes pour mettre le feu, ce qui sera bien
« difficile d'empêcher, quelques précautions que nous
« prenions. Le secours que vous nous offrez ne peut com-
« patir avec des religieuses qui soignent les malades,
« auxquelles il n'est pas étonnant qu'une arme fasse peur,
« ny avec nos officiers et domestiques, qui ne se re-
« gardent pas comme des guichetiers ou des geôliers, et
« qui ne sont pas attachés sur ce pied là à l'Hostel Dieu;
« ce secours offert ne feroit qu'augmenter l'alarme dans
« l'Hostel Dieu et parmy les malades des autres salles, et
« même dans le public. Tous ces faits dont à présent
« personne n'est plus en état de vous instruire que
« M. Berrier, toutes ces raisons vous feront suffisamment
« connoître de quelle conséquence il est de ne recevoir à
« l'Hostel Dieu aucuns malades des prisons et de force;
« il n'y a que Biscetre et la Salpêtrière qui sont réelle-
« ment les seules maisons de force où ces sortes de gens
« puissent être conduits et traités comme ils l'étoient, en
« vertu d'arrêts du Parlement, avant la nouveauté intro-
« duite par le seul concert des religieuses et d'un mé-
« decin de l'Hostel Dieu et des prisons. Le terrein de
« ces deux maisons de force étant plus spacieux et l'air
« plus salutaire qu'à l'Hostel Dieu. Ces raisons militent
« également pour l'hôpital Saint Louis qui n'est pas plus
« maison de force que l'Hostel Dieu, et où dans aucun
« temps on n'a receu et on ne peut recevoir ny prison-
« niers, ny autres gens de force. Nous sommes persuadés
« que touché de nos représentations, qui n'ont pour
« objet que le bien public, et de prévenir la ruine de
« l'Hostel Dieu, qui seroit inévitable, vous voudrés bien
« les faire valoir auprès de Sa Majesté. Nous sommes etc.,
« Monsieur, vos très humbles et très obéissants servi-
« teurs. Les administrateurs de l'Hostel Dieu de Paris.
« A Paris, ce 16 juin (sic) 1754. »

(19 juin.) Monsieur Vigneron a fait lecture d'une lettre qu'il a reçue hier par un exprès de monsieur le comte d'Argenson, dont la teneur ensuit : « A Versailles, « le 18 juin 1754. Il est nécessaire, Monsieur, que j'aye « un entretien avec vous; je vous prie en conséquence « de vouloir bien venir demain au Louvre où je dois « donner une audiance, et je compte m'y rendre sur les « dix heures. Je suis, Monsieur, etc. Signé : M. P. V. d'Ar- « genson. » M. Vigneron a dit qu'en conséquence de cette lettre, il s'est rendu ce matin à l'audiance de monsieur d'Argenson; qu'après avoir conféré assés longtemps avec lui, sur le contenu dans la lettre que le Bureau lui a écrit le 16 de ce mois, après lui avoir rappellé que l'Hostel Dieu ne pouvoit être une maison de force, le ministre a proposé de se restraindre et de n'envoyer à l'Hostel Dieu que des malades détenus pour dettes; sur quoy luy ayant été observé par M. Vigneron que les rai- sons et les inconvéniens étoient les mêmes par rapport à ces sortes de gens, il a souhaité que la proposition en fut faite de sa part au Bureau; sur quoy après qu'il en a été délibéré, a été arrêté d'écrire tout présentement à M. d'Argenson ; la lettre a été dressée, lecture en a été faite; elle a été approuvée, mise au net et signée de Messieurs, de laquelle lettre la teneur ensuit : « Monsei- « gneur, sur le compte qui nous a été rendu après midy, « par monsieur Vigneron, de l'audiance que vous lui aviés « accordée ce matin, nous avons été allarmés de la dis- « tinction que vous proposez de faire entre les prison- « niers, pour n'envoyer à l'Hostel Dieu que ceux qui sont « retenus pour dettes. Sur quoy nous prenons la liberté « de vous représenter qu'en général, comme nous avons « eu l'honneur de vous le marquer, par notre lettre du « 16 de ce mois, aucun prisonnier ny autre malade de « force ne doit être receu dans l'Hostel Dieu, qui n'est « point et ne peut être une maison de force; que d'ail- « leurs la garde de ces prisonniers est aussi importante « pour leurs créanciers et pour le public que celle des « autres, et que nous ne pouvons répondre de leur éva- « sion, toute main forte étant impraticable dans l'Hostel « Dieu, soit par raport à la scituation des lieux, soit par « raport aux autres inconvénients et comme étant capable « d'y répandre l'effroy, et d'en éloigner absolument tant « les malades que les personnes nécessaires pour leur « soulagement. S'il nous étoit permis, Monseigneur, de « vous présenter un expédient, ce seroit que les officiers « du Châtelet rendissent des ordonnances pour faire con- « duire à Biscetre et à la Salpêtrière, selon le sexe, les « prisonniers malades du scorbut, et nous ne doutons « pas que sur le vû de ces ordonnances, Monsieur le Pro- « cureur général ne donne ses ordres pour les faire rece- « voir. Ces maisons peuvent répondre des prisonniers, « comme étant suffisamment fortes, et attendu qu'ils y « sont écroués en y arrivant, ce qui ne s'est jamais fait « ny ne peut se faire à l'Hostel Dieu. Nous osons vous « supplier avec la plus vive instance de faire cesser nos « justes craintes. A Paris, ce 19 juin 1754. P. S. Dans « l'instant, Monseigneur, que nous signons notre lettre, « l'inspecteur de l'Hostel Dieu nous avertit qu'il y a un « complot formé par 15 hommes de force, de la salle « Saint Landry, pour exciter une nouvelle sédition la nuit « prochaine, afin de s'évader à quelque prix que ce soit. « Nous allons prendre les mesures nécessaires pour la « prévenir autant qu'il est en nous. »

(3 juillet.) Lecture est faite d'une lettre écrite à Mes-

sieurs les administrateurs par monsieur le comte d'Argenson, et d'un mémoire y joint, dont la teneur ensuit :
« Les directeurs et administrateurs de l'Hôpital général
« m'ont, Messieurs, fait remettre un mémoire dont le
« principal objet est de prouver que les prisonniers ma-
« lades de maladies épidémiques et contagieuses ont été
« de tout temps envoyés et receus à l'Hostel Dieu. J'ai
« cru devoir différer de rendre compte de ce mémoire au
« Roy, jusqu'à ce que je sceusse ce que vous croyés avoir
« à y répondre, et vous le trouverés à cet effet joint à ma
« lettre. Je suis très parfaitement, Messieurs, votre très
« humble et très obéissant serviteur. Signé : d'Argenson. »
A Versailles, le 30 juin 1754. Mémoire pour les directeurs et administrateurs de l'Hôpital général de Paris. La mauvaise vie des mandians donna lieu en 1612 à l'enfermement des pauvres, leur nombre étant augmenté et vivans dans toutes sortes de vices, le Roy par son édit du 27 avril 1656, enregistré dans toutes les cours, après avoir fait examiner les anciennes ordonnances et règlemens sur le fait des pauvres, ordonna qu'ils seroient enfermés dans un hôpital, pour être employez aux ouvrages de manufactures et autres travaux, selon leur pouvoir, que les lieux servans à les enfermer seroient nommés *Hôpital général*; Sa Majesté s'en déclara le conservateur et le protecteur, comme étant de fondation royalle. L'article 6 du règlement, attaché sous le contre scel de l'édit, porte qu'il ne sera reçeu dans l'hôpital aucuns pauvres mandians affligés de maladies contagieuses, et par l'article 27 il est dit que les pauvres de l'hôpital, lorsqu'ils seront malades de maladies formées, seront envoyés à l'Hostel Dieu pour y être traités, et après leur convalescence ramenés audit hôpital. L'hôpital n'a donc été établi que pour les pauvres en santé, valides ou invalides, et non pour les malades; l'article 28 du règlement le porte expressément, en ordonnant qu'il y auroit un lieu particulier d'infirmerie pour les indispositions communes des pauvres, et un autre pour les officiers et domestiques, d'où il résulte que l'administration ne doit recevoir dans les maisons de l'Hôpital général aucunes personnes attaquées de maladies contagieuses, et que quand les pauvres sont malades de maladies formées, ils doivent être envoyés à l'Hostel Dieu pour y être traités jusqu'après leur guérison. L'Hostel Dieu suivant le droit commun et les lettres patentes du Roy Philippe Auguste de l'année 1208, confirmées par saint Louis en 1255 et 1269, et par les Roys ses successeurs, n'a été établi que pour y recevoir et faire médicamenter tous les malades sans exception. C'est à ce sujet, et pour les cas imprévus causés par quelques maladies épidémiques et contagieuses, que l'Hostel Dieu possède la maison de Saint Louis dans le fauxbourg Saint Lazare, et celle ditte de la Santé, sur la rivière des Gobelins, près le grand Gentilly et qu'il conserve sous l'inspection de Messieurs les magistrats, suivant la tradition, des fonds auxquels on ne doit toucher que dans des temps critiques et malheureux. En comparant les causes et les motifs des établissements des deux hôpitaux, soit relativement au droit commun, soit d'après les titres de leurs érections et de leurs confirmations, il doit demeurer pour certain : 1° que l'Hostel Dieu n'a été établi que pour y recevoir et faire médicamenter tous les malades de la ville et banlieue, ainsi que ceux de l'Hôpital général, sans exception; 2° que l'Hôpital général ne doit recevoir que les pauvres et les mandians en santé, valides ou invalides, sans pouvoir les garder dès qu'ils sont attaqués d'une maladie formée; c'est ce qui a toujours été pratiqué, d'autant plus que dans les maisons dépendantes de l'administration de l'Hôpital général, il n'y a d'infirmeries que pour les officiers et domestiques, et que dans les infirmeries les pauvres qui n'ont aucunes maladies formées y sont traités et secourus par les chirurgiens des maisons. Si par la suite on a admis dans l'hôpital de Bicestre les gens de l'un et de l'autre sexe, attaqués du mal vénérien, c'est : 1° parce que ces sortes de maladies ne se traitent pas à l'Hostel Dieu; 2° que le Prince a fourni dans le temps les fonds nécessaires à cette dépense; 3° que de concert avec Messieurs les magistrats on a fait et destiné les lieux nécessaires à ce sujet. La maladie du scorbut a régné en 1729 comme aujourd'huy, pour lors les pauvres de l'hôpital attaqués de cette maladie (excepté pendant 5 jours) ont été receus à l'Hostel Dieu. Aujourd'huy que l'Hôpital général est chargé de plus de 14,000 pauvres, qu'il n'a pas les lieux nécessaires pour les loger, ny les fonds suffisants pour les nourrir et les entretenir, non seulement on refuse à l'Hostel Dieu de recevoir les personnes détenues de force et attaquées du scorbut, mais on surcharge encore les maisons de l'hôpital des galleriens et prisonniers qui se trouvent attaqués du même mal. Si l'Hostel Dieu n'est pas actuellement suffisant pour y recevoir les scorbutiques, soit de bonne volonté, soit de force, il peut y suppléer; Messieurs les administrateurs ont eu tout le temps de faire préparer deux autres maisons qui lui appartiennent, celle de Saint Louis où il ne faut faire que très peu de dépense, et celle ditte de la Santé où il y a des bâtiments suffisants. L'hôpital au contraire ne peut sans un extrême danger pour ses maisons et la ville, garder : 1° ses malades de force, de l'un et de l'autre sexe attaqués du scorbut, et 2° ceux qu'on lui a envoyés ou renvoyés sans être guéris les 19 mars dernier, 20 et 25 juin, tant de la tour des galleriens que de l'Hostel Dieu, du grand Châtelet et de la Conciergerie. Dans ces circonstances, Messieurs les administrateurs de l'Hôpital général, chargés de 180 malades scorbutiques à Bicêtre,

non compris les 37 qui y ont été envoyés de la tour des gallériens, Hostel Dieu, grand Châtelet et Conciergerie, et de 46 femmes à la Salpêtrière, non comprises les 5 qui y ont été envoyées la semaine dernière, se trouvent obligés de représenter à Sa Majesté qu'ils n'ont aucuns lieux propres ny commodes pour faire panser et soigner ces malades, qu'ils ne peuvent qu'à grands frais procurer des remèdes propres et donner la nourriture nécessaire, que le nombre de leurs chirurgiens n'est pas suffisant, et qu'il y a d'autant plus à craindre la contagion pour la ville de Paris que tous ces malades sont par nécessité avec les pauvres valides, qui par là se trouvent en danger, et dans le cas de communiquer le mal à ceux qui y ont échappé jusqu'à présent. Au surplus, l'Hôpital général sera toujours disposé à se prêter pour le soulagement de l'Hostel Dieu, mais il est aujourd'huy forcé de représenter son impuissance, et le danger extrême où sont exposées ses maisons. Après que Messieurs ont fait leurs observations sur le contenu au mémoire des directeurs de l'Hôpital général, et qu'il en a été délibéré, a été arrêté de faire un mémoire en réponse, et messieurs Vigneron et Durant ont été priés de le dresser.

(14 août.) Sur ce qui a été dit par Messieurs les commissaires que par les règlemens de l'Hostel Dieu, ceux qui se destinent à travailler dans cette maison en qualité de chirurgiens sont obligés de se présenter d'abord pour être inscrits et enregistrés, et pour justifier de leur âge, qui doit être de 18 ans accomplis, de leur catholicité et de leurs bonnes vie et mœurs, de rapporter leurs extraits baptistaires et le certificat du curé de leur paroisse, le tout légalisé, que lorsqu'il est nécessaire de faire des promotions de chirurgiens externes pour remplir les places vacantes, on appelle à l'examen qui se fait au Bureau ceux qui sont inscrits, dans leur rang et à la datte de leur inscription, sans aucune préférence, que nonobstant cet ordre établi, il s'est introduit un abus qui tend à le rendre inutile et à le détruire, et qui est en même temps préjudiciable aux sujets inscrits qui en ont porté leurs plaintes, que cet abus consiste en ce que des sujets qui ne sont point inscrits se présentent lors des promotions et des examens sous des noms de sujets inscrits, qu'ils scavent ou être décédés ou n'être plus dans la disposition de se présenter aux examens, qu'au moyen de cette fraude et de cette supposition de noms, ils parviennent à être admis et receus en qualité de chirurgiens externes de l'Hostel Dieu, sans avoir justifié de leur âge, de leur catholicité et de leurs bonnes vie et mœurs, et passent sous ces noms empruntés devant d'autres sujets inscrits, qui de leur part ont toutes les qualités nécessaires, et qui ont satisfait à toutes les formalités prescrittes par les règlements de l'Hostel Dieu; qu'il est important de prendre des précautions pour prévenir ces fraudes. Après que Messieurs les commissaires ont proposé leurs réflexions, la matière mise en délibération, a été arrêté qu'aucun sujet ne pourra se présenter aux examens pour être ou chirurgien externe, ou commissionnaire, ou gagnant maîtrise à l'Hostel Dieu que sous son propre et véritable nom, sous lequel il aura été inscrit; que si quelqu'un est découvert, ou lors de l'examen ou même après, avoir été admis au nombre des chirurgiens, avoir pris un autre nom que le sien, il sera chassé sur le champ, sans espérance de pouvoir jamais se présenter ny être admis dans l'Hostel Dieu, que ceux des chirurgiens inscrits et receus qui découvriront de pareilles fraudes et qui en donneront avis au Bureau seront placés dans le rang qu'avoient ceux qui étant convaincus de la fraude auront été chassés; qu'au surplus les règlements seront exécuttés; en conséquence, que ceux qui se présenteront pour servir les pauvres en qualité de chirurgiens externes, seront tenus de joindre à leur mémoire leur extrait baptistaire et le certificat de leurs bonnes vie et mœurs, signé du curé de leur paroisse, sans que ces pièces puissent être suplées par aucune autre. Lesquels extraits baptistaires et certificats à l'égard de ceux qui ne seront pas nés à Paris, seront légalisés par le plus prochain juge royal des lieux, sur le veu desquelles pièces celui de Messieurs les commissaires auquel elles seront présentées inscrira le sujet sur le mémoire même, et marquera la datte du jour du mois et de l'année, laquelle inscription ledit sieur Commissaire signera, après toutesfois que le sujet aura signé en sa présence son nom de baptême et son nom propre de famille. Sur ce même mémoire, qui sera remis avec les pièces y jointes au greffe du Bureau, et placé dans l'ordre de sa datte avec les autres mémoires pour en être fait, lors des promotions, une liste dans laquelle ils seront placés, suivant la datte de leur inscription et sans aucune préférence, et seront ensuite admis dans le même ordre à l'examen qui sera fait au Bureau, en présence de Messieurs les administrateurs, par l'un desquels ils seront préalablement interrogés sur le lieu de leur naissance, sur leur âge et leurs noms de baptême et de famille, ainsi que sur les noms de baptême et les noms propres de leur père et mère, sur les noms de leurs paroisses et des curés qui leur auront donné certificats de bonnes vie et mœurs, et on les fera signer en même temps sur une feuille de papier leurs noms, afin que par la différence ou la conformité, tant des réponses avec les pièces attachées au mémoire, que de la nouvelle signature et de celle étant au bas du même mémoire, Messieurs les administrateurs puissent juger si celui qui se présente est ou n'est pas le même qui a

été inscrit, pour l'admettre à l'examen si on n'aperçoit pas de fraude, ou pour l'en exclure si elle est découverte. Est de plus arrêté que les pièces attachées aux mémoires des sujets qui se seront présentés, et qui après les examens subis seront admis à travailler en qualité de chirurgiens à l'Hostel Dieu, ne leur seront rendues que quand ils quitteront l'Hostel Dieu, et que jusqu'à ce qu'elles leur soient rendues elles ne seront communiquées à qui que ce soit, ny les mémoires auxquels elles seront attachées. Sera la présente délibération imprimée et affichée dans l'amphithéâtre de l'Hostel Dieu et partout où besoin sera, et il en sera délivré des extraits signés du greffier du Bureau, au chirurgien major et à l'Inspecteur de l'Hostel Dieu, pour tenir la main à son entière exécution et aux compagnons gagnans maîtrise.

(21 août.) Lecture a été faite du mémoire dressé en conséquence de la délibération du 3 juillet dernier par messieurs Vigneron et Durand, dont la teneur ensuit : Mémoire pour les administrateurs de l'Hostel Dieu servant de réponse à celui des directeurs et administrateurs de l'Hôpital général. L'Hostel Dieu est le plus ancien hospice établi dans le royaume, nos Roys s'en sont déclarés les fondateurs et tous, sans exception, depuis le commencement de la monarchie jusqu'à présent, ont fait éclater leur zèle pour favoriser et pour soutenir un établissement dont ils ont reconnu tout l'avantage et toute l'utilité pour leurs sujets. Le premier fondement de cette maison a donc été la charité de nos Roys et celle des fidels; l'unique objet de cette charité a été le soulagement des bons et véritables pauvres dans leurs infirmités, et de procurer autant qu'il seroit possible leur guérison. Des filles animées de cet esprit de charité se sont dès le commencement consacrées irrévocablement, et pour toute leur vie, au service et au soulagement de ces malades, et d'autres personnes se sont livrées, par le même motif aux soins de recueillir les aumones et de les employer à leur destination, c'est à dire à la subsistance et aux besoins de ces malades et des personnes attachées à leur service. En conséquence tous bons et véritables pauvres, tous pauvres de bonne volonté, attaqués de maladies ordinaires ou contagieuses, en quelque nombre, de quelques pays, de quelque nation, de quelque religion qu'ils soient, sont également receus et traités, ainsy que dans l'hôpital de Saint Louis. Cette exposition simple et vraye de ce que l'Hostel Dieu est effectivement, de la nature et de l'essence de son établissement fait suffisamment connoitre que cette maison et celles qui en dépendent comme l'hôpital de Saint Louis ne sont point et ne peuvent être des maisons de force, et que rien ne doit y respirer la force et la violence. Au contraire, tout doit y être libre et volontaire de la part des malades, leur entrée, leur séjour, leur sortie. Il en doit être et il en est de même des personnes qui se dévouent au service et au soulagement de ces malades; tous et les administrateurs eux-mêmes ne s'y livrent que par un esprit de charité, pour l'exercer librement sur des personnes libres, et dans une entière confiance de n'y être troublés en façon quelconque. Les lettres patentes de Philippe-Auguste de 1208, celles de saint Louis de 1255 et de 1269, qui sont citées dans le mémoire de l'hôpital et toutes celles qui ont suivy ne disent rien de contraire. Elles n'ont fait que confirmer cet établissement tel qu'il étoit dans son principe, sans y rien ajouter ny changer, elles ne font que prendre des précautions pour le maintien et la conservation des droits et des privilèges de cette maison, et elles ne contiennent point ce que le mémoire de l'hôpital leur fait dire; il est aisé de s'en convaincre par les imprimés de ces lettres, qui sont joints au présent mémoire. Tout ce qui tendroit à diminuer cette confiance des malades et des personnes employées à leur soulagement, tout ce qui seroit capable de donner atteinte à cette liberté et à cette sécurité, si nécessaire et si essentielle, seroit également contraire à l'institution de l'Hostel Dieu et à l'intérêt public. Cet intérêt public demande que cette maison soit regardée comme un azile de paix et de tranquilité, s'il en étoit autrement, la pluspart des malades aimeroient mieux périr dans leur misère que de venir chercher du secours dans un lieu où ils auroient à craindre des troubles, de l'agitation, et même pour leur vie et cette aversion, cet éloignement des malades pour l'Hostel Dieu, produiroient infailliblement un grand mal qui ne pourroit avoir que des suites très fâcheuses pour Paris et pour l'État. Aussi n'a-t-on jamais pensé à établir dans l'Hostel Dieu aucune garde de gens armés, ce qui seroit tout-à-fait inutile par raport à la qualité des malades qu'on reçoit, et ce qui seroit d'ailleurs impraticable, soit par raport à la scituation des lieux et à la qualité des personnes, des religieuses entr'autres qui sont employées au service et au soulagement des malades, soit par raport aux malades mêmes et au public, rien n'étant plus capable de les effrayer que l'apareil et la veüe de gens armés. Puisque l'Hostel Dieu et les maisons qui en dépendent dans leur institution et par leur objet, ne sont pas des maisons de force, par une conséquence nécessaire on ne doit point y recevoir les malades auxquels il est de l'intérêt public que tout usage de la liberté soit interdit, et qui doivent être retenus et resserrés avec toutes les précautions convenables. Tels sont les criminels, les débiteurs obérés ou de mauvaise foi, et ceux ou celles dont les mœurs sont dépravées. L'Hostel Dieu ne peut être trop attentif à ne point admettre des malades de ces espèces, pour prévenir les inconvéniens qui en résul-

teroient, comme on le verra dans la suite de ce mémoire, à se renfermer dans les bornes, quoique très étendues, de son institution, et à ne recevoir que les bons pauvres et de bonne volonté, les mandians et les enfants. C'est sur ces principes, parfaitement connus de Messieurs les magistrats auxquels est confié le soin de la police, que les galériens, qui sont attaqués de maladies ordinaires ou contagieuses dans les prisons où ils sont détenus, sont conduits directement et receus à Biscetre, sur l'ordre de monsieur le Procureur général, et que, quand les infirmeries des autres prisons ne peuvent pas contenir tous les malades, on envoye l'excédent à l'hôpital, en vertu de jugements et sur de pareils ordres de M. le Procureur général; ces faits sont constans et ne peuvent être contestés. On oppose l'article 27 de l'édit du 27 avril 1656, portant établissement de l'Hôpital général, qui dit que les pauvres de l'hôpital, lorsqu'ils seront malades de maladies formées seront envoyés à l'Hostel Dieu pour y être traités; ce qu'on veut étendre à toutes sortes de malades indistinctement. Il est aisé de démontrer que cet article n'est point contraire à tout ce qui a été dit cydessus, qu'il est exécuté par l'Hostel Dieu dans son véritable sens, et qu'il n'est pas susceptible de l'application qu'en veut faire aujourd'huy l'hôpital. Il ne faut que consulter ce même édit de 1656 dont l'hôpital veut se prévaloir, on y trouve clairement que l'Hôpital général n'a été établi que pour empêcher la mendicité dans Paris, pour rassembler dans un même lieu tous les pauvres que la misère obligeoit de mendier, pour occuper ceux d'entre les pauvres qui pourroient travailler, pour fournir la subsistance à ceux qui par leur grand âge ou leurs infirmités seroient hors d'état de se la procurer, pour recevoir enfin et pour élever les enfants orphelins et ceux dénués de tout secours. Aussi, relativement à cet objet des bons pauvres et de bonne volonté, des mandians et des enfants, qui ne sont retenus dans l'Hôpital général que par leur misère et par leur indigence, et qui ne sont point sujets à être gardés, l'article 27 de l'édit de 1656, cité par l'hôpital, n'a pas cessé d'être pleinement exécuté par l'Hostel Dieu, où tous ces malades, amenés des maisons de l'hôpital ont été dans tous les temps et sont actuellement receus, sans aucune difficulté pour les maladies ordinaires, ainsi que dans l'hôpital de Saint Louis pour le scorbut et autres maladies contagieuses, et les administrateurs de l'Hostel Dieu déclarent qu'ils n'ont jamais entendu contrevenir à la disposition de l'article 27 à cet égard, et qu'ils recevront et feront traiter tous les malades de ces trois classes qui seront envoyés de l'hôpital, sans néantmoins que dans aucun cas ils entendent répondre et se rendre garants de leur évasion. Mais deux choses sont arrivées, l'une que depuis l'édit de 1656 et longtemps après l'établissement de l'Hôpital général, on a envoyé dans les maisons qui en dépendent des criminels, en vertu de lettres de cachet ou de jugemens des tribunaux, et des personnes de mœurs et de conduite dépravées, en vertu des ordres des magistrats, ce qui a formé une nouvelle et quatrième classes, l'autre que parmi les malades des trois autres premières classes, qu'on amenoit de l'hôpital à l'Hostel Dieu, on y a mêlé de ces criminels, et de ces personnes de conduites et de mœurs dépravées, mélange qui à la longue s'est multiplié, mélange et nouveauté dont on ne s'est aperceu qu'à l'occasion de cinq séditions arrivées depuis 4 mois à l'Hostel Dieu, et causées par ces criminels et par ces personnes de conduite déréglée de Biscetre et de la Salpétrière; séditions qui étaient capables de causer la ruine et la destruction totale de l'Hostel Dieu. Dans cet état l'Hostel Dieu a grand intérêt de persister dans cette résolution, il a intérêt de réclamer, et il réclame avec confiance contre une nouveauté dont les suites ne pourroient manquer de lui être funestes, nouveauté qui ne peut jamais faire un titre à l'hôpital, nouveauté qui n'est autorisée ny par l'esprit, ny par les termes de l'article 27 de l'édit de 1656, dont la disposition est parfaitement remplie par la reception à l'Hostel Dieu et à l'hôpital Saint Louis de tous les malades de l'hôpital; à la seule exception de ces criminels, et de ces personnes de conduite, et de mœurs dépravées, nouveauté qui répugne aussi visiblement à l'institution de l'Hostel Dieu et à l'essence de son établissement. C'est à l'hôpital à garder ces sortes de malades, c'est pour eux qu'il a une garde en forme, composée de soldats et officiers, ce qui, comme on l'a desjà dit est impraticable dans l'Hostel Dieu. C'est pour les traiter dans leurs maladies qu'outre les infirmeries destinées pour les officiers et les domestiques, l'hôpital a dans ses maisons quatre autres sortes d'infirmeries qui même ont été fondées, l'une pour ce que l'on appelle la prison, l'autre pour la grande Force, une autre pour le commun, et une quatrième pour la correction. Le mémoire de l'Hôpital semble reprocher à l'Hostel Dieu de ne pas faire usage de la maison de Saint Louis; on a lieu d'être surpris de ce reproche, puisque Saint Louis est ouvert dès le 13 may dernier, par raport au grand nombre de scorbutiques, puisque l'hôpital y a envoyé et y envoye journellement les bons pauvres et de bonne volonté, les mandians et les enfants attaqués du scorbut, qui y sont receus sans aucun obstacle, et personne n'ignore que cette ouverture de Saint Louis occasionne une dépense extraordinaire et très considérable qui ne peut manquer de causer beaucoup de dérangement dans les facultés de l'Hostel Dieu. Ce même mémoire porte que l'Hostel Dieu conserve des fonds auxquels, suivant une prétendue tradition on ne doit toucher que dans des temps critiques, et pour des cas imprévus, comme ceux de maladies épidémiques et contagieuses. L'Hostel Dieu ne thézaurise point et n'est point en état de thézauriser, il a beaucoup de peine, avec la plus grande économie d'aller jusqu'au bout de l'année, ce qui n'est pas une exagération, et ce qu'il sera en état de démontrer en tout temps au public; ses ressources, dans les cas imprévus de maladies épidémiques de disette et autres, sont de vendre ses fonds, comme on le fit en 1709, où il en fut vendu par permission du Roy pour 1,200,000 francs, *ce qui n'a pas pu jusqu'à présent être réparé ny remplacé*. Après qu'il en a été délibéré, lecture pareillement faite du projet de lettre qui doit être écritte à monsieur le comte d'Argenson en lui envoyant ce mémoire, de laquelle lettre la teneur ensuit : « Monseigneur, nous « avons l'honneur de vous remettre le mémoire de l'hô- « pital que vous avés eu la bonté de nous communiquer, « et nous y joignons notre réponse. Nous sommes per- « suadés que vous serés touché de nos raisons, et que « si messieurs les Directeurs de l'hôpital étoient à notre « place, ils ne pourroient ny penser ny agir différem- « ment de nous. Quels reproches en effet ne nous serions « nous pas attirés, et n'aurions nous pas eu lieu de nous « faire à nous-mêmes, si, après ce que nous éprouvons « depuis cinq mois par les différentes séditions arrivées « dans l'Hostel Dieu, qui nous en annonce sans cesse de « nouvelles, y en ayant eu encore une violente il y a huit « jours, si à la vue des suites de ces séditions expliquées « dans notre mémoire, des troubles et des dangers évi- « dents auxquels cette maison, nos malades, et les per- « sonnes employées à leur soulagement ont été et sont « continuellement exposés à l'entrée et le séjour des « criminels, et des personnes de mauvaise vie qui y sont « venus de l'hôpital, nous étions demeurés dans le silence, « si nous n'avions pas prévenu par nos représentations « les suites funestes que peuvent avoir ces évènemens, et « si nous n'avions pas réclamé contre une nouveauté ca- « pable de causer la destruction et la ruine totale de « l'Hostel Dieu, si on continuoit d'y envoyer de ces ma- « lades de force, qui ne sont ny du nombre ny de la « qualité de ceux qui, aux termes et suivant l'esprit de « l'Édit d'établissement de l'Hôpital général, doivent être, « et qui sont journellement receus et traités à l'Hostel « Dieu et dans l'hôpital de Saint Louis, depuis qu'on a « été obligé de l'ouvrir, par raport au grand nombre de « scorbutiques. Cette affaire est des plus interessantes « pour l'Hostel Dieu, pour nos pauvres, pour le public, « pour Paris et pour l'Édit. Messieurs les Magistrats en « connaissent toute l'importance. Notre confiance est dans « votre secours et votre protection. Nous sommes, etc. « A Paris, ce 26 août 1754. » La Compagnie a aprouvé le tout et arrêté que la lettre et le mémoire seront mis au net et envoyés à monsieur le comte d'Argenson, et que la lettre à monsieur d'Argenson, le mémoire de l'Hôpital général et celui de l'Hostel Dieu seroient envoyés à monsieur l'Archevêque, à monsieur le Procureur général et à monsieur le Lieutenant général de police, avec une lettre pour chacun d'eux; à quoy monsieur le Doyen est prié de tenir la main.

(27 septembre.) Sur ce qui a été dit par monsieur Vigneron qu'ayant monté le matin dans la salle des blessés ditte de Saint Paul, il auroit trouvé plusieurs hommes occupés à tapisser la plus grande partie de ladite salle avec tapisseries d'hautelisse, à attacher des lustres et d'autres ornemens, qu'ayant demandé ce que c'étoit et pourquoy ces tapisseries, on lui avoit dit que cela se faisoit en l'honneur de saint Cosme et saint Damien, qu'il a sceu qu'on travailloit depuis huit jours à cet apareil, ce qui ne pouvoit manquer d'occasionner un mouvement extraordinaire dans cette salle, de troubler le repos des pauvres blessés et de causer beaucoup d'embaras aux religieuses, et aux autres personnes employées à leur soulagement, ce qui paroissoit mériter l'attention du Bureau, que d'ailleurs ce qu'on faisoit dans cette salle, sous prétexte de la fête de saint Cosme et de saint Damien, étoit d'autant plus inutil qu'elle est célébrée ce jour là même, avec grande cérémonie, par les chirurgiens de la maison dans l'église de l'Hostel Dieu, qui est le véritable endroit et le plus decent qui convienne en pareil cas. A été arrêté qu'à l'avenir, le jour de saint Cosme et de saint Damien, ny dans aucun autre jour de l'année, on ne mettra, sous quelque prétexte que ce puisse être, ny tapisseries ny d'autres ornemens dans la salle de Saint Paul et dans les autres salles de l'Hostel Dieu, si ce n'est les deux jours de la fête Dieu dans les chapelles des salles où la procession du saint Sacrement a coutume de passer. Seront délivrées copies, signées du greffier du Bureau, de la présente délibération à la mère Prieure et à l'Inspecteur, pour tenir exactement la main à son entière exécution.

(11 décembre.) A été dit par M. Vigneron que le samedy 7 du présent mois de relevé, en conséquence de la délibération du 13 novembre dernier, et de la lettre par lui écrite à M. Boullenois, substitut de monsieur le Procureur général, et des billets d'invitation envoyés par ordre de la Compagnie en la manière ordinaire, se sont trouvés au Bureau M. Boullenois, comme représentant M. le Procureur général, qui s'est assis à la première place de la table où se mettent messieurs les Administrateurs assemblés, dans le bout qui est près les fenêtres, et du même côté que la cheminée, le sieur Chomel, doyen de la Faculté de médecine, en robbe,

avec sa chausse sur l'épaule, qui a été placé sur une chaise adossée aux fenêtres du Bureau, et joignant la table du greffier, le sieur Foubert, lieutenant de M. le Premier chirurgien du Roy et prévôt perpétuel, et les sieurs de Bussac, Ravenet, Bazuel et la Fitte, prévôts en charge de la communauté de maîtres chirurgiens, qui ont été placés sur des chaises étantes ensuite et à la gauche de celle du sieur Chomel, tous mandés et invités pour interroger Antoine Martin Gilles, second compagnon chirurgien de l'Hostel Dieu, et examiner s'il est capable de remplir la place de compagnon chirurgien gagnant maîtrise à l'Hostel Dieu, au lieu de Michel Étienne Bernard, auxquels interrogatoire et examen lesdits sieurs Prévôts en charge ont vacqué depuis 3 heures jusqu'à huit heures sonnées, en présence de messieurs Vigneron, Desmalpeines et du Portault, administrateurs de l'Hostel Dieu; après lequel examen, ledit Gilles ayant été, de l'aveu unanime des assistans et des examinateurs, trouvé avoir la capacité requise, en a été fait mention par le greffier de la communauté des maîtres chirurgiens, sur leur registre destiné à cet effet, laquelle mention a été signée d'abord par M. Boullenois, et après lui et sur la même ligne par messieurs Vigneron, Desmalpeines et du Portault, et au dessous par le lieutenant et les 4 prévôts de la communauté des maîtres chirurgiens, que monsieur Boullenois et Messieurs les administrateurs, avant de signer, ayant pris lecture de ladite mention, auroient trouvé qu'elle contenoit des énonciations contraires aux privilèges de l'Hostel Dieu, et entr'autres sur la nécessité imposée aux chirurgiens gagnants maîtrise dans ledit hôpital, de prendre le degré de maître ès arts et de soutenir un acte public dans les Écoles de chirurgie, contre lesquelles énonciations ils ont pris le party d'écrire, et de signer des protestations à la suite de leurs premières signatures, qu'il s'agit à présent de délibérer si ledit Gilles sera admis à gagner la maîtrise, et de quel jour commenceront les six années d'exercice. La Compagnie a reçu et reçoit ledit Antoine Martin Gilles dans la place de compagnon chirurgien gagnant maîtrise, pour, après six années consécutives de service actuel au pansement des malades de l'Hostel Dieu, à compter du 1er octobre de la présente année, être reçu maître chirurgien à Paris, en conséquence des privilèges dudit Hostel Dieu, et au surplus elle adherre aux protestations faites par monsieur Boullenois et par messieurs les Administrateurs, au sujet des énonciations, contraires aux privilèges de l'Hostel Dieu, insérées ledit jour sur le registre de ladite communauté des maîtres chirurgiens.

124e REGISTRE. — ANNÉE 1755.

(28 janvier 1755.) A été dit par monsieur Vigneron que le sieur Bercher, qui avoit été choisi et nommé médecin expectant de l'Hostel Dieu, par délibération du 20 février 1754, ayant quitté pour aller à Parme, où il est médecin de madame la duchesse de Parme, il est nécessaire de le remplacer; lecture faite de la liste de plusieurs médecins, la matière mise en délibération, la Compagnie a choisi et nommé pour médecin expectant de l'Hostel Dieu, au lieu et place du sieur Berger, le sieur Payen, médecin de la Faculté de Paris, dont on a rendu de très bons témoignages; messieurs les Commissaires ont été priés de l'en avertir, afin qu'il se mette en état d'en remplir sans délay les fonctions, dont il sera instruit par la copie qui lui sera donnée des règlements.

(19 février.) Sur ce qui a été dit par messieurs les Commissaires qu'ils se sont apperçus d'un usage qui s'est introduit dans les différentes salles de l'Hostel Dieu où sont les lits des malades, qui est qu'on a attaché des cordes sur lesquelles on fait sécher les linges qui sortent des lessives et de la rivière; que l'humidité de ces linges ne pouvant manquer d'être préjudiciable aux malades, et étant capable de retarder et même d'empêcher leur guérison, il est important de faire cesser cet abus, ce qui est d'autant plus aisé qu'il y a dans l'Hostel Dieu des étuves et des terrasses destinées uniquement à faire sécher les linges; a été arresté de faire supprimer dans touttes les salles de l'Hostel Dieu, tant les cordes sur lesquelles on étendoit les linges mouillés que les crochets auxquels elles étoient attachées.

(26 février.) L'inspecteur des bâtiments a représenté au Bureau un état d'ouvrages de reconstruction d'anciens murs pour les reporter plus loin, afin d'enclore le réservoir qui donne de l'eau dans l'hôpital Saint Louis. A été arrêté que lesdits ouvrages seront faits incessamment par entreprise.

(2 juillet.) A été dit par messieurs les Commissaires qu'il leur est revenu des plaintes fréquentes de la part des médecins de l'Hostel Dieu, que les ordonnances qu'ils dictent, lors de la visite qu'ils font des malades, ne sont pas exactement dirigées; que ceux qui les écrivent ny donnent pas l'attention nécessaire; qu'ils y omettent souvent des choses essentielles ou y en ajoutent de contraires à ce qui est ordonné, que dans la distribution des

remèdes, il ont remarqué beaucoup d'abus, de négligence et même de dureté envers les malades, de la part de ceux qui sont chargés de faire ces distributions, qui souvent et la pluspart du temps, s'en reposent sur des domestiques ou sur les malades eux-mêmes, qu'on a surpris qui jettoient ces remèdes au lieu de les prendre ; qu'enfin on s'apperçoit depuis longtemps que malgré la vigilance des religieuses attachées à l'apotiquairerie, il se fait une consommation excessive de remèdes et de drogues, ce qui peut faire présumer de la déprédation. Sur quoy messieurs les Commissaires ont dit avoir conféré tant avec les médecins qu'avec le sʳ Rouelle, qui a l'inspection sur l'apotiquairerie, qui pensent unanimement que pour remédier à ces abus et pour en prévenir de plus grands, il est nécessaire d'avoir un apotiquaire résident dans l'Hostel Dieu, qui ait une inspection et une authorité absolue sur tout ce qui concerne l'apotiquairerie de l'Hostel Dieu et sur toutes les personnes qui y sont employées ; après que le sieur Rouelle a été entendu, la matière mise en délibération, a été arrêté d'avoir un apotiquaire résident dans l'Hostel Dieu qui, de concert avec la religieuse d'office de l'apotiquairerie, sous l'inspection toutesfois du sieur Rouelle, et sous les ordres du Bureau et de messieurs les Commissaires, aura la direction et une authorité absolue sur tout ce qui concerne l'apotiquairerie de l'Hostel Dieu et sur toutes les personnes qui y sont employées. Le sieur Rouelle a été prié par la Compagnie de chercher un sujet, et quand il en aura trouvé un convenable, d'en conférer avec messieurs les Commissaires, et des conditions, pour en être délibéré sur le raport qu'ils en feront au Bureau.

(19 septembre.) A été dit par messieurs Vigneron et Desmalpeines, qu'ils ont veu le sʳ Rouelle, qui leur a dit qu'en conséquence de la délibération du Bureau, du 2 juillet dernier, il a trouvé un sujet tel que la Compagnie peut le désirer pour diriger l'apotiquairerie de l'Hostel Dieu, qui se nomme P. Jacques Vassou, receu maître apothicaire, garçon âgé de 40 ans, qui a été employé en qualité d'apothiquaire major dans les hôpitaux de Flandres, pendant toute la dernière guerre, où il a servy sous les yeux de M. de la Martinière, premier chirurgien du Roy, et sous les ordres de M. de Sechelles, intendant de la province et d'armée, et à présent ministre et controlleur général ; qu'ils ont vû ce sujet chez le sieur Rouelle, et qu'après avoir conféré sur les conditions, le sʳ Vassou s'est expliqué qu'il ne pouvoit accepter la place qui lui avoit été proposée par le sieur Rouelle que moyennant 2,000 ʰ d'appointements par chaque année, et encore à condition d'être nourry, logé, chauffé et éclairé dans l'Hostel Dieu. Sur quoy ils ont consulté séparément le sieur Rouelle qui trouve que ces conditions sont raisonnables et ne sont point excessives, et qui est persuadé que par la bonne régie de l'apoticairerie, et le bon ordre qui y sera rétabli, non seulement l'Hostel Dieu sera dédommagé de ce que lui coutera le sieur Vassou, mais encore qu'il y aura une diminution considérable sur les consommations. Après que messieurs les Commissaires ont dit qu'indépendamment du témoignage du sieur Rouelle, ils se sont encore informé d'ailleurs des mœurs et de la capacité du sieur Vassou, dont il ne leur est rien revenu que de très favorable, qu'il est même connu de plusieurs des médecins de l'Hostel Dieu qui leur en ont parlé très avantageusement ; la matière mise en délibération, la Compagnie a nommé et choisi ledit sieur Vassou, pour avoir de concert avec la religieuse d'office de l'apoticairerie, sous l'inspection toutefois du sieur Rouelle et sous les ordres du Bureau, la régie, direction et une autorité absolue sur tout ce qui concerne l'apoticairerie de l'Hostel Dieu, sur les garçons apoticaires et sur les garçons et domestiques qui y sont employés, aux appointements de 2,000 livres par chaque année, pour lesquels il sera employé dans les états des gages avec les autres officiers de l'Hostel Dieu, à commencer du 1ᵉʳ octobre de la présente année et sera de plus nourry, logé, chauffé et éclairé dans l'Hostel Dieu, et sera tenu de se conformer aux instructions qui lui seront incessamment données et aux délibérations du Bureau.

(19 novembre.) Lecture faite d'un mémoire présenté par Jean Vincent Vincentiny Thomassin, comédien italien ordinaire du Roy, par lequel il expose qu'il a obtenu le produit d'une représentation à son profit, en considération de l'état malheureux où il se trouve par une maladie incurable qui lui est survenue, et par la famille dont il est chargé, pourquoy il prie le Bureau de vouloir bien, par les mêmes considérations, lui faire remise de la portion qui reviendroit aux pauvres de l'Hostel Dieu sur le produit de ladite représentation : après que messieurs les Commissaires ont dit avoir connoissance des infirmités dudit Thomassin, et de la situation fâcheuse où il se trouve ; a été arrêté de remettre en sa faveur la portion qui revient à l'Hostel Dieu sur le produit de la représentation à lui accordée, en rapportant par ledit Thomassin certificat du caissier de la Comédie italienne que ladite représentation lui a été accordée par messieurs les premiers gentilhommes de la chambre, sans que la présente délibération puisse, sous quelqu'autre prétexte que ce soit, être tirée à conséquence.

125ᵉ REGISTRE. — ANNÉE 1756.

(7 janvier 1756.) Par un extrait tiré des registres de l'Hostel Dieu, il paroît que le 1ᵉʳ janvier 1755 il y avoit 2,660 malades dans cet hôpital; que pendant ladite année il en a été receu 20,367; qu'il y est né 1,468 enfants dont 728 garçons et 740 filles, ce qui compose en total 24,495 personnes; que sur ce nombre il en est mort 4,868 dont 2,958 hommes, 1,784 femmes et 126 enfants (64 garçons et 62 filles), et comme il n'en restoit le dernier décembre 1755 que 2,333, il en est sorty 17,294.

(26 février.) A été dit par M. Vigneron, que le sieur Chomel, l'un des médecins ordinaires de l'Hostel Dieu, ayant déclaré au Bureau qu'il n'étoit plus en état d'en continuer les fonctions, *à cause de ses autres occupations*, il est par conséquent nécessaire d'en nommer un autre à sa place; la Compagnie a nommé et choisy le sieur Payen, médecin expectant, pour remplir la place de médecin ordinaire en remplacement du sieur Chomel.

(26 février.) La Compagnie a nommé et choisi pour médecin expectant de l'Hostel Dieu le sieur Manjaud, médecin de la Faculté de Paris, dont on a rendu de bons témoignages.

(19 mai.) Lecture faite de l'exploit signifié à la requeste de messieurs les Administrateurs de l'Hostel Dieu, le 14 du présent mois, aux maîtres et gardes de la communauté des apotiquaires et épiciers à Paris, à ce qu'ils eussent à recevoir les 4 apothicaires qui ont gagné leur maîtrise à l'Hostel Dieu; ensemble des réponses desdits gardes, qui sont de leur part des refus réitérés de différer aux privilèges de l'Hostel Dieu et à l'arrêt du Parlement du 4 septembre 1748; la matière mise en délibération, a été arrêté de faire faire un itératif commandement recordé aux gardes en charge du corps des marchands apotiquaires épiciers de Paris, de recevoir les sieurs Pierron, Henry, Sillans et Santerre, maîtres marchands apothicaires, épiciers de la ville et fauxbourgs de Paris, et faute par lesdits gardes en charge d'y satisfaire, d'exécutter ledit arrêt; en conséquence, de faire emprisonner les sieurs Sessac, Richard, Lebel. Millot, Jard et Séjourné, actuellement gardes en charge dudit corps; et M. Thomas Lasnier, procureur au Parlement et dudit Hostel Dieu, est autorizé à faire tout ce qui sera nécessaire et convenable pour l'exécution de la présente délibération.

126ᵉ REGISTRE. — ANNÉE 1757.

(12 janvier 1757.) Par un extrait tiré des registres de l'Hostel Dieu, il paroît que le premier janvier 1756, il y avoit 2,297 malades dans cet hôpital; que pendant ladite année, il en a été receu 19,487; qu'il y est né 1,603 enfants (849 garçons et 754 filles), ce qui compose en total 23,387 personnes; que sur ce nombre il en est mort 4,042, dont 2,360 hommes, 1,563 femmes, 78 garçons et 41 filles et comme il n'en restoit le dernier décembre 1756, que 2,553, il en est sorty 16,792.

(3 août.) La Compagnie a donné pouvoir au sieur Chartrain, agent des affaires de l'Hostel Dieu, de signer la délibération qui sera prise en l'assemblée des légataires de feu madame la duchesse de Guise, portant pouvoir à M. l'abbé de Breteuil, grand-croix de l'ordre de Malthe, garde des sceaux et chef du conseil de monseigneur le duc d'Orléans, au lieu de monsieur Silhouette, de vouloir bien donner ses soins pour la régie des affaires et biens de la succession de maditte dame duchesse de Guise, et de faire à ce sujet, avec les autres légataires de laditte dame, ce qui sera nécessaire pour l'intérêt commun, relativement aux intérêts que l'Hostel Dieu y a comme légataire de ladite feue dame duchesse de Guise.

(7 décembre.) Lecture faite d'un mémoire du sieur Bernard, par lequel il expose qu'ayant gagné sa maîtrise en chirurgie dans l'Hostel Dieu, par un service continué pendant 22 ans, il se seroit présenté le 1ᵉʳ octobre 1753, avec le certificat de messieurs les Administrateurs aux maîtres chirurgiens de la ville de Paris, pour être admis à la maîtrise; ces messieurs, après l'avoir amusé jusques à présent, lui ont dit qu'ils ne pouvoient le recevoir qu'après qu'il auroit préalablement souteneu une thèse, payé 600 livres en argent, 21 jettons, tous les frais de la thèse, et les droits du Président, ce qui peut monter à 1,200 livres. Ces demandes et ces prétentions étans très préjudiciables aux intérêts des gagnants maîtrise de l'Hostel Dieu, et directement contraires, tant aux privilèges de l'Hostel Dieu, qui veulent que les gagnants maîtrise, sans être obligés de subir aucuns examens, de faire aucunes expériences et de payer aucunes sommes, qu'à l'usage et à ce qui s'est toujours pratiqué, il a cru devoir en in-

struire l'Administration, et réclamer en même temps son secours, pour le faire jouir de tous les avantages de gagnant maîtrise; a été arrêté que M. Lasnier, procureur et l'agent d'affaires de l'Administration, iront de la part du Bureau chez ceux des chirurgiens auxquels il faut s'addresser pour les réceptions des aspirants; leur feront part des privilèges de l'Hostel Dieu et de l'usage, leur demanderont s'ils persistent dans leur refus et dans leurs prétentions, tant à l'égard du sieur Bernard que des autres gagnants maîtrise; que dans le cas où ils persisteront, leur sera dit qu'ils ne trouvent pas mauvais que l'Hostel Dieu soutienne ses privilèges, et se pourvoye par les voies de droit. En conséquence, et après que leur refus aura été constaté par les voyes juridiques, sera représentée requête au Parlement pour y faire assigner les maîtres chirurgiens, à l'effet de faire ordonner l'exécution des privilèges de l'Hostel Dieu, conformément auxquels et à l'usage, ils seront tenus d'admettre les gagnants maîtrise de l'Hôtel Dieu en chirurgie à la maîtrise, sans exiger qu'ils soutiennent des thèses, qu'ils subissent des examens, qu'ils fassent des expériences et qu'ils payent aucunes sommes, soit en deniers soit en jettons.

127ᵉ REGISTRE. — ANNÉE 1758.

(11 janvier 1758.) Par un extrait tiré des registres de l'Hostel Dieu, il paroît que le premier janvier 1757, il y avoit 2,503 malades dans cet hôpital; que pendant laditte année il en a été receu 21,112; qu'il y est né 1,508 enfants (767 garçons et 741 filles), ce qui compose en total 25,123 personnes; que sur ce nombre il en est mort 4,674 dont 2,783 hommes, 1,782 femmes, 67 garçons et 42 filles, et comme il n'en restoit le dernier décembre 1757, que 2,539, il en est sorti 17,910.

(25 janvier.) Monseigneur Molé ayant été receu premier président à la place de Monseigneur de Maupeou, il a pris séance au Bureau pour la première fois.

(25 janvier.) Monsieur Bertin ayant été receu lieutenant général de police, à la place de monsieur Berryer, il a pris séance au Bureau pour la première fois.

(25 janvier.) M. Vigneron a proposé monsieur de Lambon, avocat au Parlement, que la Compagnie a éleu pour administrateur de l'Hostel Dieu à la place de M. Bargeton qui est décédé; messieurs Du Portault et Durant ont été députés pour le prier d'accepter.

(26 avril.) Sur ce qui a été dit par messieurs les Commissaires, qu'il paroît juste de récompenser le travail du jeune homme nommé Gency, employé par le père Fery à dresser les plans pour l'exécution de la machine qui doit servir à conduire de l'eau dans les différents endroits de l'Hostel Dieu, sur quoy messieurs les Commissaires ont dit leur avis; la matière mise en délibération, a été arrêté de faire expédier une ordonnance de la somme de 45 livres audit Gency.

(7 juin.) Mʳˢ du chapitre de Notre Dame, qui sont en contestation avec les prêtres de Saint Lazare, au sujet d'un fief qu'il qualifient de fief de cens commun, sur lesquelles contestations est intervenu un arrêt interlocutoire du grand conseil, qui ordonne la vérification d'un ancien plan de ce même fief, demandent qu'il soit permis à l'expert vérificateur et aux personnes qui, aux termes de l'arrêt doivent l'accompagner, d'entrer dans l'hôpital de Saint Louis pour y faire leurs opérations. La Compagnie a accordé la permission demandée, et elle a donné à cet effet les ordres nécessaires au portier et au concierge dudit hôpital Saint Louis.

(5 juillet.) L'inspecteur des bâtiments a représenté au Bureau trois états d'ouvrages et réparations nécessaires à faire, sçavoir dans l'intérieur dudit Hostel Dieu, à la salle Saint Landry, pour y procurer de l'air par le moyen d'un ventilateur estimées 1,040 livres...

(20 décembre.) Lecture faite d'un mémoire présenté par le sieur Petit, prêtre, l'un des chapelains de l'hôpital des Incurables, par lequel il représente qu'il est d'usage tous les ans de dire trois messes basses à l'heure de minuit, à Noël, dans les salles dudit hôpital, pour la commodité des malades, ce qui interrompt beaucoup leur repos et sommeil, causé par le nombre des personnes de dehors qui viennent assister à ces messes et qui font beaucoup de bruit; qu'on pourroit supprimer dès la présente année la célébration de ces trois messes à l'heure de minuit dans les salles, d'autant plus qu'il s'en dit trois le jour et fête de Noël, à six heures du matin, ce qui opéreroit le même effet; sur quoi l'affaire mise en délibération, a été arrêté de continuer de faire dire et célébrer les trois messes en question, à l'heure de minuit de Noel dans les salles, et pour les commodités des malades dudit hôpital des Incurables, tout ainsi et de même que par le passé, et l'économe dudit hôpital a été chargé de veiller à ce que le bon ordre y soit observé, en sorte que les malades ne soient pas dérangés par le bruit qui pourroit être causé par les personnes de dehors ou autres qui as-

sisteront à ces messes; messieurs les commissaires ont été priés d'examiner si ces messes ont été fondées; s'il y a nécessité de continuer à les faire dire pour le bien des malades, ou si on peut ne les pas faire dire, et de faire part au Bureau de leurs observations.

128° REGISTRE. — ANNÉE 1759.

(10 janvier 1759.) Par un extrait tiré des registres de l'Hostel Dieu, il paroit que le 1" janvier 1758, il y avoit 2,452 malades dans cet hôpital; que pendant ladite année il en a été receu 20,430, qu'il y est né 1,480 enfants, dont 742 garçons et 738 filles, ce qui compose en total 14,367 personnes; que sur ce nombre il en est mort 4,652 dont 2,585 hommes, 1930 femmes, 92 garçons et 45 filles, et comme il n'en restoit le dernier décembre 1748 que 2,488, il en est sorti 17,227.

(20 janvier.) Monsieur de Tilière a proposé messieurs Brochant, ancien nottaire à Paris, secrétaire du Roy, trésorier payeur des gages de la Cour des aydes; Lecouteulx de Vertron, trésorier de France, et Bidault d'Aubigny, conseiller de la Cour des monnayes que la Compagnie a éleus pour administrateurs de l'Hostel Dieu, en place de messieurs Garnot, Houdiart et Gallois décédés.

(21 février.) Monsieur Camus de Pontcarré de Viarmes, conseiller d'État, ayant été nommé prévôt des marchands en place de M. de Bernage, a pris séance au Bureau pour la première fois.

(9 may.) Monsieur Legal a dit que les comédiens françois et comédiens italiens ont présenté des mémoires à l'Hostel Dieu et à l'Hôpital général, par lesquels ils représentent que les dépenses extraordinaires qu'ils ont été obligés de faire pour leurs théâtres, leurs foibles recettes et *la difficulté d'être payés des sommes qui leur sont dues par le Roy*, les mettent hors d'état de payer aux hôpitaux les sommes qui leur restent dues par lesdits comédiens; qu'ils proposent de payer ces sommes en 24 payements, de mois en mois; à commencer, pour les François, du mois de janvier, et pour les Italiens, du mois d'avril de la présente année 1759; qu'en outre, ils promettoient de payer à l'avenir exactement ce qui reviendra aux hôpitaux, aussi de mois en mois, et de ne plus se mettre en retard sur le droit des pauvres; que si messieurs les Administrateurs veulent bien accepter leurs propositions, M. le duc d'Aumont ordonnera des assemblées desdits comédiens, et que chaque troupe constatera par une délibération ce qui reste dû aux hôpitaux, et prendra les mesures nécessaires pour asseurer l'exécution de leurs propositions; que monsieur Legal s'étant fait rendre compte par le sieur Chartrain de ce qui étoit dû par les comédiens, qu'ils offroient de payer en 24 payements, il lui a dit que les François devoient 6,000 livres pour restant de l'année 1758, et que les Italiens redoivent 9,314 livres; a été arrêté d'accepter l'arrangement proposé par les comédiens françois et italiens.

(30 mai.) Raport fait par M. de Lambon, d'un mémoire présenté par le chapelain de l'église du prieuré de Saint Julien le Pauvre, et plusieurs particuliers qui se disent confrères et administrateurs de la confrérie de Notre Dame des Vertus, établie dans ladite église, par lequel mémoire ils prient le Bureau de vouloir bien leur faire délivrer les vases sacrés et ornements qu'ils disent appartenir à leur confrérie, qui étoient en la possession du feu s' de la Vigne, prêtre, décédé chapelain de laditte église, lesquels ont été remis depuis son décès au Bureau de l'Hostel Dieu; qu'il y a même de ces vases sacrés et ornements marqués des armes de ladite confrérie. Monsieur de Lambon a ajouté, que s'étant fait représenter les titres de l'établissement de ladite confrérie, il y a trouvé une transaction passée devant Chupin et son confrère, notaires à Paris, le 5 septembre 1687, entre messieurs les Administrateurs de l'Hostel Dieu d'une part, et les confrères de laditte confrérie d'autre part; par laquelle lesdits confrères ont délaissé audit Hostel Dieu une petite maison située dans le cloître de Saint Julien le Pauvre, qui appartenoit à laditte confrérie de temps immémorial. Plus les ornements, argenterie, linge et autres ustenciles appartenants à laditte confrérie, détaillés dans un mémoire transcrit en fin de laditte transaction, moyennant quoy lesdits sieurs administrateurs dudit Hostel Dieu, lors en place, se sont chargés, au nom de ladite confrérie, de faire exécutter la fondation d'un obit et vigilies, le jour de Sainte Geneviève de chacune année; plus de payer ce qui étoit deub au chapelain de ladite confrérie; de plus, ont remis auxdits confrères ce qui étoit deub audit Hostel Dieu d'arrérages de huit livres de rentes et redevance, et les ont déchargés pour l'avenir et à toujours de laditte redevance; qu'au moyen de cette transaction, l'administration de laditte confrérie a été remise entre les mains de messieurs les Administrateurs de l'Hostel Dieu, ainsi que l'exécution d'icelle; qu'il est surpris de la demande faite au Bureau aujourd'huy; que ceux qui réclament ces effets n'ont aucuns titres et ne peuvent en avoir, puisqu'ils ont été remis à

l'Hostel Dieu, par la transaction cy devant dattée. Sur quoy la matière mise en délibération, a été arrêté de rejetter entièrement la demande faite par le chapelain de l'église du prieuré de Saint Jullien le Pauvre, et par les particuliers qui se prétendent confrères de la confrérie de Notre Dame des vertus, comme leur demande étant contraire aux dispositions de ladite transaction, de ce qu'ils ne justifient aucuns titres qui prouvent qu'ils sont propriétaires d'aucuns des effets remis au Bureau après le décès dudit sieur de la Vigne; qu'aux termes de ladite transaction les vases sacrés et ornements remis au Bureau après le décès dudit sieur de la Vigne, sont et appartiennent bien et légitimement audit Hostel Dieu, aux charges et conditions portées en ladite transaction ; qu'il sera dit au chapelain de l'église du prieuré de Saint Julien le Pauvre et aux prétendus confrères de ladite confrérie de ne plus faire célébrer aucuns offices, ny tenir d'assemblées pour raison d'icelle; messieurs les Administrateurs étant eux mêmes chargés de l'exécution de ladite confrérie, monsieur de Lambon a bien voulu se charger de faire part du présent arrêté, tant au chapelain de l'église du prieuré de Saint Jullien le Pauvre, qu'aux prétendus confrères de ladite confrérie.

(22 août.) A été fait lecture d'un mémoire remis par monsieur le Procureur général à monsieur de Tilière pour être communiqué au Bureau, par lequel l'Hôpital général renouvelle sa prétention pour assujetir l'Hostel Dieu à recevoir les malades de force; a été pareillement fait lecture d'un projet de mémoire en réponse; sur quoy après avoir examiné ce qui s'est passé à ce sujet en 1754 et les mémoires respectifs qui furent alors employés, la matière mise en délibération, la réponse susdite a été approuvée et a été arrêté qu'elle sera remise avec le mémoire de l'Hôpital général à M. le Procureur général par M. de Tilière. — *Mémoire de l'Hôpital général.* Messieurs les Administrateurs de l'Hostel Dieu refusent depuis le mois de may 1754 d'y recevoir les pauvres et autres détenus de force, et qui tombent malades dans les maisons de l'Hôpital général, quoiqu'il ait été fondé dès le 13° siècle pour y recevoir tous les malades sans exception, ni distinction, et que la maison de Saint Louis et celle de la Santé luy ayent été données à cet effet. L'Hôpital général a été fondé par édit du mois d'avril 1656 et par le règlement du 27 desdits mois et an, l'un et l'autre ont été vérifiés et enregistrés au Parlement, par arrêt du 1er septembre 1656. Le seul objet de cet établissement étoit l'enfermement des pauvres valides et invalides de l'un et l'autre sexe, pour empêcher la mendicité. Il est dit par l'article 6 du règlement que les pauvres mendiants affligés de lèpre ou de maladie contagieuse ou mal vénérien ne seroient point receus audit Hôpital général, mais qu'à la diligence des directeurs de l'hôpital, ils seroient renvoyés à ceux qui en doivent avoir le soin, de sorte qu'ils ne puissent mendier. L'article 27 porte que les pauvres dudit hôpital, lorsqu'ils seront malades de maladie formée, seront envoyés à l'Hostel Dieu pour y être traités, et après leur convalescence ramenés audit Hôpital général, et qu'il seroit fait mention sur le registre de leur sortie et de leur retour. Et l'article 28 ordonne qu'il y auroit audit Hôpital général un lieu particulier d'infirmerie pour les indispositions communes des pauvres, et un autre pour les officiers et domestiques malades dudit hôpital. Il résulte de ce règlement que l'Administration ne doit recevoir dans les maisons de l'Hôpital général aucune personne attaquée de maladie contagieuse et que, quand les pauvres sont malades de maladie formée, ils doivent être envoyés à l'Hostel Dieu pour y être traités et médicamentés jusqu'après leur guérison. Au mois d'avril 1684, le Roy fit un règlement pour la réception et l'enfermement des garçons dans les maisons de Biscêtre et des filles dans celle de la Salpétrière, par forme de correction pour les cas prévus par le règlement; Sa Majesté donna les fonds nécessaires pour la construction des lieux, et quoique ce règlement porte que les personnes qui y seroient enfermées y seroient détenues de force, il ne contient aucune disposition qui oblige l'Hôpital général à les traiter lorsqu'ils seront attaqués de maladies formées ou contagieuses, ny qui affranchisse l'Hostel Dieu de l'obligation de les recevoir et de les soigner. Par l'article 6 du règlement du mois d'avril 1656, il étoit dit que les personnes attaquées du mal vénérien ne pourroient être reçues à l'Hôpital général. La Cour, par son arrêt du 6 décembre 1659, rendu sur le réquisitoire de monsieur le Procureur général, ordonna même que ces personnes seroient reçues au grand Bureau des pauvres, sur les billets des Administrateurs de l'Hôpital général, mais par la suite on a admis dans l'hôpital de Biscetre les personnes de l'un et de l'autre sexe attaquées de ce mal. Cet arrangement fut pris : 1° parceque cette sorte de maladie ne s'est jamais traitée à l'Hostel Dieu; 2° parceque le Roy a fourni dans les temps les fonds nécessaires à cette dépense, et enfin parceque, de concert avec messieurs les Magistrats, on a construit et destiné dans la maison de Biscetre des lieux propres pour cette maladie, séparés tant des bâtiments occupés par les pauvres de bonne volonté que par ceux qui y sont enfermés par des ordres supérieurs. Ces nouveaux établissements n'aportèrent aucun changement aux règlements qui ont obligé l'Hostel Dieu à recevoir les pauvres et autres enfermés dans les maisons de l'Hôpital général, lorsqu'ils seroient attaqués de maladies formées. La maladie du scorbut n'a point été exceptée, elle régnoit en 1729, comme elle a régné ces dernières années, les pauvres de l'hôpital attaqués de

cette maladie furent receus à l'Hostel Dieu en 1729, après à la vérité une résistance de sa part; mais cette résistance ne dura que cinq jours. L'Hostel Dieu et l'Hôpital général sont également utiles et nécessaires à la nation; ils ont la charité et l'humanité pour principe. Le premier est destiné pour les malades de maladie formée; les gros biens dont il est dotté, le mettent en état de leur donner tous les secours nécessaires, et les batimens qui y ont été construits en différens temps sont bien suffisants pour y recevoir tous les malades. Ceux de l'Hôpital général, soit qu'ils s'y soient retirés volontairement, soit qu'ils y soient détenus par des ordres supérieurs, ont toujours trouvé retraite à l'Hostel Dieu; comme citoyens ils y ont droit, et ce n'est qu'au mois de may 1754 qu'il a plu à MM. les administrateurs de l'Hostel Dieu de refuser et les malades du scorbut et les malades détenus de force. Les registres de l'Hôpital général et ceux de l'Hostel Dieu portoient jusqu'alors la preuve la mieux établie d'une possession constante en faveur des pauvres malades de maladies formées, sans distinction de ceux de bonne volonté et de ceux de force. Une révolte qui arriva à l'Hostel Dieu au mois de may 1754 servit de prétexte à l'Hostel Dieu pour s'affranchir de l'obligation de recevoir les pauvres malades de l'Hôpital. Les Administrateurs de l'Hôpital général en portèrent leurs plaintes, il en résulta un procès par écrit entre les deux administrations, les moyens de l'hôpital étoient si solides qu'il avoit lieu d'espérer une descision favorable et aussi promte que le cas l'exigeoit, mais les choses sont restées dans le même état. On le répète, l'Hôpital général n'a point été établi pour y recevoir ny pour y médicamenter les pauvres attaqués de maladies formées; les bâtimens qui y sont construits sont divisés par dortoirs; chaque dortoir a sa destination pour les pauvres valides et invalides, et pour les personnes enfermées par des ordres supérieurs. Le nombre des pauvres est tellement augmenté que la maison de la Salpêtrière, où à peine 3 à 4,000 pauvres pouroient loger, en contient en 1759 plus de 7,500 de tous âges, de toute espèce et de tous pays; ils couchent 4 à 5 dans le même lit, la maison de force en contient plus de 800; le scorbut et les autres maladies contagieuses y règnent et exposent l'hôpital, comme la ville de Paris même, aux plus grands dangers d'une contagion. Il n'y a dans les maisons de l'Hôpital général aucuns lieux destinés pour les infirmeries des pauvres; les valides sont confondus avec les malades de maladies formées; depuis que ces derniers sont exclus de l'Hostel Dieu, les maladies se communiquent, il en coûte des sommes immenses à l'Hôpital général pour soigner ces malades, tandis que c'est une charge de l'Hostel Dieu et l'objet de son établissement. Il est riche, l'Hôpital général au contraire est pauvre; sa dépense excède la recette, année commune,

de plus de 150,000 livres; malgré toute l'économie de l'Administration *il doit au moins 800,000 livres*, et le mal va toujours en augmentant par la diminution des produits et l'augmentation des charges. On n'ignore pas que l'Hostel Dieu est également chargé de pauvres malades et au delà de ce qu'il peut en loger, mais il a des ressources qui manquent absolument à l'Hôpital général.

(22 août.) *Réponse de l'Hostel Dieu au nouveau mémoire de l'Hôpital général.* L'Administration de l'Hôpital général se plaint que l'on refuse de recevoir à l'Hostel Dieu les pauvres et autres détenus de force qui tombent malades dans les maisons de l'Hôpital; ces plaintes ne sont pas nouvelles. La question a été discutée en 1754; il y eut alors des mémoires respectivement fournis par les deux administrations. L'Hôpital général invoquoit des titres, alléguoit une possession, articuloit insufisance de fonds, défaut de lieu. L'Hostel Dieu se défendit par une distinction des pauvres qui habitent l'Hôpital général, distinction autorisée par les titres mêmes dont on argumentoit, et par l'intérêt public supérieur à toutes considérations; ses mémoires eurent l'effet qu'ils devoient produire : le ministère, les magistrats, demeurèrent convaincus que l'Hostel Dieu n'étoit et ne pouvoit être une maison de force. On cessa d'agiter la question, on la renouvelle aujourd'huy, mais il ne paroît rien dans le nouveau mémoire de l'Hôpital général qui dut le mettre dans le cas de la traiter une seconde fois. L'Hostel Dieu se contente donc de reprendre les motifs qui ont justifié alors, et qui justifieront toujours sa conduite à cet égard. Les Administrateurs de l'Hostel Dieu, pour dissiper toute équivoque du mémoire de l'Hôpital général, que les termes pourroient faire naître, observent d'abord que leur refus ne porte point et n'a jamais porté sur les pauvres de bonne volonté qui sont amenés de l'Hôpital général et des maisons dépendantes; ces sortes de malades ont toujours été et sont encore journellement receus dans l'Hostel Dieu sans aucune difficulté, en quelque nombre qu'ils s'y présentent; à l'égard des criminels, des prisonniers, des personnes de mœurs dépravées, en un mot de tous les gens enfermés par autorité de justice ou par des ordres supérieurs, connus sous la dénomination commune des gens de force, et qui pour le bon ordre et la tranquilité publique doivent demeurés séquestrés de la société, ou être enfermés pour s'assseurer de leurs personnes, les admettre dans l'Hostel Dieu ce seroit agir également et contre la destination de cette maison et contre l'intérêt public..... Si l'Hostel Dieu, comme il est évident, et les maisons qui en dépendent ne sont point des maisons de force, comment peut-on proposer d'y transférer des gens qui doivent être nécessairement détenus sous bonne et seure garde, et dont l'évasion de-

viendroit en même temps et si facile et si funeste; c'est cependant à quoy tend le mémoire de l'Hôpital général et ce qu'il a entrepris de fonder : 1° sur l'institution de l'Hostel Dieu; 2° sur l'établissement même de l'Hôpital général ; 3° sur une prétendue possession; 4° sur l'insuffisance de ses fonds pour le traitement des malades; 5° enfin sur le défaut de lieux capables de les contenir. Il ne sera pas difficile de détruire tous ces moyens : 1° L'Hôpital général, dans un précédent mémoire avoit voulu prouver que l'Hostel Dieu avoit été institué pour recevoir et médicamenter tous les malades sans exception, ni distinction, et il citoit à cet égard des lettres patentes de 1208, de 1255 et de 1269. L'Hostel Dieu, dans sa réponse, à laquelle furent jointes copies de ces lettres, fit voir que ces lettres ni aucunes autres ne disoient rien de ce que ce mémoire leur faisoit dire. Aujourd'huy l'Hôpital général ne cite rien, mais il avance sans preuves la même proposition. Cette supposition, destituée et de vérité et de vraisemblance, se détruit d'elle-même par tout ce qui a été cy devant dit, et singulièrement par le fait avéré qu'il n'y a jamais eu aucune garde établie dans l'Hostel Dieu et dans les maisons qui en dépendent, preuve incontestable qu'elles n'ont été instituées, ny destinées en aucun temps pour recevoir et traiter des malades qu'il est de l'intérêt public de tenir resserrés avec toutes les précautions convenables, mais seulement des malades libres, ceux cy même ne sont pas receus indistinctement dans l'Hostel Dieu; on n'y reçoit pas et on n'y a jamais receu les maladies vénériennes, et l'Hôpital général convient qu'il subsiste dans ces maisons un établissement particulier pour le traitement des maladies de ce genre; il n'est donc pas exact de dire que l'Hostel Dieu est institué pour recevoir tous les malades sans distinction; 2° l'Hôpital général ne trouvera pas plus dans son propre établissement l'obligation où il suppose l'Hostel Dieu d'admettre les malades de force qu'il voudroit lui envoyer; l'article 27 du règlement de 1656 qui porte que les pauvres dudit hôpital, lorsqu'ils seront malades de maladie formée, seront envoyés à l'Hostel Dieu pour y être traités, ne contient rien de la distinction que l'Hostel Dieu fait avec raison des malades de force d'avec les autres qui viennent des maisons de l'Hôpital. Cet article s'exécute, par l'Hostel Dieu, dans son véritable sens et n'est pas susceptible de l'application qu'en voudroit faire l'Hôpital général; il ne faut pour s'en asseurer que consulter l'édit même de 1656, on y trouve clairement que l'Hôpital général n'a été établi que pour empêcher la mendicité dans Paris, en rassemblant dans un même lieu tous les pauvres que la misère obligeoit de mendier, pour occuper ceux de ces pauvres qui pourroient travailler, pour fournir la subsistance à ceux qui, par leur grand âge ou par leurs infirmités seroient hors d'état de se la procurer, pour recevoir enfin et pour élever les enfants orphelins et ceux dénués de tous secours... L'Hostel Dieu a grand intérêt de persister dans cette résolution, il a eu droit de réclamer et il a réclamé avec succès (parce que sa réclamation étoit juste) contre une nouveauté dont les suites ne pouvoient manquer de lui être funestes, nouveauté qui ne peut jamais faire un titre à l'Hôpital général, nouveauté qui n'est autorisée ny par l'esprit ny par les termes de l'article 27 du règlement de 1656, la disposition de cet article étant parfaitement remplie par l'admission à l'Hostel Dieu de tous les malades de l'Hôpital général, à la seule exception de ces criminels et de ces personnes de conduite et de mœurs dépravées, en un mot de toutes sortes de gens de force, que cet article n'a point eu en vue, nouveauté enfin qui répugne aussi visiblement à l'institution de l'Hostel Dieu qu'à la seureté publique; c'est à l'Hôpital général à garder ces sortes de malades, c'est pour eux qu'il a une garde composée d'officiers et de soldats. L'Hôpital général ne dira pas qu'on peut en établir une semblable dans l'Hostel Dieu; il faudroit pour cela avoir oublié l'allarme universelle que répandit, et parmi les malades et parmi toutes les autres personnes qui composent cette maison, une pareille proposition dont le bruit se répandit en 1754; le ministère, les magistrats en reconnurent l'exécution également impraticable et contraire à l'institution de l'Hostel Dieu. L'Hôpital général ne peut pas dire que les mendiants qui étoient le véritable objet de son institution étoient des gens de force, sous prétexte que l'édit de 1656 ordonnoit leur enfermement, et établissoit une garde pour s'asseurer d'eux, et que par conséquent l'article 27 du règlement qu'il invoque s'applique même aux gens de force. Il est au contraire évident que l'édit n'a pas considéré les mendiants, à la subsistance desquels il a pourvû, comme des gens détenus de force, quoique renfermés dans l'hôpital, puisqu'en ordonnant leur translation à l'Hostel Dieu en cas de maladie, il n'a pris aucune précaution pour empêcher leur évasion; que l'Hostel Dieu les a toujours receus comme libres, ny ayant aucune comparaison à faire entre les tentatives que ces sortes de gens pourroient faire pour se procurer la liberté, et les excès des attentats auxquels des criminels et les véritables gens de force pouvoient se porter pour se soustraire aux châtiments et aux suplices auxquels ils se trouvent réservés; 3° quant à la possession alléguée par l'Hôpital général d'envoyer à l'Hostel Dieu indistinctement toutes sortes de malades, soit de force ou autres, ce qui précède y répond suffisamment; en effet, quand cette prétendue possession seroit plus ancienne, plus constante, plus uniforme, l'Hôpital général n'en pourroit tirer aucun avantage dès qu'elle est abusive, qu'elle n'est autorisée par aucun titre, qu'elle est manifestement contraire au bon ordre, à l'intérêt de la société et à la tranquilité publique. Le deffaut de moyens suffisants pour traiter ces sortes de malades est le 4° moyen de l'Hôpital général : il est pauvre, dit-il, et l'Hostel Dieu est riche; celuy cy a des ressources que l'Hôpital général n'a pas. Supposé qu'en effet l'Hostel Dieu fût, proportionnément à ses besoins, plus riche que l'Hôpital général, il ne s'ensuivroit pas qu'il dût s'exposer à être totallement ruiné en admettant des gens qui, pour se procurer la liberté et l'impunité, sont capables de se porter aux plus grands excès, il ne s'ensuivroit pas que par cette facilité à les recevoir, il dut exposer le public et les autres malades à éprouver de nouveau les attentats auxquels ces hommes, qui n'ont rien à ménager, peuvent se porter; mais quelle est enfin cette opulence qu'on attribue à l'Hostel Dieu, sinon une opinion populaire; l'Hostel Dieu ne thézaurise pas et n'est pas en état de thézauriser; une année de disette suffit pour renverser cette opulence prétendue. *L'année 1709 l'a forcé de vendre, par permission du Roy pour 800,000 livres de ses fonds*, ce qui n'a pu être depuis ny réparé ny remplacé; sans remouter à cette époque, pour peu que les années ne soient pas entièrement abondantes, les administrateurs actuels voyent souvent la dépense de l'Hostel Dieu excéder ses revenus. Depuis près de 30 ans, on est occupé du désir d'agrandir l'Hostel Dieu, on a acquis autant de maisons contiguës que les circonstances l'ont permis, à mesure qu'il est rentré des fonds pour remboursement ou autrement; cependant la plus grande économie n'a pas pu mettre en état d'exécuter ce projet si interressant, dont la nécessité est si universellement reconnuë; ce seul trait suffit pour prouver que les ressources de l'Hostel Dieu ne sont pas telles qu'on les imagine, il n'en connoit d'autres que la confiance publique et une exacte économie; 5° il est encore plus étonnant que les Administrateurs de l'Hôpital général veuillent se décharger sur l'Hostel Dieu d'une partie des personnes qui doivent être à leur charge, sous prétexte du défaut de lieu pour les replacer. Il n'est personne qui ne connoisse combien l'Hostel Dieu est resserré, la nécessité qu'il y auroit de l'étendre, la difficulté de le faire; quelle comparaison de ce terrain si étroit, si borné de tous côtés par des édifices étrangers, dont les acquisitions sont difficiles et dispendieuses, avec les emplacements des maisons de l'Hôpital général, la grandeur de leurs bâtiments, le nombre et l'étenduë de leurs cours, la scituation qui leur permettroit, s'il étoit nécessaire, d'acquérir facilement, de proche en proche et sans grands frais, des terrains vagues pour les ajouter à ceux qui leur appartiennent; de plus les gens qui tombent malades dans les maisons de l'Hôpital général ne multiplient pas le nombre des personnes qui y sont logées et qui y occupent autant de place en santé qu'en maladie; leur traitement n'exige donc aucune augmentation de bâtiments ny même aucuns changements à l'état actuel, puisque l'Hôpital, outre les infirmeries destinées pour les officiers et les domestiques a dans ses maisons 4 autres sortes d'infirmeries : l'une pour ce qu'on appelle la prison, l'autre pour la grande force, une autre pour le commun et une 4° pour la correction; nouvelle preuve qu'en effet l'Hôpital doit garder ses malades de force. Rien donc ne peut favoriser le désir qu'il témoigne de s'en décharger sur l'Hostel Dieu, ny l'article cité du règlement de 1656, qui n'a aucun trait à ces sortes de malades, ny la possession alléguée, possession momentanée, clandestine, abusive, ny le défaut de moyens ou de logemens. La seule inspection des lieux et l'existence de 4 infirmeries, destinées dans les maisons de l'Hôpital pour le traitement de ces malades, suffisent pour démontrer qu'il n'y manque rien de ce qui est nécessaire pour leur fournir les secours convenables, tant en maladie qu'en santé. Au contraire tout s'oppose à l'introduction de ces malades dans l'Hostel Dieu, tout justifie la distinction qu'on fait en y recevant les pauvres de bonne volonté que l'Hôpital y envoye, et en refusant d'y admettre les gens de force. La constitution même de l'Hostel Dieu, maison de paix, de tranquilité et de liberté, l'intérêt public qui exige que les pauvres puissent continuer d'y venir chercher avec confiance les secours dont ils ont besoin, le bon sens même, qui ne permet pas de transférer dans une maison ouverte et libre par essence, des gens qui doivent être retenus sous une garde assurée, et dont l'évasion deviendroit pernicieuse à la société, enfin, l'indécence qu'il y auroit de confondre, suivant la qualité des maladies, dans les mêmes salles, dans les mêmes lits des scélérats avec des citoyens, qu'un pareil mélange affligeroit plus que leur misère personnelle et leur indigence. La vérité de ces conséquences a été reconnue et par les ministres et par les magistrats, instruits dès 1754 par les mémoires respectifs de l'Hôpital général, qui s'est plaint de cette distinction et de l'Hostel Dieu qui en a justifié la nécessité; ils ont reconnu l'importance de n'y donner aucune atteinte. Les moyens employés alors par l'Hôpital général ne firent aucune impression; son nouveau mémoire n'ajoute rien aux précédents, l'Hostel Dieu a juste sujet de croire qu'il n'opérera pas plus d'effet.

129ᵉ REGISTRE. — ANNÉE 1760.

(4 janvier 1760.) Par un extrait tiré des registres de l'Hostel Dieu, il paroît que le 1ᵉʳ janvier 1759, il y avoit 2,488 malades dans cet hôpital; que pendant laditte année il en a été receu 20,905, qu'il y est né 1,630 enfants dont 799 garçons et 831 filles, ce qui compose 25,023 personnes; que sur ce nombre il en est mort 4,383, dont 2,382 hommes, 1,877 femmes, 69 garçons et 55 filles, et comme il n'en restoit le dernier décembre 1759 que 2,904, il en est sorti 17,736.

(14 février.) Monsieur de Sartine ayant été nommé lieutenant général de police, en place de monsieur Bertin, a pris séance au Bureau pour la première fois.

(12 mars.) Sur ce qui a été dit par M. Legal, que les comédiens françois ont accordé, en faveur d'un petit neveu *du sieur Corneille, autheur de plusieurs pièces de théâtre qui ont été représentées avec beaucoup de succès sur le théâtre de la Comédie françoise,* le produit qui leur reviendroit dans la représentation de *Rodogune,* tragédie de Pierre Corneille, et ce par reconnoissance pour la mémoire dudit feu sieur Corneille, et en considération de la triste situation où se trouve actuellement réduit ce petit neveu; que messieurs les directeurs de l'Hôpital général, sur la demande qui leur a été faite par ce petit neveu, de la remise en sa faveur du droit revenant à l'Hôpital général dans le produit de cette représentation lui ont accordé sa demande; qu'il prie messieurs les Administrateurs de vouloir bien lui accorder la même grâce. Après qu'il en a été délibéré, a été arrêté d'accorder au petit neveu dudit sieur Corneille la part et portion revenant à l'Hostel Dieu dans le produit de la représentation de laditte tragédie, le tout sans tirer à conséquence pour d'autres occasions.

(19 mars.) Monsieur de Tilière a rapporté qu'ayant été averti mercredi dernier, 12 de ce mois, par monsieur le Procureur général de se trouver le même jour à 4 heures précises chez monsieur le Premier Président avec quelques-uns de messieurs, pour conférer sur une demande de Messieurs les Administrateurs de l'Hôpital général, il s'y rendit avec messieurs du Portault, Durant et d'Aubigny; qu'ils y trouvèrent monsieur le Procureur général et messieurs Benoît, Merlet et Ravault, administrateurs de l'Hôpital général; que monsieur de Sartine, lieutenant général de police, y étant venu quelques moments après, Monsieur le Procureur général l'engagea d'assister à cette conférence dans laquelle monsieur le Procureur général exposa que messieurs de l'Hôpital général, dans leur assemblée tenue le matin à l'archevêché, avoient représenté que la maison de Bicêtre se trouvoit surchargée de malades détenus de force qui ne pouvoient y être traités convenablement et, qu'en conséquence, ils avoient demandé que l'Hostel Dieu les admit, sans préjudice de ses droits, qu'après cet exposé, messieurs les Administrateurs de l'Hôpital général observèrent qu'en effet le tableau qui avoit été remis depuis peu sous leurs yeux par les médecins et chirurgiens de l'Hôpital général étoit effrayant, et leur faisoit craindre que les maladies ne se communiquassent aux gens sains, par le mélange et la confusion où ils se trouvoient nécessairement, à quoy monsieur le Premier Président ajouta que le mal paroissoit pressant et exiger un prompt remède; sur quoy monsieur de Tilière observa que l'Hostel Dieu recevoit journellement tous les pauvres malades venants des maisons de l'Hôpital général, lorsque c'étoient des personnes libres, mais que cette maison n'étant point une maison de force, comme il avoit été prouvé par les mémoires fournis en diférentes occasions, et dont la solidité avoit été également reconnue par les magistrats et par le ministère, les Administrateurs de l'Hostel Dieu exposeroient et l'Hostel Dieu même et le public à tous les inconvéniens que ces mémoires avoient rendus sensibles, s'ils se prêtoient à recevoir aucun malade de force de l'Hôpital général, c'est-à-dire de ceux qui sont retenus dans ses maisons, ou par autorité de justice ou en vertu d'ordres supérieurs; qu'à cette exception l'Hostel Dieu continueroit toujours d'admettre tous les pauvres malades qui viendroient de l'Hôpital général et des maisons qui en dépendent comme gens entièrement libres, pourvu qu'ils ne fussent point attaqués des espèces de maladies qui ne sont point reçues dans cet hôpital; que sur cela monsieur le Lieutenant général de police proposa de se faire remettre un état des gens détenus de force, ou de son autorité, ou par des ordres supérieurs de la nature de ceux qui peuvent passer par ses mains, qui se trouvoient actuellement malades dans les maisons de l'Hôpital général, et de faire expédier des ordres pour la liberté de ceux auxquels il étoit possible de la procurer; sur quoy l'ouverture de monsieur le Lieutenant général de police ayant été universellement aplaudie, il fut conclu que les malades détenus de force, à qui monsieur le Lieutenant général de police auroit jugé à propos d'accorder la liberté, seroient seuls envoyés à l'Hostel Dieu comme bons pauvres, et que les autres demeureroient dans les maisons de l'Hôpital général pour y être traités; qu'en consé-

quence le surlendemain 14 du même mois (et jours suivants), il est arrivé à l'Hostel Dieu 53 malades du château de Biscetre, qui ont été présentés comme libres et distribués dans les différentes salles relatives aux divers genres de leurs maladies, après lequel récit a été arrêté qu'il en sera fait registre, et que pour donner à monsieur le Lieutenant général de police une connoissance exacte et personnelle de la nécessité indispensable où est l'Hostel Dieu de n'admettre aucun malade de force, il lui sera envoyé copie des différents mémoires qui ont été faits à ce sujet, dont il sera prié de prendre lecture.

(7 mai.) M. Doyen, secrétaire du Roy, notaire à Paris, exécuteur testamentaire de feue madame la marquise de Lyonne, administrateur de l'Hôpital général et en cette dernière qualité ayant pris séance au Bureau, à la seconde place, vis-à-vis monsieur le Doyen, M. Brochant a fait raport d'un mémoire présenté tant à l'Administration de l'Hôtel Dieu qu'à celle de l'Hôpital général par les héritiers de laditte feue dame marquise de Lyonne, qui a institué ledit Hostel Dieu et ledit Hôpital général, ses légataires universels en tous ses biens, par lequel ils représentent que la plus grande partie d'eux sont dans le besoin; qu'ils sont sept têtes du côté paternel et autant du côté maternel; qu'ils espèrent des bontés du Bureau, qu'attendu leur grand nombre et leur triste situation, il leur sera accordé une remise sur la totalité du legs universel fait au profit desdits deux hôpitaux par laditte feue dame marquise de Lyonne. Monsieur Doyen a dit qu'il a été question au Bureau dudit Hôpital général d'un pareil mémoire présenté par lesdits héritiers à l'administration dudit Hôpital général; qu'il a été délibéré et arrêté d'accorder auxdits héritiers le tiers de cette succession, toutes charges prélevées; que ce tiers pourroit être évalué par la connoissance que ledit sieur Doyen a des charges et frais de la succession de laditte dame marquise de Lyonne à 98,000 livres ou 100,000 livres; qu'il pense qu'en faisant cette grâce auxdits héritiers, ils se prêteront à tout ce qui est nécessaire pour la délivrance dudit legs universel fait en faveur desdits deux hôpitaux. La matière mise en délibération, a été arrêté, en présence dudit sieur Doyen, d'accorder aux héritiers tant paternels que maternels de laditte feue dame marquise de Lyonne, et ce pour grâce, et en considération de la situation où ils sont, pareille somme de 98,000 livres, même jusqu'à la somme de 100,000 livres, laquelle somme leur sera fournie et délaissée par lesdits deux hôpitaux, en effets de la succession de laditte feue dame marquise de Lyonne, et à prendre tant sur ce qui est deub à laditte succession par le sieur Daucourt, fermier général, et la dame son épouse, sur le restant du prix par eux deub de la maison située à Paris, rue Vivienne, qu'ils ont acquise de laditte dame de Lyonne, que sur les dettes actives, bonnes et exigibles de laditte succession, à condition et non autrement que lesdits héritiers enverront incessamment à Paris des actes en bonne forme qui justifieront leurs qualités.

(30 juillet.) Monsieur d'Aubigny a dit que messieurs les Administrateurs de l'Hostel Dieu et messieurs les Directeurs et Administrateurs de l'Hôpital général ont obtenu au Parlement, le 23 may dernier, arrêt par lequel, entr'autres choses, il leur est permis de faire assigner en la cour les directeurs de l'Académie royale de musique et les comédiens françois et italiens, pour voir dire que lesdits deux hôpitaux seront maintenus dans le droit de recevoir le quart accordé par le feu roy et par Sa Majesté, de la recette desdits spectacles, et cependant lesdits hôpitaux autorisés à établir à la porte de chaque spectacle tels préposés qu'ils jugeroient à propos pour partager et toucher chaque jour le quart de ce qui se reçoit, sans aucune déduction; que lesdits sieurs directeurs de l'Académie royale de musique et les comédiens prétendants que Sa Majesté seule doit connoître par elle même de ce qui concerne l'Opéra et les Comédies, ont présenté requeste à ce qu'il plût à Sa Majesté ordonner que sur les assignations données le 31 dudit mois de may, les parties procèderont par devant Sa Majesté, faire défenses aux hôpitaux de procéder ailleurs et de mettre ledit arrêt du 23 may à exécution, à peine, etc. etc.; que sur ces requêtes il est intervenu le 28 juin 2 arrêts du Conseil qui ordonnent qu'elles seront communiquées aux bureaux de l'Hostel Dieu et de l'Hôpital général pour y fournir des réponses dans le délay du règlement, toutes choses demeurantes en état; que ces arrêts ont été signifiés le 28 du présent mois de juillet; que lesdits deux hôpitaux ont un grand intérêt à ne pas laisser languir cette affaire. Monsieur d'Aubigny a ajouté que messieurs les Directeurs et Administrateurs de l'Hôpital général ont nommé M. Basly, avocat ès conseils, pour suivre cette affaire et que le Bureau est prié d'ordonner ce qu'il jugera à propos. Sur quoy la matière mise en délibération, la Compagnie a arrêté que les significations des arrêts du Conseil du 28 juin dernier seront remises audit M. Basly, avocat ès conseil, pour fournir des réponses aux requêtes des sieurs directeurs de l'Académie royale de musique et des comédiens françois et étrangers.

(13 août.) A été dit par monsieur de Tilière que M. Favée autrefois receveur général charitable de l'Hostel Dieu, ayant remis en 1718 à M. Houdiart, son successeur, une somme de 230,000 et quelques livres en espèces, qui furent décriées quelques temps après, cette

somme dont M. Houdiart déclara pouvoir se passer pour lors, fut convertie en nouvelles espèces et serrée dans un coffre ou armoire fermant à plusieurs clefs; que MM. les Administrateurs de l'Hôpital général, désirant se débarrasser de quelques créanciers qui les tourmentent et ayant inutilement cherché de toutes parts à emprunter la somme dont ils ont besoin pour les satisfaire, monsieur l'Archevêque, instruit de la réserve de l'Hostel Dieu, par le dépôt qu'a fait entre ses mains feu M. le Président Vigneron d'une des clefs de ce coffre ou armoire, a indiqué cette réserve à monsieur le Premier Président et à monsieur le Procureur général; qu'informé par M. le Procureur général de cette indication, et invité de l'accompagner chez monsieur le Premier Président pour en conférer, il a été chargé de proposer au Bureau un prêt de 200,000 livres, soit à constitution de rente ou autrement, avec assurance que le remboursement en sera fait exactement à raison de 15,000 livres par mois, qui seront délégués sur les 180,000 livres de rente, que le Roy a nouvellement accordées à l'Hôpital général et avec promesse qu'en quelque état que puissent être à l'avenir les affaires de l'Hôpital général, il ne sera jamais demandé à l'Hostel Dieu aucun autre secours; sur quoy ayant été observé par la Compagnie : 1° que ces fonds mis en réserve ont pour objet l'augmentation des salles, où elle voit avec douleur que les malades sont trop serrés; 2° que malgré cette destination, le Bureau se propose depuis plusieurs mois de retirer cette réserve devenue indispensable pour la dépense courante, la caisse de M. le Receveur s'étant trouvée successivement réduite à 10,000 livres, somme qui n'a nulle proportion avec les dépenses journalières de l'Hostel Dieu; que les denrées et les marchandises augmentées, les aumônes diminuées et presques anéanties, le nombre des malades presque aussi considérable depuis l'été qu'il l'est dans les hivers les plus fâcheux, tout annonce une augmentation de dépense pour laquelle les fonds réservés seront peut-être insuffisants; que cependant le service du public exige qu'aux approches des jours gras de chaque année il y ait au moins 2 ou 300,000 livres dans la caisse de M. le Receveur; qu'en effet les achapts des viandes de toute espèce pour la fourniture du carême se font inévitablement au comptant, et que la rentrée d'une partie de ces avances est toujours plus ou moins longtemps suspendüe, à cause des diférents crédits qu'on est obligé de faire sur la vente; 3° qu'indépendamment des circonstances du temps qui rendent ce prêt impossible, l'exemple qui ne manqueroit pas d'en résulter, présente le danger le plus évident de la ruine totale de l'Hostel Dieu; que la promesse de monsieur le Premier Président mérite à la vérité une entière confiance, mais que messieurs ses successeurs ne se croyant peut-être pas engagés par cette promesse, l'exemple actuel quoiqu'unique ne sera pas oublié, et l'Hostel Dieu invité pour lors à le réitérer, *sa caisse deviendra insensiblement la ressource habituelle de l'Hôpital général*; que le Bureau aura beau redoubler ses efforts pour conserver l'ancien esprit de l'administration, suivant lequel toute dépense est évitée si elle n'est indispensable, toute entreprise est suspendüe jusqu'à ce que les fonds soient faits, toute dette est acquittée dès l'instant où elle est exigible, cette économie sera renversée par l'épuisement continuel de la caisse, l'impossibilité de satisfaire, comme de coutume, les ouvriers et les fournisseurs opèrera une perte réelle de plus de 100,000 livres de bénéfice que procure chaque année à l'Hostel Dieu la ponctualité des payements, la dépense devenue pour lors supérieure aux revenus réduira l'Hostel Dieu à la plus affreuse indigence, et par conséquent les malades à périr faute de secours, qu'une perspective aussi triste paroit devoir allarmer l'Administration, chargée et obligée par état de prévenir tous les revers que la prudence humaine lui peut faire apercevoir dans l'avenir le plus éloigné; que ce devoir est d'autant plus étroit pour l'Administration que l'Hostel Dieu de Paris est le plus important de tous les hôpitaux, et que son anéantissement produiroit la peste en peu de semaines dans la ville, et en peu de mois dans tout le royaume. Monsieur de Tilière a dit qu'il croit ne devoir pas céler à la Compagnie que la proposition dont il s'agit luy ayant été confiée depuis plus d'un mois, il l'a combattue de toutes ses forces dans plusieurs conférences avec monsieur l'Archevêque, monsieur le Premier Président et monsieur le Procureur général, à l'une desquelles s'est trouvé monsieur le Premier Président de la Cour des aydes; qu'il leur a non seulement exposé, mais développé tous les motifs sans exception qui viennent d'être rapportés par la Compagnie, et peut-être même quelques autres; que monsieur le Premier Président en a reconnu la force, mais qu'il n'a pas perdu le désir du succès, désir qu'il a exprimé de façon à faire prévoir qu'il seroit réellement affligé si le Bureau refusoit son consentement; que néantmoins sentant les inconvéniens du prêt entier qui, attendu les besoins présens de l'Hostel Dieu, pouroit le conduire insensiblement à un état funeste, il s'est réduit successivement, d'abord à 160,000 livres et enfin à 40,000 écus. La matière mise en délibération, la Compagnie, cédant au désir de monsieur le Premier Président, et pleine de confiance pour sa promesse que la caisse de l'Hostel Dieu ne sera désormais entamée en aucun cas pour les besoins de l'Hôpital général, comptant d'ailleurs qu'il voudra bien veiller à l'exactitude du remboursement dans les termes qu'il a lui-même proposés, et dont la brièveté peut seule autoriser le Bureau à se dessaisir de deniers qui, d'un moment à l'autre peuvent devenir nécessaires aux pauvres de l'Hostel Dieu, a arrêté qu'il sera prêté par l'Hostel Dieu à l'Hôpital général une somme de 120,000 livres, remboursable à raison de 10,000 livres par mois; et sera monsieur le Premier Président très humblement suplié d'agréer le présent consentement du Bureau comme la preuve la plus forte qu'il puisse lui offrir de son respect et de son attachement.

130ᵉ REGISTRE. — ANNÉE 1761.

(14 janvier 1761.) Par un extrait tiré des registres de l'Hostel Dieu, il paroît que le 1ᵉʳ janvier 1760 il y avoit 2,821 malades dans cet hôpital; que pendant laditte année il en a été reçeu 23,417, qu'il y est né 1,459 enfants, dont 735 garçons et 724 filles, ce qui compose en total 27,697 personnes; que sur ce nombre il en est mort 4,908 dont 2,766 hommes, 2,028 femmes, 69 garçons et 45 filles, et comme il n'en restoit le dernier décembre 1760 que 2,714, il en est sorty 20,075.

(21 janvier.) La dᵐᵉ Violleau, maîtresse sage femme de l'Hostel Dieu, ayant représenté les peines et soins extraordinaires qu'elle s'est donné dans son employ pendant l'année dernière, la Compagnie lui a accordé la somme de 400 livres de gratification.

(29 avril.) Monsieur de Tilière a dit que depuis quelques jours on refusoit à Biscetre, à la Salpêtrière et à la Pitié les personnes sortants dudit Hostel Dieu, comme ayant été guéries des maladies pour lesquelles elles y avoient été receues, sur les billets signés de messieurs les Administrateurs de l'Hostel Dieu, les officiers de ces maisons ayant dit qu'ils ne se chargeroient de ces personnes sortants de l'Hostel Dieu qu'en vertu d'un ordre de monsieur le Procureur général; monsieur de Tilière a ajouté que ce refus ne tombe que sur les personnes insensées, âgées, paralitiques, même les enfants des deux sexes, tous gens hors d'état de pouvoir servir et être utiles à quelque chose dans les maisons de l'Hôpital général; la matière mise en délibération, a été arrêté de présenter incessamment à monsieur le Procureur général un mémoire circonstancié des causes de refus alléguées par les personnes de 3 maisons de l'Hôpital général, chargées de venir chercher les personnes sortants dudit Hostel Dieu après leur guérison, et de les recevoir dans lesdites 3 maisons; que c'est une innovation de la part de l'Hôpital général d'exiger de pareils ordres, ceux donnés de tout temps par messieurs les Administrateurs de l'Hostel Dieu ayant été admis et exécutés, pour ensuite, et après qu'il en aura été conféré avec monsieur le Procureur général, prendre tel parti qu'il conviendra.

131ᵉ REGISTRE. — ANNÉE 1762.

(13 janvier 1752.) Par un extrait tiré des registres de l'Hostel Dieu, il paroît que le premier janvier de l'année dernière 1761, il y avoit 2,709 malades dans cet hôpital; que pendant laditte année il en a été reçeu 21,719; qu'il y est né 1,518 enfants, 764 garçons, 744 filles, ce qui compose en total 25,936 personnes; que, sur ce nombre, il en est mort 4,642 (2,538 hommes, 1,975 femmes, 74 garçons, 55 filles), et comme il n'en restoit le dernier décembre 1761 que 2,726, il en est sorti 18,568.

(13 février.) A été dit par monsieur de Tilière que la mort du sieur Fontaine fait vacquer une place de médecin ordinaire de l'Hostel Dieu et qui est demandée par le sieur Majault médecin expectant. La Compagnie a nommé et choisi ledit sieur Majault pour remplir la place de médecin ordinaire de l'Hostel Dieu.

(13 février.) La Compagnie a nommé pour médecin expectant de l'Hostel Dieu le sieur Doucet, médecin de la Faculté de Paris, dont on a rendu de très bons témoignages.

(22 octobre.) L'Inspecteur des bâtiments de l'Hostel Dieu a représenté au Bureau un devis des ouvrages à faire pour la construction a neuf du lutrin du chœur de l'église de l'Hostel Dieu, qui sera fait en fer au lieu de celui en cuivre qui est actuellement estimé 800 livres.

132ᵉ REGISTRE. — ANNÉE 1763.

(7 janvier 1763.) Par un extrait tiré des registres de l'Hostel Dieu, il paroît que le 1ᵉʳ janvier de l'année dernière 1762, il y avoit 2,695 malades dans cet hôpital; que pendant laditte année il en a été reçeu 21,345; qu'il

y est né 1,442 enfants (718 garçons et 724 filles) ce qui compose en total 25,482 personnes; que sur ce nombre il en est mort 4,917 dont 2,759 hommes, 2,047 femmes, 62 garçons, 49 filles, et comme il n'en restoit le dernier décembre 1762 que 2,821, il en est sorti 17,744.

(9 février.) Sur ce qui a été dit que de tout temps il y a eu dans la cour de l'hôpital des Incurables un poteau de bois garni de son carcan et chaîne de fer, pour en imposer aux malades, domestiques dudit hôpital et autres personnes du dehors, qui s'introduisent dans ledit hôpital; que le dernier poteau qui avoit été posé est tombé par vétusté; qu'il s'agit de délibérer s'il en sera fait un neuf, et de le faire poser avec sa chaîne et carcan de fer; sur quoy la matière mise en délibération, a été arrêté de rétablir ledit poteau, et en conséquence d'en faire faire incessamment un neuf, et de le poser dans le même endroit de la cour où étoit l'ancien.

(9 mars.) Lecture faite d'un mémoire présenté à monsieur l'Intendant de Paris par différents proprietaires de maisons scituées à Belleville contre l'Hostel Dieu, tendant par eux d'obtenir de faire un chemin au lieu d'un sentier étant le long de l'héritage appartenant audit Hostel Dieu, sous lequel est l'acqueduc des eaux de Belleville pour l'hôpital Saint Louis; a été arrêté que le Bureau écrira à monsieur l'Intendant, pour l'informer que ce mémoire, appuyé sur des faits hazardés, annonce un trouble qu'on veut apporter au droit et à la possession de l'Hostel Dieu et qu'en conséquence il tend à former une contestation sur laquelle les autheurs du mémoire peuvent se pourvoir à la Grande chambre où l'Hostel Dieu a ses causes commises, et à l'instant la lettre a été écritte ainsi qu'il suit : «Monsieur. Plusieurs particuliers de Belleville, voisins d'un terrain appartenant à l'Hostel Dieu, sous lequel a été construit en 1613 l'acqueduc qui conduit l'eau destinée à l'hôpital Saint Louis, vous ont présenté, le 19 août 1762, un placet où tous les faits qu'ils avancent contre les Administrateurs de l'Hostel Dieu, qui le sont en même temps de l'hôpital Saint Louis, sont destitués de fondement; ces particuliers sont venus le mois dernier communiquer ce placet au Bureau, et comme on y allègue un allignement de MM. les Trésoriers de France donné en 1690, les Administrateurs ont demandé à voir l'ordonnance du Bureau des finances; elle leur a été communiquée le 2 du présent mois de mars, elle ne porte autre chose, sinon que les pieds droits d'une porte à construire seront posés de droite ligne aux maisons voisines bâties dans la ruelle, mentionnée dans l'assignation sur laquelle est intervenue l'ordonnance. C'est cette ruelle que l'on qualifie au placet de Rue, qui de tout temps a eu une largeur capable de passer une voiture; cette dénomination est absolument contraire à celle donnée dans les plans anciens et modernes du terroir de Belleville, dans lesquels l'endroit en question est appelé Ruelle de Beaune, sente de Beaune, ou bien petite ruelle, qui conduit dans le grand chemin du haut de Belleville à la Villette. Le terrain où est la source des eaux qui vont à Saint Louis borde cette ruelle, et quant à l'aqueduc il se trouve construit en partie sur la lizière, jusqu'à l'endroit où faisant un coude il traverse la ruelle pour continuer, dans des jardins appartenant à des particuliers, qui, bien postérieurement à 1613, ont fait bâtir sur la pente de la montagne des maisons de l'autre côté de la ruelle et sont assujettis à souffrir toutes les réparations qu'un acqueduc occasionne de temps à autre. Après ce détail sommaire, les Administrateurs prennent la liberté de vous observer, Monsieur, que la source d'eau vive qui passe dans cet aqueduc appartenoit originairement à nos rois, et que Louis XIII, par lettres patentes du mois de juillet 1611, l'a concédé à l'Hostel Dieu avec tous les regards, cannaux et tuyaux en deppendants, pour être unis et incorporés à l'hôpital Saint Louis, sans que ladite source puisse en être séparée et distraite, sous quelque prétexte que ce soit. Dans ces circonstances, si les particuliers voisins du terrein où coulent les eaux entendent troubler l'Hostel Dieu dans la possession plus que centenaire où il est de les faire passer sous la lizière de son héritage, et veulent faire élargir une sente ou ruelle, le long de laquelle il est situé, d'où il arriveroit que les voitures surchargeroient et fatigueroient le rein de l'acqueduc et l'acqueduc lui même, c'est une contestation à l'ordinaire entre voisins, pour raison de laquelle ils peuvent se pourvoir qu'à la grand'chambre où l'Hostel Dieu a ses causes commises par l'ordonnance de 1667; le Bureau s'y deffendra de toutes leurs demandes et prétentions.» Laquelle lettre cy-dessus, ayant été signée par messieurs les Administrateurs, a été mise sur le champ sous une enveloppe à l'adresse de monsieur l'Intendant, et a été envoyée à son hôtel.

(20 juillet.) A été arrêté que les médecins de l'Hostel Dieu pourront, comme par le passé, se faire accompagner d'un ou de deux étudiants en médecine, aux visittes qu'ils feront auprès des pauvres malades de l'Hostel Dieu, en observant, de la part de ces étudiants en médecine, beaucoup de prudence et de circonspection dans les salles où sont placées les femmes et les filles et qu'ils se conformeront exactement aux règlements du Bureau faits à ce sujet.

(31 août.) Sur le raport de monsieur Bidault d'Aubigny, la Compagnie a arrêté et signé 4 comptes rendus

par le sieur Chartrain de la recette par lui faite en conséquence de la délibération du Bureau du 24 février 1752, du produit du droit appartenant à l'Hostel Dieu sur les spectacles, des dépenses occasionnées pour en faire le recouvrement, et enfin des sommes payées à la Recette générale dudit Hostel Dieu, duquel il résulte que ce droit a produit, sçavoir : la foire Saint Germain, qui a été ouverte le 3 février 1762 jusqu'au 16 mars suivant, qu'elle a été incendiée et que tous les jeux ont cessé, la somme de 2,884 livres; l'Opéra la somme de 24,134 lt, la Comédie françoise 20,267 livres, la Comédie italienne 18,956 livres.

(31 août.) *Ordre des fêtes annuelles et solemnelles selon le bréviaire de Paris, ainsi que de celles qui sont propres et particulières à l'Hostel Dieu de Paris, et leurs différents degrés de solemnité.* 6 annuels : Pâques, la Pentecôte, Saint Jean Baptiste, l'Assomption de la Sainte Vierge, Saint Augustin, la Nativité de Notre Seigneur. 17 solemnels majeurs : la Circoncision, à cause de l'exposition du Saint Sacrement; l'Épiphanie, la Purification; le premier dimanche de Carême et celui de la Passion, à cause de l'exposition du Saint Sacrement; l'Annonciation, le jeudi saint à la messe; l'Ascension, la fête du Saint Sacrement, la Nativité de la Vierge, Saint Cosme, Saint Denis, la Toussaint; le neufième salut des O de Noel, la fête du Maitre, celle de la Mère prieure, les cérémonies de profession et de probation, les ouvertures de Jubilé, Te Deum, prières des 40 heures. 27 solemnels mineurs : Sainte Monique, la Conversion de Saint Augustin, les dimanches de Pâques fleuries, Quasimodo, la Trinité; tous les jours de l'octave du Saint Sacrement, y compris le dernier, Saint Landry, Saint Pierre, la Décolation de Saint Jean Baptiste, Sainte Marthe, le premier dimanche d'octobre, le Rozaire, les Saints Anges gardiens, Saint Marcel, la Conception de la Vierge, Saint Étienne, les Saints Innocents, la fête de la Mère sous prieure, les 3 jours saints. Doubles majeurs : les messes du Saint Sacrement et les saluts du jeudi, ainsi que les saluts particuliers qui sont au nombre de six, sçavoir : Saint Nicolas d'été, Saint Nicolas d'hiver, la Visitation, la Présentation, les Trépassés, Sainte Catherine; les fêtes de Sainte Geneviève, l'octave de l'Épiphanie, la Conversion de Saint Paul, Saint Mathias, Saint Sébastien; l'octave de l'Annonciation, si elle a lieu; Saint Joseph, Saint Marc, Saint Jacques, Saint Philippe, l'Invention de Sainte Croix, l'octave de Saint Jean Baptiste, la Visitation, Sainte Marie Magdelaine, Saint Jacques, Saint Christophe, Saint Germain d'Auxerre, la Susception de Sainte Croix, Saint Laurent; l'octave de l'Assomption, Saint Barthélemy, Saint Louis, l'octave de Saint Augustin, l'Exaltation de Sainte Croix, Saint Mathieu, Saint Michel, Saint Simon, Saint Judde, Saint Luc, les Trépassés, Saint Martin, la Présentation, Saint Thomas, Saint André, Saint Jean, Saint Roch, à la messe. 22 doubles mineurs : Saint Hilaire de Poitiers, Saint Vincent, les 5. Playes, la Compassion de la Vierge, Saint Ambroise, l'Invention des corps de Saint Denis, Saint Germain de Paris, Saint Barnabé, Saint Irénée, la commémoration de saint Paul, Saint Thomas d'Aquint, Saint Joachim et Sainte Anne, Saint Pierre aux Liens, l'Invention du corps de Saint Étienne, Saint Bernard, Saint Cézaire, Saint Grégoire, pape, l'octave de la Nativité, Saint Jérosme, l'octave de Saint Denis, l'octave de la Toussaint, le premier dimanche de l'Avent. Il y a 26 expositions du Saint Sacrement dans l'année, sçavoir : la veille et le jour de la Circonsision, le premier dimanche de Carême, le dimanche de la Passion, le jour de Pâques, le jour de l'Assomption, la Nativité de Notre Seigneur, Saint Augustin, Saint Jean Baptiste, les 8 jours de l'octave du Saint Sacrement, les prières des 40 heures et les jubilés.

133ᵉ REGISTRE. — ANNÉE 1764.

(11 janvier 1764.) Par un extrait tiré des registres de l'Hostel Dieu, il paroît que le 1ᵉʳ janvier de l'année dernière 1763, il y avoit 2,783 malades dans cet hôpital; que pendant ladite année il en a été receu 24,438; qu'il y est né 1,427 enfants dont 742 garçons et 685 filles, ce qui compose en total 28,648 personnes; que sur ce nombre il en est mort 5,352, dont 3,208 hommes, 2,006 femmes, 85 garçons, 53 filles, et comme il n'en restoit le dernier décembre de ladite année dernière, 1763, que 2,765, il en est sorti 20,531.

(1ᵉʳ mars.) Monseigneur de Maupeou fils, ayant été receu Premier Président à la place de monseigneur Mollé, il a pris séance au Bureau pour la première fois.

(1ᵉʳ mars.) Monsieur de Tilière a proposé messieurs du Pont, conseiller au Châtelet, et Poan, conseiller secrétaire du Roy, en sa grande chancellerie, conservateur des hipotèques, que la Compagnie a éleus pour Administrateurs de l'Hostel Dieu, en place de messieurs Vigneron et Legal, décédés; messieurs de Tilière, Desmalpeines, Durant, Brochant, Lecouteulx de Vertron ont été députés pour les prier d'accepter.

(6 juin.) A été dit par monsieur de Tilière que la d[lle] Violeau, maîtresse sage femme de l'Hostel Dieu, étant décédée dès le samedi 26 may dernier, et les fonctions de cette place ne pouvant être longtemps suspendues, il est absolument nécessaire de pourvoir à cette place; que plusieurs maîtresses sages femmes de Paris se présentent pour la remplir, et les témoignages les plus avantageux, soit pour la conduite régulière, les bonnes mœurs et la capacité dans cet art, ayant été rendus en faveur de la d[lle] veuve Delaplace, maîtresse sage femme à Paris, et après que messieurs les Commissaires ont dit avoir vu les lettres de maîtrise de sage femme à Paris de laditte demoiselle veuve Delaplace subis, et aussi après avoir pris tous les éclaircissements nécessaires, ils croyent qu'on ne peut pas mieux faire que de se fixer à laditte demoiselle veuve Delaplace; a été arrêté et la Compagnie a nommé ladite demoiselle Marthe Marie Jouet, veuve du s. Joseph Delaplace, chirurgien privilégié à Paris, et elle maîtresse sage femme de Paris depuis unze ans, âgée de 30 ans passés, née à Paris, sur la paroisse Saint Gervais, pour remplir la place de maîtresse sage-femme de l'Hostel Dieu à commencer du 10 du présent mois de juin, aux gages de 400 livres par an.

(18 juillet.) Sur le rapport de M. Desmalpeines, la Compagnie a arrêté et signé 4 comptes rendus par le sieur Chartrain, desquels il résulte que le droit sur les spectacles a produit, sçavoir : l'Opéra 5,889[tt], et ce à compter seulement du 27 janvier de la présente année, jour que ledit spectacle de l'Opéra a repris ses représentations dans la salle des Thuilleries, jusques et compris le mois de mars dernier, *l'ancienne salle ayant été incendiée dans le mois d'avril 1763*; la Comédie françoise 20,267[tt]; la Comédie italienne, 18,956[tt]; Saint Germain, 4,947[tt].

(5 septembre.) Lecture faite d'une lettre écrite par la Mère prieure de l'Hostel Dieu, dattée de ce jour, adressée à monsieur de Tilière, par laquelle elle représente au Bureau que depuis les défenses renouvellées par messieurs les Administrateurs à la maîtresse sage-femme, aux apprentisses sages femmes et autres personnes de la maison de se mettre sur le peron et autres endroits de l'Hostel Dieu, pour avoir des pareins et mareines pour le baptême des enfants nouveaux nés audit Hostel Dieu, il est arrivé fréquemment, et particulièrement les jours ouvriers, que l'on a été obligé de remporter ces enfants d'où on les avoit pris, sans leur faire administrer le baptême; qu'à la vérité il se trouvoit assés de monde, les fêtes et dimanches, qui s'offroit de remplir cette cérémonie, pour quoy la Mère prieure prie le Bureau de vouloir bien permettre aux apprentisses sages femmes de se mettre, les jours ouvriers seulement, sur le peron de l'Hostel Dieu, pour engager les parents à être pareins et mareines desdits enfants nouveaux nés audit Hostel Dieu; sur quoy la matière mise en délibération, a été arrêté que les règlements et délibérations du Bureau, contenant les défenses absolues à la maîtresse sage femme, aux apprentisses et autres personnes de la maison de se placer dans aucun endroit que ce soit de l'Hostel Dieu, ny d'appeler aucunes personnes, soit en dedans, ny au dehors de l'Hostel Dieu pour être pareins et mareines des enfants nouveaux-nés audit Hostel Dieu, seront exécutés en tout leur contenu, sans qu'il y soit rien changé, sous tel prétexte que ce puisse être, et sera fait part de cet arrêté à la maîtresse sage femme dudit Hostel Dieu, afin qu'elle ait à s'y conformer.

(21 novembre.) Le tronc de l'Hostel Dieu étant au-dessous de l'image de la Vierge, au coin des rues de la Bucherie et de Saint Julien le Pauvre, a été vuidé en présence de monsieur de Lambon, dans lequel il s'est trouvé la somme de 238 livres.

(28 novembre.) L'Inspecteur des bâtiments de l'Hostel Dieu a représenté au Bureau le devis des ouvrages à faire dans l'emplacement cy devant occupé par la chapelle de Saint Blaise, rue Galande, acquis par l'Hostel Dieu des maîtres maçons et charpentiers, estimé 1,240 livres.

134ᵉ REGISTRE. — ANNÉE 1765.

(9 janvier 1765.) Par un extrait tiré des registres de l'Hostel Dieu, il paroît que le premier janvier de l'année dernière 1764, il y avoit 2,654 malades dans cet hôpital; que pendant laditte année, il en a été receu 20,648; qu'il y est né 1,541 enfants (798 garçons, 743 filles), ce qui compose en total 24,843 personnes; que sur ce nombre il en est mort 4,414, dont 2,670 hommes 1,569 femmes, 87 garçons et 88 filles, et comme il n'en restoit le dernier décembre 1764 que 2,512 il en est sorty 17,917.

(14 février.) Monsieur Bignon, conseiller d'État, ayant été nommé Prévôt des marchands, en place de monsieur Camus de Pontcarré de Viarmes, a pris séance au Bureau pour la première fois.

(21 août.) Sur ce qui a été dit par monsieur Desmalpeines que M. Bretonnier, major du régiment des gardes françoises, l'étoit venu trouver de la part de M. le maréchal duc de Biron, colonel dudit régiment, pour engager messieurs les Administrateurs de l'Hostel Dieu à donner leurs ordres à ce qu'aucun soldat malade dudit régiment ne soit à l'avenir receu audit Hostel Dieu, comme ils y ont été receus jusqu'à présent, et dans le cas où il s'en présenteroit, d'en donner avis audit sieur Bretonnier pour les faire retirer et envoyer à l'hôpital militaire, qui vient d'être établi en vertu de lettres patentes accordées par le Roy en l'année 1759, et est scitué au Gros Caillou, près les Invalides; sur quoi, la matière mise en délibération, a été arrêté et monsieur de Tilière a été prié de faire part de cette proposition à monsieur le Premier Président et à monsieur le Procureur général, en leur représentant les inconvénients qui pourroient résulter par la suite, si on acceptoit cette proposition, laquelle est contraire à l'institution de l'Hostel Dieu, où tout malade de bonne volonté, de maladie admissible audit Hostel Dieu, y doit être receu; qu'il pourroit arriver des séditions, même des révoltes, si on refusoit un soldat malade, habillé de l'uniforme ou non; que les mêmes inconvénients arriveroient si un soldat admis et receu étoit rendu à son officier pour aller à l'hôpital établi; que dans les deux cas cy dessus prévus, les autres malades de l'Hostel Dieu et les personnes employées à leur service seroient exposés journellement à des dangers funestes; ce que M. de Tilière a accepté, et a promis d'en faire son raport au Bureau, d'icy auquel temps les soldats malades dudit régiment seront receus audit Hostel Dieu, comme ils l'ont été par le passé.

135ᵉ REGISTRE. — ANNÉE 1766.

(15 janvier 1766.) Par un extrait tiré des registres de l'Hostel Dieu, il paroit que le premier janvier de l'année dernière 1765, il y avoit 2,468 malades dans cet hôpital; que pendant laditte année, il en a été receu 21,209, qu'il y est né 1,480 enfants (728 garçons et 752 filles), ce qui compose en total 25,157 personnes; que sur ce nombre il en est mort 3,969, dont 2,302 hommes, 1,523 femmes, 74 garçons, 70 filles, et comme il n'en restoit le dernier décembre audit an 1765 que 2,643, il en est sorti 18,545.

(15 janvier.) En conséquence de la lettre du Roy et du mandement de M. l'Archevêque de Paris, qui ordonnent des prières publiques pour le repos de l'âme de feu monseigneur le Dauphin, la Compagnie a arrêté de faire dire et célébrer deux services, l'un vendredi prochain, 17 du présent mois de janvier en l'église de l'Hostel Dieu, et l'autre le lendemain en l'église de l'hôpital des Incurables, pour monseigneur le Dauphin.

(15 janvier.) M. de la Chabrerie, administrateur, étant décédé le 1ᵉʳ décembre 1765, la Compagnie a arrêté de faire dire 2 services pour le repos de son âme.

(6 février.) M. Tilière ayant proposé messieurs le Roy de Lisa, procureur général aux eaux et forêts, et de Neuville, fermier général, que la Compagnie a élus pour administrateurs de l'Hostel Dieu, en place de messieurs Bidault d'Aubigny et de la Chabrerie, décédés.

(26 février.) Le sacristain de la fabrique de l'église de Paris s'est présenté au Bureau comme ayant charge de Messieurs du chapitre, et a prié la Compagnie de vouloir bien prêter l'argenterie de l'église de l'Hostel Dieu, pour le service qui sera célébré en l'église de Paris, samedi prochain, pour monseigneur le Dauphin, ny en ayant pas assez dans le trésor de laditte église pour ledit service, ny pour ceux de l'infant dom Philippes, duc de Parme, de Plaisance et de Guastalla, que pour le Roy de Pologne, duc de Lorraine et de Bar, père de la reine de France.

(26 février.) A été dit par monsieur Brochant, receveur général charitable de l'Hostel Dieu, qu'on lui a adressé du Bureau de monsieur de Boulogne, intendant des finances, 12 ordonnances du Roy sur le Trésor royal de 3,600 livres chacune, accordées par Sa Majesté pour les pauvres femmes et filles convalescentes sortantes de l'Hostel Dieu, pour douze années échues le dernier décembre 1765.

(30 juillet.) Le Bureau ayant été instruit que le sieur Cabany, premier élève de l'Hostel Dieu en chirurgie, étoit sur le point de soutenir une thèse pour parvenir à sa réception en la communauté des maîtres chirurgiens, ledit sieur Cabany a été mandé au Bureau, et lui entendu et retiré, la matière mise en délibération, a été arrêté; qu'attendu les inconvénients qui pouvoient en résulter relativement aux privilèges de l'Hostel Dieu contre l'exécution de l'arrêt du 2 septembre 1761, rendu contradictoirement avec laditte communauté, ledit sieur Cabany s'abstiendra de soutenir laditte thèse; sinon qu'il sera réputé avoir renoncé à tous les privilèges des gagnants maîtrise de l'Hostel Dieu et en conséquence tenu de se

retirer dudit Hostel Dieu du jour qu'il auroit soustenu ladittte thèse, et lui rentré, il lui a été fait part de la présente délibération, dont il lui sera délivré expédition signée du greffier du Bureau.

(27 août.) A été dit par M. de Tilière que le sieur Boussieur, inspecteur des salles de l'Hostel Dieu étant décédé dès le 13 juillet dernier, et étant nécessaire de le remplacer; la Compagnie a nommé le sieur Jacques Beaume, de Beziers en Languedoc, garçon de belle représentation, âgé de 52 ans, qui n'a aucuns parents à Paris, qui a servi pendant 33 ans dans les troupes, et depuis plusieurs années dans le régiment de grenadiers Royal Roussillon, où il a acquis le degré de lieutenant et est décoré de la croix de chevalier de Saint Louis, actuellement retiré à l'Hôtel des Invalides, en qualité d'officier réformé.

(3 septembre.) Monsieur Brochant a fait rapport de deux mémoires présentés au Bureau par le sieur Ducray, ingénieur en hidraulique, par le premier desquels il représente que, le 15 septembre 1758, messieurs les Administrateurs lui ont accordé le marché de la reconstruction d'une machine hidraulique, étant dans l'endroit du puits de la grange dans l'intérieur de l'Hostel Dieu, laquelle pompe a été vûe et examiné par monsieur de Parcieu de l'Académie des sciences, nommé à cet effet par le Bureau.

136ᵉ REGISTRE. — ANNÉE 1767.

(7 janvier 1767.) Par un extrait tiré des registres de l'Hostel Dieu, il paroît que le premier janvier de l'année dernière 1766, il y avoit 2,697 malades dans cet hôpital; que pendant ladite année il en a été receu 24,030; qu'il est né 1,504 enfants, 787 garçons, 717 filles, ce qui compose en total 28,231 personnes; que sur ce nombre il en est mort 4,864 (3,021 hommes, 1731 femmes, 59 garçons, 53 filles), et comme il n'en restoit le 17 décembre 1766 que 2,756, il en est sorti 20,611.

(26 février.) Monseigneur de Maupeou, Premier Président, a dit qu'il y a une instance pendante en la grand'chambre, entre l'Hostel Dieu et l'Hôpital général, au sujet du refus fait par l'Hostel Dieu, depuis l'année 1754, des malades de force deppendants des maisons dudit Hôpital général qui étoient receus auparavant à l'Hostel Dieu, ainsi que messieurs les Directeurs et Administrateurs dudit Hôpital général le soutiennent; qu'il y a près de deux ans que cette instance est sur le point d'être jugée; qu'elle est la 3ᵉ employée sur le rolle; que si elle n'a pas été jugée, c'est parce qu'il a été question dans quelques assemblées générales, tenues pour l'Hostel Dieu et pour l'Hôpital général, de nommer quelques uns de messieurs les Administrateurs de l'Hostel Dieu et quelques uns de messieurs de l'Hôpital général pour examiner le droit de chaque hôpital et conférer ensemble sur cette instance; sur quoi monsieur Desmalpeines a dit que 3 de messieurs de l'Hôpital général, commissaires nommés par délibération prise à l'archevêché pour ledit Hôpital général, se sont rendus chez lui avec messieurs Durant et de Lambon, nommés avec lui de la part de l'Hostel Dieu; que messieurs les Commissaires de l'Hôpital général avoient toujours soutenu le droit incontestable dudit Hôpital général d'envoyer à l'Hostel Dieu tous leurs malades de bonne volonté que de force sans distinction, comme ils les ont envoyés depuis et peu après l'établissement dudit Hôpital général; qu'ils croyoient ne pas pouvoir se départir de ce droit; que les maisons deppendantes de l'Hôpital général où il y a des malades de force n'ont point d'infirmeries; qu'il n'y a pas non plus de médecins, apotiquaires, ny d'apotiquaireries pour traiter les maladies dont ces sortes de gens peuvent être attaqués, et ont proposé à messieurs les commissaires de l'Hôtel Dieu un arrangement, moyennant quoi ils n'envoyeroient plus à l'Hôtel Dieu leurs malades de force qui seroit de faire une évaluation de ce que pourroit coûter annuellement un certain nombre de malades de force, que l'Hostel Dieu payeroit annuellement audit Hôpital général et qu'il en seroit passé acte entre les deux administrations, et que les choses en étoient restées là. Monsieur Desmalpeines a ajouté et rappelé à la Compagnie tout ce qui avoit été fait en 1754, lors du refus fait de ces malades; que monsieur d'Argenson, ministre, et monsieur Berryer, alors lieutenant général de police ont approuvé et reconnu que l'Hostel Dieu, par son institution, ne pouvoit avoir et garder ces sortes de malades; que tout fut bien discuté dans des assemblées générales tenues à ce sujet à l'Archevêché; que la prétendue possession alléguée par messieurs les Administrateurs dudit Hôpital général, d'avoir envoyé leurs malades de force audit Hostel Dieu, ne pouvoit nuire audit Hostel Dieu, l'admission de ces malades ayant été faite à l'insceu de l'Administration, ce qui ne pouvoit pas faire un titre contre l'Hostel Dieu. De plus a été observé que l'on a établi dans les maisons dépendantes de l'Hôpital général des salles de force depuis son établissement; qu'il y a même une déclaration du Roy de 1680, portant en-

tr'autres choses que les personnes qui y seroient renfermées n'en pourroient sortir sous tel prétexte que ce puisse être; qu'il y a plusieurs arrêts du Parlement qui ordonnent la translation de plusieurs prisonniers malades dans les maisons dépendantes dudit Hôpital général, que par toutes les raisons qui viennent d'être déduites par monsieur Desmalpeines, il est constant que l'Hostel Dieu ne peut et ne doit recevoir aucuns malades de force des maisons dépendantes de l'Hôpital général, ny d'autres hôpitaux, mais seulement ceux de bonne volonté qui y ont toujours été receus. Monseigneur le Premier Président a dit qu'il n'avoit été nullement question, dans les assemblées générales tenues à l'Archevêché pour ledit Hôpital général, de la conférence tenue chez monsieur Desmalpeines, et qu'il étoit nécessaire que cette affaire prenne fin; que l'on pourroit encore s'assembler pour la discutter plus amplement; que pour y parvenir il falloit de la part de l'Hôpital général, qu'il communique les titres et pièces du droit et possession qu'il dit avoir d'envoyer ses malades de force à l'Hostel Dieu, et de la part de l'Hostel Dieu des titres et pièces au contraire; que de tout ce qui avoit été dit cy-dessus, il en seroit parlé à la première assemblée générale, qui se tiendra à l'Archevêché pour l'Hôpital général, et la délibération continuée.

(14 avril.) Monsieur de Tilière a dit qu'il a convoqué la présente assemblée pour faire part à la Compagnie d'une conférence qu'il a eue le jour d'hier avec monsieur le Premier Président et monsieur le Procureur général, dans laquelle ils lui ont dit que monsieur le Lieutenant général de police venoit de les informer que les gens qui sont renfermés par les ordres du Roy dans la maison de Biscêtre, deppendante de l'Hôpital général, étoient actuellement en très grand nombre; que la maladie du scorbut avoit attaqué une grande partie d'entr'eux, et qu'elle y faisoit un progrès si rapide qu'il étoit important d'y apporter le plus prompt remède; que comme il n'étoit pas possible de garder ces malades dans la maison de Biscêtre où il n'y avoit point assés de bâtiments pour les loger à part, ils demandoient secours à l'Administration de l'Hostel Dieu dans une conjoncture si pressante; monsieur de Tilière a ajouté qu'il avoit appellé le sieur Moreau, maître chirurgien de l'Hostel Dieu, lequel lui avoit asseuré qu'il y avoit eu cette année dans l'Hôtel Dieu moins de malades attaqués du scorbut que dans les années précédentes, et qu'il y en avoit peu actuellement dans les salles destinées à cette nature de maladie, sur quoi monsieur de Tilière a proposé que l'on fît lecture des délibérations prises en l'année 1754, à l'occasion de cette même maladie du scorbut, qui se multiplioit alors considérablement. La lecture de ces délibérations ayant été faite, lorsque l'on alloit délibérer sur ce qu'il convenoit de répondre à la demande des magistrats, monsieur le Procureur général a envoyé prier M. de Tilière de venir chez monsieur le Premier Président. Sur quoi messieurs de Tilière, Durant, Brochant et Poan ayant été députés, l'assemblée s'est séparée, et la délibération a été remise à jeudi prochain, six heures de relevée.

(29 avril.) Monsieur Brochant a dit qu'en exécution de la délibération du jeudi 16 du présent mois, il a, conjointement avec M. Poan, donné des ordres pour faire préparer les lieux nécessaires à l'hôpital Sainte Anne, à l'effet d'y recevoir provisoirement et quant à présent les malades scorbutiques qui y devoient être receus, venant de la maison de Biscêtre; qu'il étoit à propos, le Bureau étant assemblé, de faire faire par le greffier du Bureau la lecture de la délibération ci dessus dattée, et de celle du mardi 14 dudit présent mois d'avril, ce qui a été fait; après quoi M. Brochant a dit que dès vendredi dernier étant venu au Bureau, monsieur Le Couteulx de Vertron y est venu aussi, mais que n'étant que deux, et ayant nécessaire de donner des ordres pour faire transporter audit hôpital Saint Anne le vin ordinaire, vin antiscorbutique, eau de vie et autres choses nécessaires, tant pour les malades de force de la maison de Biscêtre, que l'on a annoncé devoir entrer le lundi 27 dudit présent mois d'avril que pour les prêtres, religieuses, chirurgiens, apotiquaires et domestiques de l'Hostel Dieu qui seroient employés au service desdits malades, il n'y a pas eu de délibération du Bureau, mais que M. Brochant, commissaire en cette partie, a par provision donné par écrit ordre au sommellier d'envoyer audit hôpital Sainte Anne 6 muids de vin, une pièce de vin antiscorbutique, une pièce d'eau de vie et 1/4 de vinaigre; que dès le dimanche suivant les ecclésiastiques, religieuses, chirurgiens, apotiquaires et domestiques se sont rendus audit hôpital, à l'effet de voir les lieux destinés à recevoir lesdits malades; le 28 dudit mois d'avril, les carriotes de Biscêtre ont conduit audit hôpital Sainte Anne 45 malades, dans le nombre desquels il s'en est trouvé un de mort, les 44 autres ont été placés dans une des salles dudit hôpital, et aujourd'hui il y en a 73. Monsieur Brochant a ajouté qu'étant instruit par la mère Sainte Batilde, religieuse à l'Hostel Dieu, et la Prieure des religieuses qui sont à l'hôpital Sainte Anne, qu'il s'étoit présenté à elle une personne se qualifiant d'exempt, de la part de monsieur le Procureur général, en lui annonçant qu'il avoit ordre de ce magistrat de faire conduire audit hôpital Sainte Anne des malades condamnés aux galères gisantes actuellement à la tour Saint Bernard, quay de la Tournelle; que ladite mère Sainte Batilde lui a répondu qu'elle ne pouvoit recevoir ces sortes de ma-

lades à l'hôpital Sainte Anne, qu'autant qu'elle en auroit l'ordre de messieurs les Administrateurs de l'Hostel Dieu; qu'il est pareillement instruit qu'entre les malades envoyés jusqu'à présent de Biscêtre audit hôpital Sainte Anne, il s'en trouve beaucoup qui ne sont pas scorbutiques; qu'il seroit à propos de constater par des états certifiés jour par jour de l'espèce de maladie des gens de force de Biscêtre amenés audit hôpital Sainte Anne...

(23 mai.) Monsieur de Tilière a dit que l'objet de la présente assemblée étoit occasionné par l'ouverture de l'hôpital de Sainte Anne pour y recevoir les malades de force attaqués de scorbut, renfermés dans les salles de force de la maison de Biscetre; que messieurs Brochant et Poan, commissaires nommés pour avoir soin de faire faire tout ce qui a été nécessaire pour la réception desdits malades, étoient en état de rendre compte à l'assemblée de tout ce qui s'est passé depuis le jour qu'il a été décidé que cet hôpital seroit ouvert, le jour que ces malades y ont été admis et receus et depuis. Monsieur Brochant a dit : « Messieurs. Il a été donné une alarme à monsieur le Lieutenant général de police au commencement de la semaine sainte : messieurs les Administrateurs de l'Hôpital général luy ont fait entendre que les gens de force renfermés à Biscêtre étoient affligés du scorbut; que cette maladie les attaquoit si vivement et faisoit un progrès si rapide, qu'il étoit à craindre que le mal ne se communiquât dans le reste de l'hôpital, et qu'il ne dégénérât en épidémie qui pourroit passer dans la ville. Cette crainte étoit présentée dans un certificat du médecin de l'Hôpital général remis entre les mains de monsieur le Lieutenant général de police. On lui a en même temps indiqué l'hôpital de la Santé, appellé aussi de Sainte Anne, comme un azile convenable pour y retirer les malades de force; on a offert d'y envoyer un détachement de la garde de Biscêtre; mais on a ajouté que l'on étoit dans l'impuissance de fournir à aucune sorte de dépense, en lui proposant de demander à l'Administration de l'Hostel Dieu tous les secours et toutes les dépenses que l'exécution de ce projet exécuteroit, et que l'on prévoyoit bien être considérables. Monsieur le Lieutenant général de police ayant fait part de cet avis à monsieur le Premier Président et à monsieur le Procureur général, messieurs les Magistrats nous ont fait l'honneur de nous appeller à une conférence qui s'est tenue le mardi 14 avril dernier dans le cabinet de monsieur le Premier Président, entre les 3 magistrats et 4 députés de l'Administration de l'Hôtel Dieu, dans laquelle ces messieurs, effrayés du péril d'épidémie, dont on leur avoit présenté l'image dans le certificat du médecin de l'Hôpital général, nous ont fait les plus vives instances pour nous engager à prêter pour un temps fort court les bâtiments de l'hôpital Sainte Anne dans une si urgente nécessité, à faire mettre les deux salles qu'il contient en état de seureté, et le surplus en état d'habitation pour les personnes nécessaires tant au spirituel qu'au temporel, et enfin d'avancer toutes les dépenses de réparations, nourritures et médicaments, dont monsieur le Lieutenant général de police nous a depuis fait espérer le remboursement. Les députés ont observé à messieurs les Magistrats que l'importance des propositions faites leur paroissoit exiger une assemblée du Bureau général; mais comme on étoit dans la semaine sainte, et qu'il n'étoit pas possible de convoquer cette assemblée à la veille des fêtes de Pâques, ces messieurs occupés du désir de prévenir dans son principe le malheur que l'on leur faisoit craindre, nous firent de nouvelles instances de prêter tous les secours demandés avec toute la promptitude possible. Les députés ayant répondu qu'ils en feroient part au Bureau, la conférence se termina en disant que le lendemain, monsieur le Lieutenant général de police se transporteroit à l'hôpital Sainte Anne, pour prendre connoissance du lieu, ainsi que des moyens de l'exécution, et que deux commissaires de l'Administration étoient invités de l'y accompagner. En effet, le lendemain 15 avril, M. le Lieutenant général de police ayant trouvé les 4 murs et la couverture en bon état, a donné les ordres, en présence des commissaires de l'Administration, à l'Inspecteur des bâtiments de l'Hostel Dieu, pour les clôtures et logements. Les ouvriers y ont été mis le jour suivant en grand nombre; mais quoique l'on ait usé de la plus grande diligence possible, l'hôpital n'a été mis en état que le lundi 27 avril, après la quinzaine de Pâques expirée. Les commissaires ayant fait leur raport au Bureau de l'Administration, dans une assemblée extrordinaire du jeudi de la semaine sainte, de la conférence tenue chez monsieur le Premier Président; il fut arrêté qu'attendu l'importance de ce dont il s'agissoit, qui étoit de nature à ne pouvoir faire l'objet d'une délibération diffinitive qu'au Bureau général, cependant en cédant à la nécessité articulée par messieurs les Magistrats, qui ont dit que la conjoncture ne pouvoit souffrir aucune espèce de délay, et par les autres motifs qui sont exprimés, on feroit provisoirement les préparatifs pour admettre, quant à présent, dans l'hôpital Sainte Anne les malades attaqués du scorbut actuellement détenus par les ordres du Roy dans la maison de Biscêtre, et que les réparations et ouvrages nécessaires seroient faits par l'inspecteur des bâtiments de l'Hostel Dieu, sous les réserves que porte la délibération, relatives à la destination de l'hôpital Sainte Anne et aux motifs du Bureau, pour ne point recevoir dans l'Hostel Dieu et les maisons qui en dépendent les malades de force, de quelques maux qu'ils soient accablés. Les arrêtés postérieurs faits à l'oc-

casion des évennements qui ont suivi, ont référé le tout à la présente assemblée. Tels sont les faits dont nous devions, Messieurs, en premier lieu, vous rendre compte; quant à la matière des délibérations, nous croyons devoir vous présenter trois considérations. Premièrement, l'hôpital de Sainte Anne a été institué dès sa première origine pour les tristes évènements de la contagion, comme on le voit par l'inscription qui est sur la porte d'entrée et par les autres titres. Le premier établissement de la maison de la Santé remonte à l'année 1606. Le 17 juillet de cette année, messieurs les Procureurs et avocats généraux du Roy et les prévôt des marchands et échevins de cette ville, en qualité de députés par l'assemblée de la police générale tenue en la salle de Saint Louis, au Palais, le 6 du meme mois, firent l'acquisition de deux maisons scises à Saint Marcel, rue de l'Arbalètre, jardins et clos en dépendans, pour y loger à perpétuité les malades de la contagion. Au mois de may 1607, édit du Roy, vériffié dans les cours, par lequel Sa Majesté, sur l'avis des députés de l'assemblée, et à la prière des prévôt des marchands et échevins, ordonna que les commis au régime et gouvernement de l'Hostel Dieu de Paris, qui avoient été priés d'entreprendre la nourriture et pensement des malades de contagion, achèveroient de bâtir ladite maison de santé à Saint Marcel, et qu'il seroit construit un autre hôpital hors le faux-bourg Saint Denis. Par lettres patentes données au mois de may 1651, dans la minorité de Louis XIV, pareillement vérifiées, Sa Majesté, en présence de la Reine régente, sa mère, approuva la translation de l'ancienne maison de la Santé du fauxbourg Saint Marcel en celle qui seroit bâtie sur 21 1/2 arpents de terrein, scitué hors la veue du grand chemin d'Orléans, et seroit appelé l'hôpital Sainte Anne. Voulant Sa Majesté qu'il soit regi et gouverné par les maîtres et administrateurs de l'Hostel Dieu de Paris, ainsi que l'étoit l'ancienne maison et qu'étoit aussi l'hôpital Saint Louis, on voit dans un brevet du Roy, attaché auxdites lettres, *que le motif de la translation étoit pour éviter préjudice à la santé de la Reine mère, qui faisoit souvent des visites à l'abbaye du Val de Grâce,* l'ancien hôpital joignant les murs de ladite abbaye. En effet, la Reine avoit acquis dans cette veue, dès le 7 juillet 1646, les vingt et un arpents et demi qu'elle cedda par le contrat d'échange qui fut passé, en conséquence desdites lettres patentes, le 7 juillet 1651, entre messieurs les Commissaires de la Reine et les Gouverneurs de l'Hostel Dieu, de l'hôpital des Incurables, de Saint Louis et de la Santé, ratiffié par laditte dame Reine le 25 mars 1655. On voit que les deux hôpitaux de Saint Louis et de la Santé ont une semblable institution, afin que dans les temps malheureux de maladies pestilentielles, il y ait 2 maisons pour recevoir ceux qui en sont atteints, scitués aux deux extrémitées opposées pour la commodité des transports; et que loin de les pouvoir détourner à d'autres fins, le nombre de deux Refuges seroit peut-être insuffisant pour une aussi grande capitalle. On trouve dans les registres que le 13 juillet 1678, monsieur le Premier Président proposa d'enfermer à Sainte Anne les femmes débauchées; mais que la Compagnie lui fit entendre les grands inconvéniens. En second lieu, cet usage de l'hôpital Sainte Anne, admis seulement par provision, a bientôt dégénéré en abus dans les détails de l'exécution, dans lesquels les magistrats ne peuvent point entrer personnellement. L'ouverture n'en a été faite que pour un péril imminent de contagion présenté par Messieurs de l'Hôpital général, qui ne s'est point trouvé réel dans le fait; cependant, messieurs les Commissaires de Bicêtre, ou les officiers inférieurs, ont envoyé à Sainte Anne tous les gens qu'ils ont jugé à propos d'y faire admettre. Du nombre des 130 malades qui ont occupé la première salle, il ne s'est trouvé, par l'examen le plus exact des médecins et chirurgiens de l'Hostel Dieu, que 27 hommes attaqués vivement du scorbut, et 56 autres qui ne le sont que légèrement. Des 50 hommes de surplus quelques uns n'étoient pas malades, n'ayant point de fièvres, ni de playes; il y a parmi eux des insensés, dix huit malades de poitrine, hidropisie et consomption, unze de galle et maladies chirurgicalles, et enfin 16 attaqués de fièvres putrides. La seconde salle a été remplie dans le cours de cette semaine de 120 malades dont 44 seulement sont attaqués de scorbut grave, et 26 de scorbut léger, il n'y a que 5 fiévreux, le surplus est composé de poitrinaires et maladies chirurgicalles. Ce détail est consigné dans les états que les médecin et chirurgien en ont donnés et qu'ils ont certifiés véritables. Il est aussi à observer que plusieurs malades ont fait les difficiles sur les aliments, en disant qu'ils payoient des pensions à l'Hôpital général. On a donc perdu de veue dans l'exécution l'objet de scorbut et d'épidémie, dont on avoit présenté une perspective effrayante. La troisième considération consiste en ce que le service de l'hôpital de Sainte Anne est bien plus difficile à toutes les personnes employées auprès des malades que le service des salles de l'Hostel Dieu. Ces gens qui ont des chaînes aux pieds ne vont point aux lieux privés; on peut juger du surcroît de peines que ce seul article donne aux religieuses et aux domestiques. Que ce service est aussi bien plus dispendieux à cause de l'éloignement, et enfin que ceux qui sont dans cet emploi manquent actuellement à l'Hostel Dieu, qui ne peut souffrir longtemps cette diminution de prêtres, religieuses, médecins, chirurgiens, apothiquaire, officiers et domestiques. Ces considérations que j'ai l'honneur de vous présenter, Messieurs, et ce qui sera ajouté et exposé mieux que je ne le puis faire, conduisent à conclure au retour et rétablissement des choses dans leur premier état, et à désirer que, vû la véritable et importante institution et destination, après l'expérience faite dans cette occasion, comme il est arrivé anciennement des inconvénients et abus de tout autre usage, l'assemblée se détermine à statuer que l'hôpital de Saint Anne, ne sera plus employé dans la suite, que dans les cas de maladies contagieuses et pestilencielles. Ensuite M. Poan a dit : « Messieurs, je n'ai presque rien à ajouter à ce qui vient d'être dit par M. le préopinant, je vais seulement raprocher les abus, qu'il y a eu dans l'exécution de l'ouverture de l'hôpital de Sainte Anne et les dangers de cette exécution. Messieurs les Magistrats, justement effrayés de la crainte d'un mal dangereux, qu'on leur a représenté comme faisant les progrès les plus rapides, comme pouvant devenir épidémique, comme affectant une partie considérable de personnes, que l'on a articulé être au nombre au moins de 300, ont cru devoir aporter le remède le plus prompt; ils ont cru ne pouvoir attendre la tenue d'un Bureau général, et ils ont pensé que le salut de la République étoit la première loy, mais qu'est il arrivé? on ouvre cet hôpital, on y fait entrer 135 malades. Vous avez vû, Messieurs, par le rapport fidel de nos médecin et chirurgien que dans ce nombre de personnes, que l'on a deub sans doute choisir parmi ceux qui étoient les plus dangereux pour l'épidémie, une partie se porte très bien, une autre est attaquée de maladies ordinaires ou chroniques, d'autres sont exténués par le besoin, et trouvent dans une bonne nourriture le remède à leurs maux; quelques uns à la vérité ont le scorbut, mais la majeure partie ne l'a que très léger; 27 seulement sont attaqués vivement. N'y avoit-il donc pas assés de bâtiments à Biscêtre pour séparer ces 27 personnes et un si petit nombre devoit-il occasionner l'allarme que l'on a jetté dans l'esprit des magistrats et dans le cœur de tous les citoyens, et causer une dépense immense à l'Hostel Dieu; il n'étoit question que du scorbut attendu son danger; on envoye toutes sortes de malades, jusqu'à des galériens venants des provinces, qui seurement n'augmentoient pas la crainte de l'épidémie dans Biscêtre; pourquoi donc toutes ces clameurs, et comment caractériser le certificat du médecin de l'Hôpital général? Je n'ose pénétrer dans les veues que l'on a pu avoir, mais les faits parlent et il seroit aisé d'en tirer les conséquences. Quant aux dangers de l'exécution, ils sont sans nombre et je n'en toucherai que quelques uns superficiellement : 1° La destination de l'hôpital Sainte Anne est intervertie; de pareilles fondations doivent être sacrées, et le marbre qui est sur la porte retrace à l'Administration son devoir; si elle y manquoit, il lui seroit reproche. 2° Il n'y a à l'Hostel Dieu que le nombre de religieuses nécessaire, encore sont-elles accablées, et le nombre des novices diminue de jour en jour; il est impossible de faire à cet égard des détachements de l'Hostel Dieu, sans nuire au service des malades; il en est de même des médecins, chirurgiens, apotiquaires et des gens de service. 3° Quatre malades à l'Hostel Dieu ne coutent pas ce qu'un seul coutera à l'hôpital Sainte Anne; il faut plus de monde pour les servir; il faut le transport des denrées, les voiages des médecins et autres; cette maison par son éloignement ne sera point sous l'inspection des Administrateurs, de là les abus, les déprédations auxquelles il sera impossible de remédier. 4° Malgré le préjugé du peuple, qui n'aprofondit rien, il est certain que ce n'est qu'à la plus exacte économie et au payement comptant des denrées et des provisions qu'est deub le bon état de l'Hostel Dieu, et la balance des charges avec les revenus. Si par une surcharge quelconque, telle surtout que celle d'un second hôpital ouvert, ou par la réception dans l'Hostel Dieu de malades qui ne sont pas analogues à sa constitution, on donne atteinte à son administration actuelle, on peut asseurer sa décadence prompte; on sera obligé d'arriérer les payements; le bénéfice qui résulte du payement au comptant s'évanouira et le soulagement de 2,500 à 3,000 malheureux par jour se trouvera avoir été sacrifié à celui de 2 ou 300 scélérats; il ne sera plus possible d'avoir en caisse quelques deniers pour parer aux dépenses d'une épidémie réelle, et alors quelles ressources dans un danger aussi instant. Ce ne sont point ici des craintes chimériques, elles sont dans la nature de la chose bien aprofondie, et il sera trop tard d'en être convaincu quand elles seront réalisées; il est donc souverainement raisonnable de ne point énerver la constitution actuelle de l'Administration, qui ne se soutient que par le zèle, l'intégrité et les soins assidus de citoyens qui, depuis 25 ans, sacrifient leur tems, leur repos, leur fortune même pour maintenir un établissement aussi utile et aussi nécessaire que celui de l'Hostel Dieu, et qui ne pourroient voir qu'avec la plus amère douleur le fruit de tant de travaux perdus et ne laisseroient à leurs successeurs que des débris et des ruines à rétablir. Par toutes ces considérations, je suis d'avis que l'hôpital Sainte Anne soit incessamment fermé; que les malades qui y sont soient réintégrés à Biscêtre, et qu'à l'avenir ledit hôpital ne puisse être ouvert, sous quelque prétexte que ce soit, que dans le cas de la contagion, conformément à sa fondation. » Avant que d'opiner en la manière accoutumée, monsieur de Sartine a dit d'après les raports ci devant faits par messieurs Brochant et Poan, que M. le Premier Président, M. le Procureur général ny lui n'étoient pas instruits de l'établissement, non plus que de la destination dudit hôpital Sainte Anne, lors de l'assemblée tenue chez M. le Premier Président, le mardi 14 avril dernier; qu'ils n'étoient non plus instruits que par l'Administration de l'Hôpital général du nombre des malades de force, scorbutiques, étants dans les salles destinées pour ces malades dans la maison de Biscêtre, et par le certificat représenté et donné par le médecin de l'Hôpital général, et c'est ce qui a déterminé ces magistrats à demander à l'Administration de l'Hostel Dieu du secours, tant pour prêter, pour un temps très court, les bâtiments de l'hôpital Sainte Anne, pour y renfermer lesdits malades de force attaqués du scorbut de laditte maison de Biscêtre, même de les nourrir, médicamenter et faire soigner aux dépens de l'Hostel Dieu, que d'ailleurs l'intention de monsieur le Premier Président, de monsieur le Procureur général et de lui étoit que ces malades ne restent audit hôpital Sainte Anne qu'autant de temps qu'il seroit nécessaire pour faire les réparations urgentes au carreau de ces salles de force et les blanchir, récrépir de nouveau, et leur faire prendre l'air, pour en ôter celui infecté depuis du temps, ce à quoi on n'a cessé de travailler depuis l'envoi de ces malades audit hôpital de Sainte Anne; qu'une de ces 4 salles est actuellement en état de recevoir de ces gens de force, qui sont actuellement audit hôpital Sainte Anne, que la seconde avance; qu'après on travaillera à préparer les deux autres; que l'on pourra sous peu de jours renvoyer une partie de ces gens de force dudit hôpital Sainte Anne à Biscêtre, en commençant par ceux qui sont guéris du mal scorbutique, et ceux qui ne sont point malades pour être mis dans cette salle réparée et ainsi de suite, à mesure que chacune des autres salles sera réparée et aura été airée; que le tout pourroit être achevé sous quinze jours ou trois semaines au plus tard; qu'à l'égard du fait allégué par monsieur Brochant, dans son raport, que quoique l'Administration de l'Hôpital général ait été instruit du motif de l'ouverture de l'hôpital Sainte Anne, pour n'y envoyer de laditte maison de Biscetre que des malades attaqués de scorbut, on y avoit envoyé des gens de force attaqués d'autres maladies, mêmes d'aucuns qui n'étoient pas malades, parmi lesquels il y en avoit qui payoient pension à Biscetre; monsieur le Lieutenant général de police a répondu qu'il n'étoit pas instruit de ces faits, et qu'il s'en feroit rendre compte incessamment; qu'il répétoit à l'Administration de l'Hostel Dieu ce qui a été dit à l'assemblée tenue chez monsieur le Premier Président, ledit jour 14 avril dernier; que l'intention des magistrats n'étoit pas et ne seroit pas que ledit hôpital Sainte Anne soit ouvert plus de deux mois; qu'ils ne s'étoient déterminés à en faire la demande à l'Administration de l'Hostel Dieu, que pendant un temps très court, tant pour remédier au mal que pour faire les réparations nécessaires qu'exigeoient lesdittes salles de force de Biscetre; que pendant ce temps l'Administration de l'Hostel Dieu avoit bien voulu, par un zèle qui lui est ordinaire pour le secours de l'humanité, accéder à la prière des magistrats, se prêter à faire préparer les lieux dudit hôpital Sainte Anne avec la diligence la plus prompte, même de nourrir et médicamenter lesdits malades de force de Biscetre, qui seroient conduits audit hôpital Sainte Anne, et les faire soigner par les religieuses, ecclésiastiques, médecins, chirurgiens et domestiques dudit Hostel Dieu, de faire dresser un état de toutes les dépenses que l'Administration a été et sera dans le cas de faire à ce sujet, de le lui remettre, et qu'il feroit tout ce qui dépendroit de lui pour en faire faire le payement par le gouvernement. Enfin, monseigneur l'Archevêque a fait lecture d'un mémoire qui lui a été adressé de la part de l'Administration de l'Hôpital général tendant, entr'autres choses, à justifier la vérité du certificat donné par le médecin de l'Hôpital général, du nombre desdits malades de force de Biscetres, de la nécessité de réparer lesdittes 4 salles de force, et de l'impossibilité dans laquelle ledit Hôpital général étoit de trouver un endroit pour mettre ces gens de force malades et autres, n'y en ayant point de vuides dans la laditte maison de Biscetre, et de plus, n'ayant pas de quoi les faire substanter. Sur quoi la matière mise en délibération a été arrêté, 1° qu'attendu ce qui a été dit et rapporté par monseigneur l'Archevêque, M. le Lieutenant général de police, messieurs Brochant et Poan, que l'on ne pouvoit délibérer diffinitivement sur tous les objets ci dessus cités et en conséquence de remettre à continuer l'assemblée au Bureau général, au lundi 22 juin prochain; 2° que d'ici à ce temps, il ne sera plus envoyé de Biscetre audit hôpital Sainte Anne que des malades attaqués du scorbut, et non d'autres maladies, à condition toutes fois que l'on n'envoyera des malades scorbutiques qu'autant qu'il s'en trouvera de guéries audit hôpital Sainte Anne, par la même cariolle qui en amènera; 3° monsieur le Lieutenant général de police a été prié de le faire instruire, et de donner les ordres qu'il jugera nécessaires, tant pour que l'on fasse une visitte exacte de tous les malades de force qui sont actuellement audit hôpital Sainte Anne, scorbutiques et autres, et ceux qui ne sont point malades, pour être statué sur le renvoy de ceux qui sont guéris, et de ceux qui ne sont pas malades; enfin, de donner ses ordres à ce que l'on travaille sans discontinuer à réparer lesdittes salles de force de Biscetre, et en état de recevoir lesdits gens de force d'ici audit jour, lundi 22 juin prochain. Enfin, monseigneur le Premier Président a dit à messieurs les Administrateurs de l'Hostel Dieu qu'au moyen de tout ce qui a été dit ci devant, s'il ne conviendroit pas de continuer les conférences commencées entre les députés de l'Administration de l'Hostel Dieu et ceux de l'Administration de l'Hôpital général, pour tacher de parvenir à un accommodement entre les deux administrations au sujet du refus fait par l'Hostel Dieu d'admettre audit Hostel Dieu les malades de force des maisons de l'Hôpital général, plustot que de faire juger l'instance, actuellement pendante en la grand chambre du parlement, au sujet de ce refus. Sur quoi monsieur de Tilière a dit qu'il étoit chargé par messieurs les Administrateurs ses confrères de prier monsieur le Premier Président de vouloir bien faire placer la cause ou instance en question sur le rolle des grandes audiances, et que l'avocat de l'Hostel Dieu ait la liberté de plaider pour l'Hostel Dieu, et de vouloir bien faire part à l'Administration de l'Hostel Dieu du temps que cette cause seroit appellée, afin d'en donner avis à M. Gerbier, avocat, chargé d'examiner, même de parler pour la défense de l'Hostel Dieu dans cette cause; qu'il n'étoit pas possible à l'Administration de l'Hostel Dieu de prendre un autre parti dans la conjoncture présente, vu le peu de fruit des différentes conférences tenues, chez monsieur Desmalpeines, entre les députés de l'Hostel Dieu et ceux de l'Hôpital général, qui n'a abouti, comme l'Administration de l'Hostel Dieu a juste sujet de le croire, qu'à l'ouverture de l'hôpital Sainte Anne, sollicitée auprès des premiers magistrats dans un temps des plus opportuns, et précisément 3 jours après la dernière conférence tenue entre lesdits députés. Sur quoi monsieur le Premier Président a promis de faire placer cette cause sur le rolle des grandes audiances; qu'il feroit avertir l'Administration de l'Hostel Dieu du jour qu'elle pourroit être plaidée et que M. Gerbier, avocat, parleroit pour l'Hostel Dieu, ce que la Compagnie a agréé.

(15 juillet.) A été dit par M. Brochant que le jeudi 9 du présent mois de juillet, il y avoit 45 malades de force de Biscetre dans l'hôpital de Sainte Anne, le lendemain vendredi 10, pareils 45 et le samedi 11, 19 qui ont été transportés dans des cariolles et sur des brancards de Biscetre à ladite maison de Biscetre, ledit hôpital Sainte Anne ayant été fermé ledit jour.

(16 décembre.) Monsieur Desmalpeines a dit que des particuliers se sont présentés à monsieur le Lieutenant général de police, pour avoir la permission d'établir une crèche à l'effet d'y représenter la naissance de Notre Seigneur; qu'il a cru que l'Hostel Dieu avoit un privilège pour l'établissement de celle étant dans la rue de la Bucherie, ayant son entrée tant par laditte rue que dans le passage qui conduit au pont aux Doubles dudit Hostel Dieu, mais qu'il n'en existe aucun; que ces particuliers offrent de payer à l'Hostel Dieu le quart du produit de ce spectacle; la matière mise en délibération, a été arrêté, et monsieur Desmalpeines a été prié d'écrire à monsieur le Lieutenant général de police, en lui marquant que le Bureau consent à l'établissement du spectacle en question, à condition que l'entrepreneur ou maître de ce spectacle payera le quart du produit d'icelui revenant à l'Hostel Dieu et à l'Hôpital général, et qu'il sera établi des commis pour veiller à la recette.

FIN DU TOME PREMIER.

TABLE DES MATIÈRES.

A

Abbaye de Montmartre, 233.
—— de Saint-Germain-des-Prés, 212.
—— de Saint-Martin de Laon, 165.
—— de Sainte-Geneviève, 254.
Abjuration d'un protestant à l'Hôtel-Dieu (1655, 21 avril), 101, 102, 103, 104.
—— à l'Hôtel-Dieu d'un protestant (1657), 121.
Abus à l'Hôtel-Dieu (1573), 7; — (1578), 13.
—— commis par les religieuses (1574), 11.
—— commis au détriment des malades amenés des prisons de Paris (1618), 54.
—— commis par la religieuse de l'office des accouchées (1640), 83.
Académie de médecine. Ses membres sont autorisés à faire des autopsies à l'Hôtel-Dieu, 179.
Accouchées à l'Hôtel-Dieu (1656), 119, 120.
Accouchées à l'Hôtel-Dieu (Salle des), 164.
—— placées trois dans un lit, 176.
—— Aucun chirurgien étranger ne doit être admis dans leur salle (1720), 285.
—— Nouveaux efforts des administrateurs pour défendre l'entrée de cette salle aux médecins étrangers (1725), 291, 292.
—— Le bureau de l'Hôtel-Dieu s'oppose à l'entrée des médecins étrangers dans leur salle (1731), 309.
Accouchements à l'Hôtel-Dieu (Règlement du service des) (1614), 47; — (1655, 12 fév.), 101.
—— (Règlement du service des) (1658), 127, 128, 129, 130.
—— Conflit entre le bureau et la prieure de l'Hôtel-Dieu (1660), 145.
—— Règlement du service. Suite du conflit, 159.
—— Difficultés opposées par le bureau à l'entrée dans ce service des médecins étrangers, 356.
Action de la compagnie des Indes, 280.
Administrateurs de l'Hôtel-Dieu. Leur nombre est augmenté de quatre, (1654), 99.
Affiches dans Paris pour recommander l'Hôtel-Dieu au public, 144.
Agrandissement de l'Hôtel-Dieu (Projets d') (1688), 234.
Aides (Remboursement des). Pertes subies par l'Hôtel-Dieu, 172.
Alimentation des enfants élevés à l'Hôtel-Dieu (1602), 31.

Alimentation des malades, (1600), 30; — (1608), 39, 40.
—— des malades et des employés (1601), 30.
Aliments des malades (1583), 14.
Allemands. Ils ravagent les terres de la baronie du Tour (1649), 91, 92.
Anatomie. Les élèves chirurgiens se plaignent de ne point assister aux leçons du chirurgien Petit (1657), 120.
—— à l'Hôtel-Dieu (Cours d'), 307.
—— à l'Hôtel-Dieu (Étude de l'), 257, 258.
Anglais catholiques. Legs qui leur est fait par l'abbé d'Effiat, 252.
Animaux domestiques. Défense d'en entretenir à l'Hôtel-Dieu, 350.
Apothicaire. Projet d'en avoir un résidant à l'Hôtel-Dieu, 374.
—— de l'Hôtel-Dieu (1656), il est choisi par les jurés apothicaires de la ville de Paris (1573), 8.
Apothicairerie de l'Hôtel-Dieu (1560), 5.
Apothicaires de l'Hôtel-Dieu. Ils ne peuvent tenir boutique en ville, 350.
—— Leur jardin situé au faubourg Saint-Marcel, près de la maison de santé (1633), 74.
Apothicaires et épiciers de la ville de Paris. Conflit avec le bureau de l'Hôtel-Dieu au sujet des apothicaires gagnant maîtrise à l'Hôtel-Dieu, 375.
Apothicaire (Institution d'un maître) à l'Hôtel-Dieu et aux Incurables (1648), 90.
Appointements du chirurgien de l'Hôtel-Dieu, 354.
Aqueduc conduisant l'eau de Belleville à l'hôpital Saint-Louis. Plaintes des habitants de Belleville, 386.
Archers à l'Hôtel-Dieu les dimanches et fêtes pour chasser les vagabonds (1702), 253.
Archevêché de Paris. Conflit avec l'Hôtel-Dieu, 171, 177.
Archevêque de Paris, président-né du bureau, 238.
Archives (Inventaire des) (1584), 15; — (1590), 29; — (1641), 84.
—— Réserves faites par le bureau pour la communication des titres (1656), 117, 239, 256.
—— Inventaire des titres (1708), 260, 261.
—— Inventaire général (1720), 282; — (1724), 290.

Archives. Maison destinée à les recevoir (1733), 317, 318, 335.
Archiviste de l'Hôtel-Dieu (1690), 238.
Argent (Rareté de l') (1707), 258.
Argenterie de l'Hôtel-Dieu vendue à la Monnaie (1591), 24, 25.
—— de l'Hôtel-Dieu vendue, 229.
—— de la sacristie de l'Hôtel-Dieu vendue à la Monnaie (1694), 245.
—— de l'église de l'Hôtel-Dieu prêtée à l'église Notre-Dame, 389.
Armes achetées pour défendre l'hôpital Saint-Louis contre les voleurs (1689), 79.
Arquebuses achetées pour la garde de la maison de Saint-Marcel (1633), 73.
Arrêt du Parlement autorisant l'Hôtel-Dieu à vendre des maisons (1573), 9.
Assemblée du clergé. Elle accorde 6,000 livres pour le nouveau bâtiment de l'Hôtel-Dieu (1715), 271.
Aubaine (Droit d'), 225.
Aumône du roi à l'Hôtel-Dieu (1652), 96, 229; — (1697), 248.
—— de tabac en poudre faite à l'Hôtel-Dieu (1721), 286.
Aumônes en vivres refusées à l'Hôtel-Dieu, 44.
—— publiques. Somme de 76,000 livres attribuée à l'Hôtel-Dieu, 245.
Autel privilégié à l'Hôtel-Dieu, 221.
Autopsies à l'Hôtel-Dieu. Les religieuses s'y opposent (1689), 80.
—— L'Hôtel-Dieu refuse de délivrer des corps au dehors (1655), 101.
—— Abus commis par les chirurgiens, 210, 217, 218.
Autopsies (1656), 117.
—— Elles ne sont permises qu'avec l'assentiment du maître au spirituel, 169, 225.
—— faites à l'Hôtel-Dieu par les chirurgiens du Châtelet; plaintes du bureau, 247.
—— Les internes chirurgiens en font un spectacle public et payé, 231.
—— Les professeurs de l'École de Médecine demandent des corps à l'Hôtel-Dieu, 278, 279.
Autopsies à l'Hôtel-Dieu (Règlement des) (1706), 257.
—— Des femmes mortes en couches à l'Hôtel-Dieu, 242.
Avortements à l'Hôtel-Dieu. Mesures prises par le bureau, 249.

TABLE DES MATIÈRES.

B

Bailli des pauvres. Il est autorisé à rechercher les pauvres valides qui se réfugiaient à l'Hôtel-Dieu (1658), 196.
Bains à l'Hôtel-Dieu (Établissement d'un service de) (1718) 277.
Bâtiments de l'Hôtel-Dieu agrandis rue de la Bûcherie (1714, 12 janvier). Pose et bénédiction de la première pierre (1714, 13 juin), 269.
—— Quêtes pour subvenir aux dépenses de cet agrandissement (1715, 23 février), 270.
Bâtiments de la rue de la Bûcherie. État des dépenses faites, 273.
Bibliothèque médicale à l'Hôtel-Dieu (1657), 120.
—— du président Molé (1676), 204.
Bicêtre (Vicestre), 189, 246.
Biens-fonds de l'Hôtel-Dieu vendus pour une somme de 1,200,000 livres (1690), 238.
Billets attachés aux lits des malades (1618), 53.
—— de monnaie, 259.

Billets de monnaie. Difficulté qu'éprouve le bureau de les convertir en argent, 262-263.
Blé. Le duc de Mazarin en fait venir de Bretagne, 154.
—— emmagasiné dans les galeries du Louvre, 154.
Blés à Saint-Louis (Provisions de) (1726), 294, 341.
Blés du roi et de M. Bernard à l'hôpital Saint-Louis. Dégâts qu'ils ont causés aux bâtiments, 298.
—— de l'Hôtel-Dieu. Le lieutenant de police demande que le bureau en envoie sur le carreau des Halles, pour la subsistance de la population (1768), 399.
—— des munitionnaires de l'hôpital général mis à Sainte-Anne, 301.
Blocus de Paris, 95.
Bœufs pour l'Hôtel-Dieu logés à Sainte-Anne (1768), 396.
Boucherie de carême (1609), 42; — (1654),

99; — (1656 février et mars), 114; — (1657 février), 120; — (1657, 21 mars), 120, 127, 159, 254, 258, 274, 296, 297.
Boucherie de la montagne Sainte-Geneviève, 256.
Bouches inutiles à l'Hôtel-Dieu (1584), 15, 18, 118, 119, 192, 207.
Brasseurs au faubourg Saint-Germain, 148.
Bure pour les robes des malades, 242.
Bureau de l'Hôtel-Dieu (Agrandissement du) (1532), 2.
—— de l'Hôtel-Dieu. Il envoie des députés auprès du roi à Fontainebleau pour l'entretenir de la nécessité où se trouve l'hôpital (1661), 150, 151, 152.
—— de l'Hôtel-Dieu (Reconstruction du) (1749), 352.
—— de l'Hôtel-Dieu. Sa réorganisation par lettres patentes de janvier 1690, 238.
—— de l'Hôtel-Dieu tenu à l'archevêché le mercredi, 270.
—— des pauvres (Grand), 229.

C

Cadavres destinés aux nécropsies. Difficultés que fait le bureau pour en délivrer; raisons qu'il en donne, 351, 352.
—— enlevés au cimetière de Clamart, 275.
—— enlevés par les chirurgiens de l'Hôtel-Dieu. Plaintes du bureau (1703), 253.
—— gardés trop longtemps à l'Hôtel-Dieu, 119.
—— vendus par les emballeurs de l'Hôtel-Dieu à un chirurgien (1626), 68.
—— vendus par le fossoyeur de Clamart, 221, 273.
Calomnieux (1657), 124.
—— (Hôpital de) hors de la porte Saint-Antoine (1652), 95.
—— (Hôpital de) au faubourg Saint-Antoine, 197.
—— Les pierres sont conservées à l'Hôtel-Dieu (1655), 105.
—— (Règlement du service des) (1659), 137.
—— (Règlement du service des), 219.
—— Règlement pour la taille, 135 et 136.
—— (Service des), 121.
—— (Service des). Difficultés avec les opérateurs, 139, 140, 141, 142.
Garçan à l'Hôtel-Dieu, 146.
Carême. Les médecins de l'Hôtel-Dieu demandent que les malades soient dispensés de l'observer, 76.
Carpes (Fourniture de) pour l'Hôtel-Dieu, 127.
Carrosse des religieuses de l'Hôtel-Dieu, 260.
Cassolettes. Projet d'en mettre dans les salles de l'Hôtel-Dieu (1660), 145.

Célestins de Paris, 44.
Cérémonial usité pour la nomination du premier président du Parlement, comme administrateur de l'Hôtel-Dieu (1653), 96 et 97.
—— usité lors de l'examen du premier compagnon chirurgien gagnant maîtrise (1729), 304.
Chaises à porteurs, 168.
—— pour porter à Saint-Louis et à Saint-Marcel les malades de la peste (1638), 78.
Chancre considéré comme incurable, 186.
Chapelain chassé de l'Hôtel-Dieu (1595), 26.
Chapelains de l'Hôtel-Dieu. Ils devront tenir un registre des entrées et des décès des malades (1575), 12.
—— Il leur est défendu d'aller à Notre-Dame (1606), 36.
—— Ils ne doivent pas passer leur temps à l'étude de la théologie, 207 et 208.
—— Ils ne doivent pas desservir l'église de l'Hôtel-Dieu (1575), 12.
—— Ils ne font pas leur devoir auprès des agonisants (1680, 29 mars), 215.
—— Ils refusent de faire gratuitement le service religieux des élèves chirurgiens qui décèdent à l'Hôtel-Dieu, 219.
—— Plaintes contre eux, 195, 196.
Chapelains des agonisants, 207.
—— Leur nombre est reconnu insuffisant, 228.
Chapelle du cimetière de Clamart, 220.
—— Réclamations du curé de Saint-Marcel (1685), 228, 240.
—— de Saint-Blaise, 388.

Chapelle de Sainte-Valère, 254.
Chapelles du grand et du petit Châtelet. L'Hôtel-Dieu fournit l'huile des lampes, 240.
Chapitre Saint-Marcel, 195, 259.
Chariot des morts de l'Hôtel-Dieu, 220.
Charité (Dames de), 171, 203.
Charité (Frères de la), 160, 179, 180.
—— Leur mauvaise administration, 181, 185, 198, 296.
Charité (Hôpital de la) (1577), 12, 149; (1725), 291.
—— publique. Son refroidissement, 300.
Chasse-Midi (Religieuses du), 157.
Châtaignes (Redevance en), 240.
Château de Versailles. Flottille pour les bassins, 228.
Châtelet (Petit) 191 ; — (1683), 225, 226; — (1684), 277, 278, 280.
—— L'emplacement en est donné par le Roi à l'Hôtel-Dieu (1721), 286.
Chauffage des salles de l'Hôtel-Dieu (1594), 26 ; — (1600), 29.
Chemins autour de Paris. Leur peu de sûreté. (1652), 94.
Chêne de Montargis. Son bois employé en menuiserie (1609), 41.
Cherté des vivres, 245.
Cheveux des malades vendus (1650), 92, 93.
Chèvres à l'Hôtel-Dieu pour la nourriture des enfants nouveau-nés (1634), 74.
Chiens. Défense aux domestiques de l'Hôtel-Dieu d'en avoir dans les salles, 263.

Chiens lâchés pendant la nuit dans les cours de l'hôpital Saint-Louis (1643), 86.
Chirurgien de l'Hôtel-Dieu. Augmentation de ses gages, 304.
—— Il refuse de soigner les malades de peste (1606), 36.
—— Ses appointements portés à 2,000 livres, 250.
Chirurgiens de l'Hôtel-Dieu. Comment ils sont nourris (1572), 7.
—— Leurs gages en 1539, 3.
—— Règlement (1629), 71.
—— Souvent demandés pour accompagner aux eaux ou en voyage de grands seigneurs ou de grandes dames, 285.
Chirurgiens de Paris (Communauté des maîtres). Conflit avec le bureau de l'Hôtel-Dieu au sujet du privilège des chirurgiens gagnant maîtrise à l'Hôtel-Dieu, 375, 376.
Chirurgiens et apothicaires envoyés aux champs après la peste (1620), 58.
Chirurgiens-élèves. Conditions de leur admission (1653), 98.
—— demandés par l'Hôtel-Dieu à l'École de médecine, 245.
—— Droits qu'ils payaient au maître chirurgien et aux internes en chirurgie (1662), 156.
—— enterrés gratuitement par l'Hôtel-Dieu, 216.
—— Ils ne doivent pas être protestants, 171.
—— Ils doivent rentrer à 9 heures du soir à l'Hôtel-Dieu, 238.
—— Leur nombre élevé de dix à douze, 188.
—— maltraités pour n'avoir pas assisté au catéchisme, 216.
—— Négligences qui leur sont reprochées, 236.
—— ou compagnons de l'Hôtel-Dieu. Leur nombre porté à cent (1726), 294.
—— Plaintes contre eux (1652), 94.
—— Règlement relatif à leur service (1655), 106.
Chirurgiens-élèves de l'Hôtel-Dieu. Défense leur est faite de porter l'épée, 224.
—— Ils demandent l'autorisation de faire certaines opérations, 170.
—— Ils doivent être célibataires (1640), 81.
—— Ils ne peuvent tenir boutique en ville, 350.
—— La Faculté de médecine leur accorde le droit d'assister aux anatomies de l'École de médecine, 187.

Chirurgiens-élèves. Une place est réservée parmi eux à un enfant trouvé, 201.
—— Règlement pour leur admission, 369.
Chirurgiens externes de l'Hôtel-Dieu, 194.
—— Ils demandent à être nourris à l'Hôtel-Dieu, 203.
—— Leur nombre ne doit pas dépasser quarante-cinq, 217.
—— Plaintes contre leur ignorance, 212.
—— malades à l'Hôtel-Dieu. Ils devront porter les robes des malades, 262.
Cimetière de Clamart, 204-205, 267.
—— Cadavres vendus par le fossoyeur (1725) 291.
—— Une chapelle y est construite, 220.
—— Don de 6,000 livres pour la construction d'une chapelle, 228.
—— Ouverture de fosses nouvelles, 268.
—— Les fraudeurs y font passer des vivres et des liquides (1717), 274.
—— Défense d'y enterrer les corps des suppliciés (1725), 293.
—— Les grandes eaux empêchent d'y enterrer, 342.
Cimetière de l'hôpital Saint-Louis (1615), 48, 188.
—— Sa bénédiction par l'évêque de Troyes (1618), 53.
Cimetière des Innocents (1532), 2, 158, 166; — (1661), 148, 149, 187, 196.
—— Le bureau s'oppose à ce qu'on y enterre les corps des suppliciés (1659), 139.
Cimetière de la Trinité, 138, 142, 160, 178, 190, 248.
Cimetière Saint-Victor (1532), 2.
Coches et carrosses de Rouen, 279.
Code acheté pour les besoins du bureau de l'Hôtel-Dieu, 181.
Codex pharmaceutique de l'Hôtel-Dieu, 339.
Collège des Dix-Huit (1531), 2.
Compagnie d'Occident (Actions de la) données à l'Hôtel-Dieu (1720), 282.
Conférences par les élèves chirurgiens de l'Hôtel-Dieu, 184.
—— de chirurgie (1672), 194.
Conflit du bureau avec le maître au spirituel, 152; — (1662), 158, 159.
—— entre le chapitre de Notre-Dame et le bureau (1655), 107 à 111.
—— entre l'Hôtel-Dieu et les administrateurs des Enfants-Rouges (1656), 119.
—— entre les médecins et les chirurgiens, 306 et 307.

Confrérie aux bourgeois de Paris, 186.
—— de la Passion, 248.
—— de Notre-Dame-des-Vertus, 377.
—— pour soigner les malades de la peste (1661), 149.
Congrégation de la Propagation de la Foi, 182.
Convalescentes, (1652), 94, 122, 123.
—— Aumône annuelle du roi, 222.
—— Arrérages de l'aumône annuelle de 3,600 livres due par le roi, 302.
—— Aumône royale, 303, 389.
—— (Chapelle de la maison des) (1721), 285.
—— (Maison des) (1645), 88.
—— (Maison des). Intérêt qu'y prend la reine (1653), 98.
—— (Maison ou hôpital des) (1655, 5 février), 100.
—— (Règlement de la maison des) (1655), 111, 112.
—— (Hospice des), 295.
Convalescents. Don considérable du cardinal Mazarin, 114.
—— (Hospice des), (1656, 7 juillet), 117, 118, 119, 144, 145, 154, 158, 160 à 163.
—— (Hospice des), 198, 199, 200, 201, 203, 204, 205, 218.
—— (Hospice des). Projet de le construire au faubourg Saint-Germain, 196.
—— de l'Hôtel-Dieu. Reprise de l'ancien projet de les loger à Saint-Julien-le-Pauvre (1720), 283.
—— Projet de leur construire un asile dans l'enclos du prieuré de Saint-Julien, 327 et 328.
—— Règlement pour la distribution de 5 sols d'aumône à chacun d'eux, 317.
—— sortant de l'Hôtel-Dieu. Aumône qui leur est faite, 314.
Convois à Saint-Louis (Tarif des) (1618), 55.
Convulsionnaire de Saint-Médard à l'Hôtel-Dieu, 174.
Cordelières de Saint-Marcel nourries à l'Hôtel-Dieu pendant le siège de Paris (1590), 21.
Costume des religieuses de l'Hôtel-Dieu (1578), 14.
Couche (Maison de la). Nécessité de l'agrandir, 347.
Crèche (Spectacle d'une), 396.
Croix-Clamart, 194.
Curage du petit bras de la Seine, 311.

D

Dames de charité. Leurs visites à l'Hôtel-Dieu (1578), 14.
Danses devant l'église Saint-Julien-le-Pauvre défendues (1655), 106.
Dauphin. Prières publiques pour le repos de son âme (1766), 389.

Débauche des compagnons chirurgiens de l'Hôtel-Dieu, 349.
Décès des malades à l'Hôtel-Dieu. Mesures prises par le bureau pour en préciser la date (décédé avant ou après minuit) 337, 338.

Décès. Le sacristain est chargé du registre des décès. Il en fera connaître chaque mois le nombre, 241.
—— survenus à l'Hôtel-Dieu (Enregistrements des) (1560), 5.
Décombres jetés dans la Seine lors de l'in-

TABLE DES MATIÈRES.

cendie de 1737; plaintes du prévôt des marchands, 334.

Dents des morts. Le bureau refuse de les vendre, 127, 197.

Dentistes. On demande au bureau la permission pour les élèves dentistes de s'exercer sur les cadavres de l'Hôtel-Dieu; cette permission est refusée, 358.

Dépotoir près de la maison de la Santé (1608), 38.

Désordres causés dans les salles de l'Hôtel-Dieu par des étrangers qui se mêlent aux élèves en médecine, 306, 321.

Dessins de Boffrand pour la reconstruction de la rose de Notre-Dame, 312.

Détresse de l'Hôtel-Dieu (1690), 238, 239; — (1694), 246, 258.

—— de l'Hôtel-Dieu. Le bureau demande l'autorisation de vendre 800,000 livres de biens-fonds (1709, 7 septembre), 263, 264.

Dettes de l'Hôtel-Dieu (1585), 16.

Dettes de l'Hôtel-Dieu. Arrêt du roi, 237.

Domestiques de l'Hôtel-Dieu. Ils doivent assister aux instructions religieuses du vendredi, 166.

—— de l'Hôtel-Dieu. Abus qu'ils commettent, 242.

Don de la reine pour les prisonniers (1586), 18.

—— du roi (1595), 27.

Donation Colbert à l'Hôtel-Dieu (1738), 336.

—— de Luynes, 289.

—— de Noailles, 302.

—— de Vauréal, 298.

—— de 40,000 livres par le cardinal Mazarin à l'Hôtel-Dieu pour l'hôpital des Convalescents (1655), 100.

Dortoir des filles blanches, 52.

Draps de lits changés tous les quinze jours (1609), 41.

Drogues achetées à Marseille, 142.

Drogues confisquées par les gardes de l'apothicairerie, 45

Droit des pauvres ou droit sur les spectacles, 271-273.

—— des pauvres. Conflit avec les directeurs de théâtres, 277, 278.

—— sur les spectacles. Arrérages dûs par l'Opéra et par les comédiens italiens, 284.

—— sur les spectacles. Difficultés des comédiens français et italiens pour le payer. Mémoire pour l'Hôtel-Dieu et pour l'hôpital général, 355.

—— sur les spectacles. Refus de le payer (1731), 308.

Duel de Beaujeu et des Barres (1655), 105.

—— du marquis de Villars, 98.

Duels (1658, 22 fév., 1er mars), 127, 131, 145, 153, 169, 193, 216, 217.

Dyssenterie. Malades nombreux à l'Hôtel-Dieu (1578), 14.

—— Remède d'Helvétius, 232.

E

Eau concédée à l'hôpital des Incurables (1643), 86.

—— concédée à l'hôpital Saint-Louis par la Ville (1619), 57.

—— insuffisante à l'hôpital Saint-Louis, 300.

Eaux amenées de Rungis à Paris (1653), 98.

École de médecine, 245.

—— de la paroisse Saint-Laurent, 296.

Écoles de Paris (Petites), 145.

Économat de l'Hôtel-Dieu. Règlement (1617), 50, 51.

Économies prescrites par le bureau (1709), 263.

Écrouelles. Remède proposé, 176.

—— elles n'étaient pas soignées à l'Hôtel-Dieu, mais à l'Hôpital général, 231.

Effondrement des planchers de la chapelle de l'Hôtel-Dieu (1619), 56.

Église de l'hôpital Saint-Louis (1640), 84.

—— de l'Hôtel-Dieu très fréquentée par les coupeurs de bourses, 195.

Égouts de la porte Montmartre (1640), 84.

—— de Paris (1662, 17 mai), 155.

Élèves en médecine de la Faculté. Ils doivent fréquenter les hôpitaux pendant deux ans (édit de mars 1707), 305.

Emballeurs de l'Hôtel-Dieu (1585), 17.

—— de l'Hôtel-Dieu. Excès qu'ils commettent, 226.

—— de l'Hôtel-Dieu. Il leur est interdit d'aller prendre les malades à domicile (1632), 73.

—— de l'Hôtel-Dieu. Ils réclament une augmentation de salaire (1578), 14.

Émétique (Vin). On ne doit en user qu'avec circonspection (1661), 148.

Emprunt contracté par l'hôpital général auprès des administrateurs de l'Hôtel-Dieu, 384.

Enfans-Rouges, 124; — (1664, 3 déc.), 167.

—— Cet hôpital est tenu de recevoir les enfans qui sortent de l'Hôtel-Dieu (1618), 52.

—— (Construction de l'hôpital des) (1538), 3.

Enfant rouges (1636), 77; — (1656), 119.

Enfant catholique né à l'Hôtel-Dieu, refusé par le bureau à son père protestant, 177.

Enfants à l'Hôtel-Dieu (1690, 16 sept.), 239.

—— couchés jusqu'à dix dans un même lit, 213.

—— de l'Hôtel-Dieu (1609), 41; — (1654), 100, 209.

—— de l'Hôtel-Dieu. Projet de les confier aux administrateurs des Enfants trouvés, 197.

—— exposés les jours de pardon pour exciter la charité publique, 182.

—— nés à l'Hôtel-Dieu, nourris de lait de vache (1634), 74.

—— nés à l'Hôtel-Dieu. Leurs parrains et marraines pris dans le public, 331.

—— nés à l'Hôtel-Dieu. Défenses de provoquer le public pour leur servir de parrains et de marraines, 388.

—— nouveau-nés. Défense de les coucher avec leurs mères, 194.

—— orphelins sortis de l'Hôtel-Dieu, 171.

—— sortant de l'Hôtel-Dieu, envoyés dans les maisons des Pauvres enfermés (1634), 74.

Enfants trouvés, 157, 169, 191, 228, 232, 344.

—— Agrandissement de la maison (1690), 239.

—— à Tours, 202.

—— à Tulle. Difficultés entre l'hôpital de cette ville et l'évêque du diocèse, 247.

Enfants trouvés. (Compagnie de charité des) (1645), 87.

—— Donation Vintimille, 349.

—— Legs de la Houssaye, 254.

—— Legs de Madame de Bosmelet (1711), 266.

—— Leur maison de la rue Neuve-Notre-Dame (1725), 292.

—— Leur nombre augmente à Paris (1725), 293.

—— Leur part dans l'octroi de 30 sols sur chaque muid de vin, 240.

—— Rente de 8,000 livres à eux assignée par le Roi (1645), 87.

Ensorcelés (Chevaux) (1576), 12.

Environs de Paris dévastés par les gens de guerre (1649), 91.

Épées. Défense aux chirurgiens d'en porter à l'Hôtel-Dieu, 251.

Épitaphe dans l'église de l'Hôtel-Dieu (1634), 74.

Espèces portées à la Monnaie par l'Hôtel-Dieu sur l'ordre du régent (1721), 285.

État au vrai de la situation de l'Hôtel-Dieu, tiré à 3,000 exemplaires (1662), 158.

—— civil des femmes accouchées. Mesures prises par le bureau, 312.

—— civil des malades décédés à l'Hôtel-Dieu, 274.

Étoffes employées à l'Hôtel-Dieu (1751), 358.

Étuves de l'Hôtel-Dieu, 149, 182.

—— neuves à l'Hôtel-Dieu (1658), 126.

Exactions commises par les serviteurs de l'hôpital Saint-Louis (1627), 69.

Exemption des logements militaires (1584), 15.

Extrême-Onction. Les malades en sont souvent privés par la faute des chapelains, 203.

TABLE DES MATIÈRES.

F

Faculté de médecine de Paris. Conflit avec les chirurgiens de longue robe, 136.
—— (1662), 156, 171.
—— L'Hôtel-Dieu lui demande des médecins, attendu le grand nombre de malades (1636), 77; — (1651), 93.
Famine à Paris (1693), 281.
Faubourg Montmartre, 251.
—— Saint-Jacques (1590), 21.
Fauconnerie du Roi, 159, 238.
Femmes accouchées, 167.
—— débauchées. Projet de les enfermer à Sainte-Anne, 393.
—— enceintes et en couches, 165.
—— enceintes qui viennent accoucher à l'Hôtel-Dieu. Mesures prises par le bureau pour leur assurer un prompt secours (1753), 362.
Femmes grosses (1586), 19; — (1595), 26; — 221; — (1602), 32; — (1657), 124; — (1569, 29 août), 139; — 146; — 196.
—— à l'Hôtel-Dieu. Elles reçoivent un costume spécial pour les empêcher de sortir de la maison, 275.
—— Défense de les recevoir à l'Hôtel-Dieu sans une autorisation du bureau (1634), 75.
—— Elles ne diront leur nom qu'à la mère de l'office, 240.
—— Elles ne pourront être accouchées par les médecins que si elles y consentent, 143.
—— Le chirurgien qui les visite au moment de leur entrée à l'Hôtel-Dieu, sera toujours accompagné d'une femme, 147.
—— et accouchées (1682), 221.
—— On ne fera leur lit que deux jours après l'accouchement (1658), 126; — elles ne doivent pas sortir de l'Hôtel-Dieu avant leur accouchement, 126.
Femmes grosses vérolées, 134.
—— vérolées, 161.
Ferme de l'Hôtel-Dieu, à Bourg-la-Reine, 3.
—— de l'Hôtel-Dieu, à Triveau dévastée pendant les troubles (1652), 95.
Fermes de l'Hôtel-Dieu dévastées par les gens de guerre (1649), 91.
—— de l'Hôtel-Dieu, pillées par les gens de guerre et abandonnées par les fermiers (1584), 15.
—— de l'Hôtel-Dieu. Projet de les vendre, 42.
—— du roi. Les fermiers sont tenus de faire des aumônes aux pauvres, 143.
—— générales (Don du roi sur les), 149.
Fermiers de l'Hôtel-Dieu. Ils payent une contribution annuelle de 12 écus aux fourriers du roi (1572), 7.
Fête de l'Hôtel-Dieu (1578), 14.
Fêtes religieuses célébrées à l'Hôtel-Dieu de Paris, 387.
Fief de la Galaude, 96.
—— d'Helbic, 319.
—— de l'Hôtel-Dieu, à Villejuif (1651), 93.
—— de l'Hôtel-Dieu, dans la prévôté de Paris exempts de tous droits, 235.
Fièvre puerpérale, à l'Hôtel-Dieu, 159, 160.
Filles blanches de l'Hôtel-Dieu. Le bureau en porte exceptionnellement le nombre à cent (1636), 76.
—— blanches. Défense aux religieuses de les recevoir sans l'autorisation du bureau (1578), 13.
Filles blanches. Mesures qui les concernent (1584), 16.
—— de la Madeleine, 125.
Filles malades à l'Hôtel-Dieu. Précautions prises pour qu'on ne les débauche pas (1662), 157.
Filles-mères accouchées à l'Hôtel-Dieu. Le secret leur est gardé par ordre du bureau, 202.
—— Le bureau refuse de les faire connaître, 183.
Filles repenties (1654), 100.
Foire de Guibray, 345.
—— Saint-Germain. Danseurs de corde, 308.
—— Saint-Germain. Défense aux officiers de l'hôpital Saint-Louis d'y aller (1629), 71.
Fondation Choart (1726), 296.
—— de deux lits à l'Hôtel-Dieu, par J.-L. Phélipeaux (1720), 284.
—— de Nevers (1576), 12, 17 et 250.
—— du Raynier. Abus dans l'exécution, 343.
—— Secousse, 362.
—— Sonnius, 255.
Fournitures à l'Hôtel-Dieu. Défense d'en faire aucune sans ordonnance du bureau (1639), 79.
Fours à boulangerie dans le palais des Tuileries (1693), 281.
—— à enrôler. Mesures prises par le bureau pour que les élèves chirurgiens de l'Hôtel-Dieu n'y soient point entraînés (1734), 318.
Froid excessif. Pauvres reçus à l'Hôtel-Dieu pendant la nuit (1596), 27.
Fronde. Son contre-coup sur les affaires de l'Hôtel-Dieu (1649), 91.

G

Gale. Remède prétendu pour la guérir, 234.
Gardes françaises. Il leur est défendu de faire des recrues à l'Hôtel-Dieu (1726), 294.
—— françaises fraudeurs, 306.
—— françaises. Ils doivent être soignés à l'hôpital militaire du Gros-Caillou; défense de les recevoir à l'Hôtel-Dieu (1765), 389.
Gobelins (Rivière des) (Bièvre), 267.
Gouverneurs de l'Hôtel-Dieu. Leur nombre augmenté (1689), 236.
Grand bureau des pauvres (1663, 26 octobre), 161.
—— bureau des pauvres. Conflit avec l'Hôtel-Dieu au sujet des quêtes (1637), 77.
—— bureau des pauvres de Paris (1614), 46.
Grands jours d'Auvergne, 170.
Greffe d'Orléans. Une partie de cette charge appartient à l'Hôtel-Dieu (1643), 86.
Grenier de *Dieu le père*, à l'Hôtel-Dieu, 305.
Greniers de l'Hôtel-Dieu aménagés pour recevoir des malades, 299.
—— ouverts pour recevoir les scorbutiques, alors très nombreux (1768), 397.
Guerre autour de Paris (1652), 94.
Gueux fieffés. Malades envoyés de l'Hôpital général à l'Hôtel-Dieu, 209.

H

Habits des malades décédés. Défense de les vendre (1573), 7.
Herbes (Jonchées d') dans les salles de l'Hôtel-Dieu (1595), 26.
Hérétiques. Leurs cadavres servent aux autopsies (1681), 218.
Hiver rigoureux de 1683-84, 225.
Hommes vivants et mourants de l'Hôtel-Dieu (1613), 45.
Honoraires du maître et des ecclésiastiques de l'Hôtel-Dieu, 241.
Hôpital de Chaume-en-Brie, 284.
—— de Grenelle (1583), 14.
—— de la Trinité, 178, 190, 195.
Hôpital de Lyon (du pont du Rhône), 135.
—— de Sainte-Apolline au faubourg Saint-Marcel, 259.
—— de Sainte Valère, 259.
—— de Saint-Germain-des-Prés (1608), 40.
—— du Saint-Esprit en grève à Paris (1531), 1.
—— Sainte-Anne, 179.

TABLE DES MATIÈRES.

Hôpital Sainte-Anne. Aumône de 54,000 livres donnée par Anne d'Autriche, 180.
—— Sainte-Anne (Historique de l'), 393.
—— Sainte-Anne. Ouvert pour recevoir les scorbutiques, 391, 392.
—— Saint-Louis, 177, 205.
—— Saint-Louis. Difficultés avec les entrepreneurs, 46.
—— Saint-Louis. Le bureau proteste contre les dépôts de blés qu'on y fait, 341.
—— Saint-Louis. Marché pour la peinture du grand autel (1618), 53.
—— Saint-Louis. On y cultive des plantes médicinales pour l'usage de l'Hôtel-Dieu (1738), 336, 337.
—— Saint-Louis. On y venait en procession le jour de saint Marc, 160.
—— Saint-Louis. Ordre de n'y recevoir que des blessés (1652), 96.
—— Saint-Louis. Ouvert pour recevoir les blessés (1652), 94.
—— Saint-Louis. Ouvert pour recevoir les scorbutiques (1729), 299; — (1754), 365.
—— Saint-Louis. Ouvert pour recevoir le trop plein de l'Hôtel-Dieu (1616), 49.
—— Saint-Louis. Reconstruction d'une partie des murs qui sont reculés, 373.
—— Saint-Louis. Religieux faisant fonctions d'administrateur résident (1618), 55.
—— Saint-Louis. Règlement, 301, 302.
—— Saint-Louis. Réparation du clocher, 192.

Hôpital Saint-Louis. Trop voisin de Montfaucon; plainte du bureau (1615), 48.
—— Saint-Marcel (1645), 88.
—— général (1658), 126, 133, 158, 188, 344.
—— général. Convention avec l'Hôtel-Dieu (1659), 134.
—— général de Poitiers, 216.
—— général de Tulle, 247.
—— général. Difficultés avec l'Hôtel-Dieu, 223.
—— général. Il ne doit pas recevoir les femmes vérolées, 161.
—— général. Il reçoit les enfants nés à l'Hôtel-Dieu lorsqu'ils ont atteint l'âge de trois ans, 197.
—— général. Les administrateurs refusant de recevoir les malades sortant de l'Hôtel-Dieu, 385.
—— général. Malades qu'il envoie à l'Hôtel-Dieu, 136.
Hôpitaux généraux dans les provinces, 207.
Horloge de l'Hôtel-Dieu, 194.
Hospitalières du faubourg Saint-Marceau, 345.
Hôtel de Bourgogne. Défense aux officiers de l'hôpital Saint-Louis d'y aller (1629), 71.
—— de Brienne, 157.
—— de la reine Marguerite, 198.
—— de Touraine, 157.
—— de Paris. Travaux (1559), 5.

Hôtel-Dieu. Agrandissement rue de la Bûcherie (1683), 225.
—— considéré comme lieu d'asile, 172.
—— d'Amiens, 217.
—— d'Angers, 216.
—— de Bourges, 155.
—— de Bourg-la-Reine, 3.
—— de Château-Thierry, 179.
—— de Clermont, 171, 193.
—— de Corbeil, 191.
—— de Lourcine, 244.
—— de Mâcon, 153.
—— de Maintenon, 233.
—— de Mantes, 227.
—— de Nantes, 212.
—— de Nevers, 165.
—— d'Orléans, 193.
—— de Riom, 171.
—— de Rouen, 194.
—— de Saumur, 216.
—— de Saint-Cloud, 144, 180.
—— de Saint-Quentin, 195.
—— de Sisteron, 194.
—— de Tours, 202.
—— de Troyes (1541), 3.
—— de Villeneuve-sur-Gravois, 205.
—— du faubourg Saint-Jacques (1590), 21.
Huissier du bureau. Il devra garder sévèrement la porte (1578), 14.
Hygiène de l'Hôtel-Dieu, 44.
—— de l'hôpital Saint-Louis, 235, 236.

I

Immeubles de l'Hôtel-Dieu vendus pour faire face aux nécessités pressantes de l'hôpital, 264.
Incendie au Louvre (1661), 146.
—— (Commencement d'), 351.
—— à l'Hôtel-Dieu (1737), 333.
—— de 1737. Noms des personnes blessées auxquelles des secours sont donnés, 334.
—— Aumône de la duchesse de Savoie, 335.
—— du Petit-Pont (1718), 276.
Incendies. Précautions prises à l'Hôtel-Dieu, 276.
Incurables, 344; — (1647), 89; — (1683, 21 avril), 223, 224.
—— Abus dans les nominations de pensionnaires, 258.
—— Agrandissement de l'hôpital, 347; — (1750), 357.
—— Augmentation du prix des lits de fondation (1688), 233.
—— Bien-fonds de l'hospice vendus pour une somme de 800,000 livres, 238.
—— Carcan neuf, 386.
—— Greniers à blé dans l'hôpital, 243.
—— Embarras financiers de l'hospice. Mesures prises par le bureau de l'Hôtel-Dieu, 236, 237.
Incurables exclus de l'Hôtel-Dieu (1655, 7 mai), 105.
—— Fondation Cornette, 359.
—— Fondation de lits (1656), 118.
—— Fondation de lits, 362.
—— Fondation d'un lit (1722), 288.
—— Formalités pour leur admission, 314.
—— Le bureau de l'Hôtel-Dieu y tient séance une fois par mois (1653), 96.
—— Le bureau refuse de les recevoir à l'Hôtel-Dieu (1734), 318.
—— Les médecins de l'Hôtel-Dieu doivent y aller chaque mois à tour de rôle soigner les malades, 236.
—— Les sœurs de la charité ne desservent plus l'hospice, 278.
—— Leur ferme de Clogny, 171.
—— Lits fondés, 167, 169, 171, 191, 192, 206, 227, 229.
—— Personnes de qualité qui s'y retiraient comme pensionnaires, 276.
—— Premier projet de fondation (1634), 75, 77.

Incurables. Projet de fonder un établissement de ce genre à Toulouse, 165.
—— Projet d'y avoir un administrateur résidant, 230.
—— Règlement des fondations de lits (1686, 27 mars), 229.
—— Règlement pour les fondations de lits, 273.
—— (Travaux neufs à l'hospice des) (1682), 221.
—— Varia, 126, 131, 135, 145, 148, 157, 160, 161, 164, 185, 187, 211, 213.
Indécences commises par les domestiques de l'Hôtel-Dieu, 304.
Indulgence plénière aux pauvres mourant à l'Hôtel-Dieu, 221.
Infanticide à l'Hôtel-Dieu (1652), 96.
Inspecteur de l'Hôtel-Dieu. Instruction qui règle le détail de sa fonction, 359 à 362.
Instruments de chirurgie. Projet d'en créer une collection à l'Hôtel-Dieu (1656), 116.
Internes de l'Hôtel-Dieu. Mode de nomination (1693), 244.
Irlandais pauvres logés dans la maison du faubourg Saint-Marcel (1612), 45.

TABLE DES MATIÈRES.

J

Jacobins du Mans (1574), 11.
Jambons de Pâques aux ecclésiastiques, religieuses et officiers, 297.
Jardin royal des plantes médicinales, 221.
Jardins de l'hôpital Saint-Louis affermés (1613), 46.

Jésuites de la rue Saint-Antoine, 168.
Jeu de géométrie ou jeu des lignes, 206.
Jeux interdits aux domestiques dans l'enceinte de l'Hôtel-Dieu, 242.
Journal médical de l'Hôtel-Dieu. Projet d'en tenir un, 325.

Jours fériés (Ordonnance de police pour l'observation des) (1641), 84.
Jugement universel. Spectacle soumis au droit du neuvième, 344.
Julien-le-Pauvre (Église Saint-). Visite et rapport demandé au sieur Joubert, 348.

L

Lancettes (Fournitures de) aux compagnons chirurgiens (1644), 86.
Lavanderie de l'Hôtel-Dieu, 4.
Lavandières de l'Hôtel-Dieu. Précautions prises pour qu'elles ne se noient pas, 239.
Lavements de lait contre la dyssenterie (1595), 26.
Lavoirs de l'hôpital Saint-Louis (1612), 45.
Légat (Salle du), 182.
Legs de Coetmadeu, 269.
—— faits à l'Hôtel-Dieu et qui restent inconnus, 276.
—— Ponthon, 269.
Lèpre à l'Hôtel-Dieu, 242.

Lessives. Défense de les faire sécher dans les salles de l'Hôtel-Dieu, 373.
—— de l'Hôtel-Dieu. Le bureau prend de nouvelles mesures pour faciliter le travail des lavandières, 310.
—— de l'Hôtel-Dieu. Précautions prises pour éviter les accidents, 307.
—— Défenses de les faire dans les offices de l'Hôtel-Dieu, 347.
Liberté de conscience à l'Hôtel-Dieu (1655), 101-104.
Licorne (Corne de), 155. 168.
Liqueurs. Ils viennent chercher du blé à l'Hôtel-Dieu (1590), 21.

Lithotomie à l'Hôtel-Dieu (1644), 86.
Lits à l'Hôtel-Dieu accordés par le bureau aux prévôts des marchands et échevins (1726), 295.
—— de chanoines (1574), 11.
—— des malades (1609), 42.
Lord anglais mort à l'Hôtel-Dieu (1642), 85.
Loterie de l'Hôtel-Dieu autorisée par le roi (1710), 265.
—— nouvelle pour l'agrandissement de l'Hôtel-Dieu (Projet d'une) (1714), 269.
Lourcine (Petit Hôtel-Dieu de), 244.
Louvre, 154.
Lutrin de l'église de l'Hôtel-Dieu, 385.

M

Machine hydraulique à l'Hôtel-Dieu, 390.
Madeleine (Religieuses de la), 279.
Maison de la Santé. Difficultés avec le couvreur (1608), 40.
Maisons de l'Hôtel-Dieu exemptées des logements militaires, 196.
Malades de force. Conférence chez le premier Président (1760), 382.
—— de force envoyés par l'Hôpital général à l'Hôtel-Dieu, 274.
—— de force. Mesures pour empêcher leur évasion de l'Hôtel-Dieu, 362.
—— de force. Révolte à l'Hôtel-Dieu, 363. —— Nouvelle révolte dans la salle Saint-Landry. Portier tué, 365. — Le bureau refuse de recevoir à l'Hôtel-Dieu les malades de force envoyés par la Salpêtrière et l'Hôpital général. Correspondance avec M. d'Argenson, 365, 366 et 367.
—— de force. Nouveau mémoire de l'Hôpital général pour les faire admettre à l'Hôtel-Dieu, 378. —— Mémoire en réponse de l'Hôtel-Dieu, 379.
—— de force. Suite du conflit (1767), 390, 391.
Malades de la Conciergerie. Le bureau refuse de les recevoir à l'Hôtel-Dieu, 397, 398.
Malades. Le greffier du bureau devra chaque chaque jour en faire le relevé (1652), 95.
—— Leur grand nombre à l'Hôtel-Dieu (1651), 93.

Malades. Leur grand nombre à l'Hôtel-Dieu et à Saint-Louis (1679), 213.
Maladie contagieuse à Saint-Louis. Précautions prises (1619), 57.
Maladies contagieuses. Ceux qui en sont atteints seront logés dans des maisons du faubourg Saint-Marcel (1618), 52.
Maladrerie de Fontenay-sous-Bois (1587), 20.
—— de la prévôté de Paris. Requête de l'Hôtel-Dieu pour être mis en possession de leurs revenus (1635), 75.
—— du pont de Charenton démolie (1573), 8.
—— et hôpitaux. Don qui en est fait par le roi à l'hôpital de la Charité (1577), 12 et 13.
Mandement de l'archevêque recommandant l'Hôtel-Dieu à la charité des fidèles (1709), 262.
Manteau du roi vendu par l'Hôtel-Dieu (1531), 1.
Manuscrits de Baluzens légués à Colbert, 204.
Marais des Porcherons, 155.
Martyrologe de l'Hôtel-Dieu (1577), 13.
Médecines. Heure matinale où elles sont distribuées (1640), 83.
Médecin de l'Hôtel-Dieu. Il assiste aux opérations de chirurgie (1604), 35.
—— de l'Hôtel-Dieu. Il devra passer quatre heures par jour à l'Hôtel-Dieu (1615), 49.

Médecin de l'Hôtel-Dieu (Plaintes contre le) (1572), 7.
—— de l'Hôtel-Dieu. Remontrances qui lui sont faites par le bureau (1583), 15.
—— résident à l'Hôtel-Dieu et lui consacrant tout son temps (1616), 50.
Médecins de l'Hôtel-Dieu. Cérémonial usité lorsqu'ils se trouvent en présence des membres du bureau, 330.
—— résidant à l'Hôtel-Dieu. Projet d'en avoir un, 240.
—— de l'Hôtel-Dieu envoyés à Bourges lors de la peste (1628), 70.
—— de l'Hôtel-Dieu. Ils demandent une augmentation de traitement (1586), 18.
—— de l'Hôtel-Dieu. Ils doivent chaque semaine faire un rapport au bureau (1576), 12.
—— de l'Hôtel-Dieu. Ils se plaignent de la mauvaise exécution de leurs ordonnances, 374.
—— de l'Hôtel-Dieu. Leur salaire (1639), 79.
—— de l'Hôtel-Dieu. Leur nombre, leurs fonctions l'heure et la durée de leurs visites. Règlement du bureau (1736), 322 et 323.
—— de l'Hôtel-Dieu. Leurs gages en 1536, 1537, 2 et 3.
—— de l'Hôtel-Dieu. Leurs obligations (1547), 4.
—— de l'Hôtel-Dieu. Leurs observations au

bureau et leurs plaintes contre les religieuses (1661), 147.
Médecins de l'Hôtel-Dieu. Mode de nomination, 193.
—— de l'Hôtel-Dieu. Plaintes contre eux, 188; — 340.
—— de l'Hôtel-Dieu. Plaintes du bureau contre leur peu de dévouement et d'exactitude (1735), 321.
—— de l'Hôtel-Dieu. Règlement de leur service, 270.
—— de l'Hôtel-Dieu. Règlements relatifs à leurs visites (1730), 307.
—— et chirurgiens de l'Hôtel-Dieu. Conflit, 304.
—— expectants. Leur nombre est porté à quatre, 265.
—— expectants. Leurs attributions. Règlement du bureau (1750), 356.
—— expectants. Règlement pour leur nomination (1709), 261.
—— Ils devront faire leurs visites, même le jour de Pâques, 135.
—— Ils ne changeront de salle que tous les six mois, 231.
—— résidant à l'Hôtel-Dieu. Projet de l'administration (1749), 353.
—— titulaires de l'Hôtel-Dieu. Leur nombre est porté à sept, (1661), 146.
Médicaments employés à l'Hôtel-Dieu en 1541, 3.
—— On reproche aux externes en chirurgie d'en soustraire, 230.

Méfaits commis par des gens sans aveu sur le petit bras de la Seine en face de l'Hôtel-Dieu, 296.
Mémoire du bureau de l'Hôtel-Dieu pour expliquer le refus qu'il fait de recevoir les malades de force, 370-371.
—— sur l'Hôtel-Dieu renfermant des détails très complets sur son organisation et son administration (1690), 59 à 65.
Mendiants de la campagne venus à Paris. Mesures prises pour en purger la capitale (1694), 246.
—— Projet de les enfermer à Saint-Louis (1749), 353.
—— venant de l'Hôpital Général, 135.
Messe. Tous les officiers, élèves et domestiques de l'Hôtel-Dieu doivent y assister, 235.
Messes à l'Hôtel-Dieu (Règlement des), 246.
Messes fondées à l'Hôtel-Dieu. Le bureau se trouve dans la nécessité de les réduire (1723), 290.
—— de minuit à l'hôpital des Incurables, 377.
Méthode anglaise pour la taille de la pierre, 305.
Milice. Efforts du bureau de l'Hôtel-Dieu pour en dispenser les élèves médecins et chirurgiens, 346.
Mines de Bourgogne et d'Alsace, 319.
Miracle à l'Hôtel-Dieu (1627), 69.
Misère de l'Hôtel-Dieu (1584), 16; —(1591),

24; —(1695), 20; — (1649), 91; —(1729), 300.
Misère de l'Hôtel-Dieu. Le bureau est autorisé à vendre des maisons ou des rentes (1562), 6.
—— de l'Hôtel-Dieu. Mesures prises par les administrateurs (1573), 9 et 10.
—— extrême de l'Hôtel-Dieu. Les administrateurs de l'Hôtel-Dieu implorent la charité publique (1585), 16.
—— publique (1662), 155.
Miséricorde de Jésus (Religieuses hospitalières de la), 255.
Missionnaires du royaume de Siam, 219.
Mitoyenneté des dépendances de l'archevêché avec celles de l'Hôtel-Dieu, 177.
Mobilier des nouvelles salles de l'Hôtel-Dieu (1718), 276.
Monnaie. Projet de la mettre à l'hôpital Saint-Louis (1719), 280, 281.
Monts-de-Piété (1664, 16 mai), 165.
Mortalité des femmes en couches (1663, 6 avril et 3 septembre), 160.
—— extrême à l'Hôtel-Dieu (1719), 281.
Mortier de fonte de 400 livres pour l'apothicairerie de l'Hôtel-Dieu, 312.
Morts (Chariot des) (1650), 92.
Moulin à blé près de l'Hôtel-Dieu (1652), 95.
—— des Corbeaux à Charenton, 152.
—— des Prez à Charenton, 152.

N

Nègre étudiant la médecine à l'Hôtel-Dieu, 228.
Notaires. Il leur est expressément ordonné de faire connaître aux hôpitaux les legs qui leur seraient faits par testament (1721), 286.

Notaires. Ils ne peuvent recevoir les testaments des malades de l'Hôtel-Dieu, 232.
Nourrices. Au nombre de trois à l'Hôtel-Dieu (1634), 74, 75.
—— de l'Hôtel-Dieu (1613), 45, 172, 201.

Nourrices de l'Hôtel-Dieu. Leurs gages (1654), 100.
Nourriture des malades. On la réduit à un repas par jour (1594), 25.
—— des religieuses remplacée par une prestation en argent (1591), 24.

O

Octroi de 30 sols sur chaque muid de vin en faveur de l'Hôtel-Dieu et de l'Hôpital-Général, 237.
—— de 30 sols sur le vin. Règlement de compte avec le bureau des aides, 239.
—— sur le sel (1610), 42.
Octrois. Arrérages dus à l'Hôtel-Dieu (1726), 294.
Offices en musique interdits aux Incurables, 358.

Onguent contre le cancer du sein, 21.
—— contre les ulcères du sein, 220.
Opération de la taille. Quatre élèves seulement y assisteront, 210.
—— du trépan, 184.
Opérations chirurgicales. Règlement (1701), 229.
Opérés. Leur régime alimentaire, 229.
Orangers de l'hôpital Saint-Louis vendus (1690), 238.

Orfèvres. Leur banquet annuel à l'Hôtel-Dieu (1537), 3. — Faux malades que ce banquet attire à l'Hôtel-Dieu (1587), 20.
Orgues de l'église de l'Hôtel-Dieu vendues (1690), 238.
Ormes fournis à l'Hôtel-Dieu pour ses plantations (1620), 53.
—— plantés sur les terres de l'Hôtel-Dieu par ordre du roi (1602), 31.
Orphelines de Saint-Joseph, 166.

P

Pain (Distribution du) à l'Hôtel-Dieu, 35.
Palais-Royal, 297.

Pardons de l'Hôtel-Dieu (1585), 17, 42.
—— de l'Hôtel-Dieu. Difficultés faites par les

évêques des diocèses de France (1597), 29.

TABLE DES MATIÈRES.

Pardons de l'Hôtel-Dieu. Le revenu en diminue beaucoup, 208.
—— de l'Hôtel-Dieu à Troyes, en Auvergne, etc. (1541), 3.
—— de l'Hôtel-Dieu à Sens, 194.
—— de l'Hôtel-Dieu en Bretagne, 223.
—— des Quinze-Vingts (1622), 67.
Parlement de Grenoble, 106.
—— de Paris exilé à Pontoise. Députation de l'Hôtel-Dieu, 284.
Paroisse de Saint-Gervais, 91.
—— de Saint-Jean-en-Grève, 235.
—— de Saint-Laurent, 296.
—— de Saint-Nicolas-des-Champs (1652), 94.
—— de Saint-Nicolas-du-Chardonnet, 217.
—— de Saint-Paul, 217.
Paternité à l'Hôtel-Dieu (Recherche de la) (1652), 94.
Peste, 149.
—— à Bourges (1628), 70.
—— à l'Hôtel-Dieu (1561), 5.
—— à l'Hôtel-Dieu. Le bureau se tient au logis de M. d'Aubray (1606), 36.
—— à l'Hôtel-Dieu. Mesures prises par le bureau (1596), 27.
—— à Paris. Taxe des habitants (1597), 28.
—— à Paris (1668, 6, 20 juillet), 182, 183.
—— au faubourg Saint-Martin (1650), 92.
—— à Soissons, 182.
—— (Remède contre la), 178.
Pestiférés à l'Hôtel-Dieu (1584), 16.
—— couchés avec les autres malades. Observations de l'évêque de Paris (1585), 17.
—— Leurs meubles enlevés par mesure de police (1585), 18.
Petites-Maisons (Hôpital des), 139, 349.
Pharmacie. Projet de faire préparer les médicaments à l'Hôtel-Dieu, au lieu de les acheter au dehors (1645), 89.
Pierre (Carrière de) à la ferme du Pressoir (1586), 19.
—— d'Arcueil réservée pour les bâtiments du roi, 182.
—— de Saint-Leu, 148, 221. — Les travaux du Louvre empêchent l'Hôtel-Dieu d'en avoir (1661), 182.
—— de taille. L'Hôtel-Dieu ne peut en avoir à cause des travaux du Val-de-Grâce (1655), 105.

Pierre infernale, 149.
—— (Taille de la). Méthode anglaise, 305.
Pierreries de l'Hôtel-Dieu vendues, 229.
Place Royale, 169.
Plaintes contre les chirurgiens de l'Hôtel-Dieu (1629), 71.
—— du bureau adressées au chapitre contre les religieux et les religieuses (1577), 13; — (1615), 48, 49.
Plomb laminé. Le bureau décide qu'il sera employé dans les travaux de l'Hôtel-Dieu, 317.
Poisson de mer (Marchandise du), 319.
Pont-au-Double, 74, 93, 125, 130, 131; — (1680, 25 oct. 6 décembre), 217; 219.
—— Désordres commis par des étudiants en théologie, 221.
—— Les porteurs d'épée ne veulent pas payer le péage, 211.
—— Les processions ne veulent pas payer le péage (1680), 214.
—— On y montrait une sainte crèche, 249.
—— Plaintes du fermier contre les gardes suisses, 306.
—— Réclamations du fermier (1645), 88, 266.
Pont-Neuf (1586), 19.
Pont (Petit-) reconstruit, 277.
—— Saint-Charles sur la Seine (1626), 68.
—— Saint-Michel, 178.
Ponts de l'Hôtel-Dieu. On craint qu'ils ne soient endommagés par la crue (1740), 340.
Porcherons, 155, 192.
Port au foin, 256.
Port l'Évêque, 345.
Porte de Saint-Victor, 220.
—— de Saint-Roch à Paris, 146.
Portiers de l'Hôtel-Dieu. Ils sont au nombre de trois, 4.
Pouillerie de l'Hôtel-Dieu, 164.
—— de l'Hôtel-Dieu. Évaluation de son produit, 143, 242.
Prêtres de Saint-Lazare, 376.
—— Ils ne peuvent faire partie du bureau de l'Hôtel-Dieu (1679, 29 décembre), 213.
—— malades. Une salle leur est réservée à l'Hôtel-Dieu (1661), 146.
Prévôt des bandes, 192.
—— et archers de la Santé. Gages qui leur sont payés par l'Hôtel-Dieu (1620), 58.

Prieure de l'Hôtel-Dieu. Les autopsies ne se font que de son consentement (1706), 257.
Prieuré de Longport (1655), 104.
—— de Saint-Julien-le-pauvre. État financier en 1728, 303.
Prisons de Paris. Aumônes que l'Hôtel-Dieu est chargé de distribuer aux prisonniers, 241.
Prisonniers malades. Rente qui leur était due par l'Hôtel-Dieu (1654), 99, 100.
Privilège des chirurgiens gagnant maîtrise à l'Hôtel-Dieu. Conflit avec la communauté des maîtres chirurgiens de la ville de Paris, 373, 375, 376.
—— de Committimus dont jouissait l'Hôtel-Dieu, 292.
—— des gagnants maîtrise. Défense au sieur Cabany, premier chirurgien gagnant maîtrise, de soutenir une thèse devant la communauté des maîtres chirurgiens, 389.
Privilèges de l'Hôtel-Dieu. Le bureau en fait faire un double sur parchemin (1531), 1.
—— de l'Hôtel-Dieu (1657, 8 avril), 122.
—— de l'Hôtel-Dieu. Le guet ne peut pénétrer dans l'Hôtel-Dieu pour y saisir les voleurs (1689, 1ᵉʳ avril), 235.
—— de l'Hôtel-Dieu (Recueil des), 249.
—— de l'Hôtel-Dieu violés. Les plaintes du bureau (1685), 131.
Prix de mouture d'un muid de blé (1574), 11.
Procès entre l'Hôtel-Dieu et les Jacobins du Mans (1574), 11.
Procession à l'hôpital Saint-Louis, 160.
—— au cimetière de la Trinité le jour de la Toussaint, 170.
—— de la paroisse Saint-Laurent à l'hôpital Saint-Louis, 263.
—— du clergé de Saint-Eustache à l'Hôtel-Dieu, 358, 359.
—— du Saint-Sacrement à l'Hôtel-Dieu, 348.
Protestants, 130; — (1663 11 mai), 160.
—— Ils ne doivent pas être enterrés dans le cimetière de la Trinité (1662), 154.
—— Ils ne peuvent être apothicaires, 223.
—— Les revenus de leurs hôpitaux sont confisqués au profit de l'Hôpital-Général, 224.
—— Leurs hôpitaux à Paris (1655), 107; — (1657), 121; — (1665), 168, 172; 211; — (1684, 6 sept.), 226.
Protestante convertie. La prieure refuse de la recevoir religieuse malgré sa conversion (1679), 212.

Q

Quête extraordinaire pour l'Hôtel-Dieu (1584), 16.
Quêtes à domicile pour l'Hôtel-Dieu (1587), 20.
—— extraordinaires dans Paris (1591), 24.
Quête extraordinaire dans Paris (1596), 27.

Quêtes extraordinaires en faveur de l'Hôtel-Dieu (1631), 72.
—— faites par les Filles de la Madeleine (1657), 125.
—— pour l'Hôtel-Dieu de Paris, 152.
—— extraordinaires pour l'Hôtel-Dieu (1660) 143; 214-215.

Quêtes abusives faites à l'Hôtel-Dieu par les convalescents, 276.
—— de l'Hôtel-Dieu dans les diocèses de France. Concession du bail (1729), 305.
—— dans toutes les paroisses de Paris après l'incendie de 1737, 334.
Quinquina à l'Hôtel-Dieu, 220.

R

Rage (Maladie de la), 227.
Ravitaillement de l'Hôtel-Dieu. Mesures prises par le bureau (1591), 23.
Receveur charitable préféré à un receveur payé, 331.
—— charitable et sans gages de l'Hôtel-Dieu, 139.
—— de l'Hôtel-Dieu. Le bureau décide qu'il aura un cheval pour ses courses en ville (1639), 79.
Receveurs de l'Hôtel-Dieu. Projet d'en avoir trois, 209.
Recherche de la paternité autorisée à l'Hôtel-Dieu (1634), 74; —— (1652), 94.
Récolte de l'année 1704 bonne, 255.
Recruteurs. Ils poursuivent dans les rues de Paris les élèves chirurgiens de l'Hôtel-Dieu, 318.
Réformés de Sedan. Don qui leur est fait par la dame Luilier (1587), 20.
—— Ils sont expulsés des maisons appartenant à l'Hôtel-Dieu (1562), 6.
Régime alimentaire des malades (Observations sur le) (1655), 105.
—— alimentaire des malades pendant le carême, 272.
—— alimentaire des malades à l'hôpital Saint-Louis (1728), 301.
Régiment des gardes augmenté (1673), 196.
Registres de l'état civil à l'Hôtel-Dieu, 345.
Règlement de l'hôpital Saint-Louis, 301.
—— des fonctions de receveur charitable (1737), 331, 332.
—— de l'office des accouchées (1614), 47.
—— du service des accouchées (1693), 243.
—— général de l'Hôtel-Dieu (Projet d'un) (1720), 283.
—— général en ce qui concerne le service des malades de l'Hôtel-Dieu (1621), 65 et 66.
—— intérieur du bureau de l'Hôtel-Dieu (1629), 70.
—— pour les chirurgiens de l'Hôtel-Dieu, 172 à 176.
Religieuse de l'Hôtel-Dieu malgré la volonté de ses parents, qui protestent et obtiennent que leur fille leur soit rendue (1721), 286.
Religieuses de l'Hôtel-Dieu (Plaintes contre les), (1559), 5.
—— de l'Hôtel-Dieu. Gaspillage des vivres (1561), 6.
Religieux et religieuses de l'Hôtel-Dieu. Trop grand nombre de serviteurs attachés à leurs personnes (1586), 19.
Religieuses. Il leur est interdit de faire coucher à l'Hôtel-Dieu des personnes valides (1633), 73.
—— Le bureau se plaint qu'elles consacrent trop de temps aux exercices spirituels (1636), 77.
—— Leur nombre augmenté exceptionnellement (1636), 77.
—— Leur nombre réduit (1654), 100.
—— Plaintes contre leur mauvaise administration (1656), 118.
—— quittant l'Hôtel-Dieu sans autorisation du bureau pour aller diriger l'hôpital de Bourges (1656), 117, 118.
—— Un médecin leur est spécialement affecté (1656), 119.
—— de l'Hôtel-Dieu. Abus qu'elles commettent (1657, 28 avril), 123.
—— de l'Hôtel-Dieu envoyées à Corbeil (1657), 124.
—— Le bureau se plaint qu'elles retiennent à l'hôpital les convalescents, 134.
—— de l'Hôtel-Dieu. Le bureau était invité à dîner par la prieure le jour de leur profession, 165.
—— Plaintes du bureau contre elles (1639), 80, 181.
—— de l'Hôtel-Dieu envoyées à Corbeil. Les habitants ne veulent plus les laisser partir, 193.
—— Leurs épreuves et leurs fatigues, 213.
—— Elles doivent communier à l'autel de l'église et non dans leur tribune, 215.
Religieuses de Poissy, 329.
—— étrangères à l'Hôtel-Dieu. Le bureau refuse de les recevoir, 338.
Reliquaires de l'Hôtel-Dieu vendus au maître de la Monnaie (1591), 24 et 25.
Relique employée à la guérison des malades (1626), 68.
Reliques à l'église de l'Hôtel-Dieu. Elles sont gardées, les jours de grandes fêtes, par les présidents des Cours souveraines, 176.
Remèdes donnés aux malades. Ils sont inscrits sur des registres spéciaux, 180.
Rentes passives de l'Hôtel-Dieu (1658), 131; —— 240; —— (1694, 20 février), 245.
—— passives de l'Hôtel-Dieu pour la construction du Pont-au-Double (1638), 78.
—— passives de l'Hôtel-Dieu pour la continuation des travaux de reconstruction (1619), 58.
—— passives de l'Hôtel-Dieu pour subvenir aux nécessités de l'Hôtel-Dieu (1652, 31 juillet, 14 août), 95.
—— sur la ville (Conversion de), 282.
—— viagères passives de l'Hôtel-Dieu. Le roi veut les abolir (1679), 211.
Répartition des services entre les administrateurs de l'Hôtel-Dieu (1640), 81 et 82.
Réservoir de 300 muids à l'Hôtel-Dieu, 260.
—— de 500 muids, 276.
Revenu de l'Hôtel-Dieu. On le fait connaître au public par les curés des paroisses (1545), 4.
Romans. Il est défendu aux maîtres d'école de s'en servir pour apprendre à lire aux enfants, 167.
Rue de l'Arbalète, 52.
—— de la Bûcherie, 304.
—— de la Bûcherie. Projet d'agrandissement, 209.
—— de la Ferronnerie élargie, 187.
—— des Boules, 211.
—— des Cordeliers, 192.
—— des Incurables, 87.
—— des Mauvais-Garçons, 226.
—— des Vignes à Paris, 19.
—— du Vert-Bois (1531), 11, 152.
—— Saint-Pierre-aux-Bœufs, 352.
—— Taranne, 150.
Ruelle l'Évêque, 345.

S

Sacrements de l'église. Les malades devront les recevoir avant la deuxième visite des médecins (1655), 107.
Sage-femme de l'Hôtel-Dieu (1594), 26.
—— de l'Hôtel-Dieu. Ses gages (1606), 35, 247.
Sages-femmes élèves de l'Hôtel-Dieu. On se plaint de leur peu de connaissances anatomiques, 125.
Sages-femmes de l'Hôtel-Dieu. On les rappelle à la modestie dans leur toilette (1691), 240.
Sages-femmes de la ville. Leur conflit avec les maîtres chirurgiens, 309.
—— élèves de l'Hôtel-Dieu. Règlement pour leur admission, 315, 316.
—— Elles manquent dans la province; mesures que le bureau se voit obligé de prendre pour parvenir à former des sages-femmes à l'Hôtel-Dieu, 327.
Sages-femmes formées à l'Hôtel-Dieu pour la province, 339.
Sage-femme de l'Hôtel-Dieu. Nomination (1764), 388.
Saignées. À quelle heure elles sont faites, 180.
Sainte-Anne (1656), 119; (1657, 21 mars), 121; 188, 299.
—— On y dépose des provisions de blé 341.

TABLE DES MATIÈRES. 407

Sainte-Marthe (Maison de), anciennement Scipion, 134.
Saint-Esprit (Hôpital du) à Rome, 182.
Saint-Étienne-du-Mont. Différend avec l'Hôtel-Dieu (1591), 24.
Sainte-Valère (Prieuré de), 245.
Saint-Germain-l'Auxerrois (Chapitre), 148.
Saint Jean-Baptiste, patron de l'Hôtel-Dieu, (1578), 14.
Saint-Jean-le-Rond (Église), 192.
Saint-Julien-le-Pauvre, 117, 144, 204, 248.
—— uni à l'Hôtel-Dieu (1655), 104.
—— Conflit avec le curé de Saint-Séverin, 156.
—— Projet de construire une maison de convalescents, 222.
Saint-Lazare (Ordre de), 243, 244.
—— (Prieuré de) (1608), 40; — (1611), 43, 279.
Saint-Louis (Hôpital), 225, 226.
—— Désordres commis par la populace à cet hôpital, 190.
—— Les jardins de l'hôpital sont donnés en location, 238.
—— Malades dirigés sur cet hôpital, 246.
—— Malfaçon dans la construction des murs de l'hôpital, 181.
—— Vente des orangers de l'hôpital (1690), 238.
Saint-Séverin (1594), 25, 156.
Salle de Bretagne à l'Hôtel-Dieu (Construction de la) (1696), 68.
—— du Légat (Travaux de la) (1533), 2.
—— Réparations à cette salle (1584), 16.
—— Saint-Denis reconstruite (1617), 52.
Salles neuves de l'Hôtel-Dieu (1661), 148.
—— nouvelles de la rue de la Bûcherie. Un terrain est demandé à la Ville (1738), 336.

Salles Saint-Thomas et Saint-Denis (1603), 34.
Sanitat de Grenelle (1584), 16.
Santé (Hôpital de la), au faubourg Saint-Marcel (1646), 89.
—— (Maison de la) (1607), 37; — (1608), 38; — (1609), 42.
—— (Maison de la). Difficultés avec l'entrepreneur (1608), 38.
—— (Maison de la). Distribution des services (1608), 40, 41.
—— (Prévôt de la), 183.
Sceau de l'Hôtel-Dieu (1654), 98, 99.
Sceaux pour les justices de l'Hôtel-Dieu (1657), 124.
Scipion (Maison de), 134, 205.
Scorbut à l'Hôpital-Général, 188, 189 et 190.
—— Est-il contagieux? 135.
—— Ses ravages à l'Hôtel-Dieu (1720). 282, 299, 364.
Scorbutiques, 203. 291, à l'Hôtel-Dieu, 206, 262.
—— à Saint-Louis, 218.
—— au nombre de six cents à Saint-Louis (1685), 227.
—— envoyés de Bicêtre à Sainte-Anne; protestations du bureau, 393, 394.
—— placés dans une maison de l'Hôtel-Dieu, rue de la Bûcherie, 214.
Séances du bureau de l'Hôtel-Dieu ; elles se tiendront le samedi à l'archevêché (1690), 238.
Séchoir sur la terrasse au-dessus de la nouvelle salle Saint-Antoine (1726), 294.
Secours aux personnes blessées lors de l'incendie de 1737, 335.
Seine. État du petit bras derrière l'Hôtel-Dieu, 256, 257.
—— On creuse le bras de la rivière qui passe derrière l'Hôtel-Dieu, 280.

Seine. État du petit bras de l'Hôtel-Dieu, 309.
—— Inspection du petit bras depuis le terrain jusqu'au Pont-Neuf ; rapport des inspecteurs, 310.
—— Travaux de curage du petit bras, 311.
—— Crue du mois de décembre 1740, 342.
Service des accouchements très fréquenté par les médecins étrangers (1718), 20 mai, 276, 277.
—— funèbre en l'abbaye de Saint-Denis par le cardinal Mazarin, 150.
—— funèbre en l'honneur des personnes qui ont péri dans l'incendie de l'Hôtel-Dieu (1737), 333.
Siège de Paris en 1590. Pillage du blé de l'Hôtel-Dieu, 21.
Soldats aux gardes. Des lits leur sont réservés à l'Hôtel-Dieu, 208.
—— aux gardes. Ils dévastent les marais de l'Hôtel-Dieu, 216.
Solliciteur au Châtelet de Paris (1531), 1.
Spécifique contre la fièvre, 273.
—— contre le scorbut, 303.
Spectacle au bénéfice d'un neveu de Corneille (1760), 382.
Spectacles (Droit sur les), 387.
—— (Droit sur les). Arrérages dus par les comédiens français et italiens, 377.
—— (Droit sur les). Procédure, 383.
Succession de Guise (1688), 233, 234.
—— de Lionne, 383.
—— Desroches (1662), 154.
Suisse. Le bureau en prend un deuxième pour chasser les vagabonds de l'Hôtel-Dieu (1739), 337.
Suisses à l'Hôtel-Dieu pour remplacer les portiers ordinaires, 210.
—— malades à l'Hôtel-Dieu : leur grand nombre (1587), 21.

T

Tabac. Défense aux malades et aux domestiques de fumer dans les salles, 276.
Tableaux brûlés par ordre du bureau, 275.
Taille à l'Hôtel-Dieu. Procédés employés, 132.
—— de la pierre (1647), 90, 192, 216.
—— de la pierre à l'Hôtel-Dieu (1644). 86, 242.
—— de la pierre. Les chirurgiens externes ne sont pas autorisés à y assister, 259.
—— de la pierre. Prétendu secret, 187.
—— des calculeux (1657), 120.
Taillés (Règlement de la salle des) (1704), 254.
—— (Statistique des) (1713), 267.
Tapisseries. On n'en mettra dans les salles de l'Hôtel-Dieu que le jour de la Fête-Dieu, 372.
Taxe des pauvres au profit de l'Hôtel-Dieu et de l'Hôpital-Général, 264, 274.
—— des pauvres du grand bureau, 184.

Taxe des pauvres imposée aux communautés de Paris (1591), 23.
Te Deum à l'église de l'Hôtel-Dieu pour le rétablissement du roi (1721), 286.
Teigneux mis hors de l'Hôtel-Dieu (1601), 30.
—— soignés à l'Hôtel-Dieu, 191.
Teinturiers de la rue de la Bûcherie (1647), 89.
Terrasse de l'Hôtel-Dieu (1632), 73, 130.
Testament de Colbert, 260.
Testaments des malades décédés à l'Hôtel-Dieu (1680), 214.
—— des malades. Ils sont reçus par les chapelains de l'Hôtel-Dieu, 232.
—— des malades qui décèdent à l'Hôtel-Dieu. Ils doivent être faits, suivant la coutume de Paris, en présence de trois témoins (1722), 288.
Thériaque préparée à l'Hôtel-Dieu et exposée publiquement, 343.

Tombes anciennes dans l'église Notre-Dame enlevées, 249.
Torche (Fief de la), 166.
Traité de la police, 271.
—— de la police. Règlement de compte entre l'Hôtel-Dieu et le sieur De Lamarre (1722), 288.
—— de la police. Le bureau s'oppose au privilège accordée au continuateur de De Lamarre (1731), 311.
—— de la police. Règlement de comptes avec le sieur Leclerc, 318.
Travaux de bâtiment à l'Hôtel-Dieu (1602), 31.
—— de l'Hôtel-Dieu empêchés par ceux qui se faisaient dans les maisons et châteaux du roi (1684, 20 octobre), 226.
—— de reconstruction à l'Hôtel-Dieu. Une partie des malades est transférée à Saint-Louis (1618), 53.
—— de reconstruction à l'Hôtel-Dieu (1619), 56, 57.

Travaux de réparations à l'Hôtel-Dieu (1642), 85.
—— neufs à l'Hôtel-Dieu (1602), 32; — (1604 et 1605), 34, 35.

Trésor supposé sous le mur de clôture de l'hôpital Saint-Louis, 230.
Tripiers de la rue de la Bûcherie (1647), 89.

Troncs de l'Hôtel-Dieu, 182.
Travaux dans les églises de Paris, 222.
Toilerie du faubourg Saint-Germain (1645), 88.

U

Union du prieuré de Saint-Julien-le-Pauvre à l'Hôtel-Dieu (1655), 104.

V

Val-de-Grâce (Religieuses du) (1645), 88; — (1655), 105.
Variole. Prétendu spécifique, 297, 298.
Varioleux à l'Hôtel-Dieu, 25.
Vendanges de Champrosay. Procédés économiques, 319, 320.
—— de l'Hôtel-Dieu à Champrosay, 289.
Vendangeurs. Ce qu'ils coûtaient à Champrosay en 1735, 320.
Ventilateur à la salle Saint-Landry, 376.
Vérole, 226.
Vérolés (1577), 13; 157, 228.
—— On les envoie aux commissaires des pauvres (1561), 5.
—— et teigneux soignés par le grand bureau des pauvres (1614), 46.
—— Ils ne sont pas reçus à l'Hôtel-Dieu (1606), 35, 48.
—— Doivent être soignés par le grand bureau des pauvres, 134.
—— On reproche aux religieuses de les recevoir à l'Hôtel-Dieu contrairement au règlement, 230.
—— Ils seront *corrigés* avant d'être envoyés au troisième bureau des pauvres, 251.
Vêtements des malades décédés; défense de les vendre (1584), 15, 16.

Vêtements refusés aux religieuses, à cause de la misère du temps (1573), 9.
Viande. Défense de la délivrer crue aux religieuses et filles blanches (1573), 8.
—— fournie par l'Hôtel-Dieu à la maison du roi pendant le carême, 274.
Vierge du Petit-Pont, 349.
Vignes de l'Hôtel-Dieu à Champrosay; leur produit (1703), 253.
—— de l'Hôtel-Dieu. Les administrateurs se partagent la surveillance des vendanges (1585), 18.
Vin à l'Hôtel-Dieu (État de distribution du), 253.
—— (Cherté du) (1576), 12.
—— de Meudon (1547), 4.
—— de Suresnes, 3.
—— des malades supprimé le matin (1617), 52.
—— (Diminution de la consommation du) (1573), 8.
—— (Distribution du) à la maison de la Santé (1608), 39.
—— (Distribution du) à l'Hôtel-Dieu (1603), 34.
Vinaigriers. Défense de faire leurs *gravelées* à Montfaucon, 54.

Viol d'une jeune fille convalescente par un élève chirurgien, 212.
Visite des femmes malades. Le maître au spirituel demande qu'elle soit faite par une femme, 203.
—— des malades entrants; elle se fait dans l'église de l'Hôtel-Dieu (1664, 26 mars), 165.
—— des personnes qui entrent à l'Hôtel-Dieu ou en sortent (1640), 83.
—— du roi à l'Hôtel-Dieu (1669), 186.
Vitraux de la salle Saint-Thomas (1603), 33.
Voirie de Montfaucon (1618), 54.
Voitures publiques de Paris en Normandie, 279.
—— publiques du Roule-sous-Gaillon à Saint-Ouen, 275.
Volaille aux femmes en couches (1643), 86.
Vols à l'Hôtel-Dieu (1573), 10.
—— de cadavres au cimetière de Clamart, 248.
—— d'effets et de linges à l'Hôtel-Dieu. Mesures prises par le bureau, 277.

TABLE DES NOMS DE PERSONNES.

A

Acart, substitut du procureur général, 190.
Arcart, gouverneur de l'Hôtel-Dieu, 195.
Adam, avocat, 232.
Afforty, médecins, père et fils, 254, 287, 296, 313, 345.
Aimeret, médecin de l'Hôtel-Dieu, 231; (1697), 248.
Alan (Philippe), médecin de l'Hôtel-Dieu (1560), 5.
Albert (Charles-Philippe d'), duc de Luynes et de Chevreuse (1748), 350.
Alence (D'), chirurgien, 124.
Alet, opérateur de la taille à l'Hôtel-Dieu (1659), 138.
Alexander, 319.
Aligre (D') (1661), 151.
Aligre (Étienne d'), ministre d'État, 190.
Aligre (Marquis d') (1657), 122.
Alonville (Louis d'), chevalier, 176.
Aluys (Marquis d'), 216.

Ameline, archidiacre de Notre-Dame (1701), 251.
Amelot, premier président de la cour des aides (1657), 125.
Amelot, premier président, gouverneur de l'Hôtel-Dieu, 182.
Andrenau, quartenier de Paris (1608), 39.
Angeau (Marquis d') ou Dangeau (1707), 259.
Angennes (Louise-Élisabeth d'), 179.
Anne d'Autriche (1667), 12 août, 180.
Antin (Marquis d') (1662), 153.
Antheaulme (Antoine), fermier de l'Hôtel-Dieu à Marly (1653), 96.
Antoine, chirurgien à Méry-sur-Seine, 250.
Antoine, opérateur de la taille en Champagne, 235.
Argenson (Comte d') (1749), 353.
Argenson (D'), 259.

Argenson (D'), administrateur de l'Hôtel-Dieu (1720), 282.
Argenson (D'), lieutenant général de police, 248.
Argentel (D'), 339.
Argouges (D'), conseiller d'État (1682), 220.
Arnaud (Georges), maître chirurgien, bandagiste de l'Hôtel-Dieu, 342.
Arnauld de Pomponne, 284.
Arrault, gouverneur de l'Hôtel-Dieu (1699), 249.
Artagnan (Dame Claude d'), 241.
Astry (Duc d') (1647), 89.
Aubigny (D'), 138.
Aubry (Jean), 43.
Aumale (Chevalier d') (1590), 21.
Aumetel, médecin, 124.
Aumont (Antoine d'), 179.
Avate, jésuite et confesseur du roi (1661), 151.

B

Babinet (Hugues), notaire à Paris (1590), 22.
Bachelier, gouverneur de l'Hôtel-Dieu (1680), 217.
Bachelier, receveur de l'Hôtel-Dieu, 139.
Bachelière (De la), gouverneur de la Bastille (1657), 120.
Bachelière (Dame de la), gouvernante de la Bastille, 127.
Bachelot (Anne), 229.
Bachet, médecin à Paris (1651), 93.
Bademier, 172.
Badinier (Jean), marchand de charbons à Joigny (1644), 87.
Baglan, médecin, 247.
Baille, ancien avocat au Parlement, gouverneur de l'Hôtel-Dieu, 259.
Baille, maître chirurgien (1727), 297.
Bailleul (Président de) (1649), 70.
Bailly, médecin expectant de l'Hôtel-Dieu (1729), 305. — Médecin ordinaire, idem.
Balbis (Jean-Baptiste), chirurgien du prince de Carignan, 275.
Balesdens (De), de l'Académie française, 204.
Balzac d'Entraigues (Charlotte de), 169.
Bannelier, gouverneur de l'Hôtel-Dieu (1682), 221.

Barbas (Georges), chirurgien de l'Hôtel-Dieu (1539), 3.
Barbe, maître apothicaire de l'Hôtel-Dieu. Ses gages (1709), 262.
Barbier de la Rivière (1662), 154.
Barde (De la), chanoine de Paris, 215.
Barjeton, avocat au Parlement, administrateur de l'Hôtel-Dieu, 349.
Baron (Jean) (1684), 74.
Baron, médecin ordinaire de l'Hôtel-Dieu (1750), 356.
Barres (Baron des) (1655), 105.
Barrois (Anne) (1721), 286.
Basly, avocat aux conseils du roi, 383.
Bassery (1722), 288.
Bassompierre (Dame de) (1639), 81.
Bassompierre (François de), maréchal de France, 169.
Bassompierre (Louis de), évêque de Saintes, 169.
Bastien, chapelain de l'hôpital Saint-Marcel (1645), 88.
Baudichon (Ambroise), receveur général de l'Hôtel-Dieu (1573), 9.
Baudouin, procureur au Châtelet, 157, 176.
Baudry (De), lieutenant général de police (1720), 284.
Baussan, 312.

Bavière (Sophie de), 350.
Bayard, apothicaire de l'Hôtel-Dieu, 149, 252.
Bazin, administrateur de l'Hôtel-Dieu, 290.
Bazin (Simon), médecin de l'Hôtel-Dieu (1601); — (1615), 30, 49.
Bazinière (Marguerite Bertrand de la), 224.
Bazuel, prévôt de la communauté des maîtres chirurgiens, 373.
Beaudouyn, notaire, 44.
Beaufort (Duc de) (1649), 91.
Beaujeu (Marquis de) (1655), 105.
Beaume (Jacques), inspecteur de l'Hôtel-Dieu (1766), 390.
Beaumont (De), 154.
Beaumont (Le Nain de), 196.
Beausire, architecte de la ville de Paris (1730), 307.
Beausire, architecte des bâtiments du roi (1718), 276.
Beausire fils, architecte, 280.
Beaussan, président en l'élection de Paris, gouverneur de l'Hôtel-Dieu (1673), 195.
Beauvais (De) chirurgien de l'Hôtel-Dieu (1672), 194.
Beauvais (De), 154.
Beauvais (De), notaire à Paris, 260.
Becher (Jean), chirurgien à l'Hôtel-Dieu, 232.

TABLE DES NOMS DE PERSONNES.

Bechist (André), chirurgien irlandais (1659), 139.
Belin (De), gouverneur de Paris (1591), 23.
Bellegarde (Anne-Marie de), 216.
Bellemare (Noël), peintre (1534), 2.
Belleteste, médecin ordinaire de l'Hôtel-Dieu, 363.
Belleval (Richer de), 193.
Bellièvre (De), premier président au Parlement, administrateur de l'Hôtel-Dieu (1641, 1653), 84, 96.
Bellièvre (Président de) (1657), 122.
Belot, médecin ordinaire de l'Hôtel-Dieu, 349.
Belot, notaire à Paris, 260.
Benard (Guillaume), sieur de Rezé (1612), 44.
Bénard (Martin) (1587), 20.
Benjamin, vicaire de l'archevêché de Paris, 195.
Benoist (Charles), juré maçon, 73.
Benoît, administrateur de l'Hôpital-Général (1760), 382.
Benoize, auditeur des comptes, 156.
Benoize (Dame), 156.
Berault, 187.
Bercagny, 350.
Bercher (Jean), compagnon chirurgien de l'Hôtel-Dieu, 280.
Berger ou Bercher, médecin expectant de l'Hôtel-Dieu, 373.
Bergerac (Antoine de), 314.
Bergerot, premier compagnon chirurgien gagnant maîtrise, 304.
Beringhen (De), 206.
Beringhen (De), premier écuyer du Roi, 242.
Beringhen (Marquise de), 1722, 288.
Berlize (Faure de), 192.
Bernage (De), prévôt des marchands, 346.
Bernard (1726), 292.
Bernard, chirurgien gagnant maîtrise à l'Hôtel-Dieu, 375.
Bernard (Pierre), religieux de l'Hôtel-Dieu (1560), 5.
Bernay (De), conseiller au Parlement (1637), 77.
Bernier (Antoine), médecin de l'Hôtel-Dieu (1597), 28.
Berrier (Jacques) (1635), 75.
Berryer, lieutenant général de police, administrateur de l'Hôtel-Dieu, 350.
Berthelin (D^r) (1720), 284 et 308.
Berthelot, commissaire-général des poudres et salpêtres, 198.
Berthelot (François), 199, 203, 205.
Berthelot (Simon), 203.
Bertillac (De), garde du trésor royal, 178, 180.
Bertin, lieutenant général de police, administrateur de l'Hôtel-Dieu, 376.
Bertrand, médecin de la Faculté de Paris et de l'Hôtel-Dieu (1722), 287, 320.
Bessières, chirurgien juré à Paris, 248.

Béthunes (Marquis de), ambassadeur de France en Pologne, 232.
Beucher, chirurgien de l'Hôtel-Dieu, 242.
Bezard (Pierre) (1598), 29.
Bezart (Pierre), greffier du bureau de l'Hôtel-Dieu (1629), 70.
Bèze (Jacques de) (1583), 14.
Bidault d'Aubigny, conseiller de la cour des monnaies, administrateur de l'Hôtel-Dieu, (1759), 377.
Bidault d'Aubigny (1766), 389.
Bièvre (Jean de), fermier de l'Hôtel-Dieu à Créteil (1649), 91.
Bignon, prévôt des marchands, administrateur de l'Hôtel-Dieu, 388.
Bigot, 228.
Billet (Guillaume), chirurgien, 152.
Billy (Françoise de), sage-femme de l'Hôtel-Dieu, 157, 168.
Billy (Hélie), 121.
Biron (Maréchal duc de), colonel des gardes françaises (1765), 389.
Bizy (Cardinal de), 285.
Blancone, 184.
Blaru (De), 312.
Blondel, doyen de la Faculté de médecine de Paris, 135, 145.
Blouin, ancien échevin de Paris, gouverneur de l'Hôtel-Dieu, 266.
Bochard de Sarron, 194.
Boffrand (Boffranc et Boiffranc), architecte, 280 (1731), 310, 311, 328.
Bogue, doyen de la cathédrale de Nevers, 165.
Boisard, 303.
Boisherpin (D^{lle} de) (1599), 29.
Boisloré, maître chirurgien à Saint-Lô (1655), 101.
Bompart, médecin expectant de l'Hôtel-Dieu (1709), 262 (1714), 269.
Bonaventure (père), de Troyes, 160.
Bonnet (Jean), chirurgien de l'Hôtel-Dieu (1606), 36, 46, 48, 57.
Bontemps, notaire à Paris (1612), 44.
Bontemps, valet de chambre du roi (1676), 204.
Bony, 8.
Bornat architecte, (1683), 151, 225.
Borrius, médecin de l'Hôtel-Dieu, 31.
Bosc, gouverneur de l'Hôtel-Dieu, ancien prévôt des marchands, 250.
Bosmelet (Présidente de) (1711) 266.
Botentuit, chirurgien de l'Hôtel-Dieu, 218, 231, 235.
Boucant (Louis-Zorobabel), 304.
Boucher, administrateur de l'Hôtel-Dieu (1731), 311.
Boucher, chanoine de l'église de Paris, 206.
Boucher (Étienne), maître de l'Hôtel-Dieu, 149.
Boucher, médecin (1660), 145.
Boucher, notaire, 67.
Boucher de Saint-Jérôme (Marie), prieure de l'Hôtel-Dieu, 223.

Boucherat (François), bourgeois de Paris (1632), 73.
Boucherat, maître des requêtes (1661), 151.
Bouchet, maître chirurgien de l'Hôtel-Dieu, 157.
Boucot (Zorobabel), compagnon chirurgien gagnant maîtrise, chirurgien-major des Invalides (1726), 293.
Boudin, médecin ordinaire du roi, 273.
Boudou (Pierre), maître chirurgien de l'Hôtel-Dieu (1725), 292, 303.
Boullenois, substitut du procureur général, 372.
Boulogne (De), intendant des finances (1766), 389.
Bouquet (Geneviève), religieuse puis prieure de l'Hôtel-Dieu (1689), 80, 169.
Bource (Antoine), receveur de l'Hôtel-Dieu (1644), 87.
Bourdeilles (François de), chirurgien du roi (1665), 169.
Bourdelin, médecin ordinaire de l'Hôtel-Dieu, 340, 362.
Bourgeois, chirurgien, 304.
Bourges (De), épicier (1594), 26.
Bourges (De), le jeune, médecin à Paris (1651), 93, 135, 188, 231.
Bournonville (De) (1662), 155.
Boursier, gouverneur de l'Hôtel-Dieu (1590), 21.
Boussier (De), inspecteur de l'Hôtel-Dieu, 359.
Boutellier (Jacques), sonneur de l'église de Paris (1545), 4.
Bouvier (François), maître peintre (1607), 37.
Boyard, inspecteur de l'Hôtel-Dieu (1726), 294.
Bragelonne (De), trésorier de France, 280.
Bragelonne (De), gouverneur de l'Hôtel-Dieu, 280.
Brayer (Nicolas), docteur régent de la Faculté de médecine de Paris, 186.
Breau (D^{lle} de) (1601), 30.
Brenne (François de), 194.
Bretagne (Maurice de) (1597), 28.
Breteuil (Abbé de), 375.
Bretonnier, major du régiment des gardes françaises (1765), 389.
Brice (Époux), bienfaiteurs des Incurables (1656), 118.
Briçonnet, gouverneur de l'Hôtel-Dieu (1531), 1.
Briçonnet, administrateur des Enfants-Rouges (1656), 119.
Brienne (Comte de), 157.
Brière (Claude), chirurgien de l'électeur de Bavière (1715), 271.
Brife (De la), 226.
Brinvilliers (De) (1669), 184.
Brisset, médecin de l'Hôtel-Dieu, 191.
Brisson, avocat (1577), 12.
Brochant, trésorier de la Cour des aides, administrateur de l'Hôtel-Dieu (1759), 377.

TABLE DES NOMS DE PERSONNES.

Brochet (1531), 1.
Broglie (Abbé de), 350.
Brossard (Barbe), religieuse de l'Hôtel-Dieu (1628), 70.
Brou (Abbé de), 208.
Broutonne (Jean) (1612), 44.
Broutonne, maître serrurier (1608), 39.
Bruant, architecte (1683), 200, 225.
Brunswick (Duchesse de) (1728), 298.

Bruslard (Pierre), bourgeois de Paris, 212.
Buchère, administrateur de l'Hôtel-Dieu, 290.
Buisson, chanoine de l'église de Paris (1591), 24.
Bule (Charles), médecin anglais (1722), 288.
Bulion (Mme de), 167.
Buon (Marie), 255.
Bureau, chirurgien de l'Hôtel-Dieu (1539), 3.

Bureau (Dame), ancienne sage-femme de l'Hôtel-Dieu; ses démêlés avec le bureau, 202, 204, 241.
Bureau, libraire, 144.
Burlet, médecin expectant de l'Hôtel-Dieu, médecin du roi d'Espagne (1707), 260.
Bussac (De), prévôt de la communauté des maîtres chirurgiens, 373.
Bussy-Rabutin (De), 221.

C

Cabany, premier élève en chirurgie, 389.
Caille (Louis-François de la), chirurgien de l'Hôtel-Dieu, 321.
Cailledru (Claude) (1629), 71.
Caillet, chirurgien de l'hôpital Saint-Louis, 183.
Callier (Abraham), chirurgien (1629), 72.
Callières (De), 275, 288.
Cambray (Nicolas de), maître sculpteur (1609), 41.
Camphel, médecin anglais (1721), 287.
Camus (Édouard), conseiller du roi, 192.
Camus (Le), premier président de la Cour des aides (1715), 271.
Camuset, entrepreneur de la couverture de l'hôpital Saint-Louis, 47.
Caperon, chirurgien-dentiste à Paris, 358.
Cappon, médecin de l'Hôtel-Dieu (1638 et 1642), 78.
Carenda (Anne-Catherine), maîtresse sage-femme de l'Hôtel-Dieu, 358.
Carmagnole (André de), prêtre de l'Oratoire, 230.
Cassegrain, chanoine d'Évreux (1634), 74.
Castagnet, opérateur de la taille, 132 et 137.
Castelan, 225.
Castille (Marie-Madeleine de), 223.
Catinat (Maréchal de), 267.
Cauchoys, huissier (1595), 27.
Cavellier (Jean), maître chapelier à Paris, (1607), 37.
Ceron, médecin expectant de l'Hôtel-Dieu (1722), 287.
Chabrerie (De la), fermier général, administrateur de l'Hôtel-Dieu, 337, 389.
Chabu, 211.
Chaillou, maître chirurgien, 210.
Chaisnebaudière (De la), 153.
Chalais (Comte de), 153.
Challoteau (Pierre), chirurgien (1625), 68.
Chaloppin (D^{lle}), directrice de la maison des Convalescentes, 329.
Champaigne (Claude), maître charpentier (1609), 89.
Champy, secrétaire du roi, gouverneur de l'Hôtel-Dieu (1679), 213.
Chandelier, gouverneur de l'Hôtel-Dieu (1676), 205.
Chapellier, avocat général à la Cour des aides (1652), 96.
Charles VII, 138.

Charlier (Guillaume), notaire royal à Reims, (1622), 67.
Charpentier (Suzanne), 181.
Charraut (Charost?), comte, 158.
Chartrain, agent des affaires de l'Hôtel-Dieu, 375.
Chastres (Marquise de) (1722), 288.
Chauffailles (Damangé, comte de) (1730), 305.
Chaulnes (Duchesse de) (1722), 288.
Chauvet, prévôt de la communauté des maîtres chirurgiens de Paris, 304.
Chavange (De) (1722), 288.
Chefdeville, substitut du procureur général (1729), 304.
Chemin (Guillaume du), 169.
Chenart, médecin de l'Hôtel-Dieu, 189.
Chevalier, 187.
Chevalier, chanoine de l'église de Paris (1727), 297.
Chevalier, syndic du diocèse de Paris, 303.
Chevallier, premier président de la Cour des aides (1629), 70.
Chevigny (De), 153.
Choart, maître des comptes, gouverneur de l'Hôtel-Dieu (1673), 195, 212, 296.
Chomares (Anne), 185.
Chomel, médecin de l'Hôtel-Dieu (1710), 265, 358.
Choppin (Jean), marchand (1623), 67.
Chouix, huissier du Parlement (1722), 289.
Chuppé, gouverneur de l'Hôtel-Dieu, 189.
Chuppin, ancien trésorier général du marc d'or, gouverneur de l'Hôtel-Dieu, 244.
Claperon (De), négociant à Lyon, 265.
Clément (Bastien), fermier de l'Hôtel-Dieu à Champrosay (1531), 1.
Clément (Catherine), 298.
Clément (Guillaume), greffier de l'Hôtel de Ville (1618), 52.
Clerambault, gouverneur de l'Hôtel-Dieu, 238.
Clermont (Comtesse de), 177.
Clermont-Gallerande (Pierre-Gaspard de), 350.
Cocaigne, receveur des Incurables, 130, 199.
Cochet, baron de la Ferté-Chaudron (1660), 145.
Cochet de Saint-Vallier (Melchior), 344.
Cochin, secrétaire du roi, administrateur de l'Hôtel-Dieu, 346, 349.

Cochu, médecin ordinaire de l'Hôtel-Dieu (1749), 352.
Cocquelin (Louise), veuve Morlet, sage-femme de l'Hôtel-Dieu, 280.
Cœtmadeu (De) (1714), 269.
Cœuret de Fromonville, auditeur des comptes, administrateur de l'Hôtel-Dieu, 346.
Coignet, gouverneur de l'Hôtel-Dieu (1590), 21.
Coignet, avocat au Parlement, chargé de l'inventaire des archives de l'Hôtel-Dieu (1641), 84.
Coislin (Abbé de) (1662), 154.
Colbert (Élisabeth-Marguerite) (1738), 336.
Colbert, intendant du cardinal Mazarin, (1655), 100, 117, 144, 150, 182, 204, 260.
Col de Villars, médecin ordinaire de l'Hôtel-Dieu, 352.
Coleani, 79.
Colignon, chirurgien de l'Hôtel-Dieu, 242.
Coligny (De), 179.
Colleron, notaire (1608), 40.
Collin, directeur de l'Hôpital-Général, 280.
Collo, 166, 169, 170, 184, 200, 201, 210.
Collot, chirurgien (1652), 95.
Colombet (D^{lle}), directrice de la maison des convalescentes (1716), 271, 285.
Colot, opérateur de la taille (1657, 11 avril), 121, 124, 218. (Voir Collo et Collot.)
Comesnil (Mme de), 192.
Condé (Prince de), 170, 230, 256.
Condé (Princesse douairière de) (1662), 154.
Coqueret (Jean-François), compagnon chirurgien de l'Hôtel-Dieu, 349.
Contade (De), major du régiment des gardes françaises (1726), 294.
Contes (Jean-Baptiste), doyen de Notre-Dame (1655), 107.
Contesse (De), juré en l'office de maçonnerie (1632), 73.
Contesse (Étienne), avocat au Parlement, (1576), 11.
Coppier (Jacques), praticien et bourgeois de Paris (1573), 9.
Corbilly (Pierre), chirurgien de l'Hôtel-Dieu, (1603), 33, 68.
Corneille, 382.
Cornet (Gilles), maître tailleur suivant la cour, 157.

5s.

412   TABLE DES NOMS DE PERSONNES.

Cornette (Étienne-Pierre), trésorier général des galères, 359.
Cornu (Germain), procureur au Châtelet (1652), 94.
Coste (De la), ancien maître au spirituel de l'Hôtel-Dieu, 251.
Coton (D^lle), 185.
Coudray (Du), 153.
Couët de Montbayeux, administrateur de l'Hôtel-Dieu (1721), 286.
Couppy, maître apothicaire, 224.
Courcier, théologal de Notre-Dame, 251, 297.

Courcillon (Marie-Sophie, princesse de), 350.
Courcillon (Philippe de), 350.
Courtois, médecin de l'Hôtel-Dieu, 157.
Couteulx (Le), receveur général de l'Hôtel-Dieu, 349.
Coynart (Claude), receveur général de l'Hôtel-Dieu (1573), 9.
Cramoisy, gouverneur de l'Hôtel-Dieu (1640), 81.
Creil (De), gouverneur de l'Hôtel-Dieu (1629), 70, 81.
Crèvecœur (Mme de), 196.

Croissy-Fouquet, 179.
Croquet, administrateur de l'Hôtel-Dieu, (1559), 5.
Crosson (Robert), médecin de l'Hôtel-Dieu (1573), 7, 9.
Cruger, premier chirurgien du roi de Danemark (1725), 291.
Cudefo, administrateur de l'Hôtel-Dieu, 135.
Cyrano (D^lle de), 144.
Cyrano, trésorier des aumônes du roi (1652), 96.

D

Dagonet (L'abbé), 348.
Dagonne (Pierre), maître jardinier, 46.
Daguets (Jean), prévôt de la Santé (1609), 41.
Dajon, chapelain de l'Hôtel-Dieu (1623), 67.
Dalauce (Daniel), maître chirurgien à Tours (1639), 81.
Dandreau, secrétaire du roi, gouverneur de l'Hôtel-Dieu (1701), 252.
Danets, évêque de Toulon, 75, 161.
Dangeau, 259.
Dangeau (Marquis de) (1748), 350.
Dasque (Jean-Pierre), garçon chirurgien de l'Hôtel-Dieu, 349.
Dattin (Jacques), maître d'hôtel ordinaire du roi, 224.
Daubigeois, administrateur de l'Hôtel-Dieu (1534), 2.
Daucourt, fermier général, 383.
Daverdoin (Mme), 334.
David (Charles), juré maçon, 73.
Davivier, 8.
Debeine, gouverneur de l'Hôtel-Dieu (1689), 236.
Decrean (Jean), menuisier, 81.
Defita (Marie) (1645), 88.
Deffunctis, prévôt des archers (1617), 52.
Delacourt, gouverneur de l'Hôtel-Dieu (1634), 74.
Delahaye, gouverneur de l'Hôtel-Dieu (1606), 36, 81.
Delahaye, maître de la Monnaie de Paris (1591), 25.
Delaistre (Balthasar), chirurgien de l'Hôtel-Dieu (1572), 7.
Delaleu (André), médecin expectant de l'Hôtel-Dieu (1719), 281.
Delaleu, médecin ordinaire de l'Hôtel-Dieu (1725), 290, 305.
Delamarche (Dame), maîtresse sage-femme de l'Hôtel-Dieu, 230.
Delaplace (Veuve), née Jouet, maîtresse sage-femme de l'Hôtel-Dieu (1764), 388.
Delapierre (Jean) (1608), 40.
Delaunay (Claude), meunier à Paris (1574), 11.
Delaunay, médecin à Paris (1651), 93.
Delpesse de l'Estang (Marie), 166.

Demarle, administrateur de l'Hôtel-Dieu (1531), 1.
Demouchy, capitaine du faubourg Saint-Marcel, (1649), 91.
Deniau, 221.
Deniot, médecin de l'Hôtel-Dieu (1636), 76.
Denison (Catherine), 73.
Deparcieux, 390.
Depoix, gouverneur de l'Hôtel-Dieu (1634), 74.
Descarreaux (Dame), sage-femme de l'Hôtel-Dieu, 241.
Desforges, compagnon chirurgien gagnant maîtrise, 348.
Desfossés (Jean), entrepreneur de la charpente de l'hôpital Saint-Louis, 46.
Desgots (Pierre), jardinier des Tuileries (1660), 144.
Desjours (Claude), chirurgien gagnant maîtrise à l'Hôtel-Dieu, 267.
Deslandes (Marie) (1645), 88.
Desmartins, commissaire des guerres (1677), 206.
Desnot (Antoine), maître maçon (1608), 38.
Desnots, notaire au Châtelet, 255.
Desnotz (Antoine), entrepreneur de l'hôpital Saint-Louis, 46.
Despoix (Robert), gouverneur de l'Hôtel-Dieu (1586), 18.
Desprez, gouverneur de l'Hôtel-Dieu (1587), 20, 70.
Desroches, chanoine de Paris, 150, 153, 154, 156, 186.
Desvieux, 312.
Desvignes, maître menuisier, 276.
Dever, chirurgien à Paris (1640), 84.
Dombreval, lieutenant général de police (1724), 290.
Donon (Gabriel), fermier des dîmes de l'Hôtel-Dieu (1651), 93.
Dormans (De), conseiller de la cour de Parlement (1562), 6.
Dorsay, gouverneur de l'Hôtel-Dieu, 250.
Doucet, 117.
Doucet, médecin expectant de l'Hôtel-Dieu (1762), 385.
Doye, médecin ordinaire de l'Hôtel-Dieu, 254, 287.

Drelincour, ministre de la religion réformée, 160.
Drelineau, ministre de la religion réformée, 177.
Dreux (Denis), procureur au Châtelet (1586), 19.
Dubois (Cardinal) (1721), 287.
Dubois (Gilles), libraire et relieur ordinaire du roi (1652), 94.
Duchesne, médecin major de l'hôtel des Invalides, 207.
Ducray, ingénieur hydraulicien (1766), 390.
Ducrocq, capitaine du faubourg Saint-Marcel, 91.
Dugué (Gabrielle), 227.
Dugué de Bagnols (Louis), maître des requêtes, 227.
Dupin (Pasquier), fermier des dîmes de l'Hôtel-Dieu (1651), 93.
Dupont, dentiste du roi, 127.
Dupont (Jean), 43.
Duportault, avocat au conseil, gouverneur de l'Hôtel-Dieu, 260.
Dupré, commissaire des guerres à Saint-Denis, 346.
Dupré (François), chirurgien de l'Hôtel-Dieu (1700), 250.
Dupré, médecin à Paris, attaché à l'Hôtel-Dieu (1688), 79, 85, 90.
Dupuis (François), avocat au Parlement (1532), 2.
Dupuis, inspecteur de l'Hôtel-Dieu, 235.
Durand (Claude), bachelier en théologie (1599), 29.
Dusouul, 334.
Dutertre, substitut perpétuel du médecin du roi (1687), 232.
Duval, chanoine de Verdun (1653), 98.
Duvant, trésorier de France, administrateur de l'Hôtel-Dieu, 350.
Duverger (Pierre), chirurgien de l'Hôtel-Dieu, 250, 256.
Du Vernay, professeur au Jardin des Plantes, 206.
Duverrier (Armand-Jean), chevalier (1680), 217.

E

Effiat (Abbé d'), 176, 252.
Effiat (Marquis d'), 216.
Elbeuf (Duchesse d') (1704), 254.
Emery (D'), lieutenant de robe courte (1749), 351.
Emmerez, médecin expectant de l'Hôtel-Dieu (1720), 281.
Enguehard l'aîné, médecin des Incurables, 261.
Enguehart, médecin de l'Hôtel-Dieu, 226.

Épernon (Sieur d'), 151.
Épine (De l'), architecte, 260.
Esco (Baron d') (1597), 28.
Espigny (D'), gouverneur de Corbeil (1591), 23.
Espine (De l'), architecte des bâtiments du roi, 269, 284.
Estivalle (Sieur d'), 126.
Estournelles (D'), 181.

Estrechy (D'), gouverneur de l'Hôtel-Dieu, 238.
Estrées (Cardinal d'), 279.
Estrées (Maréchal d'), 279.
Étienne (Maître), pannetier de l'Hôtel-Dieu (1544), 4.
Eugène de Savoie (Prince), 335.
Eve (Jean-Baptiste d'), procureur au Châtelet, 193.

F

Fagon, médecin surnuméraire de l'Hôtel-Dieu, 178, 180, 273.
Farjeux (De Saint-), chapelain de Saint-Jacques-l'Hôpital, 347.
Faure de Berlize, 192.
Favée, receveur général de l'Hôtel-Dieu, 271, 383.
Fautrière (Mme de la), 334.
Félix, premier chirurgien du roi, 167, 179, 181.
Fenonceaux (Jeanne de), 176.
Ferant, licencié au Châtelet (1596), 28.
Ferrand, conseiller en la grand'chambre (1640), 84.
Ferraud, médecin de l'Hôtel-Dieu (1638), 78.
Ferré (Barbe), religieuse de l'Hôtel-Dieu (1628), 70.
Fery (Le Père), 376.
Feuillade (De la), 196.
Feydeau de Marville, lieutenant général de police, administrateur de l'Hôtel-Dieu (1740), 340.

Fieubet (De), trésorier de l'Épargne (1645), 88.
Fieubet (De), conseiller d'État, 220.
Fieubet, maître des requêtes, 271.
Fieubet, receveur de l'Hôtel-Dieu, 347.
Filsac (De) (1638), 78.
Fitte, prévôt de la communauté des maîtres chirurgiens, 373.
Fleix (Mme du), 224.
Fleury (Cardinal de), 300.
Fleury, maître maçon (1608), 38.
Foix (De), fermier du péage du Pont-au-Double, 125.
Fontaine (Toussaint), docteur régent en la Faculté de médecine de Paris, 186, 265, 282, 346.
Fontenay (Madeleine), sous-prieure (1619), 58.
Force (Duchesse de la) (1711), 266.
Forget (Jean), président au Parlement, 44.
Fornes (Jean-Baptiste), receveur général de l'Hôtel-Dieu (1649), 92.

Foubert, lieutenant du premier chirurgien du roi, 373.
Foucquet, 8.
Foullon (Charles), 55.
Fouquesole (Dame de), 157.
Fouquet (François), conseiller d'État, 223.
Fouquet, premier écuyer des grandes écuries du roi, 150, 223.
Fouquet, surintendant, 150, 168, 223.
Fourneux (Chevalier de), 216.
Frades, chirurgien de l'Hôtel-Dieu (1672), 194.
Fradin, apothicaire de l'Hôtel-Dieu, 223.
Francier ou Francière, médecin de l'Hôtel-Dieu, 50, 54.
Frayer (Louis), maître au spirituel de l'Hôtel-Dieu (1701), 251.
Fremont, 245.
Fremont, garde de la communauté des maîtres chirurgiens de Paris, 304.
Fretteville (De), contrôleur de la ferme du tabac (1721), 286.

G

Gaburet (Nicolas), chirurgien (1619), 58.
Gaian, chirurgien à Paris (1662), 155.
Gaian (Dame), sage-femme de l'Hôtel-Dieu (1660), 145.
Gaillet (Nicolas), marchand à Paris, 8.
Galinière (De) (1657), 121.
Gallois, secrétaire du roi, administrateur de l'Hôtel-Dieu, 346, 377.
Gamart, architecte (1625), 68.
Gamaches (De), chanoine de Paris (1652), 94.
Gamard (Christophe) (1645), 89.
Garbes (De), médecin de l'Hôtel-Dieu (1661), 146, 186.
Garbes père, 235.
Garinchart (François), charpentier, 56.
Garnot, auditeur en la Chambre des comptes, gouverneur de l'Hôtel-Dieu, 279.
Garnot, administrateur de l'Hôtel-Dieu, 377.
Garnyde Capitaine (1584), 16.

Garrigues, receveur de l'hospice des Incurables, 271.
Gaultier, notaire à Paris, 235.
Gautier (Gabrielle), 311.
Geal, médecin (1721), 285.
Gedouin ou Geduin, 148.
Général (François), maître au spirituel de l'Hôtel-Dieu (1727), 298.
Geoffroy, doyen de la Faculté de médecine, 304.
Gerbe (Cloud), sergent à cheval au Châtelet (1538), 3.
Gerbier, avocat au Parlement (1767), 396.
Germain (Catherine), 203.
Gessart, architecte, 200.
Gesvres (Duc de) (1682), 220.
Gilbert (François-Simon), 295.
Gilles (Antoine-Martin), compagnon chirurgien gagnant maîtrise, 373.
Girard, oculiste, 219.
Girard (Pierre), compagnon chirurgien, 188.

Giraud, chirurgien (1652), 95.
Gobelin, (1531), 2.
Gomont (De), administrateur de l'Hôtel-Dieu (1654), 99.
Gondouyn (Marin), maître boucher à Paris (1609), 42.
Gondreville (De) (1660), 144.
Gondy (Marguerite de), marquise de Maignelay (1650), 92.
Gontaut (De), doyen du chapitre de Notre-Dame de Paris (1733), 313.
Gouet (Edmée), maîtresse sage-femme de l'Hôtel-Dieu (1737), 333, 339.
Gouin, chirurgien chargé de la taille (1656), 114, 187.
Goulard, chanoine de l'église de Paris (1727), 297.
Goupil (Geneviève), sage-femme de l'Hôtel-Dieu (1617), 52.
Goupy, gouverneur de l'Hôtel-Dieu (1688), 233.

TABLE DES NOMS DE PERSONNES.

Gourgoulon (Jean), maître maçon (1586), 19.
Gourville (De), intendant de la maison du prince de Condé, 230.
Goussault (Présidente) (1634), 74.
Gouyn (Gaspard), chirurgien de l'Hôtel-Dieu (1648), 90.
Grain, chirurgien du roi d'Angleterre (1723), 289.
Grammont (Maréchal de), colonel des gardes françaises (1661), 151.
Grégoire, 258.
Greslé, secrétaire du roi, gouverneur de l'Hôtel-Dieu (1694), 245.
Grignon (1671), 191.
Gruer, directeur de l'Opéra, 308.
Gruyn, garde du trésor royal (1697), 248, 303.

Gueffier, régisseur en chef de l'octroi (1726), 295.
Guelin, maître des œuvres de la ville, 57.
Guelin (Pierre), juré du roi en l'office de maçonnerie (1602), 32.
Guémenée (Prince de), 255.
Guérin (Laurent), barbier chirurgien (1598), 29.
Guérin (Laurent), chirurgien de longue robe (1619), 57.
Guérin, maître maçon (1609), 41.
Guerry, dépensier de l'Hôtel-Dieu, 333.
Guiche (Louise de la), 165.
Guignard (Dame), 254.
Guignon, maître au spirituel au l'Hôtel-Dieu, 298.
Guille, secrétaire de Colbert, 204.

Guillemin (Alexandre), chirurgien (1628), 70.
Guiller (De), chevalier de Saint-Lazare, 273.
Guillot, 254.
Guiloire (Jacques), conseiller du roi, gouverneur de l'Hôtel-Dieu, 202.
Guiot, fermier du Pont-au-Double, 208.
Guise (Duchesse de) (1590), 21.
Guise (Duchesse de), 375.
Guise (Mlle de) (1688), 233.
Guitry (De), 165.
Guydo (Jehan), médecin de l'Hôtel-Dieu (1537), 3.
Guyot (Antoine), chevalier, seigneur de Charmeau, gouverneur de l'Hôtel-Dieu (1600), 29.

H

Habert (Marie), 47.
Hacqueville (Marie de), sage-femme de l'Hôtel-Dieu (1618), 55.
Hacqueville (De), premier président, gouverneur de l'Hôtel-Dieu (1627), 69.
Hallé, ancien échevin de Paris, gouverneur de l'Hôtel-Dieu (1707), 259.
Hamelin (Vincent), chirurgien de l'Hôtel-Dieu (1562), 6.
Hamelin (Vincent), chirurgien de l'Hôtel-Dieu (1594), 25.
Hanovre (Duchesse de), 239.
Haran, chirurgien de l'Hôtel-Dieu (1642), 85, 114.
Hardas, 344.
Hardouin de Saint-Jacques (Philippe), médecin de l'Hôtel-Dieu (1585), 16.
Harlay (Dame de) (1656), 116.
Harlay (De) (1577), 13.
Harlay fils (De), procureur général au Parlement, 179.
Harlay (De), premier président du Parlement, 236.
Harlay, tapissier, 154.
Harlot, receveur général de l'Hôtel-Dieu, 209.
Haslé (Jacques), doyen de la Chambre des comptes, gouverneur de l'Hôtel-Dieu (1640), 81.

Hébert, chirurgien (1642), 85.
Héliot, secrétaire du roi, administrateur de l'Hôtel-Dieu, 134.
Helvétius (1687), 232.
Hémery (Dame d') (1656), 118 et 148.
Henault (Claude), sage-femme de l'Hôtel-Dieu, 248.
Henault, fermier général, 263.
Henault, gouverneur de l'Hôtel-Dieu (1710), 265.
Hénin (Mlle), 334.
Hennequin, administrateur de l'Hôtel-Dieu (1531), 1.
Henriot, 124.
Herault, lieutenant général de police (1726), 294.
Hérisson, médecin, membre de l'Académie des sciences, 356.
Herlau, gouverneur de l'Hôtel-Dieu (1689), 236.
Hermans, médecin ordinaire de l'Hôtel-Dieu (1729), 305.
Herment, médecin de l'Hôtel-Dieu (1710), 265.
Herment, médecin ordinaire de l'Hôtel-Dieu (1754), 363.
Heviterne (Jean de) (1645), 88.
Hevrard (Claude), 47.

Hideux (Pierre), chirurgien (1625), 68.
Hieraulme (François), receveur général de l'Hôtel-Dieu (1620), 58, 87.
Hire (De la), médecin de l'Hôtel-Dieu (1722), 287.
Hommet, médecin de l'Hôtel-Dieu, 153.
Horeau, procureur du roi de la Marée, gouverneur de l'Hôtel-Dieu, 255.
Hostomes, prévôt des chirurgiens de Paris, 232.
Hotman, gouverneur de l'Hôtel-Dieu (1587), 20.
Houdiart, administrateur de l'Hôtel-Dieu, 377.
Houssaye (De la), 244.
Houssaye (De la), 285.
Houssaye (Mme de la), 254.
Housset, chapelain de l'hôpital Saint-Louis (1650), 92.
Hubert (Nicolas), 166.
Hubert (Pierre), procureur en Parlement (1608), 39, 42.
Hugo (Auguste), médecin de la duchesse de Hanovre, 267.
Huisselin, gouverneur de l'Hôtel-Dieu (1590), 22.
Hurel, notaire à Paris, 302.
Hyeraulme (François), receveur général de l'Hôtel-Dieu (1591), 23.

I

Isanghien (Famille d'), 330.

J

Jacart, archiviste de l'Hôtel-Dieu (1690), 238.
Jacques (Frère), opérateur de la taille, 248.
Jacques (Sébastien), maître maçon (1608), 38.
Jacquet (Mathieu), dit de Grenelle, sculpteur du roi (1603), 33.

Janet (Thiennette), sage-femme de l'Hôtel-Dieu (1629), 71.
Janet (notaire à Paris), 44.
Janvier (Guillaume) (1534), 2.
Jaquelei, conseiller de la cour de Parlement, 6.

Jard, garde du corps des marchands apothicaires et épiciers, 375.
Jean (De), médecin ordinaire de l'Hôtel-Dieu, 362.
Joieuse (Pierre), 4.
Joigne (De), notaire (1608), 40.

TABLE DES NOMS DE PERSONNES.

Joly (Dame), 157.
Joly, substitut du procureur général, 172.
Josse (Claude), gouverneur de l'Hôtel-Dieu (1590), 22.
Josse, conseiller au Châtelet, administrateur de l'Hôtel-Dieu, 337.
Jouy (De), chirurgien de l'Hôtel-Dieu, 250.
Jouy, opérateur de la taille à l'Hôtel-Dieu, 242.
Joynet (Pierre), 156.
Julien (De Saint-), sacristain de l'Hôtel-Dieu. 349.
Jumeau de Sainte-Croix 1674), 201.
Junet (Robert), chirurgien anglais, 277.

K

Kiechler (Thomas), dépensier de l'Hôtel-Dieu, 217.

L

Labiche (Marie), 74.
Labiche (Robert), chandelier à Evreux (1634), 74.
Labier, médecin, 168.
Laborde (De), 240.
La Bruyère (Abbé de) (1700), 250.
La Clotte (Sieur de), 193.
Ladvocat (1639), 79.
Lafradde (Jacquette), sage-femme de l'Hôtel-Dieu (1614), 47.
La Frette (Sieur de), 153.
La Hogue (De), commissaire au Châtelet (1662), 153.
Laideguive le jeune, notaire à Paris, 344.
Lainteler (Jean), maître de la pompe de la Samaritaine (1613), 46.
Laleu, 216.
Lalive (De), receveur général des finances en la généralité de Poitiers (1726), 294.
Lamarre (Louis-Pierre), compagnon chirurgien de l'Hôtel-Dieu, 349.
Lambon (De), 400.
Lambon (De), avocat au Parlement, administrateur de l'Hôtel-Dieu, 376.
Lamoignon (De), 133.
Lamoignon (Mme de) (1647), 85.
Lamoignon (Mlle de), 149.
Lamoignon de Blancmesnil (De), administrateur de l'Hôtel-Dieu, 349.
Lamoignon de Malesherbes, administrateur de l'Hôtel-Dieu (1750), 358.
La Molière (Dame de) (1645), 88.
Lamotte (D^{lle} de), 176.
Lamy (1609), 41.
Lamy, médecin à Paris (1682), 207, 221.
Lamy, substitut du procureur général, 152.
Lancelot (Antoine), inspecteur du Collège royal (1738), 329.
Landrin (Nicolas), chirurgien (1623), 67.
Langlois (D^{lle}), sage-femme de l'Hôtel-Dieu (1714), 268.
Langlois (Pierre), orfèvre (1591), 25.
Lanier, opérateur de la taille, 132, 136.
La Porte (Marie de), religieuse de l'Hôtel-Dieu (1628), 70.
La Rivière (De), 184.
Laroche (D^{lle} de) (1647), 90.
La Rochefoucauld, cardinal (1628), 70 ; (1634), 75.
Larry (Du), 265.
Lasnier, agent des affaires de l'Hôtel-Dieu (1735), 319.
Lasnier, maître chirurgien, 192.
Lasnier (Simon), bourgeois de Paris (1650), 92.
Lauzon (De), chanoine de Paris, 149.
Lavardin (Marquis de) (1722), 288.
Laviéville (De) (1612), 45.
Law (1719), 280, 281, 282.
Lebel, garde du corps des marchands apothicaires et épiciers, 375.
Leblond (Toussaint) (1609), 41.
Le Bœuf, 216.
Le Bossu, seigneur de Charenton-Saint-Maurice, 152.
Lebreton, 262.
Le Breton, prévôt des maîtres chirurgiens de Paris, 282.
Lebrun (Nicolas), sculpteur (1647), 90.
Le Camus, lieutenant civil (1682), 220.
Le Camus, premier président de la Cour des aides, gouverneur de l'Hôtel-Dieu, 194.
Le Camus (La présidente), 220.
Le Charron, chanoine de l'église de Paris (1620), 59.
Leclerc, continuateur du traité de la police, 311, 318.
Leclerc (D^{lle}) (1632), 73.
Le Clerc, gouverneur de l'Hôtel-Dieu (1573), 11.
Leclère, tapissier (1631), 73.
Lecœur, 216.
Leconte (Louis), chirurgien de l'Hôtel-Dieu (1681), 219.
Lecoq, chanoine de Notre-Dame de Paris (1560), 5.
Leconteulx de Vertron, trésorier de France, administrateur de l'Hôtel-Dieu (1759), 377.
Le Dard, peintre, 158, 160.
Leduc, architecte, 200.
Lefebvre (Nicolas), précepteur de Louis XIII (1634), 74.
Lefebvre, prévôt des marchands, administrateur de l'Hôtel-Dieu (1654), 99.
Lefouyn, greffier du Conseil, gouverneur de l'Hôtel-Dieu, 217.
Legagneur (Jean), horloger, 78.
Legal, secrétaire du roi, administrateur de l'Hôtel-Dieu, 346, 387.
Legendre, sieur d'Azincourt, gouverneur de l'Hôtel-Dieu (1662), 156.
Legeret, maître menuisier, 276.
Legros (Nicolas), médecin de l'Hôtel-Dieu, 7.
Legrou (Claude), chirurgien, 68.
Lehoc, médecin ordinaire de l'Hôtel-Dieu, 345.
Lehoux, boucher de l'Hôtel-Dieu pendant le carême, 130.
Le Jay, premier président du Parlement, gouverneur de l'Hôtel-Dieu (1590), 21, 84.
Le Large, chirurgien, 124.
Lemaçon, administrateur de l'Hôtel-Dieu (1559), 5.
Le Marier (Antoine) (1618), 52.
Lemaynon, fermier général, 263.
Lemercier (Antoine), entrepreneur des bâtiments de la Santé (1608), 38.
Lemery, médecin de l'Hôtel-Dieu (1710), 265, 305.
Lemoine (Antoine), fondeur du roi (1609), 41.
Lemoine, médecin expectant de l'Hôtel-Dieu (1729), 305.
Lemoine, notaire (1662), 155.
Lenain (1650), 92.
Le Nain de Beaumont, 196.
Lenez (Marie-Thérèse), 333.
Lenormant, notaire, 44.
Lepas (Jean), 1610, 42.
Le Pénitentier, chanoine de l'église de Paris (1586), 19.
Le Prêstre, gouverneur de l'Hôtel-Dieu (1573), 11, 20.
Le Prevost, maître de l'Hôtel-Dieu (1584), 16.
Leredde, maître charpentier (1608), 40, 44.
Leroy de Lisa, procureur général aux eaux et forêts, administrateur de l'Hôtel-Dieu (1766), 389.
Lesage (Isaac) (1608), 39.
Lescripvain (Jacques), médecin de l'Hôtel-Dieu (1594), 26.
Lescrivain (Martin), fermier de l'Hôtel-Dieu à Bourg-la-Reine (1563), 6.
Lespagnandel (Mathieu), sculpteur des bâtiments du Roi (1682), 222.

Lespinard (Jean), chirurgien gagnant maîtrise à l'hospice des Incurables, 316.
Le Sueur (Guillaume), archer de la garde du roi (1576), 12.
Le Tellier, secrétaire d'État (1661), 151.
Letourneur, gouverneur de l'Hôtel-Dieu, 252, 290.
Levasseur, médecin à Paris (1651), 93.
Lévêque, gouverneur de l'Hôtel-Dieu (1689), 236.
Leverdier, 207.
Leverrier, gouverneur de l'Hôtel-Dieu (1688), 234.
Levert (Nicolas), chirurgien (1623), 67.

Le Vignon (François), docteur régent en la Faculté de médecine de Paris, 186.
Lhoste, 216.
Lhoste, administrateur de l'Hôtel-Dieu (1653), 96.
Lhuilier (Élisabeth), 190.
Liancourt (Duchesse de) (1671), 194.
Lionne (Marquise de) (1760), 383.
Lombard, médecin à Paris, 207.
Longueil (De), 130.
Longueil (René de), premier président de la Cour des aides (1640), 81.
Lor (Anne-François de), chirurgien du duc de Lorraine, 277.

Lore (De la) (1722), 288.
Lorithe, chapelain de l'hôpital Saint-Louis, 219.
Lorraine (Chevalier de), 245.
Lorraine (Duc de), 259.
Lorraine (Prince de), 234.
Loustenot, compagnon chirurgien de l'Hôtel-Dieu (1725), 292.
Louvencourt (Mme de), 334.
Louvois, 227.
Lulli (Mme de), 258.
Luynes (Duc de) (1685), 227.
Luynes (Duchesse) (1722), 289.

M

Maboul (Mlle), 334.
Machault (De), lieutenant général de police, gouverneur de l'Hôtel-Dieu, 276.
Mac-Mahon, compagnon chirurgien de l'Hôtel-Dieu (1725), 292.
Magdelaine (De la), pannetier de l'Hôtel-Dieu, 228.
Maillard, chanoine de l'église Notre-Dame (1560), 5.
Maillard, procureur de la mission de Saint-Lazare, 164.
Maillet, gouverneur de l'Hôtel-Dieu (1629), 70.
Mailly (Marquis de) (1660), 145.
Mainardeau (Dame) (1656), 119.
Maingret, trésorier de France, administrateur de l'Hôtel-Dieu (1738), 336.
Maintenon (Sieur de) (1647), 90.
Mainville, 329.
Maisons (Président de) (1635), 75.
Maisons (Sieur de), 156.
Majault, médecin ordinaire de l'Hôtel-Dieu, 385.
Mallet, médecin à l'Hôtel-Dieu (1629), 71.
Malmedy (Simon), médecin de l'Hôtel-Dieu (1568), 7.
Malpeines (Léonard de), conseiller au Châtelet, administrateur de l'Hôtel-Dieu, 346.
Malsac (De), gouverneur du château de Vincennes, 159.
Manjaud, médecin expectant de l'Hôtel-Dieu, 375. (Voir Majault.)
Mansard (Jacques) (1656), 115, 157, 178.
Maran (Jacques), médecin de l'Hôtel-Dieu (1573), 9.
March (Comte de), 138.
Marchand, gouverneur de l'Hôtel-Dieu, 236.
Marchant (Guillaume), maître maçon, entrepreneur du Pont-Neuf (1586), 19.
Marcel, administrateur de l'Hôtel-Dieu (1559) 5, 17, 26.
Marcel (Joseph), chirurgien du duc de Lorraine, 260.
Marc (Sieur), lieutenant du guet, 351.
Maréchal, opérateur de la taille à la Charité, 247.

Marguerite, reine de France (1608), 39.
Marie (Général de), 4.
Maroles (Josué de), 176.
Maroles (Lazare de), 176.
Maroles (Marie de), 176.
Marre (Nicolas La), commissaire au Châtelet, 271, 288.
Marsolier, gouverneur de l'Hôtel-Dieu, 180, 191.
Marteau, médecin des Incurables (1682), 221.
Martin (Nicolas), 78.
Martin (Vincent), gouverneur de l'Hôtel-Dieu (1590), 22.
Martinière (De la), premier chirurgien du roi, 374.
Masse, secrétaire du Roi, 357.
Masse de la Roche (Élisabeth), 212.
Matha (Comte de) (1730), 305.
Matot (Paul), médecin à l'Hôtel-Dieu (1671), 193.
Maucroy (Marguerite), 222.
Maulevrier (Abbé de), aumônier du roi (1707), 258.
Maupeou (Dame Marie de), 223.
Maupeou (De), premier président du Parlement, administrateur de l'Hôtel-Dieu, 346.
Maupeou fils (De), premier président du Parlement, administrateur de l'Hôtel-Dieu, 387.
Maurice (Jacques), maître jardinier à Paris (1608), 40.
Maurov (De), intendant des finances, 191.
Mauvillain (Jean-Armand de), docteur-régent en la Faculté de médecine de Paris, 186.
May (Jean de), chirurgien de l'Hôtel-Dieu (1541), 3.
Mayenne (Duc de) (1595), 27.
Mayenne (Duchesse de) (1601), 21, 30.
Mazarin (Duc de) (1662), 154, 158, 176, 250.
Mazière, 148.
Méhéry, chirurgien juré à Paris, 248.
Meithand (Guillaume), chirurgien écossais (1716), 274.
Mélian (1655), 101.

Ménard, chirurgien, 124.
Ménard (Mathurin), prêtre à l'Hôtel-Dieu (1642), 85.
Ménestrel, médecin à Paris, 191.
Mercier (Claude), maître d'école à Paris (1664), 167.
Merceyer (Josias), sieur des Bordes de Grigny (1613), 45.
Meriel, chirurgien du duc de Lorraine, 259.
Merlet, administrateur de l'Hôpital-Général (1760), 382.
Merlet (Louis) (1721), 286.
Merlet, médecin de l'hôpital Saint-Louis, 216.
Mesgrigny (De), chanoine de Paris (1652), 94.
Mesme (J.-Jacques de), président au Parlement, 224, 267, 289.
Mesmes (Baillli de) (1723), 289.
Mesmes (De) (1652), 93, 94.
Mesmes (Présidente de) (1650), 92.
Mesnage (Claude) (1628), 69.
Mesnage (Mme) (1628), 69.
Millot, garde du corps des marchands apothicaires et épiciers, 375.
Millot (Jean), chirurgien de l'Hôtel-Dieu (1625), 68, 71.
Misson, 154.
Moreau fils, médecin de l'Hôtel-Dieu (1648), 90.
Morin, médecin à Paris, 191.
Mertrud, démonstrateur en anatomie au jardin royal (1749), 351.
Méry, chirurgien de l'Hôtel-Dieu, 219.
Meslin (Jean), maître menuisier à Paris (1609), 41.
Mesnard (Jehan) (1609), 42.
Mesnil le Bon (Du), 223.
Mets (Du), garde du trésor royal, 223.
Meules (De), 158.
Miraulmont (De) (1597), 28.
Miré, procureur au Parlement (1647), 90.
Moireau (Claude), 43.
Molé, premier président du Parlement (1641), 84.

TABLE DES NOMS DE PERSONNES.

Molé, premier président du Parlement, administrateur de l'Hôtel-Dieu (1758), 376.
Molé, président (1676), 204.
Monaco (Famille de), 330.
Montagny (De), trésorier de France, 280.
Montagny (Mᵐᵉ de), 334.
Montargis (De), garde du trésor royal, 271.
Montauban (Prince de), 255.
Montbazon (Duchesse de) (1671), 194.
Montbrun (De), 168.
Monchal (Mˡˡᵉ de), 334.
Montnanteuil (De) avocat au Parlement (1620), 59.

Montpensier (Duchesse de) (1590), 21.
Montreau, garde de la communauté des maîtres chirurgiens de Paris, 304.
Morand, maître chirurgien à Paris (1729), 305.
Moreau, (Dame), sage-femme de l'Hôtel-Dieu, 122.
Moreau (Dame), veuve du lieutenant civil du Châtelet (1655), 107.
Moreau fils, médecin des religieuses de l'Hôtel-Dieu, 231.
Moreau (Jean-Nicolas), maître chirurgien de l'Hôtel-Dieu, 347.

Moreau, médecin de l'Hôtel-Dieu (1619), 58.
Moreau, médecin de l'Hôtel-Dieu, 220.
Morel, chirurgien à Paris (1662), 155.
Morel (Claude), chirurgien à Paris, 229.
Morel, opérateur de la taille, 218, 224.
Meric (De) 149.
Morin, médecin de l'Hôtel-Dieu, 221.
Morlan, compagnon chirurgien de l'Hôtel-Dieu (1688), 233.
Morlet (Veuve), sage-femme de l'Hôtel-Dieu, 230, 241.
Moussy d'Alisson (De), 211.
Muisson, 131.

N

Nassau (Princesse de) (1736), 328.
Nau, administrateur de l'Hôtel-Dieu, 285.
Navare (Mˡˡᵉ), 334.
Nesle (Marquis de), 329.
Nesmond (De), premier président du Parlement (1657), 120, 134.
Neuilly, 216.
Neuville (De), fermier général, administrateur de l'Hôtel-Dieu (1766), 389.
Nevers (De), 149.
Nevers (Duc de) (1576), 12.

Nicolai fils, gouverneur de l'Hôtel-Dieu, 229.
Nicolai (Président) (1585), 16, 164.
Noailles (Cardinal de), 265, 282, 302.
Noailles (Duc de), 302.
Noblet (Louis), entrepreneur de la maçonnerie de l'Hôtel-Dieu (1626), 68.
Noblet (Perceval) (1608), 38, 46.
Nocé (De), 251.
Noel (Guillaume) chirurgien de l'hôpital Saint-Louis (1618), 55.

Noissy (De), inspecteur de l'Hôtel-Dieu (1721), 286.
Normant (Jaşot Le), chirurgien de l'Hôtel-Dieu (1540), 3.
Novion (Président de), 134, 170, 290.
Novion (Potier de), gouverneur de l'Hôtel-Dieu, 208.
Noyer (Guillaume), menuisier à Paris, 77.
Nully (De), prévôt des marchands (1583), 14.

O

Olier de Verneuil (Dame), 184.
Olive (De Saint), maître maçon, 268.
Omont (Mᵐᵉ d'), 150.
Orange (Princesse d') (1656), 115.
Orléans (Duc d') (1650), 92.

Orléans (Duc d'), 274, 297.
Orléans (Mˡˡᵉ d') (1690), 239.
Orsanne (Abbé d'), 302.
Oubry, receveur général de l'Hôtel-Dieu (1659), 138.

Oudart, administrateur de l'Hôtel-Dieu (1533), 2.
Ozon, médecin à Paris, 207.
Ozon, médecin de l'Hôtel-Dieu, 226.

P

Palluau, gouverneur de l'Hôtel-Dieu (1576), 12.
Pardaillan (Jean-Antoine de), marquis de Montespan, 216.
Parme (Duchesse de), 373.
Parmentier (Jean), 383.
Pasquier, marchand de blé, 152.
Passart, chanoine de Notre-Dame, 249.
Passart, contrôleur général des finances, 148.
Patin (François), chirurgien de l'Hôtel-Dieu, 185.
Patin, médecin, 145.
Patin, peintre (1534), 2.
Paulmier (Pierre), médecin de l'Hôtel-Dieu (1596), 27.
Pavillon (Henri), maître peintre à Paris (1618), 53.
Payen, médecin expectant de l'Hôtel-Dieu (1755), 373, 375.
Payerne (Jacques), chirurgien de la maison du roi d'Espagne (1731), 308, 312.
Péaget, médecin ordinaire de l'Hôtel-Dieu, 340.

Péan, 168.
Peletier (Le), premier président du Parlement (1707), 259.
Peletier (Le), premier président du Parlement administrateur de l'Hôtel-Dieu (1736), 329.
Pélisson (1679), 212.
Pelletier (Le), contrôleur général des finances, gouverneur de l'Hôtel-Dieu (1695, 224), 229.
Pépin, administrateur de l'Hôtel-Dieu (1654), 99, 139.
Percheron (1658), 126.
Percheron, 151.
Pereuse (De), maître des requêtes de l'Hôtel-Dieu (1587), 20.
Perichon, administrateur de l'Hôtel-Dieu (1645), 89.
Périgon (Antoine), maître potier (1609), 41.
Perlan, receveur général de l'Hôtel-Dieu, 240.
Perochel, administrateur de l'Hôtel-Dieu, 133.

Perreau, administrateur de l'Hôtel-Dieu (1654), 99.
Perreau, médecin de l'Hôtel-Dieu, 178.
Perriquet, gouverneur de l'Hôtel-Dieu, 180.
Perrot, gouverneur de l'Hôtel-Dieu (1629), 70, 81.
Petit, chirurgien de l'Hôtel-Dieu (1654), 99, 112, 113, 133, 156, 169, 232, 249, 256, 260.
Petit (François), maître maçon, entrepreneur du Pont-Neuf (1586), 19, 32, 38.
Petit (Pierre), panetier de l'Hôtel-Dieu (1573), 9.
Petitpied, gouverneur de l'Hôtel-Dieu (1679), 213 (1689), 235.
Petitpied, receveur général de l'Hôtel-Dieu, 184.
Phelipeaux (Jean-Louis), chevalier, 284.
Phelippeaux, comte de Monthéry, 317.
Philippe, duc de Parme (1766), 389.
Picquel, gouverneur de l'Hôtel-Dieu, 238.
Pied (Charles), 345.

TABLE DES NOMS DE PERSONNES.

Pierron, premier garçon apothicaire de l'Hôtel-Dieu (1741), 342.
Piètre, avocat, gouverneur de l'Hôtel-Dieu (1640), 81.
Pijoux (Hélie), chirurgien, 68.
Pillon, ancien procureur au Châtelet, gouverneur de l'Hôtel-Dieu, 255.
Pillon, médecin de l'Hôtel-Dieu (1636), 75.
Pillot, maître de l'Hôtel-Dieu au spirituel (1690), 239.
Pineau, chirurgien (1642), 85.
Pinguet, 241.
Piot (Adrien), chirurgien à Tonnerre, 157.
Piron, inspecteur des salles de l'Hôtel-Dieu, 346.
Plainville (De) (1660), 144.

Poan, conseiller secrétaire du roi, administrateur de l'Hôtel-Dieu, 387.
Poignant (Pierre), rédacteur de l'inventaire des archives de l'Hôtel-Dieu (1708), 261.
Poille (Claude), fermier de l'Hôtel-Dieu à Compans (1576), 12.
Poissonnerie (Sieur de la), 156.
Polaillon (D^{lle}) (1645), 88, 100.
Pompadour (Mme de) (1704), 254, 256.
Poncet (1722), 288.
Pont (Du), conseiller au Châtelet, administrateur de l'Hôtel-Dieu (1764), 387.
Ponthon, conseiller au Parlement de Metz (1714), 269.
Ponts (Jean-Pierre de), garçon chirurgien de l'Hôtel-Dieu, 349.

Poquelin, marchand drapier à Paris (1662), 156.
Portail, président au Parlement, 275, 290.
Portail ou Portal (Claude), chirurgien de l'Hôtel-Dieu (1657), 120, 137.
Portault (Du), 349.
Poullain, receveur de l'Hôtel-Dieu (1690), 239.
Pour (Marie-Claude), sage-femme de l'Hôtel-Dieu, 339.
Prevost (Claude), procureur en la Chambre des comptes (1542), 3.
Prieur (Guillaume) (1608), 39.
Primeville (Anne) (1627), 69, 70.
Putange (Mme de), 192.

Q

Quinquet, notaire à Paris, 350. | Quirot l'aîné, 344.

R

Rabel, médecin (1677).
Rabier (Dame), sage-femme de l'Hôtel-Dieu, 167.
Rabineau (Jean), maître de l'Hôtel-Dieu (1587), 20.
Rafelix (Joseph Horace de), marquis de Saint-Sauveur, 223.
Rainsant, médecin de l'Hôtel-Dieu (1675), 204.
Ralière (De la) (1658), 133.
Rancé (Abbé de), 176, 192.
Rancé (Armand Denis le Bouthilier de) (1671), 192.
Rannequin (1708), 260.
Ratabond, 146, 148, 158.
Raulbourc (Eustache) (1591), 25.
Ravault, administrateur de l'Hôpital-Général, 382.
Ravenet, prévôt de la communauté des maîtres chirurgiens, 373.
Raynier, chirurgien piémontais, 356.
Raynier (Gabrielle du), dame de Doré, 343.
Refuges (De), conseiller au Parlement (1661), 148.

Regnault, administrateur de l'Hôtel-Dieu (1728), 298.
Regnault, ancien échevin, gouverneur de l'Hôtel-Dieu, 263.
Regnault (Anne), 203.
Regnault, fermier à l'Hôtel-Dieu, 216.
Renodon, 233.
Réon (Nicolas), 6.
Revel (D^{lle} de), 350.
Revers (Jean), compagnon chirurgien de l'Hôtel-Dieu, 349.
Riberval (De) (1717), 275.
Ribier, administrateur de l'Hôtel-Dieu (1533), 2.
Richard, garde du corps des marchands apothicaires et épiciers, 375.
Richebourg (De), 216.
Richelieu (duc de), 169, 208.
Richer, notaire à Paris, 267.
Richevillain, chanoine de l'église de Paris (1586), 19.
Rimbault (Étiennette), sage-femme de l'Hôtel-Dieu (1601), 30.

Rincon, 216.
Ris (De), 182.
Riveron (Pierre de), auditeur en la Chambre des comptes, 7.
Robert, doyen de l'église de Chartres, 206.
Robineau, secrétaire du roi; administrateur de l'Hôtel-Dieu (1641), 85.
Roch (J.-Jacques), brodeur, 178.
Rochefort (François de), solliciteur au Châtelet de Paris (1531), 1.
Rohan (Mme de) (1672), 195.
Rohan-Soubise (Hercule Meriadec, prince de), 350.
Romainville (Mme de), 334.
Roquemont (De) (1659), 141.
Rosset (De), receveur général de l'Hôtel-Dieu, 199.
Roye (Cosme), chirurgien de l'Hôtel-Dieu (1561), 5.
Royon (François), maître boulanger, 340.
Rozières (De), 160.
Rubentel, capitaine aux gardes, 135.
Ruffin, chirurgien (1652), 95, 124.

S

Sabzard (Blaise), chirurgien de l'Hôtel-Dieu, 167.
Sainctot, gouverneur de l'Hôtel-Dieu (1606), 36, 38, 70, 87.
Saint-André (M.), 8.
Sainte-Catherine (De), 216.
Sainte-Maure (De), 146.
Saint-Florent (De), chanoine de l'église de Paris (1586), 19.
Saint-Jacques (De), médecin (1618), 56.
Saint-Jean-Granger (De), chanoine de Notre-Dame (1655), 107.

Saint-Lazare (Bailli de) (1608), 39.
Saint-Maixant (De), maréchal des logis de la reine d'Angleterre (1656), 115.
Saint-Martin (De) (1723), 289.
Saint-Simon (Mme de) (1673), 196.
Saint-Vincent (Abbé de), 185.
Salle (Jacques), sculpteur (1614), 47.
Sambiche, architecte consulté au sujet des travaux de l'Hôtel-Dieu (1608), 38 (1609), 41. (Voir Chambiche ou Chambiges.)
Sanguin (Christophe), gouverneur de l'Hôtel-Dieu (1640), 81.

Sauterre, apothicaire gagnant maîtrise à l'Hôtel-Dieu, 372.
Sartes (De), médecin de l'Hôtel-Dieu (1661), 146.
Sartine (De), lieutenant général de police, administrateur de l'Hôtel-Dieu, 382.
Sauger (Geneviève), dame de Vaucresson, 223.
Saulnyer (Antoine), chapelain de l'Hôtel-Dieu (1595), 26.
Sautray, fondeur de l'artillerie, 312.
Savart (Michel), marchand bourgeois de Paris (1715), 270.

TABLE DES NOMS DE PERSONNES.

Savary, 241.
Saviard (Barthélemy), chirurgien de l'Hôtel-Dieu, 232, 243.
Savoie (Anne-Victoire de), 335.
Saxe (Princesse de) (1728), 298.
Scaussay (De), grand prévôt de l'Hôtel (1576), 12.
Scevole de Sainte-Marthe, historiographe du roi, 219.
Schomberg (Charles de), duc d'Haluin, 194.
Sechelles (De), intendant d'armée, 374.
Secousse, curé de la paroisse de Saint-Eustache, 362.
Segaud (Jean), chirurgien à Grenoble (1644), 86.
Séguier, administrateur de l'Hôtel-Dieu (1531), 1.
Seguier, doyen de l'église de Paris (1591), 23.
Seguier (Marie-Louise), 350.
Séguier (Président) (1624), 67.

Seigneley (De), 232, 233.
Seigneur (Pierre), maître jardinier à Paris (1607), 37.
Séjourné, garde du corps des marchands apothicaires et épiciers, 375.
Seminant (Charles), bourgeois de Paris (1642), 85.
Sène (De), prévôt des marchands, gouverneur de l'Hôtel-Dieu (1659), 143.
Seny (Pierre de) (1722), 288.
Sercamanen (De), 218.
Sercamanen (D^lle de) (1645), 88, 113, 122, 123, 130.
Serge de Moüy, 148.
Serre (Pierre), compagnon chirurgien de l'Hôtel-Dieu (1732), 313.
Servais (Françoise), 150.
Servien, surintendant des finances, 155.
Sessac, garde du corps des marchands apothicaires et épiciers, 375.
Silhouette, garde des sceaux du duc d'Orléans (1756), 375.

Sillery (De), 241.
Simon, chirurgien de l'Hôtel-Dieu, 167.
Simon (Nicolas), compagnon chirurgien de l'Hôtel-Dieu, 200.
Simon, prévôt des maîtres chirurgiens de Paris, 232.
Sionnière, receveur de l'hospice des Incurables (1685), 227.
Sonnay (Marguerite) (1607), 37.
Sonnius (Claude), marchand libraire à Paris, 255.
Souhz-le-Four (Pierre de), vicomte de Naulx (1564), 6.
Soufflot, gouverneur de l'Hôtel-Dieu (1690), 239.
Sourdis (Famille de), 216.
Stanislas Ier, roi de Pologne, duc de Lorraine, 389.
Stuart (Jean), connétable d'Écosse, 138.
Sully (Duc de), 274.
Suze (Dame), 228.
Symonnet, exempt, 274.

T

Tabouet (Mathurin), licencié en médecine, médecin de l'Hôtel-Dieu (1536), 2.
Taillefer (Joseph), 298.
Tallier, 204.
Talmion (Princesse de), 351.
Talon, avocat au Parlement, bailli général de l'Hôtel-Dieu (1615), 48.
Talon, avocat général, locataire de l'Hôtel-Dieu, 228.
Talon, curé de Saint-Gervais (1651), 93.
Talon (Mme), 171.
Tanneguy (1591), 23.
Tarlier, maître chirurgien à Paris, 186.
Tavernier (1657), 121.
Templier (Pierre), 7.
Terrié (Antoine), greffier du bureau (1732), 313.
Tertro (Marguerite du), sage-femme de l'Hôtel-Dieu, 190.
Tessart (Pierre), chirurgien, 157.
Teste (Mlle), 234.

Thenart, médecin de l'Hôtel-Dieu, 178.
Thibault, maître chirurgien de l'Hôtel-Dieu, 276, 279, 282.
Thévenin, chirurgien (1652), 95.
Thierry, chirurgien de l'Hôtel-Dieu, 201.
Thiersant (Abbé), aumônier de la reine (1669), 186.
Thierse, commissaire à Paris (1665), 168.
Thiroux, administrateur de l'Hôtel-Dieu, 285.
Thomassin (Jean-Vincent-Vincentini), comédien italien du roi, 374.
Thou (De), avocat (1573), 8, 13.
Thubeuf (De) (1655), 105.
Tillières (De), administrateur de l'Hôtel-Dieu, 318.
Tillois, apothicaire de l'Hôtel-Dieu, 184.
Torcy (De), ministre et secrétaire d'État, 259.
Toscane (Grande-duchesse de), 234.

Totin, inspecteur des bâtiments de l'Hôtel-Dieu, 310.
Tournefort, médecin de l'Hôtel-Dieu, professeur au Jardin royal des Plantes (1702), 252, 261.
Tresmes (Mlle de), 195.
Tribouleau, maître chirurgien, 250.
Tronson du Coudray (1631), 73.
Tropeu, maître d'hôtel de la reine (1628), 69.
Truchon (Michel), jardinier, 192.
Trudaine, prévôt des marchands, gouverneur de l'Hôtel-Dieu, 273.
Trutat, pannetier de l'Hôtel-Dieu (1685), 228, 255.
Turenne (Maréchal de), 166.
Turpin, conseiller en la cour des Monnaies, administrateur de l'Hôtel-Dieu (1726), 295.
Tursan, lieutenant perpétuel du premier chirurgien du roi (1729), 304.

V

Valentinois (Duc de), 330.
Vallier (Melchior Cochet de Saint-), comte de Brioude, 344.
Vallot, chanoine de Notre-Dame, 220.
Vanderburgh (Louis) (1661), 150.
Varade (Jérôme de), médecin du roi (1573), sa porte caution du receveur général de l'Hôtel-Dieu, 9, 15.
Varillas, historien, 192.
Varillas (De), 247.
Vassan, 216.
Vasseur (Jean Le), médecin de l'Hôtel-Dieu (1547), 4.

Vassou (Jacques), maître apothicaire résidant à l'Hôtel-Dieu, 374.
Vatan (De), 346.
Vatteble (Claude), 75.
Vaulx (Pierre de), compagnon chirurgien, 188.
Vauréal (Antoine Guérapin de), 298.
Vellefaux (Claude), entrepreneur des travaux neufs de l'Hôtel-Dieu (1602), 32, 37, 43, 52.
Vendôme (Cardinal de), 182.
Ventadour (Duc de), 276.
Vernay (Du), 275.

Verne (André), chirurgien à Turin (1718), 277.
Verneuil (Duchesse de), 254.
Veron (Dame), 357.
Verrier (Le), directeur de l'Hôpital-Général, 308.
Vertamont (De), conseiller du roi au Parlement (1624), 67.
Vézin, administrateur de l'Hôtel-Dieu, 277 (1726), 295.
Viarmes (Camus de Pontcarré), prévôt des marchands, 377.
Vieillart (Nicolas), 45.

53.

Vieillart (Pierre) (1612), 45.
Vierre (Pierre) (1607), 37.
Vigne (De la), administrateur de l'Hôtel-Dieu (1724), 290.
Vigneron, administrateur de l'Hôtel-Dieu (1721), 285, 387.
Vigne (De la), chapelain de Saint-Julien-le-Pauvre, 377.
Vigneron, président au bureau des finances, gouverneur de l'Hôtel-Dieu, 246.
Vilain, garçon chirurgien de l'Hôtel-Dieu, 306.
Villain (Denis), compagnon chirurgien de l'Hôtel-Dieu (1721), 285.

Villars de la Baulme (Marquis de) (1653), 98.
Villeroy (De), administrateur de l'Hôtel-Dieu (1531), 1.
Villeroy (De) (1657), 124.
Villeroy (Maréchal de) (1661), 151.
Villot (D^{lle}), 336.
Vincent, contrôleur des bâtiments du roi, 313.
Vincent de Paul (Saint), supérieur de la mission de Saint-Lazare, 130, 142.
Vintimille (De), archevêque de Paris, 349.
Violeau (D^{lle}), maîtresse sage-femme de l'Hôtel-Dieu, 388.

Violle (Mme) (1645), 88, 194, 203.
Violle (Époux) (1671), 191.
Vion (Jacques), greffier du bureau de l'Hôtel-Dieu, 296.
Virlegeux (Jean de) (1612), 44.
Visinier, procureur de l'Hôtel-Dieu, 194, 247.
Vitry (Nicolas), 159.
Vivant, pénitencier de l'Église de Paris, 268.
Voisin (1618), 52.
Voüet (Jacques-Ferdinand), peintre ordinaire du roi, 226.

W Y Z

Wilson (Édmond), médecin anglais (1638), 78.

York (Duc d') (1656), 115.
Young (Michel), médecin écossais (1659). 138.

Zameth, 157.
Zébue, conseiller au Parlement, 172.

TABLE DES NOMS DE LIEUX.

Alaines (Paroisse d'), 176.
Alsace, 319.
Amiens, 217.
Amsterdam, 260.
Angers, 126, 131, 216.
Angoulême, 42, 146.
Argeville, 42.
Arras, 296.
Aubervilliers, 155.
Aubigny (Sologne), 138.

Bagneux, 18, 96.
Bar-sur-Seine, 262.
Basron, au diocèse de Senlis, 141.
Bellay (Seigneurie du), 350.
Belle-Isle, 157.
Belleville, près Paris, 44.
Bezonville, 42.
Blanchefouasse (ferme de l'H.-D.), 155.
Bourg-la-Reine, 3.
Bourges, 70, 117, 155.
Bourgogne, 319.
Bretagne, 207.
Brie-Comte-Robert, 15.
Brioude, 344.
Brosses d'Interville, 155.

Caen, 101.
Candie (île de), 195.
Champrozay, 1, 4, 18, 222, 245, 289, 329.
Champeaux, 212.
Charenton, 152.
Charmantray (Seine-et-Marne), 161.
Chars, 350.
Chartres, 206.
Châteauneuf, 260.
Château-Thierry, 179.
Chaume (en Brie), 284.
Clagny, ferme des Incurables, 71, 164.
Clamart, 155.
Clermont-Ferrand, 171, 193.
Cochinchine, 216.
Cognanpuis, 42.
Compans, 12, 26.
Corbeil, 73, 124, 191.
Créteil, 18, 91.

Dammartin, 170.
Danemark, 169.

Écharcon, 18.
Ève-sous-Dammartin, 170.

Ferté-Chaudron (La), 145.
Ferté-sous-Jouarre (La), 166.
Fleury, près Paris, 155.
Fontainebleau, 149, 150.
Fontenay-sous-Bois, 18, 20.

Gagny, 18.
Garches, 187.
Gentilly, 255, 275.
Gonesse, 279.
Gourbeville (Basse-Normandie), 169.
Grenelle (Hôpital de) (1583), 14.
Grenelle (Hôpital du sanitat de) (1584), 16.
Guibray, 345.

Hambourg, 152.

Issy, 155.

Laon, 165.
Le Mans (1574), 11.
Lendit (Foire du), à Saint-Denis, 242.
Le Tillay, 194.
Le Tour, 91, 144, 179.
Le Tour, 179.
Lieusaint, près Corbeil, 244.
Lignières, 260.
Linois, 104.
Loir (Baronnie du), 350.
Longpont, 104.
Lyon, 135.

Mâcon, 153.
Maintenon, 233.
Mantes, 227.
Mareuil, 167.
Marly, 96.
Marolles, 90.
Marseille, 298.
Maule, 167.
Méry-sur-Seine, 250.
Meudon, 4, 18, 155.
Moisenay (Seigneurie de), 6.
Montargis, 41.
Monthléry, 104.
Montmorency, 240.
Montpellier, 193.
Motainville, 167.

Nantes, 212.
Nevers, 165.
Nîmes, 147.

Orléans, 86, 193.
Outreville, 176.

Périgueux, 42.
Poissy, 222.
Poitiers, 226.
Précy-sur-Marne, 161.
Puisselets-les-Marais, 42.

Riom, 217.
Rodez, 3.
Rieux, 131.
Rome, 182.
Rouen, 194.
Rungis, 37, 91, 98.

Saint-Cloud, 144, 180, 187.
Saint-Lô, 101.
Saint-Mandé, 255, 256.
Saint-Quentin, 195.
Saintes, 42, 169.
Salle-d'Outreville (La), en Beauce, 176.
Saumur, 216.
Saussaye (Religieuses de la), 255.
Sedan, 20.
Senlis, 23, 185.
Sens, 194.
Siam (Royaume de), 219.
Sisteron, 194.
Soissons, 182.
Suresnes, 18.

Thouars, 217.
Tonnerre, 157.
Toulouse, 165, 187.
Tours, 202.
Triveau, 95.
Troyes, 160.
Tulle, 3, 247.
Turin, 277.

Vanves, 18.
Vaucresson, 223.
Versailles, 204.
Versailles (Château), 228.
Vichy, 267.
Videville, 167.
Vilier, 167.
Villebon, 155.
Villejuif, 93, 104.
Villeneuve-sur-Gravois, 205.
Vincennes, 159.
Villeneuve-le-Roi, 18.

www.ingramcontent.com/pod-product-compliance
Lightning Source LLC
Chambersburg PA
CBHW072217240426
43670CB00038B/1622